Windows 8
Der umfassende Ratgeber

von
René Gäbler

Liebe Leserin, lieber Leser,

Windows 8 ist da. Die Reaktionen auf das neue Betriebssystem sind gespalten. Manche haben es sehnsüchtig erwartet, andere freuen sich gar nicht so sehr auf den Umstieg. Denn schon auf den ersten Blick ist vieles anders als vorher. Schon nach dem Start sehen Sie nicht den gewohnten Desktop, sondern den neuen Windows-Startbildschirm mit großen, sogenannten »Kacheln« statt der gewohnten kleinen Icons.

Darüber hinaus sind zahlreiche Funktionen und Möglichkeiten hinzugekommen. Kaum jemand findet sich da sofort zurecht und wohl niemand weiß auf Anhieb immer sofort, wo er in Windows die Funktion findet, die er gerade sucht. Hier hilft unser Buch weiter. Was immer Sie tun wollen, unser Ratgeber führt Sie nicht nur durch alle Anwendungsmöglichkeiten von Windows, sondern steht Ihnen mit vielen Tipps, Tricks und Ratschlägen zur Seite. Hier können Sie immer nachschlagen, wenn Sie einmal nicht weiterkommen.

René Gäbler schreibt kein Fachchinesisch. Er erklärt und zeigt Ihnen Windows 8 so, dass es man jeder leicht verstehen und nachvollziehen kann, was zu tun ist. So erhalten Sie die perfekte Anleitung, die Ihnen dabei hilft, Ihren Windows-PC im Alltag unkompliziert nutzen zu können.

Mit diesem Buch meistern Sie alle Aufgaben, die Sie mit Ihrem PC bewältigen wollen, von der Installation, über Internet und E-Mails bis hin zur Netzwerkeinrichtung. Entdecken Sie, was im neuen Windows so alles drinsteckt.

Dieses Buch wurde mit größter Sorgfalt geschrieben und hergestellt. Sollten Sie dennoch einmal Fehler finden oder inhaltliche Anregungen haben, freue ich mich, wenn Sie mit mir in Kontakt treten. Natürlich nehme ich auch Lob entgegen. Zunächst aber wünsche ich Ihnen viel Freude beim Lesen und viel Spaß mit Windows 8!

Ihr Jan Watermann
Lektorat Vierfarben

jan.watermann@vierfarben.de

Auf einen Blick

Teil I:	Windows installieren und einrichten	35
Teil II:	Dokumente und Dateien verwalten	129
Teil III:	Hardware und Software	229
Teil IV:	Mit Windows im Internet und unterwegs	289
Teil V:	Multimedia und Zubehör	421
Teil VI:	Windows mit mehreren Benutzern	497
Teil VII:	Sicherheit	527
Teil VIII:	Windows administrieren	623
Teil IX:	Anhang	711

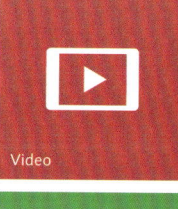

Impressum

Sie haben Fragen, Wünsche oder Anregungen zum Buch?
Gerne sind wir für Sie da:

Anmerkungen zum Inhalt des Buches: jan.watermann@vierfarben.de
Bestellungen und Reklamationen: service@vierfarben.de
Rezensions- und Schulungsexemplare: thomas.losch@vierfarben.de

Das vorliegende Werk ist in all seinen Teilen urheberrechtlich geschützt. Alle Rechte vorbehalten, insbesondere das Recht der Übersetzung, des Vortrags, der Reproduktion, der Vervielfältigung auf fotomechanischem oder anderen Wegen und der Speicherung in elektronischen Medien.

Ungeachtet der Sorgfalt, die auf die Erstellung von Text, Abbildungen und Programmen verwendet wurde, können weder Verlag noch Autor, Herausgeber oder Übersetzer für mögliche Fehler und deren Folgen eine juristische Verantwortung oder irgendeine Haftung übernehmen.

Die in diesem Werk wiedergegebenen Gebrauchsnamen, Handelsnamen, Warenbezeichnungen usw. können auch ohne besondere Kennzeichnung Marken sein und als solche den gesetzlichen Bestimmungen unterliegen.

An diesem Buch haben viele mitgewirkt, insbesondere:

Lektorat Jan Watermann
Korrektorat Petra Biedermann, Reken
Herstellung Iris Warkus
Einbandgestaltung Mai Loan Nguyen Duy
Coverfotos iStockphoto 2545277 © knape, 21194531 © knape, 17177767 © Joan Vicent Cantó Roig, 12834023 © Joan Vicent Cantó Roig, 18571611 © cao yu, 21210675 © Aliaksei Kaponia; Mai Loan Nguyen Duy
Layout Vera Brauner
Satz Markus Miller, München
Druck Himmer AG, Augsburg

Gesetzt wurde dieses Buch aus der TheSansOsF SemiLight (9,5 pt/13,25 pt) in Adobe InDesign CS6. Und gedruckt wurde es auf mattgestrichenem Bilderdruckpapier (115 g/m^2). Hergestellt in Deutschland.

Bibliografische Information der Deutschen Nationalbibliothek
Die Deutsche Nationalbibliothek verzeichnet diese Publikation in der Deutschen Nationalbibliografie; detaillierte bibliografische Daten sind im Internet über http://dnb.d-nb.de abrufbar.

ISBN 978-3-8421-0058-9

1. Auflage 2013
© Vierfarben, Bonn 2013
Vierfarben ist ein Verlag der Galileo Press GmbH
Rheinwerkallee 4, D-53227 Bonn
www.vierfarben.de

Der Verlagsname Vierfarben spielt an auf den Vierfarbdruck, eine Technik zur Erstellung farbiger Bücher. Der Name steht für die Kunst, die Dinge einfach zu machen, um aus dem Einfachen das Ganze lebendig zur Anschauung zu bringen.

Inhalt

Einleitung 33

Teil I: Windows 8 installieren und einrichten

1 Das ist neu in Windows 8 37

1.1	Die wichtigsten Neuerungen von Windows 8	37
1.2	Die neue Oberfläche von Windows	40
1.3	So arbeiten Sie auf der »alten« Oberfläche	41
1.4	Internet Explorer 10 in neuer Optik	41
1.5	Windows auf dem Tablet – die Wischgesten	42
1.6	Der neue Explorer	43
1.7	Windows zum Mitnehmen	44
1.8	Apps kaufen im Store	44
1.9	SkyDrive	45
1.10	Schutz vor Viren und anderen Schädlingen	45
1.11	Welche Edition ist die richtige für Sie?	46
1.12	Die verschiedenen Editionen von Windows 8	46

2 Windows 8 installieren 49

2.1	Das sollten Sie vor der Installation tun	50
	Wann muss Windows installiert werden?	50
	Ist mein Rechner bereit für Windows 8?	50
	Legen Sie alle wichtigen Dinge zurecht	51
2.2	Windows 8 installieren	51
2.3	Die schnelle Variante	52
2.4	Windows 8 einrichten	54
2.5	Die Express-Einstellungen	57

Inhalt

2.6	**Windows 8 aktivieren**	58
	Wann muss Windows 8 aktiviert werden?	58
	So vermeiden Sie Probleme bei der Aktivierung	58
2.7	**Partitionieren**	58
	Grundlagen zum Thema Partitionieren	59
	Der MBR	59
	So wird eine Festplatte richtig partitioniert	60
	Die Partitionen erstellen	60
2.8	**Die Datenträgerverwaltung**	62
2.9	**Partitionen und Festplatten richtig formatieren**	66
	Arten der Formatierung	66
	Formatieren mit dem Windows-Explorer	66
	Eine vollständige Formatierung durchführen	67
	Formatieren in der Computerverwaltung	67
	Formatieren mit einem Befehl	67
2.10	**Windows richtig ausschalten**	68
	Richtig herunterfahren	68
	Der Befehl »shutdown«	69
	So melden Sie sich richtig an	70
2.11	**Wichtige Treiber einrichten**	70
2.12	**Der Windows-8-Bootmanager**	70
2.13	**Festplatten und Partitionen verwalten**	71
	Kleine Aufgaben über den Windows-Explorer erledigen	71
	Ein Laufwerk komprimieren	72
	ReadyBoost	72
	Ein Volume in der Computerverwaltung vergrößern	72
	Laufwerksbuchstaben ändern	73

3	**Update und Upgrade: Windows »erneuern«**	**75**
3.1	Update oder Upgrade – was ist der Unterschied?	75
3.2	Ein Upgrade erwerben	75
3.3	Ein Update durchführen	76
	Die Einstellungen zu den Updates einsehen und festlegen	76
	Windows automatisch nach Updates suchen lassen	77
	Den Updateverlauf einsehen	77

Inhalt

3.4	Das Wartungscenter verwenden	78
	Die Meldungen im Wartungscenter verstehen	78
	Die Wartungscentereinstellungen anpassen	79
3.5	Apps auf den neusten Stand bringen	81

4 Der erste Start: Ihr neues Windows 8 kennenlernen — 83

4.1	Der Systemstart von Windows 8	83
	Ausführliche Meldungen beim Systemstart	83
	Den Systemstart von Windows 8 beeinflussen	84
4.2	Desktop und Startbildschirm kennenlernen	86
	Die Oberfläche einrichten	86
	Die Browserwahl	86
	Die wichtigsten Elemente Ihres Startbildschirmes	88
	Die wichtigsten Elemente des klassischen Desktops	91
	So passen Sie den Windows-8-Desktop an	93
	So passen Sie Ihren Windows-Desktop an	96
	Versteckte Systemdateien anzeigen	99
4.3	Maus und Tastatur einrichten	99
4.4	Wischgesten	101
4.5	Einen zweiten Monitor verwenden	102
4.6	Wichtige Einstellungen in der Systemsteuerung	104
	Symbolansicht und Menübaum der Systemsteuerung	104
	Soundkarten einstellen	105
	Einen Gamecontroller einrichten	107
	Die Uhr in der Taskleiste einrichten	108
	Die Uhrzeit mit einem Zeitserver abgleichen	109
	Die Region und das Format der Uhrzeit anpassen	110
4.7	Das Kontextmenü verwenden	111
4.8	Programme installieren	112
	Ein Programm von CD oder DVD installieren	112
	Ein Programm über den Windows-Explorer installieren	114
	Der Umgang mit komprimierten Dateien	114
	Die Installation eines Programms überprüfen	115
	So löschen Sie ein Anwendungsprogramm	116
	Programme und Spiele testen ohne Risiko	116

Inhalt

4.9	**Kurzeinstieg in die Arbeit mit dem Windows-Explorer**	117
	Die Möglichkeiten im Windows-Explorer	117
	Die wichtigsten Funktionen in der Übersicht	118
	Die Möglichkeiten des Dateimanagers	120
	Die Alternative FreeCommander	122
	Der Alleskönner im schicken Look: Directory Opus	124
4.10	**Grundlagen für die ersten Schritte mit Windows 8**	125
	Daten von Ihrem alten Rechner übertragen	125
	Welchen Rechner haben Sie eigentlich?	127
	Die Leistungsfähigkeit testen	127

Teil II: Dokumente und Dateien verwalten

5 Ein paar hilfreiche Tipps für den Alltag — 131

5.1	Mit Wechselmedien arbeiten	131
5.2	So formatieren Sie USB-Sticks und Speicherkarten richtig	132
5.3	Die Schnellformatierung verwenden	133
5.4	Welches Dateisystem ist das richtige?	133
5.5	Das Dateisystem NTFS	133
5.6	Dateien mit Windows 8 packen und entpacken	134
5.7	Zweimal derselbe Dateiname? Geht das?	136
5.8	Platz sparen mit der eingebauten Kompression	137
	Eine komplette Partition komprimieren	138
	ISO-Abbilder mit Windows 8 brennen	138
5.9	Der Windows-Explorer brennt das Abbild nicht	139
	ISO-Dateien wie ein Laufwerk benutzen	139
	Bilder im Windows-Explorer drehen	140
	Bilddateien als Diashow wiedergeben	140

6 Windows 8 geschickt bedienen — 141

6.1	Aero für Einsteiger	141
	Die Vorteile von Aero Peek auf einen Blick	142
	Fenster ganz einfach mit der Maus bewegen: Aero Snap	143
	Fenster auswählen mit kräftigem Schütteln: Aero Shake	143

	Vorinstallierte Gadgets	145
	So richten Sie Gadgets ein	147
6.2	**Die Aero-Oberfläche individualisieren**	148
	Designs und Designelemente wählen	148
	Alternativen auswählen	148
	Sounds anpassen	149
	Den Bildschirmschoner wieder anschalten	149
	Eigene Bilder als Bildschirmschoner verwenden	150
	Hintergrundbilder aus einer Bibliothek verwenden	150
	Die Farbe des Desktophintergrundes wählen	151
	Weitere Designs aus dem Internet verwenden	152
	Kann man Designs miteinander mischen?	154
	So erhalten Sie Ihren altbekannten Windows-Desktop zurück	154
6.3	**Die Taskleiste anpassen**	155
	Die Taskleiste anpassen	155
	Größe der Tastleiste anpassen	155
	Symbolleisten in der Taskleiste verwenden	157
	Eine eigene Symbolleiste erstellen	157
	Den Infobereich von Windows 8 anpassen	158
	Den Infobereich anpassen	158
	Ein Desktopsymbol für Ihr Lieblingsprogramm erstellen	159
	Tastenkombination festlegen	161
	ClearType aktivieren und einrichten	161
6.4	**So finden Sie weitere Gadgets für Ihren klassischen Desktop**	162
6.5	**Den neuen Startbildschirm anpassen**	162
	Die App-Benachrichtigungen anpassen	162
	System-Apps auf dem neuen Startbildschirm anzeigen	163
	Die Kacheln auf dem neuen Startbildschirm anpassen	163

7 Die Schnelleinstellungen verwenden   165

7.1	Die Schnelleinstellungen aufrufen	165
7.2	Apps suchen	165
7.3	Die Schnelleinstellung »Start«	166
7.4	Die Einstellungen verwenden	167

Inhalt

8 Die PC-Einstellungen ändern — 171

- 8.1 Allgemeines zu den PC-Einstellungen — 171
- 8.2 Die Benutzereinstellungen festlegen — 172
  - Persönliche Daten synchronisieren — 172
  - Das Passwort ändern — 173
  - Einen Bildcode erstellen — 173
  - PIN erstellen — 174
  - Einen Benutzer hinzufügen — 174
  - Die Sucheinstellungen anpassen — 174
- 8.3 Inhalte teilen — 175
  - Allgemeine Einstellungen — 175
  - Die Uhrzeit einstellen — 175
  - Die Einstellungen zum App-Wechsel festlegen — 176
  - Rechtschreibung und Sprache einstellen — 176
  - Die Größe der installierten Apps einsehen — 176
- 8.4 Einstellungen zum Datenschutz des Rechners — 177
- 8.5 Geräteeinstellungen — 178
- 8.6 Einstellungen für die erleichterte Bedienung — 178
- 8.7 Einstellungen synchronisieren — 178
- 8.8 Die Heimnetzgruppe einrichten — 179
- 8.9 Ein Windows-Update durchführen — 180

9 Der Windows-Explorer — 181

- 9.1 Die neue Multifunktionsleiste des Windows-Explorers — 181
  - Der neue Aufbau des Windows-Dateimanagers — 181
  - Das Menü »Datei« — 183
  - Die Symbolleiste für den Schnellzugriff — 183
- 9.2 Den Dateimanager starten und verwenden — 185
  - Den Windows-Dateimanager öffnen — 185
  - Verknüpfung für den Dateimanager erstellen — 186
  - Den Explorer mit Parametern öffnen — 187
  - Den Navigationsbereich verwenden — 188
  - Umgang mit Dateien — 189
  - Ein Programm über das Kontextmenü wählen — 189
  - Die Verknüpfung zu einem Standardprogramm verändern — 190

Drag & Drop	191	
Der Papierkorb	192	
Dateien umbenennen	192	
Dateien sortieren	193	
Dateien stapeln	194	
Mit Ordnern arbeiten	194	
Mehrere Ordner markieren	195	
Schneller Zugriff auf oft verwendete Dateien und Ordner	197	

Die Ordneroptionen	197
Hardware sicher entfernen	198
Umgang mit dem Papierkorb	198
So nutzen Sie den Detailbereich	200
Die Sprungliste einsehen und verwenden	201
Wichtige Tastenkombinationen, die Ihnen das Leben erleichtern	202

9.3 Die Ansicht einrichten — 203

Spalten auswählen	203
Die Breite der Spalten im Dateimanager anpassen	203
Die Breite an den Inhalt anpassen	203
Die Diashow direkt aus dem Explorer heraus	204
So wählen Sie das Symbol für einen Ordner selbst aus	204
Preview: Die beste Symbolgröße wählen	206
Den Navigationsbereich anpassen	206

9.4 Dateien und Ordner suchen — 207

Dateien oder Ordner suchen	207
Komplexe Suchanfragen durchführen	207
Suchoperatoren verwenden	208
Platzhalter für eine Dateisuche verwenden	209
Die Volltextsuche verwenden	209
Die Indizierungsoptionen einsehen und bearbeiten	209
Den Index löschen	210
So wählen Sie aus, welche Dateitypen indiziert werden sollen	211

9.5 Der Windows-Explorer für Fortgeschrittene — 212

Die Zugriffsrechte einer Datei oder eines Ordners bearbeiten	212
Den gesamten Inhalt sichtbar machen: Systemdateien einblenden	215
Die Komprimierungsfunktion von Windows 8	216
Mehrere Dateien in ein Zip-Archiv packen	216
Eine Zip-Datei entpacken	217

Inhalt

	Bilddateien von einer Digitalkamera importieren	218
	Der Rechner verfügt über keinen Kartenslot?	218
	Digitalkamera und Smartphone mit dem PC verbinden	220
	Die Funktionen für die automatische Wiedergabe anpassen	220
	Den Freeware-Medienplayer VLC installieren	221
	Direkt aus dem Explorer heraus eine CD oder DVD erstellen	222
9.6	Mit Bibliotheken arbeiten	224
	So übernehmen Sie den Inhalt eines Ordners in eine Bibliothek	224
	Die Eigenschaften einer Bibliothek einsehen	225
9.7	Freigabeoptionen einrichten	225
	Eine Freigabe erstellen	226
	Eine erweiterte Freigabe erstellen	227

Teil III: Hardware und Software

10 Programme installieren und entfernen 231

10.1	Ein Programm installieren	231
10.2	Apps aus dem Windows Store laden und installieren	234
	Ein erster Blick in den Windows Store	234
	Eine App auswählen und installieren	236
	Apps aktualisieren	237
10.3	Die Installation eines Programms überprüfen	237
10.4	Anwendungen auf den neusten Stand bringen	239
10.5	Ein Programm löschen	239

11 Programme und Tools in Windows 8 241

11.1	Die Apps auf dem Startdesktop	241
	Bing	241
	Desktop	242
	Finanzen	243
	Fotos	243
	Internet Explorer	243
	Kalender	244
	Kamera	244
	Karten	244

Kontakte	245
Mail	245
Musik	245
Nachrichten	245
News	246
Reader	246
Reisen	246
SkyDrive	247
Spiele	247
Sport	248
Startfenster	248
Windows Store	249
Video	249
Wetter	249
11.2 Die Apps für die erleichterte Bedienung	**250**
Bildschirmlupe	250
Bildschirmtastatur	250
Sprachausgabe	251
Windows-Spracherkennung	251
11.3 Die Apps aus der Rubrik »Windows-System«	**251**
Ausführen	252
Computer	252
Eingabeaufforderung	253
Explorer	253
Hilfe und Support	253
Standardprogramm	254
Systemsteuerung	255
Task-Manager	255
Windows Defender	256
Windows PowerShell	256
Windows-EasyTransfer und Windows-EasyTransfer-Berichte	256
11.4 Die Apps aus der Gruppe »Windows-Zubehör«	**257**
Audiorecorder	257
Editor	259
Kurznotizen	260
Mathematik-Eingabebereich	260
Paint	261
Der Rechner	261
Die Remotedesktopverbindung	263
Schrittaufzeichnung	264

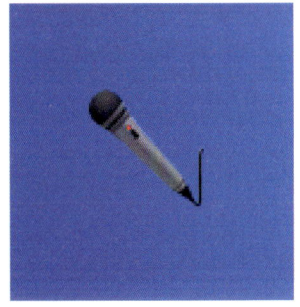

Inhalt

Das Snipping Tool	264
Windows-Fax und -Scan	265
Das Windows-Journal	265
WordPad	266
Der XPS-Viewer	266
Die Zeichentabelle	267

12 Werkzeuge für die erleichterte Bedienung verwenden — 269

Die Bildschirmlupe	269
Die Bildschirmtastatur	270
Das Center für eine erleichterte Bedienung	271
Den Computer ohne Bildschirm verwenden	272
Das Erkennen von Bildschirmobjekten erleichtern	272
Den Computer ohne Maus und Tastatur bedienen	273
Die Verwendung der Maus erleichtern	273
Die Verwendung der Tastatur erleichtern	273
Sounds verwenden	274
Das Ausführen von Aufgaben erleichtern	274
Die Verwendung von Touchscreens und Tablets erleichtern	275

13 Drucken mit Windows 8 — 277

13.1 Drucker einrichten	277
So richten Sie Ihren Drucker unter Windows 8 ein	278
Den Drucker schnell einrichten	278
Den Druckertreiber manuell installieren	280
Einen alten Druckertreiber verwenden	281
Was tun, wenn das Druckbild Fehler aufweist?	282
13.2 Dokumente drucken	283
Dokumente aus dem Explorer heraus drucken	284
Bilder aus dem Explorer heraus drucken	284
Mehrere Bilder auf ein Blatt drucken	284
Druckereinstellungen und Druckereigenschaften einsehen	284
Die Druckerwarteschlange überprüfen verwalten	285
13.3 Drucken im Netzwerk	286

Teil IV: Mit Windows im Internet und unterwegs

14 Grundlagen zum Thema Internet ... 291

14.1 Das World Wide Web und seine Möglichkeiten ... 291
14.2 Wie ist eine Webadresse aufgebaut? ... 292
14.3 Webforen, Chats und Co.: Wie Sie sich hier verhalten sollten ... 293
14.4 Keine Angst vor Smileys und Actions ... 294
    Actions verwenden ... 294
    Die häufigsten Smileys in Aktion ... 294
    Was bitte ist Netzjargon? ... 294
14.5 Suchen im Internet ... 295
    Die Suchmaschinen Google und Bing nutzen ... 295
    Leo ... 296
    Wikipedia erklärt, was Sie wissen möchten ... 296
    Weitere Wikipedia-Ableger verwenden ... 296
    Wikimedia Commons ... 297
    Wiktionary ... 297
    Wikibooks ... 297
    Wikiversity ... 297
    Wikinews ... 298
    Wikiquote ... 298
    Wikisource ... 298
    Wikispecies ... 298
    Nachrichten finden Sie auch mit Google ganz einfach ... 298
    Stadtplandienst: So finden Sie Ihre Ziele ... 299
    Mit Google Maps von A nach B kommen ... 299
    Freie Texte des Projekts Gutenberg ... 299
14.6 Social Communitys ... 300

15 Netzwerk- und Internetverbindungen einrichten ... 303

15.1 Eine Netzwerkverbindung aufnehmen und verwalten ... 304
    Eine kleine Einführung zum Thema Netzwerk ... 304
    Verschiedene Typen von Netzwerken ... 304
    So verbinden Sie Ihre Netzwerkkarte mit einem DSL-Modem ... 305

	Das Netzwerk- und Freigabecenter einsehen	305
	So erreichen Sie das Netzwerk- und Freigabecenter	305
	Das Netzwerk- und Freigabecenter verwenden	306
	Die Verbindung überprüfen	307
	Den Status der LAN-Verbindung einsehen	307
	Den Netzwerkstandort korrigieren	310
	Eine Verbindung deaktivieren und wieder aktivieren	311
	So verwenden Sie den Internetverbindungsassistenten	312
	Modem oder ISDN: Eine Wählverbindung einrichten	313
	Die Heimnetzgruppen-Einstellungen einsehen und anpassen	313
	Auf den DSL-Router zugreifen	314
15.2	**IP-Einstellungen festlegen**	**316**
	Grundlagen zu den IP-Einstellungen	316
	IP-Adresse, Subnetzmaske und Standardgateway festlegen	317
	Die IP-Adresse für das Internetprotokoll Version 4 festlegen	317
	Einführung in das Internetprotokoll Version 6	318
	Die IP-Adresse für das Internetprotokoll Version 6 festlegen	318
	DNS-Server bestimmen	319
	WINS-Server festlegen	319
	Manuelle IP-Routen mit Befehlen festlegen	319
	Den RIP-Listener anschalten	320
	Mit dem Befehl »netsh.exe« IPv6 auf der Befehlszeile einrichten	320
15.3	**Den Internetzugang überwachen**	**322**
	Den Netzwerkverkehr überwachen	322
	Die Internetprotokollkonfiguration einsehen	322

16 Unterwegs im Internet 325

16.1	**Der neue Internet Explorer**	**326**
	Den Internet Explorer starten und verwenden	326
	Eine Website als Favorit anheften	327
	Eine Website an die Startseite heften	328
	Zwischen verschiedenen geöffneten Tabs wechseln	328
	Links in einem anderen Fenster öffnen	328
	Die Windows-Zwischenablage verwenden	328
	Inhalte auf großen Webseiten suchen	329
	Alle geöffneten Registerkarten schließen	329

Das Internet im Modus InPrivate besuchen ... 329
Was der Internet Explorer im App-Design nicht kann ... 330

16.2 Der klassische Modus ... 330

So rufen Sie die klassische Version des Internet Explorers auf 330
Die Eingabe kompletter Webadressen ist nicht notwendig ... 331
Vorschläge von Bing erhalten ... 333
Vorgeschlagene Websites besuchen ... 334
Den Verlauf verwenden ... 334
Die Favoriten ... 335
Lieblingsseiten als Favoriten ablegen ... 335
Favoriten in einem eigenen Ordner ablegen ... 336
Die Favoritenleiste verwenden ... 336
Die Favoritenleiste bearbeiten ... 337
So bearbeiten Sie Ihre Favoriten ... 337
Favoriten verschieben ... 338
Eine bereits besuchte Webseite schnell wieder aufrufen ... 339
Die Funktionen in der Adresszeile ... 339
Anzeige, Schriftarten und Formatierungen anpassen ... 340
Die beliebtesten Sites ... 340
Mit der Schnellsuchleiste das Web durchsuchen ... 341
Die eingetragenen Suchanbieter bearbeiten ... 342
So passen Sie die Startseite im Internet Explorer an ... 343
Die neue Startseite ausprobieren ... 343
Webseiten drucken ... 344
Schnellinfos verwenden ... 345
Empfehlen Sie Webseiten per E-Mail Ihren Freunden ... 346
So speichern Sie eine Website ab ... 347
Feeds mit dem Internet Explorer abonnieren ... 347

16.3 Den Microsoft-Browser einstellen und anpassen ... 350

Die Einstellungen im Register »Allgemein« ... 350
Die Einstellungen im Register »Inhalte« ... 350
AutoVervollständigen anpassen ... 351
Die Einstellungen zur Barrierefreiheit des Internet Explorers ... 351
Die Einstellungen im Register »Erweitert« ... 351
Die Einstellungen zum Browsen im WWW ... 352
Die Einstellungen unter »International« ... 352
Die Multimedia-Einstellungen im Internet Explorer ... 352
Die Sicherheitseinstellungen ... 352
Die Einstellungen im Register »Programme« ... 353

16.4	**Der Internet Explorer für fortgeschrittene Anwender**	355
	Den Tracking-Schutz verwenden	355
	Den Tracking-Schutz erstmalig einrichten	355
	Den Tracking-Schutz verwalten	356
	Die angepasste Liste verwenden	357
	Symbolleisten und Erweiterungen verwalten	357
	Eine unsichere Website melden	357
	Den SmartScreen-Filter verwenden	358
	Die Entwicklertools aufrufen und nutzen	358
	Den Download-Manager nutzen	360
	Die Tastaturnavigation verwenden	360
	Toolbars für Google und Co.	360
	Die Google Toolbar verwenden	360
	Die Yahoo! Toolbar nutzen	361
	Die Toolbar von eBay	361
	Weitere interessante Toolbars	361
	So navigieren Sie mit Tastaturkommandos durch Ihre Lieblingsseiten	363
16.5	**Internetangebote für Fortgeschrittene: FTP, Skype und mehr**	363
	Windows Live nutzen	364
	Webdienste von Google nutzen	364
	Skype	364
	FTP nutzen	364
16.6	**Coole Tipps für Ihren Besuch im Internet**	365
	Windows Live Kalender: Termine online	365
	Ein erster Blick auf den Onlinekalender	365
	Einen Termin erstellen	367
	SkyDrive: Sichern Sie Daten online	367
	Ein erster Blick auf den Online-Speicherplatz SkyDrive	368
	Erstellen Sie eine kleine Website ohne ein teures HTML-Programm	369

17 Windows Mail — 371

17.1	**Windows Mail nutzen**	371
	Ein erster Überblick über das Programm	371
	Eine Nachricht schreiben	372
	Eine Nachricht beantworten	372

Nachrichten löschen und verschieben	372
Nachrichtenordner anheften	373

17.2 Windows-Live-Programme nutzen ... 373

Diese Programme gehören zu Windows Live	374
Hotmail	374
Fotos	375
SkyDrive	375
Profil	375
Die Windows-Live-ID	375
Kalender	376
Gruppen	376
Messenger	376
Mail	376
Fotogalerie	377
Movie Maker	377
Writer	377
Family Safety	377
Toolbar	378
Windows-Live-Programme finden und installieren	378
Ein erster Überblick über das Programm	380

17.3 Windows Live Mail einrichten und nutzen ... 381

Ein E-Mail-Konto einrichten	382
Ein E-Mail-Konto manuell einrichten	383
Ein GMX-Konto einrichten	384
Ein E-Mail-Konto bei Arcor einrichten	384
Ein E-Mail-Konto bei Freenet einrichten	385
Ein E-Mail-Konto bei Gmail einrichten	385
Die Kontoeinstellungen überprüfen	385
Das neue E-Mail-Konto testen	386

17.4 So bewältigen Sie den E-Mail-Alltag ... 387

Nachrichten abholen, lesen, schreiben und beantworten	387
Eine neue Nachricht schreiben	388
Nachrichten formatieren	388
Smileys verwenden	391
Einen Hyperlink in eine Nachricht einfügen	391
So verwenden Sie eine persönliche Signatur	391
Visitenkarten verwenden	393
Bilddateien einfügen	394
Dateien anfügen	395
Die passende Schnellansicht verwenden	396

17.5 Wichtige Kontakte im Adressbuch festhalten 398
Das Adressbuch öffnen und aufräumen 398
Eine neue Adresse eingeben 399
Einen umfangreichen Adressbucheintrag erstellen 400
Eine E-Mail an einen vorhandenen Kontakt senden 400
Eine E-Mail-Adresse in das Adressbuch eintragen 401
Eine komplette Visitenkarte übernehmen 401

17.6 Mit Ordnern Nachrichten sortieren 402
Einen neuen Ordner erstellen 402
Nachrichten in einen Ordner verschieben 403
Bestimmte Nachrichten mit Bedingungen aussortieren 403
Aktionen in Nachrichtenregeln verwenden 404
So erstellen Sie eine Nachrichtenregel 405
Eine Nachrichtenregel anwenden 407

17.7 Der richtige Umgang mit Spam- und Virenmails 408
E-Mails im Format HTML oder Text? 409
Spamnachrichten aussortieren 409
E-Mail-Kennzeichnung entfernen 410
Die Sicherheitsoptionen richtig einstellen. 410
Was ist eine Phishing-E-Mail, und wie geht man damit um? 411

17.8 Termine mit Windows Live Mail erfassen 412
Ein erster Blick auf den Kalender 412
So erstellen Sie einen Termin im Kalender von
Windows Live Mail 413
So erstellen Sie eine Ereigniswiederholung 413
Jemanden per E-Mail zu einem Termin einladen 414

18 FTP mit Windows 8 415

18.1 Datenübertragung leichtgemacht – FTP im Einsatz 415
Was ist eigentlich FTP? 415
Eine FTP-Verbindung mit dem Internet Explorer aufnehmen 415
FTP mit dem Freeware-Dateimanager FreeCommander 416

18.2 Eine gute Alternative: FileZilla 417
FileZilla herunterladen und installieren 417
FileZilla verwenden 418

Teil V: Multimedia und Zubehör

19 Bilder und Videos — 423

19.1 Bilder finden und verwalten — 424
Wählen Sie die richtige Vorschaugröße für Ihre Bilddateien — 424
So sehen Sie, um welchen Bildtyp es sich handelt — 425
Den Detailbereich verwenden — 426
Bilddateien im Windows-Explorer sortieren — 427
Bilddateien suchen — 427

19.2 Die Foto-App verwenden — 428

19.3 Ashampoo Image FX — 429

19.4 Die Kamera-App nutzen — 431

19.5 Für Kreative: Paint — 432
Diese Möglichkeiten haben Sie mit Paint — 432
Eine einfache Zeichnung mit Paint erstellen — 432
Strichstärken und Pinsel verwenden — 433

19.6 Fotos verwalten und sortieren mit der Windows Live Fotogalerie — 434
Diese Funktionen finden Sie in der Windows Live Fotogalerie — 434
Einen Ordner importieren — 434
Eine Bilddatei bearbeiten — 435
Die verschiedenen Bildbearbeitungsfunktionen nutzen — 437
Filtereffekte anwenden — 438

19.7 Videobearbeitung ganz einfach: Windows Live Movie Maker — 438
Das Videobearbeitungsprogramm installieren — 438
Ein neues Projekt beginnen — 438
Effekte und Übergänge verwenden — 439

20 Der Windows Media Player — 441

20.1 Erste Schritte mit dem Windows Media Player — 442
Diese Funktionen beherrscht der Media Player — 442
Die Grundeinrichtung des Programms — 443
Wichtige Einstellungen festlegen — 444
Die Medienbibliothek einrichten — 445

Die Datenschutz-Einstellungen 445
Die Sicherheitseinstellungen korrigieren 446
Die Update-Einstellungen des Players einsehen und anpassen ... 446
Das Layout und die sichtbaren Elemente anpassen 446
Den Navigationsbereich anpassen 446
Layouteinstellungen wählen 447
Ein Design auswählen 448
Bestimmen Sie, wie die angezeigten Inhalte sortiert werden 450
Die Steuer- und Bedienelemente des Media Players 451

20.2 Musik und Videos mit dem Media Player wiedergeben 452
Eine Musik-CD mit dem Media Player wiedergeben 452
So ergänzen Sie die Albuminformationen 453
Titelinformationen selbst erstellen oder verändern 454
Wiedergabelisten erstellen und verwalten 454
Die automatisch erstellte Wiedergabeliste 455
Musik und Videos direkt aus dem Media Player
heraus brennen 457

20.3 Audio- und Videoinhalte streamen 458
Streamingzugriff auf die Medienbibliothek vorbereiten 459
Auf die Multimediadateien im Netzwerk zugreifen 460
Internetzugriff auf Musikdaten verwenden 461
Die Remotesteuerung einrichten 461

20.4 Was der Media Player noch so alles kann 462
Livestreams auf Websites finden 462
Die Visualisierung verwenden 462
Medien synchronisieren 463
Plug-ins verwenden 463
Gelöschte Bibliothekselemente wiederherstellen 464
TV-Inhalte festhalten und wiedergeben 464

21 Spielen mit Windows 8 467

21.1 Ein Microsoft-Game erstmals aufrufen 467
21.2 Xbox Games 468
21.3 Pinball FX2 472
21.4 Microsoft Minesweeper 474
21.5 Microsoft Mahjong 474
21.6 Microsoft Solitaire Collection 475

21.7	So finden und installieren Sie weitere kostenlose Games	476
21.8	Snook!	477
21.9	Harbor Story II	478
21.10	Chessboard	478
21.11	Island Tribe 2	478
21.12	SunAge	479
21.13	The Treasures of Montezuma	480
21.14	WordSearch	480
21.15	Doodle Devil	480
21.16	Jetpack Joyride	481

22 Die Windows-Spracherkennung   483

22.1	Einführung in das Thema Spracherkennung	483
	Welche Möglichkeiten haben Sie mit einer Spracherkennung?	483
	Windows-Tool oder Extra-Programm? Was ist die bessere Lösung?	483
	Die Grenzen einer Spracherkennung	484
22.2	Befehle per Sprache eingeben	484
	Vorarbeiten: Das Headset anschließen	484
	Windows-Befehle per Spracherkennung eingeben	486
	Hier finden Sie die Funktionen der Windows-Spracherkennung	487
	Das Lernprogramm aufrufen und nutzen	488
	Die Spracherkennung verwenden	490
	Diese Sprachbefehle kennt Windows 8 bereits	492
22.3	Die Windows-Sprachausgabe verwenden	494
	Eine deutsche Stimme installieren	494
	So verwenden Sie die Sprachausgabe von Windows 8	495

Teil VI: Windows mit mehreren Benutzern

23 Benutzerkonten erstellen, verwenden und verwalten   499

23.1	**Die Benutzerkontensteuerung (User Account Control)**	499
	Wozu dient die Benutzerkontensteuerung?	500
	Was darf ein Benutzer, und was darf ein Administrator?	500
	Die Benachrichtigungen über Änderungen einrichten	501
	Gruppenrichtlinien für die Benutzerkontensteuerung	501
	Gruppenrichtlinien der Benutzerkontensteuerung ändern	502
	Die einzelnen Richtlinien und ihre Bedeutung	503
	Den Administrator anschalten	505
23.2	**Benutzerkonten verwalten**	506
	Ein Benutzerkonto bearbeiten	506
	Ein nicht mehr notwendiges Benutzerkonto entfernen	507
	Eine Kennwortrücksetzungsdiskette erstellen	507
	Die Anmeldeinformation verwalten	509
	Mit Kontingenten arbeiten	510

24 Fernsteuerung und Fernwartung — 513

24.1	**Grundlagen zum Thema Remoteverbindung**	513
	Die Möglichkeiten des Remotezugriff	514
	Arten einer Remoteverbindung	514
24.2	**Eine Remotesitzung durchführen**	514
	Die Remoteunterstützung zulassen	515
	So laden Sie jemanden zu einer Remotesitzung ein	515
	Eine Remoteunterstützung annehmen	517
	Die Remoteunterstützung per E-Mail annehmen	517
	Textnachrichten während einer Remotesitzung austauschen	519
	Die Remoteunterstützung einschränken	520
	Die Remoteunterstützung beenden	520
24.3	**Den Remotedesktop verwenden**	520
	Remotedesktopbenutzer einrichten	520
	Eine Remotedesktopverbindung durchführen	521
	Wichtige Einstellungen für die Verwendung des Remotedesktops	522
	Anzeige	522
	Lokale Ressourcen	522
	Programme	523
	Leistung	524
	Erweitert	524

Teil VII: Sicherheit

25 Laufwerke und Dateien verschlüsseln — 529

25.1 Eine Einführung in die Datenverschlüsselung — 529
Die Vorteile der Datenverschlüsselung — 529
Allgemeines zum Verschlüsselungssystem EFS — 530
Allgemeines zum Verschlüsselungssystem BitLocker — 531

25.2 Dateien mit EFS verschlüsseln — 531
So wird eine Datei verschlüsselt — 531
Eine Verschlüsselung aufheben — 533
Einen Ordner mit einem Befehl verschlüsseln — 535
Zertifikate zur Dateiverschlüsselung verwalten — 535

25.3 Eine Festplattenpartition mit BitLocker verschlüsseln — 536
Die TPM-Konsole verwenden — 536
BitLocker anschalten — 536
BitLocker auf Rechnern ohne TPM-Chipsatz — 536

26 Daten sichern — 541

26.1 Das Windows-Betriebssystem mit einem Systemabbild sichern — 541
Warum man Daten sichern sollte — 541
Die Einstellungen zum Computerschutz prüfen — 542
Ein Systemabbild erstellen — 543
Einen Systemreparaturdatenträger erstellen — 544
Alte Wiederherstellungspunkte löschen — 544

26.2 Ein Systemabbild wiederherstellen — 545
Ein automatisch erstelltes Systemabbild zurücklesen — 545
Betroffene Programme anzeigen — 547
Die erweiterten Wiederherstellungstools — 547

26.3 Die Windows-Sicherung verwenden — 548
Eine Datensicherung mit Windows 8 erstellen — 548
Das Sichern der Daten überwachen — 550
Die Einstellungen einer Datensicherung wiederverwenden — 551
Die Daten einer Sicherung zurücklesen — 551

26.4	Den Dateiversionsverlauf verwenden	551
26.5	Legen Sie wichtige Daten online ab	552
	GMX Media Center	552
	SkyDrive	553
	Amazon Cloud Drive	553
	Strato HiDrive	553
	Das Mediencenter von T-Online	553
26.6	Systemsicherungen und Datenbackups	554
26.7	Backups mit Personal Backup	554
26.8	Datensicherungen mit Phoenix Backup	557
	Was Phoenix Backup kann	557
	Der erste Start des Programms	557
	Formate für Ihre Datensicherung	559
	Die Modi der Datensicherung	559
26.9	Eine Datensicherung auf einem FTP-Server ablegen	560
	Einen neuen Backupauftrag erstellen	560
	Eine Datensicherung zurücklesen	562
26.10	Backups mit Norton Ghost	563
	Die wichtigsten Eigenschaften von Norton Ghost	563
	Ein erster Blick auf das Programm	563
	Die ThreatCon-Stufe	564
	Eine Datensicherung ausführen	566
	Ein erstelltes Backup wiederholt ausführen oder verändern	569
	Backups zurücklesen	569
	Die Statusübersicht einsehen	569
	Die Backup-Ziele verwalten	570
26.11	Daten sichern und schützen	570
26.12	RAID: Grundlagen	573

27 Sicher durchs Internet 575

27.1	Die Grundregeln	575
27.2	Windows Defender	576
	Ein Update ausführen	576
	Eine Schnellüberprüfung durchführen	577
	Eine ausführliche Überprüfung durchführen	577
	Die benutzerdefinierte Überprüfung	577

Den Verlauf einsehen ... 578
Die Einstellungen einsehen ... 578
Einen Virenscan automatisch ausführen ... 579

27.3 avast! Free Antivirus ... 582
Die Möglichkeiten und Vorteile des Programmes ... 582
Die Editionen des Programmes und ihre Unterschiede ... 585
So installieren Sie avast! Free Antivirus ... 585
Das Programm starten und verwenden ... 586
Einen Schnellen Virenscan durchführen ... 587
Eine vollständige Überprüfung starten ... 588
Ordner und Wechseldatenträger überprüfen ... 588
Die Einstellungen des Programmes ... 589

27.4 Alternative Sicherheitsprogramme ... 590
Vorteile ... 590
Nachteile ... 590
Verschiedene Sicherheitsprogramme kurz vorgestellt ... 591
Microsoft Safety Scanner ... 591
Tool zum Entfernen bösartiger Software ... 591
AntiVir ... 592
Sicherheitsprogramme von G Data ... 592
Antivirusprogramme von Kaspersky ... 592
Sicherheitsprogramme von Bitdefender und F-Secure ... 593
Sicherheit von ZoneAlarm ... 593
Antivirenprogramme von McAfee ... 593
Antivirenprogramme von Syn ... 593
Welches Programm ist das richtige? ... 593

27.5 Kaspersky Internet Security ... 593
Allgemeines zu Kaspersky Internet Security ... 593
Nach Viren und gefährlichen Programmen suchen ... 595
Einen Virenscan durchführen ... 595
Einen schnellen Virenscan durchführen ... 596
Einen benutzerdefinierten Virenscan durchführen ... 596
Eine Notfall-CD erstellen ... 597
Den Netzwerkmonitor verwenden ... 597
Programmaktivitäten einsehen und bearbeiten ... 598
Die Kindersicherung nutzen ... 599

27.6 Jugendgefährdende Spiele und Inhalte blockieren mit Family Safety ... 600

27.7 Die Windows-Firewall ... 604
So schalten Sie die Firewall von Windows 7 an ... 605
Den Status der Firewall überprüfen ... 606
Programme und Apps zulassen ... 606
Ein Programm freigeben ... 607
Eine App oder ein Feature sperren ... 608
Wie Sie die Sicherheit verbessern ... 608
Was bedeuten die Features? ... 608
Die wichtigsten Features ... 609
Die Benachrichtigungseinstellungen anpassen ... 609
Eine eingehende Regel erstellen ... 610
Verbindung unter bestimmten Bedingungen zulassen ... 613
Eine ausgehende Regel erstellen ... 613
Mit Verbindungssicherheitsregeln arbeiten ... 614
Authentifizierungsmethoden ... 616
Die Überwachung einsehen ... 616
Alternativen zur Windows-Firewall ... 616

27.8 Der SmartScreen-Filter ... 617

27.9 Die Sicherheitseinstellungen des Internet Explorers ... 617
So nutzen Sie InPrivate-Browsen ... 617
Unsichere Webseiten mit der SmartScreen-Filterung finden ... 618
So nutzen Sie den Popupblocker ... 618
Der richtige und sichere Umgang mit Cookies ... 619
Einstellungen zum Umgang mit Cookies festlegen ... 619
Löschen Sie alle Spuren ... 620
Die Zoneneinstellungen im Internet Explorer wählen ... 621

Teil VIII: Windows administrieren

28 Windows pflegen und optimieren ... 625

28.1 Das Betriebssystem warten und pflegen ... 626
Warum sollten Sie Windows 8 pflegen? ... 626
Leeren Sie den Papierkorb ... 626
Wichtige Elemente wiederherstellen ... 627
Die Eigenschaften des Papierkorbes ... 627
Die Windows-Datenträgerbereinigung ... 628

Systemdateien bereinigen 629
Nicht benötigte Systemwiederherstellungspunkte entfernen ... 631
Nicht benötigte Programme und Funktionen entfernen 631
Mit dem DOS-Befehl »chkdsk« eine Festplattenpartition
prüfen 632
Die Datenträgerüberprüfung verwenden 634
Das Werkzeug »Defragmentierung« nutzen 634
Die automatische Optimierung einstellen 635

28.2 Windows 8 mit einem Tuning-Programm pflegen 636
Was die TuneUp Utilities so können 636
Die Windows-Registrierung reinigen und defragmentieren 637
Welche Probleme können auftreten? 637
Neuerungen in TuneUp 2013 638
Mit den TuneUp Utilities die Windows-Registrierung
aufräumen 639
So spüren Sie defekte Verknüpfungen auf und löschen sie 640
Die Festplatte mit den TuneUp Utilities defragmentieren 641
Die Autostartfunktionen mit dem Tuner ausschalten 642
Autostarteinträge überprüfen und ausschalten 642
Programme deinstallieren 643
Programme und Dienste deaktivieren 644
Den Start des Systems beschleunigen 644
Datensicherungen löschen und so Speicherplatz gewinnen 645
Tipps und Tricks für die Pflege und Wartung von Windows 645
Wartungsaufgaben in der richtigen Reihenfolge ausführen 645
Mit der 1-Klick-Wartung Windows automatisch aufräumen
lassen 647

28.3 Windows 8 optimieren 647
Tuningmaßnahmen zur Leistungssteigerung des Rechners 647
Was TuneUp noch so alles kann 648

28.4 Windows 8 mit den TuneUp Utilities anpassen 648
Optionen und Verhalten anpassen 649
Einen neuen Zeitserver auswählen und verwenden 650
Das Aussehen von Windows 8 verändern 651

28.5 Windows 8 mit den Norton Utilities pflegen 652
Das Dashboard nutzen 652
Die Registrierung bereinigen 653
Datenträger defragmentieren 653
Windows optimieren 654

Windows-Start beschleunigen 654
Datenträger bereinigen 655
Browserverlauf und unerwünschte Daten löschen 655
Nicht verwendete Programme mit den Norton Utilities
löschen 656

29 Windows 8 effizient verwalten 657

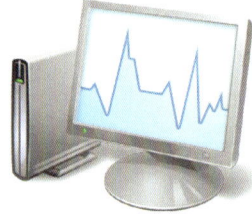

29.1 Die MS-DOS-Eingabeaufforderung nutzen 658
Die Eingabeaufforderung aufrufen und verwenden 658
So wechseln Sie in ein Verzeichnis 658
Den Zwischenspeicher verwenden 659
Die Hilfe verwenden 659
Befehlsausgaben beeinflussen 660
Den Editor nutzen 660
Die MS-DOS-Eingabeaufforderung einrichten 661
Die wichtigsten Befehle 662

29.2 Verzeichnisse und ihren Inhalt mit »robocopy« kopieren 664
Der Syntax von »robocopy« 664
Die wichtigsten Parameter von »robocopy« 664

29.3 Die Computerverwaltung 668
Die Ereignisanzeige verwenden 668
Die Ereignisanzeigen filtern 669
Freigegebene Ordner 671
Lokale Benutzer und Gruppen 671
Die Leistungsübersicht 671

29.4 Anwendungen mit AppLocker sperren 672
Ein erster Blick auf AppLocker 673
Allgemeine Informationen zu AppLocker 674
So erstellen Sie eine ausführbare Regel 674
Die Standardregeln erstellen und verwalten 676
Eine Installer-Regel erstellen 676

29.5 Mit virtuellen Festplatten arbeiten 677

29.6 Speicherplatz verwalten 678

29.7 Den Registrierungseditor nutzen 678
Den Zugriff mit Berechtigungen 679
Erweiterte Berechtigungen festlegen 679

29.8	**Systemdienste**	680
	Unwichtige Dienste deaktivieren	680
	Die wichtigsten Windows-Dienste in einer Übersicht	681
29.9	**Windows 8 über Images auf mehreren Rechnern installieren**	685
29.10	**Mehrere Systeme auf einem Rechner installieren**	685

30 Probleme lösen — 687

30.1	**Alltägliche Probleme mit Windows 8 lösen**	687
	Treiber überprüfen	687
	Gerätekonflikte erkennen und beseitigen	689
	Hardwaretreiber manuell installieren	689
	Ältere Treiber mit dem Hardware-Wizard installieren	690
	Ein paar Worte zur Signatur von Treibern	691
	Einen älteren Treiber wiederverwenden	692
	Was tun, wenn sich der richtige Treiber für ein Gerät nicht findet?	693
	Den Kompatibilitätsmodus verwenden	694
	Ausgeblendete Treiber sichtbar machen	694
	Die Berechtigungsstufe eines Anwendungsprogramms erhöhen	695
	USB-Geräte verwalten	695
30.2	**Hardwareprobleme finden und lösen**	696
30.3	**Netzwerkprobleme finden und lösen**	696
	Sie bekommen keine Verbindung mehr in das Internet	696
	WLAN funktioniert nicht	696
30.4	**Bluescreen – was nun?**	697
	Was tun, wenn der Bluescreen sichtbar wird?	697
	Die wichtigsten Bluescreen-Meldungen und ihre Bedeutung	698
30.5	**Systemreparatur**	699
	Das System wiederherstellen	699
	Welche Reparaturoption ist für welchen Zweck geeignet	700
	Mit dem Befehl »bootrec« Startsektor und MBR wiederherstellen	700
	Partitionen mit »diskpart« bearbeiten	701
30.6	**Das Energieverhalten verwalten**	702
	Das Windows-Mobilitätscenter	702

	Die Module im Mobilitätscenter nutzen	702
	Das Energieverhalten auf einem Notebook verwalten	704
	Den Stromverbrauch ermitteln	704
	Grundlagen zum Thema Energiesparplan	704
	Die Lebensdauer eines Akkus ist begrenzt	705
	Einstellungen für den Energiesparplan	705
	Die einzelnen Energiesparplan-Typen	705
	Was soll bei kritischem Akkustand geschehen?	706
	Einen eigenen Energiesparplan erstellen und speichern	707
	Verhalten des Notebooks beim Drücken des Netzschalters und Zuklappen	708
30.7	Den Windows Task-Manager verwenden	708

Teil IX: Anhang

A	**Wichtige Tastenkürzel**	713
	Desktop	713
	Startbildschirm	714
	Windows-Explorer	714
	Sprachausgabe	714
	Remoteverbindung	715
	Internet Explorer	716
B	**Windows-8-Hilfe**	717
	Die Hilfe aufrufen und verwenden	717
	So finden Sie schnell eine Antwort auf Ihre Frage	718
	Die Optionen zur Windows-8-Hilfe	719
	Supportartikel und Videos abrufen	719
C	**Fehlermeldungen**	721
D	**Internetressourcen**	723
E	**Apps-Starterkit**	725
F	**Die DVD zum Buch**	729
G	**Glossar**	731

Index 763

Einleitung

Sie haben sich für Windows 8 entschieden – oder ist es auf Ihrem Rechner bereits installiert? Mit der aktuellen Version des Betriebssystems aus dem Hause Microsoft haben Sie eine gute Wahl getroffen.

Windows 8 von Microsoft ist ein modernes Betriebssystem. Es eignet sich für einen Rechner zu Hause genauso wie für die Nutzung in einem Büro oder in einer kleinen Firma. Die neue Version dieses Betriebssystems ist optisch aufgepeppt worden. Die neue Oberfläche ist eine der wichtigsten Neuerungen. Sie können nun Programme und Tools per Gestensteuerung aufrufen und bedienen. Cloud-Dienste wie SkyDrive, Facebook und Twitter können Sie direkt vom Windows-Desktop aufrufen.

Windows 8 hat viele Vorteile. Es gibt jede Menge Anwendungsprogramme für alle möglichen Interessen und Arbeiten. Viele Computerspiele erscheinen für die Microsoft-Plattform. Dazu kommt, dass es auch eine große Anzahl kostenloser Anwendungen gibt. Neben Webbrowsern finden Sie Grafikbearbeitungsprogramme, Bildbetrachtungsprogramme, die Tools von Windows Live, Googles Picasa und vieles mehr. Sie müssen also nicht viel Geld ausgeben, um eine bestimmte Aufgabe auszuführen.

Windows 8 sieht optisch sehr schön aus. Die neue Oberfläche ist ein wahrer Blickfang. Sie können sie natürlich an Ihre Wünsche anpassen. Sie können wählen, welche Kacheln auf dem Bildschirm zu sehen sind, welches Hintergrundbild verwendet wird und einiges mehr. Richten Sie sich Windows 8 so ein, dass Ihnen das Betriebssystem gefällt und Sie sich heimisch fühlen. So macht der Umgang mit Ihrem Windows-Rechner noch viel mehr Spaß!

Trotz der vielen optischen Gimmicks ist Windows 8 nicht langsam. Moderne Rechner bieten genug Leistung. Ein Ausbremsen durch zu viele und unnötige Ressourcennutzung gibt es hier nicht. Nur bei aufwendigen 3D-Games müssen Sie etwas mehr in die Leistung eines Rechners investieren.

Sicherheit wird bei Windows 8 großgeschrieben. Eine Firewall ist bereits dabei. Die Benutzerkontensteuerung sorgt dafür, dass kein Datendieb Programme unbemerkt ändern oder installieren kann. Mit Windows Defender ist bereits ein Antivirenprogramm an Bord.

Windows Defender ist ausgereifter als sein Vorgänger. Viele Bedrohungen werden erkannt und erfolgreich bekämpft. Mehr Möglichkeiten erhalten Sie mit der aktuellen Version von Microsoft Security Essentials.

Sicher ist auch Windows 8 einfach zu bedienen. Doch die Umstellung auf die neue Oberfläche erfordert eine kleine Eingewöhnungs- und Einarbeitungszeit. Auch die neuen **PC-Einstellungen** müssen Sie erst kennenlernen. Hier hat Microsoft einige Funktionen aus der Systemsteuerung herausgenommen und in einen schnell und einfach zu bedienenden Dialog gepackt.

Einleitung

Dem Betriebssystem sind bereits eine Handvoll Tools und kleinere Programme beigelegt. Mit den kostenlosen Anwendungen aus dem Windows Store und den Anwendungen aus der Windows-Live-Family können Sie diese ergänzen. Auf diese Weise lässt sich viel Geld sparen. Sie finden unter anderem Programme zum Besuch des Internets, zum Umgang mit E-Mails und RSS-Feeds. Sie können Bilddateien sortieren, verwalten und ansehen, Dateien im Internet ablegen und mit anderen tauschen. Auch für das Hören von Musikdateien und das Betrachten von Videos gibt es die richtige Anwendung.

Mit diesem Buch möchte ich Ihnen die neue Version des Microsoft-Betriebssystems vorstellen. Sie werden alle Neuerungen und ihre Verwendung kennenlernen. Ich werde Ihnen zeigen, wie Sie sich schnell in Windows 8 zurechtfinden, wie Sie die verschiedenen Möglichkeiten von Windows 8 nutzen und wie Sie das System gegen verschiedenartige Bedrohungen absichern. Auch das Anpassen von Windows 8 an Ihre Wünsche und Bedürfnisse wird ein wichtiges Thema in diesem Buch sein.

Sie werden viele Beispiele aus der Praxis in diesem Buch finden. Viele Schritt-für-Schritt-Anleitungen werden Ihnen zeigen, wie Sie schnell zum gewünschten Ziel gelangen. Sie können dieses Buch von vorn nach hinten lesen und dabei Ihr neues Windows kennenlernen. Probieren Sie das ein oder andere aus. Sie werden sehen, Sie können noch mehr aus dem Microsoft-Betriebssystem herausholen. Der Umgang mit Windows 8 wird Ihnen viel Spaß machen. Natürlich können Sie dieses Buch aus als Nachschlagewerk nutzen oder einfach die für Sie interessanten Inhalte aus dem Buch »herauspicken«. Wie Sie vorgehen, bleibt ganz Ihnen überlassen.

Ich wünsche Ihnen nun viel Spaß mit diesem Buch und Windows 8!

René Gäbler

Teil I
Windows 8 installieren und einrichten

Kapitel 1
Das ist neu in Windows 8

Sind Sie Umsteiger von einer älteren Version, z. B. Windows XP, Vista oder Windows 7, dann wird Sie dieses Kapitel sicherlich interessieren. Ich stelle Ihnen kurz die Neuerungen und die Unterschiede zu älteren Versionen von Windows vor.

In diesem Kapitel möchte ich Ihnen einen kleinen Überblick über die Neuerungen von Windows 8 geben. Einige Dinge werden Ihnen beim Start des Windows-Betriebssystems auffallen. Andere sind eher verborgen und nicht auf den ersten Blick erkennbar. In einem zweiten Abschnitt stelle ich Ihnen die verschiedenen Windows-Editionen in einer Übersicht vor und zeige Ihnen, in welchen Eigenschaften und Inhalten sie sich voneinander unterscheiden.

1.1 Die wichtigsten Neuerungen von Windows 8

Eine der wichtigsten Neuerungen von Windows 8 ist die neue Oberfläche, was Sie sofort nach dem ersten Start des Betriebssystems sehen. Andere Neuerungen sind verborgen und fallen Ihnen erst später auf. Schauen wir uns aber zuerst einmal die Systemanforderungen an. Sie benötigen für den Betrieb von Windows 8 einen Rechner mit den folgenden Features:

- 1-GHz-Prozessor oder höher
- Arbeitsspeicher mit 1 GB RAM (2 GB, wenn Sie die 64-Bit-Version von Windows 8 verwenden)
- eine Grafikkarte, die DirectX 9 unterstützt

Zusätzlich zu diesen Mindestanforderungen benötigt BitLocker TPM 1.2 oder höher. Das ist aber nur notwendig, wenn Sie die Verschlüsselungsfunktion nutzen möchten. Für Privatanwender ist diese Funktion nicht nötig (siehe auch Kapitel 25, ab Seite 529).

> **INFO**
>
> **Was ist eine Verschlüsselungsfunktion?**
> Mit einer Verschlüsselung wird eine verwertbare (lesbare) Information mit einem mathematischen Verfahren in eine nicht verwertbare Information umgewandelt. Ein sogenannter *Schlüssel* (oder auch »Key«) wird genutzt, um diese Information wieder zu entschlüsseln.
>
> So können sensible Daten vor dem Zugriff Dritter geschützt werden. Eine Verschlüsselungsfunktion stellt die mathematischen Prozesse zur Verfügung, die zur Verschlüsselung notwendig sind.
>
> Verschlüsseln Sie eine oder mehrere Dateien, wenn Sie nicht möchten, dass ihr Inhalt ohne weiteres sichtbar ist. Bei Firmeninformationen ist dies eine gute Idee, um Wirtschaftsspionage auszuschließen. Wenn Daten per E-Mail versandt werden, schließen Sie mit einer Verschlüsselung aus, dass diese von Dritten abgefangen und eingesehen werden.

Kapitel 1: Das ist neu in Windows 8

Diese Anforderungen sind, wie bereits gesagt, die Mindestanforderungen. Empfohlen wird ein Arbeitsspeicher von 2 GB. Ihr Rechner sollte über eine SATA-Festplatte mit einem freien Speicherplatz von 100 GB oder mehr verfügen. Ein DVD-Laufwerk sollte vorhanden sein. Für die Wiedergabe von Audiodaten benötigen Sie eine Soundkarte oder einen Rechner, der bereits einen Soundchip auf dem Motherboard (der Hauptplatine) hat. Ein Zugang zum Internet sollte verfügbar sein. ISDN ist Minimum, DSL ist natürlich noch besser. Sie benötigen den Internetzugang zum Aktivieren von Windows 8, zum Beziehen von zusätzlichen Programmen, zum Einspielen von Updates und natürlich für die Nutzung der verschiedenen Internetdienste.

Für den Betrieb des Windows-Kompatibilitätsmodus ist noch mehr RAM notwendig. Sie benötigen 1 GB zusätzlichen Arbeitsspeicher und 15 GB freien Platz auf Ihrer Festplatte.

> **INFO**
>
> **Was ist TPM?**
> TPM steht für »Trusted Platform Module« und bezeichnet einen Chip, der für den Rechner Sicherheitsfunktionen bereitstellt.

Der »Anmeldebildschirm« wurde nicht nur optisch aufgepeppt, in ihm schlummern auch neue Funktionen. Das Benutzerkonto ist nun direkt mit einem Windows-Live-Konto verknüpft. Sie melden sich mit Ihrer Windows-Live-Kennung an. Microsoft nennt dies »Windows-Roaming«. Sie erstellen kein Benutzerkonto auf dem Rechner mehr, sondern verwenden Ihr Windows-Live-Konto für die Anmeldung am Betriebssystem. Der Vorteil: Nutzen Sie mehrere Rechner, werden die lokalen Benutzerkonten mit den Windows-Live-Konten abgeglichen (die Daten werden synchronisiert). Richten Sie Ihre Oberfläche einmal an einem Rechner so ein, wie Sie es gern möchten. Durch die Synchronisation werden die Einstellungen auch auf alle anderen Ihrer Rechner übertragen. Zu den abgeglichenen Daten gehören die installierten Apps und die Favoriten im Internet Explorer.

Weitere Neuerungen sind ein wenig verborgen. Wie bei einem Tablet können Sie sich mit einem Bild anmelden.

Einige Einstellungen aus der **Systemsteuerung** finden Sie nun in den **Schnelleinstellungen**. Hier lassen sich mit wenigen Mausklicks oft benötigte Einstellungen einrichten. Dazu gehören die Einstellungen der Lautstärke, Helligkeitseinstellungen für den Bildschirm und die Einstellungen der Windows-Benachrichtigungen. In den **PC-Einstellungen** finden Sie eine Übersicht über die Netzwerkaktivitäten und können den Rechner herunterfahren oder auch neu starten.

▲ *Abbildung 1.1 Einige Einstellungen können Sie nun direkt vornehmen, ohne dass Sie die Systemsteuerung öffnen müssen.*

Windows 8 unterstützt das neue Dateisystem ReFS. Dieses kann jedoch nur mit Windows 8 Server verwendet werden. Auf einem Desktoprechner und auf Tablets steht es nicht zur Verfügung; Hier wird nach wie vor NTFS verwendet.

Das Media Center gehört nicht mehr zu Windows 8 dazu. Es muss nachgekauft werden. Es gibt viele kleine Tools »on board«, die viele verschiedene Funktionen abdecken. Zum Abspielen von DVDs jedoch ist kein Programm enthalten. So müssen Sie wohl oder übel das Media Center nachkaufen oder auf ein Programm eines anderen Anbieters zurückgreifen.

Der **Task-Manager** von Windows ist übersichtlicher und umfangreicher geworden. Sie können hier Autostart-Einträge entfernen, verschiedene Auslastungsanzeigen einsehen, aktive Dienste und Programme begutachten. Für Apps gibt es einen eigenen Dialog namens **App-Verlauf**.

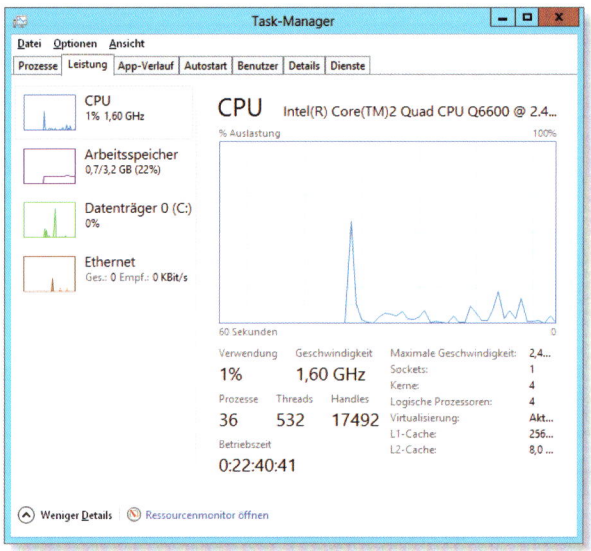

▲ *Abbildung 1.2 Der neue Task-Manager zeigt übersichtlich die Prozesse, Autostart-Einträge und die Verwendung von Apps an.*

Windows 8 protokolliert alle Veränderungen, die Sie an einer Datei vornehmen. Mit diesem **Dateiversionsverlauf** können Sie ohne weiteres einen älteren Zustand eines Dokumentes wiederherstellen.

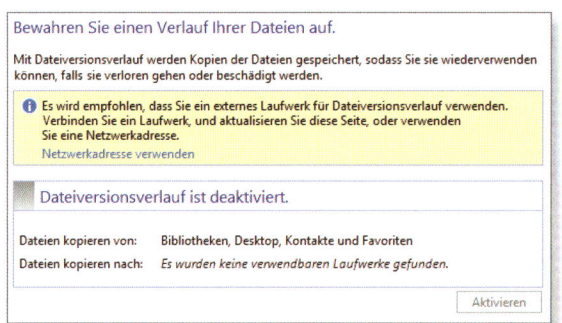

▲ *Abbildung 1.3 In der Grundeinstellung ist der Dateiversionsverlauf zunächst deaktiviert. Sie müssen ihn anschalten.*

Möchten Sie den kompletten Windows-PC reparieren, nutzen Sie die neuen Funktionen **Auffrischen** oder **Instandsetzen**. Bei Problemen mit dem Betriebssystem führt beim Auffrischen das System eine Reparatur durch. Persönliche Dateien, Fotos, Videos, Musikdateien und Dokumente werden dabei nicht verändert. **Zurücksetzen** stellt einen ursprünglichen Zustand von Windows 8 wieder her. Hierbei werden Schattenkopien genutzt, so wie bereits bei Windows 7.

Beim Umgang mit Dateien gibt es einige kleine Verbesserungen und Neuerungen. Das Kopieren und Verschieben von großen Dateien können Sie anhand von Fortschrittsbalken verfolgen. Bei einem Downloadmanager können Sie einen Vorgang auch pausieren und später fortsetzen.

Wenn Sie ein SSD-Laufwerk nutzen (Solid State Disk), finden Sie in Windows 8 passende Funktionen. Über einen Dialog können Sie ein SSD-Laufwerk optimieren und beschleunigen.

Windows 8 gibt Ihnen die Möglichkeit, eine ISO-Imagedatei als virtuelles Laufwerk in das Betriebssystem einzubinden. Sie können dann direkt mit dem Windows-Explorer auf den Inhalt zugreifen.

Über die **Systemsteuerung** können Sie die Windows-Funktion **Hyper-Platform** nachinstallieren. Hyper-V ist ein Programm zum Ausführen von virtuellen Maschinen. Das Programm ist ein Nachfolger von Microsofts Virtual Box. Sie können hier Windows Versionen ausprobieren oder Programme und Spiele ohne Risiko testen. Hyper-V ist nur in der Pro-Version von Windows 8 enthalten. Voraussetzung ist ein 64-Bit-System und ein Prozessor, der die Hardware-Virtualisierungsfunktion unterstützt. Diese Unterstützung muss aktiv sein. Sie ist bei älteren Prozessoren nicht vorhanden.

Ebenfalls in der **Systemsteuerung** finden Sie die neue Funktion **Speicherplätze**. Mit ihr schließen Sie mehrere Festplatten zu einer Einheit zusammen. Interessant ist, dass diese Einheit größer festgelegt werden soll als die Größe des Festplattenspeichers der verwendeten Festplatten. So können Sie später Festplatten hinzufügen.

1.2 Die neue Oberfläche von Windows

Nach dem Anmelden sehen Sie die neue **Oberfläche** von Windows 8. Die Anwendungsprogramme sind mit Kacheln auf dem Bildschirm platziert. Umsteiger von früheren Versionen müssen sich umgewöhnen. Das Bedienkonzept unterscheidet sich stark vom Aero-Desktop, den sie aus Windows 7 kennen.

Verschiedene Windows-Live-Dienste sind nun besser in Windows integriert. Aber auch andere Onlinedienste, wie Facebook und Twitter, können leicht abgerufen werden. Die Kacheln dieser Dienste zeigen auf dem Startbildschirm aktuelle News, Meldungen über neue Nachrichten und Tweets und andere Infos an.

Zu den bereits vorhandenen Kacheln gehören das E-Mail-Programm, die **Kontakte** und der **Kalender**. Sie finden den Internet Explorer, den Zugang zum App-Store, den Internet-Datenspeicherplatz SkyDrive, das Kamera-Tool und das Bildbetrachtungsprogramm **Fotos** hier. Im Internet Explorer dient nur ein kleiner Rand zur Eingabe der Webadresse und zur Anzeige von unbedingt notwendigen Symbolschaltflächen. Per Mausklick werden geöffnete Tabs im oberen Bereich angezeigt.

Die Info-Apps Nachrichten, **Wetter**, **Reise**, **Sport**, **Finanzen** und **Xbox-LIVE-Spiele** befinden sich ebenfalls auf der neuen Oberfläche. In der Beta-Version von Windows 8 ist auch noch der Media Player vorhanden. Er verbirgt sich hinter der Kachel **Musik**.

Die Größe der Kacheln, die Position und die Gestaltung des Hintergrundes können Sie an Ihre Wünsche anpassen. Natürlich lassen sich auch Kacheln von der neuen Oberfläche entfernen, die Sie nicht benötigen, oder Kacheln hinzufügen.

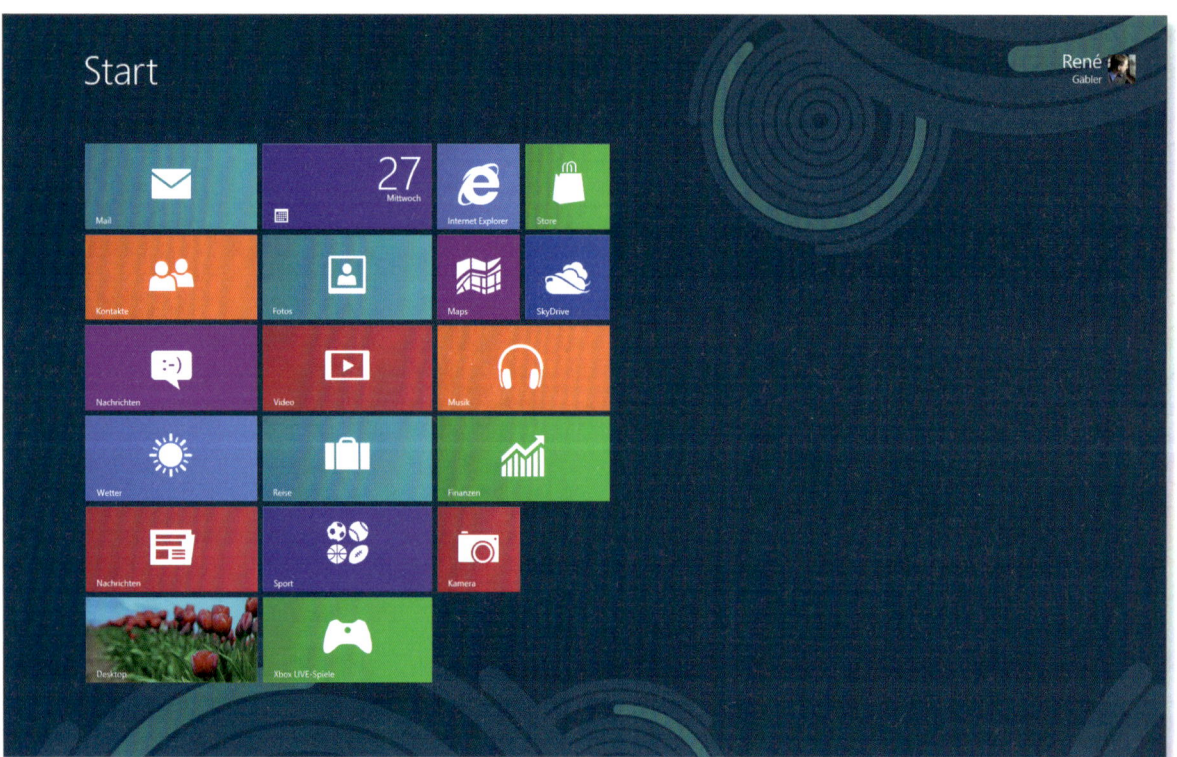

▲ *Abbildung 1.4* Der neue Windows-8-Desktop sieht sehr schick aus. Die verschiedenen Apps werden mit farbenfrohen Kacheln angezeigt.

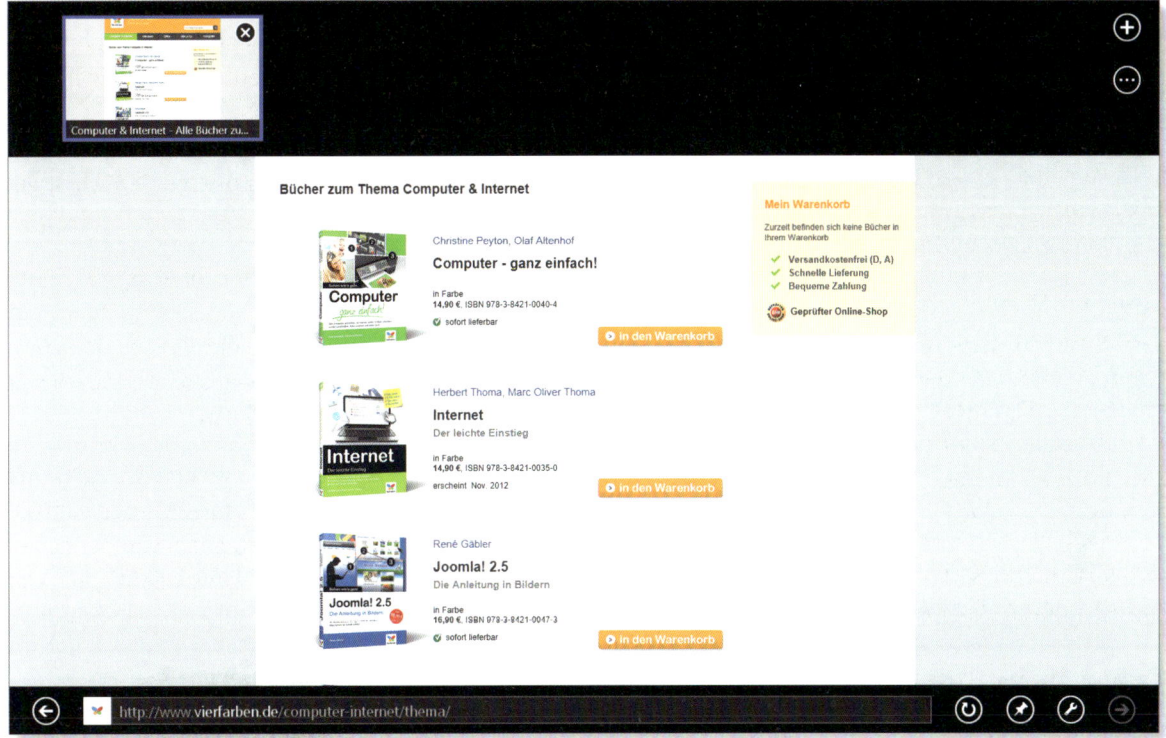

▲ **Abbildung 1.5** *Die App-Variante des Internet Explorers verzichtet auf Menüleiste und Symbolleiste. Fast der komplette Bildschirm wird für die Darstellung der Webseiten verwendet.*

Führen Sie die Maus an den linken Rand des Bildschirmes, wird der neue Taskswitcher angezeigt. Hier können Sie zwischen den geöffneten Apps wechseln. Über das Kontextmenü oder eine Wischgeste lassen sich aktive Apps schließen.

blendet. Klicken Sie darauf, landen Sie wieder auf der neuen Windows-8-Oberfläche.

Ein Startmenü wie bei Windows 7 finden Sie nicht auf dem klassischen Desktop.

1.3 So arbeiten Sie auf der »alten« Oberfläche

Ein Mausklick auf die Kachel **Desktop** genügt, und Sie sehen den klassischen Desktop vor sich. Auf diesem können Sie, wie bei älteren Versionen des Betriebssystems, Schnellstartsymbole auf dem Desktop ablegen. Hier finden Sie auch die klassische Taskleiste.

Führen Sie den Mauscursor in die linke untere Ecke des Desktops, wird eine Vorschau des Startmenüs einge-

1.4 Internet Explorer 10 in neuer Optik

Der Internet Explorer 10 hat ein neues Design erhalten. Viele Elemente sind ausgeblendet. Sie nutzen den größtmöglichen Teil des Bildschirmes für den Besuch des Internets. Die App-Version des Browsers können Sie mit Gesten steuern.

Die neue Version des Browsers verzichtet auf eine Menüzeile. Nach dem Öffnen finden Sie am unteren Rand eine Eingabezeile. Hier tragen Sie die Adresse der Webseite ein, die Sie öffnen möchten.

▲ **Abbildung 1.6** Auch der klassische Desktop kommt mit einem bunten Hintergrundbild daher.

Die Symbolleiste des Internet Explorers enthält nur die Schaltflächen, mit der Sie eine Seite vor- oder zurückblättern und eine Webseite aktualisieren. Mit weiteren Schaltflächen heften Sie die geöffnete Webseite am Startfenster des Browsers an und öffnen Sie die Seitentools.

Bei der Eingabe einer Webadresse wird die eingegebene Zeichenfolge gleich mit der History der bisher besuchten Webseiten verglichen. Haben Sie die Webseite bereits einmal besucht, müssen Sie nur die ersten Zeichen eintragen und das passende Ergebnis aussuchen.

Beim Besuch des Internets wird die Symbolleiste ausgeblendet. Der komplette Bildschirm wird für die Anzeige der besuchten Webseite verwendet. Führen Sie einen Rechtsklick aus, wird die Symbolleiste wieder eingeblendet. Daneben sehen Sie am oberen Rand eine Übersicht der geöffneten Registerkarten. Mit der Maus können Sie schnell zu einer anderen geöffneten Webseite wechseln.

Die **Seitentools** ermöglichen es, die besuchte Webseite als App auf der neuen Oberfläche abzulegen. Mit **Auf dem Desktop anzeigen** wechselt die Anzeige in die klassische Browser-Ansicht.

1.5 Windows auf dem Tablet – die Wischgesten

Das neue Betriebssystem läuft auch auf der sogenannten *ARM-Architektur*. Die ARM-Prozessoren werden auf Smartphones und Tablets eingesetzt. Auf diese Weise können Sie das gleiche Betriebssystem auf Ihren PC zu Haus, auf einem Tablet und auf einem Smartphone nutzen. Der Datenaustausch und die Kommunikation der Geräte sind viel einfacher, als wenn unterschiedliche Betriebssysteme auf den verschiedenen Geräten vorhanden sind.

Beachten Sie aber: Auf einem Tablet mit Windows 8 finden Sie die neue Windows-8-Oberfläche mit den Apps. Der klassische Windows-Desktop ist auch vorhanden. Einige ältere Windows-Anwendungen, für die es noch keine App gibt, sind jedoch nicht lauffähig.

Verwenden Sie ein Tablet mit Windows 8, können Sie einen speziellen, neuen Remotedesktop nutzen. Die App **Remotedesktop** starten Sie mit einem einfachen Antippen. Die Verbindung zum entfernten Rechner wird schnell aufgenommen. Auch die Fernsteuerung dieses Rechners kann mit Gesten erfolgen.

Windows 8 unterstützt eine Bedienung mit dem Finger. Diese »Gestensteuerung« setzt einen Monitor mit Touchscreen-Funktion voraus. Tippen Sie Kacheln an, um so die verknüpften Programme zu öffnen. Mit Fingerbewegungen, sogenannten *Wischgesten*, bewegen Sie sich nach links, rechts, oben oder unten. Auf diese Weise können Sie sich sehr einfach durch eine Website oder die Bilder in einem Ordner bewegen.

1.6 Der neue Explorer

Der Dateimanager ist nun komplett mit einer Multifunktionsleiste, wie man sie von Office 2007 und 2010 kennt, ausgestattet. Alle Funktionen sind in Registerkarten und Gruppen sortiert. Eine Ausnahme ist das Menü **Datei**: Hier verbergen sich Funktionen zum Öffnen eines neuen Fensters und der Zugriff auf den Verlauf der zuletzt besuchten Orte. Einige der Verzeichnisse, die Sie sehr oft verwenden, lassen sich anheften. So sind sie immer sichtbar und können mit nur einem Mausklick geöffnet werden. Die Eingabeaufforderung und die Windows PowerShell finden Sie ebenfalls unter **Datei**.

Der Windows-Explorer verfügt über insgesamt vier Registerkarten, und zwar **Start**, **Freigeben**, **Ansicht** und **Verwalten**. Die Register sind kontextsensitiv. Das bedeutet, dass bestimmte Register und Funktionen nur in Situationen angezeigt werden, wenn sie wirklich benötigt werden und benutzt werden können. So kommt bei einem Öffnen der Bibliotheken **Musik** und **Videos** das Register **Wiedergabe** hinzu.

Die Funktionen in den Registern sind in Gruppen aufgeteilt. Beispiele für solche Gruppen sind **Zwischenablage**, **Organisieren** und **Öffnen**. Diese Gruppennamen zeigen bereits, welche Art von Funktionen Sie hier finden. Wissen Sie einmal nicht, wozu eine Funktion gut ist, nutzen Sie die Quickhilfe: Führen Sie die Maus auf eine Funktion (ohne zu klicken). Warten Sie einen kurzen Augenblick. Nun wird eine kurze Beschreibung der Funktion angezeigt.

Die verschiedenen Funktionen sind schnell erreichbar; der Weg über ein verschachteltes Menü entfällt. Kennen Sie den Windows-Explorer von Windows 7 oder anderen Versionen des Betriebssystems, müssen Sie sich umgewöhnen.

Beim Besuch im Internet werden Sie nach wie vor viele Zugangskennungen und Passwörter nutzen müssen. Diese sind für Webforen, Social Communitys, FTP-Zugänge, Web-Mails, Bestellvorgänge und Portale notwendig. Damit Sie sich nicht verzetteln, können Sie

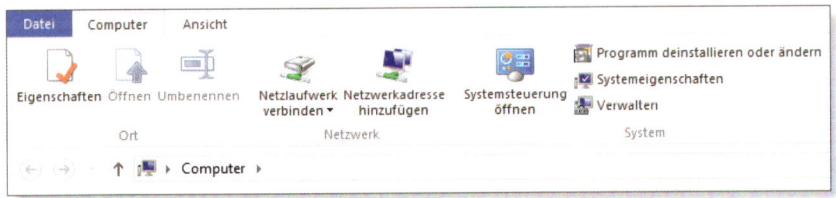

▲ *Abbildung 1.7* Der Windows-Explorer besitzt nun eine praktische Multifunktionsleiste.

den Windows-8-Passwort-Manager verwenden. Beim ersten Nutzen eines Passwortes werden Sie gefragt, ob Sie es speichern wollen. Bestätigen Sie, werden das Passwort und die Zugangskennung beim nächsten Besuch automatisch eingetragen.

1.7 Windows zum Mitnehmen

Windows 8 kann erstmals auf einem USB-Stick installiert werden. Mit dieser Möglichkeit, die Microsoft *Windows to go* getauft hat, können Sie die Windows-Installation auf Reisen mitnehmen.

1.8 Apps kaufen im Store

Windows 8 kommt bereits mit einer Anzahl Apps daher. Sie werden alle auf der neuen Oberfläche angezeigt. Sie können ganz leicht weitere Apps hinzufügen. Wie man es von anderen Anbietern kennt, führt Sie eine Kachel in einen Windows Store. Hier finden Sie eine Vielzahl Apps für ganz unterschiedliche Anwendungsbereiche. Auch viele praktische Zusatzprogramme und Werkzeuge verbergen sich hier.

Sie sehen zunächst die empfohlenen Apps sowie die Kategorien **Alle Sterne**, **Rising Stars**, **Top kostenlos** und **Neuveröffentlichungen**. Der Windows Store ist ganz auf die Bedienung mit Wischgesten ausgerichtet. Verwenden Sie eine Wischgeste, um die Kategorien und die vorgeschlagenen Apps zu sehen. Sie können auf einem Desktopsystem ohne Touchscreen-Monitor das Mausrad verwenden. Ist dies nicht möglich, finden Sie auf der rechten unteren Ecke des Bildschirmes eine Pfeilschaltfläche.

Wählen Sie eine Kategorie aus, um Apps aus den Bereichen **Spiele**, **Soziales Netzwerk**, **Unterhaltungsmedien**, **Foto**, **Musik und Video**, **Sport** und **Bücher und Information** auszuwählen. Weitere Kategorien sind **Nachrichten und Wetter**, **Gesundheit und Fitness**, **Essen und Gastronomie**, **Lifestyle**, **Shopping**, **Reisen**, **Finanzen**,

▲ *Abbildung 1.8 Im Windows Store werden Sie nicht nur Informationen von Meisterkoch Lafer finden.*

Produktivität, **Tools**, **Sicherheit**, **Büro**, **Bildung** und **Behörden.** Die Kacheln **Alle Sterne**, **Top kostenlos** und **Neuveröffentlichungen** bleiben immer eingeblendet. Blättern Sie durch das Angebot. Es gibt viele interessante Apps im Windows Store.

Die meisten Apps sind kostenlos. Für einige müssen Sie jedoch ein wenig Geld bezahlen. Das sollte Sie aber nicht abschrecken. Der Windows Store erspart Ihnen den Weg in ein Computerfachgeschäft oder in ein Kaufhaus. Wählen Sie eine App aus, bestätigen Sie Download und Installation, und kurz darauf finden Sie die App bereits in Ihrer Oberfläche und können sie per Mausklick oder Antippen starten und ausprobieren.

1.9 SkyDrive

Der Microsoft-Cloud-Dienst SkyDrive ist nun direkt in Windows 8 eingebunden. Für den schnellen Zugang finden Sie auf dem neuen Windows-8-Desktop bereits eine Kachel vor. Haben Sie sich mit Ihrer Windows-Live-Kennung angemeldet, können Sie direkt auf Sky-Drive zugreifen.

Office-Dokumente, Foto-, Video- und Audiodateien legen Sie auf SkyDrive ab. Die Ordner können Sie für andere Anwender freigeben. Im Web befindliche Dateien können Sie dort bearbeiten. Sie können sie aber auch lokal auf Ihrem Rechner speichern.

Die Bedienung von SkyDrive erfolgt über eine neue Leiste, in der Sie alle notwendigen Funktionen finden. Ein Menü oder eine verschachtelte Symbolleiste ist nicht vorhanden.

Mit **Hinzufügen** sehen Sie die Ordner Ihres Rechners. Wählen Sie die Dateien, die Sie veröffentlichen wollen, aus und laden Sie sie auf SkyDrive hoch.

Öffnen Sie eine Microsoft-Office-Datei, zum Beispiel ein Word-Dokument, wird eine passende Office-App gestartet. Am Beispiel einer Word-Datei ist dies die Word-Web-App. Diese stellt Ihnen grundlegende Office-Funktionen zur Verfügung und ermöglicht Ihnen so das Bearbeiten Ihrer Dokumente, ohne dass Sie diese lokal speichern und ein Office-Programm öffnen müssen. Natürlich besitzt eine Office-Web-App nicht den Funktionsumfang eines Office-Programmes, doch sie genügt, um Inhalte zu erstellen und zu verändern.

1.10 Schutz vor Viren und anderen Schädlingen

Antivirenprogramme müssen Sie nicht extra kaufen. Mit Windows Defender finden Sie in Ihrem installierten Betriebssystem bereits eine Anwendung, die Sie vor gefährlichen Computerviren, Spionageprogramme und anderer schädlicher Software schützt. Im Vergleich zu älteren Versionen werden nicht nur Trojaner und Malware erkannt, sondern auch aktuelle Computerviren. All diese neuen Funktionen verbergen sich in dem Programm. Aus dem Tool ist eine gute Antiviruslösung geworden.

Das Microsoft-Antivirenprogramm erreichen Sie über **Alle Apps**. Auf der neuen Windows-8-Oberfläche ist es nicht vorhanden. Das Programm wird über vier Registerkarten bedient. Im Register **Start** können einen Virenscan durchführen. Hier wird auch angezeigt, wie alt die verwendete Virendatenbank ist. Wechseln Sie zu **Update**, um sie auf den neusten Stand zu bringen.

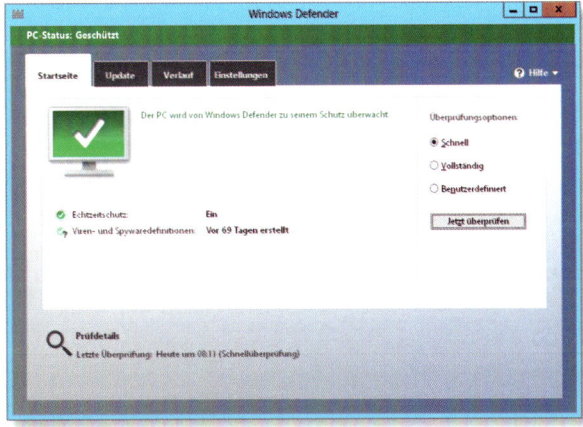

▲ *Abbildung 1.9 Auf den ersten Blick hat sich Windows Defender nicht geändert.*

Natürlich liegt dem Betriebssystem wieder eine Firewall bei. Sie schützt Ihren Rechner vor Angriffen aus dem Internet und vermeidet, dass Schadprogramme Daten in das Internet übertragen. Erfahrene Anwender können Anwendungen, Dienste und Ports blockieren oder auch freigeben.

Es gibt leider keine App für den Zugriff auf die Firewall. Sie müssen zunächst mit **Alle Apps** die **Systemsteuerung** öffnen. Von hier aus geht es, wie bei Windows 7 auch, über **System und Sicherheit** in die **Windows-Firewall**. Nutzen Sie die Firewall sehr oft, legen Sie einfach eine Desktopverknüpfung an.

Zur Firewall gehört jetzt ein Fenster mit Apps, die mit der Firewall kommunizieren können. Hier werden die Apps zunächst aufgelistet. Mit einem Optionskästchen schalten Sie die Kommunikation an oder aus.

1.11 Welche Edition ist die richtige für Sie?

Diese Frage lässt sich nicht so leicht beantworten. Das Fehlen des Media Players und des Windows Media Centers in den Editionen Windows 8, Windows 8 RT und Windows 8 Pro lässt sich leicht verschmerzen. Mit VLC und anderen Anwendungen können Sie Audio- und Videodaten wiedergeben, Playlisten erstellen und auch Multimediainhalte in einem Heimnetzwerk streamen.

Haben Sie jedoch in vorangegangenen Windows-Versionen den Media Player und/oder das Windows Media Center genutzt und möchten dies wieder tun, sollten Sie auf eine höherwertige Edition von Windows 8 zurückgreifen.

Möchten Sie eine schnelle 64-Bit-Version von Windows mit mehr als 4 GB Arbeitsspeicher nutzen, so ist ebenfalls eine höherwertige Edition von Windows sinnvoll. Als Heimanwender können Sie mit der einfachen Version von Windows 8 durchaus Geld sparen, allerdings müssen Sie dann auch auf die grafischen Finessen eines modernen Aero-Desktops verzichten.

Überlegen Sie genau, welche Möglichkeiten Sie bisher an Ihrem Personal Computer genutzt haben und welche Sie weiterhin verwenden möchten. Schauen Sie sich die verschiedenen Features der Windows-8-Editionen an. Entscheiden Sie in aller Ruhe.

> **TIPP**
>
> **Sie können auch später upgraden**
> Sie können von einer Version von Windows 8 zu einer höherwertigen upgraden. Sie können also durchaus erst einmal mit Windows 8 in der Basisedition starten und später zu Windows Pro upgraden. Andersherum ist dies übrigens nicht möglich. Aber warum sollte man auch von Windows 8 Pro zur einfachen Windows-8-Edition wechseln?

1.12 Die verschiedenen Editionen von Windows 8

Windows 8 erscheint in den Editionen Windows 8, Windows 8 Pro, Windows RT und Windows 8 Enterprise. Auf Tablets und Smartphones wird Windows RT eingesetzt. Windows 8 Enterprise ist im normalen Handel nicht erhältlich. Diese Version richtet sich an Firmen und ist über einen sogenannten **Software-Assurance-Vertrag** zu beziehen. Spezielle Eigenschaften dieser Firmenversion stelle ich in diesem Buch nicht vor.

In Tabelle 1.1, in der ich die verschiedenen Windows-Editionen gegenübergestellt habe, sehen Sie die wichtigsten Eigenschaften und Features von Windows 8. So erkennen Sie auf einen Blick, welche Funktionen in welcher Edition vorhanden oder auch nicht vorhanden sind. Windows 8 Enterprise beinhaltet alle Funktionen von Windows 8 Pro und zusätzlich Funktionen für PC-Management, Deployment, Sicherheit und Virtualisierung. Diese Edition können Privatanwender aber nicht erwerben, sie wird nur über Lizenzen an Unternehmen verkauft.

1.12 Die verschiedenen Editionen von Windows 8

Funktion	Windows 8	Windows 8 Pro	Windows 8 RT
Windows Aero		✓	✓
Bluetooth	✓	✓	✓
Beitreten zu einer Heimnetzgruppe	✓	✓	✓
Erstellen einer Heimnetzgruppe		✓	✓
Anzeigen verfügbarer Netzwerke	✓	✓	✓
erweiterte Netzwerkfreigabe	✓	✓	✓
DirectX 11	✓	✓	✓
Gadgets verwenden	✓	✓	✓
Spieleexplorer	✓	✓	✓
Dateiversionsverlauf	✓	✓	✓
Storage Spaces		✓	✓
Windows Media Player 12			
Erstellen und Abspielen von DVDs		(als Add-on)	
Remotedienststreaming		✓	✓
Windows Media Center			
Wartungscenter	✓	✓	✓
Audio- und Videoverbesserungen	✓	✓	✓
Energieverwaltung	✓	✓	✓
ReadyBoost	✓	✓	✓
Starthilfe	✓	✓	✓
Systemwiederherstellung	✓	✓	✓
Windows-EasyTransfer	✓	✓	✓
Windows-Leistungsindex	✓	✓	✓
Windows-Problembehandlung	✓	✓	✓
Windows-Update	✓	✓	✓
Windows Anytime Upgrade	✓	✓	✓
AppLocker		✓	
BitLocker		✓	
Dateiverschlüsselung EFS		✓	
64-Bit-Unterstützung		✓	✓

˄ *Tabelle 1.1 Die Unterschiede der verschiedenen Windows-8-Editionen*

Kapitel 2
Windows 8 installieren

Bevor Sie Windows 8 nutzen können, müssen Sie das Betriebssystem installieren, sofern es auf Ihrem Rechner nicht vorinstalliert ist. Dabei werden Sie von einem Assistenten unterstützt, der alle wichtigen Angaben am Bildschirm abfragt. So ist diese Hürde recht schnell zu nehmen.

Der neue Rechner ist da. Nun wollen Sie auch das aktuelle Windows 8 auf die Festplatte dieses Geräts bringen. Was sich nach professioneller Arbeit für erfahrene PC-Spezialisten anhört, ist in Wirklichkeit sehr einfach. Die Installation ist menügeführt. In wenigen Dialogen fragt Windows Sie nun einige Dinge und zeigt Ihnen dann, was Sie tun müssen. Es sind nur wenige Angaben zu machen.

Früher mussten Sie sich notieren, welche Hardware in Ihrem Rechner steckte. Sie mussten sich genau überlegen, wie Sie Ihre Festplatte aufteilen wollten. Nach der Installation war noch lange nicht alles vorbei. Viele Hardwaregeräte waren noch nicht eingerichtet. Sie mussten mit Treiberdisketten nach und nach betriebsbereit gemacht werden. Nach fast jedem Arbeitsgang wurde der Rechner neu gestartet. Diese Arbeit nahm schon mal ein, zwei Tage in Anspruch.

Inzwischen haben sich die Zeiten geändert. Die Hardware wird größtenteils von Windows 8 erkannt und mit den passenden Systemtreibern versorgt. Für viele Geräte genügt das. Bei USB-Geräten werden die richtigen Treiber beim erstmaligen Anschließen nachgereicht. Die Plug-and-Play-Technologie macht es möglich.

In diesem Kapitel erfahren Sie, wie Sie Windows 8 installieren. Ich zeige Ihnen eine einfache und schnelle Variante, bei der nicht viele Eingaben zu machen sind. Ich werde Ihnen aber auch eine erweiterte Möglichkeit vorstellen, die Sie mit dem Partitionieren haben. Bitte entschuldigen Sie, wenn ich den Vorgang »Windows 8 installieren« aus diesem Grund mehrfach beschreibe und sich einige Dinge wiederholen. Es gibt verschiedene Wege, um nach Rom zu gelangen, und ebenso gibt es diverse Varianten, ein Windows-8-System zu installieren. Picken Sie sich diejenige heraus, die Sie benötigen.

Im Einzelnen erfahren Sie in diesem Kapitel, in welchen Fällen eine Neuinstallation von Windows notwendig ist. Ich verrate Ihnen, welche Systemvoraussetzungen Ihr Rechner erfüllen muss, damit Sie Windows 8 installieren können. Anschließend beschreibe ich Ihnen die einzelnen Schritte der Installation. Dabei biete ich Ihnen eine schnelle Variante an und eine etwas umfangreichere. Bei Letzterer lesen Sie, wie Sie eine Festplatte sinnvoll in verschiedene Partitionen einteilen.

Im dritten Teil dieses Kapitels zeige ich Ihnen, wie Sie Windows 8 aktivieren. Nur mit diesem Schritt können Sie das neue Betriebssystem dauerhaft nutzen. Es folgt eine Beschreibung, wie Sie das Betriebssystem korrekt ausschalten. Danach lesen Sie, wie Sie Festplatten und Partitionen richtig formatieren.

Kapitel 2: Windows 8 installieren

Es folgt eine Beschreibung, wie Treiber von Hardwarekomponenten installiert werden. Danach lernen Sie den Windows-8-Bootmanager kennen. Ich stelle Ihnen hier auch ein Editorprogramm vor, das Sie auf der Eingabeaufforderung nutzen können. Mit ihm werden die Inhalte des Bootmanagers bearbeitet.

Der letzte Teil widmet sich der Frage, wie Sie Festplatten und Partitionen richtig verwalten können. Sie lesen, wie Sie mit ReadyBoost einen USB-Stick für eine Optimierung von Windows 8 verwenden. Ich zeige Ihnen außerdem, wie ein Laufwerk die eingebaute Kompression nutzt und wie Sie Festplattenvolumen mit Hilfe der **Computerverwaltung** verkleinern und vergrößern.

2.1 Das sollten Sie vor der Installation tun

Vor der Installation von Windows 8 müssen Sie noch einige kleinere Aufgaben erledigen. Es ist aber nichts Schwieriges und Besonderes zu tun. Vor allem sollten Sie prüfen, ob Ihr Rechner die Voraussetzungen erfüllt. Danach kann es losgehen.

Wann muss Windows installiert werden?

Es gibt verschiedene Gründe, warum Sie Windows 8 neu installieren müssen. Einige davon möchte ich Ihnen nun nennen:

- Sie haben auf Ihrem Rechner eine ältere Version von Windows, von der aus kein Upgrade möglich ist.
- Sie haben Linux oder ein anderes System ausprobiert, sind aber mit diesem Betriebssystem unzufrieden. Vielleicht vermissen Sie auch bestimmte Programme. Nutzen Sie doch einfach wieder Windows 8. Die Installation ist recht schnell erledigt.
- Sie haben sich aus verschiedenen Hardwarekomponenten einen eigenen, neuen Rechner zusammengebaut. Auf die Festplatte muss nun ein aktuelles Windows-Betriebssystem.
- Ihre Festplatte weist einen Defekt auf. Sie haben sich eine neue Festplatte besorgt und müssen nun das Betriebssystem neu installieren.
- Das Windows-System ist irreparabel beschädigt. Die Registry weist Fehler auf. Das System ist langsam. Sie können nicht auf eine Datensicherung oder einen Wiederherstellungspunkt zurückgreifen. Die einzige Lösung ist das »Plattmachen« der defekten Installation und eine Neuinstallation von Windows 8.
- Ihre Festplatte ist mit Computerviren verseucht. Sie können diese nicht mit einem Antivirenprogramm entfernen. Formatieren Sie die Festplatte, und installieren Sie das Betriebssystem neu.
- Sie haben sich einen neuen Rechner im Handel gekauft. Die vorinstallierte Version von Windows wird mit einem Assistenten gestartet. Sie bringt auch gleich eine Reihe unerwünschter Programme mit. Sie möchten diese vorbereitete Version von Windows 8 nicht nutzen, sondern eine saubere Neuinstallation des Betriebssystems vornehmen.
- Sie verwenden eine ältere Version des Microsoft-Betriebssystems und möchten die Möglichkeiten von Windows 8 nutzen, insbesondere die Möglichkeit des Datenaustausches zwischen Windows-8-Smartphones, -Tablets und -PCs.

> **HINWEIS**
>
> **Einem Systemdefekt vorbeugen**
> Sorgen Sie mit Datensicherungen dafür, dass bei einem späteren Problem wichtige Daten weiter nutzbar sind. Auch Windows 8 können Sie sichern. Dafür können Sie Wiederherstellungspunkte verwenden oder Systemsicherungen erstellen.

Ist mein Rechner bereit für Windows 8?

Überprüfen Sie zunächst, ob Ihr Rechner die für Windows 8 notwendigen Voraussetzungen erfüllt. Folgende Eigenschaften sind für Windows 8 notwendig:

- In Ihrem Rechner sollte ein Prozessor mit mindestens 1 GHz Leistung vorhanden sein.
- Sie benötigen 1 GB Arbeitsspeicher (RAM). Bei der 64-Bit-Variante von Windows 8 sind 2 GB RAM notwendig.
- Windows 8 braucht mindestens 16 GB freien Speicherplatz auf der Festplatte. Die 64-Bit-Version benötigt 20 GB freien Platz.
- Ihre Grafikkarte sollte DirectX-9 beherrschen und einen WDDM-Treiber der Version 1.0 oder höher besitzen.
- Sie benötigen ein DVD-Laufwerk in Ihrem Rechner.
- Für die Aktivierung von Windows 8 muss eine funktionsfähige Verbindung in das Internet vorhanden sein.

Möchten Sie den Kompatibilitätsmodus nutzen, muss Ihr Rechner zusätzlich 1 GB Speicher und 15 GB freien Speicherplatz auf der Festplatte zur Verfügung stellen können.

Windows 8 unterstützt die neuen Prozessoren mit ARM-Technologie. Ebenfalls unterstützt wird USB in der Version 3.0.

Tablets, auf denen Windows 8 laufen soll, müssen einen Kopfhöreranschluss haben (Klinkenstecker).

Einige Features benötigen weitere spezielle Anforderungen. Sie sind aber keine unbedingten Voraussetzungen für die Installation. So benötigen Sie für das *Windows Media Center* eine TV-Karte. Nur mit ihr können Sie einige Funktionen rund um TV und Radio nutzen. Das Verschlüsselungsprogramm *BitLocker* erfordert einen speziellen Chip auf dem Motherboard des Rechners. Dieser muss das Verfahren *Trusted Plattform Module* (TPM) zur Verfügung stellen. *BitLocker To Go* benötigt ein USB-Flashlaufwerk. Ohne dieses kann die Funktion nicht genutzt werden.

Legen Sie alle wichtigen Dinge zurecht

Legen Sie sich den Datenträger mit Windows 8 zurecht. Auf ihm oder auf der DVD-Hülle finden Sie einen Aufkleber mit der Registriernummer von Windows 8. Diese ist für die Installation notwendig. Die Nummer kann auch im Quick-Install-Handbuch vorhanden sein oder auf einem Aufkleber, der auf dem neu gekauften Rechner aufgebracht ist. Auch in der Plastikschachtel (wie immer die neumodischen Verpackungsdinger heißen mögen) kann dieser Aufkleber zu finden sein. Bei meiner Version von Microsoft Office 2010 ist dies der Fall.

Wenn Sie nach der Installation von Windows 8 Ihre Hardware einrichten möchten, legen Sie die dafür notwendigen Treiber-CDs und -DVDs zurecht. Oft genügen jedoch die Windows-Treiber. Weitere Treiber gelangen mit der Updatefunktion des Betriebssystems zu Ihnen. Für alle Fälle ist es aber ratsam, wenn Sie die Treiber-CDs und DVDs parat haben.

Später werden Sie die Datenträger Ihrer Anwendungsprogramme benötigen. Die Installation von Windows 8 dauert nicht allzu lange, so dass Sie danach gleich Ihre Lieblingsprogramme und Tools auf die Festplatte des Rechners bringen können.

HINWEIS

Was ist ein WDDM-Treiber?
WDDM steht für *Windows Display Driver Model*. Das ist ein für das Windows-System erstellter Grafiktreiber. Er ist optimiert und bietet für das Microsoft-Betriebssystem spezielle Funktionen.

2.2 Windows 8 installieren

Ich zeige Ihnen nun die Installation von Windows 8. Zuerst stelle ich Ihnen eine schnelle Variante vor. Bei dieser verwenden Sie die vorgegebenen Einstellungen.

Empfehlenswert ist jedoch ein Vorbereiten der Festplatte. Wie Sie richtig partitionieren und Windows mit der benutzerdefinierten Variante installieren, verrate ich Ihnen einen Abschnitt später.

2.3 Die schnelle Variante

Schnell? Was heißt schnell? Das ist eine gute Frage, zumal bei der Installation von Windows 8 nicht viele Einstellungen vorzunehmen sind.

> **INFO**
>
> **Was versteht man unter einer Partition?**
> Eine Partition ist ein Teilbereich einer Festplatte. Er wird so verwaltet, als würde es sich um eine eigene Festplatte handeln. Mit verschiedenen Partitionen können Sie das Betriebssystem, die Anwendungsprogramme und Ihre Daten voneinander trennen. So sind Ihre persönlichen Daten sicher und übersichtlich.

Ihre Festplatte ist ohne eine Veränderung nicht in verschiedene Partitionen eingeteilt. Sie wird also als ein großer Bereich angesehen. Hier Windows 8 aufzuspielen ist einfach. Dieses Verfahren hat jedoch den Nachteil, dass Sie das Betriebssystem, die Anwendungsprogramme und Ihre privaten Daten auf einer Partition haben. Bei Problemen mit dieser Partition gehen alle Inhalte verloren.

1 Legen Sie den Installationsdatenträger von Windows 8 in Ihren Rechner. Starten Sie den Computer neu. Der Rechner startet nun von der bootfähigen DVD aus.

Im ersten Installationsdialog bestimmen Sie die Sprache. Beachten Sie, dass die Einstellung nur die Spracheinstellung beeinflusst, die Sie während der Installation sehen. Die Sprache im Windows-System wird hier nicht eingestellt. Sie wählen außerdem Uhrzeit und Währungsformat und das Tastaturlayout. In der Regel müssen Sie keine Veränderung vornehmen. Windows 8 erkennt, dass bei allen drei Optionen **Deutsch** die richtige Wahl ist. Ist das bei Ihnen nicht der Fall, öffnen Sie die Listenfelder nacheinander und wählen die richtige Einstellung. Wählen Sie jeweils **Weiter**, um in den nächsten Dialog zu kommen.

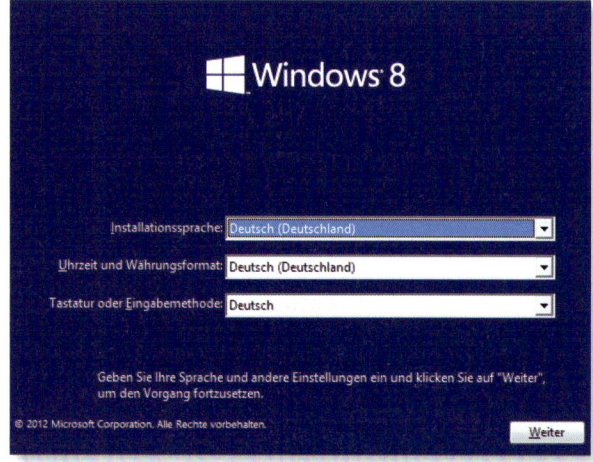

▲ **Abbildung 2.1** Im ersten Dialog des Installationsassistenten wählen Sie die Sprache aus.

2 Der Assistent erkennt, dass sich auf der Festplatte noch kein Betriebssystem befindet. Mit einem Mausklick auf **Jetzt installieren** starten Sie den Installationsassistenten.

▲ **Abbildung 2.2** Die große Schaltfläche in der Mitte des Fensters startet die Installation.

3 Geben Sie den Product Key Ihrer Windows-8-Version ein. Der Product Key besteht aus fünf Blöcken mit Ziffern und Buchstaben. Sie finden ihn auf der Rückseite der Verpackung von Windows 8. Bei einem Download finden Sie den Product Key in der Bestätigung zum Kauf des Betriebssystems.

Auf Groß- und Kleinschreibung müssen Sie nicht achten. Auch die Bindestriche müssen Sie nicht setzen; sie werden vom Installationsassistenten automatisch ergänzt. Mit dem kleinen Symbol blenden Sie eine Tastatur ein und können bequem über diese den Registriercode eingeben. Unter links können Sie einen Blick in die Datenschutzbestimmungen werfen.

4 Sie sehen nun die Lizenzinformationen vor sich. Lesen Sie sich diesen Text aufmerksam durch. Schalten Sie danach die Option **Ich akzeptiere die Lizenzbedingungen** an. Nur wenn Sie sich mit der Lizenz einverstanden erklären, wird Windows 8 auf Ihrem Rechner installiert.

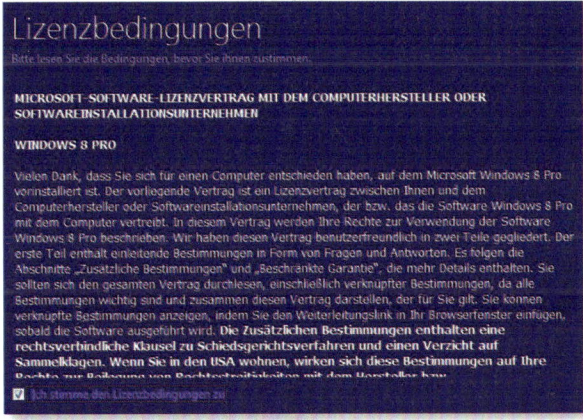

▲ *Abbildung 2.3 Lesen Sie sich den Lizenztext aufmerksam durch.*

5 Der Assistent bietet Ihnen nun ein Upgrade an, sofern eine vorhandene Windows-Version vorhanden ist. Fehlt diese, wird auch diese Auswahlmöglichkeit nicht angezeigt. Wählen Sie die Variante **Benutzerdefiniert: nur Windows installieren (für fortgeschrittene Benutzer)** aus.

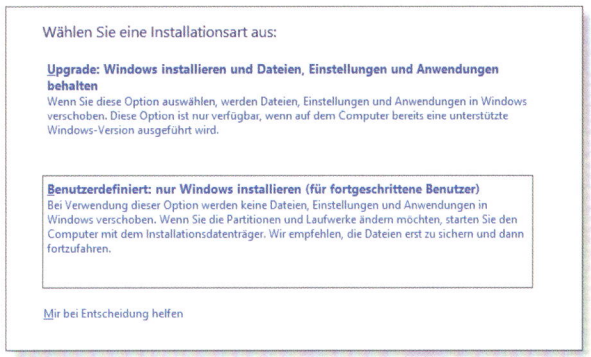

▲ *Abbildung 2.4 Sie können vorhandene Dateien übernehmen oder Windows 8 neu installieren.*

6 Nun sehen Sie die Aufteilung Ihrer Festplatte vor sich. Sie sehen, wie viel Speicherplatz die Festplatte bietet. Sie können sie nun in einzelne Bereiche aufteilen. Man spricht hier vom *Partitionieren*. Wie das geht und wie Sie eine Festplatte sinnvoll aufteilen, erfahren Sie im nächsten Abschnitt. In diesem Beispiel möchte ich die gesamte Festplatte für Windows 8 nutzen. Dazu muss keine Änderung vorgenommen werden.

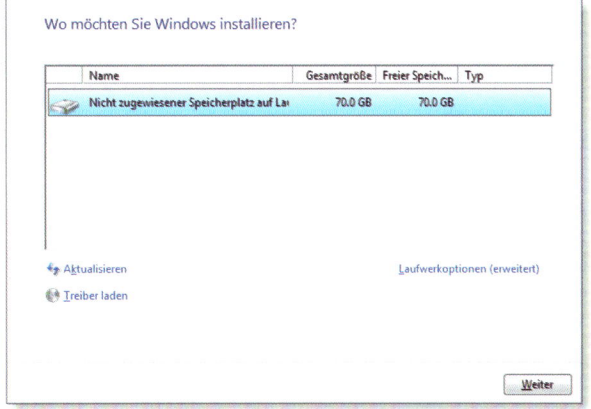

▲ *Abbildung 2.5 Bei der schnellen Installationsvariante wird nicht partitioniert.*

7 Im nächsten Dialogfenster können Sie mitverfolgen, wie Windows 8 auf Ihren Rechner installiert wird. Dies geschieht in fünf Schritten: Zuerst werden die Windows-Dateien in einen temporären Zwischenspeicher kopiert und dann entpackt. Anschließend werden die Daten für die Installation vorbereitet. Es folgt die Installation der Windows-Funktionen. Zum Abschluss überprüft Windows, ob wichtige Updates vorliegen, lädt diese gegebenenfalls auf Ihren Rechner und installiert sie. Für diese Aufgabe muss eine Internetverbindung verfügbar sein. Der letzte Schritt ist mit **Aktion wird abgeschlossen** bezeichnet. Damit sind abschließende Einstellungen und das Einleiten des Systemneustarts gemeint.

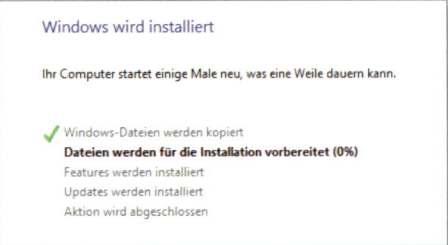

Abbildung 2.6 *Windows 8 wird installiert.*

INFO

Automatische Sicherung einer älteren Windows-Version
Der Setup-Assistent weist Sie darauf hin, dass eine vorhandene Windows-Installation in einen Ordner namens *Windows.old* verschoben wird. Den Inhalt des Ordners können Sie später einsehen.

2.4 Windows 8 einrichten

Sie haben nun Windows 8 auf die Festplatte Ihres Rechners installiert. Doch bevor Sie den ersten Blick auf die Desktopoberfläche des neuen Betriebssystems werfen können, müssen Sie noch ein paar Einrichtungsaufgaben hinter sich bringen. Keine Sorge, es handelt sich nur um ein paar wenige grundlegende Einstellungen. Auch diese werden wieder mit einem Assistenten abgefragt.

Windows 8 meldet zunächst, dass die Geräte eingerichtet werden. Das Betriebssystem versucht, die vorhandene Hardware zu erkennen und die passenden Treiber zu laden.

HINWEIS

Die richtige Festplatte auswählen
Befinden sich mehrere Festplatten in Ihrem Rechner, müssen Sie darauf achten, dass Sie die richtige wählen. Ein Fehler bei der Installation und beim Partitionieren kann leicht dafür sorgen, dass Daten und Programme verlorengehen. Insbesondere fortgeschrittene Anwender, die Linux und ältere Windows-Versionen auf mehreren Festplatten und Festplattenpartitionen verwenden wollen, müssen an dieser Stelle aufpassen.

Anschließend wird der Assistent für die Grundeinrichtung von Windows 8 gestartet. Im ersten Dialog wählen Sie mit einem Farbregler eine Farbe für die Gestaltung des Startbildschirmes aus. Sie können auch hier die vorgegebene Farbe übernehmen und später korrigieren. In einem Eingabefeld geben Sie einen Namen für Ihren Rechner ein. Mit diesem wird der Rechner in einem Netzwerk angesprochen und erkannt. Microsoft schlägt »Wohnzimmer-PC« vor. Sie können auch »Mein Rechner«, »Mustermanns PC« oder etwas Ähnliches verwenden.

Der Rechner bietet Ihnen an, vorgegebene Einstellungen zu verwenden. Diese Express-Einstellungen sind nicht in jedem Fall geeignet. Wählen Sie **Anpassen**.

Abbildung 2.7 *Die Express-Einstellungen nehmen Ihnen die Arbeit ab. Besser legen Sie die Einstellungen selbst fest.*

2.4 Windows 8 einrichten

▲ **Abbildung 2.8** Ich entscheide mich für ein helles Grün und den Namen »Mein-PC«.

Wählen Sie, ob Sie die Freigabe von Daten in einem Netzwerk aktivieren möchten. In diesem Beispiel soll die Freigabe zunächst nicht aktiviert werden. Sofern Sie diese Möglichkeit nutzen wollen, können Sie dies auch später aktivieren. Wählen Sie **Nein, Freigabe nicht aktivieren oder mit Geräten verbinden**.

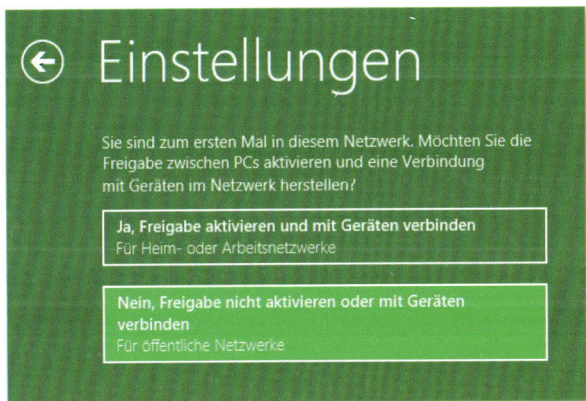

▲ **Abbildung 2.9** Die Freigabe wird in diesem Beispiel nicht aktiviert.

In den **Einstellungen** wählen Sie mit kleinen Schaltern, ob Sie automatisch Updates installieren möchten und wie Ihr PC geschützt werden soll. Im Listenfeld wählen Sie zuerst **Windows Update nicht einrichten**. Diese Einstellung wird zwar von Microsoft nicht empfohlen. Ich bin jedoch der Meinung, Sie sollten selbst die Kontrolle über Ihren Rechner haben und selbst bestimmen,

wann Sie nach Updates schauen und diese installieren möchten. Den Schalter **Gerätetreiber, Apps und Infos für neue Geräte automatisch abrufen** lassen Sie auf **Ein** stehen. Ebenfalls eingeschaltet lassen Sie die Schutzeinstellungen ❶. Mit Ihnen werden der Windows SmartScreen-Filter und die »Do Not Track«-Anforderung angeschaltet.

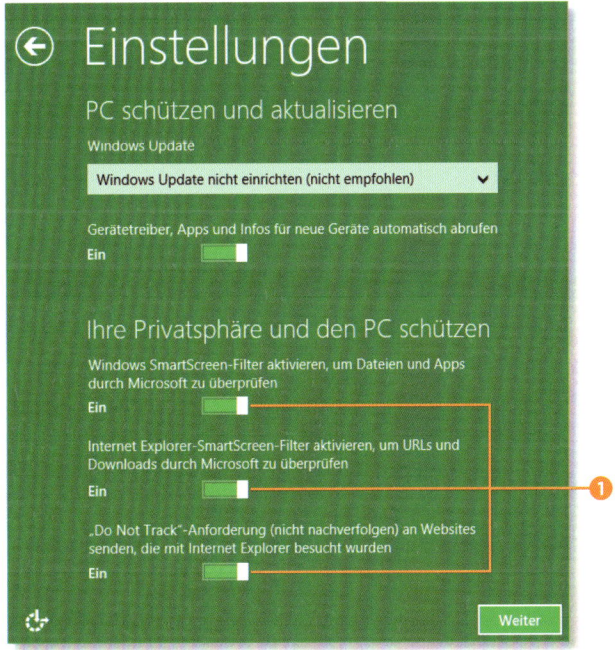

▲ **Abbildung 2.10** Das Windows-Update richten wir später ein.

Im nächsten Fenster können Sie mit fünf Schaltern einstellen, ob Sie verschiedene Informationen an Microsoft übertragen wollen. Lassen Sie die Schalter auf der vorgegebenen **Aus**-Stellung stehen.

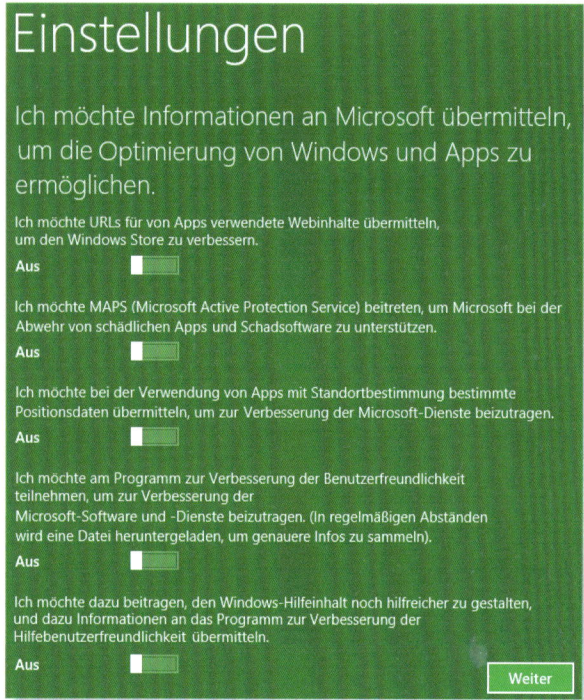

▲ **Abbildung 2.11** *Die Informationen werden nicht übertragen.*

Die Windows-Fehlerberichterstattung ist nicht in jedem Fall hilfreich. Sie versucht, bei Problemen mit Ihrem Rechner online nach der richtigen Lösung zu suchen. Da es sich um eine manchmal nützliche Funktion handelt, können Sie den Schalter ruhig auf **Ein** stehenlassen. Dagegen schalten Sie die Nutzung der Internet-Explorer-Kompatibilitätslisten aus.

Im unteren Teil des Dialoges erlauben Sie Apps das automatische Nutzen Ihres Namens und Profilbildes sowie das Abfragen Ihrer Position. Sie müssen selbst entscheiden, ob Sie das möchten. Sind Sie unsicher, schalten Sie besser beides aus. Sie können die Funktionen später ja jederzeit aktivieren.

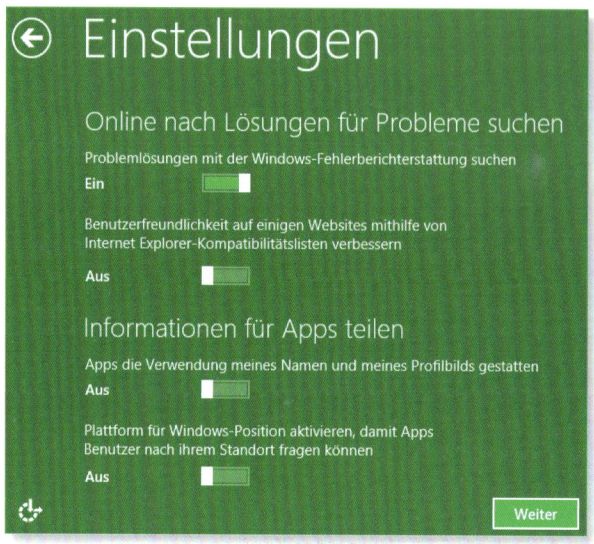

▲ **Abbildung 2.12** *Die Online-Fehlerberichterstattung können Sie ruhig nutzen.*

Geben Sie Ihre bei Microsoft Live verwendete E-Mail-Adresse ein. Sie wird für die Anmeldung am Windows-8-PC genutzt. Daneben wird so Ihr Windows-Live-Konto mit Windows 8 verbunden.

▲ **Abbildung 2.13** *Geben Sie Ihre Windows-Live-Adresse ein. Sie wird für die Anmeldung benötigt.*

Windows sucht das Konto und verknüpft es mit dem Betriebssystem. Geben Sie im nächsten Dialog das zum Konto gehörende Passwort ein.

▲ **Abbildung 2.14** *Wurde das Konto gefunden, bestätigen Sie mit Ihrem Passwort.*

Mit der Eingabe einer Telefonnummer oder einer alternativen E-Mail-Adresse ist es möglich, Ihr Benutzerkonto bei Bedarf wiederherzustellen. Sicher haben Sie ein Konto bei einem Webmailanbieter wie GMX, Freemail oder Freenet. Geben Sie die hier verwendete E-Mail-Adresse ein.

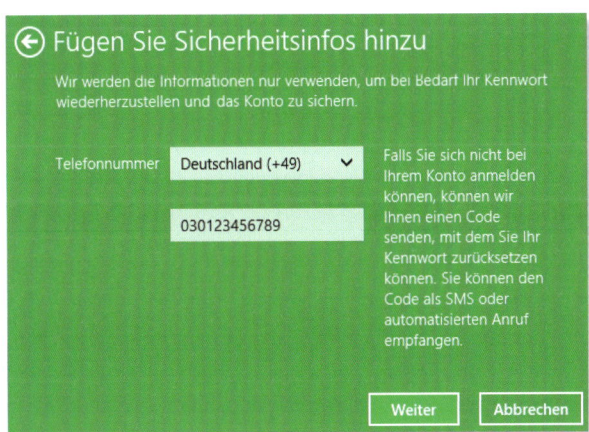

▲ **Abbildung 2.15** *Gelingt die Anmeldung nicht, lassen Sie sich per Telefon oder SMS helfen.*

Das Benutzerkonto wird erstellt. Danach wird ein Einführungsvideo abgespielt. Es führt Sie in die neuen Möglichkeiten von Windows 8 ein.

Einige Apps werden installiert. Ist dies geschehen, sehen Sie den Startbildschirm.

> **INFO**
>
> **Windows 8 mit einem Windows-Live-Konto verbinden**
> Die Verknüpfung Ihres Windows-Live-Accounts erlaubt Ihnen, auf Ihrem Windows-8-Rechner sehr einfach auf Live-Dienste zuzugreifen, zum Beispiel auf Ihre Nachrichten bei Hotmail oder auf den Datenspeicher SkyDrive. Sie können außerdem Apps aus dem Windows Store laden und so Windows 8 ergänzen. Die Apps werden automatisch um interessante Onlineinhalte ergänzt. Die Einstellungen von Ihrem Live-Konto werden mit Windows 8 abgeglichen (synchronisiert).

2.5 Die Express-Einstellungen

Windows 8 bietet Ihnen an, einige vorgegebene Einstellungen zu übernehmen. Möchten Sie dies tun, wählen Sie im Assistenten **Express-Einstellungen verwenden**.

Zu den Express-Einstellungen zählen die folgenden Vorgaben:

- wichtige und empfohlene Updates automatisch installieren

- den PC mit der aktivierten Firewall vor unsicheren Dateien und Websites schützen

- die Funktion »Do not Track«, mit der Websites Sie nicht nachverfolgen können, im Internet Explorer aktivieren

- Informationen an Microsoft übermitteln, um die Firma so bei der Entwicklung neuer Software zu unterstützen

- automatisch online nach Lösungen bei Problemen mit Windows suchen

- die Inhalte von Apps anpassen, wofür Ihr Wohnort, Ihr Name und das Profilbild verwendet werden
- automatische Aktivierung der Freigabe von Dateien für den Zugriff anderer Geräte in einem Netzwerk

2.6 Windows 8 aktivieren

Es genügt nicht, Windows 8 zu installieren und einzurichten. Sie müssen das Betriebssystem auch aktivieren. So wird überprüft, dass es sich um eine Originalversion handelt. Dabei wird auch kontrolliert, dass Sie diese Version nur einmal installiert haben.

Wann muss Windows 8 aktiviert werden?

In einigen Fällen müssen Sie Windows 8 aktivieren, und zwar in den folgenden:

- Sie haben ein neues Windows-8-System installiert.
- Sie haben die Hardware des Rechners verändert. Beachten Sie, dass Sie hier nur drei Tage Zeit haben, um die erneute Aktivierung vorzunehmen.
- Sie haben Ihre Festplatte neu formatiert. Danach mussten Sie Windows neu installieren. Dazu gehört auch das erneute Aktivieren von Windows 8.
- Sie haben Windows 8 deinstalliert und auf einem anderen Rechner neu installiert. Nun müssen Sie auch das System neu aktivieren.
- Ein Virus beschädigt den Aktivierungsstatus. Entfernen Sie das Computervirus, und aktivieren Sie Windows 8 neu.

Führen Sie die Aktivierung bereits nach der Einrichtung des Betriebssystems durch.

So vermeiden Sie Probleme bei der Aktivierung

Sorgen Sie dafür, dass eine Internetverbindung zur Verfügung steht. So können Sie am einfachsten Windows 8 aktivieren.

Die Aktivierung muss innerhalb von 30 Tagen geschehen. Innerhalb dieser Zeit können Sie fast alle Funktionen des Betriebssystems uneingeschränkt nutzen. Nur Updates lassen sich nicht einspielen.

Öffnen Sie die **Systemsteuerung**. Wechseln Sie zu **System und Sicherheit** und weiter zu **System**. Ganz unten sehen Sie, ob das Betriebssystem bereits aktiviert wurde. Hier sehen Sie auch, wie lange Sie für diese Aufgabe noch Zeit haben.

Mit **Details für die Aktivierung** sehen Sie, wann Sie die Aktivierung durchgeführt haben.

2.7 Partitionieren

»Benutzerdefinierte Installation« ist an dieser Stelle vielleicht etwas irreführend. Vielmehr möchte ich Ihnen in diesem Abschnitt das Partitionieren einer Festplatte näherbringen. Es lohnt sich, sich für diese Aufgabe etwas mehr Zeit zu nehmen.

Ich persönlich teile meine Festplatten gern in 3 bis 5 Partitionen ein. Eine Partition ist für das Betriebssystem. Eine weitere enthält die Anwendungsprogramme. Auf der dritten bis fünften lege ich Daten ab. Diese recht klare Übersicht sorgt für Ordnung. Daneben treten nicht so schnell Fragmentierungen auf.

Vor allem ist aber Folgendes wichtig: Ist die Windows-Partition defekt und lässt sie sich nicht mehr reparieren, muss ich nur diese und die Partition mit den Anwendungsprogrammen neu einrichten. Die Daten bleiben erhalten.

Bevor Sie Windows 8 installieren, sollten Sie sich also Gedanken darüber machen, wie Sie Ihre Festplatte einteilen. Wie groß ist die Festplatte? Wie groß sollen die einzelnen Partitionen sein? Sollen sie einem bestimmten Zweck dienen?

Legen Sie sich einen Stift und einen Notizzettel zurecht, und machen Sie sich Notizen über die Aufteilung der Festplatte.

2.7 Partitionieren

Doch bevor wir anfangen, gibt es noch ein paar Grundlagen zu klären. Keine Angst, ich werde Sie nicht lange aufhalten.

Grundlagen zum Thema Partitionieren

Man unterscheidet zwischen *primären* und *erweiterten Partitionen*. Sie können maximal vier primäre Partitionen erstellen. Auf einer primären Partition muss das Betriebssystem Windows 8 abgelegt sein. Hier liegt auch der MBR (darauf komme ich im nächsten Abschnitt noch zurück).

Wenn Sie nur drei Partitionen erstellen, müssen Sie sich keine Gedanken über diese Aufteilung machen. Drei primäre Partitionen auf einer Festplatte – und »gut is«.

Eine primäre Partition wird so genutzt, als würde es sich um eine eigene Festplatte handeln. Es gibt in der Handhabung keine Unterschiede.

Aber vielleicht fragen Sie sich, ob Sie nicht mehr als diese vier Partitionen erstellen können? Natürlich geht das.

Die vierte Partition wird automatisch als *erweiterte Partition* erstellt. In diese erweiterte Partition können Sie *logische Laufwerke* einfügen. Wie viele Sie davon erstellen, bleibt Ihnen überlassen.

Das Windows-8-Betriebssystem kann sich allerdings nicht auf einem logischen Laufwerk befinden. Dort darf auch nicht der MBR untergebracht sein.

> **HINWEIS**
>
> **Die Größe von Partitionen später ändern**
> In der **Computerverwaltung** können Sie Ihre Festplatten, Partitionen und alle anderen mit dem Rechner verwendeten Datenträger administrieren. Hier können Sie einzelne Partitionen auch verkleinern und vergrößern. Mehr dazu erfahren Sie im Abschnitt »Festplatten und Partitionen verwalten«, ab Seite 71.

Der MBR

Die Abkürzung MBR steht für *Master Boot Record*. Dieser Bereich wird vom Betriebssystem auf die Festplatte geschrieben. Er enthält grundlegende Daten zu dem zu startenden Betriebssystem.

Der MBR nimmt nur ganz wenig Speicherplatz auf der Festplatte ein. Es handelt sich im Grunde genommen lediglich um eine kleine Tabelle mit wichtigen Informationen, die für den Start des Betriebssystems notwendig sind.

Wird der MBR überschrieben, zum Beispiel durch einen Linux-Bootloader, kann Windows nicht mehr gestartet werden. Mit einem Befehl können Sie den MBR jedoch wiederherstellen. Dazu wird eine der Systemwiederherstellungsoptionen genutzt. Mehr dazu finden Sie im Abschnitt »Mit dem Befehl ›bootrec‹ Startsektor und MBR wiederherstellen« ab Seite 700.

> **TIPP**
>
> **Namen statt Buchstaben verwenden**
> Windows 8 vergibt an Festplatten, Partitionen und angeschlossene Datenträger Buchstaben. Durch das Hinzufügen weiterer Datenträger oder auch das Entfernen derselben kann sich die Nummerierung der Datenträger ändern. Aus Partition H wird dann plötzlich Partition G.
>
> Um dennoch die richtige Partition zu finden, auf der sich die von Ihnen gesuchten Daten befinden, vergeben Sie doch einfach Namen für die Partition. So vermeiden Sie ganz leicht jede Gefahr der Verwechslung. Klicken Sie dazu das Laufwerk im Windows-Explorer mit der rechten Maustaste an, und wählen Sie **Umbenennen**.
>
> Meinen USB-Stick habe ich z. B. »Horst« genannt. Für die Partitionen meiner Festplatte habe ich die Namen »Windows«, »Anwendungen«, »Daten«, »Autor« usw. verwendet. So finde ich immer schnell die Partition, die ich gerade brauche.

So wird eine Festplatte richtig partitioniert

Das Partitionierungsprogramm im Installationsassistenten der Windows-8-Installations-DVD bietet leider nur grundlegende Funktionen. Logische Laufwerke in der erweiterten Partition lassen sich hiermit nicht erstellen.

Dieses kleine Manko können Sie sehr leicht umgehen: Erstellen Sie bei der grundlegenden Installation nur eine primäre Partition. Alle anderen Partitionen werden »vorgeplant«. Sie müssen also genügend Platz frei lassen. Installieren Sie Windows 8, und richten Sie das Betriebssystem ein. Für die weiteren Partitionen wird dann die **Computerverwaltung** in der Windows-8-**Systemsteuerung** verwendet.

1 Starten Sie Ihren Rechner mit eingelegter Windows-8-Installations-DVD.

▲ **Abbildung 2.16** *Die Windows-Daten werden geladen. Gleich geht es los.*

2 Bestätigen Sie die Sprache der Installation, die Uhrzeit und das Währungsformat sowie die Sprache des Tastaturlayouts.

3 Wählen Sie **Jetzt installieren**.

4 Lesen Sie den Lizenztext durch. Bestätigen Sie die Lizenz. Klicken Sie jeweils auf **Weiter**, um in den nächsten Dialog zu gelangen.

5 Wählen Sie die Installationsart **Benutzerdefiniert (erweitert)** aus.

6 Sie sehen nun Ihre Festplatte vor sich. Es gibt noch keine einzelnen Partitionen. Der komplette Inhalt der Festplatte wird mit »Nicht zugewiesener Speicherplatz auf Datenträger« beschrieben. Wählen Sie **Laufwerksoptionen (erweitert)**.

Bis zu diesem Punkt gleichen die Arbeitsschritte dem Beispiel, das ich bereits zuvor beschrieben habe. Nun sollen aber fünf Partitionen erstellt werden.

In diesem Beispiel hat meine Festplatte eine Gesamtkapazität von 140 GB. Ihre Festplatte wird vermutlich wesentlich mehr Speicherplatz aufweisen. (Meine ist übrigens so klein, weil ich mit dem Virtualisierungsprogramm *VMware Player* einen Rechner mit einer virtuellen Hardware simuliere. Falls Sie sich wundern, wieso ich so eine mikrokleine Festplatte mein Eigen nenne.)

Nun überlegen Sie sich einmal, wie die Festplatte aufgeteilt werden soll. Notieren Sie sich das auf einen Notizzettel. In meinem Beispiel soll die Windows-Partition 60 GB besitzen. Eine Partition für Anwendungsprogramme soll einen Umfang von 30 GB haben. Eine weitere soll Spiele enthalten; dafür genügen 20 GB. 25 GB weise ich einer Datenpartition zu. Den Rest nutze ich für eine weitere Datenpartition.

Sie werden sehen, dass am Ende nicht wirklich der komplette Speicherplatz verwendet werden kann. Windows 8 erstellt eine kleine Partition für Systemdateien. Auch sind 135,0 GB nicht wirklich 135.000 MB. Wenn Sie in Schritt 8 die Größe der Partition wählen, werden Sie im Listenfeld sehen, dass die Größe etwas anders angezeigt wird.

Sie können diese Werte aber ignorieren und »in etwa« umrechnen und runden. Die letzten beiden Partitionen sind für Daten gedacht. Wenn diese kleiner ausfallen als ursprünglich geplant, ist das kein Problem.

Die Partitionen erstellen

Also nun kann es losgehen. Erstellen wir zuerst die primären Partitionen:

1 Wählen Sie **Laufwerksoptionen (Erweitert)**. Klicken Sie auf **Neu**.

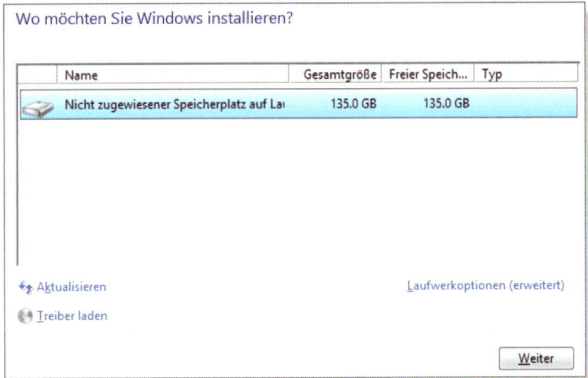

▲ **Abbildung 2.17** *Die erste primäre Partition wird erstellt.*

2 Stellen Sie im Listenfeld 60.000 MB ein. Das ist eine gute Größe für die primäre Partition. Bestätigen Sie mit **Übernehmen**.

3 Windows 8 weist Sie darauf hin, dass zusätzliche Partitionen erstellt werden. Damit werden wichtige Funktionen des Betriebssystems versorgt. Bestätigen Sie diese Meldung einfach. Die Systempartition wird nur um die 320 MB einnehmen.

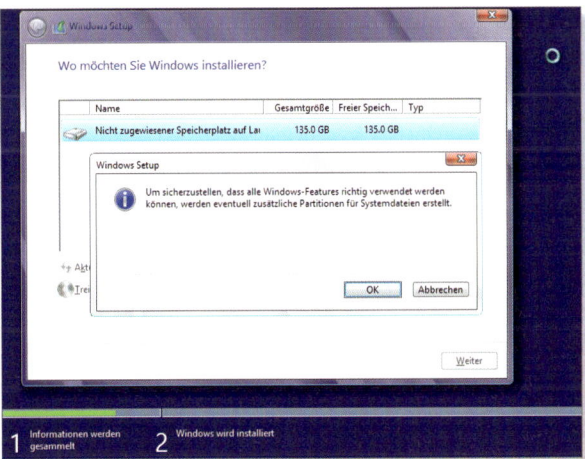

▲ **Abbildung 2.18** *Windows erstellt automatisch Partitionen für Systemfunktionen.*

4 Achten Sie darauf, dass die erste primäre Partition markiert ist. So bestimmen Sie, dass sie formatiert wird. Anschließend wird Windows 8 auf ihr installiert und eingerichtet. Wählen Sie **Weiter**.

5 Führen Sie die Installation und Einrichtung fort, wie in den Abschnitten »Die schnelle Variante der Windows-8-Installation« und »Windows 8 einrichten« beschrieben.

HINWEIS

Neu erstellte Partitionen formatieren
Eine neu erstellte Partition ist zunächst leer. Mit dem Formatieren wird ein Dateisystem auf sie aufgebracht. Bei Windows 8 wird dafür NTFS verwendet. Erst danach können Sie Programme installieren und Daten ablegen.

Bei der Installation von Windows erfolgt das Formatieren während der Installation. Falls Sie später Partitionen einrichten, müssen Sie diese Aufgabe selbst durchführen.

Nach dem ersten Start von Windows 8 geht es weiter. Sie müssen bei der Partitionierung nicht auf einen Befehl und die Eingabeaufforderung zurückgreifen. Windows 8 bietet dafür mit der **Computerverwaltung** ein Werkzeug an. Alle wichtigen Funktionen erreichen Sie über ein Menü und Symbolschaltflächen. Die Aufteilung der Festplatte in verschiedene Partitionen wird grafisch dargestellt.

INFO

Die Systemanforderungen von Windows 8
Die Anforderungen von Windows 8 an Ihren Rechner gleichen denen von Windows 8. Sie müssen keinen leistungsstärkeren Rechner erwerben, um die neue Version des Betriebssystems nutzen zu können. Auch mehr Festplattenspeicher ist nicht notwendig.

2.8 Die Datenträgerverwaltung

Mit Hilfe der **Computerverwaltung** werden die Partitionen des Rechners verwaltet. Es empfiehlt sich, bevor Sie damit starten, ein Backup anzulegen. Sie können neue Partitionen erstellen und vorhandene verkleinern. An einem Beispiel möchte ich dies zeigen.

1 Führen Sie die Maus an den unteren Bildschirmrand. Führen Sie einen Rechtsklick aus, und wählen Sie **Alle Apps**. Wählen Sie anschließend die **Systemsteuerung** aus.

2 Wählen Sie **System und Sicherheit > Verwaltung**. Doppelklicken Sie auf die **Computerverwaltung**.

3 Nun sind Sie fast am Ziel. Links wird ein Menü angezeigt. Öffnen Sie mit einem Klick die **Datenträgerverwaltung** ❶.

Im unteren Bereich sehen Sie die Festplatte. Angezeigt wird, wie viel Speicherplatz insgesamt auf ihr vorhanden ist. Sie sehen, welche Partitionen erstellt wurden und wie groß sie sind. Sie erkennen, welches Dateisystem auf den Partitionen aufgespielt wurde. Und Sie sehen natürlich auch, wie viel Speicherplatz noch nicht zugeordnet wurde.

Unter der Größenangabe der Partition sehen Sie, ob diese fehlerfrei ist. In Klammern sind wichtige Eigenschaften aufgelistet. So steht zum Beispiel bei der

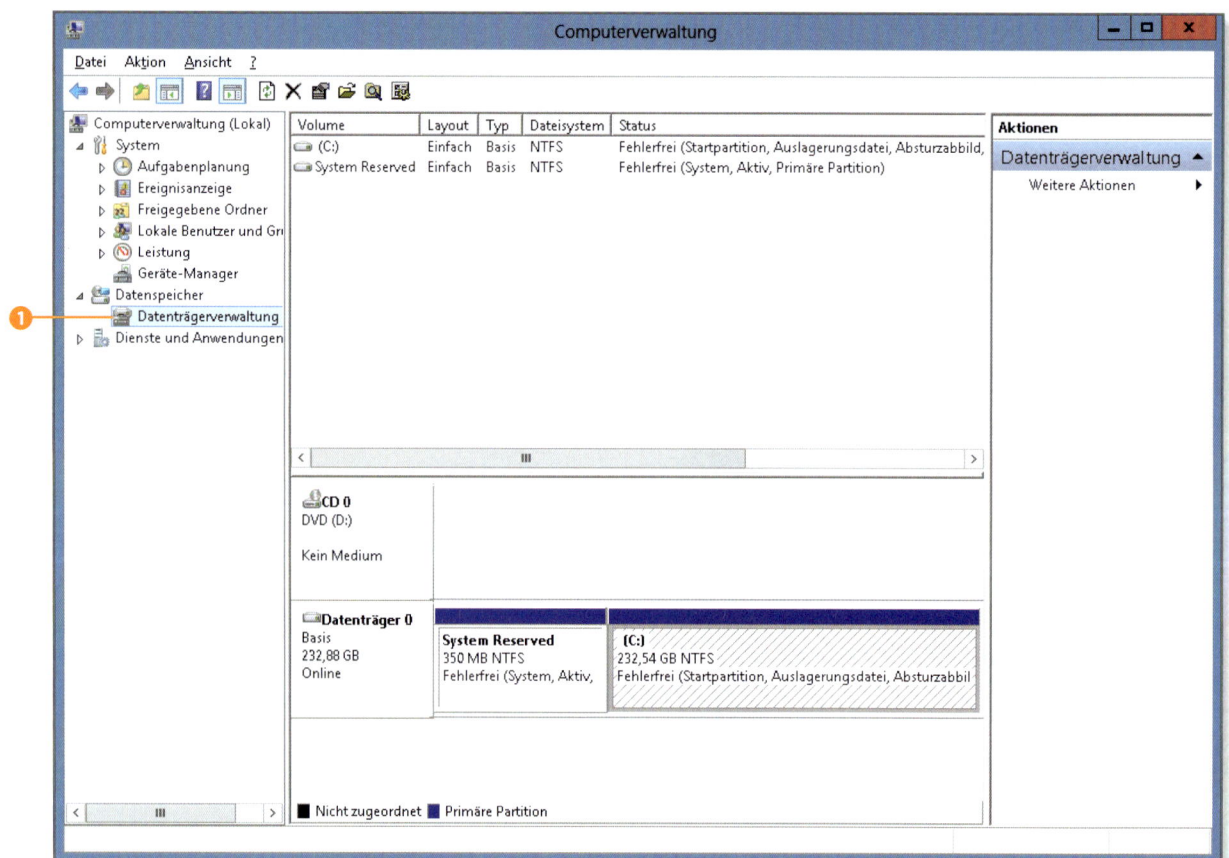

▲ **Abbildung 2.19** *Die Computerverwaltung fasst einige Tools zusammen. Hier finden Sie auch die Verwaltung der Festplatten* ❶. *Die vorhandenen Datenträger werden dort aufgelistet und in einer übersichtlichen Grafik gezeigt.*

2.8 Die Datenträgerverwaltung

Windows-Partition (**Startpartition**, **Auslagerungsdatei**, **Absturzabbild**, **primäre Partition**).

Die Partitionen werden auf verschiedene Weise angezeigt. Sie sehen Zahlenwerte und Angaben. Sie sehen auch einen farbigen Balken über der schematischen Darstellung. Links erkennen Sie, welche Farbe für welche Information steht. So werden mit einem dunklen Blau die primären Partitionen gezeigt. Mit Schwarz sind die noch nicht zugeordneten Partitionen gekennzeichnet.

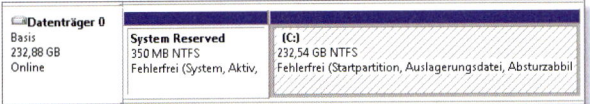

▲ **Abbildung 2.20** *Zur besseren Übersicht habe ich die Ansicht meiner Festplatte ausgeschnitten.*

In meinem Beispiel habe ich den verfügbaren Bereich für die Windows-8-Partition genutzt. Das ist natürlich nicht ideal. So befinden sich Betriebssystem, Programme und Daten auf einer Partition. Was nun? Die Partition löschen und Windows 8 neu installieren? Nein.

Die **Computerverwaltung** bietet eine Möglichkeit, die vorhandene Partition zu verkleinern ❷. So wird Freiraum geschaffen, und Sie können die Festplatte aufteilen.

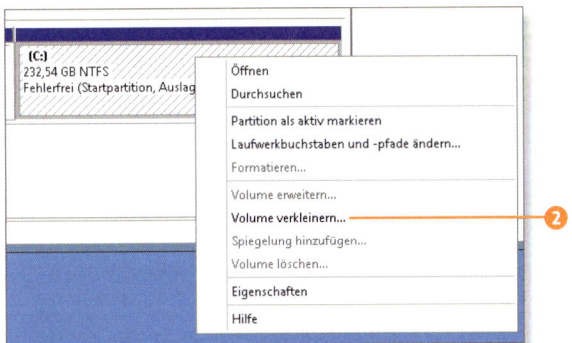

▲ **Abbildung 2.21** *Über das Kontextmenü erreichen Sie wichtige Funktionen für die Verwaltung.*

1 Zuerst soll der Partition eine Bezeichnung zugeordnet werden. Markieren Sie die Partition. Öffnen Sie mit der rechten Maustaste das Kontextmenü, und wählen Sie **Eigenschaften**.

2 Geben Sie die Bezeichnung »Windows8« ein. Bestätigen Sie mit **Übernehmen**.

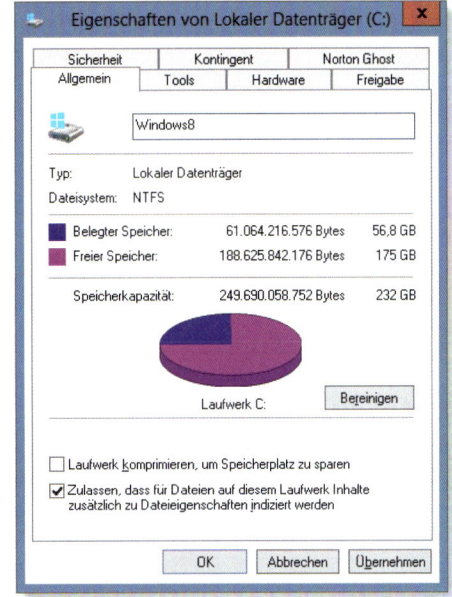

▲ **Abbildung 2.22** *Die Festplatte erhält eine feste Bezeichnung.*

3 Öffnen Sie wieder das Kontextmenü, und wählen Sie **Volume verkleinern**. Windows 8 liest die notwendigen Daten ein. Es dauert einen kleinen Moment, bis Sie die Größe der Partition ändern können.

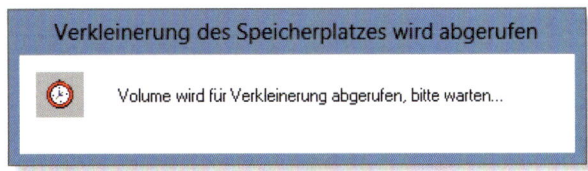

▲ **Abbildung 2.23** *Windows 8 ruft die Daten ab. Danach können Sie das Volume verkleinern.*

Sie sehen nun den verfügbaren Speicher vor sich. Angezeigt wird, wie groß das Volume ist und um wie viel MB es verkleinert werden kann. Sie sehen auch, wie groß die Festplatte nach der Verkleinerung sein wird.

Die im Beispiel verwendete Partition hat eine Größe von 232,54 GB. Das entspricht 238.123 MB. Verkleinert werden kann um 115.447 MB. Das ergäbe eine Partition mit einer Größe von 122.676 MB ergeben.

Verwenden Sie nicht die maximale Größe für die Verkleinerung. Es soll ja auch später noch möglich sein, Windows-Tools und -Updates zu ergänzen. Dazu muss genügend Platz übrig bleiben.

4 Geben Sie »70.000« in das Feld **Zu verkleinernder Speicherplatz in MB** ein. Bestätigen Sie mit **Verkleinern**.

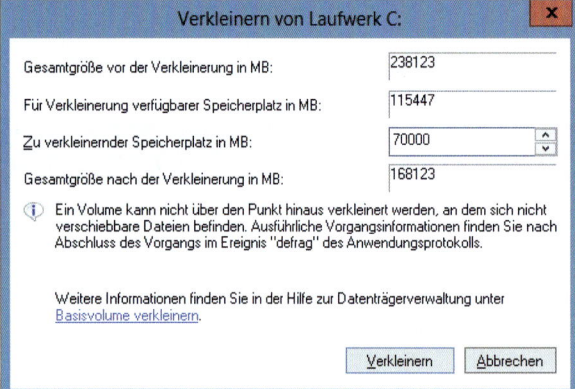

▲ *Abbildung 2.24 Das Volume wird verkleinert. So ist für mehr Partitionen Platz.*

Es dauert einen kleinen Augenblick. Windows 8 verkleinert die vorhandene Partition. Den neuen Speicherplatz sehen Sie danach in der Übersicht. Er ist mit einem schwarzen Balken markiert und als »Nicht zugeordnet« bezeichnet.

Beachten Sie bitte: Nutzen Sie Windows 8 schon eine Weile, führen Sie erst eine Datenträgerbereinigung und eine Defragmentierung durch. Danach verkleinern Sie die Partition.

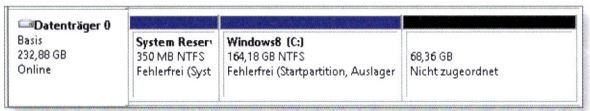

▲ *Abbildung 2.25 So sieht die neue Aufteilung der Festplatte aus.*

5 Markieren Sie den nicht zugeordneten Bereich. Öffnen Sie mit der rechten Maustaste das Kontextmenü. Wählen Sie **Neues einfaches Volume**.

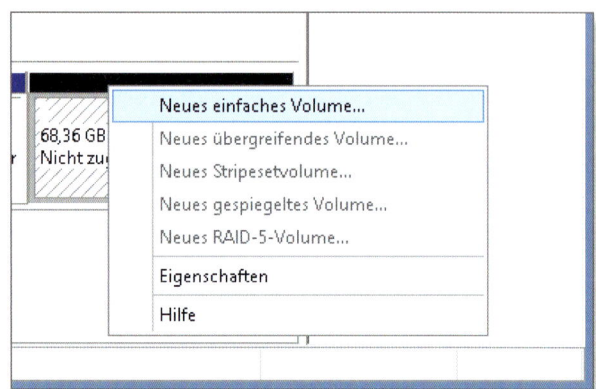

▲ *Abbildung 2.26 Ein neues Volume wird erstellt.*

6 Der **Assistent zum Erstellen neuer einfacher Volumes** wird gestartet. Mit **Weiter** gelangen Sie in den nächsten Dialog.

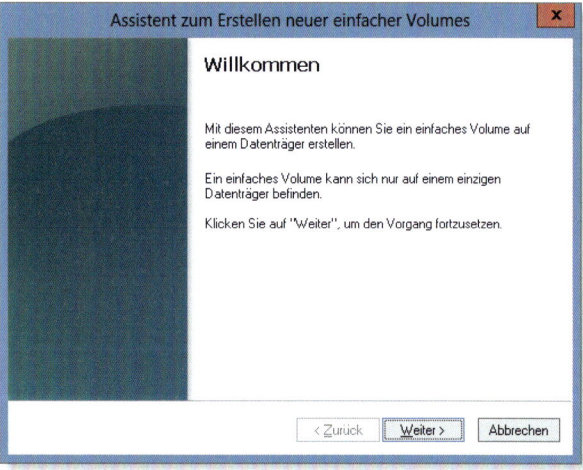

▲ *Abbildung 2.27 Das Erstellen von neuen Partitionen (hier »Volumes«) erfolgt mit einem Assistenten.*

7 Geben Sie die gewünschte Größe der Partition ein. Sie erinnern sich? Die zweite Partition ist für die Anwendungsprogramme gedacht und soll eine Größe von etwa 20 GB haben. Geben Sie »20.000« ein, und klicken Sie auf **Weiter**.

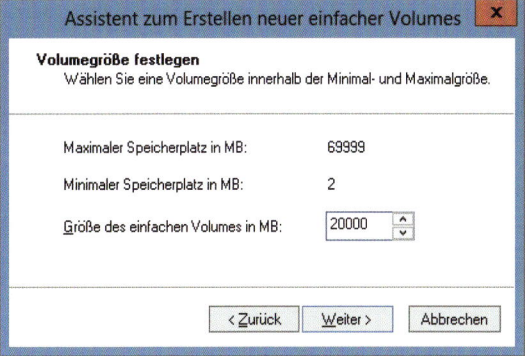

^ **Abbildung 2.28** *Die zweite primäre Partition wird erstellt.*

8 Im nächsten Dialog können Sie auswählen, welcher Laufwerksbuchstabe der Partition zugewiesen werden soll. Bestätigen Sie einfach die Vorgabe.

9 Nun wählen Sie ein Dateisystem und bestimmen, ob die neue Partition formatiert werden soll. Auch hier bestätigen Sie einfach durch Klicken auf **Wei-** **ter**. So wird das Dateisystem NTFS verwendet und die neue Partition formatiert.

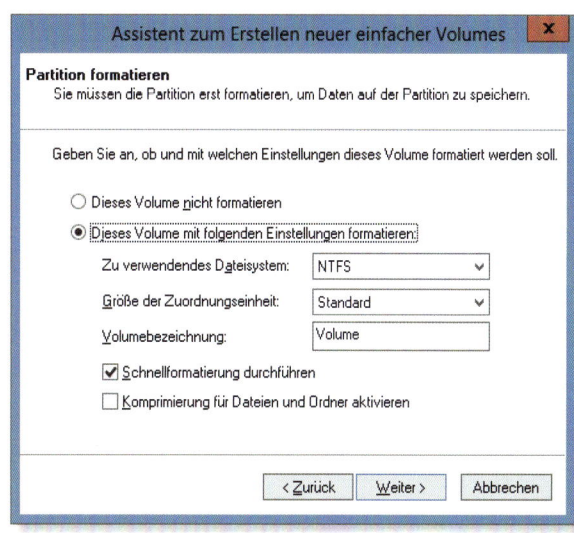

^ **Abbildung 2.29** *NTFS ist eine gute Wahl. Übernehmen Sie das vorgeschlagene Dateisystem.*

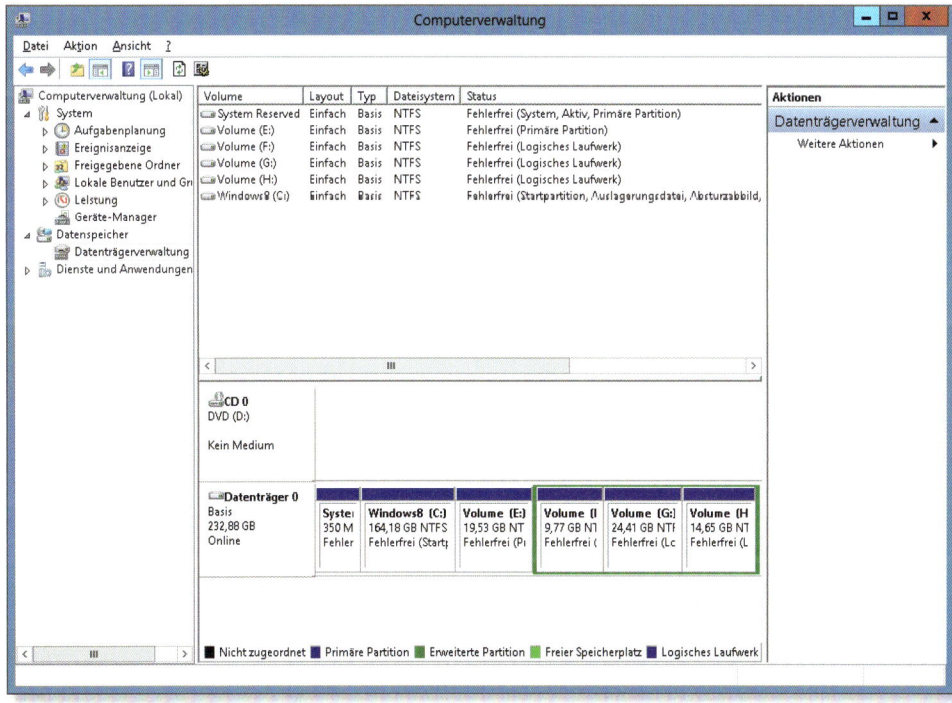

^ **Abbildung 2.30** *Die erstellten Partitionen in der Übersicht. Insgesamt stehen jetzt fünf Partitionen für den Benutzer zur Verfügung. Der grüne Rahmen umschließt die erweiterte Partition.*

10 Im letzten Dialog sehen Sie, welche Angaben Sie gemacht haben; sie werden hier, wie bei vielen Windows-Assistenten üblich, noch einmal zusammengefasst. Bestätigen Sie dies, und beenden Sie den Assistenten mit einem Mausklick auf die Schaltfläche **Fertig stellen**.

11 Gehen Sie so vor, wie oben beschrieben, und erstellen Sie nun eine 10 GB große Partition. Windows 8 macht aus dem letzten Bereich automatisch eine erweiterte Partition. In diese werden alle weiteren Partitionen als logisches Laufwerk einsortiert.

12 Erstellen Sie anschließend eine 25 GB große Partition.

13 Für die letzte Partition weisen Sie den restlichen Speicherplatz komplett zu (siehe Abbildung 2.30).

2.9 Partitionen und Festplatten richtig formatieren

Eine neu erstellte Partition besitzt noch keine Formatierung. Nur die Partition, die Sie für Windows 8 auswählen, wird formatiert.

Ohne eine Formatierung können Sie keine Anwendungsprogramme und Spiele auf dieser Partition installieren. Auch das Speichern von Daten ist nicht möglich.

Beim Formatieren wird die Festplatte in Sektoren eingeteilt. Das Dateisystem wird aufgebracht. Bei Windows 8 verwenden Sie am besten NTFS. Das ist ein aktuelles und modernes Dateisystem. Der Zugriff auf die Daten erfolgt sehr schnell. Bei einem Absturz des Betriebssystems und von Programmen können Inhalte hier eher wiederhergestellt werden.

Arten der Formatierung

Man unterscheidet zwischen der *Schnellformatierung* und der *vollständigen Formatierung*. Beim Formatieren werden in jedem Fall alle Daten gelöscht!

Wie der Name bereits verrät, ist die Schnellformatierung sehr fix abgeschlossen. Auch bei großen Festplatten und Partitionen müssen Sie nicht lange warten, bis der Vorgang beendet ist.

Bei der vollständigen Formatierung wird die Festplatte auf Fehler hin überprüft. Defekte Blöcke werden markiert.

Die vollständige Formatierung sollten Sie verwenden, wenn Sie Probleme beim Speichern von Daten haben. Auch wenn Sie eine gebrauchte Festplatte erworben haben, empfiehlt sich diese Variante.

Formatieren mit dem Windows-Explorer

1 Öffnen Sie den Windows-Explorer.

2 Wählen Sie **Computer** ❶. Markieren Sie die Partition, die formatiert werden soll ❷.

3 Öffnen Sie das Register **Laufwerkstools** > **Verwalten** ❸. Klicken Sie auf **Formatieren** ❹.

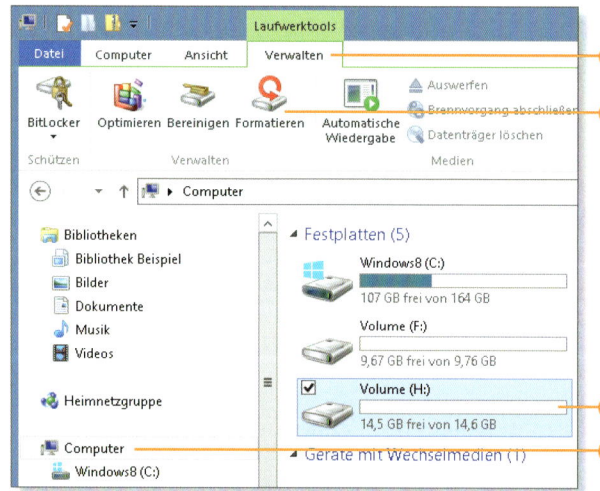

△ *Abbildung 2.31 Der Zugriff auf den Befehl »Formatieren« ist etwas bequemer geworden.*

4 Die Einstellungen im Dialog können Sie bestätigen. Wenn Sie möchten, entfernen Sie die vorgegebene Bezeichnung des Datenträgers und geben einen Namen ein. Bestätigen Sie mit **Starten**.

2.9 Partitionen und Festplatten richtig formatieren

5 Windows 8 gibt eine Warnung aus und weist Sie darauf hin, dass beim Formatieren alle vorhandenen Daten verlorengehen. Bestätigen Sie mit **OK**.

6 Warten Sie, bis Windows 8 die Meldung ausgibt, dass der Vorgang abgeschlossen ist. Bestätigen Sie, und **schließen** Sie den Dialog.

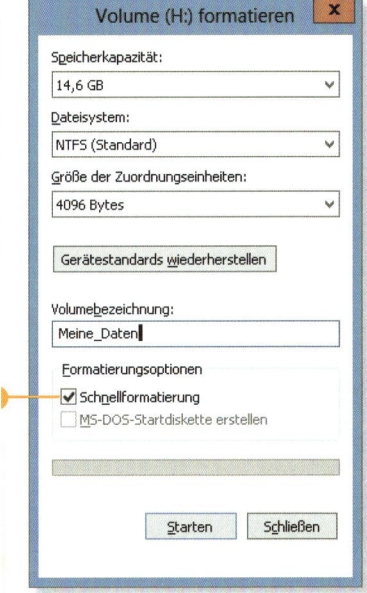

▲ *Abbildung 2.32 Die Vorgaben sind sinnvoll gewählt.*

Eine vollständige Formatierung durchführen

Gehen Sie so vor wie bei der Schnellformatierung. Einzige Ausnahme: Entfernen Sie das Häkchen aus dem Optionskästchen **Schnellformatierung** 5.

Formatieren in der Computerverwaltung

Öffnen Sie die **Computerverwaltung**. Markieren Sie die Partition, die formatiert werden soll. Wählen Sie auch hier den Befehl über das Kontextmenü.

Der Dialog sieht hier ein wenig anders aus, als wenn Sie den Befehl **Formatieren** über den Explorer aufrufen. Die Inhalte sind aber gleich. Das richtige Dateisystem und die Größe der Zuordnungseinheiten sind bereits ausgewählt. Die Schnellformatierung ist angeschaltet. Verändern Sie die Bezeichnung, und bestätigen Sie.

▲ *Abbildung 2.33 In der Computerverwaltung passen Sie nur die Bezeichnung der Partition an.*

Formatieren mit einem Befehl

Der Befehl `format`, den Sie über die Eingabeaufforderung verwenden, hat einige Vorteile. Gerade die vollständige Formatierung ist hier schneller erledigt. Sie bekommen auch eine ausführlichere Rückmeldung über die Ergebnisse des Befehls, und Sie können mehr Parameter und Optionen verwenden.

Mit `help format` sehen Sie alle Parameter und können sich die richtige Syntax ansehen. An dieser Stelle möchte ich nur ein paar Parameter herauspicken.

> **INFO**
>
> **Was versteht man unter Syntax?**
> Die Syntax ist die Schreibweise eines Befehls und aller Parameter und Optionen. Wichtig ist vor allem die Reihenfolge der Parameter. Nur so versteht Windows den Befehl. Siehe auch Kapitel 9, »Der Windows-Explorer«, ab Seite 181.

Geben Sie nach dem Befehl den Namen der Partition an. Schauen Sie im Windows-Explorer, unter welcher Bezeichnung oder welchem Buchstaben die Partition in das System eingebunden ist. Achten Sie unbedingt darauf, dass Sie den richtigen Buchstaben eingeben!

Mit /FS:NTFS bestimmen Sie, dass das Dateisystem NTFS verwendet wird.

Der Parameter /Q sorgt für eine Schnellformatierung. Ohne ihn wird die vollständige Formatierung durchgeführt. Der komplette Befehl sähe in meinem Beispiel wie folgt aus:

```
format f: /FS:NTFS /Q
```

Der Name der zu formatierenden Partition muss dem Befehl nicht übergeben werden. Windows fragt diesen Namen ab. Beachten Sie, dass bei der Bezeichnung keine Sonderzeichen und keine Leerzeichen erlaubt sind.

INFO

Die Schreibweise der Befehle

Windows unterscheidet übrigens nicht zwischen Groß- und Kleinschreibung. Sie müssen nicht darauf achten, ob Sie Befehle mit Groß- oder Kleinbuchstaben eingeben. In anderen Systemen, wie z. B. Linux, wäre das nicht möglich. Einzige Ausnahme ist die PowerShell.

2.10 Windows richtig ausschalten

Sie haben nun mit Windows 8, seinen Werkzeugen, mit Anwendungsprogrammen oder Spielen gearbeitet. Und nun reicht es Ihnen. Können Sie jetzt einfach den Netzstecker ziehen? – Nein. Sie müssen Windows »herunterfahren«.

Richtig herunterfahren

Windows schreibt während der Arbeit einige Dateien und Systemprozesse in den Zwischenspeicher. Erst beim Herunterfahren werden diese synchronisiert. Wenn Sie den Rechner einfach ausschalten, kann es passieren, dass wichtige Daten nicht auf die Festplatte oder einen anderen angeschlossenen Datenträger geschrieben werden. Das ist ärgerlich, wenn Sie eben eine neue Office-Datei erstellt oder bearbeitet haben. Auch Systemdateien werden so nicht geschlossen und eventuell beschädigt.

Einige Notebooks und neue Rechner sind so vorkonfiguriert, dass ein Drücken des Power-Schalters für ein Herunterfahren des Rechners sorgt. Ansonsten gehen Sie so vor:

1 Wechseln Sie auf den Startbildschirm. Klicken Sie rechts oben auf Ihr Anmeldebild. Wählen Sie **Abmelden**.

∧ **Abbildung 2.34** Rechts oben finden Sie das Menü zum Abmelden und Sperren des Rechners.

2 Sie landen auf dem Sperrbildschirm. Ziehen Sie das Bild nach oben. Ein Mausklick auf das Bild genügt ebenso.

∧ **Abbildung 2.35** Vor dem Herunterfahren muss der Sperrbildschirm aufgerufen werden.

3 Sie sind nun von Ihrem Windows-8-Rechner abgemeldet. Rechts unten sehen Sie eine kleine Schaltfläche. Klicken Sie darauf, und wählen Sie **Herunterfahren**.

2.10 Windows richtig ausschalten

▲ **Abbildung 2.36** *Rechts unten gibt es den Befehl zum Herunterfahren des Rechners.*

Verwenden Sie den Befehl **Sperren**, wenn Sie Ihren Rechner verlassen und nicht möchten, dass er von einem anderen Anwender verwendet wird. Um den Desktop und die Programme wieder benutzen zu können, müssen Sie Ihr Passwort eingeben.

Im **Ruhezustand** wird der Arbeitsspeicher geleert. Der Inhalt wird auf der Festplatte abgelegt. Der Rechner wird heruntergefahren und ausgeschaltet. Schalten Sie den Rechner an, werden die Daten wieder in den Arbeitsspeicher geschrieben, und die zuletzt verwendete Sitzung wird weitergeführt. Diese Funktion können Sie nur auf Notebooks verwenden.

Eine weitere Möglichkeit zum Herunterfahren finden Sie in den Schnelleinstellungen: Öffnen Sie diese, und klicken Sie auf **Ein/Aus**. Wählen Sie **Herunterfahren**.

▲ **Abbildung 2.37** *Auch in den Schnelleinstellungen können Sie den PC herunterfahren.*

Der Befehl »shutdown«

Der Rechner lässt sich auch mit einem Befehl herunterfahren: `shutdown`. Geben Sie diesen auf der Eingabeaufforderung ein. Die Optionen für diesen Befehl sehen Sie in der folgenden Tabelle:

Option	Bedeutung der Option
`l`	Der im Moment eingeloggte Benutzer wird abgemeldet.
`i`	Mit dieser Option wird eine grafische Benutzeroberfläche eingeblendet.
`r`	Der Rechner wird heruntergefahren und anschließend neu gestartet.
`s`	Mit dieser Option wird der Rechner heruntergefahren.
`h`	Verwenden Sie diese Option, um den Rechner in den Ruhezustand zu bringen.
`t Zeitangabe`	Mit dieser Option veranlassen Sie das Herunterfahren zu einer bestimmten Zeit. Die Zeit geben Sie in Sekunden an, und zwar mit einem Wert zwischen 0 und 600. Sie müssen die Option /t mit /f kombinieren.
`c Kommentartext`	Übergibt einen Kommentar an den Neustartbefehl. So informieren Sie andere Benutzer im Netzwerk darüber, dass das System neu gestartet wird.
`f`	Aktuell aktive Programme, Tools und Spiele werden mit dieser Option geschlossen. Der Anwender wird hierüber nicht informiert. Das Schließen der Programme wird erzwungen.

▲ **Tabelle 2.1** *Die Parameter des Befehls »shutdown« und ihre Bedeutung*

So melden Sie sich richtig an

Zum Start des Betriebssystems und zum Anmelden gibt es nicht viel zu sagen. Schalten Sie Ihren Rechner an. Windows 8 wird hochgefahren. Ist dies geschehen, sehen Sie den Anmeldedialog vor sich. Ihr Benutzername ist bereits zu sehen. Geben Sie das dazugehörende Kennwort ein. Bestätigen Sie mit ⏎, oder klicken Sie auf das Pfeilsymbol.

Haben Sie sich vertan, können Sie rechts mit dem roten Symbol den PC wieder herunterfahren. Hier können Sie ihn auch neu starten oder in den Ruhezustand versetzen.

2.11 Wichtige Treiber einrichten

Viele Hardwaregeräte werden über ein USB-Kabel mit dem Rechner verbunden. Die Hardware wird dabei häufig automatisch erkannt. Windows sucht den passenden Treiber und installiert ihn. Sie müssen oft nichts weiter tun.

Einige Treiber werden über die Updatefunktion von Windows 8 bereitgestellt. Das ist zum Beispiel bei meinem Notebook so. Nach der Installation von Windows 8 führe ich ein Update aus und wähle die aktuellen Treiberversionen für die Netzwerkkarte und die Grafikkarte. Auf dem gleichen Weg werden auch neuere Versionen installiert.

Falls Windows zu einem Gerät einmal keinen Treiber anbietet, legen Sie den Datenträger mit dem Hardwaretreiber in das DVD-Laufwerk Ihres Rechners ein. Startet der Datenträger automatisch, landen Sie im Setup-Assistenten. Folgen Sie den Anweisungen auf Ihrem Bildschirm.

Ist die Autostartfunktion inaktiv oder ausgeschaltet, öffnen Sie den Windows-Explorer. Begeben Sie sich zu dem Laufwerk, in dem der Datenträger eingelegt ist. Schauen Sie sich den Inhalt des Datenträgers an. Doppelklicken Sie auf **Setup.exe** oder **Setup**. Der Assistent führt Sie durch die folgenden Schritte.

▲ *Abbildung 2.38 Im Hauptverzeichnis befindet sich die Datei »Setup.exe«. Sie startet die Installation.*

Die genaue Vorgehensweise hängt von der Hardware und dem Hersteller ab. Eventuell liegt ein Handbuch oder ein Quick-Install-Guide bei. Dort sehen Sie, wie Sie vorgehen müssen.

Manchmal müssen Sie auch einen Ordner öffnen und in diesem einen Installationsdialog starten. Das ist oft dann der Fall, wenn verschiedene Treiber auf einem Datenträger abgelegt sind – oder auch Treiber für verschiedene Hardware. Das könnte Ihnen zum Beispiel bei einem neu gekauften Motherboard oder einem neuen Komplettrechner begegnen.

Eine Übersicht der vorhandenen Hardware finden Sie im **Geräte-Manager** der **Systemsteuerung**. Hier sehen Sie, ob die Hardware installiert ist und ob die Treiberprogramme funktionieren.

2.12 Der Windows-8-Bootmanager

Den Windows-8-Bootmanager sehen Sie in der Regel nicht. Sie installieren Windows 8 auf einer Festplatte. Möglicherweise richten Sie Partitionen für Ihre Programme und Anwendungen ein. Wozu brauchen Sie dann einen Bootmanager?

Wenn Sie eine zweite Version von Windows 8 installieren oder eine andere Version des Betriebssystems, ist ein Bootmanager erforderlich. Er erscheint automatisch beim Neustart bzw. Start des Rechners.

Mit dem Bootmanager wählen Sie, welches Betriebssystem gestartet werden soll. Sie haben für die Auswahl einige Sekunden Zeit. Nehmen Sie keine Auswahl vor, wird das als Standard eingestellte Betriebssystem gestartet.

Die Bootoptionen einrichten

Den Bootmanager und seine Einträge können Sie nicht direkt bearbeiten. Die Einstellungen für das Starten des Betriebssystems sind in einer versteckten Systempartition abgelegt. Es gibt auch keine Konfigurationsdatei, die Sie in einem Editor öffnen könnten.

1 Öffnen Sie die **Systemkonfiguration**. Öffnen Sie dazu das Tool **Ausführen**. Tragen Sie in das Eingabefeld **Ausführen** den Befehl `msconfig` ein.

2 Die **Systemkonfiguration** wird aufgerufen. Im Register **Start** sind die vorhandenen Betriebssysteme aufgelistet. Markieren Sie eines, und wählen Sie **Als Standard** ❶. Nun wird es nach Ablauf des Boottimers automatisch gestartet.

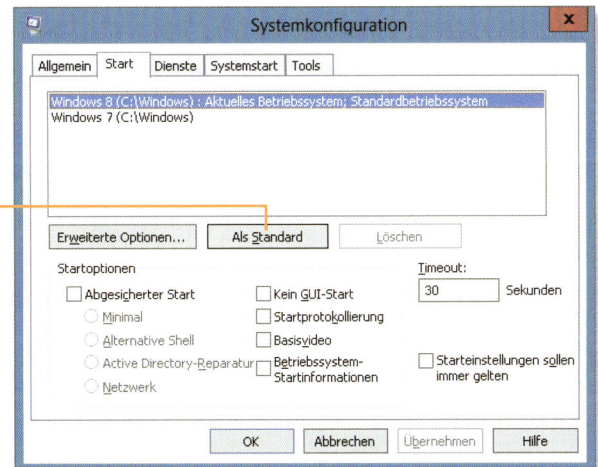

▲ *Abbildung 2.39* *In meinem Beispiel habe ich Windows 7 und Windows 8 installiert.*

2.13 Festplatten und Partitionen verwalten

Die Festplatten und Partitionen sehen Sie unter **Computer** im Windows-Explorer sowie in der **Computerverwaltung** der **Systemsteuerung**.

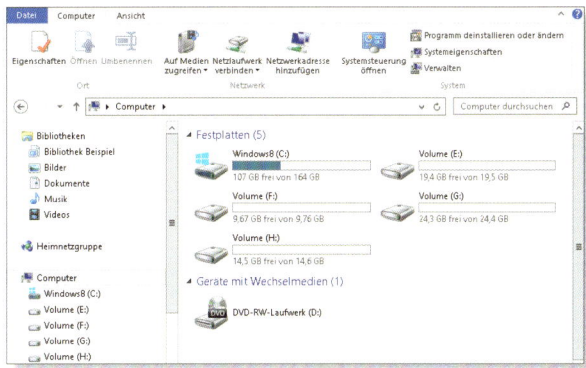

▲ *Abbildung 2.40* *Der Windows-Explorer zeigt alle erstellten Partitionen.*

Kleine Aufgaben über den Windows-Explorer erledigen

Im Dateimanager von Windows 8 können Sie bereits über das Kontextmenü verschiedene Aufgaben ausführen. So lassen sich Datenträger formatieren und umbenennen.

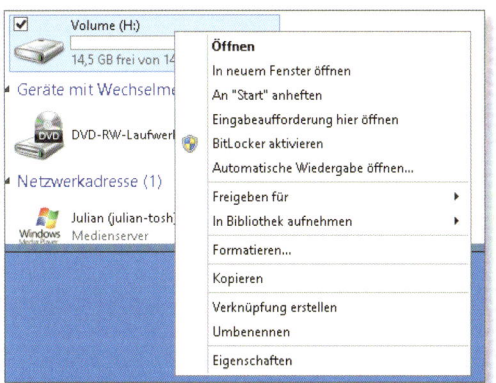

▲ *Abbildung 2.41* *Über das Kontextmenü können Sie verschiedene Befehle aufrufen.*

Wenn Sie die **Eigenschaften** einer Partition oder eines Datenträgers öffnen, sehen Sie weitere Informationen.

71

Kapitel 2: Windows 8 installieren

Viele Funktionen lernen Sie in anderen Kapiteln dieses Buches kennen. Nur einige möchte ich an dieser Stelle auswählen und näher vorstellen.

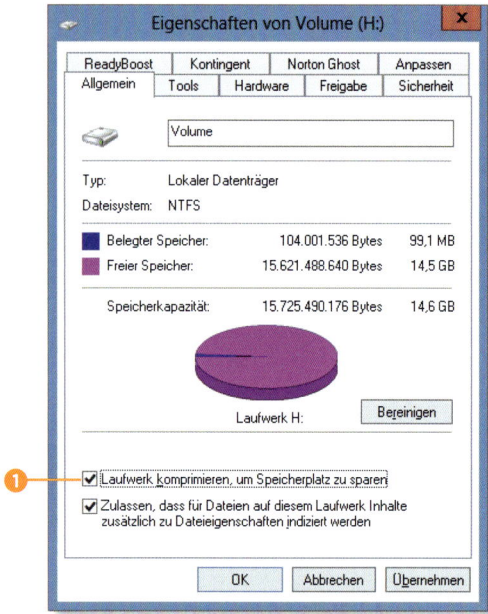

▲ **Abbildung 2.42** *Mit dieser Option* ❶ *aktivieren Sie die Kompression des Laufwerks.*

Ein Laufwerk komprimieren

Mit einer Kompression erhalten Sie mehr Platz. Daten nehmen dadurch nicht mehr so viel Speicherplatz ein.

Die Funktion zur Kompression eines Laufwerks ist in Windows 8 bereits integriert. Beachten Sie jedoch, dass der Zugriff auf Daten und das Schreiben derselben auf die Festplatte etwas länger dauert. Mit der Funktion werden die Daten zuerst komprimiert und dann auf die Festplatte geschrieben. Wenn Sie später auf die komprimierten Daten zugreifen, müssen diese erst in den Speicher entpackt werden, bevor Sie sie nutzen können.

Um die Funktion anzuwenden, öffnen Sie die **Eigenschaften** einer Partition. Im Register **Allgemein** schalten Sie die Option **Laufwerk komprimieren, um Speicherplatz zu sparen** an. Bestätigen Sie.

ReadyBoost

Mit ReadyBoost können Sie USB-Sticks als zusätzlichen temporären Arbeitsspeicher nutzen. Dadurch wird eine temporäre Auslagerungsdatei erstellt. Windows 8 kann so schneller arbeiten.

Die Daten in der Auslagerungsdatei sind geschützt. Sie können nicht von Dritten missbraucht werden. Ist der verwendete Datenträger nicht mit dem Rechner verbunden, wird die Funktion einfach nicht genutzt.

Der Editor zur Einrichtung des Windows-Bootmanagers ist nicht gerade einfach zu verwenden. Zu ihm gehören viele verschiedene, schwierig zu verwendende Parameter. Einfacher zu bedienen ist die **Systemkonfiguration** auf der grafischen Oberfläche von Windows 8.

ReadyBoost bringt im Praxiseinsatz nur wenige Vorteile. Oft erreichen Sie mit einem Tuner oder mit einer Speichererweiterung mehr.

Angeschaltet wird die Funktion im gleichnamigen Register des Dialogs **Eigenschaften**. Wählen Sie **Das Gerät für ReadyBoost reservieren**. Über einen Schieberegler stellen Sie den Speicherbereich ein, der für die Systembeschleunigung genutzt werden soll. Ein so genutzter USB-Stick kann nicht für andere Aufgaben verwendet werden.

Ein Volume in der Computerverwaltung vergrößern

Ebenso wie eine Partition verkleinert werden kann, ist es auch möglich, eine Partition zu vergrößern. Dazu muss natürlich genügend freier Platz auf dem Volume vorhanden sein.

1 Markieren Sie die Partition, die vergrößert werden soll.

2 Öffnen Sie das Kontextmenü, und wählen Sie **Volume erweitern**.

3 Diesmal wird ein Assistent gestartet. Mit **Weiter** überspringen Sie den Begrüßungsdialog.

2.13 Festplatten und Partitionen verwalten

4 Wählen Sie über das Eingabefeld im unteren Bereich, um welchen Wert die Partition vergrößert werden soll. Vorgegeben ist der komplette verfügbare Speicherplatz.

2 In einem kleinen Dialogfenster wird der bisherige Laufwerksbuchstabe angezeigt. Wählen Sie **Ändern**.

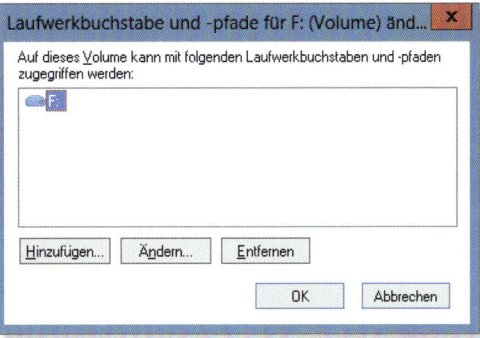

▲ *Abbildung 2.44 Die Funktion zum Verändern des Laufwerksbuchstabens*

3 Wählen Sie den gewünschten Buchstaben über das Listenfeld. Bestätigen Sie.

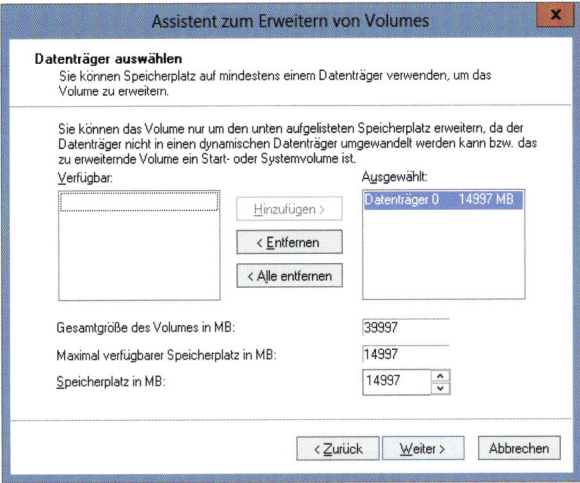

▲ *Abbildung 2.43 Eine Partition wird vergrößert.*

5 Im nächsten Fenster sehen Sie die ausgewählte Einstellung. Nach einem Mausklick auf **Fertig stellen** wird diese ausgeführt und der Assistent geschlossen.

Laufwerksbuchstaben ändern

Windows 8 verändert manchmal die vergebenen Laufwerksbuchstaben. Was zuvor Laufwerk *H* war, findet sich plötzlich auf Laufwerk *I* wieder.

Das passiert, wenn Datenträger dem Rechner hinzugefügt oder von ihm entfernt werden. Die Folge kann sein, dass bestimmte Dateien nicht mehr gefunden werden. Das kann oft ärgerliche Konsequenzen haben: Verknüpfungen lassen sich nicht mehr öffnen, oder Programme starten nicht mehr. Sie können jedoch die vergebenen Laufwerksbuchstaben ändern.

1 Markieren Sie in der **Computerverwaltung** die Partition oder den Datenträger, dessen Laufwerksbuchstabe Sie korrigieren möchten. Öffnen Sie das Kontextmenü, und entscheiden Sie sich für die Funktion **Laufwerksbuchstaben und -pfade ändern**.

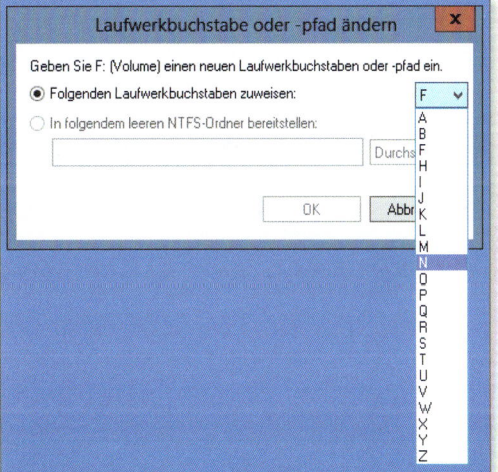

▲ *Abbildung 2.45 So ändern Sie den Laufwerksbuchstaben.*

4 Windows 8 weist Sie darauf hin, dass einige Programme und Anwendungen nach dem Zuweisen eines neuen Laufwerksbuchstabens nicht mehr korrekt funktionieren. Bestätigen Sie mit **Ja**.

Es dauert einen kurzen Augenblick. Die Korrektur wird ausgeführt. Sie sehen nun das Volume unter dem zugewiesenen Laufwerksbuchstaben in der Übersicht.

Kapitel 3
Update und Upgrade: Windows »erneuern«

Nach der Installation sollten Sie Windows 8 aktualisieren. Auf diese Weise werden Sicherheitslücken geschlossen. Auch Programmfehler, die in dem Betriebssystem eventuell noch verborgen waren, werden so behoben.

Windows 8 haben Sie nun erfolgreich installiert. Vielleicht haben Sie sich auch inzwischen umgeschaut und das ein oder andere Programm oder Werkzeug ausprobiert.

Nun sollten Sie sich einmal schlaumachen, ob Ihr Windows-Betriebssystem auf einem aktuellen Stand ist. Mit einem Update überprüfen Sie dies. Das sollten Sie regelmäßig tun.

In diesem Kapitel werde ich Ihnen zunächst den Unterschied zwischen *Update* und *Upgrade* näherbringen. Ich zeige Ihnen, wie Sie ein Upgrade zu Windows 8 durchführen. Sie erfahren, wie Sie die Einstellungen zum Update richtig einrichten. Nach diesen Möglichkeiten zeige ich Ihnen Schritt für Schritt, wie Sie ein Update durchführen.

kalisierungen (Sprachpakete) abrufen und verwenden. Mit einem Update werden auch Programme und Tools von Microsoft auf einen aktuellen Stand gebracht. Dazu gehören zum Beispiel der Microsoft Internet Explorer und die Programme aus dem Windows-Live-Paket. Updates gibt es auch für Microsoft Office und für viele andere Anwendungsprogramme.

Ein *Upgrade* ist ein Wechsel zu einer höherwertigen Windows-Version. Der Begriff »höherwertig« ist vielleicht etwas irreführend. Vielleicht haben Sie ja einen Rechner mit Windows 8 in der Edition *Home* erworben. Sie möchten jedoch mehr Funktionen nutzen und so alle Vorteile aus dem neuen Betriebssystem ziehen. Dazu müssen Sie nicht *Windows Pro* kaufen. Stattdessen führen Sie ein Upgrade aus.

3.1 Update oder Upgrade – was ist der Unterschied?

Mit einem *Update* bringen Sie Windows 8 auf einen aktuellen Stand. Patches sorgen dafür, dass Programmfehler behoben werden. Mit Sicherheitsupdates werden Sicherheitslücken geschlossen. Über ein Update werden auch Treiber für verschiedene Hardwarekonfigurationen abgerufen und installiert. Sie können Lo-

3.2 Ein Upgrade erwerben

Ein Upgrade kostet deutlich weniger, als wenn Sie die Vollversion von Windows 8 kaufen. Achten Sie jedoch darauf, dass Ihr Produkt updateberechtigt ist. Ein Upgrade wird von Windows 7 angeboten.

Unter *http://windows.microsoft.com/de-DE/windows-8/upgrade-to-windows-8* können Sie den Upgrade-Assistenten auf Ihren Rechner laden. Er prüft, ob die Hardware Ihres Rechners, die verwendeten Programme und die angeschlossenen Geräte mit Windows 8 verwendet werden können.

Das Tool prüft jedoch nur die Software und die Geräte, die Microsoft bekannt sind. Es kann so auch vorkommen, dass bestimmte Hardwaregeräte und Programme mit Windows 8 nicht funktionieren. Um das zu vermeiden, schauen Sie auf die Website des Herstellers.

> **TIPP**
>
> **Ein Upgrade im Handel erwerben**
> Bei vielen verschiedenen Händlern können Sie auch Upgrades kaufen. Achten Sie auf der Packungsrückseite genau darauf, welche Systemvoraussetzungen notwendig sind.

3.3 Ein Update durchführen

Ein Update ist eine wichtige Sache. Damit werden Probleme beseitigt und Sicherheitslücken geschlossen. Manchmal kommen auch neue Funktionen und Tools an Bord.

Windows 8 kann automatisch nach aktuellen Updates suchen und diese selbständig auf Ihren Rechner laden und installieren. Diese Methode verwende ich ungern. Ich möchte mitbekommen, wenn auf das Vorhandensein von Updates geprüft wird und wenn diese heruntergeladen und installiert werden.

Die Einstellungen zu den Updates einsehen und festlegen

Bereits bei der Grundeinrichtung von Windows 8 legen Sie die Einstellungen für das Prüfen auf Updates und den Umgang mit diesen fest. Diese Einstellungen können Sie an späterer Stelle verändern.

1 Öffnen Sie die **Systemsteuerung**. Wählen Sie **System und Sicherheit**. Öffnen Sie die Kategorie **Windows Update**.

Sie sehen nun den Status der Updateeinstellung vor sich. Sie sehen in diesem Dialog, wann zuletzt nach Updates gesucht wurde ❶ und wann das letzte Mal Updates auf Ihren Rechner installiert wurden.

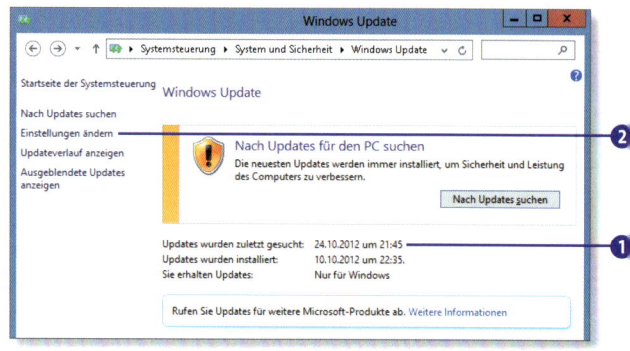

▲ *Abbildung 3.1 Die automatische Updatesuche wurde ausgeschaltet.*

2 Wählen Sie links im Menü **Einstellungen ändern** ❷.

3 Öffnen Sie das Listenfeld, und wählen Sie **Nach Updates suchen, aber Zeitpunkt zum Herunterladen und Installieren manuell festlegen** ❸. Die Optionen im Dialog lassen Sie angeschaltet; sie sind sinnvoll gewählt. Bestätigen Sie mit einem Mausklick auf **OK**.

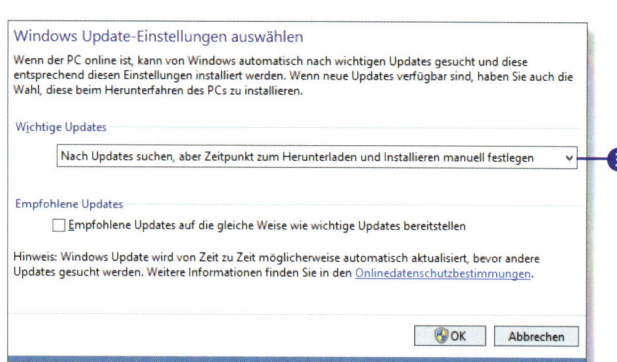

▲ *Abbildung 3.2 Die Updateeinstellungen wurden geändert. Nun können Sie zuschauen.*

Sie können alternativ auch **Updates automatisch installieren** wählen. Auch die Option **Updates herunterladen, aber Installation manuell durchführen** ist sinnvoll.

3.3 Ein Update durchführen

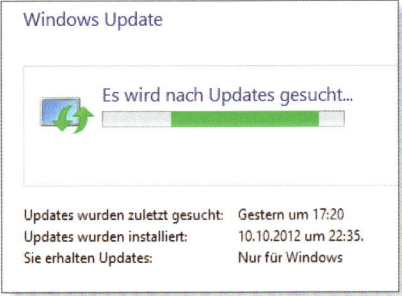

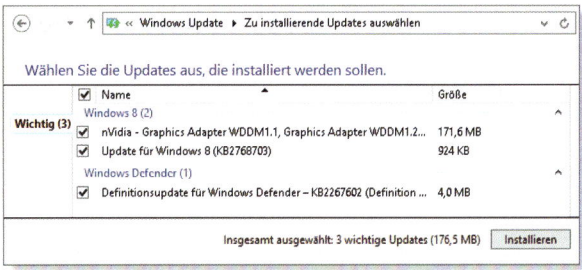

▲ **Abbildung 3.3** *Windows 8 sucht nach Updates.*

▲ **Abbildung 3.5** *Noch stehen nicht so viele Updates zur Verfügung. Das wird sich ändern!*

Windows 8 sucht nach dem Bestätigen nach verfügbaren Updates. Sie sehen nach einem kurzen Augenblick, wie viele Updates zur Verfügung stehen. Klicken Sie auf **X wichtige Updates sind verfügbar**, um sich anzusehen, welche Updates Sie herunterladen und installieren können.

Windows automatisch nach Updates suchen lassen

Wenn Sie Windows 8 die Suche nach aktuellen Updates überlassen, werden diese automatisch im Hintergrund geladen.

Die automatische Installation empfehle ich an dieser Stelle nicht. Sie sollten die Kontrolle über wichtige Aktionen auf Ihrem Rechner haben.

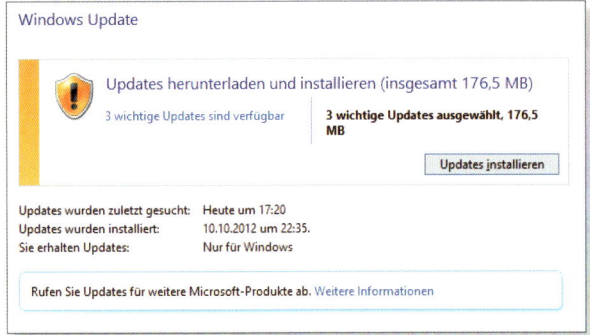

▲ **Abbildung 3.4** *In meinem Beispiel stehen »3 wichtige Updates« zur Verfügung.*

Sie sehen nun eine Liste der Updates vor sich. Angezeigt werden allgemeine Updates, Sicherheitsupdates, Patches, Definitionen für Windows Defender, Grafiktreiber und andere Pakete. Vor jedem Updatepaket sehen Sie ein Optionskästchen. Damit wählen Sie einzelne Pakete aus oder auch ab.

4 Wählen Sie **Installieren**. Die Updates werden auf Ihren Rechner geladen und installiert. In einigen Fällen ist auch ein Neustart des Betriebssystems erforderlich.

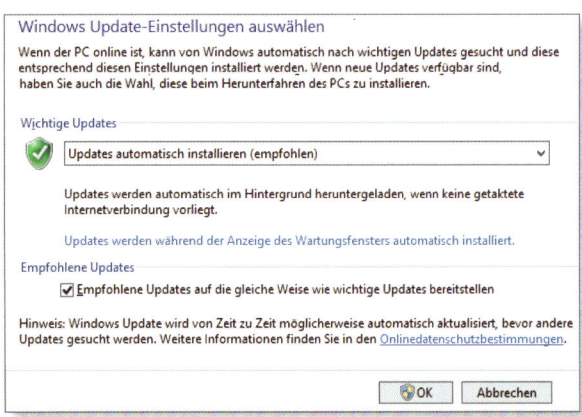

▲ **Abbildung 3.6** *Entscheiden Sie selbst, ob Sie Updates automatisch beziehen möchten.*

Den Updateverlauf einsehen

Wie der Name bereits verrät, sehen Sie im Updateverlauf die kürzlich heruntergeladenen Updates. Angezeigt werden der Name des Paketes, die Wichtigkeit und das Installationsdatum. Sie sehen hier auch den

Status der Aktion, das heißt, ob das Update erfolgreich verlaufen ist oder nicht.

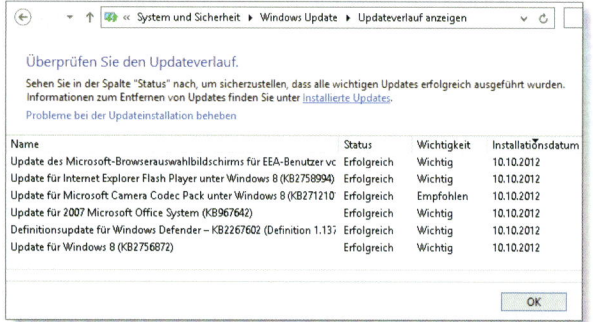

▲ **Abbildung 3.7** *Im Updateverlauf sehen Sie, welche Pakete Sie heruntergeladen haben.*

Wählen Sie im Dialog **Installierte Updates**, um zu sehen, welche Updates bereits auf Ihrem Rechner installiert wurden. Angezeigt werden hier auch Aktualisierungen von Microsoft Office und von anderen Anwendungsprogrammen. Sie sehen hier auch die Version des Updates.

Markieren Sie ein Update, haben Sie die Möglichkeit, es zu deinstallieren. Das sollten Sie jedoch nur tun, wenn es mit dem Update Probleme gibt. Achten Sie auch darauf, vor einem Update einen Wiederherstellungspunkt zu erstellen.

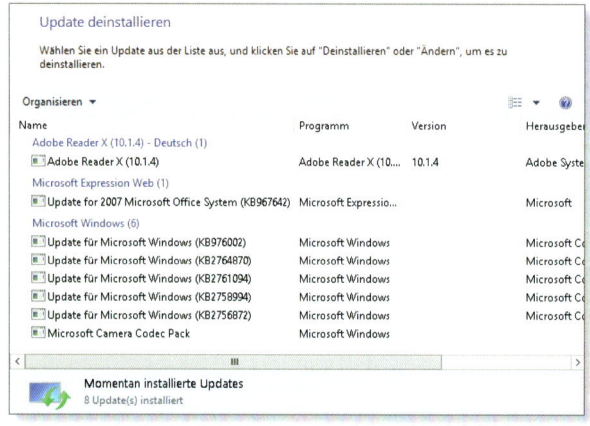

▲ **Abbildung 3.8** *Das Betriebssystem zeigt eine Liste der installierten Updates an.*

3.4 Das Wartungscenter verwenden

Im **Wartungscenter** können Sie den Sicherheitsstatus Ihres Rechners einsehen. Sie finden diese Übersicht ebenfalls in der **Systemsteuerung** unter **System und Sicherheit**. Alle Informationen werden in den zwei Übersichten **Sicherheit** und **Wartung** angezeigt.

Sie sehen so auf einen Blick, ob das installierte Virenprogramm auf einen neuen Stand gebracht werden muss. Sie sehen auch, ob das Windows-Update selbständig Aktualisierungen für Ihr Betriebssystem auf den Rechner holt, ob Sie eine Datensicherung erstellt haben und ob das Microsoft-Tool *Windows Defender* verwendet wurde (siehe Abbildung 3.9).

Die Meldungen im Wartungscenter verstehen

Alle Meldungen werden mit einem Farbbalken und einer Textmeldung angezeigt. Rot steht dabei immer für eine Warnung. Die Farbe Gelb kennzeichnet eine Einstellung, die Microsoft nicht empfiehlt. Das muss aber nicht immer auch automatisch schlecht sein. So wird beispielsweise auch eine Meldung mit der Farbe Gelb markiert, wenn Sie Updates manuell suchen und wenn Sie Windows Defender eine Weile nicht verwendet haben.

In meinem Beispiel sehe ich beispielsweise, dass Windows Defender mal wieder ein Update nötig hat. Das Windows-Update ist so eingerichtet, dass ich für das Herunterladen und Installieren eine Zustimmung geben muss. Die automatische Option habe ich nicht gewählt. Eine Datensicherung habe ich nicht erstellt (siehe Abbildung 3.10). Windows meldet außerdem verschiedene Probleme.

Hinter jeder Meldung finden Sie eine Schaltfläche. Mit ihr können Sie die Einstellung ändern, eine Datensicherung durchführen oder auch den Rechner mit Windows Defender prüfen.

Gibt es nichts zu melden, verschwinden diese Meldungen. Im Beispiel habe ich Windows Defender aktuali-

3.4 Das Wartungscenter verwenden

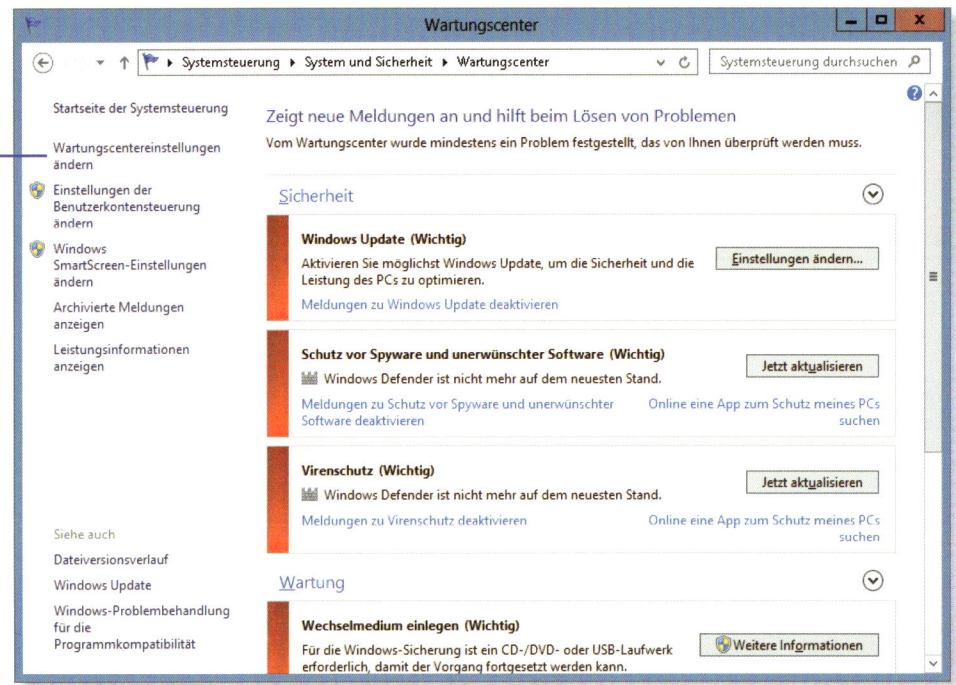

▲ **Abbildung 3.9** *Das Wartungscenter zeigt den Sicherheitsstatus Ihres Rechners an. Sie sehen die Meldungen von Windows Update, Windows Defender und einen Hinweis auf die Windows-Datensicherung. Nur was wichtig ist, wird auch eingeblendet.*

siert und die Problemlösung durchgeführt. Ich fand bei Letzterem zwar weder Probleme noch Lösungen, dafür ist die Meldung aber verschwunden.

▲ **Abbildung 3.10** *Nun sind es weniger Meldungen im Wartungscenter.*

Die Wartungscentereinstellungen anpassen

Auf der linken Seite der **Systemsteuerung** finden Sie, wie Sie sicher bereits gesehen haben, in vielen Übersichten ein Menü. Das ist auch im **Wartungscenter** so. Hier erreichen Sie die Einstellungen zum **Wartungscenter**, die Einstellungen der Benutzerkontensteuerung, die SmartScreen-Einstellungen, eine Übersicht der archivierten Meldungen und die Windows-8-Leistungsinformationen.

In diesem Abschnitt wollen wir uns einmal die Einstellungen zum **Wartungscenter** ❶ ansehen. Wählen Sie diese aus.

Sie stellen hier ein, wann Sicherheitsmeldungen und Warnmeldungen ausgegeben werden. Wenn Sie eine Einstellung festlegen, können Sie so umgehen, dass Windows 8 sich meldet, weil ihm diese »nicht passt«. Ein kleines Beispiel: Sie möchten das Prüfen auf Updates alle 1 bis 2 Wochen selbst vornehmen. Auch eine Windows-Sicherung führen Sie alle zwei Wochen, wenn es die Freizeit erlaubt, durch. Deaktivieren Sie die Wartungsmeldungen **Windows-Sicherung** und **Windows Update**.

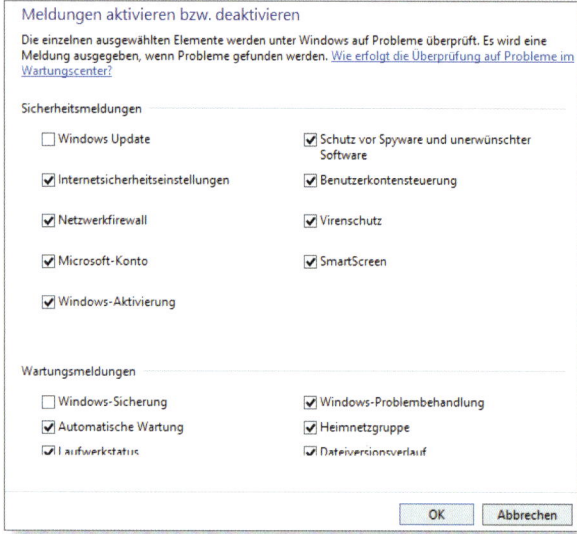

▲ **Abbildung 3.11** *Die Meldungen lassen sich alle an- oder auch ausschalten.*

Die folgenden Sicherheitsmeldungen können Sie an- oder ausschalten:

- Windows-Update
- Schutz vor Spyware und unerwünschter Software
- Internetsicherheitseinstellungen
- Benutzerkontensteuerung
- Netzwerkfirewall
- Virenschutz
- Microsoft-Konto
- SmartScreen
- Windows-Aktivierung

Daneben können Sie die folgenden Wartungsmeldungen aktivieren oder auch deaktivieren:

- Windows-Sicherung
- Windows-Problembehandlung
- Automatische Wartung
- Heimnetzgruppe
- Laufwerksstatus
- Dateiversionsverlauf
- Gerätesoftware
- Speicherplätze
- Start-Apps

Die Meldungen werden nach dem Startvorgang von Windows angezeigt. Daneben finden Sie ein Symbol im Infobereich der Taskleiste. Ein Fähnchen mit einem roten Kreuz weist auf vorhandene Meldungen hin. Klicken Sie darauf, werden diese Meldungen sichtbar.

▲ **Abbildung 3.12** *Eine kleine Fahne weist auf vorhandene Meldungen hin.*

Die Warnmeldungen des **Wartungscenters** sind kein Grund zur Panik. Schauen Sie sie sich an, und entscheiden Sie selbst, ob eine Einstellung oder Aktion notwendig ist.

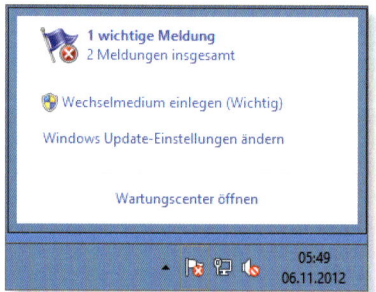

▲ **Abbildung 3.13** *Die Warnmeldungen des Wartungscenters*

Über das aufklappbare Fenster mit den Meldungen des **Wartungscenters** gelangen Sie direkt in selbiges.

3.5 Apps auf den neusten Stand bringen

Von hier aus lassen sich auch Einstellungen und Aktionen direkt ausführen.

Der Vorteil ist: Sie müssen nicht erst die **Systemsteuerung** öffnen und sich bis zum Ziel durchklicken, sondern landen direkt am Ziel.

3.5 Apps auf den neusten Stand bringen

Die Updates für Ihre installierten Apps werden im Windows Store angezeigt. Sie sehen eine in Klammern stehende grüne Zahl hinter dem Wort »Updates«. In meinem Beispiel heißt die 19, dass für 19 installierte Apps Updates vorhanden sind.

Sie können nun in einem sehr schön gestalteten Bildschirm mitverfolgen, wie die einzelnen Apps nacheinander installiert werden. Da die meisten Apps eine geringe Größe aufweisen, geht das recht schnell.

^ **Abbildung 3.14** Für 19 meiner Apps gibt es eine Aktualisierung.

Klicken Sie auf **Updates**. Nun sehen Sie eine Liste aller Apps vor sich, die Sie aktualisieren können. Wählen Sie einzelne ab, wenn Sie dies möchten. Mit **Alle auswählen** ❶ aktivieren Sie alle Updates. Klicken Sie danach auf **Installieren**.

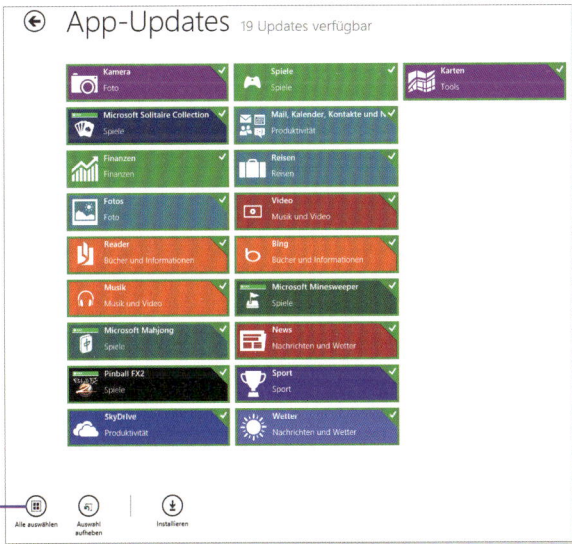

^ **Abbildung 3.16** Verfolgen Sie die Installation der App-Updates an Ihrem Bildschirm. Ein grüner Fortschrittsbalken zeigt, wie nach und nach jede App auf den neusten Stand gebracht wird.

^ **Abbildung 3.15** Wählen Sie alle Apps aus.

Kapitel 4
Der erste Start: Ihr neues Windows 8 kennenlernen

Nachdem Sie Windows 8 installiert und alle wichtigen Grundeinstellungen vorgenommen haben, starten Sie Ihren Windows-Rechner zum ersten Mal. Damit Sie sich in Ihr neues Betriebssystem einarbeiten können, schauen Sie sich doch erst einmal in aller Ruhe um. Klicken Sie sich durch die Menüs. So lernen Sie Ihr neues System schnell kennen. Ich begleite Sie auf Ihrem Weg.

In diesem Kapitel zeige ich Ihnen, was beim Systemstart von Windows 8 geschieht. Ich sage Ihnen, was die Meldungen beim Systemstart bedeuten, und stelle Ihnen alle wichtigen Elemente des Windows-8-Desktops vor. Ich erläutere, wie Sie den Desktop schnell und einfach an Ihren persönlichen Geschmack anpassen können, und stelle Ihnen die wichtigsten Einstellungen in der **Systemsteuerung** vor. Sie erfahren, warum ein zweiter Monitor interessant für die Arbeit mit Windows und Windows-Programmen ist und wie Sie einen solchen einrichten. Sie lernen das Kontextmenü und den Windows-Dateimanager kennen. Ich verrate Ihnen am Ende dieses Kapitels, wie Sie ein Anwendungsprogramm installieren. Das Kapitel schließt mit einer Beschreibung, wie Sie mit einem Update Ihr Windows 8 auf den neusten Stand bringen.

4.1 Der Systemstart von Windows 8

Beim Start Ihres Rechners wird zunächst das BIOS geladen und der RAM-Speicher überprüft. Die Hardware wird initialisiert. Windows greift auf die Festplatte zu und liest die Startdatei ein. Bestimmte Programme und Dienste werden geladen. Manchmal dauert das ein wenig. Windows 8 startet aber schon sehr viel schneller als die Vorgängerversionen.

> **INFO**
>
> **BIOS**
> Das BIOS ist eine Software, die ganz zu Anfang nach dem Start geladen wird und den PC überhaupt erst funktionsfähig macht und im Anschluss das Starten des Betriebssystems einleitet.

Ausführliche Meldungen beim Systemstart

Die Startoptionen lassen sich auch unter Windows verändern. Öffnen Sie dazu den Startbildschirm. Mit **Alle Apps > Eingabeaufforderung** erreichen Sie ein Tool, bei dem Sie über Befehle bestimmte Programme aufrufen. Geben Sie `msconfig` ein. Über einen Dialog können Sie nun der Systemstart von Windows 8 beeinflussen.

Wechseln Sie in das Register **Start,** und schalten Sie die Option **Kein GUI-Start** ❶ an (Abbildung 4.2). Nun sehen Sie beim nächsten Systemstart nicht den grafischen Begrüßungsbildschirm. Stattdessen werden alle Meldungen der Anwendungsprogramme und Dienste angezeigt, die beim Start von Windows 8 geladen werden.

Kapitel 4: Der erste Start: Ihr neues Windows 8 kennenlernen

◄ **Abbildung 4.1** Windows 8 beim Start. Hier sehen Sie den »Sperrbildschirm«.

Schalten Sie ebenfalls die Option **Betriebssystem-Startinformation** ❸ an. Nun werden alle Treiber, die beim Systemstart geladen werden, auf dem Bildschirm ausgegeben. Beide Optionen können Sie natürlich wieder deaktivieren.

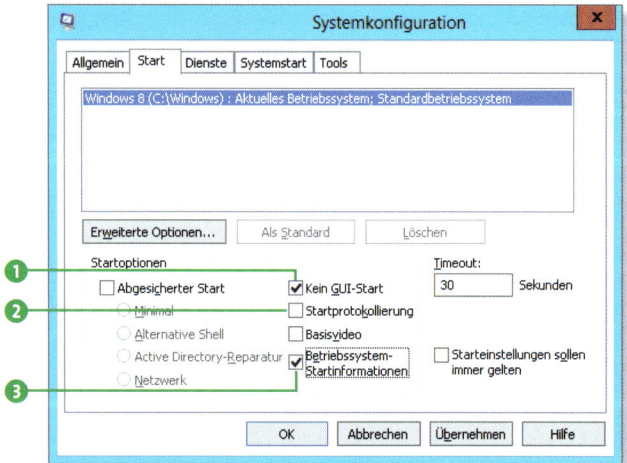

▲ **Abbildung 4.2** Zwei Optionen genügen, und Sie erhalten ausführliche Meldungen beim Systemstart.

Den Systemstart von Windows 8 beeinflussen

Der Rechner startet im normalen Modus. Bei Problemen stehen Ihnen weitere Modi zur Verfügung. Drücken Sie die Taste F8, um einen der möglichen Startmodi aufzurufen.

Im abgesicherten Modus werden nur die wichtigsten Treiber und Dienste geladen, die für ein funktionierendes Windows-8-System notwendig sind. Diesen Modus gibt es in leicht abgewandelter Form mit Netzwerktreibern und mit der Eingabeaufforderung.

Mit der Aktivierung der Option **Startprotokollierung** ❷ werden die Vorgänge während des Windows-8-Startes in der Datei *Ntbtlog.txt* festgehalten, die Sie mit jedem herkömmlichen Textverarbeitungsprogramm und Texteditor einsehen können.

Die Optionen **Anzeige mit niedrigster Auflösung aktivieren** und **Letzte funktionierende Konfiguration** sind selbsterklärend.

Der *Debug-Modus* richtet sich an erfahrene Anwender, die ein Problem beim Systemstart von Windows 8 suchen und beheben wollen.

Die letzten drei Optionen in den Windows-8-Startoptionen sind **Automatischer Neustart bei Systemfehler erzwingen**, **Erzwingen der Treibersignatur aktivieren** und **Windows normal starten**.

> **TIPP**
>
> **Nach einem Absturz**
> Verwenden Sie nach einem Absturz von Windows 8 die Funktion **Windows normal starten**. Kommt das Problem wiederholt vor, sollten Sie Ihren Rechner defragmentieren und mit einem Tuningprogramm (siehe Seite 636) Ihre Registry auf fehlerhafte Einträge überprüfen. Greifen Sie auch auf ein aktuelles Antivirenprogramm zurück. Nur wenn dies nichts hilft, sollten Sie den abgesicherten Modus nutzen und versuchen, den Fehler zu finden und zu beheben.

Eine weitere Möglichkeit, den Systemstart von Windows 8 zu beeinflussen, ist der Dialog, den ich im vorhergehenden Abschnitt beschrieben habe. Interessant ist hier vor allem, dass Sie im Register **Start** das Protokollieren des Systemstartes anschalten können. Im Register **Dienste** sehen Sie, welche Anwendungsprogramme und Windows-Dienste beim Systemstart geladen werden. Über Optionskästchen lassen sich einige auf einfache Weise deaktivieren. Die Windows-Systemdienste sind im Register **Dienste** aufgelistet. Die beim Start von Windows 8 zu ladenden Anwendungsprogramme und Zubehörprogramme finden Sie im **Task-Manager**. Schauen Sie hier in das Register **Autostart**.

Schalten Sie im Register **Dienste** die Option **Alle Microsoft-Dienste ausblenden** ❹ an. So werden Dienste, wie zum Beispiel das *Switchboard* von Adobe oder der *Google Updater*, sichtbar. Diese können Sie getrost deaktivieren. Das spart wertvolle Systemressourcen.

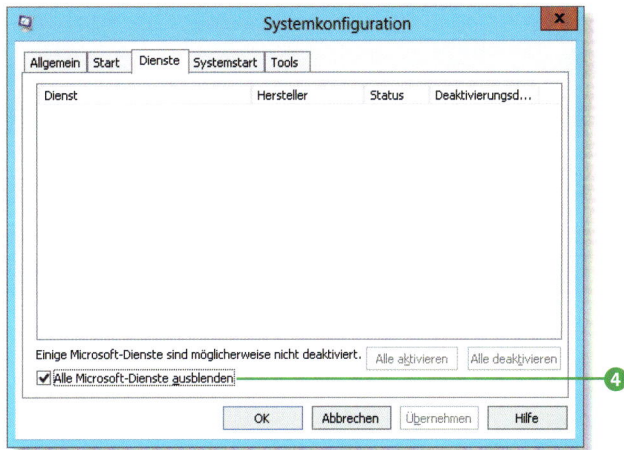

▲ *Abbildung 4.3 Schalten Sie nicht benötigte Dienste ab.*

> **HINWEIS**
>
> **Windows-Dienste deaktivieren**
> Achten Sie bitte darauf, dass Sie Windows-Dienste nur dann deaktivieren, wenn Sie sie kennen und sich sicher sind, dass sie nicht benötigt werden. Das Deaktivieren von Anwendungsdiensten, wie zum Beispiel des *Adobe Update Startup Utilitys* oder des *Java Updaters,* hat keine negativen Auswirkungen auf Ihr Windows-System. Im Gegenteil. Durch das Deaktivieren nur selten benötigter Funktionen gewinnt Ihr Rechner an Systemleistung.

Im Register **Tools** lassen sich verschiedene Aufgaben ausführen oder auch Wartungs- und Systemtools aufrufen. Hier können Sie zum Beispiel die *Benutzerkontensteuerung* (UAC) aufrufen und ihre Einstellungen anpassen. Sie können von hier aus auch das Wartungscenter und die **Computerverwaltung** aufrufen.

Möchten Sie lediglich Informationen über Ihren Rechner ausgeben, so geben Sie in der Eingabeaufforderung `systeminfo` ein. Ausgegeben werden unter anderem die Versionsnummer von Windows 8, der Zeitpunkt der Systeminstallation und eine Anzahl wichtiger Verzeichnisse.

Kapitel 4: Der erste Start: Ihr neues Windows 8 kennenlernen

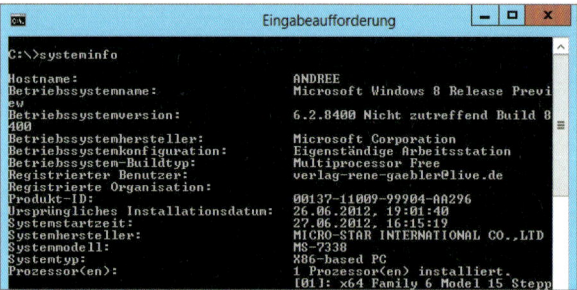

▲ **Abbildung 4.4** »systeminfo« gibt eine lange Liste mit Informationen zu Ihrem Windows-System aus.

4.2 Desktop und Startbildschirm kennenlernen

Windows 8 ist installiert. Unabhängig davon, auf welche Weise Sie dies durchgeführt haben und welche Edition Sie verwenden, können Sie sich nun das erste Mal umschauen.

Nach dem Start von Windows 8 finden Sie sich auf dem Sperrbildschirm wieder. Ziehen Sie diesen nach oben, und geben Sie das Passwort Ihrer Windows-Live-ID ein. Haben Sie Ihr Live-Konto nicht mit Windows 8 verknüpft, geben Sie Ihren Anmeldenamen und das zugehörige Passwort ein.

Die Oberfläche einrichten

Schauen Sie sich die einzelnen Elemente der Windows-8-Oberfläche an. Wählen Sie einige der Apps einmal aus. Probieren Sie die mitgelieferten Programme und Tools aus. Führen Sie auch einmal die Maus an den unteren Bildschirmrand. Rechtsklicken Sie, aus und wählen Sie **Alle Apps**. Sie sehen nun eine komplette Liste der installierten Apps, Anwendungen, Zubehörprogramme und Spiele. Bereits »on board« finden Sie jede Menge interessanter Programme und Werkzeuge. Viele Aufgaben lassen sich bereits mit diesen erledigen.

Ich zeige Ihnen, wo Sie was finden. Die ersten Schritte mit Ihrem neuen Betriebssystem werden Ihnen mit diesem Kapitel leichtfallen. Nach einigen Worten und Erklärungen zum Systemstart von Windows 8 lernen Sie Ihren Windows-8-Desktop kennen. Ich zeige Ihnen, welche Elemente sich wo befinden. Sie erfahren, wo Sie wichtige Programme und Tools finden. Sie lesen hier ebenso, wie Sie Windows 8 herunterfahren. Einfach auf den Aus-Schalter drücken sollten Sie nicht. Es ist wichtig, den Rechner sauber mit einem Befehl herunterzufahren. Warum das so ist, erkläre ich Ihnen noch.

Danach erfahren Sie, wie Sie Maus und Tastatur einrichten – und ob dies überhaupt notwendig ist und welche Einstellungen Sie anpassen können. Ich zeige Ihnen, wie Sie Datum und Zeiteinstellung korrigieren können. Am Ende des Kapitels stelle ich Ihnen wichtige Aero-Funktionen vor und zeige Ihnen, wozu diese gut sind und wie Sie sie nutzen.

Die Browserwahl

Beim ersten Start von Windows 8 startet die **Browserwahl**. Sie werden in einem Fenster von der »wichtigen Entscheidung für den richtigen Browser« informiert.

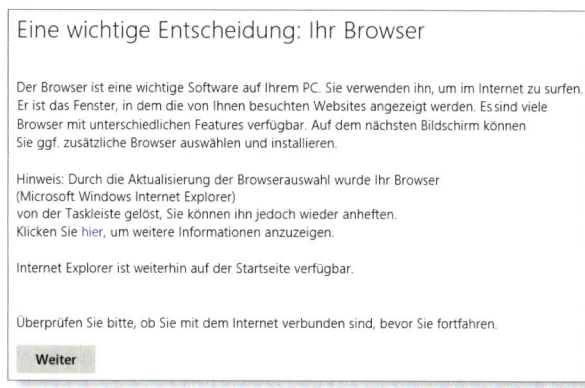

▲ **Abbildung 4.5** Ein ausführlicher Textabschnitt zeigt Ihnen die Wichtigkeit der Browserwahl.

Wichtig ist dies schon. Aber Sie können sich auch später für einen Webbrowser entscheiden oder zwei oder mehr Programme installieren und ausprobieren.

Wählen Sie **Weiter**. Nun sehen Sie eine Liste der bekanntesten Webbrowser vor sich. Sie finden den Browser von Google Chrome hier, Firefox von Mozilla und natürlich den Internet Explorer aus dem Hause Microsoft. Der Opera und der für mich noch unbekannte Maxthon-Browser sind auch vorhanden.

Führen Sie die Maus unter die Liste, wird ein Scrollbalken angezeigt. Nun können Sie die Liste nach rechts scrollen. Weitere Browser werden sichtbar. Dazu zählen **K-Meleon**, **Lunascape**, **RockMelt**, **Dragon** von Comodo, **IRON** und der **Avant Browser**.

▲ **Abbildung 4.6** *Welcher Browser soll es denn sein?*

Möchten Sie einen der Browser nutzen, klicken Sie auf **Installieren**. Folgen Sie den Anweisungen des Installationsassistenten.

Die Browserwahl erreichen Sie auch über eine Kachel auf Ihrem Startbildschirm. Sie können Sie jederzeit aufrufen.

▲ **Abbildung 4.7** *Die Browserwahl können Sie auch später mit dieser Kachel aufrufen.*

Der Webbrowser ist notwendig, um den grafischen Teil des Internets zu besuchen. Die Installation des Browsers ist schnell getan.

Starten Sie die Browserwahl von Ihrem Startbildschirm aus. Überspringen Sie den Startdialog, und wählen Sie einen der Browser aus. Im Beispiel entscheide ich mich für den Internet Explorer von Microsoft. Wählen Sie **Installieren**.

▲ **Abbildung 4.8** *Der Internet Explorer wird ausgewählt.*

Nun werden Sie auf eine Webseite mit bunten Informationen gewiesen. Ein Download findet sich so nicht. Ähm ... okay. Die Browserwahl geht also bei jedem Browser. Außer dem Internet Explorer.

Rufen Sie über die Browserwahl das Programm Chrome auf. Auf einer Webseite bestätigen Sie den Lizenztext. Der Installer wird gestartet und lädt das Programm auf Ihren Rechner. Daraufhin wird es installiert. Eine benutzerdefinierte Installation gibt es leider nicht.

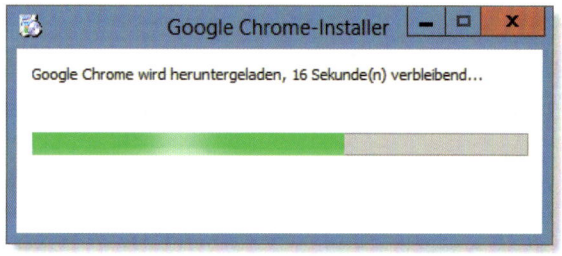

▲ **Abbildung 4.9** *Der Google-Browser wird heruntergeladen.*

Den Browser Internet Explorer 10 wählen Sie in der **Systemsteuerung**. Mit **Windows-Features aktivieren oder deaktivieren** können Sie das Programm an- und abwählen.

Kapitel 4: Der erste Start: Ihr neues Windows 8 kennenlernen

Die wichtigsten Elemente Ihres Startbildschirmes

Der Startbildschirm ist sehr klar und übersichtlich gestaltet. Einige Elemente sind zunächst verborgen und werden erst dann sichtbar, wenn Sie die Maus an eine bestimmte Position bewegen oder eine Geste ausführen.

Im mittleren Bereich sehen Sie die bunten Kacheln der bereits installierten Anwendungen, Tools und Spiele. Für jede neue Anwendung wird, wenn Sie installiert wird, auch eine Kachel angelegt und dem Startbildschirm hinzugefügt. Bei sehr vielen Kacheln scrollen Sie nach rechts, um weitere Kacheln zu sehen. Es empfiehlt sich später, die Kacheln der meistgenutzten Anwendungen auszuwählen und so für mehr Übersicht zu sorgen.

Führen Sie einen Rechtsklick mit Ihrer Maus aus, wird eine Leiste mit der Funktion **Alle Apps** ❶ eingeblendet.

▲ *Abbildung 4.10* »Alle Apps« führt Sie zu einer kompletten Übersicht der installierten Programme.

Wählen Sie diese, landen Sie auf einem Bildschirm, auf dem alle installierten Programme, Werkzeuge und Spiele aufgelistet sind. Hier finden Sie auch die, für die keine App auf dem Startbildschirm angelegt wurde oder für die Sie die App von diesem entfernt haben.

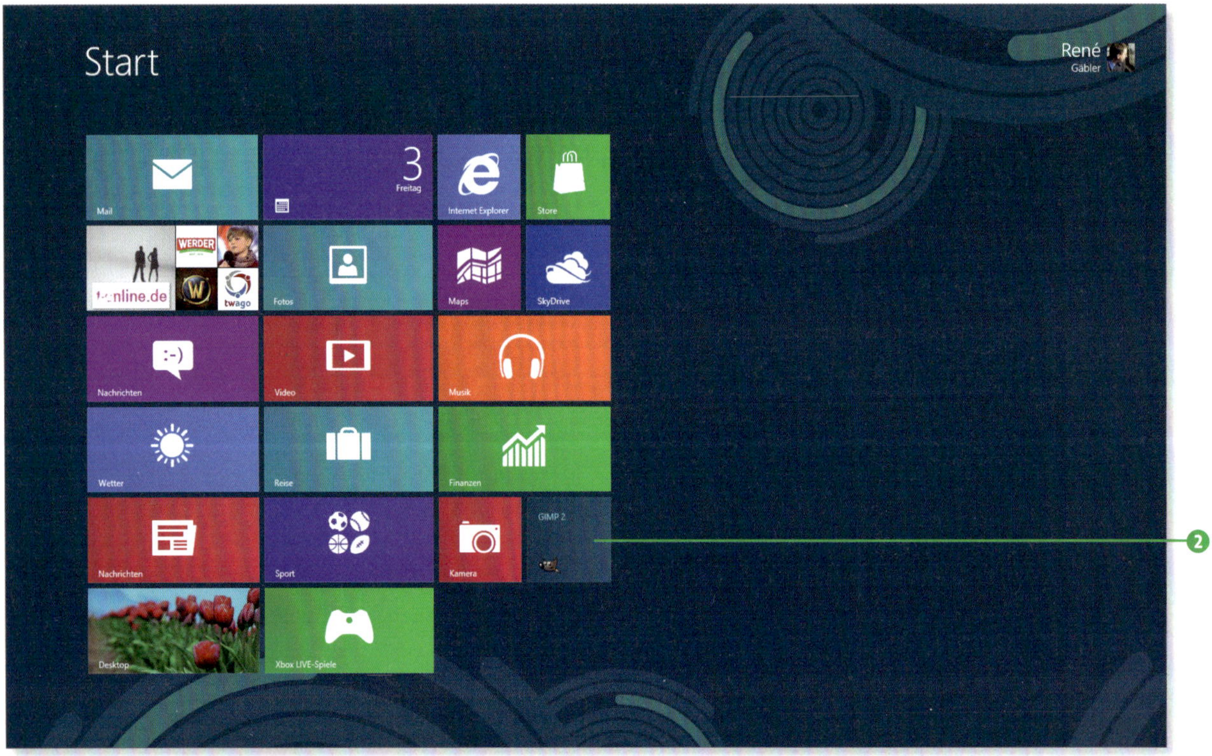

▲ *Abbildung 4.11* Der Startbildschirm. Jede Kachel steht für eine App. Rechts unten ❷ sehen Sie die Kachel des Grafikprogrammes GIMP.

4.2 Desktop und Startbildschirm kennenlernen

Führen Sie die Maus an den linken Rand des Bildschirmes. In der linken unteren Ecke sehen Sie nun eine kleine, unscheinbare Schaltfläche ❸

▲ **Abbildung 4.12** *Rechts unten auf dem Startbildschirm finden Sie eine kleine Schaltfläche.*

Die Schaltfläche ist mit zwei Funktionen belegt. Klicken Sie darauf, wird der Startbildschirm minimiert. Die Kacheln werden verkleinert. Ein weiterer Mausklick vergrößert die Kacheln wieder.

▲ **Abbildung 4.13** *Der verkleinerte Startbildschirm*

Wozu sollte man den Startbildschirm verkleinern? Mit den in der Standardinstallation aufgebrachten Apps sieht das zunächst unfreiwillig komisch und verspielt aus (siehe Abbildung 4.13). Aber stellen Sie sich vor, Sie haben nach und nach viele weitere Apps installiert – vielleicht 20 oder 30 Programme, Werkzeuge und Spiele. Sie finden eine bestimmte Kachel nur, indem Sie Bildschirm für Bildschirm nach rechts scrollen. Oder eben indem Sie den Startbildschirm verkleinern und auf einen Blick alle Apps sichtbar sind.

Führen Sie die Maus auf die Schaltfläche ❸, ohne einen Mausklick auszuführen, werden die Symbolschaltflächen der **PC-Einstellungen** eingeblendet.

▲ **Abbildung 4.14** *Die PC-Einstellungen erreichen Sie über fünf Schaltflächen.*

Führen Sie die Maus nach rechts oben ❹, werden die Einstellschaltflächen mit einem dunklen Hintergrund versehen. Außerdem wird die Uhr eingeblendet.

▲ **Abbildung 4.15** *Die Uhr sieht nicht besonders schick aus. Sie erfüllt aber ihren Zweck.*

In der rechten oberen Ecke sehen Sie Ihren Namen und ein Bild. Ihr Foto wird nur angezeigt, wenn Sie es Ihrem Windows Live Profil hinzugefügt haben, was selbstverständlich auch nachträglich möglich ist. Klicken Sie auf das Bild und den Namen (beides gehört zu einer zusammengehörigen Schaltfläche), werden die Funktionen **Profilbild ändern**, **Sperren** und **Abmelden** sichtbar. Die erste Funktion ist selbsterklärend. Mit **Abmelden** loggen Sie sich aus dem Startbildschirm aus. Das können Sie tun, wenn Sie Ihren Rechner eine Weile verlassen und sichergehen wollen, dass niemand anders Programme nutzt oder Einstellungen verändert. Sie können die Funktion auch nutzen, wenn Sie Ihren Rechner mit einem anderen Benutzer teilen. Sie melden sich ab, und der andere Benutzer meldet sich an und nutzt seine Einstellungen für die Arbeit mit Windows 8. **Abmelden** brauchen Sie auch, wenn Sie Ihren Rechner herunterfahren oder neu starten möchten. Die Funktion **Sperren** können Sie verwenden, wenn Sie eine Weile nicht am Rechner sitzen und Ihre Einstellungen und Daten schützen möchten. Erst durch Eingabe Ihres Passwortes wird der Rechner wieder freigegeben.

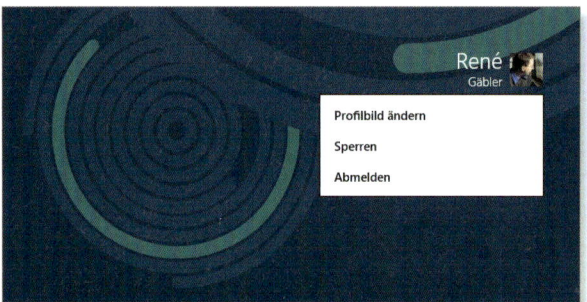

▲ *Abbildung 4.16* Durch Klick auf Ihr Profilbild können Sie sich abmelden, den Bildschirm sperren und den Rechner herunterfahren.

An der linken Seite des Bildschirmes finden Sie den Taskswitcher. Führen Sie zunächst die Maus in die rechte obere Ecke, wird ein verkleinertes Bild der zuletzt verwendeten Anwendung angezeigt.

▲ *Abbildung 4.17* Über den linken unteren Rand erreichen Sie die zuletzt verwendete Anwendung.

Bewegen Sie die Maus am linken Bildschirmrand nach unten, wird der Taskswitcher ❶ eingeblendet. Er zeigt verkleinerte Bilder aller geöffneten Apps an.

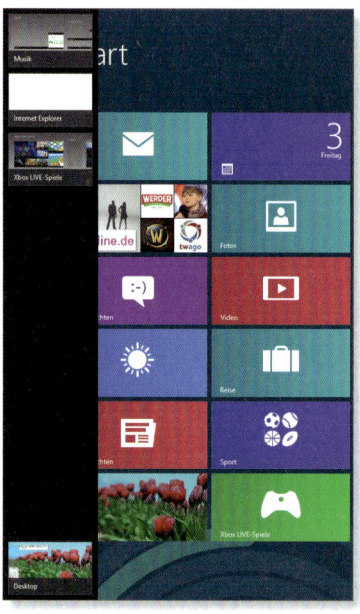

▲ *Abbildung 4.18* Der Taskswitcher listet alle geöffneten Programme auf.

Ein Mausklick auf eine App-Preview genügt, und Sie wechseln zu dieser. Um sie aus dem Taskswitcher zu entfernen, ziehen Sie sie bei gedrückt gehaltener Maustaste aus dem Taskswitcher. Über das Kontextmenü (rechte Maustaste) können Sie eine Anwendung schließen.

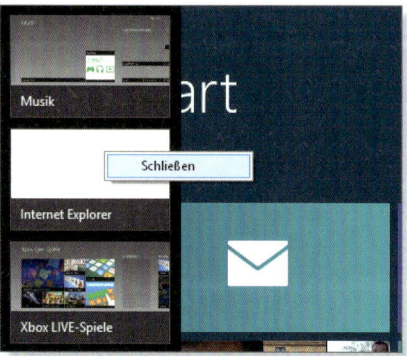

▲ *Abbildung 4.19* Schließen Sie eine Anwendung über das Kontextmenü des Vorschaubildes in der App-Preview.

4.2 Desktop und Startbildschirm kennenlernen

Auf dem unteren Vorschaubild können Sie ein Kontextmenü öffnen. Es führt Sie zu bestimmten wichtigen Dialogen der **Systemsteuerung**, öffnet die Eingabeaufforderung, den Windows-Explorer und mehr. Das Menü enthält die folgenden Einträge:

- Programme und Features
- Energieoptionen
- Ereignisanzeige
- System
- Geräte-Manager
- Datenträgerverwaltung
- Computerverwaltung
- Eingabeaufforderung
- Eingabeaufforderung (Administrator)
- Task-Manager
- Systemsteuerung
- Windows-Explorer
- Suchen
- Ausführen
- Desktop

Der letzte Eintrag, **Desktop**, führt Sie auf den klassischen Windows-Desktop.

> **HINWEIS**
>
> **Mehrere geöffnete Programme im Taskswitcher**
> Beachten Sie bitte: Mehrere geöffnete Programme auf dem klassischen Desktop werden nur als ein Eintrag im Taskswitcher angezeigt. Wechseln Sie auf den klassischen Desktop, sehen Sie die geöffneten Anwendungen in der Taskleiste.

▲ **Abbildung 4.20** Über das Kontextmenü der App-Preview ersparen sich Umwege.

Die wichtigsten Elemente des klassischen Desktops

Der klassische Windows-Desktop sieht recht leer aus. In der linken oberen Ecke sehen Sie den Papierkorb. Gelöschte Dateien und Ordner sind hier abgelegt und können schnell wiederhergestellt werden, falls sie einmal versehentlich hierher gelangt sind. Dieses Werkzeug ist so etwas wie eine Datensicherung.

Im unteren Bereich des Desktops sehen Sie die Taskleiste. Rechts daneben finden Sie zwei weitere Schnellstartsymbole. Mit dem einen starten Sie den Microsoft-Browser Internet Explorer und können mit ihm den grafischen Teil des Internets (World Wide Web) besuchen. Der Dateimanager Windows-Explorer dient dazu, Ihre Dateien und Verzeichnisse zu verwalten. Sie werden beide Programme an späterer Stelle noch näher kennenlernen.

Natürlich können Sie auch einrichten, welche Informationen Sie hier sehen und welche nicht.

 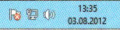

▲ **Abbildung 4.21** Die Taskleiste gleicht der von Windows 7; nur das Startmenü fehlt.

Auf der rechten Seite der Taskleiste befindet sich der Infobereich.

▲ **Abbildung 4.22** *Der Infobereich enthält bereits drei Symbole und die Anzeige von Datum und Uhrzeit.*

Hier werden verschiedene Statusanzeigen eingeblendet. Bei einem Notebook finden Sie im Infobereich auch eine Anzeige mit dem Ladezustand des Akkus. Um Datenverlust zu vermeiden, sollten Sie diese Anzeige immer im Auge behalten und Ihren Rechner rechtzeitig aufladen. Ist dies nicht möglich, sollten Sie bei niedrigem Akkuladestand Ihre Programme beenden und den Rechner herunterfahren.

Ein Fähnchen ❷ gibt Ihnen wichtige Meldungen zum Virenschutz, zum Spyware-Schutz und zum Zustand des Windows-Updates aus. Klicken Sie auf das Fähnchensymbol, werden Ihnen die Meldungen angezeigt. Sie erfahren so, dass es Zeit ist, den Virenschutz zu aktualisieren, oder dass Sie das Windows-Update noch nicht eingerichtet haben. Ein weiterer Mausklick erlaubt, das jeweilige Problem zu beheben.

Mit dem kleinen Symbol, das einen Monitor und einen darüberliegenden Stecker ❸ zeigt, erreichen Sie die Netzwerkeinstellungen. Ein Mausklick zeigt an, ob Sie mit einem vorhandenen Netzwerk verbunden sind und so das Internet oder ein internes Netzwerk (Intranet) nutzen können.

▲ **Abbildung 4.23** *Der klassische Windows-Desktop wirkt etwas leer. Unten finden Sie die Taskleiste. Hier ist links nur ein Startsymbol für den Browser und den Windows-Exporer abgelegt. Ganz rechts sehen Sie den Infobereich der Taskleiste* ❶.

4.2 Desktop und Startbildschirm kennenlernen

▲ **Abbildung 4.24** *Das Windows-Update muss nicht automatisch aktiv sein.*

Das kleine Lautsprechersymbol ❹ ermöglicht es Ihnen, auf einfache Weise die Lautstärke der Soundausgabe zu regeln. Ganz rechts ❺ werden das aktuelle Datum und die Uhrzeit eingeblendet.

▲ **Abbildung 4.25** *Ein Mausklick auf Datum und Uhrzeit in der Taskleiste zeigt eine Uhr und ein Kalenderblatt des aktuellen Monats.*

Führen Sie die Maus in die linke untere Ecke des Desktops, werden die Symbole der Windows-8-Einstellungen angezeigt. Fahren Sie mit dem Mauscursor auf diese, werden Sie weiß mit schwarzem Hintergrund dargestellt. Auch hier wird die Windows-8-Uhr angezeigt.

So passen Sie den Windows-8-Desktop an

Den Hintergrund Ihres Startbildschirmes können Sie ebenso wie die Position und die Zusammenstellung der Kacheln anpassen. Richten Sie sich Ihren Windows-8-Desktop so ein, wie es Ihnen am besten gefällt. Verändern lassen sich auch die verwendeten visuellen Effekte, das Aussehen des Mauscursors und der Hintergrund des klassischen Desktops. Anpassen können Sie auch das verwendete Bild im Sperrbildschirm und das Profilbild.

Verändern Sie einmal das Erscheinungsbild Ihrer Windows-Oberfläche:

1 Blenden Sie zunächst die Symbolleiste am rechten Bildschirm ein. Wählen Sie hier **Einstellungen**.

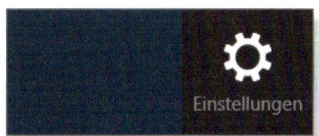

▲ **Abbildung 4.26** *Mit »Einstellungen« erreichen Sie die Schnelleinstellungen.*

2 Klicken Sie ganz unten auf **PC-Einstellungen ändern**.

▲ **Abbildung 4.27** *Unter verschiedenen Schnelleinstellungen führt Sie eine Funktion in die PC-Einstellungen.*

3 In den **PC-Einstellungen** wählen Sie links oben **Anpassen** ❶ (Abbildung 4.28). Auf der rechten Seite entscheiden Sie sich für **Startseite** ❷.

Kapitel 4: Der erste Start: Ihr neues Windows 8 kennenlernen

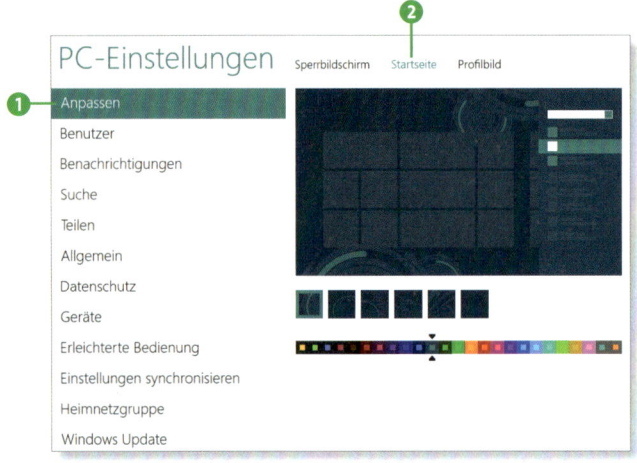

▲ **Abbildung 4.28** *In den PC-Einstellungen können Sie das Aussehen des Startbildschirmes verändern.*

4 Entscheiden Sie sich für eine Gestaltungsvariante. Wählen Sie das dritte Symbol von rechts ❸.

5 Platzieren Sie den Farbauswahlregler ❹ eine Position nach links.

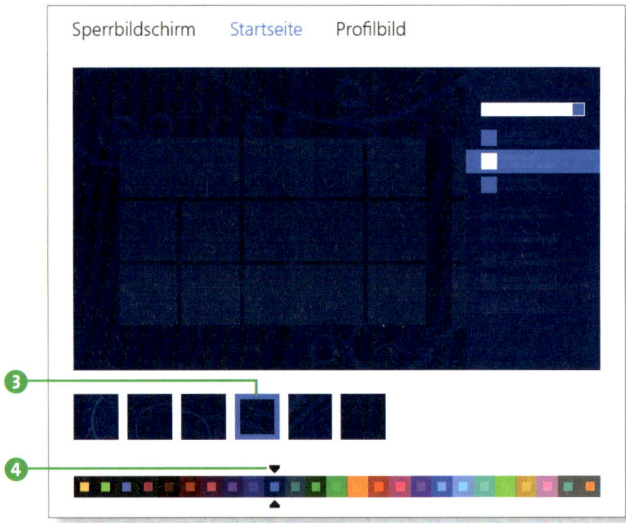

▲ **Abbildung 4.29** *Wählen Sie eines der Muster und eine der Farbkombinationen.*

Die Einstellung wird sofort angewandt. Sie müssen sie nicht speichern. Wie die gewählten Farben wirken, sehen Sie bereits bei der Auswahl im Vorschaubild und in der Menüzeile des Dialoges.

Die Veränderung der Farbeigenschaften und des Hintergrundmusters ist nicht wirklich eine großartige Optimierung des Windows-8-Startbildschirmes.

> **TIPP**
>
> **Tastenkombinationen bringen Sie oft schneller an das Ziel**
> Für viele Windows-8-Dialoge und Funktionen gibt es vorgegebene Tastenkombinationen. Sie ersparen Ihnen ein oder einige Mausklicks. So führt Sie zum Beispiel + I in die Einstellungen.

Möchten Sie die Gestaltung des Sperrbildschirmes anpassen, gehen Sie dazu wie folgt vor.

1 Öffnen Sie die **PC-Einstellungen**.

2 Wählen Sie **Anpassen** ❺ und **Sperrbildschirm** ❻.

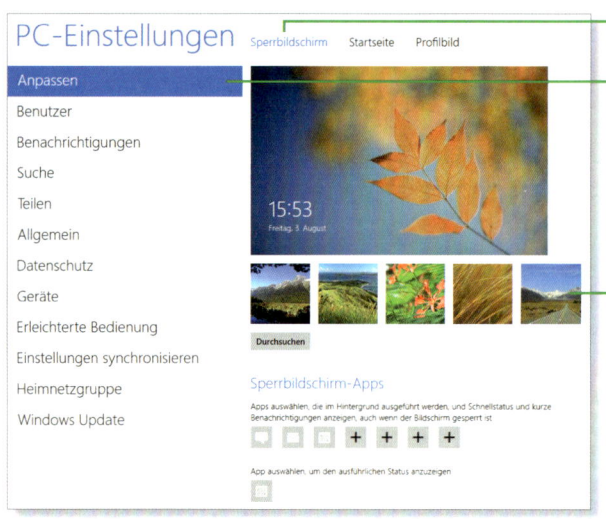

▲ **Abbildung 4.30** *Der Sperrbildschirm wirkt mit seinen Fotos sehr viel schöner als der Startbildschirm.*

3 Entscheiden Sie sich für das Bild ganz rechts ❼. Es zeigt eine Straße, die in Richtung der Berge führt.

Unter **Sperrbildschirm-Apps** wählen Sie, welche Programme aktiv sind, während der Sperrbildschirm zu sehen ist. Die Apps laufen im Hintergrund, wenn der Rechner gesperrt ist. Sie zeigen Meldungen bei bestimmten Vorkommnissen, so zum Beispiel, wenn eine E-Mail eingetroffen ist. Mit einer Schaltfläche wählen Sie eine App, zu der eine etwas ausführlichere Meldung angezeigt wird.

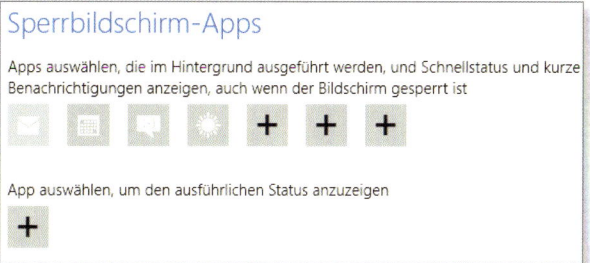

▲ **Abbildung 4.31** Wählen Sie Benachrichtigungen für Ihren Sperrbildschirm aus.

4 Klicken Sie auf die erste Benachrichtigungsschaltfläche ❽, und wählen Sie **Mail** aus.

▲ **Abbildung 4.32** Über ein kleines Menü wählen Sie eine Benachrichtigung aus.

5 Wiederholen Sie diesen Schritt bei der zweiten Schaltfläche, und wählen Sie **Kalender**.

6 Um die anderen Apps zu entfernen, klicken Sie auf die dritte App und wählen **Hier eine kurze Statusinformation anzeigen**. Diesen Eintrag finden Sie im Auswahlmenü an oberster Stelle. Wiederholen Sie dies bei der vierten App.

7 Wählen Sie nun die untere App-Auswahlschaltfläche. Mit ihr bestimmen Sie eine App, zu der ausführlichere Informationen angezeigt werden sollen. Entscheiden Sie sich für **Wetter**.

Drücken Sie die ⊞-Taste, um den Dialog zu verlassen und zum Startbildschirm zurückzugelangen.

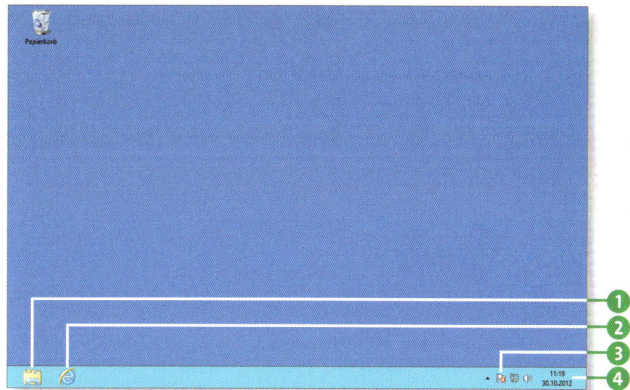

▲ **Abbildung 4.33** Beim ersten Start sieht der Windows-8-Desktop etwas leer aus. Sie finden sich jedoch schnell zurecht. Der Papierkorb ist bereits vorhanden. Rechts unten sehen Sie den Infobereich der Taskleiste.

Der Windows-Desktop sieht zunächst etwas leer aus. In der linken oberen Ecke sehen Sie den Papierkorb. Gelöschte Dateien und Ordner sind hier abgelegt und können schnell wiederhergestellt werden, falls sie einmal versehentlich hierher gelangt sind. Dieses Werkzeug ist so etwas wie eine Datensicherung.

Im unteren Bereich des Desktops sehen Sie die Windows-8-Taskleiste. Auf ein Startmenü müssen Sie leider verzichten.

Rechts daneben finden Sie zwei weitere Schnellstartsymbole. Mit dem einen starten Sie den Microsoft-Browser *Internet Explorer* ❷ und können mit ihm den grafischen Teil des Internets (World Wide Web) besuchen. Der Dateimanager *Windows-Explorer* ❶ dient dazu, Ihre Dateien und Verzeichnisse zu verwalten. Sie werden beide Programme an späterer Stelle noch näher kennenlernen.

Natürlich können Sie auch einrichten, welche Informationen Sie hier sehen und welche nicht. Auf der rechten Seite der Taskleiste befindet sich der Infobereich ❹. Das Fähnchen ❸ weist auf verschiedene PC-Probleme hin, die Windows selbst gefunden hat. Nicht bei jedem Problem müssen Sie gleich eine Korrektur durchführen. Einige sinnvolle Einstellungen werden auch als PC-Problem angezeigt. Die Ausgabe dieser Meldung können Sie, wenn Sie dies möchten, unterdrücken. Bei einem Notebook finden Sie im Infobereich auch eine Anzeige zum Ladezustand des Akkus. Um Datenverlust zu vermeiden, sollten Sie diese Anzeige immer im Auge behalten und Ihren Rechner rechtzeitig aufladen. Ist dies nicht möglich, sollten Sie bei niedrigem Akkuladestand Ihre Programme beenden und den Rechner herunterfahren. Mit dem kleinen Symbol, das einen Monitor und einen darüberliegenden Stecker ❺ zeigt, erreichen Sie die Netzwerkeinstellungen. Ein Mausklick zeigt an, ob Sie mit einem vorhandenen Netzwerk verbunden sind und so das Internet oder ein internes Netzwerk (*Intranet*) nutzen können. Das kleine Lautsprechersymbol ❻ ermöglicht es Ihnen, auf einfache Weise die Lautstärke der Soundausgabe zu regeln. Ganz rechts werden das aktuelle Datum und die Uhrzeit eingeblendet ❼.

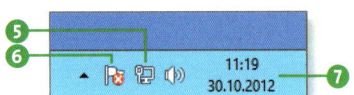

▲ *Abbildung 4.34* Im Infobereich der Taskleiste finden Sie verschiedene Statusanzeigen.

HINWEIS

Wo sind meine Programme?
Leider enthält Windows 8 kein Startmenü mehr. Es gibt keine **Start**-Schaltfläche. Sie finden Ihre Anwendungen, Tools und Spiele auf dem Startbildschirm. Wählen Sie hier **Alle Apps**.

So passen Sie Ihren Windows-Desktop an

Den Infobereich der Taskleiste können Sie ebenso wie die vorhandenen Schnellstartsymbole an Ihre persönlichen Bedürfnisse anpassen. Das Gleiche gilt für den Desktophintergrund, verschiedene visuelle Effekte und einiges mehr.

Der schnellste Weg, den Windows-Desktop anzupassen, ist, auf dem freien Desktop mit der rechten Maustaste das Kontextmenü zu öffnen und hier **Anpassen** zu wählen.

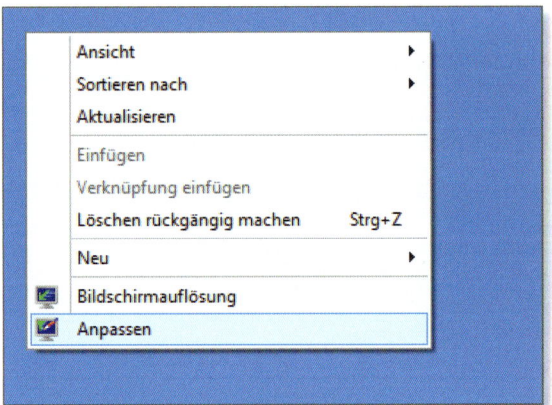

▲ *Abbildung 4.35* Über das Kontextmenü können Sie den klassischen Desktop verändern.

Sie landen im passenden Einrichtungsdialog und können nun aus einer Reihe verschiedener Designs wählen. Ein Design kombiniert verschiedene Elemente miteinander. Diese sind:

- ein anderes Hintergrundbild
- verschiedene Programmsymbole
- die Farbe der Fenster
- visuelle und Transparenzeffekte
- Soundelemente
- Bildschirmschoner

Verändern Sie einmal das Erscheinungsbild von Windows 8:

1 Öffnen Sie auf dem freien Desktop das Kontextmenü, und wählen Sie **Anpassen**.

2 Klicken Sie auf **Erde**. Schließen Sie den Dialog.

Mit **Desktopsymbole ändern** aus dem eben vorgestellten Dialog können Sie auf Ihrem Desktop auch Symbole für einen schnellen Zugriff auf die **Systemsteu-**

4.2 Desktop und Startbildschirm kennenlernen

erung, den eigenen Ordner, das Netzwerk und die Computerübersicht ein- und auch wieder ausblenden. Mit **Anderes Symbol** tauschen Sie ein Desktopsymbol auch gegen ein alternatives Symbol aus.

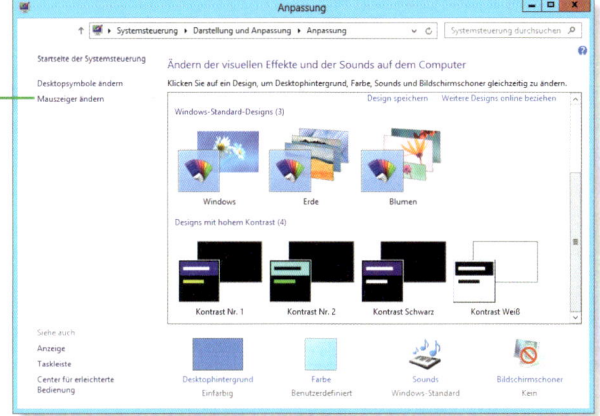

▲ **Abbildung 4.36** Windows 8 bietet Ihnen eine Reihe Designs, mit der Sie es optisch verändern können.

▲ **Abbildung 4.37** Neben dem Papierkorb lassen sich vier weitere Symbole auf dem Desktop anzeigen.

▲ **Abbildung 4.38** Ein neues Hintergrundbild peppt Ihren Windows-8-Desktop ordentlich auf.

Im Dialog **Mauszeiger ändern** ❶ (siehe Abbildung 4.36) finden Sie verschiedene Mauszeiger-Schemas. Diese ändern nicht nur das Aussehen des Mauszeigers, sondern auch dessen Erscheinungsbild bei verschiedenen Aktionen.

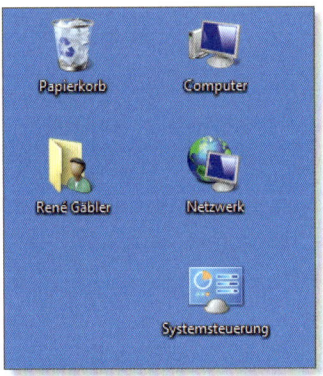

▲ *Abbildung 4.39 Ob Sie wirklich alle fünf Symbole benötigen, müssen Sie selbst entscheiden.*

Über **Zeigeroptionen** können Sie die Reaktionsgeschwindigkeit des Mauszeigers anpassen.

Mit **Mausspur anzeigen** wird bei einer Bewegung der Maus eine Spur vom Start- zum Zielpunkt auf dem Desktop gezeigt. Im Register **Rad** passen Sie das Bildlaufverhalten an, das beim Bewegen eines Mausrads verwendet wird. In der Vorgabeeinstellung bewegt sich das Bild um drei Zeilen in vertikaler Richtung, wenn das Mausrad um einen Schritt bewegt wird. Alternativ können Sie auch einen horizontalen Bildlauf einrichten.

Im Register **Hardware** finden Sie die von Ihnen verwendete Maus. Oft werden Sie hier »PS2-kompatible Maus« lesen. Das vordere Register **Tasten** gibt Ihnen die Möglichkeit, die rechte Maustaste für das Ziehen und Auswählen von Objekten zu verwenden. In der Vorgabeeinstellung wird für diese Aufgabe immer die linke Maustaste verwendet. Mit **KlickEinrasten einschalten** wird mit einem Mausklick die Taste fest eingerastet. Ein weiterer Klick löst die Maustaste wieder. Sie müssen für das Bewegen von Objekten nicht die Maustaste gedrückt halten. Auch diese Funktion wird in der Vorgabeeinstellung nicht verwendet.

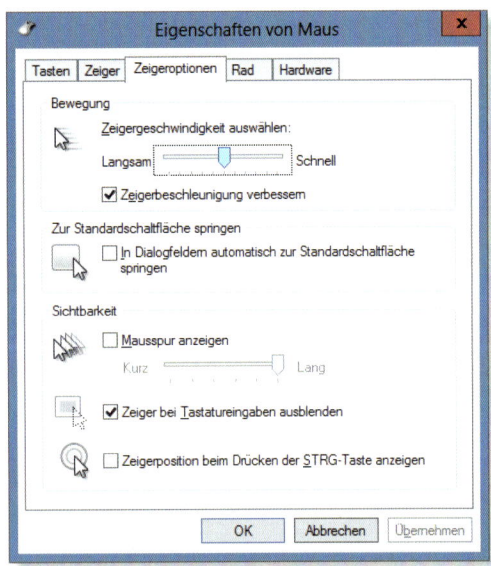

▲ *Abbildung 4.40 In den »Zeigeroptionen« stellen Sie die Zeigergeschwindigkeit ein.*

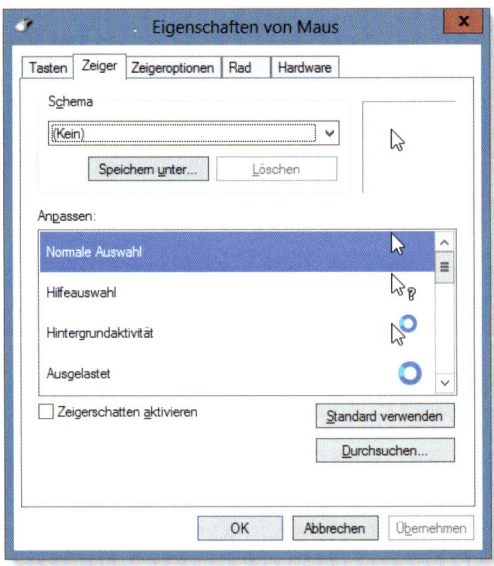

▲ *Abbildung 4.41 Ein Schema enthält verschiedene Mauszeiger.*

Versteckte Systemdateien anzeigen

Für einige Einstellungen ist es notwendig, dass die versteckten Systemdateien auch im Dateimanager angezeigt werden. Diese Option sollten Sie nur dann anschalten, wenn Sie genau wissen, was die Funktion der Systemdateien ist. Es genügt dazu, eine Option anzuschalten:

1 Öffnen Sie den Windows-Explorer. Wechseln Sie in das Register **Ansicht** ❶. Öffnen Sie das Listenfeld **Optionen**, und wählen Sie **Ordner und Suchoptionen ändern** ❷.

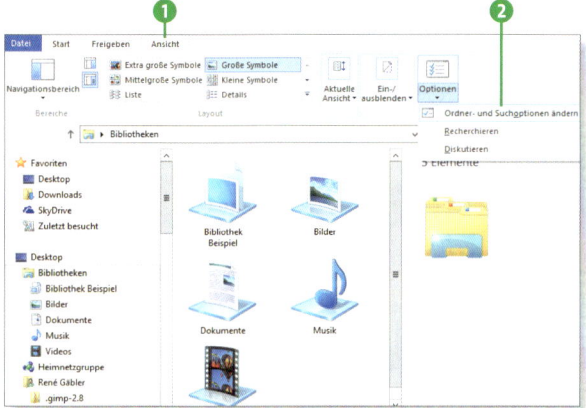

▲ *Abbildung 4.42 Die »Ordner- und Suchoptionen« finden Sie im Dateimanager im Register »Ansicht«.*

2 Wechseln Sie zum Register **Ansicht**, und schalten Sie die Option **Geschützte Systemdateien ausblenden** aus.

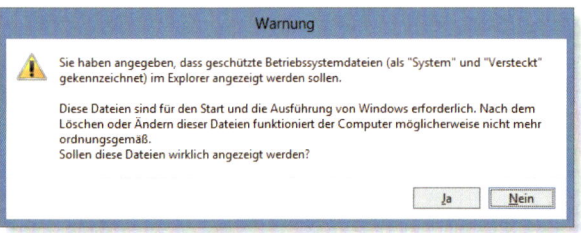

▲ *Abbildung 4.43 Die Warnmeldung bestätigen Sie.*

3 Windows 8 gibt eine Warnmeldung aus. Lesen Sie sich diese durch, und klicken Sie auf **Ja**.

4 Bestätigen Sie mit einem Mausklick auf **OK**.

Leider blendet Windows 8 nach dem Einschalten der geschützten Systemdateien auch Dateien mit Desktopeinstellungen ein. Ignorieren Sie dies. Hoffen wir, dass ein Update diesen kleinen Schönheitsfehler korrigiert.

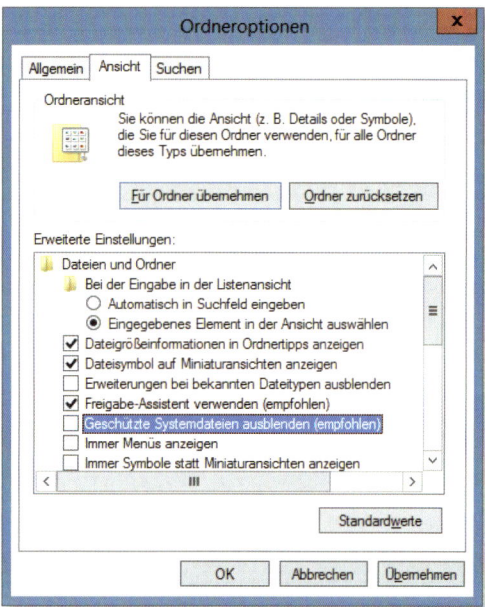

▲ *Abbildung 4.44 Es genügt, eine Option anzuschalten, und schon sehen Sie die geschützten Systemdateien.*

4.3 Maus und Tastatur einrichten

Viele Hardwaregeräte werden über ein USB-Kabel mit dem Rechner verbunden. Das ist bei Maus und Tastatur auch so. Windows 8 erkennt die Hardware und installiert den zugehörigen Treiber.

Eine Ausnahme sind sogenannte »Funkmäuse« und »Funktastaturen«. Hierbei wird eine Funkstation an den PC angeschlossen, oder eine solche ist bereits in den Rechner integriert. Aber auch hier erkennt der Rechner die Hardware und richtet die richtigen Treiber ein.

Bei älteren Rechnern gibt es noch einen PS2-Anschluss. Besitzen Sie noch einen solchen, können Sie mit einem

Kapitel 4: Der erste Start: Ihr neues Windows 8 kennenlernen

Adapter leicht neue Geräte verwenden. Solche Adapter sind nicht teuer. Sie erhalten sie günstig im Fachhandel.

Zu Hardware und Maus werden manchmal Treiber-CDs mitgeliefert. Wie bei anderen Geräten auch bieten die Treiber der Hersteller zusätzliche Funktionen. Notwendig ist die Installation der Treiber bei Mäusen und Tastaturen, die über programmierbare Tasten verfügen. Die Treiber liefern Ihnen Einstellungsdialoge, mit denen Sie die Belegung der Tasten einsehen und bearbeiten können.

Die Einstellungen der Maus einsehen und bearbeiten

In der **Systemsteuerung** finden Sie die Einstellungen zur Maus unter **Hardware und Sound > Geräte und Drucker**. Im oberen Bereich dieses Dialogs sind die Drucker und Faxgeräte aufgelistet. Darunter sehen Sie die Hardwaregeräte. Darunter fallen auch Maus und Tastatur.

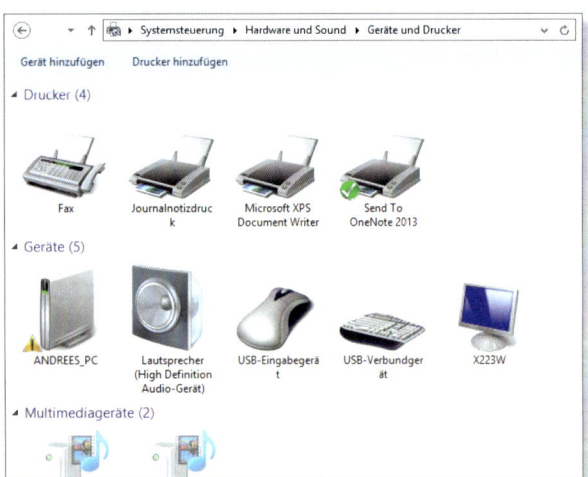

▲ *Abbildung 4.45* In der Systemsteuerung verwalten Sie Drucker, Maus, Tastatur und viele andere Geräte.

Bei einem Doppelklick auf **Maus** wird der Dialog **Eigenschaften** geöffnet. Sie sehen zunächst den Modelltyp. Wechseln Sie nach **Hardware**, um Informationen zur Gerätefunktion zu erhalten. Mit **Eigenschaften** sehen Sie weitere Informationen. Einstellungen müssen Sie hier nicht vornehmen.

Bei der Tastatur sieht es ebenso aus. Auch hier sind die Dialoge eher informativ und zeigen, ob der installierte Treiber funktioniert.

▲ *Abbildung 4.46* Die Eigenschaften meiner Maus

Das heißt aber nicht, dass es keine Einstellungen gibt. Markieren Sie die Maus. Öffnen Sie mit der rechten Maustaste das Kontextmenü, und wählen Sie **Mauseinstellungen**.

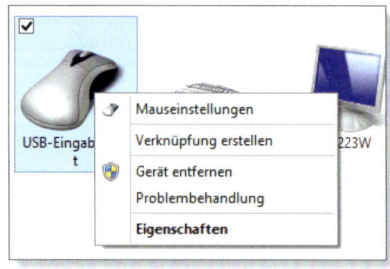

▲ *Abbildung 4.47* Über das Kontextmenü passen Sie das Verhalten der Maus an.

Hier können Sie noch viele weitere Einstellungen zu Ihrer Maus vornehmen, wie z. B. die Tasten konfigurieren, die Geschwindigkeit einstellen und vieles mehr.

4.4 Wischgesten

Tablets werden nicht mit einer herkömmlichen Tastatur, sondern mit Fingerbewegungen auf dem Touchscreen gesteuert. Auch einige moderne Notebooks besitzen diese Möglichkeit.

Die verschiedenen Gesten möchte ich Ihnen an dieser Stelle vorstellen. Probieren Sie sie einfach einmal aus.

Ein Objekt auf dem Desktop oder in einem Programm wählen Sie mit Antippen aus. Tippen Sie mit dem Finger auf das Objekt.

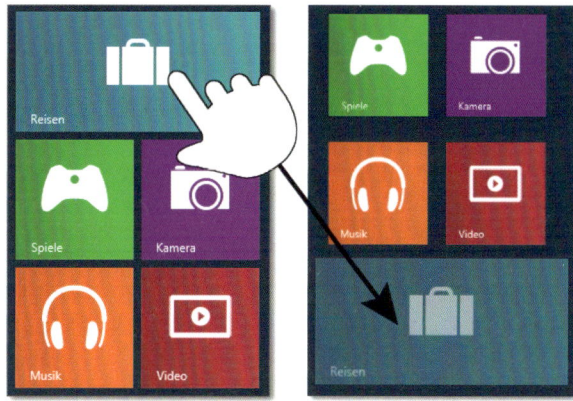

▲ **Abbildung 4.49** *Die Kachel »Reisen« wird von der oberen Position mit einer Geste nach unten gezogen.*

Mit einer Wischgeste können Sie ein Objekt »größer ziehen«. Dazu platzieren Sie zwei Finger auf dem Objekt. Halten Sie die Finger auf dem Objekt, und ziehen Sie sie nach außen.

Auch ohne Maus lassen sich so Objekte leicht vergrößern, auch Desktop-Programme wie der Windows-Explorer.

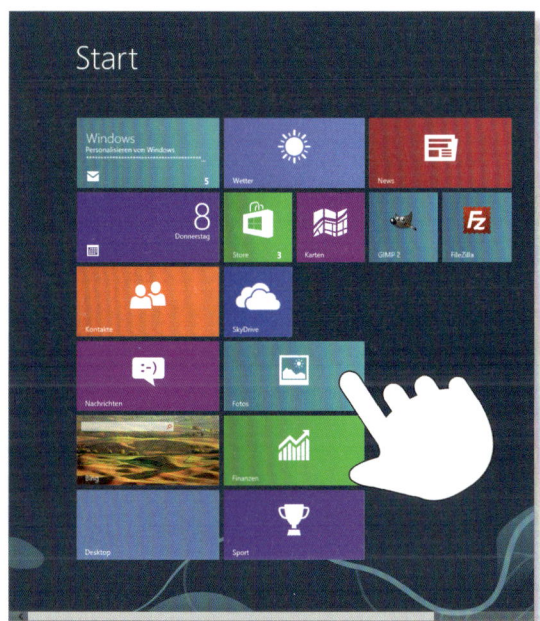

▲ **Abbildung 4.48** *Tippen Sie ein Objekt an, um es auszuwählen.*

Eine Beschreibung zum Objekt oder das Kontextmenü blenden Sie ein, in dem Sie ein Objekt antippen und den Finger einen Augenblick auf dem Objekt belassen.

Möchten Sie eine Kachel an eine andere Position verschieben, tippen Sie sie an, halten den Finger auf dem Objekt und ziehen das Objekt an eine neue Position. In gleicher Weise ziehen Sie eine Datei oder einen Ordner an eine neue Position oder bewegen eine Bilddatei zu einem Ziel.

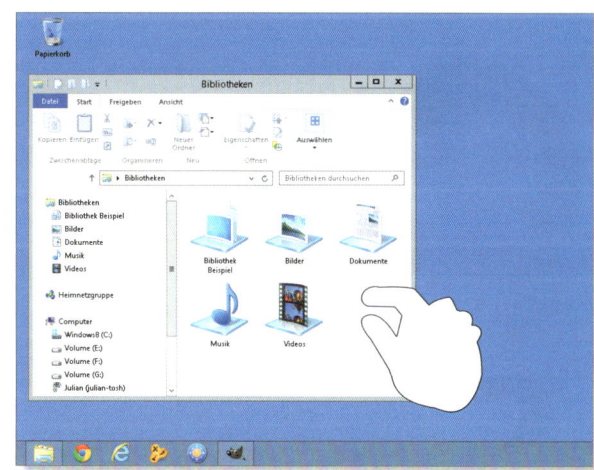

▲ **Abbildung 4.50** *Mit einer Geste ziehen Sie den Windows-Explorer größer.*

Legen Sie Daumen und Zeigefinger auf das Fenster des Windows-Explorers und ziehen sie die beiden Finger auseinander, schon wird das Fenster vergrößert.

Kapitel 4: Der erste Start: Ihr neues Windows 8 kennenlernen

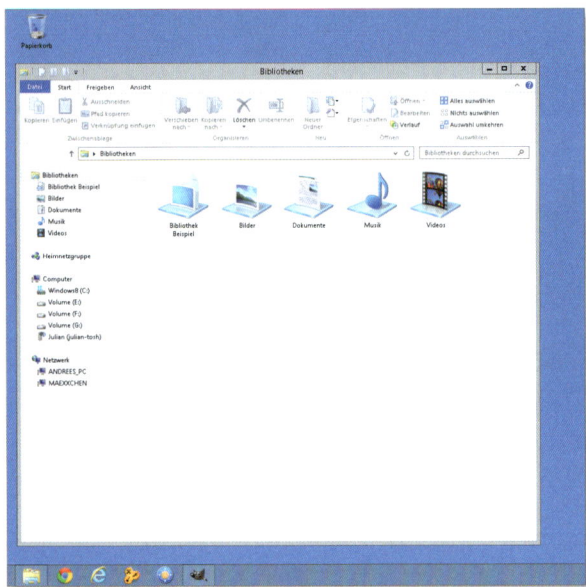

▲ **Abbildung 4.51** *So sieht die vergrößerte Explorer-Ansicht aus.*

Möchten Sie ein Objekt drehen, setzen Sie zwei Finger auf das Objekt. Halten Sie sie auf dem Objekt, und führen Sie mit einem Finger eine Kreisbewegung aus.

▲ **Abbildung 4.52** *So drehen Sie mit den Fingern ein Objekt.*

Mit der Gestensteuerung können Sie noch mehr machen. Mit einer Wischgeste lassen sich Systemkommandos aufrufen und ausführen und Apps bedienen.

4.5 Einen zweiten Monitor verwenden

Viele moderne Grafikkarten besitzen zwei Ausgänge, einige wenige sogar drei. Die Verwendung mehrere Monitore bringt viele Vorteile mit sich:

- Sie können mehrere Anwendungen gleichzeitig verwenden.
- Sie haben nicht nur mehrere Programme geöffnet, sondern sehen auch verschiedene Programmfenster vor sich. Rechts arbeiten Sie mit Word, und links läuft das aktuelle TV-Programm.
- Mehrere Monitore heißt vor allem: effektiver und schneller arbeiten.
- Sie können sich neben den Arbeitsfenstern auch Informationen anzeigen lassen.
- Einige Spiele können zwei oder mehr Bildschirme nutzen. Dadurch haben Sie mehr Übersicht und ein größeres Spielfenster. Das macht richtig Spaß.
- Eine Besonderheit von Windows 8 können Sie nutzen: Sie können auf einen Bildschirm den Windows-Startbildschirm sehen und auf dem anderen den klassischen Desktop.

Die Einrichtung ist sehr einfach:

1 Schließen Sie beide Monitore an die Grafikkarte Ihres Rechners an. Achten Sie darauf, dass hierbei der Rechner ausgeschaltet ist.

2 Starten Sie Windows 8, und schalten Sie beide Monitore an. Nach dem Einloggen sehen Sie auf einem den Startbildschirm. Der andere Monitor zeigt einen leeren Desktop.

3 Blenden Sie die **PC-Einstellungen** ein. Wählen Sie **Geräte > Zweiter Bildschirm**.

4.5 Einen zweiten Monitor verwenden

▲ **Abbildung 4.53** Unter »Geräte« finden Sie die Einstellungen für den zweiten Bildschirm.

4 Wählen Sie eine der vier Anzeigemöglichkeiten. Empfehlenswert ist **Erweitern**.

Wie gesagt empfehle ich Ihnen den Modus **Erweitern**. Sie können aber die anderen Möglichkeiten vorher einmal ausprobieren. Windows 8 bietet Ihnen insgesamt vier Anzeigemodi an, wie auf Abbildung 4.54 zu sehen:

▲ **Abbildung 4.54** Vier Anzeigemodi können Sie nutzen.

- **Nur PC-Bildschirm** lässt den zweiten Monitor unberührt. Die Ausgabe wird nur an den ersten Monitor gesendet.

- **Duplizieren** heißt nichts anderes, als dass Sie das Bild des einen Monitors auch auf dem anderen sehen. Es ist also alles zweimal da.

- **Erweitern** heißt, dass Sie beide Monitore nutzen. Auf dem einen sehen Sie den Startbildschirm. Der zweite Monitor zeigt den klassischen Desktop. Mit der Maus können Sie sich »über den Rand« des einen Desktops von Monitor A nach B bewegen.

- **Nur zweiter Bildschirm** zeigt das Bild nur auf dem zweiten Monitor an. Der erste bleibt schwarz.

Einige Programme und Spiele unterstützen die Arbeit mit zwei Monitoren. In der nächsten Zeit wird sich die Zahl der Programme sicherlich noch vergrößern. Dokumente können so von einem auf dem anderen Monitor geschoben werden. Sie können Steuerelemente, Menü- und Symbolleisten auf dem zweiten Monitor ablegen und auf dem anderen arbeiten.

Achten Sie bei Spielen darauf, dass Sie zwei Monitore des gleichen Typs verwenden. Die Auflösung sollte gleich sein, damit beide Bilder auch zusammenpassen.

In der **Systemsteuerung** finden Sie unter **Darstellung und Anpassung > Anzeige > Auflösung anpassen** die Einstellungen für mehrere Monitore. Hier können Sie noch einmal festlegen, wie Sie beide Monitore nutzen. Sie bestimmen die Auflösung und die Ausrichtung (Hoch- oder Querformat). Mit **Mehrere Anzeigen** stehen Ihnen die Optionen, die Sie schon aus den **PC-Einstellungen** kennen, zur Verfügung.

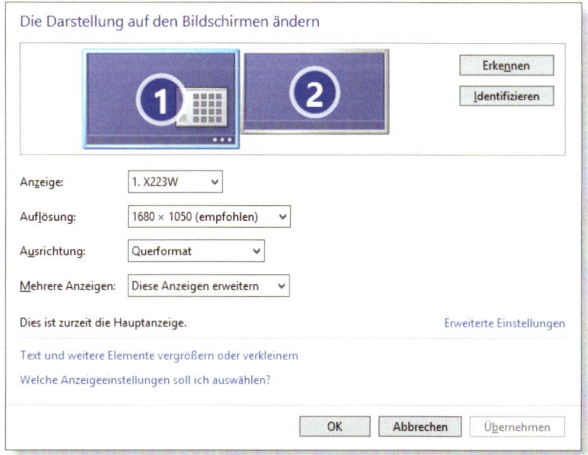

▲ **Abbildung 4.55** Die Einstellungen für mehrere Monitore in der Systemsteuerung

In der **Systemsteuerung** können Sie das Monitorbild auch drehen.

Die Zahlen 1 und 2 auf den symbolisch dargestellten Monitoren zeigen an, welcher Ihr erster und welcher Ihr zweiter Monitor ist. Per Drag & Drop lassen sich beide auch austauschen.

4.6 Wichtige Einstellungen in der Systemsteuerung

Die **Systemsteuerung** ist die Schalt- und Einrichtungszentrale Ihres Windows-8-Systems. Hier finden Sie alle wichtigen Konfigurationseinstellungen. Sie wählen dazu die passende Kategorie aus und öffnen den gewünschten Einrichtungsdialog.

Grundlegende Konfigurationseinstellungen wählen Sie über Optionsschaltflächen, Listenfelder und Auswahldialoge. Das ist einfach und geht schnell.

Wechseln Sie auf den Startbildschirm. Führen Sie einen Rechtsklick mit Ihrer Maus aus, und wählen Sie **Alle Apps**. Suchen Sie in der Liste die **Systemsteuerung**, und klicken Sie darauf.

Symbolansicht und Menübaum der Systemsteuerung

Über das Listenfeld **Anzeige** ❶ können Sie auch eine Symbolansicht aller Einrichtungsdialoge anzeigen lassen. Da hier keine Kategorien verwendet werden und alle Dialoge über ein einziges Fenster zugänglich sind, wirkt diese Auswahl recht unübersichtlich und ist nicht zu empfehlen. Das Gleiche trifft auf den Anzeigemodus **Kleine Symbole** zu. Vor allem Neueinsteigern empfehle ich daher die Einstellung **Kategorie**.

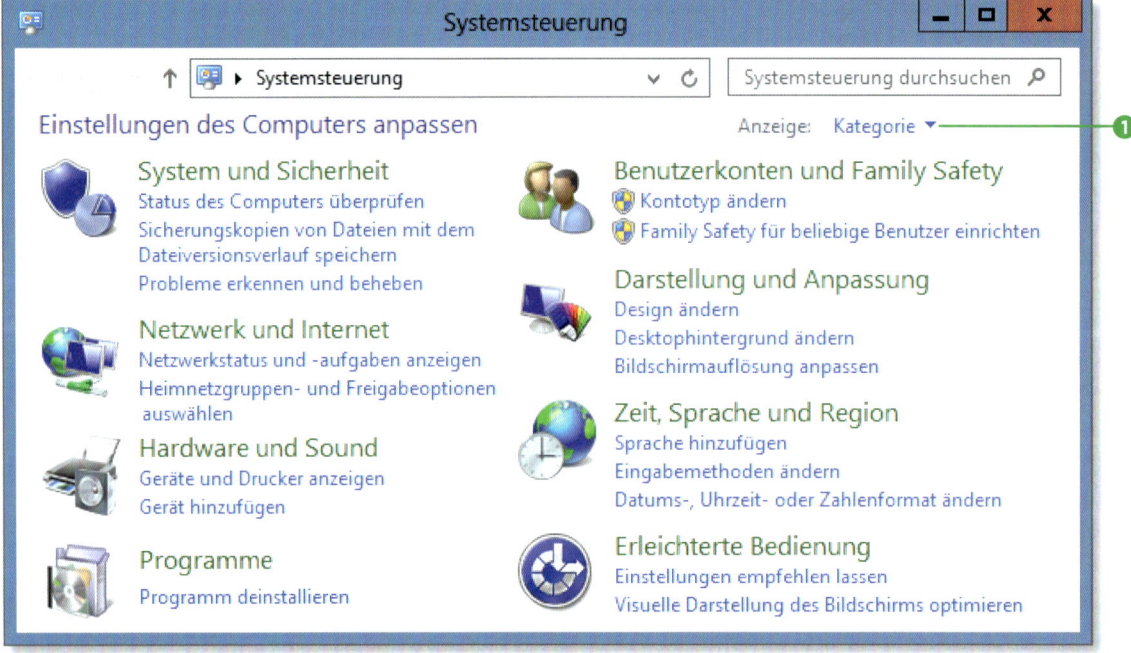

▲ *Abbildung 4.56 Die Systemsteuerung von Windows 8 in der Ansicht »Kategorie«.*
Sie finden hier alle Einrichtungsdialoge in acht Kategorien.

4.6 Wichtige Einstellungen in der Systemsteuerung

▲ **Abbildung 4.57** Die Ansicht »Kleine Symbole« zeigt alles auf einem Bildschirm.

Soundkarten einstellen

Viele Hardwaregeräte müssen nicht extra eingerichtet werden. Sie verbinden das Gerät über eine USB-Steckverbindung mit dem PC, Windows 8 erkennt es und sucht den passenden Treiber aus.

Erweiterte Möglichkeiten erhalten Sie mit den zur Hardware hinzugelieferten Treibern. Das ist insbesondere bei programmierbaren Mäusen und Keyboards interessant, ebenso bei Grafikkarten und anderer besonderer Hardware.

Unter **Hardware und Sound** finden Sie die Einrichtung einer Soundkarte. Wählen Sie hier **Sound** oder eine der verfügbaren Möglichkeiten **Systemlautstärke anpassen**, **Systemsounds ändern** oder **Audiogeräte verwalten**.

Haben Sie **Sound** gewählt, landen Sie in einem Dialog mit vier Registern. Sind verschiedene Audioausgabegeräte verfügbar, so können Sie unter **Wiedergabe** das Gerät auswählen, das Sie verwenden möchten. Es stellt kein Problem dar, an einem PC mehrere Ausgabegeräte zu verwenden.

Ich verwende an meinem Rechner immer ein USB-Headset und einen Kopfhörer. Das Headset ist ideal für ausgedehnte Telefonate bei Skype oder im Kampfgetümmel von World of Warcraft inklusive Kommandoaustausch und Talk. Mit dem Kopfhörer lassen sich sehr gut Musik und Filme genießen. Je nach Lust und Laune muss ich nur das Gerät wählen, das ich im Augenblick verwenden möchte. Dazu klicke ich es im Dialog an und markiere es **Als Standard**. Ein grüner Kreis mit einem Häkchen darin ❶ zeigt an, welches das Standardgerät ist.

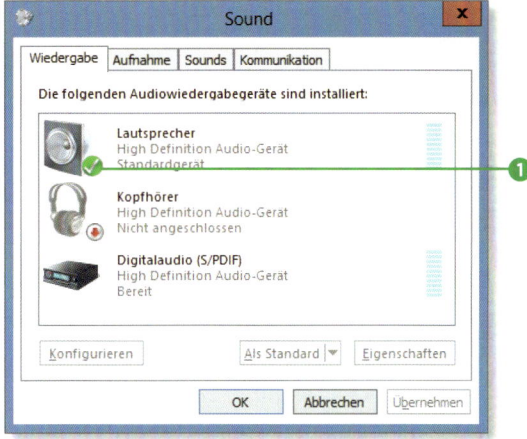

▲ **Abbildung 4.58** Im Register »Wiedergabe« des Dialogs »Sound« wählen Sie ein Ausgabegerät.

Über **Eigenschaften** können Sie das Symbol des Ausgabegeräts verändern, den Pegel einstellen, verschiedene Soundeffekte auswählen und die Ausgabequalität einrichten. Bei der Qualität ist **24 Bit, 48.000 Hz** eine gute Wahl. Die möglichen Einstellungen hängen von der verwendeten Soundkarte ab.

Im Register **Verbesserungen** von **Eigenschaften von Lautsprecher** können Sie einen Equalizer einblenden und verschiedene Soundvorlagen auswählen und anpassen.

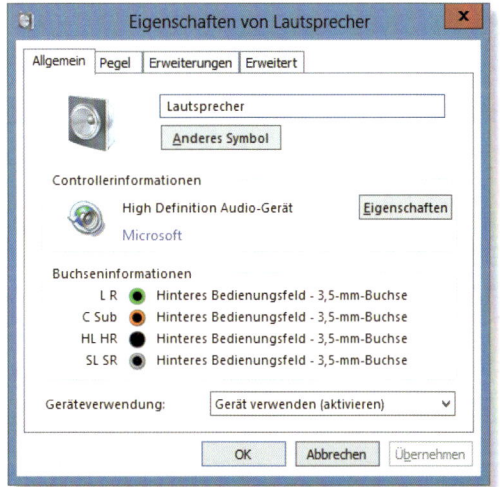

▲ **Abbildung 4.59** Die Lautsprechereigenschaften

105

> **TIPP**
>
> **Soundkarte oder Soundchip?**
> Noch vor Jahren waren die auf Motherboards integrierten Soundchips keine gute Lösung. Das hat sich zum Glück geändert. Bereits mit den integrierten Soundchips aktueller Motherboards erhalten Sie eine sehr gute Ausgabequalität Ihrer Audiodateien. Genügt Ihnen diese nicht, sollten Sie sich einmal die Soundkarten der Firma *Creative Labs* anschauen. Mit aktuellen Karten erreichen Sie hervorragende Audioqualitäten. Kombinieren Sie diese mit einem Lautsprechersystem. Eine *Sound Blaster X-Fi Titanium HD* und ein *Creative A520* verleiten einen dazu, seine Arbeit beiseitezulegen und einfach Musik und Filme zu genießen. Bitte verstehen Sie das nicht als Produktwerbung. Es gibt viele sehr gute Alternativen. Schauen Sie sich einmal um!

Im Register **Sounds** lassen sich verschiedene Windows-Soundschemen auswählen und Programmereignissen zuordnen. Möchten Sie die Vorgaben ändern, wählen Sie über das Listenfeld eines der verfügbaren Soundschemas. Erwarten Sie jedoch nicht zu viel. Es sind nur kurze Audiodateien.

> **INFO**
>
> **Was sind wichtige Programmereignisse?**
> Wichtige Programmereignisse sind alle Ereignisse, über die Windows Sie informieren möchte. Dazu gehören z. B. ein niedriger Akkuladestand, ein abgeschlossener Druck eines Dokuments und ein Fehler bei einer Verbindung zu einem Hardwaregerät. Sie können sich ebenfalls mit einem Sound über ein neu eingegangenes Fax oder eine empfangene E-Mail benachrichtigen lassen oder über eine Meldung des Systems und verschiedene Ereignisse des Explorers.

Windows 8 stellt Ihnen verschiedene Soundschemas zur Verfügung. Sounds informieren Sie über verschiedene Programmereignisse. Ein eindeutiges Geräusch hilft bei der Zuordnung eines Programmereignisses.

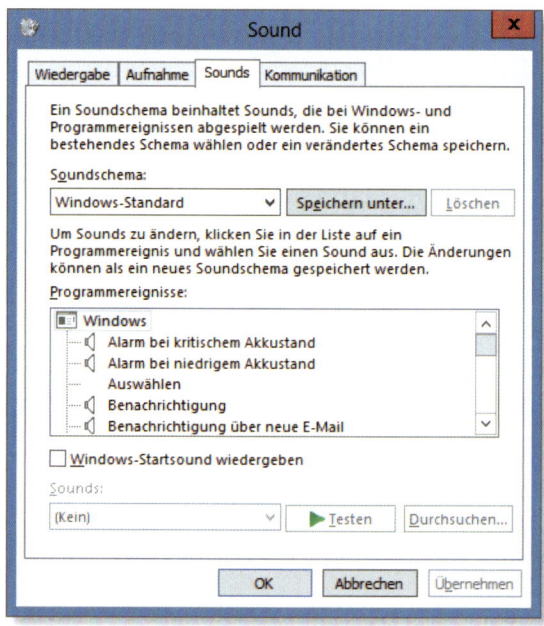

▲ **Abbildung 4.60** *Die Soundschemas*

Der zu einer Soundkarte, zum Rechner oder zum Motherboard mitgelieferte Soundtreiber bietet in der Regel mehr Möglichkeiten als der Windows-Treiber. Im Infobereich finden Sie meist ein Symbol, das Sie in den jeweiligen Dialog führt.

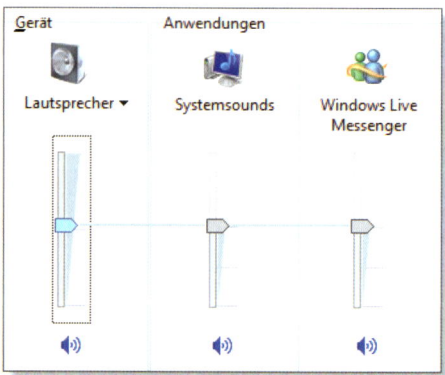

▲ **Abbildung 4.61** *Über das Lautsprechersymbol und Klick auf »Mixer« erreichen Sie den Lautstärkemixer.*

4.6 Wichtige Einstellungen in der Systemsteuerung

> **TIPP**
>
> **Platz für Kreativität**
>
> Mit einem Mikrofon oder einem Headset können Sie auch eigene Soundclips erstellen. Sprechen Sie doch einmal die Meldung »Neue Nachricht eingetroffen« auf. Speichern Sie sie als Wave-Datei ab, und wählen Sie diese im Register **Sounds** mit **Durchsuchen** aus. Sie müssen keineswegs nur die Audiodateien verwenden, die Ihnen Microsoft mitliefert. Natürlich können Sie auch kleine Audioschnipsel zusammenschneiden und nutzen.

Im treibereigenen Einstellungsdialog können Sie unter anderem Lautsprecher und Mikrofon einstellen sowie Soundeffekte wählen.

Einen Gamecontroller einrichten

Aktuelle Gamecontroller werden mit einem USB-Kabel mit dem Rechner verbunden. Der *Logitech Extreme 3D Pro*, den ich verwende, ist hier keine Ausnahme.

Sie müssen sich um keine Treiberinstallation kümmern. Verbinden Sie den Gamecontroller mit Ihrem Rechner. Windows 8 sucht einen passenden Treiber und richtet ihn ein.

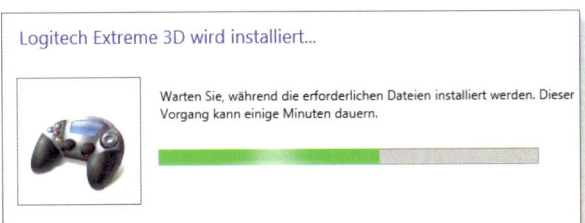

▲ **Abbildung 4.62** *Windows 8 erkennt die Hardware und installiert die Treiber.*

Eine Treiber-DVD oder -CD liegt meist dennoch der Verpackung bei. Diese ist jedoch nur selten notwendig.

Wenn Sie allerdings einen Gamecontroller mit programmierbaren Tasten verwenden, benötigen Sie die Treiber und Zusatzprogramme. Es schadet in keinem Fall, die Treiber zu installieren.

In der **Systemsteuerung** sehen Sie den Gamecontroller unter **Hardware und Sound > Geräte und Drucker**. Ein Doppelklick führt in die **Eigenschaften** des Geräts, und Sie können sich die Treiberdetails ansehen.

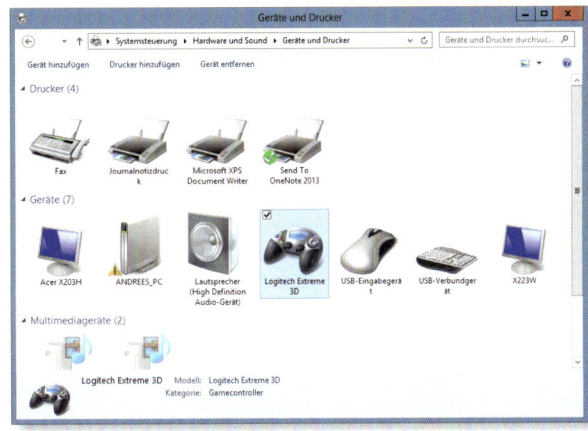

▲ **Abbildung 4.63** *Den Gamecontroller finden Sie in der Systemsteuerung.*

Einrichten und kalibrieren können Sie das Gerät so nicht. Möchten Sie das tun, gehen Sie wie folgt vor:

1 Öffnen Sie in der **Systemsteuerung** den Dialog **Geräte und Drucker**. Markieren Sie den Gamecontroller, und wählen Sie **Gamecontrollereinstellungen** aus dem Kontextmenü.

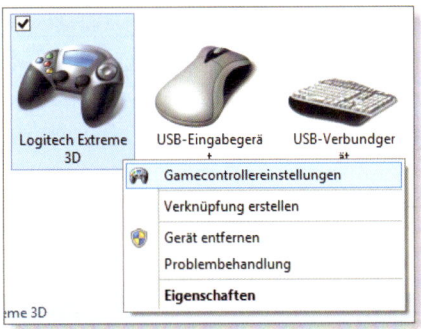

▲ **Abbildung 4.64** *Über das Kontextmenü kalibrieren Sie den Controller.*

Kapitel 4: Der erste Start: Ihr neues Windows 8 kennenlernen

1 Klicken Sie auf **Einstellungen**. Wählen Sie im gleichnamigen Register **Kalibrieren**.

2 Bewegen Sie den Joystick so, wie im Assistenten beschrieben.

3 Überprüfen Sie im Register **Testen**, ob alle Einstellungen und Tasten funktionieren.

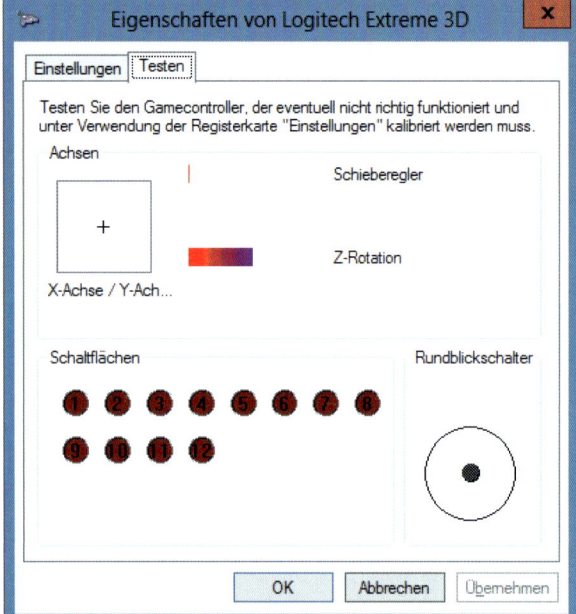

▲ *Abbildung 4.65 Mein Joystick funktioniert. Jetzt kann ich zocken, bis die Finger schmerzen.*

Die Uhr in der Taskleiste einrichten

Die Uhr im Systemtray der Windows-Taskleiste ist ein nettes Hilfsmittel. Sie haben mit einem Blick immer die aktuelle Zeit und das Datum im Auge. Stimmt die Einstellung nicht und wollen Sie die Uhrzeit korrigieren, gehen Sie wie folgt vor:

1 Öffnen Sie auf der Anzeige der Uhrzeit in der Windows-Taskleiste das Kontextmenü, und wählen Sie **Datum/Uhrzeit ändern**.

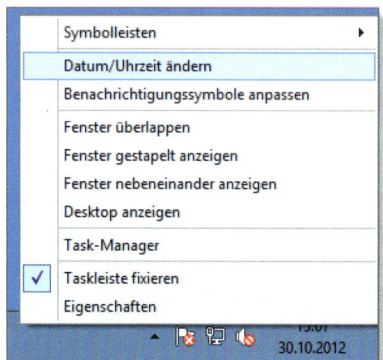

▲ *Abbildung 4.66 Das Kontextmenü führt Sie zu den Einstellungen der Windows-Uhr.*

2 Klicken Sie im Dialog **Datum und Uhrzeit** auf die Schaltfläche **Datum und Uhrzeit ändern**.

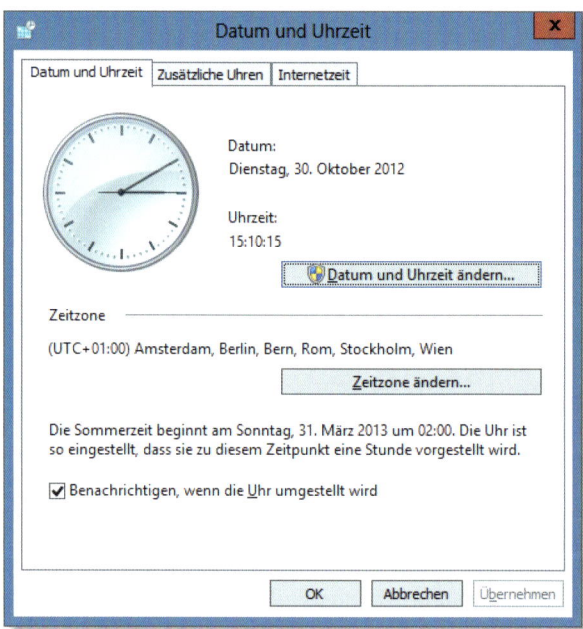

▲ *Abbildung 4.67 Im Dialog müssen Sie erst wählen, was Sie genau tun möchten.*

3 Setzen Sie die Maus in das Eingabefeld, und korrigieren Sie die Uhrzeit. Verwenden Sie das Kalenderblatt, um das Datum richtig einzustellen. Bestätigen Sie mit **OK**.

4.6 Wichtige Einstellungen in der Systemsteuerung

▲ **Abbildung 4.68** Passen Sie Uhrzeit und Datum an.

In der **Systemsteuerung** erreichen Sie die Uhrzeiteinstellung über **Zeit, Sprache und Region > Datum und Uhrzeit festlegen**.

Die Uhrzeit mit einem Zeitserver abgleichen

Sie können es Windows überlassen, die Uhrzeit über einen sogenannten *Zeitserver* anzupassen. Damit geht Ihre Windows-Uhr immer genau. Sie müssen keine Korrektur vornehmen.

Voraussetzung für die Nutzung eines Zeitservers ist, dass eine Verbindung ins Internet besteht und Windows die aktuelle Uhrzeit mit dem Rechner synchronisieren kann.

1 Möchten Sie dies tun, wechseln Sie im Dialog **Datum und Uhrzeit** in das Register **Internetzeit**. Finden Sie hier bereits den Hinweis **Der Computer ist so eingestellt, dass er automatisch mit »time.windows.com« synchronisiert wird**, müssen Sie nichts tun. Dann ist bereits ein Zeitserver eingerichtet und wird verwendet. Ist dies nicht der Fall, klicken Sie auf **Einstellungen ändern**.

2 Schalten Sie die Option **Mit einem Internetzeitserver synchronisieren** an. Wählen Sie aus dem Listenfeld einen der möglichen Zeitserver, und bestätigen Sie Ihre Eingabe mit **OK**.

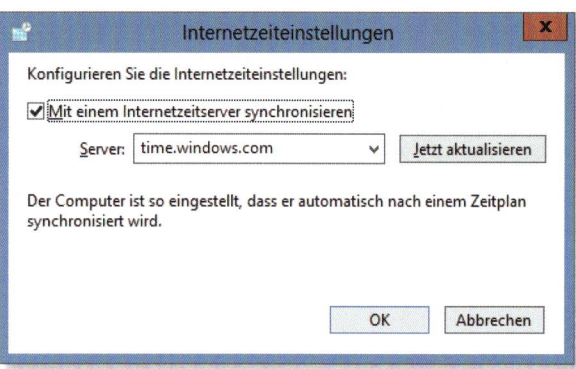

▲ **Abbildung 4.69** Mit einem Zeitserver müssen Sie die Windows-Uhr nie wieder stellen.

Die Synchronisierung der Uhrzeit mit einem Zeitserver kann zu einem Fehler führen. Ist dies bei Ihnen der Fall, probieren Sie einen anderen Zeitserver aus. Gelingt es nicht, stellen Sie die Uhr manuell ein.

> **HINWEIS**
>
> **Einstellung der Benutzerkontensteuerung**
> Ich gehe in diesem Buch davon aus, dass die Benutzerkontensteuerung von Windows 8 die Einstellung **Standard** verwendet. Das heißt, Sie werden informiert, wenn Programme Änderungen an Systemeinstellungen vornehmen, und müssen dann diese bestätigen. Die Einstellung **hoch** sorgt dafür, dass Sie auch eine Meldung erhalten, wenn Änderungen an den Windows-Einstellungen vorgenommen werden. Diese Einstellung lohnt sich für unerfahrene und vorsichtige Computer-Anwender. Sie sorgen so dafür, dass Sie nicht aus Versehen Einstellungen am Rechner ändern. Verstehen Sie diese Einstellung als einen zusätzlichen Knoten im Taschentuch, den man verwenden kann, der aber nicht unbedingt notwendig ist. Die Vorgabeeinstellung der Benutzerkontensteuerung ist **Standard**.

Die Region und das Format der Uhrzeit anpassen

Um die Zeitzone und Region zu ändern, öffnen Sie den Dialog **Datum und Uhrzeit** und klicken im gleichnamigen Register auf **Zeitzone ändern**. Wählen Sie die gewünschte **Zeitzone** und bestätigen Sie.

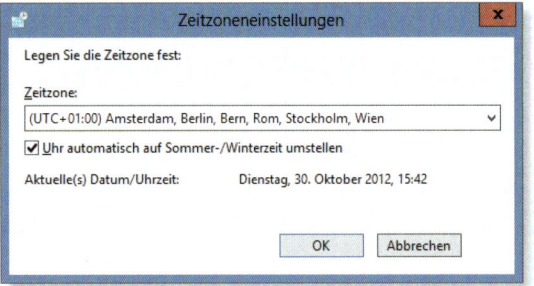

▲ *Abbildung 4.70 Passen Sie bei Bedarf die Zeitzone an.*

Über eine Option sorgen Sie dafür, dass die Uhr automatisch auf Sommer- oder Winterzeit umgestellt wird. Da diese Option in der Vorgabeeinstellung angeschaltet ist, müssen Sie keine Änderung vornehmen.

Die Uhrzeit wird im Format *Stunden:Minuten* angezeigt. Für das Datum wird *Tag.Monat.Jahr* verwendet – also zum Beispiel 11:36 und 22.06.2011.

Um ein anderes Zeitformat zu verwenden, müssen Sie einen Dialog über einen kleinen Umweg öffnen und das gewünschte Format wählen. Gehen Sie wie folgt vor:

1 Öffnen Sie den Dialog **Datum und Uhrzeit**. Klicken Sie auf **Datum und Uhrzeit ändern** und danach auf **Kalendereinstellungen ändern**.

2 Wechseln Sie in das Register **Uhrzeit**. Wählen Sie je ein passendes Format aus den Listenfeldern **Uhrzeit (kurz)** und **Uhrzeit (lang)**. Bestätigen Sie, und schließen Sie die geöffneten Dialoge.

Beachten Sie, dass Leerstellen mit Nullen aufgefüllt werden, wenn Sie die Schreibweise mit doppelten Buchstaben nutzen. Verwenden Sie also **HH:mm**, sieht die Anzeige wie folgt aus: 07:04. Mit dem Format **H:m** wird daraus 7:4.

Wenn Sie sich einmal vertan haben, können Sie mit **Zurücksetzen** die Vorgaben wiederherstellen.

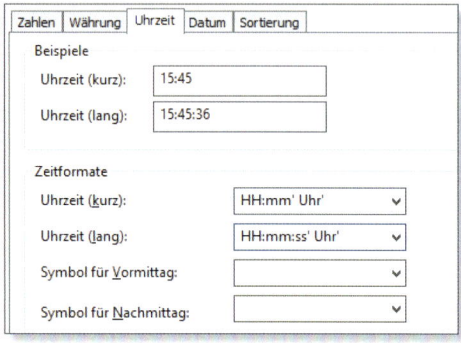

▲ *Abbildung 4.71 In diesem Beispiel habe ich mich für ein Zeitformat mit einem angehängten »Uhr« entschieden.*

Erfahrene Anwender können ein eigenes Zeitformat definieren. Dabei stehen Ihnen folgende Abkürzungen zur Verfügung:

Format	Bedeutung
h	Stunde
m	Minute
s	Sekunde (langes Zeitformat)
xx	Symbol für Vormittag und Nachmittag
h/H	12/24 Stunden-Anzeige

▲ *Tabelle 4.1 Die Abkürzungen für die Zeitformate*

> **TIPP**
>
> **Drag & Drop**
> Der Begriff »ziehen« wird sehr oft bei Anwendungen verwendet, die unter einer grafischen Oberfläche laufen. Manchmal ist auch von »Drag & Drop« die Rede. Dabei wird eine Datei oder ein ganzes Verzeichnis mit der Maus angeklickt und bei gedrückter linker Maustaste an eine neue Position »gezogen«. Windows interpretiert dies in aller Regel als ein Verschieben, manchmal auch als Kopieren.

4.7 Das Kontextmenü verwenden

Das Kontextmenü haben Sie bereits kennengelernt. Es stellt eine wichtige Hilfe dar. Mit ihm erreichen Sie schnell und bequem aktuell benötigte Dialoge und Einstellungen. Sein Name rührt daher, dass es immer abhängig vom Kontext ist. Es kommt also darauf an, was sich um das Element herum befindet, das Sie anklicken. Das Menü ändert sich oft entsprechend dem Umfeld.

Warum das Kontextmenü eine wichtige Hilfe ist

Das Kontextmenü erspart Ihnen den Weg in weitere Menüs, z. B. im Windows-Explorer oder in den Systemeinstellungen. Sie müssen sich auch nicht durch verschiedene Dialoge klicken, sondern landen gleich am gewünschten Ziel.

Um die Bildschirmauflösung einzustellen, öffnen Sie auf dem freien Desktop von Windows 8 mit der rechten Maustaste das Kontextmenü und wählen **Bildschirmauflösung**.

> **HINWEIS**
>
> **Was bedeutet »kontextsensitiv«?**
> Das Kontextmenü zeigt immer nur die Funktionen, die im Augenblick verwendet werden können. Wenn Sie das Kontextmenü auf der Uhrzeitanzeige der Taskleiste öffnen, können Sie die Uhr einstellen, die Benachrichtigungssymbole in der Taskleiste selbst einrichten, den **Task-Manager** starten und die Taskleiste einrichten. Sie werden im Kontextmenü keine Funktion finden, die nicht zu dem Element passt, über dem Sie das Menü aufgerufen haben.
>
> Es wird also niemals vorkommen, dass Sie über dem Windows-Desktop das Kontextmenü öffnen und dort eine Einstellung zum Adobe Reader finden. Beachten Sie, dass das Kontextmenü immer nur eine Auswahl an Funktionen bereitstellt. Einige Inhalte sind von der verwendeten Soft- und Hardware abhängig. So kann z. B. eine Grafikfunktion von einem speziellen Treiber bereitgestellt werden.

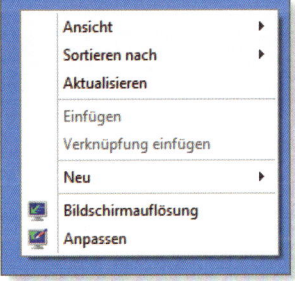

▲ *Abbildung 4.72 Das Kontextmenü auf dem Windows-8-Desktop*

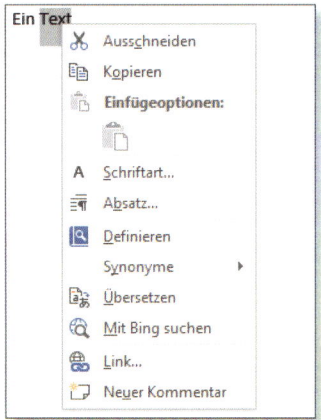

▲ *Abbildung 4.73 Das Kontextmenü von Word 2013*

Würden Sie in diesem Beispiel nicht das Kontextmenü nutzen, so müssten Sie zunächst das Windows-Menü öffnen. Hier müssten Sie die **Systemsteuerung** wählen und unter **Darstellung und Anpassung** den Dialog **Bildschirmauflösung anpassen** aufrufen. Statt drei Arbeitsschritten ist also nur einer notwendig.

Das Kontextmenü ist kontextsensitiv. Sie öffnen es immer mit der rechten Maustaste.

Das Kontextmenü steht auch in Anwendungsprogrammen zur Verfügung. Es gehört zu einem Prinzip von Windows, das Sie in nahezu jedem Windows-Programm wiederfinden. Auch hier stellt es eine wichtige Hilfe dar. Ebenso finden Sie es in Einstellungsdialogen.

Arbeiten Sie mit der MS-DOS-Eingabeaufforderung oder einer anderen Shell, so können Sie kein Kontextmenü verwenden.

Der Grund hierfür ist einfach: Das Kontextmenü ist ein grafischer Dialog und steht natürlich somit auch nur auf der grafischen Desktopoberfläche von Windows 8 zur Verfügung.

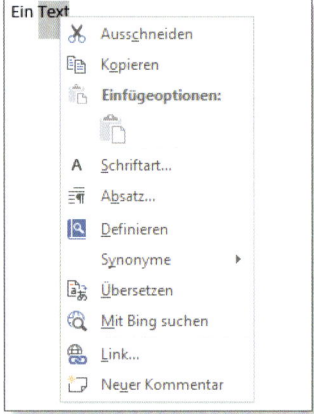

▲ *Abbildung 4.74* Das Kontextmenü von Word 2013

4.8 Programme installieren

Windows wird bereits mit einer Reihe vorinstallierter Dienstprogramme und kleiner Tools ausgeliefert. Um noch mehr mit dem Rechner zu bewerkstelligen, müssen Sie weitere Anwendungsprogramme installieren. Die Vorgehensweise ist dabei immer gleich. Es gibt nur einen Unterschied bei Programmen, die Sie aus dem Internet beziehen, und bei Software von DVD bzw. CD.

Ein Programm von CD oder DVD installieren

Windows 8 macht Ihnen die Installation leicht. Ein eingelegtes Medium wird erkannt, und Sie können mit einem Mausklick das Installationsprogramm ausführen:

1 Legen Sie die DVD des Programms ein, das Sie installieren möchten.

2 Windows 8 erkennt den Datenträger und blendet am linken oberen Bildschirm eine Meldung ein. Klicken Sie darauf.

▲ *Abbildung 4.75* Der eingelegte Datenträger wird erkannt.

3 Nun werden verschiedene mögliche Aktionen angezeigt. Wählen Sie **Setup.exe ausführen**. So starten Sie den Installationsassistenten.

▲ *Abbildung 4.76* Windows 8 bietet Ihnen an, die Setup-Datei aufzurufen.

4 Bei einigen Programmen sind Änderungen am Betriebssystem notwendig. Dazu zählen Registry-Einstellungen und das Schreiben verschiedener Konfigurationsdaten. Das müssen Sie bestätigen. Die Benutzerkontensteuerung meldet in so einem Fall, dass ein Programm Änderungen am Rechner vornehmen möchte. Da Sie ja ein Anwendungsprogramm installieren wollen, hat dies seine Richtigkeit. Bestätigen Sie diesen Vorgang.

5 Die eigentliche Installation erfolgt mit einem Assistenten. Folgen Sie den Anweisungen im Dialog.

4.8 Programme installieren

▲ **Abbildung 4.77** Ein schöner Startbildschirm heißt Sie willkommen, zumindest beim Spiel »Skyrim«.

Die Vorgehensweise ist bei Spielen gleich. Nur in einigen Fällen wird ein Browserfenster gestartet, und Sie wählen hier eine Installation. Manchmal gibt es auch eine Batchdatei, die automatisch eine Setup-Datei aufruft und Sie mit einem Bildschirm begrüßt.

Im Lauf der Installation können Sie das vorgegebene Programmverzeichnis anpassen. Es empfiehlt sich, für Anwendungsprogramme und Spiele eine eigene Partition zu nutzen. So trennen Sie Betriebssystem, Programme und Spiele voneinander.

Bei Office-Programmen wählen Sie, welche Komponenten Sie installieren wollen. Das ist auch bei Suites wie denen von Adobe so. Bei einigen Anwendungen können Sie bestimmte Dateitypen dem Programm zuordnen. So öffnet später ein Doppelklick das Programm gleichzeitig mit der jeweiligen Datei.

Bei Spielen benötigen Sie oft Steam und einen Online-Account bei diesem Service. Sie können das Spiel nur spielen, wenn Sie sich bei dem Service anmelden. So wird verhindert, dass Sie eine Raubkopie nutzen. Der Nachteil ist jedoch, dass Sie ohne Onlineverbindung ein derartiges Spiel nicht mehr nutzen können.

Ist die Autostart-Funktion von Windows 8 ausgeschaltet, öffnen Sie den Explorer. Begeben Sie sich auf das DVD-Laufwerk. Mit einem Mausklick machen Sie dessen Inhalt sichtbar. Suchen Sie die ausführbare Datei, die den Installationsdialog startet. Sie erkennen sie an der Dateiendung *.exe*. Diese Endung charakterisiert eine ausführbare Datei. Starten Sie diese mit einem Doppelklick.

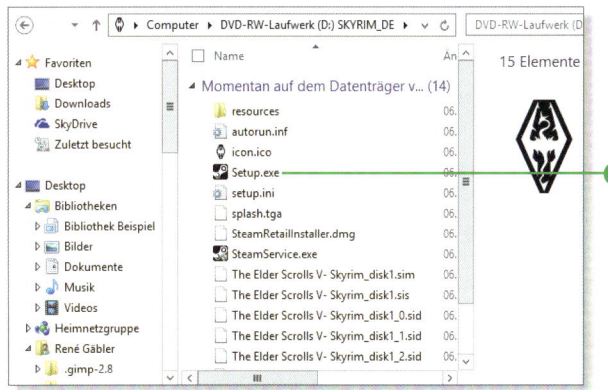

▲ **Abbildung 4.78** Die Installationsdatei ❶ finden Sie auch im Windows-Explorer.

> **TIPP**
>
> **Programme auf eine eigene Partition installieren**
> Für die Installation von Anwendungsprogrammen empfehle ich Ihnen, eine eigene Partition zu verwenden. Eine Trennung von Programmen und System bringt den Vorteil, dass Windows unabhängig repariert werden kann. Umgekehrt gilt das genauso. Auch ist die Verwaltung der Anwendungspartition einfacher. Eine weitere Partition können Sie für Daten verwenden. Nutzen Sie die **Benutzerdefinierte Installation** der Anwendungsprogramme. Wählen Sie die dazu gedachte Partition, und legen Sie einen passenden Ordner für Ihr neues Programm an.

Befindet sich auf Ihrem Desktop das Symbol **Computer**, können Sie darüber ebenfalls den Inhalt der DVD anzeigen lassen und die Installation starten.

> **TIPP**
>
> **Automatisch Verknüpfungen und Symbole anlegen**
> Einige Programme und Spiele bieten das Anlegen von Programmverknüpfungen und Desktopsymbolen an. Diese Möglichkeiten sind optional und können abgewählt werden, wenn Sie dies möchten. Mit den Verknüpfungen und Desktopsymbolen lassen sich die Spiele und Programme später schneller starten. Gerade für Ihre Lieblingsanwendungen sollten Sie diese Möglichkeiten nutzen. Beides können Sie jedoch auch bei Bedarf nachträglich erstellen. Übertreiben Sie es aber nicht. Ich finde, der Desktop sollte sauber und übersichtlich aussehen. Ein Bildschirm mit Dutzenden von Verknüpfungen sieht nicht besonders toll aus.

Ein Programm über den Windows-Explorer installieren

Immer öfter sind Anwendungsprogramme und Computerspiele über Softwareportale zu beziehen. Hierbei erhalten Sie keine DVD mehr und müssen auf eine Verpackung und ein gedrucktes Handbuch verzichten. Stattdessen wählen Sie im Internet das Programm oder das Spiel aus und müssen eine einmalige Registrierung hinter sich bringen. Die Bezahlung erfolgt meist über die Telefonrechnung, PayPal oder eine Kreditkarte. Hier gibt es, je nach Anbieter, viele Unterschiede. Das Programm wird über eine Internetverbindung auf Ihren Rechner geladen und steht dort als Datei zur Verfügung. Manchmal muss diese noch entpackt werden.

Der Umgang mit komprimierten Dateien

Komprimieren heißt nichts anderes, als dass eine Datei mit verschiedenen Verfahren in ihrer Größe geschrumpft wurde. Sie erkennen dies in der Regel an der Dateiendung *.zip* oder *.rar*. Andere Kompressionsformate finden selten unter Windows Anwendung. Über das Kontextmenü kann die Datei dann »entpackt« werden. Das ist notwendig, damit sie gestartet beziehungsweise damit die Installation aufgerufen werden kann.

An dieser Stelle möchte ich mir ein »Sehen Sie! Da haben Sie es wieder!« nicht verkneifen. Bitte nehmen Sie mir dies nicht übel. Es ist ein wenig augenzwinkernd gemeint. Gerade im Umgang mit komprimierten Zip-Dateien werden Sie das Kontextmenü immer wieder verwenden, das ich einige Abschnitte zuvor vorgestellt habe. Anstatt ein Programm öffnen zu müssen, die komprimierte Datei zu laden und diese dann über das Menü des Programms zu entpacken, verwenden Sie das Kontextmenü. Rechte Maustaste, die entsprechende Funktion wählen, und fertig.

Eine Kompression wird auch oft verwendet, um mehrere Bild-, Video-, Audio- oder auch Office-Dateien zu einem Paket zu schnüren. So lassen sie sich besser herunterladen oder auch per E-Mail verschicken.

> **HINWEIS**
>
> **Vorsicht vor unbekannten Softwarequellen!**
> Laden Sie Programme nur dann aus dem Internet, wenn Sie dem Anbieter vertrauen können. Über zwielichtige Download-Angebote werden oft Einkaufsfallen, Trojaner (Spionageprogramme), Computerviren und Spyware vertrieben. Wer nicht aufpasst, hat bald unliebsame Datenspione auf seinem Rechner. Auf derartige »Fallen« muss man nicht hereinfallen. Wenn Sie genau aufpassen, was Sie tun und woher Sie Programme beziehen, minimieren Sie die Risiken. So können Sie Programme bei dem T-Online-Ableger *Softwareload* unter *http://www.softwareload.de* unbesorgt kaufen. Für Spiele ist der Verwandte *Gamesload* unter *http://www.gamesload.de* eine gute Wahl.

Öffnen Sie den Dateimanager. Markieren Sie die ausführbare Programmdatei, und doppelklicken Sie darauf. Wie bei einem Programm auf DVD wird nun ein Installations-Assistent gestartet. Folgen Sie einfach den Anweisungen in den einzelnen Dialogen.

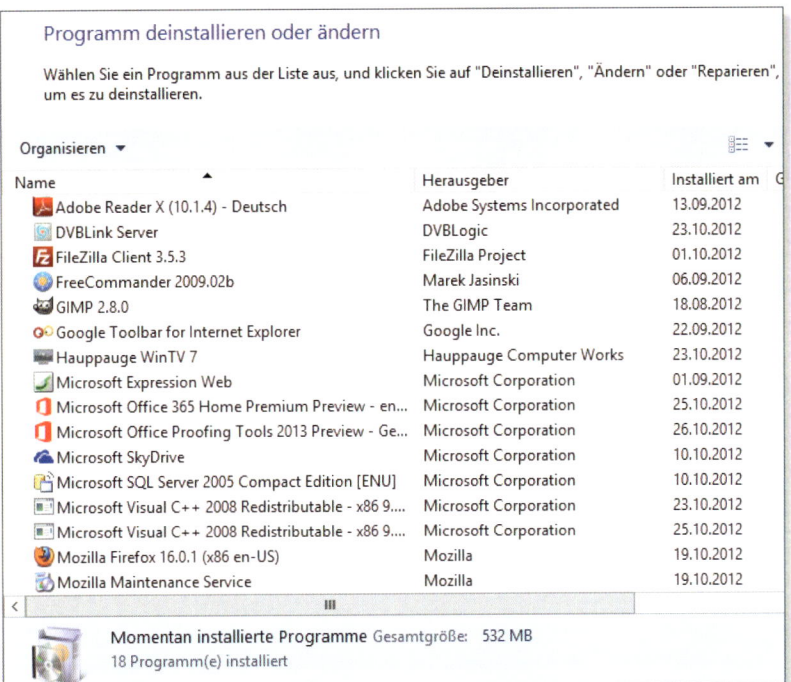

◄ **Abbildung 4.79** Eine Liste der installierten Programme finden Sie in der Systemsteuerung. Hier werden Anwendungsprogramme, Spiele und Treiber aufgelistet.

Die Installation eines Programms überprüfen

Windows hält die Installation eines Programms fest. Einstellungen, die in den Systemmenüs von Windows 8 vorgenommen werden, merkt es sich ebenfalls. Sie können mit Windows 8 ein Programm wieder deinstallieren. Manchmal klappt das »komplette Entfernen« von Software nicht. Es lohnt sich, ab und zu mit einem Tuner den Rechner nach fehlerhaften und verwaisten Einträgen zu untersuchen. In Kapitel 28, »Windows pflegen und optimieren«, erfahren Sie mehr.

> **HINWEIS**
>
> **So vermeiden Sie Datenmüll**
> Wenn Sie oft Programme, Demos und Shareware ausprobieren und einiges davon wieder entfernen, sollten Sie darauf achten, dass Sie Ihren Windows-8-Rechner gut pflegen und nicht benötigte Daten wieder sauber loswerden. Das können Sie mit einem *Wiederherstellungspunkt* tun. Lesen Sie dazu das Kapitel 26, »Daten sichern«, ab Seite 541. Erstellen Sie einen solchen, bevor Sie Programme und Spiele ausprobieren. Später versetzen Sie mit dem Wiederherstellungspunkt den Rechner wieder in den Zustand zurück, den Sie zuvor festgehalten haben.
>
> Das Gleiche können Sie auch mit Systempflegeprogrammen und Backup-Tools tun. Mit ihnen wird die Windows-Festplatte gespiegelt, und Sie lesen an späterer Stelle die erstellte Datensicherung wieder ein.
>
> Beachten Sie: Auf diese Weise können Sie nicht vier Spiele testen, drei Anwendungen ausprobieren und eines der Programme behalten. Sowohl mit dem Wiederherstellungspunkt wie auch mit dem Systemabbild stellen Sie Ihren Rechner so wieder her, wie er zuvor war – also zu dem Zeitpunkt, als Sie den Wiederherstellungspunkt gesetzt beziehungsweise die Datensicherung erstellt haben.

In der **Systemsteuerung** finden Sie unter **Programme > Programme und Funktionen** eine Liste der Anwendungen, die auf Ihrem Rechner installiert sind (siehe Abbildung 4.79).

Über das Kontextmenü können Sie ein Programm reparieren und deinstallieren. *Reparieren* bedeutet: Die Installation wird überprüft, und das Programm wird, sofern dies notwendig ist, neu auf Ihren Rechner aufgespielt. Manchmal ist dies notwendig, wenn benötigte Treiber und Registrierungseinträge nicht mehr funktionieren. Die Funktion **Reparieren** finden Sie auch in der Kopfzeile der Programmtabelle.

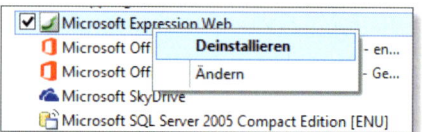

▲ *Abbildung 4.80* *Über das Kontextmenü reparieren oder deinstallieren Sie das markierte Programm.*

Bei einigen Programmsuiten steht Ihnen die Funktion **Ändern** zur Verfügung. Eine Suite besteht aus mehreren gut harmonierenden Programmen. Mit **Ändern** können Sie ein Programm entfernen oder auch hinzufügen. Diese Möglichkeit gibt es zum Beispiel bei der Adobe Creative Suite oder bei Microsoft Office.

So löschen Sie ein Anwendungsprogramm

Um ein Programm oder ein Computerspiel wieder zu entfernen, gehen Sie wie folgt vor:

1 Öffnen Sie die **Systemsteuerung**. Gleich unter **Programme** wählen Sie die Funktion **Programme deinstallieren**.

1 Suchen Sie sich aus der Liste das zu entfernende Programm heraus. Markieren Sie es, und wählen Sie **Programm deinstallieren**.

2 Sie werden gefragt, ob Sie sicher sind, dass Sie das gewählte Programm entfernen wollen. Bestätigen Sie. Beachten Sie, dass Sie die Deinstallation nicht wieder rückgängig machen können.

▲ *Abbildung 4.81* *Sind Sie sicher, dass Sie GIMP deinstallieren wollen?*

Einige Programme öffnen ein Dialogfenster, wenn Sie **Deinstallieren** wählen – so zum Beispiel Microsoft Office und die Adobe Creative Suite. Hier können Sie einzelne Anwendungen wählen und von der Festplatte Ihres Rechners entfernen. Oder Sie löschen die komplette Suite bzw. das Programm mit allen einzelnen Komponenten.

Programme und Spiele testen ohne Risiko

Softwareentwickler, aber auch ich als Autor, nutzen sehr gern eine Virtualisierungssoftware wie die von der Firma *VMware* angebotenen Produkte. Mit solchen Programmen wird ein Container erstellt, und Sie können Betriebssysteme und Programme ohne Risiko testen. Screenshots halten einen Programmzustand fest. Am Ende kann eine virtuelle Festplatte einfach entfernt werden. Im Basissystem auf dem Rechner gibt es keine Restdaten.

VMware ist nicht kostenlos. Um »mal schnell etwas zu testen«, ist das Paket sicher nicht geeignet. Es eignet sich aber gut, um ein Windows-8-System vor zu vielen Programmdaten zu schützen, und ist aus diesem Grund einen näheren Blick wert. Sie finden Informationen dazu unter *http://www.vmware.com/de/products/*. Das Programm ist einfach zu bedienen. Sie erstellen eine virtuelle Festplatte und installieren darauf Windows 8 oder ein anderes System. Die virtuelle Festplatte wird gestartet, und nun können Sie Programme und Spiele ausprobieren.

In Windows 8 Pro und Enterprise ist das Virtualisierungstool Hyper-V bereits enthalten. Sie können virtuelle Maschinen erstellen und verwalten. So lässt sich auch Windows 8 ohne Risiko testen. Hyper-V ist kostenlos.

4.9 Kurzeinstieg in die Arbeit mit dem Windows-Explorer

Der Dateimanager Windows-Explorer ist ein wichtiges Werkzeug zum Betrachten von Verzeichnissen. Sie kopieren, verschieben und löschen Dateien und ganze Verzeichnisse mit dem Dateimanager. Sie können Dateien suchen und vieles mehr.

Die Möglichkeiten im Windows-Explorer

Mit dem Windows-Explorer können Sie die folgenden Arbeiten durchführen:

- Verzeichnisse öffnen
- Dateien in verknüpften Programmen öffnen
- Dateien und ganze Verzeichnisse samt Inhalt löschen, kopieren, ausschneiden und einfügen
- markierte Dateien als E-Mail versenden (E-Mail-Client notwendig)
- Dateien und Verzeichnisse umbenennen
- Dateien und Verzeichnisse suchen
- ausführbare Dateien starten
- neue Verzeichnisse erstellen
- Bilder, Musikdateien, Videos und Office-Dateien in Bibliotheken sortieren
- Dateien direkt auf dem Drucker ausgeben
- Bilddateien als Desktophintergrund verwenden
- Dateien und Ordner komprimieren
- Zip-Archive entpacken
- Bilddateien mit einer Slideshow wiedergeben
- ISO-Abbilder brennen
- ISO-Dateien als Laufwerke in das System einbinden
- Dateien und Verzeichnisse für andere Anwender freigeben
- Dateien und Verzeichnisse auf CD und DVD brennen
- Multimediadateien mit Tags sortieren
- auf Netzwerkressourcen zugreifen

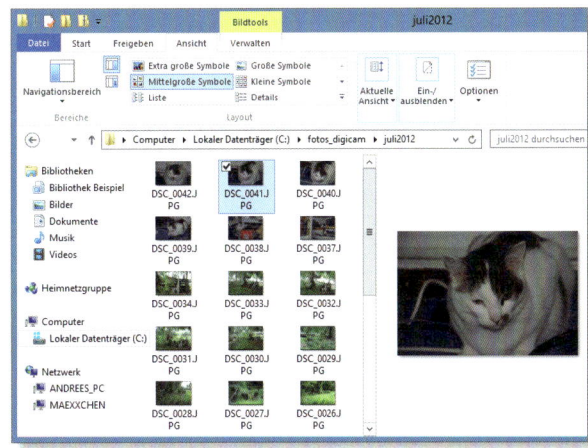

▲ **Abbildung 4.82** Der Windows-Explorer besitzt eine schicke Vorschaufunktion.

> **INFO**
>
> **Die Grenzen des Windows-Explorers**
> Der Windows-Explorer besitzt viele praktische Funktionen. Der Umgang mit Verzeichnissen und Dateien ist sehr einfach. Die Navigation ist durchdacht. Der Anwender findet schnell das gesuchte Ziel. Dennoch gibt es einige Funktionen, die nur auf Umwegen oder über andere Tools zu erreichen sind. Viele Anwender vermissen ein zweigeteiltes Fenster und mehr integrierte Funktionen, die den Umgang mit Multimediadateien vereinfachen. Ihnen steht es jedoch frei, ob Sie den Windows-Explorer nutzen oder zu einem alternativen Dateimanager greifen.
>
> Das Freeware-Programm *FreeCommander* bietet z. B. ein zweigeteiltes Fenster und jede Menge praktische Funktionen.

Die wichtigsten Funktionen in der Übersicht

Über das Menü an der linken Seite des Bildschirms navigieren Sie zu der Festplattenpartition oder dem Laufwerk, dessen Inhalt Sie sichtbar machen wollen. Wenn Sie das Ziel markieren, sehen Sie rechts daneben die Dateien oder auch untergeordneten Verzeichnisse.

Der Windows-Explorer in Windows 8 verfügt über eine Multifunktionsleiste. Neben den Registern **Start**, **Freigeben** und **Ansicht** werden bei bestimmten Dateien weitere Register angezeigt.

▲ **Abbildung 4.83** *Auch im Windows-Explorer gibt es nun eine Multifunktionsleiste.*

Auf der rechten Seite finden Sie zwei kleine Schaltflächen. Mit ihnen können Sie das Menüband minimieren ❶ und den Hilfe-Dialog aufrufen ❷.

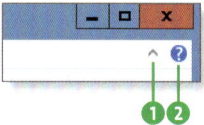

▲ **Abbildung 4.84** *Zwei kleine Schaltflächen zum Ändern der Ansicht und für die Hilfe*

Klicken Sie einmal im Explorer auf **Computer**. Nun sehen Sie die Partitionen Ihres Rechners. Mit einem Balken wird hier angezeigt, inwieweit die Partitionen belegt sind und wie viel Speicherplatz demnach noch frei ist. Die Angabe erfolgt in GB, also in Gigabyte. In dieser Ansicht sehen Sie auch das DVD-Laufwerk Ihres Rechners, angeschlossene USB-Sticks und USB-Festplatten. Deshalb ist es immer ein guter Schritt, in diese Ansicht zu wechseln, wenn Sie ein neues Medium anschließen.

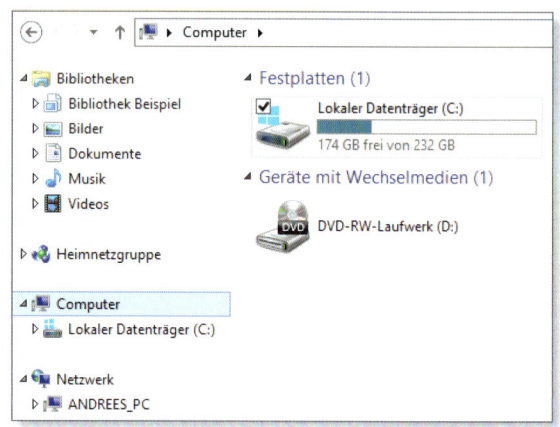

▲ **Abbildung 4.85** *Die Übersicht »Computer« zeigt die Belegung Ihrer Festplatten an.*

Sobald Sie mit der Maus auf eines der Laufwerke klicken, sehen Sie oben im Menüband **Laufwerkstools verwalten**. Mit den Symbolschaltflächen in diesem Register können Sie aus der Computeransicht die **Systemeigenschaften** einsehen, Programme deinstallieren, ein Netzlaufwerk verbinden und die **Systemsteuerung** öffnen. Sie können die **Computerverwaltung** aufrufen, auf Medien zugreifen, Elemente öffnen und umbenennen.

Wenn Sie nun einmal auf **Systemeigenschaften** klicken, landen Sie in einem Dialog der **Systemsteuerung**. Hier sehen Sie allgemeine Informationen zu Ihrem Rechner und zum verwendeten Windows-8-System. Über die Navigationszeile können Sie zu einem untergeordneten Bereich navigieren – und auch zu dem Fenster, das Sie zuvor im Explorer gesehen haben. Die Navigationszeile zeigt:

> Systemsteuerung > System und Sicherheit > System

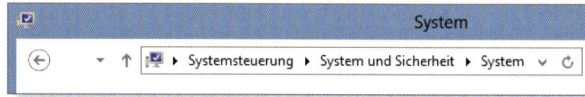

▲ **Abbildung 4.86** *Das Navigationsmenü des Windows-Explorers*

4.9 Kurzeinstieg in die Arbeit mit dem Windows-Explorer

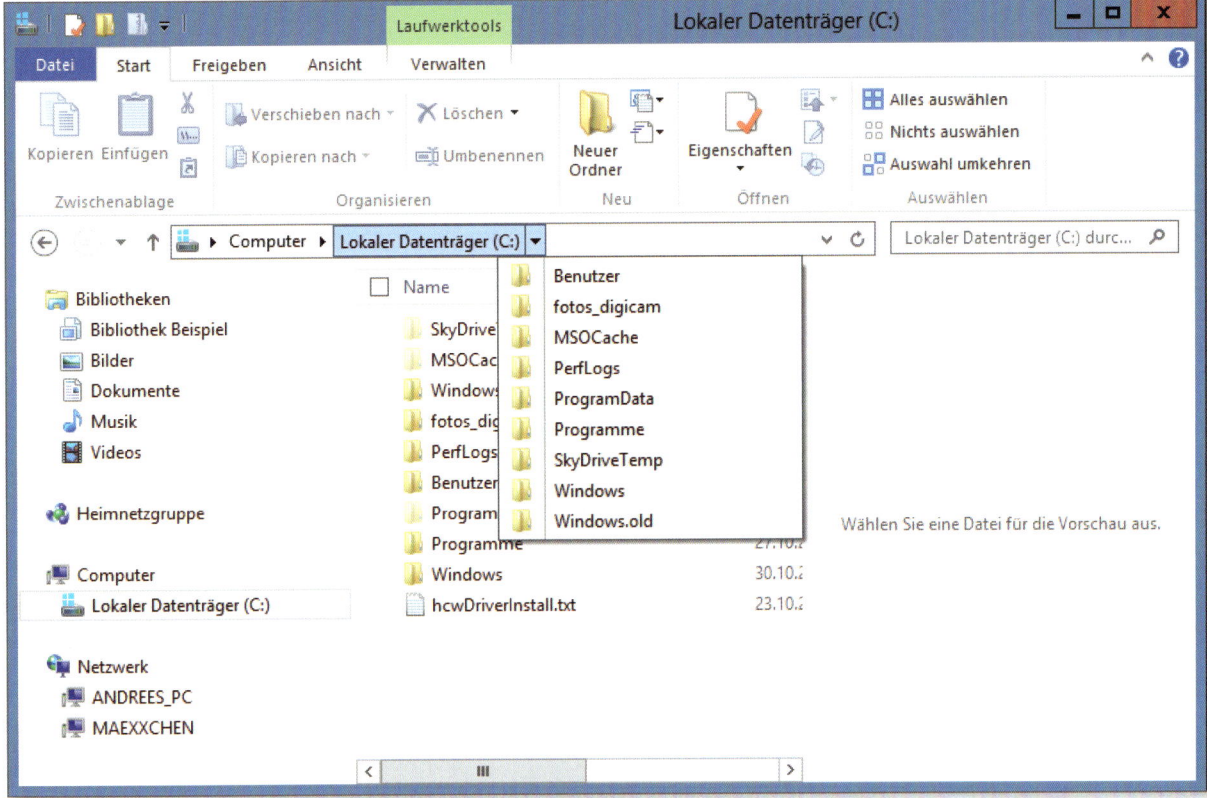

▲ **Abbildung 4.87** Über die Pfeilschaltflächen im Explorer-Menü steuern Sie ohne Umwege bestimmte Ziele auf Ihrem Rechner und im Windows-8-System an.

Mit der Pfeilschaltfläche ganz links von diesem Menü gelangen Sie einen Bildschirm zurück. Diese Schaltfläche können Sie auch mehrmals verwenden und so immer um ein Fenster aus der Explorer-History zurückblättern. Benutzen Sie die Schaltfläche, ist auch der Button **Vorwärts** verfügbar. Mit ihm geht es wieder zurück. Sie kennen diese Art der Navigation sicher aus einem Webbrowser.

Jeder Inhalt der Navigationsmenüs kann mit der Maus gewählt werden. So können Sie bei **› Systemsteuerung › System und Sicherheit › System** auf **Systemsteuerung** oder auch **System und Sicherheit** klicken und landen in diesem Fenster.

Jeder kleine nach rechts und nach unten zeigende Pfeil versteckt ein Menü. Öffnen Sie es, können Sie eine ganze Reihe von Zielen wählen und so direkt dorthin navigieren. Probieren Sie dies einmal im Fenster **System** aus. Von hier aus erreichen Sie zum Beispiel die **Energieoptionen**, die **Verwaltung** und das **Wartungscenter**.

Schauen Sie sich auch einmal an, was Sie unter den anderen Pfeilschaltflächen finden. Der Pfeil links vor der **Systemsteuerung** bringt Sie zu Ihrem zuletzt besuchten Verzeichnis, zur Übersicht **Computer**, zur Übersicht **System** und an andere Ziele.

Der Pfeil vor dem Menü zeigt die zuletzt besuchten Seiten. Wie bei einem Webbrowser besitzt der Explorer eine History. Mit einem Mausklick können Sie eines der Ziele ansteuern, das Sie bei der heutigen PC-Sitzung schon einmal besucht haben.

119

▲ **Abbildung 4.88** *Die Übersicht der zuletzt besuchten Seiten*

Die Möglichkeiten des Dateimanagers

Nutzen Sie die Navigationsmöglichkeiten, die Ihnen der Windows-Explorer bietet. Sie sind gut durchdacht und ersparen das lange Suchen von Einstellungsdialogen, Windows-Tools und Verzeichnissen. Sie müssen nicht alle Funktionen kennen und nutzen. Wie bei anderen Computerprogrammen auch zählt hier, was Sie mit Ihrem Rechner tun wollen und welche Funktionen dafür notwendig sind.

> **INFO**
>
> **Legale Kopien**
> Nur mit einer legalen Windows-Kopie, die Sie im Handel erworben haben oder die zu einem Rechner mitgeliefert wurde, können Sie Updatefunktionen nutzen. Nur so können Sie Supportleistungen, Aktualisierungen und Erweiterungen verwenden. Anwender mit kleinem Geldbeutel müssen ja nicht zur teuren Enterprise-Edition greifen; die Home-Edition tut es auch. Sie können durchaus auch bei Anwendungssoftware Geld sparen. Windows 8 liefert bereits jede Menge nützlicher Tools mit. Bei Google und Microsoft (Windows Live) finden Sie viele kostenlose Anwendungen, die ihre Aufgaben sehr gut erfüllen und für den Computeralltag wichtige und praktische Funktionen bereitstellen.

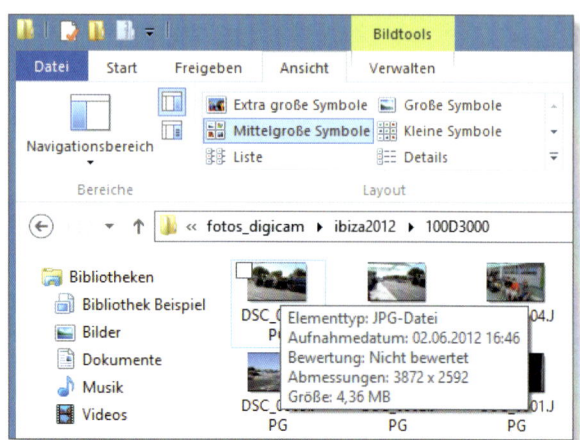

▲ **Abbildung 4.89** *Die »Quickinfo« zeigt wichtige Informationen zu einer markierten Datei.*

Informationen zu Dateien und Verzeichnissen sehen Sie, wenn Sie mit der Maus auf diese zeigen. Dabei führen Sie keinen Mausklick aus. Halten Sie einfach den Mauszeiger auf das Zielobjekt, und warten Sie einen Moment. Nun sehen Sie in einer sogenannten »Quickinfo« Typ, Größe und Änderungsdatum der Datei. Bei Verzeichnissen werden so auch Hinweise zum Inhalt angezeigt. Die Auflistung von untergeordneten Verzeichnissen und Dateien stellt allerdings nur eine Auswahl dar. Um alle Dateien zu sehen, die sich in einem Verzeichnis befinden, öffnen Sie dieses.

Im Register **Ansicht** können Sie eine der Ansichtsmodi des Dateimanagers wählen. Gerade bei vielen Dateien ist hier die Auswahl von **Liste** empfehlenswert.

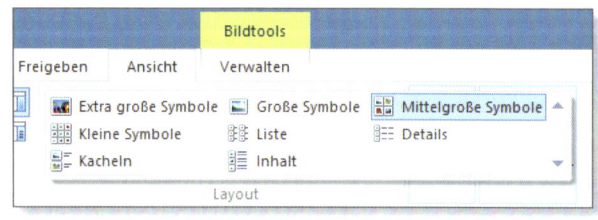

▲ **Abbildung 4.90** *Acht verschiedene Ansichtstypen bietet Ihnen der Windows-Explorer an.*

Die Listenansicht zeigt alle Dateinamen in einer Auflistung. Für eine bessere Übersicht wird hier auf die Vorschau verzichtet.

4.9 Kurzeinstieg in die Arbeit mit dem Windows-Explorer

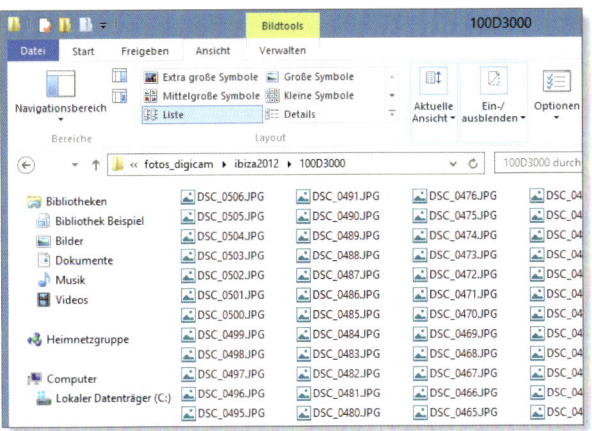

▲ **Abbildung 4.91** Die Listenansicht

Noch mehr Informationen erhalten Sie mit der Ansicht **Details**. Hier sehen Sie die Dateinamen, das Datum der letzten Bearbeitung, die Größen der Dateien und eine Bewertung.

▲ **Abbildung 4.92** Die Ansicht »Details«

Viele wichtige Funktionen können Sie über das Kontextmenü abrufen. Auf diese Weise ist der Umgang mit Dateien und Verzeichnissen recht einfach und bequem. So lassen sich schnell und einfach Verknüp-

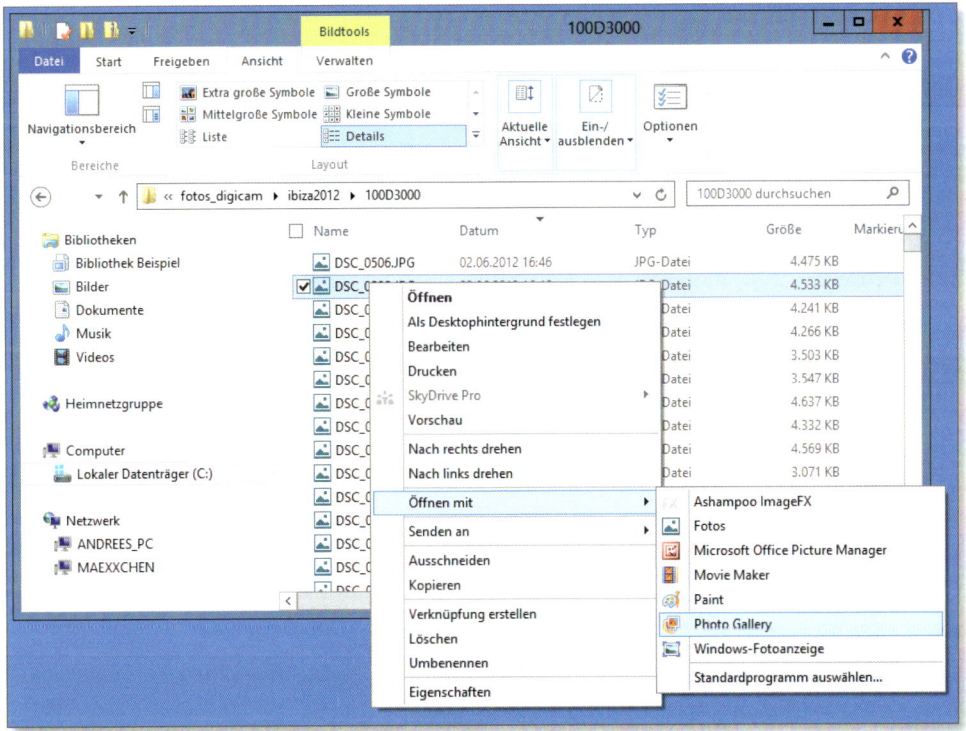

▲ **Abbildung 4.93**
Über das Kontextmenü kann ich ein Bild direkt in der Photo Gallery öffnen.

121

fungen erstellen und Freigaben bearbeiten. Über das Kontextmenü können Sie Dateien in einem Verzeichnis anhand bestimmter Eigenschaften gruppieren und sortieren. Sie können hier auch die Ansicht verändern und einiges mehr. Der Inhalt des Kontextmenüs einer im Explorer markierten Datei hängt vom Dateityp ab. Darüber hinaus können installierte Programme zusätzliche Funktionen bereitstellen, und die dann im Kontextmenü erscheinen.

Die Alternative FreeCommander

Einige freie und kommerzielle Alternativen zum Windows-Dateimanager besitzen mehr Funktionen. Zwei möchte ich Ihnen an dieser Stelle einmal vorstellen.

Der *FreeCommander* ist kostenlos. Das Programm steht unter der Freeware-Lizenz. Die Webseite mit der aktuellen Version und vielen Informationen rund um diesen Dateimanager finden Sie unter der Adresse *http://www.freecommander.com/de/index.htm*.

Der wichtigste Vorteil dieses Dateimanagers ist die Zwei-Fenster-Technik. Sie können im linken Fenster einen anderen Ort auf Ihrer Festplatte wählen als auf der rechten Seite. So kopieren oder verschieben Sie Dateien und Verzeichnisse sehr schnell von A nach B.

Die kleine Symbolleiste sieht auf den ersten Blick etwas verwirrend aus, schrecken Sie aber nicht davor zurück! Sie brauchen ja nicht alle Symbole für Ihre Arbeit. Wie bei allen Programmen, die auf dem Windows-Desktop laufen, sind die Schaltflächen mit einer Quickhilfe ausgestattet. Fahren Sie mit dem Mauszeiger auf ein Symbol. Warten Sie einen Augenblick (ohne zu klicken), und schon sehen Sie den Namen der Funktion, die sich hinter der Schaltfläche verbirgt.

Alle Laufwerke sind mit kleinen Schaltflächen zu erreichen. Ein Klick auf eine solche Schaltfläche, und Sie haben ein Ziel gewählt.

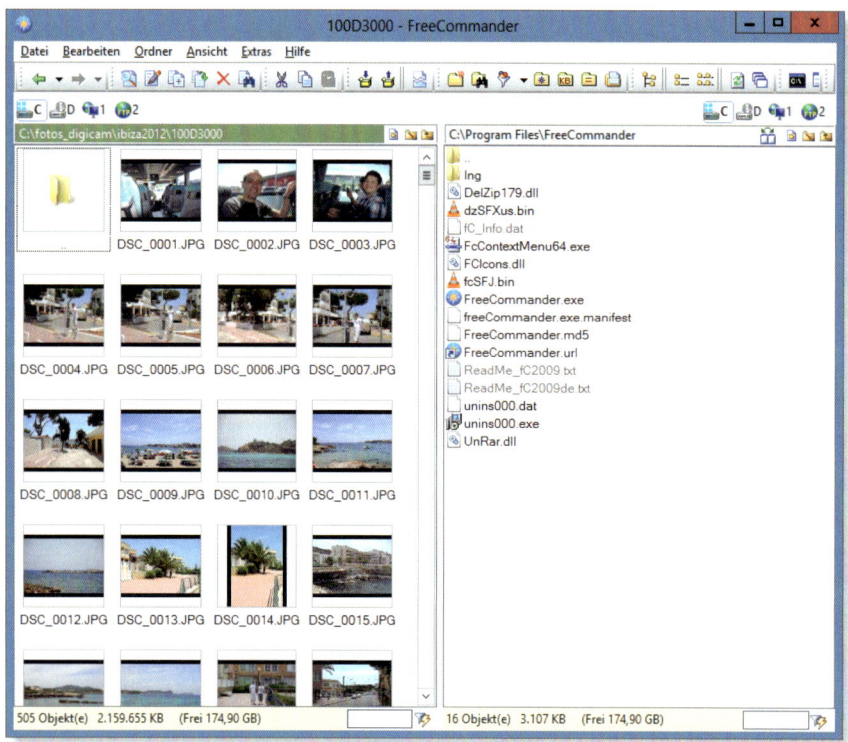

◂ **Abbildung 4.94** *Der FreeCommander verwendet zwei Fenster. Dateien können Sie auf diese Weise schnell und einfach kopieren und verschieben.*

4.9 Kurzeinstieg in die Arbeit mit dem Windows-Explorer

Im Menü finden Sie jede Menge Funktionen für die Arbeit mit Dateien und Verzeichnissen. Interessant ist, dass Sie hier auch schnell eine Verbindung zu einem Netzlaufwerk aufbauen, Dateien entpacken oder packen und die Attribute einer Datei ohne Umweg bearbeiten können. Im FreeCommander können Sie sogar große Dateien teilen und MD5-Prüfsummen überprüfen.

▲ **Abbildung 4.95** *Die Funktionen des »Datei«-Menüs von FreeCommander*

INFO

Was bitte ist eine MD5-Prüfsumme?
Die Abkürzung MD steht für »Message Digest Algorithm« und bezeichnet ein Verfahren, mit dem die Echtheit einer Datei überprüft werden kann. Das wird besonders bei großen Dateien angewendet, aber auch, um bei Programmen zu überprüfen, ob diese nicht von Dritten verändert wurden. Ein kryptografisches Verfahren erstellt aus einer Datei einen eindeutigen Wert. Nach dem Download der Datei kann mit diesem Wert ermittelt werden, ob die Datei echt ist. Auch Defekte, die durch Übertragungsfehler entstehen, können so gefunden werden.

Interessant ist die Funktion **Mehrfaches Umbenennen**. Sie können damit den Inhalt eines Verzeichnisses mit neuen Dateinamen versehen. Diese Funktion nutze ich oft. Sie ermöglicht es, die Abbildungen eines Kapitels oder auch Bilder, die für eine Internetgalerie gedacht sind, neu zu benennen – und zwar gleich mehrere in einem Rutsch. Eine solche Funktion finden Sie auch im Bildbetrachter IrfanView.

TIPP

Effektiver arbeiten mit Tastenkombinationen
Mit einer Tastenkombination können Sie eine häufig verwendete Funktion noch schneller aufrufen. Sie müssen dazu weder das Menü des Dateimanagers noch das Kontextmenü öffnen. Ein Beispiel: Sie wollen einige Bilddateien von Ihrer Festplatte auf einen USB-Stick kopieren. Sie öffnen den Windows-Explorer und suchen die Partition und das Verzeichnis, in dem sich die Bilddateien befinden. Drücken Sie die Taste (Strg). Halten Sie die Taste gedrückt. Auf diese Weise markieren Sie »in einem Rutsch« mehrere nicht zusammenhängende Dateien. Klicken Sie mit der Maus alle Dateien an, die Sie kopieren wollen. Lassen Sie die gedrückte Taste los, und drücken Sie gleichzeitig (Strg) und (C). Suchen Sie im Datei-Explorer den USB-Stick. Mit der Maus machen Sie den Inhalt sichtbar. Über die Menüleiste erstellen Sie schnell einen Ordner. Die Bilddateien sollen ja nicht irgendwo auf dem Datenträger herumliegen. Öffnen Sie den neuen Ordner, und drücken Sie (Strg) + (V).

Die Schnellansicht zeigt Ihnen nicht den Inhalt eines Verzeichnisses, sondern gibt allgemeine Informationen aus – über die Anzahl der Dateien im gewählten Verzeichnis, den belegten Speicherplatz, das Datum der Erstellung und mehr.

Der Dateimanager *Total Commander* geht einen ähnlichen Weg. Das Programm ist Shareware und auf der Webseite *http://www.ghisler.com/deutsch.htm* zu finden. Sie können hier auch Dateien miteinander

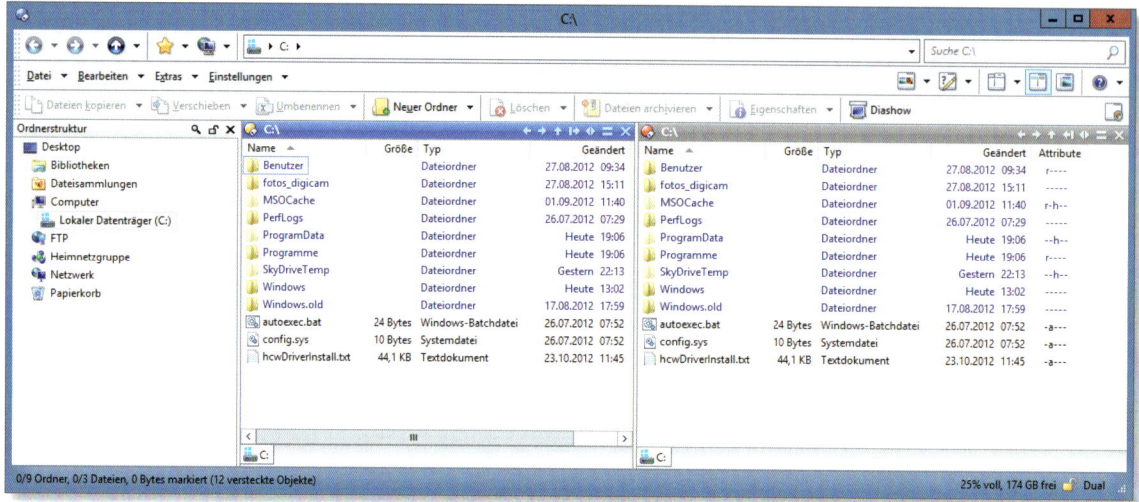

▲ **Abbildung 4.96** *Directory Opus ist bunt, schnell und übersichtlich.*

vergleichen. Es werden verschiedene Kompressionsformate unterstützt, eine Verbindung per USB kann aufgenommen und mit dem Dateimanager verwaltet werden und einiges mehr.

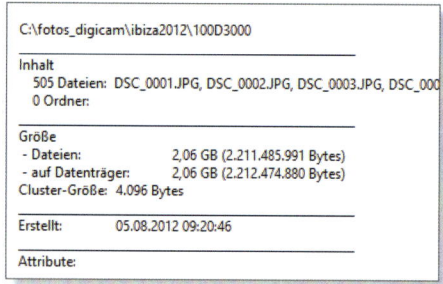

▲ **Abbildung 4.97** *Die Schnellansicht des FreeCommanders*

Der Alleskönner im schicken Look: Directory Opus

Directory Opus ist ein Produkt aus der Amiga-Welt. Das Programm ist kommerziell. Der Dateimanager sieht sehr schick aus und bietet vor allem allerlei Multimediafunktionen. Sie können schnell doppelte Dateien suchen, mehrere Dateien umbenennen und auch Bilddateien in ein anderes Format konvertieren.

Auch Directory Opus bietet eine Zwei-Fenster-Ansicht. Neben einem FTP-Client sind ein Audioplayer, ein MP3-Tag-Editor und ein SMTP-Mailer integriert. Ja, das haben Sie richtig gelesen: ein Dateimanager mit einem eingebauten E-Mail-Client. Erfahrene Anwender können mit Skripten arbeiten und eine eigene Symbolleiste zusammenstellen. Sie finden die aktuelle Version des Programms unter *http://www.haage-partner.de/dopus/directoryopus.html*. Bevor Sie sich zum Kauf entschließen, können Sie sich mit der laufzeitbeschränkten Demoversion einen ersten Eindruck von dem Dateimanager machen.

▲ **Abbildung 4.98** *Die Bildvorschau von Directory Opus erspart den Bildbetrachter.*

Directory Opus gefällt mir persönlich sehr gut. Das Programm ist schnell. Über Register sind verschiedene Ansichten wählbar. Der Umgang mit Bilddateien macht Spaß. Der einzige Wermutstropfen ist, dass Sie für das Programm Geld bezahlen müssen. Ob Sie das möchten, müssen Sie selbst entscheiden.

4.10 Grundlagen für die ersten Schritte mit Windows 8

Am Ende dieses Kapitels stelle ich Ihnen einige Funktionen und Programme vor, die Ihnen den Einstieg in Windows 8 vereinfachen. Ich zeige Ihnen, wie Sie sehr einfach Einstellungen und Dateien von einem anderen Rechner übertragen. Über die Systeminformation können Sie abfragen, was für einen Rechner Sie besitzen und welche Leistungsmerkmale dieser aufweist. Windows 8 bietet Ihnen viele andere Hilfen und Werkzeuge an. Diese zu kennen, erleichtert Ihnen die Arbeit mit dem Windows-Betriebssystem.

Daten von Ihrem alten Rechner übertragen

Wenn Sie einen neuen Rechner mit Windows 8 verwenden, müssen Sie nicht auf Ihre alten Einstellungen und Daten verzichten. Sie müssen nicht mühselig alles wieder neu aufbauen. Microsoft liefert mit seinem Windows-System ein Werkzeug, mit dem Sie Ihre alten Daten auf den neuen Rechner übertragen können. Dieses Tool heißt *Windows-EasyTransfer*.

Die folgenden Daten können Sie mit diesem Tool übertragen:

- Benutzerkonten
- Dokumente (Office- und Textdateien)
- Musikdateien
- Bilddateien
- Video- und Audiodateien
- E-Mails und E-Mail-Konfigurationen
- Favoritenlisten aus dem Webbrowser

Um das Programm zu verwenden, gehen Sie so vor:

1 **Windows-EasyTransfer** finden Sie unter **Alle Apps** in der Gruppe **Zubehör**. Bei Windows 7 finden Sie das Tool unter **Zubehör > Systemprogramme**. Starten Sie das Tool auf dem Windows 8 Rechner. Schließen Sie mit einem Mausklick auf **Weiter** den Begrüßungsdialog des Assistenten.

2 Wählen Sie eine der Übertragungsmöglichkeiten aus. Sie können ein vorhandenes Netzwerk verwenden oder auf eine externe Festplatte oder ein USB-Laufwerk zurückgreifen. Auch die Verwendung eines speziellen EasyTransfer-Kabels ist möglich.

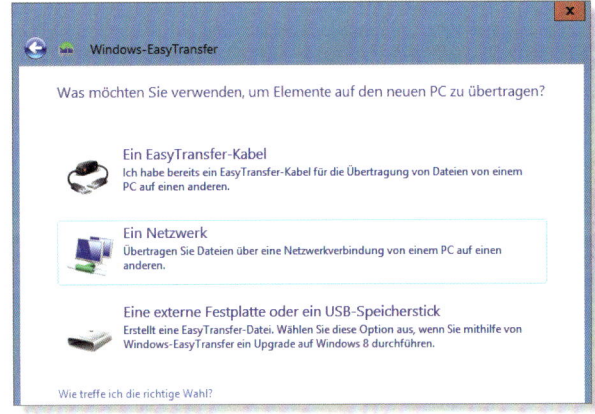

▲ **Abbildung 4.99** Drei Übertragungsmöglichkeiten stehen zur Auswahl.

3 Wählen Sie, ob der Rechner, auf dem Sie das Tool gestartet haben, die Quelle oder das Ziel der Übertragung ist.

Da es sich um den neuen Rechner mit Windows 8 handelt, ist **Dies ist der neue PC** die richtige Wahl. Das Gleiche trifft natürlich zu, wenn Sie Windows 8 auf Ihrem Desktop-PC oder Ihr Notebook installiert haben und nun das System einrichten und anpassen wollen.

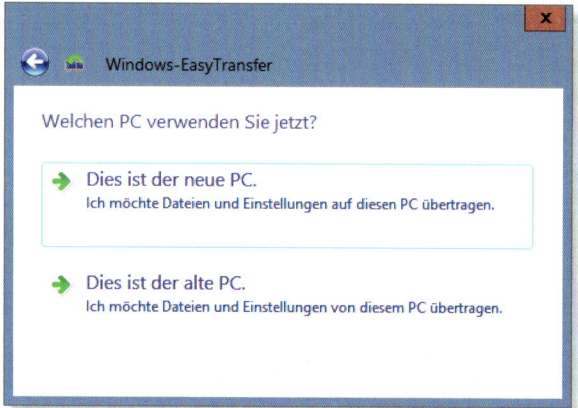

▲ **Abbildung 4.100** *Das Tool starten Sie auf dem neuen und dem alten Computer.*

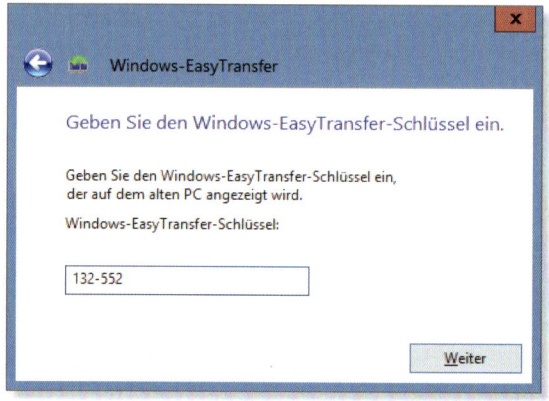

▲ **Abbildung 4.101** *Geben Sie den Zahlencode auf dem Zielrechner ein.*

4 Wählen Sie, welches Betriebssystem auf dem alten Rechner vorhanden ist. Sie können wählen zwischen Windows XP oder Vista und Windows 7 und 8. Als dritte Alternative können Sie wählen, dass EasyTransfer auf dem alten Rechner installiert wurde.

5 Die Schrittfolge zur Vorgehensweise auf dem Quellrechner überspringen Sie mit **Weiter**. Im folgenden Fenster sehen Sie ein Eingabefenster. Wechseln Sie nun auf den Quellrechner.

6 Auf dem Quellcomputer starten Sie ebenfalls Windows-EasyTransfer so wie in Schritt 1 beschrieben.

Die nächsten Schritte sind eine Wiederholung der ersten Schritte dieser Anleitung.

7 Wählen Sie die Übertragungsmethode (Netzwerk, USB-Laufwerk oder EasyTransfer-Kabel).

8 Geben Sie dem Werkzeug bekannt, dass es sich um den Quellcomputer handelt.

9 Das Werkzeug zeigt nun die Schrittfolge an, die Sie auf dem Zielrechner ausführen müssen. Zusätzlich wird ein Zahlencode angezeigt. Diesen *Windows-EasyTransfer-Schlüssel* geben Sie nun im Fenster des Zielrechners ein.

10 Übertragen Sie den Zahlencode in das Fenster von Windows-EasyTransfer auf dem Zielrechner. Bestätigen Sie mit **Weiter**.

11 Windows stellt nun einen Kontakt her. Es wird eine Kompatibilitätsprüfung durchgeführt. Im nächsten Fenster wird die Datenmenge angezeigt, die auf dem Quellrechner gefunden wurde und die übertragen werden kann. Möchten Sie das ohne nähere Auswahl tun, müssen Sie nur mit **Übertragen** bestätigen.

Windows führt zunächst eine Kompatibilitätsprüfung durch. So versucht das System herauszufinden, ob eine Datenverbindung zwischen beiden Rechnern gelingt und sich die Betriebssysteme »miteinander verstehen«.

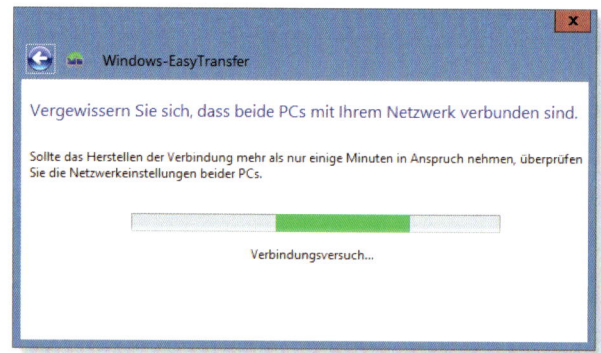

▲ **Abbildung 4.102** *Die Kompatibilitätsprüfung*

Die Datenmenge im Benutzerverzeichnis und in freigegebenen Verzeichnissen wird angezeigt. Mit einem Mausklick können Sie diese Daten übertragen.

4.10 Grundlagen für die ersten Schritte mit Windows 8

Um die Auswahl einzusehen, klicken Sie auf **Anpassen**. Windows-EasyTransfer zeigt nun die Datengrößen in Kategorien an. Mit Optionsschaltflächen können Sie bestimmte Daten von der Übertragung ausschließen.

Genügt Ihnen diese Auswahl immer noch nicht, wählen Sie **Erweitert**. Nun sehen Sie in einem Dialogfenster die Ordnerstruktur auf Ihrem Quellrechner und können jedes Verzeichnis und jede Datei einzeln an- und abwählen. Verlassen Sie den Auswahldialog mit **Speichern**. Starten Sie dann die Übertragung der Dateien.

Welchen Rechner haben Sie eigentlich?

In der **Systemsteuerung** finden Sie unter **System und Sicherheit > System** eine Übersicht über Ihren Rechner (siehe Abbildung 4.103). Neben der Edition von Windows 8 werden der im Rechner vorhandene Prozessor und der installierte Arbeitsspeicher angezeigt.

Sie sehen den Namen des Computers und der Arbeitsgruppe sowie den Product Key und können hier herausfinden, ob Sie ein 32-Bit- oder ein 64-Bit-Windows verwenden.

Nur wenn Sie mehr über die Hardware wissen wollen, lohnt sich der Blick auf ein Tool wie zum Beispiel *SiSoftware Sandra*. Sie finden es im Internet unter der Adresse *http://www.sisoftware.net*.

Mit **Einstellungen ändern** (an der rechten unteren Seite des Fensters) passen Sie bei Bedarf den Namen des Rechners und der Arbeitsgruppe an.

Die Leistungsfähigkeit testen

In der **Systemsteuerung** können Sie Ihren Rechner bewerten lassen. Eine Bewertung ist dann sinnvoll, wenn Sie den Rechner optimieren wollen. Auch beim Um-

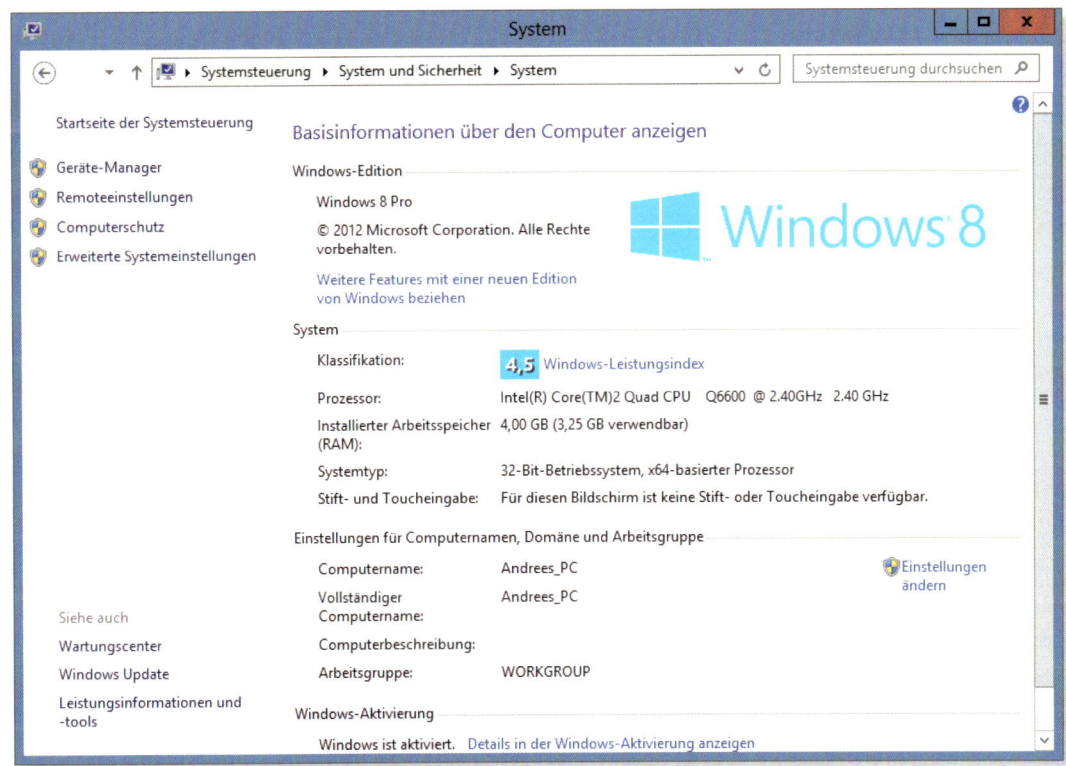

▲ *Abbildung 4.103* In unserem Beispiel ergibt sich eine Gesamtbewertung von 4,5.

stieg auf einen neuen Rechner lohnt sich ein Blick auf den Leistungsindex. Der neue Rechner soll ja schließlich etwas schneller sein als der alte.

Der Rechner muss eine gewisse Multimediaunterstützung mit sich bringen, damit die Windows-Leistungsberechnung funktioniert.

Sie erreichen die Systembewertung mit dem Menülink hinter **Klassifikation.** Er ist betitelt mit **Windows-Leistungsindex.** Alternativ wählen Sie unter **Siehe auch** den Menülink **Leistungsinformationen und -tools.**

▲ *Abbildung 4.104 Die Bewertung des Rechners*

Die Bewertung besteht aus einer Gesamtbewertung und fünf Einzelbewertungen. Die Teilbewertungen können Werte von 1,0 bis 7,9 annehmen. Je höher die Bewertung ist, umso schneller und effizienter arbeitet die jeweilige Komponente. Aber: Die Indexbewertung von Windows 8 ist keinesfalls perfekt. Es fehlen Vergleichswerte zu aktuellen Komponenten. Sie können mit dem Index lediglich feststellen, ob Ihr Rechner eine sehr gute, gute oder schlechte Leistung erbringt. Auch ist die Leistungsbewertung gut geeignet, um einen alten und einen neuen Rechner zu vergleichen. Auch nach dem Optimieren der Hardware, zum Beispiel nach dem Umstieg auf einen schnelleren Arbeits-

speichertyp oder dem Einbau einer neuen, leistungsfähigeren Grafikkarte, können Sie einen Blick auf den Windows-Leistungsindex werfen. Tools wie z. B. SiSoftware Sandra geben ausführlichere Bewertungen aus.

Teilbewertungen werden für die Leistung des Prozessors, die Leistung des Arbeitsspeichers, die Grafikausgabe, die Grafikausgabe für Spiele und die Datentransferrate der Festplatte ausgegeben.

Die Gesamtbewertung wird durch die niedrigste Teilbewertung bestimmt. Es handelt sich hier also um keinen Durchschnittswert der einzelnen Bewertungen.

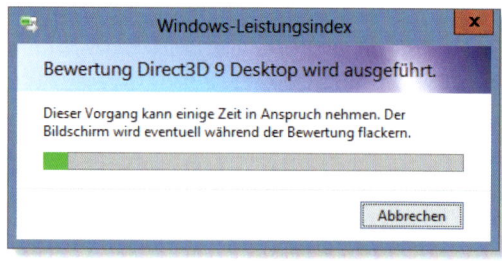

▲ *Abbildung 4.105 Die Datenträgerleistung wird bewertet.*

Der Windows-Leistungsindex ist auch als Beratungsmöglichkeit gedacht, Anwendungssoftware zu kaufen, die für eine Ihre Rechnerleistung ausgelegt ist. So ist es im Text der Windows-Hilfe zu lesen. Haben Sie aber schon einmal Software oder Spiele mit dem Vermerk »Geeignet für den Betrieb auf Rechnern mit dem Windows Leistungsindex 3,0–4,2« gesehen? In der Praxis wird dies leider nicht verwendet. Hier findet man nur die üblichen Hard- und Softwareanforderungen mit Hinweisen zum geforderten Betriebssystem, Prozessortyp, zur Leistung der Grafikkarte und zum freien Festplattenspeicher.

Mit **Detaillierte Leistungs- und Systeminformationen anzeigen und drucken** erhalten Sie eine Übersichtsseite. Diese ist bereits für die Ausgabe auf den Drucker vorbereitet.

Teil II
Dokumente und Dateien verwalten

Kapitel 5
Ein paar hilfreiche Tipps für den Alltag

Es gibt sicher einige Aufgaben, die Sie immer wieder mit Ihrem Windows-8-Rechner ausführen müssen. Hier lässt sich viel Zeit sparen, wenn Sie ein paar Tricks kennen.

Viele Aufgaben kehren täglich oder häufiger wieder. So werden Sie z. B. regelmäßig einen Datenträger überprüfen, einen USB-Stick formatieren oder schnell ein Dokument erstellen wollen. Für diese Aufgaben möchte ich Ihnen in diesem Kapitel Lösungen anbieten, mit denen Sie Zeit sparen.

5.1 Mit Wechselmedien arbeiten

Eine USB-Festplatte und ein USB-Stick sind einfach zu verwenden: Sie verbinden den USB-Stecker mit Ihrem Rechner, und schon wird das Speichermedium hinzugefügt und im Explorer angezeigt.

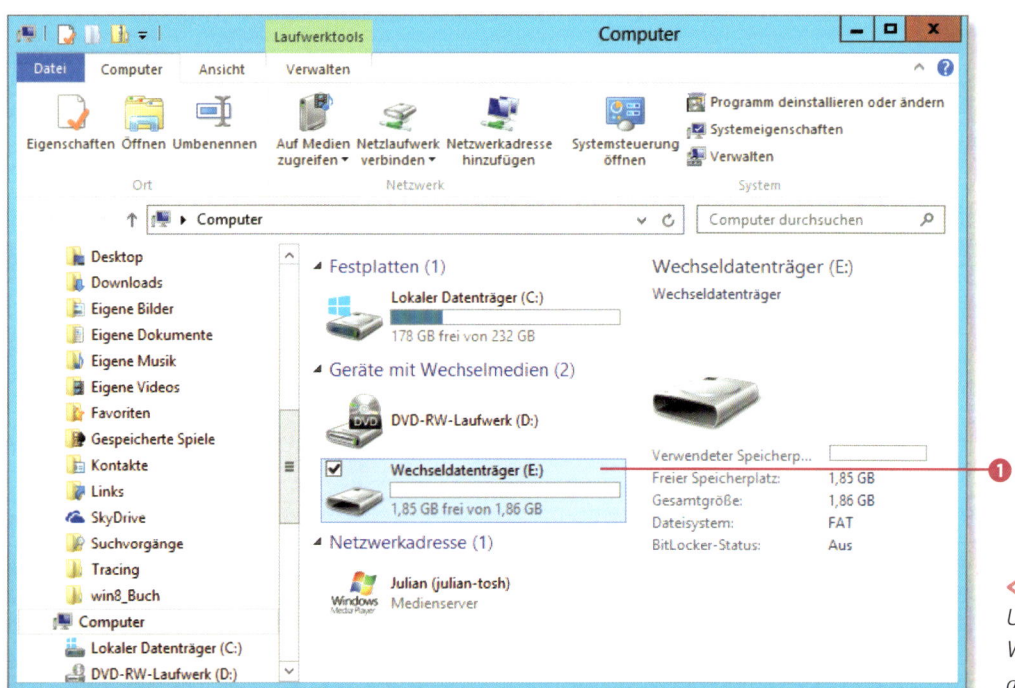

◀ *Abbildung 5.1* Ein USB-Stick wird im Windows-Explorer angezeigt ❶.

Kapitel 5: Ein paar hilfreiche Tipps für den Alltag

In der Regel sind die Datenträger vorformatiert. Ist dies nicht der Fall, müssen Sie diese Aufgabe nachholen. Das ist recht einfach und schnell getan.

5.2 So formatieren Sie USB-Sticks und Speicherkarten richtig

Verbinden Sie zunächst den Datenträger mit dem Rechner. Wählen Sie anschließend auf dem Startbildschirm **Alle Apps**. Klicken Sie auf **Computer**. Der Windows-Explorer zeigt nun die Festplatte in Ihrem Rechner und das Wechselmedium an. Markieren Sie das Laufwerk mit dem Wechselmedium. Der Windows-Explorer blendet nun das Register **Laufwerktools > Verwalten** ein.

In meinem Beispiel liegen noch Daten, die ich nicht mehr brauche, auf dem USB-Stick. Nehmen wir an, Sie möchten die Daten nicht einfach nur löschen, sondern den Datenträger formatieren und auf Fehler hin überprüfen.

Verbinden Sie den USB-Stick mit Ihrem Rechner.

Öffnen Sie die Ansicht **Computer**. Markieren Sie darin den Datenträger, und wechseln Sie in das Register **Laufwerktools > Verwalten**. Wählen Sie dort dann **Formatieren**.

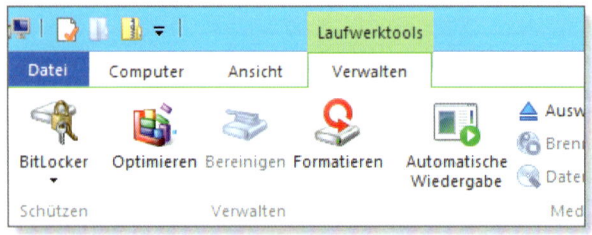

△ **Abbildung 5.2** Den Befehl »Formatieren« finden Sie im Register »Verwalten«.

Eine Dialogbox klappt auf. Tragen Sie eine Bezeichnung ❶ für den Datenträger ein. Entfernen Sie das Häkchen aus dem Kästchen **Schnellformatierung** ❷. Klicken Sie auf **Starten**.

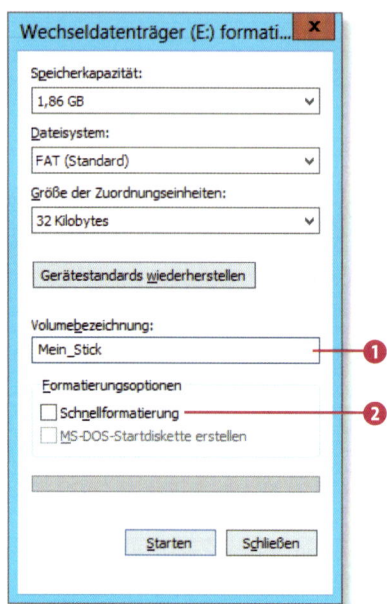

△ **Abbildung 5.3** Der USB-Stick wird nun formatiert.

Windows 8 blendet eine Sicherheitswarnung ein. Bestätigen Sie sie mit **OK**.

Anhand des Fortschrittsbalkens können Sie den Vorgang verfolgen. Warten Sie, bis Windows 8 mit dem Formatieren des Wechseldatenträgers fertig ist. Schließen Sie dann den Dialog.

HINWEIS

Formatieren von Datenträgern

Wenn Sie einen Datenträger formatieren, wird das Dateisystem neu eingerichtet. Alle vorhandenen Daten gehen bei diesem Vorgang unwiederruflich verloren.

Achten Sie aus diesem Grund unbedingt darauf, dass auf den zu formatierenden Datenträgern keine Daten sind, die Sie noch benötigen. Sichern Sie vorher wichtige Daten.

Den Befehl **Formatieren** finden Sie auch im Kontextmenü des Datenträgers. In der Datenträgerverwaltung steht der Befehl ebenfalls zur Verfügung. Verwenden können Sie ihn auch auf der MS-DOS-Eingabeaufforderung. Auf welche Weise Sie den Befehl aufrufen, bleibt Ihnen überlassen.

5.3 Die Schnellformatierung verwenden

Im Dialogfenster **Formatieren von** stehen nicht viele Optionen zur Verfügung. Die **Schnellformatierung** ist meist vorausgewählt. Wie der Name bereits verrät, ist diese Art der Formatierung um einiges flotter.

Der Unterschied ist einfach: Bei beiden Formatierungsarten werden zuerst die Daten vom Datenträger gelöscht, und anschließend wird der Datenträger formatiert. Zusätzlich wird bei der normalen Formatierung der Datenträger auf fehlerhafte Sektoren überprüft.

> **HINWEIS**
>
> **Einen Datenträger per Befehl überprüfen**
> Auf der MS-DOS-Eingabeaufforderung können Sie mit dem Befehl chkdsk einen Datenträger auf fehlerhafte Sektoren hin überprüfen.
>
> Nutzen Sie die Option -r. Mit ihr werden fehlerhafte Sektoren gefunden und wiederhergestellt.
>
> Greifen Sie auf diesen Befehl zurück, wenn Sie einen Datenträger mit der Schnellformatierung formatiert haben.

▲ **Abbildung 5.4** In der Datenträgerverwaltung sehen Sie wichtige Eigenschaften des USB-Sticks.

Beim Einlegen eines Wechseldatenträgers erkennt Windows 8 diesen und meldet Ihnen mit einem eingeblendeten Fenster, dass ein neuer Wechseldatenträger eingelegt und in das Windows-8-System eingebunden wurde und dass für diesen verschiedene Optionen zur Verfügung stehen.

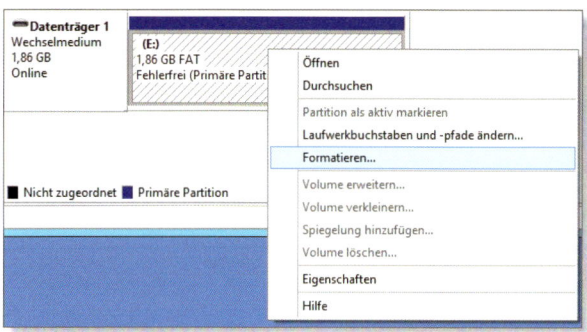

▲ **Abbildung 5.5** In der Datenträgerverwaltung können Sie den USB-Stick über das Kontextmenü formatieren.

5.4 Welches Dateisystem ist das richtige?

Auf meinem alten USB-Stick wurde das Dateisystem FAT verwendet. Windows 8 nutzt das Dateisystem NTFS.

FAT ist beim USB-Stick Standard. Warum ist das so? – Dieses Dateisystem sorgt dafür, dass der USB-Stick an verschiedenen Rechnern verwendet werden kann.

Natürlich können Sie auch ein anderes Dateisystem verwenden. NTFS bietet eine ganze Reihe von Vorteilen. Das Dateisystem ist schneller und sicherer. Sie können hier Zugriffe erstellen und Inhalte komprimieren.

Schauen wir uns einmal die wichtigsten Eigenschaften und Unterschiede verschiedener Dateisysteme an.

5.5 Das Dateisystem NTFS

NTFS ist ein Journaling-Dateisystem. Jede Änderung, die z. B. durch ein Verschieben oder Kopieren von Dateien hervorgerufen wird, wird – in einem *Journal* – aufgezeichnet. Dateinamen können bis zu 255 Zeichen umfassen. Benutzerzugriffe können eingeschränkt werden. Weitere Zugriffsbeschränkungen sind durch Verschlüsselungen und das Einrichten von Zugriffskontingenten möglich. Über die Eigenschaften von

Ordnern und Dateien können Sie diese komprimieren werden und so Speicherplatz sparen.

NTFS erlaubt das Erstellen und Verwalten von sehr großen Dateien. Damit sind auch ISO-Images von DVDs und Blu-ray-Medien kein Problem.

Das Dateisystem geht sehr schnell mit kleinen Dateien um. Speichervorgänge, Dateiverwaltungsaufgaben und Zugriffe erfolgen recht flott. NTFS verwendet in der Vorgabeeinstellung Zuordnungseinheiten mit einer Größe von 4.096 Bytes.

Sie können Dateien mit einer Vielzahl von Verknüpfungen versehen. Das bedeutet, dass eine Datei unterschiedliche Bezeichnungen haben kann. Bis zu 1.023 Bezeichnungen sind möglich. Man spricht hier von *harten Links*.

Ein Verzeichnispfad kann eine Länge von bis zu 32.767 Zeichen haben. In der Praxis werden derart lange Verzeichnispfade kaum benötigt. Möglich sind sie jedoch. Beachten Sie aber: Einige Datensicherungsanwendungen können mit derart langen Verzeichnisnamen nicht arbeiten. Sie unterstützen nur Verzeichnispfade, die höchstens 256 Zeichen lang sind.

Im Unterschied zu Unix und damit verwandten Systemen unterscheidet Windows nicht zwischen Groß- und Kleinschreibung bei Datei- und Ordnernamen. Die Schreibweise, die Sie wählen, bleibt bei der Anzeige erhalten. Es gibt jedoch intern keinen Unterschied zwischen *TEST.exe* und *test.exe*. Das ist nicht nur bei NTFS, sondern bei allen Windows-Dateisystemen so.

Eine der wichtigsten Eigenschaften von NTFS ist, dass es sich wie erwähnt um ein Journaling-Dateisystem handelt. Änderungen an Ordnern und Dateien werden in einem *Journal* festgehalten. Kommt es zu Programm- oder Systemabstürzen, wird das Journal verwendet, um Inhalte wiederherzustellen.

Es muss ja nicht immer sein, dass ein Anwendungsprogramm eine »Macke« hat oder Windows 8 abstürzt. Vielleicht kommt es aufgrund eines Gewitters zu einem Stromausfall. Ein Schreibvorgang einer Datei wird dabei unterbrochen. Das Dateisystem weist nun Fehler auf. Dank des Journalings können diese Fehler aber beim nächsten Startvorgang des Systems behoben werden.

Den älteren Dateisystemen FAT und FAT32 kommt nur noch eine untergeordnete Bedeutung zu. Bei dem USB-Stick, den ich zuvor mit diesem Dateisystem formatiert habe, sorgt FAT für eine hohe Kompatibilität. Ich kann diesen Stick an einem älteren Windows-Rechner verwenden und auf die Daten zugreifen. Auch an meinen Festplatten-Receiver und andere Geräte kann ich den Wechseldatenträger anstöpseln.

Aber sofern es möglich ist, sollten Sie NTFS nutzen. Das Dateisystem besitzt viele Vorteile: Journaling, schneller Umgang mit kleinen Dateien, lange Datei- und Verzeichnisnamen, Einrichtung von Zugriffsschutz und Kontingenten und einiges mehr.

> **HINWEIS**
>
> **Kleine Aufgaben einfach ausführen**
> Windows 8 besitzt viele praktische Funktionen. Sie können eine Reihe von Aufgaben ohne Zusatzprogramme ausführen. Warum also ein Programm kaufen, wenn Sie auch mit Windows 8 die ein oder andere Aufgabe ausführen können?

5.6 Dateien mit Windows 8 packen und entpacken

Um mehrere Dateien als Paket zu versenden und nebenbei Platz zu sparen, packe ich den Inhalt eines Ordners in eine komprimierte Zip-Datei. Diese versende ich dann per E-Mail.

Für das Packen und Entpacken müssen Sie kein zusätzliches Anwendungsprogramm verwenden. Windows 8 selbst beherrscht dies. Allerdings wird nur das Kompressionsformat Zip unterstützt.

5.6 Dateien mit Windows 8 packen und entpacken

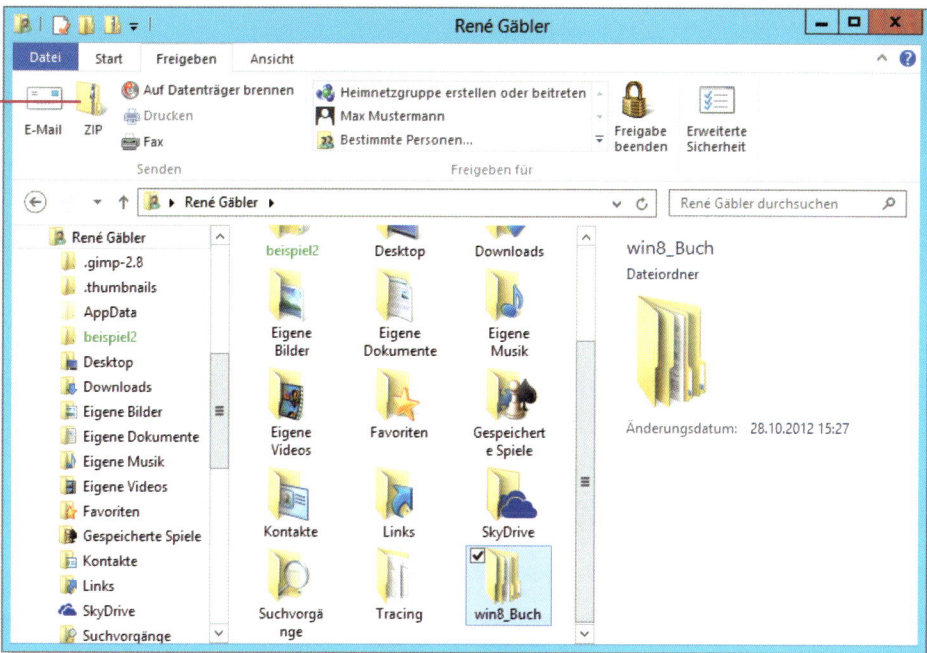

◄ **Abbildung 5.6** Komprimieren Sie über das Multifunktionsmenü einen Ordner.

Markieren Sie im Windows-Explorer den Ordner, den Sie packen möchten. Öffnen Sie das Multifunktionsmenü, und wählen Sie **Senden > ZIP** ❶.

Ein Assistent wird an dieser Stelle nicht geöffnet. Windows 8 komprimiert sofort die markierte Datei bzw. das markierte Verzeichnis.

Auf dem Laufwerk C, auf dem auch Windows 8 installiert wurde, kann kein Zip-Archiv erstellt werden. Windows 8 meldet Ihnen das und bietet Ihnen stattdessen an, das Archiv auf dem Desktop abzulegen. Bestätigen Sie dies.

▲ **Abbildung 5.7** Der Dateiname wird vom Quellordner übernommen und mit ».zip« ergänzt.

Geben Sie im Windows-Explorer einen Namen für die komprimierte Datei ein. Bestätigen Sie mit (Eingabe). Sie können auch die Vorgabe verwenden. Windows 8 übernimmt den Namen des Ordners, den Sie gepackt haben. Er wird im Windows-Explorer markiert, und der Cursor springt in diese Markierung, so dass Sie den Namen editieren können.

Der Windows-Explorer bietet ebenfalls eine Möglichkeit, einen markierten Ordner oder eine markierte Datei zu packen. Wechseln Sie hier in das Register **Freigaben**. Die Funktion zum Packen finden Sie auf der rechten Seite des Registers. Die Vorgehensweise ist gleich der oben beschriebenen.

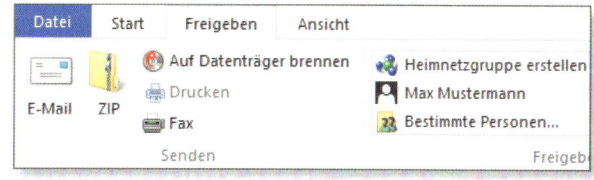

▲ **Abbildung 5.8** Im Windows-Explorer finden Sie im Register »Freigeben« die Zip-Funktion.

5.7 Zweimal derselbe Dateiname? Geht das?

Es ist nicht wirklich derselbe Dateiname, auch wenn Windows 8 beim Packen den Namen des Ordners, der komprimiert wird, als Namen der Zip-Datei übernimmt. Die komprimierte Datei wird mit der Dateierweiterung *.zip ausgestattet.

Wenn Sie die Datei *beispiel.zip* noch einmal komprimieren, wird der Dateiname automatisch von Windows 8 um eine Zahl ergänzt: *beispiel (2).zip*.

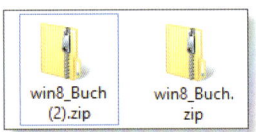

▲ **Abbildung 5.9** *Windows 8 hat das Ergebnis mit einer Zahl versehen.*

HINWEIS

Dateien und Ordner zweimal komprimieren
In der Praxis bringt eine doppelte Kompression nur selten etwas. Es genügt, Dateien und Ordner einmal zu komprimieren.

Sie können sich den Inhalt von komprimierten Dateien ganz normal im Windows-Explorer ansehen. Doppelklicken Sie auf die Zip-Datei, um ihren Inhalt zu sehen.

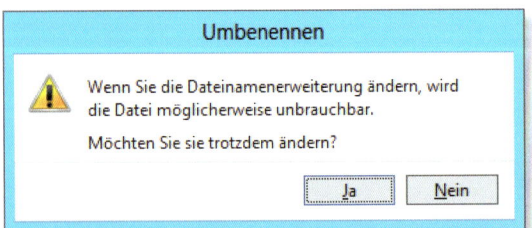

▲ **Abbildung 5.10** *Windows 8 warnt vor dem Verändern der Dateierweiterung.*

Es lassen sich auch Dateien und Ordner zu einer Zip-Datei hinzufügen. Kopieren Sie die Dateien einfach per Drag & Drop.

HINWEIS

Nicht zusammenhängende Dateien und Ordner komprimieren
Möchten Sie Dateien und Ordner komprimieren, die nicht hintereinander im Windows-Explorer aufgelistet sind, wählen Sie sie bei gedrückter `Strg`-Taste aus.

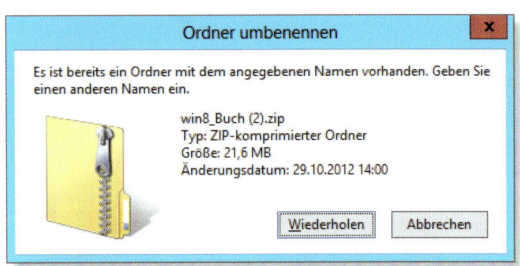

▲ **Abbildung 5.11** *Beim Umbenennen weist Windows 8 darauf hin, dass es diese Datei bereits gibt.*

Um eine Zip-Datei zu entpacken, gehen Sie wie folgt vor:

1 Öffnen Sie den Windows-Explorer. Begeben Sie sich zu dem Verzeichnis, in dem sich die Datei befindet.

2 Markieren Sie die Datei. Wechseln Sie in das Register **Tools für komprimierte Ordner** ❶. Wählen Sie **Alle extrahieren** ❷.

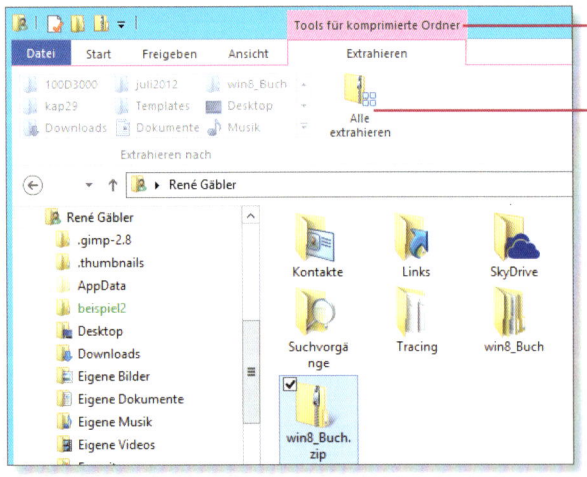

▲ **Abbildung 5.12** *Eine Zip-Datei wird entpackt.*

3 Beim ersten Aufruf fragt Sie Windows 8, ob Sie dieses Programm oder eine anderes verwenden wollen. Bestätigen Sie. Damit ist der Assistent zum Entpacken von Zip-Archiven gemeint.

4 Ein Dialog wird geöffnet. Hier bestimmen Sie, wo die entpackten Dateien abgelegt werden sollen. Sie können das vorgegebene Verzeichnis einfach bestätigen. Windows 8 übernimmt den Dateinamen und erstellt einen gleichnamigen Ordner. Im folgenden Beispiel soll jedoch ein eigener Ordner erstellt werden.

5 Um einen Ordner zu erstellen, klicken Sie auf **Durchsuchen**.

6 Markieren Sie die Festplattenpartition, auf der sich der neue Ordner befinden soll. Mit der Pfeilschaltfläche vor dieser Partition öffnen Sie den Verzeichnisbaum. Wählen Sie **Neuer Ordner erstellen**.

7 Geben Sie eine Bezeichnung für den neuen Ordner ein, und bestätigen Sie mit **OK**.

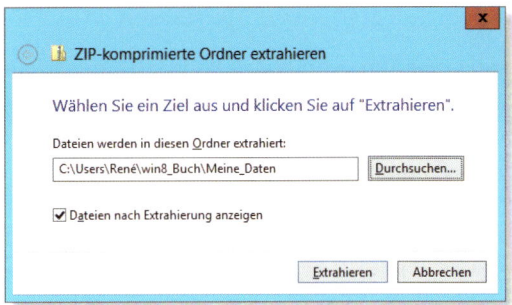

▲ **Abbildung 5.14** Der Inhalt der Zip-Datei wird in einen neu erstellten Ordner entpackt.

5.8 Platz sparen mit der eingebauten Kompression

Über die Eigenschaften einer Datei und eines Ordners können Sie die im NTFS-Dateisystem integrierte Kompression verwenden. Arbeiten Sie mit einer komprimierten Datei, wird diese zuerst entpackt und kann dann genutzt werden. Das Entpacken geschieht hierbei im Hintergrund.

1 Markieren Sie eine Datei oder einen Ordner im Windows-Explorer. Wählen Sie aus dem Kontextmenü **Eigenschaften**.

2 Wählen Sie **Erweitert**. Schalten Sie die Option **Inhalt komprimieren, um Speicherplatz zu sparen** an. Bestätigen Sie, und schließen Sie den Dialog **Eigenschaften von**.

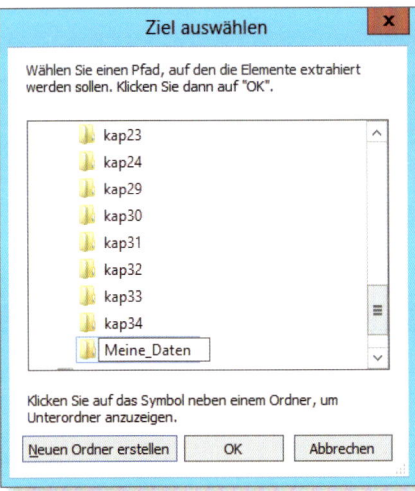

▲ **Abbildung 5.13** Im Beispiel heißt der neu erstellte Ordner »Meine_Daten«.

8 Der neu erstellte Ordner wird in den Dialog übernommen. Entfernen Sie das Häkchen aus dem Optionskästchen **Dateien nach Extrahierung anzeigen**, und klicken Sie auf **Extrahieren**.

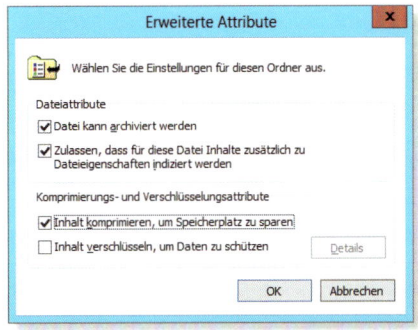

▲ **Abbildung 5.15** Im Dialog »Erweiterte Attribute« können Sie eine Datei komprimieren.

Kapitel 5: Ein paar hilfreiche Tipps für den Alltag

Eine komplette Partition komprimieren

Sie können auch eine komplette Festplattenpartition komprimieren. Sie sparen dadurch Platz. Jedoch muss Windows 8 die Inhalte der Partition bei jedem Zugriff darauf entpacken. Dadurch erhöhen sich die Zugriffszeiten.

1 Um eine komplette Festplattenpartition zu komprimieren, markieren Sie sie im Navigationsbaum. Wählen Sie aus dem Kontextmenü **Eigenschaften**.

2 Schalten Sie die Option **Laufwerk komprimieren, um Speicherplatz zu sparen** an. Bestätigen Sie.

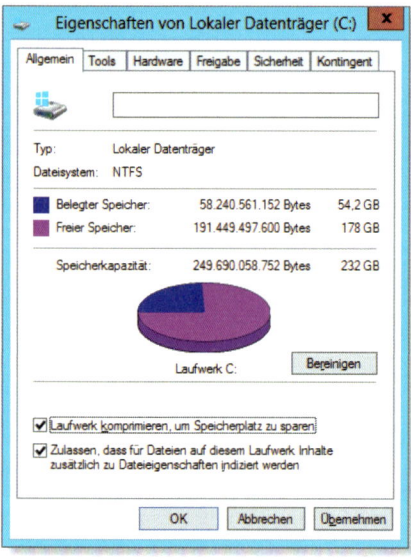

▲ *Abbildung 5.16 Mit einer Option schalten Sie die Komprimierung einer Partition an.*

ISO-Abbilder mit Windows 8 brennen

Für das Brennen eines ISO-Abbildes auf CD oder DVD benötigen Sie kein Brennprogramm. Windows 8 besitzt dazu bereits eine integrierte Funktion.

Für das folgende Beispiel habe ich mir einmal ein Abbild einer aktuellen Linux-Version auf meinen Rechner geladen. Um dieses auf CD zu brennen, brauche ich kein Brennprogramm. Es genügen der Windows-Explorer und natürlich ein CD-Rohling.

> **HINWEIS**
>
> Was versteht man unter einem ISO-Abbild?
>
> Ein ISO-Abbild ist ein Dateityp, der ein Abbild einer CD oder DVD enthält. Die gesamte Struktur der CD/DVD ist in einer Datei enthalten. Die Datei entspricht einer Norm.

So eine ISO-Datei hat mehrere Vorteile. Sie wird oft beim Betriebssystem Linux verwendet. Hier erhält man einen bootfähigen Datenträger, mit dem sehr leicht das Betriebssystem installiert werden kann. Das ISO-Abbild kann auf einfache Weise kopiert und weitergegeben werden. Das ISO-Abbild kann ohne besondere technische Voraussetzungen erstellt werden. Sie brauchen dazu nur ein Brennprogramm und ein CD/DVD-Brenner. Die vorhandene Datei kann über Internetserver leicht weitergegeben werden. Voraussetzung ist natürlich, dass es sich um freie Software handelt.

Öffnen Sie den Windows-Explorer. Begeben Sie sich zu dem Verzeichnis, in dem sich die ISO-Datei befindet. In meinem Beispiel liegt sie unter *C:\Benutzer\René Gäbler\Downloads*.

Legen Sie einen beschreibbaren Rohling in Ihr DVD-Brenner-Laufwerk. Je nachdem, ob Sie das ISO-Abbild einer CD oder einer DVD auf ein Medium aufbringen wollen, wählen Sie den entsprechenden Rohling.

Markieren Sie die Datei, und öffnen Sie mit der rechten Maustaste das Kontextmenü. Wählen Sie die Funktion **Datenträgerabbild brennen**. Sie finden sie im Kontextmenü ganz oben an erster Stelle.

Ein kleines Dialogfenster klappt auf. Sofern Sie verschiedene DVD-Laufwerke in Ihrem PC haben, wählen Sie hier, welches verwendet werden soll. Es empfiehlt sich, die Option **Datenträger nach dem Brennen überprüfen** anzuschalten. Der Vorgang dauert zwar so länger, aber Windows 8 überprüft, ob die erstellte CD/DVD auch fehlerfrei ist und verwendet werden kann. Starten Sie den Vorgang mit einem Mausklick auf die Schaltfläche **Brennen**.

5.9 Der Windows-Explorer brennt das Abbild nicht

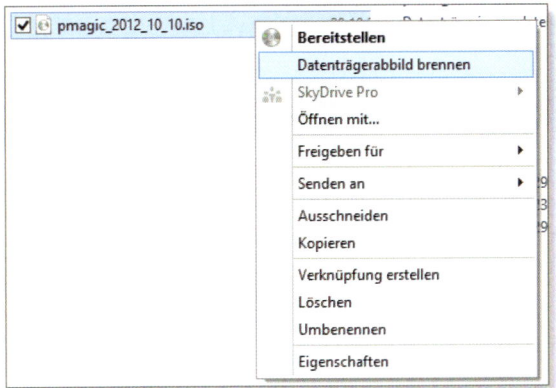

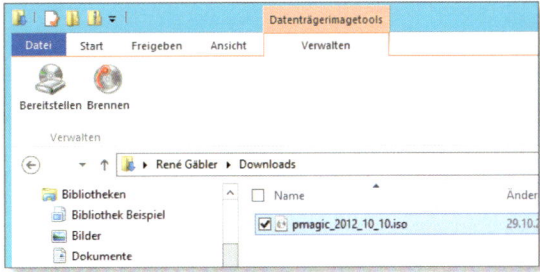

▲ Abbildung 5.19 Im Windows-Explorer finden Sie die Funktion im Register »Datenträgerimagetools«.

HINWEIS

Welche Datei verbirgt sich hinter der Endung ».partial«?
Die Dateierweiterung *.partial kennzeichnet einen unvollständigen Download. Warten Sie, bis die Datei komplett auf Ihren Rechner geladen wurde. Dann wird die Erweiterung auch angepasst.

▲ Abbildung 5.17 Die Funktion zum Brennen eines ISO-Abbildes finden Sie im Kontextmenü des Windows-Explorers.

Anhand eines Fortschrittsbalkens können Sie verfolgen, wie weit Windows bereits mit dem Brennen der CD/DVD ist und wie lange es noch dauern wird, bis diese fertig ist. Eine Prozentangabe erfolgt nicht. Auch können Sie nicht sehen, welche Dateien gerade auf den Datenträger gebrannt werden. Das ist aber auch nicht notwendig.

5.9 Der Windows-Explorer brennt das Abbild nicht

Es kann passieren, dass der Brennvorgang mit dem Windows-Explorer nicht gelingt. Der Datenträger wird ausgeworfen, und Windows 8 meldet, dass die Schreibgeschwindigkeit für den Brennvorgang zu hoch oder zu langsam ist. Sie sollen nun einen Datenträger mit einer anderen Schreibgeschwindigkeit einlegen. In so einem Fall sollten Sie doch zu einem kommerziellen Brennprogramm greifen. Hier wird die Schreibgeschwindigkeit angepasst.

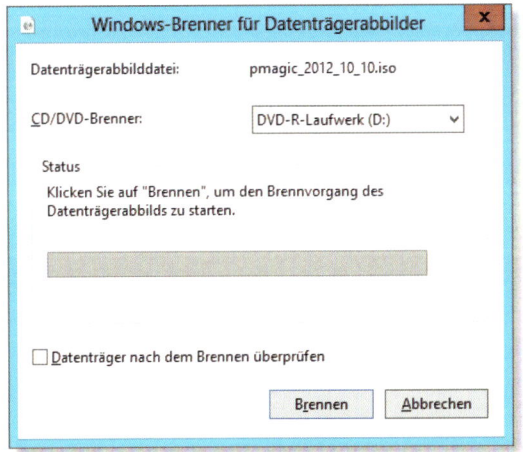

▲ Abbildung 5.18 Das ISO-Abbild wird nun auf CD gebrannt.

Ein Fortschrittsbalken hält Sie über die Dauer des Brennvorgangs auf dem Laufenden. Diese ist abhängig von der Leistungsfähigkeit Ihres Systems und auch des Brenners.

ISO-Dateien wie ein Laufwerk benutzen

Windows 8 erlaubt Ihnen nicht nur, mit einem Doppelklick einen Blick in eine ISO-Datei zu werfen, Sie können diese auch in das System einbinden. Markieren Sie die Datei im Windows-Explorer. Öffnen Sie das Register **Datenträgerimagetools > Verwalten**. Wählen Sie **Bereitstellen**.

Kapitel 5: Ein paar hilfreiche Tipps für den Alltag

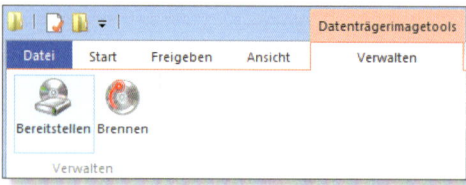

▲ **Abbildung 5.20** »Bereitstellen« heißt nichts anderes als »in das Betriebssystem einbinden«.

Mit **Bereitstellen** wird die ISO-Datei im Windows 8 wie ein Laufwerk angesprochen. Der Inhalt des Windows-Explorers ändert sich. Meine Linux-Datei wird jetzt als *DVD-Laufwerk (E:) Parted Magic* angesprochen.

Um das Laufwerk wieder aus dem System zu lösen, wählen Sie **Auswerfen**.

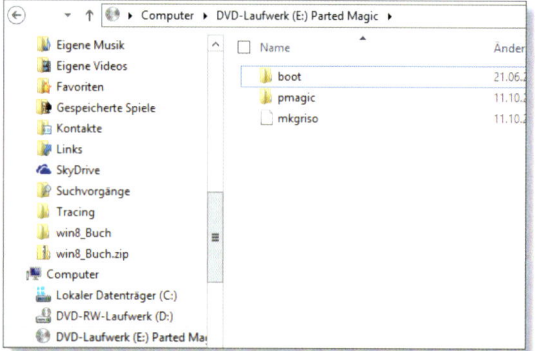

▲ **Abbildung 5.21** Aus der ISO-Datei ist ein Laufwerk geworden.

Bilder im Windows-Explorer drehen

Sie kennen das sicher: Ein Bild wurde so aufgenommen, dass es auf der Seite liegt oder auf dem Kopf steht. Um es zu drehen, müssen Sie kein Bildbearbeitungsprogramm bemühen.

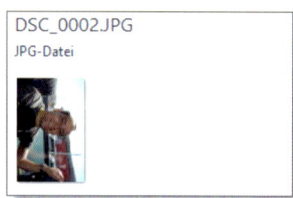

▲ **Abbildung 5.22** Das Bild steht auf der Seite.

1 Öffnen Sie den Ordner, in dem sich die Bilddatei befindet.

2 Wechsel Sie im Windows-Explorer in das Register **Bildtools > Verwalten**. Wählen Sie **nach rechts drehen** oder **nach links drehen** ❶. Und schon haben Sie die Bilddatei so, wie sie sein soll.

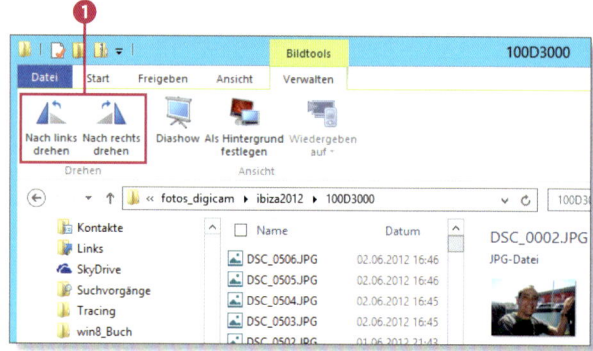

▲ **Abbildung 5.23** Nun ist die Bilddatei so, wie sie sein soll.

Bilddateien als Diashow wiedergeben

Für die Wiedergabe einer Diashow ist kein gesondertes Programm notwendig.

1 Öffnen Sie auch hier erst den Ordner, in dem sich Ihre Bilddateien befinden.

2 Wechseln Sie nach **Bildtools > Verwalten**. Klicken Sie auf **Diashow**.

▲ **Abbildung 5.24** Diese Schaltfläche startet eine Diashow aus dem Windows-Explorer heraus.

Mit den Pfeiltasten oder [Bild↑] und [Bild↓] navigieren Sie durch die Bilder. Mit [Esc] beenden Sie die Diashow.

Kapitel 6
Windows 8 geschickt bedienen

Die grafische Oberfläche von Windows 8 bringt viele optische Gimmicks mit. Nicht nur der neue Startbildschirm sieht schick aus, auch der Desktop bietet dem Anwender interessante Features und Möglichkeiten. Natürlich bleibt es Ihnen freigestellt, ob Sie alle auch tatsächlich nutzen wollen.

Viele Dinge können Sie an Ihre Wünsche und Bedürfnisse anpassen. Gerade das macht sehr viel Spaß. Natürlich können Sie Windows »auspacken« und verwenden. Aber glauben Sie mir – Sie können Ihren Desktop zu einem wahren Augenschmaus oder zu einem ausgetüftelten Arbeitsplatz machen. Und das ist ganz einfach. Die Anpassung beginnt ja bereits bei der Auswahl eines Designs und dem Einrichten von Desktopsymbolen.

In diesem Kapitel stelle ich Ihnen die Möglichkeiten und Vorteile von Aero Peek vor. Sie lernen die Desktop-Gadgets kennen und erfahren, wie Sie sie auswählen und verwenden. Ich verrate Ihnen, wie Sie weitere Aero-Funktionen einsetzen und so zum Beispiel Ihre Arbeitsfenster optimieren und die Minivorschau nutzen. Ich zeige Ihnen, wie Sie den Desktop an Ihre Wünsche anpassen und was Sie alles verändern können. So werden Sie im Handumdrehen das Standarddesign gegen coole und interessante Designs und Bildschirmelemente austauschen.

6.1 Aero für Einsteiger

Die Windows-8-Oberfläche enthält eine Reihe verschiedener Elemente. Bevor Sie diese kennenlernen und erfahren, was Sie alles mit Ihrem Windows 8 anstellen können, möchte ich diese Begriffe einmal erklären.

Bitte beachten Sie: Ich gehe zuerst auf die Aero-Funktionen von Windows 8 ein. Die Besonderheiten der neuen Windows-8-Oberfläche und die Möglichkeiten, diese einzurichten, lernen Sie in Kapitel 6, »Den Windows-Desktop verändern«, kennen.

Wenn Sie ein Fenster an den linken oder rechten Bildschirm bewegen, wird die Größe des Fensters automatisch angepasst. So ist es möglich, zwei oder mehr Programmfenster ganz exakt nebeneinander zu positionieren. Sie müssen die Größen der Fenster nicht mit der Maus anpassen. Eine sehr hilfreiche Funktion, die von Microsoft als *Aero Snap* bezeichnet wird.

Das Ein- und Ausblenden von Fenstern über die Schaltfläche **Desktop anzeigen** in der Taskleiste nennt Microsoft *Aero Peek*.

Haben Sie mehrere Programmfenster geöffnet, können Sie eines auswählen und durch schnelles Hin- und Herbewegen dafür sorgen, dass alle anderen Fenster verkleinert werden. Diese Technik wird als *Aero Shake* bezeichnet. Mehrere geöffnete Fenster lassen sich in einer 3D-Darstellung auf dem Bildschirm anzeigen. Sie blättern durch diese und wechseln zu einem der geöffneten Anwendungsprogramme. Microsoft nennt diese optisch sehr coole Technik *Flip 3D*.

Drücken Sie [Alt]+[Tab]. Windows 8 zeigt nun eine Liste der geöffneten Programmfenster an. Durch Drücken von [Tab] wird jeweils ein anderes Programmfenster aktiviert. Sie schalten also schrittweise durch die Programmfenster. Auch mit dem Mausrad können Sie durch die Programmliste scrollen.

⌃ *Abbildung 6.1 Fünf Anwendungen sind offen.*

Die Aero-Oberfläche können Sie mit vorgefertigten Designs verändern. Aber auch einzelne Desktopelemente lassen sich anpassen. Die Effekte werden als *Aero-Glaseffekte* bezeichnet.

Auf dem Aero-Desktop lassen sich kleine Miniprogramme platzieren. Eine kleine Auswahl von interessanten Miniprogrammen ist bereits auf dem installierten Windows-8-System vorhanden. Weitere können Sie aus dem Internet beziehen. Es gibt für jeden Geschmack solche *Gadgets*. Schauen Sie sich einmal um – Sie finden sicher auch ein Miniprogramm, das Ihren Wünschen und Interessen entspricht.

> **HINWEIS**
>
> **Aero-Effekte**
> Die Aero-Funktionen und -Effekte können Sie nur mit einem Aero-Design nutzen. Wenn Sie unter **Anpassung** in der **Systemsteuerung** ein Basisdesign ausgewählt haben, stehen Ihnen diese Features nicht zur Verfügung.

In den nächsten Abschnitten zeige ich Ihnen die verschiedenen Elemente, und Sie erfahren, wie Sie diese nutzen.

⌃ *Abbildung 6.2 Dieses Windows-Design heißt »Futuristische Fraktale«.*

Die Vorteile von Aero Peek auf einen Blick

Ein geöffnetes Programmfenster wird mit einem Symbol in der Taskleiste angezeigt. Wenn Sie mit der linken Maustaste darauf klicken, wird das Programmfenster minimiert. Ein weiterer Mausklick vergrößert das Fenster wieder. Das ist eine sehr coole und einfach anzuwendende Funktion. Aero Peek ist dies aber noch nicht.

⌃ *Abbildung 6.3 Eine unscheinbare Schaltfläche in der Taskleiste* ❶*, die schnell übersehen ist, verbirgt die Programmfenster und blendet sie wieder ein.*

Mit Aero Peek lassen sich mehrere Programmfenster einblenden oder minimieren. In der Taskleiste finden Sie ganz am rechten Rand die Schaltfläche **Desktop anzeigen**. Mit einem Mausklick auf diese Funktion verschwinden die geöffneten Programmfenster, und Sie

6.1 Aero für Einsteiger

haben einen freien Blick auf den Windows-Desktop. Klicken Sie noch einmal auf diese Schaltfläche, werden die Programmfenster wieder eingeblendet.

Beim Anzeigen des Windows-Desktops mit Aero Peek verschwindet ein Programmfenster und wird nur noch mit einem transparenten Rahmen angezeigt.

Bewegen Sie die Maus über das Programm, das Sie in der Taskleiste sehen, wird eine Vorschau angezeigt. Dazu muss diese Live-Vorschau jedoch auch angeschaltet sein. Ist dies nicht der Fall, öffnen Sie das Kontextmenü auf der Schaltfläche **Desktop anzeigen** und schalten die Vorschau an.

Sind in einem Programm zwei oder mehr Dateien geöffnet, werden entsprechend viele Live-Vorschau-Bilder angezeigt. Diese Funktion ist interessant, um zu sehen, welche Datei geöffnet ist. So können Sie das Gesuchte schnell finden und öffnen. Texte und Inhalte von Präsentationen oder Tabellendokumenten sind jedoch nicht zu lesen; dazu ist die Vorschau zu klein. Die Live-Vorschau steht für alle gängigen Anwendungen zur Verfügung.

▲ **Abbildung 6.5** *An den Rand gezogen, blendet Windows 8 einen Rahmen ein. Beim Loslassen der Maustaste landet das Programmfenster in diesem Rahmen.*

Tun Sie dies nun mit einem zweiten Programmfenster am gegenüberliegenden Rand des Bildschirms, wird das Programm auch hier in einem Rahmen abgelegt. Beide Rahmen teilen den Windows-Bildschirm in zwei gleich große Teile und platzieren darin die Fenster der beiden Anwendungsprogramme. Versuchen Sie einmal, zwei geöffnete Programmfenster auf dem Bildschirm zu platzieren und in ihrer Größe anzupassen, so dass sie je genau eine Hälfte des Desktops nutzen. Mit Aero Snap ist dies einfacher.

▲ **Abbildung 6.4** *Die Live-Vorschau zeigt die im Browser angezeigte Website.*

Fenster ganz einfach mit der Maus bewegen: Aero Snap

Ziehen Sie einmal das Fenster des Windows-Dateimanagers an den rechten Bildschirmrand. Haben Sie einen bestimmten Punkt erreicht, klappt ein transparenter Rahmen auf. Lassen Sie die Maustaste los, wird das Programm in diesem Rahmen abgelegt.

Fenster auswählen mit kräftigem Schütteln: Aero Shake

Zu dieser Funktion gibt es nicht so viel zu schreiben. Mehrere Programmfenster sind geöffnet. Fassen Sie nun ein Programmfenster mit der Maus am Rahmen. Bewegen Sie es schnell hin und her. Die anderen Programmfenster werden geschlossen, und das »geschüttelte« bleibt geöffnet.

Wiederholen Sie das Schütteln des Fensters, werden die anderen Programmfenster wieder auf den Desktop geholt und wie zuvor dargestellt.

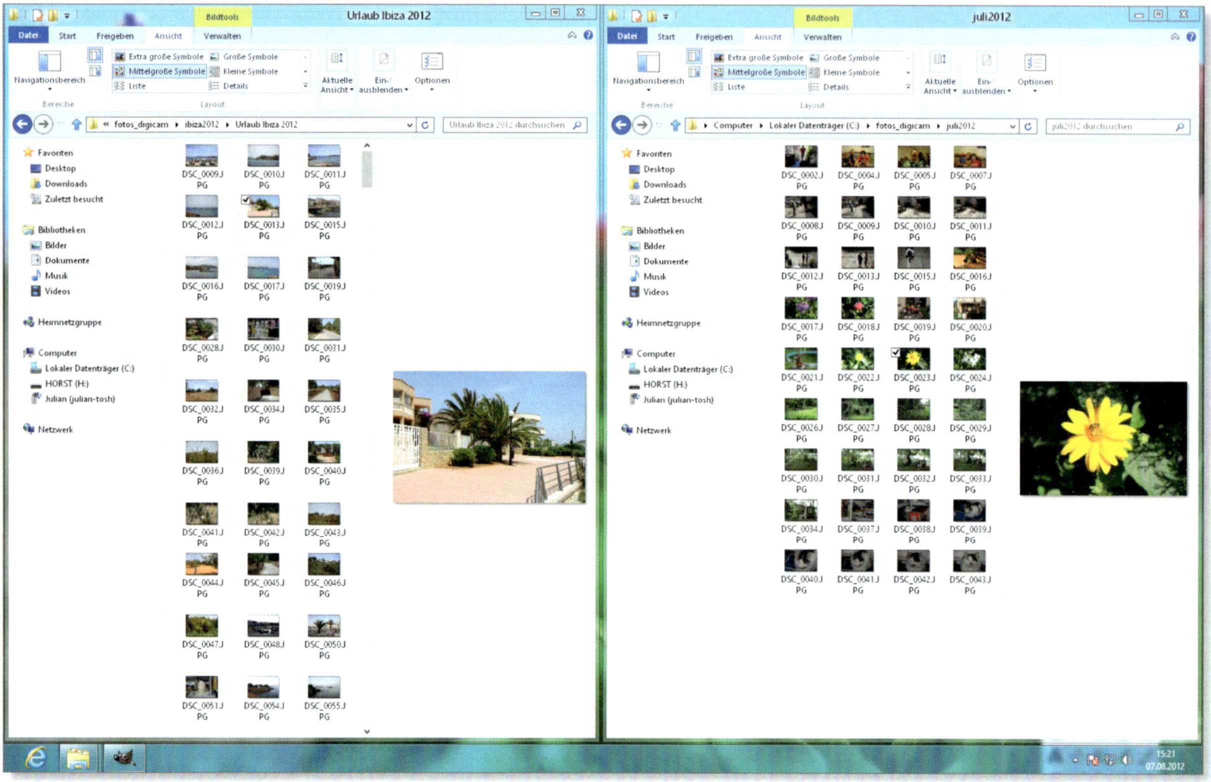

Kapitel 6: Windows 8 geschickt bedienen

▲ **Abbildung 6.6** *Durch Aero Snap teilen sich beide Programmfenster den verfügbaren Platz zu gleichen Teilen.*

Diese Funktion ist mehr Spielerei als wirklich eine praxistaugliche Hilfe. Das Minimieren nicht benötigter Programmfenster geht einfacher vonstatten. Sie können auch die Minivorschau der Programmfenster nutzen.

Führen Sie die Maus auf die Programmschaltfläche des Media Players in der Windows-Taskleiste. Sie sehen nun ein verkleinertes Bild des Programmfensters. Dazu werden drei Schaltflächen eingeblendet. Mit ihnen springen Sie einen Titel vor und zurück. Mit der Taste in der Mitte starten Sie einen Titel oder pausieren die Wiedergabe. Wenn Sie möchten, können Sie den Media Player also komplett über diese kleine Vorschauansicht steuern. Das ist sehr praktisch, wenn Sie Musik hören möchten, während Sie mit einer anderen Anwendung arbeiten.

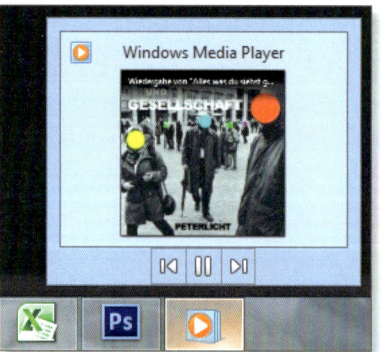

▲ **Abbildung 6.7** *Über die Windows-Taskleiste können Sie den Media Player bedienen. Voraussetzung ist ein Aero-Design.*

Vorinstallierte Gadgets

Eine kleine Anzahl von Miniprogrammen (Gadgets) finden Sie bereits in Ihrem Windows 8 vor. Öffnen Sie auf dem freien Desktop das Kontextmenü, und wählen Sie **Minianwendungen**.

Im Windows-Startmenü finden Sie die **Minianwendungsgalerie** noch über den Programmkategorien. Dieser Menüeintrag öffnet das gleiche Dialogfenster wie der im Kontextmenü.

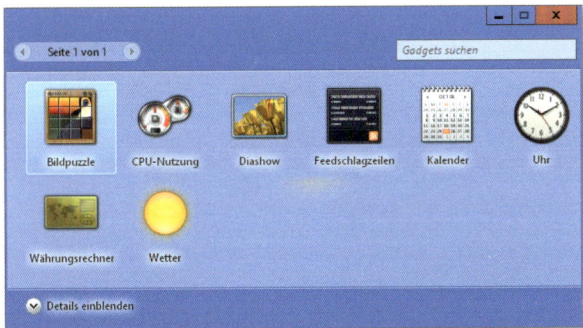

▲ *Abbildung 6.8 Die vorhandenen Minianwendungen*

Acht kleine Minianwendungen sind bereits in Windows 8 vorhanden:

Bildpuzzle: Der Name sagt es bereits: Hierbei handelt es sich um ein kleines Spiel. Sie setzen aus Einzelteilen ein Bild zusammen. Dabei müssen Sie die Vierecke verschieben, bis Sie das Ergebnis erhalten. Über das Einstellungsmenü können Sie zehn weitere Puzzlebilder wählen.

CPU-Nutzung: Eine Anzeige, die die Nutzung der CPU und des Arbeitsspeichers zeigt. Gerade bei Grafikbearbeitungsprogrammen, Programmen, mit denen Sie Videos schneiden, oder aktuellen Spielen finden Sie so heraus, wie stark Ihr Rechner beansprucht wird. Andere Anzeigen oder auch Designs gibt es leider nicht. Das Gadget hat noch nicht einmal ein Einstellungsmenü.

Diashow: Die **Diashow** zeigt die Bilddateien eines Ordners an. Über das Einrichtungsmenü wählen Sie den Ordner, dessen Inhalt als Diashow wiedergegeben werden soll. Sie können mit einer Option bestimmen, dass auch die Bilder in den untergeordneten Ordnern angezeigt werden. Sie legen die Zeit fest, wie lange ein Bild angezeigt wird. Und Sie können einen Effekt für den Wechsel zum nächsten Bild aus einem Listenmenü wählen.

▲ *Abbildung 6.9 Die Gadgets »Bildpuzzle«, »CPU-Nutzung« und »Diashow«. Die »Diashow« habe ich in diesem Beispiel etwas vergrößert.*

INFO

Ein Gadget auf dem Desktop platzieren?
Die Auswahl eines Gadgets ist ganz einfach. Öffnen Sie zunächst die Minianwendungsgalerie. Ziehen Sie dann das Miniprogramm, das Sie verwenden möchten, mit der Maus auf den Desktop.

Alternativ können Sie auch aus dem Kontextmenü **Hinzufügen** wählen. Ein Doppelklick tut es ebenso.

Feedschlagzeilen: Mit den **Feedschlagzeilen** erhalten Sie aktuelle News. Zu sehen sind erst einmal nur die Titelzeilen. Ein Mausklick bringt Sie auf die Webseiten mit den kompletten News. Feeds gibt es ganz unterschiedliche, von Nachrichten bis zu Computernews. Benutzen Sie dieses Gadget zum ersten Mal, ist das Fenster noch leer. Klicken Sie auf **Schlagzeilen anzeigen**, werden Nachrichten von dem Anbieter *MSN Nachrichten* angezeigt. Leider können Sie über das Einstellungsmenü keinen anderen Anbieter wählen. Sie können nur einstellen, wie viele Feeds Sie pro Seite im Gadget sehen.

> **INFO**
>
> **Was sind denn Feeds?**
>
> Als *Feeds* werden die Titelzeilen bezeichnet, die in dem Gadget **Feedschlagzeilen** angezeigt werden. Diese Feeds sind kurz und knapp und nutzen ein bestimmtes Format. Feeds können auch mit speziellen Programmen angezeigt werden. Viele Webbrowser unterstützen ebenfalls die Anzeige von Feeds.

Kalender: Der **Kalender** zeigt, wie der Name bereits verrät, ein Kalenderblatt. Ein Einstellungsmenü gibt es hier nicht.

▲ *Abbildung 6.10 Hier habe ich einmal den »Kalender« und die »Feedschlagzeilen« nebeneinander auf den Bildschirm gebracht.*

Uhr: Im Gegensatz zum Gadget **Kalender** können Sie bei der **Uhr** eine von acht verschiedenen Zeitanzeigern wählen. Meist tut es eine einfache »Bahnhofsuhr« – man möchte ja mit einem Blick nur wissen, wie spät es ist. Über das Einrichtungsmenü können Sie noch einen Sekundenzeiger hinzuschalten und für die Uhr eine Bezeichnung definieren. Nun ja, eine Uhr muss keinen Namen haben. Uhr ist Uhr. Meine Kaffeemaschine hat auch keinen Namen. Über ein Listenfeld wählen Sie, ob die aktuelle Computerzeit angezeigt werden soll oder die Zeit eines bestimmten Ortes. Hier lassen sich Orte auf der ganzen Welt wählen. Die Familie oder ein Freund machen gerade Urlaub in Rio? Dann packen Sie eine passende Uhr auf den Desktop, und Sie sehen, wie spät es dort ist.

▲ *Abbildung 6.11 So eine Uhr auf dem Desktop ist eine praktische Sache.*

Währungsumrechner: Der **Währungsumrechner** bietet zwei Felder. Zuerst wählen Sie die beiden Währungen. Danach geben Sie den Betrag in das obere Währungsfeld ein. Das Gadget rechnet diesen Betrag automatisch um.

Diese Minianwendung braucht man sicherlich nicht immer. Vor dem oder im Urlaub mag sie aber durchaus praktisch sein.

Über ein kleines Pluszeichen lassen sich zwei weitere Felder hinzufügen. So können Sie auch Währungen miteinander vergleichen. Als Datenanbieter wird hier auf die MSN-Webseiten zugegriffen. So werden immer die aktuellen Kursdaten für die Berechnung verwendet, es sei denn, es steht keine Internetverbindung zur Verfügung.

Das Gadget setzt voraus, dass der verwendete Dienst auch erreichbar ist. Ist dies nicht der Fall, gibt die Minianwendung eine Fehlermeldung aus und kann dann nicht verwendet werden. Ein Einstellmenü zur Auswahl eines alternativen Dienstes fehlt leider.

Wetter: Das letzte Gadget in der Minianwendungsgalerie ist **Wetter**. Ein Symbol auf der Minianwendung zeigt, ob es schön ist, ob es regnet, oder ob es wolkig ist. Dazu werden auf der Anwendung die aktuelle Temperatur angezeigt und der eingestellte Ort.

Über das Einstellungsmenü wählen Sie den Ort und bestimmen, ob Sie die Temperatur in Celsius oder Fahrenheit sehen wollen.

Vergrößern Sie das Gadget, wird eine Voraussage für die nächsten zwei Tage mit angezeigt. Sie sehen dann nicht nur die aktuelle Temperatur vor dem heimischen Fenster, sondern auch den Tagesverlauf.

△ **Abbildung 6.13** Fahren Sie mit der Maus auf ein Gadget, wird eine kleine Symbolleiste sichtbar.

Ein Kontextmenü gibt es natürlich auch. Hier können Sie ebenfalls die Minianwendung vergrößern oder verkleinern oder auch die Transparenz einstellen. **Immer im Vordergrund** setzt eine Minianwendung vor ein Programmfenster; ohne diese Option wird es durch die Programmfenster verdeckt. Auch hier sind nicht alle Funktionen im Kontextmenü einer jeden Minianwendung verfügbar.

△ **Abbildung 6.12** Wer braucht mit diesem Gadget schon einen TV-Wetterbericht?

△ **Abbildung 6.14** Alle wichtigen Funktionen für das Einrichten der Miniprogramme finden Sie auch im Kontextmenü.

So richten Sie Gadgets ein

Ein Gadget auf dem Desktop zu platzieren ist sehr einfach. Fahren Sie mit dem Mauszeiger auf ein Gadget (ohne zu klicken), sehen Sie in der rechten oberen Ecke einige Symbole. Mit dem Kreuzsymbol ❶ schließen Sie ein Miniprogramm. Das Viereck mit dem von oben in das Symbol zeigenden Pfeil ❷ vergrößert oder verkleinert das Miniprogramm. Ein kleiner Maulschlüssel ❸ öffnet das Einstellungsmenü. Je nach Miniprogramm können Sie hier ganz unterschiedliche Sachen einstellen. Unter diesen Symbolen finden Sie einen Anfasser, mit dem Sie das Gadget auf eine andere Position auf dem Bildschirm ziehen können.

> **HINWEIS**
>
> **Die Symbole einer Minianwendung**
> Nicht bei jeder Minianwendung finden Sie alle genannten Symbole. Einige Minianwendungen lassen sich nicht vergrößern und verkleinern. Bei einigen gibt es kein Einstellungsmenü. Ist dies der Fall, fehlen auch die entsprechenden Symbolschaltflächen.

6.2 Die Aero-Oberfläche individualisieren

Der klassische Windows-8-Desktop besteht aus den zwei Komponenten *Windows Basis* und *Windows Aero*. Windows Aero ergänzt die Desktopumgebung um transparente Effekte, um Animationen beim Übergang zu einem neuen Fenster, um eine Live-Vorschau in der Taskleiste und um die im vorangegangenen Kapitel vorgestellten Aero-Funktionen.

In diesem Abschnitt möchte ich Ihnen einige der Möglichkeiten zeigen, mit denen Sie Ihren klassischen Desktop verändern und an Ihre ganz eigenen Wünsche und Vorlieben anpassen.

Designs und Designelemente wählen

So wählen Sie Designs und Designelemente:

Öffnen Sie das Kontextmenü auf dem freien Windows-8-Desktop, und wählen Sie **Anpassen**.

Ein Mausklick darauf genügt, und das Design wird angewandt. Gefällt es Ihnen nicht, wählen Sie ein anderes.

Achten Sie darauf, dass Sie eines der Aero-Designs wählen. Auf diese Weise können Sie die neuen Effekte verwenden.

▲ **Abbildung 6.15** *Die aus dem Internet geladenen Designs werden im Dialog »Anpassung« hinzugefügt. Auch sie sind natürlich Aero-Designs.*

Alternativen auswählen

Sie müssen das ausgewählte Design nicht einfach so verwendet werden, wie es ist. Jedes Aero-Design bietet eine Reihe von Alternativen. So können Sie sich für einen anderen Bildschirmhintergrund, eine alternative Fensterfarbe, verschiedene Soundelemente und Bildschirmschoner entscheiden.

▲ **Abbildung 6.16** *Diese vier Elemente können Sie bei einem Aero-Design anpassen.*

1 Wählen Sie **Desktophintergrund**. Wählen Sie einen der Hintergründe.

2 Klicken Sie auf **Änderungen speichern**.

3 Schließen Sie den Dialog.

▲ **Abbildung 6.17** *Wählen Sie aus verschiedenen Hintergründen.*

Die Fensterfarbe passt meist sehr gut zu dem gewählten Design und muss nicht extra angepasst werden. Möchten Sie sie dennoch ändern, können Sie sie für jedes Element des Windows-8-Desktops anpassen. Klicken Sie im Dialog **Anpassung** auf die Schaltfläche **Fensterfarbe**. Wählen Sie mit der Maus eine der möglichen Farbvarianten aus. Mit der Farbauswahl ganz

6.2 Die Aero-Oberfläche individualisieren

links in der oberen Reihe überlassen Sie Windows 8 die Auswahl einer passenden Farbe. Stellen Sie die Intensität der Farbe mit dem Schieberegler ein.

▲ **Abbildung 6.18** *Die Farben der Fenster lassen sich ebenfalls anpassen.*

Sie sind nicht auf die 15 vorgegebenen Farben beschränkt, sondern können auch eine eigene Hintergrundfarbe zusammenmischen. Dafür klicken Sie auf **Farbmixer einblenden**. Verschieben Sie die drei Regler **Farbton**, **Sättigung** und **Helligkeit**, bis der gewünschte Farbton erscheint. Bestätigen Sie auch hier mit **Änderungen speichern**.

> **INFO**
>
> **Eine Diashow als Bildschirmhintergrund**
> Sie können alle Hintergründe, die zu einem Windows-8-Aero-Design gehören, auswählen. Dann werden diese Hintergrundmotive nacheinander angezeigt. Wie bei einer Slideshow im Bildbetrachter wechselt der Hintergrund nach einer gewissen Zeit.
>
> Das Gleiche passiert natürlich auch, wenn Sie vergessen, die Häkchen aus den Optionsschaltflächen der Hintergründe zu entfernen. Sie finden bei jedem Hintergrundmotiv im Dialog **Anpassen > Desktophintergrund** eine Optionsschaltfläche. Diese ist in der linken oberen Ecke des Motivs abgelegt.

Sounds anpassen

Sounds sind in Windows 8 zu sogenannten *Soundschemas* zusammengefasst. Ähnlich wie bei einem Design haben Sie hier eine Sammlung von verschiedenen Soundclips. Diese werden für unterschiedliche Ereignisse genutzt. Natürlich können Sie die Sounds anpassen. Dazu gehen Sie wie folgt vor:

1 Klicken Sie im Fenster **Anpassung** einmal auf **Sounds**.

2 Wählen Sie über das Listenfeld eines der möglichen Soundschemas.

Markieren Sie einen Sound im Fenster **Programmereignisse**, und hören Sie ihn sich mit **Testen** an.

3 Gefällt Ihnen die Auswahl, bestätigen Sie und schließen den Dialog.

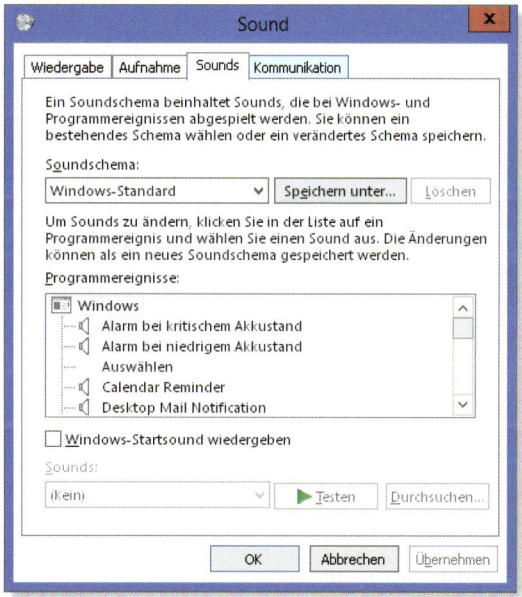

▲ **Abbildung 6.19** *Wählen Sie eines der vielen Soundschemas aus.*

Den Bildschirmschoner wieder anschalten

Im Dialog **Anpassung** (Rechtsklick auf den Desktop) ist die Schaltfläche **Bildschirmschoner** mit einem Ver-

149

botsschild bedeckt. Das bedeutet nicht, dass es in diesem Design keinen Bildschirmschoner gibt. Er ist derzeit nur ausgeschaltet. Sie können ihn ganz einfach wieder anschalten. Das funktioniert so:

1 Klicken Sie auf das Symbol.

2 Wählen Sie über das Listenfeld einen Bildschirmschoner.

3 Mit **Vorschau** sehen Sie sich den Schoner an.

4 Bestätigen Sie.

Wenn Sie möchten, richten Sie die **Wartezeit** ❶ ein und sorgen mit einer Option dafür, dass beim Unterbrechen des Bildschirmschoners ein Anmeldedialog erscheint. Sie müssen dann einen Benutzernamen wählen und das zugehörige Passwort eingeben.

Bei einigen Bildschirmschonern lassen sich verschiedene Einstellungen vornehmen. So wählen Sie bei **3D-Text**, welche Textzeile angezeigt wird. Beim Bildschirmschoner **Fotos** bestimmen Sie den Ordner, dessen Bilder ausgegeben werden sollen.

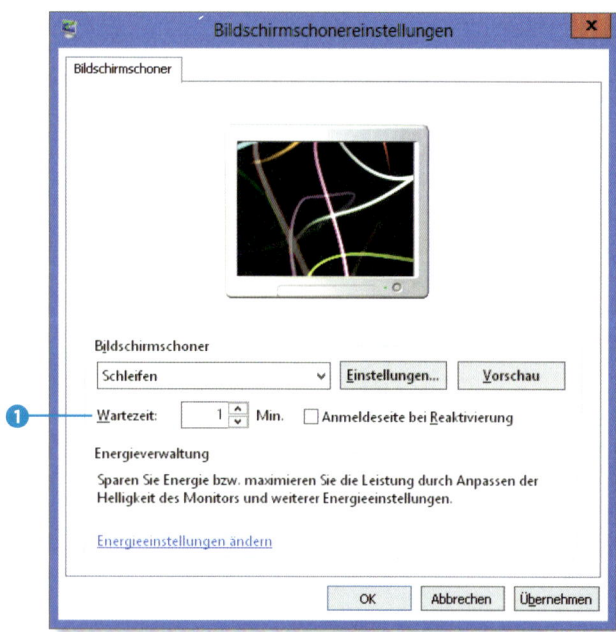

▲ *Abbildung 6.20* Wählen Sie einen Bildschirmschoner.

Eigene Bilder als Bildschirmschoner verwenden

In einem kleinen Beispiel möchte ich Ihnen zeigen, wie Sie Ihre Urlaubsbilder als Bildschirmschoner verwenden können:

1 Öffnen Sie den Dialog **Anpassung**. Klicken Sie auf **Bildschirmschoner**.

2 Öffnen Sie das Listenfeld, und wählen Sie **Fotos**. Ändern Sie die **Wartezeit** von **1 Minute** auf **3 Minuten**. Klicken Sie auf **Einstellungen**.

3 Mit **Durchsuchen** wählen Sie den Ordner, in dem sich Ihre Urlaubsbilder befinden. Stellen Sie dann die **Geschwindigkeit der Diashow** auf **Langsam**, und aktivieren Sie die **Zufällige Bildwiedergabe**. Bestätigen Sie nun, und schließen Sie die geöffneten Dialoge.

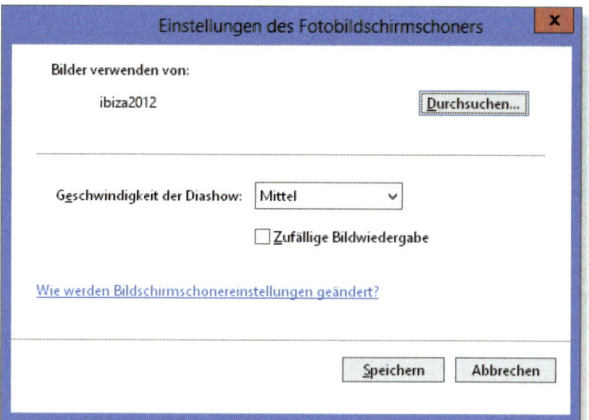

▲ *Abbildung 6.21* Lassen Sie doch einmal eine Bilder-Slideshow Ihrer Urlaubsfotos auf dem Windows-8-Desktop anzeigen.

Hintergrundbilder aus einer Bibliothek verwenden

Bei der Auswahl des Desktophintergrundes können Sie auch eine Ihrer Bibliotheken verwenden. Wählen Sie als Bildpfad **Bildbibliothek**. Wenn Sie möchten, wählen Sie einzelne Bilder mit dem Optionskästchen an der linken oberen Ecke der Bildvorschau ab.

6.2 Die Aero-Oberfläche individualisieren

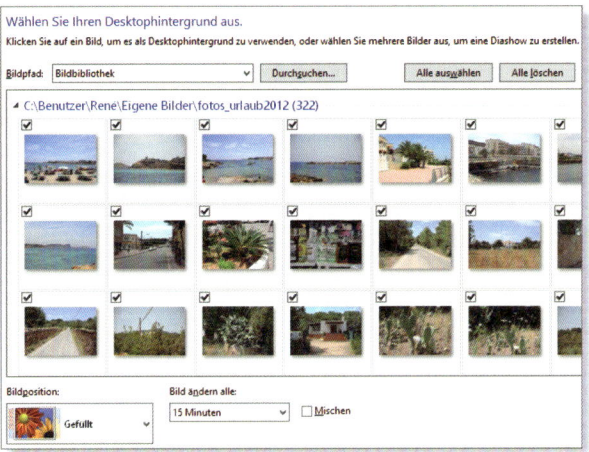

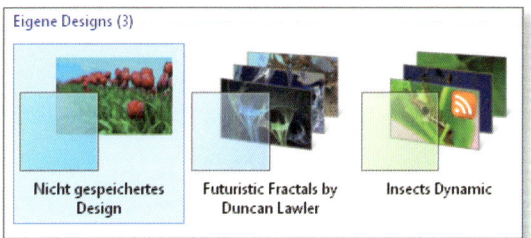

▲ Abbildung 6.24 Unter »Eigene Designs« finden sich auch die Designs aus dem Internet laden.

▲ Abbildung 6.22 Greifen Sie auf eine Bibliothek zurück, und nutzen Sie ihren Inhalt als Bildschirmhintergrund.

Die Farbe des Desktophintergrundes wählen

Statt eines Hintergrundbildes können Sie auch einen einfarbigen Bildschirmhintergrund wählen. Dafür gehen Sie wie folgt vor:

Auf die gleiche Weise lassen sich auch die bestbewerteten Fotos aus einem Ordner auswählen. Nicht so gute Fotos, die keine oder eine weniger gute Bewertung haben, werden von Windows 8 ignoriert. Möchten Sie dies tun, wählen Sie unter **Bildpfad** die Option **Fotos mit den besten Bewertungen**.

1 Öffnen Sie den Dialog **Anpassung**. Wechseln Sie nach **Desktophintergrund**.

2 Im Listenfeld **Bildpfad** stellen Sie **Einfarbig** ein. Wählen Sie nun mit der Maus eine der Farben aus dem Dialog aus.

3 Mit **Änderungen speichern** verlassen Sie den Dialog.

▲ Abbildung 6.23 Entscheiden Sie sich für die Fotos, die am besten bewertet wurden.

▲ Abbildung 6.25 Statt eines Bildes können Sie auch eine Farbe als Hintergrund Ihres Desktops wählen.

> **TIPP**
>
> **Ein eigenes Design erstellen**
> Wenn Sie ein vorgegebenes Design verändern und zum Beispiel statt der im Design verfügbaren Hintergrundmotive eine Hintergrundfarbe nutzen, so wird das Ergebnis als **Eigenes Design** abgelegt. Allerdings wird es zunächst als **Nicht gespeichertes Design** im Dialog aufgeführt. Um es später wieder verwenden zu können, müssen Sie es speichern.
>
> Tun Sie dies mit der Funktion **Design speichern**. Sie finden sie jederzeit im Dialog **Anpassung**.

Meist wird ja der Desktop durch die Fenster der geöffneten Anwendungsprogramme verdeckt. Warum also nicht statt eines bunten Bildes einfach eine Farbe als Hintergrund für den Windows-8-Desktop verwenden?

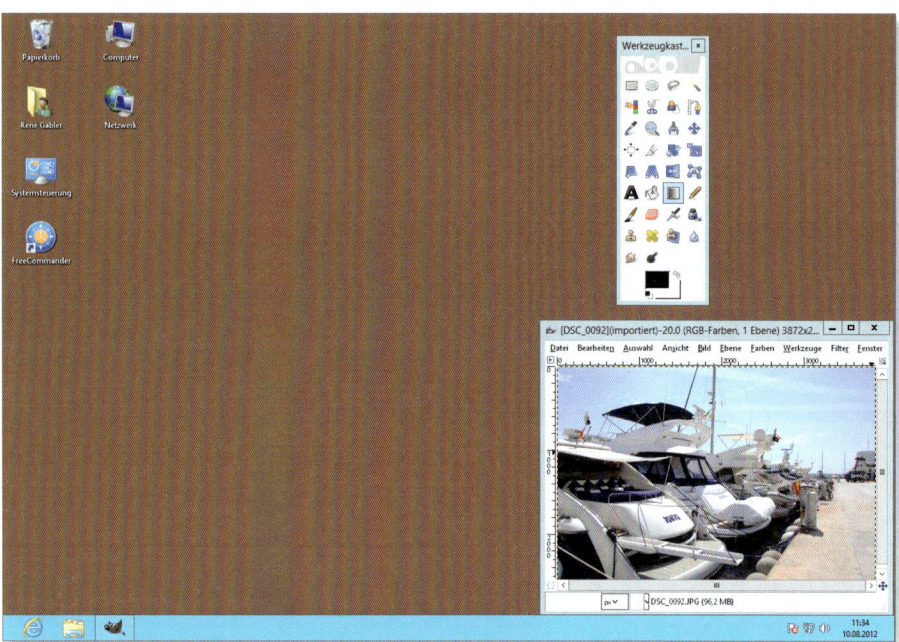

◀ **Abbildung 6.26** *Eine Farbe wirkt zwar eintönig, zeigt aber einen sauber aufgeräumten Bildschirm. Bei geöffneten Anwendungsprogrammen und Spielen sind darunterliegende Designs und Hintergrundbilder sowieso nicht zu sehen.*

TIPP

Noch mehr Farben zur Auswahl
Genügen Ihnen die Farben im Dialog **Desktophintergrund** nicht, klicken Sie auf **Weitere**. Nun können Sie eine der vielen Farben auswählen, die Windows 8 darstellen kann.

Weitere Designs aus dem Internet verwenden

Besonders viele Designs bietet Ihnen Windows 8 nicht gerade an. Insgesamt sind es sieben Aero-Designs. Genügen Ihnen diese nicht, klicken Sie auf **Weitere Designs online beziehen**. Sie finden diesen Link im Dialog **Anpassung** in der rechten oberen Ecke über den Aero-Designs.

Die auf der Microsoft-Webseite aufgelisteten Windows-7-/Windows-8-Designs sollten jeden Anwender zufriedenstellen. Sie finden hier eine große Anzahl unterschiedlicher Designs. Auf der Startseite sind die neuen Designs aufgelistet. Links können Sie über ein Menü eine Kategorie wählen und so ganz spezielle Desktopverschönerungen auf Ihren Rechner laden – so zum Beispiel Motive mit Tieren, Autos, Landschaften und Naturmotive.

INFO

Ein Design als Datei
Die Designs auf der Webseite von Microsoft werden mit *Name.themenpack* bezeichnet. Windows 8 erkennt sie als Designs und legt sie entsprechend ab.

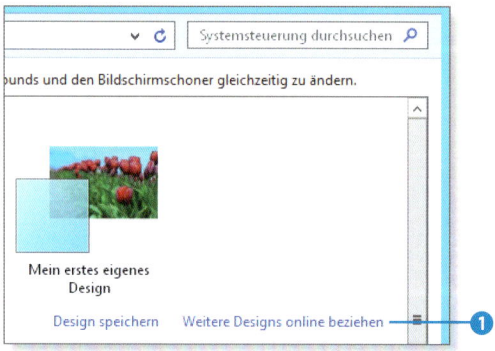

▲ **Abbildung 6.27** *Eine unscheinbare Menüfunktion* ❶ *führt Sie auf eine Microsoft-Seite mit weiteren Designs.*

6.2 Die Aero-Oberfläche individualisieren

◁ **Abbildung 6.28** Die Auswahl der Designs wird ständig erweitert. Sie finden hier auch Motive aktueller Filme. Man könnte fast denken, jemand würde Schleichwerbung machen.

Um ein Design auf Ihrem Rechner zu nutzen, gehen Sie wie folgt vor:

1 Öffnen Sie den Dialog **Anpassung**. Wählen Sie **Weitere Designs online beziehen**.

2 Gehen Sie auf die Microsoft-Seite mit den Designs. Wählen Sie eines der Designs aus. Klicken Sie es mit der Maus an, oder wählen Sie **Herunterladen** ❷.

3 Im Browserdialog klicken Sie auf **Speichern**. Wählen Sie einen Ordner, und bestätigen Sie. Vorgegeben ist der Downloadordner im Benutzerverzeichnis. Haben Sie im Browser nicht eingestellt, dass das Programm bei einem Dateidownload Sie fragt, wo eine Datei abgelegt werden soll, wird automatisch dieses Verzeichnis verwendet. Natürlich können Sie auch ein anderes Verzeichnis wählen.

4 Nach dem Download wählen Sie entweder im Browserdialog **Öffnen**, oder Sie nutzen den Windows-Explorer und begeben sich in das Verzeichnis mit dem heruntergeladenen Design. Doppelklicken Sie darauf. Meldet Ihr Webbrowser, dass eine Website Webinhalte mit Hilfe eines Programms auf dem Computer öffnen möchte, erlauben Sie diese Aktion mit einem Mausklick auf **Zulassen**. Windows 8 erkennt automatisch, dass es sich um ein Design handelt.

5 Das Design erscheint nur im Dialog **Anpassung**. Wählen Sie es hier, wie jedes andere Design auch, aus.

▲ **Abbildung 6.29** Zu jedem Design gibt es in den Details eine Beschreibung und Zusammenfassung des Inhalts.

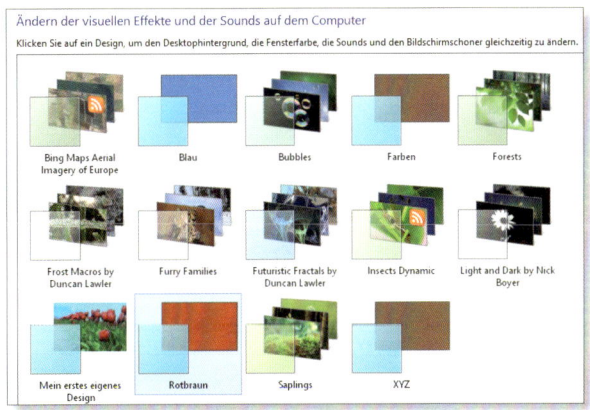

▲ **Abbildung 6.30** In diesem Beispiel habe ich neun verschiedene Designs aus dem Internet geladen.

> **TIPP**
>
> **Mehrere Designs auswählen**
> Natürlich können Sie mehr als ein Design aus dem Internet auf Ihren Rechner laden. Blättern Sie ruhig durch die Webseite, und speichern Sie alle Designs auf Ihren Rechner, die Ihnen gefallen. Sie brauchen nicht allzu viel Speicherplatz. Sie finden die Webseite mit den Designs unter *http://windows.microsoft.com/de-DE/windows/downloads/personalize/themes*. Legen Sie diese als Lesezeichen in Ihrem Browser ab. So können Sie sie schnell und einfach direkt aufrufen.

Manchmal kann ein Design nicht auf dem Rechner gespeichert werden. Beim Herunterladen der verschiedenen Aero-Designs von der Microsoft-Website ist mir dies zweimal passiert. Das mag wohl an einem Fehler im Designpaket liegen. Vorgekommen ist dies bei mir bei dem Harry-Potter- und dem Avatar-Design. Dass die beiden sich nicht verstehen, war ja klar.

Kann man Designs miteinander mischen?

Es wäre doch einmal eine coole Idee, die Hintergrundelemente verschiedener Filmdesigns miteinander zu kombinieren oder auch Landschaften zu erweitern. Die Slideshow der Hintergrundbilder würde so nicht nur fünf, sechs Bilder enthalten – sie könnte richtig umfassend werden.

Sie können durchaus die Hintergrundmotive verschiedener Designs miteinander kombinieren. Öffnen Sie zweimal das Fenster **Anpassung > Desktophintergrund**, und ziehen Sie Hintergrundmotive und Elemente aus dem einen Fenster in das andere. Speichern Sie das zunächst als **Nicht gespeichertes Design** im Dialog aufgelistete Themenpack.

So erhalten Sie Ihren altbekannten Windows-Desktop zurück

Einige Effekte benötigen zusätzliche Rechenleistung. Auf etwas älteren Systemen kann es daher durchaus sinnvoll sein, transparente Effekte und erweiterte visuelle Darstellungen auszuschalten.

Ich möchte Ihnen an dieser Stelle eine ganz einfache Variante empfehlen: Nutzen Sie ein Basisdesign. So stehen Ihnen die Aero-Effekte nicht zur Verfügung. Die gewonnene Rechenleistung können Sie für andere Anwendungen verwenden.

◁ **Abbildung 6.31** Laden Sie ruhig so viele Designs aus dem Internet, wie Sie möchten. So können Sie immer einmal ein anderes nutzen, und der Bildschirmhintergrund wirkt nie eintönig und langweilig.

Im Fenster **Anpassung** können Sie mit **Fensterfarbe** nicht nur dieselbe verändern, sondern auch die Transparenz ausschalten.

▲ **Abbildung 6.32** *Die Transparenz habe ich hier ausgeschaltet.*

Deaktivieren Sie ebenfalls den Bildschirmschoner und den Wechsel des Hintergrundmotivs.

Im **Center für erleichterte Bedienung** können Sie auch alle nicht erforderlichen Animationen ausschalten und so noch etwas mehr Rechenleistung gewinnen. Sie finden diese Funktion im Untermenü **Erkennen von Bildschirmobjekten erleichtern**.

6.3 Die Taskleiste anpassen

Die Taskleiste ist ein wichtiges Element auf dem klassischen Desktop von Windows 8. Sie können ihr Aussehen verändern, Schnellstartsymbole auf der Taskleiste ablegen und den Infobereich an die eigenen Wünsche anpassen.

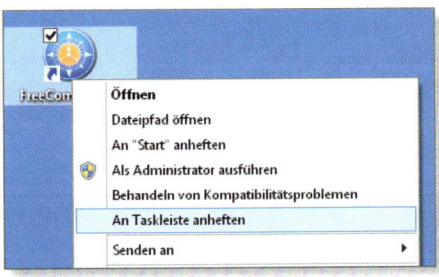

▲ **Abbildung 6.33** *Heften Sie ein Symbol an die Taskleiste an.*

Die Taskleiste anpassen

Um das Schnellstartsymbol eines Programmes in die Taskleiste einzufügen, klicken Sie mit rechts auf das Symbol und wählen über das Kontextmenü **An Taskleiste anheften**.

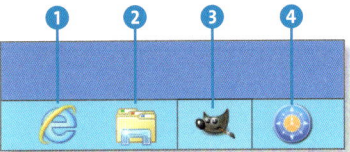

▲ **Abbildung 6.34** *So sieht meine Taskleiste aus: Internet Explorer* ❶*, Windows-Explorer* ❷*, GIMP* ❸ *und FreeCommander* ❹*.*

Größe der Tastleiste anpassen

Die Größe der Taskleiste können Sie mit der Maus anpassen. Fahren Sie mit der Maus auf den oberen Rand der Taskleiste, bis sich der Cursor in einen Doppelpfeil verwandelt.

Drücken Sie nun die linke Maustaste. Halten Sie diese Taste gedrückt, und ziehen Sie die Taskleiste nach oben. Hat diese die gewünschte Größe erreicht, lassen Sie die Maustaste los.

▲ **Abbildung 6.34** *Vergrößern Sie die Taskleiste, wenn Sie dies möchten.*

Auf die gleiche Weise können Sie die Taskleiste wieder verkleinern.

Die Taskleiste ist zunächst am unteren Rand des Desktops angeordnet. Bei gedrückter `Strg`-Taste können Sie mit der Maus die Leiste auch an den oberen linken oder rechten Rand ziehen. Sie rastet am Rand automatisch ein. Wie so oft haben Sie auch hier die Qual der Wahl. Probieren Sie die verschiedenen Möglichkeiten einfach einmal aus, und entscheiden Sie dann ganz nach Ihrem Geschmack.

Kapitel 6: Windows 8 geschickt bedienen

▲ **Abbildung 6.36** Wer es mag, kann die Taskleiste auch am linken, rechten oder oberen Rand des Desktops anordnen. Schauen Sie einfach, wie Sie am bequemsten Ihre Schaltflächen erreichen.

> **TIPP**
>
> **Größe und Position der Taskleiste fixieren**
> Wenn Sie die Funktion **Taskleiste fixieren** aus dem Kontextmenü der Taskleiste wählen, können Sie Größe und Position nicht mehr ändern.

Über das Kontextmenü erreichen Sie ebenfalls den Dialog zum Anpassen der Taskleiste. Hier können Sie noch einmal die Taskleiste fixieren und ihre Position bestimmen, und hier legen Sie auch fest, wie die Schaltflächen in der Taskleiste gruppiert werden.

Über eine Optionsschaltfläche können Sie auch dafür sorgen, dass die Taskleiste automatisch ausgeblendet wird. Sie wird dann nur wieder sichtbar, wenn Sie die Maus an den Rand bewegen, an dem sich die Leiste befindet.

Über den Dialog können Sie einstellen, dass in der Taskleiste kleine Symbole verwendet werden. Auf diese Weise hat die Symbolleiste mehr Platz für Symbole.

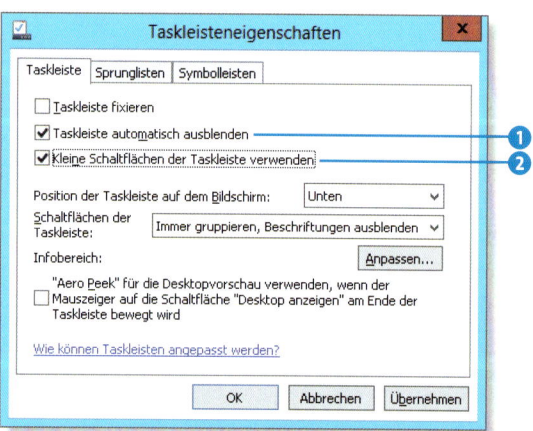

▲ **Abbildung 6.37** In der Taskleiste werden kleine Symbole ❷ verwendet und sie wird automatisch ausgeblendet ❶.

156

6.3 Die Taskleiste anpassen

Über ein Listenfeld wählen Sie, ob die Schaltflächen in der Taskleiste immer gruppiert werden. Alternativ lassen Sie sie dann gruppieren, wenn die Taskleiste voll ist, oder Sie stellen ein, dass die Schaltflächen nie gruppiert werden. Bei den beiden Optionen **Nie gruppieren** und **Gruppieren, wenn die Taskleiste voll ist** werden die Symbole in der Taskleiste auch um die Programmnamen oder die Namen der geöffneten Ordner ergänzt.

> **INFO**
>
> **Aero Peek**
> Die Live-Vorschau geöffneter Dokumente mit Aero Peek in der Taskleiste steht nur mit einem Aero-Design zur Verfügung.

Symbolleisten in der Taskleiste verwenden

Über das Kontextmenü der Taskleiste können Sie die Symbolleisten **Adresse**, **Links**, **Bildschirmtastatur** und **Desktop** anschalten. Diese werden dann der Taskleiste hinzugefügt.

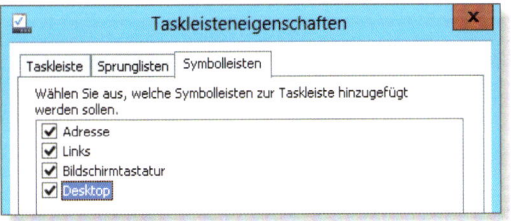

▲ *Abbildung 6.38* In diesem Beispiel habe ich einmal alle vier Symbolleisten zur Taskleiste hinzugefügt.

Im Dialog **Eigenschaften von Taskleiste und Startmenü** finden Sie ein eigenes Register mit dem Namen **Symbolleisten**. Hier können Sie diese ebenfalls an- und ausschalten und so zur Taskleiste hinzufügen oder sie daraus entfernen.

▲ *Abbildung 6.39* Und so sehen die Symbolleisten in der Praxis dann aus.

Eine eigene Symbolleiste erstellen

Sie können auch auf einfache Weise eine eigene Symbolleiste erstellen. Dabei täuscht der Begriff ein wenig: Es handelt sich nicht um eine Symbolleiste wie bei einem Office-Programm; vielmehr wird eine Schaltfläche zu einem Ordner oder Programm erstellt. Ein Beispiel:

1 Öffnen Sie auf der Taskleiste das Kontextmenü, und wählen Sie **Symbolleisten > Neue Symbolleiste**.

2 Wählen Sie einen Ihrer Bilderordner aus, und bestätigen Sie.

In der Taskleiste finden Sie nun einen zusätzlichen Eintrag mit dem Namen des gewählten Bilderordners. Rechts oben können Sie mit einem Doppelpfeil ein Menü öffnen und Bilder auswählen.

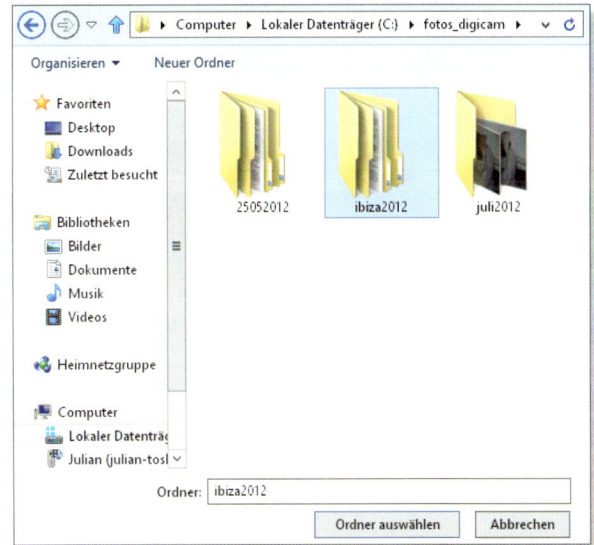

▲ *Abbildung 6.40* Wählen Sie einen Ordner aus, dessen Inhalt als Symbolleiste angezeigt werden soll.

Über das Kontextmenü bestimmen Sie, ob Titel und Text der neuen Symbolleiste angezeigt werden. Wenn Sie die Symbolleiste größer ziehen, werden einzelne Bilddateien oder Ordner als Schaltflächen sichtbar. Diese lassen sich dann mit einem Mausklick öffnen.

Kapitel 6: Windows 8 geschickt bedienen

▲ **Abbildung 6.41** *Zwei neue Symbolleisten: Ordner* ❶ *und Bilddateien* ❷.

Über das Kontextmenü können Sie außerdem die Bilddateien in einem bestimmten Programm öffnen, in eine Bibliothek kopieren und für andere Anwender freigeben.

Natürlich können Sie eine solche Symbolleiste auch mit Office-Dokumenten, Webseiten, Videos, Audiodateien und anderen Daten erstellen.

Den Infobereich von Windows 8 anpassen

Die bereits im Infobereich von Windows 8 vorhandenen Schaltflächen kennen Sie schon. Sie finden hier das Fähnchensymbol mit den Benachrichtigungen, das Netzwerksymbol-Symbol, den Lautstärkeregler und die Uhrzeit, bei Notebooks außerdem ein Symbol, das den Ladezustand der Batterie zeigt.

▲ **Abbildung 6.42** *So sieht die Symbolleiste von meinem Windows-8-Notebook aus.*

Der Treiber Ihrer Grafikkarte und Ihres Druckers sowie andere installierte Programme fügen sehr häufig weitere Symbolschaltflächen hinzu.

Über **Eigenschaften > Anpassen** aus dem Kontextmenü der Taskleiste bestimmen Sie, welche Symbole in der Taskleiste sichtbar sind. Symbole und Benachrichtigungen können angezeigt oder ausgeblendet werden. Auf Wunsch lassen sich auch nur Benachrichtigungen anzeigen.

▲ **Abbildung 6.43** *Durch Klick auf »Anpassen« gelangen Sie in einen Dialog, in dem Sie die Inhalte ändern können.*

Die Liste der Symbole wird durch weitere installierte Programme ergänzt. Über eine Option lassen sich auch immer alle Symbole und Benachrichtigungen anzeigen.

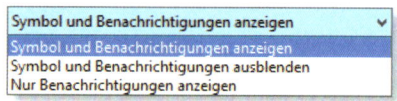

▲ **Abbildung 6.44** *Hier wählen Sie, ob Benachrichtigungen und Symbole angezeigt werden.*

> **TIPP**
>
> **Mein persönlicher Tipp**
> Netzwerk und Lautstärke sind in der Taskleiste sinnvoll. Die Uhrzeitanzeige können Sie durch eine optisch schönere Aero-Uhr ersetzen. Das Wartungscenter muss keine automatischen Meldungen in der Taskleiste ablegen. In der **Systemsteuerung** können Sie unter **Wartungscenter > Wartungscentereinstellungen ändern** die einzelnen Meldungen auch ausschalten.

Den Infobereich anpassen

Lassen Sie uns einmal den Infobereich anpassen:

1 Öffnen Sie auf der Taskleiste das Kontextmenü, und wählen Sie **Eigenschaften**.

2 Klicken Sie im Dialog auf **Anpassen**.

3 Öffnen Sie in der Zeile **Wartungscenter** das Listenfeld, und wählen Sie **Nur Benachrichtigungen anzeigen** ❸. Bestätigen Sie.

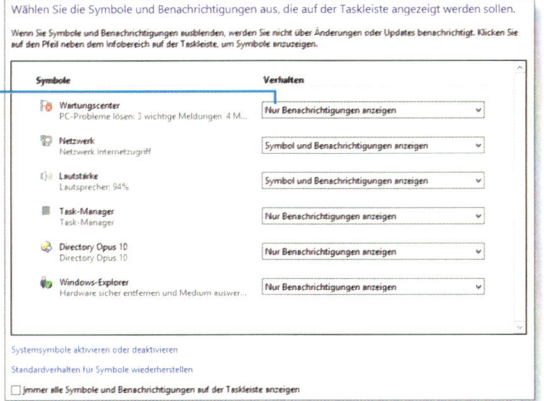

▲ **Abbildung 6.45** Wählen Sie die Symbole und Informationen, die in der Taskleiste angezeigt werden sollen, selbst aus.

4 Klicken Sie auf **Systemsymbole aktivieren oder deaktivieren**. Es erscheint der folgende Dialog:

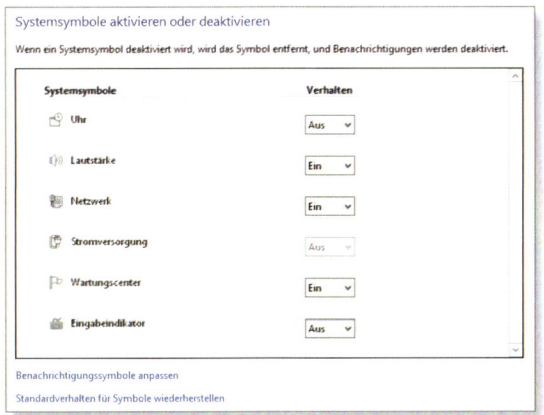

▲ **Abbildung 6.46** Anzeige von Uhr, Lautstärkeregler etc. ein- und ausschalten

Hier können Sie die Systemsymbole ausschalten. Wählen Sie bei der Uhr **Aus**. Bestätigen Sie mit **OK**. Schließen Sie danach alle geöffneten Dialoge.

Die ausgeblendeten Symbole im Infobereich können Sie per Drag & Drop wieder in den Infobereich ziehen. Umgekehrt geht es aber auch. So verändern Sie den Infobereich, ohne ihn über **Anpassen** zu öffnen.

Ich persönlich finde, dass es schöner aussieht und praktischer ist, wenn alle Symbole auf der Taskleiste platziert sind – auch die des Infobereichs.

▲ **Abbildung 6.47** So sieht der Infobereich in der Taskleiste nach dem Anpassen aus: leer und aufgeräumt.

Möchten Sie den Ursprungszustand wiederherstellen, wählen Sie **Anpassen** im Register **Taskleiste** des Dialogs **Eigenschaften von Taskleiste und Startmenü**. Mit **Symbol und Benachrichtigung ausblenden** erhalten Sie wieder das aufklappbare Fenster in der Taskleiste.

Ein Desktopsymbol für Ihr Lieblingsprogramm erstellen

Für oft verwendete Programme lohnt es sich, ein Desktopsymbol zu erstellen. Sie doppelklicken auf das Symbol, und schon wird das verknüpfte Programm geöffnet. Wenn Sie Programme fast jeden Tag starten, lohnt sich das. Gehen Sie dazu so vor:

1 Setzen Sie die Maus auf einen freien Bereich auf Ihrem Desktop. Öffnen Sie das Kontextmenü durch einen Rechtsklick. Wählen Sie **Neu > Verknüpfung** (siehe Abbildung 6.48).

Es öffnet sich nun ein kleiner Assistent, der Sie beim Erstellen der Verknüpfung unterstützt. Keine Sorge – es gibt nur zwei Dialogfenster. Mehr ist nicht notwendig.

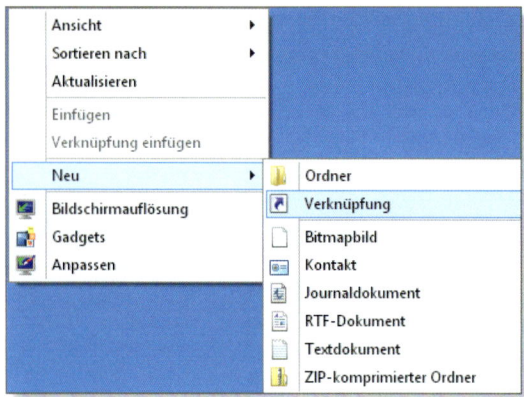

▲ **Abbildung 6.48** *Die Funktion zum Erstellen einer neuen Verknüpfung finden Sie im Kontextmenü des Desktops.*

2 Klicken Sie auf **Durchsuchen**. Begeben Sie sich auf die Partition, auf der sich das gesuchte Programm befindet. Suchen Sie das Verzeichnis, in dem es installiert ist. In meinem Fall befindet sich das Grafikbearbeitungsprogramm auf der Partition D. Hier ist es im Verzeichnis *GIMP-2.8* installiert. Im Ordner */bin* liegt die ausführbare Datei, die das Programm startet. Markieren Sie diese Datei, und bestätigen Sie. Klicken Sie auf **Weiter**.

▲ **Abbildung 6.49** *Wählen Sie die ausführbare Programmdatei aus.*

Die gewählte Programmdatei findet sich samt Pfad im Eingabefeld wieder.

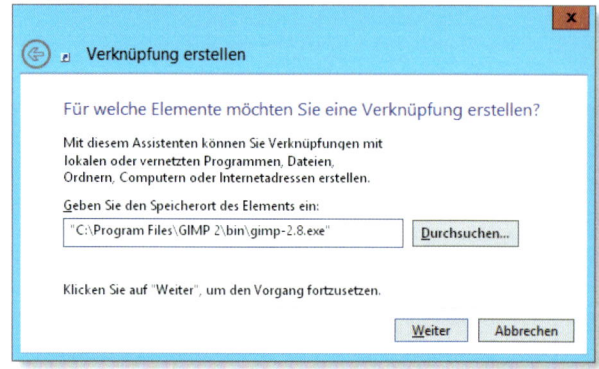

▲ **Abbildung 6.50** *Die Datei samt Pfad*

Erfahrene Anwender können den Verzeichnispfad samt dem Dateinamen auch eintippen, statt ihn über **Durchsuchen** zu wählen.

3 Im letzten Dialog geben Sie einen Namen für die Verknüpfung an. Windows 8 schlägt den Dateinamen der Datei, mit der das Programm gestartet wird, vor; wenn Sie möchten, bestätigen Sie diesen Vorschlag. Beenden Sie den Dialog mit einem Mausklick auf **Fertig stellen**.

Auf dem Windows-Desktop finden Sie nun ein Symbol für das Grafikbearbeitungsprogramm GIMP. Ein Doppelklick genügt, und das Programm wird gestartet.

▲ **Abbildung 6.51** *Das GIMP-Symbol auf dem Desktop*

Erstellen Sie auf die genannte Weise weitere Verknüpfungen für Ihre Lieblingsprogramme. Überfrachten Sie jedoch den klassischen Windows-8-Desktop nicht. Eine kleine Auswahl an Verknüpfungen genügt, sonst verlieren Sie die Übersicht.

6.3 Die Taskleiste anpassen

Öffnen Sie das Kontextmenü über der neu erstellten Verknüpfung, können Sie deren Eigenschaften editieren. Wählen Sie hier z. B. ein anderes Symbol.

Tastenkombination festlegen

Für eine Verknüpfung lässt sich auch eine Tastenkombination festlegen:

1 Wählen Sie **Eigenschaften** aus dem Kontextmenü der Verknüpfung.

2 Setzen Sie den Cursor in das Feld **Tastenkombination** ❶. Drücken Sie die gewünschten Tasten, und bestätigen Sie.

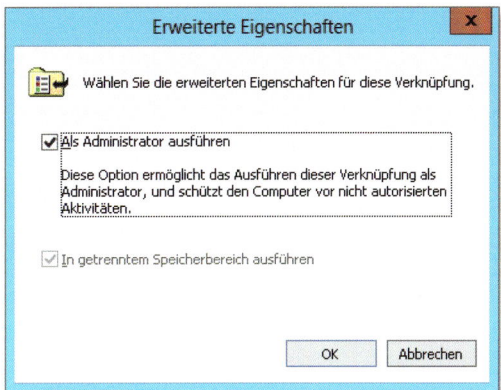

▲ **Abbildung 6.53** Eine Option genügt, und eine Anwendung wird mit Administratorrechten ausgeführt.

ClearType aktivieren und einrichten

Mit ClearType werden die Schriften auf dem Bildschirm geglättet, was kantige Stufeneffekte verhindert. In der **Systemsteuerung** finden Sie die dazugehörenden Einstellungen unter **Darstellung und Anpassung > Anzeige > ClearType-Text anpassen**. Eine Optionsschaltfläche genügt, und die Funktion ist eingeschaltet. In den weiteren Dialogen können Sie mit verschiedenen Textbeispielen ausprobieren, mit welcher Einstellung der Text auf Ihrem Bildschirm am besten zu lesen ist.

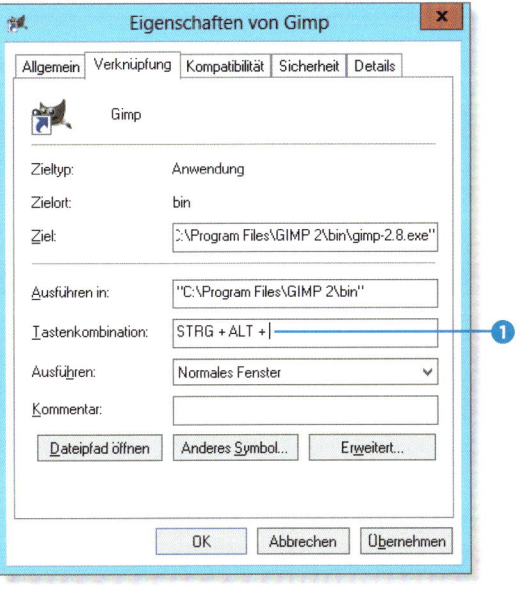

▲ **Abbildung 6.52** Mit `Strg` und `F1` starte ich mein Grafikbearbeitungsprogramm GIMP.

Soll das Programm mit Administratorrechten ausgeführt werden, ist noch ein weiterer Schritt notwendig:

3 Klicken Sie auf die Schaltfläche **Erweitert**. Schalten Sie die Option **Als Administrator ausführen** an. Bestätigen Sie. Schließen Sie die geöffneten Dialogfenster.

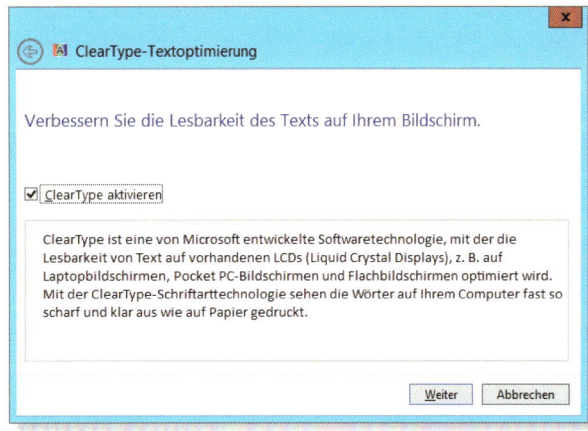

▲ **Abbildung 6.54** ClearType ist standardmäßig auf Windows-8-Systemen angeschaltet.

Erfahrene Anwender können mit der **Systemsteuerung** auch die Farbdarstellung ihres LCDs kalibrieren und eine benutzerdefinierte Textgröße (DPI) bestimmen.

> **INFO**
>
> **Was ist ClearType?**
> ClearType ist ein von Microsoft entwickeltes Verfahren, das Textinhalte auf LCDs besser lesbar macht. Die Schärfe der Textinhalte wird verbessert – und damit auch deren Lesbarkeit.

6.4 So finden Sie weitere Gadgets für Ihren klassischen Desktop

Acht kleine Minianwendungen befinden sich bereits auf einem Windows-8-Rechner. Das sind nicht besonders viele. Jedoch fehlt im Dialogfenster mit den vorgegebenen Gadgets eine Funktion zum Herunterladen von Minianwendungen. Auch auf der Microsoft-Website wird man nicht fündig. Warum ist das so? Microsoft begründet dies mit der folgenden Aussage: »Da unser Schwerpunkt auf den aufregenden Möglichkeiten der neuesten Version von Windows liegt, hostet die Windows-Website nicht länger die Gadgetgalerie.«

Persönlich muss ich sagen, dass es dann vielleicht besser gewesen wäre, die Gadgets gar nicht erst in Windows 8 aufzunehmen. Sie verschönern den klassischen Desktop und bereichern ihn um nützliche Funktionen.

Öffnen Sie den Browser. Geben Sie bei einer Suchmaschine wie Bing oder Google ein: »Gadgets Windows«. So landen Sie auf Webseiten, von denen Sie noch Minianwendungen beziehen können.

Beachten Sie jedoch: In heruntergeladenen Minianwendungen können Computerviren, Spyware und andere Schadprogramme versteckt sein. Microsoft warnt deutlich vor »nicht vertrauenswürdigen Quellen«.

Übrigens: Die Onlinebeiträge von Computermagazinen verweisen meist auf die Microsoft-Seite.

Es gibt jedoch auch Ausnahmen. Einige Computermagazine berichten vom Ende der Minianwendungen und stellen diese auf dem eigenen Server online. Da die Minianwendungen Freeware sind, ist das auch ganz legal. Mein Tipp: Schauen Sie sich im Web um, und achten Sie darauf, wo Gadgets gesammelt und angeboten werden. Halten Sie sich an bekannte Anbieter. So minimieren Sie das Risiko, Computerviren oder Hackertools auf Ihren Rechner zu holen. Verzichten Sie nicht auf ein aktuelles Antivirusprogramm. Scannen Sie die heruntergeladenen Programme vor dem Installieren.

6.5 Den neuen Startbildschirm anpassen

Bereits in Kapitel 4 haben Sie erfahren, wie Sie den neuen Desktop von Windows 8 verändern können. Startseite und Sperrbildschirm ändern Sie über die **PC-Einstellungen**. Beides geschieht über den Abschnitt **Anpassen**. Hier können Sie auch das Profilbild austauschen. Über eine angeschlossene Webcam können Sie ein Bild aufnehmen und sofort als Profilbild verwenden.

Die App-Benachrichtigungen anpassen

Die App-Benachrichtigungen können Sie mit kleinen Schaltern unter **PC-Einstellungen > Benachrichtigungen** verändern. Mit den oberen drei Schaltern bestimmen Sie:

- ob die App-Benachrichtigungen angezeigt werden oder nicht
- ob App-Benachrichtigungen auf dem Sperrbildschirm angezeigt werden
- ob akustische Signale, sogenannte *Benachrichtigungstöne*, zu hören sind, wenn eine App-Benachrichtigung eingeblendet wird

Die erste Option ist global. Das heißt, schalten Sie die Anzeige der App-Benachrichtigungen aus ❶, erscheinen diese weder auf dem neuen Windows-8-Startbildschirm noch auf dem Sperrbildschirm.

6.5 Den neuen Startbildschirm anpassen

▲ *Abbildung 6.56 Ein Schalter genügt, und die System-Apps werden eingeblendet.*

Anschließend werden alle Verwaltungstools auf den Startbildschirm als eigene Kacheln im rechten Bereich angezeigt.

◁ *Abbildung 6.55 Mit dieser Einstellung werden nur Benachrichtigungen der Apps »Kalender« und »Mail« angezeigt.*

In einem Beispiel sollen die App-Benachrichtigungen angepasst werden:

1 Öffnen Sie die Schnelleinstellungen auf dem neuen Windows-8-Startbildschirm.

2 Wählen Sie **PC-Einstellungen ändern**. Wechseln Sie in den Dialog **Benachrichtigungen** ❷.

3 Schalten Sie alle Benachrichtigungen bis auf **Kalender** ❸ und **Mail** ❹ aus. Schließen Sie den Dialog.

System-Apps auf dem neuen Startbildschirm anzeigen

Mit einer einfachen Einstellung lassen sich auf dem neuen Desktop alle wichtigen Apps aus der **Systemsteuerung** einblenden.

Öffnen Sie die **PC-Einstellungen**. Klicken Sie oben auf **Kacheln**, und stellen Sie den Schalter **Verwaltungstools anzeigen** von **Nein** auf **Ja**.

▲ *Abbildung 6.57 Der neue Desktop ist um die Anzeige zahlreicher Apps gewachsen.*

Die Kacheln auf dem neuen Startbildschirm anpassen

Über das Kontextmenü können Sie die App-Grafiken (Kacheln) auf dem neuen Startbildschirm verkleinern.

Kapitel 6: Windows 8 geschickt bedienen

↑ **Abbildung 6.58** *Nur einige Kacheln (rechts oben) werden klein dargestellt.*

Wählen Sie aus dem Kontextmenü aller vergrößerten Kacheln die Option **Kleiner**, werden die Kacheln verkleinert und rutschen mehr zusammen.

↑ **Abbildung 6.59** *Alle Kacheln sind jetzt klein.*

Probieren Sie das Verkleinern der Kacheln einmal aus. Gefällt Ihnen die Darstellung nicht, können Sie die Kacheln wieder über das Kontextmenü vergrößern. Die ursprüngliche Position der Kacheln wird jedoch nicht wiederhergestellt; das müssen Sie selbst tun.

1 Setzen Sie die Maus auf eine Kachel. Drücken Sie die linke Maustaste. Halten Sie die Taste gedrückt, und ziehen Sie die Maus an die gewünschte Position. Lassen Sie nun die Maustaste los.

2 Wiederholen Sie dies mit allen anderen Kacheln, die Sie verschieben wollen.

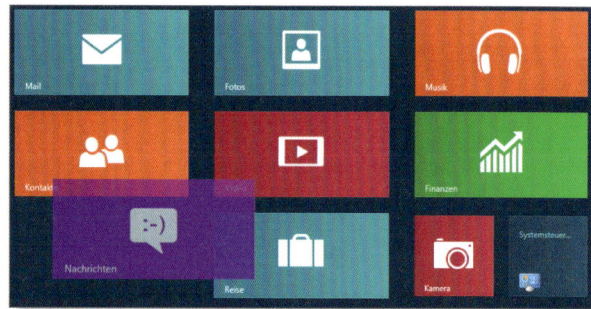

↑ **Abbildung 6.60** *Die Kachel »Nachrichten« wird verschoben.*

Das Wiederherstellen der Kachelpositionen erweist sich als Geduldsprobe. Die anderen Kacheln rutschen nach und bringen die Reihenfolge gehörig durcheinander. Es gibt keine Möglichkeit, die Position einzelner Kacheln festzulegen und ursprüngliche Positionen zu sichern.

Über das Kontextmenü können Sie auch die Live-Vorschau von Kacheln deaktivieren, zum Beispiel bei den Apps **Wetter**, **Nachrichten**, **Kalender** und **Mail**. Dafür öffnen Sie das Kontextmenü der jeweiligen App und wählen **Live-Kachel deaktivieren**.

↑ **Abbildung 6.61** *Die Live-Vorschau wird über das Menü der Kacheln ausgeschaltet.*

164

Kapitel 7
Die Schnelleinstellungen verwenden

Die Schnelleinstellungen sind eine Neuerung in Windows 8. Einige wichtige Einstellungen sind ohne Umwege über die Systemsteuerung erreichbar; die Einstellungen werden ohne komplizierte Dialoge vorgenommen. Sie wählen eine Option aus, und sie wird angewandt. Bei Bedarf lässt sie sich auch ebenso schnell wieder ändern.

Die Schnelleinstellungen werden am rechten Rand des neuen Startbildschirmes eingeblendet. Sie bestehen aus fünf verschiedenen Symbolen: **Suchen**, **Teilen**, **Start**, **Geräte** und **Einstellungen**.

7.1 Die Schnelleinstellungen aufrufen

Rechts unten auf dem neuen Desktop von Windows 8 finden Sie eine kleine Schaltfläche. Führen Sie die Maus darauf, ohne dabei zu klicken. Nach einem kurzen Augenblick werden die Schnelleinstellungen eingeblendet. Fahren Sie nun mit der Maus auf die Schnelleinstellung, die Sie verwenden wollen.

▲ **Abbildung 7.1** *Führen Sie die Maus auf die Schaltfläche rechts unten auf dem neuen Desktop von Windows 8.*

Auf dem klassischen Desktop von Windows 8 führen Sie die Maus ebenfalls in die rechte untere Ecke des Desktops. Warten Sie kurz, bis die Schnelleinstellungen eingeblendet werden.

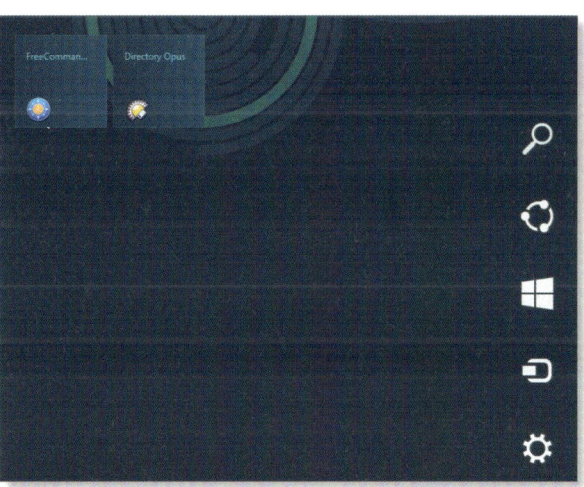

▲ **Abbildung 7.2** *Die Schnelleinstellungen werden eingeblendet.*

7.2 Apps suchen

Gerade bei vielen installierten Apps ist es manchmal schwierig, die Übersicht zu bewahren. Manchmal entfernen Sie vielleicht eine kaum benötigte App von der Oberfläche. Später brauchen Sie sie doch wieder, finden sie aber nicht gleich. In so einem Fall verwenden Sie die Funktion **Suchen**.

1 Rufen Sie diese auf.

2 Geben Sie die Bezeichnung der gesuchten App ein; die ersten Buchstaben genügen – Windows 8 blendet sofort passende Suchergebnisse ein.

3 Befindet sich die gesuchte App in der Liste, wählen Sie sie mit der Maus aus.

▲ **Abbildung 7.3** *Die Funktion zum Suchen von Apps finden Sie gleich an oberster Stelle in den Schnelleinstellungen.*

Es ist wie gesagt nicht notwendig, die komplette Bezeichnung einer App einzugeben. Es genügt ein Wort oder auch die ersten Buchstaben.

▲ **Abbildung 7.4** *Ein Wort genügt!*

Alle passenden Inhalte des Dateimanagers werden gefunden.

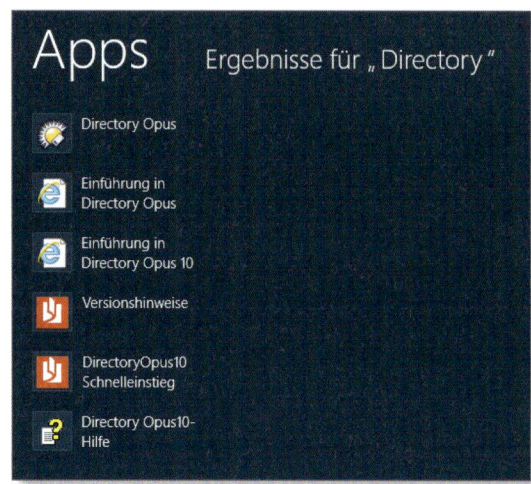

▲ **Abbildung 7.5** *Nun müssen Sie nur noch das Gesuchte auswählen.*

Über die Funktion **Suchen** können Sie auch nach Einstellungen oder Dateien suchen. Wählen Sie einfach die entsprechende Schaltfläche, und geben Sie den gesuchten Begriff ein.

7.3 Die Schnelleinstellung »Start«

Start bringt Sie auf den Desktop von Windows 8 zurück. Ein Mausklick genügt, und die Kacheln Ihres Windows-8-Desktops werden eingeblendet.

▲ **Abbildung 7.6** *Wählen Sie »Start«, um zum Startbildschirm zu gelangen.*

7.4 Die Einstellungen verwenden

Haben Sie einen zweiten Bildschirm eingerichtet, so können Sie diesen aus dem Dialog **Geräte** heraus verwalten.

▲ **Abbildung 7.7** Unter »Geräte« finden Sie die Verwaltung eines zweiten Bildschirmes. Weitere Optionen erreichen Sie unter »Einstellungen«.

In den Einstellungen finden Sie noch einmal eine Möglichkeit, den Desktop einzublenden.

Die Funktion **Kacheln** kennen Sie bereits. Hier können Sie mit einem Schalter die Verwaltungstools zum neuen Windows-8-Desktop hinzufügen. Hier finden Sie auch eine Funktion, mit der persönliche Informationen aus den Kacheln des Windows-8-Desktops gelöscht werden. Dazu wählen Sie **Einstellungen > Kacheln** und dann **Löschen**.

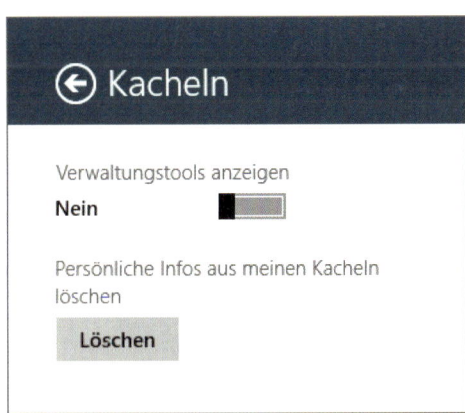

▲ **Abbildung 7.8** Über »Löschen« entfernen Sie persönliche Inhalte aus den Kacheln.

Am unteren Rand der Einstellungen finden Sie sechs weitere Funktionen:

- Netzwerk ❶
- Lautstärke ❷
- Helligkeitsreglung für den Bildschirm ❸
- Benachrichtigungen ❻
- Ein/Aus ❹
- Tastatureinstellungen ❺

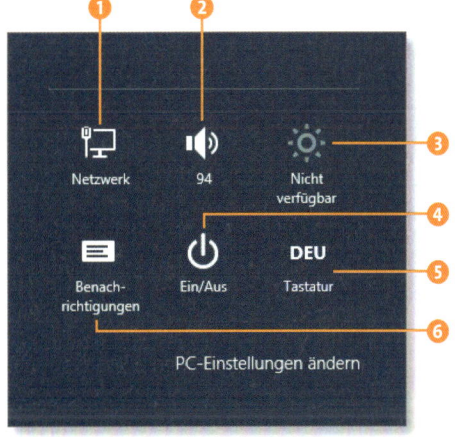

▲ **Abbildung 7.9** Über sieben Schaltflächen stehen verschiedene Einstellungen zur Verfügung.

Wählen Sie die Funktion **Netzwerk**, sehen Sie den Status des Netzwerkes, zum Beispiel **Verbunden**. Öffnen Sie das Kontextmenü, können Sie die Freigabe Ihrer Daten an- oder ausschalten.

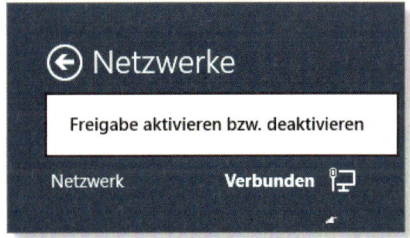

▲ **Abbildung 7.10** Das Kontextmenü des Netzwerkstatus

Aktivieren Sie hier die Freigaben.

167

Klicken Sie auf **Ja, Freigabe aktivieren und Verbindung mit Geräten herstellen**, folgt keine weitere Meldung. Es gibt keinen untergeordneten Dialog.

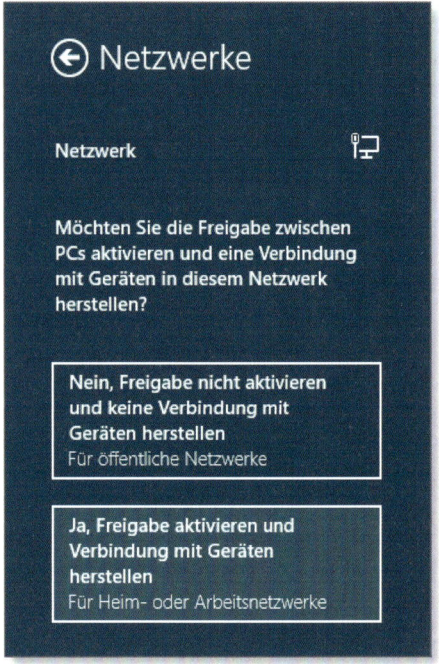

↑ **Abbildung 7.11** *Schalten Sie die Freigaben an, und stellen Sie so Datenverbindungen her.*

Um die Freigabe wieder zu deaktivieren, gehen Sie wie folgt vor:

1 Öffnen Sie die Schnelleinstellungen.

2 Wählen Sie **Netzwerk**. Öffnen Sie das Kontextmenü, und klicken Sie auf **Freigabe aktivieren bzw. deaktivieren**.

3 Klicken Sie auf die Schaltfläche **Nein, Freigabe nicht aktivieren und keine Verbindung mit Geräten herstellen**.

Das zweite Symbol in der oberen Reihe ist, wie Sie sicher erkennen, für die Regulierung der Lautstärke gedacht. Wählen Sie es, wird ein Schieberegler eingeblendet. Schieben Sie ihn nach oben oder unten, um die Lautstärke zu erhöhen oder zu senken.

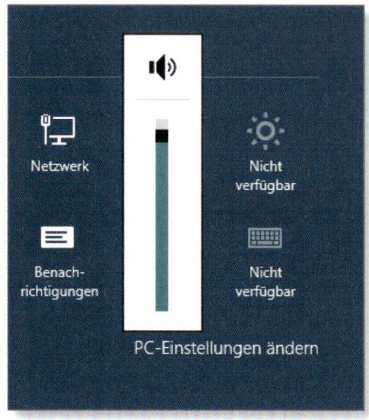

↑ **Abbildung 7.12** *Die Lautstärke der Audioausgabe verändern Sie über einen einfachen Schieberegler.*

Die Helligkeitssteuerung von Windows 8 steht nicht für jeden Monitor zur Verfügung. Der Hersteller muss die Ansteuerung unterstützen. Sie können die Einstellungen jedoch über die Tasten am Monitor verändern.

Nicht immer ist es gewollt, dass eine App aktuelle Informationen auf dem Desktop ausgibt. Manchmal möchten Sie ungestört arbeiten und nicht gleich das aktuelle Wetter, Informationen zu Facebook-Nachrichten oder Kalenderinfos erhalten. In so einem Fall wählen Sie in den Schnelleinstellungen die Schaltfläche **Benachrichtigungen**. Schalten Sie für einen bestimmten Zeitraum alle App-Benachrichtigungen aus. Möglich sind 1, 3 oder 8 Stunden.

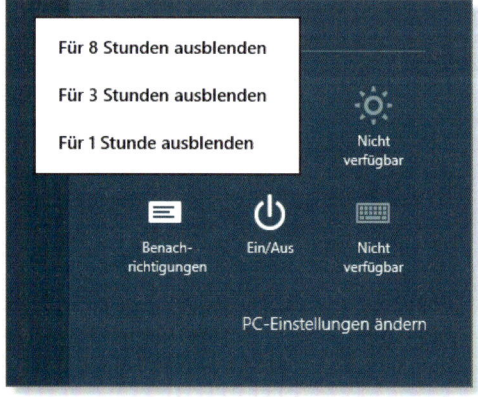

↑ **Abbildung 7.13** *Blenden Sie für einen bestimmten Zeitraum die Benachrichtigungen der Apps aus.*

7.4 Die Einstellungen verwenden

Der Schalter **Ein/Aus** in den Schnelleinstellungen blendet Ihnen die Funktionen **Energie sparen**, **Herunterfahren** und **Neu starten** ein. Diese Funktionen kennen Sie ja bereits. Der Vorteil dabei ist, dass Sie den Rechner auch herunterfahren können, ohne erst über **Abmelden** in den Sperrbildschirm wechseln zu müssen.

∧ **Abbildung 7.14** In den Schnelleinstellungen finden Sie Funktionen zum Herunterfahren, zum Neustart und den Standby-Modus.

Rechts unten in den Schnelleinstellungen sehen Sie eine Schaltfläche, in der Sie das Tastaturlayout und die Spracheinstellung von Windows 8 verändern können.

Darunter finden Sie einen Menüpunkt, mit dem Sie die **PC-Einstellungen** öffnen. Diese lernen Sie in Kapitel 8, »Die PC-Einstellungen ändern«, kennen.

169

Kapitel 8
Die PC-Einstellungen ändern

Möchten Sie nicht nur Ihr Zuhause, sondern auch Ihren PC ganz nach Ihrem Geschmack einrichten? Kein Problem, ich zeige Ihnen wie das geht. Außerdem verrate ich Ihnen ein paar Einstellungen, die Ihnen die Arbeit mit Windows 8 erleichtern.

Nicht nur den klassischen Desktop können Sie ganz nach Ihren Bedürfnissen anpassen, sondern auch den neuen Startbildschirm. Diese Einstellungen und auch weitere finden Sie nicht mehr nur in der Systemsteuerung, sondern auch in den neuen **PC-Einstellungen**.

8.1 Allgemeines zu den PC-Einstellungen

Die **PC-Einstellungen** sind eine weitere Neuerung von Windows 8. Mit den grafisch aufgewerteten Einstellungsdialogen ersparen Sie sich den Weg in die **Systemsteuerung**. Sie müssen keine umständlichen Dialoge durchklicken.

Die **PC-Einstellungen** erreichen Sie über die Schnelleinstellungen. Öffnen Sie diese. Klicken Sie auf **Einstellungen**, und wählen Sie hier **PC-Einstellungen ändern**.

Sie sehen 12 verschiedene Dialoge vor sich. Diese sind im Einzelnen:

- Anpassen
- Benutzer
- Benachrichtigungen
- Suche
- Teilen
- Allgemein
- Datenschutz
- Geräte
- Erleichterte Bedienung
- Einstellungen synchronisieren
- Heimnetzgruppe
- Windows-Update

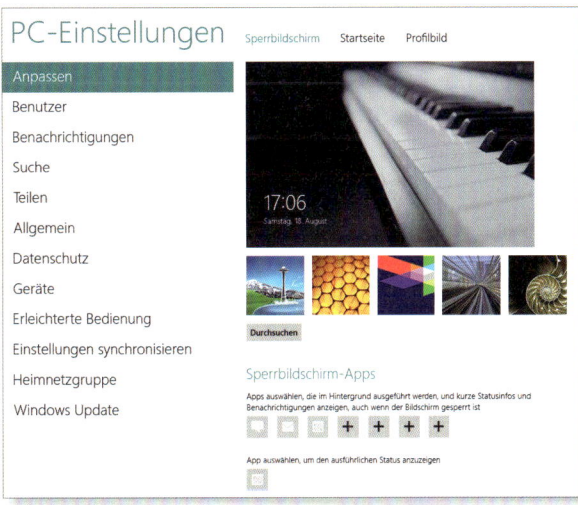

▲ *Abbildung 8.1 Die PC-Einstellungen bieten einen Zugriff auf wichtige Windows-8-Optionen.*

Kapitel 8: Die PC-Einstellungen ändern

Einige Einstellungen haben Sie bereits kennengelernt. Die anderen beschreibe ich Ihnen in den nun folgenden Abschnitten.

8.2 Die Benutzereinstellungen festlegen

Unter **Benutzer** sehen Sie Ihre Kontodaten. Ihr Bild, Ihre E-Mail-Adresse und Ihr Name werden angezeigt. Über eine Schaltfläche können Sie zu einem lokalen Konto wechseln.

INFO

Was versteht man unter einem lokalen Konto?
Ein lokales Konto ist ein Benutzerkonto, das nicht mit einem Windows-Live-Konto verbunden ist.

Unter **Anmeldeoptionen** können Sie Ihr Kennwort verändern, einen Bildcode erstellen oder die PIN ändern. Auch das Hinzufügen weiterer Benutzer ist möglich.

▲ *Abbildung 8.2* Legen Sie die Einstellungen zu Ihrem Benutzerkonto fest.

INFO

Die Daten Ihres Benutzerkontos online abrufen
Sie finden im Internet eine Webseite mit Ihren Kontodaten: Öffnen Sie den Webbrowser, und geben Sie die Adresse *https://account.live.com/* ein.

Persönliche Daten synchronisieren

Die Kennwörter für Apps, Websites und Netzwerke werden erst mit einem anderen Rechner oder Onlinespeicherplatz synchronisiert, wenn Sie es bestätigen.

1 Klicken Sie auf **Diesem PC vertrauen**.

2 Der Internet Explorer wird gestartet. Sie sehen die Seite **Dein Konto** vor sich. Ihre E-Mail-Adresse, mit der Sie sich anmelden, ist bereits eingetragen. Geben Sie Ihr Passwort ein, und bestätigen Sie mit **Anmelden**.

▲ *Abbildung 8.3* Das Kennwort müssen Sie zur Prüfung Ihrer Identität bestätigen.

3 Die Seite Ihres Windows-Live-Kontos wird angezeigt. Bestätigen Sie hier noch einmal, dass dem PC vertraut werden kann.

8.2 Die Benutzereinstellungen festlegen

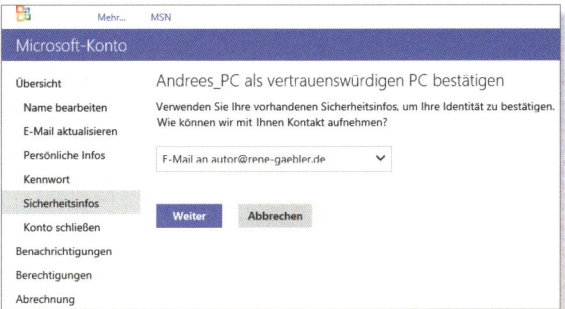

▲ **Abbildung 8.4** *Mit einer Schaltfläche legen Sie fest, dass es sich um einen vertrauenswürdigen PC handelt.*

4 Die **Sicherheitsinfos** bestätigen Sie.

5 Sie erhalten nun eine E-Mail mit weiteren Hinweisen. Öffnen Sie Ihr E-Mail-Konto. Schauen Sie, ob Sie eine Nachricht von Microsoft erhalten haben. Öffnen Sie diese.

Das Passwort ändern

Möchten Sie Ihr Passwort verändern, gehen Sie wie folgt vor:

1 Öffnen Sie die **PC-Einstellungen**. Wechseln Sie nach **Anpassen**. Klicken Sie auf **Kennwort ändern**.

2 Tragen Sie im nächsten Dialog Ihr altes, bisheriges Passwort ein. Geben Sie in dem Feld darunter das neue Kennwort ein. Mit einer erneuten Eingabe bestätigen Sie es. Klicken Sie auf **Weiter**.

▲ **Abbildung 8.5** *Um die Sicherheit zu erhöhen, passen Sie das Kennwort an.*

> **INFO**
>
> **Kennwörter verwenden**
> Windows 8 besteht darauf, dass ein Kennwort aus mindestens acht einzelnen Zeichen besteht. Mindestens zwei Elemente müssen Großbuchstaben, Kleinbuchstaben, Zahlen oder Symbole sein. Nur ein Wort genügt leider nicht und wird vom Betriebssystem nicht angenommen, es sei denn, Sie kombinieren in diesem Wort Groß- und Kleinschreibung.

Einen Bildcode erstellen

Ein Bildcode ist eine neue Möglichkeit, Ihr Benutzerkonto zu sichern und mit einer Windows-Geste freizuschalten. Nutzen können Sie dies auf einem Tablet mit Windows 8 oder wenn Sie einen Touchscreen benutzen.

1 Öffnen Sie die **PC-Einstellungen**. Wählen Sie **Anpassen > Bildcode erstellen**.

2 Geben Sie Ihr Passwort ein (siehe Abbildung 8.6).

3 Wählen Sie eine der Bilddateien aus.

4 Zeichnen Sie auf dem Bildschirm eine Folge von Kreisen, geraden Linien und Tippbewegungen. Bestätigen Sie dies.

▲ **Abbildung 8.6** *Ein Bildcode wird erstellt.*

Für die Anmeldung am Rechner wird der erstellte Bildcode verwendet. Der Vorteil: Sie müssen sich kein kompliziertes Passwort merken.

PIN erstellen

Die PIN ermöglicht das Anmelden an Ihrem Rechner mit einem vierstelligen Zahlencode.

1 Wählen Sie in den **PC-Einstellungen Anpassen > PIN erstellen**.

2 Geben Sie das zu Ihrem Benutzerkonto gehörende Passwort ein.

3 Geben Sie vier Ziffern ein. Bestätigen Sie mit einer zweiten Eingabe den Code, und klicken Sie auf **Fertig stellen**.

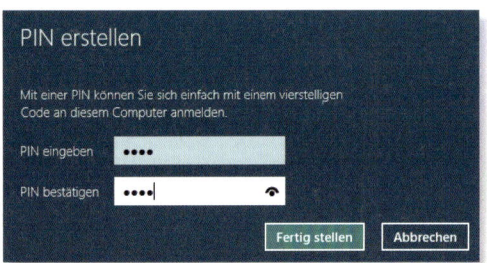

▲ **Abbildung 8.7** *Die PIN ist eine Alternative zur Kombination Name + Passwort.*

Einen Benutzer hinzufügen

In den **PC-Einstellungen** können Sie auch einen neuen Benutzer erstellen.

1 Öffnen Sie die **PC-Einstellungen**. Wählen Sie Benutzer, und klicken Sie rechts unten auf **Benutzer hinzufügen**.

2 Tragen Sie nun die E-Mail-Adresse des Benutzers ein.

Die Sucheinstellungen anpassen

In den Sucheinstellungen legen Sie fest, welche Apps für eine Suche verwendet werden. Sie können Suchvorgänge beeinflussen und den Verlauf der bisherigen Suche löschen.

Die am häufigsten gesuchten Apps werden ganz oben in der Liste angezeigt. Möchten Sie dies nicht, stellen Sie den gleichnamigen Schalter auf **Aus**.

Windows 8 speichert alle gemachten Suchvorgänge. Suchen Sie erneut nach Apps, werden alte Suchvorgänge angezeigt und angeboten. Mit einem Schalter deaktivieren Sie dies.

Klicken Sie auf die Schaltfläche **Verlauf löschen**.

▲ **Abbildung 8.8** *Eine Option aktivieren Sie mit einem einfachen Schalter.*

Mit einer Reihe Schalter können Sie bestimmen, welche Apps für Suchvorgänge genutzt werden und welche nicht.

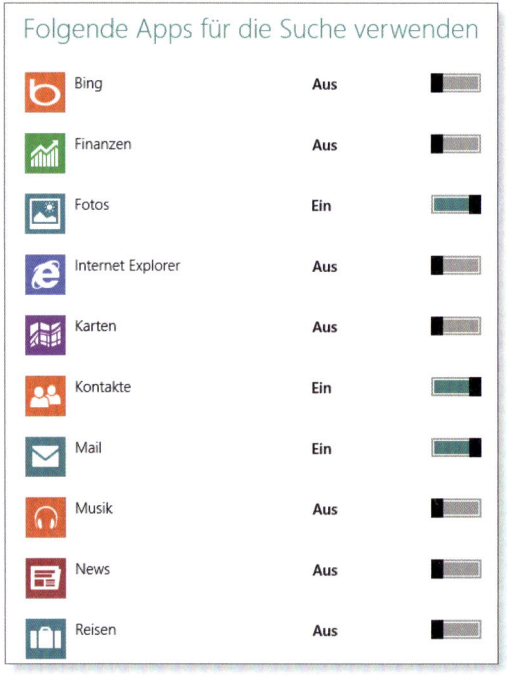

▲ **Abbildung 8.9** *Wählen Sie aus, welche Apps für die Suche verwendet werden.*

8.3 Inhalte teilen

In den **PC-Einstellungen** unter **Teilen** legen Sie verschiedene Einstellungen fest, die beim Teilen von Daten mit anderen Nutzern eine Rolle spielen.

▲ **Abbildung 8.10** *Legen Sie mit Schaltern fest, welche Apps zum Teilen genutzt werden.*

Mit einem Schalter ganz oben auf der Seite bestimmen Sie, dass die am häufigsten für das Teilen von Inhalten verwendete App ganz oben in der Liste steht. Mit einem weiteren Schalter wird die Liste der am häufigsten geteilten Elemente angezeigt.

In der Liste der Apps werden in der Vorgabeeinstellung fünf Elemente angezeigt. Mit einer Schaltfläche können Sie den Inhalt der Liste löschen. Über das Listenfeld erhöhen Sie die Anzahl der Elemente oder verringern sie.

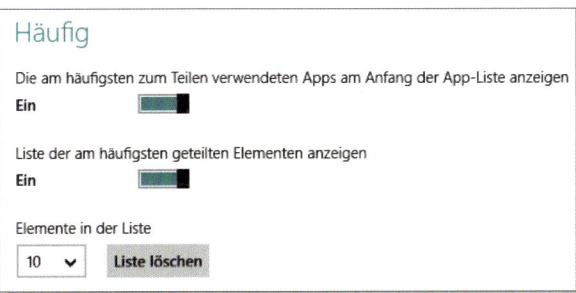

▲ **Abbildung 8.11** *In diesem Beispiel habe ich die Liste der Elemente auf 10 verlängert.*

Die Apps, die für das Teilen von Inhalten verwendet werden können, werden aufgelistet. In der Vorgabeeinstellung sind dies die Apps **Kontakte**, **Mail** und SkyDrive. Mit einem Schalter hinter jeder App können Sie diese auch deaktivieren.

Allgemeine Einstellungen

Wie der Name dieser Kategorie verrät, sind hier verschiedene Einstellungen zusammengefasst. Dazu gehören die Einstellung der Zeitzone, das Verhalten beim Wechsel von einer App zu einer anderen, Einstellungen zur Rechtschreibung und Sprache. Daneben können Sie die Größe von Apps beschränken, den PC auffrischen oder neu installieren. Auch das Starten des Rechners aus dem Dialog heraus ist möglich.

Die Uhrzeit einstellen

1 Öffnen Sie die **PC-Einstellungen**. Wählen Sie **Allgemein** ❷.

2 Öffnen Sie das Listenfeld unter **Uhrzeit**, und wählen Sie die für Ihren Standort passende Zeitzone. Im Beispiel ist dies **Amsterdam, Berlin, Bonn ...** ❸

▲ **Abbildung 8.12** *Auch die Zeiteinstellungen legen Sie mit Schaltern fest.*

3 Den Schalter **Automatisch auf Sommerzeit anpassen** ❶ belassen Sie in der Stellung **Ein**.

▲ *Abbildung 8.13* *Welche Zeitzone soll es denn sein?*

Die Einstellungen zum App-Wechsel festlegen

Windows 8 erlaubt in der Vorgabeeinstellung den Wechsel zwischen den zuletzt verwendeten Apps. Möchten Sie diese Möglichkeit nicht nutzen, setzen Sie den Schalter **Wechsel zwischen zuletzt verwendeten Apps zulassen** auf **Aus**. Tun Sie dies, so steht auch die nachfolgende Funktion nicht zur Verfügung.

Mit einem weiteren Schalter wechselt Windows 8 bei einer bestimmten Bewegung zu der zuletzt verwendeten App. Verwendet wird hierfür eine Geste. Sie führen auf dem Touchscreen oder dem Tablet-Display eine Streifbewegung von links nach rechts aus. Auch diese Möglichkeit können Sie mit einem Schalter ausschalten.

Mit einer Schaltfläche wird der Verlauf der bisherigen Aktionen gelöscht. Windows 8 protokolliert den Wechsel zwischen verschiedenen Apps. Von Zeit zu Zeit löschen Sie das Protokoll. So sparen Sie wertvollen Speicherplatz.

▲ *Abbildung 8.14* *Bestimmen Sie, wie Apps sich verhalten.*

Rechtschreibung und Sprache einstellen

Windows 8 besitzt bereits eine eingebaute Rechtschreibprüfung. Sie kennzeichnet Fehler in E-Mails, im Notizbuch und anderen Apps. Die gefundenen Rechtschreibfehler werden automatisch korrigiert. Möchten Sie dies nicht, so stellen Sie die Schalter **Rechtschreibung automatisch korrigieren** und **Rechtschreibung hervorheben** auf **Aus**.

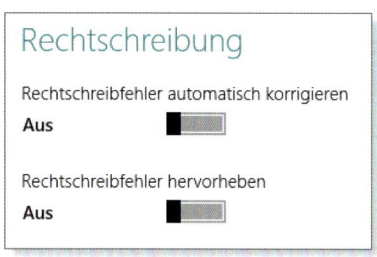

▲ *Abbildung 8.15* *Kennzeichnung und automatische Korrektur in den Apps sind ausgeschaltet.*

Die Spracheinstellungen führen Sie in einen Dialog der **Systemsteuerung**. Hier nehmen Sie verschiedene Einstellungen zu Eingabemethode, Tastaturlayout und Sprache vor.

Die Größe der installierten Apps einsehen

Diese Funktion ist rein informativ. Die auf Ihrem Rechner installierten Apps werden überprüft. In einer Liste gibt Windows 8 die Größe dieser Apps aus.

Mit der Funktion finden Sie Apps, die sehr viel Speicher verbrauchen. Nutzen Sie diese nicht, lohnt es sich allemal, sie zu deinstallieren.

▲ *Abbildung 8.16* *Klicken Sie auf »App-Größen anzeigen«. Windows 8 scannt dann alle installierten Apps.*

8.4 Einstellungen zum Datenschutz des Rechners

Über das Auffrischen und Neu-Aufsetzen von Windows 8 lesen Sie in Kapitel 30, »Probleme lösen«, ab Seite 687.

▲ **Abbildung 8.17** *Ganz oben sehen Sie die Apps, die am meisten Speicherplatz brauchen.*

8.4 Einstellungen zum Datenschutz des Rechners

Der Namen dieser Kategorie lässt vermuten, dass Sie hier die Firewall und das Schutzprogramm Windows Defender einrichten. Dem ist leider nicht so.

▲ **Abbildung 8.18** *Die Datenschutzeinstellungen habe ich auf »Aus« stehenzulassen.*

Mit zwei Schalten können Sie festlegen, dass Apps auf Ihren Namen und Ihr Profilbild zurückgreifen und dass die Webadressen, auf die Apps zugreifen, an den Windows Store gesendet werden. Dort werden diese Meldungen ausgewertet. Apps, die Sie ausspionieren, werden aus dem Store entfernt.

Das Übertragen der eigenen Position

So unterbinden oder erlauben Sie das Übertragen Ihrer Position und anderer persönlicher Daten:

1 Öffnen Sie die **Systemsteuerung**. Wählen Sie **Hardware und Sound** > **Standorteinstellungen**.

2 Schalten Sie die Option **Plattform für Windows-Position aktivieren**. Bestätigen Sie mit **Anwenden**.

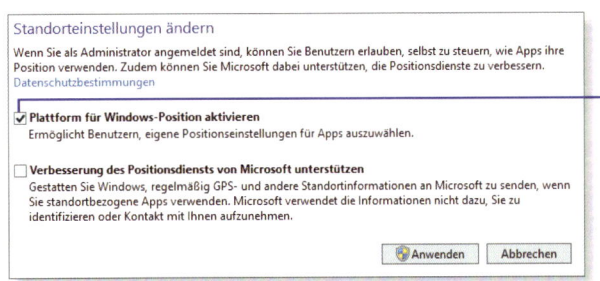

▲ **Abbildung 8.19** *Mit nur einer Option* ❶ *erlauben dem Sie Betriebssystem, Ihren Standort zu ermitteln und zu übertragen.*

3 Öffnen Sie die **PC-Einstellungen**. Wechseln Sie nach **Datenschutz**. Stellen Sie den obersten Schalter auf **Ein**.

4 Sofern Sie möchten, erlauben Sie auch das Nutzen Ihres Namens, Ihres Profilbildes und das Übertragen von Webinhalten.

▲ **Abbildung 8.20** *Nun können Sie alle Schalter auf »Ein« setzen.*

8.5 Geräteeinstellungen

In den **PC-Einstellungen** finden Sie unter **Geräte** verschiedene Hardwarekomponenten. Dazu zählen Maus, Tastatur, Lautsprecher und Monitor. Je nach Ihrer Hardware sind weitere Komponenten aufgelistet.

Stellen Sie den Schalter **Download über getaktete Verbindungen** auf **Ein**. So überprüft Windows 8, ob für die Hardware neue Treiber und Apps verfügbar sind.

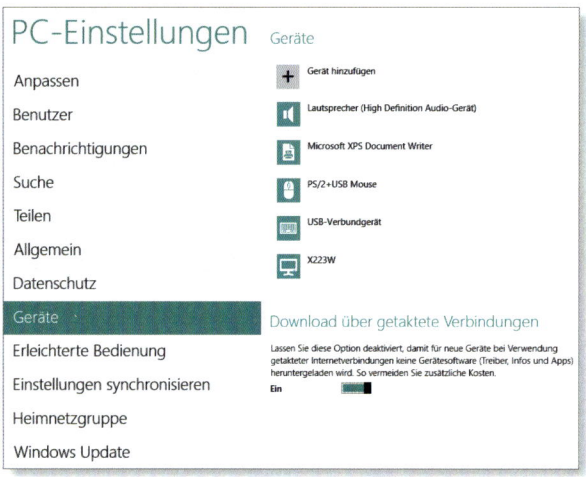

▲ Abbildung 8.21 *In den Geräteeinstellungen finden Sie Maus, Tastatur und Lautsprecher.*

8.6 Einstellungen für die erleichterte Bedienung

In dieser Kategorie finden Anwender mit einer Sehschwäche verschiedene Einstellungen, die die Verwendung Ihres Rechners vereinfachen. Mit der Tastenkombination ⊞+◁ können Sie die Sprachausgabe aktivieren. Möglich ist auch, die Bildschirmlupe oder die Bildschirmtastatur einzublenden. Sie stellen hier ein, wie lange Benachrichtigungen auf dem Bildschirm eingeblendet werden. Erhöhen Sie die Vorgabe von 5 Sekunden auf 15 Sekunden. In einem weiteren Listenfeld erhöhen Sie die Breite des Cursors und verbessern so dessen Lesbarkeit.

Die Einstellungen zur erleichterten Bedienung richten sich an sehbehinderte PC-Anwender. Sie können z. B. auf eine Bildschirmlupe zurückgreifen. In diesem Beispiel habe ich die Bildschirmlupe ausgewählt, die Anzeigezeit für Benachrichtigungen auf 15 Sekunden erhöht und den Cursor auf 3 verbreitert.

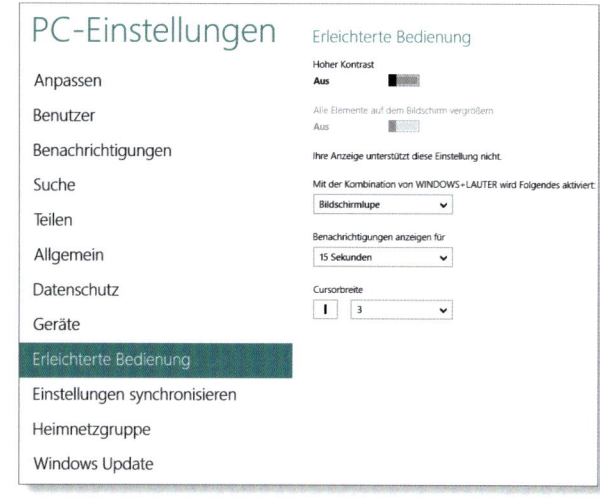

▲ Abbildung 8.22 *Die Einstellungen zur erleichterten Bedienung*

8.7 Einstellungen synchronisieren

Wie der Name dieser Kategorie bereits verrät, legen Sie hier fest, ob und welche Einstellungen Sie synchronisieren. Wozu ist das gut?

Besitzen Sie mehrere Rechner mit Windows 8, können Sie einen Windows-Live-Account mit ihm verbinden. Sie passen einen Rechner an Ihre Wünsche und Bedürfnisse an. Diese Einstellungen werden auf Ihrem Windows-Live-Konto abgespeichert. Auf den anderen Rechnern legen Sie nur fest, dass Sie die Einstellungen synchronisieren möchten, und verknüpfen Ihr Windows-Live-Konto auch mit diesen Rechnern. So haben Sie ein und dieselbe Arbeitsumgebung auf mehreren Windows-8-Rechnern.

8.8 Die Heimnetzgruppe einrichten

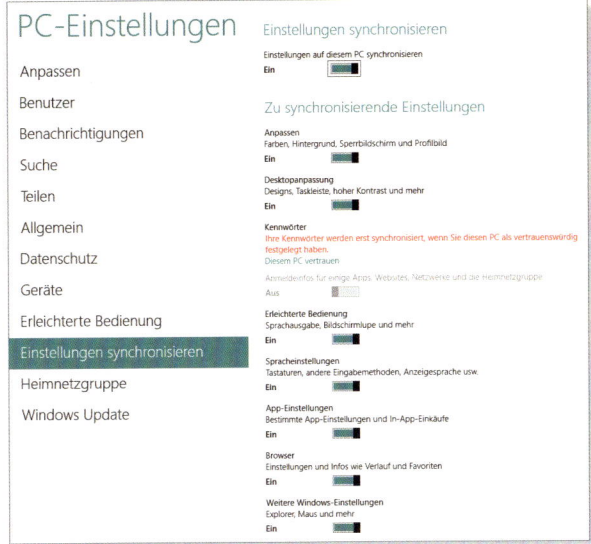

▲ **Abbildung 8.23** *Die verschiedenen PC-Einstellungen können sehr einfach synchronisiert werden.*

Die folgenden Einstellungen werden beim Synchronisieren mit allen Windows-8-Rechnern, die mit einem Windows-Live-Account verknüpft sind, abgeglichen:

- Desktophintergrund
- Gestaltung des Sperrbildschirmes
- verwendetes Profilbild
- Desktopdesign
- Einstellungen der Taskleiste
- Einstellungen zur erleichterten Bedienung (hoher Kontrast, Bildschirmlupe, Bildschirmtastatur, vergrößerter Cursor)
- Spracheinstellung
- verwendetes Tastaturlayout
- Anzeigesprache
- Einstellungen für Apps und App-Einkäufe
- Verlauf und Favoriten des Internet Explorers

- Einstellungen zum Windows-Explorer
- Mauskonfiguration
- verschiedene Windows-Anpassungen
- Kennwörter

Die Kennwörter werden nur synchronisiert, wenn Sie dem PC vertrauen.

8.8 Die Heimnetzgruppe einrichten

Ist Ihr Rechner Teil eines Heimnetzwerkes, können Sie über die **PC-Einstellungen** das Teilen von Dateien erlauben.

1 Öffnen Sie die **PC-Einstellungen**. Wählen Sie **Heimnetzgruppe** ❷. Klicken Sie auf die Schaltfläche **Einstellungen zum Teilen** ❶.

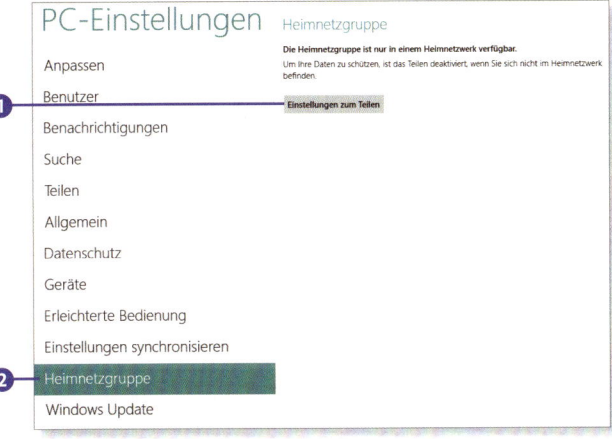

▲ **Abbildung 8.24** *In der »Heimnetzgruppe« gibt es nicht viele Optionen.*

2 Am rechten Rand werden die Funktionen zum Teilen eingeblendet. Wählen Sie hier **Ja, Teilen aktivieren mit Geräten verbinden**.

Kapitel 8: Die PC-Einstellungen ändern

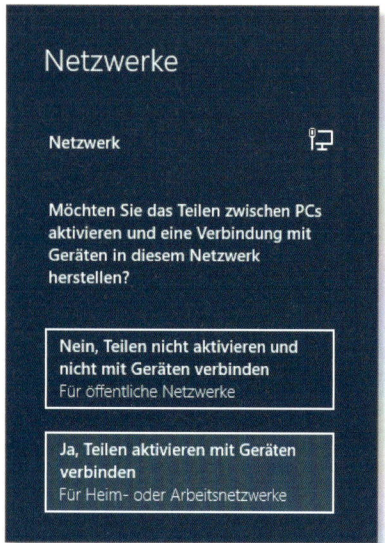

▲ **Abbildung 8.25** *Schalten Sie das Teilen von Inhalten unter »Netzwerke« an.*

> **INFO**
>
> **Vorsicht beim Erstellen einer neuen Windows-Live-Adresse**
>
> Das Verknüpfen von Windows-8-Benutzerkonten mit Windows Live führt in einigen Fällen noch zu Fehlern. Geben Sie bei Ihrem Windows-Live-Konto eine andere E-Mail-Adresse an, wird die alte E-Mail gelöscht. Damit stehen alle Daten auf Ihrem Windows-Live-Konto nicht mehr zur Verfügung. Das betrifft Ihre E-Mails bei Hotmail, Ihre Daten bei SkyDrive und sonstige bei Windows Live abgelegte Dienste. Das Zurückstellen der Einstellungen funktioniert nicht, weil Windows Live den Kontonamen nicht mehr kennt. Die neue E-Mail-Adresse wird automatisch für Ihr Windows-8-Konto übernommen. Die alte finden Sie online noch unter **Andere E-Mail-Adressen**.

8.9 Ein Windows-Update durchführen

In den **PC-Einstellungen** richten Sie in der Kategorie **Update** die von Microsoft empfohlenen Einstellungen ein. Damit sucht das Betriebssystem automatisch nach verfügbaren Updates und lädt sie selbständig auf Ihren Rechner.

▲ **Abbildung 8.26** *Unter »Windows Update« schalten Sie die empfohlenen Einstellungen an.*

Kapitel 9
Der Windows-Explorer

Der Microsoft-Dateimanager Windows-Explorer ist das wichtigste Hilfsmittel bei der Arbeit mit Ihrem Computer. Mit ihm öffnen Sie Dateien, sortieren Verzeichnisse und schauen sich den Inhalt von Festplattenpartitionen und USB-Medien an. Der Dateimanager kann aber noch einiges mehr.

Ich möchte Ihnen in diesem Kapitel die Funktionen und Möglichkeiten des Windows-Explorers vorstellen. Ich erkläre Ihnen den Umgang mit der neuen Multifunktionsleiste des Dateimanagers. Sie werden erfahren, wie Sie durch die Verzeichnisse der verschiedensten Medien navigieren und mit Dateien umgehen. Ich zeige Ihnen, wie Sie Dateien suchen und dabei auch Metazeichen verwenden. Sie werden erfahren, wie Sie den Dateimanager an Ihre eigenen Bedürfnisse und Wünsche anpassen, und Sie werden noch einiges mehr lernen, beispielsweise wie Sie mit Bibliotheken und mit Freigabeoptionen arbeiten.

9.1 Die neue Multifunktionsleiste des Windows-Explorers

Wenn Sie bereits eine ältere Version von Windows genutzt haben, werden Sie sich ein wenig umgewöhnen müssen. Der Dateimanager von Windows 8 besitzt eine Multifunktionsleiste, so wie auch die Programme von Office 2007 und 2010. Doch es ist nicht schwer, sich mit der Multifunktionsleiste vertraut zu machen und mit ihr zu arbeiten. Einen kleinen Einstieg dazu möchte ich Ihnen nun geben.

Der neue Aufbau des Windows-Dateimanagers

Der Dateimanager besitzt eine *Multifunktionsleiste*. In ihr finden Sie die drei Standardregister **Start**, **Freigeben** und **Ansicht** ❶ (siehe Seite 182). Die Register vereinfachen das Verwenden der verschiedenen Funktionen. Unter den Registern sehen Sie eine Leiste mit dem aktuellen Verzeichnispfad ❷. Rechts daneben gibt es ein Suchfeld ❸. Darunter sehen Sie den Navigationsbereich ❹ und die Anzeige der Ordner und Dateien ❺.

Alle Befehle und Funktionen sind in verschiedene Gruppen sortiert. Diese sind so zusammengestellt, dass Sie schnell die gesuchte Funktion finden. Im Register **Start** finden Sie zum Beispiel in der Gruppe **Zwischenablage** die Funktionen **Kopieren**, **Einfügen**, **Ausschneiden**, **Pfad kopieren** und **Verknüpfung einfügen**.

Einige Funktionen sind mit Schaltflächen direkt abrufbar. Bei anderen weist ein kleiner nach unten zeigender Pfeil auf ein Auswahlmenü hin ❻. Das ist bei **Verschieben nach** und **Kopieren nach** so. Hier wählen Sie über das aufklappbare Listenmenü das Ziel der Aktion. Wenn Sie die Multifunktionsleisten aus den Office-Programmen schon kennen, wird Ihnen der Umstieg leicht fallen. Aber auch, wenn das Konzept Ihnen neu

Kapitel 9: Der Windows-Explorer

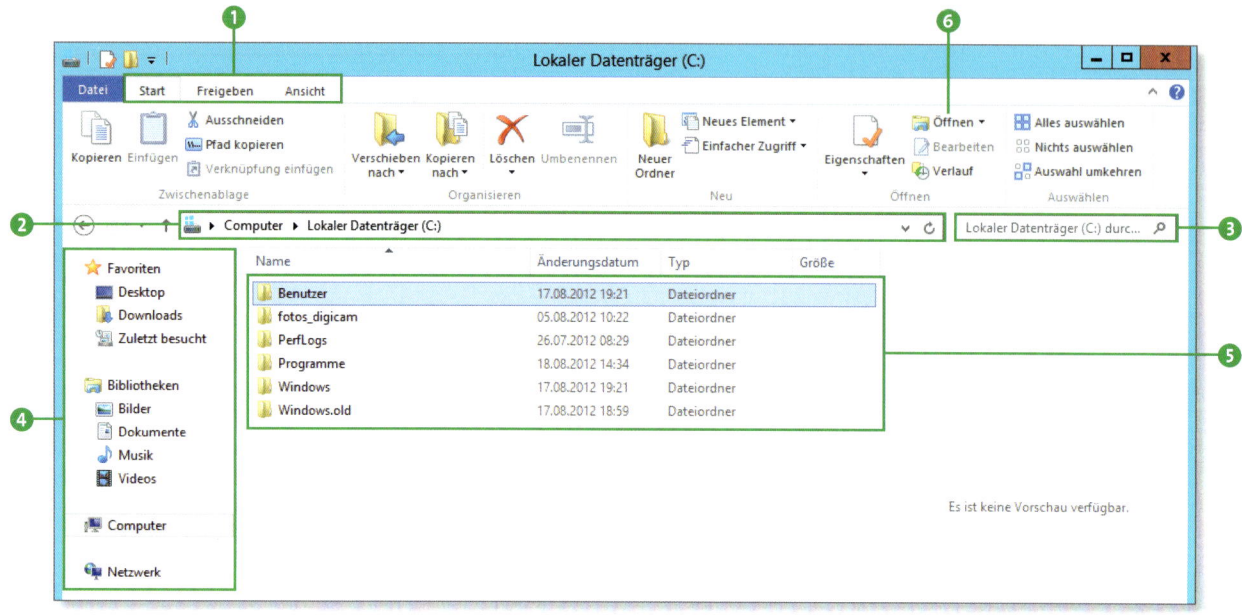

▲ **Abbildung 9.1** Anwender, die Windows 7, Vista oder XP genutzt haben, müssen sich beim Windows-Explorer an die neue Oberfläche gewöhnen. Das dauert jedoch nicht lange. Die Funktionen sind sinnvoll in Register aufgeteilt.

ist, werden Sie sich schnell daran gewöhnen, denn eigentlich sind so alle Funktionen übersichtlich sortiert.

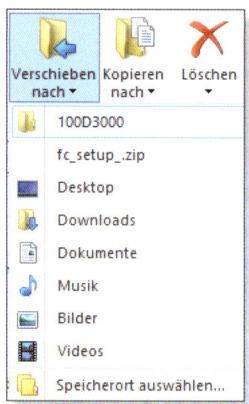

▲ **Abbildung 9.2** Die Funktionen »Verschieben« und »Kopieren nach« sind neu.

Der Windows-Explorer besitzt, im Gegensatz zu den Office-Programmen, nur wenige Listenmenüs. Im Register **Ansicht** können Sie unter **Layout** verschiedene Möglichkeiten wählen. Einige sind erst sichtbar, wenn Sie das Auswahlfenster öffnen. Dazu finden Sie rechts unten in der Kategorie eine Schaltfläche.

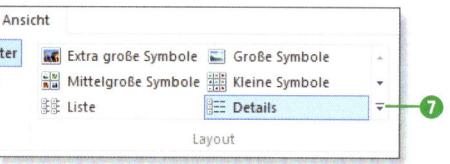

▲ **Abbildung 9.3** Der komplette Inhalt des Auswahlmenüs ist nicht zu sehen.

Klicken Sie auf den nach unten zeigenden Pfeil ❼, um alle Funktionen einzublenden.

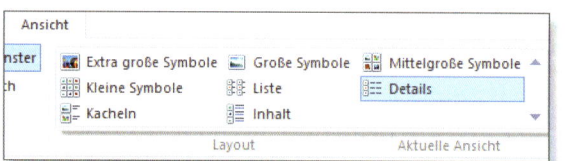

▲ **Abbildung 9.4** Alle Funktionen sind sichtbar.

Einige Funktionen sind mit einem Optionskästchen versehen, so zum Beispiel im Register **Ansicht**. Hier wählen Sie, welche Inhalte und Informationen in der Ansicht der Dateien und Ordner zu sehen sind. Setzen Sie einfach ein Häkchen in das Optionskästchen, oder entfernen Sie es.

9.1 Die neue Multifunktionsleiste des Windows-Explorers

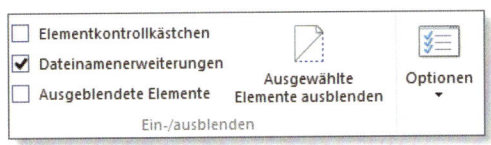

▲ **Abbildung 9.5** *Wählen Sie anhand von Optionskästchen bestimmte Funktionen aus.*

Das Menü »Datei«

Rechts oben im Windows-Explorer finden Sie das Menü **Datei**. Öffnen Sie es, können Sie aus der Liste der zuletzt geöffneten Verzeichnisse eines auswählen. So müssen Sie sich nicht durch die Ordnerstruktur Ihres Rechners klicken.

Die Liste enthält nur eine bestimmte Anzahl an Einträgen. Kommen neue Ordner und Dateien hinzu, die Sie mit dem Dateimanager angesehen haben, fallen ältere Einträge aus der Liste heraus. Der Dateimanager behält in seiner Vorgabeeinstellung 10 häufig besuchte Orte in seiner Liste.

Klicken Sie auf das Reißzweckensymbol am Ende eines Verzeichnisses oder einer Datei, wenn Sie den entsprechenden Eintrag in der Liste behalten möchten. Ein weiterer Mausklick auf das Reißzweckensymbol löst den Eintrag wieder.

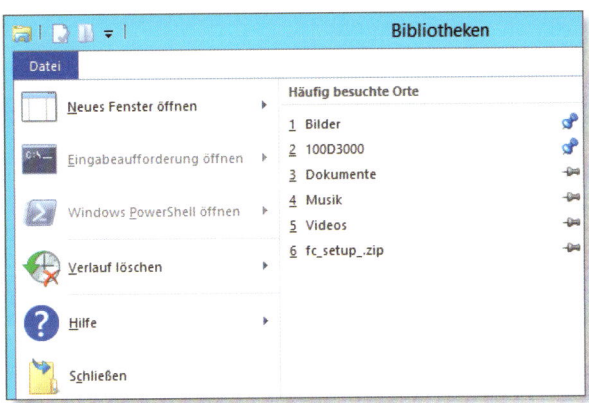

▲ **Abbildung 9.6** *Hier sehen Sie das Menü »Datei«. Zwei Verzeichnisse wurden »angepinnt«.*

Über **Verlauf löschen** leeren Sie die Liste.

Neben dieser Liste der häufig besuchten Orte sehen sie im Menü **Datei** die Funktionen **Neues Fenster öffnen**, **Eingabeaufforderung öffnen**, **Windows PowerShell öffnen**, **Verlauf löschen**, **Hilfe** und **Schließen**.

Die Symbolleiste für den Schnellzugriff

Eine Besonderheit der Multifunktionsleiste ist es, dass sie in der linken oberen Ecke über eine *Symbolleiste für den Schnellzugriff* verfügt. Diese Leiste enthält Befehle aus allen Registern. Die Symbolschaltflächen sind immer erreichbar. Zunächst finden Sie hier nur die Befehle **Eigenschaften** und **Neuer Ordner öffnen** vor. Öffnen Sie mit der Pfeilschaltfläche das zugehörige Auswahlmenü, können Sie weitere Befehle an- oder auch ausschalten.

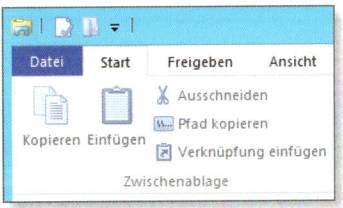

▲ **Abbildung 9.7** *Die Symbolleiste für den Schnellzugriff ist unscheinbar, aber praktisch.*

Die Symbolleiste für den Schnellzugriff bietet einen Zugriff auf oft benötigte Befehle, ohne dass Sie einen Umweg in Kauf nehmen müssen.

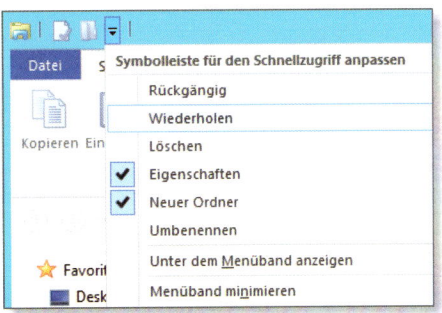

▲ **Abbildung 9.8** *Öffnen Sie das Listenmenü, und passen Sie die Symbolleiste an.*

Jeder Befehl lässt sich über das Kontextmenü in die Schnellzugriffsleiste einfügen. Ich zeige Ihnen das mit dem Befehl für das Erstellen eines komprimierten Ordners:

1 Wechseln Sie in das Register **Freigeben**.

2 Öffnen Sie auf dem Befehl **ZIP** das Kontextmenü. Wählen Sie **Zur Symbolleiste für den Schnellzugriff hinzufügen**.

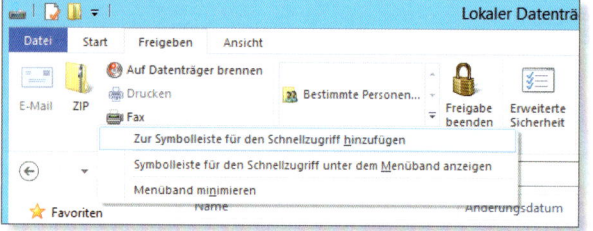

▲ *Abbildung 9.9 Befehle, die Sie oft verwenden, fügen Sie so in die Schnellzugriffsleiste ein.*

Um ein Zip-Archiv zu erstellen, ist nun nicht mehr der Weg in das Register »Verwalten« notwendig, Sie können diese Funktion jetzt bequem über die Schnellzugriffsleiste abrufen. Wenn Sie oft Dateien komprimieren, lohnt es sich, diese Schaltfläche einzubauen.

▲ *Abbildung 9.11 Jetzt können sie über die Schellzugriffsleiste ein Zip-Archiv erstellen.*

Um mehr Platz für die Arbeit mit Dateien und Verzeichnissen zu haben, können Sie die Multifunktionsleiste verkleinern.

1 Öffnen Sie das Menü der Schnellzugriffsleiste.

2 Wählen Sie **Menüband minimieren**.

Um die Register wieder einzublenden, öffnen Sie das Menü der Schnellzugriffsleiste und entfernen dort das Häkchen aus dem Optionskästchen **Menüband minimieren**.

Im Menü der Schnellzugriffsleiste finden Sie auch die Funktion **Unter dem Menüband anzeigen**. Damit wird die Position der Schnellzugriffsleiste verändert. Statt in der linken oberen Ecke des Dateimanagers wird Sie unter dem Menüband angezeigt. Über das Menü kön-

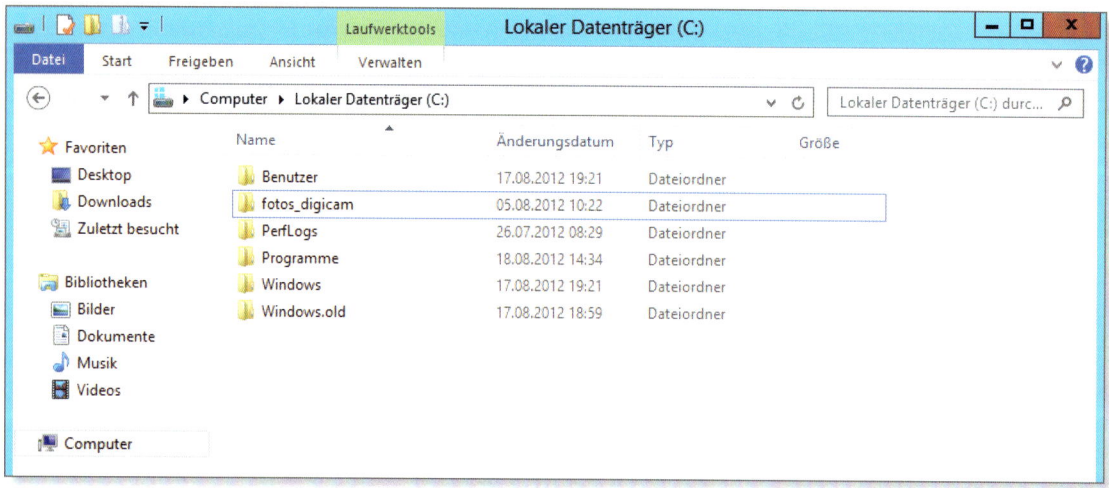

▲ *Abbildung 9.10 Die Multifunktionsleiste können Sie bei Bedarf ausblenden. Die Befehle erreichen Sie auch über das Kontextmenü und über Tastenkombinationen.*

9.2 Den Dateimanager starten und verwenden

nen Sie die Leiste wieder an ihre ursprüngliche Position setzen.

9.2 Den Dateimanager starten und verwenden

Bereits in Kapitel 1, »Das ist neu in Windows 8«, haben Sie den Windows-Explorer kennengelernt. Einige der dort vorgestellten Inhalte möchte ich nun ausführlicher erläutern.

Den Windows-Dateimanager öffnen

Sie haben verschiedene Möglichkeiten, den Windows-Explorer zu öffnen. Welche Sie davon wählen, bleibt Ihnen überlassen. Bei einigen Varianten sehen Sie gleich einen ganz bestimmten Inhalt im Dateimanager, so zum Beispiel den Inhalt Ihres Benutzerverzeichnisses.

1 Ist auf Ihrem klassischen Desktop ein Symbol für den Direktzugriff vorhanden, genügt ein Doppelklick, um den Windows-Explorer zu öffnen. In seinem Fenster sehen Sie nun den Inhalt Ihres Benutzerverzeichnisses.

▲ *Abbildung 9.12 Mit Klick auf dieses Symbol öffnen Sie Ihr Benutzerverzeichnis.*

2 Ein Doppelklick auf das Symbol **Computer** auf Ihrem Desktop öffnet ebenfalls den Windows-Explorer. Sie sehen nun eine Übersicht der Festplattenpartitionen und der angeschlossenen Wechselmedien.

▲ *Abbildung 9.13 Das Symbol »Computer« öffnet ebenfalls den Dateimanager.*

3 Ein Doppelklick auf das Symbol **Netzwerk** öffnet den Windows-Explorer ebenfalls. Sie sehen den Namen, den Ihr Computer im Netzwerk hat. Daneben werden andere Netzwerkressourcen angezeigt.

▲ *Abbildung 9.14 Auch mit »Netzwerk« öffnen Sie den Dateimanager.*

4 In der Windows-Taskleiste sehen Sie ein Symbol, mit dem Sie den Windows-Dateimanager öffnen können. Es genügt ein Mausklick auf dieses Symbol um dorthin zu gelangen.

▲ *Abbildung 9.15 Ein Mausklick auf dieses Symbol in der Windows-Taskleiste bringt Sie in den Dateimanager.*

5 Auf dem neuen Desktop finden Sie den Dateimanager unter **Alle Apps**. Er ist in die Kategorie **Windows-System** einsortiert.

▲ *Abbildung 9.16 Auf dem Startbildschirm müssen Sie erst alle Apps einblenden, um den Explorer öffnen zu können.*

6 Suchen Sie in den Schnelleinstellungen nach bestimmten Dateien, können Sie diese direkt im Windows-Explorer ansehen. Markieren Sie eine Datei mit der rechten Maustaste, und wählen Sie **Speicherort öffnen**.

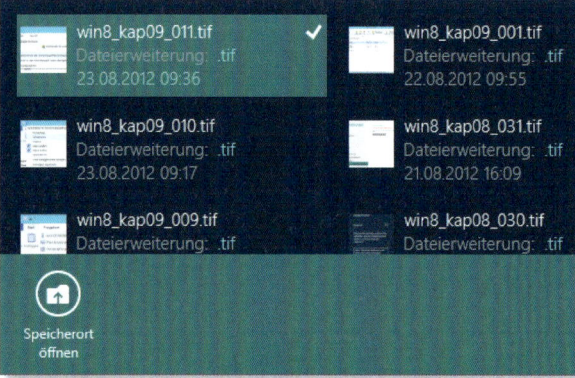

▲ *Abbildung 9.17 In den Schnelleinstellungen können Sie nach bestimmten Dateien suchen.*

7 Möchten Sie den Dateimanager mit einem Befehl öffnen, drücken Sie ⊞ + E.

8 Im Dialog **Ausführen** geben Sie »Explorer« ein, um den Dateimanager zu öffnen. Das Gleiche führt Sie in der Eingabeaufforderung zum Ziel. **Ausführen** finden Sie unter **Alle Apps**.

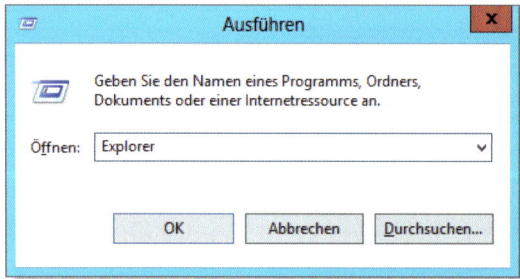

▲ *Abbildung 9.18 Mit einem einfachen Befehl lässt sich der Dateimanager auch aufrufen.*

Verknüpfung für den Dateimanager erstellen

Sofern Sie keinen alternativen Dateimanager verwenden, werden Sie den Windows-Explorer sehr häufig nutzen. Was liegt also näher, als eine Verknüpfung auf dem Desktop anzulegen? Sie können dann mit einem Doppelklick gleich auf den Dateimanager zugreifen.

Öffnen Sie auf einem freien Bereich des Desktops das Kontextmenü. Sie erinnern sich: Dazu drücken Sie die rechte Taste Ihrer Maus. Wählen Sie **Neu > Verknüpfung**. Tragen Sie »explorer« ein; auf Klein- oder Großschreibung müssen Sie dabei nicht achten. Wählen Sie einen Ordner. Klicken Sie auf **Weiter**. Geben Sie als Namen für diese Verknüpfung »Meine Fotos im Windows-Dateimanager« oder eine andere Bezeichnung ein. Bestätigen Sie mit **Fertig stellen**.

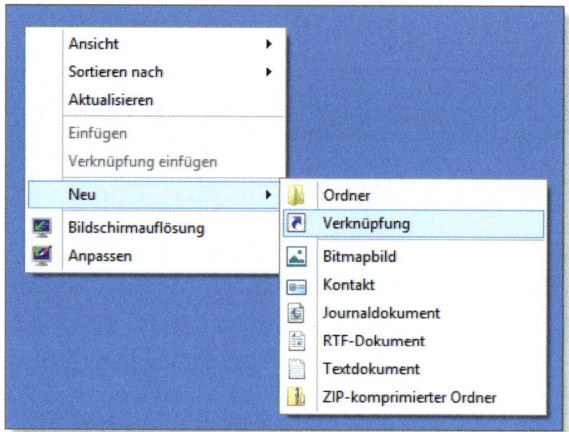

▲ *Abbildung 9.19 Eine Verknüpfung wird erstellt.*

Mit dieser Verknüpfung können Sie im Handumdrehen und ohne Umwege den Windows-Dateimanager öffnen.

▲ *Abbildung 9.20 Nun können Sie den Windows-Explorer mit einem Symbol direkt auf Ihrem Desktop öffnen.*

Erstellen Sie einen neuen Ordner über das Kontextmenü des klassischen Desktops, wird kein Dateimanager geöffnet. Hier geben Sie nur einen Namen für den

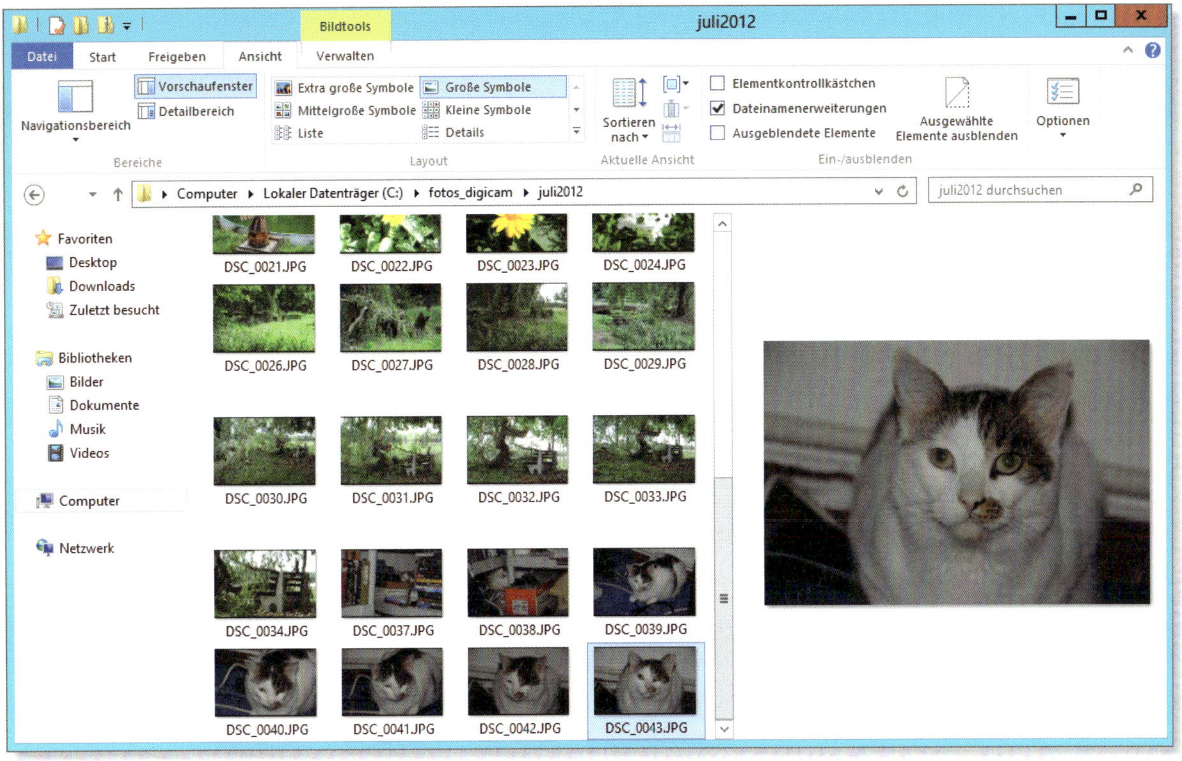

9.2 Den Dateimanager starten und verwenden

Abbildung 9.21 *Im Windows-Explorer ist bereits eine praktische Vorschaufunktion integriert. Bilddateien können Sie so ohne ein Zusatzprogramm im Dateimanager betrachten. So können Sie schnell schauen, was die Digitalkamera so festgehalten hat.*

neuen Ordner ein. Mit einem Doppelklick auf das Symbol wird auch hier der Windows-Explorer geöffnet. Der Ordner ist beim ersten Öffnen noch leer. Sie können ihn nun mit Inhalt füllen.

Abbildung 9.22 *Ein neuer Ordner im Windows-Explorer*

Den Explorer mit Parametern öffnen

Beim Öffnen des Dateimanagers können Sie auch mit einem Parameter bestimmen, welches Verzeichnis angezeigt werden soll. Die Befehlssyntax dazu lautet:

`Explorer <Verzeichnispfad> /select <Ordnername>`

Mit `Explorer <Verzeichnispfad>` wird der Dateimanager geöffnet und zeigt den angegebenen Pfad an. Sie sehen gleich, was sich in diesem Ordner befindet. Ein Beispiel:

`explorer D:\winbuch_fortsetzung`

Dieser Befehl öffnet den Dateimanager und zeigt die Partition *D* auf meinem Notebook an. Zu sehen ist der Inhalt des Verzeichnisses *\winbuch_fortsetzung* mit

187

allen Screenshots und Inhalten, die ich für dieses Buch bisher erstellt habe. Schauen Sie sich an dieser Stelle gleich einmal die Schreibweise von Verzeichnispfaden an: Nach dem Buchstaben der Partition folgen ein Doppelpunkt und ein Backslash. Danach kommt der Verzeichnispfad. Möchten Sie einen untergeordneten Ordner sichtbar machen, folgen ein weiterer Backslash und der Name des Unterordners.

Mit `Explorer /select, <Ordnername>` wird der angegebene Ordner geöffnet und eine Datei markiert. Hier kann auch ein Verzeichnis markiert werden. Achten Sie auf das Komma nach `select`. Auch zu diesem Befehl ein kleines Beispiel:

```
explorer /select, D:\winbuch_fortsetzung\
test.tif
```

Der Explorer wird gestartet. In einem Fenster ist der Inhalt des Ordners *winbuch_fortsetzung* auf der Partition *D* zu sehen. Die Bilddatei *test.tif* wird markiert.

> **INFO**
>
> **Was bitte ist eine »Syntax«?**
> Windows 8 ist ein Betriebssystem, das auf eine grafische Oberfläche setzt. Alle Aktionen werden mit der Maus oder über Tastenkombinationen ausgeführt. Dennoch können Sie Befehle verwenden, so wie es zu MS-DOS-Zeiten der Fall war. Dazu geben Sie die Befehle in der Eingabeaufforderung, im Feld **Ausführen** oder in einer Verknüpfung ein. Damit Windows 8 versteht, was es tun soll, müssen Sie sich an eine bestimmte Schreibweise und an die Reihenfolge bestimmter Elemente halten. Diese Schreibweise wird als *Syntax* bezeichnet. Nach dem Namen des Befehls folgen Parameter und Optionen. Gäben Sie erst einen Parameter ein und ganz zuletzt den eigentlichen Befehl, würde der Dateimanager die Eingabe ignorieren und nur das Benutzer- oder ein anderes Verzeichnis öffnen. Eine Fehlermeldung würde er jedoch nicht ausgeben.

Den Navigationsbereich verwenden

Auf der linken Seite im Explorer sehen Sie den Navigationsbereich. Hier wählen Sie die Partition oder ein anderes bestimmtes Ziel, dessen Inhalt Sie im Explorer sehen möchten.

Die verschiedenen Ziele sind die **Favoriten**, die **Bibliotheken**, die Übersicht **Computer** und das **Netzwerk**.

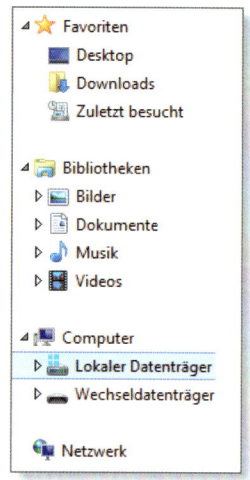

▲ **Abbildung 9.22** *Der Navigationsbereich meines Rechners*

Der Inhalt dieses Navigationsmenüs kann bei Ihnen anders aussehen. Wenn Sie neue Favoriten erstellen, eine Bibliothek hinzufügen und mehr Partitionen besitzen, tauchen diese Elemente natürlich im Menü auf. Vor einigen Menüeinträgen finden Sie einen kleinen Pfeil. Wenn Sie auf diese Schaltfläche klicken, werden untergeordnete Verzeichnisse oder Geräte sichtbar.

▲ **Abbildung 9.23** *Die Bibliothek »Videos« ist bereits auf Ihrem Windows vorhanden.*

In der Bibliothek **Videos** finden Sie zwei Ordner: einen für öffentlich zugängliche Musik und einen für Ihre privaten Musikdateien.

TIPP

Ordner aus dem Navigationsbereich entfernen
Über das Kontextmenü können Sie Ordner aus dem Navigationsbereich entfernen. Diese sind dann praktisch unsichtbar. Möchten Sie diese Ordner wieder einblenden, wählen Sie den übergeordneten Ordner. Im Inhaltsbereich sehen Sie alle enthaltenen Ordner, Ziele und Geräte. Markieren Sie das ausgeblendete Objekt, und wählen Sie im Kontextmenü **Im Navigationsbereich anzeigen**. Nun ist der Ordner wieder im Navigationsbereich sichtbar.

Umgang mit Dateien

Um eine Datei zu öffnen, suchen Sie in der Navigationsleiste erst den Ort, an dem sich diese Datei befindet. Markieren Sie das Verzeichnis. Rechts sehen Sie den Inhalt. Ein Doppelklick öffnet die Datei in dem Programm, dem sie zugeordnet wurde. Meist geschieht eine solche Zuordnung bei der Installation eines Anwendungsprogramms.

Ein Programm über das Kontextmenü wählen

Über das Kontextmenü können Sie ein anderes Programm wählen. Ein Beispiel:

1 Navigieren Sie zu einem Ordner mit Bilddateien. Lassen Sie sich mit einem Doppelklick den Inhalt des Ordners anzeigen.

2 Markieren Sie eine der Bilddateien.

3 Öffnen Sie das Kontextmenü, und wählen Sie **Öffnen mit > Fotos**.

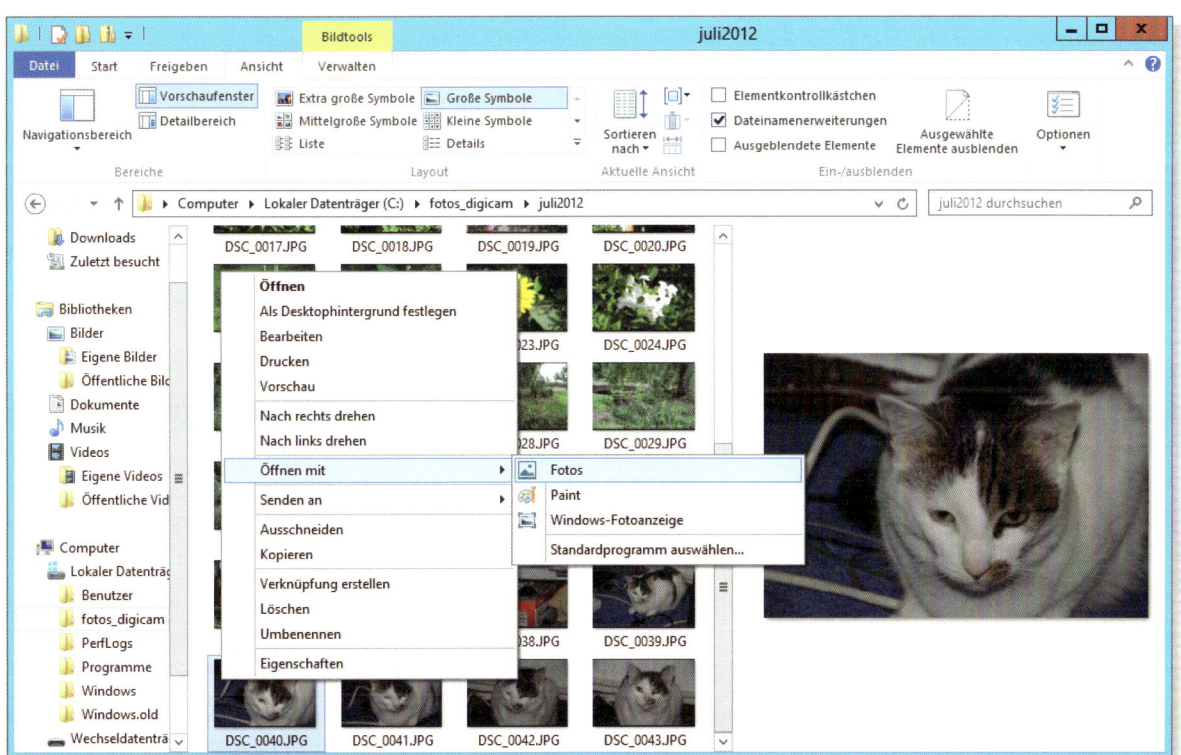

▲ **Abbildung 9.24** Mit dieser Auswahl wird die Bilddatei in der App »Fotos« geöffnet. Die App genügt, um sich Fotodateien anzusehen. Um Fotos zu bearbeiten, sollten Sie jedoch ein anderes Programm verwenden.

Egal, ob Sie nun einen Doppelklick ausführen oder das Kontextmenü wählen – es geschehen zwei Dinge: Das verknüpfte Programm wird gestartet, und die Datei, auf der Sie einen Doppelklick ausgeführt haben, wird in dem Programm **Fotos** geladen.

Die Verknüpfung zu einem Standardprogramm verändern

Natürlich können Sie auch ein anderes Programm auswählen und die Verknüpfung zu einem Standardprogramm verändern. Möchten Sie dies tun, gehen Sie wie folgt vor:

1 Navigieren Sie zu dem Ordner, in dem sich die gesuchte Datei befindet. Markieren Sie diese Datei. Öffnen Sie das Kontextmenü. Wählen Sie **Öffnen mit > Standardprogramm auswählen**.

2 Sie werden gefragt, ob Sie die bisherige App weiter verwenden wollen. Im Dialog können Sie Alternativen wählen, im Fall einer Bilddatei beispielsweise Paint und die Windows-Fotoanzeige. Entscheiden Sie sich in diesem Beispiel für **Weitere Optionen**.

▲ *Abbildung 9.25 Wählen Sie eine andere App, mit der Sie Dateien dieses Typs öffnen möchten.*

3 Ihnen werden nun eine Reihe anderer Apps angezeigt. Befindet sich das gesuchte Programm nicht in der Liste, wählen Sie **Andere App auf dem PC suchen**.

4 Der Windows-Explorer wird geöffnet. Suchen Sie die Partition, auf der sich das gesuchte Programm befindet. Danach folgt der Programmordner. Markieren Sie die ausführbare Datei, die das Programm startet. In meinem Beispiel ist dies *GIMP*. Mit **Öffnen** bestätigen Sie die Auswahl.

5 Nun landen Sie wieder in dem Dialog **Öffnen mit**. GIMP ist hier übernommen worden und bereits vorausgewählt. Mit **OK** bestätigen Sie diese Wahl und verlassen den Dialog.

Wenn Sie nun das nächste Mal ein Verzeichnis öffnen, in dem sich Dateien des Dateityps befinden, dem Sie eben ein neues Standardprogramm zugeordnet haben, werden Sie feststellen, dass sich das Dateisymbol verändert hat. Das Dateitypsymbol weist bereits auf das Programm hin, mit dem Dateien dieses Typs geöffnet werden.

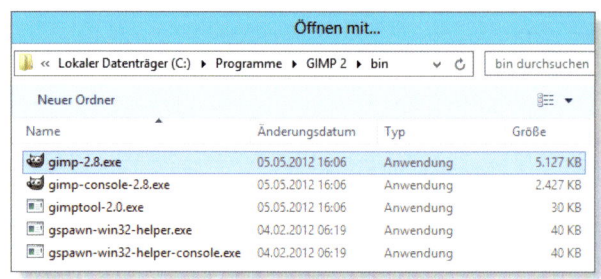

▲ *Abbildung 9.26 Das Standardprogramm, mit dem ein Dateityp geöffnet wird, können Sie selbst auswählen.*

> **HINWEIS**
>
> **Versehentlich gelöschte Dateien wiederherstellen**
> Wenn Sie eine Datei oder einen Ordner löschen, landet dieses Objekt im Papierkorb. Eine Rückfrage, ob Sie die Datei oder den Ordner wirklich löschen wollen, gibt es nicht mehr. Falls es notwendig ist, können Sie das Objekt im Papierkorb wiederherstellen. Klicken Sie dazu auf dem Desktop auf das Papierkorb-Symbol. Sie sehen alle bisher gelöschten Dateien. Klicken Sie mit der rechten Maustaste auf eine Datei und wählen Sie **Wiederherstellen**, landet die Datei wieder an ihrem ursprünglichen Platz.

9.2 Den Dateimanager starten und verwenden

Die Dateizuordnungen können Sie in der **Systemsteuerung** unter **Programme > Standardprogramme** einsehen und verändern. Hier lassen sich auch Protokolle, wie zum Beispiel *http://*, einem bestimmten Anwendungsprogramm zuordnen.

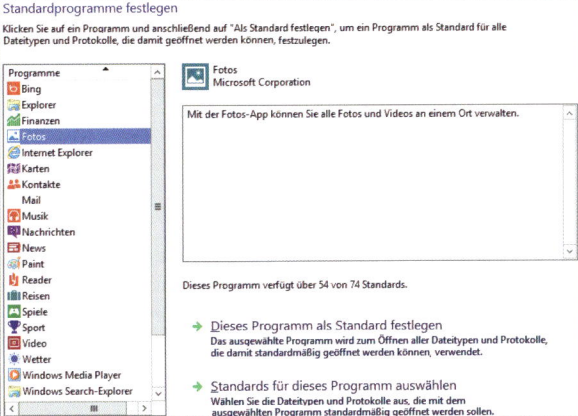

▲ **Abbildung 9.27** *Im Beispiel wurde die App »Fotos« für das Öffnen und Bearbeiten aller Bilddateien ausgewählt.*

Viele Aufgaben im Umgang mit Dateien, können Sie über das Kontextmenü, das Menü im Windows-Explorer oder Tastenkombinationen ausführen. Das trifft z. B. auf das **Kopieren**, **Ausschneiden** und **Einfügen** zu.

HINWEIS

Ändern des Standardprogrammes
Wenn Sie nur gelegentlich eine Bild-, Musik- oder Office-Datei mit einem ganz bestimmten Programm öffnen, müssen Sie die Verknüpfung zum Standardprogramm nicht verändern. Nur wenn Sie sehr oft ein anderes Programm nutzen oder das verknüpfte Programm kaum verwenden, sollten Sie das Standardprogramm anpassen.

Drag & Drop

Dateien und Ordner lassen sich sehr einfach per Drag & Drop von einem Ort zu einem anderen bewegen. Dazu markieren Sie die Datei oder den Ordner, indem Sie mit der linken Maustaste darauf klicken. Halten Sie die Taste gedrückt. Bewegen Sie nun die Maus bis zum Zielordner. Lassen Sie die Maustaste los.

INFO

Kopieren oder Ausschneiden?
Kopieren heißt, dass die Ursprungsdatei erhalten bleibt. Es wird eine 1:1-Kopie erstellt und am Zielort eingefügt. Beim *Ausschneiden* wird die Datei oder auch der Ordner vom Quellpunkt entfernt und am Ziel eingefügt. Man spricht hier auch vom *Verschieben*.

Welche Möglichkeit Sie nutzen, um eine Datei zu kopieren, auszuschneiden oder einzufügen, bleibt ganz Ihnen überlassen.

Über das Kontextmenü einer Datei stehen Ihnen auch weitere Funktionen zur Verfügung. Sie können die Datei im zugeordneten Standardprogramm öffnen, sie bearbeiten, auf dem Drucker ausgeben und sich eine Vorschau anschauen. Über das Kontextmenü können Sie auch eine Verknüpfung zur gewählten Datei erstellen, sie umbenennen oder löschen. Welche Funktionen Sie im Kontextmenü finden, hängt von der markierten Datei ab und von den auf Ihren Rechnern installierten Programmen. In meinem Beispiel kann ich markierte Dateien direkt mit Programmen der Adobe CS-Suite öffnen.

Wenn Sie eine Datei bearbeitet haben und feststellen, dass Sie sich vertan haben, dann können Sie mit dem **Dateiversionsverlauf** die Ursprungsdatei wieder zurückholen.

HINWEIS

Die Berechtigungen beim Kopieren
Beim Kopieren einer Datei werden die Zugriffsrechte des Ordners übernommen, in dem die Datei abgelegt wird. Im Unterschied dazu werden beim Verschieben die Zugriffsrechte des Quellordners übernommen.

Der Papierkorb

Wenn Sie eine Datei löschen, landet sie im Papierkorb. Der Papierkorb ist eine Art Sicherung. Haben Sie aus Versehen eine Datei oder einen Ordner gelöscht, können Sie dieses Element später wiederherstellen. Nur wenn Sie den Papierkorb in der Zwischenzeit geleert haben, können Sie nicht so ohne weiteres eine Datei wiederherstellen. Dann brauchen Sie ein spezielles Programm.

> **INFO**
>
> **Anwender dürfen nicht alles**
> Für das Löschen und Umbenennen von Dateien und Ordnern benötigen Sie die Rechte eines Administrators, oder Sie müssen der Besitzer der Datei oder des Ordners sein.

Dateien umbenennen

Um die Bezeichnung einer Datei zu verändern, gehen Sie wie folgt vor:

1 Öffnen Sie das Kontextmenü über der Datei, deren Namen Sie verändern wollen. Wählen Sie **Umbenennen**. Sie können die Funktion auch über die Multifunktionsleiste aufrufen. Den Befehl **Umbenennen** finden Sie im Register **Start**.

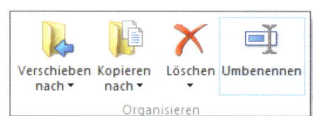

▲ *Abbildung 9.28 Der Befehl »Umbenennen«*

2 Die Datei wird im Windows-Explorer mit einem Rahmen versehen. Der bisherige Dateiname wird markiert. Geben Sie den neuen Namen ein, und bestätigen Sie mit ⏎.

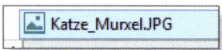

▲ *Abbildung 9.29 Nun heißt die Datei »Katze_Murxel«.*

Öffnen Sie den Dialog **Eigenschaften**. Nun können Sie eine Reihe unterschiedlicher Informationen zu der markierten Datei abrufen – unter anderem die Größe der Datei ❶, das Datum der letzten Bearbeitung ❷ und die Zugriffsrechte ❸. Auf die Zugriffsrechte kommen wir später, ab Seite 212, noch einmal zurück.

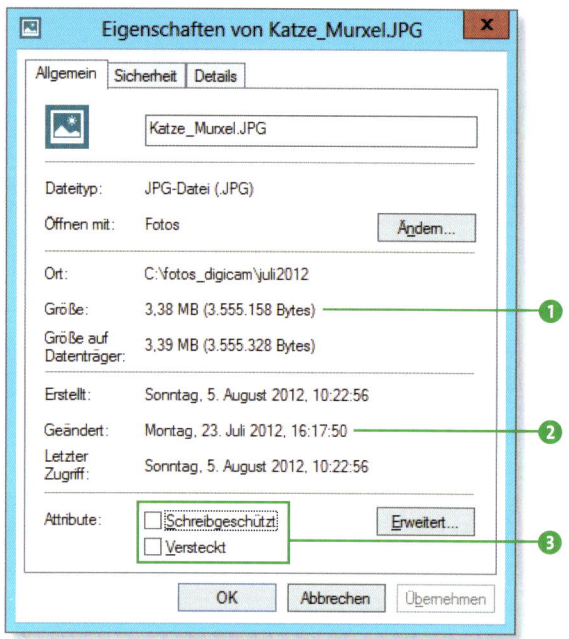

▲ *Abbildung 9.30 Die Eigenschaften einer Datei*

Im Register **Details** finden Sie weitere Informationen zu einer Datei. Schauen Sie sich diese ruhig einmal an. Mit der Bewertung können Sie eine Datei als gut, sehr gut oder auch weniger gut markieren. Verwendet werden dazu fünf Sternsymbole. Fünf Sterne heißt »sehr gut«. Ein Stern dagegen bedeutet »weniger gut« bis »schlecht«. Neben dieser Bewertung können Sie auch einen Titel, ein Thema und einen Kommentar eintragen. Auch eine Markierung können Sie hinzufügen. Ob diese Informationen notwendig sind oder nicht, müssen Sie wieder einmal selbst entscheiden. Bei Multimediadateien helfen sie, etwas Ordnung in einen Ordner zu bringen. Jedoch lässt sich das besser mit einem Bildbetrachtungsprogramm oder einem anderen Anwendungsprogramm erledigen.

9.2 Den Dateimanager starten und verwenden

▲ **Abbildung 9.31** *Titel, Bewertung und Kommentare helfen dabei, Ordnung zu halten.*

Dateien sortieren

Stellen Sie zunächst im Register **Ansicht** eine der Ansichtsoptionen **Liste** oder **Details** ein. Um die Inhalte eines Ordners zu sortieren, klicken Sie einfach auf eine der Spalten. Für eine alphabetische Sortierung genügt ein Klick auf **Name**. Ein zweiter Mausklick auf diese Spalte kehrt die Sortierung um. In gleicher Weise können Sie auf **Typ**, **Datum**, **Größe** und andere Spalten klicken und so die Inhalte eines Ordners sortieren.

Stattdessen können Sie auch auf die Funktionen in der Multifunktionsleiste zurückgreifen.

1 Öffnen Sie das Verzeichnis, dessen Inhalt Sie sortieren wollen.

2 Wechseln Sie in der Multifunktionsleiste in das Register **Ansicht**. Wählen Sie den Ansichtstyp **Details**. Blenden Sie, sofern vorhanden, das Vorschaufenster aus.

3 Wählen Sie das Register **Verwalten**. Öffnen Sie das Listenfeld **Sortieren nach** ❶. Entscheiden Sie sich für **Datum** ❷ und **Absteigend** ❸.

Mit **Spalten auswählen** aus dem Listenfeld **Sortieren nach** fügen Sie der Ansicht im Dateimanager weitere Spalten hinzu. Die meisten werden nur selten benötigt. Bei sehr vielen Dateien helfen aber bestimmte Informationen, eine bessere Übersicht zu haben. Verwenden Sie bei Bilddateien zum Beispiel die Spalten **Kategorien**, **Aufnahmedatum**, **Beschreibung** oder **Ort**.

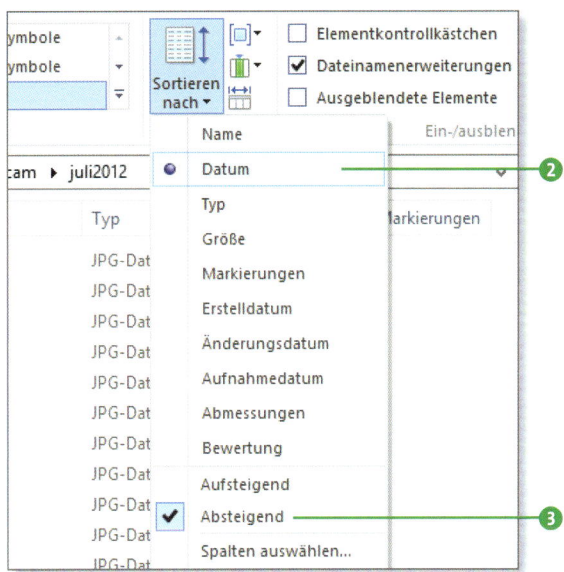

▲ **Abbildung 9.32** *Über das Listenfeld wählen Sie aus, wie der Inhalt eines Ordners sortiert werden soll.*

Im Register **Verwalten** lassen sich der Auswahl weitere Spalten hinzufügen. Öffnen Sie das Listenmenü **Spalten hinzufügen**, und wählen Sie mit der Maus aus, welche Sie im Dateimanager sehen wollen. Diese können Sie dann auch für das Sortieren verwenden. Einblenden lassen sich so die Spalten **Erstellungsdatum**, **Änderungsdatum**, **Aufnahmedatum**, **Abmessungen** und **Bewertung**.

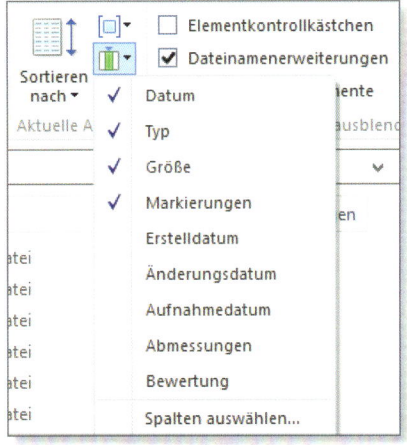

▲ **Abbildung 9.33** *Fügen Sie der Ansicht im Dateimanager über ein Listenmenü weitere Spalten hinzu.*

193

Dateien stapeln

Anhand verschiedener Eigenschaften können Sie die Dateien in einem Ordner stapeln. Dabei werden alle Dateien mit der gewählten Eigenschaft zu einem Block zusammengefasst. Dies können Sie natürlich auch mit Ordnern tun. Ein kleines Beispiel:

1 Suchen Sie den Ordner, dessen Inhalt gestapelt werden soll.

2 Führen Sie den Mauscursor ganz an den rechten Rand der Spalte, nach der die Dateien im gewählten Ordner gestapelt werden sollen.

3 Klicken Sie auf die nach unten zeigende Pfeilschaltfläche. Wählen Sie eine der Eigenschaften. Je nach Spalte sind dies Buchstaben, Zahlen, Größenangaben oder andere Stapeleigenschaften.

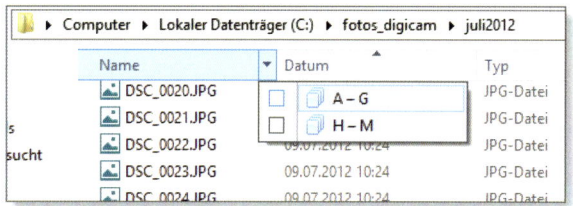

▲ *Abbildung 9.34* Stapeln Sie den Inhalt Ihrer Ordner.

Einige Beispiele zum Stapeln von Dateien:

- Fassen Sie alle Dateien mit den Buchstaben A–H zu einem Block zusammen
- Fassen Sie alle Fotos, die in einem bestimmten Monat erstellt wurden, zusammen.
- Gruppieren Sie alle Bilddateien, die im Sommer eines Jahres erstellt wurden.
- Fassen Sie alle Fotos der Dateitypen JPG, GIF, BMP und TIFF zu je einer Gruppe zusammen.

Sie können auch verschiedene Möglichkeiten kombinieren. Fassen Sie zum Beispiel alle JPG-Bilder vom 24. August 2012 zu einer Gruppe zusammen.

Mit Ordnern arbeiten

Für die Arbeit mit Ordnern gilt das Gleiche wie bei Dateien. Über das Kontextmenü, das Menü oder auch Tastenkombinationen rufen Sie wichtige Befehle ab. Natürlich gibt es einige spezielle Befehle und Funktionen. So können Sie einen Ordner in einem neuen Fenster öffnen. Der Inhalt eines Ordners kann für andere Benutzer freigegeben werden. Über das Kontextmenü lässt sich auch leicht eine Verknüpfung erstellen. Diese ziehen Sie einfach auf den Desktop. So erscheint ein Symbol auf dem Desktop. Ein Doppelklick darauf führt Sie in Ihren Lieblingsordner.

▲ *Abbildung 9.35* Ein Doppelklick auf dieses Symbol bringt mich in den Ordner mit meinen Arbeitsdateien.

Ein Tipp: Markieren Sie im Dateimanager einen Ordner, öffnen Sie das Kontextmenü und wählen Sie **Senden an > Desktop (Verknüpfung erstellen)**. Auf diese Weise finden Sie auf dem Desktop ein Symbol, mit dem Sie Ihren Ordner öffnen. Entfernen Sie aus dem Namen dieses Ordner-Symbols das »Verknüpfung«.

Nicht immer möchten Sie eine Aktion auf die gleiche Weise durchführen. Ordner können auch mit einem einfachen Mausklick geöffnet werden:

1 Markieren Sie einen beliebigen Ordner.

2 Wechseln Sie in das Register **Ansicht**. Wählen Sie **Optionen > Ordner und Suchoptionen ändern**.

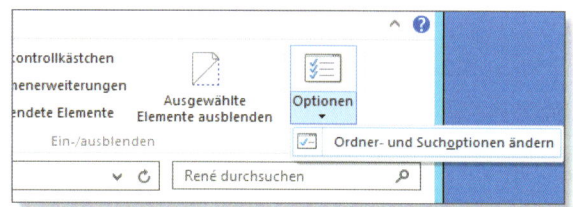

▲ *Abbildung 9.36* Über eine Schaltfläche im Register »Ansicht« verändern Sie die Ordneroptionen.

9.2 Den Dateimanager starten und verwenden

3 Schalten Sie im oberen Bereich **Ordner durchsuchen** die Option **Jeden Ordner in einem eigenen Fenster öffnen** an.

4 Einen Abschnitt weiter aktivieren Sie **Öffnen durch einfachen Klick**. Ganz unten unter **Navigationsbereich** aktivieren Sie **Alle Ordner anzeigen**. Bestätigen Sie.

Die Namen der Optionen verraten bereits, wie sich der Windows-Explorer nun verhält. Probieren Sie es einmal aus! Wenn Sie mit der Maus auf einen Ordner zeigen, wird dieser ähnlich wie ein Hyperlink unterstrichen. Es genügt nun ein einfacher Klick, und der Ordnerinhalt wird sichtbar. Dies geschieht in einem neuen Fenster.

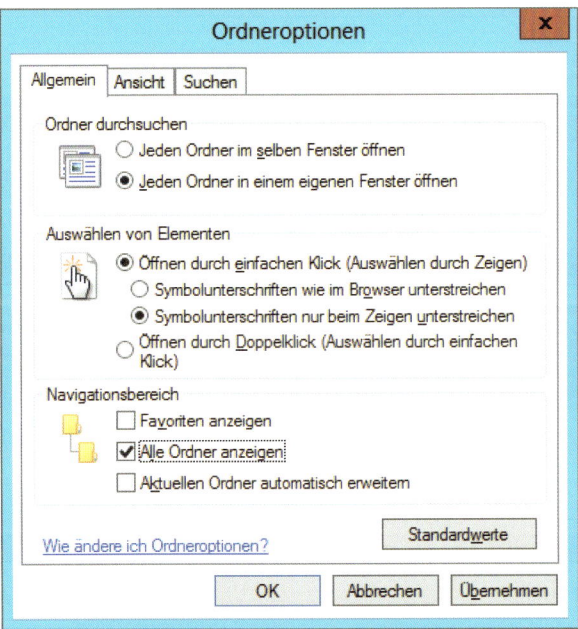

▲ *Abbildung 9.37 Das Verhalten der Ordner ändern Sie mit wenigen Optionen.*

In der Praxis ist es jedoch besser, alle Ordner im selben Fenster zu öffnen. Wenn Sie viel mit Dateien und Ordnern arbeiten, ist sonst Ihr Bildschirm sehr schnell mit einer Reihe Explorer-Fenster bedeckt. Wie so oft müssen Sie auch hier selbst entscheiden, welche Option Sie nutzen. Ich empfehle Ihnen: Probieren Sie beide Varianten einfach einmal aus.

Mehrere Ordner markieren

Um mehrere Ordner auszuwählen, nutzen Sie die Maus. Setzen Sie die Maus auf einen freien Bereich über oder unter den Ordnern. Drücken Sie die linke Maustaste. Halten Sie die Taste gedrückt, und bewegen Sie die Maus nach oben oder unten. Sind die gewünschten Ordner markiert, lassen Sie einfach die linke Maustaste los.

Nicht zusammenhängende Ordner und Dateien markieren Sie, indem Sie die `Strg`-Taste gedrückt halten und die jeweiligen Ordner oder Dateien mit der Maus anklicken.

Ansichtsoptionen werden immer für den aktuellen Ordner und Verzeichnispfad genutzt. Wechseln Sie in die Listenansicht. Sie finden aber auf einer anderen Partition noch die Ansicht mit kleinen Kacheln vor? Natürlich können Sie eine Einstellung auch auf alle Ordner Ihres Rechners anwenden. Gehen Sie wie folgt vor:

1 Markieren Sie einen Ordner. Wechseln Sie in das Register **Ansicht**. Wählen Sie **Optionen > Ordner und Suchoptionen ändern**.

2 Im Dialog **Ordneroptionen** wechseln Sie in das Register **Ansicht**.

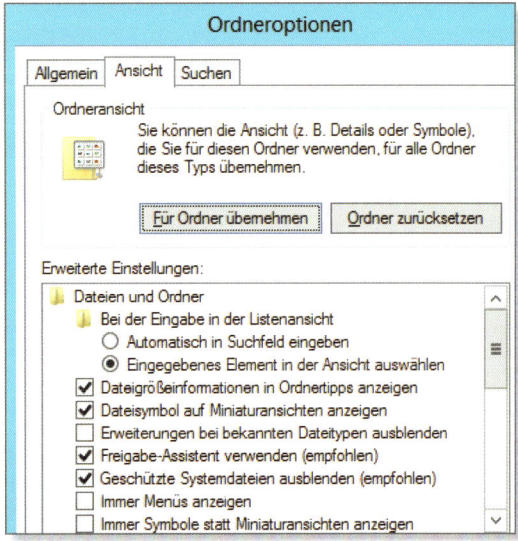

▲ *Abbildung 9.38 Die Ansichtsoptionen für Ordner*

Zuerst werden die Einstellungen für den aktuell markierten Ordner verwendet. Dazu steht Ihnen eine Reihe unterschiedlicher Möglichkeiten zur Verfügung.

3 Gehen Sie die Liste durch, und schauen Sie sich die verschiedenen Optionen einmal an. Möchten Sie eine der Optionen verwenden, setzen Sie einfach ein Häkchen davor.

4 Klicken Sie jetzt auf die Schaltfläche **Für Ordner übernehmen**.

5 Windows 8 blendet einen Dialog ein. Sie werden gefragt, ob Sie die Ansichtseinstellungen tatsächlich für alle Ordner übernehmen wollen. Bestätigen Sie mit **Ja**.

6 Verlassen Sie den Dialog mit **OK**.

Zum Umgang mit Ordnern stehen Ihnen ganz unterschiedliche Optionen zur Verfügung. Sie können diese für den aktuell markierten Ordner oder für alle Ordner auf Ihrem Rechner verwenden.

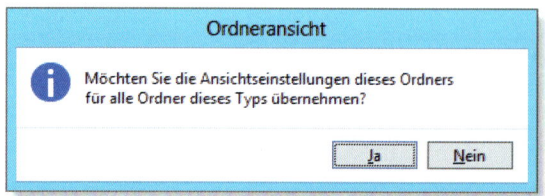

▲ **Abbildung 9.40** *Windows fragt Sie, ob die Einstellungen wirklich für alle Ordner übernommen werden sollen.*

Die Vorschau steht nicht nur für Bildinhalte zur Verfügung. Auch Textdateien können Sie im Windows-Explorer einsehen. Das Öffnen in einem Editor oder einem Office-Programm ist dazu nicht notwendig.

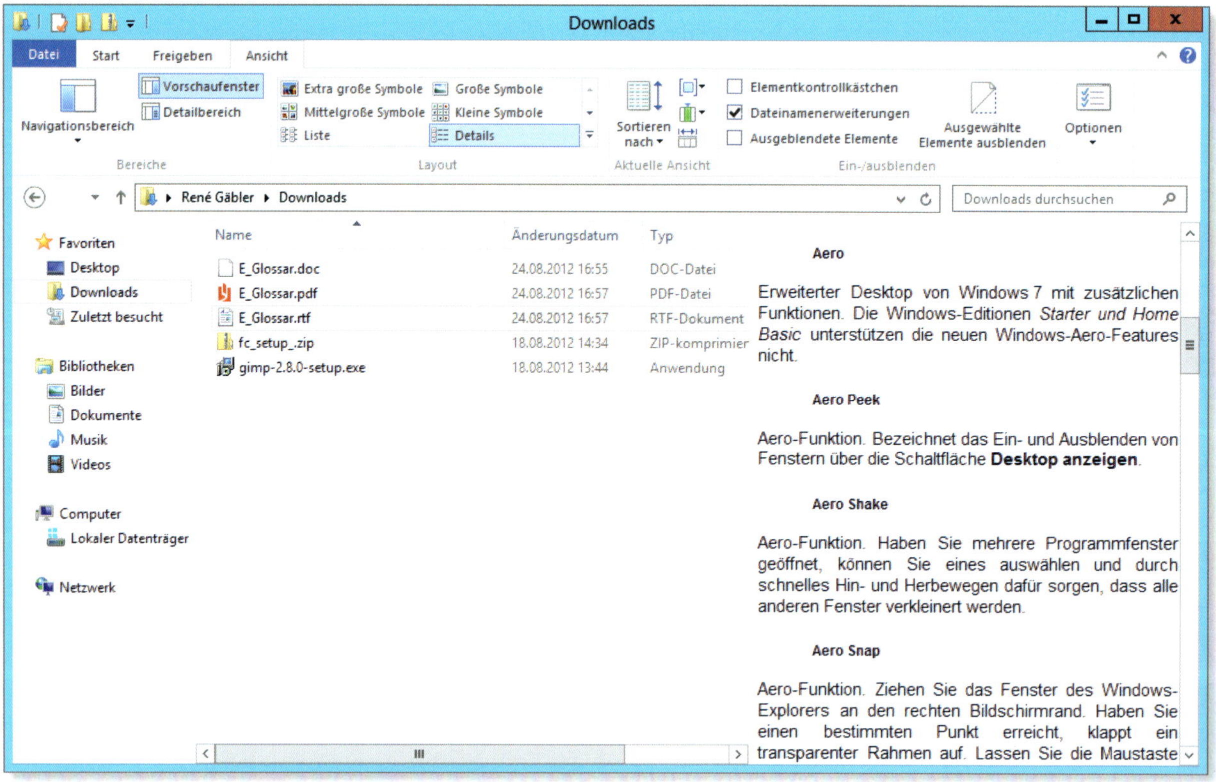

▲ **Abbildung 9.39** *Die Vorschau einer Textdatei im Windows-Explorer*

9.2 Den Dateimanager starten und verwenden

TIPP

Die Einstellung gefällt Ihnen nicht?
Wenn Ihnen die Einstellung nicht zusagt, können Sie mit der Schaltfläche **Ordner zurücksetzen** die zuvor verwendeten Einstellungen zurückholen. Möchten Sie die Vorgabeeinstellungen zurückholen, wählen Sie die Schaltfläche **Standardwerte**.

Schneller Zugriff auf oft verwendete Dateien und Ordner

Legen Sie für Dateien und Ordner, die Sie sehr oft verwenden, eine Verknüpfung auf dem Windows-Desktop ab. Sie ersparen sich dann den Weg in den Dateimanager und müssen die Dateien oder Ordner nicht erst suchen. Es genügt ein Doppelklick auf das Desktopsymbol, und Sie landen am Ziel. Eine solche Verknüpfung ist sehr schnell erstellt. Markieren Sie die Datei oder den Ordner. Öffnen Sie das Kontextmenü, und wählen Sie **Senden an > Desktop (Verknüpfung erstellen)**.

In gleicher Weise erzeugen Sie eine Verknüpfung für ein Programm. Markieren Sie hier die ausführbare Datei im Dateimanager, und erstellen Sie eine Verknüpfung.

Beachten Sie aber: Nutzen Sie diese Möglichkeit nur für Dateien, Ordner und Programme, die Sie sehr oft verwenden. Ihre Arbeitsdateien und Lieblingsprogramme sollten als Verknüpfung auf dem Desktop vorhanden sein. Überladen Sie Ihren Desktop nicht. Er sollte übersichtlich und nicht mit Verknüpfungen übersät sein.

Die Ordneroptionen

Schauen wir uns einmal einige der Ordneroptionen etwas näher an:

Das Kontrollkästchen zur Auswahl eines Ordners hat zunächst keinen besonderen Vorteil. Ob Sie einen Ordner mit der Maus auswählen oder mit einem Kästchen, ist egal. Hinzugefügt wird jedoch ein zweites Kontrollkästchen, mit dem der komplette Inhalt des geöffneten Verzeichnisses oder Ordners ausgewählt werden kann. Das ist sehr praktisch.

▲ **Abbildung 9.41** Fügen Sie der Ansicht im Dateimanager Kontrollkästchen hinzu.

In Windows 8 finden Sie diese Funktion nicht mehr in den Ordneroptionen, sondern in der Multifunktionsleiste. Schalten Sie im Register **Ansicht** die **Anzeige** der **Elementkontrollkästchen** ❶ an.

▲ **Abbildung 9.42** Hier habe ich alle Ordner im Verzeichnis mit Kontrollkästchen ❷ ausgewählt.

TIPP

Geschützte Systemdateien nicht ausblenden!
Microsoft empfiehlt das Ausblenden von geschützten Systemdateien. Hier und da benötigt man aber doch eine solche Datei, um eine Einstellung vorzunehmen. Deaktivieren Sie daher die Option **Geschützte Systemdateien ausblenden**.

Mit der Option **Vorherige Ordnerfenster bei der Anmeldung wiederherstellen** führen Sie die Arbeit an der Stelle fort, an der Sie aufgehört haben. Sie müssen dank dieser Option nicht wieder zu der Stelle mit Ihren Arbeitsdateien navigieren.

Das Anzeigen des vollständigen Pfades zu einem Ordner steht nicht in jeder Edition zur Verfügung. Über die Navigationsleiste können Sie jedoch immer auf den Pfad schließen.

Die Dateiendungen werden in Windows 8, anders als in der vorhergehenden Windows-Version, angezeigt. Mit **Erweiterung bei bekannten Dateitypen ausblenden** sind sie nicht mehr im Dateimanager sichtbar.

Der Windows-Explorer kennzeichnet von sich aus Dateien farbig, die verschlüsselt oder komprimiert (gepackt) sind. Dies trifft allerdings nur auf Dateien des Dateisystems NTFS zu. Die Kennzeichnung können Sie in den Ordneroptionen ausschalten.

Mit der Option **Vorschauhandler im Vorschaufenster anzeigen** wird die Vorschau von Bild-, Text- und Office-Dateien im Explorer sichtbar.

Hardware sicher entfernen

Bevor Sie Wechseldatenträger wie USB-Sticks, -Festplatten oder Karten (SD-Karten und andere) vom Rechner lösen, sollten Sie unbedingt in der Taskleiste von Windows die Funktion **Hardware sicher entfernen und Medium auswerfen** wählen.

Einige Dateien werden nicht gleich auf das Medium geschrieben, sondern zunächst in einem temporären Ordner abgelegt. Wenn Sie diese Funktion nutzen, werden die Daten abgeglichen (synchronisiert). So stellen Sie sicher, dass die Daten auch wirklich auf dem Medium vorhanden sind.

Achten Sie darauf, dass kein Programm mehr geöffnet ist, mit dem Sie eine Datei auf dem Datenträger abgelegt oder bearbeitet haben. Auch der Windows-Explorer sollte geschlossen sein oder ein anderes Verzeichnis anzeigen als das auf dem Datenträger. Sonst gibt Windows eine Fehlermeldung aus, und der Datenträger kann nicht gelöst werden, weil er momentan noch verwendet wird.

▲ **Abbildung 9.43** *Lösen Sie einen Wechseldatenträger immer erst vom Rechner.*

Wählen Sie die Funktion im Kontextmenü. Klicken Sie im Auswahlfenster den Datenträger an, der vom Rechner entfernt werden soll. Bestätigt Windows 8 den Vorgang, entfernen Sie den Datenträger.

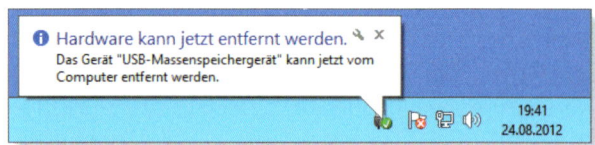

▲ **Abbildung 9.44** *Entfernen Sie den Datenträger erst, wenn Windows den Vorgang bestätigt.*

Beachten Sie: Wenn der Datenträger mehrere Partitionen besitzt, werden alle vom Dateisystem gelöst. Windows 8 oder ein Anwendungsprogramm darf keinen Zugriff mehr auf den Datenträger haben. Greift ein Programm dennoch zu, erhalten Sie eine entsprechende Meldung. Schließen Sie dann das Programm, und lösen Sie dann den Datenträger.

Umgang mit dem Papierkorb

Im Papierkorb landen alle Dateien und Ordner, die Sie löschen. Der Papierkorb dient als eine Art Sicherung. Falls Sie einmal etwas versehentlich löschen oder es sich später anders überlegen, können Sie einzelne Dateien, Ordner oder auch den gesamten Inhalt des Papierkorbes wiederherstellen.

9.2 Den Dateimanager starten und verwenden

▲ **Abbildung 9.45** *Ein Doppelklick auf dieses Symbol öffnet den Papierkorb.*

Für den schnellen Zugriff auf den Papierkorb finden Sie auf dem Desktop ein Symbol. Ein Doppelklick genügt, und Sie sehen den Inhalt des Papierkorbes. Möchten Sie ein Element wiederherstellen, markieren Sie es. Wählen Sie in der Multifunktionsleiste im Register **Verwalten Element wiederherstellen**. Mit **Alle Elemente wiederherstellen** wird der gesamte Inhalt des Papierkorbes wiederhergestellt. Sie finden danach alle Dateien und Ordner wieder an ihrer ursprünglichen Position.

Ab und zu sollten Sie den Papierkorb überprüfen und leeren. Damit machen Sie wichtigen Speicherplatz auf der Festplatte wieder frei. Sind Sie sicher, alle Daten dort löschen zu wollen, öffnen Sie den Papierkorb, und wählen Sie **Papierkorb leeren**. Bestätigen Sie die Sicherheitsfrage. Die genannten Funktionen finden Sie auch im Menü **Datei** wieder.

TIPP

Das Papierkorb-Symbol ist weg?
Haben Sie aus Versehen das Papierkorb-Symbol vom Desktop entfernt, ist dies kein Beinbruch. Sie können es einfach wieder hinzufügen. Öffnen Sie auf einem freien Bereich des Desktops das Kontextmenü. Wählen Sie **Anpassen**. Wechseln Sie zu **Desktopsymbole ändern**. Schalten Sie die Anzeige des Papierkorbs an.

Wenn Sie in der Eingabezeile in der **Systemsteuerung** »Papierkorb« eingeben, können Sie übrigens auch den Dialog **Anpassen** öffnen und das Papierkorb-Symbol wieder anschalten.

Wie im Windows-Explorer stehen Ihnen auch im Papierkorb verschiedene Ansichten zur Verfügung. Wählen Sie diejenige, die Ihnen am besten zusagt.

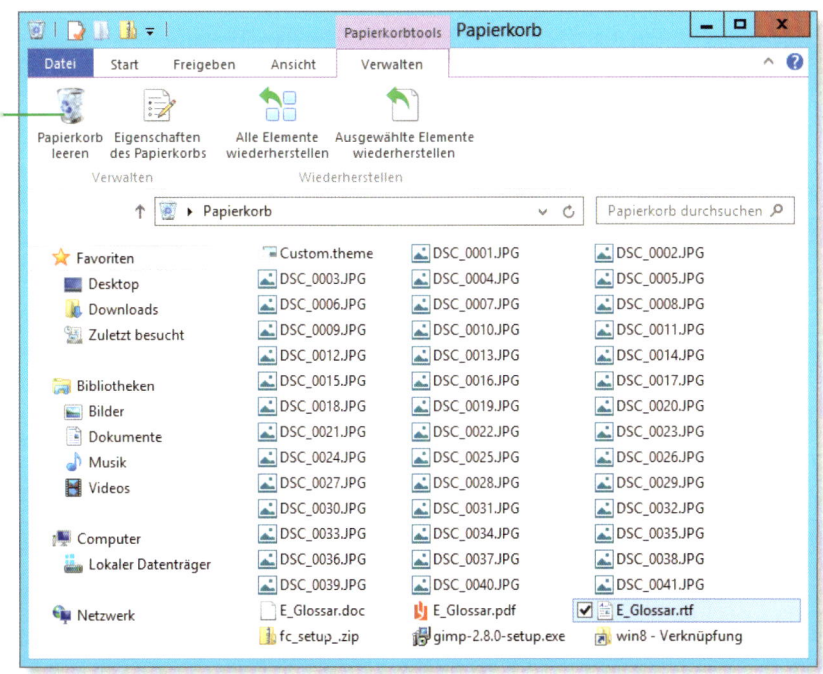

◂ **Abbildung 9.46** *Mein Papierkorb ist schon recht voll. Ich sollte wieder Platz schaffen. Dafür muss ich nicht das Kontextmenü öffnen. Es genügt ein Mausklick auf die Schaltfläche »Papierkorb leeren«* ❶ *in der neuen Multifunktionsleiste.*

Kapitel 9: Der Windows-Explorer

> **HINWEIS**
>
> **Große Dateien werden sofort gelöscht**
> Sehr große Dateien werden von Windows sofort gelöscht. Sie werden nicht im Papierkorb abgelegt. Das ist zum Beispiel bei DVD-Images der Fall. Wenn Sie ein solches Image löschen wollen, gibt Windows zuerst eine Meldung aus und weist Sie so darauf hin, dass die Datei nicht in den Papierkorb verschoben werden kann, sondern sofort gelöscht wird.

Ich empfehle Ihnen, die Bestätigung des Löschvorganges einzuschalten. Wie in Windows 7 werden Sie damit erst gefragt, ob Sie die Daten auch wirklich löschen wollen.

1 Öffnen Sie den **Papierkorb**.

2 Wechseln Sie in der Multifunktionsleiste in das Register **Verwalten** ❶. Öffnen Sie die **Eigenschaften des Papierkorbes** ❷.

▲ *Abbildung 9.48 Öffnen Sie die Eigenschaften des Papierkorbes.*

3 Schalten Sie die Option **Dialog zur Bestätigung des Löschvorganges anzeigen** ❸ an. Verlassen Sie den Dialog mit **OK** ❹.

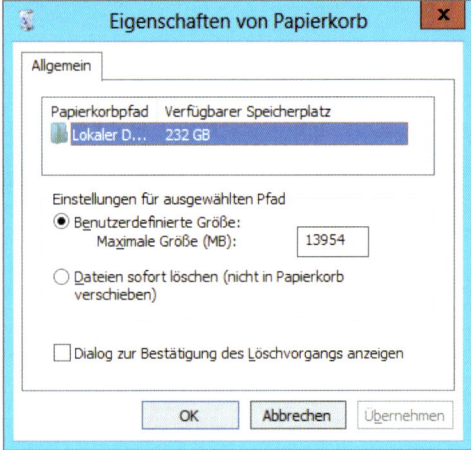

▲ *Abbildung 9.47 In den Eigenschaften des Papierkorbes legen Sie die Größe fest.*

Über die Funktionen **Eigenschaften des Papierkorbes** beschränken Sie die Größe des Papierkorbes. Werden mehr Daten gelöscht, als in den Papierkorb passen, werden dann automatisch ältere Daten aus dem Papierkorb entfernt.

Die Option **Daten sofort löschen** sollten Sie nicht verwenden. Mit ihr würden gelöschte Daten nicht mehr im Papierkorb landen. Sie wären verloren und könnten nur noch mit besonderen Wiederherstellungstools gerettet werden.

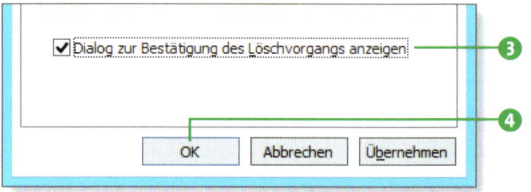

▲ *Abbildung 9.49 Die Bestätigung beim Löschen ist eine weitere sehr nützliche Sicherheitsfunktion.*

So nutzen Sie den Detailbereich

Der Detailbereich zeigt Ihnen den Namen und Typ einer Datei an. Sie sehen, wann eine Datei erstellt oder zuletzt bearbeitet wurde. Im Detailbereich lesen Sie, ob die Datei zugänglich für andere ist und wie groß sie ist.

9.2 Den Dateimanager starten und verwenden

▲ **Abbildung 9.50** *Der Detailbereich einer Bilddatei mit verschiedenen Informationen*

Gerade bei Multimediadateien können Sie den Detailbereich nutzen, um Ordnung in Ihre Bilder, Videos und Musikdateien zu bringen. An einem Beispiel möchte ich dies einmal zeigen:

1 Markieren Sie die Bilddatei.

2 Sehen Sie sich nun den Detailbereich an. Nicht alle Informationen müssen zu einem Bild angegeben werden. Mit den Sternsymbolen geben Sie eine Bewertung ein. In meinem Beispiel verwende ich fünf Sterne.

3 Öffnen Sie die Liste **Aufnahmedatum**. Ein Kalenderblatt erscheint. Blättern Sie bis zu dem Monat, an dem das Bild aufgenommen wurde. Markieren Sie das dazugehörende Datum.

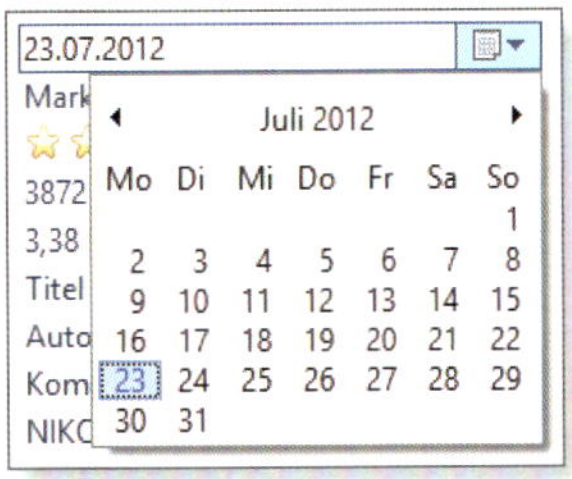

▲ **Abbildung 9.51** *Im Detailbereich können Sie ein Datum über ein Kalenderblatt auswählen.*

4 Ergänzen Sie nun einen Titel, einen Kommentar und Ihren Namen im Feld **Autoren**.

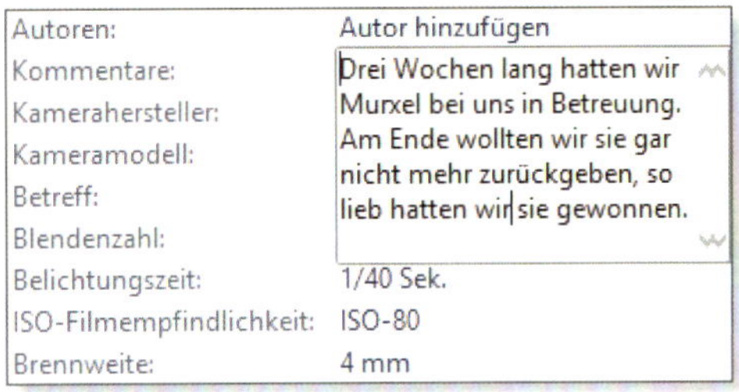

▲ **Abbildung 9.52** *So fügen Sie einen Kommentar hinzu.*

5 Bestätigen Sie mit einem Klick auf die Schaltfläche **Speichern** oder indem Sie die ⏎-Taste drücken.

TIPP

Bilddateien als Hintergrund verwenden
Wenn Sie eine Bilddatei aus einem Ordner auf Ihrem Windows-Desktop verwenden möchten, müssen Sie keine Einstellung in der **Systemsteuerung** vornehmen. Das geht viel einfacher und schneller: Markieren Sie einfach die Bilddatei. Öffnen Sie das Kontextmenü, und wählen Sie **Als Desktophintergrund festlegen**.

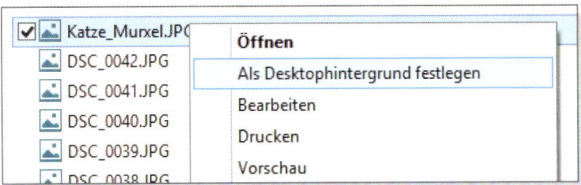

▲ **Abbildung 9.53** *Über das Kontextmenü verwenden Sie eine Bilddatei für den Hintergrund Ihres Desktops.*

Die Sprungliste einsehen und verwenden

Über die Pfeilschaltfläche vor der Navigationsleiste klappen Sie ein Menü auf, in dem alle zuletzt besuchten Ordner und Verzeichnisse aufgelistet sind. Ein Mausklick genügt, und Sie wechseln zu einem dieser Ziele. Das erspart Ihnen die Mühe, ein zuvor besuchtes Verzeichnis noch einmal zu suchen.

Kapitel 9: Der Windows-Explorer

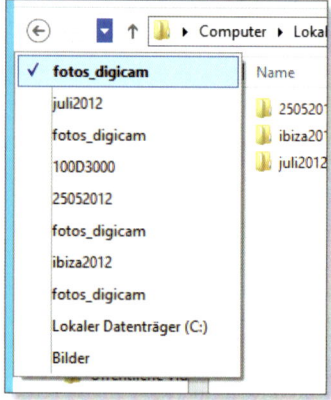

▲ **Abbildung 9.54** *Ein zuvor besuchtes Ziel müssen Sie nicht erneut suchen. Wählen Sie es einfach aus der Sprungliste.*

In der Adressleiste finden Sie außerdem eine Liste der zuletzt besuchten Orte. Diese Liste hat den Namen **Vorherige Orte** und befindet sich am Ende der Adressleiste.

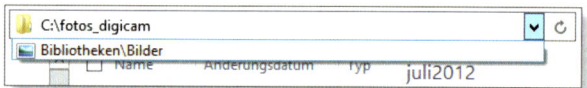

▲ **Abbildung 9.55** *Auch die Adressleiste besitzt eine »History«.*

Wichtige Tastenkombinationen, die Ihnen das Leben erleichtern

Viele Aufgaben lassen sich schnell und einfach mit Tastenkombinationen erledigen, ohne dass Sie die Funktion aus dem Menü oder dem Kontextmenü wählen müssen. Sehr oft werden Sie mit der Zwischenablage arbeiten. Dies können Sie mit Tastenkombinationen tun. Die Kürzel funktionieren übrigens in fast allen Programmen. Darüber hinaus gibt es weitere Tastenkombinationen, die Sie speziell bei der Arbeit mit dem Windows-Explorer nutzen können:

Zwischenablage	Funktion
Strg + C	kopieren
Strg + X	ausschneiden
Strg + V	einfügen

Windows-Explorer	Funktion
Leertaste	Markiert das Objekt, über dem sich der Mauscursor befindet.
Strg + A	alles markieren
Alt + ↵	Zeigt die Eigenschaften des markierten Objektes an.
F2	die markierte Datei oder den markierten Ordner umbenennen
Entf	die markierte Datei oder den markierten Ordner löschen
⇧ + Entf	Die markierte Datei oder den markierten Ordner sicher löschen. Die Datei bzw. der Ordner wird dabei nicht in den Papierkorb geschoben.

In vielen Programmen	Funktion
F4	Zuletzt angesteuerte Ziele anzeigen
←	Wechselt einen Ordner bzw. eine Verzeichnisstufe weiter nach oben.
Strg + Z	letzte Aktion rückgängig machen
Strg + Y	wiederholen
Alt + ←	zur vorhergehenden Ansicht wechseln (zurück)
Alt + →	zur kommenden Ansicht wechseln (vorwärts)
Alt + ↑	eine Ebene weiter nach oben blättern
Druck	Bildschirm in die Windows-Zwischenablage kopieren
Alt + Druck	Aktives Fenster in die Zwischenablage kopieren
Alt + F4	Aktives Fenster schließen
F1	Zeigt die Hilfe an. Diese ist immer abhängig von den geöffneten Programmen.

▲ **Tabelle 9.1** *Wichtige Tastenkombinationen für die Zwischenablage im Windows-Explorer*

9.3 Die Ansicht einrichten

Den Explorer können Sie in vielerlei Hinsicht verändern. Wählen Sie unter verschiedenen Ansichtsmodi aus, passen Sie die Ansicht der Ordner an, schalten Sie eine Vorschau an und aus und einiges mehr. Sie werden mit der Zeit feststellen, dass manche Einstellungen Ihnen eher zusagen als andere, oder dass Sie einfach schneller damit arbeiten können. Daher sind alle diese Anpassungsmöglichkeiten sehr sinnvoll und praktisch.

Schauen Sie sich diese Einstellmöglichkeiten einmal an. Passen Sie das Erscheinungsbild des Dateimanagers so an, dass er Ihnen gefällt und Sie am besten damit arbeiten können.

Spalten auswählen

Führen Sie einmal die Maus in die rechte obere Ecke einer Spalte im Explorer. Klicken Sie nun mit der rechten Maustaste. Über die daraufhin eingeblendete Liste wählen Sie, welche Spalten Sie im Dateimanager sehen wollen.

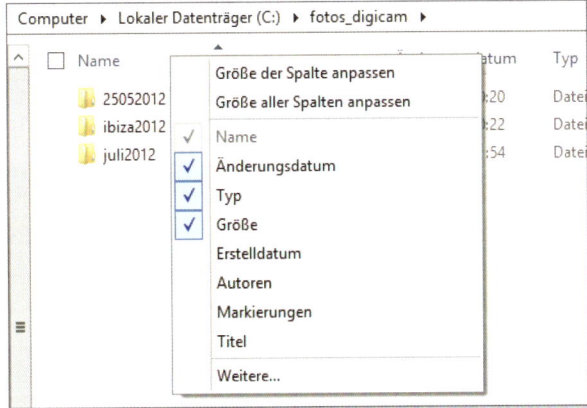

▲ **Abbildung 9.56** Wählen Sie aus, welche Spalten Sie im Explorer angezeigt bekommen wollen.

Genügen Ihnen die angezeigten Spalten noch nicht, klicken Sie auf **Weitere**. Wählen Sie im folgenden Dialog aus, welche Spalten Sie im Dateimanager sehen wollen.

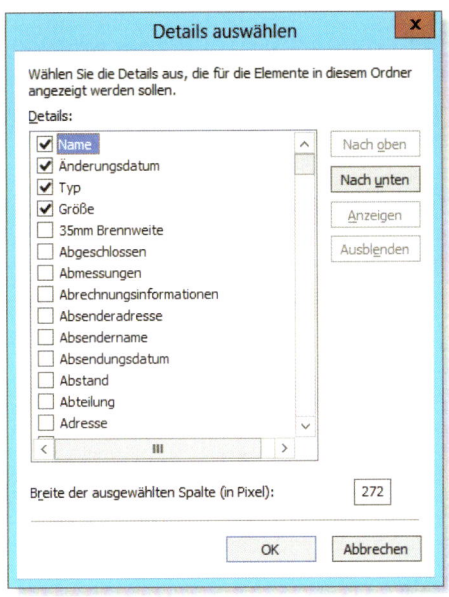

▲ **Abbildung 9.57** Die Auswahl der Spalten ähnelt der Detailauswahl.

Die Breite der Spalten im Dateimanager anpassen

Die Breite der Spalten im Explorer passen Sie ganz einfach mit der Maus an:

1 Führen Sie den Mauscursor auf den Rand einer Spalte. Sie sehen, dass sich der Cursor in einen nach rechts und links zeigenden Pfeil verwandelt.

2 Drücken Sie die linke Maustaste. Halten Sie die Taste gedrückt.

3 Ziehen Sie die Maus nach rechts oder links, je nachdem, ob Sie die Spalte vergrößern oder verkleinern wollen.

4 Ist die gewünschte Größe erreicht, lassen Sie die Maustaste los.

Die Breite an den Inhalt anpassen

Sie können die Anpassung der Spaltenbreite auch Windows überlassen. Dabei wird die Breite an den Inhalt angepasst. Dafür gehen Sie wie folgt vor:

Kapitel 9: Der Windows-Explorer

1 Führen Sie die Maus an den rechten oberen Rand einer Spalte.

2 Klicken Sie mit der rechten Maustaste, und wählen Sie **Größe der Spalte anpassen**.

3 Möchten Sie alle Spalten im Windows-Explorer in ihrer Breite verändern, dann wählen Sie **Größe aller Spalten anpassen**.

Die Diashow direkt aus dem Explorer heraus

Bei einem Ordner mit Bilddateien können Sie direkt aus dem Windows-Explorer heraus eine Diashow starten.

1 Gehen Sie in den Ordner mit den Bilddateien. Markieren Sie eine Bilddatei.

2 Wechseln Sie in das Register **Verwalten**.

3 Klicken Sie auf **Diashow**. Nun lehnen Sie sich zurück und genießen die Bilder.

▲ *Abbildung 9.58* Im Register »Bildtools« können Sie ein Bild drehen, es als Hintergrund verwenden oder eine Diashow starten.

Natürlich können Sie auch verschiedene Funktionen aufrufen und so die Wiedergabe der Bilder steuern. Ein Klick mit der linken Maustaste bringt Sie zum nächsten Bild. Mit `Esc` beenden Sie die Wiedergabe.

Drücken Sie die rechte Maustaste, wird ein Menü eingeblendet. Sie können nun zurückspringen, zum nächsten Bild wechseln oder die Wiedergabe der Bilddateien anhalten. Die Ausgabe kann in einer Schleife erfolgen (bis Sie `Esc` drücken) oder unsortiert, also zufällig. Sie können eine von drei Geschwindigkeiten wählen (**Langsam**, **Mittel** und **Schnell**).

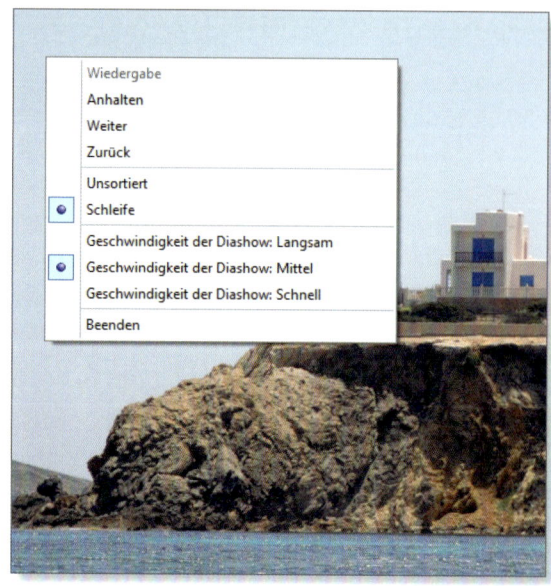

▲ *Abbildung 9.59* Die Auswahl der Funktionen genügt für den Einsatz zwischendurch.

Für die schnelle Wiedergabe und auch das Vorführen der Bilder vor Freunden eignet sich diese Funktion sehr gut. Sie müssen kein Bildbetrachtungsprogramm öffnen, sondern nutzen einfach die Diashow-Funktion des Windows-Explorers.

So wählen Sie das Symbol für einen Ordner selbst aus

Das Ordnersymbol sieht ziemlich trist aus. Es genügt zwar seinem Zweck, Sie können jedoch auch ein anderes Symbol verwenden und so das vorgegebene ersetzen.

1 Markieren Sie einen Ordner, dessen Symbol Sie ändern wollen. Wählen Sie im Kontextmenü **Eigenschaften**.

2 Wechseln Sie in das Register **Anpassen**, und klicken Sie auf die Schaltfläche **Anderes Symbol** ❶.

3 Scrollen Sie durch die Liste der Windows-Symbolbibliothek. Markieren Sie das Symbol, das Ihnen am besten gefällt ❷, und klicken Sie zweimal auf **OK**.

9.3 Die Ansicht einrichten

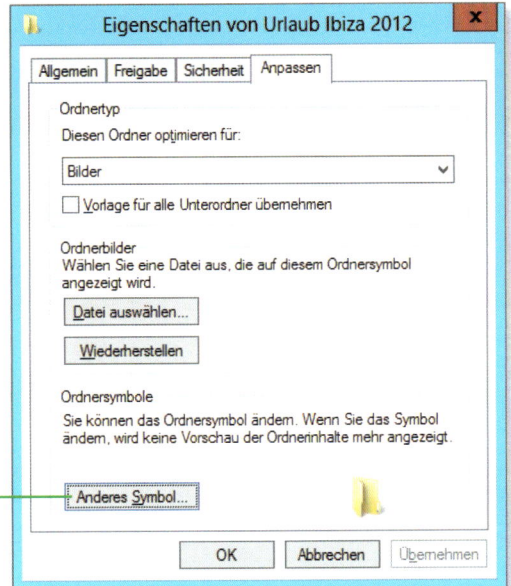

▲ **Abbildung 9.60** Ändern Sie die Eigenschaften eines Ordners.

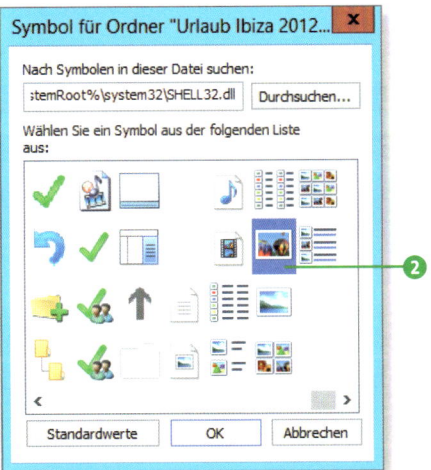

▲ **Abbildung 9.61** Windows 8 stellt Ihnen jede Menge verschiedene Symbole zur Verfügung.

Nun finden Sie Ihre Ordner sehr viel schneller wieder. Das ist eine ganz praktische Sache. Außerdem sieht es auch ganz schick aus. Wenn Sie ein wenig im Internet recherchieren und nach »Windows 8 Icons« suchen, finden Sie dort auch eine Menge an frei erhältlichen Symbolen, die Sie für Ihre Ordner nutzen können.

▲ **Abbildung 9.62** Das neue Symbol taucht im Dateimanager auf.

Die Windows-Symbole liegen unter *%SystemRoot%\system32*. Es handelt sich hierbei um eine *.dll*-Datei mit der Bezeichnung *SHELL32.dll*.

Das ausgewählte Symbol wird nur für den Ordner verwendet, den Sie markiert haben und bei dem Sie über das Kontextmenü den Dialog **Eigenschaften** ausgewählt haben.

Eine weitere Möglichkeit ist, dass Sie statt eines Ordnersymbols eine Bilddatei verwenden. Wie das geht, lesen Sie im nächsten Abschnitt.

Einige Windows-Tuner bieten ebenfalls die Möglichkeit, die Optik von Windows 8 zu verändern. Oft besitzen sie auch eine Sammlung von optisch schicken und coolen Symbolen. Der Vorteil ist hier: Sie können über die Dialoge des Tuners Windows anpassen und müssen keinen anderen Dialog öffnen. Auch das Kopieren der Symbole in ein bestimmtes Verzeichnis ist nicht notwendig.

Über das Internet finden Sie Sammlungen von verschiedenen Windows-Symbolen, die Sie einfach verwenden können. Achten Sie dabei darauf, dass es sich um Freeware handelt, und untersuchen Sie die Dateien mit einem aktuellen Virenscanner, bevor Sie sie verwenden.

Die Icons sind meist in einem Zip-Archiv zusammengeschnürt.

Entpacken Sie dieses. Ändern Sie nun die Eigenschaften des Ordners oder der Datei. Unter **Anpassen** klicken Sie auf **Neues Symbol**. Mit **Durchsuchen** wählen Sie nun den Ordner, in dem die entpackten Dateien liegen. Markieren Sie eine Bilddatei, und bestätigen Sie. Schon wird sie als Symbol verwendet.

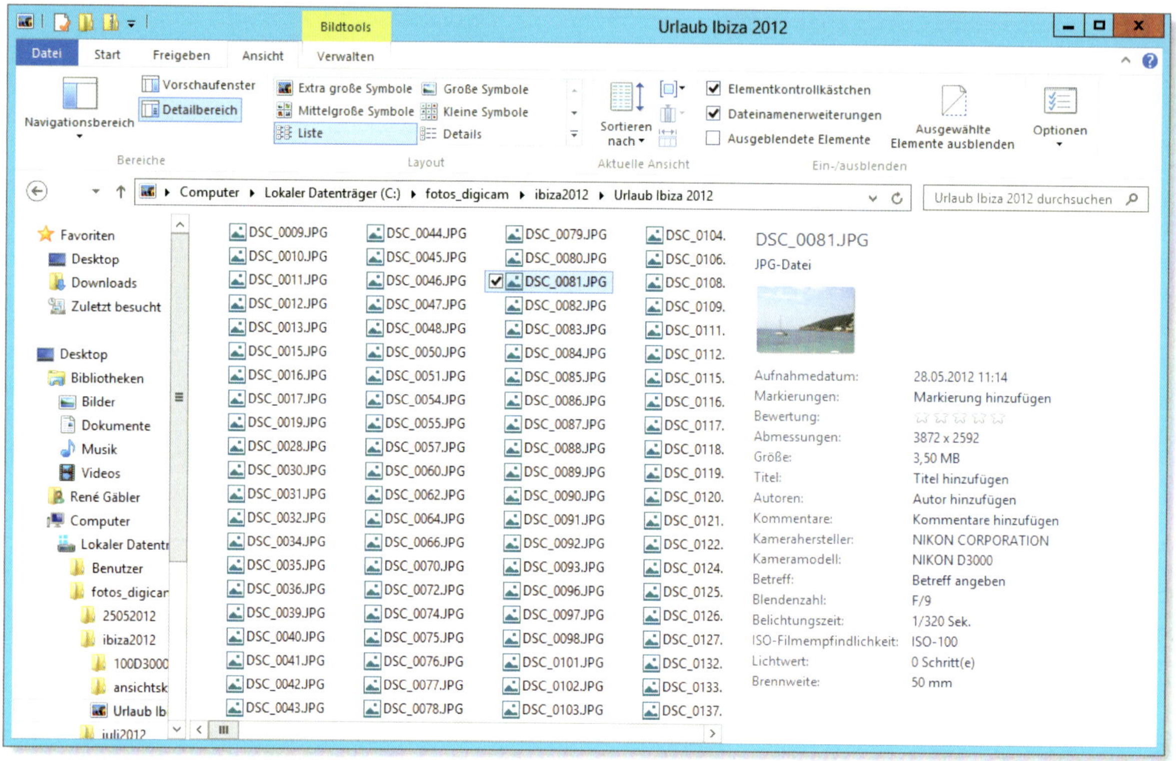

Kapitel 9: Der Windows-Explorer

▲ **Abbildung 9.63** *Der Windows-Dateimanager listet alle Dateien eines Ordners übersichtlich auf. Sie können eine Vorschau einblenden und Dateimerkmale betrachten. Haben Sie sich erst einmal an die neue Multifunktionsleiste gewöhnt, sind viele Funktionen schnell gefunden und angewendet.*

Preview: Die beste Symbolgröße wählen

Im Register **Anpassen** können Sie auch eine Bilddatei auswählen, die dann zum Ordnersymbol hinzugefügt wird. Das Ergebnis ähnelt ein wenig einem geöffneten Aktenordner.

Gehen Sie so vor wie beim Verändern des Symbols eines Ordners. Im Register **Anpassen** finden Sie den Abschnitt **Ordnerbilder**. Klicken Sie hier auf **Datei auswählen**. Suchen Sie die gewünschte Bilddatei, und bestätigen Sie.

Den Navigationsbereich anpassen

Den Navigationsbereich können sie mit verschiedenen Optionen verändern.

1 Öffnen Sie das Register **Ansicht**.

2 Öffnen Sie das Listenmenü **Navigationsbereich**. Wählen Sie **Erweitern, um Ordner zu öffnen** und **Alle Ordner einblenden**.

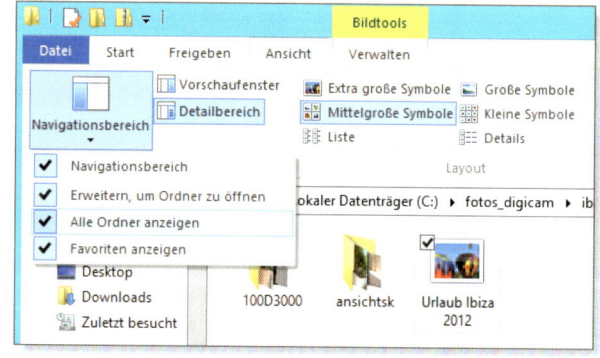

▲ **Abbildung 9.64** *Passen Sie den Navigationsbereich an.*

9.4 Dateien und Ordner suchen

Die aktuell im Handel erhältlichen Festplatten und Datenträger sind so groß, dass Sie eine riesige Anzahl Dateien und Ordner auf ihnen unterbringen können. Sehr schnell geht die Übersicht verloren. Es kommt vor, dass Sie einfach nicht mehr genau wissen, wo sich eine gesuchte Datei oder ein Ordner befindet. Um dieses Objekt dann ausfindig zu machen, verwenden Sie die Suchfunktion im Explorer.

Dateien oder Ordner suchen

Für eine schnelle Suche bietet Ihnen der Explorer ein praktisches Suchfeld an.

1. Im Navigationsbereich markieren Sie die zu durchsuchende Partition oder den Ort, den Sie durchsuchen wollen.

2. Geben Sie rechts oben im Suchfeld die ersten Buchstaben des Dateinamens an, nach dem gesucht werden soll.

Windows 8 beginnt sofort nach Eingabe der ersten Zeichen damit, zu suchen. Sie müssen nicht ⏎ drücken oder irgendeine Schaltfläche bedienen. Treffer, die zur Suchanfrage passen, werden sofort angezeigt. Mit einem Doppelklick öffnen Sie diese. Für weitere Aktionen steht Ihnen das Kontextmenü zur Verfügung.

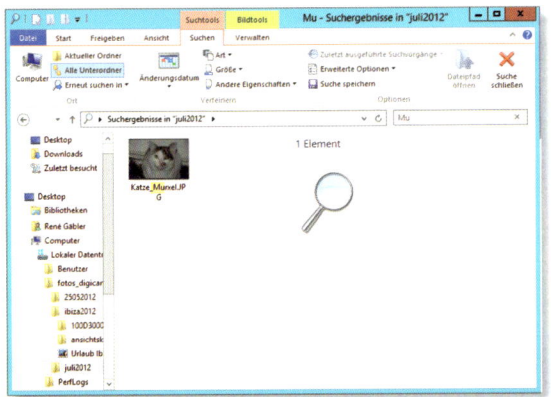

▲ *Abbildung 9.65* »Mu« im Suchfeld einzugeben, reicht hier, um das Bild »Katze_Murxel« zu finden.

> **TIPP**
>
> **Eine Suchanfrage speichern**
> Mit **Suche speichern** bietet Ihnen der Explorer an, eine Suchanfrage zu sichern. Geben Sie einen Dateinamen an, und bestätigen Sie. Windows 8 legt die Angaben im Benutzerverzeichnis unter *Suchvorgänge* ab. Später rufen Sie die Suche einfach wieder über diesen Dateipfad auf. Die durchgeführte Suche wird in einem virtuellen Suchordner gespeichert. Der Zugriff auf die so gespeicherte Suche ist schneller, als wenn Sie später die Suche einfach wiederholen würden. Windows 8 erstellt automatisch eine Verknüpfung zu einer gespeicherten Suche in den Favoriten. Sie können mit dem Navigationsbereich sehr schnell und einfach auf diese Suche zugreifen.

Komplexe Suchanfragen durchführen

Im Register **Suchen** können Sie die Suche mit einem Änderungsdatum oder durch die Angabe der Dateigröße erweitern. So schränken Sie die Suche auf bestimmte Inhalte ein.

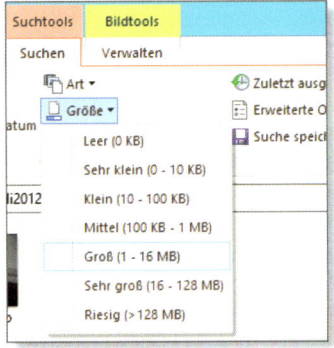

▲ *Abbildung 9.66* Die Suche wird auf eine bestimmte Größe eingegrenzt.

Mit umschreibenden Zeitangaben, die der Explorer einblendet, lassen sich noch Näherungen festlegen. Beispiele sind **Anfang des Jahres** oder **Letzte Woche**. So beschränken Sie die Suche auf eine Zeitperiode, nicht auf ein genaues Datum.

Das Gleiche trifft auf die Größe zu. Anstatt genau nach einer 20 MB großen Datei zu suchen, werden Abschnitte verwendet. **Mittel** heißt, dass die Datei 100 KB bis 1 MB groß sein kann. **Klein** steht für 0–10 KB, **Groß** für 1–16 MB, **Sehr groß** für 16–128 MB, und **Riesig** ist alles über 128 MB.

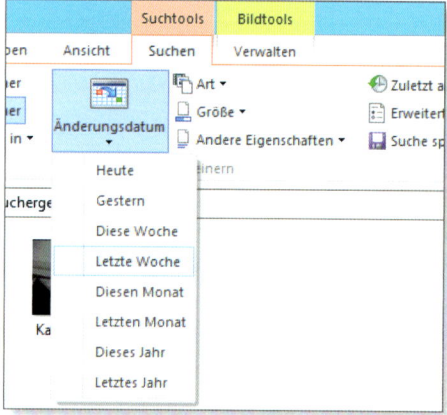

▲ **Abbildung 9.67** *Die Suche wird eingegrenzt.*

Natürlich können Sie eine Zeitangabe und eine Größe bei einer Suchanfrage miteinander kombinieren.

Mit **Art** suchen Sie nur bestimmte Inhalte, wie zum Beispiel Dokumente, Bilddateien oder Filmdateien.

Mit **Erweiterte Optionen** können Sie Teil-Übereinstimmungen in die Suche einbeziehen, ebenso Zip-Dateien, Dateiinhalte oder Systemdateien.

Mit **Suche speichern** halten Sie eine Suche fest, um sie später wiederzuverwenden. Die zuletzt aufgeführten Suchvorgänge rufen Sie über das gleichnamige Listenmenü auf.

Über **Erneut suchen** können Sie die Suchanfrage wiederholen. Dabei wird die Suche auf einen der Orte **Bibliotheken oder Internet** oder beschränkt. Über Schaltflächen suchen Sie im aktuellen Ordner oder beziehen bei der Suche alle Unterordner ein.

Einen Suchfilter können Sie auch selbst definieren. Dabei trennen Sie den Filter vom Suchstring mit einem Doppelpunkt. Den zum Suchfilter gehörenden Parameter geben Sie mit einem Gleichheitszeichen an. Ein paar Beispiele für die richtige Schreibweise:

`änderungsdatum: anfang des monats urlaub`

`art:=dokument office-mustermann`

`art:=musik mozart`

Beachten Sie, dass die Suchfilter `art` und `typ` nur bei Bibliotheken zur Verfügung stehen.

Suchoperatoren verwenden

Im Explorer können Sie boolesche Filter verwenden. Diese müssen Sie in Großbuchstaben schreiben und können sie bei Bedarf auch mit anderen Filtern kombinieren.

Filter	Funktion
`NOT`	Der angegebene Begriff ist nicht in der gesuchten Datei oder dem gesuchten Ordner enthalten.
`AND`	Die gesuchte Datei oder der gesuchte Ordner enthält beide angegebenen Begriffe, zum Beispiel `office AND mustermann`.
`"Suchstring"`	Der in Anführungszeichen gesetzte String muss exakt mit dem Treffer übereinstimmen.
`(Suchstring1 Suchstring2)`	Die gesuchte Datei oder der gesuchte Ordner enthält die in Klammern gesetzten Suchstrings. Die Reihenfolge der beiden Suchstrings ist dabei nicht wichtig.
`Größe: >10 MB`	Die gesuchte Datei oder der gesuchte Ordner ist größer als 10 MB. Sie können auch das Zeichen `<` verwenden.
`Datum: > 01.10.11`	Dieser Filter ermittelt Dateien und Ordner, die nach dem angegebenen Datum bearbeitet wurden.

▲ **Tabelle 9.2** *Die Operatoren der Explorer-Suche*

9.4 Dateien und Ordner suchen

Platzhalter für eine Dateisuche verwenden

Bei der Suche nach Dateien und Ordnern können Sie auch Platzhalter verwenden. Mit diesen Metazeichen ersetzen Sie einzelne oder mehrere Buchstaben. Mit dem Fragezeichen ersetzen Sie ein Zeichen, mit dem Sternchen * mehrere unbekannte Zeichen. Die Eingabe `Haus*` findet `Haushalt`, `Hausaufgabe`, `Hausarbeit`, `Hauseigentum` usw.

Die Volltextsuche verwenden

Mit der Volltextsuche suchen Sie nicht nur nach bestimmten Dateinamen und Ordnernamen, sondern Sie schauen in Office-Dateien hinein. Sofern Windows 8 deren Inhalt indiziert hat, können Sie einfache Textdateien, Word-, PowerPoint- und Excel-Dokumente durchsuchen.

> **INFO**
>
> **Was bedeutet »indizieren«?**
> Der Index beschleunigt die Suche nach Dateien, Ordnern und Inhalten. Dazu werden alle wichtigen Dateien auf Ihrem Windows-8-Rechner ebenso »indiziert« wie Bibliotheken, E-Mails, Programm- und Systemdateien. Stellen Sie sich den Index als eine Datenbank vor. Kurzinformationen über Ihre Dateien und Ordner werden hier festgehalten. Neue Dateien und Ordner fließen in den Index ein. Ohne diese Funktion würde das Durchsuchen großer Festplatten sehr lange dauern. Windows 8 muss so nicht den Inhalt einer ganzen Partition, sondern nur den erfassten Index durchsuchen. Das geht um einiges schneller.
>
> Windows erfasst auch den Inhalt von Text- und Office-Dateien. Der so erstellte Index beschleunigt die Suche nach diesen Inhalten. Beim Erstellen von Text- und Office-Dateien wird immer ein solcher Index angelegt – es sei denn, Sie schalten die Indizierung aus. Nicht alle Dateien werden dabei erfasst, z. B. Programm- und die Systemdateien des Betriebssystems.

Um die Volltextsuche zu verwenden, geben Sie im Suchfeld des Windows-Explorers einen Suchbegriff, einen Teil des gesuchten Begriffs oder mehrere Begriffe ein.

Die Indizierungsoptionen einsehen und bearbeiten

Um die **Indizierungsoptionen** zu öffnen, gehen Sie wie folgt vor:

1 Öffnen Sie die **Systemsteuerung**. Geben Sie rechts oben im Suchfeld »Indizierung« ein. Als Treffer wird **Indizierungsoptionen** angezeigt. Wählen Sie diese mit der Maus. Im Dialog sehen Sie, wie viele Elemente bereits indiziert wurden. Im Fenster werden auch die zusätzlich einbezogenen Orte angezeigt. Hier wollen wir einmal ein Verzeichnis mit Bilddateien und den Ordner mit meinen Arbeitsdateien hinzufügen.

2 Klicken Sie auf **Ändern**. Öffnen Sie den Dateibaum der Partition, auf der sich der Ordner befindet, dessen Inhalt indiziert werden soll.

3 Setzen Sie ein Häkchen in das Optionskästchen vor dem Ordner, der indiziert werden soll. Bestätigen Sie.

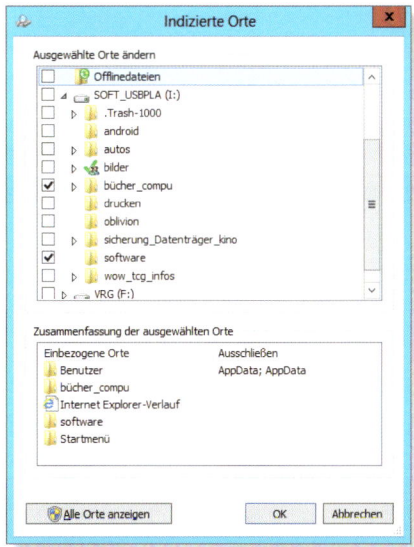

▲ *Abbildung 9.68* Zwei Ordner werden nun zusätzlich indiziert.

Sie sehen den Dialog **Indizierungsoptionen**. Dort erscheinen die soeben hinzugefügten Ordner. Sie können hier die Ordnerauswahl wieder **Ändern** oder weitere Einstellungen vornehmen.

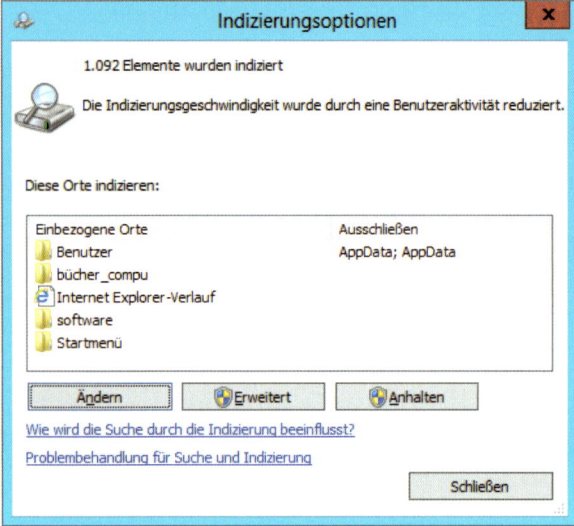

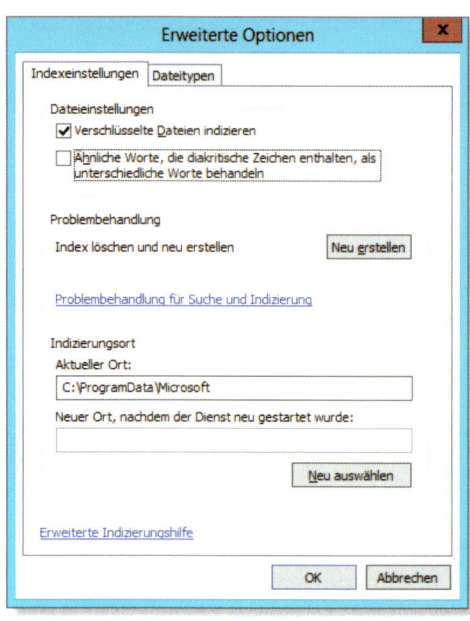

▲ *Abbildung 9.70* *In diesem Beispiel wurde die Indizierung verschlüsselter Dateien angeschaltet.*

▲ *Abbildung 9.69* *Die hinzugefügten Ordner erscheinen nun in den Indizierungsoptionen.*

Über **Erweitert** können Sie auch dafür sorgen, dass verschlüsselte Dateien indiziert werden und dass ähnliche Wörter als eigene Suchtreffer behandelt werden. Natürlich ist das Indizieren von verschlüsselten Dateien nur dann sinnvoll, wenn Sie auch mit einer Verschlüsselung arbeiten. Sie sehen hier auch, wo der Index abgelegt wird. Per Vorgabeeinstellung liegt er unter *C:\ProgramData\Microsoft* (siehe Abbildung 9.70).

Die Indizierungsoptionen erreichen Sie auch, wenn Sie im Windows-Explorer den Cursor in das Feld **Suchen** setzen. Die Dialoge und Einstellungsmöglichkeiten sind aber auch auf diesem Weg genau dieselben. Sie können sich aussuchen, welcher Weg für Sie gerade am bequemsten ist. Anschließend steht Ihnen das Register **Suchen** zur Verfügung. Öffnen Sie das Listenfeld **Erweiterte Optionen**, und wählen Sie **Indizierte Orte ändern**.

Den Index löschen

Bei Problemen mit dem Index oder einer zu großen Indexdatei ist es manchmal sinnvoll, den Index zu löschen und von Windows 8 neu erstellen zu lassen. Falls dies notwendig wird, gehen Sie wie folgt vor:

1 Öffnen Sie die Indizierungsoptionen. Sie können dies wie zuvor beschrieben über die Eingabe von »Indizierung« in dem Eingabefeld der **Systemsteuerung** tun.

2 Klicken Sie auf die Schaltfläche **Erweitert**.

3 Der Dialog **Erweiterte Optionen** klappt auf. Im Register **Indexeinstellungen** finden Sie etwa in der Mitte den Bereich **Problembehandlung**. Klicken Sie hier auf **Index löschen und neu erstellen**.

▲ *Abbildung 9.71* *In den »Erweiterten Optionen« haben Sie die Möglichkeit, den Index neu erstellen zu lassen.*

9.4 Dateien und Ordner suchen

4 In einem Dialog werden Sie darüber informiert, dass das Erstellen des Index recht lange dauern kann. Bestätigen Sie dies.

TIPP

Nie ganze Festplattenpartitionen indizieren
In der Regel werden Sie nach Office- und Bilddateien suchen – also nach den Dateien, die Sie oft verwenden. Fügen Sie auch Programmordner und Systemdateien in den Index ein, wird die Indexdatei zu groß. Es dauert dann zu lange, den Index nach einer Datei oder einem Ordner zu durchsuchen. Die Indizierung hat ja den Zweck, dass eine Suche im Windows-Explorer sehr viel schneller und effektiver vonstattengeht, als wenn ganze Partitionen Datei für Datei durchsucht werden. Dieser Geschwindigkeitsgewinn ginge durch das Indizieren ganzer Partitionen verloren.

2 Scrollen Sie durch die Liste. Um bestimmte Dateitypen von der Indizierung auszuschließen, entfernen Sie das Häkchen aus dem Optionskästchen vor diesem Dateityp. Bestätigen Sie.

HINWEIS

Welche Dateitypen sollen indiziert werden?
Sinnvoll ist das Indizieren der Multimedia- und Office-Dateien, mit denen Sie oft arbeiten. Also können Sie Bild-, Video-, Audio- und Textdateien indizieren lassen. Gerade dann, wenn Sie von diesen Dateitypen sehr viele auf Ihrem Rechner haben, vereinfacht eine Indizierung die Suche nach bestimmten Dateien.

Auf Wunsch beziehen Sie in den **Indizierungsoptionen** (**Erweiterte Optionen** > **Dateitypen**) Eigenschaften und Dateiinhalte ein. Dies verlangsamt allerdings den Prozess.

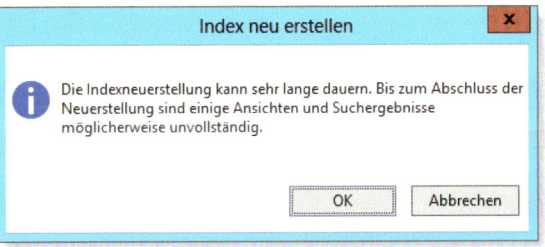

▲ **Abbildung 9.72** Windows 8 informiert Sie darüber, dass es eine Weile dauert, bis der Index neu erstellt wird.

So wählen Sie aus, welche Dateitypen indiziert werden sollen

Windows 8 indiziert nicht jede Datei. Sie können auswählen, welche Dateitypen in den Index einbezogen werden. Auf diese Weise beeinflussen Sie den Index. Sie können bewusst bestimmte Dateitypen ausschließen oder auch hinzufügen.

1 Öffnen Sie wie zuvor beschrieben die **Indizierungsoptionen**. Wählen Sie **Erweitert**. Wechseln Sie zu **Dateitypen**.

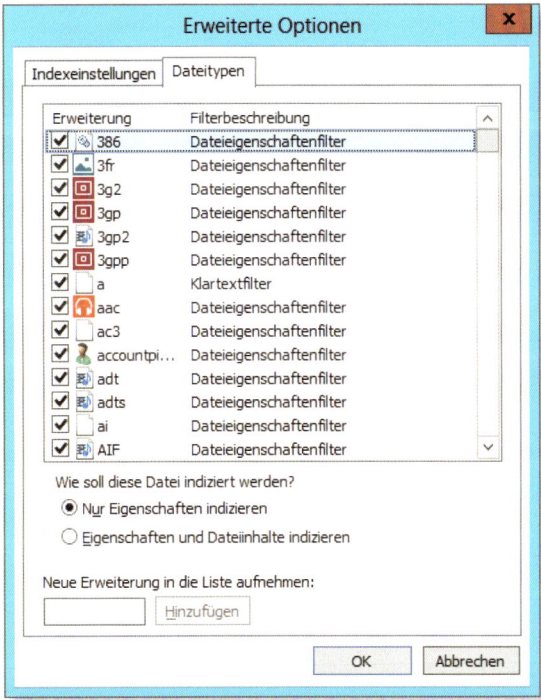

▲ **Abbildung 9.73** Windows 8 indiziert in der Vorgabeeinstellung alle aufgelisteten Dateitypen.

Kapitel 9: Der Windows-Explorer

Wenn Sie möchten, können Sie die Indizierung von Dateien, Ordnern und Inhalten für eine Viertelstunde anhalten. Dazu müssen Sie zunächst die **Indizierungsoptionen** aufrufen. Klicken Sie nun auf **Anhalten**. Werden Sie nach dem Passwort des Administrators gefragt, geben Sie es ein.

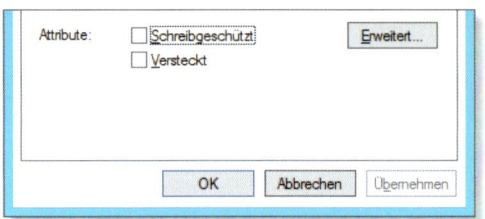

▲ *Abbildung 9.74 Im Dialog »Eigenschaften« können Sie zwei Attribute festlegen.*

9.5 Der Windows-Explorer für Fortgeschrittene

Der Windows-8-Dateimanager kann noch einiges mehr, als nur Dateien und Ordner anzeigen. Für den Betrieb im Netzwerk oder mit mehreren Benutzern gibt es eine ganze Reihe fortgeschrittener Funktionen. Sie können z. B. die Zugriffsrechte von Dateien und Ordnern einsehen und verändern, mit Bibliotheken arbeiten, bestimmte Ordner freigeben und einiges mehr. Die wichtigsten dieser Möglichkeiten stelle ich nun vor.

> **INFO**
>
> **Das Dateisystem von Windows 8**
> Windows 8 nutzt das Dateisystem NTFS. Die Abkürzung steht für *New Technology File System*. Dieses Dateisystem bietet eine sehr gute Zugriffsrechteverwaltung. Für jeden Ordner und jede Datei können Zugriffsrechte vergeben werden. Es werden Zugriffsrechte für Benutzer und für Benutzergruppen unterschieden.

Die Zugriffsrechte einer Datei oder eines Ordners bearbeiten

Wer etwas mit einer Datei machen darf, wird mit den sogenannten *Zugriffsrechten* bestimmt. Sie legen fest, ob eine Datei verändert werden darf, wer sie öffnen und lesen kann.

Öffnen Sie das Fenster **Eigenschaften** im Kontextmenü einer Datei oder eines Ordners. Im Register **Allgemein** können Sie mit Optionskästchen den Schreibschutz anschalten oder die Datei als versteckt kennzeichnen.

Erweiterte Möglichkeiten haben Sie im Register **Sicherheit**. Hier legen Sie genau fest, welche Gruppen und Benutzer auf die Datei oder den Ordner zugreifen dürfen. Weiter unten im Dialog bestimmen Sie, ob die oben gewählte Gruppe oder der Benutzer die Datei lesen, bearbeiten (ändern), ausführen und durch Schreiben verändern darf. **Ausführen** ist bei Programmdateien, Batchskripten und Ähnlichem interessant. Ein Benutzer, der eine bestimmte Programmdatei nicht ausführen darf, hat auch keinen Zugriff auf das Programm. Eine Eigenschaft kann gesetzt sein oder verweigert sein. Für beides gibt es eine Spalte.

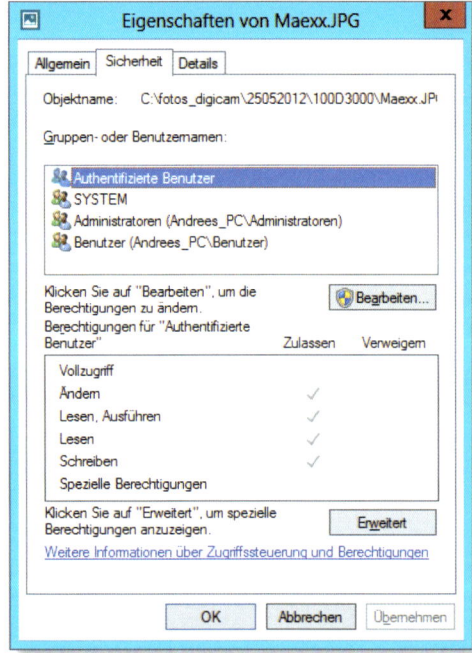

▲ *Abbildung 9.75 Im Register »Sicherheit« können Sie die Berechtigungen einsehen und verändern.*

9.5 Der Windows-Explorer für Fortgeschrittene

Windows 8 kennt die folgenden Zugriffsrechte:

Recht	Bedeutung
Vollzugriff	Das Dokument kann geöffnet, ausgeführt und auch verändert werden. Diese Berechtigung sollten nur der Besitzer der Datei und der Administrator des Rechners bekommen.
Lesen	Ein Dokument kann geöffnet werden.
Lesen, Ausführen	Ein Dokument kann geöffnet werden. Handelt es sich um eine ausführbare Datei, so kann diese mit diesem Zugriffsrecht ausgeführt werden.
Ändern	Eine Datei kann geöffnet, verändert und wieder gespeichert werden.
Schreiben	Eine Datei kann erstellt und auf die Festplatte des Rechners gespeichert werden.

▲ **Tabelle 9.3** *Zugriffsrechte in Windows*

INFO

Benutzer und Benutzergruppen
Windows 8 teilt jeden Benutzer einer Gruppe zu. So gehört der Systemadministrator der Gruppe *Administratoren* an. Alle normalen Anwender werden der Gruppe *Benutzer* zugeteilt. Darüber hinaus gibt es bestimmte Systemprogramme, die eigene Benutzergruppen mit sich bringen oder zur Gruppe *System* gehören. In der **Systemsteuerung** können Sie die verschiedenen Benutzer und Benutzergruppen einsehen und verwalten.

In einem Beispiel habe ich zunächst einen neuen Benutzer erstellt. Wie das geht und wie Sie die vorhandenen Benutzer verwalten, erfahren Sie später in diesem Buch, im Kapitel 23, »Benutzerkonten erstellen, verwenden und verwalten«, ab Seite 499. Dieser neue Benutzer soll eine Textdatei nur lesen dürfen.

1 Öffnen Sie den Windows-Explorer. Suchen Sie den Ordner, in dem sich die Datei befindet, deren Attribute Sie ergänzen wollen. Öffnen Sie das Kontextmenü, und wählen Sie **Eigenschaften**. Wechseln Sie in das Register **Sicherheit**.

Der neu erstellte Benutzer ist im Feld **Gruppen- und Benutzernamen** noch nicht vorhanden. Es gibt ihn aber. Er muss also zunächst zu dieser Liste hinzugefügt werden.

2 Klicken Sie auf **Bearbeiten**, **Hinzufügen** und im nächsten Dialog auf **Erweitert**.

3 Einen Dialog weiter können Sie nach Benutzern und Gruppen suchen. Klicken Sie dafür auf **Jetzt suchen**.

4 In der Liste **Suchergebnisse** tauchen alle Gruppen und Benutzer auf, die es auf dem Rechner gibt. Scrollen Sie durch diese Liste, und markieren Sie den gewünschten Benutzer. In meinem Beispiel heißt er *Max Mustermann*. Mit **OK** übernehmen Sie ihn in den vorhergehenden Dialog.

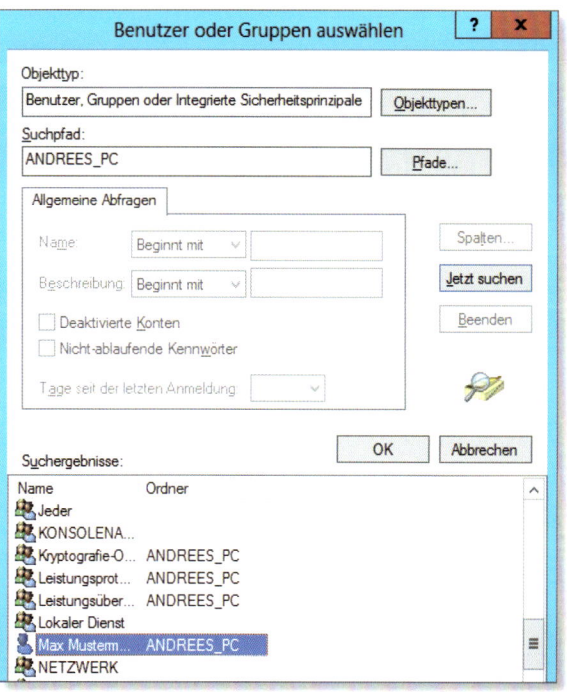

▲ **Abbildung 9.76** *Der Benutzer, der die Datei nicht bearbeiten soll, muss zunächst erst einmal gesucht werden.*

5 Der Benutzername wird in den Dialog **Benutzer oder Gruppen auswählen** übernommen. Wenn Sie möchten, fügen Sie einen weiteren Namen hinzu. Im Beispiel habe ich nur den einen Benutzer ausgewählt. Mit **OK** geht es zurück in den Dialog **Eigenschaften**.

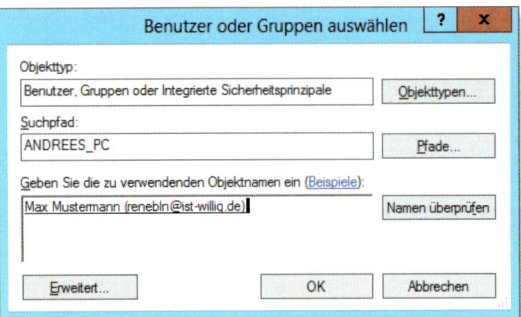

▲ *Abbildung 9.77* *Natürlich können Sie einen Benutzer- und Gruppennamen selbst eintragen.*

6 Markieren Sie im Dialog **Berechtigungen für »Dateiname«** den Benutzer, für den Sie die Zugriffsberechtigung setzen möchten. Entfernen Sie das Häkchen aus **Lesen, Ausführen**. Falls diese Option nicht vorhanden ist, setzen Sie ein Häkchen in das Kästchen **Lesen**.

▲ *Abbildung 9.78* *Die Zugriffsrechte für den neuen Benutzer sind gesetzt.*

7 In der Spalte **Verweigern** setzen Sie ein Häkchen in die Zeile **Schreiben**. Bestätigen Sie.

8 Windows klappt einen Info-Dialog auf und informiert Sie über Zugriffsänderungen. Bestätigen Sie.

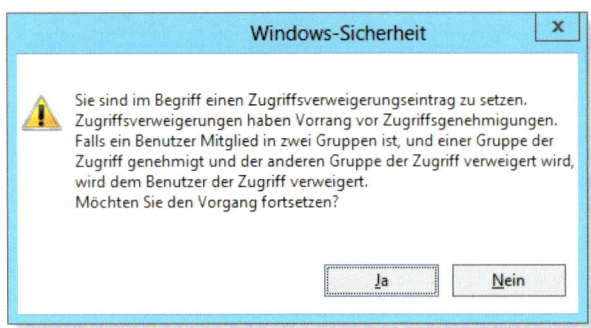

▲ *Abbildung 9.79* *Windows 8 informiert Sie über die Konsequenzen der Veränderung. Bestätigen Sie.*

> **INFO**
>
> **Die richtige Schreibweise von Benutzer- und Gruppennamen**
> Um einen Benutzer oder eine Gruppe in den Dialog **Benutzer oder Gruppen auswählen** einzutragen, müssen Sie auf die richtige Schreibweise achten. Zunächst schreiben Sie den Namen des Rechners. Dann setzen Sie einen Schrägstrich, und nun folgt der Benutzername. Ein Beispiel: »Mein-PC\Beispielname«.

Über **Erweitert** im Dialog **Eigenschaften von Dateiname** können Sie die Berechtigungen etwas genauer festlegen. Auch hier lassen Sie die grundlegenden Berechtigungen zu oder verweigern sie. Hier lässt sich auch ein Überwachungseintrag erstellen. Dabei protokolliert Windows 8, ob der zu überwachende Zugriff erfolgreich durchgeführt wurde oder ein Fehler auftrat. Damit können Sie auch ganz bestimmte Zugriffsaktionen überwachen. Beispiele sind das Durchsuchen eines Ordners, das Lesen einer Datei, das Löschen einer Datei und das Erstellen von Dateien und Ordnern.

9.5 Der Windows-Explorer für Fortgeschrittene

HINWEIS

Einige Zugriffsrechte schließen andere aus
Die Berechtigung **Vollzugriff** bedeutet, dass der Benutzer alles mit der Datei anstellen darf – er darf sie lesen, bearbeiten und ausführen. Wird der Vollzugriff verweigert, kann der Benutzer die Datei weder lesen noch ausführen oder bearbeiten.

Darf ein Benutzer eine Datei ändern, muss er sie auch lesen, ausführen und schreiben können. Sie können bei einer Datei das Lesen erlauben und das Schreiben verweigern.

Wichtig ist auch: Ein Benutzer kann Mitglied in zwei oder mehr Gruppen sein. Möglicherweise wurden für beide Gruppen unterschiedliche Zugriffsrechte vergeben. In der Praxis können Sie einem Benutzer nur etwas erlauben oder es verweigern. Die Zugriffsverweigerung wird von Windows 8 höher eingestuft als die Genehmigung. Wurde also in zwei Gruppen eine Zugriffsverweigerung und eine Zugriffsgenehmigung eingestellt, gilt die Zugriffsverweigerung.

Verändern können Sie auch den Namen des Besitzers. Der Besitzer einer Datei hat immer Vollzugriff. Geht die Datei an einen anderen Benutzer, erhält dieser die Rechte des alten Besitzers.

Der Benutzer, der eine Datei erstellt hat, ist auch deren Besitzer. Das Gleiche trifft auf Ordner zu. Bei Ordnern und Dateien, die das Betriebssystem erstellt hat, gilt dies jedoch nicht.

Nur selten wird man den Besitz einer Datei an jemand anderen übergeben. Das ist aber dann notwendig, wenn sich ein Benutzer ganz speziell mit dieser Datei beschäftigen soll. Vielleicht handelt es sich um eine Präsentation, eine Tabelle mit besonderen Daten oder ein Manuskript, das ebendieser Anwender allein verwalten soll. Er ist dann ein »exklusiver Benutzer« mit allen dazugehörenden Rechten.

Eine andere Möglichkeit wäre gegeben, wenn ein Benutzerverzeichnis gelöscht werden soll – vielleicht weil ein Benutzer nicht mehr an diesem Rechner arbeitet oder einen neuen Benutzernamen samt Benutzerverzeichnis erhalten hat.

In einem weiteren Register können Sie »effektive Berechtigungen« festlegen. Das sind Berechtigungen, die ein Benutzer durch die Mitgliedschaft in einer Benutzergruppe bekommt.

INFO

Die Rechte eines Administrators
Ein Administrator ist ein ganz bestimmter Benutzer eines Betriebssystems. Eigentlich ist es eine »Rolle«, die ein Benutzer einnimmt, aber in der Praxis lässt sich der Administrator doch meist an einer Person festmachen. Er hat die meisten Rechte, am System Veränderungen vorzunehmen. Er arbeitet nicht nur am Rechner, sondern richtet auch Konfigurationseinstellungen und Systemeinstellungen ein. Dazu muss er die dafür notwendigen Rechte besitzen. Das geschieht automatisch, wenn ein Benutzer sich als Administrator anmeldet. Für ihn müssen keine speziellen Rechte festgelegt werden.

Den gesamten Inhalt sichtbar machen: Systemdateien einblenden

Systemdateien werden zunächst von Windows 8 ausgeblendet. Um sie sichtbar zu machen, müssen Sie nur eine Option deaktivieren:

1 Wählen Sie im Register **Verwalten** des Windows-Explorers **Optionen > Ordner- und Suchoptionen ändern**.

2 Wechseln Sie zu **Ansicht**. Entfernen Sie das Häkchen aus dem Kästchen **Geschützte Systemdateien ausblenden**.

Kapitel 9: Der Windows-Explorer

3 Windows blendet eine Sicherheitsmeldung ein. Bestätigen Sie sie mit **Ja**. Im Dialog **Ordneroptionen** wählen Sie **OK**.

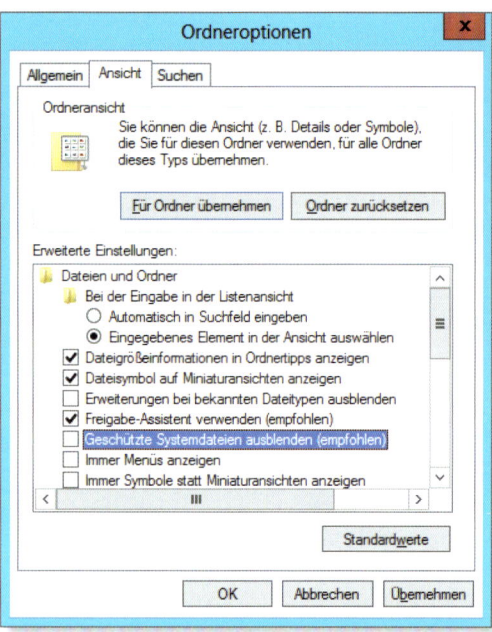

▲ *Abbildung 9.80 Stellen Sie in den Ordneroptionen das Einblenden von Systemdateien ein.*

Im Dateimanager erkennen Sie versteckte Dateien an einem vorangestellten Punkt.

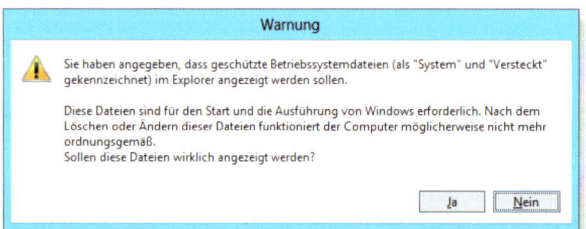

▲ *Abbildung 9.81 Beim Anzeigen von Systemdateien blendet Windows zunächst eine Warnmeldung ein.*

Achten Sie darauf, dass Sie keine Systemdateien löschen oder verändern! Damit schränken Sie möglicherweise Systemfunktionen ein oder beschädigen Windows sogar so, dass es nicht mehr richtig startet und funktioniert.

Die Komprimierungsfunktion von Windows 8

Der Windows-Explorer besitzt bereits eine integrierte Funktion, mit der Sie verschiedene Dateien und Ordner zu einem Paket komprimieren können. Das Ergebnis ist eine Zip-Datei. In gleicher Weise lassen sich Zip-Pakete mit dem Explorer entpacken. Ein Zusatzprogramm ist dazu nicht notwendig.

> **INFO**
>
> **Warum sollte man Dateien komprimieren?**
> Mit dem Komprimieren von Dateien und Ordnern sparen Sie Platz, denn nach dem Komprimieren sind Dateien kleiner als vorher. Außerdem werden so mehrere Dateien in einer »verpackt«. Das ist besonders sinnvoll, wenn Sie mehrere Dateien per E-Mail versenden oder im Internet bereitstellen wollen – so zum Beispiel auf einer Website oder bei SkyDrive. Statt vieler Dateien stellen Sie nur eine gepackte Datei online. Das ist für den Empfänger oder den Anwender, der die Datei herunterlädt, bequemer. Er speichert nur die Zip-Datei auf seinem Rechner. Danach entpackt er diese und erhält die einzelnen Dateien.

Mehrere Dateien in ein Zip-Archiv packen

In einem Beispiel möchte ich einmal die Bilddateien in meinem Ordner zu einem komprimierten Paket zusammenschnüren. Sicherlich werden auch Sie diese Funktion oft nutzen. Denn Bilder gehören zu den Dateien, die man gerne an andere weitergibt, z. B. per Mail. Und dann dürfen Sie einfach nicht zu groß sein. Gehen Sie also folgendermaßen vor:

1 Begeben Sie sich im Windows-Explorer zu dem Ordner, in dem sich die Dateien befinden, die Sie packen möchten.

2 Markieren Sie die Dateien. Mit ⇧ markieren Sie mehrere Dateien. Nutzen Sie die Optionskästchen vor den Ordnern, um einzelne Dateien auszuwählen.

9.5 Der Windows-Explorer für Fortgeschrittene

3 Wechseln Sie in das Register **Freigeben**, und klicken Sie auf die Schaltfläche **ZIP**.

4 Geben Sie einen Dateinamen für die gepackte Datei ein. Bestätigen Sie mit ⏎.

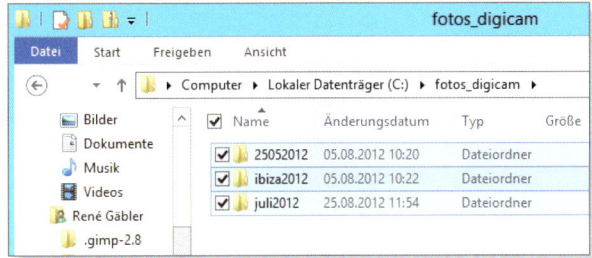

▲ **Abbildung 9.82** Zuerst markieren Sie die Ordner oder Dateien, die gepackt werden sollen.

Wählen Sie direkt im Explorer die Funktion zum Erstellen eines komprimierten Archivs.

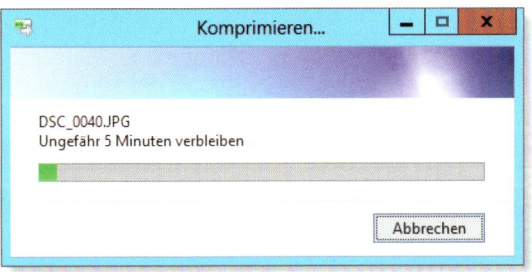

▲ **Abbildung 9.83** Die Bilddateien in meinem Verzeichnis werden gepackt.

Die neu erstellte Zip-Datei wird in das aktuell geöffnete Verzeichnis eingefügt. Die Bezeichnung wird von den gepackten Ordnern übernommen. Passen Sie diese Bezeichnung gegebenenfalls an.

▲ **Abbildung 9.84** Die Zip-Datei erkennen Sie an dem Ordnersymbol mit dem seitlichen Reißverschluss.

Für das Packen und Entpacken wird kein Assistent geöffnet. Sie müssen lediglich die Ordner und Dateien auswählen, die Sie packen wollen. Die Funktion können Sie über das Register, so wie beschrieben, oder auch über das Kontextmenü aufrufen.

Mit einem Doppelklick oder über die Funktion **In einem neuen Fenster öffnen** sehen Sie in ein Zip-Archiv hinein. Es wird dabei nur im Speicher des Rechners entpackt, nicht auf der Festplatte.

HINWEIS

Vorsicht bei unbekannten Zip-Dateien
Achten Sie bei unbekannten Zip-Dateien darauf, diese zuerst mit einem aktuellen Antivirenprogramm zu untersuchen. Auf diese Weise gehen Sie sicher, dass Sie sich nicht einen bösartigen Computervirus, einen Trojaner oder ein Spionageprogramm einfangen. Das Internet ist leider auch ein Treffpunkt von zwielichtigen Hackern und Cyberkriminellen. Mit nur wenig Aufwand schützen Sie sich vor Schaden.

Eine Zip-Datei entpacken

Um eine Zip-Datei zu entpacken, gehen Sie so vor:

1 Begeben Sie sich zunächst wieder in den Ordner, in dem die gepackte Datei abgelegt ist. Markieren Sie diese.

2 Wechseln Sie in das Register **Extrahieren** ❶. Wählen Sie **Alle extrahieren** ❷.

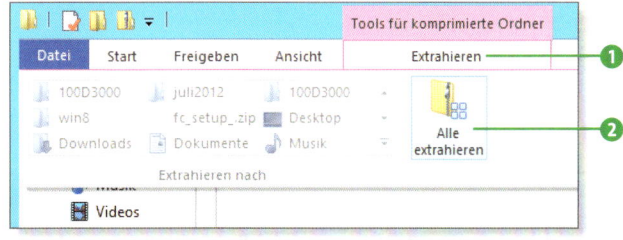

▲ **Abbildung 9.85** Eine Zip-Datei wird entpackt.

3 Ein Dialogfenster klappt auf. Tragen Sie das Zielverzeichnis ein, oder wählen Sie es mit **Durchsuchen** aus. Möchten Sie die Dateien nach dem Entpacken im Windows-Explorer sehen, achten Sie darauf, dass die Option **Dateien nach der Extrahierung anzeigen** angeschaltet ist. Bestätigen Sie mit einem Mausklick auf die Schaltfläche **Extrahieren**.

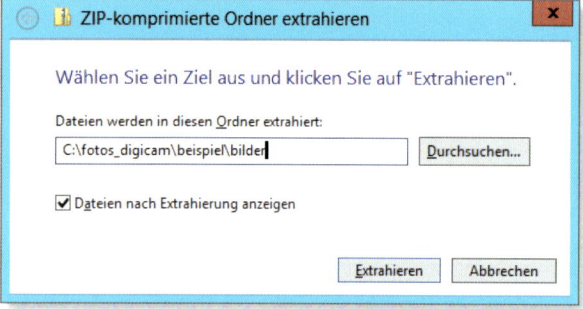

▲ *Abbildung 9.86 Ein Archiv wird extrahiert.*

Beim Entpacken übernimmt der Windows-Explorer den Dateinamen des Zip-Archivs für den neuen Ordner, in dem die entpackten Dateien abgelegt werden.

Die Archivierungsfunktion des Windows-Explorers kennt nur das Format *Zip*. Andere Packungsformate können Sie mit dem Windows-8-Dateimanager nicht entpacken oder erstellen. Dazu müssen Sie auf Programme wie *WinRar*, *WinZip* oder das Freewaretool *7-Zip* zurückgreifen.

Beachten Sie, dass einige Dateitypen sich kaum oder gar nicht packen lassen. So werden Bilddateien des Typs TIF bereits automatisch komprimiert.

Bilddateien von einer Digitalkamera importieren

Der Windows-Explorer unterstützt den direkten Import von Bilddateien aus Digitalkameras. Dazu müssen Sie nur die SD-Karte aus der Kamera nehmen und in den Kartenslot Ihres Rechners einlegen. Der Datenträger wird erkannt, und Windows 8 bietet Ihnen eine Reihe passender Aktionen an.

Der Rechner verfügt über keinen Kartenslot?

Viele aktuell im Handel erhältliche Notebooks sind bereits mit einem Kartenslot ausgestattet, so auch mein Notebook. Bei älteren Notebooks und bei vielen Desktoprechnern finden Sie einen solchen Einschub nicht. Sie können sich bei einem Desktop-PC mit einem Einschub helfen, den Sie im Handel erwerben und zusätzlich in Ihren Rechner einbauen. Bei einem Notebook geht dies nicht.

Ich verwende bei meinem Desktoprechner einen sogenannten Cardreader. Dieser unterstützt verschiedene Kartengrößen und wird einfach per USB-Kabel mit dem Rechner verbunden. Das ist einfach, geht schnell und ist bei jedem Rechner möglich. Außerdem kann ich den Cardreader einfach in meinen Rucksack packen und ihn übers Wochenende oder im Urlaub mitnehmen.

Der *miniMAX All in 1* unterstützt die Formate *Micro SD*, *SD*, *MMC*, *M2*, *XS*, *Memory Stick Pro* und *Memory Stick Pro Duo* – ein Allzweckgerät für viele verschiedene Karten. Dieses und ähnliche Geräte gibt es für um die 5 bis 10 Euro. Sie sind also sehr günstig. Schauen Sie sich einmal bei *http://www.alternate.de* um. Oder blättern Sie durch die Hardwareangebote von Pollin Electronics (*http://www.pollin.de*). Bei Letzterem finden Sie echte Schnäppchen. Die sind vielleicht nicht frisch von der Messe, aber erfüllen allemal ihre Aufgabe.

Um die Bild- und Videodateien der SD-Karte auf Ihren Rechner zu importieren, gehen Sie wie folgt vor:

1 Legen Sie die SD-Karte in den Kartenslot Ihres Rechners ein.

2 Windows erkennt den eingelegten Datenträger. Klicken Sie auf den eingeblendeten Dialog.

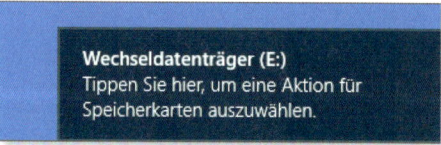

▲ *Abbildung 9.87 Windows 8 erkennt den eingelegten Datenträger und bietet Ihnen passende Aktionen an.*

9.5 Der Windows-Explorer für Fortgeschrittene

3 Das Betriebssystem bietet Ihnen verschiedene Möglichkeiten an, was Sie mit den Daten tun können. Wählen Sie hier **Bilder und Videos importieren**.

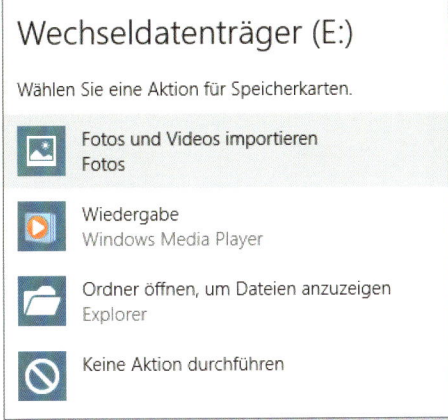

▲ **Abbildung 9.88** Importieren Sie Bilder und Videodateien mit Windows.

Windows 8 zeigt Ihnen die Vorschaubilder aller vorhandenen Bilddateien an. Mit einem Häkchen in der rechten oberen Ecke eines Bildes wählen Sie dieses an oder ab. In der Vorgabe sind alle Bilddateien ausgewählt.

1 Geben Sie im Dialogfeld ❶ den Namen des Zielordners ein, oder übernehmen Sie die Vorgabe. Starten Sie den Vorgang mit **Importieren** ❷.

2 Die Bilddateien werden in der Bibliothek **Bilder** abgelegt.

3 Für den Import können Sie auch den Windows-Explorer nutzen. Schalten Sie die Anzeige der Vorschaubilder an. Suchen Sie sich die Bilddateien aus, die Sie importieren wollen. Fügen Sie diese Bilder in einem neu erstellten Ordner auf Ihrem Rechner ein. Wenn Sie sie direkt von der Karte löschen möchten, können Sie sie auch ausschneiden.

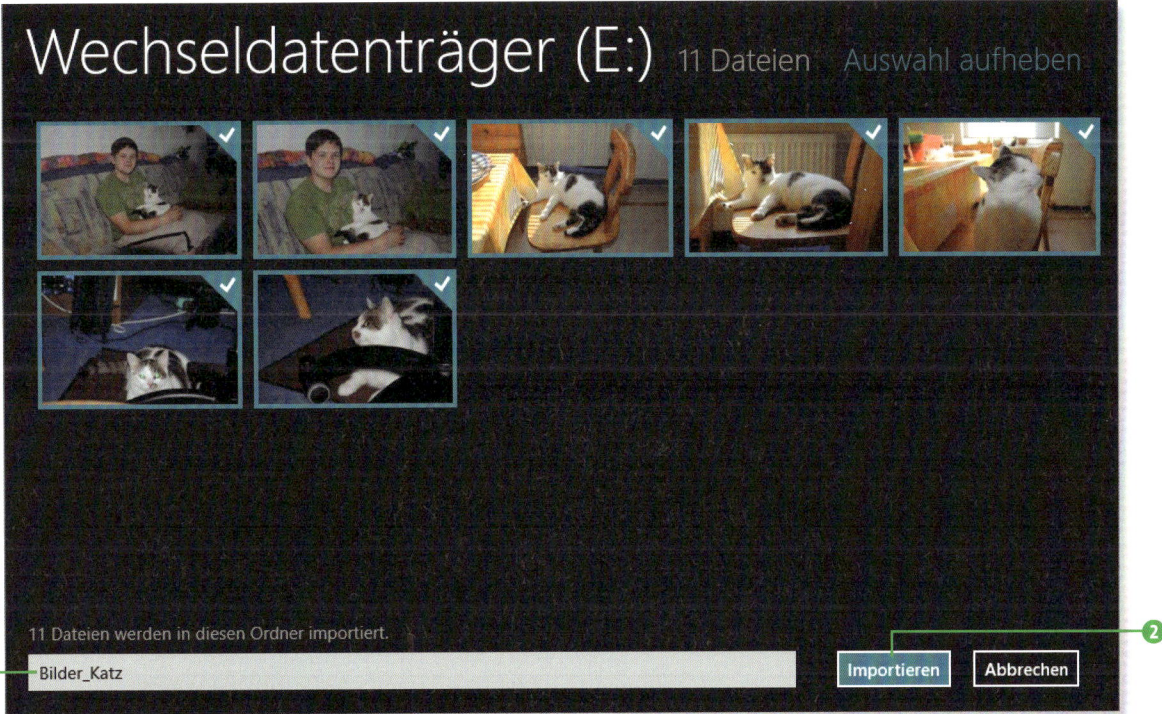

▲ **Abbildung 9.89** In Windows 8 können Sie eine Übersicht mit Vorschaubildern für den Import von Fotos verwenden. Die Bilddateien werden sehr schön anhand von Vorschaubildern angezeigt. Mit der Maus wählen Sie einzelne Bilddateien aus und ab.

Kapitel 9: Der Windows-Explorer

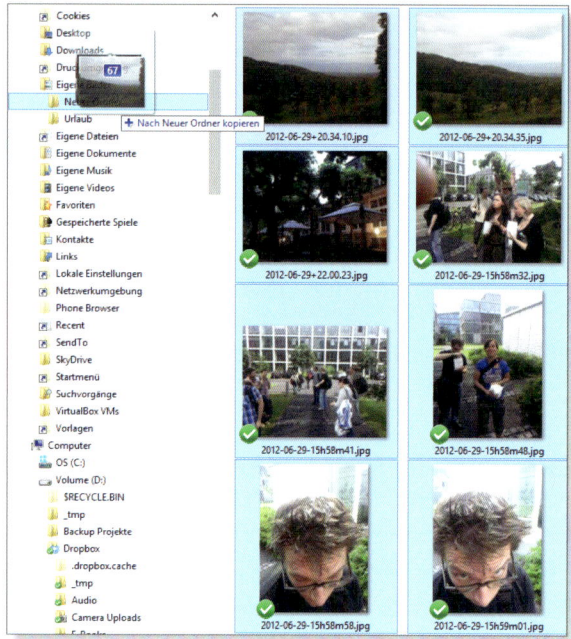

▲ **Abbildung 9.90** In diesem Beispiel verwende ich den Windows-Explorer für den Import meiner Bilder. Das funktioniert ganz einfach über die Kopieren-Funktion.

Digitalkamera und Smartphone mit dem PC verbinden

Sie können nicht nur Bild- und Videodateien von einer SD-Karte oder einem anderen mit dem Rechner verbundenen Datenträger importieren. Es ist auch möglich, eine Digitalkamera direkt mit dem Rechner zu verbinden.

Die Hersteller von Digitalkameras und Smartphones liefern oft eigene Programmpakete mit. Diese enthalten die notwendigen Treiber für die Verbindung sowie verschiedene Tools zum Übertragen und Synchronisieren von Dateien.

Besitzer eines Smartphones der Typen Galaxy Note und Galaxy S3 können so beispielsweise die Android-App Kies Air nutzen. Dieses Programm überträgt die Daten über eine WLAN-Verbindung. Auf dem Windows-PC müssen Sie nur einen Browser öffnen und eine URL eingeben.

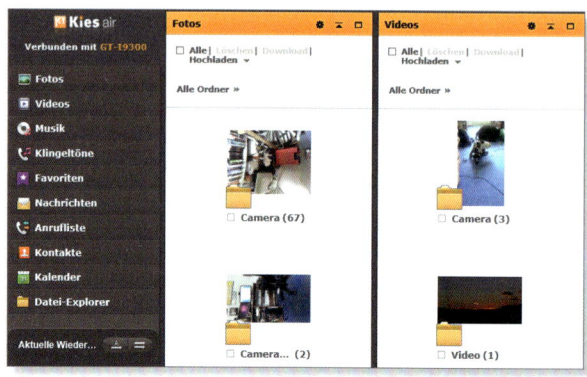

▲ **Abbildung 9.91** Mit Kies Air ist der Zugriff auf das Smartphone sehr einfach.

Alternativ können Sie auch das Samsung PC Studio verwenden. Hierbei werden ein Windows-Treiber und ein Programm auf dem Rechner installiert. Verbinden Sie danach Ihr Smartphone mit dem Rechner. Übertragen Sie anschließend Ihre Daten mit Hilfe des Tools. Ein Dateimanager gehört auch dazu. Mit ihm können Sie die Ordner auf dem Smartphone einsehen.

Über die Webseite des Herstellers können Sie auch nur den Windows-Treiber downloaden und installieren. Danach verwenden Sie den Windows-Explorer für das Übertragen von Dateien.

Die Funktionen für die automatische Wiedergabe anpassen

Windows erkennt einen mit dem Rechner verbundenen USB-Datenträger oder eine angeschlossene Digitalkamera. Ein Dialog wird eingeblendet. Sie wählen eine der möglichen Aktionen aus. Diese wird automatisch als Standardaktion für den Datenträger übernommen. Wiederholen Sie später die Aktion, wird der Dialog nicht mehr eingeblendet. Das verknüpfte Programm wird sofort geöffnet.

Je nachdem, welche Anwendungsprogramme Sie installiert haben, sind im Dialog auch weitere Optionen vorhanden. Je nach Datenträger und Datentypen werden unterschiedliche Funktionen angeboten – so zum Beispiel, wenn Sie eine DVD mit einem Film oder eine

9.5 Der Windows-Explorer für Fortgeschrittene

Audio-CD in den Rechner einlegen. Auch Datenträger mit einzelnen Videodateien oder Audiodateien erkennt Windows.

Sie können diese Funktionen einstellen und wählen, welche Möglichkeiten Ihnen angeboten werden. Dabei haben Sie folgende Möglichkeiten:

1. **Fotos und Videos importieren (Fotos)**
2. **Wiedergabe (Windows Media Player)**
3. **Keine Aktion durchführen**
4. **Ordner öffnen, um Dateien anzuzeigen (Explorer)**
5. **Jedes Mal nachfragen**

▲ **Abbildung 9.92** Sie können für jede Aktion der automatischen Wiedergabe zwischen fünf Optionen auswählen.

Je nach Medium oder Gerät unterscheiden sich die Wahlmöglichkeiten.

In der **Systemsteuerung** können Sie die automatische Wiedergabe für Medien und Geräte mit einem Optionskästchen ausschalten. Für die folgenden Geräte können Sie eine Aktion bestimmen:

- Wechseldatenträger
- Speicherkarte, Kameraspeicher
- DVD
- Blu-Ray-Disc
- CD
- Software
- andere Geräte

Bei CD, Blu-Ray-Disc und DVD gibt es weitere Unterscheidungen. Aktionen können Sie für einen leeren Datenträger, einen Datenträger mit einem Film und bestimmte andere Datenträger festlegen.

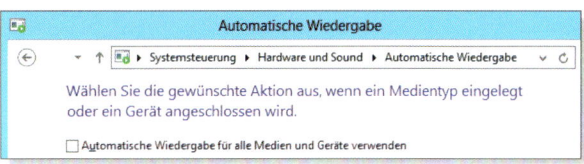

▲ **Abbildung 9.93** In diesem Beispiel habe ich die automatische Wiedergabe ausgeschaltet.

Den Freeware-Medienplayer VLC installieren

Als Beispiel installieren wir zunächst den Freeware-Medienplayer VLC. Dann sorgen wir dafür, dass Audio-CDs und Filmdateien immer mit diesem Programm wiedergegeben werden.

1 Öffnen Sie die **Systemsteuerung**. Wählen Sie **Hardware und Sound > Automatische Wiedergabe**.

2 Öffnen Sie das Listenfeld in der Zeile **Audio-CD**. Wählen Sie **Audio-CD wiedergeben mit VideoLAN VLC media player**.

3 Wiederholen Sie das in der Zeile **DVD-Film**. Bestätigen Sie mit **Speichern**.

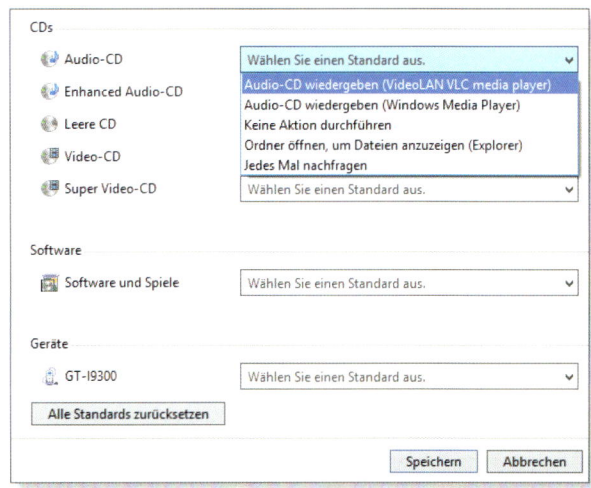

▲ **Abbildung 9.94** So wählen Sie ein alternatives Programm für die Wiedergabe von bestimmten Dateitypen.

Direkt aus dem Explorer heraus eine CD oder DVD erstellen

Windows 8 erlaubt Ihnen, Dateien direkt aus dem Windows-Explorer heraus zu brennen. Dabei müssen Sie natürlich auf Extra-Features verzichten, die in Brennprogrammen wie *Nero* oder *CDRWin* vorhanden sind. Die Windows-Möglichkeiten genügen aber, um schnell Daten auf eine CD oder DVD zu brennen. Und das geht so:

1 Öffnen Sie den Windows-Explorer. Begeben Sie sich zu dem Verzeichnis, in dem sich die Dateien und/oder Ordner befinden, die Sie brennen wollen. Markieren Sie diese.

1 Wechseln Sie in das Register **Freigeben**. Wählen Sie **Auf Datenträger brennen**.

▲ **Abbildung 9.95** *Brennen Sie Daten direkt aus dem Dateimanager heraus auf DVD/CD.*

2 Legen Sie einen leeren Datenträger ein.

3 Ein Dialogfenster mit dem Titel **Auf Datenträger brennen** klappt auf. Geben Sie in der Eingabezeile eine Bezeichnung ein ❶. Schalten Sie die Option **Mit einem CD/DVD-Player** an ❷.

Damit werden die Dateien und Ordner auf DVD gebrannt. Der Datenträger wird abgeschlossen. Die Daten können danach nicht mehr bearbeitet oder gelöscht werden. Bestätigen Sie mit **Weiter** ❸.

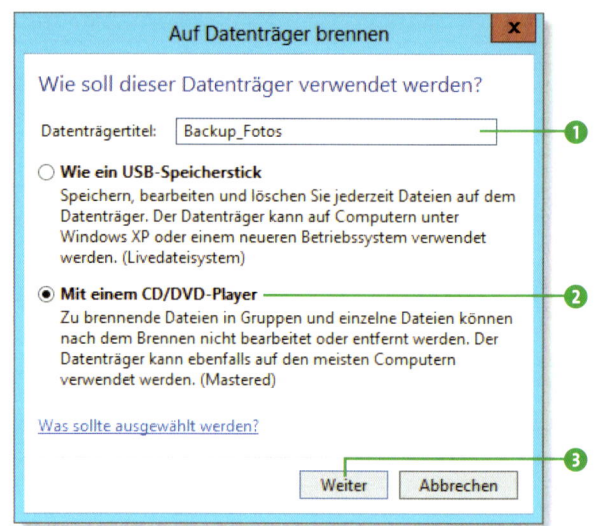

▲ **Abbildung 9.96** *Alle wichtigen Angaben werden in einem Dialog abgefragt.*

Die Daten werden zunächst in einem temporären Ordner abgelegt. Ein Hinweisfenster über der Taskleiste verweist darauf, dass Dateien vorhanden sind, die auf CD/DVD gebrannt werden können.

Im Moment ist also noch nichts anderes geschehen, als dass die Daten in einem Ort versammelt wurden. Sie sind noch nicht auf der CD oder DVD angekommen.

Den eigentlichen Brennvorgang können Sie auch an späterer Stelle durchführen. Sie können, falls es notwendig ist, die temporär abgelegten Daten auch löschen oder auch weitere hinzufügen. In unserem Beispiel sollen sie aber ohne Veränderungen auf das Medium geschrieben werden.

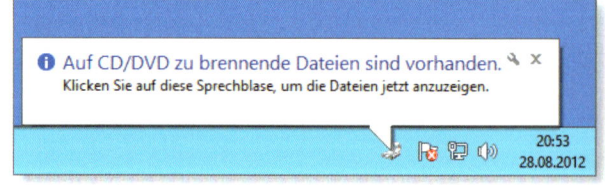

▲ **Abbildung 9.97** *Im nächsten Schritt werden die in Dateien auf DVD gebrannt.*

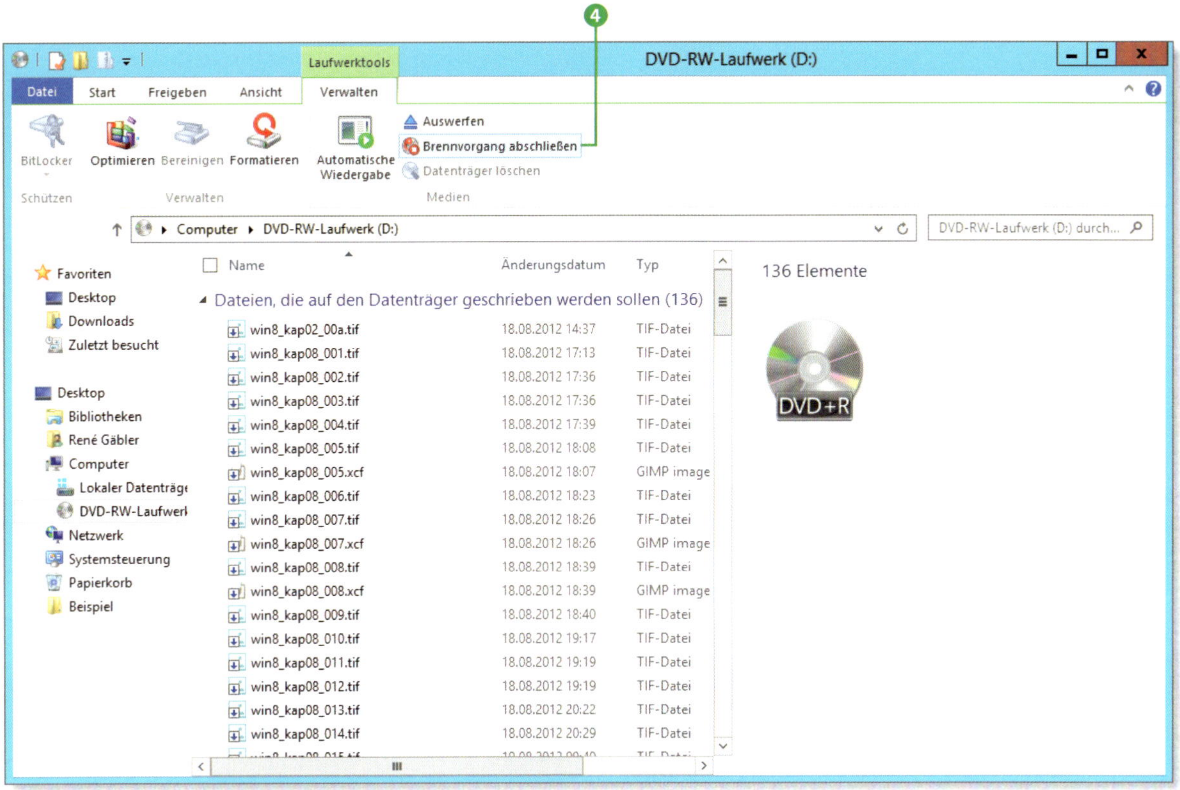

9.5 Der Windows-Explorer für Fortgeschrittene

Abbildung 9.98 *Windows 8 zeigt alle Daten im Windows-Explorer an. Sie können sich die Liste der Daten ansehen und Veränderungen durchführen. Ein Mausklick auf eine Schaltfläche brennt die Daten dann auf DVD/CD.*

4 Wählen Sie im Windows-Explorer **Brennvorgang abschließen** ❹.

5 Leider startet der Vorgang nicht sofort. Windows 8 öffnet einen Assistenten. Hier können Sie noch einmal den Titel des Datenträgers verändern ❺. Über ein Listenfeld wählen Sie die Brenngeschwindigkeit aus ❻. In der Regel ist die voreingestellte Geschwindigkeit korrekt. Bei Problemen versuchen Sie es mit einer niedrigeren Variante. Schalten Sie die Option **Assistenten nach Abschluss des Brennvorganges schließen** ❼ ein. Mit **Weiter** geht es in den nächsten Dialog ❽.

6 Am Ende des Brennvorganges entnehmen Sie die CD/DVD.

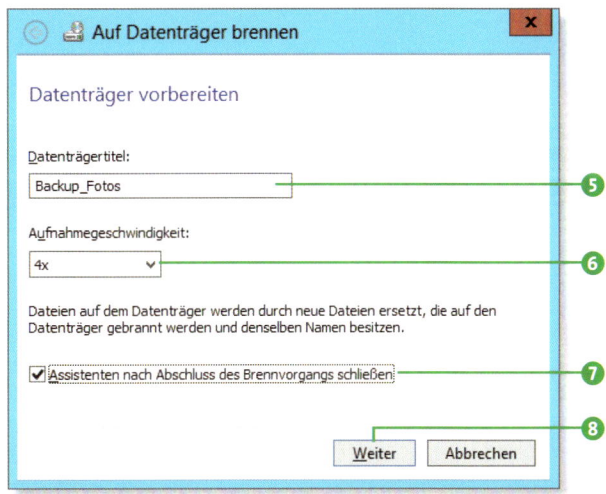

Abbildung 9.99 *Ein Assistent führt Sie durch den Brennvorgang.*

223

Kapitel 9: Der Windows-Explorer

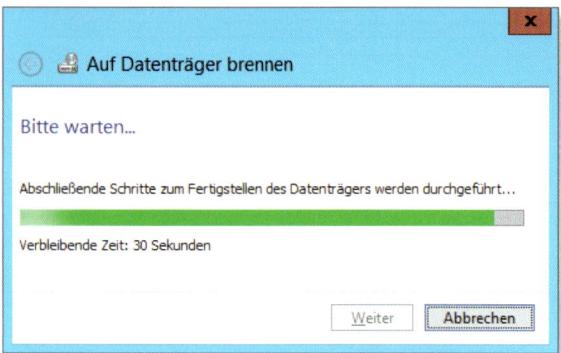

▲ **Abbildung 9.100** *Die Daten werden auf CD/DVD gebrannt. Der Fortschrittsbalken zeigt, wie lange es dauert.*

Wenn Sie die Daten nicht sofort auf CD oder DVD brennen wollen, können Sie dies auch zu einem späteren Zeitpunkt tun. Die Daten bleiben auch im temporären Ordner, wenn Sie Windows herunterfahren und später neu starten. Dann weist das Betriebssystem Sie mit einem Hinweisdialog auf die für den Brennvorgang vorbereiteten Dateien hin. Klicken Sie auf die Sprechblase. Der temporäre Ordner wird geöffnet. Hier können Sie nun den Brennvorgang starten.

INFO

Livesystem oder Mastered?
Windows 8 bietet Ihnen zwei Möglichkeiten an. Zum einen wird eine abgeschlossene CD/DVD erstellt. Diese kann auch auf anderen Rechnern betrachtet werden. Die Zusammenstellung der Daten auf dem Medium wird abgeschlossen. Das heißt, Sie können keine weiteren Daten hinzufügen. Dieser Datenträger wird als *Mastered* bezeichnet.

Die zweite Möglichkeit ermöglicht das Speichern, Bearbeiten und Löschen von Dateien auf dem Medium. Der erstellte Datenträger kann auf einem Rechner mit Windows XP oder höher verwendet werden. Diese Variante wird als *Livedateisystem* bezeichnet. Möchten Sie diese Variante nutzen, schalten Sie die Option **Wie ein USB-Stick** im Dialog **Auf Datenträger brennen** an.

9.6 Mit Bibliotheken arbeiten

Mit Windows 7 wurde damals eine ganz neue und praktische Sache eingeführt: die Bibliotheken. Falls sie noch nicht damit gearbeitet haben, sollten Sie es einmal ausprobieren.

Eine Bibliothek ist ein virtueller Ordner, der Inhalte aus anderen Ordnern zusammenfasst. Damit können Sie bestimmte Inhalte organisieren und schneller darauf zugreifen.

So übernehmen Sie den Inhalt eines Ordners in eine Bibliothek

Windows 8 bietet Ihnen bereits die Bibliotheken **Bilder**, **Dokumente**, **Musik** und **Videos** an. Wie bei einem normalen Ordner sehen Sie nach einem Doppelklick, was sich in einer Bibliothek befindet.

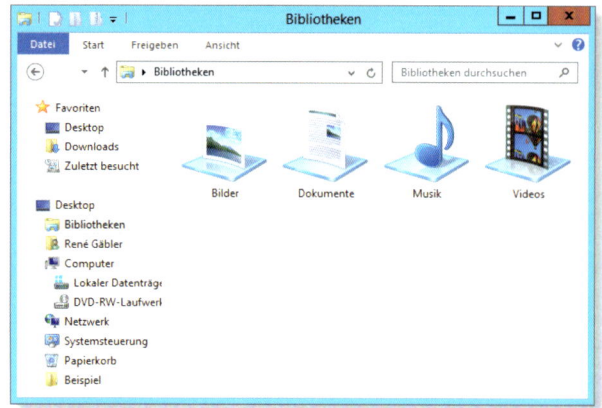

▲ **Abbildung 9.101** *Vier Bibliotheken gibt es bereits in Windows 8.*

Ich möchte nun einmal an einem Beispiel zeigen, wie Sie einen Ordner mit Bilddateien einer Bibliothek hinzufügen. Das ist mit ein paar Handgriffen getan.

1 Markieren Sie den Ordner, den Sie hinzufügen möchten. Öffnen Sie das Kontextmenü.

2 Wählen Sie **In Bibliothek aufnehmen** und eine der vorhandenen Bibliotheken.

9.7 Freigabeoptionen einrichten

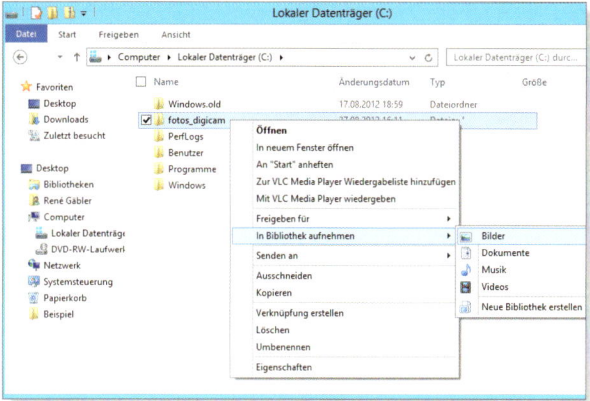

▲ **Abbildung 9.102** *Über das Kontextmenü fügen Sie einen Ordner in eine vorhandene Bibliothek ein.*

Möchten Sie keine vorhandene Bibliothek nutzen, sondern eine neue Bibliothek erstellen, müssen Sie Folgendes tun:

1 Öffnen Sie das Kontextmenü auf einem Ordner. Wählen Sie **In Bibliothek aufnehmen > Neue Bibliothek erstellen**.

2 Geben Sie eine Bezeichnung für die neue Bibliothek ein.

Der Vorteil dieser Vorgehensweise ist, dass Sie nicht nur eine neue Bibliothek erstellen, sondern gleich den markierten Ordner darin ablegen.

Um nur eine neue, leere Bibliothek zu erstellen, müssen Sie wie folgt vorgehen:

3 Markieren Sie im Navigationsmenü die Bibliotheken, und wählen Sie aus dem Kontextmenü **Neu > Bibliothek**.

4 Geben Sie eine Bezeichnung ein. Bestätigen Sie mit Eingabe.

▲ **Abbildung 9.103** *Eine neue Bibliothek wurde erstellt.*

Die Eigenschaften einer Bibliothek einsehen

Über die Eigenschaften einer Bibliothek finden Sie heraus, welche Ordner bereits in der Bibliothek vorhanden sind. Hier sehen Sie auch die Größe der gesamten Bibliothek und für welchen Ordnertyp sie optimiert wurde. Über eine Schaltfläche können Sie Ordner hinzufügen.

Mit der Funktion **Standardbibliotheken wiederherstellen** holen Sie die Programmvorgaben zurück.

Per Drag & Drop können Sie auch die Reihenfolge der Ordner, die zu einer Bibliothek gehören, in dem Eigenschaftenfenster verändern. Ziehen Sie die Ordner einfach nach oben oder unten.

1 Markieren Sie die neu erstellte Bibliothek. Wechseln Sie im Windows-Explorer in das Register **Bibliothekstools > Verwalten**.

2 Öffnen Sie das Listenfeld **Bibliothek optimieren**. Wählen Sie einen der möglichen Datentypen. Ein Beispiel ist **Bilder**.

▲ **Abbildung 9.104** *Verwalten Sie die Bibliothek mit den verschiedenen Funktionen im Register »Verwalten«.*

Über das Register können Sie der Bibliothek ein neues Symbol zuordnen. Öffnen Sie eine Bibliothek, oder wählen Sie im Register des Dateimanagers **Bibliothek verwalten**. Anschließend können Sie Dateien und Ordner in die Bibliothek einfügen.

9.7 Freigabeoptionen einrichten

Mit Freigaben bestimmen Sie, ob andere Anwender im Netzwerk auf Dateien, Ordner und Bibliotheken zugreifen können. Nutzen mehrere Anwender einen Rechner, können Sie ebenfalls Freigaben verwenden und so Ordner oder Bibliotheken gemeinsam nutzen.

Eine Freigabe erstellen

Eine Freigabe ist schnell erstellt:

1 Markieren Sie den Ordner oder die Bibliothek, für die Sie eine Freigabe erstellen wollen.

2 Wechseln Sie im Windows-Explorer in das Register **Freigeben** ❶. Wählen Sie hier die Person ❸, für die der Ordner freigegeben werden soll. Ist keine Schaltfläche mit dem Namen vorhanden, öffnen Sie das Listenfeld **Bestimmte Personen** und treffen Sie hier Ihre Wahl ❷.

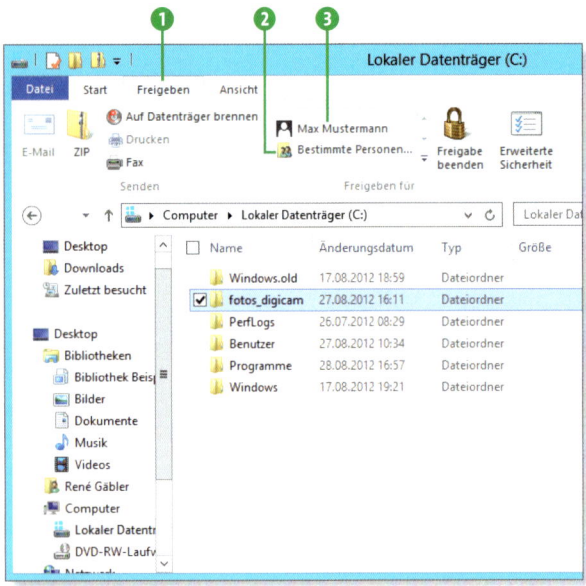

▲ *Abbildung 9.105 Eine Freigabe wird erstellt.*

3 Wählen Sie über das Listenfeld den Namen des Anwenders, für den Sie die Datei oder Bibliothek freigeben wollen. Mit **Hinzufügen** übernehmen Sie den Namen in das mittlere Feld. Auf diese Weise können Sie weitere Anwender hinzufügen. Bestätigen Sie mit **Freigabe**.

4 Das nächste Dialogfenster weist Sie darauf hin, dass die Bibliothek oder der Ordner freigegeben ist. Mit **Fertig** schließen Sie dieses Fenster.

INFO

Freigabe in einer Heimnetzumgebung tellen
In einer Heimnetzgruppe können Sie auf die gleiche Weise eine Freigabe erstellen. Wählen Sie aus dem Menü, ob die Anwender im Netzwerk nur einen Lesezugriff erhalten sollen oder auch schreiben (also die Datei auch verändern) dürfen.

▲ *Abbildung 9.106 Die Freigabe wurde hier für einen Benutzer erstellt. Sie können auch mehrere Benutzer wählen.*

INFO

Personen für eine Freigabe auswählen
Geben Sie einen Ordner für eine Person frei, muss diese dem System bekannt sein. Ein unbekannter Name wird beim Erstellen einer Freigabe nicht angenommen. Ist der Name nicht vorhanden, erstellen Sie zunächst ein Benutzerkonto für diesen Namen. Danach können Sie einen Ordner für den neu erstellten Benutzer freigeben.

9.7 Freigabeoptionen einrichten

Möchten Sie die Freigabe beenden, nutzen Sie die gleichnamige Schaltfläche im Register **Freigeben**.

▲ *Abbildung 9.107 Möchten Sie eine Freigabe beenden, nutzen Sie die entsprechende Schaltfläche.*

Über **Optionen > Ordner- und Suchoptionen ändern** schalten Sie im Register **Ansicht** den Freigabe-Assistenten an. Tun Sie dies, damit der Assistent zur Verfügung steht und Sie so Ordner und Bibliotheken in einer Heimnetzwerkumgebung freigeben können.

Klicken Sie eine Partition im Navigationsbereich an, können Sie mit **Freigeben für > Erweiterte Freigabe** zusätzliche Optionen angeben. Wählen Sie **Diesen Ordner freigeben**, und geben Sie eine Bezeichnung an. Unter diesem Namen ist dann die Partition im Netzwerk ansprechbar. Über ein Listenfeld schränken Sie hier bei Bedarf die Anzahl der zulässigen Benutzer ein.

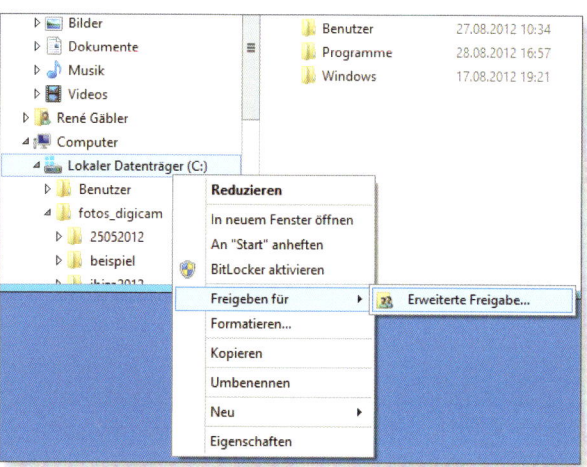

▲ *Abbildung 9.108 Die Systempartition C: sollten Sie niemals freigeben. Sie enthält Ihre Windows-Installation.*

Eine erweiterte Freigabe erstellen

Wenn Sie eine erweiterte Freigabe erstellen möchten, befolgen Sie diese Schritte:

1 Markieren Sie im Explorer die Partition, die Sie freigeben wollen. Wählen Sie im Kontextmenü **Freigeben für > Erweiterte Freigabe**.

2 Der Dialog **Eigenschaften von Lokaler Datenträger X** klappt auf. Im Register **Freigabe** klicken Sie auf die Schaltfläche **Erweiterte Freigabe**.

3 Schalten Sie die Option **Diesen Ordner freigeben** an. Geben Sie einen Namen für die Freigabe ein. Wenn Sie möchten, beschränken Sie die Anzahl gleichzeitiger Benutzer. Optional ist ebenfalls die Eingabe eines Kommentars. Bestätigen Sie mit **OK**.

▲ *Abbildung 9.109 Die erweiterte Freigabe*

Im Dialog **Erweiterte Freigabe** können Sie für einzelne Benutzer eigene Berechtigungen festlegen.

Es ist auch möglich, für bestimmte Benutzer den Zugriff auf Partitionen einzuschränken. Sie können genau angeben, wie viel Speicherplatz ein bestimmter Anwender nutzen darf. Mehr dazu lesen Sie in Kapitel 23, im Abschnitt »Mit Kontingenten arbeiten«, ab Seite 510.

Teil III
Hardware und Software

Kapitel 10
Programme installieren und entfernen

Programme installieren leichtgemacht: In nur wenigen Schritten installieren Sie Ihre Lieblingsanwendungen auf der Festplatte Ihres Rechners. Ebenso einfach entfernen Sie sie bei Bedarf auch wieder.

Windows 8 allein genügt nicht. Irgendwann installiert jeder Anwender ein Anwendungsprogramm, vielleicht auch ein Computerspiel. Der Vorgang wird immer durch einen Assistenten unterstützt. Auch die Vorgehensweise ist bei allen Programmen ähnlich.

Ich zeige Ihnen in diesem Kapitel, wie Sie ein Anwendungsprogramm installieren. Sie erfahren, wie Sie bei einigen Anwendungen die Installation überprüfen und korrigieren. Ich stelle Ihnen auch die Möglichkeit vor, Apps aus dem Windows Store zu installieren. Sie erfahren, wie Sie die gesuchte App finden, auf Ihren Rechner laden und installieren.

Sie lernen, wie Sie bei einem Programm ein Update ausführen und es so auf einen aktuellen Stand bringen. In einem weiteren Abschnitt lesen Sie, wie Sie ein Programm wieder von der Festplatte löschen.

10.1 Ein Programm installieren

Für die Installation eines Programms wird ein Setup-Assistent verwendet. Je nach Programm gibt es kleine Unterschiede. So können Sie bei einigen Programmpaketen, wie Microsoft Office zum Beispiel, einzelne Komponenten und Programmmodule auswählen.

Als Beispiel möchte ich auf meinem Rechner einmal das Webdesign-Programm *Expression Web* installieren.

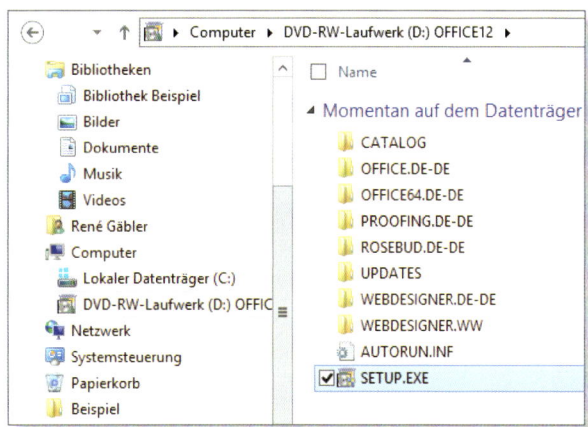

▲ **Abbildung 10.1** *Bei Expression Web finde ich eine Datei, mit der die Installation gestartet wird.*

1 Legen Sie den Installationsdatenträger in das DVD-Laufwerk Ihres Rechners ein. Der Datenträger wird erkannt. Klicken Sie auf **DVD-RW-Laufwerk: [Name der DVD]**, um verschiedene Auswahlmöglichkeiten zu erhalten.

2 Im nächsten Fenster werden Ihnen die verschiedenen Aktionen angezeigt. Entscheiden Sie sich für

Programm vom Medium installieren oder ausführen > SETUP.EXE ausführen.

▲ **Abbildung 10.2** Windows 8 bietet Ihnen an, die Installation mit Ausführen der Setup-Datei zu starten.

Bei einigen Programmen startet ein Begrüßungsfenster. Dieses bietet Ihnen die Installation an.

Startet die Installation nicht automatisch, öffnen Sie den Windows-Explorer. Markieren Sie das DVD-Laufwerk, in dem die Programm-DVD eingelegt ist. Suchen Sie eine der Dateien *Setup.exe* oder *Start.bat*. Der Name der Datei kann auch anders lauten, je nach Installationsmedium gibt es da Unterschiede. Windows-Installationspakete enden auf *.msi*. Auch diese können Sie starten.

1 Bestätigen Sie die Meldung der Benutzerkontensteuerung.

2 Geben Sie den Product Key ein. Das Programm überprüft die eingegebene Zeichenfolge. Nur wenn sie korrekt ist, können Sie die Anwendung installieren. Den Product Key finden Sie in der Regel auf einen Aufkleber in der Verpackung. Mit **Weiter** geht es jeweils in den nächsten Dialog des Assistenten.

3 Der Lizenztext wird angezeigt. Lesen Sie sich diesen aufmerksam durch. Stimmen Sie dann der Lizenz mit dem Optionskästchen unter dem Text zu.

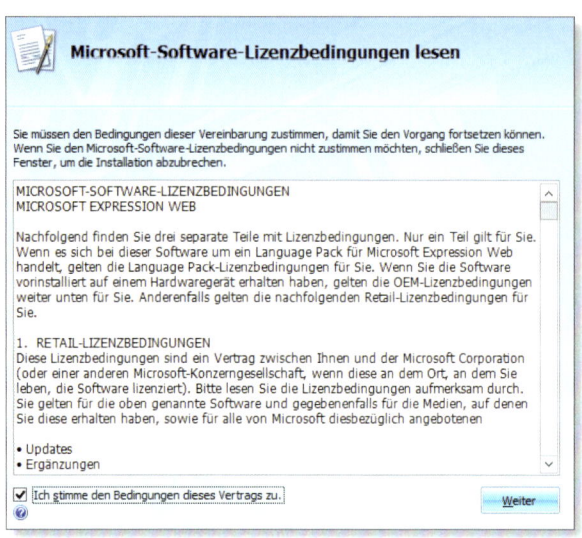

▲ **Abbildung 10.3** Bei jeder Installation müssen Sie den Lizenztext bestätigen, sonst geht es nicht weiter.

4 Das Programm bietet Ihnen eine benutzerdefinierte und eine vorgegebene Installation. Entscheiden Sie sich mit **Anpassen** für die benutzerdefinierte Installation. Mit ihr können Sie auswählen, wo genau das Programm installiert wird. Und Sie können die Komponenten wählen, die Sie installieren oder auch nicht installieren wollen.

5 Wählen Sie das Verzeichnis aus, in das Sie das Programm installieren möchten. Sie können dabei natürlich auch einen neuen Ordner anlegen.

▲ **Abbildung 10.4** Haben Sie eine Partition für Programme installiert, wählen Sie sie jetzt aus.

10.1 Ein Programm installieren

6 Schauen Sie sich an, welche Komponenten zu dem Programm gehören. Wählen Sie aus, welche Sie brauchen und welche nicht. Bestätigen Sie dann mit **Jetzt installieren** ❶.

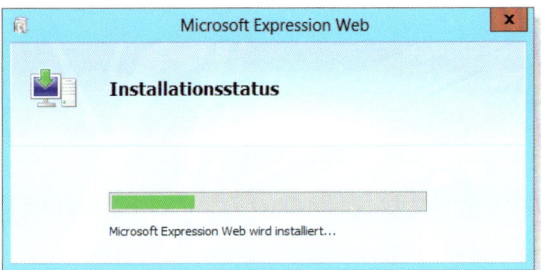

▲ **Abbildung 10.5** *Den Status der Installation können Sie mit einem Fortschrittsbalken verfolgen.*

Es gibt bei den verschiedenen Anwendungsprogrammen und Herstellern jeweils kleine Unterschiede. Die Vorgehensweise in den Dialogen unterscheidet sich bei den verschiedenen Programmen ein wenig. Die Schritte sind jedoch ähnlich:

- Sie starten den Installationsassistenten.
- Sie geben den Product Key ein.
- Sie wählen die Sprache Deutsch.
- Sie bestätigen oder korrigieren den Verzeichnispfad.
- Sie wählen die zu installierenden Programmkomponenten aus.

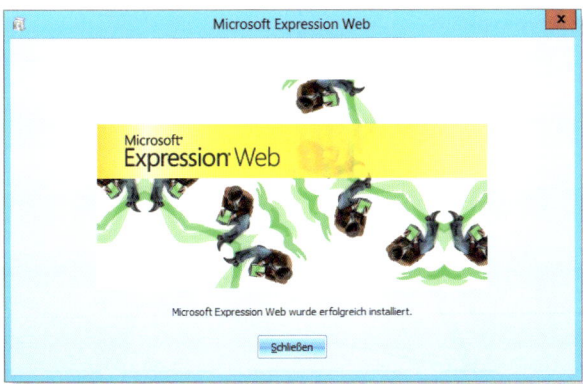

▲ **Abbildung 10.6** *Die Installation wurde erfolgreich beendet.*

Bei einigen Installationen werden bereits während der Installation Updates heruntergeladen. Einige Anwendungen müssen Sie nach der Installation mit einer aktiven Internetverbindung aktivieren.

Der *Windows Installer* sorgt dafür, dass Sie das Programm später wieder deinstallieren können. Das funktioniert nicht immer reibungslos. Manchmal bleiben Ordner, Einstellungsdateien und Registrierungseinträge zurück. Diese können Sie mit einem Tuner, wie den *TuneUp Utilities,* entfernen.

Nach dem Schließen des Dialogs können Sie das Programm verwenden.

Bei einigen Programmen werden Sie im Installationsassistenten gefragt, ob eine Verknüpfung erstellt und ein Symbol auf dem Desktop abgelegt werden soll. Mit beidem lässt sich das Programm schneller starten. Entscheiden Sie selbst, ob Sie diese Möglichkeit bestätigen und nutzen möchten.

Manchmal müssen Sie den Rechner nach der Installation neu starten. Leider ist dies auch bei Photoshop Elements von Adobe so. Diese etwas altmodische Unsitte müssen Sie wohl oder übel über sich ergehen lassen. Bei modernen Anwendungsprogrammen sollte dies eigentlich nicht mehr nötig sein. Ist es dennoch der Fall, kommt der Verdacht auf, dass das Programm bei der Installation einige Einträge in Windows-Systemdateien angelegt hat.

> **INFO**
>
> **Wie erkenne ich die Datei, mit der die Installation aufgerufen wird?**
> Die Datei, mit der Sie den Installationsassistenten eines Anwendungsprogramms aufrufen, ist sehr leicht zu erkennen. Im Beispiel von Photoshop Elements heißt sie *Autoplay.exe*. Oft finden Sie auch eine *Setup.exe* vor. An der Dateierweiterung *.exe* erkennen Sie die ausführbare Datei. Installationspakete im Windows-Format enden auf *.msi*.

Starten Sie nach erfolgter Installation das Programm über die Startseite der neuen Oberfläche. In der Regel sind hier eigene Einträge abgelegt. Haben Sie ein Symbol auf dem Desktop ablegen lassen, können Sie dieses verwenden. Ein Doppelklick genügt, und das Anwendungsprogramm wird gestartet.

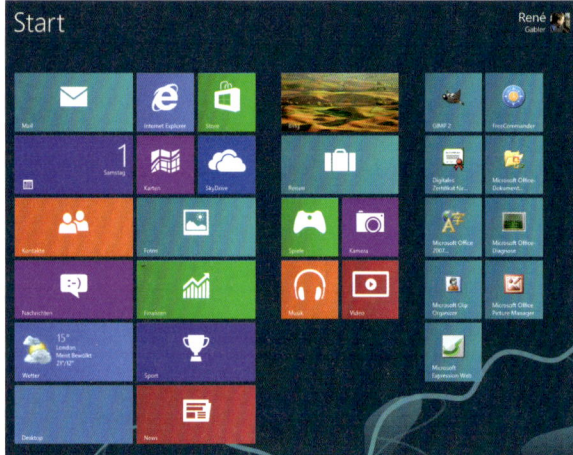

▲ **Abbildung 10.7** *Das Programm legt während der Installation mehrere Kacheln auf dem neuen Desktop ab. Nicht alle sind wirklich notwendig. Einige dieser Kacheln können Sie von der Startseite wieder entfernen.*

10.2 Apps aus dem Windows Store laden und installieren

Wie bei einem Smartphone oder Tablet gibt es für Windows 8 auch einen App Store. Sie können auf diesen sehr leicht zugreifen und aus einer Anzahl Anwendungen, Tools, Magazinen und Spielen wählen. Die Apps sind an die neue Oberfläche angepasst und können auf einem Windows-8-Tablet mit Gesten gesteuert werden.

Ein erster Blick in den Windows Store

Der Windows Store ist in Kategorien aufgeteilt. Sie sehen zuerst die Kategorie **Blickpunkt**. Hier werden neue und verbesserte Apps vorgeschlagen. Mit dem Mausrad oder einer Wischgeste bewegen Sie sich zu den nächsten Kategorien. Diese sind:

- Spiele
- Soziale Netzwerke
- Unterhaltungsmedien
- Foto
- Musik und Video
- Sport
- Bücher und Information
- Nachrichten und Wetter
- Gesundheit und Fitness
- Essen und Gastronomie
- Lifestyle
- Shopping
- Reisen
- Finanzen
- Produktivität
- Tools
- Sicherheit
- Büro
- Bildung
- Behörden

Der Windows Store wird ständig durch neue und aktualisierte Inhalte ergänzt. Es lohnt sich, ihm ab und zu einen Besuch abzustatten und zu schauen, was es Neues gibt.

Haben Sie bereits Apps aus dem Store installiert, prüft Windows 8, ob Aktualisierungen für diese vorliegen. Ist dies der Fall, wird in der rechten oberen Ecke die Anzahl der Aktualisierungen angezeigt.

Bereits unter dem Namen einer Kategorie finden Sie die Kacheln von zwei oder drei ausgewählten Apps.

10.2 Apps aus dem Windows Store laden und installieren

Sie können diese direkt anwählen. Oft gibt es mit »Top kostenlos« auch eine Auswahl von begehrten Apps.

▲ **Abbildung 10.8** Alle Apps sind in Kategorien einsortiert. 20 verschiedene Kategorien gibt es. Das ist auf den ersten Blick etwas zu viel. Doch man findet so einfacher das richtige Tool, Programm oder Spiel.

Die Apps können durch die Nutzer bewertet werden. Sie sehen dann anhand fünf möglicher Sterne, wie gut oder schlecht eine App ist.

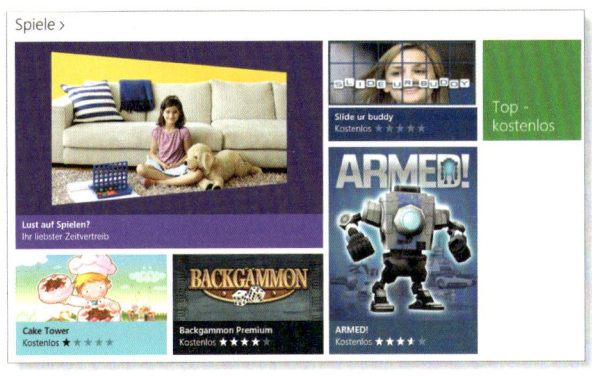

▲ **Abbildung 10.9** Die Kategorien sind mit bunten Kacheln beworben.

Wählen Sie eine Kategorie, sehen Sie eine lange Liste von Apps. Auch hier blättern Sie mit dem Mausrad weiter. Beachten Sie, dass nicht alle Apps kostenlos sind.

Sie können die Liste der Apps anhand von Unterkategorien, Preisen und besonderen Merkmalen sortieren.

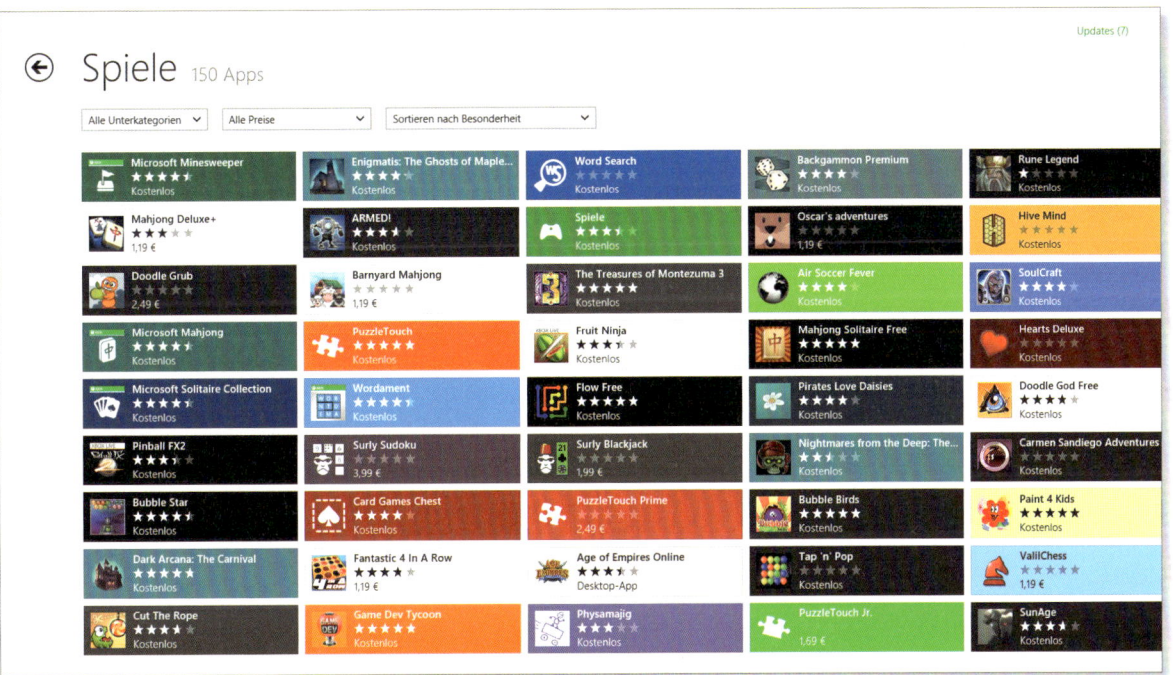

▲ **Abbildung 10.10** Der Windows Store bietet Ihnen eine lange Liste von Tools, Anwendungen und Spielen. Nehmen Sie sich Zeit, diese in Ruhe durchzusehen.

Kapitel 10: Programme installieren und entfernen

Dafür verwenden Sie die Listenfelder über der App-Liste.

Klicken Sie eine App an, sehen Sie ein Vorschaubild, eine nähere Beschreibung und verschiedene Informationen dazu. Dazu gehören die Angabe der Altersfreigabe, die Größe der Downloaddatei und der Hersteller der App. Sie finden außerdem den Link zur Webseite des Herstellers, Informationen über Supportleistungen und Datenschutzbestimmungen. Über einen Link können Sie eine App, die gegen geltendes Recht verstößt, an Microsoft melden. Tun Sie dies, wird die App überprüft und eventuell aus dem Store entfernt.

Unter **Details** finden Sie noch einmal verschiedene Informationen. Die Bewertungen schauen Sie unter dem Punkt **Rezensionen** an. Beachten Sie, dass die Bewertungen nur dann hilfreich sind, wenn genügend davon vorhanden sind.

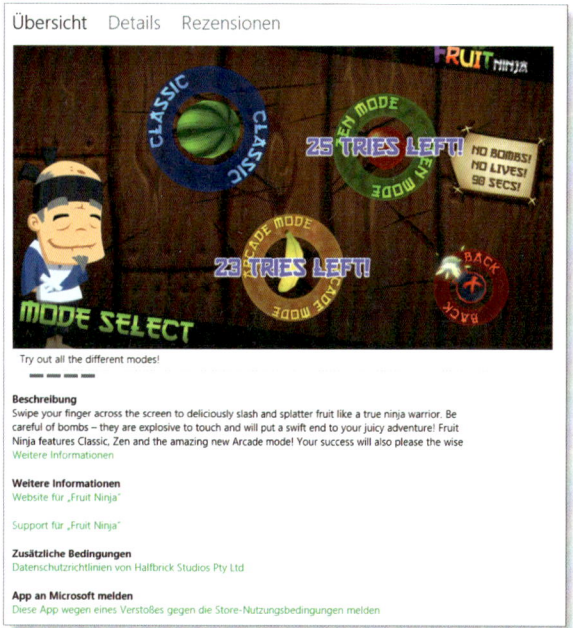

△ *Abbildung 10.11 Zu jeder App gibt es ein Vorschaubild und eine Reihe Informationen.*

Bei einigen Apps finden Sie einen Hinweis darauf, dass die Apps nur von der Webseite des Herstellers installiert werden. Ein Link bringt Sie auf diese Seite.

Schauen Sie sich dort um. In der Regel müssen Sie das Programm dann kaufen.

Eine App auswählen und installieren

In dem folgenden Beispiel installieren wir die Webcam-App *YouCam*.

1 Wählen Sie auf dem neuen Desktop die Kachel **Store**.

△ *Abbildung 10.12 Ein Mausklick auf diese Kachel bringt Sie in den Windows Store.*

2 Scrollen Sie nach rechts bis zur Kategorie **Foto**. Klicken Sie auf den Kategorietitel.

3 Wählen Sie aus der Liste die App **YouCam** aus.

4 Schauen Sie sich die Informationen an. Klicken Sie auf **Installieren**. Die App wird auf Ihren Rechner geladen und installiert.

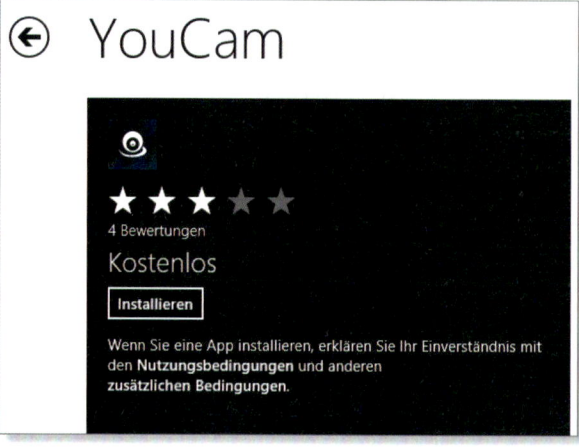

△ *Abbildung 10.13 Installieren Sie die App.*

Rechts oben auf Ihrem Bildschirm sehen Sie nun, dass die App installiert wird. Der Browser gibt keine Sicherheitsmeldung aus. Auch die Benutzerkontensteuerung meldet sich nicht. Die App wird auf Ihren Rechner geladen und sofort installiert.

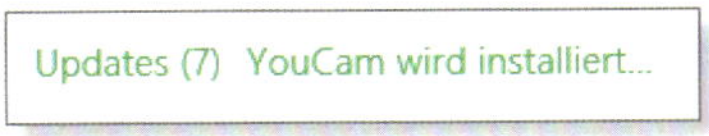

Abbildung 10.14 *Eine kleine Textmeldung sagt Ihnen, dass die App nun installiert wird.*

Einen kurzen Augenblick später wird auch dies bestätigt.

Abbildung 10.15 *Einen Augenblick später ist die App erfolgreich installiert worden.*

Schließlich erscheint die Kachel der App auf dem Startbildschirm.

Abbildung 10.16 *Nun können Sie die Kachel anklicken und das Programm nutzen.*

Apps aktualisieren

Öffnen Sie den Store. In der rechten oberen Ecke sehen Sie, ob Updates für Ihre Apps bereitstehen. Ist das der Fall, klicken Sie auf diesen Hinweis.

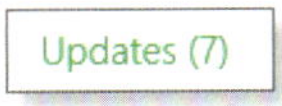

Abbildung 10.17 *In meinem Beispiel stehen sieben Updates zur Verfügung.*

Im nächsten Fenster sehen Sie eine Liste der Apps, für die Aktualisierungen zur Verfügung stehen.

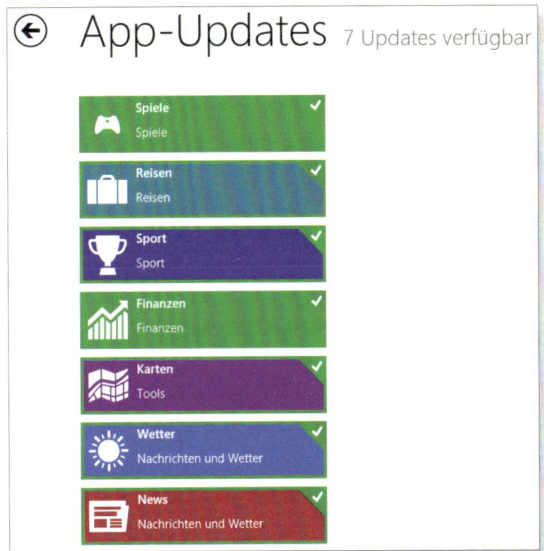

Abbildung 10.18 *Für diese Apps liegen Aktualisierungen vor.*

Klicken Sie auf **Installieren**. Die Updates werden auf Ihren Rechner geladen und installiert.

Abbildung 10.19 *Installieren Sie die Updates nun.*

10.3 Die Installation eines Programms überprüfen

In der **Systemsteuerung** finden Sie unter **Programme > Programme und Features** alle Anwendungsprogramme, die Sie auf Ihrem Rechner installiert haben.

Kapitel 10: Programme installieren und entfernen

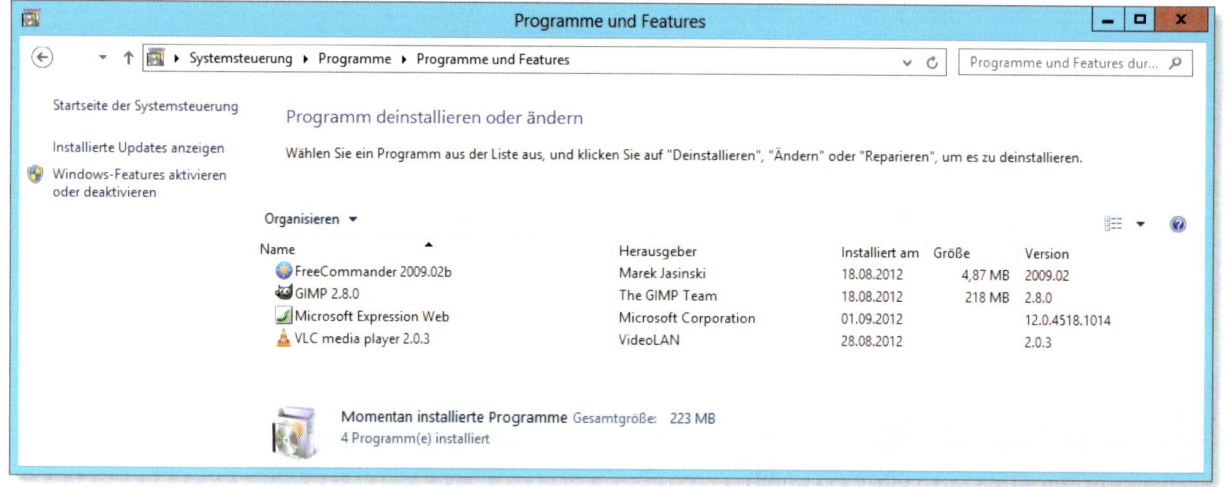

▲ **Abbildung 10.20** Alle installierten Programme werden in der Systemsteuerung aufgelistet. Diese Liste ist alphabetisch sortiert. Sie finden hier auch Updates und Erweiterungen wieder. Schauen Sie sich ab und zu um, und kontrollieren Sie, welche Programme Sie tatsächlich brauchen.

Auch Computerspiele, Werkzeuge und Zusatzpakete werden aufgelistet (siehe Abbildung 10.20).

Markieren Sie ein Programm in der **Systemsteuerung**, um es zu deinstallieren. In einigen Fällen ist auch das Ändern und Reparieren möglich. Beim Reparieren wird eine Installation überprüft. Fehlen Bibliotheken oder Registrierungseinträge, werden diese neu geschrieben. Beim Ändern lassen sich Inhalte hinzufügen. Das ist zum Beispiel bei einem Office-Programm so.

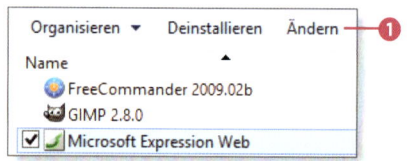

▲ **Abbildung 10.21** Die Funktionen »Organisieren«, »Deinstallieren« und »Ändern« sind zu sehen.

In einem Beispiel habe ich einmal die Installation von Microsoft Expression markiert und in der Kopfleiste der Übersichtstabelle **Ändern** ❶ gewählt. Ein Assistent wird gestartet und fragt mich, ob ich Features hinzufügen, entfernen oder die Installation reparieren will. Ich wähle **Features hinzufügen oder entfernen** und

erhalte einen Dialog weiter die Möglichkeit, einzelne Komponenten zu installieren oder zu löschen.

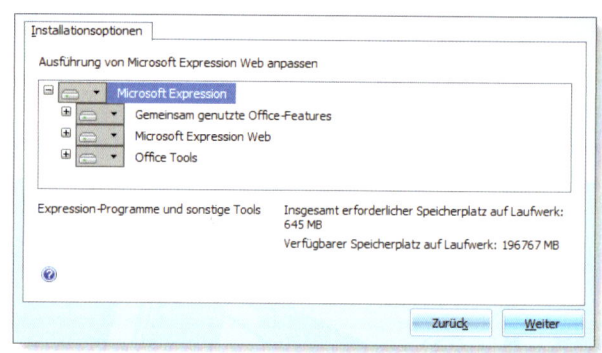

▲ **Abbildung 10.22** Hier können Sie Komponenten installieren oder löschen.

> **INFO**
>
> **Wo sind die Apps?**
> Die Apps aus dem Windows Store werden nicht unter **Programme deinstallieren oder ändern** gelistet. Um eine App zu deinstallieren, markieren Sie sie auf dem Windows-8-Desktop. Wählen Sie dann in der Funktionsleiste **Deinstallieren**.

10.4 Anwendungen auf den neusten Stand bringen

Einige Programme bringen Funktionen mit, die automatisch nach Aktualisierungen suchen. Je nach Programm finden Sie eine Funktion zur Suche nach Aktualisierungen im Menü **Hilfe**. Wird ein neues Update gefunden, können Sie es mit einem Assistenten auf Ihren Rechner laden und installieren.

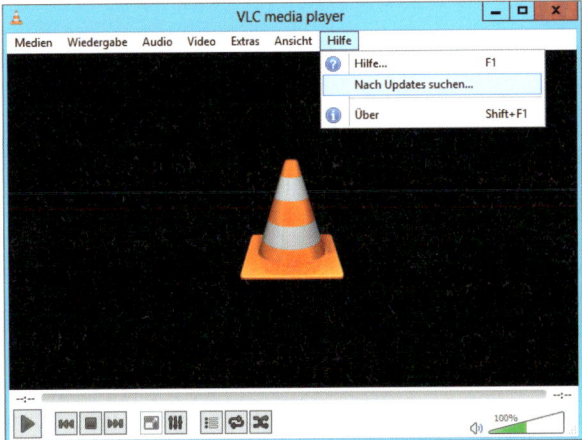

▲ *Abbildung 10.23* Beim VLC media player gibt es eine Funktion, die neue Updates sucht.

Es gibt auch Unterschiede bei der Installation eines Updates. In den meisten Fällen wird ein Assistent gestartet. Das Update wird auf den Rechner geladen und installiert. Der Assistent zeigt Ihnen auch die behobenen Probleme und die Verbesserungen an.

10.5 Ein Programm löschen

Um ein Programm wieder von Ihrem Rechner zu entfernen, verwenden Sie die **Systemsteuerung** von Windows. An einem Beispiel möchte ich dies einmal zeigen:

1 Öffnen Sie die **Systemsteuerung**. In der Kategorie **Programme** finden Sie die Funktion **Programme deinstallieren**. Wählen Sie diese mit der Maus.

▲ *Abbildung 10.24* Ein Programm wird mit der Systemsteuerung wieder von der Festplatte entfernt.

2 Suchen Sie in der Liste das Anwendungsprogramm, das Sie wieder von Ihrem Rechner entfernen möchten. Markieren Sie es. Wählen Sie in der Kopfzeile der Tabelle **Deinstallieren** ❶. Die Funktion kann auch **Deinstallieren / Ändern** heißen.

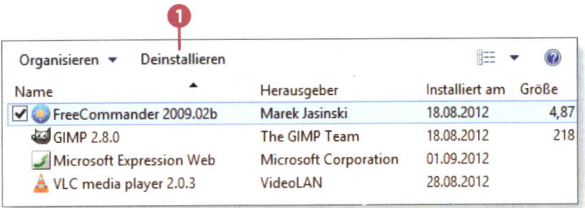

▲ *Abbildung 10.25* Markieren Sie ein Programm, und wählen Sie die Funktion zum Entfernen.

3 Sie werden gefragt, ob Sie sicher sind und das Programm tatsächlich entfernen wollen. Bestätigen Sie.

4 Ein Assistent wird gestartet und führt Sie durch die einzelnen Schritte der Deinstallation. Bestätigen Sie einfach die Vorgaben.

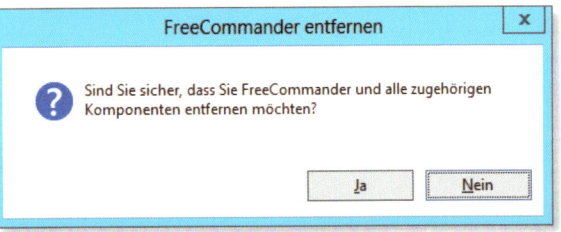

▲ *Abbildung 10.26* Ich werde gefragt, ob ich das Programm tatsächlich entfernen möchte.

Ein Fortschrittsbalken zeigt an, wie weit das Entfernen des Programms bereits ist. Ist der Vorgang abgeschlossen, schließen Sie den Assistenten.

Nach dem Entfernen mehrerer Programme überprüfen Sie mit einem Tuner die Registry. Manchmal bleiben Einträge zurück. Diese können Sie mit dem Tunerprogramm entfernen.

Auch der Windows-8-Tuner *TuneUp Utilities* bietet eine Funktion, mit der Sie Anwendungsprogramme löschen können. Hier gibt es zusätzlich eine Bewertungsfunktion und eine Onlinesuche. Beides ist nicht wirklich notwendig. Der Windows-Dialog in der **Systemsteuerung** reicht für das Entfernen von Programmen völlig aus.

Sollten Sie die TuneUp Utilities ohnehin schon einsetzen, können Sie bei der nächsten Deinstallation den Uninstall Manager ja einmal ausprobieren und sich dann entscheiden. Lesen Sie auch in Kapitel 28 den Abschnitt »Windows 8 mit einem Tuning-Programm pflegen«, ab Seite 636, wenn Sie mehr über die TuneUp Utilities erfahren möchten.

Kapitel 11
Programme und Tools in Windows 8

Zu Windows 8 gehört von Haus aus eine ganze Menge nützlicher Programme. Sie sind bei jeder Edition bereits vorinstalliert. Die wichtigsten davon möchte ich Ihnen in diesem Kapitel einmal vorstellen.

Windows 8 stellt als Betriebssystem die Plattform für viele Anwendungsprogramme und Spiele zur Verfügung. Darüber hinaus gehören zum Betriebssystem jede Menge Zusatzprogramme. Mit diesen können Sie kleine Verwaltungsaufgaben ausführen, und sie erleichtern die ein oder andere Konfiguration. Es gibt jedoch auch eine Reihe von Programmen, mit denen Sie kleinere Aufgaben ausführen können. Dazu gehören zum Beispiel ein Editor, der Audiorecorder, die Kurznotizen, ein Zeichenprogramm und ein Rechner.

All diese Tools und die kleinen Programme, die Sie nach der Installation von Windows 8 bereits auf Ihrer Festplatte finden, möchte ich Ihnen nun vorstellen. Sie ermöglichen es Ihnen, auf so manches externe Zusatzprogramm zu verzichten.

Bitte haben Sie Verständnis dafür, wenn ich Ihnen nicht jede Funktion und Möglichkeit eines Programmes aufzeigen kann. Dazu reicht der Platz in diesem Buch leider nicht. Ich werde mich jedoch bemühen, Ihnen jedes Programm vorzustellen. Sie werden bestimmt nicht jedes zu Windows gehörende Programm nutzen. Es lohnt sich aber, einen generellen Überblick über die Möglichkeiten zu erhalten, die Sie bereits mit den zu Windows 8 gehörenden Programmen haben. Einige davon sind wirklich gut und praktisch.

In Windows 8 gibt es kein **Programm**-Menü mehr. Hier finden sich keine Programmordner und -unterordner. Vielmehr werden Apps verwendet. Doch auch diese sind in Kategorien aufgeteilt. Sie sehen das sehr schön, wenn Sie **Alle Apps** aufrufen.

11.1 Die Apps auf dem Startdesktop

Der neue Startdesktop enthält bereits eine ganze Reihe Apps. Nicht alle davon sind für die Arbeit mit Windows 8 notwendig. Hinter einigen verbergen sich Werbeinformationen oder Informationsportale. Schauen Sie sich alle Apps an. Benötigen Sie einige nicht, lösen Sie sie vom Startbildschirm.

Bing

Bing ist die Suchmaschine von Microsoft. Nach dem Aufruf sehen Sie ein Eingabefeld für Ihre Suchanfrage. Den Rest des Bildschirms nimmt ein Bild ein.

Das Hintergrundbild ist mit mehreren Markierungen versehen. Wählen Sie eine davon, klappt eine kleine Infoleiste auf. Meist finden Sie einen Liedauszug, ein Zitat oder einen anderen Sinnspruch vor. Ein weiterer

Klick führt Sie in eine dazu passende Bildergalerie oder Multimediasammlung.

▲ **Abbildung 11.1** *Bing bietet jeden Tag ein anderes Bild und dazu passende Informationen.*

Mit dem Scrollrad der Maus finden Sie weitere Hintergrundbilder, die ebenfalls mit interessanten Informationen aufgewertet sind.

Nach der Eingabe eines Suchbegriffes werden Ihnen passende Treffer in Kacheln angezeigt. Sie können hier noch einmal zwischen Web und Bildersuche wechseln.

Übrigens: Geben Sie im Internet Explorer oder in einem anderen Browser *www.bing.com ein*, landen Sie auf der Startseite des Microsoft-Suchdienstes. Hier stehen Ihnen dann weitere Funktionen zur Verfügung.

Desktop

Die Kachel **Desktop** bringt Sie auf den klassischen Desktop. Mehr verbirgt sich hinter dieser Kachel nicht.

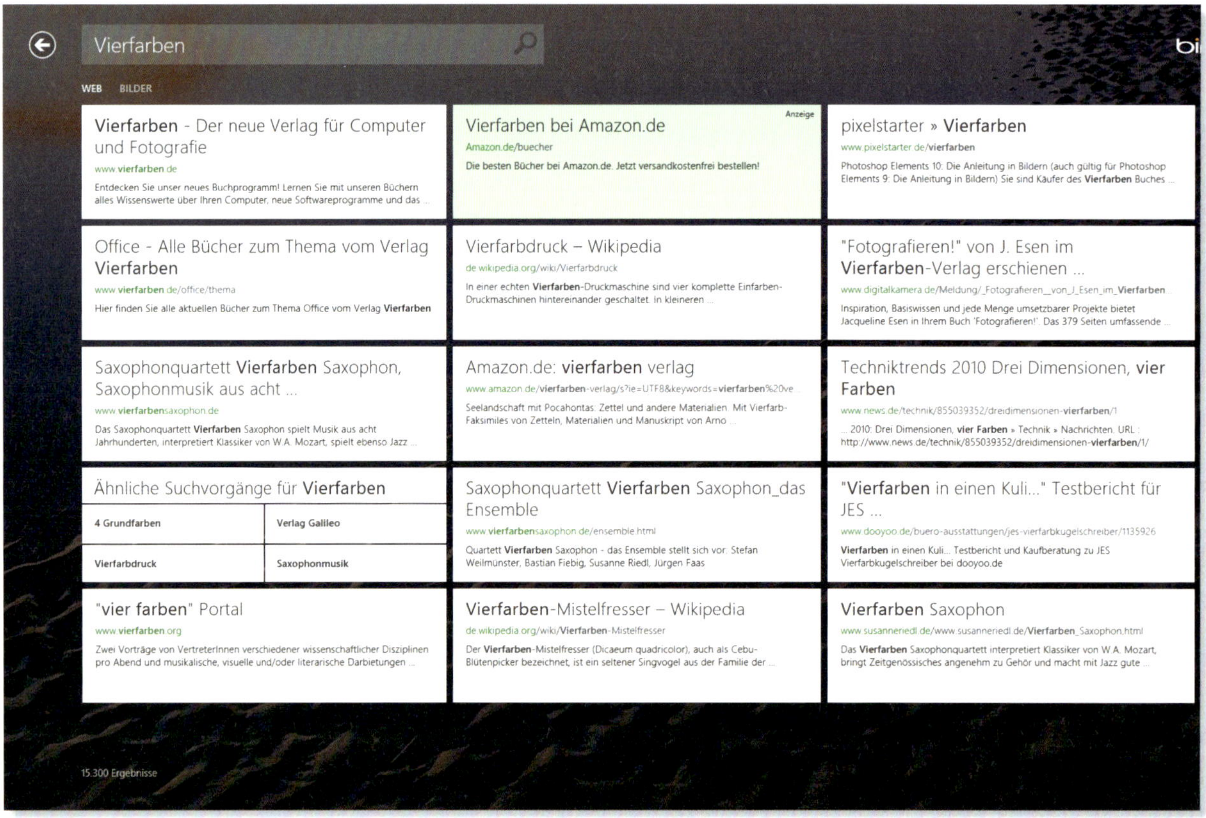

▲ **Abbildung 11.2** *Die Bedienung der Suchmaschine Bing ist einfach: Geben Sie einfach einen Begriff ein, und bestätigen Sie mit der Eingabetaste oder einem Klick auf die Lupe. Danach blättern Sie die gefundenen Treffer durch.*

11.1 Die Apps auf dem Startdesktop

▲ **Abbildung 11.3** Die Kacheln »Bing« und »Desktop«

▲ **Abbildung 11.5** »Fotos« verknüpft lokale und im Internet abgelegte Bilddateien.

Finanzen

Die Kachel **Finanzen** öffnet eine Übersichtsseite mit einer Information zum aktuellen DAX-Kurs. Sie sehen den aktuellen Kurs und können auf einem Diagramm den Verlauf betrachten. Über Schaltflächen können Sie das Diagramm von einer Tages- in die Wochen- oder Monatsansicht umschalten. Auch eine Ansicht für ein Jahr ist vorhanden.

Wählen Sie die Bildbibliothek. Nun werden zunächst alle vorhandenen Ordner angezeigt. Ein weiterer Mausklick bringt ihren Inhalt zum Vorschein.

Über eine kleine Symbolleiste können Sie Bilddateien auswählen, löschen oder auch eine Diashow starten. Mit **Importieren** übertragen Sie Bilddateien von einer Digitalkamera oder einem Smartphone.

Internet Explorer

Den Browser Internet Explorer werden Sie in einem eigenen Kapitel näher kennenlernen. Der Browser startet zunächst im App-Modus. Über eine Tastenkombination können Sie in den Desktop-Modus wechseln. Sie erreichen diesen Modus auch, wenn Sie das Programm vom klassischen Desktop aus aufrufen.

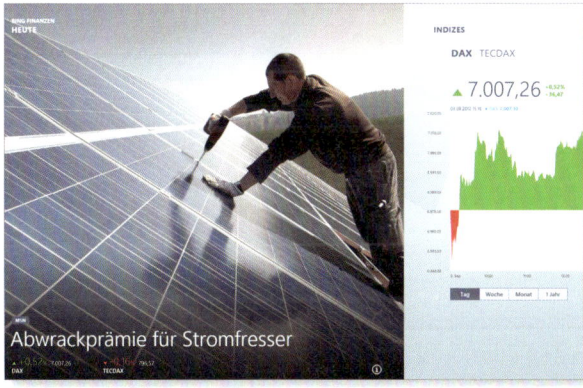

▲ **Abbildung 11.4** Über eine Windows-8-Kachel rufen Sie eine aktuelle DAX-Info ab.

Fotos

Hinter **Fotos** verbirgt sich eine Bilderverwaltung, die auch verschiedene Social Communitys mit einbindet. Neben der Bildbibliothek auf Ihrem lokalen Rechner werden Bilder, die auf Facebook, SkyDrive und Flickr abgelegt sind, angezeigt.

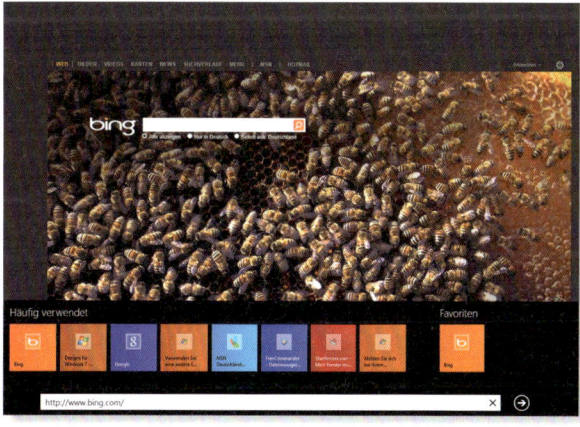

▲ **Abbildung 11.6** Der Internet Explorer als App.

Auf einem PC oder einem Notebook ist der App-Modus des Internet Explorers sehr gewöhnungsbedürftig. Da nützen auch die Kacheln der häufig besuchten Websites nichts. Greifen Sie hier lieber auf die klassische Variante zurück.

Kalender

Wie der Name bereits verrät, verbirgt sich hinter dieser App ein Kalender. Feiertage sind darin bereits eingetragen. Sie können eigene Einträge vornehmen. Die Ansicht können Sie von einer Monats- in eine Tages- oder auch Wochenansicht ändern.

1 Klicken Sie auf **Neu**.

2 Wählen Sie Datum, Zeit und Ort. Geben Sie für den Eintrag eine Überschrift ein, und ergänzen Sie einen beschreibenden Kommentar. Bestätigen Sie mit ↵ oder einem Klick auf **Diesen Termin speichern** ❶.

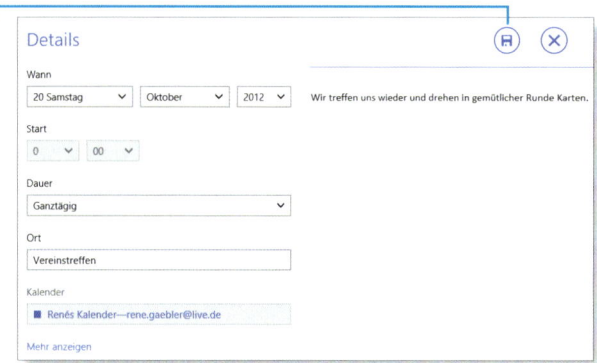

▲ *Abbildung 11.7* *Der Eintrag im Terminkalender ist schnell erledigt. Nur wenige Angaben sind notwendig.*

Und schon sehen Sie den Termin im Kalender.

▲ *Abbildung 11.8* *Der neue Termin erscheint nun im Kalender.*

Kamera

Schließen Sie eine Webcam an. Windows 8 sollte in der Regel die Kamera erkennen und einrichten. Gelingt dies nicht, verwenden Sie den mit der Hardware gelieferten Treiber. Die integrierte Kamera eines Tablets oder Smartphones müssen Sie nicht extra einrichten.

▲ *Abbildung 11.9* *Die Webcam bietet ein gutes Bild.*

Über Kameraoptionen können Sie die Fotoauflösung verändern und das Audiogerät wählen. Über einen Schalter können Sie die Videostabilisierung hinzuschalten. Wählen Sie **Mehr**, um Kontrast, Helligkeit, Fokus und Belichtung anzupassen.

Um einen Screenshot des aktuellen Bildes zu erstellen, klicken Sie mitten in das Videobild. Scrollen Sie dann mit dem Mausrad ein Bild nach links. Jetzt wird das erstellte Bild angezeigt. Wechseln Sie in den Videomodus und klicken dann in das Bild, wird ein Video aufgezeichnet.

Karten

Hier finden Sie Karten, mit denen Sie sich Ihre nähere Umgebung anschauen, einen Weg zum Ziel planen oder auch fremde Orte erkunden können. Beim Start fragt das Programm, ob es Ihre Position abfragen darf. Ohne Satellitenpositionierung via GPS ist das aber höchst ungenau.

Über die Symbolleiste lässt sich eine Verkehrsinfo abfragen und von der Stadtplansicht in die Luftbildaufnahme wechseln. Sie können Wegbeschreibungen abfragen und Ihren Standort korrigieren.

▲ *Abbildung 11.10* Bing bietet auch einen Satellitenatlas.

Kontakte

Kontakte fasst die Freunde von verschiedenen Social Communitys zusammen. Angezeigt werden Twitter-, Exchange. LinkedIn-, Google- und Facebook-Kontakte. Die verschiedenen Konten werden miteinander verbunden. Sie können alle anzeigen lassen oder auch einzelne auswählen. Sinnvoll ist eher das Trennen der Kontakte oder der Besuch der Social Communitys über Browser oder eigene Apps.

Über eine Schaltfläche wählen Sie nur die Kontakte aus, die gerade online sind. Auch das Eingeben neuer Kontakte ist möglich.

Mail

Mit **Mail** rufen Sie Ihre Nachrichten, die bei Windows Live Hotmail abgelegt sind, direkt ab. Da das Windows-8-Benutzerkonto mit Windows Live verbunden ist, müssen Sie den Mailclient nicht einrichten. Über Schaltflächen können Sie alle E-Mail-Ordner abrufen. Mit der Plus-Schaltfläche schreiben Sie eine neue Nachricht.

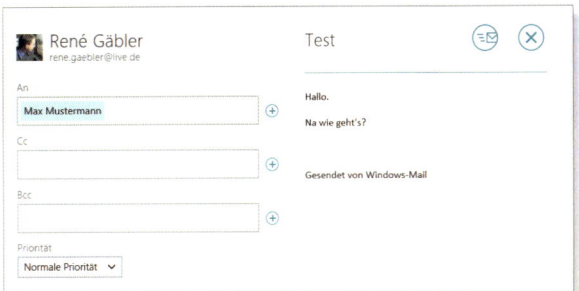

▲ *Abbildung 11.11* Windows »Mail« setzt auf Einfachheit. Nur notwendige Funktionen werden eingeblendet.

Musik

Über diese App wird nicht etwa der Media Player gestartet. Sie landen hiermit auf der Webseite *Xbox Musik*. Sie können hier Alben und einzelne Songs kaufen. Zu allen gibt es eine Vorschau, und Sie können Informationen zu dem Künstler abrufen.

Ordner mit Musikdateien können Sie auch öffnen und wiedergeben. Melden Sie sich an, um alle Funktionen nutzen zu können. Dazu müssen Sie den Xbox-LIVE-Nutzungsbedingungen zustimmen.

▲ *Abbildung 11.12* Xbox Musik bietet Ihnen aktuelle Hits zum Kauf an.

Nachrichten

Mit der App **Nachrichten** können Sie sich mit Facebook und MSN verbinden und sehen alle Nachrichten und Meldungen der Seiten und Kontakte, mit denen Sie verbunden sind.

News

Meldungen von MSN und verschiedenen Nachrichtendiensten liefert Ihnen die App **News**. Bereits beim Aufschlagen finden Sie viele aktuelle Schlagzeilen und Bilder. Wie bei allen anderen Apps scrollen Sie mit dem Mausrad durch die Flut der Meldungen. Ein Mausklick auf eine Meldung öffnet diese. Sie können dann den kompletten Text lesen und weitere Bilder betrachten.

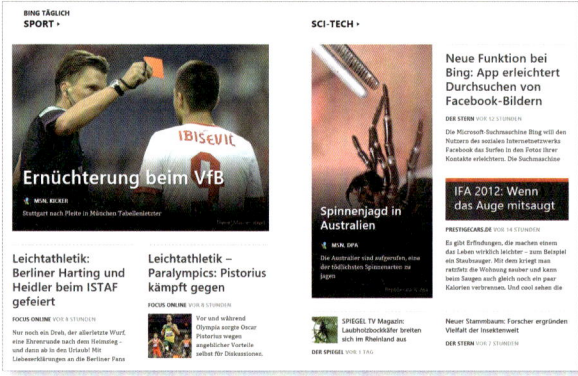

▲ **Abbildung 11.13** *Die News ersparen Ihnen eine Tageszeitung.*

Reader

Der **Reader** ist eine einfache Lese-App, die XPS- und PDF-Dateien anzeigt.

▲ **Abbildung 11.14** *Der »Reader« ist zunächst leer. Sie müssen zuerst eine Datei laden.*

1 Wählen Sie zuerst **Durchsuchen**.

2 Klicken Sie links oben auf **Dateien**, und wählen Sie das Verzeichnis aus, in dem sich die zu öffnende Datei befindet. Im Beispiel ist dies der Ordner */Bilder* aus der Bibliothek *Eigene Dateien*.

3 Markieren Sie die gefundene Datei, und wählen Sie **Öffnen**.

Programmverzeichnisse lassen sich leider nicht anzeigen. So können Sie zum Beispiel auf dem beschriebenen Weg nicht das Verzeichnis von Adobe Reader einsehen und die darin befindliche PDF-Datei anzeigen lassen. Greifen Sie hier auf den Windows-Explorer zurück. Markieren Sie die PDF-Datei, öffnen Sie das Kontextmenü, und wählen Sie **Öffnen mit > Reader**.

Reisen

Reisen ist eine Shopping- und Informationsplattform. Statt durch einen dicken Papierkatalog zu blättern, verwenden Sie diese App. Blättern Sie durch verschiedene Angebote. Sie können sich nicht nur Reiseziele aussuchen, sondern auch einfach ein paar wunderschöne Bilder von exotischen und interessanten Orten bewundern.

▲ **Abbildung 11.15** *Der Reisekatalog ist nicht mehr notwendig. Dank »Bing Reisen« erhalten Sie interessante Reiseangebote auf Ihrem PC.*

Klicken Sie ein Ziel an, werden weitere Informationen ausgegeben. Sie lesen eine allgemeine Information zum Reiseziel, können sich eine grobe Karte und weitere Fotos anschauen. Sehr schön sind die 360-Grad-Panorama-Fotos, die Ihnen einen interessanten Rundumblick bieten. Dazu gibt es Listen mit Sehenswürdigkeiten, empfehlenswerten Hotels und Restaurants.

SkyDrive

SkyDrive ist der Onlinespeicherplatz von Microsoft. Sie können hier Ihre Dokumente, Fotos, Videos und Musikdateien ablegen und sie auch anderen Nutzern zur Verfügung stellen. Für die erste Nutzung sind bereits Ordner vorgegeben.

▲ **Abbildung 11.16** Mit SkyDrive können Sie Daten im Internet ablegen und darauf zugreifen.

Spiele

Spiele bietet eine bunte Seite mit Angeboten aus der Plattform Xbox Spiele. Sie können sich altbekannte Windows-Spiele wie Minesweeper, Solitaire, Mahjong und Pinball auf Ihren Rechner laden und kostenlos spielen. Natürlich gibt es auch Shoppingangebote.

Neu ist die Möglichkeit, auf Ihrem Windows-8-Rechner verknüpfte Onlinefreunde, die auf der Spieleplattform Xbox Spiele unterwegs sind, anzuzeigen. Sie können einen Avatar und ein Profil erstellen, um sich online zu präsentieren.

Bei der Auswahl eines Spieles erhalten Sie eine ausführliche Beschreibung und ein Vorschaubild. Mit **Spiel erkunden** erreichen Sie weitere Informationen. Bei vielen Spielen gibt es nun auch »Erfolge«. Das sind bestimmte Spielfeatures, die Sie absolvieren oder erreichen müssen. Bei Mahjong gibt es drei derartige Erfolge. Diese sind: »Schließe ein Puzzle ab«, »Ändere Designs« und »Schließe ein Puzzle im Schwierigkeitsgrad ›Schwer‹« ab.

▲ **Abbildung 11.17** Jede Menge Spiele werden zu Windows 8 geliefert. Die Games sind alle kostenlos und sehr einfach zu bedienen.

Die Games müssen Sie in der Regel erst nachinstallieren. Das geht dank dem Windows Store sehr schnell und einfach. Wählen Sie die **Windows Games** aus, und bestätigen Sie mit **Installieren**. Fügen Sie auf diese Weise Pinball FX2, Minesweeper oder andere Games hinzu.

Kapitel 11: Programme und Tools in Windows 8

An dieser Stelle möchte ich einmal die Installation eines ausgewählten Windows-Spieles aufzeigen:

1 Klicken Sie zuerst auf die Kachel **Spiele** auf der Startseite Ihres Desktops.

▲ *Abbildung 11.18 Wählen Sie die Windows-Spiele aus.*

2 In der Rubrik »Im Rampenlicht« finden Sie die Windows-Spiele. Klicken Sie hier auf **Minesweeper**.

3 In der Kurzinformation wählen Sie zuerst **Abspielen** ❶. Ein kleines Fenster klappt auf und informiert Sie darüber, dass noch keine Apps zum Öffnen dieses Linktyps vorhanden sind. Klicken Sie auf **Minesweeper aus dem Store abrufen** ❷.

4 Als Nächstes sehen Sie die Seite vom Windows Store mit diesem Spiel. Klicken Sie auf **Installieren**, um das Game auszuwählen und auf Ihrem Windows-8-Rechner zu installieren.

▲ *Abbildung 11.19 Das Game wird in Form einer App aus dem Shop auf Ihren Rechner geladen und installiert.*

5 Wiederholen Sie diese Schritte mit allen anderen Windows-Spielen, die Sie spielen möchten.

▲ *Abbildung 11.20 Die Spiele sind nun über die Kacheln auf dem neuen Desktop erreichbar.*

Sport

Ebenso wie bei **News** verbirgt sich hinter der Kachel **Sport** eine Reihe aktueller Nachrichten, hier natürlich zum Thema Sport. Sie sehen erst eine Reihe Bilder und können zu jedem weitere Fotos und einen Textbeitrag abrufen.

▲ *Abbildung 11.21 Sie interessieren sich für Sport? Auch zu diesem Thema gibt es Infos unter Windows 8.*

Startfenster

Das **Startfenster** öffnet den Microsoft Explorer und bringt Sie zu der Webseite *www.startfenster.com*. Hier finden Sie aktuelle Kurznachrichten, Links zu Wetterberichten, Shops und Infoportalen.

11.1 Die Apps auf dem Startdesktop

▲ **Abbildung 11.22** Das »Startfenster« ist nichts weiter als eine Linksammlung und eine Reihe Kurznachrichten.

Leider erhalten Sie mit **Film erkunden** auch nur eine kurze Info zu dem Film. Weitere Bilder aus dem Film und Trailer fehlen. Auch gelingt die Anmeldung zum Portal Xbox Video nicht. Dieses Problem wird Microsoft sicherlich noch beheben.

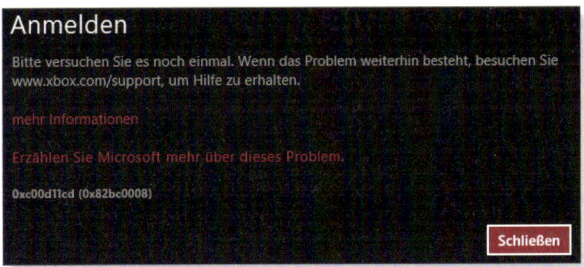

▲ **Abbildung 11.24** Hier und da kommt es noch zu Fehlern. Die Xbox-Portale sind wohl noch nicht PC-tauglich.

Windows Store

Den Windows Store kennen Sie bereits. Hier können Sie Windows 8 um nützliche und interessante Anwendungsprogramme, Tools und Spiele erweitern. Es gibt für jeden Geschmack passende Apps.

Video

Diese App bringt Sie zum Portal Xbox Video. Hier können Sie aktuelle Videofilme leihen und kaufen. Zu jedem Film gibt es eine kleine Info und ein Bild.

Wetter

Sie werden sicherlich ahnen, was diese App tut ... Sie präsentiert Ihnen nach einem Mausklick einen Wetterbericht. Sie sehen die aktuelle Wetterlage an Ihrem Standort und eine Vorhersage für den Rest der aktuellen Woche. Der Bericht ist recht informativ. Ein Link zu einem Radarbild, einem Videowetterbericht und aktuellen Wetterwarnungen gibt es leider nicht. Sie können jedoch einen Wetterbericht zu einem anderen Ort oder eine weltweite Übersicht abrufen.

▲ **Abbildung 11.23** Noch eine Videoplattform? Es gibt sicherlich schon jede Menge davon. Wo Sie Ihre Filme kaufen oder leihen, ist am Ende Ihnen überlassen.

▲ **Abbildung 11.25** Aktuelle Wetterinformationen gibt es auch auf dem Windows-8-PC.

11.2 Die Apps für die erleichterte Bedienung

An dieser Stelle möchte ich Ihnen einen kleinen Überblick über die Apps in der Kategorie **Erleichterte Bedienung** geben. Hier finden Sie die Bildschirmlupe, die Bildschirmtastatur, die Sprachausgabe und die Windows-Spracherkennung. In Kapitel 12, »Werkzeuge für die erleichterte Bedienung verwenden«, und in Kapitel 25, »Die Windows-Spracherkennung«, lernen Sie beides noch etwas ausführlicher kennen.

Bildschirmlupe

Die Bildschirmlupe bringt Sie auf den klassischen Desktop. Alle sichtbaren Inhalte, die auf dem Monitor zu sehen sind, werden vergrößert dargestellt. Für Anwender mit einer Sehbehinderung ist dies eine gute Hilfe.

▲ **Abbildung 11.26** *Die Bildschirmlupe vergrößert alles, was auf dem Monitor ausgegeben wird.*

Auf dem Bildschirm finden Sie ein Lupensymbol. Klicken Sie darauf, wird der zu dem Werkzeug gehörende Dialog sichtbar. Mit der Plus- und der Minusschaltfläche stellen Sie die Vergrößerung ein. 200 % ist ein guter Wert; mehr benötigt man nur selten.

Über **Ansichten** wählen Sie zwischen **Lupe**, **Vollbild**, **Vorschau im Vollbildmodus** und **Angedockt**. Mit Letzterem erhalten Sie ein Fenster am Rand. Es kann an diesem angedockt werden.

> **HINWEIS**
>
> **Voraussetzungen zum Nutzen der Bildschirmlupe**
> Der Lupenmodus und die Vollbildansicht stehen nur zur Verfügung, wenn Sie bei Ihrem Windows-8-Desktop ein Aero-Design nutzen.
>
> Haben Sie Aero ausgeschaltet und verwenden Sie ein Standarddesign, können Sie nur die Bildschirmlupe mit dem Modus **Angedockt** verwenden.

Die Lupe ist sehr praktisch. Mit ihr fahren Sie über ein Bildschirmelement und sehen eine Vergrößerung. Wie mit einer echten Lupe eben.

Bildschirmtastatur

Die Bildschirmtastatur bringt ein Keyboard auf dem Bildschirm. So machen Sie Tastatureingaben mit der Maus. Zusätzlich werden auf dem Keyboard gedrückte Tasten auf der Bildschirmtastatur hervorgehoben, wie hier die Alt-Taste.

▲ **Abbildung 11.27** *Die Bildschirmtastatur von Windows 8.*

Sprachausgabe

Die Sprachausgabe gibt Ihnen nicht nur Textinhalte aus. Mit ihr werden auch Tasten benannt, die Sie gedrückt haben. Sie können Tastaturbefehle definieren und so Windows 8 einfacher steuern.

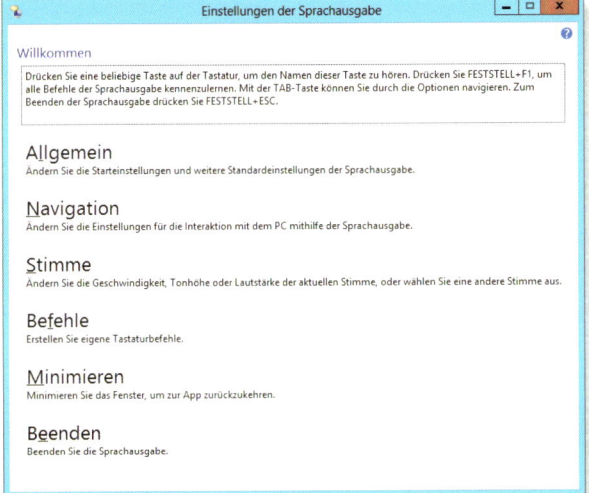

▲ **Abbildung 11.28** *Die Sprachausgabe stellt eine Hilfe für die Bedienung Ihres Rechners dar.*

Windows-Spracherkennung

Die Spracherkennung erlaubt es, Texte per Mikrofon einzugeben. Windows 8 versucht, die Eingaben zu erkennen und daraus Text zu machen. Dazu müssen Sie die Sprachausgabe trainieren. Gerade zu Beginn sind oft Korrekturen notwendig.

Die Spracherkennung ist eine Hilfe; sie ersetzt keineswegs die Eingabe von Textinhalten und Zahlen per Tastatur. Sie müssen immer auf eine korrekte Aussprache achten. Windows 8 »merkt« sich den Klang Ihrer Stimme. Ein anderer Anwender kann Ihre Spracheingaben ebenso wenig durchführen wie Sie selbst mit einer starken Erkältung oder bei lauten Nebengeräuschen. Probieren Sie dieses Windows-8-Feature einmal aus, und entscheiden Sie selbst, ob Sie es ernsthaft und öfter verwenden möchten. Im letzteren Fall empfiehlt sich der Einsatz eines handelsüblichen Headsets.

11.3 Die Apps aus der Rubrik »Windows-System«

Unter **Windows-System** sind viele Tools zusammengefasst, die Sie für die Verwaltung von Windows 8 benötigen. Sie finden hier das Dialogfenster **Ausführen**, in dem Sie einen Befehl eingeben können. Hierzu gehören die MS-DOS-**Eingabeaufforderung**, der Windows-Explorer und der Dialog zum Festlegen der **Standardprogramme**.

▲ **Abbildung 11.29** *Einige der Anwendungen aus der Rubrik »Windows-System«.*

Sie finden hier den Zugang zur **Systemsteuerung**, den Windows-8-**Task-Manager** und das Antivirentool **Windows Defender**. Die **Windows PowerShell** ist gleichfalls Bestandteil dieser Rubrik, so wie auch das Tool **Windows-EasyTransfer**.

▲ **Abbildung 11.30** *Die zweite Liste der Apps aus der Rubrik »Windows-System«.*

Ausführen

Das kleine Werkzeug **Ausführen** verbindet die MS-DOS-Eingabeaufforderung mit einer grafischen Dialogbox. Sie können also mit diesem kleinen Tool einen Befehl samt Optionen und Parameter eingeben und direkt ausführen lassen. Geben Sie den Namen eines Programms ein, um es aufzurufen. Das Werkzeug verfügt über eine History. So können Sie über ein Listenfeld die zuletzt aufgerufenen Befehle und Programme abrufen. Sie wählen ein Element aus und bestätigen einfach mit der Maus.

Das Werkzeug **Ausführen** kann auch ein Dokument samt dem verknüpften Programm öffnen. Auch das Aufrufen einer zuvor besuchten Internetadresse ist damit möglich. Das Tool versucht, Ihre Eingaben sinnvoll zu ergänzen. So müssen Sie nicht den kompletten Namen eines Programms, Dokuments oder die vollständige Internetadresse angeben. Mit **Durchsuchen** öffnen Sie den Windows-Explorer, um eine Datei auszuwählen.

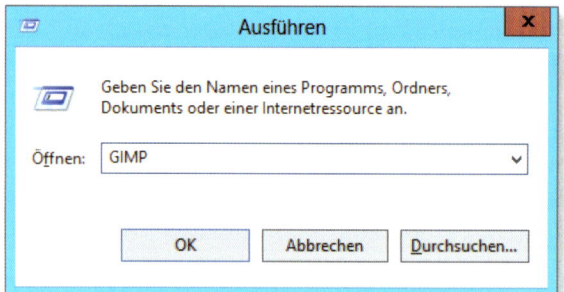

▲ **Abbildung 11.31** »Ausführen« ermöglicht das Aufrufen von Programmen, Dokumenten, Befehlen und Webadressen.

Computer

Computer zeigt in einem Fenster Ihre Festplatten, CD- und DVD-Laufwerke sowie Wechselmedien und andere Datenspeicher an. Ein blauer Balken zeigt die Belegung eines Datenträgers an. So sehen Sie auf einen Blick, wie viel Platz noch auf dem Datenträger verfügbar ist.

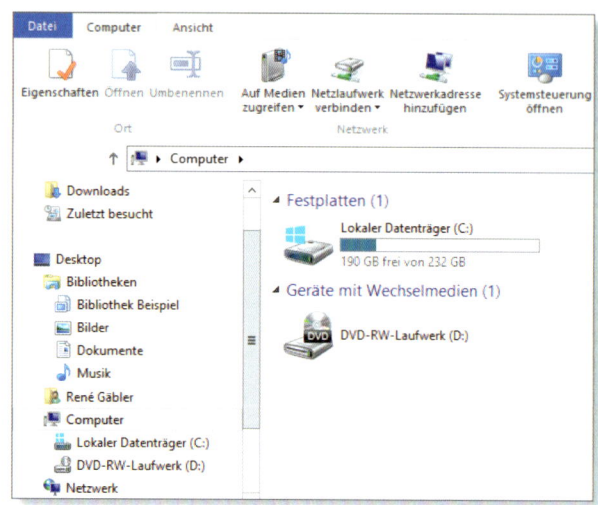

▲ **Abbildung 11.32** Partitionen, Laufwerke und Wechseldatenträger

Über die Symbolleiste lassen sich wichtige Funktionen aufrufen, so zum Beispiel die **Systemeigenschaften**, den Dialog zum Deinstallieren oder Ändern von Programmen und die Funktion **Netzlaufwerk verbinden**. Sie können eine Netzwerkadresse hinzufügen, auf Medien im Netzwerk zugreifen und deren Inhalte abrufen (streamen). Doppelklicken Sie auf eine angezeigte Festplatte oder ein Laufwerk, um die vorhandenen Ordner und Dateien zu sehen.

HINWEIS

Was verbirgt sich in meinem PC?
Die Übersicht **System** (siehe Abbildung 11.33) verrät Ihnen nicht nur, welche der Windows-8-Editionen Sie nutzen, sondern auch, was für ein Prozessor auf Ihrem Motherboard verbaut ist und wie viel Arbeitsspeicher in Ihrem Rechner verfügbar sind. Sie sehen hier, ob Sie ein 32- oder ein 64-Bit-System nutzen und welchen Computernamen Sie bei der Installation vergeben haben. Letzteres ist für die Einrichtung von Netzwerken wichtig. Außerdem sehen Sie hier den Namen der Arbeitsgruppe und den Microsoft-Product-Key. Ein Siegel weist darauf hin, dass es sich um ein Original-Microsoft-Produkt handelt.

11.3 Die Apps aus der Rubrik »Windows-System«

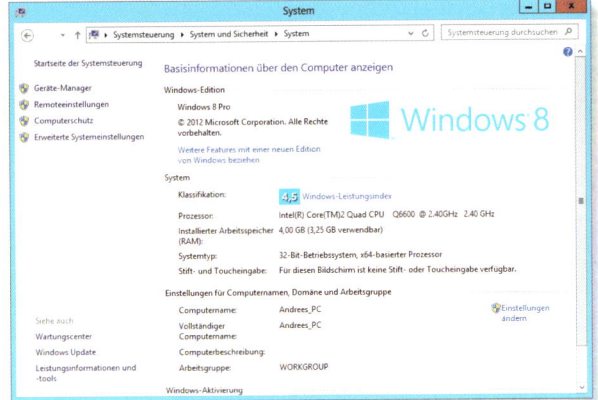

▲ *Abbildung 11.33* »System« zeigt allgemeine Informationen zu Ihrem Windows 8.

Eingabeaufforderung

Mit der MS-DOS-Eingabeaufforderung führen Sie Befehle aus, rufen Programme auf, lesen ASCII-Textdateien und arbeiten mit Skripten. Ich erinnere mich: Vor langer Zeit schloss ich sogar einen Fernschulkurs zum Thema »MS-DOS-Batchprogrammierung« ab. Heutzutage spielt das nur bei Computerprofis eine Rolle. Mein Freund ruft mit seinem LabVIEW-Programm über die MS-DOS-Eingabeaufforderung eine Skriptdatei auf. Über diese lässt er dann das Bildbetrachtungsprogramm IrfanView ausführen und eine Bilddatei anzeigen.

Die Eingabeaufforderung können Sie auch mit dem Befehl cmd aufrufen. Geben Sie dieses Kommando in der Eingabezeile **Ausführen** ein.

Über das Kontextmenü können Sie die Windows-Zwischenablage verwenden, einen Bildlauf durchführen und nach bestimmten Inhalten suchen.

▲ *Abbildung 11.34* Auch in Windows 8 können Sie mit der Eingabeaufforderung noch Befehle eingeben.

Explorer

Den Dateimanager von Windows haben Sie bereits kennengelernt. Ich nenne ihn hier nur der Vollständigkeit halber noch einmal. Mit ihm können Sie Dateien und Ordner verwalten, kopieren, verschieben und vieles mehr. Er ist wohl das wichtigste Werkzeug, das Sie bei Ihrem Betriebssystem brauchen.

Hilfe und Support

Ich hoffe, dass mein Buch viele Fragen zu Ihrem Rechner und zu Windows 8 klärt und dass Sie viel über das Windows-Betriebssystem erfahren. Doch sicher kann ich nicht alles beschreiben, und ich kann auch nicht alle Probleme vorhersehen und ihre Lösung erklären.

Ab und zu kann es eben passieren, dass etwas nicht ganz so läuft, wie Sie es sich wünschen. Doch bevor Sie einen kostenpflichtigen Computertechniker anfordern, sollten Sie versuchen, die Windows-Hilfe zu nutzen. Nachdem Sie sie aufgerufen haben, geben Sie in der Eingabezeile ein Stichwort ein. Nach dem Bestätigen mit ↵ sehen Sie passende Treffer. Als Beispiel habe ich »Bluescreen« eingegeben und sechs passende Hilfetexte erhalten.

Die Windows-Hilfe zeigt Ihnen die drei Kapitel **Erste Schritte**, **Internet und Netzwerke** und **Sicherheit, Datenschutz und Konten**. Passt Ihr Problem in eines dieser Themen, so schauen Sie hier einmal nach. Blättern Sie durch die vorhandenen Themen.

Mit **Hilfe durchsuchen** ❶ (Seite 254) können Sie die gesamte Microsoft-Hilfe durchforsten. Werden Sie hier nicht fündig, bietet Ihnen ein weiterer Link die Möglichkeit an, sich an den Support von Microsoft ❷ zu wenden. Beachten Sie aber, dass dort sehr viele Anfragen ankommen und eine Antwort lange dauern kann.

Wenn Sie in der Symbolleiste des Hilfefensters auf das Buchsymbol klicken, wird der Inhalt der Hilfe angezeigt. Sie können verschiedene Themen durchsehen. Neben der Suche rechts unten können Sie von der Offline- zur Onlinehilfe umschalten.

Kapitel 11: Programme und Tools in Windows 8

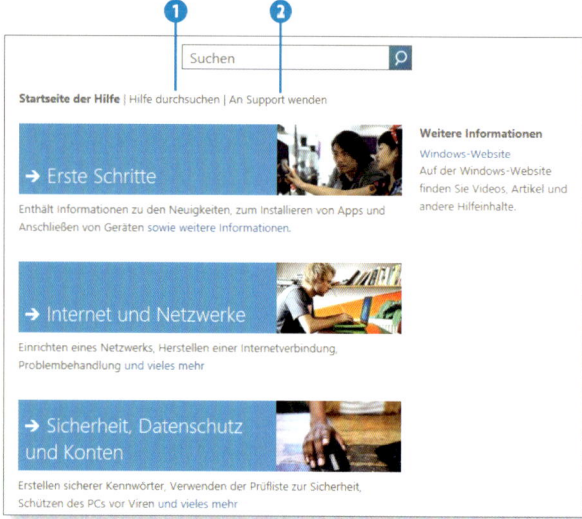

▲ **Abbildung 11.35** Die Windows-8-Hilfe bietet viele Antworten auf bestimmte Probleme. Wenn Sie auf die Onlinehilfe umschalten, erhalten Sie oft bessere Treffer.

Über die kleine Symbolschaltfläche ❸ in der linken oberen Ecke des Fensters geben Sie die angezeigten Hilfeinhalte auf dem Drucker aus. Das Zahnrad ❹ öffnet einen Optionsdialog zur Hilfe. Hier sollten Sie den Zugriff auf die Onlinehilfe angeschaltet haben.

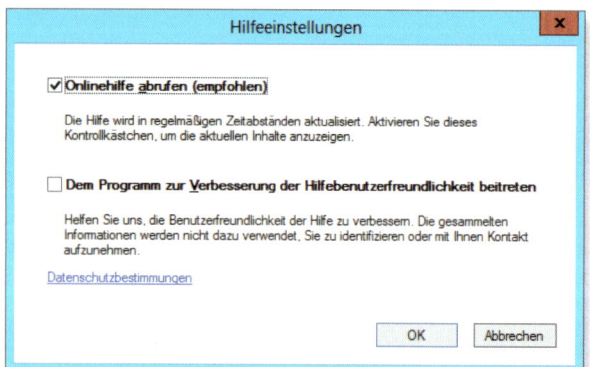

▲ **Abbildung 11.36** Der Zugriff auf die im Internet vorhandene Hilfe sollte erlaubt sein.

Standardprogramm

Den Dialog **Standardprogramm** kennen Sie bereits. Mit ihm verknüpfen Sie bestimmte Dateitypen und Protokolle mit einem Programm. Ein Doppelklick auf die Datei öffnet diese dann mit dem verbundenen Programm. Hier können Sie auch das Verhalten des Rechners beim Einlegen eines Datenträgers oder beim Verknüpfen eines Datenträgers mit dem Rechner verändern; nicht immer ist die automatische Wiedergabe gewollt.

▲ **Abbildung 11.37** Legen Sie für bestimmte Dateitypen die Standardprogramme fest.

Unter **Programmzugriff und Computerstandards festlegen** sehen Sie verschiedene Windows-8-Standardprogramme, darunter die folgenden:

- das Verwenden eines Webbrowsers
- das E-Mail-Programm für das Lesen und Schreiben von Nachrichten
- das Programm für die Wiedergabe von Video- und Audio-CDs und -DVDs
- die für Java verwendete Virtual Machine

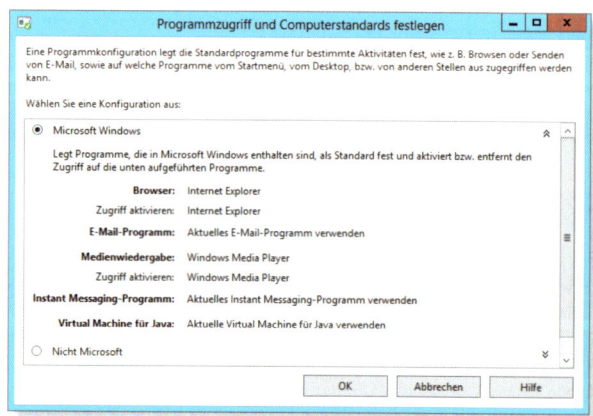

▲ **Abbildung 11.38** Die Standardprogramme

11.3 Die Apps aus der Rubrik »Windows-System«

Windows 8 unterscheidet drei Arten von Computerstandards:

- Microsoft Windows
- Nicht Microsoft
- Benutzerdefiniert

Bei letztgenannter Konfiguration legen Sie die verknüpften Programme selbst fest.

1 Rufen Sie die Funktion auf, und wählen Sie **Benutzerdefiniert** ❶.

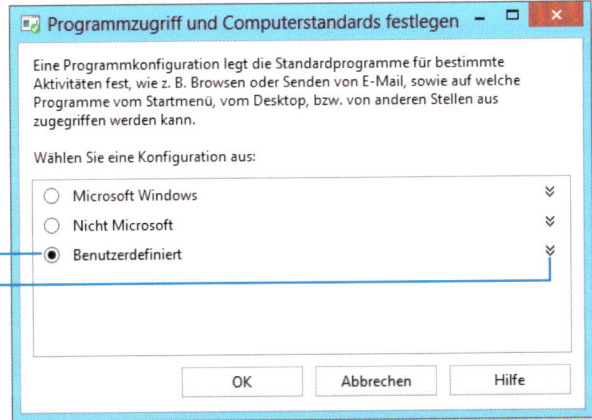

▲ **Abbildung 11.39** Mit dem Doppelpfeil öffnen Sie den Dialog. Dann nehmen Sie die Einstellungen vor.

2 Öffnen Sie mit dem Doppelpfeil am Ende der Zeile die ergänzenden Optionen ❷.

3 Wählen Sie im Dialog die Programme aus, mit denen Sie die jeweiligen Aktionen durchführen wollen. Bestätigen Sie anschließend die Änderungen mit **OK**.

Systemsteuerung

In der **Systemsteuerung** finden Sie alle Einstellungen. Hier verwalten Sie Ihr System, richten die Firewall ein und defragmentieren den Rechner. Hier entfernen Sie Programme vom Rechner und passen die Oberfläche von Windows 8 an.

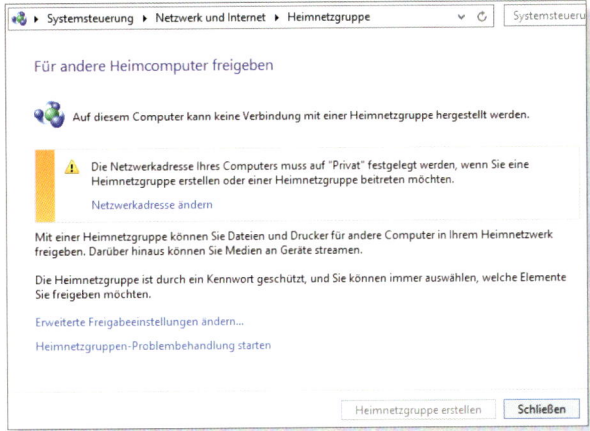

▲ **Abbildung 11.40** Die Einstellungen zur Heimnetzgruppe finden Sie auch in der Systemsteuerung.

Task-Manager

Der **Task-Manager** listet die aktuell laufenden Anwendungen auf. Sie sehen hier, welche Programme aktiv sind und wie viel Speicher sie verbrauchen. Windows-Dienste werden hier auch angezeigt.

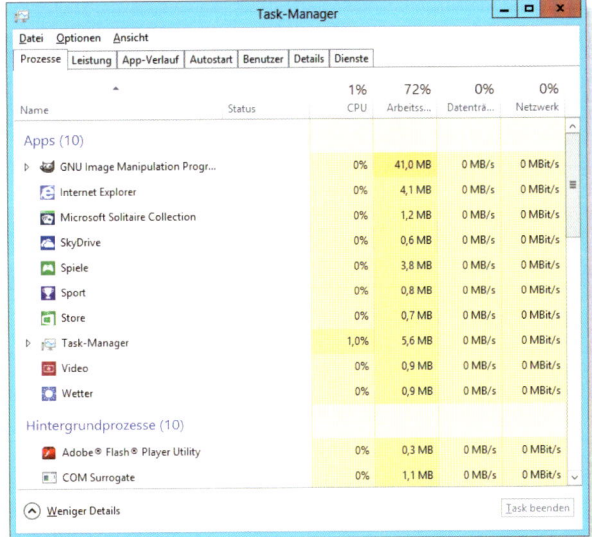

▲ **Abbildung 11.41** Mit dem Task-Manager sehen Sie, wie stark Ihr Rechner beansprucht wird.

Kapitel 11: Programme und Tools in Windows 8

Im **Task-Manager** erfahren Sie, ob der Arbeitsspeicher Ihres Rechners ausgenutzt wird. Hier erkennen Sie als Erstes, ob Sie nicht den Arbeitsspeicher lieber erweitern sollten. Neben der Nutzung des Arbeitsspeichers werden die Auslastung der CPU, die Zugriffe auf den Datenträger und die Nutzung des Netzwerkes gezeigt.

In Windows 8 enthält der **Task-Manager** auch ein Register, das die Nutzung der Apps aufzeigt.

Windows Defender

Windows Defender ist das Antivirustool von Windows 8. Sie müssen keine externe Lösung kaufen. Das Betriebssystem bringt bereits ein passendes Programm mit.

Wie bei anderen Antivirenprogrammen können Sie Ihren Rechner komplett untersuchen lassen, einen schnellen Scan durchführen oder das Verzeichnis selbst auswählen, das Sie überprüfen möchten.

1 Starten Sie das Programm.

2 Führen Sie zunächst ein Update durch. Klicken Sie dazu im Register **Startseite** auf **Aktualisieren**.

3 Schalten Sie den Modus **Vollständig** an, und starten Sie mit **Jetzt überprüfen** eine Untersuchung Ihres Rechners.

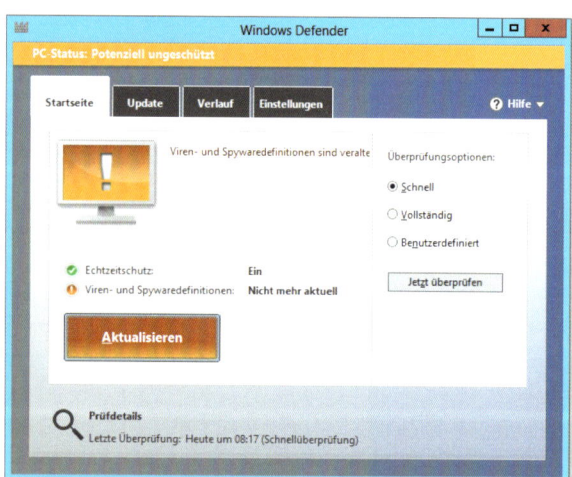

▲ *Abbildung 11.42* *Das Ausrufezeichen zeigt, dass die Virendatenbank aktualisiert werden muss.*

Windows PowerShell

Die Windows PowerShell erweitert die Möglichkeiten der Standard-MS-DOS-Eingabeaufforderung. Bekannte Befehle aus der Eingabeaufforderung können Sie auch in der PowerShell verwenden. Rufen Sie einmal den folgenden Befehl auf:

`get-psdrive`

Die Ausgabe zeigt die Laufwerke an, auf die die PowerShell zugreifen kann. Neben den auf dem Rechner vorhandenen Laufwerken finden sich hier Windows-PowerShell-Laufwerke. Sie enthalten die Inhalte der Sitzung, Registrierstrukturen und den Speicher für Zertifikate.

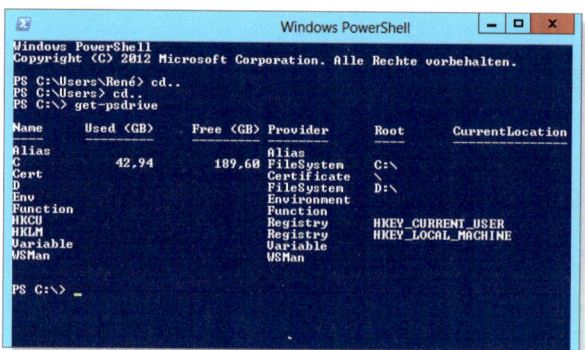

▲ *Abbildung 11.43* *Die Windows PowerShell in der Praxis*

Die Befehle in der PowerShell werden als *Cmdlets* (kurz für: »Commandlets«) bezeichnet. Mit `help` rufen Sie den Hilfetext zu einem Befehl, Syntax und Beispiele ab.

Zur Windows PowerShell gehört eine integrierte Skriptumgebung. Mit ihr können Entwickler objektbasierte Funktionen ausführen.

Windows-EasyTransfer und Windows-EasyTransfer-Berichte

Mit diesem Tool lassen übertragen Sie Dateien von Ihrem alten Windows-Rechner auf den neuen. Übertragen werden nicht nur Dokumente und Multimediadateien, sondern auch Benutzerkonten, E-Mails und Internetfavoriten.

Die Windows-EasyTransfer-Berichte bringen Ihnen einen Dialog mit den Protokollen über die Nutzung des Tools.

Windows-EasyTransfer ist eine Hilfe, mit der Sie den Umstieg auf ein neues Windows-System viel einfacher gestalten können. Sie müssen nicht komplizierte Datensicherungen anlegen, sondern übertragen die Daten mit einem Windows-Tool.

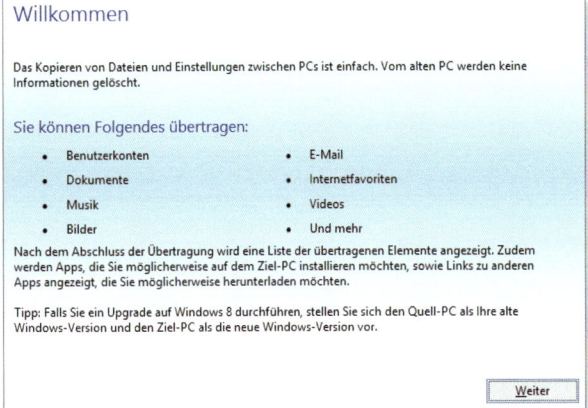

▲ **Abbildung 11.44** *Windows-EasyTransfer bietet einen Assistenten für eine einfache Bedienung.*

11.4 Die Apps aus der Gruppe »Windows-Zubehör«

Zubehör heißt bei Windows 8 eine Sammlung an interessanten Werkzeugen und kleinen Programmen für verschiedene Aufgaben. Sie können damit Audioaufnahmen erstellen, Notizen festhalten, mathematische Formeln aufschreiben und Zeichnungen erstellen. Es finden sich Werkzeuge für das Ausführen von Berechnungen, das Erstellen von Remoteverbindungen zweier Rechner miteinander und das Erstellen von Screenshots. Sie finden hier die Zeichentabelle, den XPS Viewer, das Windows-Journal und das Texttool WordPad. Auch der Media Player gehört zur Gruppe **Zubehör** von Windows 8.

In diesem Abschnitt stelle ich Ihnen die Programme aus der Kategorie **Zubehör** vor. Einige davon werden Sie später noch ausführlicher kennenlernen.

Audiorecorder

Mit dem Audiorecorder erstellen Sie kleine Tonaufnahmen. Dazu müssen Sie über ein Notebook mit integriertem Mikrofon verfügen oder ein Mikrofon oder USB-Headset mit dem Rechner verbinden.

Das Mikrofon einrichten

Nun kann es natürlich sein, dass das Mikrofon nicht gleich seinen Dienst wie gewünscht verrichtet. Tatsächlich ist das meiner Erfahrung nach häufig der Fall. In diesem Fall müssen Sie es zunächst einmal einrichten:

1 Öffnen Sie die **Systemsteuerung**. Wählen Sie **Hardware & Sound** und danach **Sound**.

2 Es öffnet sich der Dialog **Sound**. Wechseln Sie hier in das Register **Aufnahme**.

Bereits hier erkennen Sie anhand der Pegelanzeige, ob das Mikrofon funktioniert. Die Empfindlichkeit muss so eingestellt sein, dass eine Aufnahme möglich ist. Eine kleine Pegelanzeige zeigt im Dialog an, ob dies funktioniert. Eventuell müssen Sie die Empfindlichkeit und Verstärkung ändern.

3 Markieren Sie das Mikrofon, und wählen Sie **Eigenschaften**.

4 Im Register **Pegel** stellen Sie die Regler **Mikrofon** ganz nach rechts.

5 Bestätigen Sie. Schließen Sie alle geöffneten Dialoge. Überprüfen Sie mit dem Audiorecorder, ob eine Aufnahme gelingt.

Bei einigen Geräten können Sie auch eine Rauschunterdrückung und eine Nachhallunterdrückung anschalten.

TIPP

Tastenkombination für die Aufnahme

Die Aufnahme können Sie auch mit der Tastenkombination [Alt] + [S] starten. Mit der gleichen Tastenkombination beenden Sie eine laufende Aufnahme auch.

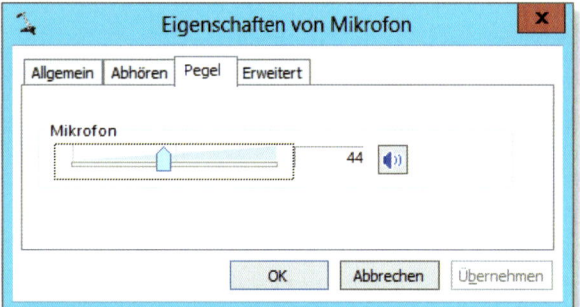

▲ **Abbildung 11.45** *Das von mir verwendete Mikrofon bietet nur eine Pegeleinstellung, keine Rauschunterdrückung.*

Der Ausschlag des grünen Balkens in dem Werkzeug Audiorecorder zeigt, dass die Empfindlichkeit des Mikrofons gut eingestellt ist und jedes Geräusch wahrgenommen wird.

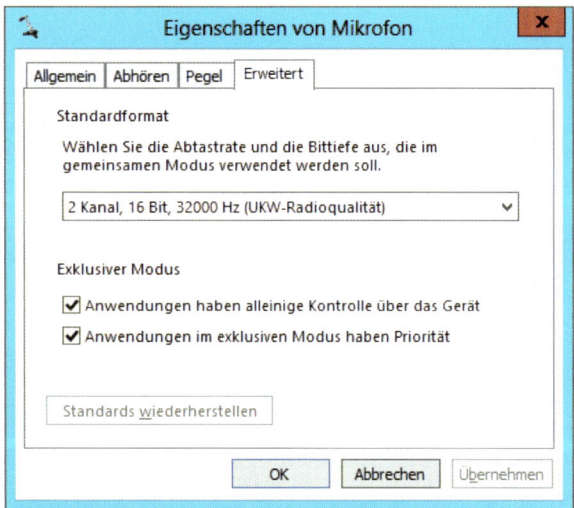

▲ **Abbildung 11.46** *Abtastrate und Bittiefe können Sie auf eine höhere Qualität einstellen.*

Nutzen Sie Skype, einen Messenger oder eine andere Internettelefonielösung, können Sie im Register Kommunikation die Lautstärke von Sounds automatisch anpassen lassen. Windows 8 erkennt, wann ein Internettelefongespräch aktiv ist. So müssen Sie nicht nachregeln. In der Vorgabeeinstellung ist die Option **Lautstärke anderer Sounds um 80 % verringern** aktiv. Diese genügt für diesen Zweck.

Mit dem Mikrofon aufnehmen

Ist das Mikrofon eingerichtet und funktionsbereit, können Sie eine Aufnahme erstellen:

1 Öffnen Sie das Programm **Audiorecorder**. Sie finden es unter **Alle Apps** in der Gruppe **Zubehör**.

▲ **Abbildung 11.47** *Mit dieser Kachel öffnen Sie das Tool Audiorecorder.*

2 Klicken Sie auf **Aufnahme beginnen**, und sprechen Sie nun in das Mikrofon.

3 Beenden Sie die Aufnahme mit einem weiteren Mausklick. Diesmal heißt die Schaltfläche **Aufnahme beenden**.

▲ **Abbildung 11.48** *Eine Tonaufnahme wird erstellt.*

4 Das Programm klappt automatisch den **Speichern**-Dialog auf. Wählen Sie den Ordner, in dem Sie Ihre Aufnahme ablegen möchten, oder erstellen Sie einen neuen Ordner. Geben Sie einen Dateinamen ein, und bestätigen Sie.

▲ **Abbildung 11.49** *Während der Aufnahme schlägt die Pegelanzeige aus.*

11.4 Die Apps aus der Gruppe »Windows-Zubehör«

TIPP

Bessere Aufnahmequalität
Mit einem internen Mikrofon, zum Beispiel dem in meinem Notebook, erreicht man in der Regel keine gute Aufnahmequalität. Falls Sie den Audiorecorder gelegentlich nutzen, sollten Sie sich ein externes Mikrofon oder ein Headset anschaffen.

Der Audiorecorder verfügt über kein Menü. Das ist aber auch gar nicht notwendig. Mit dem kleinen Werkzeug soll unkompliziert eine Tonaufnahme erstellt werden. Und genau diesen Zweck erfüllt das Programm.

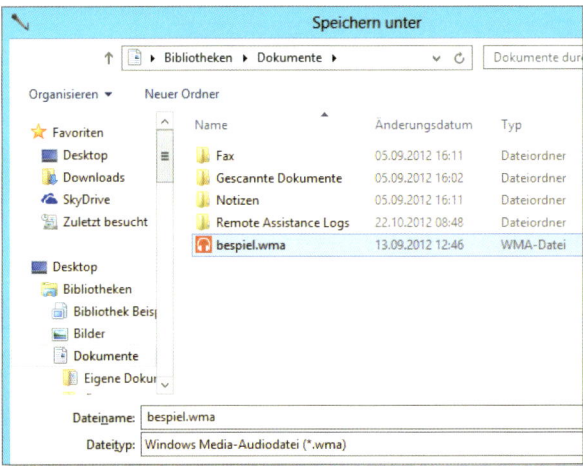

▲ **Abbildung 11.50** Die erstellte Aufnahme wird sofort gespeichert.

HINWEIS

Eine Aufnahme fortsetzen
Speichern Sie eine Aufnahme nicht, wird sie lediglich angehalten und kann zu einem späteren Zeitpunkt fortgesetzt werden.

Editor

Mit dem Editor können Sie kleine Textdateien bearbeiten. Sie können Logfiles einsehen und durchsuchen, Batchdateien erstellen und Konfigurationsdateien bearbeiten, sofern diese als Textdateien vorliegen. Über das Menü öffnen Sie eine Datei oder speichern sie ab. Sie können mit der Zwischenablage arbeiten, die letzte Bearbeitung rückgängig machen, Textinhalte suchen und ersetzen. Natürlich fehlt auch ein Befehl zum Drucken nicht. Mit (F5) fügen Sie an der Cursorposition schnell das aktuelle Datum ein. Über **Format** schalten Sie bei Bedarf einen Zeilenumbruch an und wählen die zu verwendende Schriftart. Mit **Ansicht** aktivieren Sie die Statusleiste. In ihr sehen Sie dann, in welcher Zeile und auf welcher Seite sich der Cursor gerade befindet. Die Statusleiste können Sie nur einblenden, wenn Sie nicht den Zeilenumbruch angeschaltet haben.

▲ **Abbildung 11.51** Der Editor besitzt eine Anzahl verschiedener Schriftarten.

Für viele Funktionen ist eine Tastenkombination festgelegt. Wenn Sie das Programm oft nutzen, können Sie so effektiver arbeiten. Tastenkombinationen finden Sie in vielen anderen Windows-Programmen und -Werkzeugen.

Der Editor speichert Dateien nur als ANSI-Texte. Interessant ist jedoch, dass auch hier viele verschiedene Schriftarten zur Verfügung stehen. Möchten Sie jedoch Briefe und andere Textdokumente erstellen, sollten Sie zu einem anderen Programm greifen.

Über **Datei > Seite einrichten** wechseln Sie zwischen Hoch- und Querformat. Es lassen sich verschiedene Größennormen wählen oder auch eigene Angaben machen. Wer mag, füllt auch eine Kopf- und eine Fußzeile mit einem sinnvollen Inhalt.

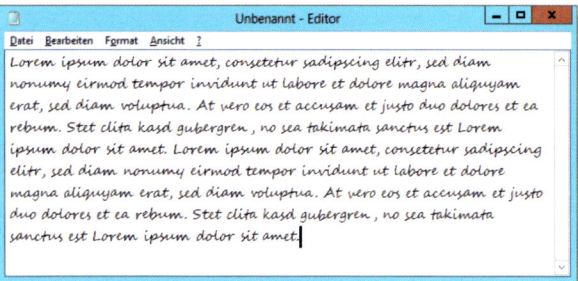

▲ **Abbildung 11.52** *Für das Eingeben kleiner Texte genügt der Editor.*

Kurznotizen

Etwas Ähnliches kennen Sie vielleicht von Outlook. Erstellen Sie kleine Notizen, und heften Sie sie an den Bildschirm. Das erinnert ein wenig an die Klebezettel, die man an den Kühlschrank klebt oder an eine Korkwand pinnt.

▲ **Abbildung 11.53** *Kleine virtuelle Klebezettel auf dem Bildschirm helfen Ihnen, sich an das ein oder andere zu erinnern.*

Bei den Kurznotizen gibt es kein Menü und keine Symbolleiste. Sie erstellen einfach eine Notiz, und diese bleibt auf dem Desktop. Fahren Sie mit der Maus an den oberen Rand, erscheinen zwei Symbole (ja, es gibt doch Symbolschaltflächen, wenn auch nur zwei). Mit dem Plus-Zeichen in der linken oberen Ecke erstellen Sie eine neue Notiz. Mit dem Kreuz in der rechten oberen Ecke entfernen Sie eine Notiz vom Desktop. Nach einer Rückfrage, die Sie bestätigen müssen, wird sie gelöscht. Mit einer Option können Sie auch dafür sorgen, dass eine solche Sicherheitsfrage nicht mehr erfolgt und eine Notiz sofort gelöscht wird.

Über das Kontextmenü greifen Sie auf die Zwischenablage zurück und können eine von sechs Farbvarianten wählen. So unterscheiden Sie unterschiedliche Notizen voneinander. Trennen Sie zum Beispiel auf diese Weise berufliche von privaten Dingen oder auch wichtige von weniger wichtigen.

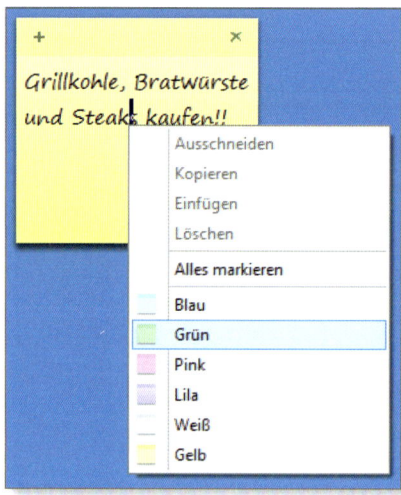

▲ **Abbildung 11.54** *Im Kontextmenü können Sie eine andere Farbe für Ihre Desktop-Notizzettel wählen.*

Mathematik-Eingabebereich

Dieses Werkzeug ist dafür gedacht, mathematische Formeln zu erfassen und richtig darzustellen. Es gibt keine Auswahlmöglichkeit für die Formelelemente und Symbole. Sie geben diese mit der Maus im Eingabebereich ein. Das Tool versucht, die Eingabe zu erkennen und in mathematische Ausdrücke umzusetzen. Das gelingt nicht immer. Die Erkennung der gezeichneten Eingaben ist oft fehlerhaft.

11.4 Die Apps aus der Gruppe »Windows-Zubehör«

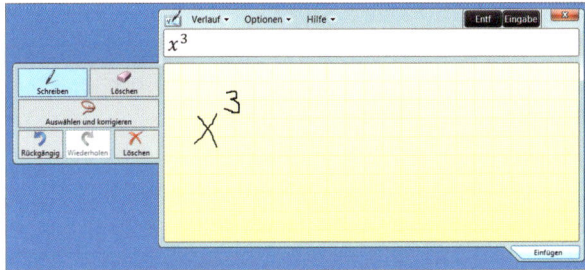

▲ **Abbildung 11.55** Der Mathematik-Eingabebereich

Paint

Gerade kreative Anwender wird es freuen, dass Sie mit Paint kleine Kunstwerke erstellen oder auch vorhandene Bilddateien sehr leicht verändern können. Über die Multifunktionsleiste können Sie verschiedene Pinselformen und eine passende Farbe und Formen auswählen.

Bildinhalte lassen sich mit einer rechteckigen oder einer sehr flexiblen Freihandauswahl markieren und bearbeiten. Über das Feld **Tools** stehen Ihnen sechs Werkzeuge zur Verfügung: ein Stift, ein Radierer, ein Farbeimer, ein Farbauswahlwerkzeug, ein Textwerkzeug und eine Lupe zum Vergrößern. Mit der Lupe ändern Sie nicht die Zoomstufe des ganzen Bildes, sondern nur die eines Bildteils. So können Sie bestimmte Bereiche auswählen und exakter bearbeiten. Nach der Auswahl eines Zeichenwerkzeugs suchen Sie sich eine passende Strichstärke und eine Farbe aus.

Bilder lassen sich nach links oder rechts drehen. Auch das Spiegeln ist möglich. Über das Register **Ansicht** vergrößern oder verkleinern Sie das komplette Bild. Bei Bedarf blenden Sie ein Lineal und ein Gitter ein. Über **Eigenschaften** im Aufklappmenü links vom **Start**-Register wählen Sie, welche Einheit das Programm verwenden soll. Hier legen Sie auch die Bildmaße fest und wechseln zwischen Farb- und Schwarzweißmodus.

Das fertige Kunstwerk können Sie nicht nur speichern, sondern auch auf den Drucker ausgeben oder per E-Mail versenden. Auch das Verwenden als Hintergrund für den Desktop ist möglich.

Paint kann Bilddateien in den Formaten JPG, PNG, BMP und GIF speichern. Über **Andere Formate** ist auch die Auswahl von TIFF möglich. Geöffnet werden können auch Dateien im Windows-Format *ICO* für Bildschirmsymbole und Icons.

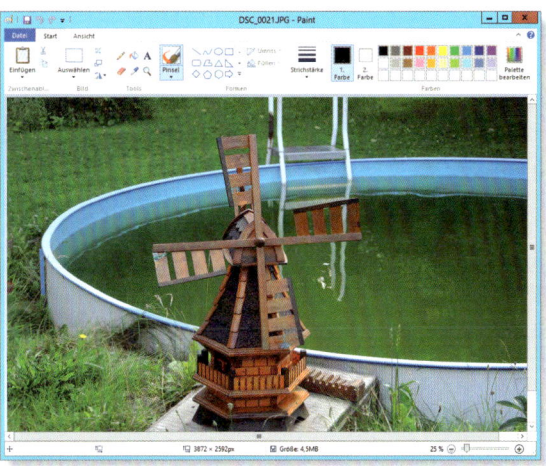

▲ **Abbildung 11.56** Mit Paint lassen sich auch Bilddateien öffnen und verändern. Fotoeffekte finden Sie im Programm jedoch nicht. Das Programm eignet sich daher eher zum Zeichnen und Malen.

Der Rechner

Mit dem Taschenrechner von Windows 8 führen Sie schnell Berechnungen der verschiedensten Art durch. Der Rechner beherrscht die Grundrechenarten sowie die Prozentrechnung und kann Wurzeln ziehen.

▲ **Abbildung 11.57** Mit dem Rechner von Windows 8 sind selbst umfangreiche Berechnungen möglich.

Zahlenwerte und Ergebnisse können Sie auch in die Zwischenablage kopieren oder von dieser aus in den Rechner einfügen. Das Werkzeug hält auch einen Verlauf fest. Mit [F2] bearbeiten Sie ihn. Die Bearbeitung brechen Sie mit [Esc] ab. [Strg] + [⇧] + [D] löscht den Verlauf.

Der Rechner kann jedoch noch einiges mehr. Mit [Alt] + [F1] bis [F4] wählen Sie eine andere Ansicht. Auf diese Weise können Sie auch mit einem wissenschaftlichen Rechner, einem Rechner für Programmierer und mit Statistikfunktionen arbeiten.

Unter **Ansicht** können Sie ebenfalls in den Basismodus wechseln. Damit werden die Umrechnungen und Arbeitsblätter ausgeblendet, und Sie sehen nur den Rechner.

Einheiten umrechnen

Sehr praktisch finde ich den Einheitenumrechner. Hier wählen Sie einen Einheitentyp. Danach entscheiden Sie, welcher Wert in welchen anderen Wert umgerechnet werden soll. So rechnen Sie zum Beispiel unter **Geschwindigkeit** Knoten in Kilometer pro Stunde um. Ein kleines Beispiel:

1 Öffnen Sie den **Rechner**. Schalten Sie über das Menü **Ansicht** die **Einheitenumrechnung** an.

2 Im Listenfeld **Einheitentyp für die Umrechnung auswählen** wählen Sie **Gewicht/Masse**. Unter **Von** wählen Sie **Amerikanische Tonne**, und bei **Nach** entscheiden Sie sich für **Kilogramm**.

3 Geben Sie in dem Eingabefeld unter **Von** den Wert »124« ein.

Die Eingabe müssen Sie nicht bestätigen. Der Taschenrechner rechnet den eingegebenen Wert sofort um.

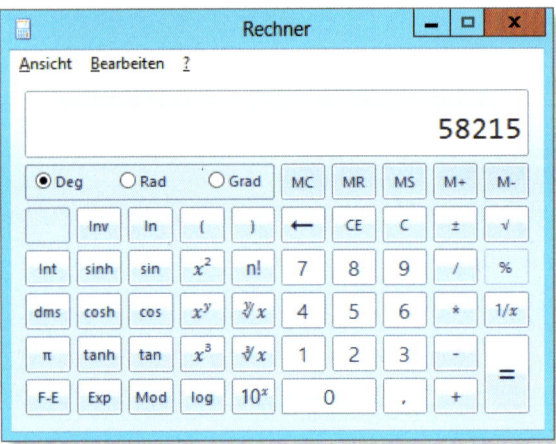

▲ **Abbildung 11.58** *Für Schüler in den oberen Klassen ist der wissenschaftliche Taschenrechner interessant.*

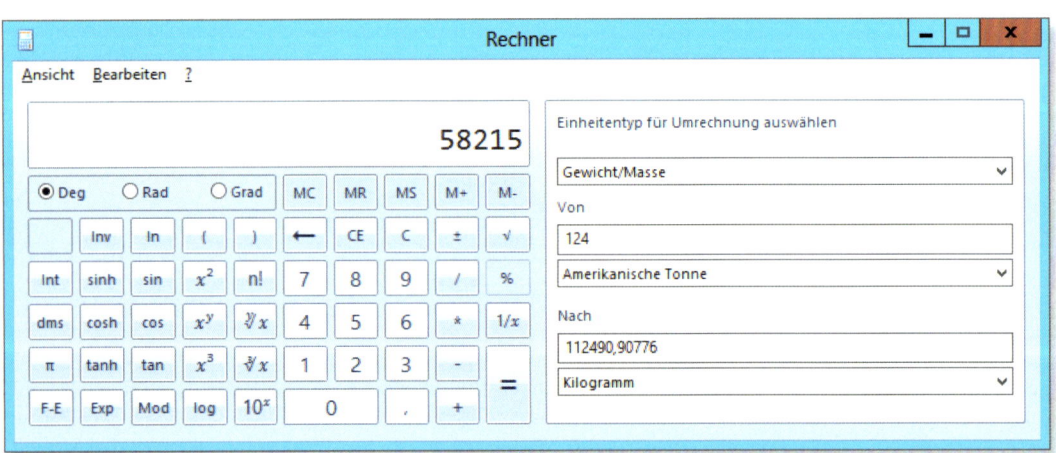

▲ **Abbildung 11.59** *Schnelles Umrechnen verschiedenster Einheiten ist kein Problem.*

11.4 Die Apps aus der Gruppe »Windows-Zubehör«

Ein weiteres Feature des Rechners ist die **Datumsberechnung**. Mit ihr ermitteln Sie die Differenz zwischen zwei Datumsangaben, und es lassen sich auch Tage zu einem Datum addieren oder von diesem abziehen. Das Datum wählen Sie hierbei jeweils über ein Kalenderblatt.

Neben dieser Möglichkeit finden Sie im Rechner auch sogenannte **Arbeitsblätter**. Auch diese wählen Sie über das Menü **Ansicht**. Bei den Arbeitsblättern handelt es sich um Rechnungsvorlagen. Sie können hier eine Hypothek berechnen oder die Kosten für ein Fahrzeugleasing und den Kraftstoffverbrauch eines Kraftfahrzeugs errechnen.

Auch die Wirtschaftlichkeit eines Fahrzeugs lässt sich hier ermitteln. Bei allen Arbeitsblättern gibt es Eingabefelder. Sie tragen die für die Berechnung notwendigen Werte ein, und das Werkzeug erstellt daraus die geforderte Berechnung.

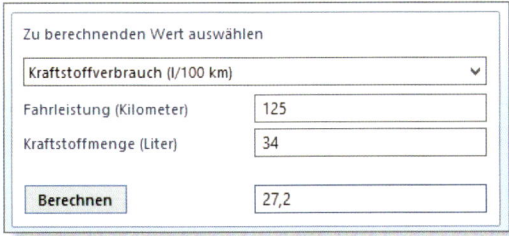

▲ **Abbildung 11.60** Mit den Arbeitsblättern des Rechners können Sie schnell z. B. den Kraftstoffverbrauch Ihres Autos messen.

Die Remotedesktopverbindung

Mit der Remotedesktopverbindung steuern Sie einen Rechner über eine Netzwerkverbindung fern. Geben Sie hierfür die Adresse des Computers an, und melden Sie als Benutzer mit dem zugehörigen Passwort an. Der Benutzer muss natürlich auf dem fernzusteuernden Rechner vorhanden sein und über die für eine Remotedesktopverbindung notwendigen Rechte verfügen.

▲ **Abbildung 11.61** Die Remotedesktopverbindung ermöglicht es, auf einem entfernten Rechner zu arbeiten.

Voraussetzung für dieses Werkzeug ist, dass der entfernte Rechner sich auch fernsteuern lässt. Er muss für eine Remotesitzung freigegeben sein. Auch auf ihm muss ein Windows-Betriebssystem laufen.

Über **Optionen** können Sie eine Reihe Register einblenden und verschiedene Optionen angeben. Neben dem Namen des Computers, zu dem eine Remoteverbindung aufgebaut werden soll, können Sie den Benutzernamen eintragen und die Anmeldedaten abspeichern. So müssen Sie diese beim nächsten Verwenden nur abrufen und nicht erneut eingeben.

In weiteren Registern wählen Sie, wie das Bild des entfernten Rechners dargestellt werden soll. Wählen Sie die Farbtiefe der Remoteverbindung und die Anzeigegröße (Vollbild oder Größe der Fensterdarstellung), legen Sie Audioeinstellungen fest, und machen Sie Angaben zu verfügbaren Tastenkombinationen. Sie können ein Anwendungsprogramm bestimmen, das bei der Remotesitzung gestartet werden soll. Im Register **Erweitert** legen Sie die Übertragungsrate der Verbindung fest. Bestimmte Windows-Elemente, wie zum Beispiel der Desktophintergrund, visuelle Stile und die Fensteranimationen, können Sie deaktivieren. So sparen Sie wertvolle Ressourcen.

Nähere Informationen zum Thema Fernsteuerung eines Windows-PCs lesen Sie in Kapitel 24, »Fernsteuerung und Fernwartung«.

Schrittaufzeichnung

Dieses Tool ist neu in Windows 8. Mit ihm können Sie verschiedene Arbeitsschritte auf Ihrem Windows-8-Desktop festhalten. Diese Arbeitsschritte sollen ein Problem, das Sie mit Ihrem Rechner haben, veranschaulichen. Speichern Sie das Ergebnis, oder versenden Sie es an jemanden, z. B., wenn Sie technische Unterstützung benötigen.

1 Öffnen Sie das Tool.

2 Beginnen Sie mit **Aufzeichnung starten**. Führen Sie alle Arbeitsschritte durch, bis das die Fehlermeldung auftritt oder Sie einen Dialog nicht ausführen können.

3 Fügen Sie Kommentare ein. Versehen Sie vor allem die Fehlermeldungen mit Hinweisen. Schreiben Sie kurz, was Sie tun wollen und was nicht funktioniert, insbesondere bei Dialogen, aus denen das nicht ersichtlich ist.

4 Klicken Sie auf **Aufzeichnung beenden**.

5 Schauen Sie sich die Aufzeichnung an. Wählen Sie **E-Mail**. Tragen Sie die Adresse des Empfängers ein. Ergänzen Sie eine Titelzeile und einen beschreibenden Text. Versenden Sie die Nachricht.

▲ *Abbildung 11.62 So zeichnen Sie ein Computerproblem auf und senden es an den Support.*

Sobald Sie die Aufzeichnung beendet haben, klappt ein Fenster mit den einzelnen durchgeführten Schritten auf. Hier sehen Sie eine kurze Beschreibung dessen, was Sie gemacht haben. Aktive Fenster sind mit einem grünen Rand hervorgehoben. Schauen Sie sich die Schritte genau an, und beurteilen Sie, ob das Problem auch wirklich gut dargestellt wird. Achten Sie darauf, dass Sie erklärende Kommentare hinzufügen. Speichern Sie danach die Aufzeichnung ab, oder versenden Sie sie direkt als E-Mail.

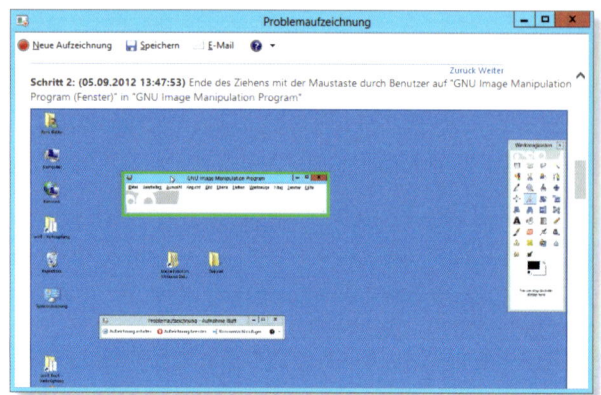

▲ *Abbildung 11.63 Interessant ist die Aufzeichnung in Verbindung mit einer Remotesitzung.*

Das Snipping Tool

Screenshots lassen sich mit vielen Bildbearbeitungsprogrammen erstellen. Mit einem Windows-8-Werkzeug geht das auch. Mit dem **Snipping Tool** markieren Sie einen Bereich, um von diesem einen Screenshot zu erstellen. Sie können dafür auch ein rechteckiges Auswahlwerkzeug nutzen oder einen Screenshot des gesamten Bildschirms erstellen.

Nach dem Festhalten des Bildschirms oder eines Teils davon können Sie dieses Bild per E-Mail versenden oder als Datei speichern. Das Werkzeug beherrscht die Dateiformate PNG, GIF und JPEG. Sogar das Speichern im HTML-Format ist möglich, wobei Sie hier keine fertige Website als Ergebnis erwarten sollten.

Interessant ist, dass Sie mit einem Stift, einem Textmarkerwerkzeug und einem Radierer auch das Bild bearbeiten können, bevor Sie es speichern.

▲ *Abbildung 11.64 Das Windows-8-eigene Screenshotprogramm*

11.4 Die Apps aus der Gruppe »Windows-Zubehör«

Und so erstellen Sie zum Beispiel einen Screenshot des Windows-8-Desktops:

1. Starten Sie das **Snipping Tool**.
2. Wählen Sie **Neu > Vollbild ausschneiden**.
3. Den Screenshot finden Sie nun im Arbeitsfenster des Werkzeugs. Klicken Sie auf die **Speichern**-Schaltfläche. Wählen Sie ein Verzeichnis. Geben Sie einen Dateinamen ein, und bestätigen Sie.

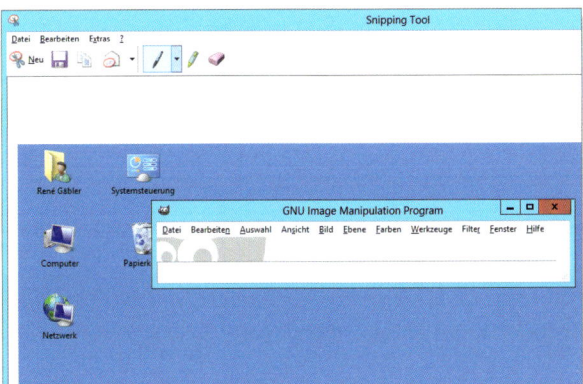

▲ **Abbildung 11.65** Mit dem Snipping Tool halten Sie z. B. den Windows-Desktop bildlich fest.

Hinter zwei Schaltflächen finden Sie einen nach unten zeigenden Pfeil. Hier können Sie über ein kleines Listenmenü zusätzliche Features wählen. Bei der Schaltfläche mit dem Stift stellen ein, welche Farbe Ihr Zeichenstift haben soll. Auch eine benutzerdefinierte Angabe ist möglich.

In der Praxis finde ich die Möglichkeit, einen Screenshot mit der Taste [Druck] oder mit [Alt]+[Druck] (aktuelles Fenster) zu erstellen, besser. Dieses Bild landet zwar zunächst in der Windows-Zwischenablage, kann aber von hier aus ohne weiteres geladen und gespeichert werden.

Windows-Fax und -Scan

Mit diesem Werkzeug können Sie Faxe senden und empfangen. Notwendig ist dazu kein Faxgerät. Diese Aufgabe übernimmt der Rechner.

Erstellen Sie mit **Extras > Faxkonten und Hinzufügen** ein neues Faxkonto. Sie können dazu eine Verbindung mit einem Faxmodem oder einem Faxserver im Netzwerk wählen. Ist die Verbindung eingerichtet, können Sie über das Programm Faxe versenden, verwalten und empfangen.

Das Programm ermöglicht es auch, auf die Twain-Schnittstelle zuzugreifen und Bilder oder andere Vorlagen zu scannen. Diese können Sie dann als Faxe versenden.

▲ **Abbildung 11.66** Das Programm »Fax und Scan«.

Das Windows-Journal

Mit dem Windows-Journal können Sie auf Ihrem Tablet-PC handgeschriebene Notizen festhalten. Beim ersten Start werden Sie gefragt, ob Sie den Druckertreiber für das Windows-Journal installieren möchten. Bestätigen Sie dies.

Im Windows-Journal sehen Sie die Eingabezeile für den Titel Ihrer Notiz. Ganz rechts wurde bereits das aktuelle Datum hinzugefügt.

Geben Sie eine Überschrift ein. Tragen Sie dann Ihre Notiz ein, und halten Sie sie mit **Speichern** fest.

Über die Symbolleiste können Sie eine Stiftbreite wählen und auch einen Textmarker für farbige Markierungen und grobe Zeichnungen. Verwenden können Sie ebenfalls verschieden große Radiergummis und ein Auswahltool. Mit farbigen Fähnchen können Sie bestimmte Notizen markieren.

Über **Einfügen** definieren Sie Abstände, fügen Textbereiche ein und integrieren auf Wunsch auch Bilddateien in Ihre Notizen.

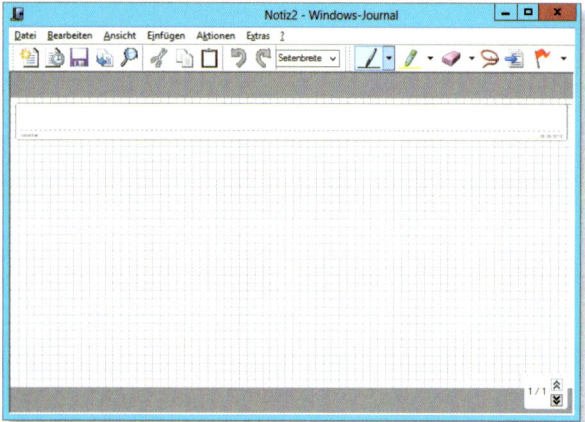

▲ **Abbildung 11.67** Mit dem Windows-Journal können Sie handschriftliche Notizen eingeben.

WordPad

Wenn Ihnen die Möglichkeiten des Editors nicht genügen, Sie aber nicht gleich eine Textverarbeitung installieren möchten, sollten Sie sich einmal das Programm WordPad anschauen.

WordPad sieht bereits wie eine kleine Textverarbeitung aus. Sie finden eine kleine Multifunktionsleiste vor und können ganz einfach eine Schrift wählen, deren Größe einstellen und verschiedene Schriftattribute auswählen. Über kleine Symbolschaltflächen rücken Sie Abschnitte ein und richten sie aus. Sie können eine Liste erstellen und dabei auch Nummerierungen wählen. Auf Wunsch fügen Sie eine Bilddatei, eine Zeichnung aus Paint oder ein Objekt in das Dokument ein. Objekte sind Dokumente, die mit anderen Programmen erstellt worden sind, also zum Beispiel ein Flash-Dokument oder eine PDF-Datei. Welche Objekte zur Verfügung stehen, hängt von den installierten Pro-

grammen ab. Über eine weitere Schaltfläche können Sie an der aktuellen Cursorposition das Datum und die Uhrzeit einfügen lassen.

Eine Rechtschreibprüfung gibt es nicht. Aber Sie können Textinhalte suchen und ersetzen. Die Arbeit mit der Windows-Zwischenablage ist möglich. WordPad kann ein Dokument verkleinert und vergrößert darstellen. Neben einer Statusleiste können Sie ein Lineal einblenden.

Beim Einrichten der Seite lassen sich verschiedene Papier-Standardformate abrufen, oder aber legen Sie ein benutzerdefiniertes Format fest. Den Einzug der Absätze und den Zeilenabstand können Sie ebenso bestimmen.

Sehr gut gefallen mir die große Auswahl an Schriftarten und die Möglichkeit, über einen Regler in der rechten unteren Ecke des Dokumentenfensters den angezeigten Inhalt zu vergrößern oder zu verkleinern.

WordPad kann mit Dokumenten in den Formaten **RTF**, **Text**, **OpenDocument** und **Office Open XML-Dokument** umgehen. Sie können auch Dokumente im Microsoft Office-Textformat **DOCX** öffnen. Möchten Sie die erstellten Dokumente später mit einem anderen Programm weiterbearbeiten, speichern Sie sie am besten im Format **RTF** oder **Text** ab.

Der XPS-Viewer

XPS steht für ein Dateiformat, das für Druckdokumente verwendet wird. Es ist unabhängig von einem Gerät. Ein XPS-Dokument sieht auf jedem PC gleich aus. XPS ist eine Alternative zum Format PDF.

Um vorhandene XPS-Dateien anzuschauen, liegt dem Windows-Betriebssystem ein Betrachter bei. Damit öffnen Sie eine XPS-Datei und können Sie in aller Ruhe anschauen.

Eine XPS-Datei können Sie mit dem Viewer auch bearbeiten. Sie können notwendige Berechtigungen setzen und mit Signaturen arbeiten.

11.4 Die Apps aus der Gruppe »Windows-Zubehör«

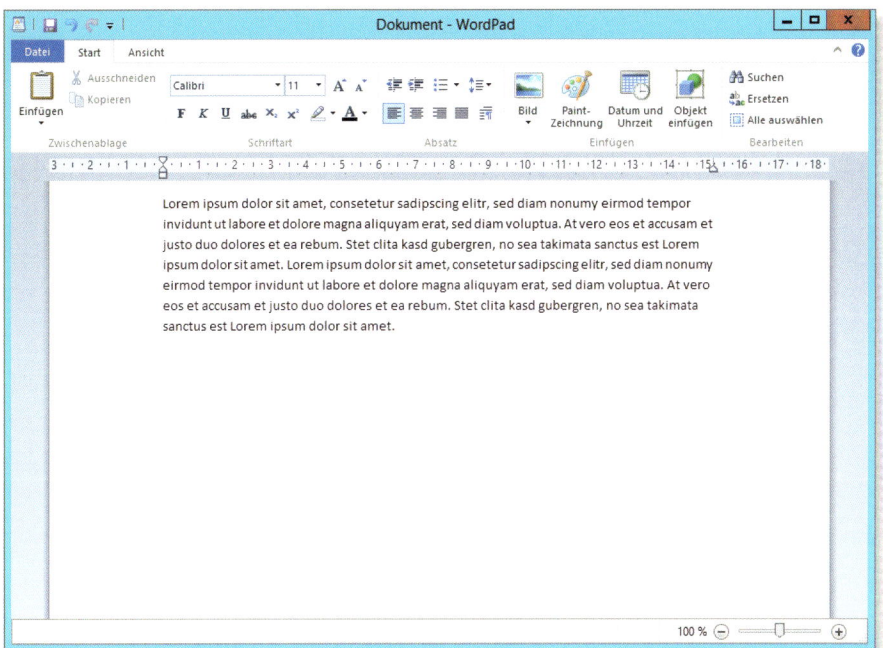

◄ **Abbildung 11.68** WordPad bietet mehr Funktionen als der Editor.

Die Zeichentabelle

Die Zeichentabelle ist ein wichtiges Hilfsmittel, wenn Sie mit einer Office-Anwendung ein Textdokument erstellen und ein Zeichen verwenden möchten, das nicht über das Keyboard eingegeben werden kann. Sie finden hier Modifikationszeichen, hebräische Zeichen, arabische Buchstaben, lateinische Buchstaben, mathematische Sonderzeichen und andere Zeichen.

Ein Sonderzeichen einfügen

Das Einfügen von Sonderzeichen ist sehr einfach:

1 Wählen Sie die Schriftart aus, in der Sie das Sonderzeichen verwenden möchten. Im Zweifel lassen Sie die bereits vorhandene Auswahl stehen.

2 Scrollen Sie durch die Liste, bis Sie das gesuchte Zeichen gefunden haben. Wenn Sie es markieren, wird es in einer Vergrößerung dargestellt.

3 Mit **Auswählen** kopieren Sie es in das Feld **Zeichenauswahl**. Sie können nun weitere Zeichen suchen und in das Feld einfügen.

4 Wählen Sie **Kopieren**. Die ausgewählten Zeichen werden in die Zwischenablage kopiert. In Ihrer Anwendung fügen Sie diese über den Befehl **Einfügen** oder mit [Strg] + [V] ein.

▲ **Abbildung 11.69** Zeichen, die Sie nicht direkt über die Tastatur eingeben können, finden Sie in der Zeichenauswahl.

Kapitel 12
Werkzeuge für die erleichterte Bedienung verwenden

In Windows 8 finden Sie eine Anzahl Werkzeuge, die Anwendern mit Sehschwäche oder einer anderen Einschränkung Hilfe bieten, denn auch sie sollen Windows 8 und seine Anwendungen nutzen können.

Windows 8 bietet viele optische Finessen. Diese sind nicht unbedingt darauf ausgerichtet, mit den Werkzeugen für die erleichterte Bedienung genutzt zu werden. Die Kacheloberfläche des neuen Windows-8-Bildschirmes wird mit einer Bildschirmlupe auch nicht schöner und übersichtlicher. Aber Windows 8 enthält noch den altbekannten klassischen Desktop. Mein Tipp: Legen Sie hier Schnellstartsymbole für den einfachen Zugriff auf die Werkzeuge, die Sie für die Bedienung Ihres Rechners benötigen, an.

Sie haben einige der genannten Werkzeuge bereits in Kapitel 11 kennengelernt. Nun soll es darum gehen, wie Sie die Werkzeuge sinnvoll einsetzen und welche Funktionen Ihnen zur Verfügung stehen.

Die Bildschirmlupe

Die Bildschirmlupe ist ziemlich einfach zu bedienen. Sie wählen aus, um wie viel Prozent die Ansicht vergrößert wird.

In den Optionen des Werkzeuges passen Sie die Vergrößerungsstufe an:

1 Öffnen Sie die Optionen mit dem Zahnradsymbol.

2 Fahren Sie den Schieberegler auf 50 %. Bestätigen Sie mit **OK**.

Nun wird für die Vergrößerung und Verkleinerung immer ein Wert von 50 % verwendet. Probieren Sie aus, ob Ihnen dies genügt. Empfehlenswert ist auch ein Wert von 25 %.

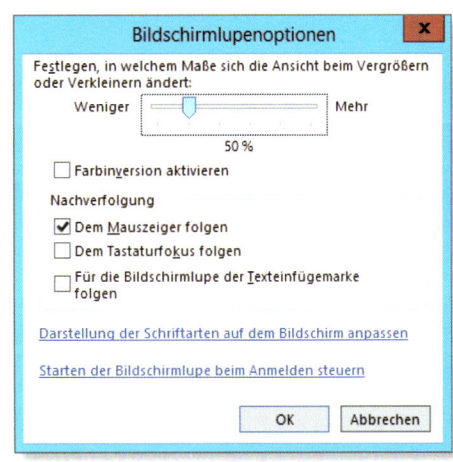

▲ **Abbildung 12.1** *Stellen Sie die Schrittgröße für das Vergrößern auf 50 %.*

In den **Bildschirmlupenoptionen** finden Sie auch die beiden selbsterklärenden Funktionen **Dem Tastaturfokus folgen** und **Für die Bildschirmlupe der Texteinfügemarke folgen**.

Mit dem Menülink **Darstellung der Schriftarten auf dem Bildschirm anpassen** gelangen Sie in die Einstel-

Kapitel 12: Werkzeuge für die erleichterte Bedienung verwenden

lungen zur Schriftenglättung. Darin können Sie die Windows-Funktion ClearType anschalten.

Verwenden Sie die Bildschirmlupe immer, können Sie sie automatisch beim Start des Betriebssystems laden. Sie steht dann sofort zur Verfügung. Dafür gehen Sie wie folgt vor:

1 Rufen Sie die Bildschirmlupe auf. Wechseln Sie in die Optionen des Werkzeuges.

2 Klicken Sie auf **Starten der Bildschirmlupe beim Anmelden steuern**.

3 Sie landen im Dialog **Erkennen von Bildschirmobjekten erleichtern**. Schalten Sie die Option **Bildschirmlupe aktivieren** ❶ an, und klicken Sie auf **OK**.

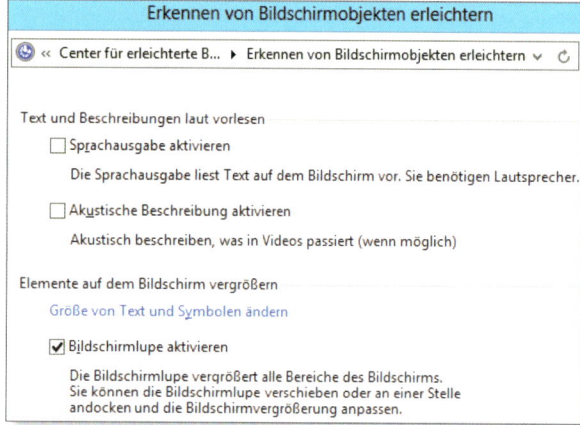

∧ *Abbildung 12.2 Mit dieser Option wird die Bildschirmlupe beim Start automatisch geladen.*

In den Optionen der Bildschirmlupe können Sie außerdem eine Farbinversion einschalten. Dabei werden helle und dunkle Farbinhalte verändert, quasi vertauscht.

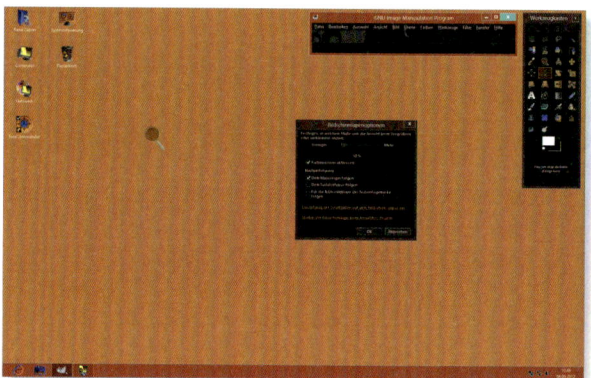

∧ *Abbildung 12.4 Die Farbversion verändert das Aussehen von Windows 8 und aller Programmfenster.*

Die Bildschirmtastatur

In den Optionen der Bildschirmtastatur können Sie auch eine Zehnertastatur anschalten ❷. So wird die Tastatur um Zifferntasten erweitert.

Interessant ist auch die Option **Auf Tasten zeigen** ❸. Mit ihr müssen Sie die Tasten nicht mehr anklicken. Sie nutzen die Tastatur, in dem Sie einfach mit der Maus auf die Tasten zeigen. Stellen Sie im Dialog mit dem Schieberegler ein, wie lang Sie mit der Maus auf eine Taste »zeigen« müssen, bis sie reagiert. Probieren Sie hier aus, welche Einstellung die passende ist.

∧ *Abbildung 12.3 In diesem Beispiel sehen Sie die Bildschirmtastatur mit Zifferfeld.*

Kapitel 12: Werkzeuge für die erleichterte Bedienung verwenden

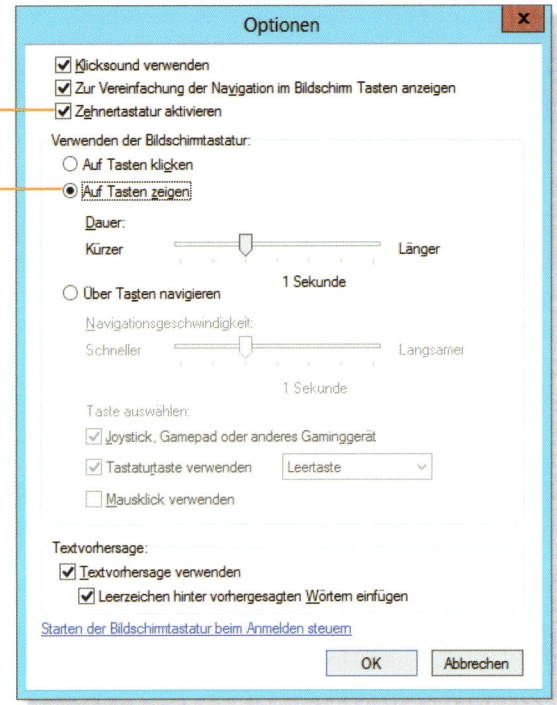

▲ **Abbildung 12.5** *Erweitern Sie die Bildschirmtastatur, und passen Sie die Optionen an.*

Alternativ können Sie auch über die Tasten navigieren und sie so auswählen. Auch hier lässt sich mit einem Schieberegler einstellen, wie lange Sie auf eine Taste »zeigen« müssen, bis sie reagiert.

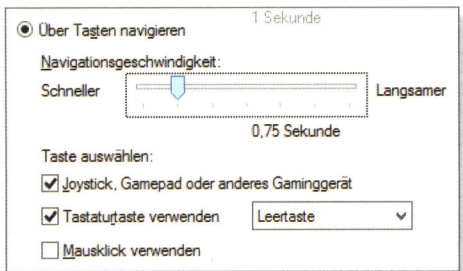

▲ **Abbildung 12.6** *Hier habe ich die Navigationsfunktion angeschaltet und die Geschwindigkeit auf 0,75 Sekunden verringert.*

Natürlich können Sie die Bildschirmtastatur auch mit Windows 8 automatisch laden lassen:

1 Öffnen Sie die Bildschirmtastatur.

2 Klicken Sie auf **Optionen**.

3 Wählen Sie die Funktion **Starten der Bildschirmtastatur beim Anmelden steuern**. Sie finden sie ganz unten im Dialog.

4 Sie landen im Dialog **Computer ohne Maus oder Tastatur verwenden**. Schalten Sie die Option **Bildschirmtastatur verwenden** ❹ an, und bestätigen Sie.

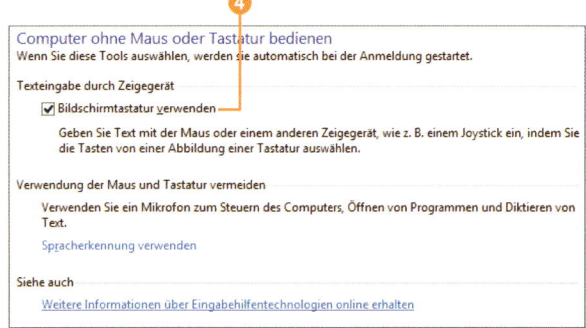

▲ **Abbildung 12.7** *Mit dieser Option wird die Bildschirmtastatur automatisch gestartet.*

In den Optionen der Bildschirmtastatur können Sie auch eine Textvorhersage anschalten. Diese Option ist in der Vorgabeeinstellung bereits aktiviert, genau wie das Einfügen von Leerzeichen hinter Wörtern.

Das Center für eine erleichterte Bedienung

Das **Center für erleichterte Bedienung** ist die »Schaltzentrale« für die Nutzung der Eingabe- und Lesehilfen. Hier lassen sich in verschiedenen untergeordneten Dialogen alle wichtigen Einstellungen festlegen und bestimmte Werkzeuge starten.

1 Öffnen Sie die **Systemsteuerung**.

2 Wählen Sie die Kategorie **Erleichterte Bedienung**.

3 Öffnen Sie im nächsten Fenster das **Center für erleichterte Bedienung**.

Kapitel 12: Werkzeuge für die erleichterte Bedienung verwenden

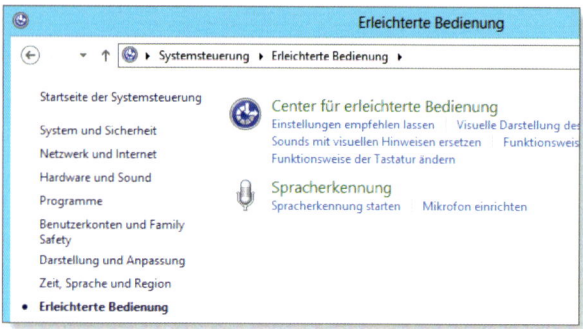

Abbildung 12.8 Das »Center für die erleichterte Bedienung« finden Sie in der Systemsteuerung.

Nach einem Mausklick in den Dialog sehen Sie eine blaue Markierung. Mit der Maus oder einer Pfeiltaste wählen Sie eines der Elemente aus. Mit der Leertaste starten Sie es. Auf diese Weise können Sie die Bildschirmlupe, die Sprachausgabe oder die Bildschirmtastatur starten. Auch das Einrichten eines hohen Kontrastes ist möglich. Mit Letzterem erreichen Sie eine bessere Lesbarkeit der Bildschirminhalte.

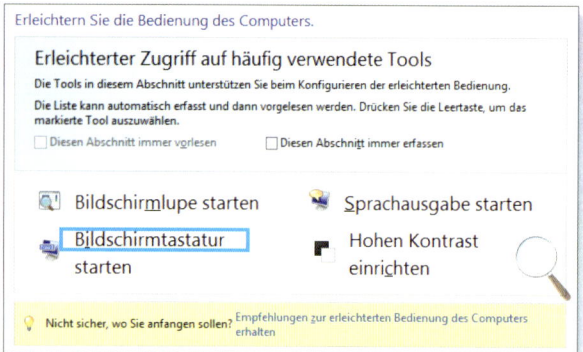

Abbildung 12.9 Der Startbildschirm des Centers. Hier erreichen Sie alle Einstellungen für die Einrichtung der erleichterten Bedienung.

Das Vorlesen des Abschnitts funktioniert nur, wenn Sie die Sprachausgabe für dieses Feature eingerichtet haben. Wie Sie dies tun, erfahren Sie in Kapitel 22, »Die Windows-Spracherkennung«, ab Seite 483.

In den folgenden Abschnitten habe ich die verschiedenen Einstellmenüs beschrieben, die Sie über das Center erreichen.

Den Computer ohne Bildschirm verwenden

In diesem Dialog schalten Sie die Sprachausgabe an. Möglich ist es auch, eine akustische Beschreibung einzuschalten. Sie versucht zu umschreiben, was in einem Video geschieht. Dies ist nicht immer möglich.

Zusätzlich können Sie hier die nicht notwendigen Animationen ausschalten. Windows-Benachrichtigungen werden für fünf Sekunden angezeigt. Diesen Zeitraum können Sie verlängern oder verkürzen. Die Vorgabeeinstellung ist ganz in Ordnung.

Das Erkennen von Bildschirmobjekten erleichtern

Objekte auf dem Bildschirm können Sie durch verschiedene Funktionen besser erkennen. Drücken Sie die Tastenkombination [Alt] + [⇧] + [Druck], werden ein Warnhinweis und ein Soundfile ausgegeben. Bestätigen Sie den Hinweis, wird der hohe Kontrast aktiviert. Mit der gleichen Tastenkombination schalten Sie den hohen Kontrast wieder aus.

Diese Funktion ist in der Vorgabeeinstellung bereits angeschaltet. Alle anderen Optionen im **Center für erleichterte Bedienung**, die das Erkennen von Bildschirmobjekten betreffen, müssen Sie bei Bedarf aktivieren.

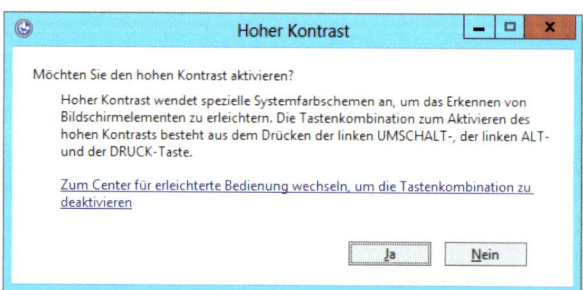

Abbildung 12.10 Bevor der Kontrast umgeschaltet wird, müssen Sie eine Hinweismeldung bestätigen.

Im Dialogfenster können Sie ebenfalls die Sprachausgabe einschalten. So werden die Textinhalte in den Programmfenstern vorgelesen. Die akustische Beschreibung der Videoinhalte können Sie hier auch aktivieren. Das funktioniert aber nur selten.

Auch hier können Sie die Bildschirmlupe anschalten. Um Bildschirmobjekte besser erkennen zu können, deaktivieren Sie vorhandene Hintergrundbilder und Animationen. Mit einer Option wird die Breite des Fokusrechtecks vergrößert. Vergrößern lässt sich schrittweise auch die Breite des blinkenden Cursors. Um diese Breite besser einschätzen zu können, sehen Sie bereits in einer Vorschau, wie sich die Einstellung auswirken wird.

Den Computer ohne Maus und Tastatur bedienen

In dem Dialog **Computer ohne Maus und Tastatur bedienen** können Sie die Bildschirmtastatur anschalten. Über einen Menülink gelangen Sie in die Einrichtung der Windows-Spracherkennung. Weitere Einstellungen oder Optionen sind hier nicht vorhanden.

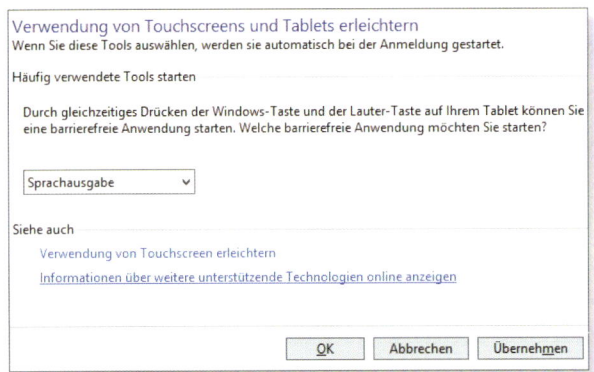

▲ **Abbildung 12.11** »Computer ohne Maus« heißt, Sie nutzen die Bildschirmtastatur.

Die Verwendung der Maus erleichtern

In dem Dialog **Verwenden der Maus erleichtern** können Sie eine Option anschalten, mit der Sie die Zehnertastatur Ihres Keyboards zum Bewegen des Mauszeigers verwenden. Daneben ist es möglich, Fenster durch ein Zeigen mit der Maus bereits zu aktivieren.

Sie müssen also nur mit der Maus auf ein Programmfenster fahren, und schon wird es aktiv. Mit einer weiteren Option sorgen Sie dafür, dass Windows 8 Fenster automatisch sortiert und auf dem Bildschirm anordnet, wenn Sie sie an den Rand des Bildschirms schieben. Die Aero-Funktion hierfür schalten Sie mit dieser Option aus.

Über ein Auswahlfenster können Sie die Farbe des Mauscursors und dessen Größe ändern. Die normale Einstellung ist ein weißer Mauszeiger mit einem schwarzen Rand. Neben einem komplett schwarzen Mauscursor und einer invertierten Version sind auch jeweils zwei größeren Versionen möglich.

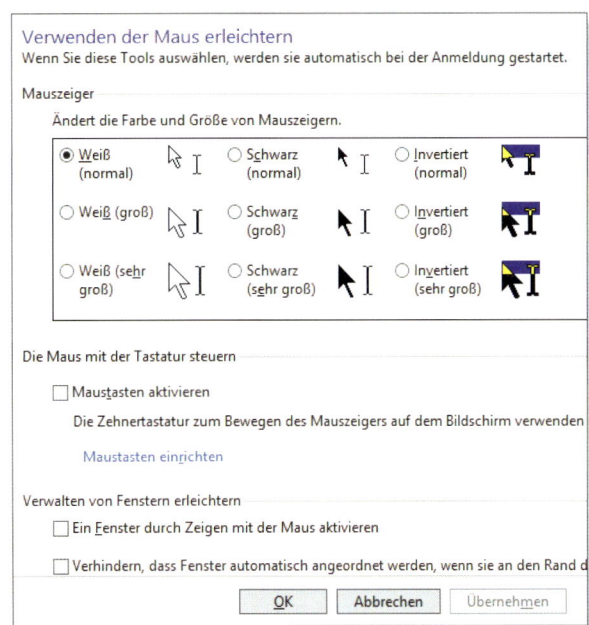

▲ **Abbildung 12.12** Ein schwarzer oder auch ein invertierter Mauszeiger kann die Erkennbarkeit verbessern.

Die Verwendung der Tastatur erleichtern

Auch im Dialog **Bedienung der Tastatur erleichtern** können Sie die Zehnertastatur für die Bewegung des Mauscursors auf dem Bildschirm anschalten. Die Einrastfunktion sorgt dafür, dass Sie bei einer Tastenkombination wie [Strg]+[Alt]+[Entf] diese drei Tasten nicht zugleich drücken müssen. Windows 8 »merkt« sich die gedrückten Tasten. Sie werden nacheinander gedrückt. Damit dies nicht bei jeder Taste geschieht, wechseln Sie zu **Einrastfunktion einrichten**. Hier sorgen Sie dafür, dass die Einrastfunktion erst angeschaltet wird, nachdem Sie fünfmal die Taste ⇧ gedrückt haben. Es wird ein Hinweisdialog eingeblendet, den Sie bestätigen müssen. Zusätzlich wird ein Audiosignal abgespielt.

Drücken Sie eine Zusatztaste, wird dies in der Taskleiste mit einem Symbol angezeigt. Zusätzlich wird auch hier ein Signal ausgegeben.

Mit dem Drücken von zwei Tasten gleichzeitig schalten Sie die Einrastfunktion aus.

INFO

Was sind Zusatztasten?
Zusatztasten sind die Tasten ⇧ , Strg , Alt und die ⊞-Taste. Diese werden mit der Einrastfunktion genutzt. Sie müssen sie dann nicht zusammen mit einer anderen oder zwei anderen Tasten drücken. Die Tastenkombination geben Sie ein, indem Sie die Tasten nacheinander drücken.

Mit einer weiteren Option können Sie die Umschalttaste anschalten. Diese Einstellung bleibt für fünf Sekunden erhalten. Auch hiermit können Sie Tastenkombinationen eingeben, indem Sie die einzelnen Tasten nacheinander drücken.

INFO

Wo finde ich die Umschalttasten?
Die Umschalttasten sind die Tasten ↓ , NUM und Rollen . Diese Tasten können Sie per Druck aktivieren und genauso wieder deaktivieren. Sie »schalten« also in einen anderen Modus. Bei den meisten Tastaturen wird das durch eine kleine Lampe angezeigt.

Damit bei versehentlichem Anschlagen einer Taste keine Eingabefehler entstehen, kann mit einer Option das kurze Hintereinander-Drücken einer Taste ignoriert werden. Möchten Sie dies tun, schalten Sie erst die Anschlagverzögerung ein und wählen dann deren Einrichtung über den Menülink unter der Option.

Auch hier werden wieder ein Hinweisdialog und ein Audiofile ausgegeben, wenn Sie die Funktion aktivieren. Nachdem Sie den Dialog bestätigt haben, wird sie verwendet. Natürlich können Sie die Ausgabe dieses Hinweisdialogs auch ausschalten.

Über ein Listenfeld wählen Sie, wie lange Windows warten soll, bis es Tasteneingaben als solche interpretiert. Die Vorgabeeinstellung liegt bei einer halben Minute. Sie können den Wert bis auf 2 Sekunden verkürzen.

Sounds verwenden

Bei der Ausgabe von Audioinhalten kann Windows die aktive Titelleiste, das aktive Fenster oder den kompletten Desktop zum Blinken bringen. Auf diese Weise wird mitgeteilt, dass gerade ein Soundelement ausgegeben wird. In diesem Dialog können Sie auch einstellen, dass eine Sprachausgabe ausgegeben wird.

Das Ausführen von Aufgaben erleichtern

Im Dialog **Ausführen von Aufgaben erleichtern** können Sie die Sprachausgabe von Windows anschalten und Hintergrundbilder deaktivieren. Außerdem lässt sich hier die Einrastfunktion für Tastenkombinationen einschalten, ebenso wie die Umschalttasten und die Anschlagverzögerung. Diese Funktionen kennen Sie bereits aus den zuvor beschriebenen Dialogen.

Die Sprachausgabe und die Windows-Spracherkennung haben Sie bereits in Kapitel 22, »Die Windows-Spracherkennung«, ab Seite 483, kennengelernt.

Kapitel 12: Werkzeuge für die erleichterte Bedienung verwenden

◄ **Abbildung 12.13** In diesem Beispiel habe ich die Sprachausgabe ❶ ausgewählt

Die Verwendung von Touchscreens und Tablets erleichtern

Auf einem Tablet können Sie mit Drücken der - und der ⏵-Taste eine Funktion aktivieren. In der Vorgabeeinstellung ist dies die Bildschirmlupe. Über ein Listenfeld können Sie auch die **Bildschirmtastatur** oder die **Sprachausgabe** wählen. Möglich ist es auch, mit **Keine** die Funktion zu deaktivieren.

275

Kapitel 13
Drucken mit Windows 8

Eine der wichtigsten und am häufigsten genutzten Funktionen eines Betriebssystems ist das Drucken. Lesen Sie deshalb in diesem Kapitel, wie Sie Ihren Drucker einrichten und nutzen.

Wenn Sie mit Office-Dateien arbeiten, werden Sie diese irgendwann einmal auf Ihrem Drucker ausgeben wollen. Fotos auf qualitativ hochwertigem Papier eignen sich viel besser zum Aufheben und Herumzeigen. Einige Bücher sind nur als E-Books zu erhalten. Warum sie nicht auf Papier ausdrucken? Einige Dokumentationen, FAQs und Anleitungen stehen im Internet bereit und können von jedem auf seinen Rechner geladen und eingesehen werden. Wenn Sie diese Dateien ausdrucken, können Sie sie viel besser lesen.

Es gibt noch eine ganze Reihe weiterer Beispiele, bei denen ein Ausdruck sinnvoll ist. Nicht zu vergessen sind auch Briefe, Einladungen, Paketaufkleber und einiges mehr. Und das gilt natürlich auch für die Kapitel dieses Buches, die ich vor der Abgabe korrigieren muss: Auch sie drucke ich zunächst aus.

Drucken ist also eine selbstverständliche Tätigkeit. Sie werden sie sicher irgendwann einmal ausüben. Vielleicht werden Sie keine CMS-Website einrichten und keine Flash-Animation erstellen, aber drucken werden Sie bestimmt einmal.

Sie lesen in diesem Kapitel, wie Sie einen Drucker unter Windows 8 einrichten. Dabei zeige ich Ihnen, wie Windows 8 Sie mit einem Assistenten bei dieser Aufgabe unterstützt. Sie erfahren auch, wie Sie einen Druckertreiber manuell installieren. Manchmal ist es nämlich notwendig, einen Treiber aus dem Internet zu laden und auf dem Rechner zu installieren. Falls bei Ihnen einmal das Ergebnis, das der Drucker auf Papier ausgibt, nicht überzeugend ist, nutzen Sie die Wartungsfunktion. Mit ihr überprüfen Sie den Ausdruck und reinigen bei Bedarf die Druckköpfe.

Im zweiten Teil dieses Kapitels zeige ich Ihnen, wie Sie Dokumente ausdrucken. Sie erfahren, wie Sie die Eigenschaften des Dokuments anpassen und die Reihenfolge verschiedener Ausdrucke beeinflussen. Ich stelle Ihnen die Druckerwarteschlange vor und verrate Ihnen auch, wie Sie Dokumente direkt aus dem Windows-Explorer heraus drucken.

Am Ende dieses Kapitels erkläre ich Ihnen, wie Sie einen Netzwerkdrucker einrichten und was Sie dabei beachten müssen.

13.1 Drucker einrichten

Das Einrichten und die Verwaltung des Druckers unter Windows 8 sind sehr einfach. Mit einem Probedruck probieren Sie aus, ob die gewählten Einstellungen die richtigen sind.

Kapitel 13: Drucken mit Windows 8

So richten Sie Ihren Drucker unter Windows 8 ein

Aktuelle Drucker werden mit einem USB-Kabel mit dem Rechner verbunden. Oft erkennt Windows 8 das Gerät und bindet es automatisch ein. Die automatische Hardwareerkennung sorgt dafür.

Beachten Sie bitte, dass Sie mit dem Treiber, der dem Drucker beiliegt, in der Regel mehr Funktionen und Möglichkeiten haben. Der Windows-eigene Druckertreiber bietet nicht alle Möglichkeiten.

Bei einem älteren Drucker kann Windows eventuell keinen eigenen Treiber zur Verfügung stellen. Gehen Sie dann auf die Website des Herstellers, und schauen Sie, ob es hier einen geeigneten Druckertreiber gibt.

Jeder Hardwarehersteller bietet auch einen Downloadbereich im Internet an. Werden Sie hier nicht fündig, probieren Sie einen ähnlichen Treiber aus. Die Geräte sind im Allgemeinen abwärtskompatibel.

Den Drucker schnell einrichten

In der **Systemsteuerung** finden Sie unter **Hardware und Sound** auch Ihren Drucker. Die oberste Kategorie zeigt Ihre Drucker, Faxgeräte und andere Geräte.

Windows 8 erkennt möglicherweise Ihren Drucker automatisch. Schalten Sie das Gerät an, und verbinden Sie es mit Ihrem Rechner. Das Betriebssystem erkennt die neu hinzugekommene Hardware und sucht den passenden Treiber. Dieser wird eingerichtet. Kurz darauf erscheint der Drucker in der **Systemsteuerung**.

Beachten Sie: Der herstellereigene Treiber bietet oft mehr Möglichkeiten als der von Microsoft vorgegebene.

▲ *Abbildung 13.2* *Drucker, Monitor, Maus und Wechselfestplatten finden Sie in diesem Dialog.*

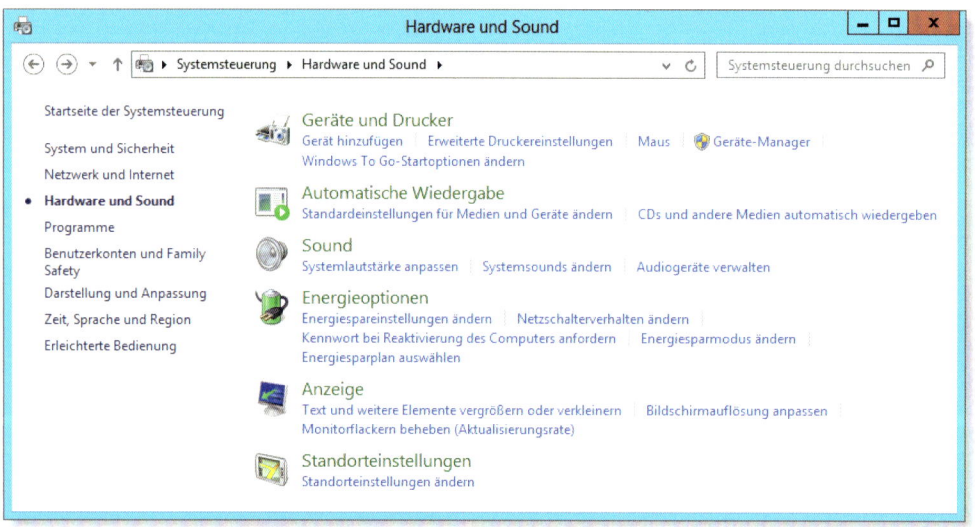

▲ *Abbildung 13.1* *Die oberste Kategorie führt Sie in den Dialog, in dem Sie den Drucker einrichten und verwalten.*

1. Klicken Sie auf **Drucker hinzufügen**, um einen solchen einzurichten. Windows 8 sucht nach verfügbaren Druckern. Ist einer gefunden, markieren Sie ihn. Wählen Sie **Weiter**.

2. Wurde der Drucker nicht gefunden, wählen Sie **Der gesuchte Drucker ist nicht aufgeführt**. Im nächsten Dialog entscheiden Sie sich für **Lokalen Drucker oder Netzwerkdrucker mit manuellen Einstellungen hinzufügen**.

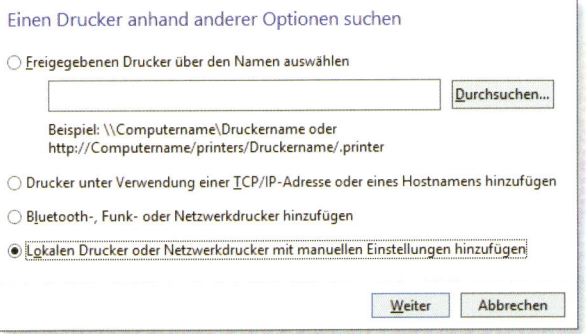

▲ *Abbildung 13.3* Ein lokaler oder ein Netzwerkdrucker wird hinzugefügt.

3. Öffnen Sie das Listenfeld, und wählen Sie den Druckerport. Meist ist **USB** die richtige Wahl.

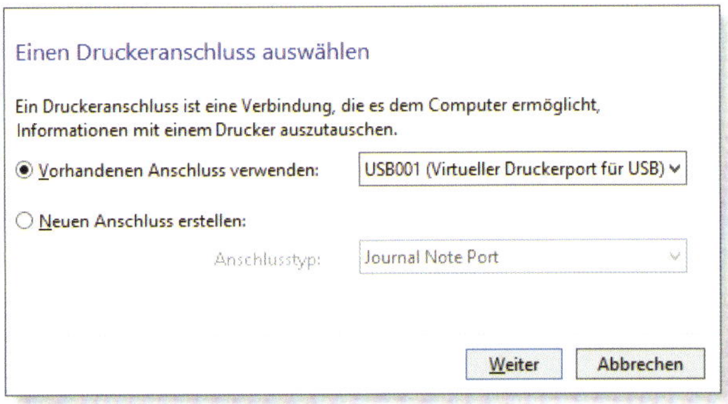

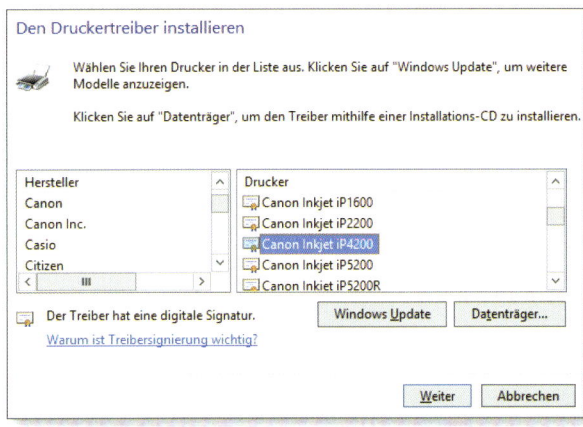

▲ *Abbildung 13.4* In diesem Fenster wählen Sie den Druckeranschluss.

4. Im nächsten Dialog wählen Sie den Hersteller auf der linken Seite. Ist das geschehen, wählen Sie rechts den passenden Druckertreiber aus. Liegt dem Drucker eine CD mit Treibern bei, klicken Sie auf **Datenträger** und legen die CD ein. Folgen Sie den Anweisungen des Dialogs. Bestätigen Sie die Auswahl mit einem Mausklick auf die Schaltfläche **Weiter**.

▲ *Abbildung 13.5* Ich wähle in meinem Beispiel »Canon« und den Treiber der 4200-Serie aus.

5. Das ausgewählte Modell wird als Bezeichnung für den neuen Drucker übernommen. Wenn Sie möchten, geben Sie eine eigene Bezeichnung ein. Das ist vor allem dann sinnvoll, wenn Sie mit mehreren Druckern arbeiten, die Sie sonst schwer wiedererkennen würden. In meinem Beispiel übernehme ich die Vorgabeeinstellung. Klicken Sie auf **Weiter**. Bestätigen Sie die Meldung der Benutzerkontensteuerung.

6. Der Druckertreiber wird installiert.

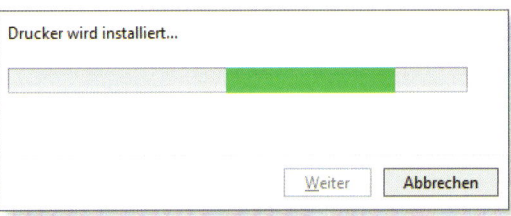

▲ *Abbildung 13.6* Der ausgewählte Druckertreiber wird installiert.

7. Bevor Sie den Assistenten mit **Fertig stellen** verlassen, können Sie eine Testseite drucken. So überprüfen Sie, ob der Druckertreiber korrekt installiert ist und ob die Kommunikation zwischen PC und Drucker funktioniert. Außerdem stellen Sie mit einer

Testseite fest, ob die Düsen einwandfrei arbeiten. Falls ein unklares Druckbild entsteht, einzelne Elemente verwaschen dargestellt werden oder Farben fehlen, müssen Sie die Düsen über den Einstellungsdialog des Druckers reinigen.

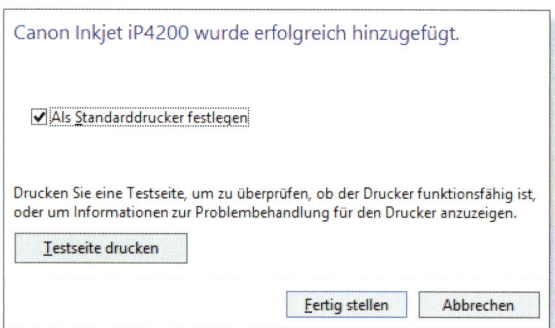

˄ *Abbildung 13.7 Zum Abschluss wird ein Testausdruck erstellt.*

In der **Systemsteuerung** finden Sie nun den neu eingerichteten Drucker (siehe Abbildung 13.8). Über das Kontextmenü können Sie, wenn Sie mehrere Drucker eingerichtet haben, einen als Standard auswählen. Er wird dann verwendet, wenn Sie einen Druckauftrag direkt an den Drucker senden. Sie kennen das aus einer Office-Anwendung als **Schnelldruck** oder **Sofort drucken**.

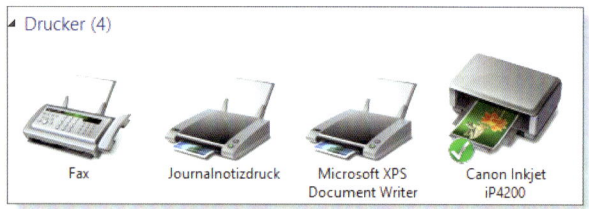

˄ *Abbildung 13.8 Der neu eingerichtete Drucker erscheint mit einem ansehnlichen Icon in der Systemsteuerung.*

Über das Kontextmenü können Sie einen Blick in die Druckerwarteschlange werfen, die **Druckeinstellungen** und die **Druckereigenschaften** einsehen. Hier entfernen Sie bei Bedarf einen Drucker auch.

˄ *Abbildung 13.9 Alle Funktionen für die Verwaltung des Druckers finden Sie im Kontextmenü.*

Wichtige Funktionen für die Verwaltung des Druckers werden auch in der Kopfzeile der **Systemsteuerung** im Dialog **Geräte und Drucker** angezeigt.

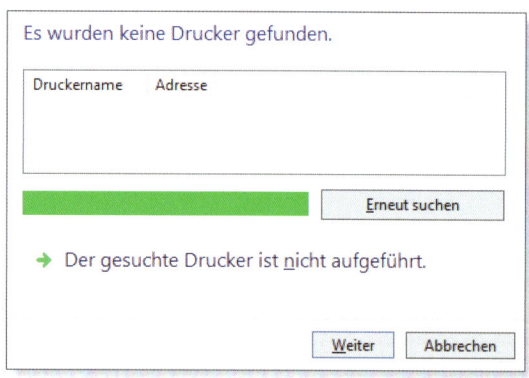

˄ *Abbildung 13.10 Auch das kann passieren: Windows 8 findet den angeschlossenen Drucker nicht.*

Den Druckertreiber manuell installieren

In einigen Fällen bietet Windows nicht den passenden Druckertreiber. Vielleicht möchten Sie ja auch den hauseigenen Treiber verwenden, haben aber die CD nicht mehr zur Hand, die zu Ihrem Drucker mitgeliefert wurde. In so einem Fall schauen Sie sich auf der Website des Herstellers um. Hier finden Sie im Download- oder Supportbereich Treiber für die Geräte des Herstellers.

Leider wird die Hardware nicht ewig unterstützt. Irgendwann gibt es keinen Treiber mehr für ein neues Betriebssystem. Ist dies der Fall, müssen Sie zu einem abwärtskompatiblen Treiber aus der Reihe greifen. Falls dies nicht gelingt und Sie keinen alternativen Treiber finden, sollten Sie über den Kauf eines neuen Geräts nachdenken.

Ich kann Ihnen an dieser Stelle leider keine allgemeingültige Anleitung für die Verwendung eines Treibers geben, den Sie aus dem Internet laden. Je nach Hersteller gibt es hier Unterschiede. In meinem Fall verwende ich ein Gerät aus dem Hause Canon.

Anhand dieses kleinen Beispiels möchte ich Ihnen die Einrichtung erklären.

Nach einem Blick auf die deutschsprachige Website des Herstellers, die ich unter der Webadresse *http://www.canon.de* finde, wähle ich hier **Support**.

Links oben gibt es ein Menü. Mit **Treiber & Software** gelange ich in das **Canon Download Centre**. Über Listenfelder wähle ich Land, Produktreihe und Modell. Neben einer Reihe von Zusatzprogrammen in allen möglichen Sprachen finde ich hier den passenden Treiber.

Einen alten Druckertreiber verwenden

Nicht in jedem Fall steht ein aktueller Treiber für den verwendeten Drucker zur Verfügung. Ist dies so, können Sie zu einem älteren Treiber greifen und diesen im Kompatibilitätsmodus installieren.

1 Laden Sie sich zuerst von der Website des Herstellers einen Treiber für Ihren Drucker herunter. Achten Sie darauf, dass er für ein Windows-Betriebssystem ist. Legen Sie den Treiber in einem neuen Ordner auf der Festplatte Ihres Rechners ab.

2 Wechseln Sie nun in den Ordner, in dem sich der Treiber befindet. Öffnen Sie diesen. Markieren Sie die Datei, und öffnen Sie das Kontextmenü. Wählen Sie **Eigenschaften**.

3 Begeben Sie sich in das Register **Kompatibilität**. Schalten Sie die Option **Programm im Kompatibilitätsmodus ausführen für** an. Wählen Sie aus dem Listenfeld darunter die Windows-Edition, für die der Treiber ist. In meinem Beispiel ist dies **Windows 7**. Schalten Sie ebenfalls im Register die Option **Programm als Administrator ausführen** an. Bestätigen Sie mit **OK**.

4 Installieren Sie nun den Treiber wie gewohnt.

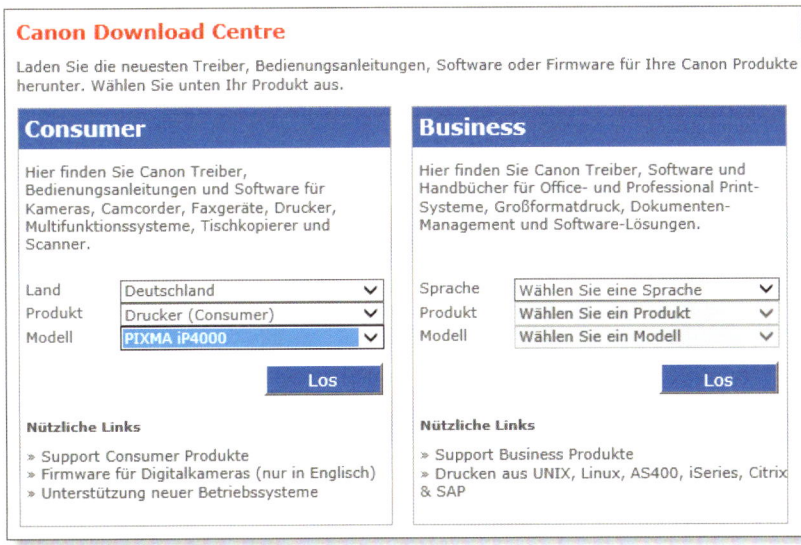

◀ *Abbildung 13.11 Die Treiberauswahl beim Hersteller Canon*

Danach sollte Ihr Drucker funktionieren. Es ist schon eine praktische Sache, dass so etwas möglich ist. Sonst wäre man gezwungen, mit dem neuen System einen neuen Drucker zu kaufen.

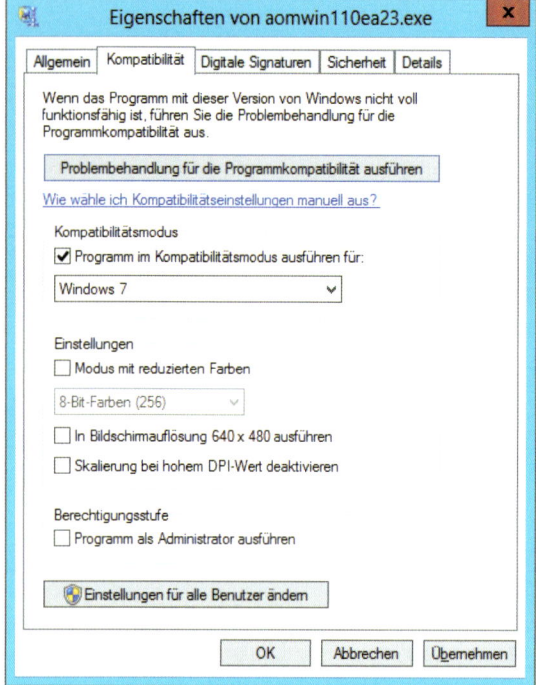

▲ *Abbildung 13.12* *Durch den Kompatibilitätsmodus können Sie einen alten Druckertreiber verwenden.*

Was tun, wenn das Druckbild Fehler aufweist?

Es kann vorkommen, dass ein Ausdruck verwaschen ist. Die Schrift wird mit Streifen oder Schlieren dargestellt. Es fehlen Farben. Oder die Farben sind nicht richtig gemischt. Was ist hier zu tun?

Prüfen Sie zuerst den Füllstand der Tintenpatronen. Der Drucker meldet in der Regel, wenn eine Patrone leer ist. Aber auch dieses Verfahren kann einmal versagen.

Ist noch genug Farbe in den Patronen, liegt das Problem woanders. Um es zu lösen, gehen Sie wie folgt vor:

1 Öffnen Sie die **Systemsteuerung**. Gehen Sie nach **Hardware und Sound > Geräte und Drucker**.

2 Markieren Sie Ihren Drucker. Öffnen Sie das Kontextmenü, und wählen Sie **Druckereigenschaften**.

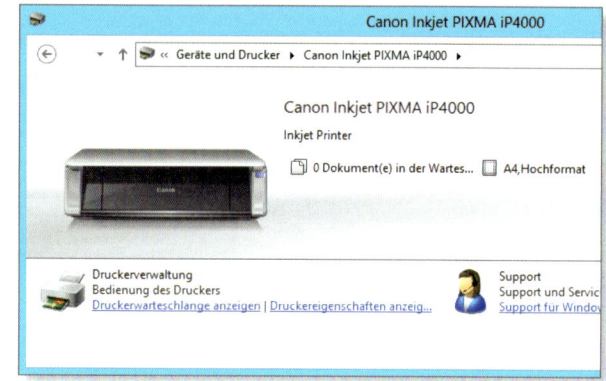

▲ *Abbildung 13.13* *Doppelklicken Sie auf den Drucker, sehen Sie Ihr verwendetes Gerät vor sich.*

3 Sie sehen nun ein Dialogfenster vor sich. Je nach Hersteller, Modell und verwendeten Treibern sieht der Dialog ein wenig anders aus. Wechseln Sie in das Register **Wartung**.

4 Wählen Sie im Dialog die **Reinigung**. So werden die Düsen geputzt. Bestätigen Sie die Meldung, und warten Sie ab, bis der Vorgang beendet ist.

Ich möchte hier noch einmal darauf hinweisen, dass dieser Dialog bei Ihrem Drucker vermutlich ein wenig anders aussieht. Die angebotenen Funktionen für Tintenstrahldrucker ähneln sich aber meist sehr.

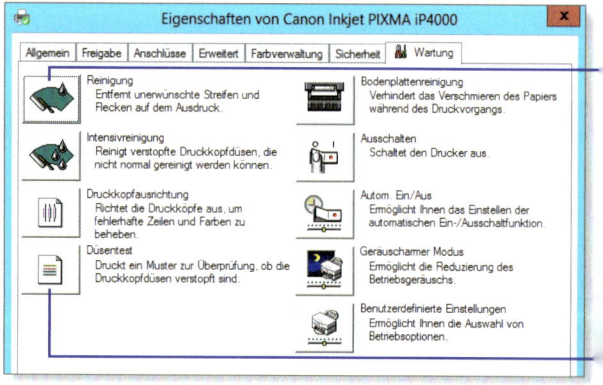

▲ *Abbildung 13.14* *Hier kann die Reinigung* ❶ *und der Düsentest* ❷ *durchgeführt werden.*

5 Die Funktion fragt, ob Sie die Druckfarben, die Farbe Schwarz oder alle Farben prüfen wollen. Bestätigen Sie die Vorgabe **Alle Farben**.

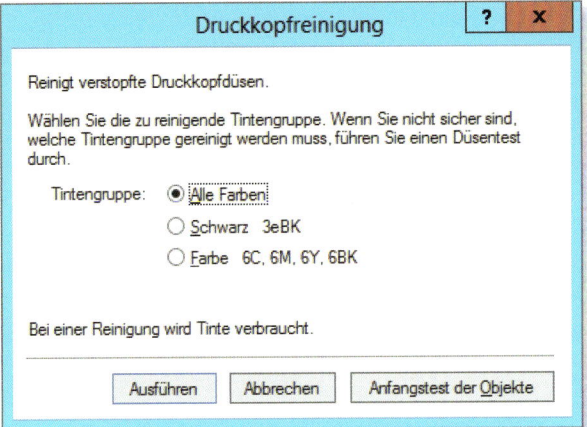

▲ *Abbildung 13.15* Ich überprüfe in diesem Beispiel die Düsen aller Farbpatronen.

6 Führen Sie nun einen **Düsentest** durch. Der Drucker druckt ein Muster auf Papier. Anhand dieses Musters können Sie überprüfen, ob der Druckkopf sauber ist und alle Farben einwandfrei auf Papier gebracht werden.

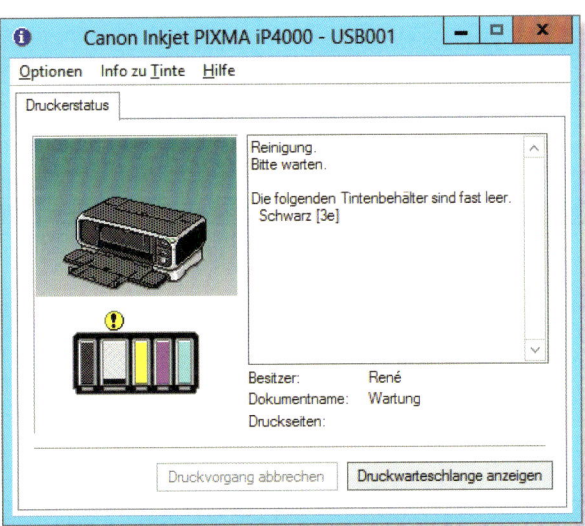

▲ *Abbildung 13.16* In einem Dialogfenster wird mir angezeigt, wie der Ausdruck auszusehen hat.

In meinem Beispiel kann ich den Düsentest bereits nach der Reinigung der Druckpatronen über einen eingeblendeten Dialog durchführen.

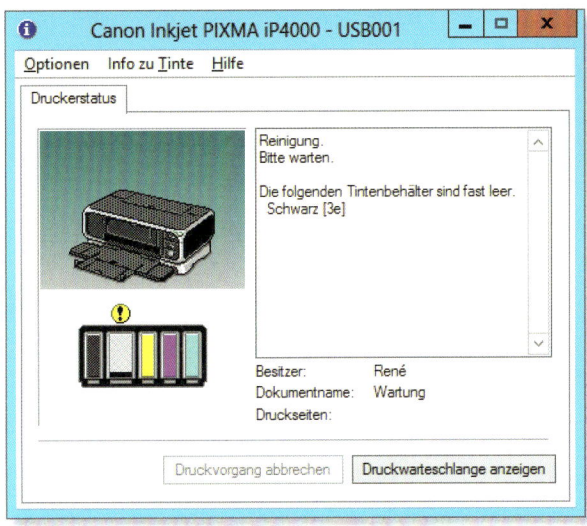

▲ *Abbildung 13.17* Zum Druckertreiber gehört ein Tool, das den Ladezustand der Farbpatronen anzeigt.

Ist das Druckbild nicht zufriedenstellend, wiederholen Sie die Reinigung und drucken noch einmal ein Prüfmuster.

Hilft dies immer noch nichts, führen Sie über das Register **Wartung** eine **Intensivreinigung** durch. Hierbei wird mehr Tinte verbraucht als bei einer normalen Reinigung. Dafür werden die Druckköpfe sorgfältiger und intensiver geputzt. Diesen Vorgang können Sie, falls notwendig, auch wiederholen. Dann sollte das Prüfmuster korrekt auf dem Papier ausgegeben werden.

13.2 Dokumente drucken

Das Ausdrucken von Dokumenten ist eine einfache Sache. Im Allgemeinen starten Sie den Vorgang über ein Office- oder Bildbearbeitungsprogramm, über den Browser oder ein anderes Programm. Aber die Druckertreiber sind sehr vielseitig. Sie können einiges einstellen. Die folgenden Abschnitte zeigen nur einen kleinen Teil der Möglichkeiten.

Dokumente aus dem Explorer heraus drucken

Über das Kontextmenü können Sie ein Dokument direkt aus dem Windows-Explorer heraus auf den Drucker ausgeben. Markieren Sie z. B. ein Bild. Öffnen Sie das Kontextmenü, und wählen Sie **Drucken**.

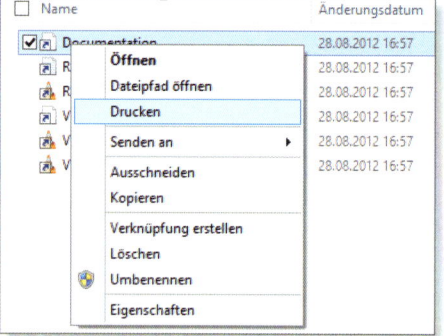

▲ *Abbildung 13.18 Sie müssen kein Office-Programm öffnen, um eine Datei auf dem Drucker auszugeben.*

Möchten Sie das Register verwenden, wechseln Sie nach **Freigeben** und klicken hier auf die Schaltfläche **Drucken**.

Sie landen im Dialog **Drucken**. Hier können Sie die Anzahl der auszugebenden Seiten einstellen, einen Ausdruck mehrfach erstellen und die Druckereinstellungen anpassen. Haben Sie alle Einstellungen vorgenommen, geben Sie das Dokument mit **Drucken** auf dem Drucker aus.

Bilder aus dem Explorer heraus drucken

Gehen Sie vor wie beim Ausdruck von Textdokumenten. Markieren Sie diese. Öffnen Sie das Kontextmenü und wählen Sie **Drucken**.

Sie sehen nun den Windows-8-Dialog **Bilder drucken** vor sich. Über die Listenfelder am oberen Rand können Sie die **Papiergröße** verändern. Möchten Sie schnell etwas ausdrucken, setzen Sie die **Qualität** herunter. Verändern können Sie auch den verwendeten **Papiertyp**.

Unter dem Vorschaubild können Sie mehrere Kopien auf Papier ausdrucken und das Bild an den Rahmen anpassen. Mit einem Mausklick auf die Schaltfläche **Drucken** wird es an den Drucker gesandt.

Über **Optionen** können Sie dafür sorgen, dass Bilddateien etwas geschärft werden und dass der Dialog nur die Funktionen anzeigt, die bei dem verwendeten Druckermodell zur Verfügung stehen.

Mehrere Bilder auf ein Blatt drucken

Über das Listenfeld an der Seite des Dialoges **Bilder drucken** können Sie verschiedene Einstellungen wählen. Sie können die Größe der Bilddatei ändern oder auch mehrere Bilddateien auf ein Blatt ausgeben.

Um zum Beispiel auf einem Blatt ein Bild sechsmal auszudrucken, scrollen Sie zuerst nach unten und wählen **Passbild (9)** ❶. Im Feld **Kopien pro Bild** wählen Sie **6** ❷. Mit **Drucken** ❸ geben Sie die Bilder auf Papier aus.

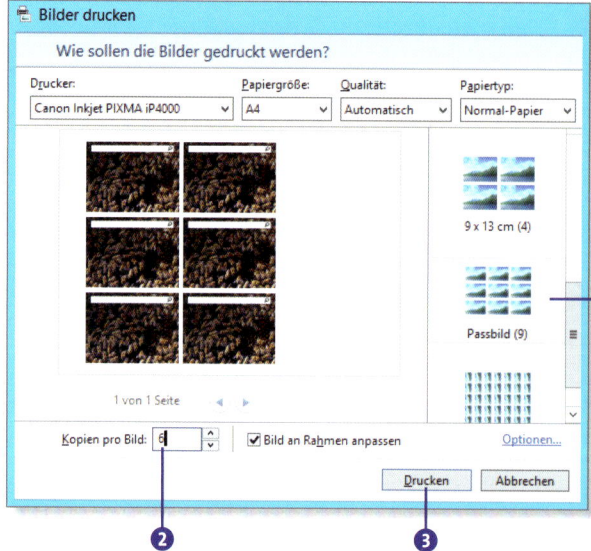

▲ *Abbildung 13.19 Geben Sie doch einmal sechs Bilddateien auf einem Blatt aus.*

Druckereinstellungen und Druckereigenschaften einsehen

Die Druckereinstellungen sehen von Druckermodell zu Druckermodell unterschiedlich aus. Sie finden mehrere Register vor. Sie können hier die Druckqualität auf **Hoch**, **Standard** oder **Schnelldruck** setzen. Letzteres empfiehlt sich, wenn Sie mal schnell etwas auf Papier ausgeben und Probe lesen wollen.

Ich verwende bei der Ausgabe meiner Buchkapitel den Druck in Graustufen. Das spart Farbe und genügt, um den Text zu lesen.

Im Register **Seite einrichten** können Sie zwischen Hoch- und Querformat wählen. Hier können Sie auch die Druckgröße verändern, einen Rand einstellen und eine bestimmte Anzahl Kopien zu Papier bringen.

Wer mag, legt die Einstellungen in einem Profil fest und ruft sie später wieder ab.

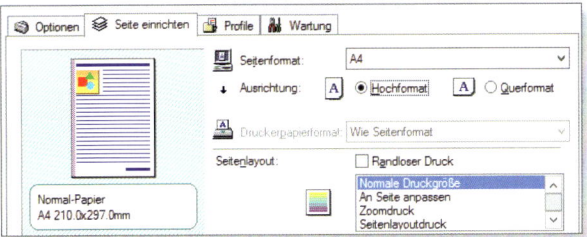

▲ **Abbildung 13.20** *In den Druckereinstellungen können Sie zwischen Hoch- und Querformat wechseln.*

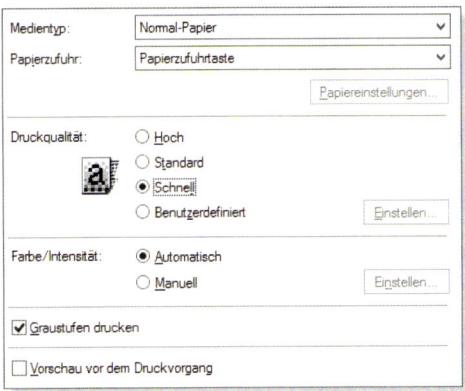

▲ **Abbildung 13.21** *Die Geschwindigkeit ist auf »Schnell« gesetzt und Graustufendruck aktiviert.*

Mit verschiedenen Druckverfahren erzielen Sie unterschiedliche und interessante Ergebnisse. Beim Duplexdruck werden die Vorder- und die Rückseite eines Blattes bedruckt. Auf der Vorderseite des ersten Blattes wird Seite 1 gedruckt, auf der Rückseite wird Seite 2 ausgegeben. Bei einigen Druckermodellen müssen Sie dafür den Druck in zwei Arbeitsgängen ausführen, da nicht jedes Modell das Umdrehen des Blattes beherrscht: Nehmen Sie das Papier nach dem Drucken der geraden Seiten aus dem Drucker, und legen Sie es in den zweiten Einschub ein.

Beim Broschürendruck werden die Seiten verkleinert, und auf die Vorder- und Rückseite eines Blattes werden zwei Seiten aufgebracht. Das Ergebnis ähnelt dem eines Buches.

Der Posterdruck ermöglicht das Erstellen von Postern. Der Bildinhalt wird vergrößert und in vier Teilen ausgedruckt. Diese setzen Sie nach dem Ausdruck zu einem fertigen Poster zusammen.

Den Seitenlayoutdruck können Sie verwenden, um mehrere Bilddateien auf einem Blatt Papier unterzubringen.

Die Druckerwarteschlange überprüfen verwalten

In der Druckerwarteschlange werden alle Aufträge gesammelt, die Sie an den Drucker gesendet haben. Die Dokumente werden in der Reihenfolge ihres Eingangs an den Drucker gesendet und auf ihm ausgegeben.

Sie öffnen die Druckerwarteschlange über das Kontextmenü Ihres Druckers. Alternativ öffnen Sie unter **Geräte und Drucker** in der **Systemsteuerung** den zum Drucker gehörenden Dialog und wählen hier **Druckerwarteschlange anzeigen**.

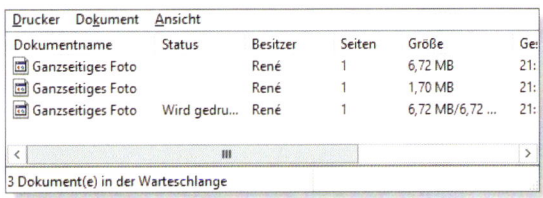

▲ **Abbildung 13.22** *In diesem Beispiel befinden sich drei Druckaufträge in der Druckerwarteschlange.*

Über das Kontextmenü und das Menü in der Druckerwarteschlange können Sie den Drucker anhalten und Druckaufträge abbrechen. Haben Sie den Ausdruck eines Dokuments angehalten, können Sie ihn über das Kontextmenü wieder fortsetzen.

Wenn sich mehrere Dokumente in der Druckerwarteschlange befinden und Sie die Reihenfolge verändern möchten, in der diese auf dem Drucker ausgegeben werden, gehen Sie wie folgt vor:

1 Halten Sie zuerst den Drucker an. Es dauert einen Moment, bis er reagiert – der Befehl muss zunächst an den Drucker gesendet werden.

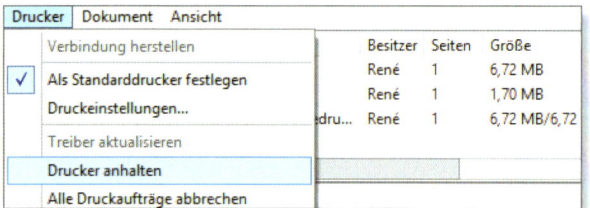

▲ *Abbildung 13.23 Über das Menü der Druckerwarteschlange halten Sie den Drucker bei Bedarf an.*

2 Markieren Sie das Dokument, das als Erstes ausgedruckt werden soll. Öffnen Sie das Kontextmenü, und wählen Sie **Eigenschaften**.

Sie sehen nun den Dialog **Eigenschaften von [Programmname] [Dokumentenname]** vor sich. Einige Register gleichen denen in den Druckeinstellungen. Die Optionen hier sind jedoch deaktiviert. Interessant für unser Beispiel ist das Register **Allgemein**. Ganz unten in diesem Register können Sie einen Zeitplan festlegen und bestimmen, wann das Dokument gedruckt werden soll. Mit dem Schieberegler im Bereich **Priorität** verändern Sie die Wichtigkeit eines Ausdrucks. In der Vorgabeeinstellung steht der Regler immer ganz links; das entspricht der niedrigsten Priorität. Mit ihr werden Dokumente in der Reihenfolge ihres Eingangs bearbeitet.

3 Ziehen Sie mit der Maus den Schieberegler im Bereich **Priorität** ganz nach rechts. Vergeben Sie so für den Ausdruck des Dokuments die höchste Priorität. Bestätigen Sie mit **OK**.

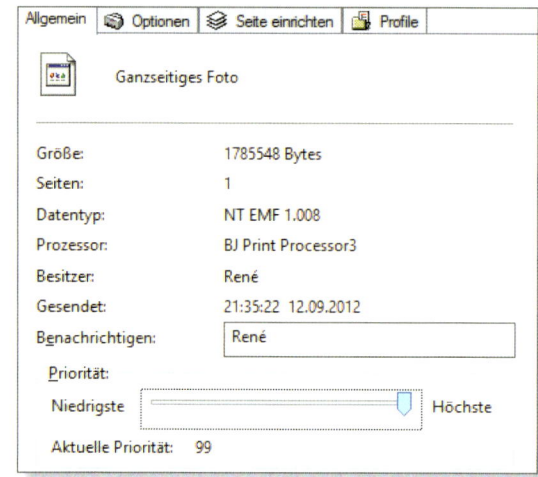

▲ *Abbildung 13.24 Hier habe ich für den Ausdruck die Priorität »99« vergeben, die höchste Stufe.*

4 Öffnen Sie in der Druckerwarteschlange das Menü **Drucken**. Entfernen Sie das Häkchen vor der Funktion **Drucker anhalten**. Nun wird der Ausdruck der Dokumente fortgesetzt, die sich in der Druckerwarteschlange befinden.

Beachten Sie bitte, dass zunächst der Ausdruck des Dokuments beendet wird, der vor dem Anhalten des Druckers begonnen wurde.

13.3 Drucken im Netzwerk

Einen Netzwerkdrucker einzurichten ist leichter, als man denkt. Vor allem bringt es viele Vorteile. Stellen Sie sich ein kleines Heimnetzwerk vor. Sie haben mehrere Rechner mit einem Netzwerk miteinander verbunden. Es ist nicht notwendig, für jeden Rechner auch einen Drucker zu kaufen. Sie richten einen Drucker als Netzwerkdrucker ein und greifen von jedem anderen Rechner aus darauf zu.

Beachten Sie bitte: Es gibt einige aktuelle Drucker, die eine integrierte WLAN-Schnittstelle besitzen. Diese können Sie direkt ansprechen. Wie bei einem Rechner müssen Sie nur die WLAN-Zugangsdaten eingeben. Wie Sie einen solchen Drucker einrichten, erfahren Sie aus der Dokumentation, die zu dem Gerät mitgeliefert wird.

Andere Druckermodelle besitzen eine integrierte Netzwerkkarte. Sie werden als lokaler Drucker eingerichtet und über die IP-Adresse des Druckers angesprochen.

Einen Netzwerkdrucker einrichten

Das Einrichten eines Netzwerkdruckers besteht aus zwei Schritten: Zuerst richten Sie ihn auf dem Rechner ein, mit dem er verbunden ist. Anschließend erstellen Sie die Netzwerkverbindung zu diesem Drucker von dem anderen Rechner aus.

1 Richten Sie zunächst den Drucker auf dem Rechner ein, mit dem er verbunden ist.

2 Wählen Sie dann in der **Systemsteuerung** unter **Hardware und Sound > Geräte und Drucker** das Gerät. Öffnen Sie über dem Drucker das Kontextmenü, und wählen Sie **Druckereigenschaften**.

▲ **Abbildung 13.25** Öffnen Sie mit der rechten Maustaste die »Druckereigenschaften«.

3 Wechseln Sie in das Register **Freigabe**. Schalten Sie die Option **Drucker freigeben** an. Klicken Sie auf **Freigabeoptionen ändern**.

▲ **Abbildung 13.26** Eine Schaltfläche führt Sie in die Freigabeoptionen.

4 Wenn Sie möchten, ändern Sie die Bezeichnung des Druckers. Bestätigen Sie mit **OK**.

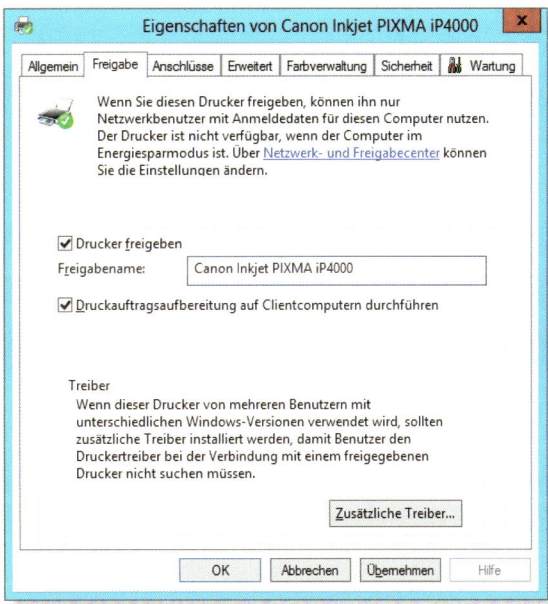

▲ **Abbildung 13.27** Der Drucker wird für eine Verwendung im Netzwerk freigegeben.

Nun zum Vorgehen auf dem anderen Rechner:

5 Öffnen Sie die **Systemsteuerung**. Wählen Sie **Hardware und Sound**. Wechseln Sie nach **Geräte und Drucker**. Entscheiden Sie sich hier für die Funktion **Drucker hinzufügen** ❶.

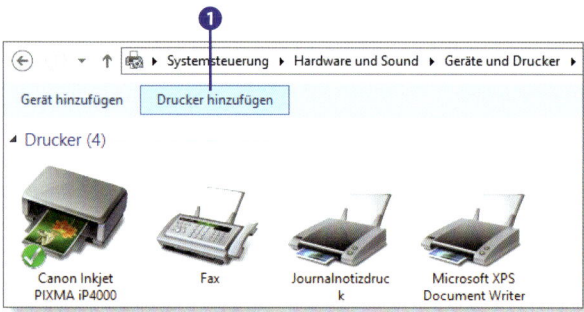

▲ **Abbildung 13.28** *Die Funktion zum Hinzufügen eines neuen Druckers* ❶.

6 Windows 8 scannt die Hardware Ihres Rechners.

7 Wählen Sie **Der gesuchte Drucker ist nicht aufgeführt**.

8 Im nächsten Dialog schalten Sie **Bluetooth-, Funk- oder Netzwerkdrucker hinzufügen** an.

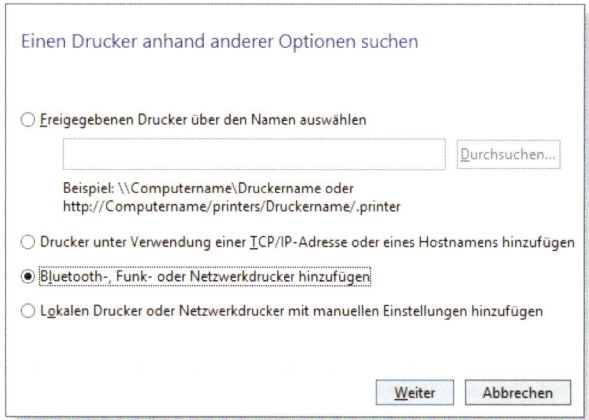

▲ **Abbildung 13.29** *Fügen Sie einen Netzwerkdruckers hinzu.*

9 Windows scannt das Netzwerk und sucht nach erreichbaren Druckern. Achten Sie darauf, dass das Gerät eingeschaltet ist und die Netzwerkverbindung funktioniert.

10 Der Drucker wird in der Regel sofort gefunden und angezeigt. Markieren Sie ihn. Wählen Sie **Weiter**.

11 Im nächsten Dialog wird der Name des Druckers angezeigt. Übernehmen Sie ihn einfach. Wählen Sie **Weiter**.

12 Im letzten Dialog des Assistenten sehen Sie die Meldung, dass der Drucker erfolgreich hinzugefügt wurde. Prüfen Sie die Verbindung mit **Testseite drucken**. Funktioniert dies, beenden Sie den Assistenten mit einem Mausklick auf die Schaltfläche **Fertig stellen**.

Achten Sie bitte darauf, dass eine aktive Firewall den Zugriff auf den Netzwerkdrucker nicht blockiert. Ist ZoneAlarm oder eine andere Freeware-Firewall auf dem Zielrechner aktiv, werden Sie möglicherweise auf den Netzwerkdrucker nicht zugreifen können. Er wird dann auch nicht gefunden.

HINWEIS

Was tun, wenn der Drucker nicht gefunden wird?
Falls Windows 8 den Drucker nicht findet, wählen Sie **Der gesuchte Drucker ist nicht aufgeführt**. Nun geben Sie den Drucker anhand des Namens im Netzwerk ein. Die Schreibweise dazu ist *\\Name_des_Computers\Druckername*. Möglich ist auch *http://Name_des-Computers/printers/Name_des_Druckers/.printer*. Sie können dies bereits im Dialog **Drucker hinzufügen** tun. Wählen Sie einfach **Freigegebenen Drucker über Namen auswählen**. Geben Sie nun die Adresse des Druckers ein.

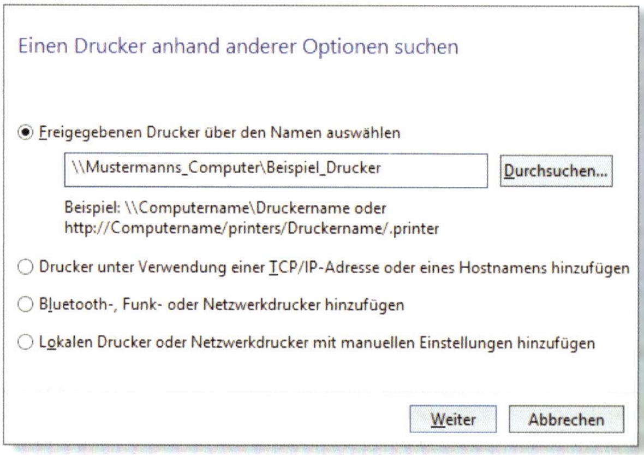

▲ **Abbildung 13.30** *Das Finden eines Netzwerkdruckers besser mit Angabe der Adresse.*

Teil IV
Mit Windows im Internet und unterwegs

Kapitel 14
Grundlagen zum Thema Internet

Falls Sie mit dem Internet noch nicht so vertraut sind, finden Sie in diesem Kapitel einige einführende Hinweise. Vielleicht ist aber auch für fortgeschrittene Internetnutzer hier *noch die eine oder andere Information dabei.*

Das Internet ist ein weltweites Netzwerk. Hier können Sie Ihre Nachrichten versenden, ohne dass Sie eine Briefmarke brauchen oder zum Briefkasten gehen müssen. Sie können bequem einkaufen, und die bestellten Artikel werden bis an die Tür geliefert. Sie können sich informieren; ganz egal, ob es um eine Zugverbindung von A nach B geht, das günstigste Angebot für einen Sommerurlaub an der Nordsee, das aktuelle Kinoprogramm in Ihrer Stadt oder um einen geeigneten digitalen Fotoapparat – Sie finden in der Regel die gewünschte Information im Internet. Sie können sich mit anderen Anwendern austauschen; egal, ob Sie einfach nur ein wenig plaudern, etwas zu Ihrem Hobby mitteilen oder Fragen loswerden wollen. In Foren und sozialen Netzwerken finden Sie andere Anwender, die Ihre Interessen teilen. Ich kann Ihnen noch viele Beispiele nennen. Das möchte ich aber nicht. Das Internet ist ein großes Netzwerk voller Informationen, Multimediadaten, Kontaktmöglichkeiten, Downloadangeboten und vielem mehr.

In diesem Kapitel stelle ich Ihnen einige Grundlagen zum Thema Internet vor. Diese sollen die nachfolgenden Kapitel einleiten. Sie erfahren von mir, was sich hinter der Abkürzung WWW verbirgt. Ich zeige Ihnen, wie eine Webadresse aufgebaut ist, und verrate Ihnen, wie man sich in Webforen, Chats und sozialen Netzwerken benimmt. Auch dort sind gewisse Umgangsformen zu beachten, damit Sie nicht verwarnt oder gar rausgeschmissen werden. Abschließend erfahren Sie, welche Smileys und Actions im Internet Anwendung finden und wie Sie damit Missverständnisse ausschließen und Gefühlsregungen ausdrücken.

14.1 Das World Wide Web und seine Möglichkeiten

WWW steht für *World Wide Web*. Hinter diesem Begriff verbirgt sich der grafische Teil des Internets. Die im Internet angebotenen Websites können Sie mit einem Webbrowser, wie zum Beispiel dem Internet Explorer von Microsoft, anschauen.

Eine Website besteht aus mehreren einzelnen HTML-Seiten. Darauf sehen Sie Textinhalte, oft auch Bilddateien, Film- und Audiodateien.

HTML (Hypertext Markup Language) ist eine sogenannte Dokumentenbeschreibungssprache. Eine einfache Textdatei enthält Anweisungen, die man *HTML-Tags* nennt. Sie strukturieren den Text und so lässt sich später bestimmen, wie er aussehen soll. Der Webbrowser übernimmt diese Darstellung.

Bitte entschuldigen Sie, wenn ich dies an dieser Stelle sehr grob und oberflächlich behandele. Aber ich möchte Ihnen nicht all das technische Grundwissen zum Thema Internet und HTML beibringen. Das ist an dieser Stelle gar nicht notwendig. Zusammenfassend: Das WWW ist der grafische Teil des Internets. Hier finden Sie Websites, auf denen Textinhalte und Multimediadateien dargestellt werden. Für das Betrachten benötigen Sie einen Webbrowser.

Verschiedene einzelne HTML-Seiten sind durch *Hyperlinks* miteinander verknüpft. Sie werden so zu einer ganzen Website zusammengefasst.

▲ *Abbildung 14.1 Die Website meines Verlages*

Hyperlinks werden auch verwendet, um eine Website zu erreichen, oft führen diese Links auch von einer Website zu einer anderen. Diese »Adressen« sagen, wie eine Website zu erreichen ist. Stellen Sie sich eine solche Adresse als Hausnummer vor. Ohne die Straße und die Hausnummer wüsste niemand, wo Herr Mustermann wohnt.

Die Hyperlinks, die zu einer Website führen, werden als *URLs* bezeichnet. URL steht für *Uniform Resource Locator*. Wie so vieles ist der Aufbau der Adressen genormt. Man kann also nicht einfach irgendeine Folge von Zeichen zu einer Website-Adresse zusammenwürfeln. Wie eine Webadresse aufgebaut ist, erfahren Sie im nächsten Abschnitt.

14.2 Wie ist eine Webadresse aufgebaut?

Wie bereits gesagt, ist eine Webadresse die Hausadresse einer Website. Sie sagt, wo der Browser diese findet. Sie geben sie in der Adresszeile des Webbrowsers ein. Einen kaum spürbaren Augenblick später wird die Website geladen und im Browser dargestellt.

▲ *Abbildung 14.2 Bei der Denic sehen Sie, ob eine Domain noch erhältlich ist.*

»Geladen« heißt hier, dass der Browser die Inhalte der Website von dem Webserver, auf dem der Besitzer und Webadministrator die Website abgelegt hat, zu Ihrem Rechner überträgt.

Es ist fast zu selbstverständlich, als dass ich es Ihnen extra sagen müsste: Sie benötigen zum Anschauen von Websites eine Verbindung in das Internet. Die einzige Ausnahme von dieser Regel ist gegeben, wenn eine Website lokal auf Ihrem Rechner oder einem Datenträger abgelegt ist. In diesem Fall können Sie sie so anschauen, ohne mit einem DSL-Modem oder auf eine andere Weise in das Internet gelangen zu müssen. In der Regel müssen Sie aber online sein, um eine Website anzusehen.

Schauen wir uns einmal eine typische Webadresse an:

http://www.vierfarben.de/windows-7/2564/titel/

Diese Adresse führt zu einer HTML-Seite des Verlags *Vierfarben*, auf der ein Buch zum Betriebssystem Windows vorgestellt wird (siehe Abbildung 14.1). Zu Beginn kommt das Protokoll: *http*. Neben dem HTTP-Protokoll gibt es ja auch das FTP-Protokoll und einige andere. So weiß der Browser, was er mit der Adresse anfangen muss. Mit dem *www* wird mitgeteilt, dass es sich um eine Website im grafischen Teil des Internets handelt. Darauf folgt die Domain. Die Domain ist der Name des Webspeicherplatzes auf einem Server. Unter diesem Namen ist die Website abgelegt.

.de steht für die *Top Level Domain*. Es gibt eine ganze Reihe davon – so zum Beispiel *.de* für Deutschland, *.com* für kommerzielle US-Websites oder auch *.eu*. Auch mit dieser Erweiterung wird die Website adressiert. Neben der Website *vierfarben.de* kann es im Internet beispielsweise auch eine Website mit dem Namen *vierfarben.eu* geben.

Hinter der Domain und der Top Level Domain sehen Sie einen Schrägstrich. Danach folgen die Adressen der untergeordneten HTML-Seiten. Diese werden im Browser des Anwenders angezeigt.

14.3 Webforen, Chats und Co.: Wie Sie sich hier verhalten sollten

In Webforen, in sozialen Netzwerken wie Facebook und in Chats kommen viele Anwender zusammen. Hier ist es wichtig, dass man miteinander auskommt. Zunächst wird dies – zumindest ist dies in der Regel so – mit einer Nutzungsregel festgelegt. Sie lesen, wie Sie sich verhalten müssen. Was dürfen Sie bei einem Anbieter? Was ist nicht erlaubt? Gibt es Administratoren, *Operators* oder Moderatoren, die das Forum oder den Chat leiten und überwachen?

Das allein genügt aber noch nicht. Darüber hinaus gibt es nämlich eine Reihe ungeschriebener Regeln, die sogenannte *Netiquette*. Dazu gehören einfache Verhaltensweisen, die in allen Foren, Chats und Communitys gelten. Die wichtigsten habe ich für Sie zusammengestellt:

- Seien Sie nett zu allen anderen. Achten Sie auf einen höflichen, rücksichtsvollen Umgangston. Beleidigungen, grobe Ausdrucksformen, rassistische und sexistische Aussagen sollten Sie vermeiden.

- Achten Sie auf das Thema des Forums oder Chats. In einem Motorsportforum über Modelleisenbahn zu sprechen, bringt nur die anderen Anwender gegen Sie auf.

- Achten Sie auf die Gesetze Ihres Landes. Ich muss es wohl nicht extra betonen: Aussagen, die gegen Gesetze verstoßen, sind zu unterlassen.

- Vermeiden Sie Großschreibung. »HALLO, WIE GEHT ES DIR?« steht für Schreien. Und seine Mitmenschen anzuschreien ist äußerst unhöflich.

- Greifen Sie auf Smileys zurück, um Missverständnisse zu vermeiden. So können Sie ausdrücken, wenn Sie etwas nicht ganz so ernst und wortwörtlich meinen.

▲ **Abbildung 14.3** *Bei »United Domains« können Sie Domains abfragen und aus einer Vielzahl an Top Level Domains wählen.*

14.4 Keine Angst vor Smileys und Actions

Wie sorgen Sie in einem Chat oder einem Forum dafür, dass Sie nicht missverstanden werden? Ganz einfach: Nutzen Sie ein Zeichen oder eine Zeichenfolge, um so dem anderen verstehen zu geben, dass Sie es nicht ganz so ernst meint. Mit Smileys, Actions und Emoticons drückt man Gefühle aus. Ein Satz, hinter dem ein Augenzwinkern steht, wirkt gleich ganz anders.

Actions verwenden

Actions sind wohl die einfachsten Vertreter ihrer Art. Anstatt ein Zeichen zu verwenden, setzen Sie einfach etwas in eckige Klammern. Es gibt keine festgelegten Ausdrücke. Schreiben Sie zum Beispiel `<auf den Putz hauen>` oder `<Kopfschüttelnd>`.

In der Praxis werden Actions kaum noch verwendet. Der Vollständigkeit halber habe ich sie aber dennoch genannt.

Die häufigsten Smileys in Aktion

Das ein oder andere Smiley kennen Sie bestimmt. So steht `:-)` für ein Lächeln. Das umgekehrte `:-(` bedeutet »traurig sein«. Es gibt noch eine ganze Menge mehr Smileys, die Sie aber nicht alle kennen müssen. Nur echte Experten kennen tatsächlich mehr als die Handvoll gängiger Varianten.

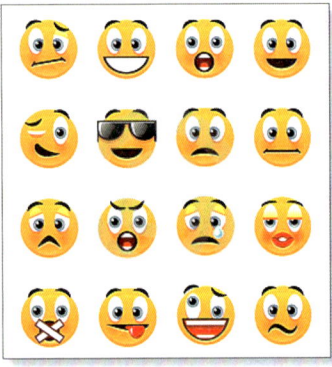

▲ **Abbildung 14.4** Im Internet finden Sie eine Menge lustiger Smileys. Suchen Sie doch einmal mit Google danach.

Setzen Sie Smileys ein, um dem Gegenüber zu zeigen, wie Sie etwas meinen. Sie können damit auch eine Gefühlsregung oder einen Gemütszustand beschreiben.

Smiley	Bedeutung
;-)	Augenzwinkern
:-)	Lächeln
:-))	Lachen
:-c	sich die Lippen lecken
:->	teuflisches Grinsen
:-&	Sprachlosigkeit
:-x	einen Kuss geben
:-@	schreien
:-(	traurig sein
:-((	am Boden zerstört sein
:-<	sehr, sehr traurig sein
:-e	enttäuscht sein
:-s	den anderen nicht verstehen
:-\	Unentschlossenheit
:-7	sich ein gequältes Lächeln abringen
:-D	plappert zu viel
:-#	Die Lippen sind fest verschlossen.
xD	starkes Grinsen, Lachen

▲ **Tabelle 14.1** Wichtige Smileys, mit denen Sie Gefühle ausdrücken können

In der Tabelle oben habe ich Ihnen eine Auswahl wichtiger Smileys zusammengestellt. In einigen Systemen, wie zum Beispiel in Chat-Programmen wie dem *MSN Messenger*, können Sie diese bequem auswählen. Statt einer Zeichenkombination sehen Sie dort ein farbenfrohes kleines Bild.

Was bitte ist Netzjargon?

Netzjargon-Kürzel sind ein wenig aus der Mode gekommen. Gerade einmal »xD« für starkes Lachen oder breites Grinsen ist noch immer sehr weit verbreitet.

Ebenso wie »lol« für Lachen (»laughing out loud«). Manchmal verwenden Jugendliche diese Abkürzungen auch im ganz normalen Smalltalk. Gerade mit »lol« habe ich dies schon häufig erlebt.

Aber wer weiß schon noch, was »ROFL« heißt? »Rolling on the floor laughing«, also vor Lachen über den Teppich rollen, wird kaum noch benutzt.

Diese Buchstabenkürzel drücken ebenso Gefühle aus. Mit ihnen werden auch häufig verwendete Sätze abgekürzt. So steht zum Beispiel »ASAP« für »Sobald wie möglich« (»as soon as possible«). Das Kürzel »FAQ« für eine Frage-Antwort-Sammlung ist eher bekannt. Schauen Sie sich einmal die Liste der Abkürzungen bei Wikipedia an. Es ist sehr unterhaltsam, sich einmal durch diese Netzjargon-Kürzel zu blättern. Sie finden sie unter *http://de.wikipedia.org/wiki/Liste_von_Abk %C3%BCrzungen_%28Netzjargon%29*. Mit dem Suchbegriff »Netzjargon« kommen Sie auf den Seiten des Onlinelexikons ebenfalls zum Ziel.

14.5 Suchen im Internet

Sie kennen das sicherlich: Sie brauchen eine ganz bestimmte Information – eine Bahnverbindung, einen günstigen Urlaubsplatz, ein Sonderangebot oder die Information, wo sich ein bestimmtes Geschäft befindet. Natürlich können es auch Nachrichten sein, ein Stadtplan oder eine Karte, mit der Sie eine Autofahrt von A nach B planen. Aber wo finden Sie das Gesuchte? Das Internet ist ein riesengroßes Netzwerk. Es gibt Portale, Netzwerke, Plattformen, Übersetzungsdienste, Onlinelexika und, und, und … Sich in diesem Wust an Informationen zurechtzufinden, ist nicht gerade einfach.

Die Suchmaschinen Google und Bing nutzen

Wenn Sie die Adresse eines Portals, einer bestimmten Suchmaschine, einer Handelskette oder Ähnlichem nicht kennen, suchen Sie sie mit Google (*http://www.google.de*), Bing (*http://www.bing.de*) oder einem anderen Suchdienst. Geben Sie einfach ein, was Sie suchen. Mit »Saturn Berlin« finden Sie die passenden Adressen dieses Elektronikanbieters. Möglich sind auch »Bahnverbindungen«, »Busreisen Ungarn«, »Norwegen Ski«, »Flugticket günstig Spanien«, »Windows 8 Blue Screen« …

Was auch immer Sie suchen, versuchen Sie, das Gesuchte mit wenigen Worten stichpunktartig zu umschreiben. Ein einzelnes Wort bringt meist zu viele Ergebnisse. Hier landet selten die gesuchte Website auf der ersten Trefferseite. Gut, bei großen Anbietern gelingt auch dies. Mit »Bahn«, »Busreisen« oder »Jobbörse« werden Sie auch fündig.

Bei anderen Suchbegriffen erhalten Sie jedoch eine große Liste an Treffern. Allein das Suchwort »Flug« bringt bei Google 51.100.000 Treffer. Es ist unmöglich, diese Anzahl an Treffern zu durchforsten. Hier müssen Sie genau umschreiben, was Sie suchen. »Flug Spanien Deutschland« bringt noch immer über 11 Millionen Treffer. Doch passende Webportale, die Preisvergleiche verschiedener Billigfluganbieter führen, sind ganz oben aufgelistet.

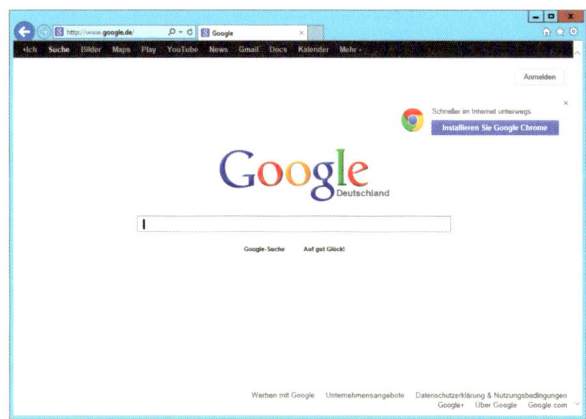

▲ *Abbildung 14.5* Mit Google finden Sie viele Seiten, Anbieter und Informationsdienste.

Beide Suchmaschinen bieten eine Reihe zusätzlicher Dienste an. Sie können hier nach Bildern suchen, Landkarten aufrufen und einiges mehr. Die Möglichkeiten von Google und Bing unterscheiden sich ein wenig voneinander.

Nicht alle Funktionen und Dienste sind für Otto Normalanwender interessant. So finden Sie bei Google Online-Office-Anwendungen, Programme zum Entwickeln von 3D-Anwendungen und Tools für kommerzielle Websites.

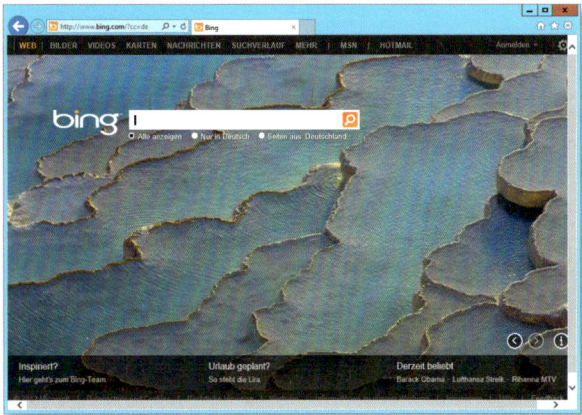

△ **Abbildung 14.6** *Die Microsoft-Suchmaschine »Bing« ist sehr viel besser geworden.*

Leo

Das Portal LEO (*http://www.leo.org*) ist nicht so bekannt. Es ist ein kleiner Geheimtipp. LEO gibt es schon eine Weile. Sie finden hier Wörterbücher, interessante Nachschlagewerke und Links zu allerlei Wissensdatenbanken und -portalen sowie verschiedene Unterhaltungsangebote und Hyperlinks zu Angeboten rund um München und Umgebung. Es macht Spaß, durch die Links zu schauen und hier etwas herumzusurfen. Sie finden auf untergeordneten Seiten auch Informationen zu IT-Grundlagen, zu Wissenschaft, Technik, Umwelt und vielen anderen Themen. Und – ganz wichtig – es gibt eine Sammlung von Cocktailrezepten. Allerdings ist dieser russische Cocktail, den ich in Köln in einer Gaststätte getrunken habe, nicht darunter (sieben Wodka-Sorten und zwei Eiswürfel).

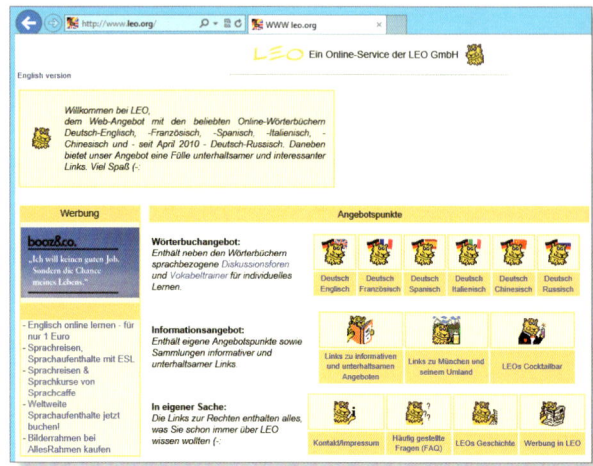

△ **Abbildung 14.7** *Die Website von LEO sollten Sie sich unbedingt einmal ansehen.*

Wikipedia erklärt, was Sie wissen möchten

Das Lexikon Wikipedia (*http://www.wikipedia.de*) kennen sicher die meisten. Es ist ein Onlinelexikon, wo Sie eine Fülle von Informationen nachschlagen können, und das permanent überarbeitet wird. Das Lexikon ist frei verfügbar, die Nutzung kostet nichts. Als ich dieses Buch geschrieben habe, gab es sogar eine Petition, mit der Wikipedia zum Weltkulturerbe erklärt werden sollte.

Das Onlinelexikon lädt auch zum Herumstöbern ein. Auf der Hauptseite *http://de.wikipedia.org/wiki/Wikipedia:Hauptseite* finden Sie jeden Tag eine andere Auswahl interessanter Artikel. Über Links können Sie auch bestimmte untergeordnete Portale aufrufen, so Lexikonbereiche zu den Themen Geschichte, Kunst und Kultur, Sport oder Technik.

Weitere Wikipedia-Ableger verwenden

Zur Wikipedia gibt es eine Reihe sogenannter »Schwesterprodukte«. Diese möchte ich Ihnen auf den folgenden Seiten einmal vorstellen:

14.5 Suchen im Internet

INFO

Was bitte ist ein Wiki?

Ein *Wiki* ist ein Website-Projekt, das mit einem Browser besucht und so gelesen werden kann. Als Basis wird ein spezielles *Wiki-Programm* genutzt. Dieses ermöglicht nicht nur das Lesen der Inhalte, sondern auch deren Veränderung. Der Benutzer kann also aktiv an einem Wiki mitarbeiten. Meist muss er sich zuvor registrieren.

Das bekannte Onlinelexikon Wikipedia verwendet das Programm *MediaWiki*. Die Software ist frei verfügbar und kann von jedem genutzt werden. Mit dieser Syntax entstehen oft auch neue interessante Wikis im Internet. Wollen Sie selbst einmal ein Wiki aufsetzen? Dann sollten Sie sich die Software anschauen. Sie finden MediaWiki unter der Adresse *http://www.mediawiki.org/wiki/MediaWiki*.

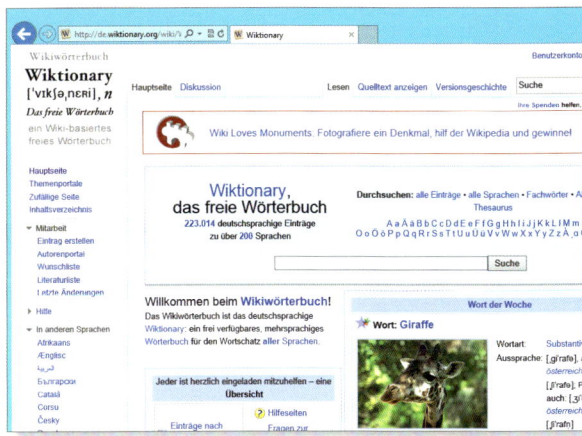

▲ **Abbildung 14.8** Das Onlinewörterbuch Wiktionary

Wikimedia Commons

Auf dieser Plattform finden Sie freie Bild-, Audio- und Filmdateien. Es gibt sehr schöne Zeichnungen und viele interessante Fotos. Sie finden die Seite unter der Adresse *http://commons.wikimedia.org/wiki/Hauptseite?uselang=de*.

Wiktionary

Wie der Name bereits andeutet, handelt es sich bei *Wiktionary* um ein Wörterbuch – besser gesagt, um eine ganze Reihe von Wörterbüchern. Sie können Begriffe, Redewendungen und ganze Sätze in verschiedenen Sprachen nachschlagen. Sie finden ein Übersetzungsforum auf der Plattform, Seiten mit Sprichwörtern und Information zu Thesaurus und Grammatik. Bisher gibt es 177.740 Einträge in 200 Sprachen. Und die Anzahl der Einträge wächst. Sicher ist die Zahl, wenn Sie diese Zeilen lesen, nicht mehr aktuell. Wiktionary finden Sie unter *http://de.wiktionary.org/wiki/Wiktionary:Hauptseite*.

Wikibooks

Wikibooks (*http://de.wikibooks.org/wiki/Hauptseite*) ist eine Sammlung von freien Lehrbüchern. Hier können Sie, wenn Sie dies möchten, Ihr Fachwissen an andere weitergeben und natürlich in dem vorhandenen Fundus an Buchtiteln blättern. In den »Regalen« suchen Sie sich eine Rubrik aus und schauen, ob ein passendes Buch zu finden ist. Oder Sie verwenden die Suche.

Wikiversity

Den Namen dieses Wiki-Projektes finde ich sehr kreativ. Es ist eine gute Ergänzung zu Wikibooks. *Wikiversity* ist eine Lernplattform. Hier finden Sie andere Studenten und Schüler und können mit diesen Lerngemeinschaften bilden und sich austauschen. Es gibt ein Forum, einen Kalender mit speziellen Terminen und eine Reihe Informationen für Schüler und Lehrer. Die Plattform unterhält einen eigenen Chat. Dort finden Sie interessante Diskussionen, und es werden auch Projekte gestartet. Im Campus-Bereich gibt es für spezielle Fachbereiche Anlaufpunkte. Nicht zu vergessen: Sie finden hier eine Bibliothek mit Links zu freien Dokumentationen und Nachschlagewerken. Die Wikiversity erreichen Sie unter *http://de.wikiversity.org/wiki/Hauptseite*.

Wikinews

Mit der Nachrichtenplattform *Wikinews* (*http://de.wikinews.org/wiki/Hauptseite*) müssen Sie nicht mehr an den Zeitungsstand und sich durch eine Sammlung an Papierseiten quälen. Sie finden auf dieser Plattform eine Reihe freier Artikel zu aktuellen Informationen. Von Informationen der Bundesregierung, Verwaltungsthemen bis zu internationalen Nachrichtenthemen ist alles dabei. Auch hier macht es Spaß, ein wenig herumzustöbern.

Wikiquote

Wenn Sie sich für Kultur interessieren, gern lesen oder vielleicht sogar schreiben, sollten Sie unbedingt einmal bei *http://de.wikiquote.org/wiki/Hauptseite* vorbeischauen. *Wikiquote* ist eine Fundgrube an interessanten Zitaten verschiedener Persönlichkeiten aus Kultur und Geschichte.

Vorhanden sind hier nur Zitate, die auch frei von den Nutzungsrechten Dritter sind. So muss jemand mindestens 70 Jahre tot sein, damit kein Verleger oder Hinterbliebener die Rechte an dem Gesagten oder Geschriebenen einer Person wahrnehmen bzw. in Anspruch nehmen kann. Von mir steht dort also noch nichts!

Wikisource

Auf *Wikisource* finden Sie viele Quelltexte, die frei von den Rechten eines Urhebers sind oder die unter einer freien Lizenz stehen. Es gibt dort bereits mehr als 20.000 Textdokumente. Wie bei anderen Wiki-Projekten steigt ihre Anzahl immer weiter. Wikisource erreichen Sie unter h*ttp://de.wikisource.org/wiki/Hauptseite*.

Wikispecies

Wikispecies finde ich sehr gelungen: Es ist ein modernes »Brehms Tierleben«. Sie finden hier eine Sammlung von Tieren und Pflanzen. Bisher wurden bereits fast 270.000 Arten erfasst. Zu allen gibt es wissenschaftlich fundierte Informationen. Sie finden diese Seiten unter der Webadresse *http://species.wikimedia.org/wiki/Main_Page*.

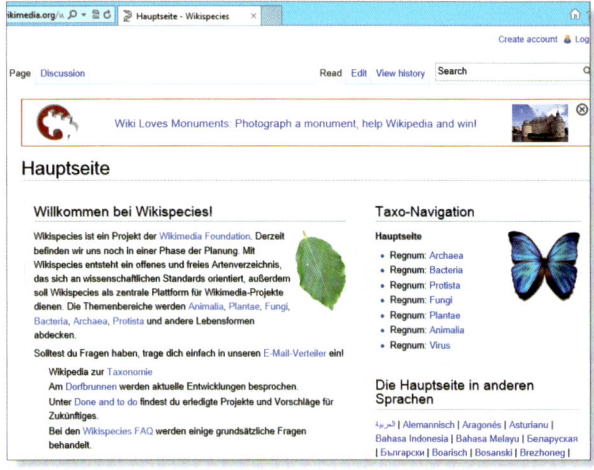

▲ *Abbildung 14.9 Schauen Sie sich auf Wikispecies einmal um, was es auf der Erde so alles an Lebewesen gibt.*

Nachrichten finden Sie auch mit Google ganz einfach

Fast alle großen und kleinen Zeitungen und Magazine verwalten eine Webplattform. Sie können diese abgrasen und sich so über aktuelle und interessante Themen informieren. Mit *Google News* finden Sie jedoch einen zentralen Anlaufpunkt, auf dem Sie aktuelle Nachrichten lesen können.

Sie erreichen diesen Dienst im Internet unter der Adresse *http://news.google.de*. Auf der Startseite sehen Sie aktuelle Nachrichten. Über das Menü können Sie auch ein Interessensgebiet wählen und so immer die aktuellsten News zu Kultur, Wissenschaft und Technik, Sport, Gesundheit, Wirtschaft und anderen Themen abrufen.

Die Nachrichten sind übrigens nicht selbst erstellt. Es gibt, soviel ich weiß, keine Reporter, die für Google unterwegs sind und journalistische Artikel schreiben. Vielmehr bringen die Links in den Überschriften Sie zu den Portalen von Magazinen, Zeitschriften und Zeitungen. So finden Sie bei einigen Themen auch verschiedene Beiträge von unterschiedlichen Medien vor.

> **INFO**
>
> **Wie finde ich ein Wiki?**
> Sie können bei Wikipedia, Google oder Bing nach Wikis suchen. Es gibt aber auch Verzeichnisse, die verschiedene Wikis auflisten. Darunter sind auch sehr kreative Wiki-Projekte.
>
> Schauen Sie einmal unter den Webadressen *http://www.wikiservice.at/gruender/wiki.cgi?* und *http://wikiindex.org/Welcome* nach. Eine Reihe von Wiki-Projekten, die Ableger von Wikimedia sind, finden Sie auf *http://meta.wikimedia.org/wiki/Wikimedia_projects*. Hier können Sie auch Vorschläge machen und finden verschiedene Testprojekte vor.

Stadtplandienst: So finden Sie Ihre Ziele

Stadtplandienst habe ich schon immer gern genutzt. Ob München, Berlin, Hamburg, Köln, Leipzig oder welche Stadt auch immer – ich finde hier schnell eine bestimmte Adresse, sehe die Verkehrsverbindungen, die mir verraten, wie ich da hinkomme, und kann auch auf eine Routenplanung zurückgreifen. Der Dienst ist kostenlos. Nur wenn Sie Karten in Ihre eigene Website integrieren möchten, müssen Sie die Lizenzbedingungen beachten.

Sehr praktisch ist, dass ich Karten und Routen auch ausdrucken kann und sie einfach mitnehme. Schauen Sie sich diesen Dienst einmal an.

Privat muss ich allerdings dazu sagen, dass ich dieses Portal kaum noch nutze. Mein neues Handy hat einen integrierten Routenplaner, und ich sehe dann auf einer Karte, ob ich die richtige Richtung eingeschlagen habe oder wieder einmal in die falsche laufe. Es sieht zwar etwas komisch aus, wenn ich mit einem Handy in der Hand die Straße entlanglaufe und ein unsichtbarer imaginärer Freund laut meint: »In 300 Metern rechts abbiegen.« Aber es funktioniert, und ich komme immer an.

Den Stadtplandienst finden Sie im Internet unter der Adresse *http://www.stadtplandienst.de*.

▲ **Abbildung 14.10** Mit »Stadtplandienst« kommen Sie immer an Ihr Ziel.

Mit Google Maps von A nach B kommen

Google Maps (siehe Abbildung 14.11) ist eine gute Alternative zu einem herkömmlichen Atlas und zu anderen Routenplanern im Web. Sie finden bestimmte Adressen, können auf einen Routenplaner zurückgreifen und auch verschiedene Geschäfte suchen. Karten lassen sich in Verbindung mit einem Account bei Google abspeichern, um später darauf zurückzugreifen. Sehr gelungen ist die Zoomfunktion. Sie können oft Karten so weit vergrößern, dass Sie erstaunlich viele Details erkennen. Den Dienst finden Sie unter *http://maps.google.de/* (siehe Abbildung 14.11).

Freie Texte des Projekts Gutenberg

Das *Projekt Gutenberg* ist der erste Anlaufpunkt für alle Leseratten. Interessant ist dieses vom Spiegel ins Leben

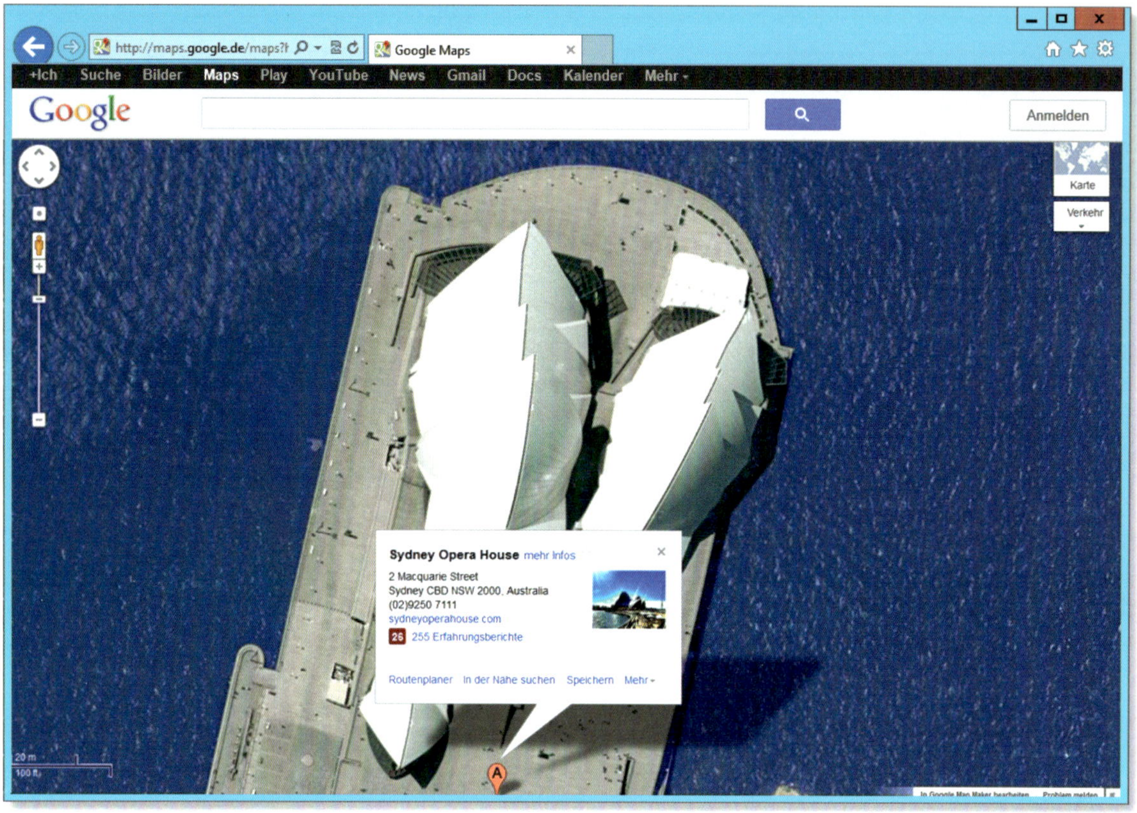

Abbildung 14.11 *Google Maps lädt zum Herumstöbern ein. Machen Sie doch einmal eine Weltreise!*

gerufene Projekt auch für Anwender, die sich mit Literatur und dem Handwerk Schreiben beschäftigen. Sie finden hier eine große Anzahl freier Texte, darunter viele Romane, Gedichte, Dramen, Erzählungen, Rätselsammlungen, Fabeln und auch Sachbücher. Bisher sind mehr als 6.000 Texte zusammengekommen. Sie erreichen diese Seiten unter *http://gutenberg.spiegel.de*.

Abbildung 14.12 *So viel Lesenswertes, wie Sie im Projekt Gutenberg finden, können Sie gar nicht lesen.*

14.6 Social Communitys

Soziale Netzwerke oder auch Social Communitys erlangen immer mehr an Bedeutung. Sie dienen der Kontaktaufnahme mit Menschen, die ähnliche Interessen teilen. Bei Ihnen können Sie Informationen tauschen, anderen schreiben, obwohl diejenigen weit weg wohnen, Bilder, Daten und Dokumente austauschen. Und Sie können auch nur miteinander reden und die Weite des Internets nutzen.

Beachten Sie aber: Soziale Netzwerke werden manchmal auch dazu genutzt, Frust abzulassen, andere zu beschimpfen oder falsche Informationen zu verbreiten. Überlegen Sie sich, welche Informationen und Daten Sie preisgeben. Und ignorieren Sie Störenfriede. Nutzen Sie bei Bedarf Blockfunktionen. Entscheiden Sie genau, mit wem Sie sich verbinden.

14.6 Social Communitys

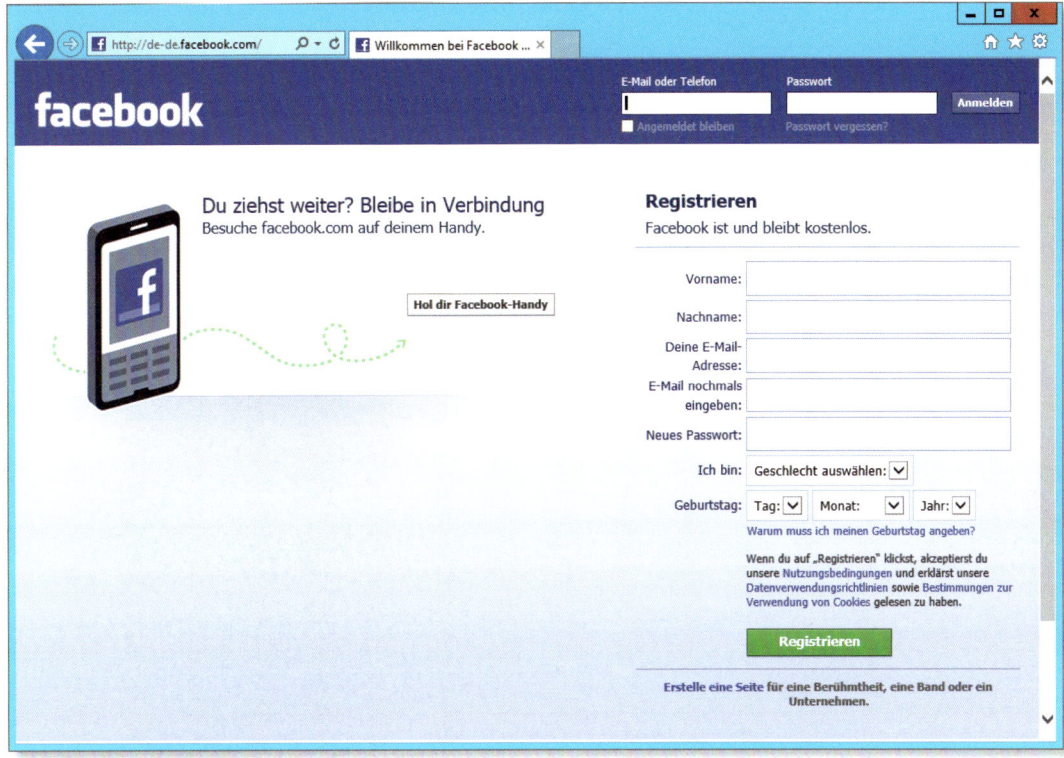

▲ **Abbildung 14.13** Facebook ist, wie andere soziale Netzwerke, kostenlos

Ich möchte Ihnen den Besuch der sozialen Netzwerke nicht ausreden. Schauen Sie sich um. Finden Sie Freunde, Nutzer mit gleichen Interessen und interessante Gruppen. Es macht auf jeden Fall jede Menge Spaß.

Bekannte Social Communitys sind Facebook, Twitter, Jappy und schülerVZ. Xing ist eher für Freischaffende, Gewerbetreibende, kleine Firmen und andere Unternehmer interessant.

Hier die URLs dazu:

- *http://de-de.facebook.com/*
- *https://twitter.com/*
- *http://www.jappy.de/*
- *http://www.schuelervz.net/Default*
- *http://www.blog.de/*
- *http://www.xing.com/de*

Kapitel 15
Netzwerk- und Internetverbindungen einrichten

Eine Verbindung ins Internet ist heutzutage schon fast ein Muss für einen PC. Mit einer solchen Verbindung können Sie Programme aktivieren, Updates für Anwendungen und das Betriebssystem einspielen, die Datenbank der Sicherheitssuite auf den neusten Stand bringen und natürlich die vielen Möglichkeiten des Internets nutzen.

Das Internet eröffnet eine unglaubliche Zahl an Möglichkeiten. Sicherlich wollen auch Sie mit Ihrem Rechner online gehen, um diese Möglichkeiten zu nutzen. Zuvor müssen Sie eine Verbindung in das Internet einrichten.

In Windows 8 ist das Einrichten einer Verbindung zum Internet sehr einfach. In der Regel steht dem Anwender eine DSL-Verbindung zur Verfügung. Auf den Motherboards aktueller Rechner ist bereits ein Netzwerkinterface integriert. Eine zusätzliche Netzwerkkarte wird nur bei älteren Rechnern benötigt und dann, wenn die Netzwerkanschlüsse des Windows-8-Rechners nicht ausreichen. Das könnte der Fall sein, wenn Sie das Internet und ein internes Netzwerk nutzen möchten. Der PC und das DSL-Modem werden mit einem Netzwerkkabel verbunden. Manchmal steht auch ein Router zur Verfügung. Er steht dann zwischen beiden Geräten. Der Vorteil: Mit einem DSL-Anschluss können mehrere Rechner das Internet nutzen.

Um unter Windows 8 eine Netzwerkverbindung einzurichten, müssen Sie nicht mehr die Dialoge eines Assistenten durchlaufen und komplizierte Einstellungen in Dialogboxen vornehmen. Selbst wenn Sie im Umgang mit einem Windows-PC wenig erfahren sind, werden Sie diese Hürde schnell überwinden.

Windows 8 bietet Ihnen noch einiges mehr. Sie können eine Netzwerkverbindung verwalten und überwachen. Es lassen sich verschiedene Einstellungen festlegen. In diesem Kapitel möchte ich Ihnen einige dieser Möglichkeiten vorstellen.

Nach ein paar Grundlagen zum Thema zeige ich Ihnen in den folgenden Abschnitten, wie Sie eine Netzwerkkarte mit einem DSL-Modem verbinden. Sie lernen das *Netzwerk- und Freigabecenter* und seine Möglichkeiten kennen sowie den Dialog, mit dem Sie eine Verbindung herstellen oder auch trennen. Ich zeige Ihnen, wie Sie den Status der aktuell aktiven LAN-Verbindung einsehen und welche Möglichkeiten Sie mit dem Internetverbindungsassistenten haben. Sie werden lesen, wie Sie eine Wählverbindung einrichten. Sie erfahren, wie Sie ein neues Netzwerk erstellen und so die Verbindung von Ihrem Rechner zu Ihrem DSL-Router klappt. Im zweiten Teil des Kapitels zeige ich Ihnen, wie Sie eine IP-Adresse selbst festlegen. Sie lernen, dass es beim Festlegen dieser Adresse Unterschiede zwischen den Internetprotokollen der Versionen 4 und 6 gibt.

Kapitel 15: Netzwerk- und Internetverbindungen einrichten

Abschließend lesen Sie, wie ein WINS- und ein DNS-Server festgelegt werden. Das Kapitel schließt mit einem Abschnitt zum Thema Routing und zu den Möglichkeiten, wie Sie Ihren Netzwerkverkehr überwachen können.

15.1 Eine Netzwerkverbindung aufnehmen und verwalten

Ich gehe im Folgenden davon aus, dass Sie über eine DSL-Verbindung verfügen und bereits ein DSL-Modem bei Ihnen vorhanden und betriebsbereit ist. Darüber hinaus sollten Sie ein Netzwerkkabel bereitlegen. Sie können ein solches im Elektronikhandel und in vielen Internetshops bestellen. Ob bei Amazon, Pollin Elektronik oder Conrad: Ein Netzwerkkabel gibt es hier immer. Es kostet nur wenige Euro.

Eine kleine Einführung zum Thema Netzwerk

Bei der Arbeit mit Netzwerken trifft man hier und da auf bestimmte Fachbegriffe. Nicht alle möchte ich Ihnen in diesem Kapitel vorstellen. Dazu ist das Thema »Netzwerk« viel zu umfassend. So werde ich nur ein wenig an der Oberfläche kratzen.

Verschiedene Typen von Netzwerken

Man unterscheidet verschiedene Netzwerktypen voneinander. Einige werden Sie sicher kennen, andere sind Ihnen vielleicht weniger geläufig.

So spricht man von einem *verkabelten Netzwerk*, wenn die Netzwerkkarte des Rechners mit dem DSL-Modem oder dem Router über ein Netzwerkkabel verbunden ist.

Ein *Drahtlosnetzwerk* kennen Sie vermutlich auch unter dem Begriff WLAN oder auch Wireless LAN.

Ein *Ad-hoc-Netzwerk* ist ein Netzwerk, bei dem zwei WLAN-Geräte miteinander verbunden werden und direkt miteinander kommunizieren.

Bei einer *VPN-Verbindung* wird ein Anwender, der sich in einem Netzwerk befindet, über eine Schnittstelle in ein anderes Netzwerk gebracht. Wie bei einer Bahnweiche gelangt man so von einer Strecke auf eine andere.

Wichtig ist in einem Netzwerk die *Datenübertragungsrate*. Das ist die Geschwindigkeit, mit der die Daten von A nach B gelangen. Sie wird von der Leistungsfähigkeit der DSL-Leitung bestimmt. Diese stellt Ihr Provider zur Verfügung. Beachten Sie, dass die maximal mögliche Geschwindigkeit durch andere Teilnehmer gebremst wird. Entscheidend sind auch die Datenübertragungsraten des Modems sowie die des Routers.

In naher Zukunft werden neue Technologien und Übertragungstechniken eine wichtige Rolle spielen. Bei Mobiltelefonen, Smartphone wird LTE für mehr Geschwindigkeit sorgen. LTE ist der Nachfolger von UMTS.

Der neue Standard IEEE 802.11 ac wird WLAN-Netzwerke schneller machen. Bis 6.900 Mbit/s sollen möglich sein. Der Standard 802.11 n schafft gerade einmal 450 Mbit/s.

Die Telekom beginnt, Glasfasernetze zu installieren und interessierte Kunden Anschlüsse daran anzubieten. Was in den USA und Japan schon lange üblich ist, wird nun auch in Deutschland eingeführt.

Lassen Sie sich durch die verschiedenen Techniken und die neuen Technologien nicht irremachen. Es ist ein normaler Vorgang, dass Techniken weiterentwickelt und dass neue Technologien entwickelt werden und auf den Markt kommen. Stürzen Sie sich nicht gleich auf coole Neuerungen. Warten Sie, bis diese bezahlbar und vor allem ausgereifter werden.

Windows 8 unterscheidet die Netzwerkstandorte: *private Netzwerke* und *Gast oder öffentliche Netzwerke*. Im Unterschied zu Windows 7 gibt es nur noch zwei Netzwerkstandorte.

Das private Netzwerk ist in den meisten Fällen die richtige Wahl. Hier befinden sich die Geräte, die Sie zu

15.1 Eine Netzwerkverbindung aufnehmen und verwalten

Hause verwenden. Das aus Windows 7 bekannte Arbeitsplatznetzwerk wird nun zum privaten Netzwerk hinzugezählt.

Das öffentliche Netzwerk wird für Cafés, Gaststätten, Bibliotheken, Flughäfen und Plätze verwendet. Ein solches Netzwerk steht jedem offen.

Der Netzwerkstandort ist für die Windows-Firewall und die zu verwendenden Schutzmaßnahmen wichtig.

Einige weitere Begriffe, die im Umgang mit dem Netzwerk eine Rolle spielen, lernen Sie im Laufe dieses Kapitels näher kennen.

INFO

Was tun, wenn das Netzwerk ausfällt?
Es kann schon mal vorkommen, dass die Verbindung zum Netzwerk abbricht und Sie nicht mehr in das Internet gelangen. Überprüfen Sie in so einem Fall, ob die Steckverbindung vom Netzwerkkabel noch intakt ist.

Möglich ist auch, dass das Modem oder der Router abgestürzt ist. Dann schalten Sie es aus und wieder an. Dazu können Sie auch die Netzverbindung kurz trennen und neu aufnehmen.

Eine weitere Möglichkeit ist, dass der Router beim DSL-Provider abgestürzt ist oder dass die Verbindung aufgrund von Bauarbeiten getrennt wurde. Warten Sie in so einem Fall eine Weile; dann sollte das Problem behoben sein.

So verbinden Sie Ihre Netzwerkkarte mit einem DSL-Modem

Das Netzwerksymbol in der Taskleiste ist mit einem roten Kreuz markiert ❶. Windows 8 zeigt so an, dass keine Netzwerkverbindung besteht.

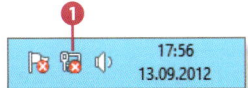

▲ *Abbildung 15.1 Es besteht keine Netzwerkverbindung.*

Ist Ihr Router bereits angeschlossen, angeschaltet und sind die nötigen Kabel verbunden, müssen Sie nur noch Ihren Rechner anschließen.

Verbinden Sie den Netzwerkanschluss des Rechners mit demjenigen am DSL-Modem. In der Taskleiste von Windows 8 zeigt ein kleines Symbol an, dass nun eine Netzwerkverbindung besteht ❷.

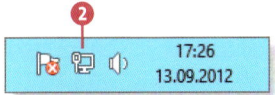

▲ *Abbildung 15.2 Das Kreuz über dem Monitor und Netzwerkkabel ist nicht mehr zu sehen.*

Das Netzwerk- und Freigabecenter einsehen

Das *Netzwerk- und Freigabecenter* ist die Schaltzentrale für alle Ihre Verbindungen (siehe Abbildung 15.7). Hier verwalten Sie sowohl lokale wie auch externe Netzwerke. Es ist also Ihre wichtigste Anlaufstelle, wenn es darum geht, Netzwerkverbindungen herzustellen. Und dazu gehört natürlich auch die Verbindung ins Internet über ein DSL-Modem.

So erreichen Sie das Netzwerk- und Freigabecenter

Über das Kontextmenü des Netzwerksymbols in der Windows-8-Taskleiste (klassischer Desktop) gelangen Sie in das **Netzwerk- und Freigabecenter**.

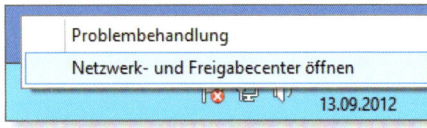

▲ *Abbildung 15.3 Im Kontextmenü des Netzwerksymbols finden Sie nur zwei Funktionen.*

Diesen Dialog erreichen Sie auch über die **Systemsteuerung** mit **Netzwerk und Internet > Netzwerk- und Freigabecenter**. Über das Kontextmenü des Netzwerksymbols geht es aber schneller zum Ziel.

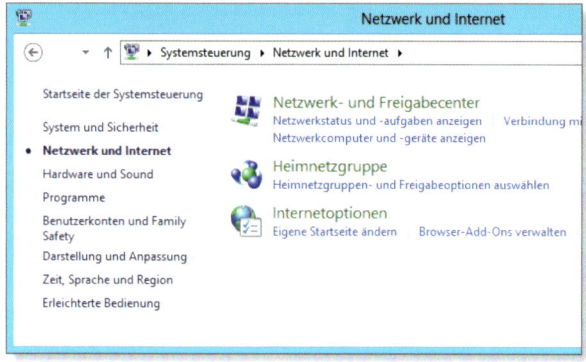

▲ **Abbildung 15.4** Das »Netzwerk- und Freigabecenter« von Windows 8

Über die Schaltfläche **Netzwerk** auf dem Windows-8-Desktop erreichen Sie zunächst nur eine Übersicht der Netzwerkgeräte. Diese wird in einer angepassten Ansicht des Windows-Explorers angezeigt.

▲ **Abbildung 15.5** Mit diesem Desktop-Symbol öffnen Sie die »Netzwerk«-Ansicht.

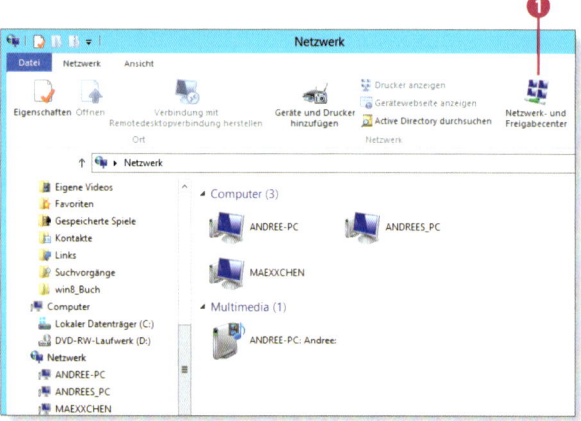

▲ **Abbildung 15.6** Die »Netzwerk«-Ansicht des Windows-Explorers, hier noch recht leer.

Die **Netzwerk**-Ansicht im Windows-Explorer zeigt verschiedene Netzwerkgeräte und -ressourcen an. Sie können über die Symbolschaltflächen in der Multifunktionsleiste des Dateimanagers einen Netzwerkdrucker hinzufügen, ein Drahtlosgerät einrichten und – da haben Sie es – das **Netzwerk- und Freigabecenter** öffnen ❶.

Das Netzwerk- und Freigabecenter verwenden

Das **Netzwerk- und Freigabecenter** besitzt zwei wichtige Funktionen: Zum Ersten erhalten Sie von hier aus einen Überblick über Ihr Netzwerk. Alle wichtigen Einstellungen sind von einem Punkt aus leicht erreichbar. Sie sehen mit einem Blick, ob das Netzwerk funktioniert und wer mit wem verbunden ist.

Zum Zweiten können Sie hier Freigaben erstellen. Das heißt, Sie legen von hier aus fest, wer bestimmte Möglichkeiten nutzen darf und wer nicht. Schauen wir uns einmal im **Netzwerk- und Freigabecenter** um.

Im Dialog sehen Sie eine vereinfachte Übersicht Ihres Netzwerkes. Angezeigt werden der Netzwerkstandort, der Zugriffstyp und die Verbindung zum Internet (siehe Abbildung 15.7).

Darunter finden Sie die aktiven Netzwerke. In meinem Beispiel wird nur ein Netzwerk angezeigt. **Öffentliches Netzwerk** ist aktiv ❷. Auf der rechten Seite werden der **Zugriffstyp** und der Verbindungstyp aufgelistet ❸. Als Zugriffstyp finde ich hier **Internet**. Es könnte auch ein lokales Netzwerk angezeigt werden. Bei **Verbindungen** ist natürlich **Ethernet** zu lesen – der Rechner nutzt die Netzwerkkarte für den Zugriff auf das Internet.

Unter der Anzeige der aktiven Netzwerke finden Sie zwei Funktionen, mit der sich die Netzwerkeinstellungen verändern lassen. Diese möchte ich Ihnen noch näher vorstellen. Folgende Funktionen gibt es:

- Neue Verbindung oder neues Netzwerk einrichten ❹
- Probleme beheben ❺

Über das Menü auf der linken Seite ❻ können Sie die Adaptereinstellungen verändern und die erweiterten

15.1 Eine Netzwerkverbindung aufnehmen und verwalten

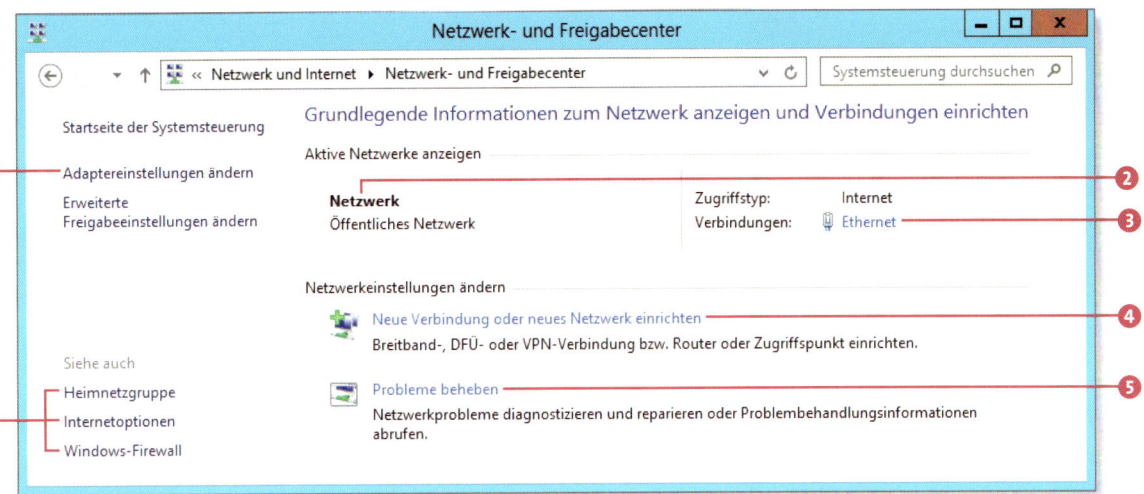

▲ **Abbildung 15.7** Das »Netzwerk- und Freigabecenter« zeigt an, dass mein Windows-8-Rechner mit dem Internet verbunden ist. Die schematische Übersicht, wie man sie aus Windows 7 kannte, ist hier nicht mehr vorhanden. Es werden nur noch der Netzwerkstandort und der Zugriffstyp angezeigt.

Freigabeeinstellungen bearbeiten. Über Menülinks in der linken unteren Ecke ❼ des Dialogfensters erreichen Sie die **Heimnetzgruppe**, die **Internetoptionen** und die **Windows-Firewall**.

Die Verbindung überprüfen

Bewegen Sie die Maus auf das Netzwerksymbol in der Taskleiste (klassischer Desktop von Windows 8). Führen Sie keinen Mausklick aus. Warten Sie kurz. Im Infobereich der Taskleiste wird nun ein kleiner Infodialog eingeblendet. Sie sehen, mit welchem Netzwerk Sie verbunden sind.

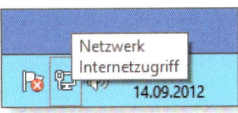

▲ **Abbildung 15.8** Mein Rechner ist verbunden.

Interessant wird der Dialog, wenn Sie auch ein WLAN nutzen können. Ist ein WLAN-Adapter in Ihrem Rechner vorhanden oder haben Sie ein entsprechendes Gerät an den Rechner angesteckt (zum Beispiel einen WLAN-USB-Adapter), so werden hier die erreichbaren Funknetze angezeigt. Über diesen Dialog können Sie eine Verbindung zu einem WLAN aufnehmen. Voraussetzung dafür ist natürlich, dass Sie die Zugangsdaten kennen. Mehr zu WLANs lesen Sie in Kapitel XXX, »Windows 8 auf einem Notebook betreiben«.

Den Status der LAN-Verbindung einsehen

Im **Netzwerk- und Freigabecenter** sehen Sie auf der rechten Seite, im Bereich **Aktive Netzwerke anzeigen**, den Begriff **Verbindungen**. Dahinter steht in der Regel **LAN-Verbindung** – oder eben ein anderer Verbindungstyp, wenn Sie einen solchen verwenden. Dahinter sollte in den meisten Fällen **Ethernet** stehen. Klicken Sie darauf.

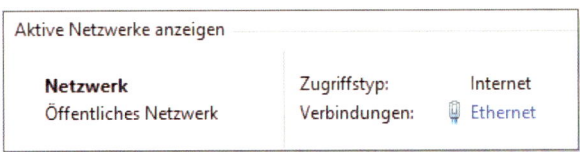

▲ **Abbildung 15.9** Wählen Sie rechts »Ethernet«.

Nun wird das Fenster **Status von Ethernet** eingeblendet.

307

Kapitel 15: Netzwerk- und Internetverbindungen einrichten

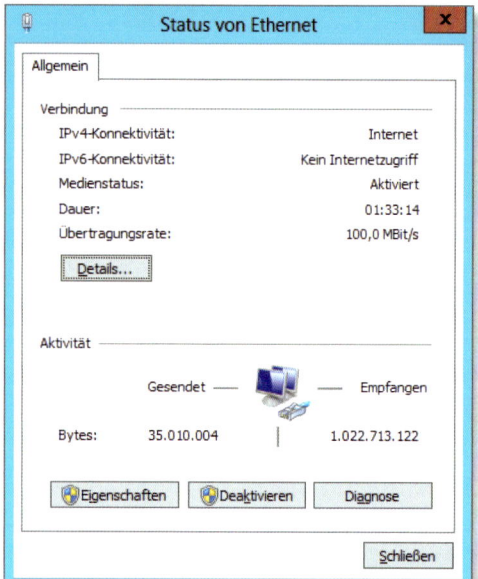

▲ **Abbildung 15.10** *Sie sehen hier einige interessante Daten zu Ihrem Netzwerkzugang.*

Schauen Sie sich den Dialog **Status von LAN-Verbindung** einmal etwas genauer an. Sie sehen zunächst, welches Internetprotokoll verwendet wird. Darunter sehen Sie, ob der Zugriff aktiv oder nicht aktiv ist. Angezeigt werden die **Dauer** der Verbindung und die **Übertragungsrate**.

Im Bereich **Aktivität** sehen Sie, wie viele Bytes empfangen und wie viele gesendet wurden. Sie können hier also mitverfolgen, wie Daten von Ihrem Rechner aus in das Internet gesendet werden und umgekehrt. Machen Sie sich keine Gedanken darüber, wenn ohne Ihr Zutun Daten in das Internet gesendet werden. Einige Anwendungen und Windows-Dienste überprüfen, ob Updates zur Verfügung stehen. Auch beim Surfen im Internet gehen Daten in beide Richtungen. Erst wenn viele Daten übertragen werden, obwohl Sie keine Aktion ausgeführt haben, die dafür verantwortlich sein könnte, sollten Sie sich Gedanken machen. In so einem Fall ist vielleicht ein Trojaner, ein Spyware- oder Adware-Programm aktiv. Das muss nicht sein, kann aber darauf hindeuten. Untersuchen Sie mit einem aktualisierten Antivirusprogramm Ihre Festplatte.

Über die Schaltflächen können Sie mehr Informationen zu der aktiven Verbindung, die Eigenschaften und eine Diagnose aufrufen. Über eine weitere Schaltfläche in diesem Dialog können Sie die Verbindung deaktivieren. Das ist sinnvoll, wenn Sie keine Aktionen im Internet ausführen, sondern sich an Ihrem Rechner mit etwas anderem beschäftigen. Dann deaktivieren Sie für eine Zeit die Verbindung und schalten sie wieder an, sobald Sie sie wieder nutzen möchten.

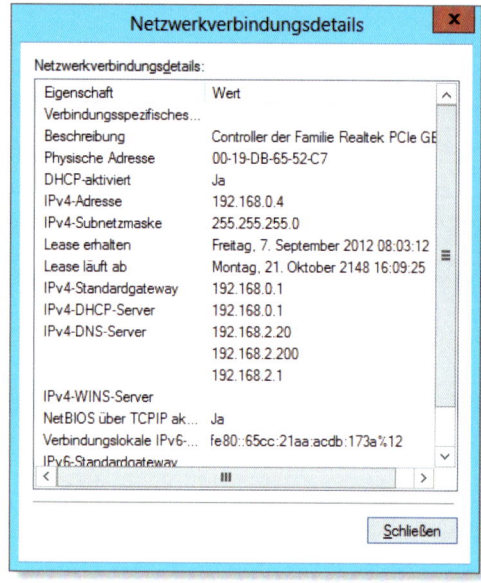

▲ **Abbildung 15.11** *Die Netzwerkverbindungsdetails zeigen mir, welche IP-Adresse ich aktuell verwende.*

Die Details sind für erfahrene Anwender und Netzwerkspezialisten interessant. Sie können sie aber auch aufrufen, wenn Sie bestimmte Informationen brauchen. So finden Sie hier Ihre IP-Adresse. Der Name des Routers wird hier angezeigt, sofern ein solcher verwendet wird. Sie sehen, ob ein Gateway verwendet wird und welche Adresse es hat.

Die Schaltfläche **Eigenschaften** öffnet einen Dialog, der zum verwendeten Router oder DSL-Modem gehört. Welche Eigenschaften angezeigt werden, hängt von dem Gerät ab, mit dem Ihr Rechner per Netzwerkkabel verbunden ist. Hier wird aufgelistet, welche Elemente die Verbindung nutzt. Nehmen Sie an dieser

15.1 Eine Netzwerkverbindung aufnehmen und verwalten

Stelle keine Veränderungen vor, es sei denn, Sie sind sich über die Auswirkungen einer Anpassung im Klaren. Im Dialog sehen Sie unter anderem die aktiven Internetprotokolle und Treiber.

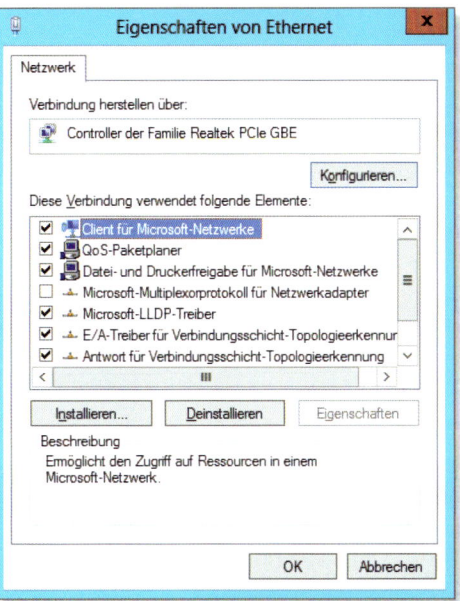

▲ **Abbildung 15.12** Die »Eigenschaften von Ethernet« richten sich an erfahrene Anwender.

Die **Diagnose** benötigen Sie nur, wenn Sie Probleme mit der Netzwerkverbindung haben. Windows 8 versucht dann automatisch, diese Probleme zu finden und geeignete Maßnahmen vorzuschlagen. Diese »Windows-Netzwerkdiagnose« findet aber nicht in jedem Fall die passende Lösung.

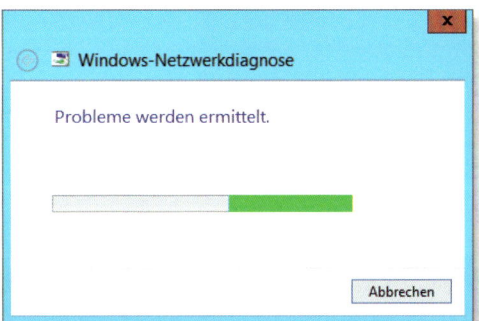

▲ **Abbildung 15.13** Mit der »Netzwerkdiagnose« können Sie Lösungen für verschiedene Netzwerkprobleme finden.

Sind keine Probleme vorhanden, sehen Sie folgenden Dialog, in dem Ihnen nun weitere Optionen angeboten werden.

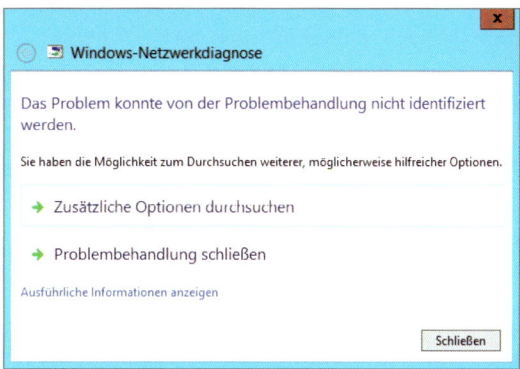

▲ **Abbildung 15.14** Das Problem konnte nicht ermittelt werden.

Mit der Funktion **Zusätzliche Optionen durchsuchen** erhalten Sie ein Dialogfenster mit verschiedenen hilfreichen Links. Diese führen Sie zum Microsoft-Online-Support, zu einer Datenbank mit häufig auftretenden Fragen und dazu passenden Antworten und zu Windows-Communitys. Ich frage mich an dieser Stelle jedoch, wie sinnvoll ein Link zu einer Internet-Community und einem Online-Support ist, wenn das Netzwerk eine Macke hat.

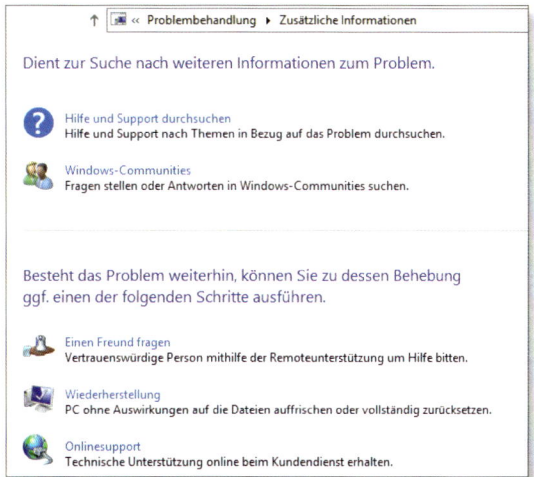

▲ **Abbildung 15.15** Unter den Optionen verbergen sich verschiedene Hilfefunktionen.

Über weitere Funktionen können Sie auf einen Wiederherstellungspunkt zurückgreifen und so Ihr System auf einen älteren Stand zurücksetzen. Das ist sinnvoll, wenn es nach der Installation eines Programms, eines Treibers oder nach dem Einspielen eines Updates Probleme gibt. Achten Sie bitte darauf, dass Sie immer vorher Datensicherungen und Wiederherstellungspunkte erstellen. Sie werden diese Übervorsichtigkeit zu schätzen wissen, wenn doch einmal ein Problem auftaucht und Sie auf die zuvor erstellten Backups und Wiederherstellungspunkte zurückgreifen können (siehe auch Kapitel 26, »Dateien sichern«, ab Seite 541). Unter Windows 8 bietet sich hier das Zurücksetzen und das Auffrischen des PCs an. Schließlich finden Sie im Dialog noch eine Remotefunktion, über die Sie Kontakt mit einem Freund aufnehmen und diesen um Hilfe bitten können.

Deaktivieren Sie die Netzwerkverbindung, dann sehen Sie im »Netzwerk- und Freigabecenter« diesen Hinweis.

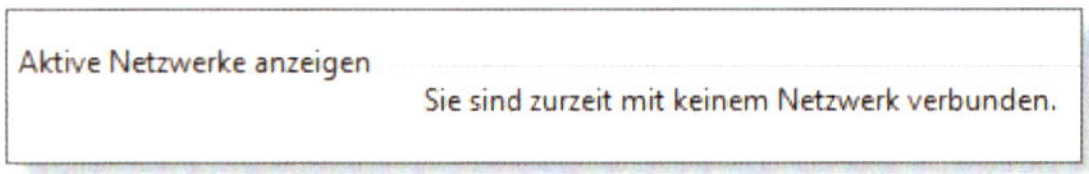

Abbildung 15.16 Sie sind nicht verbunden.

Den Netzwerkstandort korrigieren

Im Unterschied zu Windows 7 legen Sie bei Windows 8 nicht mehr den Netzwerkstandort fest. Beim ersten Einrichten des Betriebssystems und beim späteren Einrichten einer Netzwerkverbindung werden Sie gefragt, ob Sie das Teilen von Inhalten verwenden wollen. Bestätigen Sie dies, wird als Netzwerkstandort »privates Netzwerk« verwendet.

Auf einem Umweg können Sie diese Klassifizierung verändern:

1 Wechseln Sie auf den Startbildschirm.

2 Öffnen Sie die **Schnelleinstellungen**. Wählen Sie hier **Einstellungen > Netzwerk**.

3 Öffnen Sie das Kontextmenü über der Option **Netzwerk**. Klicken Sie auf **Freigabe aktivieren bzw. deaktivieren**.

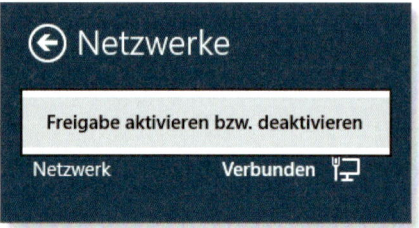

Abbildung 15.17 Über das An- und Ausschalten der Freigabe ändern Sie den Standort.

4 Wählen Sie die Option **Nein, Teilen nicht aktivieren und nicht mit Geräten verbinden**.

Um den Netzwerkstandort wieder zu ändern, gehen Sie vor wie beschrieben. Wählen Sie diesmal jedoch: **Ja, Teilen aktivieren (und) mit Geräten verbinden**.

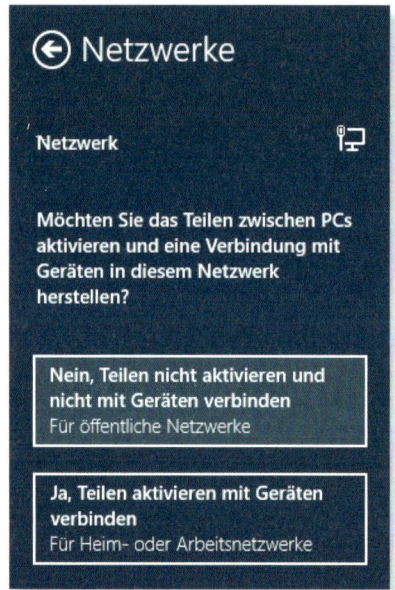

Abbildung 15.18 Schalten Sie das Teilen von Inhalten aus.

Das Menü **Schnelleinstellungen** von Windows 8 wird übrigens auch als »Charms-Menü« bezeichnet.

15.1 Eine Netzwerkverbindung aufnehmen und verwalten

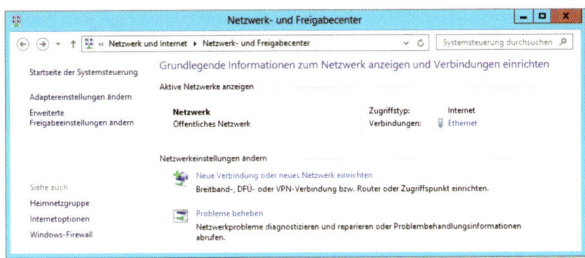

▲ **Abbildung 15.19** *Im Beispiel ist der Netzwerkstandort nun »Öffentliches Netzwerk«.*

Eine Verbindung deaktivieren und wieder aktivieren

Klicken Sie im **Netzwerk- und Freigabecenter** auf **Ethernet**, gelangen Sie in den Dialog **Status von Ethernet**. Hier können Sie mit einem Mausklick auf die Schaltfläche **Deaktivieren** die Netzwerkverbindung trennen ❶.

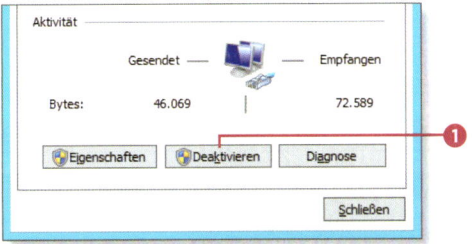

▲ **Abbildung 15.20** *Eine Schaltfläche trennt die Verbindung zum Netzwerk.*

Aber wie nehmen Sie nun die Verbindung wieder auf? Ganz einfach:

1 Wählen Sie im **Netzwerk- und Freigabecenter** die **Adaptereinstellungen** ❷. Sie sehen diese Funktion links oben.

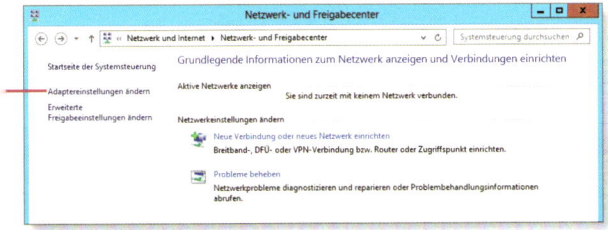

▲ **Abbildung 15.21** *Öffnen Sie die Adaptereinstellungen.*

2 Sie sehen nun die eingerichteten Netzwerkverbindungen. Im Dialog sollte bei Ethernet der Hinweis **Deaktiviert** ❸ stehen.

▲ **Abbildung 15.22** *Das Netzwerk ist noch deaktiviert.*

3 Öffnen Sie auf diesem Eintrag das Kontextmenü, und wählen Sie **Aktivieren**.

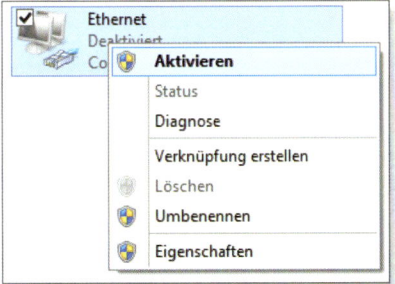

▲ **Abbildung 15.23** *Über das Kontextmenü schalten Sie die Netzwerkverbindung wieder an.*

Wenn Sie öfter die Netzwerkverbindung aus- und wieder einschalten, ist die vorgestellte Vorgehensweise etwas umständlich. Es geht natürlich auch etwas einfacher:

1 Öffnen Sie die Netzwerkverbindungen. Zur Erinnerung: Öffnen Sie das **Netzwerk- und Freigabecenter**. Wählen Sie **Adaptereinstellungen** ändern.

2 Ziehen Sie das Symbol **Ethernet** auf den Desktop.

▲ **Abbildung 15.24** *Erstellen Sie ein Desktopsymbol für die Verbindung zum Netzwerk.*

Über das Kontextmenü des erstellten Desktopsymbols können Sie nun die Verbindung zum Netzwerk an- oder ausschalten.

Kapitel 15: Netzwerk- und Internetverbindungen einrichten

So verwenden Sie den Internetverbindungsassistenten

Ein Assistent von Windows 8 unterstützt Sie beim Erstellen einer neuen Netzwerkverbindung. Um ihn zu benutzen, gehen Sie wie folgt vor:

1 Öffnen Sie das **Netzwerk- und Freigabecenter**. Wählen Sie im Bereich **Netzwerkeinstellungen ändern** den Eintrag **Neue Verbindung oder neues Netzwerk einrichten**.

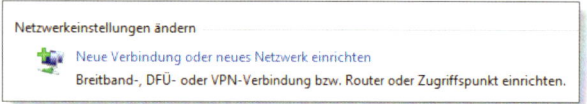

▲ *Abbildung 15.25 Eine neue Verbindung wird eingerichtet.*

2 Wählen Sie eine der möglichen Verbindungsoptionen. Für die Einrichtung eines Netzwerks ist **Verbindung mit dem Internet herstellen** die richtige Wahl.

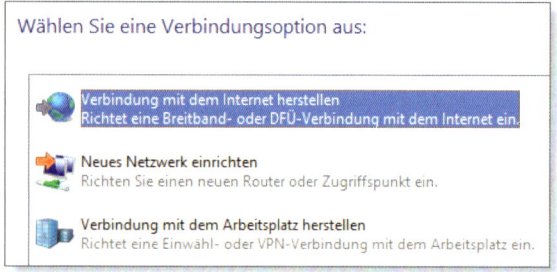

▲ *Abbildung 15.26 Wählen Sie eine Verbindungsoption aus.*

3 Der Assistent fragt Sie nun, wie die Verbindung hergestellt werden soll. Die Auswahl **Breitband (PPPoE)** ist für eine DSL-Verbindung die richtige Wahl.

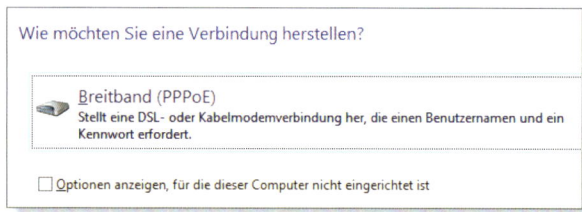

▲ *Abbildung 15.27 In meinem Beispiel stellt mir Windows 8 nur eine Auswahl zur Verfügung.*

4 Im nächsten Fenster tragen Sie die Benutzerdaten ein, die Sie von Ihrem Provider erhalten haben. Dazu ergänzen Sie das zugehörige Passwort. Mit der Option **Dieses Kennwort speichern** müssen Sie es bei der nächsten Anwahl nicht noch einmal angeben, Windows speichert es für Sie.

Geben Sie für die neue Verbindung eine Bezeichnung ein, z. B. Ihren Namen oder den des Providers. Schalten Sie die Option **Anderen Benutzern erlauben, diese Verbindung zu verwenden** an – es sei denn, Sie möchten Nutzern, die an Ihrem Rechner arbeiten oder spielen, diese Möglichkeit verwehren. Bestätigen Sie mit **Verbinden**.

TIPP

Wo bekomme ich die Zugangsdaten her?
Die Zugangsdaten für das Erstellen einer Verbindung in das Internet erhalten Sie von Ihrem Provider. Oft wird ein komplettes Handbuch mitgeliefert, das Schritt für Schritt alle notwendigen Einstellungen beschreibt. Manchmal liegt aber auch eine CD oder DVD bei. Auf ihr finden Sie ein Programm, das viele der Einstellungen anpasst und Ihnen das Einrichten der Internetverbindung erleichtert.

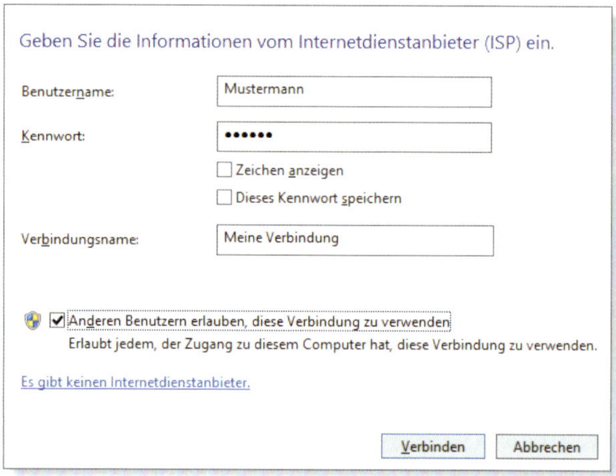

▲ *Abbildung 15.28 Nach Eingabe der Zugangsdaten ist das Erstellen der neuen Verbindung beendet.*

Modem oder ISDN: Eine Wählverbindung einrichten

Nicht immer steht eine schnelle DSL-Verbindung zur Verfügung. Gerade in ländlichen Gegenden müssen Sie zu einem Modem greifen oder aber ein Funknetz verwenden.

1 Mit dem Netzwerkverbindungsassistenten können Sie auch ein Modem einrichten. Wählen Sie **Verbindung mit dem Arbeitsplatz herstellen**.

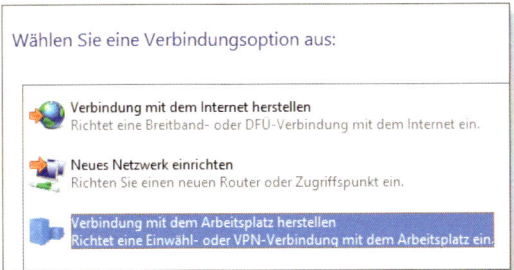

▲ *Abbildung 15.29* *In Windows 8 können Sie auch noch eine Wählverbindung einrichten.*

2 Im nächsten Fenster entscheiden Sie sich für **Direkt wählen**.

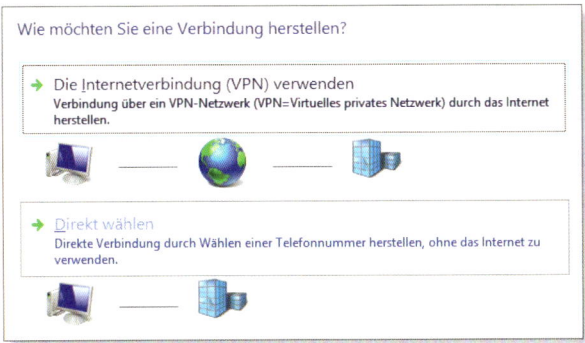

▲ *Abbildung 15.30* *Mit »Direkt wählen« haben Sie die richtige Funktion gewählt.*

Windows 8 versucht nun, das angeschlossene Modem zu erkennen. Gelingt dies, geben Sie die Verbindungsdaten Ihres Providers an.

Bitte beachten Sie: Herkömmliche Modems sind in ihrer Leistungsfähigkeit sehr eingeschränkt. Große Datenmengen können Sie damit nicht übertragen. Im WWW dauert es lange, bis einzelne Webseiten aufgebaut werden. Als Alternative sollten Sie sich informieren, ob an Ihrem Wohnort ein Funknetzwerk zur Verfügung steht.

Die Heimnetzgruppen-Einstellungen einsehen und anpassen

Aus dem **Netzwerk- und Freigabecenter** heraus erreichen Sie die Einstellungen zur Heimnetzgruppe. Wählen Sie **Heimnetzgruppe**.

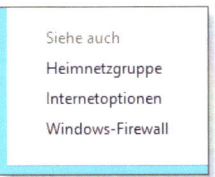

▲ *Abbildung 15.31* *Über diese Funktion verändern Sie die Einstellungen zur Heimnetzgruppe.*

Sie gelangen zunächst in ein Dialogfenster, das Ihnen eine Reihe verschiedener Optionen anbietet. So können Sie von hier aus freizugebende Elemente wählen, das Kennwort für die Heimnetzgruppe anpassen und die Heimnetzgruppe verlassen. Von hier aus erreichen Sie die erweiterten Freigabeeinstellungen und können einen Diagnoseassistenten starten.

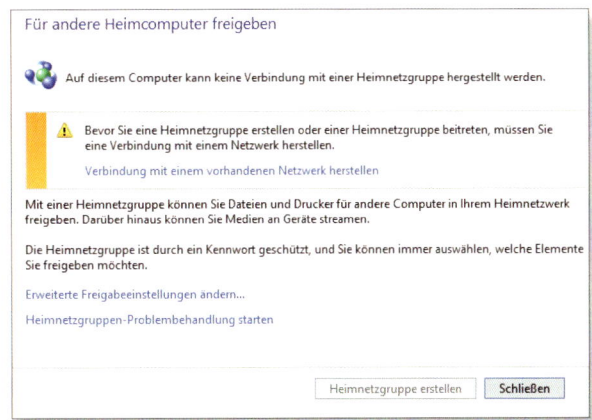

▲ *Abbildung 15.32* *Es gibt nicht besonders viele Einstellungen zur verwendeten Heimnetzgruppe.*

Kapitel 15: Netzwerk- und Internetverbindungen einrichten

Auf den DSL-Router zugreifen

Mit Windows 8 können Sie auch auf den Router selbst zugreifen und seine Eigenschaften anzeigen lassen, ihn einrichten oder die Einstellungen anpassen. Wählen Sie im **Netzwerk- und Freigabecenter** die Funktion **neues Netzwerk einrichten**. Windows 8 scannt das Netzwerk und versucht, den Router zu finden. Das kann bis zu 90 Sekunden dauern. Gelingt dies, folgen Sie den Anweisungen des Assistenten.

Findet Windows 8 den Router nicht, geben Sie die Adresse im Internet Explorer ein. Die Adresse entnehmen Sie der Gebrauchsanweisung Ihres Routers.

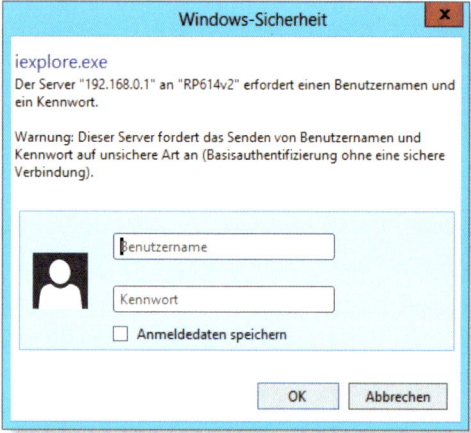

▲ **Abbildung 15.33** *Um auf den Router zuzugreifen, müssen Sie sich an ihm anmelden.*

Um die Eigenschaften eines bereits betriebsbereiten Routers einzusehen und – sofern notwendig – anzupassen, wählen Sie im **Netzwerk- und Freigabecenter** die Funktion **Adaptereinstellungen ändern**. Markieren Sie die Verbindung, und wählen Sie **Eigenschaften** aus dem Kontextmenü.

In der Regel können Sie Routereinstellungen über ein Webfrontend anpassen und ändern. Starten Sie dazu den Internet Explorer, und geben Sie die Adresse des Routers ein. In meinem Beispiel ist dies 192.168.0.1. Ein kleines Fenster klappt auf. Hier müssen Sie nun den Benutzernamen des Administrators und das zugehörige Kennwort eingeben.

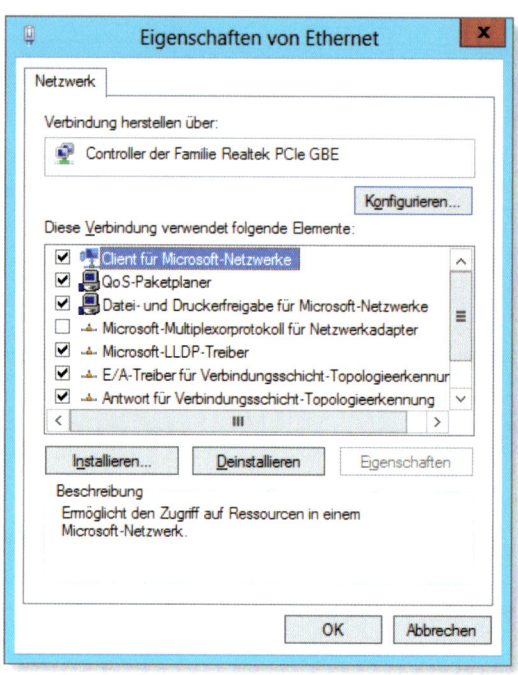

▲ **Abbildung 15.34** *Die Eigenschaften des von mir verwendeten Realtek-Routers*

Ich kann Ihnen leider nicht sagen, welche Einstellungen Sie bei Ihrem Router festlegen können. Je nach Modell, Hersteller und Geräteversion gibt es hier Unterschiede. Mein Router ist z. B. das Modell RP614v2 der Marke NETGEAR (siehe Abbildung 15.35).

Hier legen Sie unter anderem fest, ob Sie eine dynamische IP-Adresse von Ihrem Provider verwenden oder ob Sie eine feste Adresse nutzen. Sie tragen hier die Subnetzmaske ein; diese ist meist 255.255.255.0. Auch die Gateway-Adresse können Sie hier festlegen.

Sehr wichtig ist die integrierte Firewall. Sie können unter anderem bestimmte Websites und Domains sperren. Ich trage hier zum Beispiel Hersteller von Anwendungsprogrammen ein und blockiere so das Übertragen von Logfiles und das automatische Abrufen von Updates. Erst wenn ich nach Updates suchen möchte, entferne ich den Eintrag. Auf diese Weise kann ich bestimmen, wann ein Programm nach Aktualisierungen schaut und diese auf meinen Rechner lädt.

15.1 Eine Netzwerkverbindung aufnehmen und verwalten

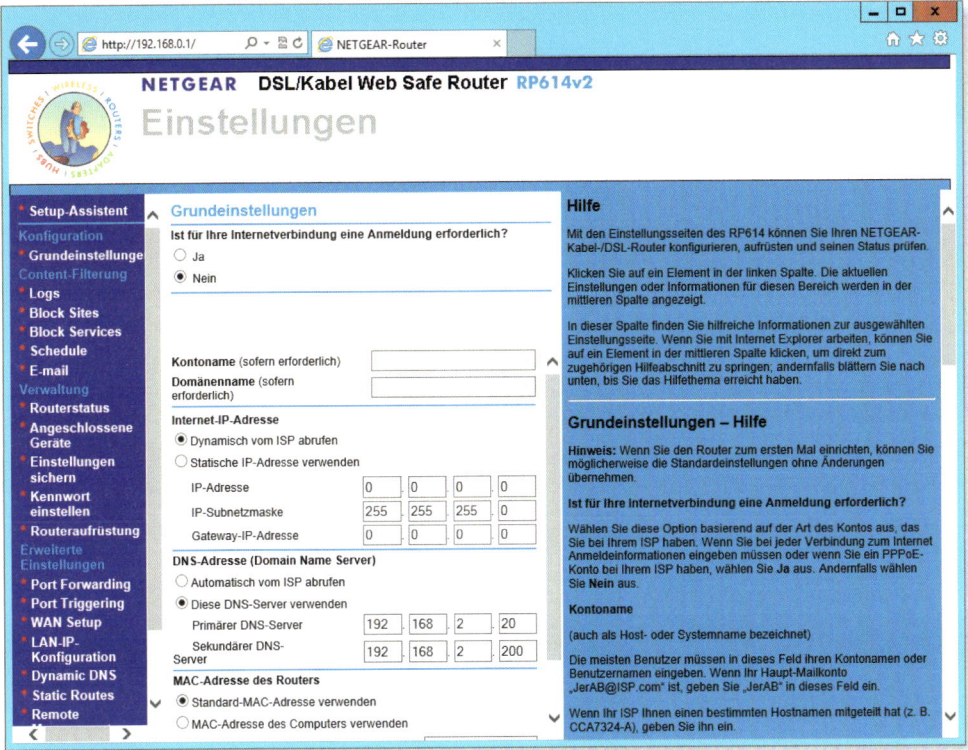

▲ **Abbildung 15.35** *Der Router wird sehr bequem über den Browser eingerichtet.*

Sie können auch bestimmte Portadressenbereiche blockieren bzw. freigeben. Mein DSL-Kabel-Router ermöglicht auch das Festlegen der Zeitzone. Ich kann bestimmen, dass diese synchronisiert wird. Den Eintrag ignoriere ich aber. Die Synchronisierung lässt sich bequemer über die **Systemsteuerung** einrichten. Warnmeldungen und Protokolle können Sie an eine E-Mail-Adresse senden lassen. Auch diese Funktion verwende ich nicht. Bei Bedarf kann ich auch die Logfiles einsehen.

Die Einstellungen des Routers können Sie mit einem Passwort sichern. In den erweiterten Einstellungen finden erfahrene Anwender viele interessante Funktionen. Dazu gehören unter anderem Einstellungen zum Port-Forwarding und -Triggering, Adressreservierungen, Einstellungen zum dynamischen DNS und mehr. Auch eine Remotekonfiguration ist vorhanden, sofern ich den Router aus der Ferne verwalten möchte.

INFO

Was versteht man unter einem ISP?
ISP steht für *Internet Service Provider*. Das ist der Anbieter Ihres Internetzugangs. Ich spreche in diesem Buch oft auch nur vom *Provider*.

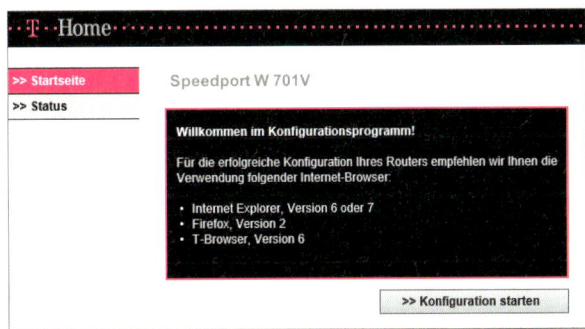

▲ **Abbildung 15.36** *Auch das Telekom-DSL-Modem richten Sie über ein Webfrontend ein.*

15.2 IP-Einstellungen festlegen

Windows 8 bietet jede Menge Einstellungen für Anwender, die Ihr Netzwerk von Hand einrichten möchten. Sicher, Sie können das Netzwerkkabel zwischen Ihrem DSL-Modem und dem Netzwerkinterface des Rechners spannen, die Grundeinrichtung durchlaufen lassen und alles andere Windows 8 überlassen. Dank DHCP ist dies möglich.

In den folgenden Abschnitten werde ich Ihnen aber nicht nur verraten, was DHCP ist, sondern Ihnen auch zeigen, wie Sie verschiedene Netzwerkeinstellungen festlegen. Das ist allerdings nur eine kleine Einleitung zum Thema Netzwerk. Mehr kann ich an dieser Stelle nicht zu Papier bringen, denn das würde sonst den Rahmen des Buches sprengen und weniger Platz für all die anderen interessanten Themen rund um Windows 8 lassen.

Grundlagen zu den IP-Einstellungen

In einem Netzwerk werden verschiedene Protokolle angewandt. Eines der wichtigsten ist *TCP/IP (Transport Control Protocol/Internet Protocol)*. Das Protokoll sorgt dafür, dass alles, Sie von Ihrem Rechner aus senden, in kleine Datenpakete unterteilt wird. Diese werden auf der Seite des Empfängers wieder zu einem Ganzen zusammengefügt. Auf die gleiche Weise werden auch die Daten, die Sie empfangen, in Datenpakete aufgeteilt und am Ziel wieder zusammengesetzt.

TCP/IP besitzt eine weitere wichtige Funktion: Das Protokoll vergibt für jeden Teilnehmer, also jeden Rechner, in einem Netzwerk eine IP-Adresse. In der Regel erfolgt diese Vergabe über DHCP (*Dynamic Host Configuration Protocol*). Die IP-Adresse wird durch einen sogenannten DHCP-Server vergeben. Der Rechner des Anwenders erhält also automatisch eine IP-Adresse. Der DHCP-Server ist dafür verantwortlich, die im Augenblick nicht verwendeten Adressen neuen Teilnehmern im Netzwerk zuzuteilen. Man spricht hier auch von einer *dynamischen Vergabe* der IP-Adresse. Windows 8 unterstützt dieses Verfahren. Sie müssen sich nicht darum kümmern.

Neben der automatischen Vergabe kann auch eine feste IP-Adresse zugeteilt werden. Das ist wichtig, wenn eine Netzwerkverbindung zwischen zwei Geräten erstellt werden soll. Ich nutze das zum Beispiel, um den Festplatten-Receiver Dreambox mit meinem Notebook zu verbinden. Ein Netzwerkkabel zwischen beide Geräte zu schließen, reichte nicht aus. Hier muss jeder wissen, zu wem er seine Daten schicken soll.

Eine IP-Adresse ist so etwas wie eine Postanschrift. Sie bezeichnet ein Gerät und kann innerhalb eines Netzwerks nur einmal verwendet werden.

> **INFO**
>
> **Die IP-Adresse ist wie eine Anschrift**
> Der Vergleich mit der Hausadresse hinkt allerdings ein wenig. In Berlin gibt es einige Straßen und Hausnummern zwei- oder sogar dreimal. Ergänzt man jedoch den Stadtbezirk und/oder die Postleitzahl, wird die Adresse eindeutig.

Die IP-Adresse besteht aus einer Anzahl von Zahlengruppen, die mit Punkten voneinander getrennt werden. Verwendet werden vier Zahlengruppen. In der Regel sind diese dreistellig. In der Regel tragen die Wikinger auch rote Bärte.

Warum sage ich »in der Regel«? Es genügt auch eine ein- oder zweistellige Zahl. So müssen Sie keine »008« schreiben; es genügt eine »8«.

Eine IP-Adresse ist nach dem Muster XXX.XXX.XXX.XXX aufgebaut. Als Zahlengruppe sieht das wie folgt aus: 192.164.171.200.

Beachten Sie, dass jede Zahlengruppe nicht höher als 254 sein darf. Die komplette IP-Adresse muss diese vier Zahlengruppen enthalten. Sie kann nicht aus drei, fünf oder zwei Zahlengruppen bestehen. Sie müssen auch darauf achten, dass jede Zahlengruppe mit einem

Punkt von der anderen getrennt wird. Jedoch steht vor der ersten und nach der letzten Zahlengruppe kein solcher Punkt.

Schauen wir uns diese Grundregeln noch einmal in einer kleinen Zusammenfassung an:

- Eine IP-Adresse besteht aus vier Zahlengruppen.
- Die Zahlengruppen werden durch Punkte voneinander getrennt.
- Jede Zahlengruppe muss ein-, zwei- oder dreistellig sein.
- Jede Zahlengruppe darf eine Zahl im Bereich von 0 bis 254 sein.

Sie können eine IP-Adresse ganz nach Belieben festlegen. Es gibt jedoch drei Adressbereiche, die extra für die Verwendung von Anwendern freigehalten wurden. Ich empfehle Ihnen, diese zu nutzen. Es handelt sich um die folgenden Bereiche:

- 10.0.0.1   bis   10.254.254.254
- 172.16.0.1   bis   172.31.254.254
- 192.168.0.1   bis   192.168.254.254

IP-Adresse, Subnetzmaske und Standardgateway festlegen

Windows 8 unterstützt zwei Versionen des TCP/IP-Protokolls: Version v4 und die aktuellere v6. Version v6 wird nicht überall unterstützt. Deshalb findet sich auch die v4 in den Adaptereinstellungen.

Die IP-Adresse für das Internetprotokoll Version 4 festlegen

So legen Sie die IP-Adresse fest:

1 Begeben Sie sich in die **Systemsteuerung**. Öffnen Sie das **Netzwerk- und Freigabecenter**.

2 Wählen Sie links oben **Adaptereinstellungen ändern**.

3 Markieren Sie die **LAN-Verbindung**. Öffnen Sie das Kontextmenü, und wählen Sie **Eigenschaften**.

4 Markieren Sie den Eintrag **Internetprotokoll Version 4 (TCP/IPv4)**. Klicken Sie auf die Schaltfläche **Eigenschaften**.

5 Schalten Sie die Option **Folgende IP-Adresse verwenden** an. Tragen Sie in das Dialogfeld die Adresse ein, die Sie nutzen möchten. In meinem Beispiel ist dies 192.168.179.25. Als Subnetzmaske verwenden Sie 255.255.255.0. Sie müssen diese Adresse nicht eintragen. Bei einem Mausklick in das Feld trägt Windows 8 die Nummernfolge ein. In das Feld **Standardgateway** tragen Sie 192.168.179.24 ein. Bestätigen Sie mit **OK**. Schließen Sie alle geöffneten Fenster.

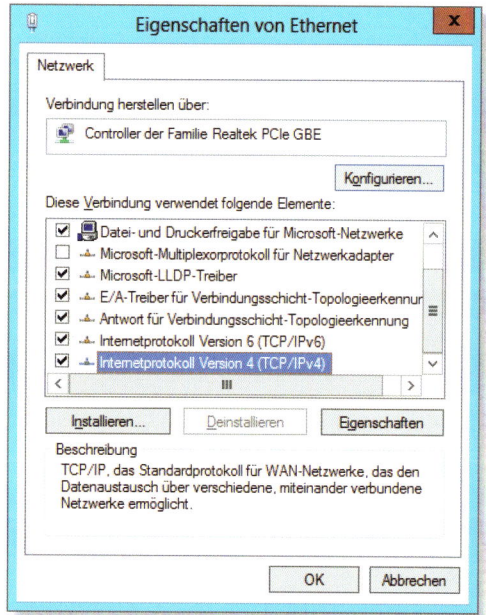

▲ **Abbildung 15.37** Das Internetprotokoll, das Sie verwenden möchten, muss angeschaltet sein.

Achten Sie bitte darauf, dass die Gatewayadresse nicht die gleiche Zahlenfolge aufweist wie die IP-Adresse. Einer der Zahlenblöcke muss sich von denen der IP-Adresse unterscheiden. In meinem Beispiel habe ich bei dem letzten Zahlenblock eine »24« statt einer »25« verwendet.

Der Gateway hilft dem Rechner bei der Kommunikation mit einem anderen Rechner im Netzwerk. Werden zwei Geräte miteinander verbunden, so gibt man als Gateway die IP-Adresse des Rechners 1 an. Bei der Konfiguration des Rechners 2 wird die IP-Adresse des Rechners 1 als Gateway festgelegt.

Bei einem Home-Rechner wird als Standardgateway die IP-Adresse des verwendeten Routers eingetragen. Ein Gateway ist so etwas wie eine Weiche. Es bringt die Daten, die aus einem lokalen Netzwerk in das Internet geleitet werden, an das richtige Ziel.

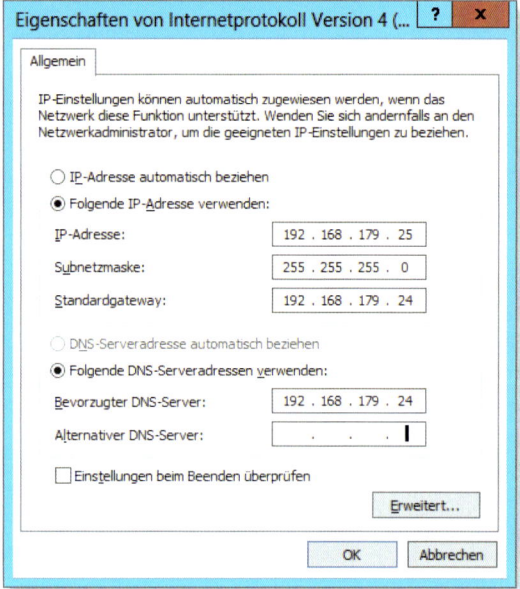

▲ **Abbildung 15.38** *Einstellungen für eine feste IP-Adresse.*

Die Subnetzmaske gehört zur IP-Adresse. Sie bezeichnet die Adresse des Netzwerks, zu dem Ihr Rechner gehört. Gibt es in Ihrem Netzwerk mehrere Rechner und Geräte, verwenden alle die gleiche Subnetzmaske.

Einführung in das Internetprotokoll Version 6

Im Unterschied zu IPv4 wird bei IPv6 die Adresse in acht Blöcken geschrieben. Jeder Block wird mit einem Doppelpunkt vom nächsten Block getrennt. Zur Verwendung kommen hier auch Kleinbuchstaben. Subnetzmasken werden bei IPv6 nicht verwendet.

Mit IPv6 können mehr Adressen vergeben werden. Bei IPv4 sind nur 4 Milliarden IP-Adressen möglich. Das klingt nach überaus viel. Aber weltweit sind viele Rechner im Internet vertreten – sehr, sehr viele. Schon jetzt sind die Adressen knapp, und es kommen immer neue Rechner und Server hinzu.

Mit IPv6 können Router Datenpakete außerdem schneller weiterleiten. Die Einrichtung ist einfach. Und viele der Sicherheitsprobleme, die bei der Version 4 des Internetprotokolls auftreten, sind bei IPv6 kein Thema mehr.

Sie müssen sich nicht entscheiden, ob Sie IPv4 oder IPv6 verwenden. Wenn ein älteres Gerät die neue Version des Internetprotokolls nicht unterstützt, greift es automatisch auf die ältere Version zurück.

> **TIPP**
>
> **Die IP-Adresse mit einem Befehl ausgeben**
> Geben Sie in der Eingabeaufforderung den Befehl `ipconfig` ein, um Ihre IP-Adresse zu sehen. Sie steht ganz oben in der Ausgabe des Befehls und beginnt vermutlich mit 192.

Die IP-Adresse für das Internetprotokoll Version 6 festlegen

Und so funktioniert das Festlegen für IPv6:

1 Die Vorgehensweise gleicht der zum Festlegen der IP-Adresse für das Internetprotokoll Version 4. Nur markieren Sie jetzt den Eintrag **Internetprotokoll Version 6 (TCP/IPv6)** und klicken auf **Eigenschaften**. Der Dialog zum Festlegen der Adressen sieht ein wenig anders aus. Sie müssen hier die Option **Folgende IPv6-Adresse verwenden** anschalten und tragen dann die gewünschten Adressen ein.

15.2 IP-Einstellungen festlegen

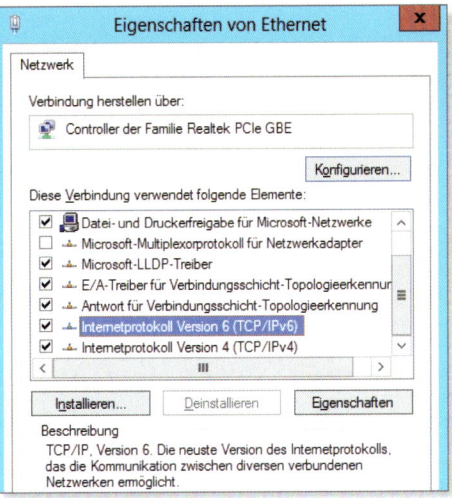

▲ **Abbildung 15.39** Legen Sie die IP-Adresse für das Internetprotokoll der Version 6 fest.

2 Tragen Sie die IP-Adresse ein. Ein Beispiel für eine Adresse der Version 6 ist 2002:0db7:85b3:07d3:1319:8a2d:437a:63d4. Setzen Sie die Maus in das Feld **Subnetzpräfixlänge**. Windows 8 ergänzt den Eintrag automatisch. In gleicher Weise geben Sie das Standardgateway ein. Bestätigen Sie mit **OK**. Schließen Sie die geöffneten Fenster.

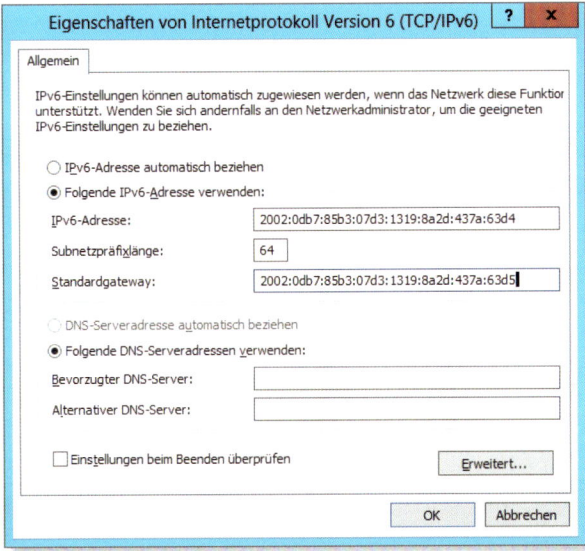

▲ **Abbildung 15.40** Die IPv6-Adresse ist länger. Überlassen Sie diese Adressierung Ihrer Hardware.

DNS-Server bestimmen

Der *Domain Name Service* (DNS) sorgt für die richtige Verbindung von IP-Adressen. Tragen Sie in der Windows-8-**Systemsteuerung** die IP-Adresse Ihres Routers ein.

Jede Website hat Ihre eigene Adresse. So erreichen Sie die Website von Herrn Mustermann unter *http://www.mustermann-privat.de*. Der Internet Explorer allein weiß jedoch mit der Eingabe einer Webadresse noch nicht, wo sich diese befindet. Diese Vermittlung übernimmt der DNS-Server.

WINS-Server festlegen

In einem Firmennetzwerk wird ein Rechner in eine Windows-Domain eingetragen. Alle wichtigen Einstellungen finden Sie über die erweiterten TCP/IP-Einstellungen. Hier können Sie auch einen DNS-Server und einen WINS-Server eintragen. Die Abkürzung WINS steht für *Windows Internet Name Service*.

1 Legen Sie zuerst IP-Adresse, Subnetzmaske und Standardgateway fest. Wählen Sie nun **Erweitert**.

2 Wechseln Sie in das Register **WINS**. Tragen Sie nun die Adresse des verwendeten WINS-Servers ein.

Manuelle IP-Routen mit Befehlen festlegen

In der **Systemsteuerung** legen Sie die Konfiguration für das Internetprotokoll Version 4 und 6 fest. Hier tragen Sie auch das Standardgateway ein. Möchten Sie Datenpakete aus dem Subnetz heraus senden, muss ein Routing festgelegt werden. Hier kommt das RIP (*Routing Information Protocol*) zum Einsatz. Sie müssen zunächst den RIP-Listener anschalten und können anschließend verschiedene IP-Routings festlegen.

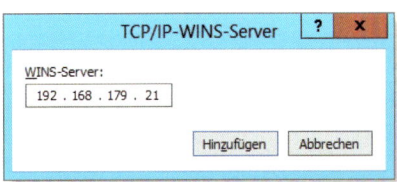

▲ **Abbildung 15.41** Tragen Sie eine WINS-Adresse ein.

Kapitel 15: Netzwerk- und Internetverbindungen einrichten

HINWEIS

Eine Route bei IPv6 festlegen
Das IP-Routing wird nach dem Anschalten des RIP-Listeners nur für TCP/IPv4 festgelegt. Für IPv6 müssen Sie zur Eingabeaufforderung wechseln. Mehr dazu lesen Sie auf Seite 658 im Abschnitt »Mit dem Befehl ›netsh.exe‹ IPv6 auf der Befehlszeile einrichten«.

2 Es dauert einen kleinen Moment. Die angeschalteten und die verfügbaren Windows-Funktionen werden in ein kleines Fenster eingelesen. Scrollen Sie ein wenig nach unten. Schalten Sie den **RIP-Listener** ein. Bestätigen Sie mit **OK**.

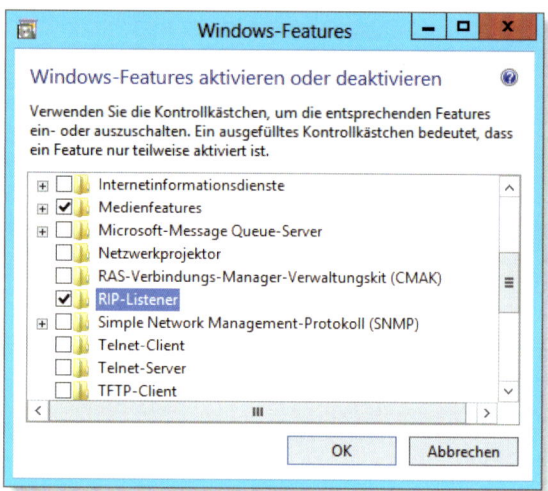

▲ *Abbildung 15.43 Rechts oben schalten Sie Windows-Funktionen ein und aus.*

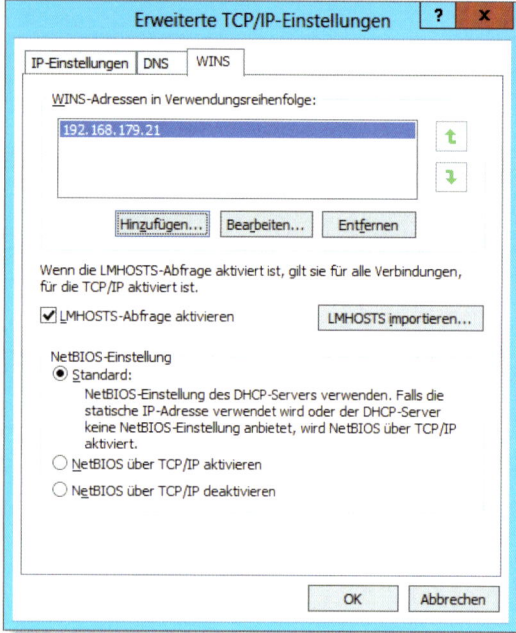

▲ *Abbildung 15.42 Home-Anwender werden die erweiterten Einstellungen kaum benötigen.*

Den RIP-Listener anschalten

Zuerst einmal müssen Sie aber, wie oben schon erwähnt, den RIP-Listener anschalten. Gehen Sie dazu wie folgt vor:

1 Öffnen Sie die **Systemsteuerung**. Wählen Sie hier **Programme**. Oben im Bereich **Programme und Features** entscheiden Sie sich für **Windows-Features aktivieren oder deaktivieren**.

Beachten Sie bitte: Der verwendete Router muss das Protokoll RIP unterstützen. Ist dies nicht der Fall, bekommen Sie den RIP-Listener nicht zu Gesicht.

INFO

Das Standardgateway bei mehreren Netzwerkkarten
Die Anzahl der Netzwerkkarten in einem Rechner erhöht nicht die Anzahl der Gatewayadressen. Sie können bei jedem Rechner nur eine Gatewayadresse eintragen.

Mit dem Befehl »netsh.exe« IPv6 auf der Befehlszeile einrichten

Einige Aufgaben erfordern noch immer den Griff zur Befehlszeile. So zum Beispiel das Einrichten eines Routings beim Verwenden des Internetprotokolls Version 6.

15.2 IP-Einstellungen festlegen

Geben Sie hier den Befehl

`netsh interface ipv6 add route`

ein. Anschließend legen Sie die Route fest.

Die Befehlszeile wird recht lang. Sie geben als Optionen die IP-Adresse an, ergänzen die Schnittstelle und das Gateway. Es folgen die Präfixlänge für die Website und die Route, danach die Routenankündigung. Mit einer weiteren Option können Sie die Gültigkeit des Routings definieren.

Hier sehen Sie die Syntax des Befehls mit allen Optionen und Parametern:

```
netsh interface ipv6 add
route ##prefix=<IP-Adresse>
interface=<Interfacename> nexthop=##
<IPv6-Adresse> siteprefixlength=<Zahl>
metric=<Zahl> publish=<publish-
Wert> validlifetime=<Zeit> |infinite
preferedlifetime=<zahl> store=<Wert>
```

Okay. Schöne Befehlszeile. Bin ich froh, dass ich das nicht so oft brauche!

Nun zeige ich Ihnen noch einmal alle Optionen und Parameter. Sie sehen, was sie bedeuten und welche Inhalte Sie angeben können:

- `##prefix=<IP-Adresse>`: Hier tragen Sie die IP-Adresse ein, für die eine Route festgelegt werden soll. Sie können auch ein Subnetz angeben.

- `interface=<Interfacename>`: Legen Sie die Bezeichnung der Schnittstelle fest.

- `nexthop=##<IPv6-Adresse>`: Hier geben Sie eine Gatewayadresse an.

- `siteprefixlength=<Zahl>`: Hier tragen Sie die Präfixlänge für die Website ein.

- `metric=<Zahl>`: Hinter dieser Option geben Sie die metrische Route an.

- `publish=<publish-Wert>`: Setzen Sie einen der Werte `no`, `age` oder `yes` ein. Damit bestimmen Sie die Routenankündigung. Die drei Optionen bewirken Folgendes:

  `no`: In der Routenankündigung wird die Gültigkeitsdauer der Route nicht vermerkt. Daneben wird die Route automatisch gelöscht, wenn das Datum erreicht wird, bis zu dem die Route laut Gültigkeitsdauer verwendet wird. Diese Option ist als Vorgabeeinstellung aktiviert.

  `age`: In der Routenankündigung wird die Gültigkeitsdauer vermerkt. Wie bei `no` wird die Route beim Erreichen des Gültigkeitsdatums gelöscht.

  `yes`: Die Routenankündigung enthält die Gültigkeitsdauer. Ist das Datum erreicht, bis zu dem die Route gültig ist, bleibt diese erhalten. Die Route wird nicht automatisch gelöscht.

- `validlifetime=<Zeit> | infinite`: Mit dieser Option geben Sie die Gültigkeit einer Route an. Verwendet wird nicht die Schreibweise von »XX bis XX«. Hier tragen Sie die Zeit in Tagen, Minuten und Sekunden ein. Das korrekte Format sieht beispielsweise wie folgt aus: 14d5h25s. Als Vorgabewert wird `infinite` verwendet.

- `preferedlifetime=<zahl>`: An dieser Stelle können Sie eine zweite Gültigkeitsdauer angeben. In der Regel entspricht dieser Wert dem bei `validlifetime`. Die Option `preferedlifetime` wird in ihrer Rangfolge vor `validlifetime` verwendet.

- `store=<Wert>`: Hier können Sie festlegen, bis wann die Angaben gelten. Es gibt zwei Parameter: `active` und `persistent`:

  `active`: Die festgelegte Route wird nur genutzt, bis der Rechner bzw. das Gerät das nächste Mal neu gestartet wird.

  `persistent`: Die Angaben gelten dauerhaft, es sei denn, Sie geben eine Gültigkeitsdauer an. Dieser Parameter wird als Vorgabeeinstellung verwendet.

15.3 Den Internetzugang überwachen

Vielleicht möchten Sie ja einen besseren Überblick über die Daten haben, die in das Internet übertragen werden – und natürlich über die Daten, die aus dem Internet auf Ihren Rechner gelangen. Dazu bietet Ihnen Windows 8 verschiedene Möglichkeiten an.

Den Netzwerkverkehr überwachen

Um zu sehen, wie viele Daten gesendet und empfangen werden, nutzen Sie den Dialog **Status von Ethernet**. Sie rufen ihn über das **Netzwerk- und Freigabecenter** auf.

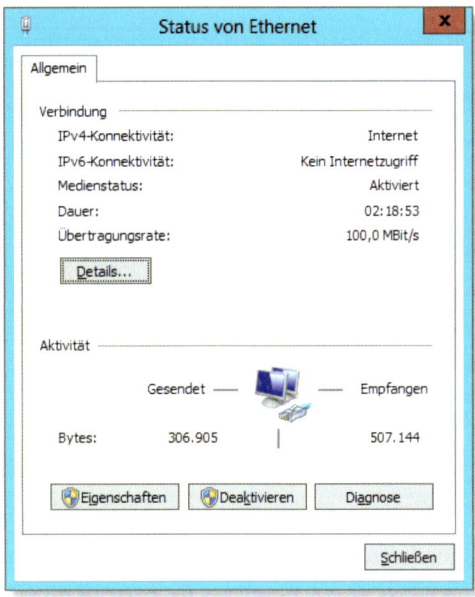

▲ **Abbildung 15.44** Im Fenster »Status von Ethernet« sehen Sie, wie viele Daten empfangen und versendet wurden.

Ein weiteres Hilfsmittel für diese Aufgabe ist der **Task-Manager** von Windows 8. Er zeigt Ihnen in einem eigenen Register alle Programme und Prozesse, die Netzwerkaktionen durchführen.

In einer Tabelle werden auch die empfangenen und die gesendeten Daten aufgelistet. Sie sehen in einem Diagramm die Auslastung des Netzwerks. TCP- und LAN-Verbindungen werden in einem eigenen Diagramm dargestellt.

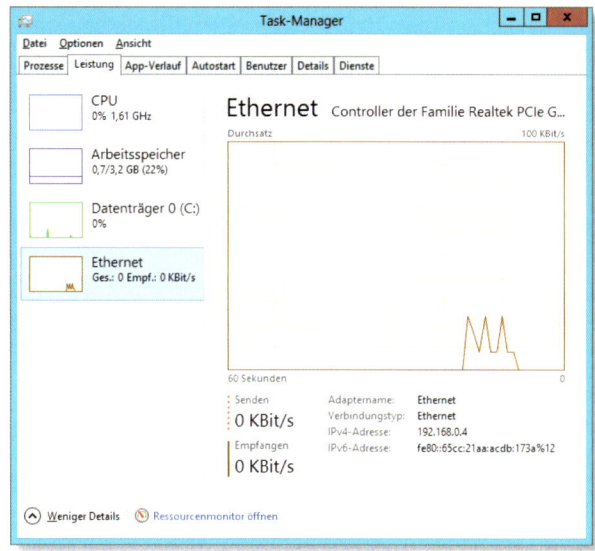

▲ **Abbildung 15.45** Der Task-Manager ist ideal für die Überwachung des Netzwerks.

Die Internetprotokollkonfiguration einsehen

Windows 8 schreibt viele Vorgänge in Protokollen mit. Auf diese Weise lassen sich diese Vorgänge überwachen und leichter Fehler und Probleme finden und bereinigen. Öffnen Sie die **Computerverwaltung**. Wählen Sie **Anwendungs- und Dienstprotokolle**. Warten Sie einen kurzen Augenblick, bis die Protokolle angezeigt werden.

Auch in der **Systemsteuerung** lassen sich Protokolle abrufen und einsehen. Geben Sie im Suchfeld rechts oben »Leistung« ein, und wählen Sie die **Leistungsinformationen und -tools**.

Klicken Sie anschließend auf **Weitere Tools**. Sie sehen eine lange Liste an Funktionen und Informationsmöglichkeiten. Hier finden Sie auch das **Ereignisprotokoll**. Probieren Sie ruhig einmal aus, was sich hinter den einzelnen Punkten verbirgt.

15.3 Den Internetzugang überwachen

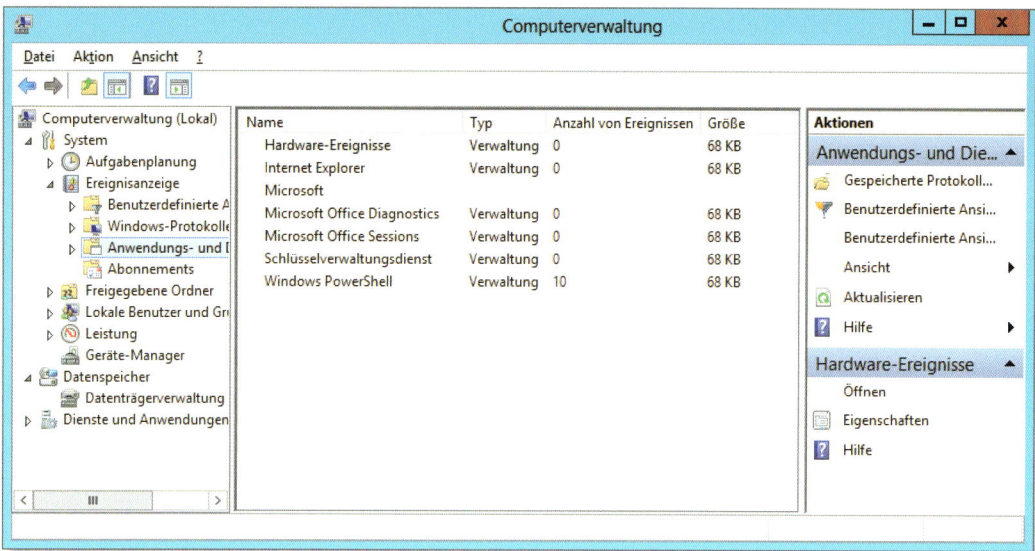

Abbildung 15.46 Die Ereignisanzeige von Windows 8

Abbildung 15.47 Die Tools für die Anzeige von Leistungsinformationen und Pflege des Systems.

TIPP

Wichtige Systemtools aufrufen

Einige Werkzeuge sind recht versteckt und müssen über Befehle aufgerufen werden. Andere müssen Sie erst in der **Systemsteuerung** suchen. Hier klickt man sich durch die Menüstruktur, bis man fündig wird. Es geht aber auch einfacher: Öffnen Sie die **Systemsteuerung**. Wechseln Sie über **System und Sicherheit** in das **Wartungscenter**. Wählen Sie nun **Leistungsinformationen**. Im Menü links oben klicken Sie auf den untersten Eintrag: **Weitere Tools**. Sie sehen nun auf einer Seite der **Systemsteuerung** alle wichtigen Werkzeuge.

Kapitel 16
Unterwegs im Internet

Der Internet Explorer ist ein Browser von Microsoft. Er ist Ihr Fenster zum Internet; mit ihm bewegen Sie sich durch das Web. In diesem Kapitel erfahren Sie, wie Sie ihn benutzen.

In diesem Kapitel stelle ich Ihnen den Webbrowser *Internet Explorer* aus dem Hause Microsoft vor. Ich zeige Ihnen, wie Sie das Programm auf Ihre Festplatte bringen und wie Sie die neuste Version verwenden. Sie erfahren, wie Sie eine Webseite aufrufen, auf Vorschläge von Bing zurückgreifen und den Verlauf und Favoriten verwenden. Bereits mit diesem kleinen Grundwissen können Sie die Weiten des World Wide Webs erforschen. Sie werden sehen, es gibt viel zu entdecken, und es macht einen ungeheuren Spaß.

Ich verrate Ihnen außerdem, wie Sie mit dem Verlauf die zuletzt besuchten Webseiten aufrufen. Ich zeige Ihnen, wie Sie die eingestellten Suchanbieter bearbeiten und eine andere Suchmaschine eintragen. Nachdem ich Ihnen etwas zum Drucken von Webseiten verraten habe, lernen Sie Schnellinfos kennen. Sie erfahren, wie Sie eine Website speichern und so auf der lokalen Festplatte festhalten. Sie lernen Feeds kennen; mit diesen Nachrichten sind Sie immer gut informiert und sehen zunächst keine riesigen Seiten mit Text- und Bildinhalten, sondern erst einmal nur eine Sammlung von Schlagzeilen zu Ihrem Lieblingsthema.

Sie werden, nach einem kurzen Einstieg, die App-Version des Internet Explorers kennenlernen. Sie eignet sich jedoch nicht für einen Einsatz auf einem Desktoprechner und einem Notebook.

▲ **Abbildung 16.1** *Die App-Version des Internet-Explorers zeigt die Webseiten auf dem kompletten Desktop.*

Im zweiten Teil dieses Kapitels zeige ich Ihnen, wie Sie den Internet Explorer anpassen. Sie werden eine Reihe wichtiger Einstellungen kennenlernen.

Der dritte Teil widmet sich Themen für fortgeschrittene Anwender. So lesen Sie dort, was sich hinter einem Tracking-Schutz verbirgt und warum diese Option nützlich ist. Ich zeige Ihnen, wie Sie die Symbolleisten und Erweiterungen des Browsers verwalten, und Sie lernen den Web-Slices-Katalog kennen. Diese Alternative zu RSS-Feeds ist eine optisch gelungene Sache – in der Praxis sind aber RSS-Feeds verbreiteter. Ich zeige Ihnen, wie Sie die Funktion *angeheftete Websites* nutzen und wie Sie die Entwicklertools einblenden. Dabei erfahren Sie gleich, wie Sie mit dem Internet Explorer in den Quellcode einer HTML-Seite schauen und was sich hinter dem Begriff *Ranking* verbirgt. Auf den letzten Seiten dieses Kapitels stelle ich Ihnen verschiedene Toolbars vor und zeige Ihnen, wie Sie mit Tastaturkommandos noch schneller durch Ihre Lieblingswebsites navigieren. Das Kapitel schließt mit einer kurzen Vorstellung verschiedener interessanter Webdienste.

16.1 Der neue Internet Explorer

Beim ersten Start von Windows 8 entscheiden Sie, welchen Webbrowser Sie nutzen wollen. Bitte haben Sie Verständnis dafür, dass ich in diesem Buch nur auf den Internet Explorer von Microsoft eingehe. Für das Beschreiben anderer Browser reicht der Platz leider nicht.

Auf dem Startbildschirm gibt es eine Kachel, die den Microsoft Internet Explorer startet. Mit ihr erhalten Sie die App-Version des Browsers. Sie bietet eine überarbeitete Oberfläche und nur eine Auswahl an Funktionen. Mit einer Tastenkombination können Sie in die klassische Desktopversion umschalten – das Gleiche erreichen Sie, wenn Sie den Browser von dem klassischen Desktop aus starten.

Den Internet Explorer starten und verwenden

Sie finden auf Ihrem Windows-8-Desktop eine Schaltfläche, mit der Sie den Microsoft-Browser starten können. Öffnen Sie den Internet Explorer mit einem Klick auf die gleichnamige Kachel.

▲ **Abbildung 16.2** Den Internet Explorer (App-Version) starten Sie mit dieser Kachel.

Der Browser nutzt den kompletten Bildschirm für die Anzeige der Webseiten. Es gibt kein Menü und keine Symbolleiste, die Inhalte einer Webseite verdecken. Die Funktionen der App-Leiste sind genau die, die Sie brauchen. Auch hier haben die Entwickler minimalistisch gedacht.

Führen Sie einen Rechtsklick mit Ihrer Maus aus, wird am oberen Bildschirm eine Reihe Screenshots von oft besuchten Websites aufgelistet. Diese oft besuchten Websites können Sie schnell und einfach mit einem Mausklick auswählen. Zugleich sehen Sie am unteren Bildschirmrand die Adressleiste und ein paar Schaltflächen. Hier können Sie eine neue Adresse eingeben oder eine Seite nach vorn oder zurück blättern. Der kreisrunde Pfeil lädt die aktuell angezeigte Webseite neu. Mit der Reißzwecke wird eine Webseite »angeheftet«. Sie erscheint dann in der Übersicht am oberen Bildschirmrand. Die Schaltfläche mit dem Maulschlüssel öffnet die Seitentools.

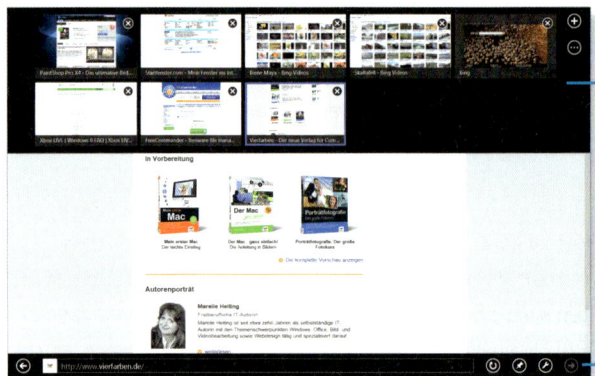

▲ **Abbildung 16.3** Blenden Sie per Rechtsklick die Adressleiste ❷ und die Favoriten ❶ ein.

Die **Seitentools** enthalten die Funktionen **App für diese Website abrufen**, **Auf Seite suchen** und **Auf dem Desktop anzeigen**. Die letzte Funktion öffnet den Browser auf dem klassischen Desktop und zeigt dort die geöffnete Webseite an.

Auch im oberen Bereich finden Sie zwei Schaltflächen. Jedes Vorschaubild einer Website, das hier als Favorit angeheftet ist (oder auch »angepinnt«), können Sie

16.1 Der neue Internet Explorer

mit einer Schaltfläche von dieser lösen ❸. Wählen Sie die Schaltfläche mit dem Kreuzsymbol, um eine Webseite von den Favoriten zu lösen.

Die Plus-Schaltfläche rechts oben fügt eine neue leere Registerkarte in die Favoriten ein ❹. Zugleich wird am unteren Rand eine Liste der häufig verwendeten Websites aufgerufen.

Außerdem sehen Sie hier die Adresszeile. In dieser tragen Sie die Webadresse der Website ein, die als Favorit hinzugefügt werden soll.

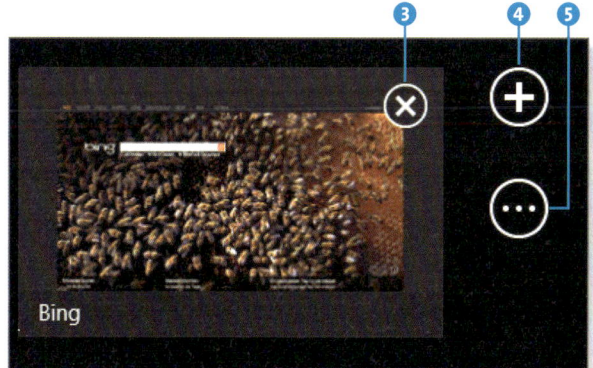

▲ *Abbildung 16.4 Nur wenige Funktionen stehen in der App zur Verfügung.*

Die Schaltfläche mit den drei Punkten ist als **Registerkartentools** betitelt ❺. Sie bietet Ihnen zwei Funktionen an: **Neue InPrivate-Registerkarte** und **Registerkarten schließen**. Die letztgenannte Funktion blendet die Favoriten wieder aus. Zum InPrivate-Modus komme ich an späterer Stelle noch (siehe Seite 329).

Eine Website als Favorit anheften

Besuchen Sie eine Website sehr oft, empfiehlt es sich, sie als Favorit abzulegen. Dann müssen Sie nur noch die Favoriten aufrufen und auf das Vorschaubild der Website klicken.

1 Drücken Sie im Internet Explorer die rechte Maustaste, oder führen Sie eine Wischgeste aus.

2 Wählen Sie rechts unten die Schaltfläche **Website anheften** ❻.

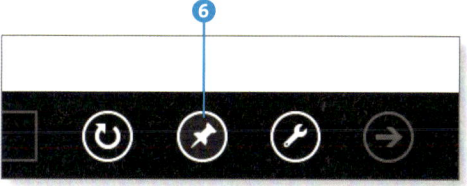

▲ *Abbildung 16.6 Mit dem Reißzweckensymbol legen Sie eine Website als Favorit ab.*

3 Ein kleines Menü klappt auf. Hier wählen Sie **Zu Favoriten hinzufügen**.

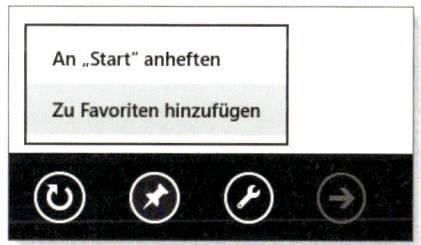

▲ *Abbildung 16.7 Mit wenigen Handgriffen halten Sie eine Website als Favorit fest.*

▲ *Abbildung 16.5 Fügen Sie eine neue Registerkarte in die Favoriten ein, werden häufig besuchte Seiten angezeigt.*

Schon ist die Website als Favorit hinzugefügt worden.

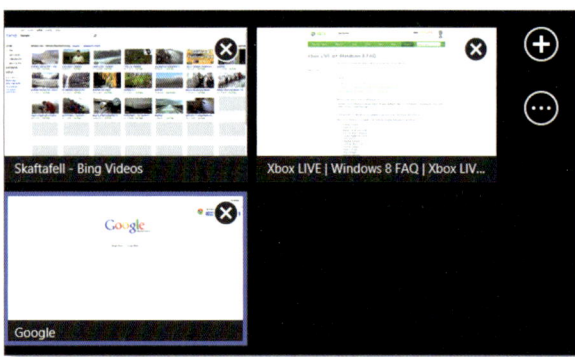

▲ **Abbildung 16.8** *Die Startseite des Suchservers Google ist nun als Favorit abgelegt.*

Eine Website an die Startseite heften

Gehen Sie vor, wie beim Anheften einer Webseite als Favorit.

1 Klicken Sie auf **Website anheften**.

2 Wählen Sie hier **An Start anheften**.

3 Ein kleines Dialogfenster mit einer Kachel wird eingeblendet. Ergänzen oder berichtigen Sie den Namen der Kachel. Bestätigen Sie mit **An »Start« anheften**.

▲ **Abbildung 16.9** *Mit »An ›Start‹ anheften« landet die Website auf dem Startbildschirm.*

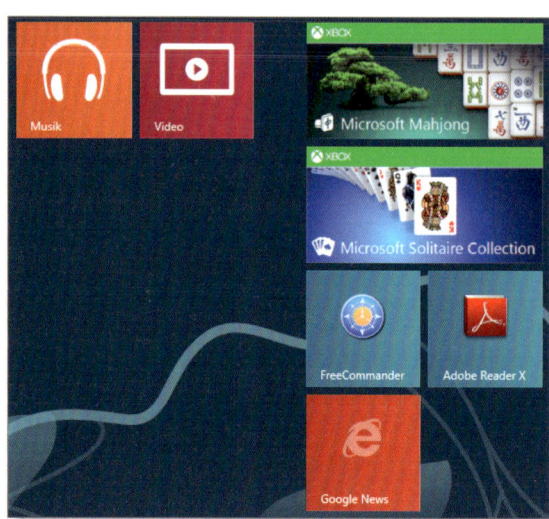

▲ **Abbildung 16.10** *Ab sofort ist die Website »Google News« über eine Kachel direkt aufrufbar.*

Zwischen verschiedenen geöffneten Tabs wechseln

Haben Sie mehrere Tabs geöffnet, können Sie ganz leicht zwischen diesen wechseln:

1 Drücken Sie die rechte Maustaste, oder führen Sie eine Wischgeste aus.

2 Am unteren Bildschirmrand sehen Sie nun Vorschaubilder der geöffneten Websites. Wählen Sie die gewünschte aus.

Links in einem anderen Fenster öffnen

Hyperlinks werden normalerweise im aktuellen Fenster geöffnet. Tippen Sie einen Link an und drücken Sie den Finger auf dem Hyperlink, klappt ein Auswahlmenü auf. Wählen Sie nun eine der folgenden Funktionen aus: **Link kopieren**, **Link in einer neuen Registerkarte öffnen** oder **Link öffnen**.

Die Windows-Zwischenablage verwenden

Auf ähnliche Weise lässt sich die Windows-Zwischenablage verwenden:

16.1 Der neue Internet Explorer

1 Markieren Sie zuerst die Inhalte, die Sie aus einer Webseite kopieren oder ausschneiden wollen.

2 Tippen Sie auf die Seite. Halten Sie den Finger etwas länger auf den Bildschirm gedrückt. Es erscheint das Kontextmenü. Wählen Sie nun die Funktion zum Kopieren aus.

Inhalte auf großen Webseiten suchen

Hier und da trifft man auf umfangreiche Webseiten mit sehr viel Inhalt. Da ist das Gesuchte nicht immer sofort gefunden. Zum Glück bietet der Internet Explorer eine Suchfunktion an:

1 Drücken Sie die rechte Maustaste, oder führen Sie eine Wischgeste aus.

2 Öffnen Sie mit dem Maulschlüssel am unteren Bildschirmrand die **Seitentools** ❷. Wählen Sie **Auf Seite suchen** ❶.

▲ *Abbildung 16.11 Suchen Sie wichtige Inhalte direkt im Browserfenster.*

3 Tragen Sie den gesuchten Begriff ein.

Das Bestätigen des gesuchten Begriffes ist nicht notwendig.

▲ *Abbildung 16.12 Bereits bei Eingabe des gesuchten Begriffes wird die Anzahl der Treffer angezeigt.*

Alle geöffneten Registerkarten schließen

Um alle Registerkarten zu schließen, drücken Sie die rechte Maustaste oder führen eine Wischgeste aus.

Klicken oder tippen Sie rechts oben auf die Schaltfläche mit den drei Punkten ❸. Wählen Sie **Registerkarten schließen** ❹.

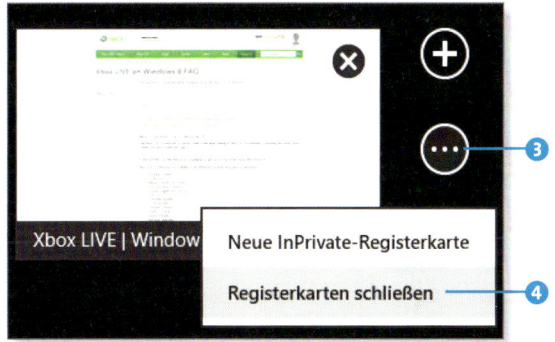

▲ *Abbildung 16.13 Registrierkarten schließen.*

Das Internet im Modus InPrivate besuchen

In den Registerkartentools finden Sie die Funktion **Neue InPrivate-Registerkarte öffnen**. Was versteckt sich dahinter?

Beim Besuch des Internets hinterlassen Sie immer Spuren. Websites legen Cookies auf Ihrem Rechner ab. Später greifen sie darauf zu und bieten Ihnen angepasste Produktangebote oder auf Sie zugeschnittene Trefferlisten. Das ist nicht unbedingt schlecht. Cookies sind durchaus nützlich.

Daneben gibt es im Internet Tools, die festhalten, welchen Browser Sie verwenden, in welchem Land Sie leben und woher Sie zu einer Website gelangt sind. Der Besitzer einer Website kann so Rückschlüsse auf das Verhalten der Besucher ziehen und seine Website entsprechend anpassen.

Im Modus InPrivate werden Spuren, die Sie im Internet hinterlassen, nach der Sitzung gelöscht. Der Modus gilt nur für die Registerkarte, die Sie mit dieser Funktion geöffnet haben. Er gilt nur so lange, wie diese Registerkarte geöffnet ist.

Schließen Sie die Registerkarte, die Sie im Modus InPrivate geöffnet haben, werden folgende Aktionen automatisch ausgelöst:

- Dateien, die der Browser temporär ablegt, werden verschlüsselt gespeichert. Diese Funktion wird als *Phishingcache* bezeichnet.
- Temporäre Internetdateien werden gelöscht.
- Cookies werden gelöscht.
- Formularinhalte werden gelöscht.
- Passwörter und Anmeldenamen werden gelöscht.
- Eine History für die besuchten Webseiten wird nicht angelegt.
- Die AutoVervollständigen-Funktion wird nicht verwendet.
- Die von Entwicklern genutzte Dokumentenbibliothek wird gelöscht.

Was der Internet Explorer im App-Design nicht kann

Der Internet Explorer im neuen App-Design sieht sehr schick aus. Er richtet sich jedoch an Besitzer von Tablets und Smartphones mit Windows 8. Der Browser lässt sich leicht mit Wischgesten steuern.

In einer kleinen Übersicht haben wir Ihnen einmal die Grenzen dieses Browsers aufgelistet:

- Es gibt keine umfangreichen Dialoge, Menüs und Symbolleisten. Nur unbedingt notwendige Funktionen sind vorhanden.
- Der komplette Desktop wird für die Anzeige der Websites genutzt. Die Adressleiste, Favoriten und die Symbolleiste werden bei Bedarf eingeblendet.
- Sie können höchstens 10 Webseiten in den einzelnen Registerkarten öffnen.

- Sicherheitseinstellungen und andere Einstellungen gibt es nicht. Diese müssen Sie in der Desktopversion festlegen.
- Plug-ins und Add-ons werden nicht unterstützt. Der Browser kann nicht um zusätzliche Funktionen erweitert werden.
- Ein Wechsel vom Internet Explorer zu einer App bedeutet, dass Übertragungen, Streams und andere laufende Aktionen gestoppt werden.

16.2 Der klassische Modus

Der Internet Explorer ist nach der Installation von Windows 8 automatisch vorhanden. Für viele Einsatzzwecke eignet sich die Desktopversion besser als die abgespeckte App-Version. Auch werden Benutzer, die ältere Versionen von Windows kennen, sich hier besser zurechtfinden. Bitte beachten Sie auch, dass Sie bei der Desktopversion des Browsers mehr Möglichkeiten haben und viele Einstellungen festlegen können.

So rufen Sie die klassische Version des Internet Explorers auf

Wechseln Sie auf den klassischen Desktop von Windows 8. Drücken Sie hier die Symbolschaltfläche des Internet Explorers. Sie finden sie in der Taskleiste.

▲ **Abbildung 16.14** *Ganz links in der Taskleiste finden Sie das Symbol des Internet Explorers.*

Ist kein Symbol auf dem Desktop oder der Taskleiste vorhanden, legen Sie ein solches an. Öffnen Sie das Kontextmenü, und wählen Sie **Neu > Verknüpfung**. Klicken Sie auf **Durchsuchen**. Nun wählen Sie das Verzeichnis, in dem sich der Browser befindet, und markieren die ausführbare Datei: Unter **Computer > Lokaler Datenträger (C:) > Programme > Internet Explorer**. Hier wählen Sie *iexplore.exe*.

Möchten Sie vom Explorer als App zur Version auf dem klassischen Desktop wechseln, blenden Sie mit einer Wischgeste oder mit ⊞+Z ein Menü ein und wählen **Auf dem Desktop anzeigen**.

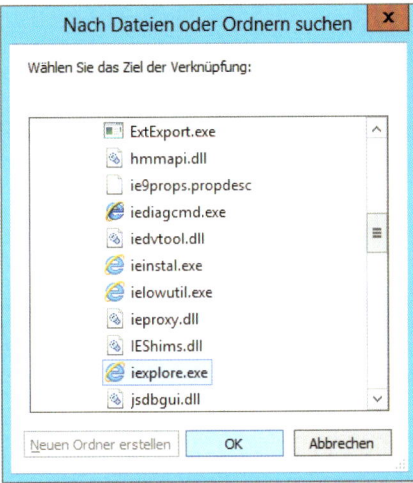

▲ **Abbildung 16.15** *Ist keins vorhanden, erstellen Sie ein Schnellstartsymbol.*

Auch die Eingabe eines Befehles ist möglich. Mit `iexplore` rufen Sie den Browser auf.

Haben Sie einen weiteren Browser installiert, fragt der Internet Explorer Sie nach dem Start, ob Sie das Programm als Standardbrowser verwenden wollen, also alle Links automatisch mit diesem Browser öffnen möchten. Antworten Sie hier mit **Ja** oder **Nein**. Über die rechte Schaltfläche lässt sich auch ein kleines Listenmenü öffnen. Mit diesem sorgen Sie dafür, dass Sie beim nächsten Start des Programms diese Frage nicht mehr zu sehen bekommen.

Nichts spricht dagegen, auch mehrere Browser auszuprobieren und nach Lust und Laune zu verwenden.

Mit der Grundeinstellung des Internet Explorers wird die Webseite **Startfenster** geöffnet. Sie können natürlich eine eigene Webseite als Startseite festlegen. Oder stellen Sie den Browser so ein, dass nach dem Start zunächst eine leere Seite angezeigt wird.

Links oben finden Sie die Adresszeile. Tragen Sie hier die Adresse der Webseite ein, die Sie anschauen möchten. Für die Suchmaschine Google ist dies *http://www.google.de*. Es genügt auch, *www.google.de* einzugeben.

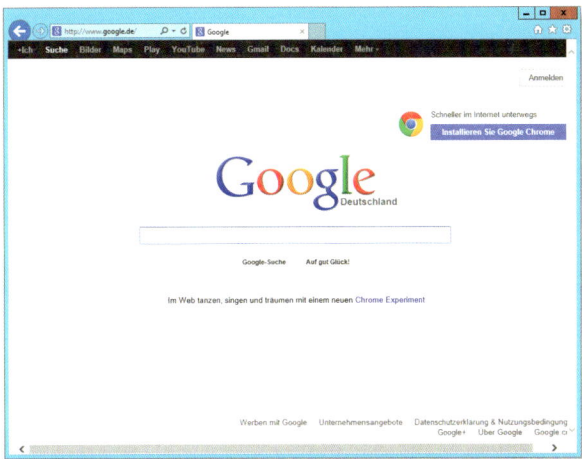

▲ **Abbildung 16.16** *Google: In der Mitte geben Sie die Suchanfrage ein. Über die Kopf- und Fußzeile erreichen Sie weitere Dienste.*

Die Eingabe kompletter Webadressen ist nicht notwendig

Die Funktion *AutoVervollständigen* macht Ihnen die Eingabe von langen und komplizierten Webadressen einfacher. Sie ist eine Hilfe und nimmt Ihnen eine ganze Menge Tipparbeit ab. Der Browser versucht, zu erkennen, welche Webadresse Sie eingeben wollen. Bereits nach einigen Buchstaben bietet er Ihnen mögliche Webadressen an. Stimmt eines der gefundenen Angebote mit der Webadresse überein, die Sie im Browser anzeigen wollen, müssen Sie diese nur auswählen und übernehmen.

Aber: Der Browser kennt zunächst nicht alle Webadressen; er lernt schrittweise dazu. Die Arbeit der Funktion AutoVervollständigen wird deshalb von Mal zu Mal besser. Es wird aber auch oft vorkommen, dass Ihnen die Funktion keine passenden Treffer anzeigt.

Dann müssen Sie die Webadresse ganz einfach komplett eingeben.

Der Internet Explorer vergleicht die Eingaben mit dem Verlauf und den Favoriten und kann Vorschläge von der Suchmaschine Bing erhalten und anzeigen. Die letztgenannte Möglichkeit ist zunächst ausgeschaltet. Dazu komme ich gleich noch.

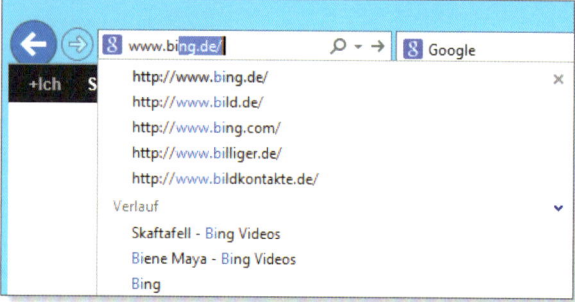

▲ **Abbildung 16.17** *Bereits nach einem »www.bi« wird die Adresse von Bing angezeigt.*

Der Vorschlag wird blau unterlegt angezeigt. Mit ⏎ übernehmen Sie ihn. Weitere Vorschläge werden in einem Listenfeld angezeigt, sofern das Programm welche gefunden hat. Mit der Pfeiltaste wählen Sie einen Vorschlag aus, und mit ⏎ bestätigen und übernehmen Sie ihn.

Nun kann ich in einem Beispiel leider nicht gleich zeigen, wie die Funktion AutoVervollständigen funktioniert. Ich weiß ja nicht, welche Seiten Sie mit dem Internet Explorer bereits besucht haben und welche Webadressen sich bei Ihnen im Verlauf und in den Favoriten befinden. Aber ein kleiner Umweg ist möglich. Er zeigt gut, wie die Funktion arbeitet.

Öffnen Sie den Internet Explorer. Geben Sie einmal die Adresse *http://www.vierfarben.de* ein, und klicken Sie auf der Website auf **Windows**. Geben Sie anschließend die Adresse *http://www.galileo-press.de* ein. Schauen Sie sich nun einmal die Facebook-Seite von Galileo Press an. Sie finden sie unter *http://www.facebook.com/GalileoPressVerlag*. Abschließend wechseln Sie zu *www.google.de*.

Wenn Sie nun zurück auf die Webseite des Verlages Vierfarben möchten, geben Sie in der Adresszeile des Browsers »v« ein und drücken ⏎.

Ganz richtig! Sie lassen selbst hier das *www.* weg. Es genügt ein Buchstabe, und die richtige Webseite wird vorgeschlagen.

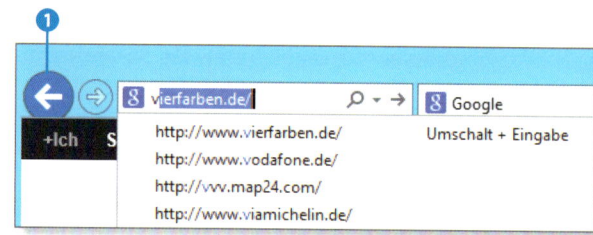

▲ **Abbildung 16.18** *Ein Buchstabe und die Eingabetaste genügen, und wir landen auf der gewünschten Website.*

Probieren Sie dies einmal mit der Webseite von Galileo Press und mit der Facebook-Adresse.

Gebe ich in die Adresszeile ein »v« ein, erhalte ich zwar die Adresse des Verlags Vierfarben, aber die Unterseite mit den Windows-Buchtiteln wird nicht angezeigt. Sie erscheint erst, wenn ich zuerst mit der Pfeiltaste → oder Ende die vorgeschlagene Webadresse in die Adresszeile übernehme und dann die Zurück-Taste ❶ drücke. Nun kann ich die Adresse aus der Vorschlagsliste übernehmen.

> **TIPP**
>
> **Adresse aus der Vorschlagsliste auswählen**
> Es gibt mehrere Möglichkeiten, eine der von der Funktion AutoVervollständigen vorgeschlagenen Webadressen auszuwählen: Nutzen Sie die Pfeilschaltfläche nutzen und bestätigen mit ⏎. Wählen Sie stattdessen die gewünschte Adresse mit der Maus aus. Oder nutzen Sie die Tastenkombination ⇧ + ⏎.

Bitte entschuldigen Sie, dass ich Sie jetzt ein wenig durchs Internet gescheucht habe. Ich wollte Ihnen nur die Funktion **AutoVervollständigen** vorführen.

16.2 Der klassische Modus

Es gibt kein Menü und keine Favoritenleiste, die das Browserfenster verkleinern würden. Nur die Adresszeile und eine Auswahl ganz weniger Symbolschaltflächen sind vorhanden. Der maximal mögliche Platz wird für die Darstellung der HTML-Seiten genutzt.

Vorschläge von Bing erhalten

Vorschläge können Sie auch von der Suchmaschine Bing erhalten. Dabei werden die Tastaturanschläge, die Sie in die Adresszeile eingeben, an Bing geschickt. Dort werden sie mit dem Inhalt der Suchdatenbank abgeglichen, und Bing sendet passende Seitenvorschläge an Sie zurück. Probieren Sie das einfach einmal aus:

1 Tragen Sie in die Suchleiste vom Internet Explorer »kost« ein.

2 Ein Listenfeld klappt auf. Wählen Sie hier mit der Maus **Vorschläge einschalten (Tastaturvorschläge an Bing senden)**.

▲ **Abbildung 16.19** Suchvorschläge kommen nun auch von der Microsoft-Suchmaschine.

3 Fast sofort kommt eine Antwort zurück, und Sie erhalten eine Liste passender Treffer. Wählen Sie aus der Liste **www.kostenlos.de** aus.

4 Die ausgewählte Webadresse wird nicht sofort angezeigt. Sie sehen zunächst im Browser die dazu passenden Suchmaschineneinträge. Hier können Sie nun die gewünschte Webseite auswählen.

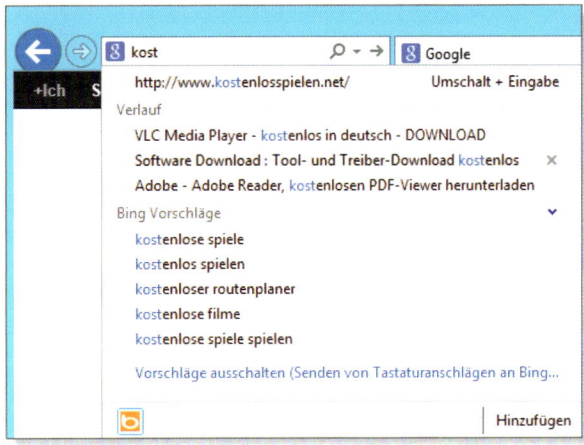

▲ **Abbildung 16.20** Klicken Sie auf eines der Bing-Ergebnisse, landen Sie auf der Website von Bing.

Zuerst sehen Sie eine Liste von Suchmaschinentreffern und ähnlichen Webadressen.

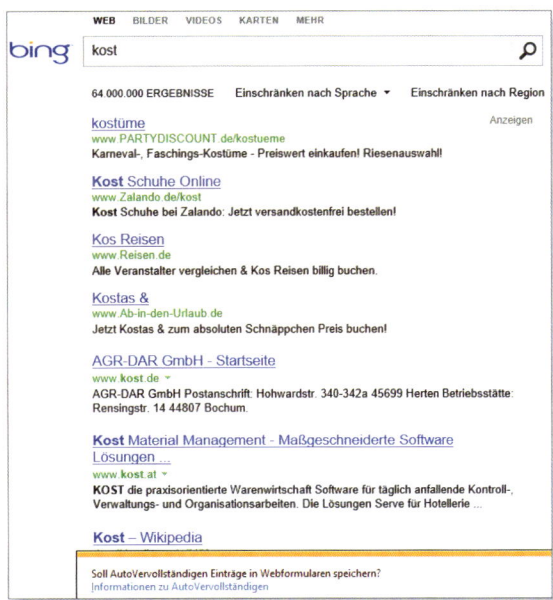

▲ **Abbildung 16.21** Bing liefert eine Reihe Treffer.

Der Umweg über die Suchmaschine Bing ist etwas störend und verbessert die Funktion nicht wirklich. Aber auf diese Weise finden Sie Webadressen, deren Name Ihnen entfallen ist.

Über eine Eingabe in der Adresszeile lässt sich die Funktion jederzeit wieder abstellen. Wählen Sie einfach **Vorschläge ausschalten**.

Vorgeschlagene Websites besuchen

In den **Extras** (Zahnradsymbol rechts oben) finden Sie unter **Datei** den Eintrag **Vorgeschlagene Sites**. Wählen Sie ihn. Sie erhalten nun einen Dialog, in dem Sie der Internet Explorer fragt, ob Sie auf Website mit interessanten Inhalten hingewiesen werden wollen. Bestätigen Sie mit **Ja**.

Der Browser wertet die von Ihnen besuchten Websites aus. Darauf basierend werden Ihnen passende ähnliche Websites angeboten.

△ **Abbildung 16.22** *Lassen Sie sich doch einmal von dem Microsoft-Browser durch das Internet führen. Vielleicht zeigt er Ihnen ein paar interessante Seiten.*

Es geschieht nicht gleich etwas. Der Explorer schaltet lediglich die Funktion an.

Öffnen Sie ein neues leeres Register, und wählen Sie links unten **Websites ermitteln, die Sie interessieren könnten**.

Alternativ öffnen Sie die **Favoriten** und wählen ganz unten **Vorgeschlagene Sites anzeigen**.

Wie nützlich der Service für Sie ist, müssen Sie selbst herausfinden. Sie können ihn ja jederzeit wieder deaktivieren, wenn Sie meinen, der Nutzen hält sich in Grenzen.

△ **Abbildung 16.23** *Vorgeschlagene Sites anzeigen.*

Den Verlauf verwenden

Der Verlauf zeigt übrigens nicht nur die besuchten Websites der letzten Tage. Sie können hier einen Tag oder Zeitraum auswählen. Auf diese Weise zeigen Sie die Webadressen an, die Sie heute, an einem bestimmten Wochentag, vorige Woche oder auch vor drei Wochen angeschaut haben.

Öffnen Sie einmal die Favoriten ❶. Wechseln Sie in den **Verlauf** ❷, und wählen Sie den gewünschten Zeitraum ❸ aus.

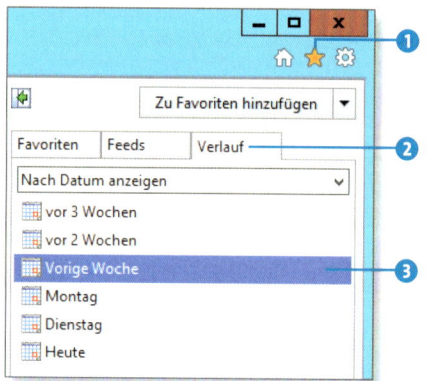

△ **Abbildung 16.24** *Der Verlauf zeigt die besuchten Webadressen nach Zeiträumen an.*

Über das Listenfeld am oberen Rand können Sie statt dieser Zeiträume auch auswählen, dass die Webadressen in einer langen Liste aufgereiht werden (**Nach Site**

16.2 Der klassische Modus

anzeigen). Auch nach der Anzahl der Zugriffe und in der Zugriffsreihenfolge von **Heute** lässt sich der Inhalt des Verlaufs anzeigen.

Wenn Sie den Verlauf löschen möchten, können Sie das in den **Internetoptionen** tun. In der Registerkarte **Allgemein** ❹ finden Sie den Bereich **Browserverlauf**. Klicken Sie hier auf die Schaltfläche **Löschen** ❻. Schalten Sie die Option **Browserverlauf beim Beenden löschen** ❺ an, geschieht dies, sobald Sie den Internet Explorer schließen.

▲ **Abbildung 16.26** Mit dem kleinen Stern erreichen Sie die Favoriten.

In der rechten Ecke des Browsers sehen Sie drei kleine Symbolschaltflächen. Der Stern in der Mitte öffnet die Favoritenleiste. Mit der Tastenkombination [Alt] + [C] können Sie das Fenster auch einblenden.

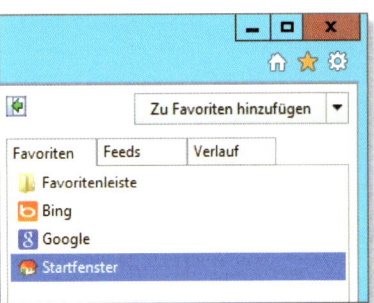

▲ **Abbildung 16.27** Einige wenige Favoriten sind bereits vorgegeben.

Lieblingsseiten als Favoriten ablegen

Es ist ganz leicht, die Adresse Ihrer Lieblingswebsite in die Favoriten aufzunehmen. Machen wir das doch einmal mit der Adresse *vierfarben.de*:

Geben Sie zunächst einmal die Adresse *www.vierfarben.de* ein. Nutzen Sie hier ruhig die AutoVervollständigen-Funktion.

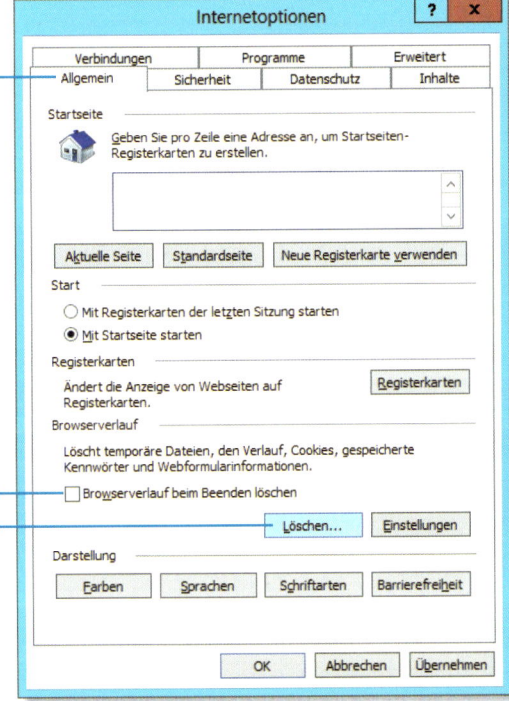

▲ **Abbildung 16.25** Löschen Sie den Browserverlauf mit einer Schaltfläche ❻.

Die Favoriten

Die Adresse einer oft besuchten Website möchten Sie sicher nicht immer wieder neu eintragen. Viel besser wäre es, wenn Sie sie einfach abrufen könnten. Dazu wird die Adresse als *Favorit* abgelegt. Dann genügt es, das **Favoriten**-Fenster zu öffnen und die gewünschte Adresse mit einem Mausklick abzurufen.

1 Öffnen Sie die Favoriten mit einem Klick auf das Stern-Symbol.

2 Klicken Sie im Fenster auf **Zu Favoriten hinzufügen**, oder drücken Sie [Alt] + [Z].

3 In einem kleinen Fenster bestimmen Sie, unter welcher Bezeichnung und in welchem Ordner der Eintrag erfolgen soll. Der Name der Website wird aus deren HTML-Tag übernommen. Ohne eine Veränderung wird kein Ordner verwendet. Bestätigen Sie einmal die Vorgaben mit **Hinzufügen**.

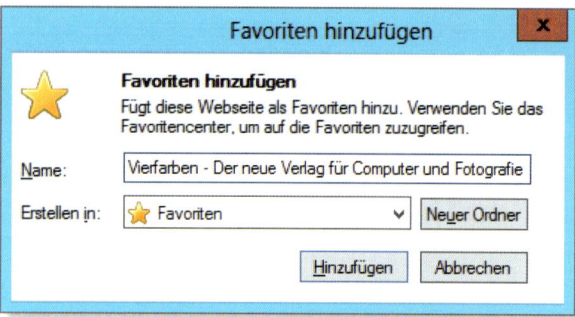

▲ **Abbildung 16.28** *Die Website des Verlags Vierfarben wurde in die Favoritenleiste übernommen.*

Favoriten in einem eigenen Ordner ablegen

In einem zweiten Beispiel erstellen wir einen Ordner und passen den Namen der Website etwas an. Der Einfachheit halber nehme ich hierzu noch einmal die Webadresse von Vierfarben.

1 Wiederholen Sie die Schritte aus der vorigen Übung. Geben Sie zuerst die Adresse der Website ein.

2 Öffnen Sie das **Favoriten**-Fenster.

3 Wählen Sie **Zu Favoriten hinzufügen**.

4 Nun entfernen Sie einfach einmal den Eintrag im Eingabefeld **Name** und tragen Folgendes ein: »Der Verlag Vierfarben«.

5 Klicken Sie auf **Neuer Ordner**, und geben Sie »Computerbuch-Verlage« ein. Bestätigen Sie mit **Erstellen**.

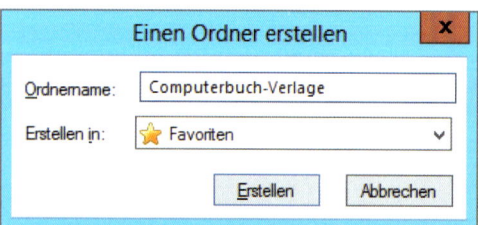

▲ **Abbildung 16.29** *Ein neuer Ordner für den Link zur Website des Verlages Vierfarben wird erstellt.*

6 Der Name des Ordners wird in das darunterliegende Fenster übernommen. Bestätigen Sie.

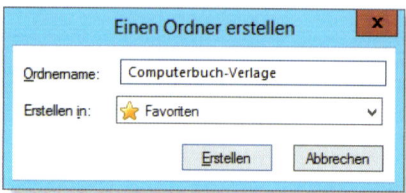

▲ **Abbildung 16.30** *Der Name der Website wurde in diesem Beispiel ein klein wenig angepasst.*

Zusätzlich wurde ein Ordner erstellt. Darin wird nun die Adresse abgelegt.

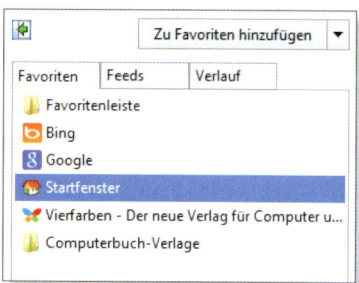

▲ **Abbildung 16.31** *Der neu erstellte Ordner und der neue Favoriteneintrag ohne Ordner.*

Die Favoritenleiste verwenden

Neben dem Fenster **Favoriten** gibt es im Internet Explorer eine Favoritenleiste. Möchten Sie hier einen Eintrag hinzufügen, gehen Sie wie folgt vor:

1 Rufen Sie zuerst die gewünschte Webadresse im Browser auf.

2 Blenden Sie das Fenster **Favoriten** ein.

3 Öffnen Sie das Listenfeld hinter **Zu Favoriten hinzufügen**, und wählen Sie **zu Favoritenleiste hinzufügen**.

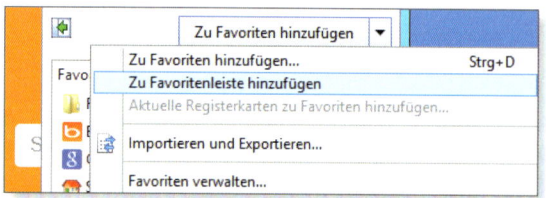

▲ **Abbildung 16.32** *Eine Webadresse wird in die Favoritenleiste übernommen.*

16.2 Der klassische Modus

Die Favoritenleiste bearbeiten

Einige Einträge werden unter dem Namen der Startseite abgelegt. Nicht jeder Webmaster denkt daran, diese so zu benennen, dass der Eintrag seiner Seite in den Favoriten der Browser korrekt erscheint.

So finden Sie hier und da auch eine Website, die als »Home«, »Willkommen« oder »Start« abgelegt wurde. Bei der Startseite von Windows Live finden Sie sogar den Eintrag »Melden Sie sich bei Ihrem ...« in Ihrer Favoritenleiste.

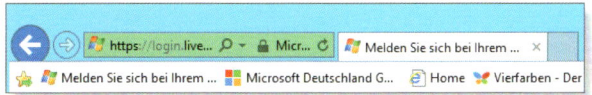

▲ **Abbildung 16.33** *Die Favoritenleiste finden Sie direkt unter der Adresszeile des Browsers.*

1 Markieren Sie die Favoritenleiste. Öffnen Sie das Kontextmenü über dem Eintrag, den Sie bearbeiten wollen, und wählen Sie **Eigenschaften**.

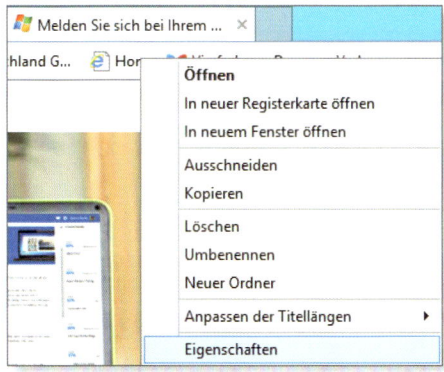

▲ **Abbildung 16.34** *Über das Kontextmenü bearbeiten Sie die Favoriten.*

2 Wechseln Sie in das Register **Allgemein** ❶.

3 Ersetzen Sie den Inhalt im Eingabefeld mit einer passenden, aber kurzen Beschreibung für die Website. Im Beispiel trage ich meine eigene Website mit »Computerbuch Gaebler« ein ❷. Bestätigen Sie mit **OK** ❸.

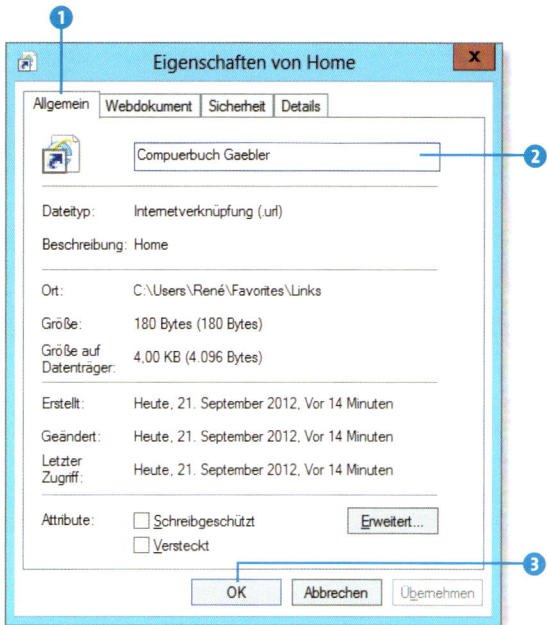

▲ **Abbildung 16.35** *Die Eigenschaften der Verknüpfung*

Im Register **Webdokument** können Sie die URL korrigieren und den Eintrag mit einer Tastenkombination versehen.

Über das Kontextmenü können Sie mit **Umbenennen** ebenso die Bezeichnung des Eintrages anpassen. Interessant ist auch die Funktion **Anpassen der Titellänge**. Hier können Sie den Titel des Favoriteneintrages verkürzen, oder Sie verwenden nur Symbole. Für das Entfernen eines Eintrages nutzen Sie **Löschen** aus dem Kontextmenü.

So bearbeiten Sie Ihre Favoriten

Nach und nach sammeln Sie Favoriten. Einige davon brauchen Sie später nicht mehr, andere sind nicht mehr aktuell. Die Webadressen haben sich geändert, oder es gibt sie nicht mehr. Manchmal möchten Sie auch Favoriten in ihrer Position verändern. Es ist vielleicht schöner, wenn die Adressen der Lieblingswebsites ganz oben in der Liste stehen. Andere wollen Sie in einem passenden Ordner ablegen; das schafft Ordnung. Wie auch immer – irgendwann möchten Sie die Favoritenliste bearbeiten.

337

Kapitel 16: Unterwegs im Internet

1 Öffnen Sie die Favoriten, und heften Sie sie an.

2 Klicken Sie die Favoriten der Reihe nach an, und drücken Sie die Taste `Entf`, um sie so aus der Liste zu löschen. Manchmal reagiert der Browser nicht. Dann markieren Sie den Eintrag, öffnen mit der rechten Maustaste das Kontextmenü und wählen **Löschen**. Achtung: Der Eintrag wird sofort entfernt. Es erfolgt keine Rückfrage.

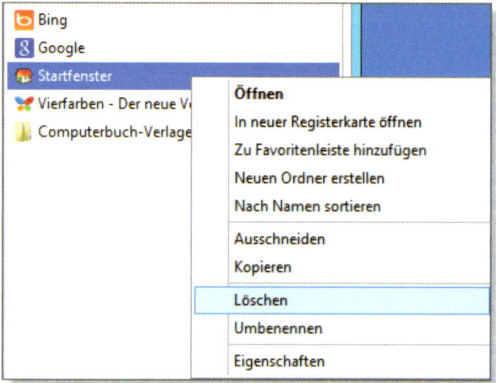

▲ *Abbildung 16.36 Ein Favoriteneintrag wird gelöscht.*

Beachten Sie: In der Favoritenliste werden die Einträge aus den Favoriten (Funktion **Zu Favoriten hinzufügen**) und der Favoritenleiste kombiniert. Sie müssen also nicht beides einzeln bearbeiten. Dies können Sie in einem Fenster tun.

> **TIPP**
>
> **Das Favoritencenter anheften**
> Blenden Sie die Favoriten ein, und klicken Sie auf die grüne Pfeilschaltfläche ❶. Nun wird das Favoritencenter »angeheftet«. Es wird fest am linken Rand des Browserfensters angehängt. In der Regel werden Sie aber vermutlich nicht einen Favoriten nach dem anderen aufrufen wollen, so dass das angeheftete Favoritencenter wohl eher stört. Es bleibt dort so lange, bis Sie es mit der Kreuz-Schaltfläche ❷ wieder ausblenden.

▲ *Abbildung 16.37 Beim Hinzufügen wird die Favoritenleiste eingeblendet.*

Favoriten verschieben

Um einen Eintrag zu verschieben, markieren Sie ihn. Drücken Sie die linke Maustaste. Halten Sie die Taste gedrückt, und ziehen Sie die Maus nach oben. Ein schwarzer Balken markiert die Position, an der der Eintrag eingefügt würde, wenn Sie die Maus losließen.

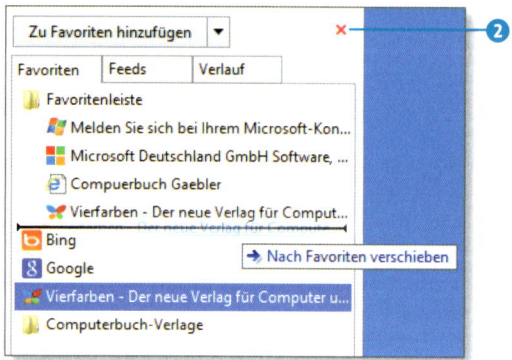

▲ *Abbildung 16.38 Der Favoriteneintrag wird nach ganz oben verschoben.*

Denken Sie daran, dass Favoriten und Favoritenleiste in einem Dialog angezeigt werden. Sie können eins in das andere verschieben. Ein Hinweisbalken zeigt immer an, ob Sie sich in den Favoriten oder der Favoritenleiste befinden.

16.2 Der klassische Modus

In gleicher Weise verschieben Sie einen Eintrag in einen Ordner: Bei gedrückter linker Maustaste ziehen Sie ihn auf den gewünschten Ordner.

Mit einem Mausklick auf einen Ordner machen Sie dessen Inhalt sichtbar. Sie können ihn auf die gleiche Weise bearbeiten wie eben beschrieben. Auch hier lassen sich Einträge verschieben und löschen. Das Gleiche gilt auch für die Favoritenleiste – sie wird in der Favoritenliste wie ein Ordner angezeigt.

▲ **Abbildung 16.39** *Sie werden gefragt, ob Sie die Aktion tatsächlich durchführen wollen.*

Eine bereits besuchte Webseite schnell wieder aufrufen

Die *History*, also der Verlauf der bisher besuchten Websites, hält die zuletzt besuchten Webseiten fest. Sie können auf diese Liste zurückgreifen und eine Site mit einem Mausklick auswählen. So müssen Sie die Adresse nicht noch einmal eingeben.

Am rechten Rand der Adresszeile finden Sie eine Reihe von Symbolschaltflächen. Klicken Sie auf den nach unten zeigenden Pfeil, um die History zu öffnen. Schauen Sie sich die Einträge an, und wählen Sie die gewünschte Webadresse mit der Maus aus.

In der History finden Sie hinter den Einträgen ein kleines Kreuz-Symbol. Klicken Sie darauf, wird der Eintrag aus der History entfernt. Der nach unten zeigende Pfeil ❹ erweitert den Verlauf und die Favoriten.

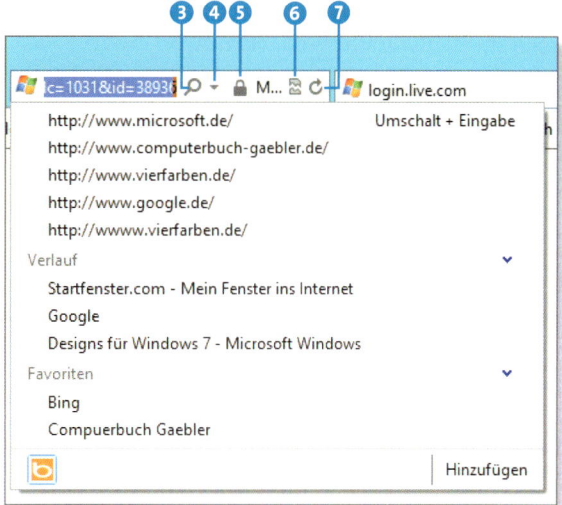

▲ **Abbildung 16.40** *Die History enthält in meinem Beispiel bereits einige Einträge.*

Die Funktionen in der Adresszeile

Schauen wir uns an dieser Stelle einmal die anderen Schaltflächen an:

- Die Schaltfläche mit der Lupe bietet Ihnen eine Suchfunktion an ❸.

- Den nach unten zeigenden Pfeil haben Sie bereits kennengelernt. Er zeigt Ihnen History und Verlauf an ❹.

- Die Identifizierung durch den Dienst VeriSign wird mit einem geschlossenen Schlosssymbol ❺ dargestellt. Dieser Dienst garantiert, dass es sich um eine »echte« Website handelt. Aber nicht jeder Anbieter nutzt VeriSign, um seine Website als Original zu kennzeichnen.

- Ein weiteres Symbol zeigt ein Blatt Papier, das in zwei Hälften geteilt ❻ ist. Mit dieser Schaltfläche starten Sie einen Kompatibilitätsmodus. Wurde die Website an ältere Browser angepasst, bringt manchmal diese Funktion bessere Ergebnisse.

- Das kreisförmige Symbol mit dem Pfeil ❼ lädt die Website noch einmal.

Anzeige, Schriftarten und Formatierungen anpassen

Öffnen Sie die Einstellungen mit dem Zahnradsymbol an der rechten oberen Seite. Wählen Sie **Zoom > 125 %**. In Stufen lassen sich auch weitere Vergrößerungen wählen.

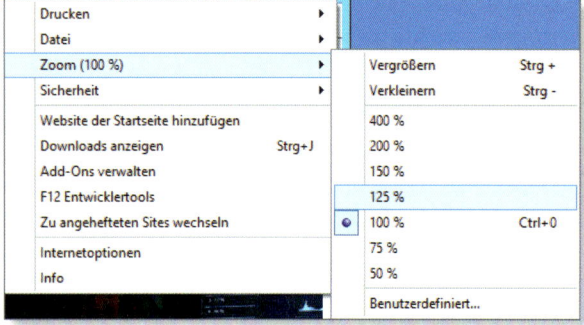

▲ *Abbildung 16.41* *Vergrößern oder verkleinern Sie die Webseite.*

Mit einer Tastenkombination geht dies auch. Mit [Strg]+[+] vergrößern Sie die Seite vergrößert. Um sie zu verkleinern, drücken Sie [Strg]+[-]. Möchten Sie die Anzeige wieder auf 100 % schalten, drücken Sie [Strg]+[0].

Mit **Benutzerdefiniert** können Sie die Anzeige der Website auf eine bestimmte Größe festlegen.

▲ *Abbildung 16.42* *Legen Sie die Größe der Webseite fest.*

Über **Datei > Vollbild** können Sie die Seite auch so vergrößern, dass sie den kompletten Bildschirm einnimmt.

Über die **Internetoptionen** können Sie im Register **Allgemein** eine andere Schriftart wählen und auch die Farbdarstellung verändern.

▲ *Abbildung 16.43* *Unter »Darstellung« passen Sie Farben und Schriftarten an.*

Aber: In der Regel legt der Webdesigner die Darstellung der Website fest. Für jede einzelne HTML-Seite oder eben alle Seiten bestimmt er, welche Schriftarten und -farben verwendet werden. So wird eine einheitliche Darstellung erreicht.

Die beliebtesten Sites

Hinter einer Registerkarte finden Sie eine kleine Schaltfläche. Mit diesem grauen Knopf öffnen Sie eine neue, zunächst leere Registerkarte. In dieser können Sie eine weitere Website laden.

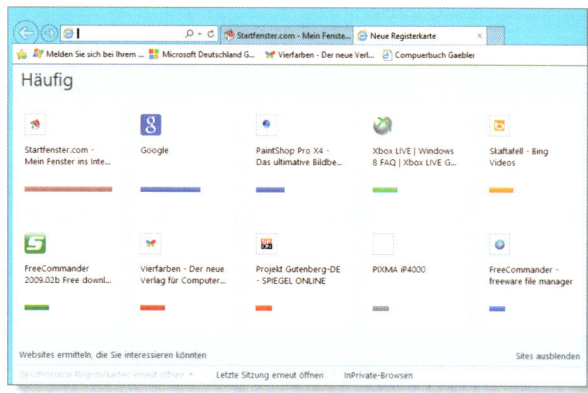

▲ *Abbildung 16.44* *Die Übersicht der beliebtesten Sites zeigt eine Reihe Webadressen an. Der Browser versucht, Ihnen sinnvolle Vorschläge zu machen, die Ihren Interessen entsprechen.*

16.2 Der klassische Modus

Die zuerst leere Registerkarte enthält eine kleine Auswahl von Webadressen. Diese oft besuchten Websites werden unter der Bezeichnung »Ihre beliebtesten Sites« geführt. Mit einem Mausklick wählen Sie eine davon aus.

Mit der Schnellsuchleiste das Web durchsuchen

Früher musste man die Webadresse einer Suchmaschine eingeben. Danach wurde der Suchbegriff in das Eingabefeld eingetragen und geschaut, ob die Suchmaschine dazu etwas in ihrer Datenbank hatte. Ab und zu war es notwendig, eine weitere Suchmaschine um Rat zu fragen.

Der Internet Explorer besitzt bereits eine Funktion, mit der Sie direkt eine Suchmaschine »befragen« können. Sie müssen also nicht erst die Webadresse des Suchportals aufrufen, sondern können gleich im Browser eintragen, wonach Sie suchen möchten. Und so geht das:

1 Klicken Sie im Internet Explorer auf das kleine Lupensymbol in der Adresszeile.

2 Tragen Sie ein, wonach Sie suchen möchten. Als Beispiel gebe ich einmal »Bücher« ein. Bestätigen Sie mit ↵.

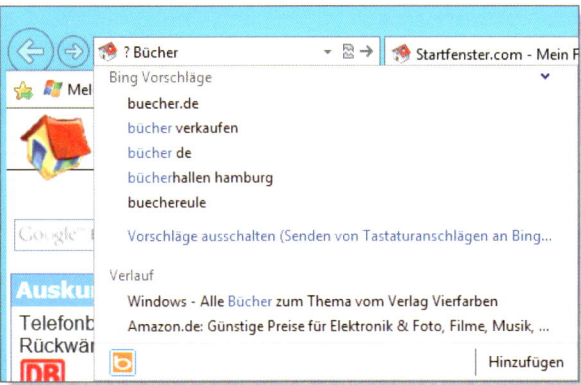

▲ **Abbildung 16.45** Die Adresszeile enthält ein Fragezeichen, denn Sie befinden sich im Suchmodus.

3 Der Browser zeigt nun eine Seite der Suchmaschine Bing an. Hier sehen Sie eine Liste passender Treffer. Schauen Sie sich diese an. Wählen Sie mit der Maus eine Webadresse aus.

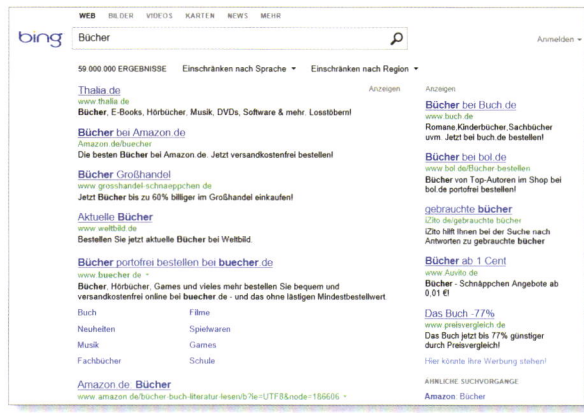

▲ **Abbildung 16.46** Die Suchmaschine bietet mir dazu über 59 Millionen Treffer zu »Bücher« an.

Versuchen Sie, nicht zu allgemeine Suchbegriffe einzugeben. Ergänzen Sie Suchanfragen mit zwei oder mehr Begriffen. So könnte ich zum Beispiel statt »Bücher« auch »Fantasy Bücher« eingeben.

TIPP

Treffer in einer neuen Registerkarte öffnen
Wenn Sie einen Treffer, den die Suchmaschine gefunden hat, mit der Maus anklicken, wird die verlinkte Seite im gleichen Fenster geöffnet. Wenn Sie aber eine bestimmte Suchanfrage markieren, das Kontextmenü öffnen und **In neuer Registerkarte öffnen** wählen, wird ein weiteres Fenster genutzt. Der Vorteil: Sie können sich die gefundene Seite anschauen und wieder zu der Seite der Suchmaschine wechseln, ohne zurückblättern zu müssen. So lassen sich mehrere gefundene Seiten nacheinander anschauen und die Treffer einer Suchmaschine durchstöbern.

Übrigens: Bing hat sich weiterentwickelt. Bei meinem ersten Windows-Buch im Verlag Vierfarben, damals zu

Windows 7, wurden 3,4 Millionen Treffer gefunden. Inzwischen findet Bing zu dem Suchbegriff »Bücher« 59 Millionen passende Einträge. Das ist beachtlich. Aber auch viel zu viel. Die Anzahl der Treffer kann man nicht mehr komplett durchsehen. Daher der Tipp: Schränken Sie die Suche ein. Ergänzen Sie den gesuchten Begriff durch weitere Begriffe.

Die eingetragenen Suchanbieter bearbeiten

Im Internet Explorer ist die Microsoft-Suchmaschine Bing eingetragen. Diese ist noch relativ neu, besitzt aber eine sehr gute Datenbank. Oft finden Sie hier bei Suchanfragen passende Websites.

> **TIPP**
>
> **Noch schneller suchen**
> Haben Sie in der Adressleiste die Bing-Vorschläge eingeschaltet (Funktion **Vorschläge einschalten (Tastaturanschläge an Bing senden)**), sehen Sie einige Treffer zu Ihrer Suchanfrage direkt unter dem Eingabefeld des Browsers. Findet sich hier bereits eine passende Website, können Sie sie mit der Maus auswählen und müssen nicht die Treffer der Suchmaschine durchstöbern.

Natürlich können Sie die eingetragene Suchmaschine verändern und eine andere wählen. Am Beispiel von Google möchte ich Ihnen dies zeigen:

1 Öffnen Sie das Listenfeld **Suchen** in der Adresszeile. Ganz unten finden Sie die Suchanbieter. Sie werden mit einem kleinen Piktogramm gekennzeichnet. Vorhanden ist hier nur Bing. Wählen Sie in der gleichen Zeile **Hinzufügen**.

Eine Website mit verschiedenen Plug-ins für den Internet Explorer wird geöffnet. Jeder Suchanbieter wird über ein solches Plug-in in den Browser eingefügt. Sie können natürlich auch weiterhin die Webadresse des Suchservers aufrufen.

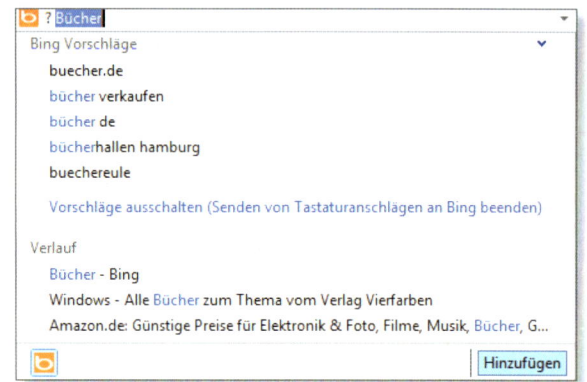

▲ **Abbildung 16.47** Nur Bing ist als Suchanbieter eingetragen.

2 Scrollen Sie ein wenig nach unten, und klicken Sie auf das Plug-in **Google-Suche**.

3 Auf der nächsten Seite sehen Sie eine kurze Beschreibung des Plug-ins. Wählen Sie es mit **Zum Internet Explorer hinzufügen** aus. Ein Dialog klappt auf. Bestätigen Sie hier mit **Hinzufügen**.

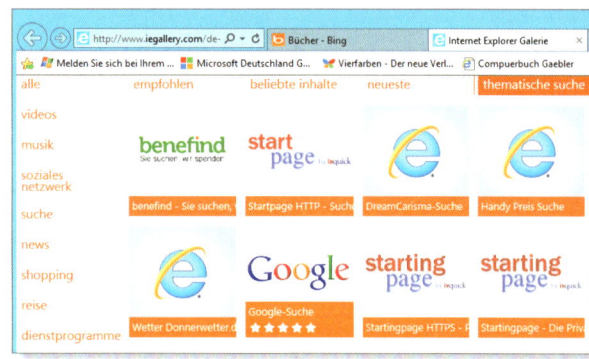

▲ **Abbildung 16.48** Wählen Sie Google als Suchanbieter aus.

Auf die beschriebene Art und Weise lassen sich weitere Suchanbieter hinzufügen.

Im Suchfeld wählen Sie mit einem Klick aus, ob Sie Google oder Bing verwenden wollen. Das Piktogramm des Suchanbieters wird daraufhin mit einem blauen Rahmen markiert.

16.2 Der klassische Modus

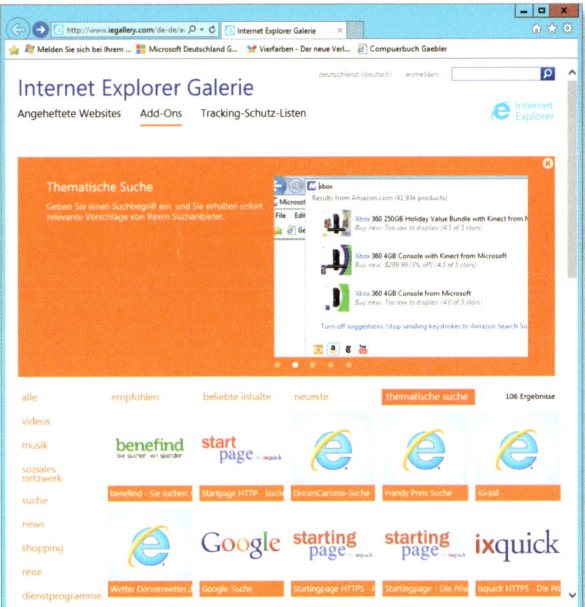

▲ **Abbildung 16.50** Ein Mausklick auf »Aktuelle Seite« genügt, und die Webseite wird zur Standardseite.

Die neue Startseite ausprobieren

Um nun einmal auszuprobieren, ob die Einstellung wirklich funktioniert, schließen Sie den Browser. Starten Sie das Programm neu. Nun sollte die Startseite zu sehen sein.

▲ **Abbildung 16.49** Die Internet Explorer Galerie enthält viele nützliche Plug-ins. Sie finden hier unter anderem Suchmaschinen, Internetmagazine und die Websites von bekannten Druckmagazinen, aber auch Infoportale wie Wetter.com.

> **TIPP**
>
> **Eine leere Seite als Startseite verwenden**
> Manche Leute möchten nicht immer die gleiche Webseite beim Öffnen des Webbrowsers sehen. Sie können hier auch eine leere Seite anzeigen lassen. Wählen Sie in den **Internetoptionen** des Browsers einfach **Leere Seite**. Nun erscheint hier ein `about_blank`. Mit dieser Anweisung zeigt das Programm eine leere Seite an.
>
> Übrigens: Es ist auch möglich, mehrere Webseiten anzuzeigen. Geben Sie die gewünschten Webadressen einfach untereinander im Eingabefeld des Bereichs **Startseite** ein.

So passen Sie die Startseite im Internet Explorer an

Die Seite **Startfenster** sehen Sie jedes Mal, wenn Sie den Microsoft-Browser neu starten. Natürlich können Sie auch eine andere Website eintragen.

1 Geben Sie zuerst im Browser die Adresse der Webseite ein, die als Startseite festgelegt werden soll. Im Beispiel mache ich dies einmal mit *http://www.vierfarben.de/*.

1 Öffnen Sie die **Internetoptionen**.

2 Übernehmen Sie mit einem Mausklick auf die Schaltfläche **Aktuelle Seite** die Adresse der Webseite, die Sie zuvor geladen haben.

3 Schließen Sie den Dialog mit **OK**.

Sie erreichen die Startseite auch mit einem Klick auf die Symbolschaltfläche in der linken oberen Ecke des Browsers. Das Aussehen dieser Schaltfläche wird von der gewählten Website bestimmt, es zeigt zum Beispiel ein Firmenlogo. Es sollte also bei jedem Anwender ein anderes Symbol zu sehen sein.

▲ **Abbildung 16.51** *Das Symbol für den Aufruf der Startseite ist recht unscheinbar.*

Webseiten drucken

Natürlich können Sie auch die Inhalte einer Website drucken. Beachten Sie aber, dass eine einzelne Website aus mehreren HTML-Seiten besteht. Manche Seiten sind auch so groß, dass sie nicht auf ein A4-Blatt passen. Zum Glück können Sie sich ja vor der Ausgabe auf den Drucker eine Druckvorschau anzeigen lassen.

1 Öffnen Sie zunächst das Menü **Extras**, in dem Sie auch die **Internetoptionen** finden.

2 Wählen Sie **Drucken > Seite einrichten**.

3 Überprüfen Sie, ob die Einstellungen zu Ihrem Drucker und zur verwendeten Papiergröße passen. Falls nötig, nehmen Sie Korrekturen vor.

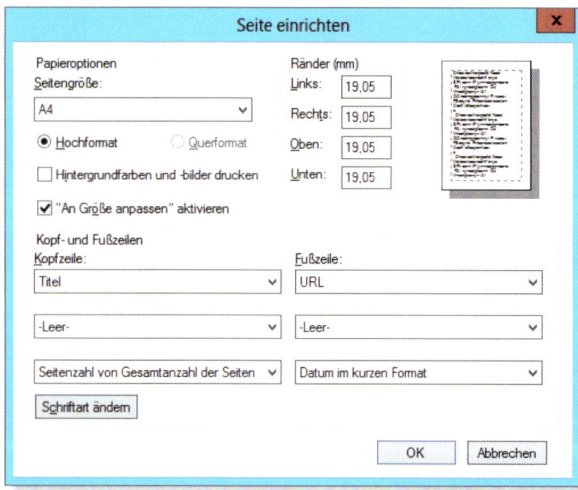

▲ **Abbildung 16.52** *Die Vorgabe zur Größe einer Druckseite passt hervorragend.*

Interessant am Dialog **Seite einrichten** ist, dass Sie hier mit einer Option auch den Hintergrund einer Website mitdrucken können. Meist ist dies aber nicht notwendig. Rechts oben geben Sie an, wie groß der Rand sein soll. Mit der Vorgabeeinstellung bin ich hier ganz zufrieden. Über die Auswahlfelder im unteren Bereich legen Sie fest, welche Inhalte Kopf- und Fußzeilen haben sollen. Mit **-Leer-** werden keine Inhalte gedruckt. Auch der Wechsel zwischen Hoch- und Querformat ist in diesem Dialog möglich.

Nun kann eigentlich eine HTML-Seite ausgedruckt werden. Laden Sie sie zuerst im Browser, und wählen Sie dann **Extras > Drucken > Druckvorschau**.

Sie sehen nun, wie die Seite auf dem Ausdruck aussehen wird.

In der Kopfzeile finden Sie eine kleine Symbolleiste. Von links nach rechts sehen Sie hier die folgenden Schaltflächen:

Über die erste Schaltfläche ❶ drucken Sie das Dokument. Vorher können Sie aber noch entscheiden, ob Sie im Hoch- ❷ oder Querformat ❸ drucken möchten, die Seite einrichten ❹ sowie Kopf- und Fußzeilen ein- und ausschalten ❺.

Mit **Gesamte Breite anzeigen** ❻ wird die Seite so vergrößert, dass sie genau auf das Papier passt. **Gesamte Seite anzeigen** verkleinert die Ansicht dagegen so, dass Sie die gesamte Webseite sehen.

Mit **Mehrere Seiten anzeigen** ❼ können Sie auf einem Blatt Papier zwei HTML-Seiten oder auch 3, 6 oder 12 Seiten ausgeben. So erhalten Sie eine Übersicht verschiedener HTML-Seiten.

Mit **Druckgröße ändern** ❽ wird die Seite vergrößert oder verkleinert. Probieren Sie einfach verschiedene Einstellungen aus dem Listenfeld aus.

Viele Veränderungen sind hier nicht mehr möglich. Sie können die Breite der Ränder anpassen und zwischen Hoch- und Querformat wechseln.

16.2 Der klassische Modus

Sind Sie mit allen Einstellungen zufrieden, geben Sie die HTML-Seite auf Ihrem Drucker aus. Klicken Sie auf **Dokument drucken** ❶, oder drücken Sie [Strg] + [P]. Je nach verwendetem Drucker und installiertem Treiber sind unterschiedliche Einstellungen möglich.

Viele Portale, Firmen und Webmagazine bieten auf ihren Seiten eine Druckfunktion an. Diese optimiert im Allgemeinen die Seite für den Druck. Sie erkennen die Funktion an einem kleinen Drucksymbol. Manchmal finden Sie auch »Seite drucken« oder Ähnliches vor.

Wählen Sie die Druckfunktion auf der Webseite, wird eine Druckvorschau oder eine optimierte Webseite angezeigt. Bei Vierfarben klappt zusätzlich der Druckdialog auf. Sie können hier die Druckeinstellungen anpassen und die Seite sofort auf dem Drucker ausgeben.

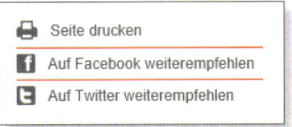

▲ **Abbildung 16.54** Eine Druckfunktion und die Verknüpfung zu Social Communitys gehören oft dazu.

Schnellinfos verwenden

Unter dem Begriff »Schnellinfos« fasst der Internet Explorer bestimmte ergänzende Funktionen zusammen. Dazu gehören das Übersetzen einer Website mit Bing und das Verfassen von E-Mails mit Windows Live. Sie erreichen die Schnellinfos über das Kontextmenü. Wählen Sie **Alle Schnellinfos** und dann die gewünschte Funktion.

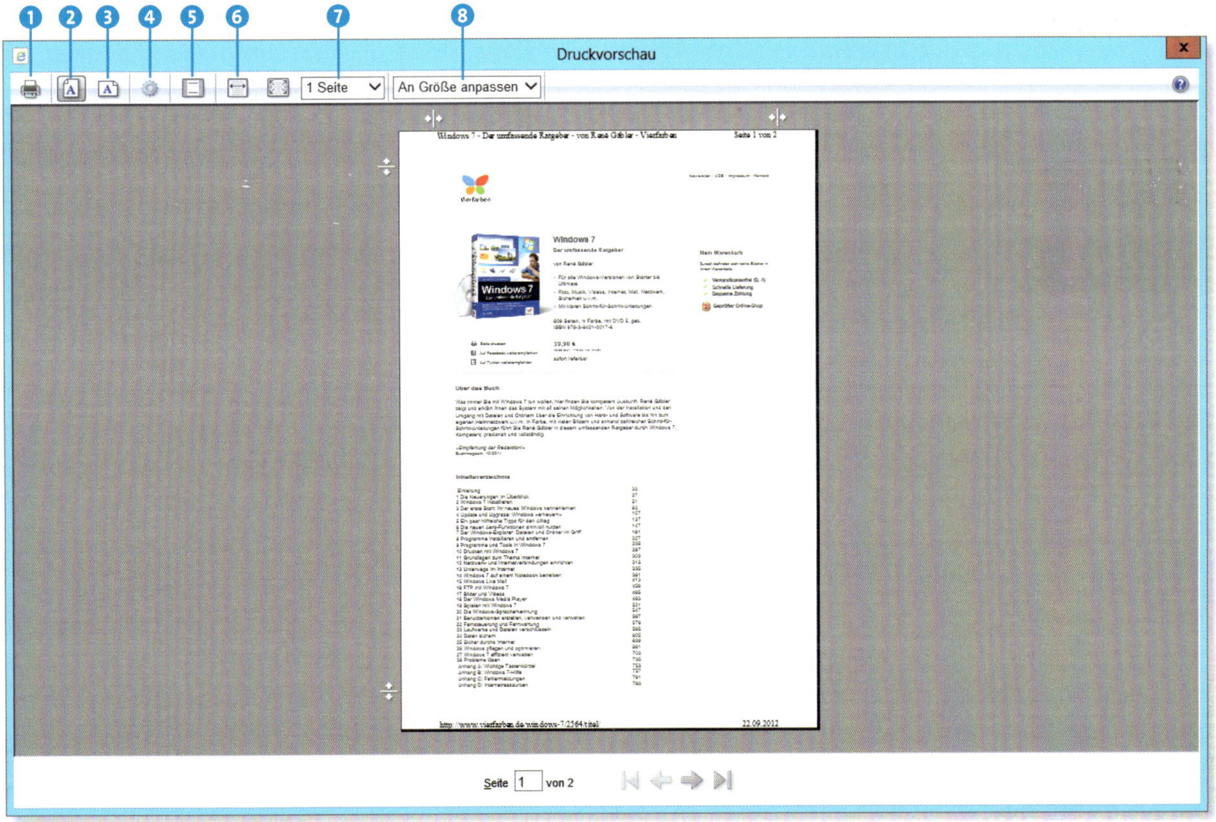

▲ **Abbildung 16.53** Die Druckvorschau zeigt, wie die Seite nach dem Ausdruck auf dem Papier aussehen wird.

Wenn Sie den Übersetzungsservice wählen, klappt ein Fenster auf, und Sie können die Sprache bestimmen und die Funktion starten. Die Übersetzung ist recht holprig und meistens fehlerhaft, manchmal auch unfreiwillig lustig. Aber immerhin können Sie mit dieser Funktion interessante Informationen erschließen, auch wenn Sie die Sprache der jeweiligen Website nicht beherrschen.

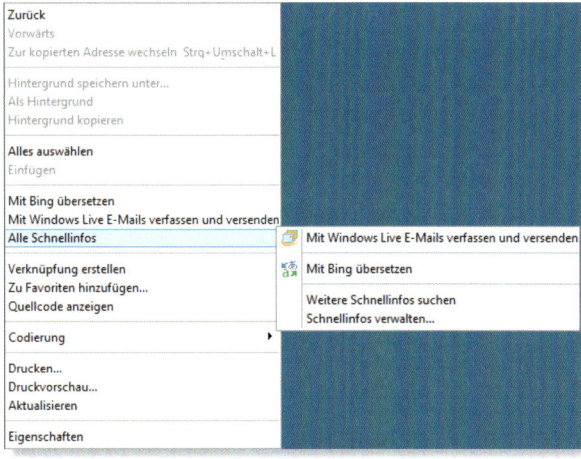

▲ **Abbildung 16.55** *Die Schnellinfos des Internet Explorers*

Über das Kontextmenü und **Alle Schnellinfos > Weitere Schnellinfos suchen** kommen Sie wieder auf die Galerie des Internet Explorers. Hier sehen Sie eine Auswahl von Add-ons, die als Schnellinfos genutzt werden können. Es finden sich hier Übersetzungstools, eBay, Google, ein Facebook-Add-on, ein Routenplaner und einiges mehr. Schauen Sie sich ruhig einmal um. Die Auswahl und Installation entsprechen der weiterer Suchmaschinen.

Empfehlen Sie Webseiten per E-Mail Ihren Freunden

Voraussetzung für das Versenden einer Webseite oder eines Links zu einer Website ist natürlich, dass Sie auf dem Rechner ein E-Mail-Programm installiert haben. Dieses muss eingerichtet sein. Nur so gelangt die Nachricht an ihr Ziel.

Die Funktion zum Versenden von Webseiten ist im Menü verborgen. Das müssen Sie zunächst einmal sichtbar machen:

1 Führen Sie die Maus auf den oberen Rand des Browsers, und öffnen Sie das Kontextmenü.

2 Wählen Sie **Menüleiste**.

▲ **Abbildung 16.56** *Die Menüleiste wird angeschaltet.*

Auf die beschriebene Art und Weise können Sie die Befehlsleiste und die Statusleiste einblenden.

▲ **Abbildung 16.57** *In diesem Beispiel habe ich die Menü- und die Befehlsleiste aktiviert.*

3 Wählen Sie in der Befehlsleiste **Datei > Senden > Link durch E-Mail**.

4 Ihr E-Mail-Programm wird geöffnet. Sie sehen eine neue Nachricht. Der Link ist bereits eingetragen. Ergänzen Sie die Adresse des Empfängers, und verschicken Sie die Nachricht.

In gleicher Weise gehen Sie vor, wenn Sie eine HTML-Seite versenden wollen. Wählen Sie hier **Datei > Senden > Seite durch E-Mail**. Ergänzen Sie die Adresse des Empfängers, und verschicken Sie die Nachricht.

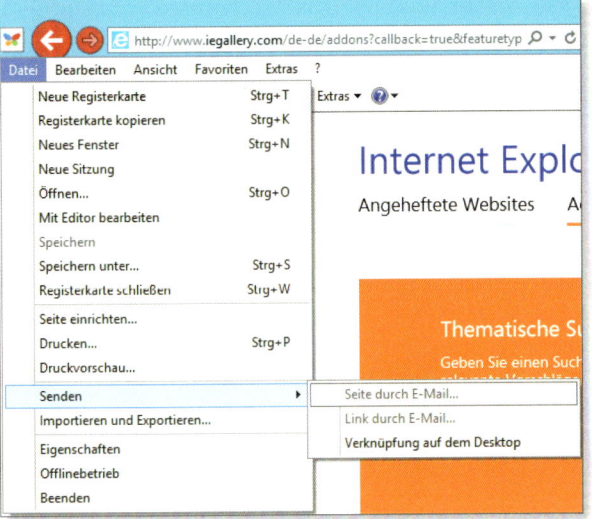

▲ **Abbildung 16.58** Senden Sie Ihren Freunden einen Link zu Ihren Lieblingswebsites per E-Mail.

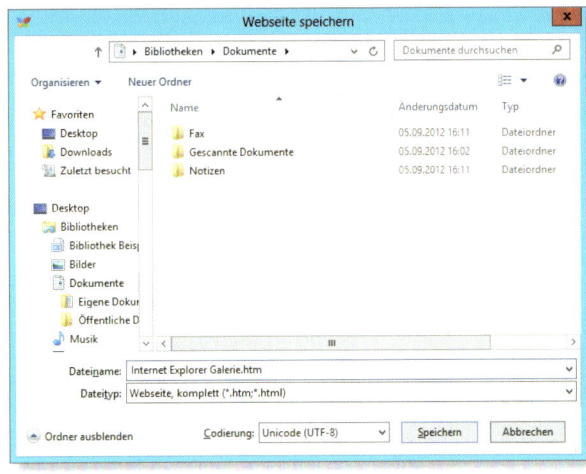

▲ **Abbildung 16.59** Eine Website wird gespeichert.

So speichern Sie eine Website ab

Das Abspeichern ist mit wenigen Handgriffen getan.

1 Um eine Website zu speichern, wählen Sie **Extras > Datei > Speichern unter**.

2 Wählen Sie das Verzeichnis, in dem die Website abgelegt werden soll. Wenn Sie möchten, passen Sie den Namen der Website an. Bestätigen Sie mit **Speichern**.

Nun können Sie die abgelegte Website auch ohne Verbindung zum Internet betrachten. Sie schauen sich diese *offline* an.

Nicht immer kann eine Website gespeichert und offline betrachtet werden. Das liegt daran, dass manchmal Inhalte aus Datenbanken bezogen werden. Sie werden geladen, wenn Sie die Website aufrufen. Andere interaktive Elemente oder ein Content-Management-System verhindern auch das Speichern von Websites.

Es ist auch möglich, nur eine einzelne Webseite zu speichern oder die angezeigte Seite als Textdatei zu speichern. Auch ein Webarchiv im Format *.mht kann angelegt werden.

Feeds mit dem Internet Explorer abonnieren

Feeds sind Schlagzeilen, die Sie mit dem Browser abrufen können. Öffnen Sie einmal das Fenster **Favoriten**. Verankern Sie es am linken Bildschirmrand. Wechseln Sie nach **Feeds**. In diesem Fenster werden die abonnierten Feeds angezeigt und verwaltet.

Auf vielen Websites werden aktuelle Meldungen und Informationen im Feed-Format angeboten, so zum Beispiel beim Verlag Galileo Press.

1 Geben Sie die Adresse *http://www.galileo-press.de* in Ihrem Browser ein.

2 Auf der Startseite finden Sie rechts ein kleines Kästchen mit der Überschrift **Folgen Sie uns**. Klicken Sie auf das zweite Zeichen von rechts, um den Feed zu abonnieren.

▲ **Abbildung 16.60** Das orangefarbene Symbol weist auf einen Newsfeed hin.

3 Der Feed wird nun im Browser angezeigt. Bestätigen Sie mit **Feed abonnieren**.

4 Ein Dialog wird angezeigt. Passen Sie, wenn Sie das möchten, den Namen des Feeds an. Sie können auch auswählen, in welchem Ordner der Feed abgelegt wird. Beides müssen Sie nicht tun, die Vorgaben passen schon. Bestätigen Sie mit **Abonnieren** ❶.

▲ *Abbildung 16.61 Der Feed wird zuerst im Browser angezeigt.*

Über **Abonnieren** fügen Sie ihn zu Ihren Feeds hinzu.

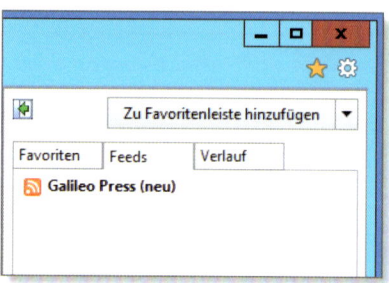

▲ *Abbildung 16.62 Der abonnierte Feed erscheint nun im Fenster »Feeds«.*

Gehen Sie wie beschrieben bei weiteren Feeds vor, die Sie beziehen und lesen möchten. Rufen Sie den Feed später über die Feedliste auf. Ein Mausklick zeigt im Browserfenster alle Meldungen. Sie sehen zunächst nur eine Folge von kurzen Überschriften und Schlagzeilen. Interessiert Sie eine Nachricht, klicken Sie sie an. Sie lesen dann den kompletten Beitrag und sehen die zugehörigen Meldungen in Ihrem Browser.

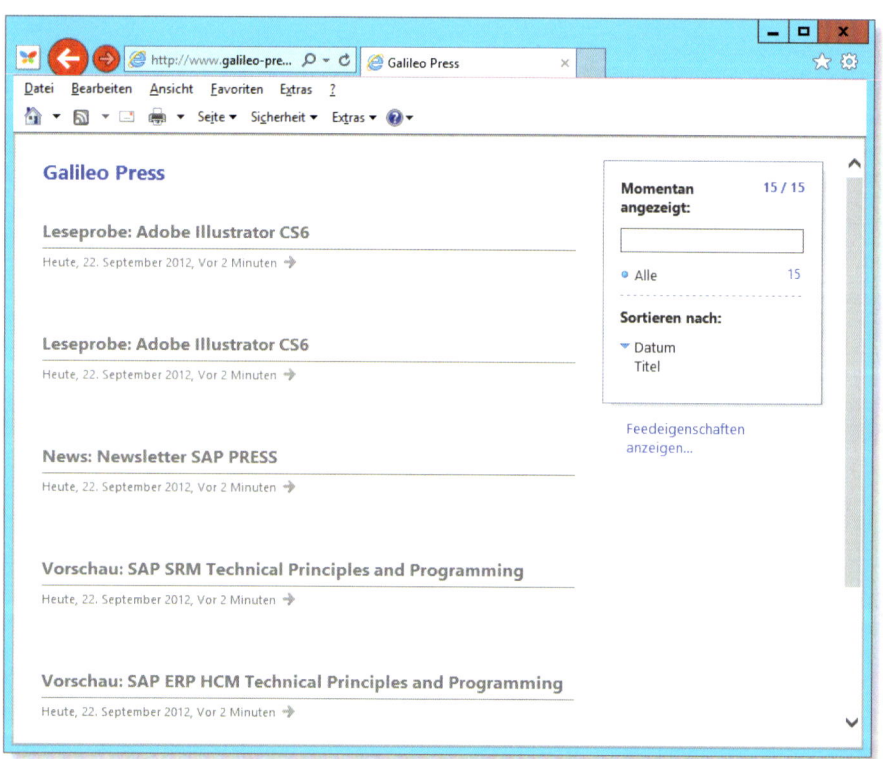

◄ *Abbildung 16.63 Ein RSS-Feed zeigt Ihnen zunächst nur eine Liste von Schlagzeilen. Möchten Sie zu einem Thema mehr wissen, klicken Sie es an.*

Es gibt ein paar interessante Suchmaschinen, die sich auf RSS-News spezialisiert haben. Sie finden sie unter den folgenden Adressen:

- http://www.rss-verzeichnis.de
- http://www.rss-suche.eu
- http://www.rss-scout.de
- http://www.rss-nachrichten.de

Mit **Feedeigenschaften anzeigen** ❷ können Sie auch festlegen, in welchem Zeitraum der abonnierte Feed auf aktuelle Inhalte überprüft werden soll. Mit der Vorgabeeinstellung geschieht dies einmal am Tag. Das genügt ja eigentlich auch.

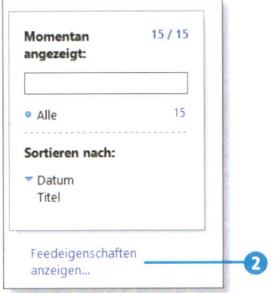

▲ **Abbildung 16.64** Zu jedem Feed können Sie eigene Einstellungen festlegen.

Anlagen sollten Sie zuerst auf eine Infektion hin überprüfen werden. Lassen Sie daher die Option **Dateianlagen automatisch herunterladen** ausgeschaltet. Außerdem sind Dateianlagen bei Newsfeeds nicht notwendig. Hier geht es um Schlagzeilen, also um kurze und aussagekräftige Informationen zu einem bestimmten Thema. Ob Sie die Anzahl der Elemente begrenzen, bleibt Ihnen überlassen. In der Vorgabeeinstellung sind 200 Elemente in einem Feed möglich. Das sollte auch für umfangreiche News genügen.

In den **Internetoptionen** finden Sie die globalen Einstellungen für die Nutzung von Feeds und Web Slices. Öffnen Sie dazu das Register **Inhalte** ❸, und wählen Sie im Bereich **Feeds und Web Slices** die Schaltfläche **Einstellungen** ❹.

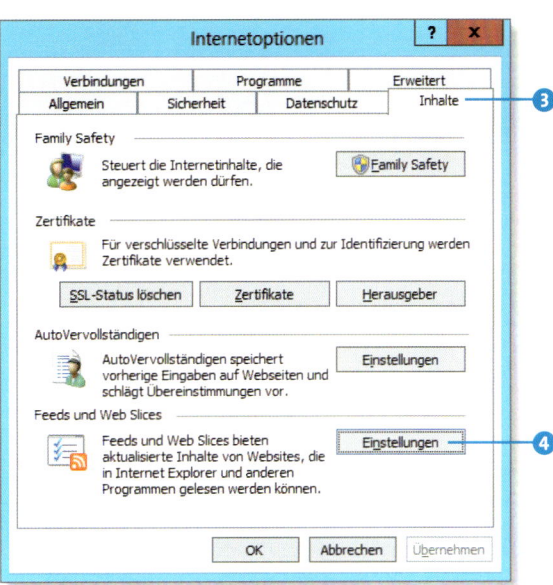

▲ **Abbildung 16.65** Legen Sie die Einstellungen für alle Feeds in den Internetoptionen fest.

Bestimmen Sie, ob Feeds automatisch auf Aktualisierungen hin geprüft werden sollen. In der Vorgabe geschieht dies einmal am Tag.

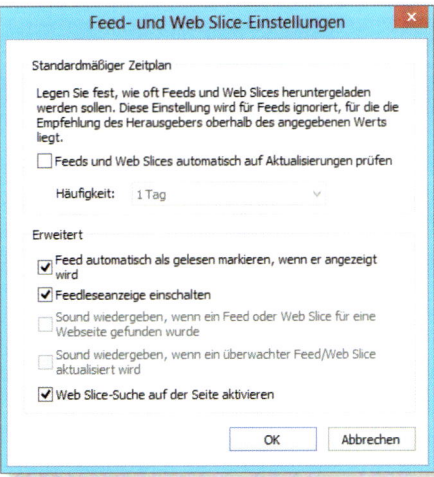

▲ **Abbildung 16.66** Die Standard-Einstellungen bei Feeds

Nach dem Anzeigen wird ein Feed als »gelesen« markiert. Der besondere Modus zum Lesen von Feeds im Browser wird angeschaltet, sobald Sie einen Feed auswählen.

Kapitel 16: Unterwegs im Internet

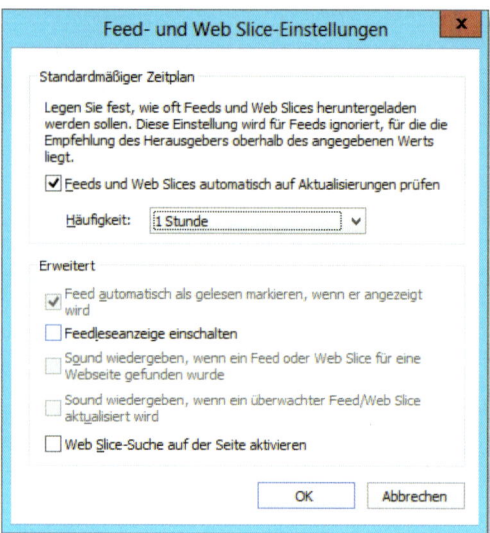

▲ **Abbildung 16.67** Meine Empfehlung für die Feed-Einstellungen

> **INFO**
>
> **Was sind Web Slices?**
> Mit Web Slices werden Inhalte einer Website beobachtet. Sie können so Nachrichtenmeldungen, Wetterdaten und andere News immer im Auge behalten. Der Webmaster muss Web Slices verwendet haben, damit Sie die Funktion nutzen können. Er teilt seine Websites in einzelne Teilbereiche. Diese können, unabhängig von den anderen, beobachtet werden.

16.3 Den Microsoft-Browser einstellen und anpassen

Natürlich können Sie viele Einstellungen des Internet Explorers verändern. Bei einigen ist dies sinnvoll. Bei anderen sind die Vorgabeeinstellungen gut gewählt und müssen nicht verändert werden. In den folgenden Abschnitten zeige ich Ihnen einige Beispiele, wie Sie den Browser anpassen und einrichten können.

Die Einstellungen im Register »Allgemein«

Über **Extras > Internetoptionen** öffnen Sie den Einstellungsdialog des Browsers. Sie finden im Dialog sieben Register vor.

Einige wenige Optionen haben Sie bereits kennengelernt. Dazu zählen die Möglichkeiten, die Startseite zu verändern, den Browserverlauf zu löschen und die Darstellung der Webseiten anzupassen. Die Suchstandards kennen Sie auch bereits. Hiermit sind die Einstellungen für die direkt mit dem Internet Explorer zu verwendenden Suchmaschinen gemeint.

Über eine Option können Sie verhindern, dass Programme den Standardsuchanbieter verändern. Sie können hier auch Suchanbieter als Standard eintragen oder entfernen.

Die Einstellungen im Register »Inhalte«

Im Register **Inhalt** finden Sie Einstellungen zum Jugendschutz, zum Inhaltsratgeber und zu den Zertifikaten. Hier können Sie auch die Funktion AutoVervollständigen und die Feeds einstellen.

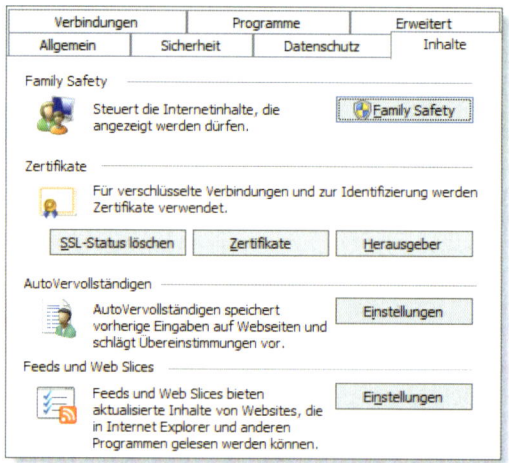

▲ **Abbildung 16.68** In den Internetoptionen finden Sie in sieben Registern alle Einstellungen, die fürs Surfen und andere Online-Aktivitäten relevant sind.

16.3 Den Microsoft-Browser einstellen und anpassen

AutoVervollständigen anpassen

Über einen Dialog mit einer Reihe von Optionen bestimmen Sie, wo die Funktion AutoVervollständigen verwendet wird. In der Vorgabeeinstellung ist dies beim Browserverlauf und bei den Favoriten der Fall. Auch bei **Windows Search** wird sie verwendet. Hinzufügen können Sie die Funktion bei dem Umgang mit Feeds. Hier ist sie aber nicht unbedingt notwendig.

Genutzt werden kann die Funktion auch bei Webformularen. Über eine weitere Option legen Sie fest, ob Benutzernamen und Kennwörter bei Webformularen gespeichert werden sollen und ob hierfür zuvor eine Rückfrage erfolgen soll. Die Vorgabeeinstellung ist sinnvoll gewählt und muss nicht verändert werden.

Über eine Schaltfläche können Sie den Verlauf der Funktion löschen ❶. Damit werden alle Inhalte entfernt, und die Funktion muss »neu lernen«.

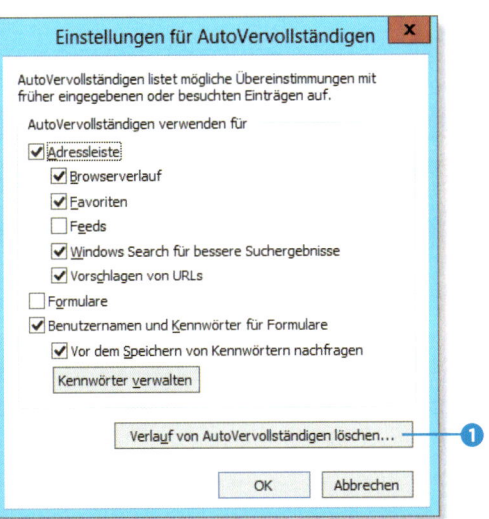

▲ **Abbildung 16.69** Die Einstellungen für die Funktion AutoVervollständigen.

Die Einstellungen zur Barrierefreiheit des Internet Explorers

Die Einstellungen für die Barrierefreiheit des Browsers sind für Anwender mit Sehbehinderungen wichtig. Hier stellen Sie ein, dass immer ein Alternativtext angezeigt wird. Bei Bildern wird dieser Text angezeigt und beschreibt, was zu sehen ist. Sie können hier Systemsounds wiedergeben und die Tastaturnavigation anschalten.

Die Einstellungen im Register »Erweitert«

Im Register **Erweitert** ❷ finden Sie jede Menge Optionen. Mit ihnen passen Sie die Barrierefreiheit des Browsers an und stellen bestimmte Optionen ein. Dank der Optionskästchen müssen Sie keine untergeordneten Dialoge öffnen. Sie scrollen durch die Liste und schalten mit einem einfachen Mausklick die Option an, die Sie gern verwenden möchten. Der Nachteil: Es sind jede Menge Optionen.

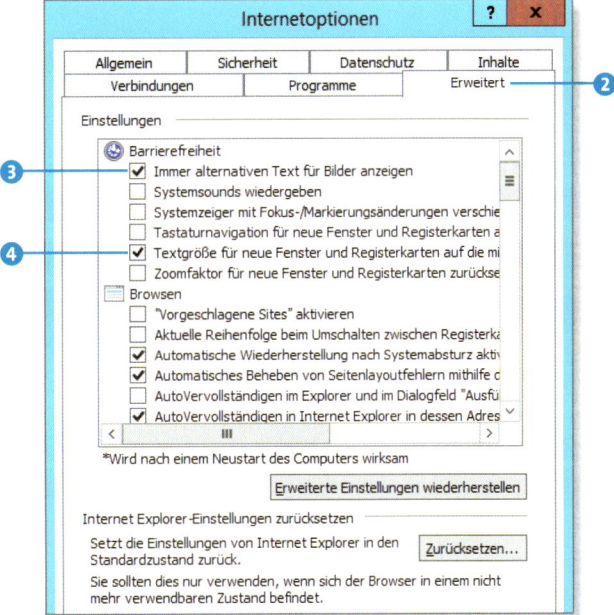

▲ **Abbildung 16.70** Hier habe ich den alternativen Text für Bilder ❸, den Systemzeiger und die Tastaturnavigation angeschaltet.

Die Textgröße lässt sich mit einer Option auf den Wert **Mittel** ❹ setzen (bei neuen Fenstern und neuen Tabs). Probieren Sie die verschiedenen Optionen einmal aus, falls Sie sie benötigen.

Die Einstellungen zum Browsen im WWW

Schauen Sie sich die Optionen der Reihe nach an. Auf den ersten Blick wirkt die Fülle der Optionen etwas erschlagend. Aber es werden ja nicht alle wirklich benötigt. Und einige sind bereits in der Vorgabeeinstellung angeschaltet. Diese Auswahl ist sinnvoll.

Ich möchte an dieser Stelle und in den folgenden Abschnitten nicht jede Option ausführlich und einzeln vorstellen. Viele Optionen sind selbsterklärend. Der Name verrät, wozu sie gut sind.

In dem Abschnitt **Browsen** können Sie die Funktion **Vorgeschlagene Sites** anschalten. Mit **Aktuelle Reihenfolge beim Umschalten zwischen Registerkarten…** steht Ihnen hierfür die Tastenkombination Strg + Tab zur Verfügung. Mit den vorgegebenen Optionen wird die zuletzt geladene Website nach einem Systemabsturz wiederhergestellt. Seitenlayoutfehler werden automatisch korrigiert, sofern dies möglich ist. Die Benachrichtigung beim Ende eines Downloads können Sie auch ausschalten. So klappt hierbei nicht extra ein Fenster auf. Ich empfehle Ihnen auch, die Browsererweiterungen von Drittanbietern zu deaktivieren, es sei denn, Sie verwenden solche und vertrauen den Anbietern.

Die angeschaltete **FTP-Ordneransicht**, die außerhalb des Browsers verwendet wird, ist sehr praktisch. Die Eingabe eines einzelnen Wortes in der Adresszeile führt Sie zu einer Intranetseite. Diese Option sollten Sie nur anschalten, wenn Sie ein Intranet eingerichtet haben und hier lokale Websites erreichbar sind.

Das angeschaltete passive FTP (Option **Passives FTP verwenden**) sorgt für eine Kompatibilität mit vielen Firewalls und DSL-Modems. Der optimierte Bildlauf ist ebenfalls per Vorgabe angeschaltet – eine sehr praktische Funktion.

Aktivieren können Sie außerdem die Funktion **Auto-Vervollständigen** und das **Skriptdebugging**. Letzteres ist besonders für Entwickler interessant.

Die Einstellungen unter »International«

Die Optionen im Bereich **International** sind bei Websites mit nichteuropäischen Zeichenkodierungen interessant. Es wird eine Benachrichtigungsleiste für codierte Adressen angezeigt. Wenn Sie möchten, sorgen Sie mit einer Option dafür, dass codierte Adressen immer angezeigt werden.

Die Multimedia-Einstellungen im Internet Explorer

Im Bereich **Multimedia** ist bereits die Anzeige von Bildern angeschaltet. Ohne diese Option sehen Webseiten traurig aus. In Websites vorhandene Soundelemente und animierte Objekte werden wiedergegeben. Angeschaltet ist auch die automatische Anpassung von Bildgrößen. Mit ihr wird die Größe der HTML-Seite an die Auflösung des Monitors angepasst.

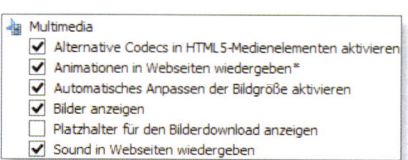

▲ **Abbildung 16.71** *Die Einstellungen zu »Multimedia«*

Die Sicherheitseinstellungen

Im Abschnitt **Sicherheit** werden Webseiten zunächst auf gesperrte Zertifikate überprüft. Ist ein Zertifikat vorhanden, gibt der Browser eine Meldung aus. In der Vorgabeeinstellung werden aktive Inhalte blockiert, die über Webseiten und CDs geladen werden und auf Ihrem Rechner ausgeführt werden. Über zwei Optionen können Sie diese zulassen werden; das sollten Sie jedoch nicht tun. Nur im Browserfenster sollte sich »etwas bewegen«. Skripte zum Beispiel, die auf einer HTML-Seite versteckt sind, führen unsaubere Aktionen im Schilde. Hier stecken in der Regel Hackertools dahinter.

Im Abschnitt **Sicherheit** finden Sie auch eine Option, mit der beim Schließen des Browsers der Ordner mit den temporären Internetdateien geleert wird. Dieses automatische Entfernen der Daten beim Schließen des Programms ist eine sehr praktische und empfehlenswerte Option.

Der Internet Explorer überprüft beim Herunterladen von Programmen und Add-ons diese auf gültige Signaturen. Sind die Signaturen nicht mehr gültig, wird eine Meldung ausgegeben.

Angeschaltet ist ebenfalls der Schutz des Speichers. Diese Option verhindert Onlineangriffe, die über besuchte Webseiten gestartet werden. Die Verwendung des SmartScreen-Filters ist bereits angeschaltet.

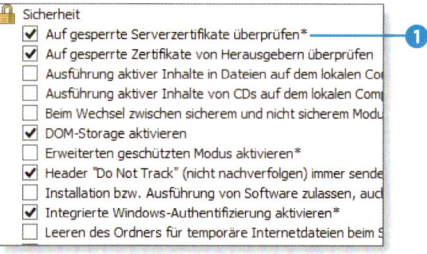

▲ **Abbildung 16.72** *Mit dieser Option prüfen Sie auf gesperrte Zertifikate* ❶.

Anschalten können Sie auch das Blocken von ungesicherten Bilddateien, die gemischte Inhalte enthalten. Das sind Bilddateien, die in HTML-Seiten integriert sind und die weitere Multimediainhalte besitzen. Das Programm gibt per Vorgabeeinstellung bereits eine Warnung aus, wenn die Adresse in einem Zertifikat fehlerhaft ist, was auf ein nicht mehr gültiges Zertifikat oder ein gefälschtes Zertifikat hinweist.

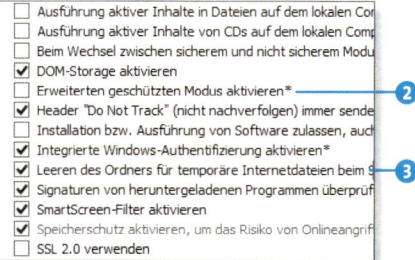

▲ **Abbildung 16.73** *Mit dieser Option* ❸ *werden die temporären Dateien beim Beenden gelöscht.*

HINWEIS

Was bedeutet das Sternchen hinter Optionen?
Ein kleines Sternsymbol am Ende einer Option ❷ weist darauf hin, dass eine veränderte Einstellung bei dieser Option erst nach einem Neustart des Browsers wirksam wird. Sie müssen also die Option wählen und die Veränderung speichern. Anschließend müssen Sie noch das Programm beenden und neu starten.

Die Einstellungen im Register »Programme«

In diesem Register können Sie festlegen, dass Sie immer die Desktopversion des Internet Explorers verwenden wollen. Schalten Sie die dafür vorgesehene Option **Internet-Explorer-Kacheln auf dem Desktop öffnen** an.

Nun wird immer der Browser auf dem klassischen Desktop verwendet, wenn Sie die Kachel wählen. Im Listenfeld wählen Sie **Immer mit Internet Explorer auf dem Desktop**, wenn Links immer mit der Desktopversion des Browsers geöffnet werden sollen.

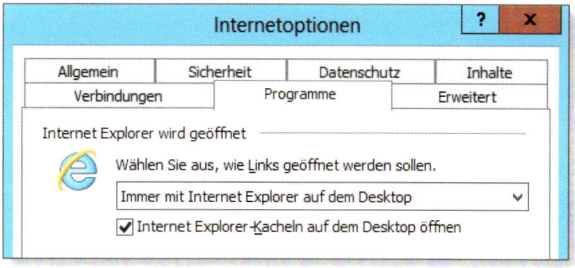

▲ **Abbildung 16.74** *Wenn Sie möchten, nutzen Sie immer den Browser auf dem Desktop, anstatt die neue App zu starten.*

Über eine Schaltfläche können Sie die installierten Erweiterungen einsehen und verwalten (**Add-Ons verwalten**). Aktivieren oder deaktivieren Sie die einzelnen Erweiterungen. Die Add-ons werden nach Typen sortiert und sind so leichter zu verwalten.

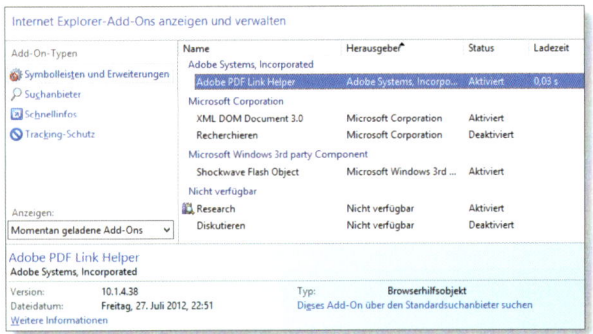

▲ **Abbildung 16.75** Sehen Sie sich an, welche Erweiterungen der Browser nutzt.

Arbeiten Sie mit HTML-Code, können Sie über ein Listenfeld das für diese Aufgabe bevorzugte Programm auswählen. Nach der Installation von Microsoft Office finden Sie hier die Textverarbeitung Word. Geeigneter ist ein Editor, wie zum Beispiel UltraEdit (*http://www.ultraedit.com*).

Die Schaltfläche **Programme festlegen** im Bereich **Internetprogramme** führt Sie in die **Systemsteuerung**. Hier können Sie für bestimmte Aktionen Standardprogramme festlegen und bestimmten Dateitypen geeignete Anwendungen hinzufügen.

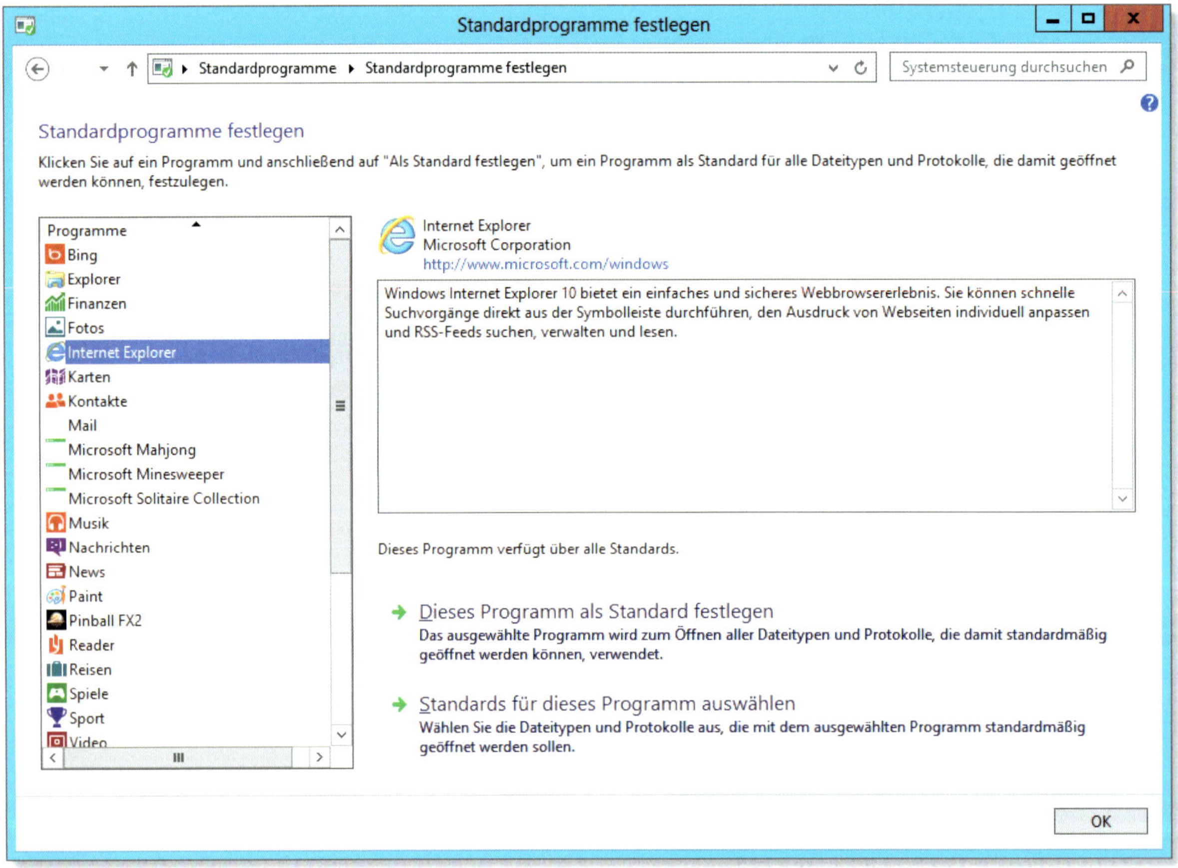

▲ **Abbildung 16.76** In der Systemsteuerung lässt sich auch der Internet Explorer als Standard festlegen. Das ist sinnvoll, wenn Sie mehrere Browser installiert haben und zum Öffnen von Webseiten immer das Microsoft-Programm nutzen möchten.

16.4 Der Internet Explorer für fortgeschrittene Anwender

Im Internet Explorer verbergen sich noch einige weitere Funktionen, Möglichkeiten und Einstellungen. Nicht alle benötigen Sie wirklich. Wie bei anderen Anwendungsprogrammen auch kommt es immer darauf an, welche Anforderungen Sie an das Programm stellen. Was wollen Sie damit machen? Was ist für Sie persönlich wichtig?

Interessant ist es, wenn man viele Möglichkeiten kennt und sich die ein oder andere zunutze machen kann. Schauen Sie sich ruhig einmal um!

Den Tracking-Schutz verwenden

Mittels *Tracking* fragt eine Website bestimmte Informationen ab. So kann der Besitzer der Website herausfinden, wie Ihr Surfverhalten so ist. Das kann genutzt werden, um Ihnen angepasste Werbeinformationen einzublenden. Man versucht also herauszufinden, wo Ihre Interessen liegen, und entsprechende Produktwerbung einzublenden. Dadurch soll der Erfolg von Werbung steigen.

Auf der Anwenderseite ist diese technische Maßnahme nicht gewollt. Ihre Interessen werden ausspioniert und ungefragt genutzt.

Der Internet Explorer bietet Ihnen eine Möglichkeit, etwas gegen Tracking zu tun. Ihre Interessen müssen nicht abgefragt und protokolliert werden. Tracking wird verhindert, und dazu passende Werbebanner werden blockiert. Realisiert wird das durch einen Webseitenfilter. Sie laden eine oder mehrere der möglichen Listen herunter. Die Liste wird dann jede Woche einmal aktualisiert und so auf dem neusten Stand gehalten. Die Einträge weisen auf Tracking-Seiten hin.

Den Tracking-Schutz erstmalig einrichten

Den Tracking-Schutz müssen Sie zunächst einschalten und aktivieren. Dazu gehen Sie wie folgt vor:

1 Öffnen Sie die **Internetoptionen** des Browsers. Wechseln Sie in das Register **Programme**, und klicken Sie auf die Schaltfläche **Add-Ons verwalten**.

2 Sie landen nun im gleichnamigen Dialog. Ganz links ist ein kleines Menü. Wählen Sie hier **Tracking-Schutz**. Der Dialog ist noch leer. Klicken Sie auf **Liste für den Tracking-Schutz online abrufen**.

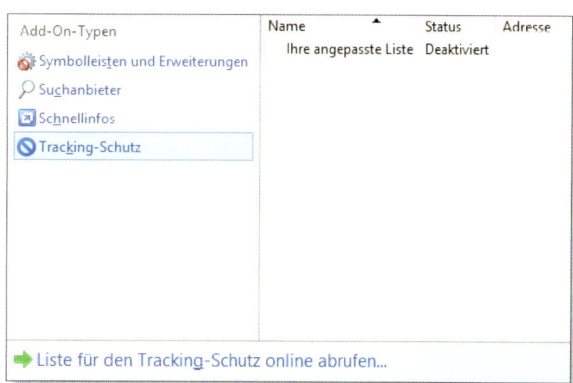

▲ *Abbildung 16.77* Das Dialogfenster »Tracking-Schutz« ist zunächst noch leer. Sie müssen erst eine Liste von Microsoft herunterladen.

3 Auf einer Webseite werden verschiedene Tracking-Schutz-Listen angezeigt. Sie werden als Add-ons installiert und verwendet. Wählen Sie die Liste **German EasyList** mit **Hinzufügen** ❶ aus.

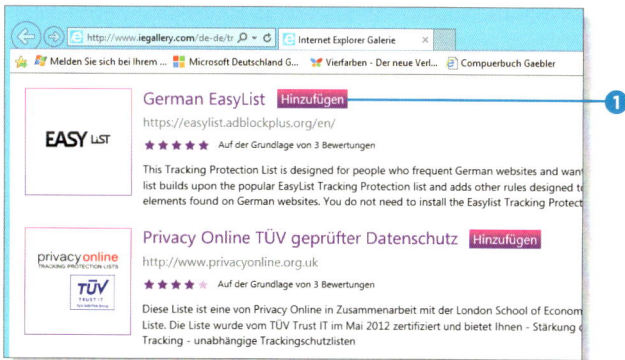

▲ *Abbildung 16.78* Der Tracking-Schutz steht in Form mehrerer Listen zur Verfügung.

4 In einem kleinen Fenster werden Sie über den Tracking-Schutz des Internet Explorers informiert. Mit

Liste hinzufügen wird die ausgewählte Liste auf Ihren Rechner geladen und installiert.

▲ *Abbildung 16.79 Eine Tracking-Liste wird hinzugefügt.*

5 Wiederholen Sie die letzten beiden Schritte mit allen anderen Tracking-Listen auf der IE-Galerie-Seite.

6 Schließen Sie die Internetseite, den Dialog **Add-Ons verwalten** und die **Internetoptionen**.

▲ *Abbildung 16.80 Klicken Sie aus Versehen zweimal auf eine Schaltfläche, weist der Browser Sie darauf hin.*

Sehr spannend finde ich den Link **Weitere Informationen zum Tracking-Schutz** im Dialogfenster. Ein Mausklick darauf lässt mich hoffen, dass ich ein paar zusätzliche Informationen zur Funktion und den angewandten Techniken erhalte. Aber stattdessen bekomme ich die Meldung: »Das von Ihnen gesuchte Thema ist in dieser Version von *Windows* nicht verfügbar.« Aha.

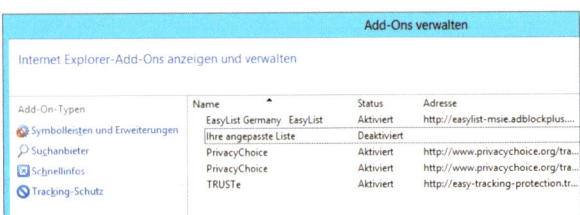

▲ *Abbildung 16.81 Erst nach einem erneuten Öffnen des Dialogs werden die hinzugefügten Tracking-Listen sichtbar.*

Den Tracking-Schutz verwalten

Wenn Sie den Dialog **Add-Ons verwalten** öffnen und nach **Tracking-Schutz** wechseln, können Sie einzelne Listen deaktivieren oder auch löschen. Markieren Sie dazu einfach eine der Listen, und wählen Sie die gewünschte Funktion. Über **Weitere Informationen** wird der Inhalt der Liste sichtbar.

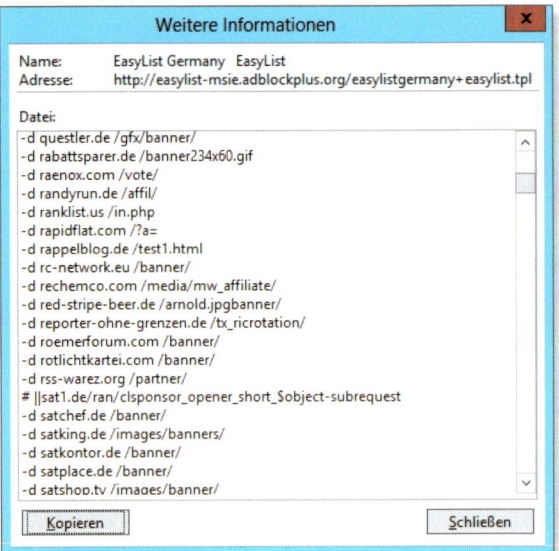

▲ *Abbildung 16.82 Werfen Sie doch einmal einen Blick in die Tracking-Listen.*

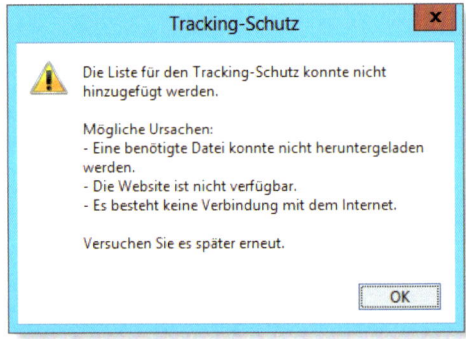

▲ *Abbildung 16.83 TÜV-geprüft und zertifiziert – funktioniert aber nicht.* ☺

Markieren Sie eine Tracking-Liste, können Sie sie deaktivieren und bei Bedarf auch wieder von Ihrem Rechner entfernen.

16.4 Der Internet Explorer für fortgeschrittene Anwender

Die angepasste Liste verwenden

Die *angepasste Liste* ist eine Tracking-Liste, deren Inhalt Sie selbst bestimmen. Wenn Sie Websites blockieren, zum Beispiel weil verschiedene Websites gleiche Inhalte enthalten und so einen Betrugsversuch vermuten lassen, werden diese in die Tracking-Liste eingefügt. *Blocken* heißt nichts anderes, als dass Sie in der Windows-Firewall eine Regel erstellen und mit dieser eine oder mehrere Websites blockieren.

In Abbildung 16.84 sehen Sie, dass die personalisierte Tracking-Liste zunächst noch leer ist. Wenn Sie hier Seiten **Blocken**, sind sie nicht mehr abrufbar. Sie können diese Seiten nachträglich aber auch wieder **Zulassen**.

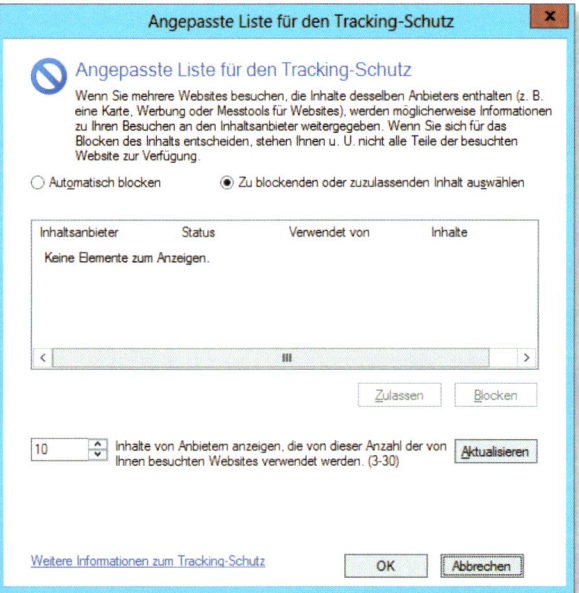

▲ **Abbildung 16.84** Die personalisierte Tracking-Liste ist zunächst noch leer.

Symbolleisten und Erweiterungen verwalten

Im Dialog **Add-Ons verwalten** finden Sie **Symbolleisten und Erweiterungen** im gleichnamigen Bereich. Viele Programme, die Sie hier und da installieren, bringen kleine Symbolleisten oder Erweiterungen mit. Oft schleichen sie sich unbemerkt auf den Rechner. Es gibt keinen Dialog, in dem Sie lesen: »Hey, Sie haben *Mustermanns Suite* installiert. Vielen Dank. Mit dem Programm erhalten Sie die Erweiterungen **Links untersuchen** und die **Virtuelle Tastatur**.« Genau aus diesem Grund sollten Sie ab und zu einmal in diesen Dialog schauen – am besten immer, nachdem Sie Programme installiert haben. Gehen Sie die Liste einfach einmal durch.

Markieren Sie eine Erweiterung, um sie zu deaktivieren, zu aktivieren oder zu löschen. Mit **Weitere Informationen** erhalten Sie eine Kurzbeschreibung und eine Reihe verschiedener Informationen zu einem Add-on.

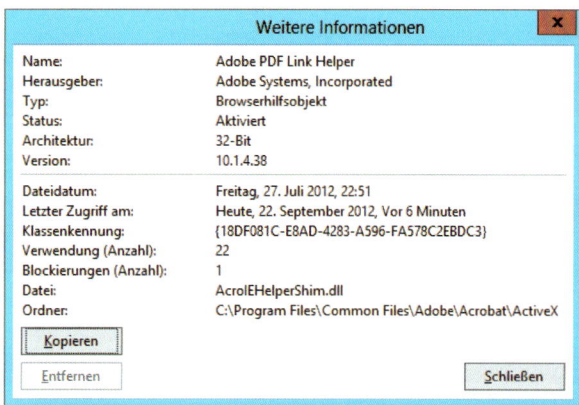

▲ **Abbildung 16.85** Hier erfahre ich, dass es sich bei dem markierten Add-on um ein Browserhilfsobjekt handelt.

Eine unsichere Website melden

Wenn Sie auf eine Website stoßen, auf der versteckte ActiveX-Elemente, Skripte und andere Tools angeboten werden, sollten Sie diese melden. Gleiches trifft auf Websites zu, die andere seriöse Portale nachahmen. Oft werden hier Benutzerdaten abgefragt oder »kostenlose« Tools angeboten.

1 Um eine Website zu melden, wählen Sie **Sicherheit > Unsichere Website melden**.

2 Ein Browserfenster klappt auf. Die Adresse der zuvor besuchten Website, also der, bei der Sie die Funktion aufgerufen haben, wird übernommen. Sie sehen sie als »Gemeldete Website«.

Wählen Sie mit einer Option, ob Sie denken, dass es sich um eine Malware-Site oder eine Phishing-Website handelt. Geben Sie die Zeichen aus dem Grafikfeld ein. Sie dienen der Sicherheit. So kann das Formular nicht mit einem automatischen Skript ausgefüllt werden. Ihre persönlichen Daten müssen Sie nicht eintragen. Mit **Absenden** geht die Meldung an Microsoft und wird dort ausgewertet.

erfahren Sie, dass die Webadresse an Microsoft geschickt und überprüft wird. Bestätigen Sie mit **OK**.

▲ *Abbildung 16.87* *Die Meldung bei der Überprüfung können Sie auch ausschalten.*

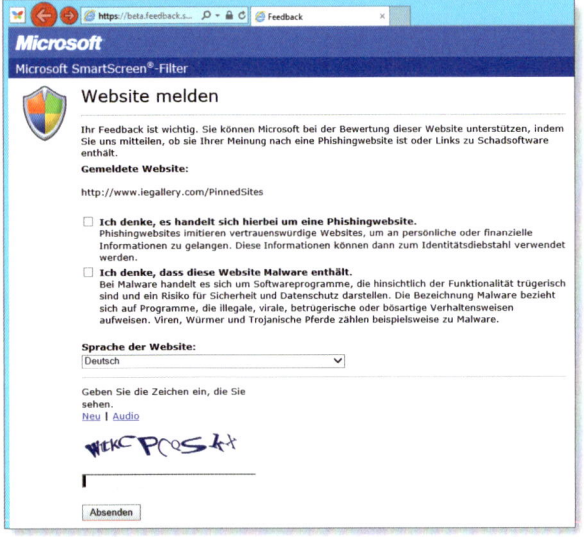

▲ *Abbildung 16.86* *Eine Website melden*

Den SmartScreen-Filter verwenden

Statt eine Website zu melden, überlassen Sie anderen die Überprüfung. Die Adresse wird an Microsoft gesendet und dort überprüft. Wählen Sie **Extras > Sicherheit > Diese Website überprüfen**. Im folgenden Dialog

Es dauert einen kurzen Augenblick. Dann erhalten Sie eine Meldung über den Ausgang der Überprüfung. In den meisten Fällen sollte die Website keine Bedrohungen enthalten.

Die Entwicklertools aufrufen und nutzen

In den Entwicklertools finden sich jede Menge interessante Funktionen, die sich vor allem an Webentwickler richten. Um sie anzuzeigen, wählen Sie in der Menüleiste **Extras > Entwicklertools**, oder drücken Sie die Taste F12.

Nun wird der Browser am oberen Rand um eine Menüleiste erweitert.

Im Menü **Datei** legen Sie fest, ob der Quellcode (siehe Abbildung 16.88) in einem Editor, über die Standardanzeige oder auf eine andere Weise angezeigt werden soll.

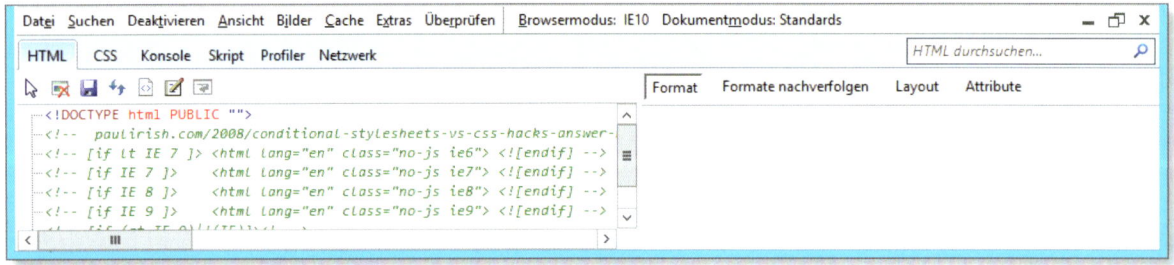

▲ *Abbildung 16.88* *Der Browser erhält eine weitere Leiste. Sie finden sie am oberen Rand.*

16.4 Der Internet Explorer für fortgeschrittene Anwender

Deaktivieren ermöglicht das Ausschalten des Popup-Blockers, von CSS-Inhalten und Skripten. Den Weg über Einstellungsdialoge müssen Sie hier nicht nehmen. Um sich bestimmte Inhalte einer erstellten Webseite anzuschauen, können Sie über **Ansicht** Elemente kennzeichnen lassen, zum Beispiel Linkpfade, Klassen und andere Elemente.

Über den Menüpunkt **Bilder** können Sie selbige deaktivieren. Sie werden dann auf der besuchten Webseite nicht angezeigt. Neben der Anzeige des Alternativtextes und der Bildpfade kann der Internet Explorer auch die Größe eines Bildes ausgeben.

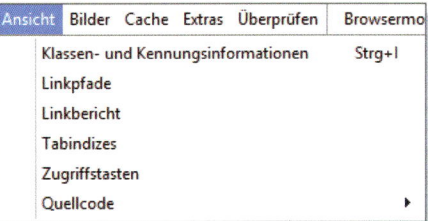

▲ *Abbildung 16.89 Über »Ansicht« legen Sie fest, welche Elemente Sie sehen wollen.*

Sowohl die Abmessungen als auch die Größe der Dateien können Sie sich anzeigen lassen. Letzteres ist besonders wichtig, denn kleine Bilddateien werden schneller geladen. Das mag vielleicht bei den aktuellen Datentransferraten nicht so wichtig erscheinen, jedoch sorgen bessere Ladezeiten für bessere Rankings bei Google und Co.

Wenn Sie sich intensiver mit diesem Thema auseinandersetzen möchten, sollten Sie sich nach Fachliteratur umsehen. Unter dem Stichwort »Suchmaschinenoptimierung« finden Sie im Internet oder im Buchhandel entsprechende Bücher, die sich mit der Beeinflussung des Rankings beschäftigen.

Über einen weiteren Menüpunkt können Sie den Cache verwalten. Für Webentwickler interessant ist der Menüpunkt **Überprüfen**. Hier checken Sie den HTML- und CSS-Code auf Fehler. Feeds und Links können überprüft werden. Gerade bei großen Websites finden Sie so schnell verwaiste, nicht mehr aktuelle und defekte Links. Überprüft werden kann hier auch die Barrierefreiheit einer Site. Über einen Dialog können Sie mehrere Prüfungen »in einem Rutsch« ausführen.

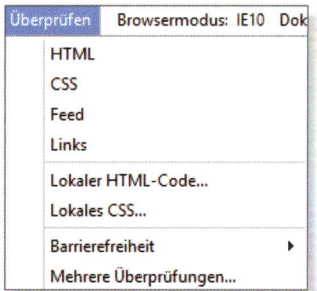

▲ *Abbildung 16.90 Über das Menü »Überprüfen« checken Sie den HTML-Code, den CSS-Code und mehr.*

Mit **Ansicht > Quellcode** werfen Sie einen Blick in die Codezeilen der aktuell geöffneten HTML-Seite. Die verschiedenen Codeelemente werden mit unterschiedlichen Farben dargestellt. So sehen Sie den Head-Abschnitt, Textelemente, den Meta-Bereich, Codedefinitionen, CSS-Tags und andere wichtige Codeelemente auf einen Blick.

Sehr praktisch sind die Kennzeichnungen unterschiedlicher Elemente: Dank verschiedener Farben finden Sie bestimmte Codeelemente leicht.

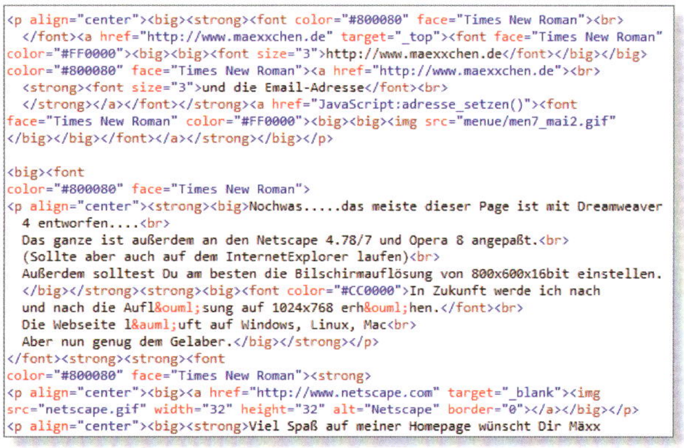

▲ *Abbildung 16.91 Mit der »Quellcode«-Ansicht sehen Sie sich den Code einer HTML-Seite an.*

INFO

Was versteht man unter einem Ranking?

Das Ranking beeinflusst die Position Ihrer Website bei einer Suchmaschine. Je besser das Ranking ist, umso weiter oben wird Ihre Website in den Ergebnissen einer Suchmaschine gelistet. Natürlich müssen die eingegebenen Suchbegriffe auf Ihre Website zutreffen. Aber treffen diese auf mehrere Sites zu, was in der Regel immer der Fall ist, möchten Sie natürlich trotzdem weit oben zu sehen sein, denn auf diese Weise erhalten Sie mehr Besucher.

Das Ranking beeinflusst man mit schnellen Ladezeiten und durch die Anzahl von Links auf Ihre Website. Man spricht hier auch von einer *Linkpopularität*. Diese können Sie nur indirekt beeinflussen. Wichtig ist auch, dass die Website oft gepflegt und aktualisiert wird und dass die Suchbegriffe mit dem Inhalt der Website übereinstimmen.

litätsansicht oder den Browsermodus für Internet Explorer 9, 8 oder 7 nutzen.

Den Download-Manager nutzen

Der Internet Explorer verfügt über einen eigenen, eingebauten Download-Manager. Über **Extras > Downloads anzeigen** blenden Sie ihn ein. Sie können dazu auch die Tastenkombination [Strg]+[J] verwenden. Die Downloads werden in einer Liste angezeigt. Sie können die Liste jederzeit auch löschen.

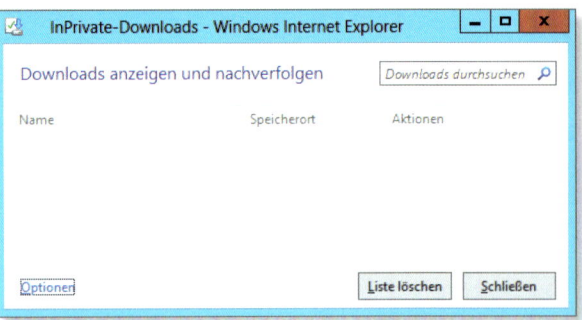

▲ *Abbildung 16.93 Zu Beginn ist der Download-Manager noch leer.*

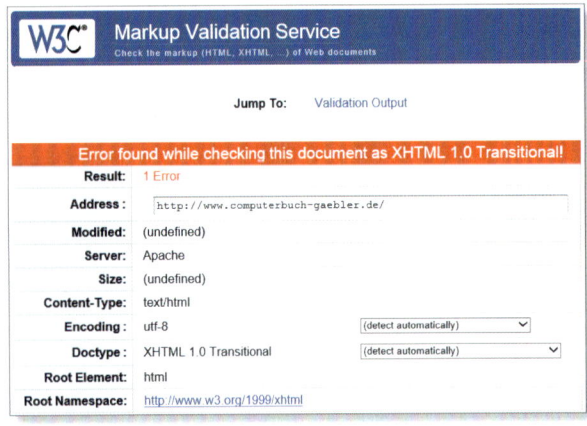

▲ *Abbildung 16.92 Ein Fehler wurde gefunden, der aber nicht weiter tragisch ist. Die Überprüfung erfolgt mit dem »W3C Validation Service«.*

Über den **Browsermodus** können Sie feststellen, ob die Website auch mit einer älteren Version des Internet Explorers betrachtet werden kann. Die Website wird normalerweise für die aktuell verwendete Version des Browsers angepasst. Sie können auch eine Kompatibi-

Die Tastaturnavigation verwenden

Mit der Tastaturnavigation wird ein verschiebbarer Cursor auf der Webseite positioniert, mit dem Sie Text auf der Webseite auswählen und zum Beispiel in die Windows-Zwischenablage kopieren können. Sie schalten den Cursor mit [F7] an oder aus.

Toolbars für Google und Co.

Einige Anbieter bieten Ihnen Toolbars an, die den Browser um nützliche Funktionen erweitern. Beispiele dafür sind Google, eBay und Yahoo!.

Die Google Toolbar verwenden

Sie finden die Google Toolbar unter *http://www.google.com/intl/de/toolbar/ie/index.html*. Installieren Sie sie über **Google Toolbar installieren**.

16.4 Der Internet Explorer für fortgeschrittene Anwender

▲ **Abbildung 16.94** Die Google Toolbar erweitert den Browser um interessante Schaltflächen.

Nach der Installation werden Sie aufgefordert, den Browser neu zu starten. Bestätigen Sie dies. Nun wird ein Fenster eingeblendet, das Sie darauf hinweist, dass Sie die Toolbar jetzt verwenden können. Klicken Sie auf **Aktivieren**.

Schauen wir uns einmal an, was die Google Toolbar so alles kann:

- Die Google Toolbar fügt dem Browser ein Suchfeld hinzu.
- Sie können Webseiten zur Toolbar hinzufügen und sie über ein Listenfeld abrufen.
- Google-Lesezeichen werden im Web abgelegt und können über die Toolbar auch auf anderen Rechnern genutzt werden. Ich persönlich habe auf jeder Festplatte andere Lesezeichen.
- Sie erhalten einen schnellen Zugriff auf die Google News.
- Sie können den Pagerank der geöffneten Webseite abrufen.
- Sie teilen Mitgliedern von Social Communitys die Adresse der Webseite mit.
- Die Toolbar ermöglicht eine Rechtschreibprüfung von Webseiten. Das ist dann interessant, wenn Sie eine eigene Website erstellen und diese überprüfen wollen.
- Mit einer weiteren Schaltfläche übersetzen Sie eine besuchte Webseite. Diese automatische Übersetzung ist nicht perfekt und bringt oft lustige Ergebnisse, jedoch zeigt sie ungefähr die Inhalte einer fremdsprachigen Site.
- Mit **AutoFill** können Sie Formulare automatisch ausfüllen lassen. Wenn Sie oft Webformulare nut-

zen, ist diese Funktion sehr praktisch und nimmt Ihnen etwas Arbeit ab.

- Sie können die Website bei Google Plus bewerten.

Die Suchfunktion bietet Ihnen verschiedene nützliche Suchmodi an. So können Sie nach bestimmten Inhalten wie Bildern, Office-Dateien oder YouTube-Videos suchen. Pagerank-Daten können ebenso abgerufen werden. Über ein Menü in der Toolbar greifen Sie auf Blogger, Google News oder andere Webdienste zu. Über die Schaltflächengalerie lassen sich Google-Dienste als Symbolschaltflächen zur Toolbar hinzufügen – eine ziemlich coole und gelungene Funktion, wie ich finde.

Die Yahoo! Toolbar nutzen

Auch von *Yahoo!* gibt es eine Toolbar. Sie finden sie unter *http://de.toolbar.yahoo.com*. Auch wenn der Suchmaschine nur noch untergeordnete Bedeutung zukommt, so finden Sie bei Yahoo! doch interessante Dienste. Auf diese greifen Sie mit der Toolbar zu. Mit ihr können Sie auf Ihre Yahoo!-E-Mails schnell zugreifen, verschiedene Informationen abrufen und den Suchserver nutzen. Es lassen sich Anti-Spyware-Funktionen verwenden und Popups blockieren.

Die Toolbar von eBay

Die Toolbar des Online-Auktionshauses eBay finden Sie unter *http://anywhere.ebay.de/browser/internet-explorer/9*. Mit ihr rufen Sie eBay schnell auf, greifen über Symbole flott auf bestimmte eBay-Seiten zu und sehen das Angebot des Tages.

Weitere interessante Toolbars

Die Microsoft-Suchmaschine Bing kann natürlich hinter anderen Portalen und Suchmaschinen nicht zurückbleiben. Sie bietet daher ebenfalls eine eigene Toolbar. Diese finden Sie unter *http://anywhere.ebay.de/browser/firefox/*.

Kapitel 16: Unterwegs im Internet

▲ **Abbildung 16.95** Auch von Yahoo! gibt es eine Toolbar. Diese laden Sie sich über die Yahoo!-Seite auf Ihren Rechner. Viele oft benötigte Funktionen sind dann in der Kopfzeile des Browsers viel schneller erreichbar.

Die Toolbar von Bing enthält einen Routenplaner und den Zugriff auf einen Wetterdienst. Sie können über eine Schaltfläche auf Ihr E-Mail-Konto schauen und feststellen, ob neue Post eingetroffen ist. Facebook erreichen Sie über eine weitere Schaltfläche, ebenso wie die Suchmaschine Bing. Dazu gibt es einen Übersetzungsdienst. Sie finden die Toolbar unter *http://www.bingtoolbar.com/de-DE*.

Nutzen Sie GMX für Ihre Nachrichten, so schauen Sie sich einmal die *GMX Toolbar* an. Die Adresse lautet: *http://www.gmx.net/themen/in-eigener-sache/928ed3o-gmx-mailcheck*. Sie bietet, ähnlich wie Web.de, einen Mailcheck, News und Wetterdaten an. Die Ähnlichkeit mit Web.de ist verblüffend. Bei einem Klick auf das Impressum beider Anbieter zeigt sich, warum das so ist: Web.de und GMX gehören zur gleichen Firma.

Weitere Toolbars finden Sie über Google und Co. Bitte beachten Sie: In Toolbars können sich auch Adware- und Spyware-Programme verbergen. Nutzen Sie nur Erweiterungen von Anbietern, denen Sie bedenkenlos vertrauen können. Überprüfen Sie die Erweiterungen vor der Installation und der Nutzung auf Viren und andere gefährliche Inhalte.

So navigieren Sie mit Tastaturkommandos durch Ihre Lieblingsseiten

Sie können viele Funktionen des Internet Explorers mit Tastenkombinationen abrufen. Auf diese Weise müssen Sie bei oft benötigten Funktionen keine Schaltfläche anklicken und auch nicht den Weg über das Menü nehmen. Mit [Alt]+[←] gelangen Sie zur vorhergehenden Seite zurück. Mit – Sie werden es erahnen – [Alt]+[→] geht es auf die nächste Seite. [Strg]+[T] öffnet eine neue Registerkarte. [Strg]+[W] schließt die aktuell geöffnete Registerkarte. Mit [Strg]+[P] wird eine Webseite gedruckt.

Bevor ich Ihnen in einem ellenlangen Text verschiedene interessante Tastenkombinationen nenne, zeige ich Ihnen lieber eine Auswahl in einer Tabelle. Sie benötigen sicher nicht alle diese Tastenkombinationen. Doch für Funktionen, die Sie sehr oft verwenden, können Sie zu einer solchen Hilfe greifen.

16.5 Internetangebote für Fortgeschrittene: FTP, Skype und mehr

Das World Wide Web ist nur ein Teil des Internets. Dieser grafische Teil ist sicherlich am bekanntesten und wird am meisten benutzt. Daneben gibt es noch viele interessante Programme und Dienste, die sich im Internet verbergen. Sie machen die Arbeit mit dem Windows-8-Rechner einfacher und bieten neue, interessante Möglichkeiten.

Funktion	Tastenkombination
Zurück zur zuvor besuchten Webseite	[Alt]+[←]
Wechsel zur nächsten besuchten Webseite	[Alt]+[→]
Startseite aufrufen	[Alt]+[Pos1]
aktuell angezeigte Seite vergrößern	[Strg]+[+]
Seite verkleinern	[Strg]+[-]
Zoomstufe auf 100% stellen	[Strg]+[0]
auf Vollbild umschalten	[F11]
Vollbilddarstellung schließen	[F11]
suchen	[Strg]+[E]
den Inhalt der angezeigten HTML-Seite aktualisieren	[F5]
Stopp (Laden der Webseite beenden)	[Esc]
neue Registerkarte öffnen	[Strg]+[T]
Registerkarte kopieren	[Strg]+[K]
Registerkarte schließen	[Strg]+[W]
neues Fenster öffnen	[Strg]+[N]
Website speichern unter	[Strg]+[S]
HTML-Seite drucken	[Strg]+[P]
ausschneiden	[Strg]+[X]
kopieren	[Strg]+[C]
einfügen	[Strg]+[V]
alles auswählen	[Strg]+[A]
auf dieser Seite suchen	[Strg]+[F]
Favoriten einblenden.	[Strg]+[⇧]+[I]
Verlauf einblenden	[Strg]+[⇧]+[H]
Feeds einblenden	[Strg]+[⇧]+[G]
Browserverlauf löschen	[Strg]+[⇧]+[Entf]
InPrivate-Browsen	[Strg]+[⇧]+[P]
Downloads anzeigen	[Strg]+[J]
Entwicklertools anzeigen	[F12]
Internet-Explorer-Hilfe aufrufen	[F1]

⌃ *Tabelle 16.1 Die wichtigsten Tastenkombinationen für die Arbeit mit dem Internet Explorer*

Windows Live nutzen

Windows Live umfasst eine ganze Reihe verschiedener Dienste. Dazu zählen der E-Mail-Dienst *Hotmail*, der *Messenger* von Microsoft und der Internetspeicherplatz *SkyDrive*. Es gibt ein Programm, mit dem Sie schneller und einfacher ein Weblog mit Inhalten füttern. Sie finden hier ein E-Mail-Programm und einen Kalender, ein Programm zum Verwalten von Fotos und eines zum Bearbeiten von Videos.

Schauen Sie sich unter *http://www.windowslive.de/blog* einmal die Möglichkeiten von Windows Live an. Sie müssen ja nicht alle verwenden. Picken Sie sich das heraus, was Ihren Interessen am meisten entspricht. Schauen Sie ab und zu einmal vorbei. Es kommen immer mal wieder neue Programme hinzu.

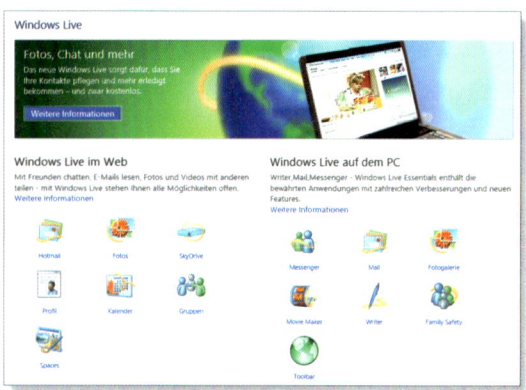

▲ **Abbildung 16.96** *Windows Live stellt eine Sammlung guter und kostenloser Programme und Internetdienste bereit.*

Webdienste von Google nutzen

Google bietet ebenfalls eine Fülle von Internetdiensten und Programmen an. Eine Übersicht finden Sie unter *http://www.google.de/intl/de/options*. Die Tools können Sie auch einzeln anschauen. Interessant ist das Bildbearbeitungsprogramm *Picasa* (*http://picasa.google.de/*). Mit ihm ist die Online-Fotogalerie von Google verknüpft. Termine verwalten Sie mit *Kalender*. *Blogger* ist ein guter, interessanter Weblogdienst. Mit *Text & Tabellen* lassen sich Office-Dokumente online erstellen und mit anderen tauschen. YouTube kennen Sie sicherlich, ebenso Google Maps. Mit dem *Pack* erhalten Sie gleich ein ganzes Paket kostenloser Software inklusive Freeware-Virenscanner.

Skype

Skype möchte ich an dieser Stelle einmal extra erwähnen. Mit diesem Programm bleiben Sie mit Freunden in Kontakt. Sie können nicht nur Textnachrichten und Dateien versenden, sondern auch mit Freunden sprechen. Sie brauchen dazu nur ein Headset. Diese »Internet-Telefon«-Software ist kostenlos. Auch die Kommunikation kostet nichts. Wenn Sie möchten, verwenden Sie auch eine Webcam; dann sehen Sie Ihren Gesprächspartner.

Skype können Sie unter *http://www.skype.com/intl/de/home/* auf Ihren Rechner laden.

▲ **Abbildung 16.97** *Mit Skype bleiben Sie mit Freunden in Kontakt.*

FTP nutzen

FTP steht für *File Transfer Protocol*. Es handelt sich um ein spezielles Internetprotokoll. Es wird verwendet, um Daten schnell und einfach von A nach B zu übertragen.

Auf speziellen FTP-Servern wählen Sie Dateien aus und laden sie auf Ihren Rechner. FTP wird auch verwendet, um den Inhalt einer Website in das Internet zu übertragen. Sie benötigen für das Nutzen von FTP einen

FTP-Client, also ein Programm, das FTP unterstützt und mit dem Sie auf den Server zugreifen können. Sie brauchen außerdem die Adresse des FTP-Servers, den FTP-Zugangsnamen und das zugehörige Passwort.

Der FTP-Server von Microsoft bietet Ihnen einen einfachen Zugriff. Sie benötigen keine Anmeldedaten. Es genügt, die Adresse *ftp://ftp.microsoft.com* in der Adresszeile des Browsers einzugeben.

Das funktioniert nicht nur im Internet Explorer. Auch im Windows-Explorer ist ein FTP-Client vorhanden. Geben Sie in der Navigationszeile *ftp://ftp.microsoft.com* ein.

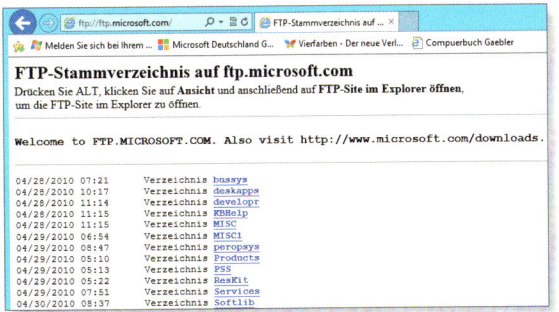

▲ **Abbildung 16.98** *Mit dem Internet Explorer können Sie dank dem integrierten FTP-Clients auf FTP-Server zugreifen.*

Nach einem kurzen Augenblick sehen Sie die Struktur des Servers im rechten Fenster. Nun können Sie hier so durch die Ordner navigieren wie bei einer lokalen Festplatte.

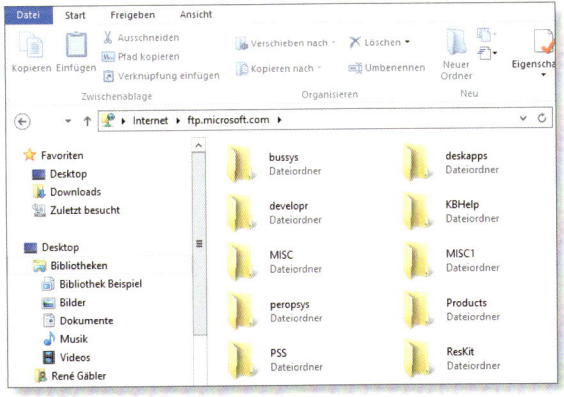

▲ **Abbildung 16.99** *Auch mit dem Windows-Explorer können Sie auf einen FTP-Server zugreifen.*

In Kapitel 18, »FTP mit Windows 8«, ab Seite 415, erfahren Sie mehr zum Thema.

16.6 Coole Tipps für Ihren Besuch im Internet

In einigen Kapiteln dieses Buches lesen Sie etwas über das Internet. Sie lernen interessante Websites kennen, erfahren etwas über den Browser Internet Explorer und lesen, worauf Sie beim Thema Sicherheit so achten müssen. Im Folgenden möchte ich diese Themen noch um eine kleine Auswahl von Tipps erweitern.

Ich zeige Ihnen, wie Sie eine Internetsuchanfrage direkt über das Windows-Startmenü stellen, und führe Ihnen die Sprungliste des Internet Explorers vor. Sie erfahren, wie Sie schnell und einfach Termine auf dem Onlinekalender von Windows Live erstellen.

Anschließend lesen Sie, wie Sie mit SkyDrive Daten auf einem Webspeicherplatz veröffentlichen und für andere Anwender freigeben. Zum Schluss lernen Sie den Google-Dienst *Sites* kennen. Mit seiner Hilfe erstellen Sie mit Ihrem Browser ganz leicht eine Website und machen sie anderen Internetsurfern zugänglich.

Windows Live Kalender: Termine online

Mit dem *Windows Live Kalender* können Sie im Internet Termine erstellen. Sie können Aufgaben festhalten und einiges mehr. Sie müssen dazu keine Anwendung aus dem Internet auf Ihren Rechner laden. Der Windows Live Kalender ist ein Webprogramm. Der Kalender ist in den E-Mail-Dienst Hotmail integriert.

Ein erster Blick auf den Onlinekalender

Sie benötigen zunächst eine Windows-Live-ID und ein Konto bei Hotmail. Wie Sie ein solches Konto einrichten, erfahren Sie in Kapitel 17, »Windows Mail«, ab Seite 371.

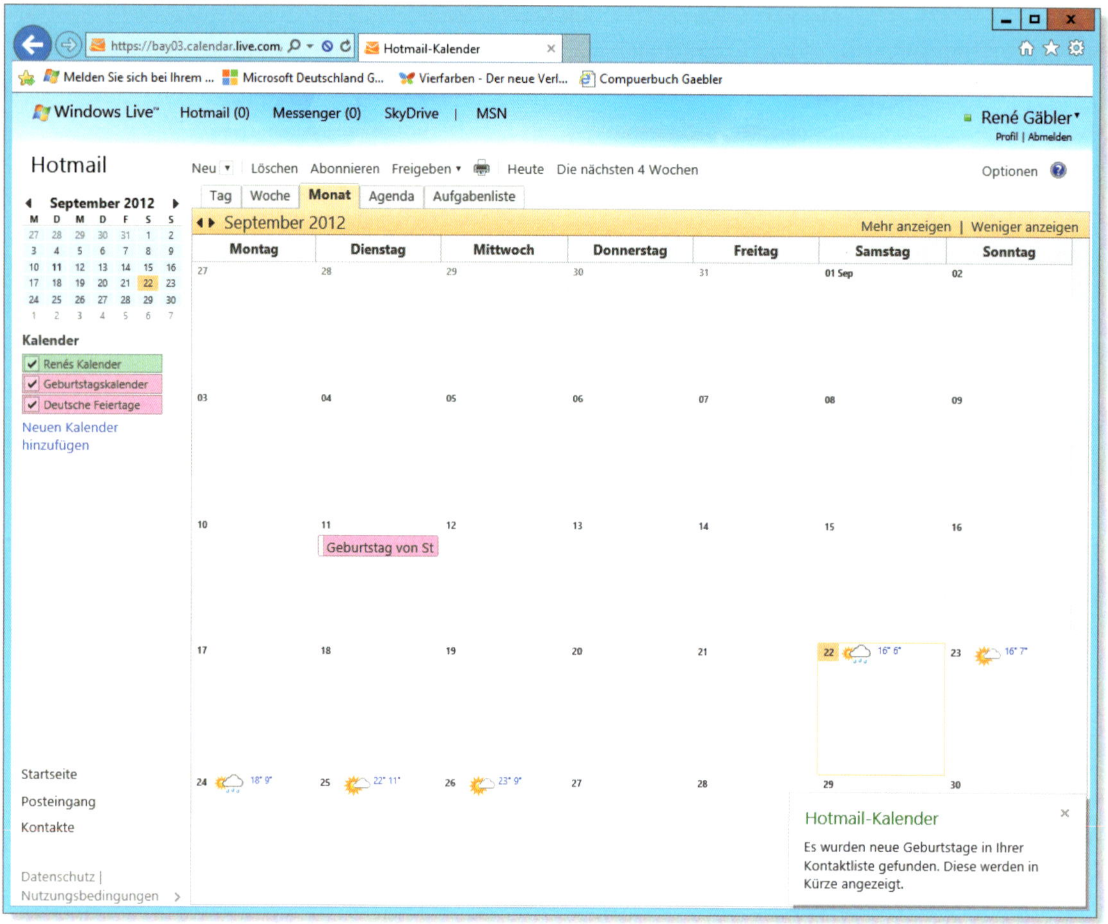

Abbildung 16.100 *Der Kalender ist sehr übersichtlich gestaltet. Über die Kopfzeile können Sie zu einer anderen Ansicht wechseln. Die Monatsansicht ist vorausgewählt. Eine Tages- oder Wochenansicht ist auch möglich. Daneben gibt es eine Aufgabenliste und eine Agenda.*

Geben Sie die Adresse *http://calendar.live.com* in Ihren Browser ein. Melden Sie sich an.

Feiertage sind bereits eingetragen; sie sind mit einer roten Markierung hervorgehoben. Private Termine werden dagegen mit der Farbe Grün gekennzeichnet.

Eine Besonderheit an diesem Onlinekalender ist, dass Sie über kleine Links das aktuelle Wetter und die Wettervorhersage für die nächsten drei Tage anschauen können. Z.B. für die Planung eines Wochenendausflugs oder einer Veranstaltung, die draußen stattfindet, ist das eine wirklich praktische Sache.

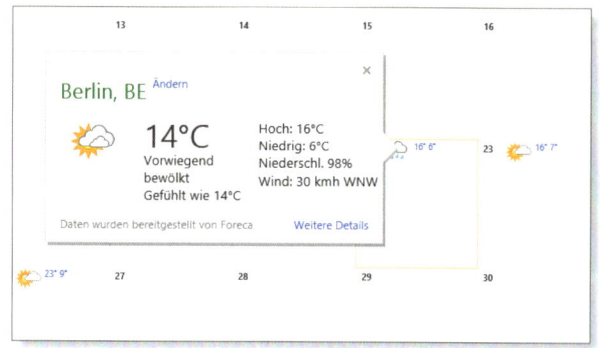

Abbildung 16.101 *Über den Kalender rufen Sie das aktuelle Wetter ab. Das ist doch mal eine coole Idee.*

16.6 Coole Tipps für Ihren Besuch im Internet

Einen Termin erstellen

Ein neuer Termin ist sehr schnell erstellt. Gehen Sie wie folgt vor:

1 Wählen Sie über das Kalenderblatt in der linken oberen Ecke den Monat, für den ein neuer Termin erstellt werden soll. In meinem Beispiel wähle ich den **Oktober 2012**.

▲ **Abbildung 16.102** Zuerst wählen Sie den richtigen Monat. Dank dem Kalenderblatt ist das ganz schnell gemacht.

2 Falls nicht bereits geschehen, wechseln Sie in die Ansicht **Monat**.

3 Markieren Sie nun im Kalender den Tag, für den ein Termin erstellt werden soll. Das Datum wird grau hinterlegt, und die Schaltfläche **Hinzufügen** erscheint. Klicken Sie sie mit der Maus an.

▲ **Abbildung 16.103** Die Symbolschaltfläche zum Hinzufügen eines Termins wird direkt im Kalender eingeblendet.

4 Tragen Sie in den Formularfeldern eine kurze Beschreibung des Termins ein. Ergänzen Sie einen Ort. Wählen Sie die Zeit aus, oder verwenden Sie die Option **Ganztägig**.

5 Bestätigen Sie mit **Speichern**.

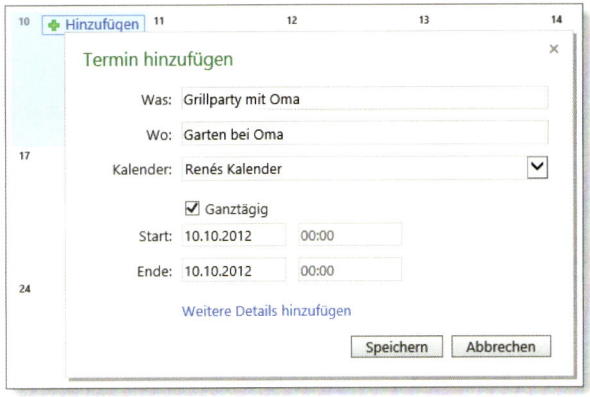

▲ **Abbildung 16.104** Ein Termin wird erstellt.

SkyDrive: Sichern Sie Daten online

Mit SkyDrive können Sie Office-Dokumente, Videodateien, Audio- und Bilddateien im Internet ablegen. Sie können anderen Benutzern Zugriffsrechte einrichten. Das ist ein unglaublich praktischer Service, z. B. wenn Sie Ihre Urlaubsbilder mehreren anderen Personen zeigen, sie aber nicht für jeden sichtbar ins Internet stellen möchten. Die Oberfläche von SkyDrive wirkt sehr vertraut. Sie ist an die Ansicht im Windows-Explorer angelehnt. So findet sich jeder Anwender gleich zurecht. Sie müssen sich auch nicht einarbeiten und umschauen. Es gibt nur sehr wenige Funktionen. Diese genügen aber auch.

Auch für das Ablegen von Datensicherungen ist ein solcher Online-Speicherplatz eine gute Idee. Bei Rechnerproblemen, wie einem Festplattencrash oder einem anderen Hardwaredefekt, kann ein Datenverlust die Folge sein.

Mit regelmäßigen Backups wirken Sie diesem Risiko entgegen. Warum also nicht eine solche Datensicherung im Internet ablegen? Hier werden Daten mit Serverbackups gesichert. Der Provider sorgt so dafür, dass es zu keinen Datenverlusten kommt. Achten Sie jedoch darauf, dass Sie sensible Daten mit einem Verschlüsselungsprogramm vor dem Zugriff Dritter schützen.

Kapitel 16: Unterwegs im Internet

Dank der Verknüpfung von Windows 8 mit Ihrem Windows-Live-Konto ist der Zugriff auf SkyDrive sehr einfach. Sie finden auf dem Startbildschirm eine Kachel, mit der Sie auf den Onlinespeicher gelangen.

▲ **Abbildung 16.105** *Über diese Kachel kommen Sie zu SkyDrive.*

Ein erster Blick auf den Online-Speicherplatz SkyDrive

Auch hier benötigen Sie, wie beim Windows-Kalender, eine Windows-Live-ID. Haben Sie eine solche, können Sie sich unter *http://www.windowslive.de/Skydrive/* anmelden.

Ihnen stehen auf SkyDrive 7 GB an Speicherplatz zur Verfügung. Bei einem Online-Upload darf eine Datei maximal 300 MB groß sein. Mit PC und Mac ist eine Größe von bis zu 2 GB möglich. Der freie Onlinespeicher kann gegen eine Gebühr um 20, 50 und 100 GB erweitert werden.

Die Bedienung erfolgt nicht mehr über eine Menüzeile. Stattdessen erfolgt die Bedienung wie auf dem Startbildschirm von Windows 8.

Wählen Sie mit der Maus einen der Ordner, wird am unteren Bildschirmrand eine Symbolleiste eingeblendet.

In der Miniaturansicht sehen Sie die einzelnen Ordner und die Anzahl der enthaltenen Elemente. Schalten Sie in die Detailansicht an, werden der zusätzlich verwendete Speicherplatz und das Datum des letzten Zugriffes angezeigt.

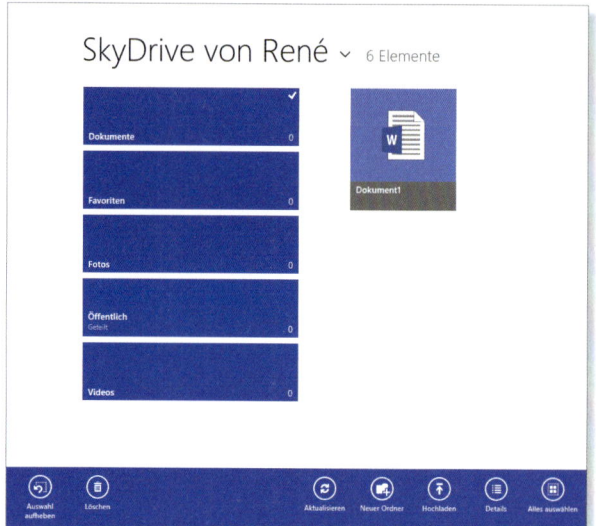

▲ **Abbildung 16.106** *Ein Mausklick öffnet das Bearbeitungsmenü. So können Sie Daten in die einzelnen Ordner hochladen, verwalten und freigeben.*

1 Markieren Sie einen Ordner. Im Beispiel entscheide ich mich für den Ordner **Fotos**.

2 Sie sehen nun den Inhalt des Ordners. Da er noch leer ist, ist auch die Seite leer.

3 Wählen Sie **Hochladen**.

4 Klicken Sie auf **Dateien**. Wählen Sie **Computer**, und suchen Sie das Verzeichnis, in dem sich die Dateien befinden, die Sie hochladen wollen.

▲ **Abbildung 16.107** *Wählen Sie die Datei aus, die Sie auf Ihren SkyDrive-Speicher laden wollen.*

5 Markieren Sie alle Bilddateien, die Sie hochladen wollen. Wählen Sie **Dem SkyDrive hinzufügen**.

Sie sehen nun in der rechten oberen Ecke des Fensters den Hinweis **X Elemente in Bearbeitung**. Die ausgewählten Dateien werden auf Ihren SkyDrive-Speicherplatz geladen. Warten Sie, bis dieser Vorgang beendet ist.

▲ *Abbildung 16.108 Die hochgeladenen Bilddateien werden als Vorschaubilder angezeigt.*

Erstellen Sie eine kleine Website ohne ein teures HTML-Programm

Google bietet Ihnen die Möglichkeit an, eine einfache kleine Website zu erstellen. Dazu ist kein Webspeicherplatz bei einem Provider notwendig. Es entstehen keine Kosten durch einen solchen Speicherplatz oder durch eine Domain. Sie benötigen lediglich ein Konto bei dem Webdienst Google.

Google Sites finden Sie unter *https://www.google.com/sites*. Sie können über Ihren Webbrowser schnell eine kleine Website erstellen. Auch das Pflegen der Seiten erfolgt mit dem Browser. Ein FTP-Client ist nicht notwendig.

▲ *Abbildung 16.109 Erstellen Sie mit Google Sites eine kleine Internetpräsenz.*

Erwarten Sie von Google Sites keine großen Designwunder. Sie sind in Ihren Möglichkeiten etwas eingeschränkt. Sie benötigen dafür aber keinen HTML-Editor.

Google stellt Ihnen 10 GB für eine Website zur Verfügung. Sie können mit Freigabeoptionen bestimmen, wer auf Ihre Website zugreifen darf und wer nicht. Anhand eines vorgefertigten Designs geben Sie Ihrer Website ein professionelles Layout.

Kapitel 17
Windows Mail

In Windows 8 ist ein E-Mail-Programm immer dabei. Die Kachel des Programmes sehen Sie bereits nach dem ersten Anmelden auf Ihrem Startbildschirm. Sie müssen also kein Geld ausgeben, um elektronische Nachrichten zu versenden, zu schreiben und zu beantworten.

17.1 Windows Mail nutzen

Sie haben Windows 8 mit Ihrem Windows-Live-Konto verknüpft. Damit gehört automatisch auch eine Verbindung zu Windows Live Hotmail dazu. Dieser Mailaccount wird mit dem E-Mail-Client von Windows 8 verknüpft. Sie müssen also nichts einrichten.

Wundern Sie sich nicht über die geringe Anzahl an Funktionen und Möglichkeiten. Das Programm bietet nur wenige Funktionen. Viele Aufgaben erledigen Sie mit Ihrem Webbrowser auf der Seite von Hotmail.

Ein erster Überblick über das Programm

Wählen Sie auf dem Startbildschirm die Kachel von Mail. Das Programm startet, und Sie sehen das Programmfenster mit den verschiedenen E-Mail-Ordnern.

Abbildung 17.1 *Ein Klick auf diese Kachel öffnet den E-Mail-Client von Windows 8.*

Abbildung 17.2 *In Windows Mail finden Sie nur die notwendigsten Funktionen. Ein umfangreiches Menü oder eine Symbolleiste gibt es nicht. Einige wichtige Funktionen sind auf die Website des Dienstes Hotmail ausgelagert.*

Mail ist darauf ausgelegt, per Gesten oder Maus bedient zu werden. Sie sehen links oben die E-Mail-Ordner **Posteingang**, **Entwürfe**, **Gesendete Elemente**, **Postausgang**, **Junk-E-Mail** und **Gelöschte Elemente** ❶.

Rechts oben sehen Sie die Schaltflächen **Neu** ❷, **Antworten** ❸ und **Papierkorb** ❹. Mit der rechten Maustaste machen Sie am unteren Bildschirmrand ein Menü sichtbar, und Sie sehen hier die Schaltflächen **Synchronisieren**, **An Startmenü anheften**, **Verschieben** und **Als ungelesen markieren**.

Wenn Sie mit der rechten Maustaste auf den Bildschirm klicken, sehen Sie links unten das Kontextmenü von Mail.

▲ *Abbildung 17.3* »Synchronisieren« und »An Startmenü« anheften finden Sie links unten.

Rechts unten sehen Sie die Funktionen, die sich auf eine konkrete Mail beziehen.

▲ *Abbildung 17.4* Zu den Bearbeitungsfunktionen zählen »Verschieben« und »Als ungelesen markieren«.

Eine Nachricht schreiben

Nun aber los. Schreiben wir unsere erste Nachricht.

1. Um eine Nachricht zu schreiben, wählen Sie **Neu**. Sie erkennen die Schaltfläche mit dieser Funktion am Plus-Symbol.
2. Geben Sie die Adresse des Empfängers ein.
3. Tragen Sie einen Betreff ein.
4. Geben Sie den Text der Nachricht ein. Versenden Sie die Nachricht ❶.

▲ *Abbildung 17.5* Tragen Sie die Adresse des Empfängers, eine Überschrift und den Text ein.

Eine Nachricht beantworten

Markieren Sie eine erhaltene Nachricht, und wählen Sie **Antworten**. Sie können dann mehreren Absender antworten oder die Nachricht an eine andere Ihrer Adressen weiterleiten.

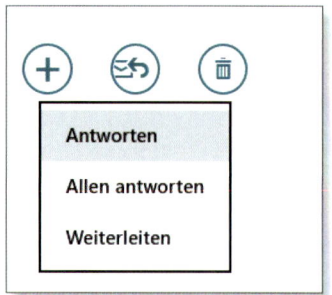

▲ *Abbildung 17.6* Über das Menü erreichen Sie eine kleine Anzahl wichtiger Funktionen.

Nachrichten löschen und verschieben

Um eine Nachricht zu löschen, markieren Sie sie und klicken auf das Mülleimersymbol in der rechten oberen Ecke.

Möchten Sie eine Nachricht in einen anderen Ordner verschieben, gehen Sie wie folgt vor:

1. Markieren Sie die Nachricht.
2. Führen Sie einen Rechtsklick aus. Wählen Sie aus dem Menü, das am unteren Bildschirmrand sichtbar wird, **Verschieben**.

3 Klicken Sie auf den Ordner, in den Sie die Nachricht verschieben wollen.

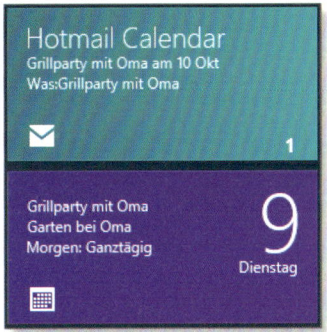

▲ **Abbildung 17.7** *Die Kacheln von »Mail« und »Kalender« zeigen Nachrichten und Termine an.*

Nachrichtenordner anheften

So heften Sie den Nachrichtenordner an:

1 Öffnen Sie die Symbolleiste am unteren Bildschirmrand. Wählen Sie **An Startmenü anheften** ❸.

2 In einem kleinen Fenster können Sie nun den Namen der Kachel verändern. Vorgegeben ist **»Live«-Posteingang**. Bestätigen Sie mit einem Mausklick auf **An »Start« anheften** ❷.

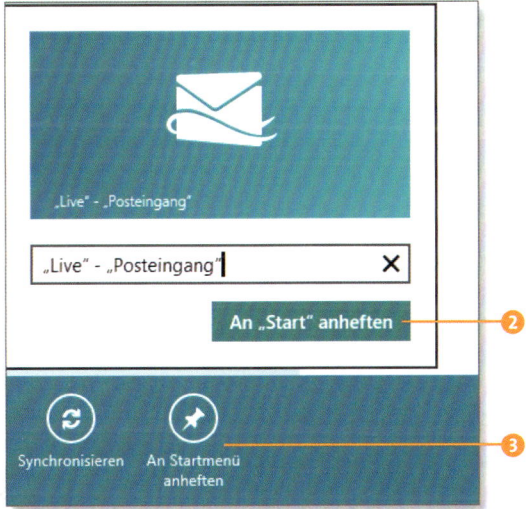

▲ **Abbildung 17.8** *Über das Menü erreichen Sie eine kleine Anzahl wichtiger Funktionen.*

Die Kachel erscheint nun auf dem Startbildschirm von Windows 8. Ein Mausklick darauf öffnet die App Mail und bringt Sie zugleich in den verknüpften Nachrichtenordner.

▲ **Abbildung 17.9** *Mit einer zusätzlichen Kachel öffnen Sie App und Ordner.*

> **INFO**
>
> **Mehr Funktionen auf der Website von Hotmail**
> Die App Mail bietet nicht besonders viele Funktionen. Mehr Möglichkeiten haben Sie auf der Webseite von Hotmail. Öffnen Sie den Internet Explorer, und geben Sie die Adresse *http://www.hotmail.de* ein. Hier verwalten Sie Ihre E-Mails, Ihre Kontakte und Ihre Messenger-Freunde.

17.2 Windows-Live-Programme nutzen

Die App Mail bringt nur grundlegende E-Mail-Funktionen. Sicher, Sie können Ihre Nachrichten online verwalten. Aber vielleicht möchten Sie ein E-Mail-Programm nutzen, das mehr kann und bei dem Sie offline Ihre Nachrichten verwalten können. Dafür müssen Sie kein Geld ausgeben. Microsoft liefert mit dem Windows-Live-Paket viele nützliche Programme. Dazu zählen ein E-Mail-Client, aber auch andere interessante Anwendungsprogramme und Tools.

Kapitel 17: Windows Mail

Geben Sie in der Adresszeile Ihres Browsers *http://windows.microsoft.com/de-DE/windows/ products/windows-live* ein. Sie gelangen auf eine Website, auf der Sie die einzelnen Programme sehen, die zu Windows Live gehören. Die Programme sind nach Web-Diensten und Anwendungen, die auf dem PC installiert werden, sortiert.

Diese Programme gehören zu Windows Live

Die Programme und Dienste von Windows Live werden in zwei verschiedene Gruppen eingeteilt. Diese sind:

- Windows Live im Web
- Windows Live auf dem PC

Zu dem Paket Windows Live im Web gehören die folgenden Programme, die ich in den folgenden Abschnitten beschreibe.

Hotmail

Hotmail ist der E-Mail-Service von Windows Live. Sie erstellen ein Konto und können hier online oder mit einem E-Mail-Programm Nachrichten lesen, schreiben und beantworten. Es gibt eine Schutzfunktion, die Sie vor Spam und Phishingnachrichten schützt. Unsichere Nachrichten versucht Hotmail zu erkennen und auszusortieren.

Oft erwischt es aber auch Nachrichten, die kein Spam sind. Daher müssen Sie von Hand die echten Spammails markieren. Das tun Sie einmal, und beim nächsten Mal gelangt eine Nachricht vom markierten Empfänger automatisch in den Spamordner.

Hotmail ist bei Windows 8 mit dem Betriebssystem verknüpft. Mit der App Mail, die Sie bereits kennengelernt haben, können Sie auf Ihre Nachrichten zugreifen.

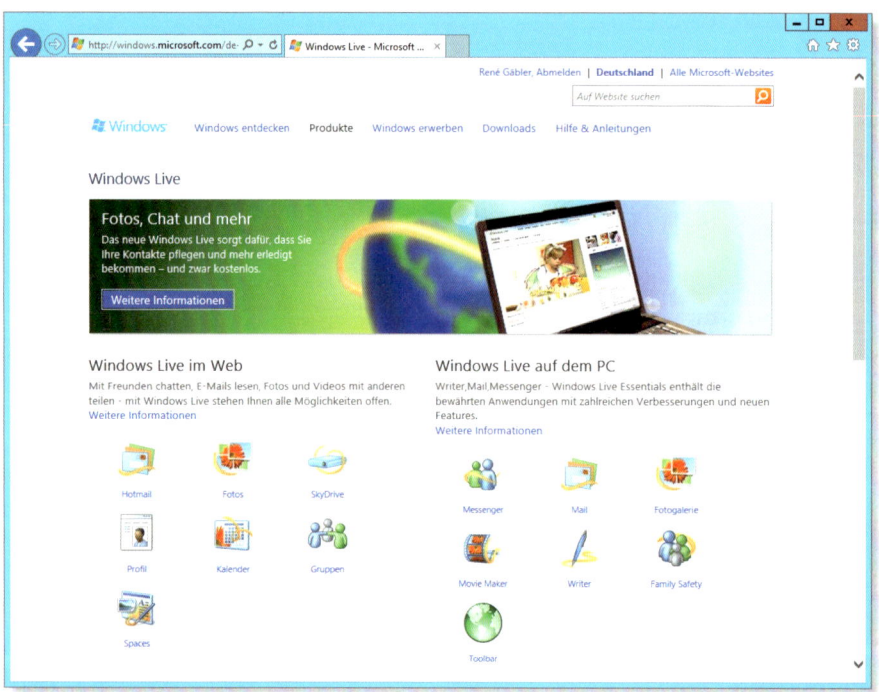

▲ *Abbildung 17.10 Windows Live bietet eine breite Palette an Webdiensten und Anwendungsprogrammen. Sie können Ihre Nachrichten verwalten, mit anderen Kontakte knüpfen, Videos bearbeiten, Bilddateien verwalten und vieles mehr. Für jeden Geschmack ist etwas dabei.*

Fotos

Dieser Webdienst ergänzt das Programm **Fotos**. Sie erhalten einen Onlinespeicherplatz von 25 GB. Webalben lassen sich schnell und einfach auf diesem Speicherplatz veröffentlichen. Hier verwalten und sortieren Sie Bilddateien. Sie können Fotos für Freunde freigeben und auch an angebundene Fotolabore senden. Diese Abzüge kosten natürlich etwas. Die Preise sind jedoch ähnlich wie bei herkömmlichen Fotolaboren.

Anhand von *Tags* lassen sich Bilddateien bestimmten Themen und Stichpunkten zuordnen. Das hilft, große Bildersammlungen verwalten und bestimmte Fotos schnell zu finden. Dank verschiedener *Add-ons* können Sie die Fotogalerie bei Bedarf erweitern. So können Sie zum Beispiel mit HD-Fotos arbeiten und eindrucksvolle Ergebnisse erzielen.

SkyDrive

SkyDrive ist ein Online-Speicherplatz, den Sie kostenlos nutzen können. Sie können hier Datensicherungen, Fotos, Office-Dokumente, Musik- und Videodateien ablegen. Es lassen sich Kontakte angeben, die auf Ihre Dateien zugreifen können. Sie können so Dateien mit Freunden tauschen.

Die Programme *Windows Fotos, Movie Maker* und *Office 2010* besitzen Funktionen, die Ihnen das direkte Ablegen von Dateien auf SkyDrive ermöglichen. Sie müssen also nicht erst Dateien offline auf Ihrer Festplatte speichern und dann umständlich übertragen.

Die Datenübertragungsrate des SkyDrive-Servers ist in der Regel nicht besonders flott. Große Dateien und umfangreiche Datensicherungen sollten Sie hier nicht übertragen.

Profil

Verwenden Sie viele Onlinedienste von Windows Live, so können Sie ein Profil online ablegen. Mit diesem können Freunde und Interessierte verschiedene Informationen über Sie abrufen. Auf einen Blick sehen Sie alles, was auf Ihrem Windows-Live-Konto so alles passiert. Sie können sich mit anderen Windows-Live-Konten verbinden und so kleine Freundschaftsnetzwerke bilden. Angezeigt werden auch aktuelle Neuigkeiten von *Facebook, YouTube* und dem Bilder-Onlinedienst *flickr*.

Ein Vorteil von Windows Live ist, dass Sie andere Netzwerke und Dienste verknüpfen können.

Bevor Sie das Windows-Live-Profil nutzen, sollten Sie sich alle Möglichkeiten und Einstellungen dazu in aller Ruhe anschauen. Sie bestimmen, welche Informationen Sie an andere übermitteln und wer was von Ihnen erfährt. Natürlich können Sie Windows-Live-Programme und -Dienste auch ohne das Windows-Live-Profil nutzen.

Es gab einmal eine Zeit, da waren *Yahoo! Groups* groß in Mode. Etwas Ähnliches können Sie bei Windows Live erstellen. Sie gründen eine Gruppe, laden Freunde, Bekannte und Anwender mit dem gleichen Interesse ein und tauschen sich aus. Eine Gruppe ist eine Art Austauschplattform zu einem bestimmten Thema, egal ob Fußball, Firmengründung, World of Warcraft oder was auch immer.

In einer Windows-Live-Gruppe tauschen Sie Nachrichten aus, können einen Gruppen-Kalender nutzen und Fotos und Dateien tauschen. Zugang erhalten nur die Mitglieder der Gruppe. Und wenn Sie die Gruppe gegründet haben, können Sie entscheiden, wer Mitglied werden darf. So schützen Sie die diskutierten Inhalte vor dem Zugriff Dritter.

Die Windows-Live-ID

Mit der *Windows-Live-ID* können Sie sich bei allen Onlinediensten des Windows-Live-Programms anmelden. Sie müssen sich einmal registrieren und können dann mit nur einem Benutzernamen und dem dazugehörigen Passwort *SkyDrive, Hotmail, Profil* und andere Internetdienste nutzen.

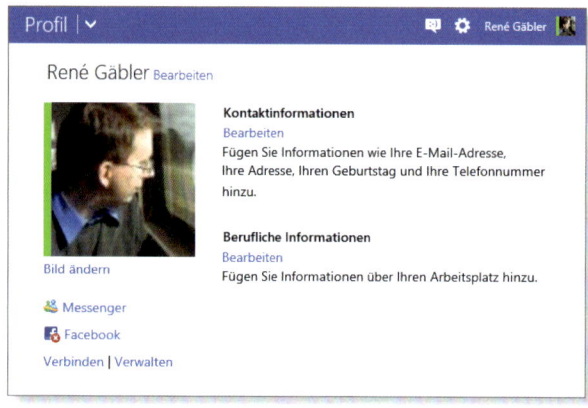

▲ **Abbildung 17.11** Auf dem Profil finden Sie Ihre persönlichen Daten.

Kalender

Der *Kalender* ist ein Onlinedienst, der in Hotmail integriert ist. Sie können Termine erfassen und vergessen keine Meetings und Treffen mehr. Sie werden mit einer automatischen Funktion an Termine und Aufgaben erinnert. Sehr praktisch ist das bei Geburtstagen – einige vergisst man doch immer wieder einmal. Der Windows Live Kalender kann auch auf einem Handy genutzt werden. Natürlich ist dafür ein Smartphone mit Windows 8 ideal.

Gruppen

Die Gruppen erinnern an das Usenet. Sie können hier Gruppen erstellen und sich mit Freunden über Hobbys, Themen, die Sie interessieren, und anderes austauschen. Sie können Dateien in das Internet stellen und mit anderen zusammen an diesen arbeiten. Fotos und Dateien lassen sich sehr einfach mit Gruppenmitgliedern tauschen. Die Mitglieder erhalten automatisch Updateinformationen, sobald es Neuigkeiten in der Gruppe gibt.

Messenger

Mit dem Messenger bleiben Sie mit Ihren Freunden in Kontakt. Sie sehen, wenn Freunde online gehen und können mit diesen chatten. Sie können Videos und Dateien tauschen oder auch Videochats durchführen, sofern Sie eine Webcam Ihr Eigen nennen.

Ziemlich praktisch ist die Verknüpfung von Facebook zum Messenger. Alle Kontakte, Nachrichten und Informationen, die Sie bei Facebook sehen, können auch im Windows Live Messenger angezeigt werden. So verbinden Sie zwei Netzwerke miteinander. Sie müssen sich nicht entscheiden, welches der beiden sozialen Netzwerke Sie nutzen wollen, Facebook oder Windows Messenger. Auch müssen Sie nicht beide gleichzeitig betreiben. Sie sehen es im Messenger, wenn Ihre Facebook-Freunde online sind.

Mail

Ich werde Ihnen *Windows Live Mail* in den nächsten Abschnitten etwas genauer vorstellen. An dieser Stelle möchte ich nur kurz sagen, dass Sie damit Ihre elektronischen Nachrichten schreiben, lesen und beantworten können. Es ist nicht zu verwechseln mit *Hotmail* (siehe oben), das der E-Mail-Service von Microsoft ist, kein Programm also, sondern ein Online-Service wie z. B. *Google Mail* oder *GMX*.

Ein kleines Adressbuch gehört natürlich zu diesem Programm dazu. Es gibt Funktionen, mit denen Sie sich vor Spam, Phishing und anderen nervigen Nachrichten schützen können, die ungefragt bei Ihnen eintrudeln.

Mit Windows Live Mail können Sie offline Ihre Nachrichten in aller Ruhe durcharbeiten. Eine Verbindung in das Internet ist nur notwendig, wenn Sie Ihre neusten Nachrichten abholen und natürlich dann, wenn Sie die Antworten und geschriebenen Nachrichten auf den Weg schicken wollen – beim Senden also.

Sie können mit dem Programm alle E-Mail-Konten verwalten. Sie müssen kein Konto bei Hotmail anlegen. Sie können auch eines bei *GMX, Freemail, Freenet, Arcor, T-Online* oder einem anderen Provider besitzen. Im Vergleich zu älteren Programmen ist die Einrichtung eines E-Mail-Kontos einfacher geworden. Es ist nicht mehr notwendig, jede Einstellungsoption zu kennen, die ein E-Mail-Server verwendet. Das Programm versucht, die notwendigen Einstellungen zu ermitteln. Das gelingt in der Regel auch.

Sehr interessant ist die Funktion **Foto-E-Mails**. Hiermit können Sie Bilddateien an Freunde senden, die ein Konto bei Hotmail besitzen. Die Bilddateien lassen sich so sehr einfach austauschen.

Fotogalerie

Natürlich fehlt ein Programm zum Bearbeiten und Erstellen von Fotos nicht in diesem Paket. Bilddateien lassen sich hier einfach verwalten. Kleine Bildbearbeitungsfunktionen ermöglichen es, Bildfehler zu beseitigen oder Bilddateien zu verändern. Sie können die fertigen Bilddateien auf SkyDrive veröffentlichen oder auch auf der Internet-Fotogalerie (**Fotos**).

Ich persönlich nutze gern *Picasa* von Google oder auch *iPhoto* auf meinem Mac mini. Beide Programme erfordern Einarbeitungszeit, und oft habe ich anfangs schimpfend irgendwelche Funktionen gesucht. Die Fotogalerie aus dem Windows-Live-Paket ist hingegen einfach zu bedienen. Erwarten Sie keine Fülle von Funktionen und keine riesigen verschachtelten Menüs. Es sind jedoch alle wichtigen Bearbeitungsfunktionen für Otto Normalanwender vorhanden.

Movie Maker

Ein professionelles Videoschnittprogramm ist recht teuer. Kleinere, kostengünstigere Lösungen bringen meist nicht den notwendigen Funktionsumfang mit. *Movie Maker* ist kostenlos und eignet sich hervorragend, um kleine Urlaubsvideos und Hobbyschnipsel zu bearbeiten. Sie können Videos schneiden und zusammensetzen sowie mit Übergängen, Effekten und Titelbildern arbeiten.

Das Programm enthält Funktionen, mit denen Sie Ihre Videos direkt auf *SkyDrive, YouTube, Facebook* und anderen Plattformen veröffentlichen können. Wenn Sie Spaß am Filmen haben, sollten Sie dieses Programm unbedingt einmal ausprobieren. Es ist ein echter Geheimtipp.

Writer

Windows Live Writer ist ein Editor, mit dem Sie ein Weblog mit Inhalten füttern können. Sie müssen nicht den Online-Editor Ihres Weblogs nutzen, sondern arbeiten bequem offline. Die Oberfläche ähnelt einem Office-Programm und ist sehr leicht zu bedienen. Sie erstellen die Beiträge für Ihr Weblog und übertragen die fertigen Texte mit wenigen Mausklicks. Die Anmeldedaten zum Weblog müssen einmalig eingetragen werden.

Nutzen können Sie hier auch eine Blogvorschau. Das ist sehr praktisch, sehen Sie doch so, wie der fertige Beitrag im Browser des Besuchers aussehen wird. Neu ist die Integration der Suchmaschine Bing. Hier können Sie sogar Karten mit dem Weblog verbinden. Ebenfalls neu sind eine Auto-Wiederherstellungsfunktion und eine Verbindung zu Twitter. Es gibt eine automatische Rechtschreibprüfung. Sie können sehr einfach Fotos und Videos in Blogbeiträge einbauen. Dank der Windows-Live-Bildbearbeitungsfunktionen können Sie in Live Writer auch auf einfache Fotobearbeitungsfunktionen zurückgreifen. Ein zusätzliches Programm brauchen Sie dafür nicht.

Wenn Sie ein Weblog erstellen wollen oder bereits eines betreiben, sollten Sie sich Windows Live Writer unbedingt ansehen. Es ist ein Top-Editor, der Ihnen das Erstellen von Blogbeiträgen vereinfacht. Dabei ist es nicht von Belang, wo sich Ihr Weblog befindet: *TypePad*, Googles *Blogger*, *WordPress* und andere Dienste werden unterstützt.

Family Safety

Nutzen Sie Ihren PC mit Kindern zusammen, können Sie Filter und Freigaben nutzen, um nur bestimmte Internetinhalte zugänglich zu machen. Sie bestimmen, was ein Kind am PC tun und sehen darf und was nicht.

Kapitel 17: Windows Mail

Neben Webinhalten lassen sich auch Spiele, Kontaktdaten und Anwendungsprogramme freigeben oder auch sperren. Mit Aktivitätsberichten werden die Aufgaben überwacht, die ein Kind am PC ausführt. Sie können nachschauen, was das Kind denn wirklich getan hat, als Sie nicht neben ihm saßen. Die Einrichtung dieses Sicherheitspakets ist sehr einfach.

Persönlich finde ich dieses Paket nicht so gut. Mein Patenkind bekommt von seiner Mutter immer Verbote. Er ist mit 12 zu jung zum Fernsehen, darf nicht an den Computer, und Spiele regen ihn auf. Ich muss mich als Pate zwar daran halten, aber kann mir immer von dem Jungen anhören, wie er alles, was er zu Hause nicht darf, bei Freunden gemacht hat. Ein Paket, das Möglichkeiten einschränkt und verbietet, ist meiner Meinung nach keine gute Lösung. Ein Kind sollte bewusst Programme und Internetdienste nutzen. Und es sollte vor allem schrittweise an diese Möglichkeiten herangeführt werden, wobei man gezielt auf Interessen eingehen sollte. Was man verbietet, reizt Kinder ja sowieso. Durch ein Verbot wird es recht interessant.

Toolbar

Die Toolbar erweitert den Browser Internet Explorer um interessante Funktionen.

Den Web-Messenger erreichen Sie über Ihren Hotmail-Zugang. Sie müssen sich anmelden, um seine Funktionen nutzen zu können. Sie sollten die installierte Version nutzen; sie bietet mehr Funktionen und Möglichkeiten.

Windows-Live-Programme finden und installieren

Bevor Sie die Windows-Live-Anwendungen nutzen können, müssen Sie sie auf Ihrem Rechner installieren. Dank eines menügeführten Assistenten ist dies schnell getan und stellt auch wenig erfahrene Anwender vor keine unüberwindbaren Hindernisse.

1 Geben Sie im Internet Explorer die Adresse *http://windows.microsoft.com/de-DE/windows-live/movie-maker-get-started* ein.

< *Abbildung 17.12* Auf der Webseite von Movie Maker können Sie das Installationsprogramm für das Windows-Live-Paket auf Ihren Rechner laden. Es ist ein sehr kleines Paket. Mit ihm starten Sie en eigentlichen Installationsassistenten. Dieser lädt die Daten für alle Windows-Live-Programme auf Ihren Rechner.

17.2 Windows-Live-Programme nutzen

2 Wählen Sie rechts **Jetzt herunterladen**.

3 Am unteren Bildschirmrand wird eine gelbe Leiste mit der Frage **Möchten Sie »wbsetup-web.exe« von wl.service.microsoft.com ausführen und speichern?** eingeblendet. Wählen Sie hier **Ausführen**. Der Installationsassistent wird auf Ihren Rechner geladen und gestartet.

▲ *Abbildung 17.13 Hier haben Sie die Möglichkeit, den Assistenten auf Ihren Rechner zu laden und zu starten.*

4 Bestätigen Sie die Meldung der Benutzerkontensteuerung.

5 Der Installationsassistent des Pakets wird gestartet. Er bietet Ihnen an, das Paket vollständig zu installieren oder auszuwählen, welche Komponenten auf Ihre Festplatte geladen werden sollen. Möchten Sie dies tun, klicken Sie auf **Wählen Sie die Programme aus, die Sie installieren möchten**. Entfernen Sie das Häkchen aus den Optionskästchen vor den Programmen, die Sie nicht verwenden wollen.

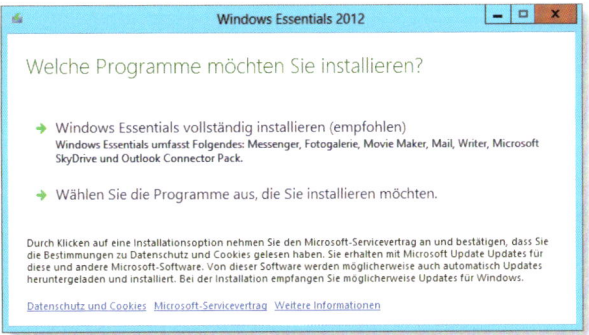

▲ *Abbildung 17.14 Hier wählen Sie aus, welche Programme installiert werden.*

6 Starten Sie den Vorgang mit einem Mausklick auf **Installieren**. Alternativ wählen Sie **Windows Live vollständig installieren**. Ich entscheide mich in diesem Beispiel für die komplette Installation des Pakets.

▲ *Abbildung 17.15 Hier wählen Sie aus, welche Programme installiert werden.*

7 Sofern nicht bereits installiert, bietet der Assistent im nächsten Fenster die Installation von Microsoft .NET Framework an. Bestätigen Sie dies. Das Paket ist für die Nutzung der einzelnen Programme notwendig.

8 Zunächst werden die Programmpakete auf Ihren Rechner geladen und sofort installiert. Mit einem Fortschrittsbalken können Sie verfolgen, wie weit der Assistent bei dieser Aufgabe bereits ist. Mit **Details einblenden** sehen Sie, welche Komponente eben auf Ihre Festplatte aufgespielt wird. Der Fortschritt des Assistenten wird hier zusätzlich mit einer Prozentanzeige gezeigt.

▲ *Abbildung 17.16 Das Gratispaket von Microsoft wird auf meinen Rechner geladen und installiert.*

9 Nach der Installation erhalten Sie eine Meldung. Verlassen Sie mit **Schließen** den Dialog. Ein Neustart des Rechners ist nicht erforderlich.

Kapitel 17: Windows Mail

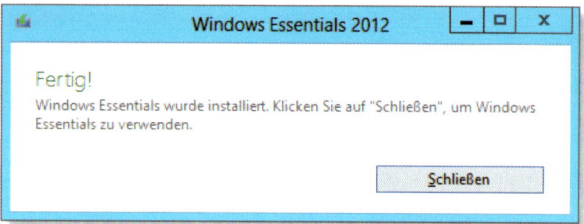

▲ **Abbildung 17.17** *Fast alle Schritte sind erledigt. Bald können Sie die Anwendungen nutzen.*

10 Der »Vertrag über Microsoft-Dienste« wird angezeigt. Lesen Sie sich diesen aufmerksam durch, und bestätigen Sie.

11 Melden Sie sich mit Ihrer Windows-Live-Benutzerkennung an.

12 Die Verbindung von Lieblingsdiensten, wie zum Beispiel LinkedIn, überspringen Sie.

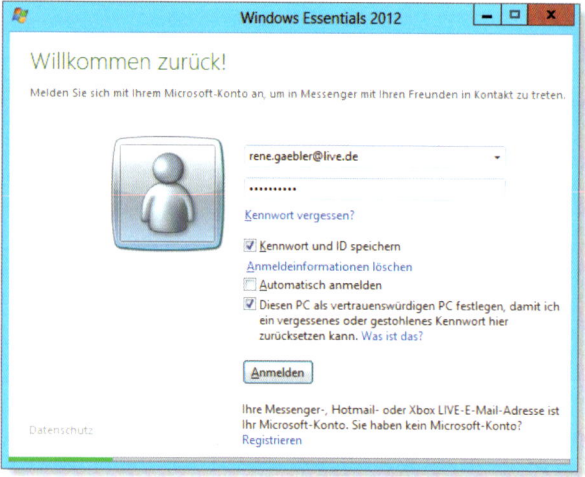

▲ **Abbildung 17.18** *Auch bei den Windows-Live-Anwendungen müssen Sie sich anmelden.*

Ein erster Überblick über das Programm

Die neu installierten Windows-Live-Programme finden Sie nun auf Ihrem Startbildschirm. Über eigene Kacheln sind die Anwendungen **SkyDrive**, **Windows Live Messenger**, **Windows Live Mail**, **Photo Gallery**, **Windows Live Writer** und **Movie Maker** erreichbar.

Wir wollen uns im Folgenden zunächst Windows Live Mail anschauen. Beim Start der Anwendung wird ein kleines Informationsfenster geöffnet. Das Programm informiert Sie darüber, dass die Windows-Live-Adresse erkannt und übernommen wurde. Möchten Sie Ihr Hotmail-Konto mit dem E-Mail-Client verwenden, müssen Sie kein Konto einrichten.

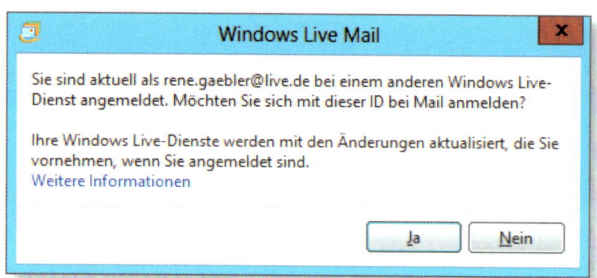

▲ **Abbildung 17.19** *Das Programm übernimmt die Hotmail-Adresse.*

Nach einem kurzen Augenblick erhalten Sie eine Bestätigung. Ihre Windows-Live-Adresse wurde korrekt erkannt und das E-Mail-Konto in dem Programm eingerichtet. Bestätigen Sie und melden Sie sich mit dem Benutzernamen und dem zugehörigen Passwort bei Windows Live an.

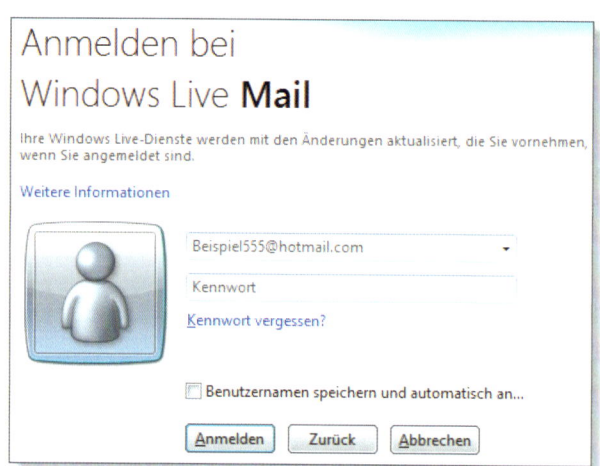

▲ **Abbildung 17.20** *Auch bei Windows Live Mail müssen Sie sich anmelden.*

17.3 Windows Live Mail einrichten und nutzen

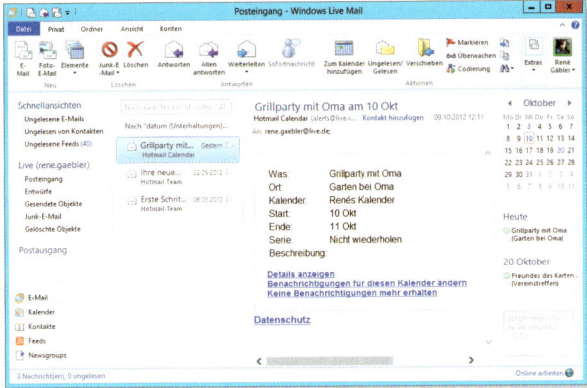

▲ *Abbildung 17.21 Die Oberfläche des E-Mail-Clients ist sehr übersichtlich gehalten. Bereits auf dem ersten Blick sehen Sie, dass hier wesentlich mehr Funktionen vorhanden sind als bei der »Mail«-App von Windows 8.*

Werfen wir einen kurzen Blick auf die Oberfläche von Windows Live Mail: In der linken oberen Ecke öffnen Sie das Startmenü. Hier erstellen Sie neue Nachrichten und halten Ereignisse fest. Erstellen können Sie auch Newsbeiträge und Kontakteinträge. Über das Menü importieren und exportieren Sie Nachrichten und öffnen das Einstellungsmenü.

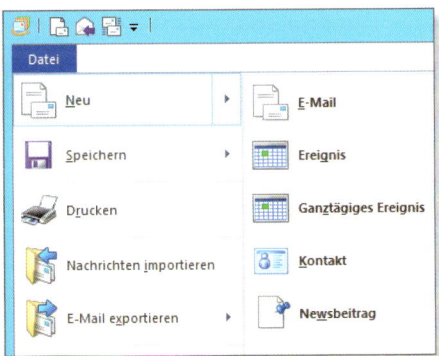

▲ *Abbildung 17.22 Über das Menü erreichen Sie eine kleine Anzahl wichtiger Funktionen.*

Wie bei Office 2007 und 2010 verfügt das Programm über eine Multifunktionsleiste, ein sogenanntes *Ribbon*. Es ähnelt ein wenig den Registerkarten in Dialogboxen. Es gibt vier Ribbons mit den Bezeichnungen **Privat**, **Ordner**, **Ansicht** und **Konten**. In jedem Ribbon sind die Funktionen in Gruppen sortiert. So finden Sie unter **Privat** die Gruppen **Neu**, **Löschen**, **Antworten**, **Aktionen** und **Extras**. In so einer Funktionsgruppe sehen Sie Symbolschaltflächen. Deren Bezeichnungen verraten bereits, wofür die Funktionen gut sind.

Bei einigen Funktionen finden Sie eine kleine nach unten zeigende Pfeilschaltfläche. Klicken Sie darauf, wird ein Listenmenü sichtbar.

▲ *Abbildung 17.23 Ein nach unten weisender kleiner Pfeil* ❶ *öffnet ein Menü.*

In der linken unteren Ecke des Programmfensters finden Sie ein kleines Menü. Hier wechseln Sie vom E-Mail-Fenster zum **Kalender**, zum **Adressbuch**, zu den Feeds oder den Newsgroups. In der rechten oberen Ecke sehen Sie ein Kalenderblatt. Wichtige Ereignisse sind markiert. Über das Kontextmenü können Sie neue Einträge erstellen.

17.3 Windows Live Mail einrichten und nutzen

Windows Live Mail übernimmt die Einstellungen Ihres Hotmail-Kontos. Nutzen Sie Hotmail, müssen Sie kein E-Mail-Konto einrichten und können diesen Abschnitt überspringen. Neben Hotmail gibt es jede Menge andere E-Mail-Dienste, die Sie nutzen können. Ich zeige Ihnen in diesem Kapitel, wie Sie dies mit Windows Live Mail tun und welche Einstellungen dafür notwendig sind.

Ein E-Mail-Konto ist schnell eingerichtet. Sie benötigen die E-Mail-Adresse und das zugehörige Passwort.

Kapitel 17: Windows Mail

Gelingt das Ermitteln der Einrichtungsdaten nicht, schauen Sie sich auf dem Server des E-Mail-Anbieters um. Hier finden Sie alle Konfigurationsdateien, insbesondere die Namen und Zugangsdaten vom Posteingangs- und Postausgangsserver.

Ein E-Mail-Konto einrichten

In nur wenigen Schritten lässt sich ein neues E-Mail-Konto einrichten:

1 Öffnen Sie das **Startmenü**. Wählen Sie **Optionen** > **E-Mail-Konten**.

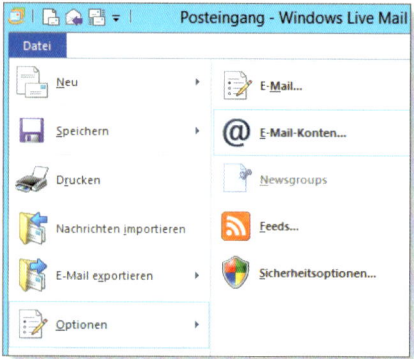

△ **Abbildung 17.24** So richten Sie ein neues Nachrichtenkonto ein.

1 Der Dialog **Konten** ist noch leer. Denn Sie haben hier noch kein Konto eingerichtet. Mit **Hinzufügen** ❷ ändern Sie dies.

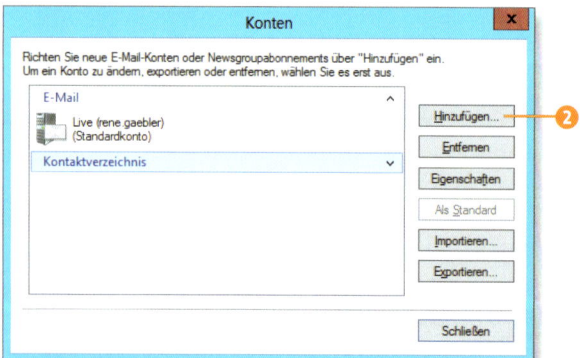

△ **Abbildung 17.25** Nur das Windows-Live-Konto ist bereits vorhanden.

2 Mit dem Assistenten können Sie verschiedene Kontotypen und Verzeichnisse einrichten. Achten Sie darauf, dass **E-Mail-Konto** ausgewählt ist. Mit **Weiter** geht es zum nächsten Schritt.

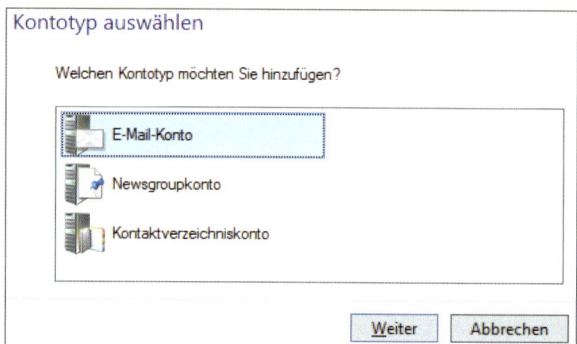

△ **Abbildung 17.26** Wählen Sie hier als Kontotyp »E-Mail-Konto« aus.

3 Tragen Sie im nächsten Fenster Ihre E-Mail-Adresse, das dazugehörende Passwort und Ihren Namen ein. Klicken Sie auf **Weiter**.

4 Im nächsten Fenster beenden Sie den Assistenten mit **Fertig stellen**. Schließen Sie das Fenster **Konten**.

△ **Abbildung 17.27** Mit nur wenigen Angaben richten Sie ein E-Mail-Konto ein.

Das Programm versucht, die Servereinstellungen automatisch zu ermitteln.

382

17.3 Windows Live Mail einrichten und nutzen

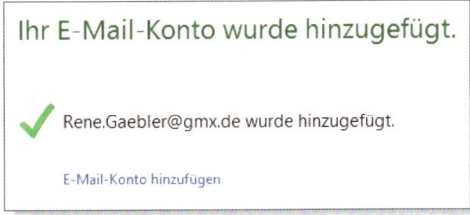

Abbildung 17.28 Fertig. Ich war überrascht, dass es keine weiteren Dialoge gab.

Das neu eingerichtete Konto finden Sie nun im Dialog. Wenn Sie möchten, erstellen Sie nun ein weiteres E-Mail-Konto.

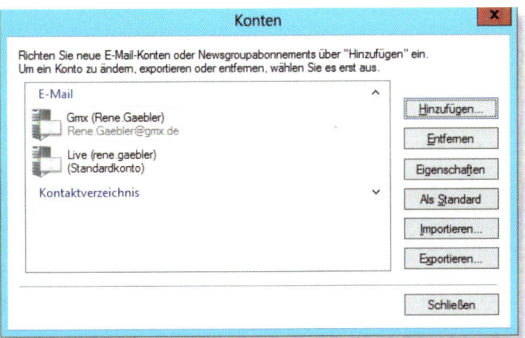

Abbildung 17.29 In diesem Beispiel habe ich ein GMX-E-Mail-Konto hinzugefügt.

> **HINWEIS**
>
> **Mehrere Konten einrichten**
> Haben Sie mehrere E-Mail-Konten eingerichtet, können Sie über eine Option im Dialog **E-Mail-Konten hinzufügen** eines zu Ihrem Standard-E-Mail-Konto machen.

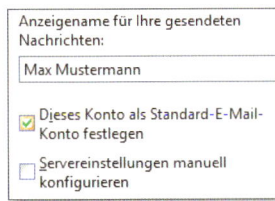

Abbildung 17.30 Mit einer Option wird eines der Konten zum Standardkonto.

Ein E-Mail-Konto manuell einrichten

Nicht in jedem Fall gelingt es Windows Live Mail, die notwendigen Einstellungen automatisch zu ermitteln. In meinem Beispiel funktioniert dies bei T-Online nicht. Ist das bei Ihnen auch der Fall, überprüfen Sie zunächst die Daten, die Sie bei der Einrichtung angegeben haben. Vielleicht haben Sie sich ja beim Benutzernamen oder beim Passwort verschrieben. Ist dies so, korrigieren Sie dies und versuchen es erneut. Schlägt die Anmeldung wieder fehl, greifen Sie zur manuellen Einrichtung. Alle dafür notwendigen Daten finden Sie auf der Website Ihres Providers.

Da die automatische Einrichtung eines E-Mail-Kontos nicht bei jedem Provider gelingt, habe ich Ihnen einmal eine Auswahl verschiedener Provider mit den zugehörigen Servereinstellungen zusammengestellt. Zuerst einmal lesen Sie, wie Sie ein E-Mail-Konto bei *T-Online* einrichten.

1. Wählen Sie im Startmenü **Optionen > E-Mail-Konten**.
2. Klicken Sie auf **Hinzufügen**.
3. Wählen Sie **E-Mail-Konto**. Mit **Weiter** geht es in den nächsten Dialog.
4. Tragen Sie Ihre E-Mail-Adresse und das zugehörige Kennwort ein. Schalten Sie die Option **Servereinstellung manuell konfigurieren** an. Wählen Sie **Weiter**.

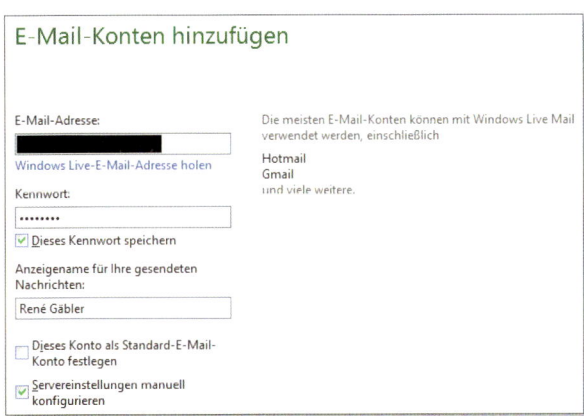

Abbildung 17.31 Bis auf die manuelle Serverkonfiguration ist noch alles gleich.

Kapitel 17: Windows Mail

5 Als Servertyp wählen Sie **POP**. In das Formularfeld für die Adresse des Posteingangsservers tragen Sie »popmail.t-online.de« ein. Die Adresse des Postausgangsservers ist »smtpmail.t-online.de«. Schalten Sie **Erfordert Authentifizierung** an. In das Feld **Anmeldebenutzername** tragen Sie Ihre komplette E-Mail-Adresse ein. Dazu gehört auch das *@t-online.de*. Mit **Weiter** geht's in den nächsten Dialog.

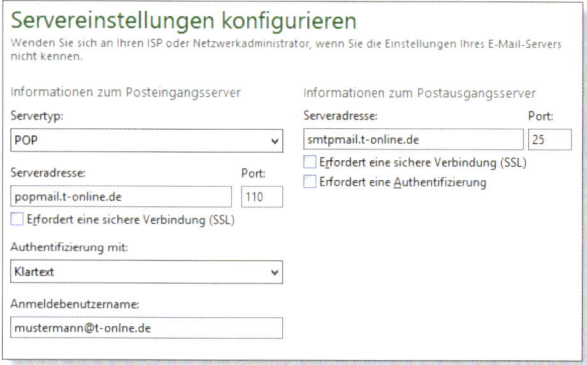

▲ **Abbildung 17.32** So richten Sie ein E-Mail-Konto bei T-Online ein.

6 Im nächsten Fenster erhalten Sie eine Bestätigung, dass das neue E-Mail-Konto eingerichtet wurde. Bestätigen Sie mit **Fertig stellen**, und schließen Sie die geöffneten Dialoge.

Ein GMX-Konto einrichten

Möchten Sie Ihre Nachrichten sicher übertragen und dazu das SSL-Protokoll nutzen, müssen Sie für den Posteingangsserver den Port 995 eintragen. Beim Postausgangsserver ist der Port 465 richtig.

> **INFO**
>
> **Was ist SSL?**
> SSL ist ein Datenübertragungsprotokoll, mit dem Daten verschlüsselt und im Internet von A nach B übertragen werden. Die Verschlüsselung sorgt dafür, dass die Daten nicht von Dritten abgehört und genutzt werden können. Es ist also immer ein Vorteil, wenn Ihr Provider mit SSL arbeitet.

Der Posteingangsserver von *GMX* hat die Adresse *pop.gmx.net*. Als Postausgangsserver tragen Sie *mail.gmx.net* ein. Der Server erfordert eine sichere Verbindung. Schalten Sie die entsprechende Option an. Aktivieren Sie ebenfalls die Option, mit der der Server eine verschlüsselte Verbindung (SSL) nutzt. Als Verbindungstyp wählen Sie SSL.

> **INFO**
>
> **Was bitte ist ein Port?**
> Bei dem oben erwähnten Port ist nicht der Anschluss an Ihrem Rechner gemeint, an dem Sie einen USB-Stick, einen Kopfhörer oder ein anderes Gerät anstöpseln. Auch ein solcher Hardwareanschluss wird *Port* genannt.
>
> Hier ist aber eine Schnittstelle im Rechner gemeint, die über eine sogenannte Portadresse verwendet wird. Über diese Portadresse greift eine Software auf die Schnittstelle zu. Portadressen werden für Kommunikationsprogramme genutzt, so zum Beispiel für FTP.
>
> Bei der Einrichtung eines E-Mail-Kontos ist es wichtig, die Portadressen zu kennen, die der Postausgangs- und der Posteingangsserver nutzen. Ohne diese Angabe können die Nachrichten nicht empfangen oder gesendet werden.
>
> Bei einer Firewall können Sie Portadressen blockieren. So sorgen Sie dafür, dass bestimmte Programme und Programmfunktionen, die diesen Port nutzen, nicht mehr arbeiten können.

Ein E-Mail-Konto bei Arcor einrichten

Nutzen Sie ein E-Mail-Konto bei *Arcor*, tragen Sie als Posteingangsserver »pop3.arcor.de« und als Postausgangsserver »mail.arcor.de« ein. Als Benutzername verwenden Sie die Zeichenfolge, mit der Sie sich auf den Seiten von Arcor anmelden. Dazu geben Sie das Kennwort an, das Sie auch bei Arcor verwenden.

Ein E-Mail-Konto bei Freenet einrichten

Besitzen Sie ein E-Mail-Konto bei dem Anbieter *Freenet*, so tragen Sie als Postausgangs- und Posteingangsserver »mx.freenet.de« ein. Schalten Sie die Option **Postausgangsserver erfordert Authentifizierung** an. Geben Sie den Benutzernamen und das Passwort ein, das Sie bei Freenet verwenden.

Ein E-Mail-Konto bei Gmail einrichten

Die Einrichtung eines *Gmail*-Kontos erfolgt automatisch. Gelingt dies nicht, geben Sie die erforderlichen Daten manuell ein. Die Posteingangsserver heißt hier *pop.Gmail.com*. Der Postausgangsserver (SMTP) ist *smtp.Gmail.com*. Schalten Sie die Option **Postausgangsserver erfordert Authentifizierung** an.

Die Kontoeinstellungen überprüfen

Es kann vorkommen, dass Sie sich einmal bei der Einrichtung eines E-Mail-Kontos vertun. In so einem Fall müssen Sie die Einstellungen öffnen, durchsehen und korrigieren.

Ein kleines Beispiel, das mir eben über den Weg gelaufen ist: Ich habe eben beschrieben, wie ich mit Windows Live Mail meinen T-Online-Account eingerichtet habe. Schritt für Schritt – alles wunderbar. Aber es hat verflixt noch mal nicht funktioniert. Die Verbindung zum Server kam nicht zustande. In dem Anmeldefenster habe ich die E-Mail-Adresse und das Passwort korrigiert – das half auch nicht. Warum? Das Programm hat die Korrektur im Eingabefenster ignoriert und nur die Anmeldedaten verwendet, die ich bei der Einrichtung angegeben hatte – also die, die sich im Einrichtungsdialog des E-Mail-Kontos von T-Online befanden. Hm ...

Und wo lag der Fehler? Ganz einfach: Hier stand als Anmeldename noch *Mustermann@t-online.de*. Der Screenshot für das Buch sollte ja keine echten Zugangsdaten zeigen. Sie sehen also, eine kleine Unaufmerksamkeit oder auch ein Vertipper passiert schnell. Prüfen Sie also Ihre Eingaben immer lieber zweimal.

Die Lösung dieses Problems ist ganz einfach: Ich musste den Anmeldenamen und damit auch die E-Mail-Adresse im Einrichtungsdialog korrigieren. Gedacht, gemacht ... Und schon hat es funktioniert.

> **TIPP**
>
> **Wo finde ich die Daten, die ich bei der Einrichtung meines E-Mail-Anbieters benötige?**
>
> Ich habe Ihnen in den vorangegangenen Abschnitten nur einige Beispiele von einigen ausgesuchten Webmail-Anbietern beschrieben. Natürlich gibt es viel mehr E-Mail-Provider. Zu jedem Internet-Account, zu vielen Websites und selbst bei einigen Handys gibt es E-Mail-Accounts.
>
> Die für die Einrichtung notwendigen Daten finden Sie in einer Onlinehilfe. Suchen Sie auf dem Portal nach »Hilfe«, und schauen Sie nach einem Themenpunkt, der die Einrichtung eines E-Mail-Programms beschreibt. Selbst wenn dort andere Programme und nicht Windows Live Mail 2011 beschrieben werden, finden Sie die richtigen Einstellungsdaten. Bei einigen Providern, wie zum Beispiel *Host Europe*, müssen Sie sich in den Onlinebereich einloggen, wo Sie die gesuchten Daten in einer umfangreichen FAQ (Frage-Antwort-Datenbank) finden.

Dieses kleine Beispiel zeigt: Oft schummeln sich kleine Fehler ein, und die Einrichtung eines Programms bringt dann nicht das erhoffte Ergebnis. Meist sind es kleine Tippfehler. Diese müssen Sie finden und beheben. Und schon funktioniert alles wie gedacht.

1 Öffnen Sie mit **Optionen > E-Mail-Konten** den Dialog **Konten**.

2 Sie sehen im Dialog alle eingerichteten E-Mail-Konten. Um die Einstellungen zu korrigieren, markieren Sie ein Konto und wählen **Eigenschaften**.

3 Schauen Sie sich die einzelnen Register im Dialog **Eigenschaften** an. Nehmen Sie die Korrekturen vor. Klicken Sie auf **OK**.

Kapitel 17: Windows Mail

4 Schließen Sie den Dialog **Konten**. Testen Sie, ob die Einstellungen, die Sie vorgenommen haben, funktionieren.

▲ **Abbildung 17.33** In vier Registern können Sie ein E-Mail-Konto einrichten und anpassen.

Das neue E-Mail-Konto testen

Um herauszufinden, ob Windows Live Mail die Servereinstellungen richtig ermittelt und einrichtet, sollten Sie das neu eingerichtete Konto testen. Natürlich stellen Sie so auch fest, ob die eigenen Einrichtungsangaben korrekt sind.

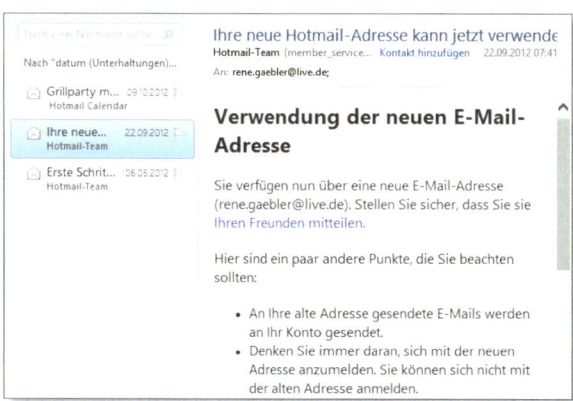

▲ **Abbildung 17.34** Ein Mausklick auf eine Kopfzeile genügt, und der Inhalt der Nachricht wird sichtbar.

In Abbildung 17.34 sehen Sie sehr schön die Struktur von Windows Live Mail. Ganz links werden die verschiedenen E-Mail-Konten aufgelistet. Wählen Sie einen Nachrichtenordner aus, sehen Sie in der zweiten Spalte von links die Kopfzeilen.

Haben Sie mehrere Konten eingerichtet, wählen Sie im Register **Privat** unter **Senden/Empfangen > Kontoname** das richtige Konto. Haben Sie nur ein Konto eingerichtet, genügt ein Mausklick auf diese Schaltfläche.

▲ **Abbildung 17.35** Hier finden Sie die Funktion, mit der Sie Ihre Nachrichten vom E-Mail-Server abholen.

Ein kleines Dialogfenster klappt auf. Es zeigt die Anmeldedaten. Dazu gehören der Name des E-Mail-Servers, Ihr Benutzername für das E-Mail-Konto bei diesem Provider und das zugehörige Passwort.

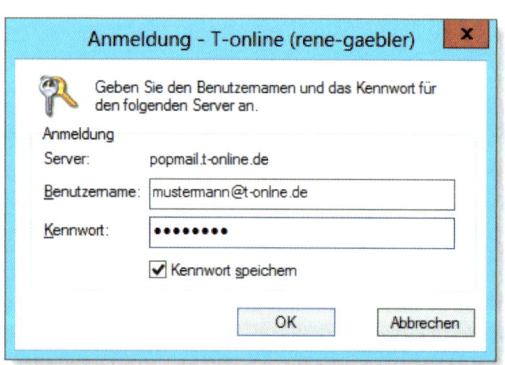

▲ **Abbildung 17.36** Im Anmeldefenster sehen Sie die Serveradresse, Ihren Benutzernamen und Ihr Passwort.

Mit der Option **Kennwort speichern** können Sie dafür sorgen, dass Sie das Passwort beim nächsten Besuch nicht mehr eingeben müssen. Mit **OK** bestätigen Sie.

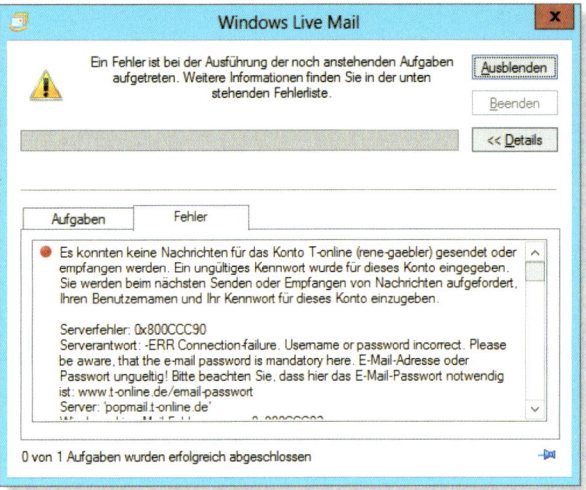

↑ *Abbildung 17.37* *Das kann natürlich passieren: Die Anmeldung schlägt fehl. Überprüfen Sie Ihre Daten.*

Windows Live Mail holt aktuelle und neue Nachrichten automatisch ab. Sie sehen auf der linken Seite des Programms die verschiedenen E-Mail-Konten. Eine in Klammern stehende blaue Zahl zeigt die Anzahl der neuen Nachrichten an.

In der Schnellansicht (scrollen Sie das Menü nach oben) werden alle neuen Nachrichten aller E-Mail-Konten angezeigt. Das ist eine Art Zusammenfassung Ihrer E-Mail-Konten.

↑ *Abbildung 17.38* *Auf der linken Seite des Programms sehen Sie, ob in einem Postfach neue Nachrichten liegen.*

Möchten Sie nun einmal sehen, wer Ihnen alles geschrieben hat und welche Nachrichteninhalte so in Ihrem Postfach eingetroffen sind, klicken Sie auf **Postfach**. Nun werden die Kopfzeilen der Nachrichten aufgelistet. Mit einem weiteren Mausklick wählen Sie eine davon aus. Sie sehen nun im Anzeigefenster den Inhalt der Nachricht.

17.4 So bewältigen Sie den E-Mail-Alltag

Der Umgang mit den Nachrichten ist dank der leicht zugänglichen und sehr übersichtlichen Oberfläche kein Problem. Schauen Sie sich zuerst einmal um. Sie finden in allen Registern Symbolschaltflächen, an denen Sie gleich erkennen, wozu diese gut sind. Zudem steht ja auch die Funktion unter dem Symbol.

Neben dem Lesen, Schreiben und Beantworten ist es auch interessant, Nachrichten zu kennzeichnen und in Ordner zu sortieren. Gerade bei sehr vielen Nachrichten im Posteingang verliert man schnell die Übersicht.

Nachrichten abholen, lesen, schreiben und beantworten

Mit einem Klick auf **Extras > Senden und Empfangen** holen Sie die aktuellen Nachrichten ab. Dies geschieht bereits, wenn Sie das Programm starten.

Im Fenster **Privat** finden Sie die Funktionen zum Antworten und Weiterleiten einer Nachricht. Hier wird der Adressat als Empfänger übernommen. Wenn Sie möchten, ergänzen Sie Text und Bilder.

Weiterleiten können Sie nutzen, wenn Sie eine Nachricht an eine anderen E-Mail-Adresse weiterleiten möchten. Über das Listenmenü dieser Funktion können Sie eine Nachricht auch als Anlage weiterleiten.

↑ *Abbildung 17.39* *Im Bereich »Antworten« finden Sie alle Funktionen für die Beantwortung einer Nachricht.*

In der linken oberen Ecke des Programmfensters finden Sie die Symbolleiste für den Schnellzugriff. Hier sind Symbolschaltflächen aus allen Registern abgelegt. Der Vorteil ist: Diese Schaltflächen haben Sie immer im Blick. Sie können immer darauf zugreifen, ganz egal, welches Register Sie geöffnet haben. In der Vorgabeeinstellung finden Sie hier die folgenden Funktionen (von links nach rechts gesehen):

- **Neu** ❶: Mit dieser Funktion schreiben Sie eine neue Nachricht.

- **Antworten** ❷: Beantworten Sie eine erhaltene Nachricht.

- **Alles aktualisieren** ❸: Damit bringen Sie Ihre RSS-Feeds, Nachrichten-Ordner, Kalender und abonnierte Newsgroups auf einen aktuellen Stand.

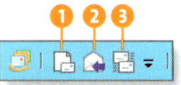

▲ *Abbildung 17.40* *Die Symbolleiste für den Schnellzugriff enthält nur drei Funktionen.*

Wählen Sie **Neu** in der Symbolleiste für den Schnellzugriff, klicken Sie auf **E-Mail** im Register **Privat** (die Schaltfläche ganz an der linken Seite), oder drücken Sie [Strg] + [N], um eine neue Nachricht zu erstellen. Sie finden die Funktion zum Erstellen einer neuen Nachricht auch im Optionsmenü unter **Neu > E-Mail** und im Windows-Startmenü.

Eine neue Nachricht schreiben

Im vorhergehenden Abschnitt haben Sie bereits erfahren, wie Sie das Fenster für das Erstellen einer neuen Nachricht aufrufen. Schauen wir uns das Nachrichtenfenster einmal an (siehe Abbildung 17.41).

Den größten Teil nimmt der Bereich ein, in dem Sie den Text Ihrer Nachricht eingeben. Darüber finden Sie zwei Eingabefelder. In das Feld **An** ❹ tragen Sie die E-Mail-Adresse des Empfängers Ihrer Nachricht ein. Darunter, in das Feld **Betreff** ❺, geben Sie der Nachricht eine kurze Titelzeile. Mit ihr sieht der Empfänger in seinem Posteingang gleich, worum es sich handelt. Es genügen wenige Worte. »Ihre Mitteilung vom 12. Juni«, »Unser Grillabend«, »Geburtstagsparty bei Otto«, »Mein Computer streikt« oder »Das Seminar vom Sonntag« sind mögliche Beispiele.

Stellen Sie sich die Titelzeile wie den Titel eines Buches vor. Mit einem Blick soll der Leser wissen, worum es sich handelt. Bei kommerziellen Newslettern muss diese Titelzeile sogar Neugier wecken und dafür sorgen, dass der Leser die Nachricht öffnet und nicht gleich in den Papierkorb befördert.

Rechts finden Sie ein Auswahlfeld für Ihre E-Mail-Adressen ❻. Mit dieser Auswahl bestimmen Sie, von welchem E-Mail-Konto aus eine Nachricht gesendet werden soll. Voraussetzung dafür ist natürlich, dass Sie mit Windows Live Mail mehrere E-Mail-Konten nutzen. So können Sie ganz leicht über dieses Listenfeld bestimmen, dass die Nachricht von Ihrem T-Online-, GMX- oder Freemail-Konto aus gesendet wird.

Unter diesem Feld sehen Sie in Blau die Funktion **Cc und Bcc anzeigen** ❼. Das steht für *Carbon Copy* und *Blind Carbon Copy*. Mit **Cc** können Sie die Nachricht an einen oder mehrere andere Absender senden. Verschiedene E-Mail-Adressen trennen Sie mit einem Komma voneinander. Sie kennen das sicher: Sie sehen im Empfängerfeld einer E-Mail einen riesigen Brocken an E-Mail-Adressen. »In einem Rutsch« haben all diese Empfänger dieselbe Nachricht erhalten. Die Empfänger im Feld **Cc** sind von jedem, der die Nachricht erhält, zu lesen. Anders ist es mit **Bcc**: Wenn Sie in das Feld **Bcc** eine Adresse eintragen, wird die Nachricht auch an diesen Adressaten gesendet. Sie können natürlich auch hier mehrere E-Mail-Adressen eingeben. Jedoch sehen die anderen Empfänger der Nachricht nicht, an wen Sie mit Hilfe des **Bcc**-Feldes die Nachricht sonst noch geschickt haben.

Nachrichten formatieren

Sie können den Text einer Nachricht auch formatieren wie bei einem Office-Programm. Verwenden Sie dazu die Funktionen in den Bereichen **Schriftart** und **Absatz**. Markieren Sie den Text, den Sie formatieren wollen, und wählen Sie dann die gewünschte Funktion.

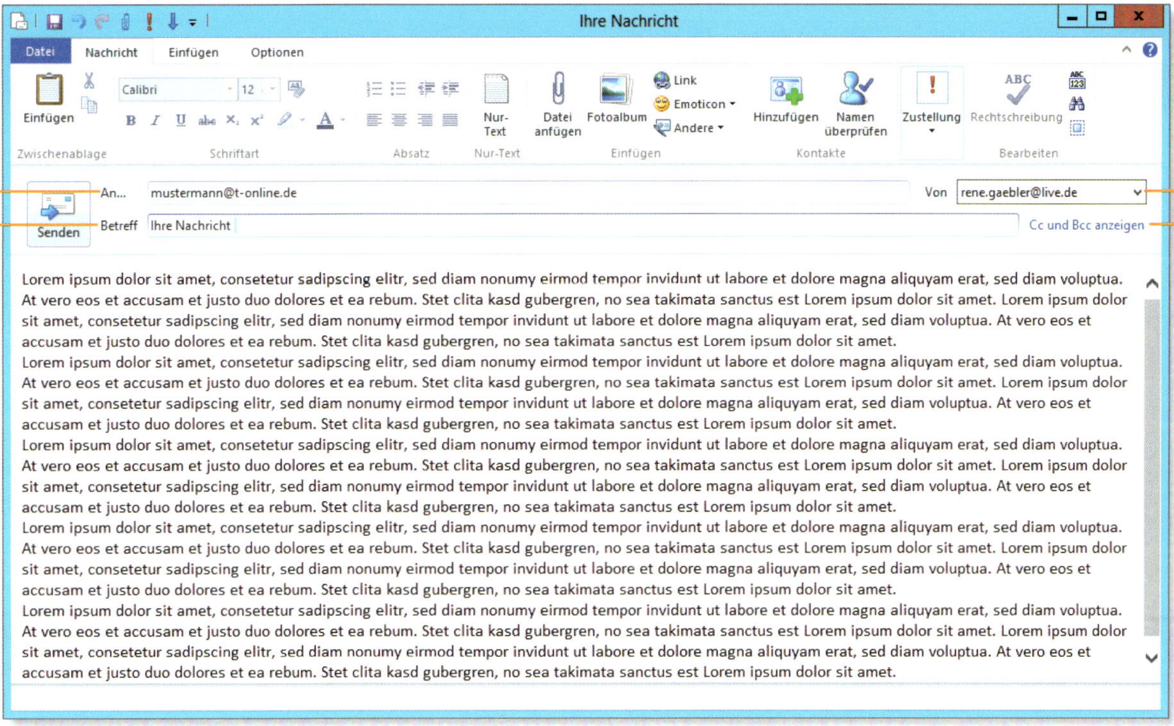

17.4 So bewältigen Sie den E-Mail-Alltag

▲ **Abbildung 17.41** Das Nachrichtenfenster enthält alles, was Sie brauchen, um eine E-Mail zu schreiben. Die Funktionen erschließen sich beim ersten Blick. Wenn Sie die Multifunktionsleiste aus Office 2007/2010 kennen, werden Sie sich hier schnell zurechtfinden.

Sie können die verwendete Schriftart auswählen, deren Größe und Farbe bestimmen und die Attribute **Fett**, **Kursiv** und **Unterstrichen** nutzen. Möglich sind auch die Varianten **Durchgestrichen**, **Tiefgestellt** und **Hochgestellt**. Interessant ist, dass es mit dem kleinen Radiergummisymbol auch eine Funktion gibt, mit der Sie eine Formatierung löschen können.

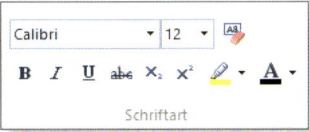

▲ **Abbildung 17.42** Formatieren Sie Ihre Nachrichtentexte so, wie Sie es von einer Textverarbeitung kennen.

In Windows Live Mail stehen Ihnen auch Aufzählungen und Funktionen zum Einrücken zur Verfügung.

▲ **Abbildung 17.43** Mit diesen Schaltflächen können einen Textabsatz so ausrichten, wie es Ihnen gefällt.

Wie bei Textverarbeitungen lässt sich nicht nur die Farbe der Schrift, sondern auch die des Hintergrundes anpassen. Sie können bestimmen, ob der markierte Text links, rechts oder mittig gesetzt wird. Sie können nummerierte Listen und Aufzählungszeichen verwenden; auch das Einrücken (Einzug verkleinern oder vergrößern) ist möglich.

In der Regel werden Sie eine einfache Textnachricht schreiben und nicht groß formatieren. Warum auch? Sie möchten dem Empfänger der Nachricht eine Mit-

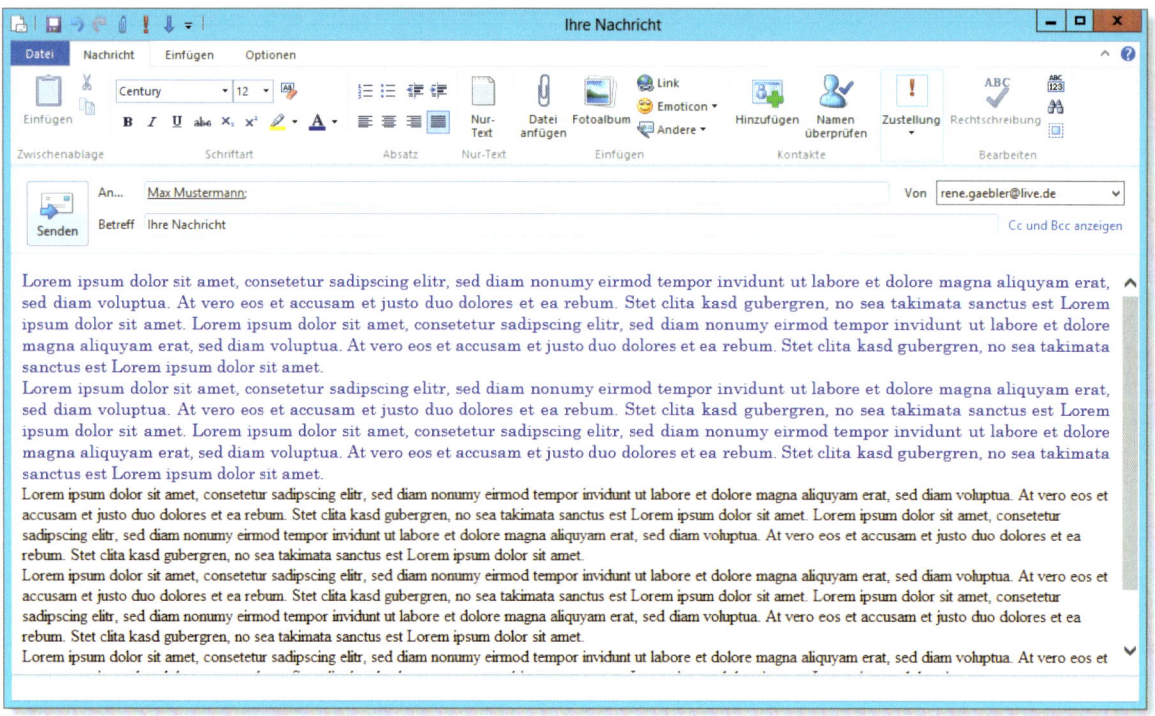

▲ **Abbildung 17.44** *In diesem Beispiel habe ich die ersten zwei Absätze meiner Nachricht mit der Schriftart Century formatiert. Die Größe habe ich auf 12 gestellt. Außerdem habe ich die Schrift blau gefärbt und als Blocksatz formatiert.*

teilung übermitteln. Zur besseren Lesbarkeit sollte der Text in Absätze unterteilt sein. Es empfiehlt sich auch, auf korrekte Rechtschreibung und Grammatik zu achten. Aber »großartige Formatierungsfaxen« – bitte entschuldigen Sie diesen Ausdruck – macht man hier nicht.

Natürlich gibt es Situationen, in denen sich das Gestalten einer Nachricht durchaus lohnt. Vielleicht wollen Sie Kollegen zu einem besonderen Seminar einladen. Vielleicht steht eine Geburtstagsfeier oder Grillparty an. Vielleicht möchten Sie einen Newsletter mit einer Produktvorstellung an verschiedene Empfänger senden. In solchen Fällen ist eine durchdachte Formatierung sinnvoll.

Wie bei Office-Dokumenten gilt auch bei Nachrichten: Nutzen Sie das Formatieren dosiert und durchdacht. Machen Sie keine kreativen Kunstwerke aus Ihren Nachrichten, bei denen der Empfänger kopfschüttelnd versucht, die Nachricht zu entschlüsseln.

Leider gibt es in Windows Live Mail nicht die Live-Vorschau einer Formatierung, so wie sie in Office 2010 vorhanden ist. Gerade bei den Schriftarten wäre es sehr nützlich, bereits bei der Auswahl einer Schriftart zu sehen, wie diese den Text verändert und wie sie wirkt. So müssen Sie entweder wissen, welche Schriftart für Ihren Textabsatz die richtige ist, oder Sie probieren verschiedene nacheinander aus. Sie können auch Microsoft Word nutzen, um vorher zu testen, welche Schrift und welche Formate Ihren Wünschen entsprechen.

Übrigens: Den Titel einer Nachricht (*Subject*) und die Adresse können Sie nicht formatieren. Beachten Sie bitte auch, dass einige Anwender Nachrichten nur im TXT-Format lesen und empfangen. Warum dies so ist, erfahren Sie im Abschnitt »E-Mails im Format HTML oder Text?« auf Seite xxx.

Smileys verwenden

Mit Smileys können Sie Gefühle ausdrücken. So lassen sich Missverständnisse vermeiden. Der Leser weiß, wann Sie etwas augenzwinkernd und lächelnd meinen oder dass etwas Sie traurig und nachdenklich macht. In Abschnitt 11.4, »Keine Angst vor Smileys und Actions«, haben Sie bereits etwas zu der Verwendung dieser Symbole erfahren. Mit Windows Live Mail ist das sehr einfach. Über ein Listenmenü wählen Sie, welches Smiley Sie verwenden wollen. Es wird als kleine Grafik in den Nachrichtentext eingefügt.

Wie bei anderen Dingen gilt auch hier: Setzen Sie Smileys wohldosiert ein. Eine Nachricht, in der jeder Satz mit einem solchen Symbol endet, sieht nicht besonders toll aus. Außerdem lässt sie sich schwer lesen.

1 Um ein Smiley einzufügen, öffnen Sie im Register **Nachricht** das Listenfeld **Emoticon**.
2 Wählen Sie das gewünschte Zeichen mit einem Mausklick aus.

Wenn Sie nicht wissen, wofür ein Smiley steht, führen Sie die Maus auf das Zeichen und warten einen kleinen Augenblick. Mit einer Quickhilfe zeigt das Programm Ihnen an, welcher Gemütszustand bzw. welche Gefühlsregung gemeint ist. Hinter einigen verbirgt sich kein Gefühl. Stattdessen finden Sie als Erklärung hier *Teufel*, *Ninja*, *Schaf* und *Blitz*.

▲ **Abbildung 17.45** *Die Smileys in Windows Live Mail*

Einen Hyperlink in eine Nachricht einfügen

Über eine Schaltfläche können Sie einen Hyperlink in den Nachrichtentext einfügen. So lässt sich eine Webadresse dem Leser nicht nur mitteilen, er kann mit einem Mausklick gleich die Website besuchen.

▲ **Abbildung 17.46** *Einen Link zu einer Website in eine Nachricht einfügen*

Neben dem eigentlichen Hyperlink zu einer Website geben Sie auch einen beschreibenden Text oder eine Überschrift an. Dieser erscheint dann in der E-Mail. Er wird dort als Link gekennzeichnet, in der Regel erscheint er unterstrichen, aber das ist vom Mail-Programm des Empfängers abhängig. Wenn er darauf klickt, öffnet sich die Website.

▲ **Abbildung 17.47** *Und so sieht der Link in der Nachricht dann aus.*

So verwenden Sie eine persönliche Signatur

Mit dem Listenfeld **Andere** können Sie eine horizontale Linie, eine Visitenkarte oder eine Signatur anfügen. Mit der Linie trennen Sie verschiedene Elemente einer Nachricht voneinander. Es ist nichts weiter als eine gerade grafische Linie.

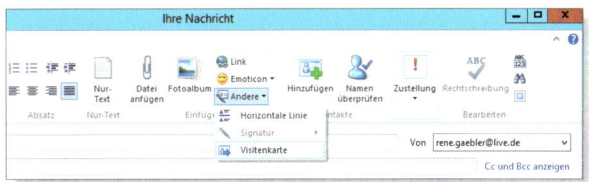

▲ **Abbildung 17.48** *In der Nachricht fügen Sie eine Visitenkarte ein.*

Die Signatur ist eine Unterschrift unter Ihrer Mail, die immer mitgeschickt wird. Um sie zu verwenden, müssen Sie zuerst eine erstellen. Dazu gehen Sie wie folgt vor:

1 Wählen Sie im Startmenü **Optionen > E-Mail**.

2 Im Einstellungsdialog wechseln Sie zu **Signaturen**. Das Feld ist noch leer. Ändern Sie dies mit einem Mausklick auf **Neu**.

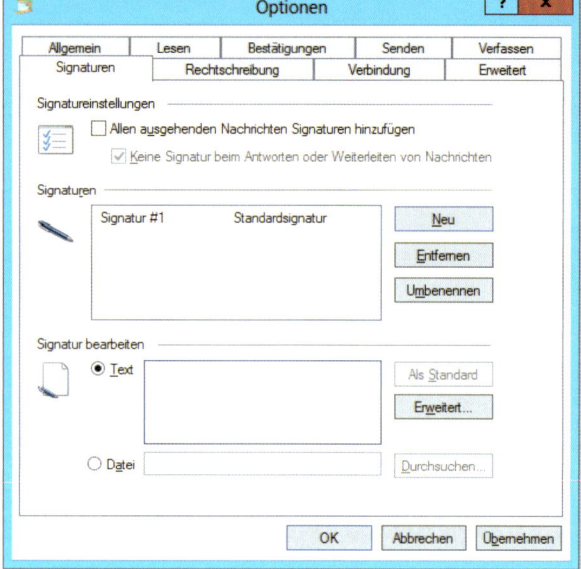

▲ *Abbildung 17.49* *In der Vorgabeeinstellung ist noch keine Signatur vorhanden.*

3 Im Feld **Signatur** wird eine Bezeichnung eingefügt. Windows Live Mail bezeichnet die erste Signatur als **Signatur #1**. Der eigentliche Inhalt kommt in das Feld **Text**. Geben Sie hier ein, was in der Signatur stehen soll. Im Beispiel trage ich ein: »Max Mustermann. Der beste Freund, den man haben kann!« Mit **Übernehmen** wird dieser Text zum Inhalt der Signatur.

4 Markieren Sie die Signatur, und wählen Sie **Umbenennen**. Tragen Sie »Meine persönliche Signatur« ein. Bestätigen Sie mit ⏎.

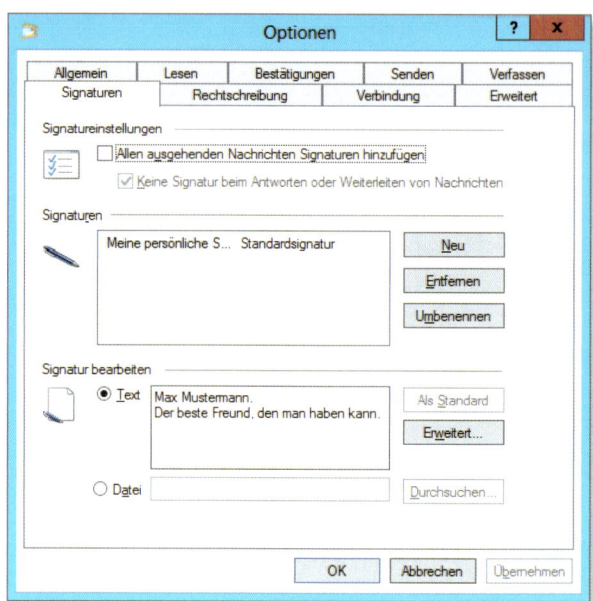

▲ *Abbildung 17.50* *Meine Signatur ist nun fertig und einsatzbereit.*

5 Verlassen Sie den Dialog mit **OK**.

Natürlich können Sie die vorgegebene Bezeichnung beibehalten. Ich persönlich finde es aber schöner, wenn man der Signatur einen passenden Namen gibt.

HINWEIS

Beachten Sie bitte
Eine Signatur ist ein persönliches Markenzeichen. Auch eine Unterschrift oder ein Slogan passt hier gut. Sie können auch Adress- und Kontaktdaten, die Adresse Ihrer Webseite oder andere Inhalte ablegen. Achten Sie jedoch darauf, dass der Inhalt der Signatur keine Rechtschreibfehler enthält.

Selbstverständlich können Sie verschiedene Signaturen mit unterschiedlichen Inhalten erstellen. Wählen Sie dann beim Einfügen einfach, welche Signatur Sie verwenden möchten. Das ist sogar sehr empfehlenswert. So haben Sie eine private Signatur und eine für den Verein, die kleine Firma oder die E-Mail-Kommunikation mit Ihren Kollegen.

17.4 So bewältigen Sie den E-Mail-Alltag

Mit **Erweitert** können Sie eine Signatur zu einem bestimmten E-Mail-Konto erstellen. So ist es möglich, zum Beispiel für T-Online eine andere Signatur als bei GMX zu verwenden.

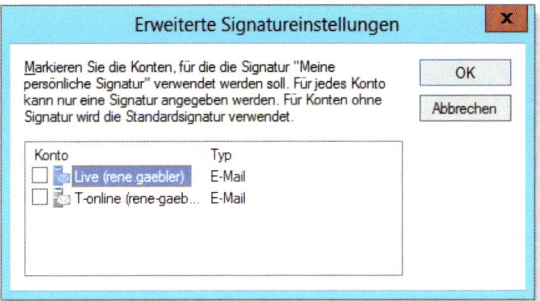

▲ *Abbildung 17.51 Erstellen Sie für jeden E-Mail-Account eine eigene Signatur.*

Mit **Andere > Signatur > Name der Signatur** fügen Sie selbige dann in Ihre Nachricht ein.

Haben Sie mehrere Signaturen erstellt, wählen Sie über das Listenmenü aus, welche Sie in Ihre Nachricht einfügen möchten.

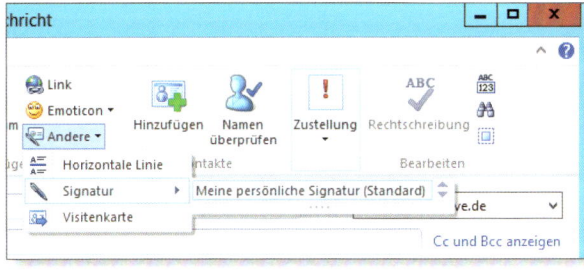

▲ *Abbildung 17.52 Eine Signatur wird eingefügt.*

Der richtige Platz für eine Signatur ist immer am Ende der E-Mail. Ganz unten steht die Signatur.

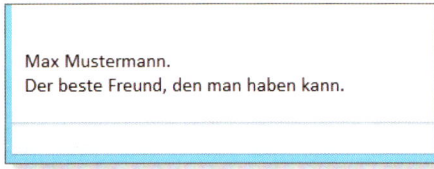

▲ *Abbildung 17.53 Und so sieht meine fertige Signatur in der E-Mail aus.*

Nutzen Sie die Signatur für einen Slogan, eine Adressangabe oder Ihre Homepage. Sie können sie schneller in Nachrichten einfügen, wenn Sie sie in der Symbolleiste für den Schnellzugriff ablegen.

Visitenkarten verwenden

Statt einer Signatur können Sie auch eine Visitenkarte anhängen. Diese elektronische Form der beliebten Pappkärtchen enthält Ihre Adressdaten, E-Mail- und Kontaktdaten. Sie kann nicht nur von den Anwendern eingesehen werden, sondern diese können die Daten auch sehr einfach in das Adressbuch übernehmen.

Auch hier müssen Sie zuerst eine Visitenkarte erstellen, bevor Sie eine solche nutzen können:

1 Wählen Sie im Startmenü **Optionen > E-Mail**.

2 Wechseln Sie im Dialog **Optionen** in das Register **Verfassen** ❶. Ganz unten finden Sie den Bereich **Visitenkarten** ❷. Wenn Sie möchten, können Sie für Newsgroups und E-Mails verschiedene Visitenkarten verwenden. In diesem Beispiel möchte ich dies einmal tun. Schalten Sie die Option **E-Mail** an, und wählen Sie **Bearbeiten** ❸.

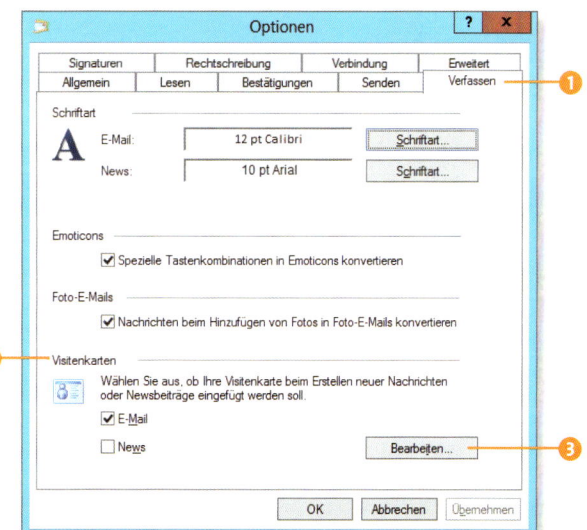

▲ *Abbildung 17.54 Im Einstellungsdialog können Sie eine Visitenkarte erstellen.*

393

3 Sie sehen nun ein Fenster, das zeigt, wie Ihre Visitenkarte aussehen wird. Ihr Name, Ihre E-Mail-Adresse und die Handynummer sind bereits vorhanden. Wechseln Sie zu **Kontakt**. Ergänzen Sie die vorhandenen Einträge. Wenn Sie nicht möchten, dass Ihre Handynummer in der Visitenkarte erscheint, entfernen Sie sie.

4 Gehen Sie nacheinander alle Register durch. Geben Sie in den Formularfeldern die Daten ein, die in Ihrer Visitenkarte zu sehen sein sollen.

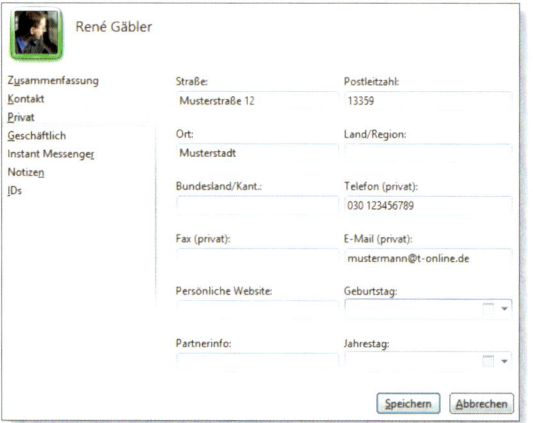

▲ *Abbildung 17.55* *Tragen Sie in den Formularfeldern nur ein, was auch in Ihrer Visitenkarte angezeigt werden soll.*

5 Schauen Sie sich in der **Zusammenfassung** an, wie die Visitenkarte aussehen wird. Wenn notwendig, korrigieren und ergänzen Sie die Einträge. Halten Sie mit einem Mausklick auf **Speichern** alle Einträge fest.

▲ *Abbildung 17.56* *In der Zusammenfassung sehen Sie, wie die fertige Visitenkarte aussehen wird.*

6 Schließen Sie den Dialog **Optionen**.

Mit **Andere > Visitenkarte** fügen Sie der Nachricht die erstellte Visitenkarte hinzu. Im Register **Einfügen** finden Sie ebenfalls eine Möglichkeit, eine Visitenkarte oder auch eine Signatur in die Nachricht einzufügen.

Bilddateien einfügen

Übrigens: Sie finden die Elemente, die Sie in Ihre Nachricht einfügen können, auch in einem ganz eigenen Register. Wie Sie sicher schon im Programm gesehen haben, heißt dieses Register **Einfügen**. Einen kleinen Unterschied gibt es jedoch: Die Funktion zum Einfügen eines einzelnen Fotos finden Sie nur in diesem Register.

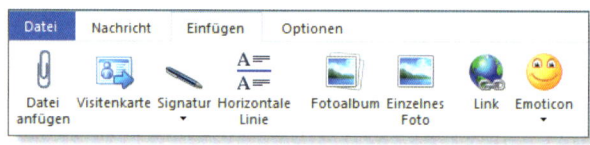

▲ *Abbildung 17.57* *Funktionen, mit denen Sie verschiedene Inhalte in eine E-Mail integrieren.*

Nun möchte ich Ihnen zeigen, wie Sie ein einzelnes Bild in eine E-Mail einfügen.

1 Um eine einzelne Bilddatei in eine neue Nachricht einzufügen, wechseln Sie in das Register **Einfügen**.

2 Klicken Sie auf **Einzelnes Foto**. Wählen Sie die Bilddatei aus, und bestätigen Sie.

▲ *Abbildung 17.58* *Klicken Sie auf diese Schaltfläche, um eine Bilddatei in eine neue E-Mail einzufügen.*

Die Nachricht wird als HTML-E-Mail gesendet. Das Bild erscheint in der E-Mail genau so wie auf einer Webseite.

Wenn Sie die Bilddatei markieren, werden Anfasser an den Rändern hinzugefügt. Sie können nun das Bild mit der Maus vergrößern und verkleinern.

17.4 So bewältigen Sie den E-Mail-Alltag

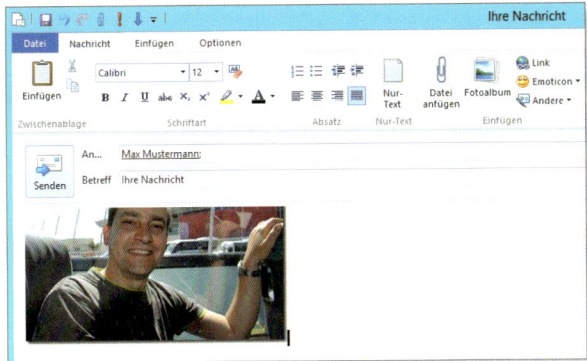

▲ **Abbildung 17.59** *Die Bilddatei in einer E-Mail. Fügen Sie Text hinzu. Sie können auch weitere Bilder einfügen.*

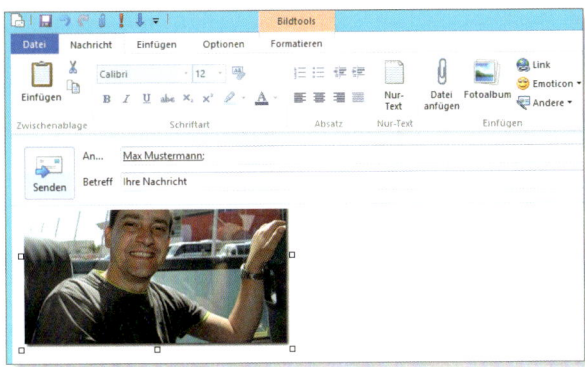

▲ **Abbildung 17.60** *Das Register »Bildtools« ist nun erschienen.*

Um es an eine andere Position zu verschieben, setzen Sie die Maus auf die Bilddatei und drücken die linke Maustaste. Halten Sie die Taste fest, und ziehen Sie nun die Maus in eine Richtung, bis sich die Bilddatei an der gewünschten Position befindet.

Interessant ist, dass das E-Mail-Programm auch Funktionen zum Bearbeiten einer Bilddatei besitzt. Sie müssen hierzu kein weiteres Programm bemühen. Markieren Sie eine in eine Nachricht eingefügte Bilddatei, wird die Multifunktionsleiste um das Register **Bildtools** ergänzt. Wechseln Sie in dieses. Sie finden hier Funktionen zum Zuschneiden eines Bildes, zum Verändern der Größe und zum Drehen der Bilddatei. Sie können Bildeigenschaften verändern, auf Effekte zugreifen, Ränder zum Bild hinzufügen und einen Hyperlink auf das Bild legen.

Erwarten Sie keine Fülle von Filtern oder Bildbearbeitungsfunktionen wie in Adobe Photoshop, Corel Draw oder Paintshop Pro. Es sind nur wenige, aber sehr nützliche Funktionen. Es gibt zwar keine kreativen Filter, die irgendwelche coolen Sachen mit dem Bild machen, aber Sie können die Farben des Bildes verändern und es schärfen. Sie können einen Weichzeichner benutzen, es in ein Relief verwandeln und den Kontrast verändern. Es ist auch möglich, ein aus Textelementen bestehendes Wasserzeichen auf das Bild aufzubringen.

Ziemlich praktisch ist es, dass Ihnen in der E-Mail-Anwendung verschiedene Bildbearbeitungsfunktionen zur Verfügung stehen.

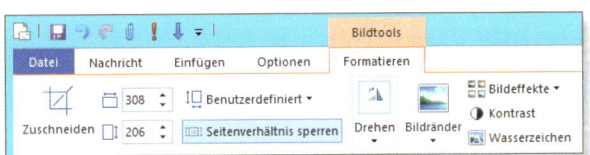

▲ **Abbildung 17.61** *Die Bildbearbeitungsfunktionen*

Dateien anfügen

Mehrere Bilddateien lassen sich auch direkt in eine E-Mail einfügen, vorausgesetzt, die Nachricht wird im HTML-Format erstellt. Der Empfänger sieht auf einen Blick alle Ihre Fotos. Bei sehr vielen Bildern entsteht jedoch so eine überlange Nachricht. Das ist nicht sehr schön. Besser ist es, Sie fassen alle Bilder in einer Zip-Datei zusammen. Diese fügen Sie dann als Datei an. Das geht so:

1 Wählen Sie im Register **Privat** oder **Einfügen** die Funktion **Datei einfügen**.

▲ **Abbildung 17.62** *Mit dieser Schaltfläche fügen Sie eine Datei an Ihre Nachricht an.*

395

2 Wechseln Sie zu dem Ordner, in dem sich die einzufügende Datei befindet. Markieren Sie diese. Bestätigen Sie die Auswahl mit **Öffnen**.

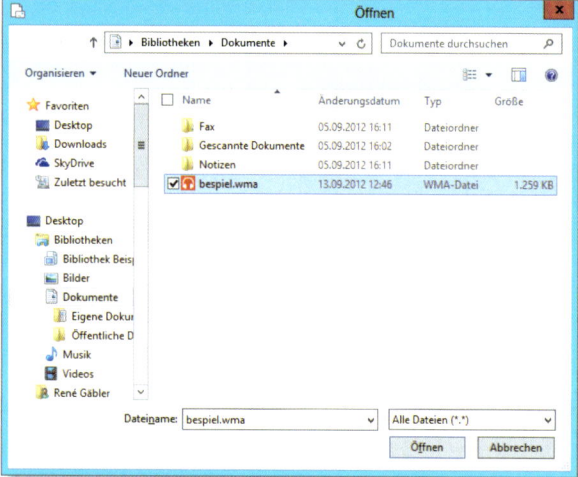

▲ *Abbildung 17.63* Eine Datei wird an eine E-Mail angefügt.

Die Datei wird als Anhang an die E-Mail angefügt. Sie finden sie unter der Betreffzeile. Wenn Sie möchten, fügen Sie weitere Dateien an. Beachten Sie jedoch: Jeder Provider beschränkt die Größe von E-Mails auf eine bestimmte Anzahl an Megabyte, meist liegt sie zwischen 10 und 20 Megybyte. Sie können also nicht unendlich große oder viele Dateien anhängen.

HINWEIS

Vorsicht vor unbekannten Dateianhängen
In ausführbaren Dateianhängen unbekannter Absender verbergen sich oft Computerviren. Sie sollten deshalb Anhänge aus Nachrichten unbekannter Absender niemals öffnen. Bereits bei Zip-Dateien, Dateien mit den Endungen *.exe, *.bat und *.com sowie Office-Dateien ist Achtung geboten.

Kennen Sie den Absender und vertrauen Sie ihm, sollten Sie dennoch den Dateianhang auf eine Infektion mit Computerviren untersuchen. Es kann sich ja durchaus einmal etwas unbemerkt einschleichen.

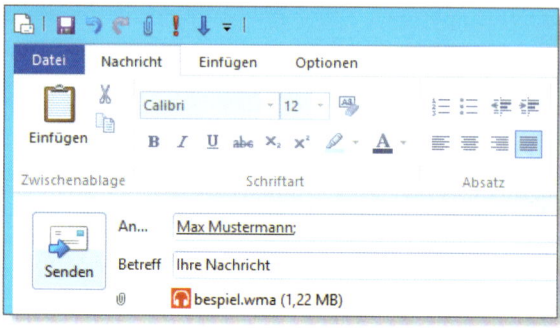

▲ *Abbildung 17.64* Der Anhang wird unter der Betreffzeile eingefügt. Hier wird auch die Größe der Datei angezeigt.

Beachten Sie vor allem bei großen Anhängen bitte, dass sich die Größe der gesamten E-Mail noch etwas erhöht. Mit einem Dateianhang von 5,54 MB ist die E-Mail nicht etwa 5,54 MB groß; sie wird ein klein wenig größer. Das liegt am Format der E-Mail und an den zusätzlich versendeten Informationen.

TIPP

Nachrichten erst später versenden
Sie müssen eine erstellte oder beantwortete Nachricht nicht sofort senden. Sie können sie auch speichern und später abschicken. Klicken Sie dazu auf die **Speichern**-Schaltfläche in der Symbolleiste für den Schnellzugriff. Sie finden sie auch im Startmenü des Nachrichtenfensters.

Wenn Sie das Nachrichtenfenster schließen, fragt das Programm Sie, ob Sie die geänderte Nachricht speichern möchten. Bestätigen Sie.

Die passende Schnellansicht verwenden

Die Schnellansicht bietet Ihnen auf einen Blick wichtige Informationen. Die vorgegebene Schnellansicht zeigt die ungelesenen E-Mails, alle Nachrichten, die von einem gespeicherten Kontakt an Sie gesendet wurden, und die ungelesenen Feeds.

17.4 So bewältigen Sie den E-Mail-Alltag

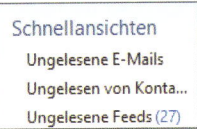

◣ **Abbildung 17.65** Die vorgegebene Schnellansicht zeigt drei oft benötigte Informationen.

Sie können entscheiden, welche Informationen in der Schnellansicht zu sehen sind. Dazu wählen Sie aus einem Dialog mit Optionskästchen, was in der Schnellansicht angezeigt werden soll und was nicht.

Die folgenden Schnellansichten stehen in Windows Live Mail zur Verfügung:

- **Ungelesene E-Mails**: Mit dieser Schnellansicht werden die ungelesenen Nachrichten aus allen eingerichteten E-Mail-Konten angezeigt. Diese Schnellansicht ist in der Vorgabeeinstellung ausgewählt. Es ist die einzige Schnellansicht, die nicht abgewählt werden kann.

- **Ungelesen von Kontakten**: Zeigt die Nachrichten von Absendern an, deren E-Mail-Adresse im Adressbuch abgelegt wurde.

- **Gekennzeichnete Elemente**: Zeigt die Elemente an, die Sie in den E-Mail-Ordnern, in den Newsgroups und Feeds gekennzeichnet haben.

- **Gesamter Posteingang**: Wie der Name dieser Schnellansicht verrät, wird hier der komplette Posteingang angezeigt.

- **Alle Entwürfe**: Auch zu dieser Schnellansicht ist keine Erläuterung notwendig.

- **Alle gesendeten Entwürfe**: Diese Schnellansicht kommt mir wie eine Ergänzung der zuvor beschriebenen vor. Sie zeigt die Entwürfe, die Sie nicht nur abgespeichert, sondern auch versandt haben.

- **Alle Junk-E-Mails**: Zeigt den Inhalt des Junk-E-Mail-Ordners an.

- **Alle E-Mails**: Nun ja, eben alles, was an Nachrichten da ist.

- **Ungelesene Feeds**: Alle Feeds, die Sie noch nicht in Augenschein genommen haben.

- **Alle Feeds**: Hier werden nicht nur die ungelesenen Feeds angezeigt, sondern einfach alle.

- **Ungelesene beachtete News**: Zeigt all diejenigen Beiträge einer Newsgroup an, die Sie zur Beachtung oder Beobachtung markiert haben.

- **Alle News**: Das ist der komplette Inhalt der Newsgroups.

In einem kleinen Beispiel möchte ich Ihnen nun zeigen, wie Sie die Schnellansicht ganz nach Ihren Bedürfnissen anpassen.

1 Markieren Sie die Überschrift **Schnellansichten**. Klicken Sie nun auf das kleine Maulschlüsselsymbol hinter **Schnellansichten**.

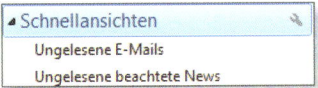

◣ **Abbildung 17.66** Über eine kleine, unauffällige Symbolschaltfläche wählen Sie die Schnellansichten aus.

2 Entfernen Sie das Häkchen aus dem Optionskästchen vor der Schnellansicht **Ungelesen von Kontakten**.

3 Schalten Sie die Schnellansicht **Ungelesene beachtete News** an ❷. Klicken Sie auf **OK**.

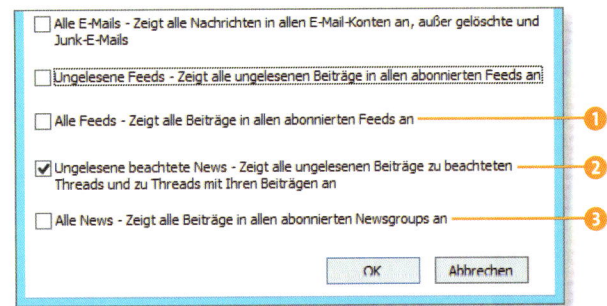

◣ **Abbildung 17.67** Über Optionsschaltflächen wählen Sie die gewünschte Schnellansicht aus.

397

Kapitel 17: Windows Mail

Die Schnellansichten **Alle Feeds** ❶ und **Alle News** ❸ finde ich nicht sonderlich kreativ. Um alle Elemente anzuschauen, kann man sie ja auch direkt in der Menüleiste auswählen. Eine Schnellansicht braucht es dazu nicht.

17.5 Wichtige Kontakte im Adressbuch festhalten

Das Adressbuch in Windows Live Mail erfasst die Adressen Ihrer Freunde, wichtiger Bekannter und Kollegen und aller anderen, denen Sie oft eine Nachricht schreiben.

Haben Sie Facebook oder ein anderes soziales Netzwerk mit Ihrem Windows-Live-Account verknüpft, finden Sie die als Freunde gespeicherten Kontakte im Adressbuch des Programms.

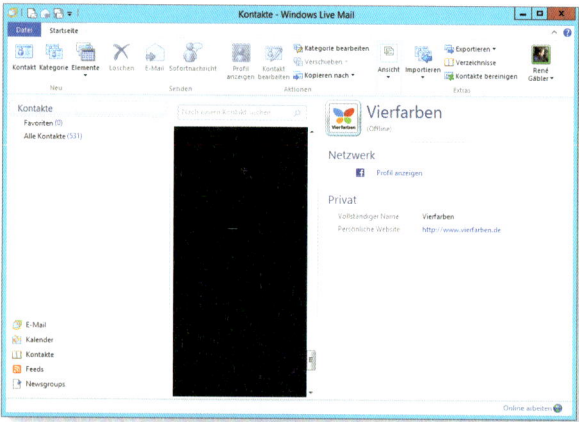

▲ **Abbildung 17.68** *Der Kalender ist voll mit Facebook-Kontakten.*

Das Adressbuch öffnen und aufräumen

Wählen Sie links unten **Kontakte** aus. Nun öffnet sich das Adressbuch, und Sie sehen seinen Inhalt.

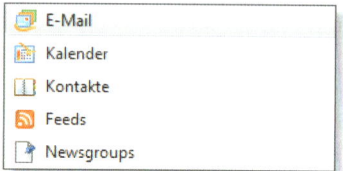

▲ **Abbildung 17.69** *Links unten finden Sie den Zugang zum Adressbuch.*

Schauen Sie sich die einzelnen Einträge durch. Facebook-Einträge enthalten meist nur grobe Informationen wie Name, Ort, Geburtsort und Website. Eine E-Mail können Sie mit diesen Daten nicht an den Kontakt senden. Ergänzen Sie die E-Mail-Adresse wichtiger Kontakte. Es gibt jedoch die Funktion **Nachricht senden (Facebook)**, die Sie nutzen können. Löschen lassen sich die Einträge nicht. Sie können die Verknüpfung von Windows 8 zu Facebook lösen, sofern Sie dies möchten.

Mein Tipp: Erstellen Sie eine eigene Kategorie für alle neu erstellten Kontakte. Für sehr wichtige Kontakte oder gute Freunde können Sie die Kategorie **Favoriten** nutzen.

Um eine neue Kategorie zu erstellen, gehen Sie wie folgt vor:

1 Klicken Sie auf die Schaltfläche **Kategorie**.

▲ **Abbildung 17.70** *Mit dieser Schaltfläche erstellen Sie eine neue Kategorie.*

2 Geben Sie einen Kategorienamen an. Wenn Sie möchten, wählen Sie aus der Liste der angezeigten Kontakte bereits diejenigen aus, die Sie der neuen Kategorie hinzufügen wollen. Sie können das aber auch später tun. Bestätigen Sie mit einem Mausklick auf **Speichern**.

17.5 Wichtige Kontakte im Adressbuch festhalten

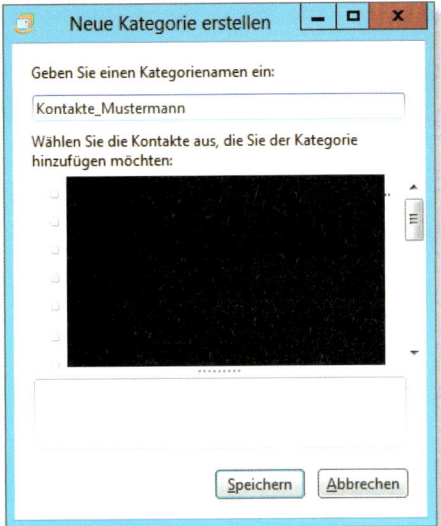

▲ **Abbildung 17.71** *Eine Bezeichnung genügt, kurz bestätigen, und schon ist die Kategorie verfügbar.*

Die neu erstellte Kategorie erscheint in der Auswahl.

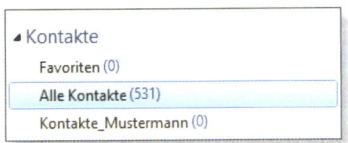

▲ **Abbildung 17.72** *Die neu erstellte Kategorie.*

Wenn Sie möchten, schauen Sie sich nun noch einmal Ihre Facebook-Kontakte durch. Kopieren Sie Kontakteinträge, zu denen Sie auch privat oder dienstlich eine Verbindung haben, in die neue Kategorie. Markieren Sie dazu den Kontakt. Öffnen Sie mit der rechten Maustaste das Kontextmenü, und wählen Sie **Kontakt kopieren in > Name der neu erstellten Kategorie**.

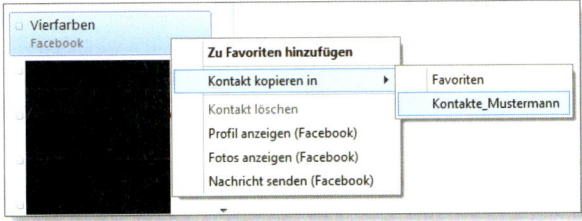

▲ **Abbildung 17.73** *Kopieren Sie Einträge, zu denen Sie auch persönlich Kontakt haben.*

Ergänzen Sie anschließend die Kontaktdaten um Telefonnummer, Adresse und E-Mail-Adresse.

Eine neue Adresse eingeben

Möchten Sie eine neue Adresse eintragen, gehen Sie wie folgt vor:

1 Befinden Sie sich noch nicht im Adressbuch, wählen Sie **Kontakte**.

2 Klicken Sie auf die Schaltfläche **Kontakt**. Es ist gleich die erste Symbolschaltfläche von links.

▲ **Abbildung 17.74** *Ein Mausklick auf »Kontakt«, und Sie können eine neue E-Mail-Adresse eintragen.*

3 Zuerst sehen Sie das Register **Schnell hinzufügen**. Hier finden Sie alle Eingabefelder, die für einen Adressbucheintrag notwendig sind. Alle weiteren Daten sind optional. Das heißt, Sie können mehr Daten eingeben, müssen dies aber nicht tun. Tragen Sie einen Namen und eine E-Mail-Adresse ein. Bestätigen Sie mit einem Mausklick auf die Schaltfläche **Kontakt hinzufügen**.

▲ **Abbildung 17.75** *Ein neuer Eintrag im Adressbuch wurde erstellt.*

4 Suchen Sie den neu erstellten Kontakt in der Liste **Alle Kontakte**. Kopieren Sie ihn per Drag & Drop in die neu erstellte Kategorie.

399

▲ **Abbildung 17.76** *Der neue Eintrag erscheint im Adressbuch.*

Es genügt auch, nur einen Vor- oder Nachnamen plus die E-Mail-Adresse des Kontakts einzugeben. Telefonnummer und Firmenname sind nicht unbedingt notwendig. Sie können die Formularfelder natürlich später noch füllen, wenn Sie weitere Details ergänzen möchten.

Einen umfangreichen Adressbucheintrag erstellen

Sie können, wie ich schon erwähnt habe, viele Daten zu einem Adressbucheintrag ergänzen. So sparen Sie es sich, per Kugelschreiber ein dickes Notizbuch mit langen Informationen zu füllen. Schauen Sie sich einmal die verschiedenen Register an. Blättern Sie sie durch. Tragen Sie dann die Daten ein, die Sie gern festhalten möchten.

Sie können Telefonnummern eintragen und diese nach **geschäftlich** und **privat** trennen. Sie können auch eine weitere E-Mail-Adresse eintragen. Es gibt ein Register für die privaten Kontaktdaten und ein eigenes für die geschäftlichen Kontaktdaten. Im Adressbuch des Programms können Sie die Windows-Live-Messenger-Adresse eines Kontakts eintragen und weitere Adressen anderer Nachrichtendienste. Wenn Sie möchten, hinterlegen Sie zu Ihren Kontakten eine Notiz. Gerade bei sehr vielen Kontaktdaten im Adressbuch des Programms haben Sie so einen »Knoten im Taschentuch«.

Mit wenigen Zeilen hinterlegen Sie eine Information, welche Person hinter einer Kontaktadresse steht und welche Aufgaben sie hat. Abschließend können Sie auch eine digitale ID hinterlegen.

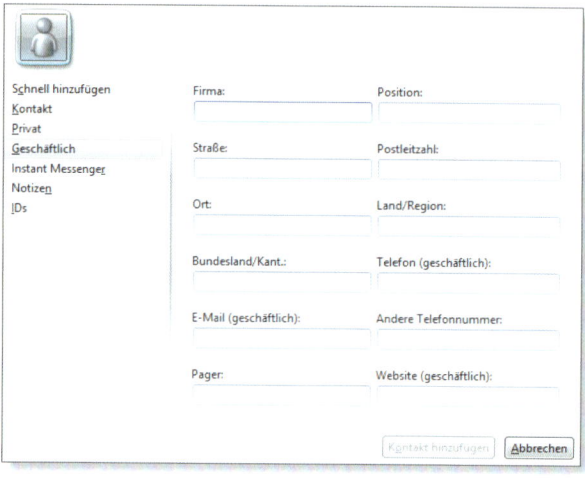

▲ **Abbildung 17.77** *Es gibt jede Menge Formularfelder, die nur darauf warten, viele Daten aufzunehmen.*

Über das Kontextmenü eines Kontakts können Sie diesen löschen und bearbeiten. Auf die letztgenannte Weise lassen sich Daten korrigieren und ergänzen.

> **INFO**
>
> **Was ist eine digitale ID?**
> Eine digitale ID bestätigt, dass die Kontaktadresse eines Absenders auch richtig ist. Eine solche Identifikation verhindert, dass eine Nachricht und eine Absenderadresse verändert wurden.
>
> Die digitale ID ist der erste Schritt. Haben Sie eine solche erhalten, können Sie eine Nachricht mit einer digitalen Signatur »unterschreiben«. Die digitale Signatur ist so etwas wie eine Unterschrift unter einer Nachricht. ID und Signatur bestätigen die Echtheit des Absenders.

Eine E-Mail an einen vorhandenen Kontakt senden

Sie haben mehrere Möglichkeiten, eine E-Mail-Adresse auszuwählen:

17.5 Wichtige Kontakte im Adressbuch festhalten

- Wenn Sie in die Empfängerzeile die ersten Buchstaben eines Empfängers eintragen, schlägt Windows Live Mail Ihnen eine Reihe passender Empfänger vor. Mit einem Mausklick übernehmen Sie die gewünschte Adresse.

- Im Register **Nachricht** klicken Sie auf **Hinzufügen**. Ein Fenster wird geöffnet und zeigt verschiedene Kontaktadressen. Wählen Sie die gewünschte aus.

  Wundern Sie sich nicht, dass hier eventuell mehr Einträge sind, als Sie im Kontaktordner eingetragen haben. Das Programm übernimmt auch Daten, die Sie online auf den Seiten von Hotmail festgehalten haben.

- Wechseln Sie nach **Kontakte**. Scrollen Sie durch die Liste, und suchen Sie den Namen des Empfängers, an den Sie eine Nachricht senden wollen. Markieren Sie ihn, und klicken Sie im Register der Multifunktionsleiste auf **E-Mail**.

- Wechseln Sie nach **Kontakte**. Markieren Sie die gewünschte Adresse. Öffnen Sie das Kontextmenü, und wählen Sie **E-Mail senden** und dann die E-Mail-Adresse des Empfängers.

INFO

Einen weiteren Empfänger hinzufügen

Leider können Sie nicht mit der Taste `Strg` mehrere Empfänger auswählen und an diese eine Nachricht schreiben. Sie müssen die Empfänger nacheinander wählen. Fügen Sie mit **Hinzufügen** im Nachrichtenfenster weitere Empfänger hinzu.

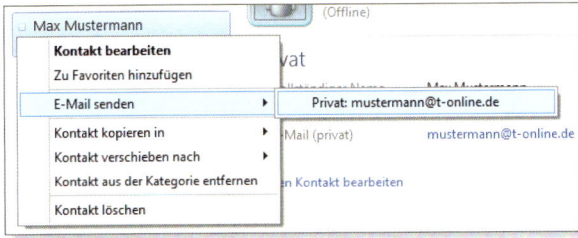

▲ *Abbildung 17.78 Wählen Sie eine Adresse aus, und senden Sie an diese eine neue Nachricht.*

HINWEIS

Wo befindet sich die Kontaktadresse?

Unter der Namensliste in den Kontakten finden Sie einen Hinweis darauf, wo sich der Kontakt oder der Name befindet.

Eine E-Mail-Adresse in das Adressbuch eintragen

Eine Adresse aus einer erhaltenen Nachricht zu übernehmen, ist schnell erledigt. Das hat den Vorteil, dass die Adresse in das Adressbuch übernommen wird und später schnell wiederverwendet werden kann.

1 Klicken Sie auf **Kontakt hinzufügen** hinter der E-Mail-Adresse des Absenders einer Nachricht.

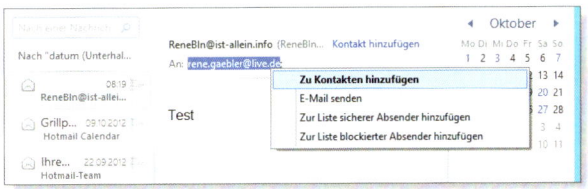

▲ *Abbildung 17.79 Mit einer Funktion übernehmen Sie die Adresse des Absenders einer Nachricht in die Kontakte.*

2 Ergänzen Sie den Eintrag, wenn Sie dies möchten. Speichern Sie alle Angaben.

Eine komplette Visitenkarte übernehmen

Bei einigen Absendern finden Sie in der Kopfzeile der Nachricht den Hinweis auf eine angehängte Visitenkarte. Dies macht die Übernahme der Kontaktdaten noch einfacher. Hier wird nicht nur die E-Mail-Adresse, sondern hier werden alle auf der Visitenkarte enthaltenen Daten in die Kontakte übernommen.

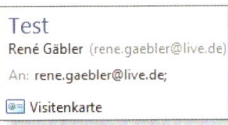

▲ *Abbildung 17.80 Ein kleiner Hinweis zeigt: Hier wurde eine Visitenkarte an die Nachricht angehängt.*

1 Klicken Sie auf **Visitenkarte**.

2 Ein kleiner Dialog wird angezeigt. Bestätigen Sie ihn mit einem Mausklick auf **Öffnen**.

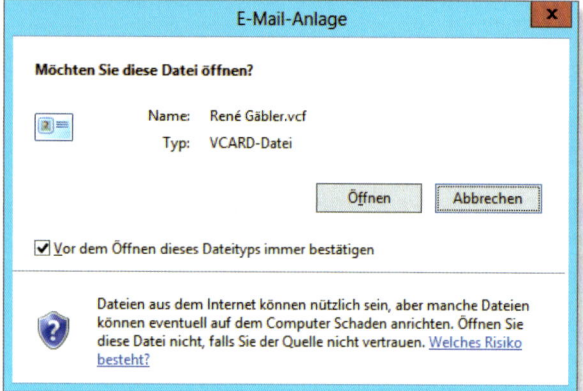

▲ **Abbildung 17.81** *Die Visitenkarte wird in Outlook, dem E-Mail-Programm von Microsoft Office, geöffnet.*

3 Die Visitenkarte wird geöffnet. Mit **Zu Kontakten hinzufügen** übernehmen Sie die Kontaktdaten in Ihr Adressbuch. Schauen Sie sich den Inhalt der Visitenkarte in den einzelnen Registern an. Schließen Sie den Dialog.

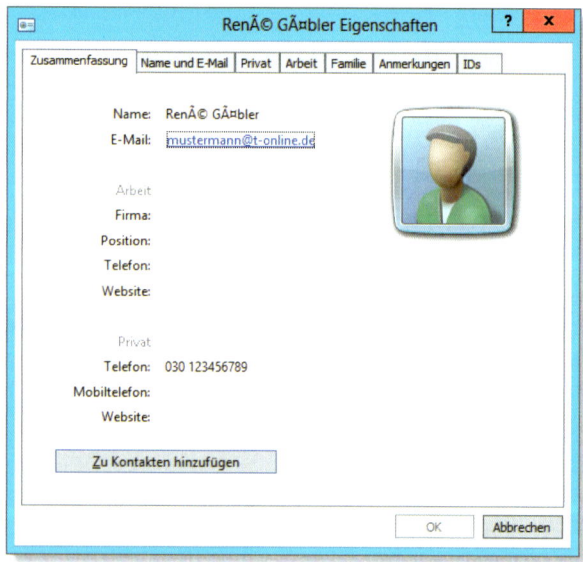

▲ **Abbildung 17.82** *Die Visitenkarte wird in einem eigenen Dialog geöffnet.*

Sonderzeichen werden in der Visitenkarte nicht korrekt angezeigt. Beachten Sie dies beim Erstellen einer eigenen Visitenkarte. Vermeiden Sie Sonderzeichen, und verwenden Sie stattdessen »ae«, »oe« und »ue«.

Ist der Absender nicht in Ihrem Adressbuch gespeichert oder in der Liste der zugelassenen Absender (*Whitelist*), so gibt Windows Live Mail eine Warnung aus. Oft können Sie diese Warnung auch ignorieren. Achten Sie dennoch darauf, dass Sie von unbekannten Absendern keine E-Mail-Anhänge öffnen. Das gilt auch bei Visitenkarten. Es können sich verdeckte Hyperlinks, Hackertools, Spyware und Trojaner oder andere gefährliche Programme in den Inhalten verstecken.

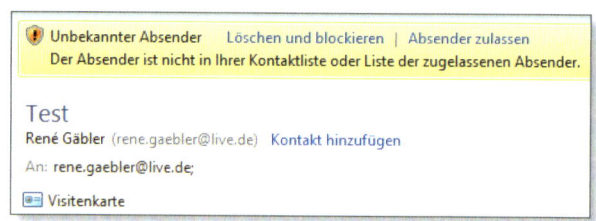

▲ **Abbildung 17.83** *Interessanterweise warnt Live Mail mich vor mir selbst.*

17.6 Mit Ordnern Nachrichten sortieren

Bei vielen Nachrichten lohnt es sich, Ordner zu erstellen und so bestimmte E-Mails auszusortieren. Die Nachrichten vom besten Freund, die von der Arbeit oder die Newsletter mit Computerthemen sortieren Sie in einen Ordner. Das ist ganz so, als gäbe es plötzlich einen Karteikasten, der nur einem bestimmten Zweck dient und der natürlich, wenn Sie ihn öffnen, immer das Gewünschte parat hat. Sie müssen sich nicht mehr durch die Flut der anderen Nachrichten kämpfen.

Einen neuen Ordner erstellen

Ein neuer Ordner ist schnell erstellt:

1 Markieren Sie das E-Mail-Konto, für das ein neuer Ordner erstellt werden soll.

17.6 Mit Ordnern Nachrichten sortieren

2 Wechseln Sie in der Multifunktionsleiste in das Register **Ordner** ❷.

3 Klicken Sie auf die Schaltfläche **Neuer Ordner** ❶. Sie finden sie hier ganz links.

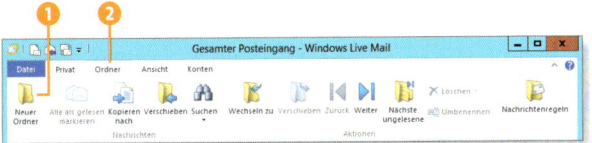

△ *Abbildung 17.84 Die Registerkarte »Ordner« enthält alles, was Sie brauchen, um Ihre Nachrichten zu sortieren.*

4 Geben Sie einen Namen für den neuen Ordner ein.

5 Wählen Sie im Dialog mit der Maus den Ordner aus, dem der neue Ordner untergeordnet sein soll. Bestätigen Sie mit **OK**.

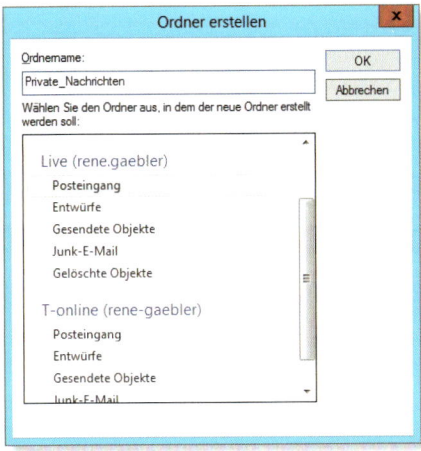

△ *Abbildung 17.85 Bestimmen Sie, welchem vorhandenen Ordner der neue Ordner untergeordnet werden soll.*

Der neue Ordner wird etwas eingerückt dargestellt.

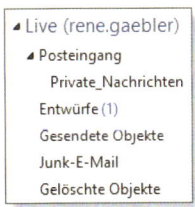

△ *Abbildung 17.86 Hier sehen Sie deutlich, dass der neue Ordner dem Ordner »Posteingang« untergeordnet ist.*

Nachrichten in einen Ordner verschieben

Das Verschieben von Nachrichten in einen Ordner geschieht einfach per Drag & Drop. Markieren Sie eine Nachricht, und ziehen Sie sie bei gedrückter rechter Maustaste in den jeweiligen Ordner.

△ *Abbildung 17.87 Die Funktionen »Verschieben« und »Kopieren nach« in der Multifunktionsleiste.*

Über das Kontextmenü und das Register **Ordner** können Sie auch die Funktionen **Kopieren nach** und **Verschieben** wählen. Danach wählen Sie den Ordner, in dem die Aktion durchgeführt werden soll, über ein Dialogfenster.

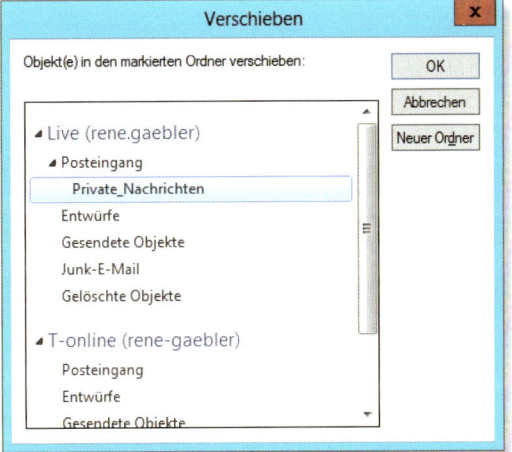

△ *Abbildung 17.88 Die markierte Nachricht wird in den neu erstellten Ordner verschoben.*

Einfacher und bequemer ist es, wenn Sie eine Regel erstellen. Wie das geht, zeige ich Ihnen im nächsten Abschnitt.

Bestimmte Nachrichten mit Bedingungen aussortieren

Mit einer Nachrichtenregel können Sie Ihre elektronische Post von Windows Live Mail sortieren lassen. Lassen Sie beispielsweise Nachrichten von unerwünschten Adressaten herausfiltern, oder lassen Sie die Nachrichten ganz bestimmter Absender in einen Ordner einordnen.

Eine Regel wird sehr einfach erstellt. Sie wählen eine Voraussetzung und bestimmen, was dann passieren soll: »Wenn sich diese Nachricht im Posteingang befindet, dann tue das mit ihr.« Man spricht hier von *Bedingungen* und *Aktionen*.

Sie können die folgenden Bedingungen in Windows Live Mail auswählen:

- Wenn die »Von«-Zeile den Absender enthält
- Wenn die Betreffzeile den angegebenen Text enthält
- Wenn die Nachrichtenzeile den angegebenen Text enthält
- Wenn die »An«-Zeile den Absender enthält
- Enthält den Adressaten »Adressaten« in der »CC:«-Zeile
- Enthält den Adressaten »Adressaten in der »An:«- oder »CC:«-Zeile
- Wenn die Nachricht mit »folgender Priorität« markiert ist
- Wenn die Nachricht vom angegebenen Konto stammt
- Wenn die Nachricht größer als die »Nachrichtengröße« ist
- Wenn die Nachricht eine Anlage enthält
- Wenn die Nachricht »sicher« ist
- Für alle Nachrichten

Sie sehen bereits, dass die Regelbedingungen leicht verständlich sind. Mit einigen sind noch nähere Angaben verknüpft. So müssen Sie noch einen Text angeben, den die Nachricht enthalten soll. Auch das Auswählen eines Adressaten, einer bestimmten Nachrichtengröße oder einer Markierung ist eine dieser Möglichkeiten.

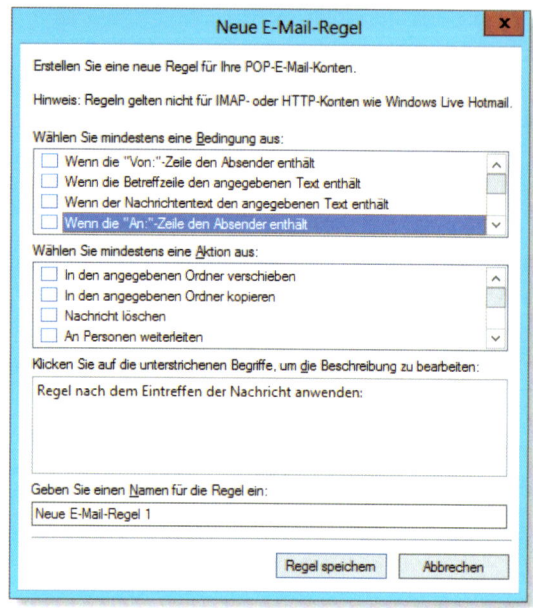

▲ *Abbildung 17.89* *In diesem Dialog erstellen Sie eine Nachrichtenregel.*

Aktionen in Nachrichtenregeln verwenden

Schauen wir uns nun die Aktionen an, die Sie im Programm mit einer Bedingung verknüpfen können. Die folgenden Aktionen können Sie auswählen:

- In den angegebenen Ordner verschieben
- In den angegebenen Ordner kopieren
- Nachricht löschen
- An Personen weiterleiten
- Mit der Farbe hervorheben
- Markieren
- Alle E-Mails als gelesen markieren
- Nachricht als beachtet oder ignoriert markieren
- Mit Nachricht antworten
- Keine weiteren Regeln ausführen

- Nicht vom Server herunterladen
- Vom Server löschen

Auch bei den Aktionen erkennen Sie bereits, was mit der herausgefischten Nachricht geschehen wird: Sie wird markiert, verschoben, kopiert oder auch gelöscht.

Natürlich können Sie mehrere Regeln erstellen. Diese können automatisch oder bei der Auswahl mit der Maus gestartet werden. An einem Beispiel zeige ich Ihnen im nächsten Abschnitt, wie Sie eine Nachrichtenregel in Windows Live Mail erstellen.

So erstellen Sie eine Nachrichtenregel

Das Erstellen einer Nachrichtenregel ist relativ einfach. Machen Sie sich zunächst einmal Gedanken darüber, was geschehen soll. Welche Nachrichten sollen gesucht werden? Was soll mit ihnen passieren? Ist eine Regel überhaupt sinnvoll?

Eine Regel für Nachrichten, die Sie nur alle paar Wochen erhalten, müssen Sie nicht erstellen. Trifft eine bestimmte Nachricht oder vielleicht auch ein Newsletter öfter ein, ist eine Nachrichtenregel durchaus sinnvoll.

In meinem Fall sollen die Microsoft-Newsletter aus der Nachrichtenflut heraussortiert und in den neu erstellten Ordner *Private_Nachrichten* verschoben werden. Dazu gehen Sie wie folgt vor:

1 Fügen Sie zuerst den Kontakt, von dem die Nachricht kommt, zu Ihren Kontakten hinzu. Suchen Sie dazu eine der Nachrichten. Öffnen Sie sie. Wählen Sie in der Kopfzeile der Nachricht **Kontakt hinzufügen**.

2 Wechseln Sie in das Register **Ordner**. Klicken Sie auf die Schaltfläche **Nachrichtenregeln**.

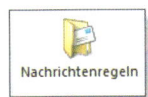

▲ **Abbildung 17.90** Ein Klick auf »Nachrichtenregeln« öffnet Möglichkeiten zum Auswählen von Bedingungen und Aktionen.

3 Schalten Sie die Bedingung **Wenn die »Von:«-Zeile den Absender enthält** an.

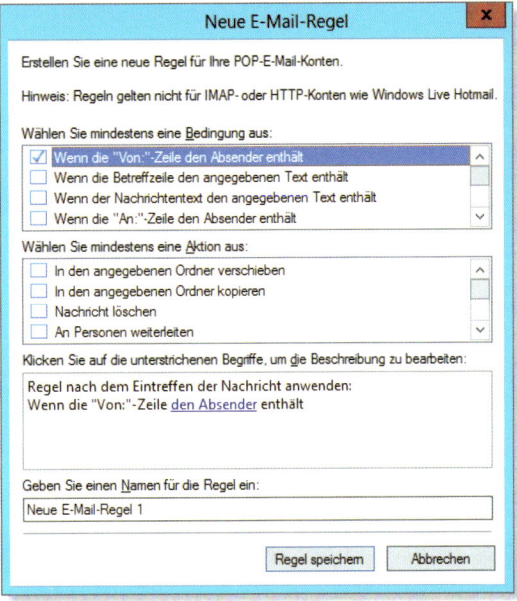

▲ **Abbildung 17.91** Eine neue Nachrichtenregel wird erstellt. Gleich die oberste Bedingung wird ausgewählt.

Die Bedingung wird in das untere Feld im Dialog eingefügt. In ihr ist **»den Absender«** blau hervorgehoben. Diesen Parameter müssen Sie noch ergänzen. Sie müssen also bestimmen, welcher Absender gemeint ist.

Hier sehen Sie in einer vergrößerten Darstellung das Feld mit der Beschreibung der Regel.

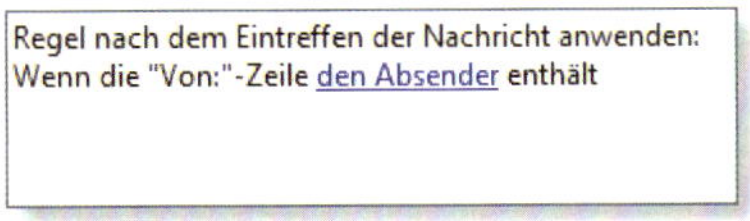

Regel nach dem Eintreffen der Nachricht anwenden:
Wenn die "Von:"-Zeile den Absender enthält

▲ **Abbildung 17.92** Deutlich zu sehen: die Bedingung, die nun durch einen Absender ersetzt werden muss

4 Klicken Sie auf den Absender im unteren Feld des Dialogs.

5 Der Dialog **Personen auswählen** klappt auf. Hier können Sie nun eine E-Mail-Adresse oder einen Namen direkt eingeben. Mit **Kontakte** öffnen Sie Ihr

Adressbuch. Markieren Sie hier **Max Mustermann**, und bestätigen Sie mit **An** und **OK**.

6 Schließen Sie den Dialog **Personen auswählen** mit **OK**.

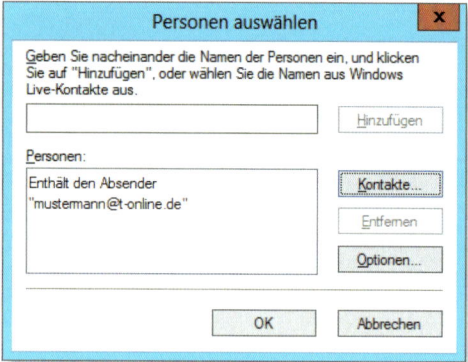

▲ **Abbildung 17.93** *Die Regel soll alle Nachrichten dieses Absenders aussortieren.*

7 Schalten Sie die Aktion **In den angegebenen Ordner verschieben** an.

Diese Aktion wird in das Regelfeld übernommen. Auch hier ist ein Parameter blau hervorgehoben, nämlich **In den angegebenen Ordner verschieben**. Sie müssen nun auswählen, welcher Ordner das Ziel sein soll.

▲ **Abbildung 17.94** *Die Aktion, die für diese Nachrichtenregel verwendet werden soll, wird ausgewählt.*

8 Klicken Sie im unteren Feld auf das blau hervorgehobene **In den angegebenen Ordner verschieben**. Das Fenster **Verschieben** wird geöffnet. Wählen Sie hier den Ordner **Computer News**.

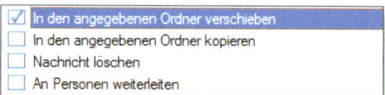

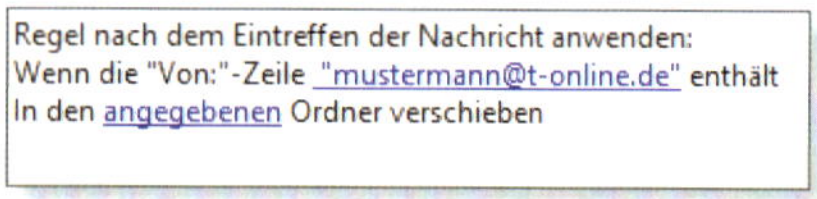

▲ **Abbildung 17.95** *Die ausgewählte E-Mail-Adresse ist nun in der Beschreibungszeile vorhanden.*

9 Der ausgewählte Ordner wird in das Feld **Beschreibung** übernommen. Entfernen Sie abschließend den vorgegebenen Namen, und ersetzen Sie ihn durch eine passende Beschreibung. In meinem Beispiel gebe ich Folgendes ein: »Regel Nach Private Nachrichten verschieben«. So weiß ich anhand des Namens gleich, was die Regel tut.

10 Halten Sie die Regel mit einem Mausklick auf **Regel speichern** fest.

11 Schließen Sie den Dialog mit **OK**.

Die erstellte Regel erscheint nun im Dialog **Regeln**. Hier können Sie die Regel bearbeiten und auch bei Bedarf löschen.

HINWEIS

Das Adressbuch zur Auswahl der Adressen
Beachten Sie bitte: Sie müssen bei der Auswahl einer Adresse den Kontakt mit der Maus markieren und ihn mit **An ->** in das Feld übernehmen. Erst dann wählen Sie **OK**.

Das Löschen einer Regel ist aber nicht unbedingt notwendig. Mit einem Optionskästchen »aktivierten« Sie eine Regel. Auf die gleiche Art und Weise deaktivieren Sie sie auch – entfernen Sie einfach das Häkchen aus dem Optionskästchen, um eine Regel für eine Weile nicht zu verwenden.

TIPP

Mehrere Bedingungen und Aktionen
Eine Regel kann mehrere Bedingungen und Aktionen enthalten. Diese sollten jedoch sinnvoll gewählt sein. Sie können so zum Beispiel den Newsletter eines Absenders in einen Ordner kopieren und mit einer zweiten Aktion als wichtig markieren. Im Allgemeinen genügen eine Bedingung und eine Aktion.

17.6 Mit Ordnern Nachrichten sortieren

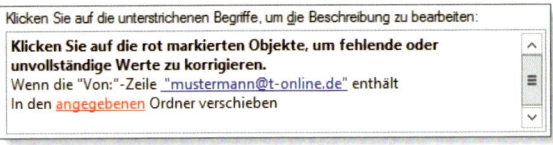

▲ **Abbildung 17.96** *Haben Sie etwas vergessen, weist Windows Live Mail Sie darauf hin.*

Falls Sie zuvor keinen Ordner erstellt haben, so können Sie diese Arbeit während des Erstellens einer Nachrichtenregel nachholen. Wählen Sie im Dialog **Verschieben** oder **Kopieren** einfach **Neuer Ordner**.

INFO

Nachrichtenregeln können nicht immer verwendet werden

Eine Nachrichtenregel kann nur bei einem POP-E-Mail-Konto genutzt werden. In den meisten Fällen wird bei Nachrichtenkonten dieses Übertragungsprotokoll genutzt. Bei einem IMAP-Konto oder einem HTTP-Konto kann eine Nachrichtenregel nicht verwendet werden. Für einen News-Account können Sie eigene Regeln erstellen.

Eine Nachrichtenregel anwenden

Ich bin eigentlich davon ausgegangen, dass die erstellte Regel automatisch angewandt wird. Oder dass es irgendwo eine Option oder eine Symbolschaltfläche gibt, bei der ich diese Aktion auswählen kann. In der Praxis muss man sich noch durch einige Dialoge klicken. Das wäre sicher auch etwas unkomplizierter möglich gewesen.

1 Wählen Sie im Register **Ordner** die Schaltfläche **Nachrichtenregeln**.

2 Haben Sie mehrere Regeln erstellt, wählen Sie die gewünschten aus. Sie können einzelne Regeln auch deaktivieren. Klicken Sie auf **Übernehmen**.

3 Markieren Sie im nächsten Fenster eine Regel. Wählen Sie **Jetzt übernehmen**.

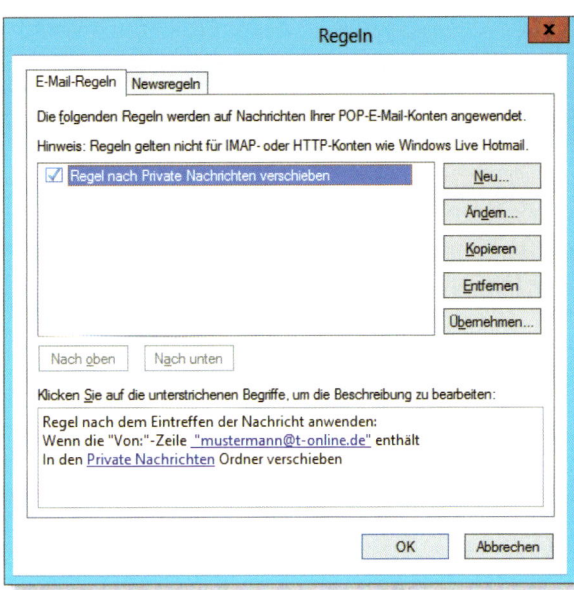

▲ **Abbildung 17.97** *Wählen Sie die Regel für die Ausführung aus.*

4 Die Regel wird ausgeführt und gibt, wenn dies geschehen ist, einen Infodialog aus. Bestätigen Sie diesen, und schließen Sie die geöffneten Dialoge.

▲ **Abbildung 17.98** *Das Programm sagt brav, dass die Regel ausgeführt wurde.*

Schauen Sie ruhig einmal nach, ob die Nachrichtenregel korrekt ausgeführt wurde.

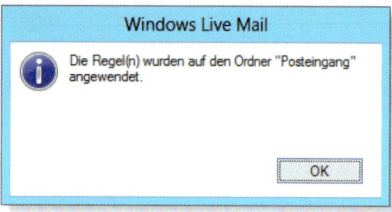

▲ **Abbildung 17.99** Windows Live Mail meldet, dass die Regel angewendet wurde.

Beachten Sie bitte, dass Bedingung und Aktion im gleichen E-Mail-Konto angewendet werden müssen. Wenn Sie also einen Newsletter aus Ihrem T-Online-Posteingang in einen neu erstellten Ordner verschieben möchten, muss sich dieser Ordner im gleichen E-Mail-Konto befinden.

Sie können alternativ natürlich Nachrichten von einem Ordner eines E-Mail-Ordners aus Konto 1 in den Ordner von Konto 2 kopieren. Auch Verschieben geht. Sollte es dennoch nötig sein, müssten Sie die Mails zunächst per Regel in den Posteingang des anderen Kontos verschieben, um dann weitere Regeln anzuwenden.

> **INFO**
>
> **Eine Regel auf einen Ordner anwenden**
> Mit **Auf Ordner anwenden** können Sie im Dialog **E-Mail-Regel jetzt übernehmen** eine solche Regel auf einen ganz bestimmten Ordner anwenden. So ist es möglich, nur die Nachrichten des Posteingangs eines E-Mail-Kontos zu filtern. Mit der Vorgabe **Speicherordner** wird der Inhalt aller Ordner gefiltert.

17.7 Der richtige Umgang mit Spam- und Virenmails

Schauen Sie sich die Nachrichten, die Sie erhalten, genau an. Anhänge von unbekannten Absendern sollten Sie niemals öffnen! Auch wenn in einer angehängten Zip-Datei ein noch so tolles Spezialangebot versprochen wird.

Computerviren werden oft per E-Mail verbreitet. Einige »moderne« Viren sind sehr fies und verbergen sich vor Antivirenprogrammen. Man spricht hier von *Rootkits*. Es gibt auch *Bootkits*, die sich im Bootsektor der Festplatte verbergen.

Mit Trojanern werden Sie ausspioniert. Hackertools versuchen, Zugriff auf Ihren Rechner zu erhalten. Adware versorgt Sie mit Werbung, die Sie gar nicht angefordert haben. Das Internet ist voller zwielichtiger Anwender und Hacker, die böswillige Späße treiben. Mit wenigen Sicherheitsregeln können Sie sich vor denen schützen. Einige dieser Regeln habe ich vielleicht schon einmal in diesem Buch genannt. Ich möchte sie, da sie sehr wichtig sind, an dieser Stelle noch einmal wiederholen:

- Nutzen Sie ein Antivirenprogramm! Halten Sie dieses mit Updates immer auf dem aktuellen Stand.
- Untersuchen Sie regelmäßig Ihren Rechner auf eine Infektion mit Computerviren.
- Nutzen Sie eine Firewall.
- Öffnen Sie keine E-Mail-Anhänge von Absendern, die Sie nicht kennen. Wenn Sie dem Absender vertrauen, untersuchen Sie vor dem Öffnen die angehängte Datei mit einem Antivirenprogramm.
- Nutzen Sie einen Filter, um unerwünschte Spamnachrichten auszusortieren.
- Geben Sie nicht leichtfertig im Internet Ihre E-Mail-Adresse preis. Newsletter sollten Sie bei Bedarf einfach wieder abbestellen können.
- Nehmen Sie nicht an Internetgewinnspielen teil, oder beschränken Sie zumindest die Teilnahme auf seriöse und bekannte Anbieter. Bei vielen Gewinnspielen wird Ihre Adresse an andere weitergegeben.

Wirklich sicher sind auch seriöse Anbieter nicht. Die Datenbank von Neckermann wurde nach Angaben der Firma im Mai 2010 gehackt, und zahlreiche Kundendaten wurden gestohlen. Kreditkartendaten sind bereits abhandengekommen. Der Diebstahl von Kundendaten des Playstation-Netzwerks ging vor einer Weile ebenfalls durch die Presse.

Lassen Sie sich aber nicht »meschugge« machen. Ein kleines Restrisiko bleibt. Im Fall des Falles helfen auch eine Rechtsberatung und ein Gang zum Verbraucherschutz und zum Rechtsanwalt.

> **TIPP**
>
> **Was tun, wenn Sie zu viel Spam erhalten?**
> Bei meinem T-Online-Account bekomme ich viel zu viele Werbenachrichten: tolle Schnäppchen, die mich nicht die Bohne interessieren, und vieles mehr. Bei Freemail von Web.de sieht es noch schlimmer aus, ebenso bei Arcor. Da schaue ich schon gar nicht mehr nach. Einige Hundert Nachrichten sammeln sich an. Nur ein paar wenige interessante Newsletter sind darunter.
>
> Wenn es Ihnen genauso geht, versuchen Sie doch einmal Folgendes: Nutzen Sie einen zweiten E-Mail-Account bei einem Webmail-Anbieter. Richten Sie sich dort eine neue E-Mail-Adresse ein. Geben Sie diese E-Mail-Adresse an alle Dienste, Freunde, Portale und Newsletterversender weiter, von denen Sie auch weiterhin Nachrichten erhalten wollen. Und dann ändern Sie die E-Mail-Adresse, bei der Sie zu viel Spam bekommen. Schon gehen diese Nachrichten ins Leere. Bedenken Sie aber: Bei dieser »Holzhammermethode« vergessen Sie unter Umständen auch den einen oder anderen Kontakt. Sie müssen genau schauen, wer die neue Adresse erhalten soll und wer nicht. Nehmen Sie sich für diese Aufgabe genügend Zeit.

E-Mails im Format HTML oder Text?

HTML-E-Mails haben Vorteile: Bild- und Musikdateien, Flash-Animationen und Videos lassen sich direkt einbetten. Links in der Nachricht bringen Sie auf interessante Websites. Sie können Überschriften und Formatierungen nutzen. Eine HTML-E-Mail bietet die gleichen Gestaltungsmöglichkeiten wie eine Webseite.

In einer HTML-Nachricht können aber auch Skripte versteckt sein, die Viren und Hackertools laden. Diese Skripte können auch Adware einschleusen und Daten ausspionieren. Mit einem aktuellen Antivirenprogramm und einer Firewall können Sie das Risiko minimieren.

Eine E-Mail soll in den meisten Fällen Textinformationen enthalten. Sie schreiben etwas an einen Freund oder Kollegen. Sie tauschen sich aus, fragen dies und das und berichten von Urlaub, Hobby und Arbeit. Was auch immer. In der Regel muss eine solche Nachricht nicht aufwendig gestaltet sein. In einer E-Mail im Textformat kann nichts versteckt sein. Das ist einfach nur eine Textdatei mit einem E-Mail-Header (Kopf der Nachricht). Mit einer Textnachricht sind Sie auf der sicheren Seite. Ich empfehle Ihnen daher, im Zweifel Ihre Mails immer im Textformat zu senden.

> **INFO**
>
> **Was ist ein Header?**
> Der Header ist der Kopf einer Nachricht. Er enthält wichtige Informationen, durch die das E-Mail-Programm (der *E-Mail-Client*) und der E-Mail-Server des Providers wissen, wohin eine Nachricht gehen soll. Im Header sind der Absender enthalten sowie die Zieladresse, die Überschrift, Informationen zu einem vorhandenen Dateianhang und zur Kodierung der Nachricht.

Spamnachrichten aussortieren

Windows Live Mail erkennt einige Spamnachrichten selbständig und sortiert sie in den Junk-E-Mail-Ordner. Nachrichten, die nicht aussortiert werden, aber Spam enthalten, markieren Sie.

1 Setzen Sie die Maus auf die Nachricht, die als Spam gekennzeichnet werden soll.

2 Wählen Sie im Register **Privat > Löschen > Junk-E-Mail > Absender zur Liste blockierter Absender hinzufügen**.

Kapitel 17: Windows Mail

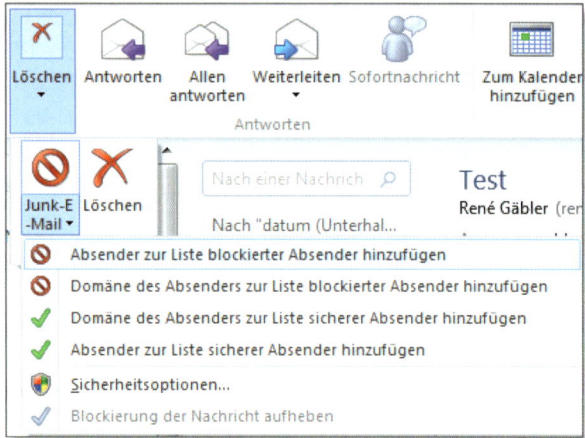

▲ **Abbildung 17.100** Der Absender einer Nachricht wird als Spamversender markiert.

Die Nachrichten von diesem Absender werden nun automatisch aussortiert. Sie können auch eine Domain als Junk-E-Mail markieren.

Öffnen Sie eine Nachricht mit einem Doppelklick, können Sie diese mit **Junk-E-Mail > Absender zur Liste blockierter Absender hinzufügen** zu selbiger hinzufügen.

E-Mail-Kennzeichnung entfernen

Es kann natürlich geschehen, dass eine Nachricht aus Versehen im Junk-E-Mail-Filter landet. Dann markieren Sie dies im Junk-E-Mail-Ordner und klicken auf die Schaltfläche **Dies ist keine Junk-E-Mail**. Über das Menü hinter dieser Schaltfläche können Sie einen Absender oder eine Domain auch als sicher markieren.

Die Sicherheitsoptionen richtig einstellen.

Wählen Sie einmal **Datei > Optionen > Sicherheitsoptionen**, und schauen Sie sich in den Registern dieses Dialogs um.

Im Dialog können Sie die Listen der sicheren und der blockierten Absender einsehen. Einzelne Einträge können Sie hier entfernen oder bei Bedarf auch hinzufügen.

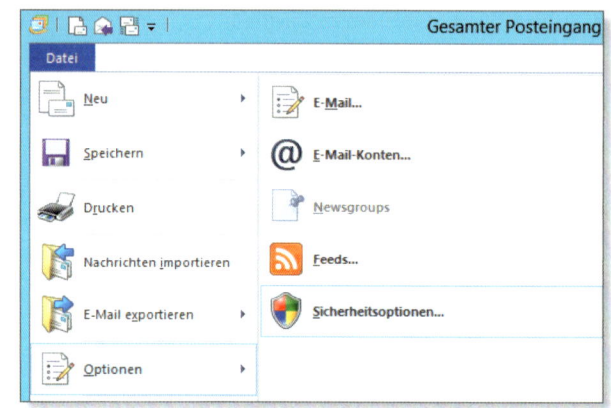

▲ **Abbildung 17.101** So öffnen Sie die Sicherheitsoptionen.

Im Register **Optionen** bestimmen Sie, wie stark der Junk-E-Mail-Schutz von Windows Live Mail ist. Folgende Optionen stehen hier zur Auswahl:

- **Keine automatische Filterung**
- **Niedrig**: Hiermit werden nur wenige Junk-E-Mails automatisch erkannt.
- **Hoch**: Die Vorgabeeinstellung. Diese Option bietet eine gute Erkennung von potentiellen Junk-E-Mails.
- **Nur sichere Absender**: Mit dieser Einstellung werden alle Nachrichten von Absendern, die nicht in der Liste der sicheren Absender vorhanden sind, in den Junk-E-Mail-Ordner verschoben. Damit werden relativ viele Nachrichten aussortiert, die keinen Spam enthalten. Sie müssen dann auch den Inhalt des Junk-E-Mail-Ordners sorgfältig in Augenschein nehmen. Diese Option ist für Firmen interessant. Sie können für einen ersten Kontakt ein Kontaktformular anbieten oder eine Service-Telefonnummer.
- **Als Junk-E-Mail identifizierte Nachrichten nicht in den Junk-E-Mail-Ordner verschieben, sondern endgültig löschen**: Diese Option ist nicht zu empfehlen, da auch die aus Versehen als Junk-E-Mail eingestuften Nachrichten automatisch gelöscht werden. Sie können hiermit den Junk-E-Mail-Ordner nicht mehr durchsehen und Korrekturen vornehmen.

17.7 Der richtige Umgang mit Spam- und Virenmails

- **Junk-E-Mail bei Microsoft und Partnern melden**: Na ja. Hier steht »empfohlen«. Was Microsoft mit den Daten macht, ist mir leider nicht bekannt. Entscheiden Sie selbst.

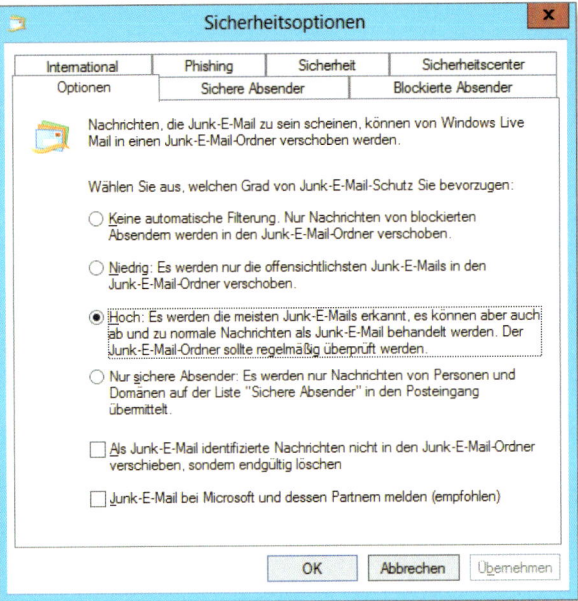

▲ **Abbildung 17.102** Die vom Programm bereits voreingestellte Option ist eine sehr gute Wahl.

Übrigens: Unter **Sicherheit** finden Sie eine Option, mit der eine sichere Internetzone gewählt wird.

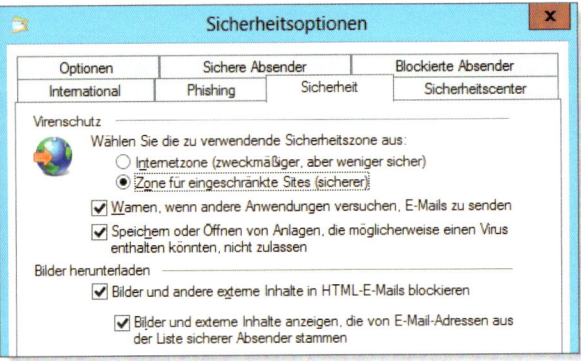

▲ **Abbildung 17.103** Windows Live Mail macht es Hackern und anderen zwielichtigen Gestalten schwer. Gut so!

Hier wird auch verhindert, dass Nachrichtenanhänge gespeichert werden, die Viren enthalten können. Bilder und externe Inhalte werden mit einer weiteren Option blockiert. Nur wenn sie von Absendern kommen, die in der Liste der sicheren Absender enthalten sind, werden sie angezeigt. Tragen Sie Ihre Freunde in diese Liste ein, so können Sie mit ihnen auch Urlaubsbilder und andere Fotos hin und her mailen.

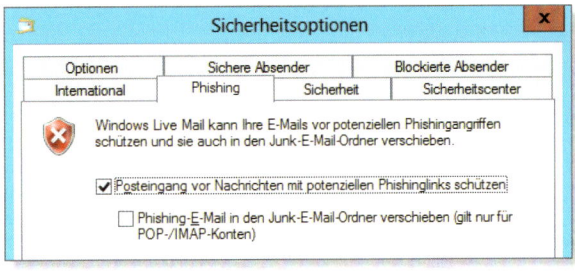

▲ **Abbildung 17.104** Windows Live Mail schützt Sie vor Phishingnachrichten.

Was ist eine Phishing-E-Mail, und wie geht man damit um?

In einer Phishingnachricht werden Sie nach Anmeldedaten, Passwörtern, Adressdaten oder Kontoinformationen gefragt. Seriöse Anbieter fragen diese Daten nicht per E-Mail oder auf Websites ab, auf denen Sie eigentlich nichts zu suchen haben. Die beste und einzig richtige Möglichkeit, auf eine solche Nachricht zu reagieren, ist, sie zu ignorieren.

Sind Sie sich nicht sicher, rufen Sie die Servicenummer des Anbieters an – allerdings nicht die, die in der Nachricht steht. Sofern Sie in der verdächtigen Nachricht eine Telefonnummer oder eine Website zur Information finden, ist diese möglicherweise gefälscht. Stammt die Nachricht also z. B. von Ihrer Bank, suchen Sie die Service-Nummer der Bank heraus. Antworten Sie auch auf keinen Fall auf die Mail. Übrigens lässt sich auch am Absender oft schon erkennen, ob er unseriös ist.

Windows Live Mail besitzt eine Sicherheitsoption, die mögliche Phishingnachrichten automatisch findet und aussortiert. Diese Option ist per Vorgabe angeschaltet. Sie finden sie in den **Sicherheitsoptionen** im Register **Phishing**.

17.8 Termine mit Windows Live Mail erfassen

Windows Live Mail enthält mehrere Programmmodule. Das Modul für die Verwaltung von E-Mails und das Adressbuch kennen Sie bereits. Außerdem gibt es ein Modul für den Umgang mit Feeds, eines für News und einen Kalender.

Ein erster Blick auf den Kalender

Wechseln Sie über das Menü in den Kalender. In der Multifunktionsleiste ❶ können Sie eine Ansicht wählen. Wechseln Sie einmal zur Monatsansicht ❷.

Deutsche Feiertage sind bereits markiert. Daneben werden die Geburtstage Ihrer Kontakte und ein persönlicher Kalender angezeigt. Alles in allem zeigt sich der Kalender von Windows Live Mail aufgeräumt und übersichtlich.

So erstellen Sie einen Termin im Kalender von Windows Live Mail

1 Markieren Sie im Kalender den Tag, für den ein Termin erstellt werden soll.

2 Klicken Sie in der Multifunktionsleiste auf **Ereignis**.

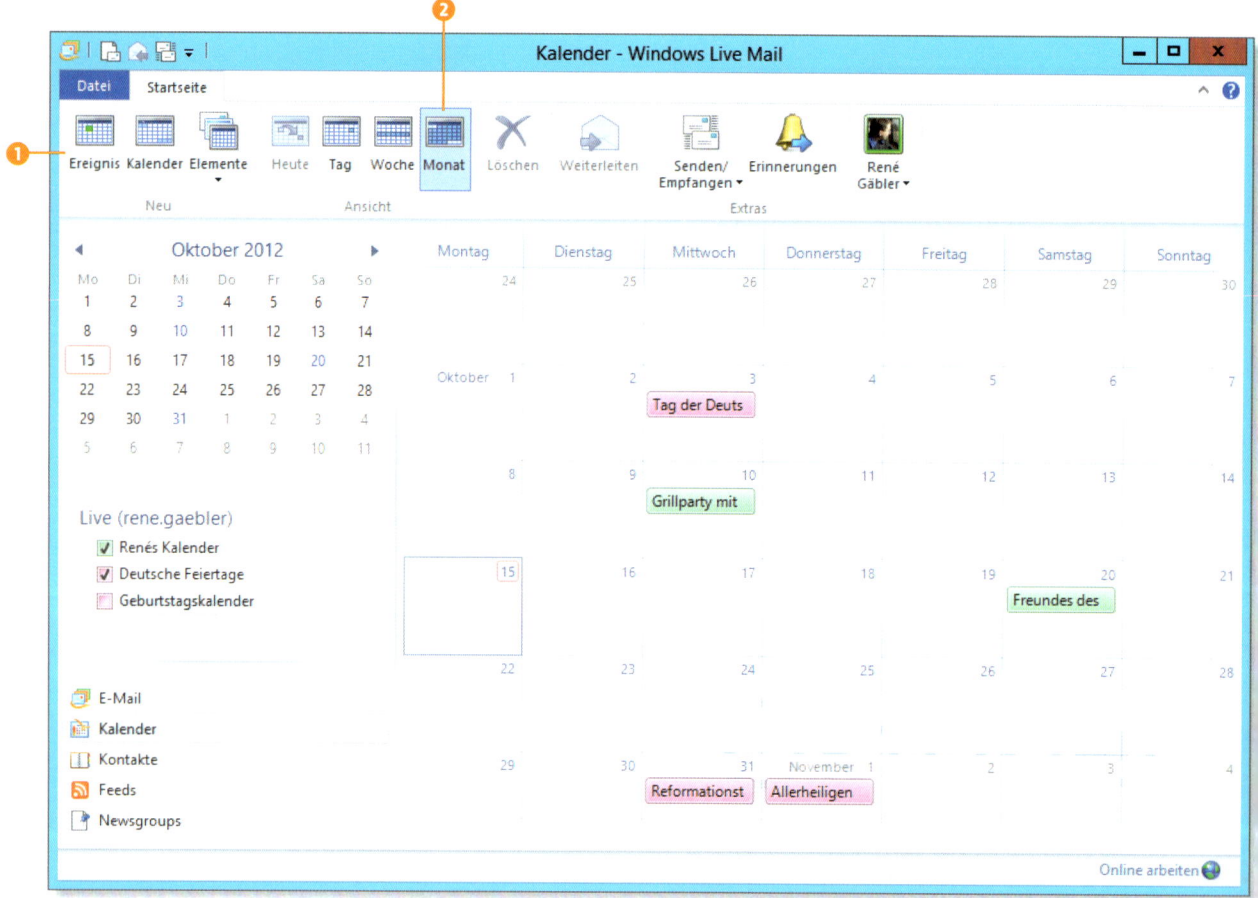

▲ **Abbildung 17.105** Der Kalender von Windows Live Mail ist einfach und übersichtlich gehalten. Wichtige Feiertage sind bereits eingetragen. In der Multifunktionsleiste ❶ wählen Sie eine der möglichen Ansichten.

17.8 Termine mit Windows Live Mail erfassen

3 Das Fenster **Neues Ereignis** klappt auf. Hier können Sie Datum, Start- und Endzeit bei Bedarf noch korrigieren. Geben Sie dem Ereignis in der Zeile **Betreff** eine passende, kurze und umschreibende Überschrift. Wenn Sie möchten, ergänzen Sie einen Ort. Geben Sie im großen Eingabefeld des Dialogs eine Beschreibung des Ereignisses ein. Bestätigen Sie mit **Speichern und schließen**.

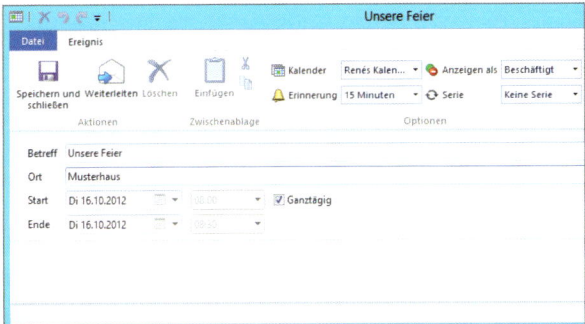

▲ *Abbildung 17.106 Ein Ereignis wird erstellt.*

Das erstellte Ereignis wird im Kalender angezeigt.

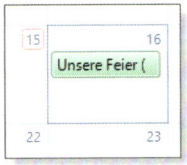

▲ *Abbildung 17.107 Das Ereignis im Kalender*

So erstellen Sie eine Ereigniswiederholung

Einige Ereignisse tauchen immer wieder einmal auf, z. B. das Kartenspiel in der Runde der Freunde oder die Vereinstreffen. Sie müssen hier nicht das Ereignis mehrfach erstellen. Windows Live Mail bietet dafür eine einfachere Lösung an:

1 Gehen Sie so vor wie beim Erstellen eines einfachen Ereignisses.

2 Über das Listenfeld **Serie** wählen Sie, ob das Ereignis täglich, an jedem Wochentag, alle zwei Wochen oder jährlich auftritt. Mit **Jährlich** tragen Sie zum Beispiel Geburtstage ein. Wählen Sie bitte in diesem Beispiel **Benutzerdefiniert**.

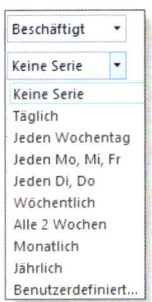

▲ *Abbildung 17.108 Ein mehrfach auftretendes Ereignis wird erstellt.*

3 Wählen Sie nun im Dialog, wann das Ereignis auftritt: **Täglich**, **Wöchentlich**, **Monatlich** oder **Jährlich**. Bestimmen Sie, an welchem Datum es stattfindet. Tragen Sie im unteren Bereich des Dialogs ein, ob der Termin irgendwann nicht mehr wiederholt wird. Das ist bei einigen Projekten, die beispielsweise drei Wochen lang laufen, die richtige Wahl. Bestätigen Sie abschließend mit **OK**.

▲ *Abbildung 17.109 Nun habe ich dafür gesorgt, dass mein Geburtstag jedes Jahr im Kalender auftaucht.*

4 Ergänzen Sie, wie beim Erstellen eines einfachen Termins, eine Überschrift und die Beschreibung des Termins. Beenden Sie die Eingabe mit **Speichern und schließen**.

Jemanden per E-Mail zu einem Termin einladen

Die meisten Termine macht man mit anderen Menschen. Man hat ein Meeting oder trifft sich privat zu Unternehmungen. Das heißt, Sie wollen nicht nur einen Termin festlegen, sondern gleichzeitig auch jemanden darüber in Kenntnis setzen, ihn vielleicht einladen. Sie müssen nicht beides getrennt tun, Sie können direkt aus dem Kalender heraus Einladungen versenden. Möchten Sie einen Termin jemandem mitteilen, gehen Sie wie folgt vor:

1 Markieren Sie zunächst das Ereignis im Kalender.

2 Wählen Sie in der Multifunktionsleiste **Weiterleiten**.

ᴧ *Abbildung 17.110 Ein Mausklick auf diese Schaltfläche genügt, und ein Termin wird per E-Mail versandt.*

3 Tragen Sie die E-Mail-Adresse des Empfängers ein. Sie können sie auch dem Ordner **Kontakte** entnehmen. Wenn Sie möchten, ergänzen Sie noch etwas.

4 Klicken Sie auf **Senden**.

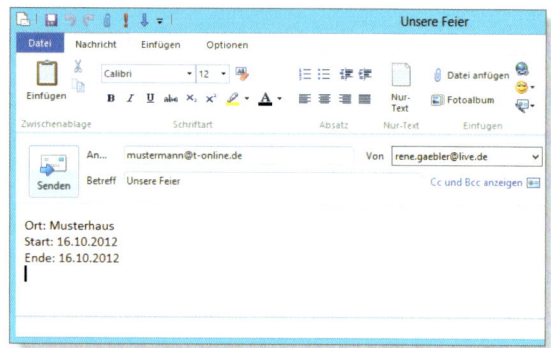

ᴧ *Abbildung 17.113 Der Termin wird nicht etwa als Anhang gesendet, sondern in Form von Text in eine E-Mail eingetragen.*

Kapitel 18
FTP mit Windows 8

Sie haben eine Website im Internet? Einen kleinen oder einen großen Webspace bei einem Provider? Dann müssen Sie auf irgendeine Weise die Daten Ihrer Website, die einzelnen HTML-Seiten und Multimediadateien in das Internet übertragen. Das können Sie mit FTP tun.

Mit FTP können Sie Daten schneller durch das Netz schicken als über den Browser. Wollen Sie größere Dateimengen verschicken, ist es sinnvoll, sich mit dieser Technik zu befassen.

18.1 Datenübertragung leichtgemacht – FTP im Einsatz

Brauchen Sie eigentlich FTP? Diese Frage kann ich nicht mit Sicherheit beantworten. Es kann durchaus sein, dass Sie mit FTP nicht in Kontakt kommen. Sofern Sie jedoch beabsichtigen, eine Website bei einem Provider zu erstellen, macht FTP Ihnen das Leben ein wenig leichter. Vielleicht sind Sie auch neugierig auf einen der Downloadserver, auf denen Sie verschiedene Anwendungsprogramme, Spiele, Demos, Werkzeuge und Treiber finden.

Was ist eigentlich FTP?

FTP steht für *File Transfer Protocol*. Es bezeichnet ein standardisiertes Netzwerk-Übertragungsprotokoll, mit dem Daten von A nach B versandt werden. Neben dem Übertragen von Dateien können Sie auch Dateieigenschaften verändern. Sie können Ordner erstellen, die Bezeichnungen von Dateien verändern und Dateien auf dem Server löschen.

Professionelle Webdesigner greifen oft zu einer CMS-Lösung. CMS steht für *Content Management System*. Ein solches CMS ist zum Beispiel *Joomla!* (*http://www.joomla.de*). Das Einpflegen von neuen Textinhalten ist hier sehr einfach, ebenso das Erweitern der Funktionen einer solchen Website und der Umgang mit Multimediainhalten. Was hat das mit FTP zu tun?

Ganz einfach: Bevor ein CMS verwendet werden kann, müssen die Installationsdateien auf den Webserver übertragen werden. Das geschieht mit einem FTP-Client. Das Gleiche wird gemacht, wenn Erweiterungen zum Einsatz kommen.

Selbst die Textdateien, die ich für dieses Buch erstellt habe, habe ich mit einem kleinen FTP-Programm an den Verlag übertragen. Der Projektleiter schaut sie durch, korrigiert und kommentiert sie. Auch die Korrekturen lädt der Projektleiter per FTP auf den Server.

Eine FTP-Verbindung mit dem Internet Explorer aufnehmen

Es ist nicht unbedingt ein spezielles FTP-Programm notwendig. Sie können auch den Internet Explorer oder einen Dateimanager verwenden. In Browsern und Windows-Dateimanagern ist das Protokoll bereits integriert – so eben auch im Internet Explorer von Microsoft.

Einen FTP-Server erkennen Sie an seiner Adresse. Sie beginnt mit *ftp://*.

Als Beispiel verwende ich einmal den FTP-Server von Microsoft. Geben Sie in der Adresszeile »ftp.microsoft.com« ein. Es dauert nur einen kurzen Augenblick, und Sie sehen die Verzeichnisstruktur des FTP-Servers im Browser.

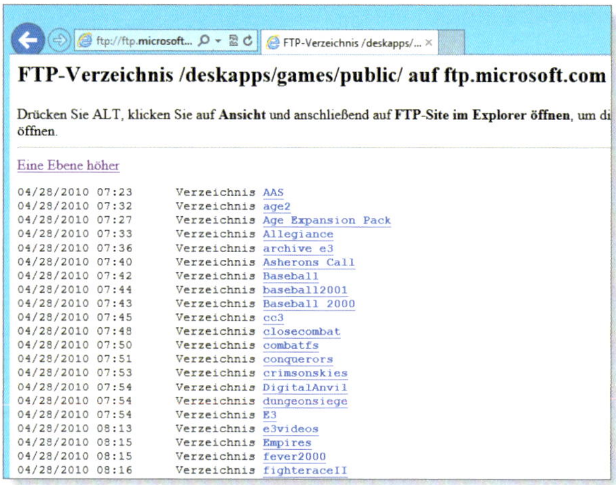

▲ *Abbildung 18.1 Mit einem Webbrowser ist der Zugang zu einem FTP-Server sehr schnell realisiert.*

Beachten Sie bitte: die komplette Adresse des Microsoft-FTP-Servers lautet: *ftp://ftp.microsoft.com*. Diese Adresse lässt sich bei Bedarf erweitern und so ein Unterverzeichnis direkt ansteuern. So gelangen Sie mit *ftp://ftp.microsoft.com/deskapps/games/public* in ein Verzeichnis mit Bildern, Videos und anderen Informationen zu Spielen.

Sofern Sie einen Anmeldenamen und einen Passwort angeben müssen, wird dieser in einem kleinen Dialogfenster abgefragt.

Denken Sie bitte daran: Ein FTP-Server ist keine Sicherheit für vertrauenswürdige Programme. Auch hier können sich Trojaner, Phishing-Tools und andere Schadprogramme einschleichen. Verwenden Sie auf jeden Fall eine Firewall und ein aktuell gehaltenes Antivirenprogramm.

FTP mit dem Freeware-Dateimanager FreeCommander

Mit dem kostenlosen Windows-Dateimanager *FreeCommander* können Sie auch eine Verbindung zu einem FTP-Server aufnehmen. Möchten Sie diese Möglichkeit nutzen, gehen Sie wie folgt vor:

1 In der Symbolleiste des Freeware-Dateimanagers FreeCommander finden Sie ein kleines FTP-Symbol ❶. Klicken Sie darauf.

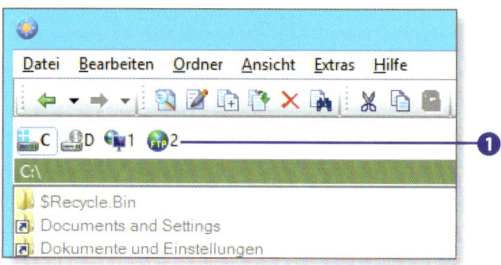

▲ *Abbildung 18.2 Eine kleine Schaltfläche ermöglicht das Aufnehmen einer FTP-Verbindung.*

2 Sie sehen nun den Eintrag **Neue FTP-Verbindung**. Doppelklicken Sie darauf.

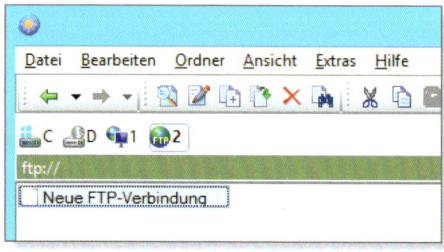

▲ *Abbildung 18.3 Der Weg bis zur heruntergeladenen Datei ist mit FreeCommander etwas umständlich.*

Hier sehen Sie die Funktion zum Erstellen einer neuen FTP-Verbindung in einer vergrößerten Abbildung.

3 Nun erscheint ein Dialogfenster. Geben Sie einen Namen für die neue FTP-Verbindung ein. Tragen Sie die Adresse des Servers und, sofern notwendig, die Zugangsdaten ein. Bestätigen Sie danach durch Klicken auf **OK**.

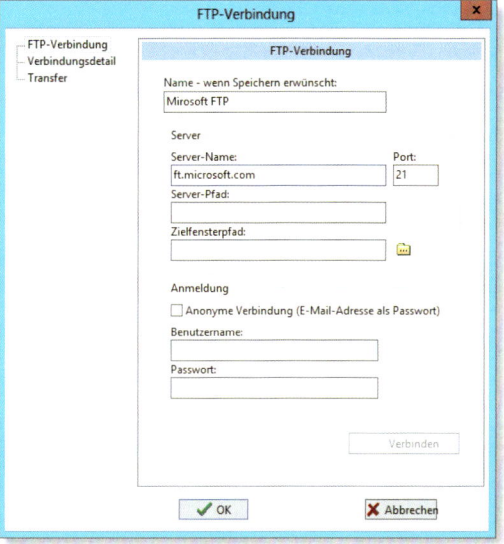

▲ *Abbildung 18.4 Tragen Sie die Verbindung ein. Sie kann so leicht wiederhergestellt werden.*

4 Die Verbindung erscheint im linken Fenster des Dateimanagers. Doppelklicken Sie darauf, um sie zu benutzen.

5 Die Verbindung wird aufgenommen, und Sie sehen im linken Fenster den Inhalt des FTP-Ordners. Rechts sehen Sie die Ordnerstruktur Ihres Rechners. Wählen Sie auf der linken Seite den Ordner, in dem sich die herunterzuladende Datei befindet. Markieren Sie diese.

▲ *Abbildung 18.5 Der Benutzername »anonymous« wird für viele FTP-Server verwendet.*

6 Öffnen Sie mit der rechten Maustaste das Kontextmenü, und wählen Sie **Kopieren**. In einem Dialog wählen Sie nun den Zielordner. Klicken Sie auf **OK**. Klicken Sie im nächsten Fenster auf **Starten**. Die Übertragung der ausgewählten Datei wird gestartet. Mit einem Fortschrittsbalken können Sie verfolgen, wie weit der Download bereits ist.

18.2 Eine gute Alternative: FileZilla

Das Open-Source-Programm *FileZilla* wird ständig weiterentwickelt. Mit diesem FTP-Client erhalten Sie einen einfachen Zugang auf einen FTP-Server. Sie müssen dafür nur wenige Daten eingeben. Diese Zugangsdaten sind die gleichen wie beim Zugriff mit einem Webbrowser oder dem Dateimanager.

FileZilla herunterladen und installieren

Bevor Sie FileZilla nutzen können, müssen Sie das Programm auf Ihren Rechner laden und installieren. Die kostenlose Variante des FTP-Clients ist etwas versteckt. Sie finden sie auf vielen Downloadseiten, wo es auch andere gute Windows-Programme gibt. Achten Sie darauf, dass Sie den Originaldownload verwenden oder das Programm von einem seriösen FTP- oder Webserver beziehen. FileZilla ist kostenlos.

1 Geben Sie in Ihrem Browser die Adresse *http://www.filezilla.de* ein. Klicken Sie auf **Hier downloaden** ❷.

▲ *Abbildung 18.6 Das Freeware-FTP-Programm finden Sie auf einer eigenen Projektseite.*

2 In einer Tabelle werden alle verfügbaren Versionen aufgelistet. Entscheiden Sie sich für die aktuelle Windows-Version. Laden Sie sie mit **FileZilla v3.x.x.x hier downloaden** auf Ihren Rechner.

3 Nach wenigen Sekunden startet der Download. Der Internet Explorer fragt Sie, was Sie tun wollen. Beantworten Sie die Frage mit **Ausführen**. So wird das Programm auf Ihren Rechner geladen und der Installationsassistent sofort gestartet.

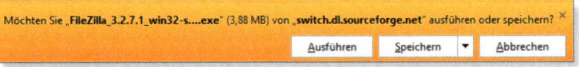

▲ **Abbildung 18.7** *Bestätigen Sie, dass Sie FileZilla speichern oder ausführen wollen.*

4 Das Programm ist nicht besonders groß. Es kommt daher sehr schnell auf Ihrem Rechner an. Bestätigen Sie die Meldung der Benutzerkontensteuerung. Im ersten Dialog des Installationsassistenten bestätigen Sie den Lizenztext. Mit **Next** gelangen Sie jeweils in den nächsten Dialog.

5 Legen Sie fest, ob jeder Anwender des Rechners das Programm nutzen kann oder nur Sie. Im Beispiel entscheide ich mich für **Anyone who uses this computer (all users)**.

6 Zu den bereits ausgewählten Komponenten **Icon sets**, **Language files** und **Shell Extension** wählen Sie noch **Desktop Icon** hinzu.

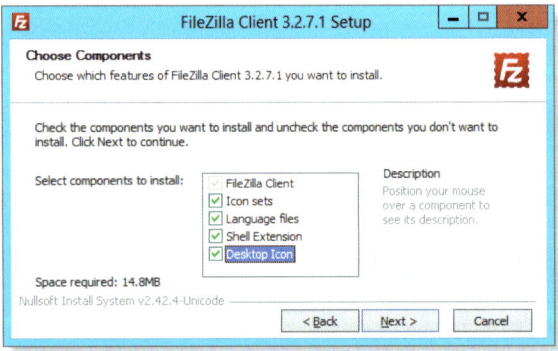

▲ **Abbildung 18.8** *Übernehmen Sie die vorausgewählten Komponenten, fügen Sie aber noch das Desktop-Icons hinzu.*

7 Im nächsten Dialog legen Sie den Installationsordner fest. Bestätigen Sie die Vorgabe, oder wählen Sie mit **Browse** einen anderen Ordner. Bestätigen Sie im nächsten Dialog die Zusammenfassung. Das Programm wird installiert. Verlassen Sie anschließend den Dialog mit **Finish**.

FileZilla verwenden

Wählen Sie die Kachel von FileZilla auf dem Startbildschirm oder das Desktopsymbol **FileZilla Client** auf dem klassischen Desktop.

Nach dem Start sucht das Programm nach Updates. Ist eine aktuelle Version verfügbar, laden Sie sie mit einem Assistenten auf Ihren Rechner. Nach dem Download startet die Installation automatisch. Bestätigen Sie die Meldungen der Benutzerkontensteuerung und die des Installationsassistenten.

Das Fenster des FTP-Programms ist zweigeteilt. Links stellen Sie das Verzeichnis auf Ihrem Rechner ein, von dem Daten übertragen werden sollen oder in das Daten übertragen werden sollen. Auf der rechten Seite wählen Sie das Verzeichnis vom FTP-Server.

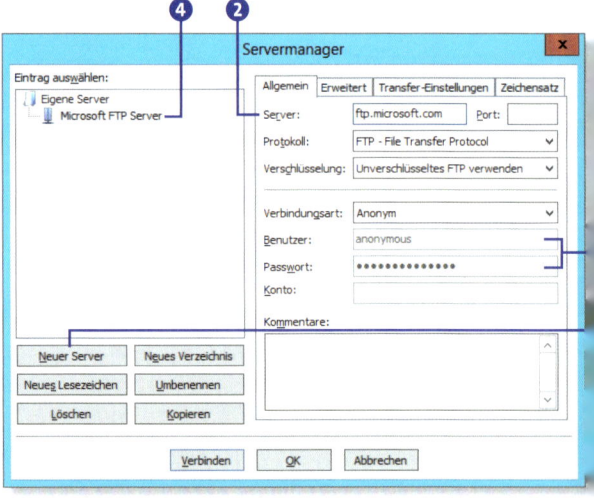

▲ **Abbildung 18.9** *Für den Zugang zu einem FTP-Server sind einige Daten notwendig.*

Stellen Sie zuerst den FTP-Server ein.

18.2 Eine gute Alternative: FileZilla

1 Wählen Sie **Datei > Servermanager**.

2 Der Dialog ist noch leer. Klicken Sie auf die Schaltfläche **Neuer Server** ❶.

3 Tragen Sie die Adresse des Servers ❷ und die Zugangsdaten ein ❸. Links geben Sie einen Namen für den Server ein ❹.

Wählen Sie einzelne Dateien aus, oder markieren Sie mehrere. Ziehen Sie sie dann vom FTP-Server auf Ihren Rechner.

Genauso laden Sie Dateien von Ihrem Rechner auf den FTP-Server hoch. Hier markieren Sie die Dateien und wählen rechts das Zielverzeichnis. Ziehen Sie dann die Datei auf den FTP-Server.

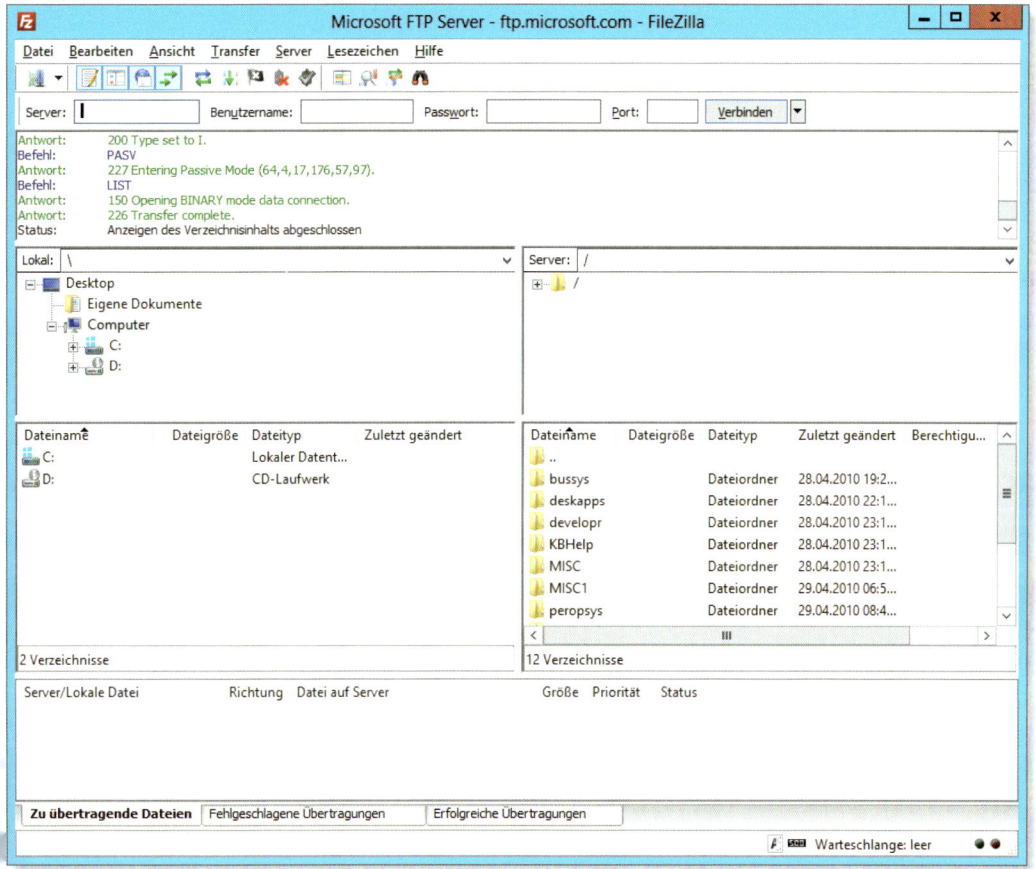

▲ *Abbildung 18.10 Im Beispiel werden die Ordner und Dateien auf dem FTP-Server rechts angezeigt*

Teil V
Multimedia und Zubehör

Kapitel 19
Bilder und Videos

Zu den wichtigsten Eigenschaften eines PCs gehört es, Programme und Tools bereitzustellen, mit denen der Anwender seine Urlaubs- und Hobbyfotos anschauen und verwalten kann. Windows 8 bietet bereits einige integrierte Funktionen, mit denen Sie Bilddateien suchen und betrachten können.

In diesem Kapitel zeige ich Ihnen, wie Sie mit dem Dateimanager von Windows 8 Bilddateien anzeigen und die Größe des Vorschaubildes ganz an Ihre Wünsche anpassen können. Sie erfahren, wie Sie die Dateierweiterung einblenden. So sehen Sie auf einen Blick im Windows-Explorer, um welchen Bilddateityp es sich handelt. Ich zeige Ihnen, wie Sie nach einem Bild suchen. Sie müssen dabei keine Menüfunktion aufrufen und sich auch nicht durch einen Dialog oder Assistenten klicken. Ein bestimmtes Bild ist auch in einer großen Bildersammlung schnell gefunden.

Im zweiten Teil dieses Kapitels stelle ich Ihnen die *Windows-Fotoanzeige* vor. Das kleine Programm, das zu Windows 8 gehört, zeigt schnell per Mausklick eine Bilddatei an. Sie erfahren, wie Sie mehrere Bilder anschauen, die sich in einem Ordner befinden. Ich zeige Ihnen auch, wie Sie durch diese Bilddateien navigieren und sie in einer Slideshow bewundern. Sie lesen, wie Sie Bilder direkt aus dem Programm heraus drucken und per E-Mail versenden können. Das Kapitel schließt mit einer kleinen Liste von alternativen Bildbetrachtungsprogrammen.

In zwei weiteren Abschnitten lernen Sie die Möglichkeiten der Windows-8-Foto-App, der Kamera-App und von *Ashampoo Image FX* kennen. Beide Apps bieten sehr eingeschränkte Möglichkeiten. Sie eignen sich jedoch sehr gut, um schnell ein Foto anzuschauen, durch einen Ordner zu blättern und um die Kamera zu nutzen.

Kreative Anwender werden sich über das Programm *Paint* freuen. Mit diesem einfachen Zeichenprogramm erstellen Sie schnell kleine Kunstwerke. Ich stelle Ihnen die wichtigsten Zeichenwerkzeuge vor und verrate Ihnen, welche Möglichkeiten Sie mit Paint haben. Das Programm ist sicher kein *Corel Draw*, aber es liegt dem Betriebssystem bei und bietet alles, was man für das Zeichnen kleiner Bilder so braucht.

Um eine Fotosammlung zu organisieren und die mit der eigenen Digitalkamera aufgenommenen Fotos zu verbessern, finden Sie leider kein Programm. Das ist jedoch nicht weiter schlimm. Das Gratispaket von *Microsoft Windows Live* enthält mit der *Windows Live Fotogalerie* das richtige Programm. Mit diesem lassen sich sowohl kleine wie auch große Bildersammlungen sehr gut organisieren und verwalten. Ich stelle Ihnen dieses Programm vor und zeige Ihnen, wie Sie eine Bilddatei mit den verschiedenen Bildbearbeitungsfunktionen retuschieren. So können Sie schnell Bildfehler entfernen, aber auch unnötige Bildelemente »aus dem Bild« nehmen. Sie lernen das Zuschneidewerkzeug und die verschiedenen Filter kennen, mit denen Sie das Bild verfremden und so in etwas ganz anderes verwandeln können.

Kapitel 19: Bilder und Videos

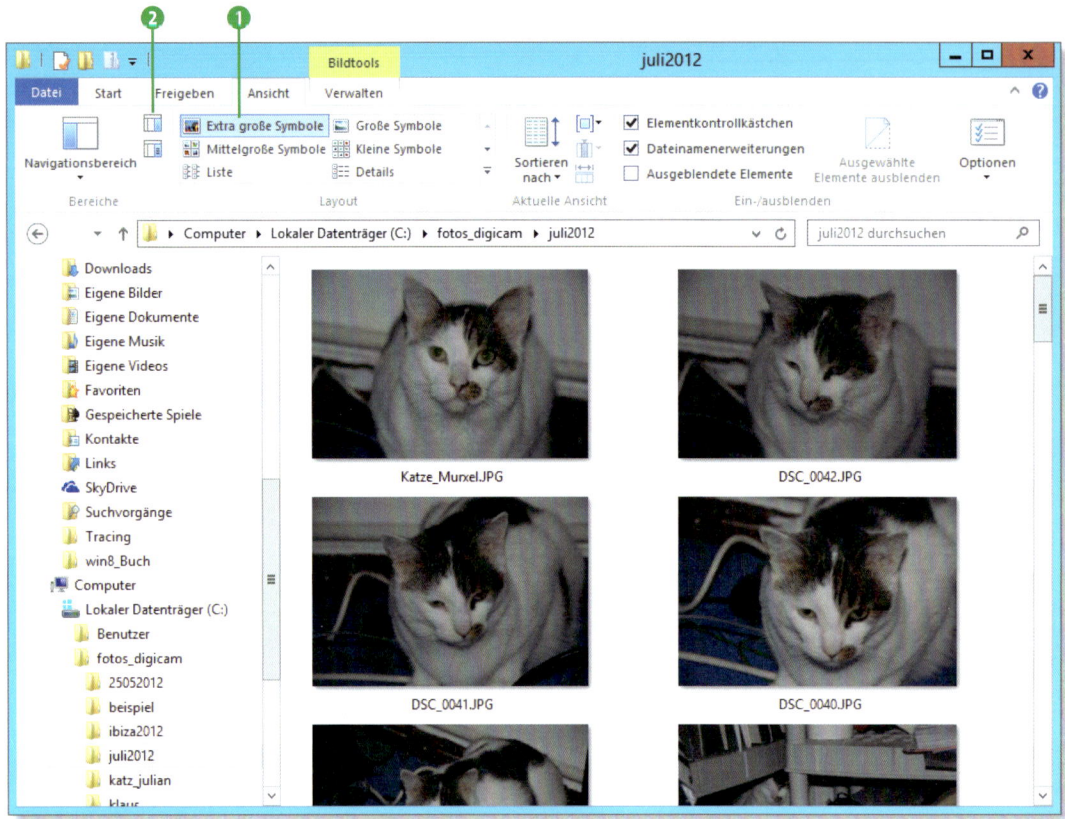

▲ **Abbildung 19.1** Der Windows-Explorer zeigt Ihre Bilddateien in Form von Vorschaubildern an. So verschaffen Sie sich bereits einen ersten Überblick über die Inhalte eines Ordners. Klicken Sie auf ein Bild, wird es vergrößert im Vorschaubereich angezeigt.

Sie lernen auch das Videobearbeitungsprogramm *Windows Live Movie Maker* kennen. Es ist ideal, um Urlaubsvideos zu bearbeiten. Sie können mehrere Filmdateien zu einem kleinen Film zusammensetzen und auf YouTube und Co. veröffentlichen. An einem kleinen Beispiel zeige ich Ihnen, wie Sie dabei vorgehen. Sie erfahren, wie Sie einen Filmtitel hinzufügen, wie Sie dafür sorgen, dass eine Musikdatei das Video untermalt, und wie Sie Überblendeffekte schnell einfügen.

19.1 Bilder finden und verwalten

Im Windows-Explorer (siehe Abbildung 19.1) finden Sie eine Reihe von Funktionen, mit denen Sie Ihre Bilddateien suchen, verwalten und anzeigen lassen können. Einige davon möchte ich Ihnen vorstellen.

Wählen Sie die richtige Vorschaugröße für Ihre Bilddateien

1 Öffnen Sie im Windows-Explorer das Register **Ansicht**. Wählen Sie eine der möglichen Symbolgrößen. Mit **Extra große Symbole** ❶ sehen Sie die Vorschaubilder in der höchstmöglichen Vergrößerung. So können Sie bereits bei den Vorschaubildern genau sehen, welche Inhalte die Bilder haben. Für diese Option entscheide ich mich bei diesem Beispiel. Im Register »Ansicht« wählen Sie die Anzeige von Bilddateien mit Vorschaubildern aus.

19.1 Bilder finden und verwalten

2 Schalten Sie die Anzeige des **Vorschaufensters** an ❷.

3 Die Größe des Vorschaufensters hängt von der Größe des Vorschaubereichs ab. Sie sehen zwischen dem Dateibereich und dem Vorschaubereich zwei senkrechte graue Linien. Hier bewegen Sie auch den Anfasser, um nach oben und unten zu scrollen. Führen Sie die Maus darauf, bis sich der Mauscursor in einen Doppelpfeil verwandelt. Drücken Sie die linke Maustaste. Halten Sie die Taste gedrückt. Bewegen Sie die Maus nach links. Der Vorschaubereich vergrößert sich. Auch die Größe der angezeigten Vorschaubilder nimmt zu. Ziehen Sie die graue Markierungslinie bis zu einem Punkt, an dem die Größe der Vorschaubilder Ihnen zusagt.

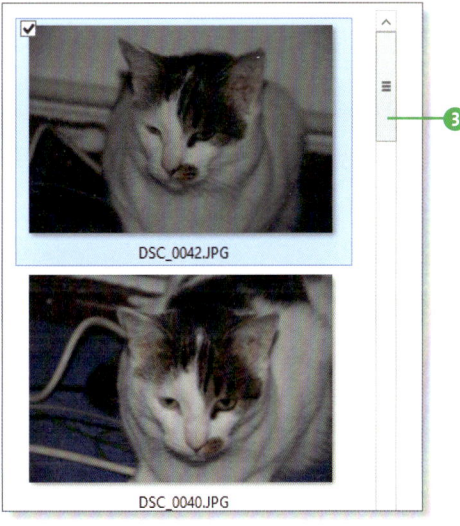

▲ *Abbildung 19.2 Über diese Linie* ❸ *können Sie den Vorschaubereich vergrößern.*

Mit der Vorschaugröße **Große Symbole** sind die Bildinhalte auch noch sehr gut zu erkennen. Sie sehen mehr Bilder auf einer Seite des Dateimanagers. Für mehr verwenden Sie die Vorschau im Dateimanager.

So sehen Sie, um welchen Bildtyp es sich handelt

Der Ansichtstyp **Details** zeigt Ihnen nur den Namen der Dateien eines Ordners, nicht aber die Dateierweiterung. Um dies zu ändern, gehen Sie wie folgt vor:

1 Wechseln Sie in das Register **Ansicht**.

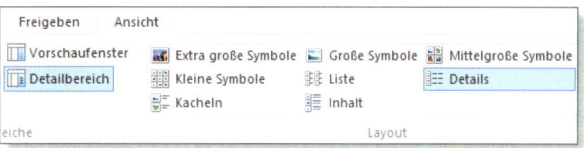

▲ *Abbildung 19.3 Das Register »Ansicht«*

2 Schalten Sie anschließend die Option **Dateinamenerweiterungen** an.

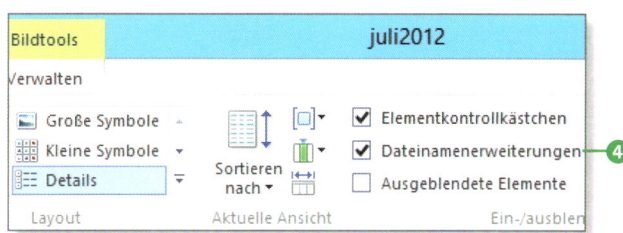

▲ *Abbildung 19.4 Ein Häkchen in einem Optionsfeld* ❹ *genügt, und die Erweiterungen werden sichtbar.*

3 Öffnen Sie das Listenfeld **Optionen** im gleichen Register. Wählen Sie **Ordner- und Suchoptionen ändern**.

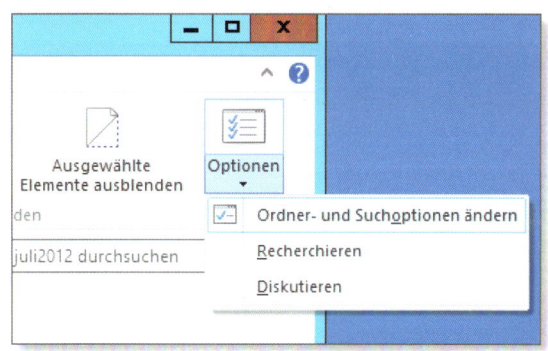

▲ *Abbildung 19.5 Um die Einstellungen für alle Ordner zu übernehmen, müssen Sie einen Dialog öffnen.*

4 Wechseln Sie in das Register **Ansicht** ❶ (siehe Abbildung 19.6). Klicken Sie auf die Schaltfläche **Für Ordner übernehmen** ❷. So wird Ihre neue Einstellung für alle Ordner verwendet und nicht nur für den geöffneten.

Kapitel 19: Bilder und Videos

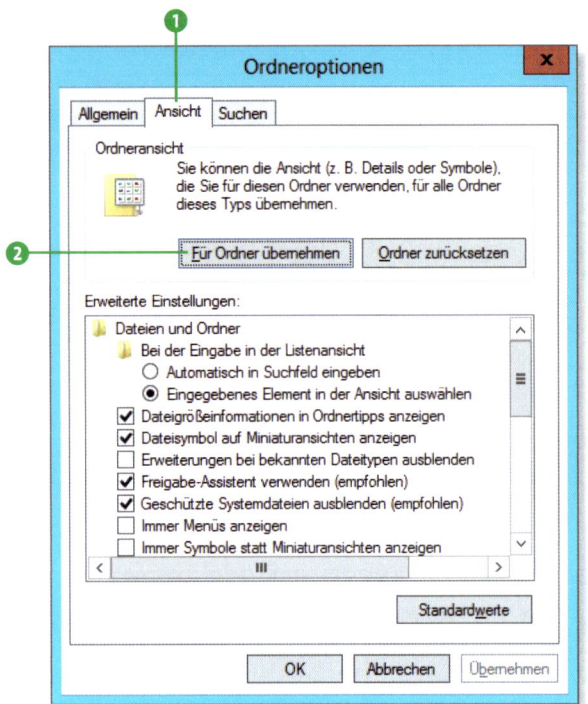

▲ **Abbildung 19.6** *Die Änderung soll für alle Ordner gelten.*

5 Windows 8 fragt Sie, ob Sie die Aktion wirklich für alle Ordner durchführen wollen. Bestätigen Sie mit **Ja**. Schließen Sie den Dialog mit **OK**.

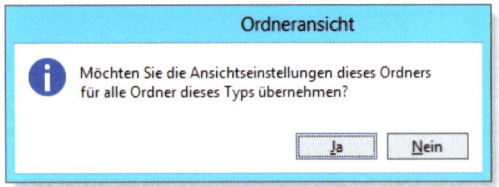

▲ **Abbildung 19.7** *Windows 8 fragt, ob die Einstellungen tatsächlich vorgenommen werden sollen.*

Eine Schaltfläche und eine Sicherheitsfrage sorgen dafür, dass die Einstellungen in allen Ordnern gelten.

Der Dateiname nebst der Dateiendung wird nun auch in anderen Ansichtsmodi angezeigt. Sie müssen dazu nicht den Modus **Liste** oder **Details** verwenden.

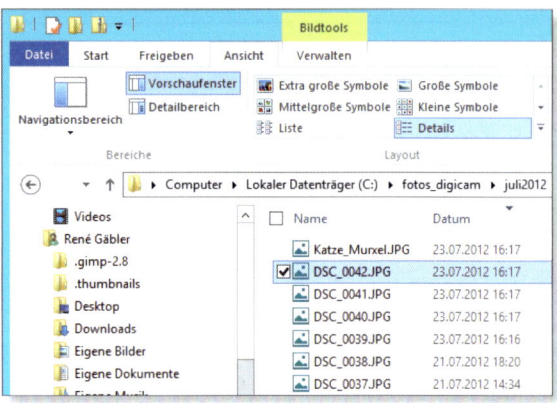

▲ **Abbildung 19.8** *Die Dateierweiterungen sind nun im Windows-Explorer sichtbar.*

Den Detailbereich verwenden

Der Detailbereich verrät viele interessante Informationen zu einer markierten Bilddatei. Sie können die Größe der Datei und ihre Abmessungen sehen. Haben Sie die betrachteten Fotos mit einer Digitalkamera aufgenommen, sind viele weitere Informationen im Detailbereich ablesbar. Sie sehen dann den Namen der verwendeten Kamera, die genutzte Blende bei der Aufnahme, die Belichtungszeit, die Brennweite und einiges mehr. Den Detailbereich schalten Sie im Register **Ansicht** an.

▲ **Abbildung 19.9** *Der Detailbereich verrät viel zu einer Bilddatei.*

19.1 Bilder finden und verwalten

Bilddateien im Windows-Explorer sortieren

In der Vorgabeeinstellung werden die Bilddateien nach dem Datum der letzten Bearbeitung in absteigender Reihenfolge sortiert. Öffnen Sie das Listenfeld **Sortieren nach**, um eine andere Sortierung auszuwählen.

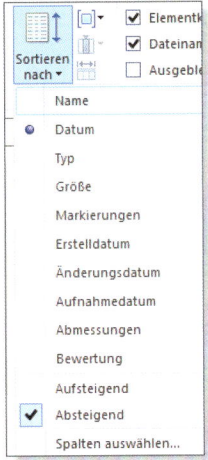

▲ **Abbildung 19.10** Der Windows-Explorer sortiert Bilddateien nach dem Datum der Datei.

Bilddateien suchen

Um Bilddateien zu suchen, geben Sie den Dateinamen in das Suchfeld des Windows-Explorers ein. Bestätigen Sie mit ⏎. Es dauert einen Augenblick, dann werden passende Treffer im Dateimanager angezeigt.

Es genügt, einen Teil des gesuchten Begriffes einzugeben. Sie müssen nicht den kompletten Dateinamen in das Suchfeld eintragen.

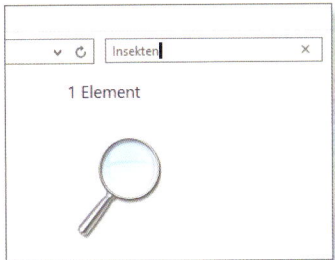

▲ **Abbildung 19.11** Um eine Bilddatei zu suchen, geben Sie den Dateinamen im Suchfeld ein.

Die Suche können Sie im Register **Suchtools** speichern. Hier finden Sie auch Funktionen, mit der Sie die Suche eingrenzen können. Geben Sie etwa bestimmte Eigenschaften der Datei an, zum Beispiel deren Größe oder das Änderungsdatum.

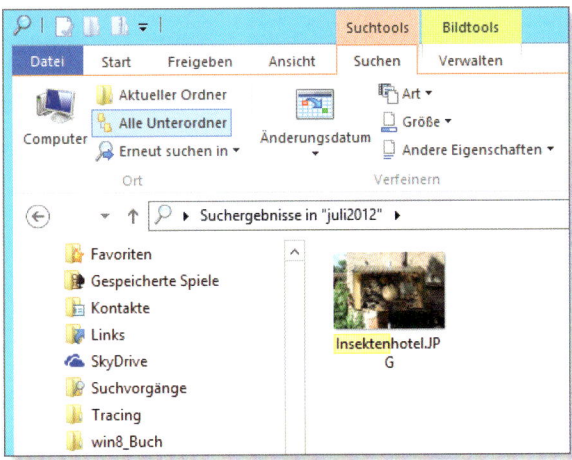

▲ **Abbildung 19.12** Der Windows-Explorer zeigt schon nach einem kurzen Moment das gesuchte Bild an.

Im Suchverlauf werden die letzten Suchvorgänge festgehalten. Öffnen Sie das Listenfeld **Zuletzt ausgeführte Suchvorgänge**, um eine kürzlich durchgeführte Suche zu wiederholen.

▲ **Abbildung 19.13** Nach einer Datei suchen

Suchen Sie nach einer Datei, wird das Register **Suchtools** eingeblendet.

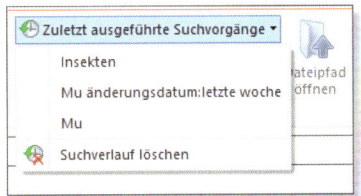

▲ **Abbildung 19.14** Der Suchverlauf enthält die letzten Suchvorgänge.

Mehr zum Umgang mit Bilddateien im Dateimanager von Windows 8 finden Sie in Kapitel 8, »Der Windows-Explorer: Dateien und Ordner im Griff«. Schauen Sie hier in den Abschnitt »Die Diashow direkt aus dem Explorer heraus« ab Seite 204. Werfen Sie ebenfalls einen Blick in den Abschnitt »Bilddateien von einer Digitalkamera importieren« ab Seite 218.

19.2 Die Foto-App verwenden

Doppelklicken Sie auf eine Bilddatei, wird die Foto-App von Windows 8 gestartet, und die Bilddatei wird geladen. Sie können sie gleich als Vollbilddarstellung betrachten.

Mit einem Rechtsklick werden am unteren Bildschirm zwei Schaltflächen sichtbar. Zum einen können Sie damit die geöffnete Bilddatei löschen. Mit **Festlegen als** verwenden Sie die Bilddatei als Hintergrund auf dem **Sperrbildschirm**, als **App-Kachel** oder als **App-Hintergrund** auf dem Startbildschirm.

▲ *Abbildung 19.15 Mit einem Rechtsklick verwenden Sie die Bilddatei als Hintergrund.*

▲ *Abbildung 19.16 Mit der Foto-App von Windows 8 blättern Sie sich durch Ihre Bilddateien. Die App enthält keine unnötigen Funktionen. Das Tool beschränkt sich darauf, ein schlanker Bildbetrachter zu sein – nicht mehr, nicht weniger.*

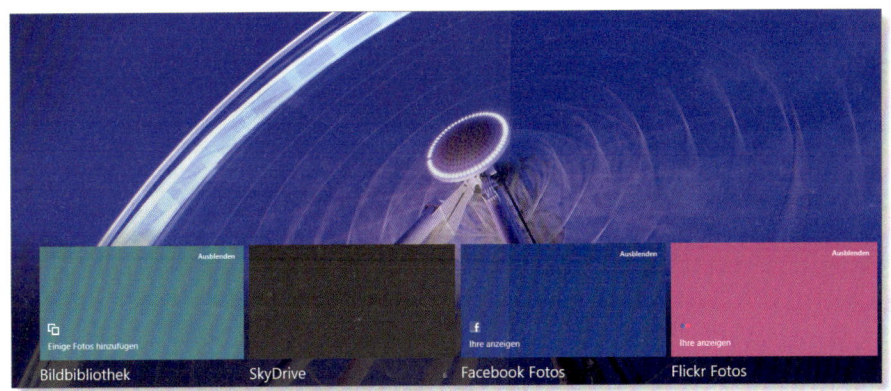

Abbildung 19.17 Mit »Fotos« betrachten Sie die Bilder auf Ihren Rechner und bei Onlinediensten.

Für eine Diashow nutzen Sie die Funktion im Windows-Explorer. Öffnen Sie die Foto-App vom Startbildschirm aus, können Sie auf die Bildbibliothek, SkyDrive, Facebook-Fotos, den Dienst Flickr und Geräte zum Anzeigen von Fotos zugreifen.

Alternativen zur Windows-Fotoanzeige

Es gibt eine ganze Reihe guter und interessanter Bildbetrachtungsprogramme, so zum Beispiel das Freeware-Programm *IrfanView*. Sie finden es im Internet unter der Adresse http://www.irfanview.de.

Ein sehr guter Bildbetrachter ist das kommerzielle *ACDSee*. Die Pro-Version ist mit 175 EUR recht teuer. Aber die Möglichkeiten sind durchaus überzeugend.

Der *Foto Editor* kostet nur knapp 50 EUR und ist auf die Ansprüche eines Heimanwenders ausgerichtet. Werfen Sie auch einen Blick auf den *Foto Slate* aus dem gleichen Hause. Sie finden mehr Informationen zu ACDSee und seinen Ablegern unter http://de.acdsee.com.

Schauen Sie sich auch einmal Googles Bildbetrachtungs- und -verwaltungsprogramm *Picasa* an. Es ist ein Freeware-Tool, das interessante Möglichkeiten bietet. Das Programm arbeitet sehr gut mit den Onlinediensten von Google zusammen. So lassen sich Bilddateien recht einfach auf einer Google-Onlinegalerie veröffentlichen. Mehr zu Picasa finden Sie unter http://picasa.google.com.

Für die Verwaltung von Bilddateien ist auch das Adobe-Programm *Photoshop Elements* eine interessante Lösung. Informationen dazu finden Sie unter http://www.adobe.com/de/products/photoshopel/.

19.3 Ashampoo Image FX

Die Bildanzeige von Windows 8 bietet nur sehr eingeschränkte Funktionen. Sie dient nur dazu, ein Bild zu betrachten. Im Windows Store finden Sie viele Programme, mit denen Sie mehr Möglichkeiten haben. Wählen Sie hier die App Ashampoo Image FX aus. Das Tool ist kostenlos. Es ist sehr klein und bietet dennoch ein paar interessante Funktionen.

Ein erster Blick auf Ashampoo FX

Installieren Sie das Tool aus dem Windows Store. Es ist nur wenige MB groß und landet schnell auf Ihren Rechner. Starten Sie es dann vom Startbildschirm aus.

Abbildung 19.18 Diese Kachel lädt Ashampoo FX.

Mit dem Startbildschirm erhalten Sie zwei Auswahlmöglichkeiten: Greifen Sie auf Ihre Webcam zu, oder laden Sie Bilder von Ihrer Festplatte. Um Letzteres zu tun, wählen Sie **File Picker**.

▲ **Abbildung 19.19** *Ashampoo FX kann direkt auf eine WebCam zugreifen. Sie können natürlich auch Dateien aus einem Bilderordner laden und verändern.*

Klicken Sie sich bis zu dem Verzeichnis durch, in dem sich die Bilddateien befinden, die Sie bearbeiten möchten.

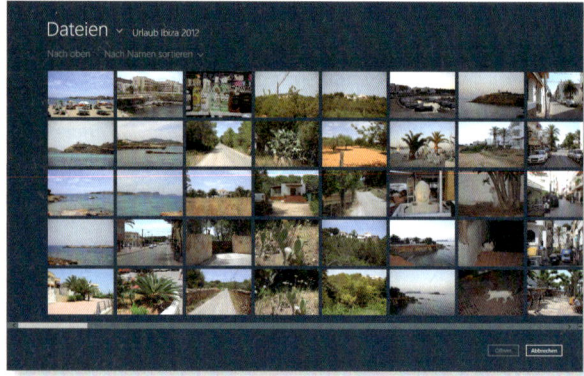

▲ **Abbildung 19.20** *Die App zeigt alle Bilddateien eines Ordners mit Ihren Vorschaubildern an.*

Führen Sie die Maus auf ein Vorschaubild, erhalten Sie Informationen über den Dateityp, die Größe und die Abmessung des Bildes. Sie erfahren so auch, wann die Bilddatei zuletzt bearbeitet wurde, wie sie heißt und unter welchem Verzeichnispfad sie abgelegt ist.

Markieren Sie eine Bilddatei, und wählen Sie **Öffnen**. Drücken Sie die rechte Maustaste. Sie sehen nun in der rechten unteren Ecke die Schaltflächen **Basic FX** und **Color FX**.

▲ **Abbildung 19.21** *Die App bietet Basis- und Farbfilter.*

Wählen Sie einmal die Basisfunktionen an. Sie sehen daraufhin eine Box mit neun Filtern.

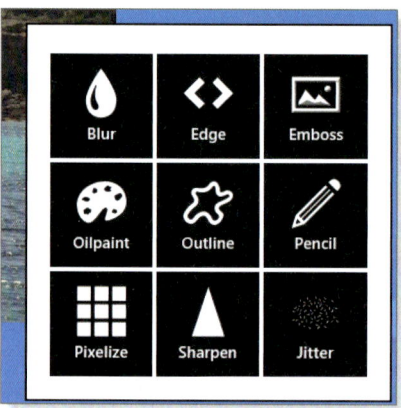

▲ **Abbildung 19.22** *Die App enthält neun sogenannte »Basisfilter«.*

Jeder Filter wird sofort angewandt. Es gibt keine Einstellregler oder Optionsschaltflächen. Probieren Sie die Wirkung eines Filters aus.

▲ **Abbildung 19.23** *Aus dem Foto wurde ein Ölbild.*

Gefällt Ihnen das Ergebnis nicht, kehren Sie mit **Undo** zum Ausgangsbild zurück. Gefällt Ihnen das Ergebnis, halten Sie es mit **Save as** fest.

19.4 Die Kamera-App nutzen

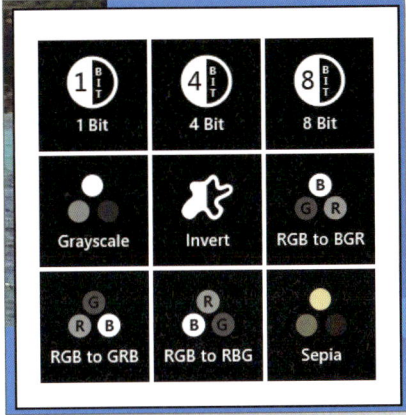

△ **Abbildung 19.24** Die App bietet auch neun Farbfilter.

Mit Account Picture schauen Sie sich übrigens die Bilddatei an, die zu Ihrem Windows Live Profil gehört.

Beachten Sie bitte: Für eine gute und professionelle Bildbearbeitung benötigen Sie auch ein entsprechendes Programm. Hier lohnt es sich, ein paar Euro auszugeben. Informieren Sie sich jedoch vor dem Kauf, welche Anwendungen verfügbar sind und welche Funktionen sie bieten. Oft können Sie auch mit einer Demoversion einen Einblick in das Programm gewinnen.

19.4 Die Kamera-App nutzen

Verbinden Sie Ihre Webcam mit dem PC. Windows 8 ermittelt die Hardware und installiert die benötigten Treiber automatisch. Starten Sie dann die **Kamera**-App von Ihrem Startbildschirm. Sie sehen sofort Ihr Bild auf dem Monitor.

△ **Abbildung 19.25** Die Kachel der Kamera-App.

Starten Sie die »Kamera«-App, um ein Bild Ihrer Webcam zu sehen.

△ **Abbildung 19.26** Nun ja, für einen Modelwettbewerb reicht es leider nicht.

Am rechten unteren Bildschirm sehen Sie drei Schaltflächen.

△ **Abbildung 19.27** Auch die »Kamera«-App besitzt nicht viele Funktionen.

Mit **Kameraoptionen** ändern Sie die Fotoauflösung, wählen ein Audiogerät und schalten die Videostabilisierung an oder aus.

△ **Abbildung 19.28** Die hohe Auflösung verbessert die Bildqualität, geht aber zu Lasten der Rechenleistung.

Der **Timer** startet einen Selbstauslöser. Von 3 bis 0 wird zurückgezählt und dann ein Screenshot erstellt. Möchten Sie diese Funktion nutzen, klicken Sie zuerst auf die Schaltfläche **Timer** und dann ins Bild. Setzen Sie sich zurecht, und warten Sie, bis der Screenshot erstellt wurde.

Mit dem **Videomodus** wird das aktuelle Bild mit einem Film festgehalten und in der Bibliothek gespeichert. Ein Mausklick auf die Schaltfläche startet oder stoppt die Aufzeichnung.

19.5 Für Kreative: Paint

Paint ist ein Zeichenprogramm, das viele Features in sich vereint. Es gehört zum Lieferumfang von Windows 8. Sie finden es in der Kategorie **Zubehör**. Paint richtet sich an kreative Anwender, die kleine Bilder zeichnen wollen.

Paint finden Sie unter **Alle Apps**. Schauen Sie in die Kategorie **Windows-Zubehör**.

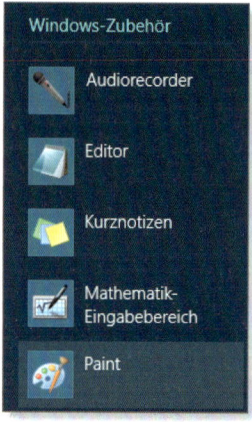

▲ **Abbildung 19.29** Das Zeichenprogramm Paint finden Sie in der Kategorie »Windows-Zubehör«.

Diese Möglichkeiten haben Sie mit Paint

Mit Paint können Sie Bilder zeichnen. Dafür stehen Ihnen verschiedene Pinseleffekte zur Verfügung. Mit Formen sind kleine Zeichnungen schneller erstellt. Die Auswahl von Strichstärken und Farben ist mit dem Programm sehr einfach. Bildinhalte lassen sich auswählen und entfernen.

Die erstellten Kunstwerke und veränderten Bilder können Sie auf dem Drucker ausgeben, per E-Mail versenden oder auch als Hintergrund für den Windows-Desktop verwenden.

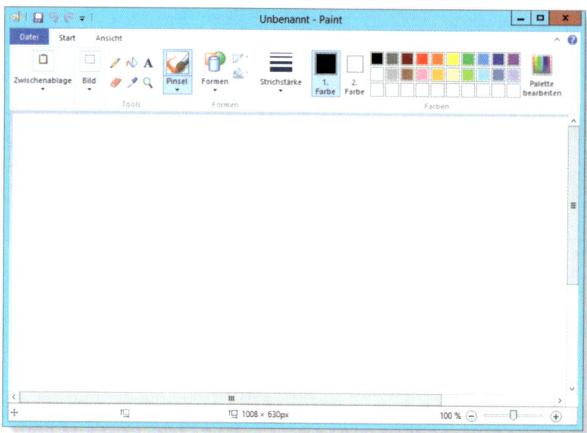

▲ **Abbildung 19.30** Nach dem Aufruf ist das Fenster von Paint zunächst leer.

Eine einfache Zeichnung mit Paint erstellen

Sie werden sehen, es ist ganz leicht, mit Paint eine Zeichnung zu erstellen.

1 Beginnen Sie eine Zeichnung mit dem Befehl **Neu**. Wählen Sie eine Form. Im Beispiel wähle ich ein Herz.

▲ **Abbildung 19.31** Zuerst wählen Sie eine Form aus.

2 Wählen Sie die Farbe **Rot**. Sie passt zur gewählten Form.

19.5 Für Kreative: Paint

▲ **Abbildung 19.32** *Nun wähle ich eine passende Farbe.*

Setzen Sie den Mauscursor in das Bearbeitungsfenster. Drücken Sie die linke Maustaste, und halten Sie sie gedrückt. Ziehen Sie die Maus in eine beliebige Richtung, bis die gewünschte Form zu sehen ist. Lassen Sie die Maustaste los.

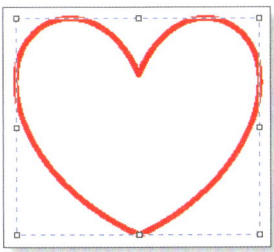

▲ **Abbildung 19.33** *Das Herz erscheint im Fenster von Paint.*

3 Wählen Sie das Tool **Farbeimer**, und klicken Sie in die Form. Sie wird nun mit Farbe gefüllt.

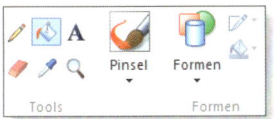

▲ **Abbildung 19.34** *Mit dem Farbeimer füllen Sie eine Form oder eine Auswahl mit Farbe.*

4 Arbeiten Sie so weiter. Probieren Sie aus, was das Programm kann.

▲ **Abbildung 19.35** *Das Objekt sieht nun viel schöner aus als zuvor.*

Strichstärken und Pinsel verwenden

Zunächst wählen Sie den Zeichenstift. Er befindet sich in den **Tools** in der linken oberen Ecke.

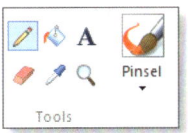

▲ **Abbildung 19.36** *Der Zeichenstift*

Nach der Auswahl des Zeichenstiftes wählen Sie über das gleichnamige Listenfeld eine der möglichen Strichstärken.

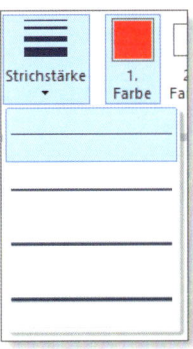

▲ **Abbildung 19.37** *Das Programm stellt Ihnen vier verschiedene Strichstärken zur Verfügung.*

Paint hat für Ihre kreativen Arbeiten neun Pinsel an Bord. Am leichtesten lernen Sie die Wirkung dieser Pinsel, wenn Sie sie einfach einmal ausprobieren.

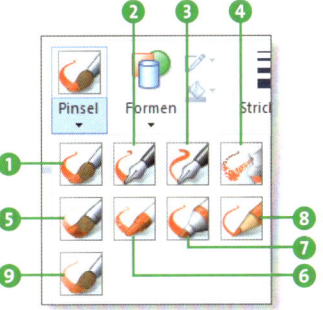

▲ **Abbildung 19.38** *Welcher Pinsel soll es denn sein?*

So heißen die Pinsel:

❶ Pinsel

❷ Kalligrafiepinsel 1

❸ Kalligrafiepinsel 2

❹ Airbrush

❺ Ölpinsel

❻ Buntstift

❼ Textmarker

❽ Bleistift

❾ Aquarellpinsel

19.6 Fotos verwalten und sortieren mit der Windows Live Fotogalerie

Ein kleines Bildbearbeitungsprogramm fehlt in Windows 8. Ich meine damit ein Programm, mit dem Sie eine Bildersammlung sortieren und verwalten können. Ein solches finden Sie im Windows-Live-Paket.

▲ **Abbildung 19.39** *Mit dieser Kachel starten Sie die Fotogalerie.*

Diese Funktionen finden Sie in der Windows Live Fotogalerie

Die *Windows Live Fotogalerie* bietet für ein kostenloses Programm eine erstaunliche Anzahl von Bildbearbeitungsfunktionen. Bereits beim Start werden die auf Ihrem Rechner vorhandenen Bilddateien eingelesen. Sie müssen sie nicht suchen, sondern finden sie bereits im Programmfenster. Das spart Arbeit. Scrollen Sie ein wenig, und Sie sehen den gesuchten Ordner vor sich.

Mit dem Programm können Sie Bilddateien mit Beschreibungen, Bewertungen und Kennzeichnungen versehen. Anhand besonderer Merkmale sind bestimmte Bilddateien auch in großen Bildersammlungen schnell gefunden. Sie können Personen und Orte kennzeichnen.

Windows Live Fotogalerie unterstützt die einfache Wiedergabe von Diashows. Interessant sind das Verbinden mehrerer Fotos zu einem Panorama-Bild und das »Fusionieren« von zwei oder mehr Fotos zu einem Bild. Das Programm bietet eine Reihe von Filtern, mit denen Sie Bildfehler beseitigen und die Qualität der Bilder verbessern. Auch das Verfälschen von Bilddateien ist möglich.

Aus der Windows Live Fotogalerie lassen sich Bilddateien sehr einfach auf *SkyDrive*, in *Facebook*, bei *YouTube*, *Flickr* und in den *Windows Live Groups* veröffentlichen. Unterstützt werden auch Weblogs.

Ich möchte Ihnen in den folgenden Abschnitten nur einige ausgewählte Funktionen vorstellen. Schauen Sie sich das Programm einmal in Ruhe an. Sie finden jede Menge interessanter Möglichkeiten, mit denen Sie Ihre Bilddateien verwalten und bearbeiten.

Einen Ordner importieren

Beim ersten Start des Programmes sieht womöglich die Oberfläche ein wenig leer aus. Sie müssen zunächst Ihre Bilderordner importieren. Um dies zu tun, gehen Sie wie folgt vor:

1 Öffnen Sie das Menü **Datei**, und wählen Sie **Ordner hinzufügen**.

2 Alle Bilder, die angezeigt werden, gehören zur Bibliothek **Bilder**. Weitere Ordner müssen Sie zu dieser Bibliothek hinzufügen. Klicken Sie dazu auf **Hinzufügen**, und wählen Sie den jeweiligen Ordner aus. Bestätigen Sie.

19.6 Fotos verwalten und sortieren mit der Windows Live Fotogalerie

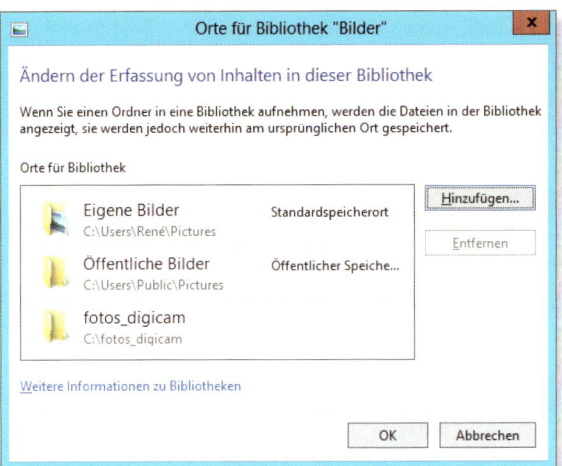

▲ **Abbildung 19.40** Importieren Sie alle Ordner, in denen sich Ihre Bilddateien befinden.

Eine Bilddatei bearbeiten

Ein Doppelklick auf eine Datei öffnet diese im Bearbeitungsfenster. Über die Funktionen im Register **Bearbeiten** können Sie verschiedene Funktionen zur Bearbeitung von Bilddateien abrufen.

1 Wählen Sie zunächst **Automatisch anpassen** ❶. Die Windows Live Fotogalerie versucht, die Bilddatei ohne Ihr Zutun zu verbessern.

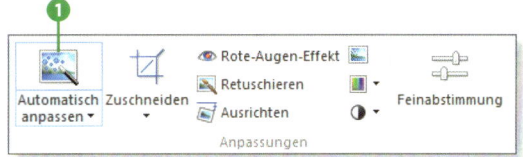

▲ **Abbildung 19.42** Im Bereich »Anpassen« finden Sie die automatische Bildanpassung.

Das Foto wirkt nach der automatischen Anpassung kontrastreicher, geschärft und farbstärker.

▲ **Abbildung 19.43** Nach der automatischen Anpassung.

2 Mit dem Werkzeug **Zuschneiden** ❷ entfernen Sie nicht notwendige Bildbereiche. Wählen Sie das Werkzeug aus. Es schneidet nicht einfach Bildabschnitte weg, sondern richtet sich nach bestimmten Proportionsabschnitten aus.

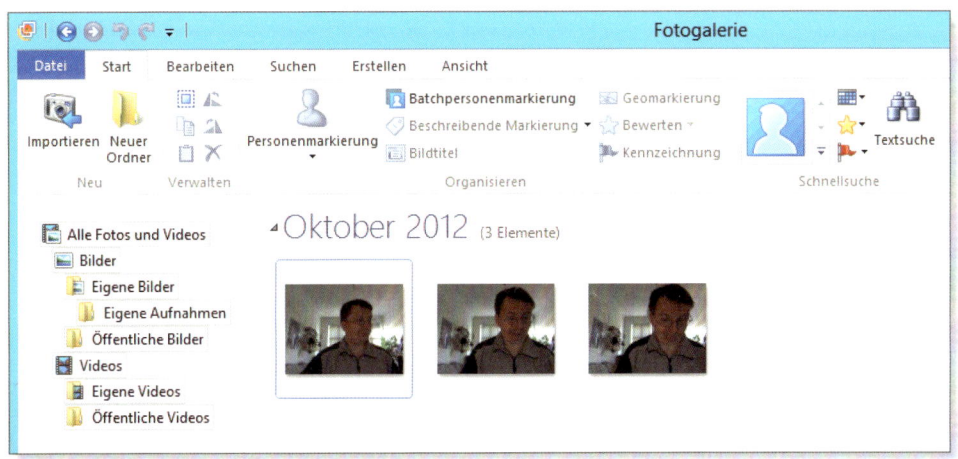

▲ **Abbildung 19.41** Das Programmfenster zeigt in diesem Beispiel nur die Bilder an, die ich mit der WebCam erstellt habe. Alle anderen Bilderordner müssen zunächst einmal importiert werden.

435

Kapitel 19: Bilder und Videos

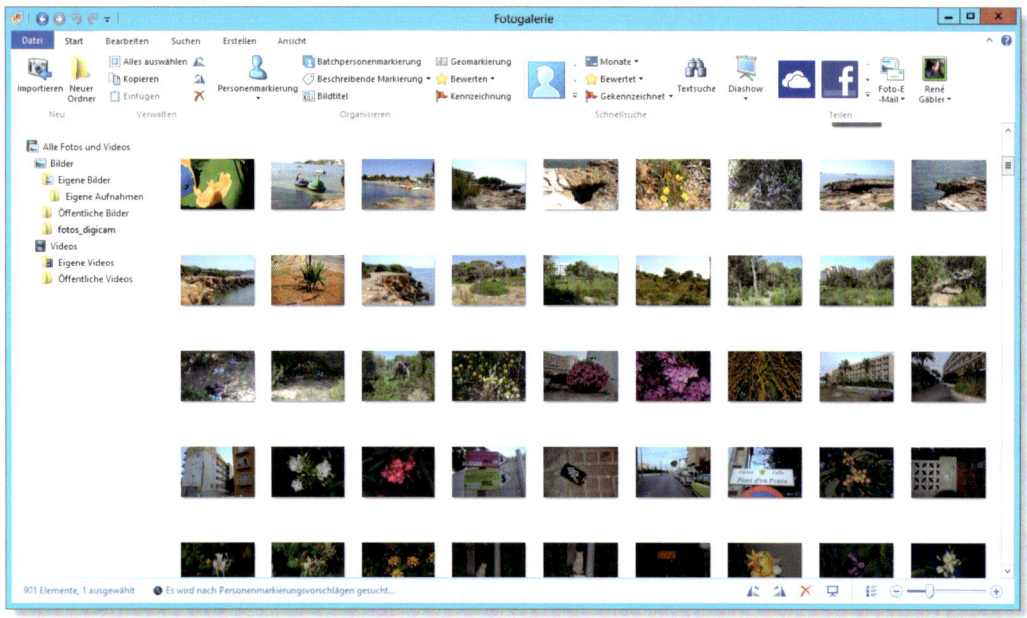

▲ **Abbildung 19.44** *Die Windows Live Fotogalerie zeigt alle Bilder der Bildbibliothek nach Datum sortiert an. Sie sehen jede Menge Vorschaubilder.*

Diese wählen Sie über das Listenfeld **Zuschneiden**. In diesem Beispiel verwende ich die Programmvorgabe. Ein Bereich in der Mitte des Bildes wird markiert. Der markierte Bereich ist mit Anfassern versehen. Ziehen Sie diese so in Position, dass alle Bildinhalte, die im Bild verbleiben sollen, innerhalb der Markierung liegen. Bestätigen Sie mit einem weiteren Mausklick auf **Zuschneiden**.

3 Sind Sie mit dem Ergebnis der Bearbeitung zufrieden, wählen Sie **Datei schließen** und bestätigen, dass das veränderte Bild gespeichert werden soll. Damit überschreiben Sie allerdings das Original.

Ich empfehle Ihnen, vor der Bildbearbeitung ein Backup Ihrer Bilder anzulegen. Am besten kopieren Sie die Bilder also vorher in einen eigenen Ordner oder sogar auf ein externes Medium.

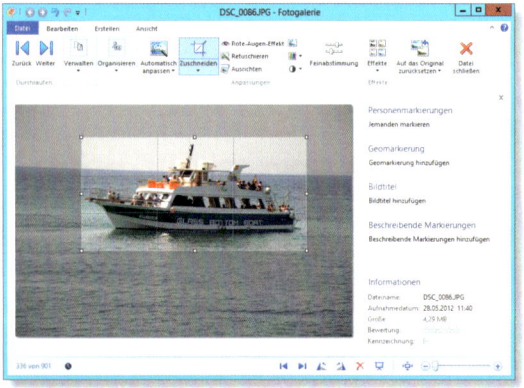

▲ **Abbildung 19.45** *Importieren Sie alle Ordner, in denen sich Ihre Bilddateien befinden.*

▲ **Abbildung 19.46** *Und so sieht das Bild nach dem Zuschneiden aus (ohne Programmfenster).*

Die verschiedenen Bildbearbeitungsfunktionen nutzen

Im Bereich **Anpassung** des Registers **Bearbeiten** finden Sie alle Möglichkeiten, die Sie zum Bearbeiten des Bildes in der Windows Live Fotogalerie haben.

Der **Rote-Augen-Effekt** entfernt die Rotfärbung der Pupillen von fotografierten Personen und Tieren. Wählen Sie die Funktion. Markieren Sie den Augenbereich, und klicken Sie noch einmal auf die Funktion. Auf die gleiche Art und Weise nutzen Sie auch alle anderen Bearbeitungsfunktionen.

Retuschieren entfernt kleine Bildfehler, zum Beispiel Schatten von Fusseln, Kratzer, Flecken und andere Fehler. Viele davon entstehen beim Scannen von Bildvorlagen durch Staub und Kratzer im Scanner.

Mit **Ausrichten** verändern Sie die horizontale Lage eines Bildes. Das ist zum Beispiel dann interessant, wenn Sie beim Fotografieren die Digitalkamera nicht ganz gerade gehalten haben.

Die **Rauschminderung** verringert Bildrauschen und schärft dadurch das Bild.

Mit **Farbe** können Sie die Farbeigenschaften der Bilddatei anpassen. Dazu wählen Sie aus einem Listenfeld einen von neun Farbfiltern. Die Wirkung wird in einer Livevorschau direkt auf dem Bild gezeigt. So können Sie alle Möglichkeiten nacheinander ausprobieren und sich dann für eine davon entscheiden.

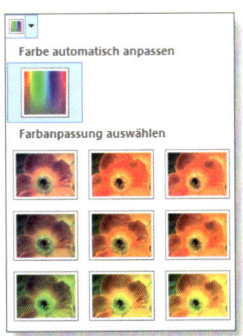

▲ **Abbildung 19.47** *Die Farbe eines Bildes kann hier bearbeitet werden.*

In ähnlicher Weise funktioniert **Belichtung**. Wählen Sie einen der Lichteffekte aus, und verändern Sie so die Wirkung Ihres Bildes. Die Schaltfläche links oben in den Listenfeldern **Farbe** und **Belichtung** nimmt die Veränderung automatisch vor.

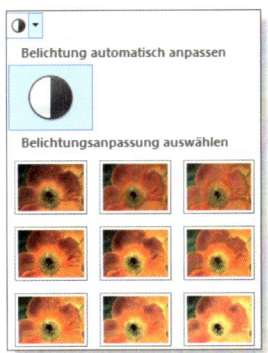

▲ **Abbildung 19.48** *Verändern Sie die Belichtung anhand vorgefertigter Filtervorlagen.*

Mit der **Feinabstimmung** können Sie die Einstellungen direkt vornehmen. Mit Schiebereglern passen Sie **Helligkeit**, **Kontrast** und die Verteilung von hellen und dunklen Flächen an. Sie können das Bild schärfen, drehen, die Farbeigenschaften anpassen und einiges mehr. Verschieben Sie dazu die Regler nach links oder rechts. Probieren Sie ein wenig mit den Einstellungen herum, um ein Gefühl dafür zu bekommen.

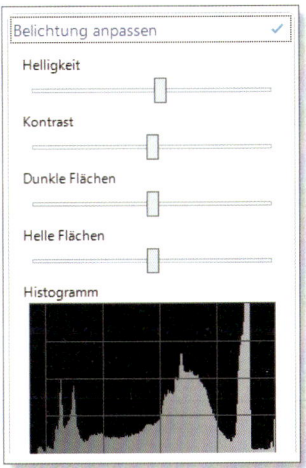

▲ **Abbildung 19.49** *Mit der Feinabstimmung verändern Sie die Eigenschaften des Bildes.*

Filtereffekte anwenden

Über das Feld **Effekte** können Sie sechs verschiedene Farbfilter abrufen. Auch hier sehen Sie dank einer Live-Vorschau, wie ein Filter wirkt. Probieren Sie einfach alle nacheinander einmal aus.

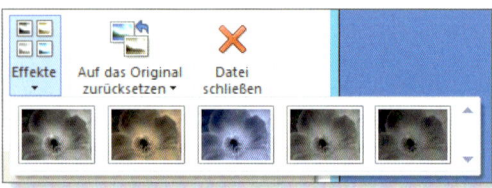

▲ *Abbildung 19.50 Sepia- oder Schwarzweißbild? Was möchten Sie verwenden?*

Neu in der Windows Live Fotogalerie sind die Möglichkeiten, Personen zu markieren und Geomarkierungen in Bilddateien einzufügen. Mit Letzterem wird der Ort, an dem das Foto aufgenommen wurde, anhand bestimmter Merkmale später wieder identifiziert. Möchten Sie eine solche Markierung verwenden, wählen Sie **Markieren und Beschriften > Geomarkierung**. Geben Sie dann den Ort ein, und bestätigen Sie.

> **TIPP**
>
> **Plug-ins verwenden**
> Die Windows Live Fotogalerie können Sie mit Plug-ins erweitern. Wechseln Sie in das Register **Erstellen**. Öffnen Sie das Listenfeld **Weitere Tools**, und wählen Sie hier **Weitere Fototools herunterladen**.
>
> Sie gelangen auf die Windows Live Photo Gallery. Hier finden Sie Erweiterungen für das Bildbearbeitungsprogramm, für Movie Maker und für Writer.

19.7 Videobearbeitung ganz einfach: Windows Live Movie Maker

Mit dem *Windows Live Movie Maker* können Sie Ihre Urlaubsvideos bearbeiten. Das Ergebnis können Sie auf *YouTube*, *Facebook*, *SkyDrive*, *Flickr*, *Vimeo* oder in den *Windows Live Groups* veröffentlichen.

Das Programm besitzt jede Menge interessanter Funktionen. Allerdings kann ich Ihnen nicht alle in diesem Kapitel vorstellen. Dafür würde der Platz nicht reichen. Schauen Sie sich das Programm einmal an! Mit jeder Digitalkamera können Sie Videoaufnahmen machen. Warum sollten Sie diese nicht bearbeiten und dann herumzeigen? Versuchen Sie es einmal!

Das Videobearbeitungsprogramm installieren

Windows Live Movie Maker arbeitet mit sogenannten Projekten. Haben Sie eine neue Projektdatei begonnen, können Sie Videodateien und Bilder importieren und zu einem ganzen Film zusammenfügen. Sie können auch Direktaufnahmen von einer Webcam machen. Die Filme können Sie mit einer Musikdatei hinterlegen.

Sie können die Filmdateien schneiden, verschiedene Videos zu einem zusammenfassen und mit Übergängen versehen. Für das Verändern von Bildern und Bilderfolgen können Sie Effekte nutzen. Mit einem Auto-Film-Design beginnt Ihr Film auch mit einem schönen Titel.

Ein neues Projekt beginnen

So starten Sie ein neues Projekt und importieren Videodaten:

1 Starten Sie Windows Live Movie Maker. Ein neues Projekt wird automatisch begonnen.

2 Wählen Sie **Videos und Fotos importieren**. Begeben Sie sich hierfür zu dem Ordner, in dem sich die Videodatei befindet, die Sie in das Projekt einfügen wollen.

3 Doppelklicken Sie auf den vorgegebenen Titel, und geben Sie einen eigenen ein.

4 Ergänzen Sie, wenn Sie möchten, ein weiteres Video.

5 Fügen Sie eine Musikdatei hinzu.

19.7 Videobearbeitung ganz einfach: Windows Live Movie Maker

↑ **Abbildung 19.51** *Die eingefügten Videos habe ich mit Musik unterlegt.*

Die aktuelle Version des Windows Movie Makers kann Filme und Bilder direkt von Ihrer Webcam importieren. Sie können aus dem Programm heraus einen Audiokommentar aufzeichnen. Mit **Musik hinzufügen** lassen sich auch freie Inhalte aus dem Internet verwenden.

Effekte und Übergänge verwenden

Mehrere Videos und Bilddateien werden einfach hintereinandergesetzt. Aber das wirkt ein wenig lieblos. Es fehlt noch ein wenig Animation, etwas Videospielerei.

1. Schauen Sie sich die verschiedenen AutoFilm-Designs an. Setzen Sie die Maus auf eines davon, um dieses Design sofort im Vorschaufenster anzuschauen. Mit dem AutoFilm-Design beginnt der Film. Es fügt ein Titelbild und einen Bildeffekt vor dem Film ein. Wählen Sie eines der AutoFilm-Designs ganz nach eigenem Geschmack.

↑ **Abbildung 19.53** *Wählen Sie eines der möglichen AutoFilm-Designs.*

2. Ersetzen Sie den vorgegebenen Text. Ihr Name und »präsentiert« wären eine gute Idee. Sie können diesen Text auch löschen – ganz wie Sie möchten.

3. Platzieren Sie den Mauscursor zwischen die beiden Filmschnipsel. Wechseln Sie in das Register **Animationen**. Wählen Sie einen der möglichen Übergänge aus. Auch hier können Sie die verschiedenen Möglichkeiten in der Live-Vorschau zuvor ansehen.

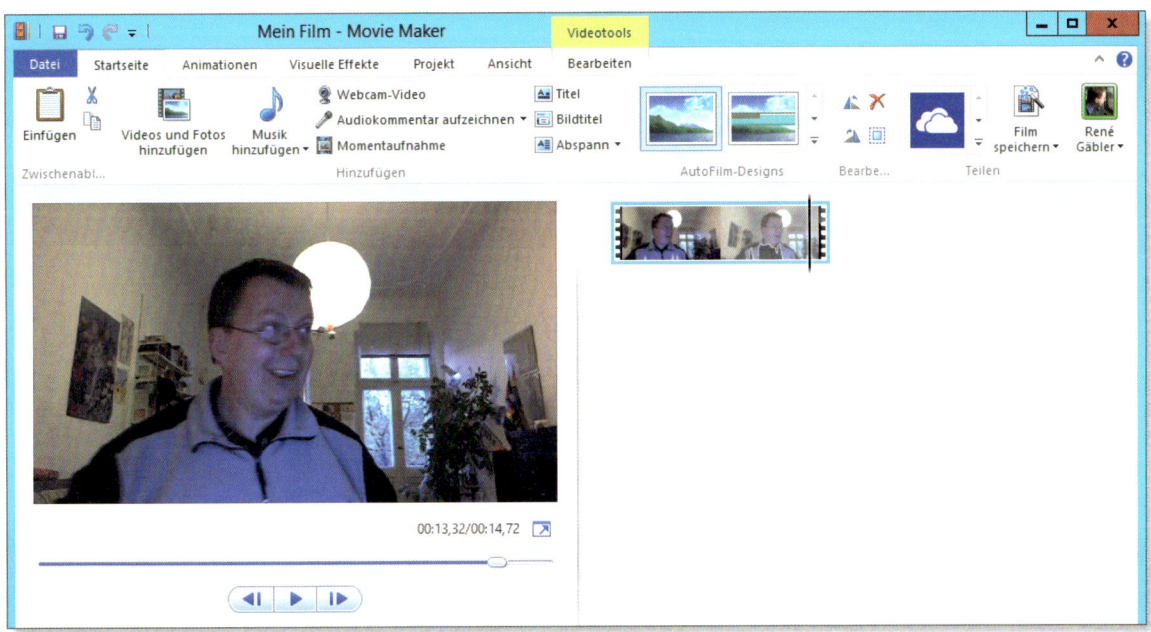

↑ **Abbildung 19.52** *Mit dem Windows Live Movie Maker setzen Sie schnell kleine Filmaufnahmen zusammen.*

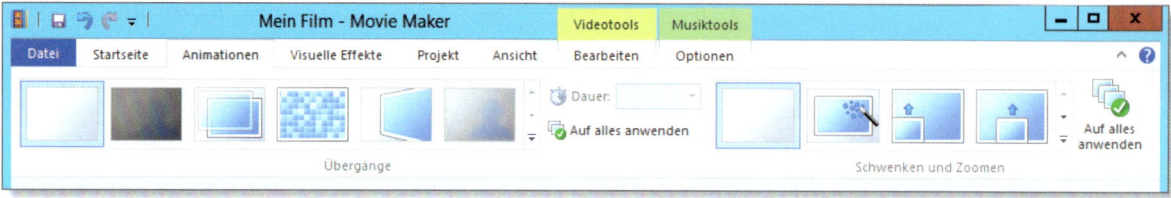

▲ **Abbildung 19.54** *Von einem Filmschnipsel zum nächsten wechseln Sie mit einem Übergang.*

4 Haben Sie weitere einzelne Videodateien eingefügt, platzieren Sie auch zwischen diesen einen der Übergänge. Sie finden im Programm noch eine Anzahl an Animationen und Übergängen, die Sie verwenden können.

5 Schauen Sie sich im Vorschaufenster die fertige Filmdatei an. Sind Sie zufrieden, speichern Sie das Ergebnis ab. Mit **Film veröffentlichen** können Sie die Datei auch direkt auf YouTube oder einer anderen Internetplattform ablegen.

Kapitel 20
Der Windows Media Player

Mit dem Windows Media Player können Sie Ihre Musiksammlung anhören. Sie können Filme schauen und natürlich Multimediainhalte aus dem Internet nutzen. Es gibt sogar Videoanbieter, die auf diesen Windows-Player setzen. In diesem Kapitel möchte ich Ihnen dieses Programm vorstellen.

Der Windows Media Player ist ein wichtiger Teil von Windows 8 und gehört einfach dazu, wenn man von Multimedia spricht. Weil Multimediainhalte und Unterhaltung heute einen guten Teil der privaten Computernutzung ausmachen, ist dieses Kapitel auch ein wenig umfangreicher als manch andere in diesem Buch geworden.

Der Windows Media Player ist kostenlos. Das Programm ist Bestandteil einiger Editionen von Windows 8.

Beachten Sie, dass es nicht zu jeder Edition des Betriebssystems gehört.

Folgende Inhalte erwarten Sie in diesem Kapitel: Ich stelle Ihnen zunächst die Funktionen des Windows Media Players vor. Sie erfahren, was Sie mit dem Programm tun können und wie Sie es vor der ersten Verwendung einrichten. Ich zeige Ihnen dabei alle wichtigen Grundeinstellungen. Dazu gehört auch das Einrichten der Medienbibliothek.

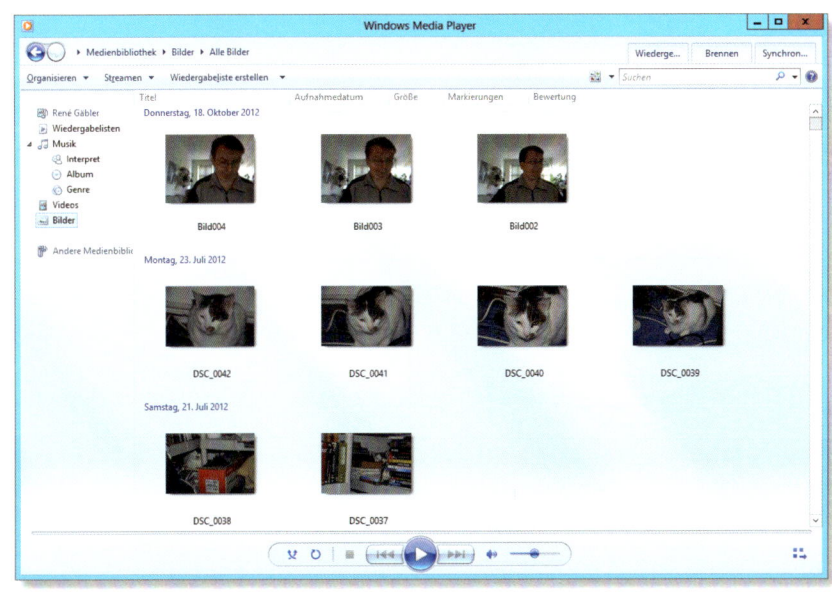

◂ **Abbildung 20.1** Der Windows Media Player kann auch Ihre Bildbibliothek wiedergeben. In Sachen Multimedia ist er ein wahres Multitalent.

Selbstverständlich gehe ich auch hier auf die Datenschutz- und Sicherheitseinstellungen ein. Sie lernen die verschiedenen Elemente des Media Players kennen und lesen, wie Sie das Layout des Programms an Ihre persönlichen Wünsche anpassen. Das Verwenden von Designs verwandelt das Programm von einem Standard-Windows-Programm in einen wahren Hingucker.

Im zweiten Teil des Kapitels widme ich mich dem Thema »Musik und Videos wiedergeben«. Sie werden dort lesen, wie einfach der Windows Media Player zu bedienen ist. Eine Musikdatei, eine CD oder auch einen Videofilm wiederzugeben, ist supersimpel. Das muss auch so sein. Wer will sich lange durch Menüs und Funktionen hangeln, wenn er seine Alben oder Filme genießen möchte? In diesem Abschnitt zeige ich auch, wie Sie dank einer Internetverbindung Titelinformationen ergänzen. Ich zeige Ihnen, wie Sie Wiedergabelisten erstellen und verwalten. In einer kleinen Anleitung lesen Sie auch, wie Sie direkt aus dem Programm heraus eine CD brennen.

Danach geht es um das Streamen von Audio- und Videotiteln. Ich zeige Ihnen, wie Sie den Player für diese Funktion einrichten und Streaminginhalte bereitstellen bzw. abrufen. Hier lesen Sie auch, wie Sie über das Internet auf Ihre Medienbibliothek zu Hause zugreifen können.

Anschließend gebe ich Ihnen einen kleinen Überblick über weitere Funktionen, die Sie mit dem Windows Media Player nutzen können. Sie lernen hier den *Windows Media Guide* kennen und erfahren, wie Sie Visualisierungen nutzen. Ich stelle Ihnen die Jugendschutzeinstellungen vor und zeige Ihnen, wie Sie Medien synchronisieren. Sie lernen Plug-ins kennen und erfahren, wo Sie weitere im Internet finden und wie Sie sie installieren.

Alternativen

Natürlich gibt es Alternativen, die Sie verwenden können. Mit *WinAmp* lassen sich MP3-Dateien gut wiedergeben, und Sie können Internetradiosender genießen. *VLC* ist ein wahrer Alleskönner und kommt mit vielen Video- und Audioformaten zurecht.

20.1 Erste Schritte mit dem Windows Media Player

Zu Beginn möchte ich Ihnen einmal zeigen, was der Media Player kann und wie Sie ihn einrichten.

Diese Funktionen beherrscht der Media Player

Mit dem Media Player können Sie Musikdateien wiedergeben. Es lassen sich Playlisten erstellen und Informationen zu Musikalben aus dem Internet laden. Sie können Videos schauen. Mit einer Verbindung in das Internet können Sie Streaminginhalte beziehen. Die Nutzung von Internetradio und Web-TV ist eine tolle Sache.

Bei Video-on-Demand-Anbietern genießen Sie Blockbuster am heimischen PC. Natürlich ist, mit einem entsprechenden Kabel, auch eine Ausgabe auf dem Fernseher möglich.

Den Media Player können Sie in vielerlei Hinsicht an Ihre Wünsche anpassen. Mit Designs verändern Sie die Optik des Players. Mit Visualisierungen wird die Ausgabe der Audioinhalte in bunten und farbenfrohen Animationen dargestellt. Die sind ein Hingucker auf jeder Party und allemal viel besser als jeder herkömmliche Bildschirmschoner. Mit einer Reihe von Plug-ins können Sie die Optik des Players verändern und eine Reihe Zusatzfeatures hinzufügen. Dazu gehören Audioeffekte und die Möglichkeit, DVDs wiederzugeben.

Der Media Player unterstützt eine Reihe von Video- und Audioformaten. Dazu zählen unter anderem AAC, 3GP, AVCHD, MPEG-4, WMV und WMA. Wiedergegeben werden können auch die meisten AVI-, DivX-, MOV- und Xvid-Dateien.

Die aktuelle Version unterstützt auch das Streamen von Musik- und Videodateien. Damit haben Sie die

20.1 Erste Schritte mit dem Windows Media Player

Abbildung 20.2 Der Windows Media Player ermöglicht den Zugriff auf eine Titeldatenbank. So können Sie Albumcover und Titelnamen ergänzen, aus dem Internet laden und im Player anzeigen lassen.

Möglichkeit, Multimediainhalte in einem Netzwerk zu einem anderen PC zu übertragen. Möglich ist auch eine Remotestreamingfunktion, mit der der Media Player ferngesteuert wird, wodurch Sie unterwegs Musik und Videos genießen können.

Mit dem neuen Wiedergabemodus **Aktuelle Wiedergabe** wird der Windows Media Player minimiert. Nur die wirklich notwendigen Funktionen sind sichtbar. Die DVD-Wiedergabe wurde gründlich überarbeitet. Es macht jetzt noch mehr Spaß, mit dem Player eine DVD zu genießen. Sie können in Musikdateien mit einer 15 Sekunden langen Vorschau hineinhören und so die passende Musik oder Ihren Lieblingstitel suchen. Ihre Lieblingstitel stellen Sie in Sprunglisten zusammen.

Abbildung 20.3 Mit dem Modus »Aktuelle Wiedergabe« wird der Player verkleinert.

Die Media Player beherrscht die Wiedergabe von Bilddateien und dient so auch als Bildbetrachter. Sie können Wiedergabelisten erstellen und verwalten. Die verwalteten Inhalte können mit kompatiblen tragbaren Geräten synchronisiert werden. Es ist möglich, direkt aus dem Player heraus eine CD zu brennen oder Musik von einer solchen einzulesen.

Die Grundeinrichtung des Programms

Rufen Sie den Media Player über **Alle Apps > Windows Media Player** auf. Sie finden das Programm in der Gruppe **Windows-Zubehör**.

Abbildung 20.4 Das Media Player-Symbol.

Beim ersten Start des Windows Media Players wird ein Einrichtungsassistent gestartet. In einzelnen Dialogen legen Sie die wichtigsten Einstellungen fest. Schauen wir uns einmal an, welche Einstellungen dies sind und wofür sie gut sind:

1 Starten Sie das Programm.

2 Der Einrichtungsassistent heißt Sie willkommen. Im ersten Dialog wählen Sie zwischen den **Empfohlenen Einstellungen** oder den **Benutzerdefinierten Einstellungen**. Bitte entscheiden Sie sich für die zweite Variante. Nur so können Sie Einfluss nehmen und selbst bestimmen, welche Optionen an- bzw. ausgeschaltet sind.

▲ **Abbildung 20.5** *Nach dem Start des Assistenten entscheiden Sie sich dafür, die Einstellungen selbst festzulegen.*

3 Die Funktionen sind selbsterklärend. Bestimmen Sie zuerst die Datenschutzoptionen.

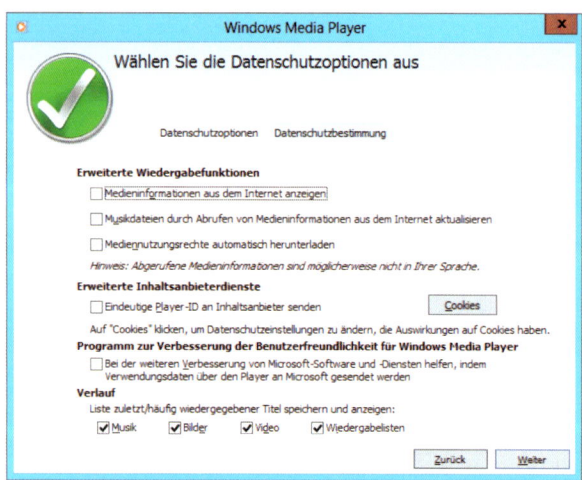

▲ **Abbildung 20.6** *Ich habe alle Datenschutzoptionen ausgeschaltet.*

In meinem Beispiel habe ich alle Optionen ausgeschaltet. Bei Bedarf können Sie einzelne Optionen später wieder aktivieren.

4 Im Register **Datenschutzbestimmung** können Sie über zwei Schaltflächen selbige anzeigen lassen und sie sich in Ruhe durchlesen.

5 Mit **Weiter** gelangen Sie in den nächsten Dialog.

6 Legen Sie mit einer Option den Media Player als Standardprogramm für die Wiedergabe von Multimediadateien fest. Wählen Sie dazu **Windows Media Player als Standard für Musik- und Videoplayer verwenden**.

Wird der Media Player nicht als Standard verwendet, können Sie einzelne Dateitypen auswählen.

7 Mit dem Media Player können Sie Musik einkaufen. Dazu können Sie eine Verbindung zu einem Onlineshop einrichten. Dies können Sie jedoch auch an späterer Stelle tun, sofern Sie diese Möglichkeit nutzen wollen. Wählen Sie hier **Jetzt keinen Shop einrichten**. Beenden Sie die Grundeinrichtung mit einem Mausklick auf die Schaltfläche **Fertig**.

Wichtige Einstellungen festlegen

Das Programm starten Sie über die Kachel **Windows Media Player** unter **Alle Apps**.

▲ **Abbildung 20.7** *Beim ersten Aufruf sieht das Programmfenster noch recht leer aus.*

Ich nehme an dieser Stelle einfach einmal an, dass Sie die Grundeinrichtung schnell durchgeklickt haben.

Aus diesem Grund werfen wir einen Blick auf die wichtigsten Einstellungen.

Mit **Organisieren > Optionen** rufen Sie den Einstellungsdialog auf. Sie finden sich in einem Dialogfenster mit 10 verschiedenen Registern wieder. An dieser Stelle möchte ich nicht auf alle diese Einstellungen und Möglichkeiten eingehen. Vielmehr soll das Programm schnell eingerichtet werden.

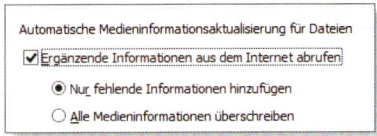

▲ **Abbildung 20.9** *In diesem Beispiel habe ich die Option einmal angeschaltet.*

Möchten Sie die Mediendaten über eine Internetdatenbank automatisch ergänzen lassen, so schalten Sie die Option **Ergänzende Informationen aus dem Internet abrufen** an. Wählen Sie hier **Nur fehlende Informationen hinzufügen**. Die alternative Option, **Alle Medieninformationen überschreiben**, ersetzt vorhandene Daten durch neue, sofern solche vorhanden sind. Bestätigen Sie die Veränderungen mit einem Mausklick auf die Schaltfläche **Übernehmen**.

Die Datenschutz-Einstellungen

Wechseln Sie nun bitte in das Register **Datenschutz**. Bei diesem Register frage ich mich, was es mit Datenschutz zu tun hat, wenn meine Musikdaten automatisch überprüft werden und das Programm im Hintergrund überprüft, ob geschützte Dateien aktualisiert werden müssen, und das dann selbständig durchführt..

Schalten Sie die Option **Musikdateien durch Medieninfoabruf aus dem Internet aktualisieren** ❶ aus. Gleiches tun Sie bitte mit den Optionen **Automatisch überprüfen, ob geschützte Dateien aktualisiert werden müssen** und **Uhr für Geräte automatisch stellen**.

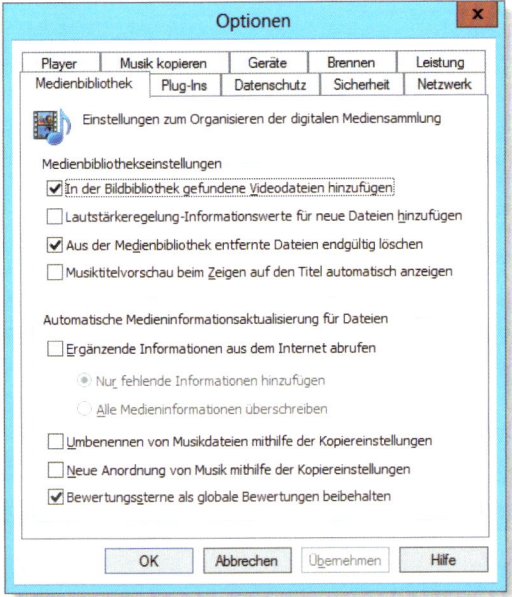

▲ **Abbildung 20.8** *Keine Sorge – wir brauchen nicht gleich alle Einstellungen.*

Die Medienbibliothek einrichten

Schauen Sie sich zuerst das Register **Medienbibliothek** an. Im Bereich **Automatische Medieninformationsaktualisierung für Dateien** können Sie Daten aus dem Internet abrufen. So sehen Sie zu einem Musiktitel das Bild des Albums, den Albentitel, die Kategorie, Informationen zum Erscheinungsjahr der Single oder des Albums und weitere Daten. Ob Sie diese Möglichkeit nutzen, bleibt Ihnen überlassen. Ich persönlich bin immer etwas skeptisch und möchte nicht, dass ohne mein Zutun Daten aus dem Internet geladen und ergänzt werden.

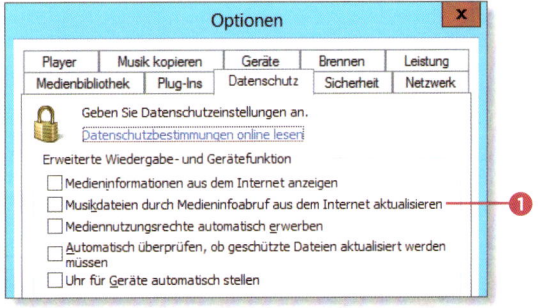

▲ **Abbildung 20.10** *Nix da mit automatischem Aktualisieren, Ergänzen und Überprüfen.*

Im unteren Bereich des Registers können Sie dafür sorgen, dass Listen kürzlich wiedergegebener Dateien gespeichert und angezeigt werden. Über zwei Schaltflächen können Sie den Verlauf und den Zwischenspeicher (Cache) löschen. Möchten Sie mit Titeln arbeiten, die Sie oft hören bzw. anschauen, so lassen Sie die Optionen angeschaltet. So können Sie Ihre Lieblingsmusik und Ihre Lieblingsvideos schnell abrufen. In puncto Datenschutz ist es aber besser, die Optionen zu deaktivieren. Obwohl – stört es Sie, wenn irgendjemand mitbekommt, was Sie so an Musik und Videos konsumieren? Im Grunde kann man doch so keinem wehtun, und irgendwie ist es doch egal. Entscheiden Sie selbst.

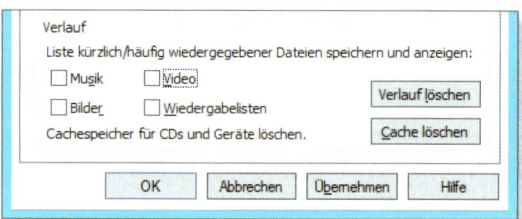

▲ **Abbildung 20.11** *Ich möchte nicht, dass gespeichert wird, welche Musik ich höre oder welche Videos ich schaue.*

Die Sicherheitseinstellungen korrigieren

Wechseln Sie in das Register **Sicherheit**, und schalten Sie die Option **Skriptbefehle ausführen, wenn der Player auf einer Webseite ist** aus. Skripte von Webseiten sollten nicht ausgeführt werden.

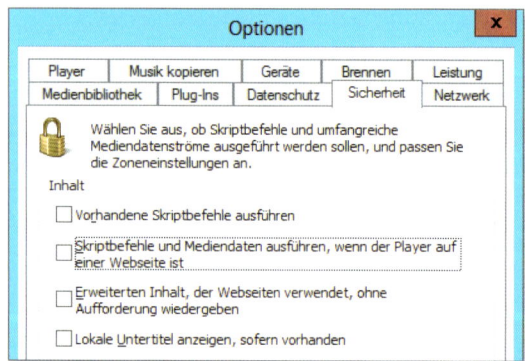

▲ **Abbildung 20.12** *Schalten Sie die Ausführung von Skripten auf Internetseiten aus.*

Die Update-Einstellungen des Players einsehen und anpassen

Wechseln Sie in das Register **Player**. Bestimmen Sie, wann der Player automatisch nach Updates suchen soll. Leider lässt sich dieses Feature nicht ganz ausschalten.

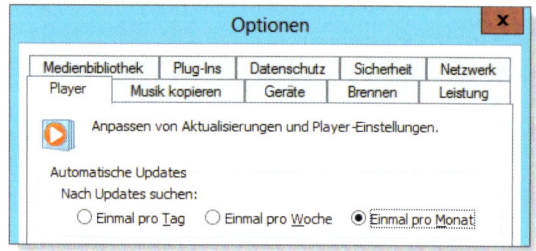

▲ **Abbildung 20.13** *Die automatischen Updates werden dem Anwender hier aufgezwungen.*

Passen Sie in den verschiedenen Registern die Einstellungen an Ihre Wünsche und Bedürfnisse an. Wir tun das im nächsten Abschnitt mit den Einstellungen, die das Layout verändern. Verschiedene andere Optionen schauen Sie sich an, wenn Sie bestimmte Arbeiten ausführen wollen, so zum Beispiel das Brennen von DVDs, das Erstellen einer Streamingbibliothek oder das Kopieren von Musikdateien. Ich komme in den jeweiligen Abschnitten auf die passenden Einstellungen zurück.

Das Layout und die sichtbaren Elemente anpassen

Der Media Player von Microsoft ist nicht besonders schick. Die verschiedenen Elemente befinden sich in einem einfachen Dialogfenster. Dessen Aussehen wird durch die Einstellungen im Windows-Dialog bestimmt.

Sie haben dennoch eine ganze Reihe an Möglichkeiten, die Optik des Players und die angezeigten Informationen und Elemente zu verändern.

Den Navigationsbereich anpassen

Den Navigationsbereich finden Sie auf der linken Seite des Players. Dort sehen Sie zum Beispiel unter **Musik** die Kategorien **Interpret**, **Album** und **Genre**. Ein Maus-

20.1 Erste Schritte mit dem Windows Media Player

klick zeigt die Musiktitel nach diesen Elementen geordnet und ermöglicht es so zum Beispiel, Titel Ihrer Lieblingsgruppe abzurufen.

▲ **Abbildung 20.14** *Der Navigationsbereich des Media Players*

Sie können diesen Navigationsbereich auch nach Ihren Bedürfnissen anpassen. Gehen Sie dazu wie folgt vor:

1 Wählen Sie **Organisieren** > **Navigationsbereich anpassen**.

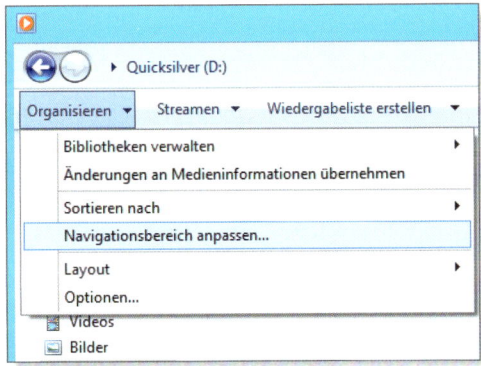

▲ **Abbildung 20.15** *Über das Menü wählen Sie die Funktion zum Anpassen des Navigationsbereichs.*

2 Schauen Sie sich die Liste an, und schalten Sie die Elemente an, die Sie interessieren und die Sie im Player sehen wollen. Weniger interessante Elemente, die bereits angeschaltet sind, wählen Sie mit einem Mausklick ab.

3 Führen Sie die Einstellungen für den Bereich **Musik**, **Wiedergabelisten**, **Videos**, **Bilder** und **TV-Aufzeichnungen** durch.

4 Bestätigen Sie mit **OK**.

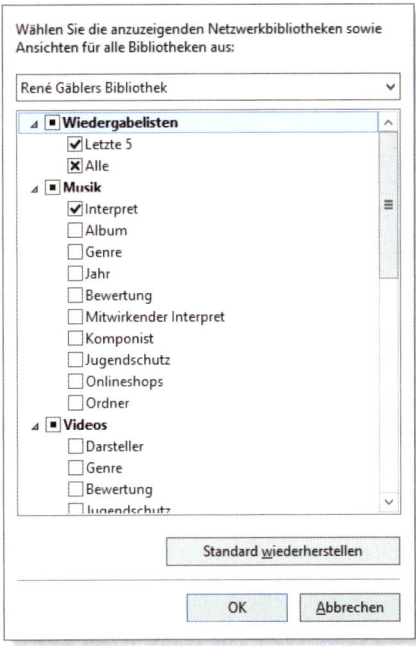

▲ **Abbildung 20.16** *Der Navigationsbereich wird angepasst.*

Die Änderungen sind sofort im Navigationsbereich zu sehen.

▲ **Abbildung 20.17** *So sieht der Navigationsbereich nach meiner Veränderung aus.*

Layouteinstellungen wählen

Mit den Layouteinstellungen wählen Sie, ob die Liste am rechten Rand angezeigt wird oder nicht. Sie können die Spalten auswählen, die im Player zu sehen sind, und Sie können auch die Reihenfolge der Spalten verändern. Außerdem lässt sich hier die Menüleiste einblenden oder auch wieder deaktivieren.

Am rechten Rand sehen Sie in drei Registern die Wiedergabeliste und den Status des Programms beim Brennen einer DVD. Und Sie können hier einen tragbaren und kompatiblen Musikplayer synchronisieren.

▲ **Abbildung 20.18** *Am rechten Rand des Players finden Sie drei Register und eine Liste.*

Auch die Menüleiste ist für die normale Arbeit mit dem Player nicht notwendig. Da hier aber einige Funktionen enthalten sind, mit denen Sie das Layout des Players verändern können, schalten Sie diese einmal an.

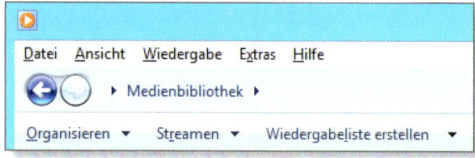

▲ **Abbildung 20.19** *Die Menüleiste enthält fünf einzelne Menüs.*

Viele der vorausgewählten Spalten sind nicht notwendig. Sie brauchen zum Beispiel im Player nicht die Bewertung und den mitwirkenden Interpreten. Schauen Sie sich die Liste an, und schalten Sie nicht notwendige Elemente aus.

Beachten Sie: Die Spalten sind abhängig von dem gewählten Medium. Für TV-Aufzeichnungen stehen andere Spalten zur Verfügung als bei Videos oder Musik.

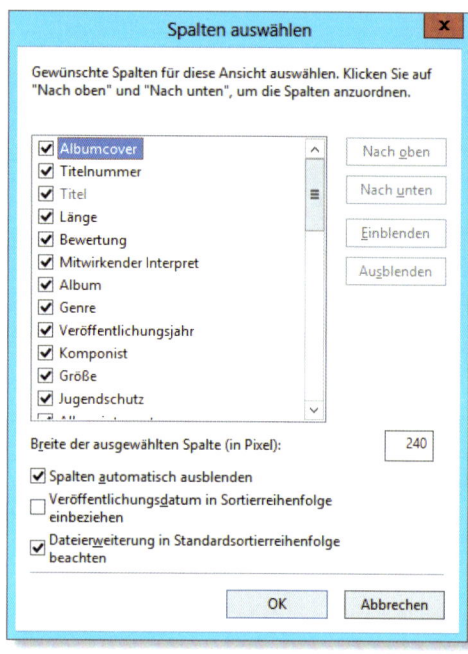

▲ **Abbildung 20.20** *Wählen Sie aus, was im Media Player zu sehen ist.*

Ein Design auswählen

Zunächst kommt der Media Player nur mit zwei Designs daher. Mit **Extras > Herunterladen > Designs** gelangen Sie auf eine Website, auf der Sie jede Menge farbenfroher Designs finden. Mit ihnen können Sie das Aussehen des Media Players verändern.

Und so verwenden Sie ein Design:

1 Wählen Sie **Extras > Herunterladen > Designs**.

2 Schauen Sie sich auf der Website um, und entscheiden Sie sich für eines der Designs. Klicken Sie bei diesem auf **Herunterladen**. Bestätigen Sie die Sicherheitsmeldung, dass Sie die gewählte Datei öffnen und speichern möchten.

20.1 Erste Schritte mit dem Windows Media Player

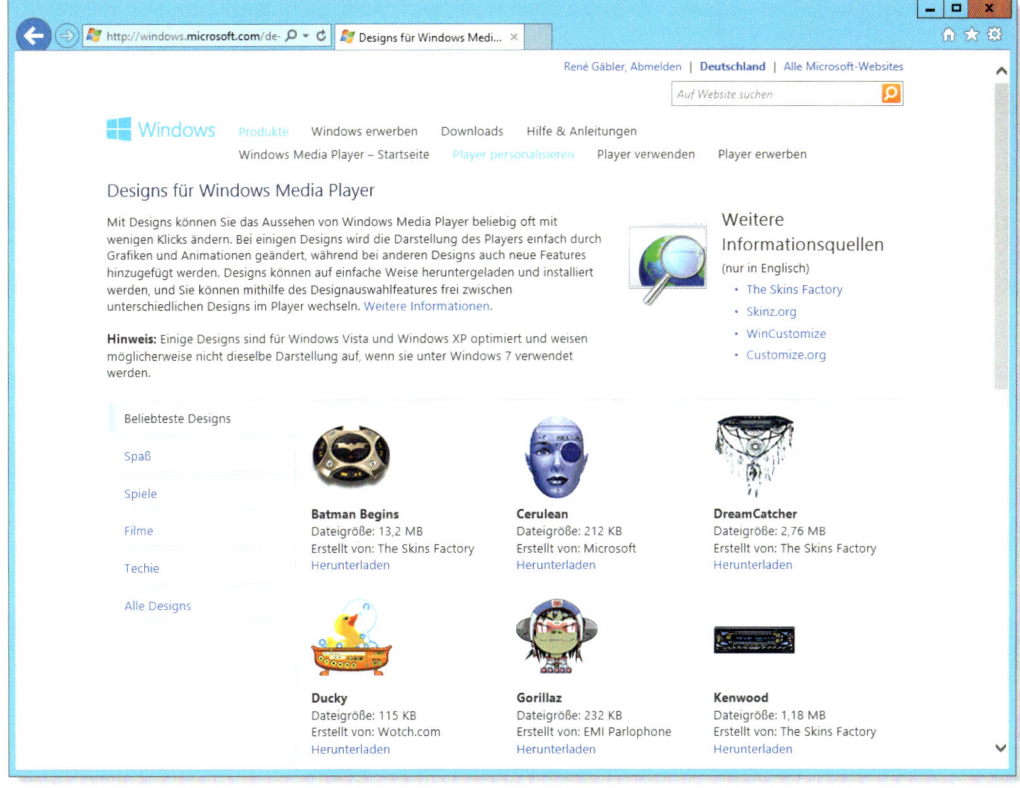

▲ **Abbildung 20.21** Es gibt eine Reihe bunter Designs, mit denen Sie die Optik des recht trist aussehenden Media Players verändern.

3 Eine Warnmeldung besagt, dass Sie eine Datei herunterladen, die potenziell gefährlich ist und womöglich Skripte enthält. Bestätigen Sie, dass Sie die Datei auf Ihren Rechner laden und öffnen wollen.

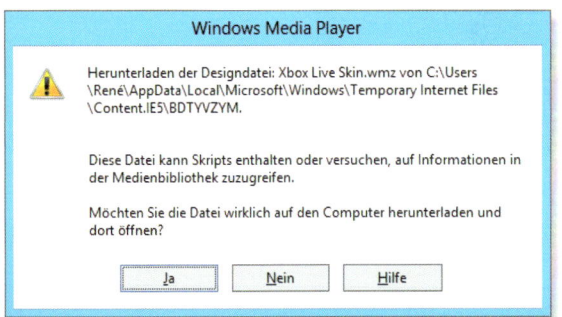

▲ **Abbildung 20.22** Windows 8 warnt Sie mehrfach. Bei Skins von einer Microsoft-Website besteht allerdings nur geringe Gefahr.

4 Warten Sie, bis der Download abgeschlossen ist, und klicken Sie auf **Jetzt anzeigen**. Das Design wird installiert und sofort angewendet.

▲ **Abbildung 20.23** Lassen Sie sich den heruntergeladenen Inhalt anzeigen.

449

Kapitel 20: Der Windows Media Player

▲ **Abbildung 20.24** Cool – der Windows Media Player im »Xbox«-Design

Befindet sich der Player im Modus **Wiedergabeliste**, wird das Design bzw. Skin angewendet. Die wichtigsten Funktionen sind über Schaltflächen und Regler erreichbar. Mit **Zurück zu ...** oder **Return to Full mode** erreichen Sie die Standardansicht des Players.

Wenn Sie dies möchten, laden Sie mehrere Designs herunter und verwenden ganz nach Belieben mal diese Oberfläche und mal jene. Über **Ansicht > Designauswahl** gelangen Sie in den Dialog, in dem Sie wählen, welche Oberfläche Sie im Augenblick bei dem minimierten Player anwenden wollen.

Bestimmen Sie, wie die angezeigten Inhalte sortiert werden

Mit **Organisieren > Sortieren nach** bestimmen Sie, wie die Titel angeordnet werden. Entscheiden Sie sich dabei für eine der folgenden Varianten:

- Titel
- Albuminterpret
- Album
- Veröffentlichungsdatum
- Aufzeichnungsdatum
- Bewertung
- Dateiname

Für welches dieser Sortiervarianten Sie sich entscheiden, bleibt ganz Ihnen überlassen.

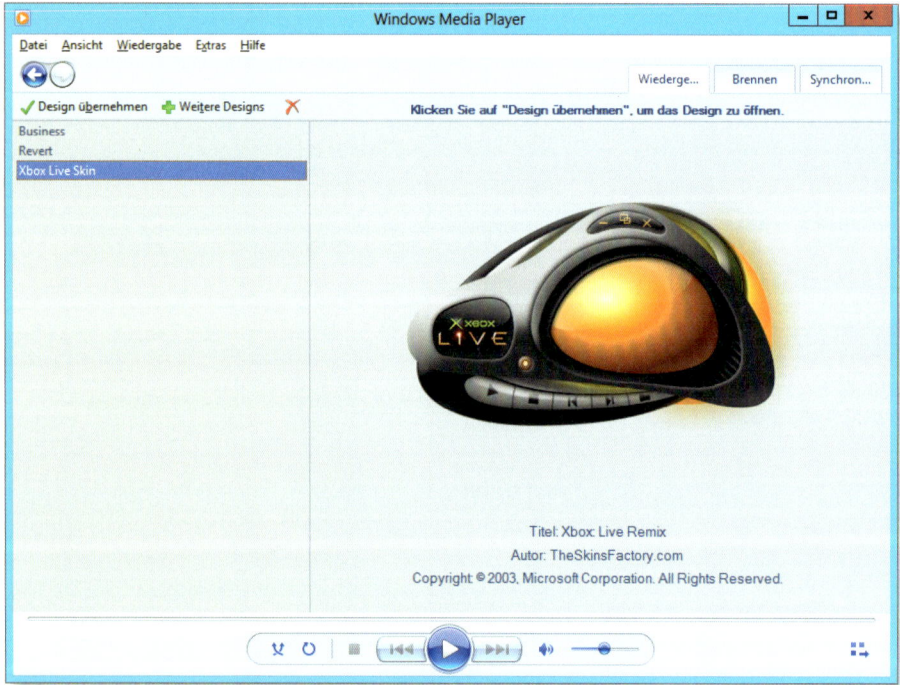

◀ **Abbildung 20.25** Das Design »Xbox« sieht modern und kreativ aus. Aber das ist natürlich Geschmackssache. Es gibt noch viele weitere Designs zur Auswahl.

Die Steuer- und Bedienelemente des Media Players

Viele Bedienelemente erschließen sich auf den ersten Blick. Sie werden keine großen Probleme haben, einen Musiktitel oder ein Video auszuwählen und mit dem Microsoft Media Player wiederzugeben. Hier und da nenne ich im Buch auch einmal die verschiedenen Bedienelemente. Oder Sie lesen an anderer Stelle, vielleicht im Onlinehandbuch oder auf Webforen und in FAQs, davon. Der Vollständigkeit halber möchte ich aber an dieser Stelle einmal alle Bedienelemente auflisten und Ihnen so sagen, wo Sie was finden.

Im Kopf des Players finden Sie die Adressleiste und die Menüzeile. Die Menüzeile können Sie ausschalten. Sie enthält die Menüs **Datei**, **Ansicht**, **Wiedergabe**, **Extras** und **Hilfe**.

Den Navigationsbereich auf der linken Seite des Programms kennen Sie bereits. Hier wählen Sie, welche Medien Sie wiedergeben möchten. Je nach Ihrer Einstellung haben Sie hier Auswahlmöglichkeiten wie **Genre**, **Künstler**, **Alben** oder andere. Auch die erstellten Wiedergabelisten sind hier zu finden.

Der Detailbereich nimmt den größten Teil der Oberfläche ein. Hier sehen Sie die Albumcover, die Titel der Musik- und Videodateien sowie weitere Elemente zu diesen. Hier können Sie auswählen, was Sie sehen und hören möchten.

Rechts befindet sich der Listenbereich mit den Listen **Wiedergabe**, **Brennen** und **Synchronisieren**. Sie können den Listenbereich über **Organisieren > Layout** aktivieren, oder Sie schalten ihn mit einer der Schaltflächen am rechten oberen Rand ein.

Ganz am unteren Rand sehen Sie den *Wiedergabesteuerungs-Bereich*. Der Begriff ist etwas kompliziert gewählt. Sagen wir einfach einmal, hier sehen Sie die Steuerelemente. Sie starten und pausieren hier die Wiedergabe. Sie können einen Titel zurück oder nach vorn springen. Halten Sie die Maustaste gedrückt, um den schnellen Vor- oder Rücklauf zu nutzen. Hier finden Sie einen Lautstärkeregler und können bei Bedarf auch den Ton ausstellen. Sie können hier die Wiedergabe stoppen, die zufällige Wiedergabe der Titel einschalten und den Schleifenmodus wählen. Bei Letzterem werden die gewählten Titel wiederholt, bis Sie die Wiedergabe unterbrechen.

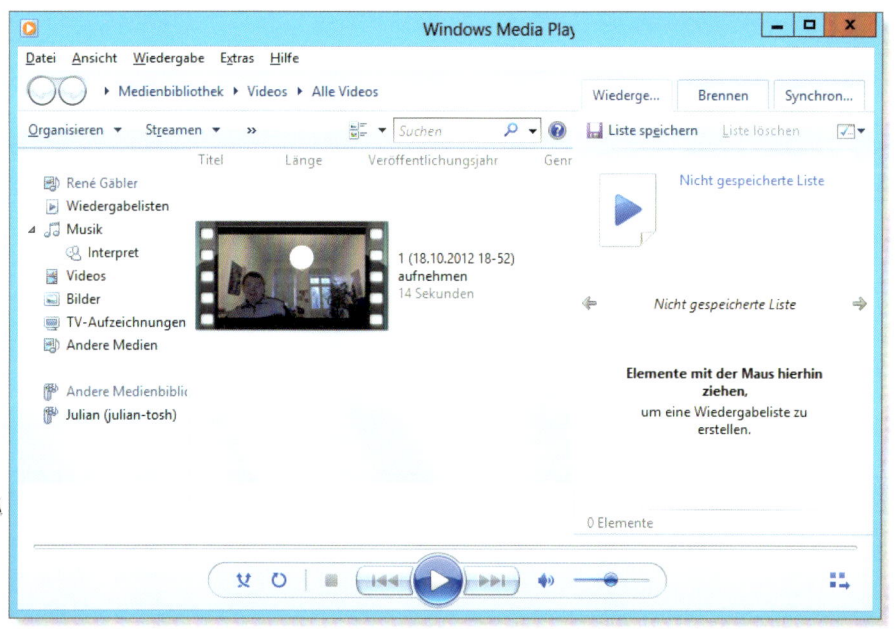

◂ *Abbildung 20.26* Der Media Player besitzt einen einfachen, klaren Aufbau. Alle wichtigen Funktionen, die Sie von anderen Abspielgeräten kennen, finden Sie sofort.

Kapitel 20: Der Windows Media Player

▲ **Abbildung 20.27** *Mit diesen Elementen steuern Sie den Player.*

Schalten Sie in den Modus **Aktuelle Wiedergabe**, sind weniger Elemente zu sehen. In der linken oberen Ecke wird die Medieninformation angezeigt. Sie sehen hier den Namen des Films oder den Titel des Songs. In der rechten oberen Ecke ist eine Schaltfläche zu sehen. Mit dieser wechseln Sie in den Bibliotheksmodus zurück. Im unteren Bereich sehen Sie den Wiedergabesteuerungs-Bereich.

20.2 Musik und Videos mit dem Media Player wiedergeben

Die Wiedergabe von Musiktiteln und Videos ist eine der wichtigsten Aufgaben eines Media Players. Und es ist äußerst bequem, sich die Musik per Maus auszusuchen. Sie schließen einen Kopfhörer an, wählen die gewünschte Musik aus und lehnen sich zurück. Sie stellen eine kleine Soundanlage auf oder verbinden den Rechner mit der Stereoanlage. Dann legen Sie eine Film-DVD ein, fläzen sich auf das Sofa, stellen ein Glas Wein vor sich hin und genießen einen Klassiker oder auch einen Blockbuster.

Bei diesen Aufgaben ist es wichtig, dass der Player einfach zu bedienen ist. Gut, wenn Sie etwas streamen wollen, müssen Sie sich näher mit dem Player und den technischen Grundlagen beschäftigen. Aber wer will sich schon in ein Programm einarbeiten, wenn er nichts weiter vorhat, als ein paar Videos aus der Videothek auszuleihen und anzuschauen? Sie werden in den folgenden Abschnitten sehen, dass viele Funktionen des Media Players einfach zugänglich sind und Sie diese ohne große Schwierigkeiten nutzen können. Ich stelle Ihnen aber auch erweiterte Möglichkeiten vor. Sie können eine Musik-CD einlegen und starten. Oder Sie machen aus mehreren Musik-CDs eine Wiedergabeliste machen und rufen diese wiederholt ab.

Eine Musik-CD mit dem Media Player wiedergeben

Legen Sie die CD ein. Windows 8 erkennt, dass Sie eine CD eingelegt haben. Am oberen rechten Rand wird ein Fenster eingeblendet.

▲ **Abbildung 20.28** *Ein Fenster wird eingeblendet.*

Tippen Sie auf diese Anzeige. Nun können Sie auswählen, welche Aktion Sie für die eingelegte CD ausführen wollen.

▲ **Abbildung 20.29** *Zwei Mausklicks genügen, und die Musik-CD wird wiedergegeben.*

Haben Sie den Zugriff auf die Internetdatenbank ausgeschaltet, werden das Cover, die Namen der Titel und der Interpreten nicht ergänzt. Die CD wird einfach wiedergegeben.

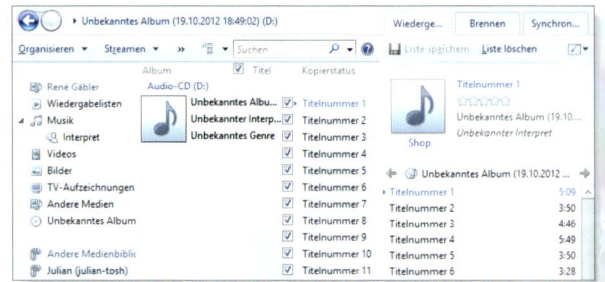

▲ **Abbildung 20.30** *Ohne Zugriff auf Internetdaten werden Nummer und »Unbekannter Interpret« angezeigt.*

20.2 Musik und Videos mit dem Media Player wiedergeben

So ergänzen Sie die Albuminformationen

Es stört mich ein wenig, dass die Titel so lieblos mit **Titelnummer 1**, **Titelnummer 2** usw. angezeigt werden (siehe Abbildung 20.30). Um das zu ändern, müssen Sie ein paar Mausklicks ausführen:

1 Markieren Sie das Bild mit dem Notenschlüssel. Öffnen Sie mit der rechten Maustaste das Kontextmenü. Wählen Sie **Albuminformationen suchen**.

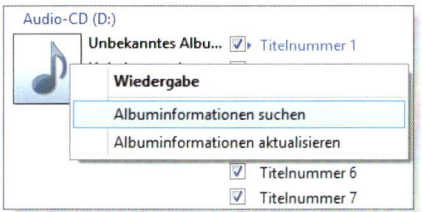

▲ *Abbildung 20.31 Über das Kontextmenü werden die Daten zu einem Album ergänzt.*

2 Da Sie ja sicher die CD neben sich liegen haben, können Sie das Cover und das Coverbild mit dem vergleichen, das das Programm im Internet findet. Gesucht wird auf *fai-music.metaservices.microsoft.com*. Wird das passende Album oder die passende Single nicht gefunden, geben Sie diese im Eingabefeld ein.

3 Markieren Sie das Cover, und wählen Sie **Weiter**.

▲ *Abbildung 20.32 Das Album wurde im Internet gefunden.*

4 Nun wird die Titelliste geladen. Sie sollte mit der der eingelegten CD übereinstimmen. Klicken Sie auf die Schaltfläche **Fertig stellen**, um diese Daten zu übernehmen.

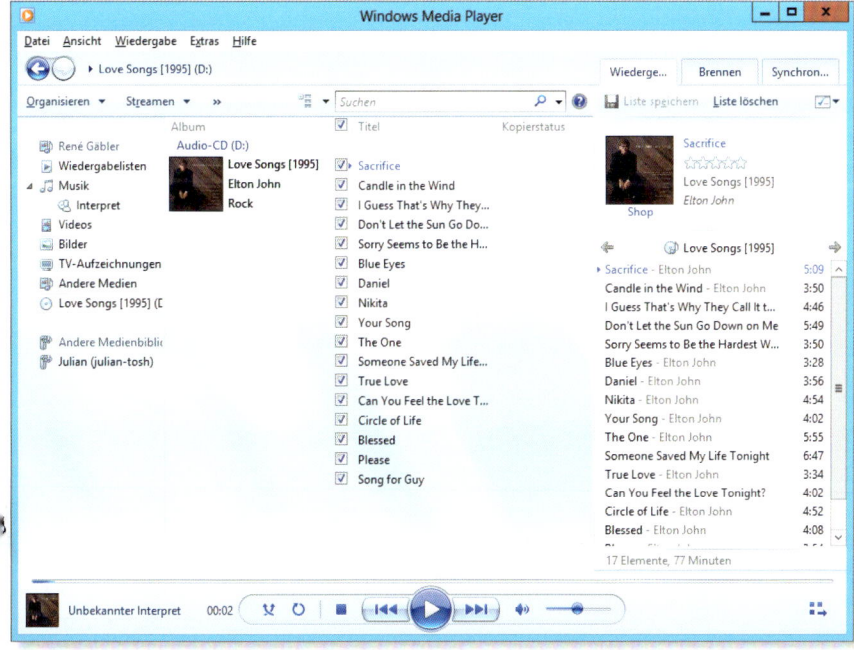

◂ *Abbildung 20.33 Albumcover und Titelliste wurden nun ergänzt. So sieht das Ganze etwas ansprechender aus.*

453

Kapitel 20: Der Windows Media Player

▲ **Abbildung 20.34** *Die Titelliste wird nun mit einem Mausklick übertragen und übernommen.*

Schalten Sie in den Optionen das Herunterladen von Medieninformationen an, und zwar im Register **Medienbibliothek** und dort im Register **Datenschutz** tun. So wird auch das Bild des Covers in den Player geladen.

Titelinformationen selbst erstellen oder verändern

Können die Albuminformationen nicht automatisch ergänzt werden, können Sie die Bezeichnungen von Titeln auch selbst eingeben.

1 Gehen Sie vor, wie im vorhergehenden Abschnitt beschrieben. Suchen Sie zuerst nach den passenden Albumdaten in der Internetdatenbank.

2 Wählen Sie im Fenster **Albuminformationen suchen** auf der linken Seite, gleich neben der Abbildung des Covers, **Bearbeiten** ❶.

▲ **Abbildung 20.35** *Eine Funktion ermöglicht das Editieren der Albumdaten.*

3 Im nächsten Fenster tragen Sie den Namen des Albums, den Namen des Interpreten oder der Gruppe ein. Wählen Sie im Listenfeld, um welches Musikgenre es sich handelt. Geben Sie nun die Namen der Titel ein. Haben Sie diese Aufgabe beendet, wählen Sie **Fertig**. Die Daten werden dann in den Media Player übernommen.

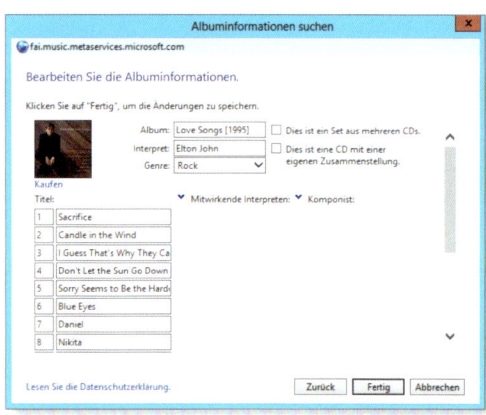

▲ **Abbildung 20.36** *In diesem Fenster kann ich die Daten verändern.*

Wiedergabelisten erstellen und verwalten

Mit einer Wiedergabeliste stellen Sie Ihre Lieblingstitel zusammen. Eine Auswahl verschiedener Musiktitel wird in einer bestimmten Reihenfolge erfasst. Diese Liste wird gespeichert und kann immer wieder abgerufen werden.

1 Wählen Sie **Datei > Wiedergabeliste erstellen**.

2 Auf der linken Seite wird das Menü um einen Eintrag erweitert. Hier wird die Wiedergabeliste eingefügt. Geben Sie eine Bezeichnung für sie ein, und bestätigen Sie mit ⏎.

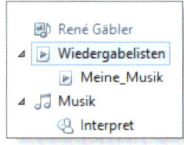

▲ **Abbildung 20.37** *Die neue Wiedergabeliste erhält einen Namen.*

20.2 Musik und Videos mit dem Media Player wiedergeben

3. In einem zweiten Fenster des Windows-Explorers wechseln Sie zu dem Ordner, in dem sich Ihre Musikdateien befinden. Markieren Sie diese. Wählen Sie aus dem Kontextmenü **Zur Windows Media Player Wiedergabeliste hinzufügen**.

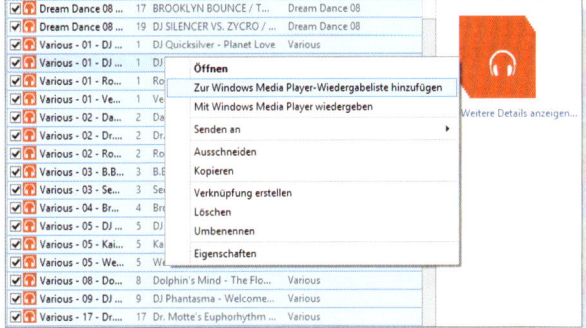

▲ **Abbildung 20.38** Kopieren Sie die Musikdateien in Ihre Medienbibliothek.

4. Unter **Musik** erreichen Sie Ihre Medienbibliothek. Hier finden Sie nun auch die übertragenen Musiktitel. Markieren Sie alle Titel, die Sie in die Wiedergabeliste einfügen möchten, und ziehen Sie sie per Drag & Drop auf die Liste.

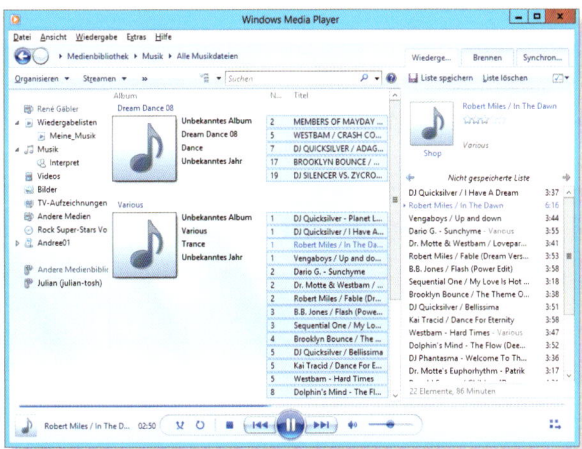

▲ **Abbildung 20.39** In meinem Beispiel habe ich alle Titel kopiert.

5. Wechseln Sie nun zur Wiedergabeliste. Verändern Sie die Reihenfolge der Titel wie gewünscht. Um einen Titel zu verschieben, markieren Sie ihn und ziehen ihn bei gedrückter linker Maustaste an die gewünschte Position. Um einen Titel zu löschen, markieren Sie ihn und drücken [Entf].

6. Beachten Sie bitte, dass eine Rückfrage nicht erfolgt. Der Titel wird jedoch nur aus der Wiedergabeliste gelöscht, nicht aus der Medienbibliothek. Der Song bleibt Ihnen also in jedem Fall erhalten.

7. Fügen Sie auf die beschriebene Art und Weise weitere Titel hinzu. Über **Wiedergabe > Zufällige Wiedergabe** können Sie beim Anhören die Titel noch mischen. Speichern müssen Sie die neu erstellte Wiedergabeliste nicht. Diese Aufgabe erledigt der Windows Media Player automatisch.

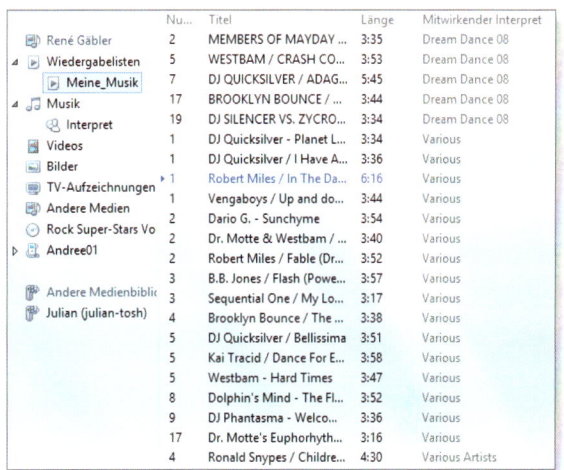

▲ **Abbildung 20.40** Ich bin zufrieden. Die Wiedergabeliste ist fertig.

Die automatisch erstellte Wiedergabeliste

Der Windows Media Player kann auch eine automatische Wiedergabeliste erstellen. Beim Öffnen des Programms wird die Wiedergabeliste immer wieder aktualisiert. Sie geben einmal bestimmte Filterkriterien an, das Programm nutzt diese dann und wählt anhand Ihrer Musikbibliothek passende Musikdateien aus. Ein Beispiel:

1. Rufen Sie die Funktion mit **Datei > Automatische Wiedergabeliste erstellen** auf.

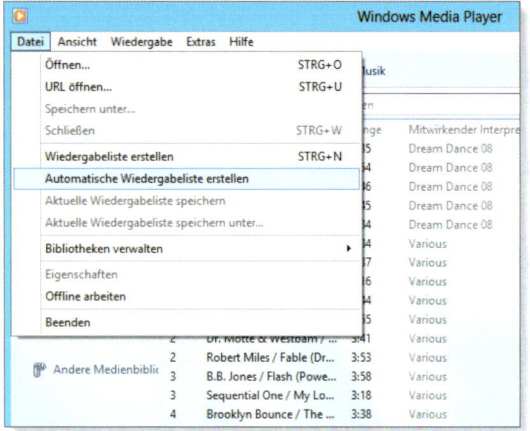

△ **Abbildung 20.41** Eine automatische Wiedergabeliste erstellen Sie über das Menü »Datei«.

2   Geben Sie zuerst eine Bezeichnung ein. Im Beispiel wähle ich »Meine Auto-Musikliste« ❶.

3   Sie sehen nun in einer Dialogbox zwei Kriterien und eine Ausschließung. Diese müssen Sie angeben. Wenn Sie möchten, fügen Sie weitere hinzu. Setzen Sie die Maus auf **Klicken Sie hier, um Kriterien hinzuzufügen** unter dem ersten Punkt **Musik in der Musikbibliothek** ❷. Wählen Sie aus dem Listenfeld eines der Möglichkeiten aus. Im Beispiel entscheide ich mich für **Genre** ❸.

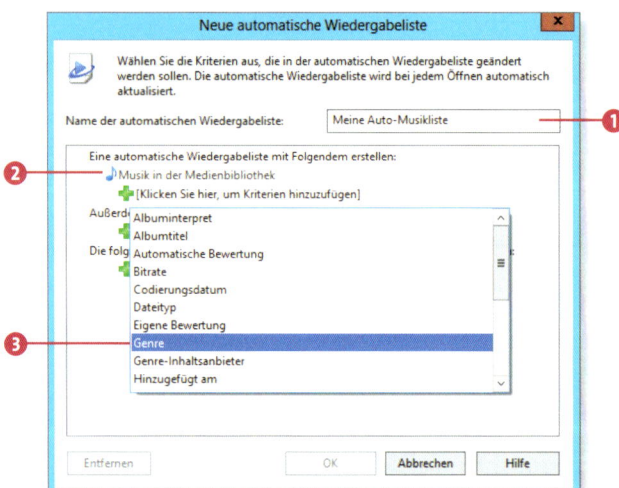

△ **Abbildung 20.42** Wählen Sie das erste Kriterium für Ihre Wiedergabeliste aus.

Nun sehen Sie ein Genre ist gleich unter Musik in der Wiedergabeliste. Klicken Sie dahinter auf den Menülink, und wählen Sie ein Genre aus. Ich entscheide mich hier für **Dream Dance**.

Wiederholen Sie den Vorgang für ein zweites Genre, zum Beispiel **Dance**.

4   In der Zeile **Außerdem Folgendes einschließen** wählen Sie **Musik in der Medienbibliothek**.

5   Nun muss noch eine Einschränkung festgelegt werden. Damit sorgen Sie dafür, dass die Wiedergabeliste zum Beispiel nicht zu groß wird. Unter der Zeile **Die folgenden Einschränkungen für die automatische Wiedergabeliste übernehmen** wählen Sie das Kriterium **Gesamtdauer begrenzen**. Legen Sie als Einstellung die Zahl **12** fest. Das steht für 12 **Stunden** maximale Laufzeit.

Mit **OK** bestätigen Sie alle Angaben. Der Dialog wird geschlossen, und die automatische Wiedergabeliste wird erstellt.

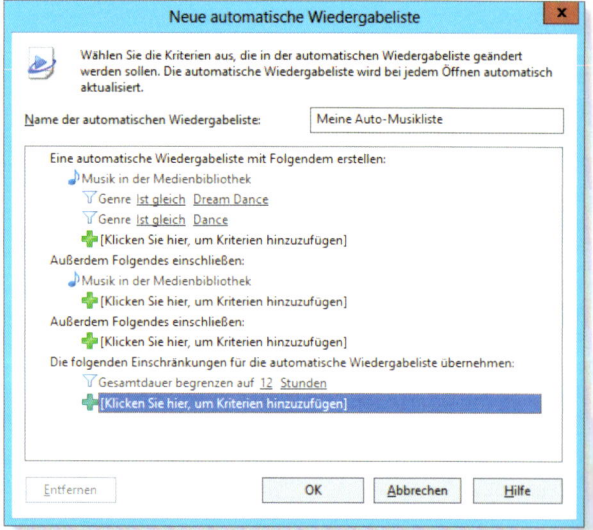

△ **Abbildung 20.43** Die automatische Wiedergabeliste ist fertig.

Mit **Entfernen** können Sie ein Kriterium wieder löschen.

20.2 Musik und Videos mit dem Media Player wiedergeben

Sie können die folgenden Kriterien auswählen:

- Albuminterpret
- Albumtitel
- Automatische Bewertung
- Bitrate
- Codierungsdatum
- Dateityp
- Eigene Bewertung
- Genre
- Genre-Inhaltsanbieter
- Hinzugefügt am
- Letztes Wiedergabedatum
- Mitwirkender Interpret
- Schlüsselfelder
- Sortieren nach
- Titel
- Untergenre
- Wiedergabeanzahl

(insgesamt, insgesamt am Wochenende, insgesamt wochentags)

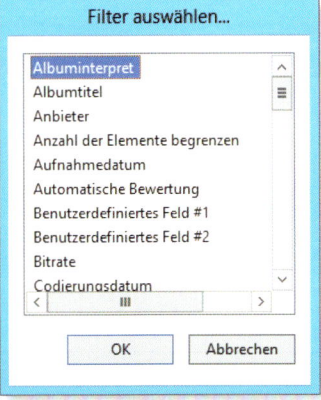

▲ **Abbildung 20.44** Mit »Weitere« bekommen Sie jede Menge zusätzlicher Filter.

Bei den Einschränkungen haben Sie weniger Möglichkeiten:

- Anzahl der Elemente begrenzen
- Gesamtdauer begrenzen auf
- Gesamtgröße begrenzen auf

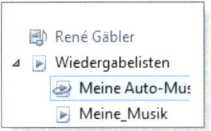

▲ **Abbildung 20.45** Die neu erstellte automatische Wiedergabeliste erscheint im Player.

Musik und Videos direkt aus dem Media Player heraus brennen

Das Brennen einer Musiksammlung auf CD ist recht einfach:

1 Legen Sie einen CD-Rohling in das Brenner-Laufwerk Ihres Rechners.

2 Öffnen Sie die Wiedergabeliste. Klicken Sie auf das Register **Brennen**. Ziehen Sie nun per Drag & Drop diejenigen Titel in den Bereich **Brennliste**, die Sie auf der CD haben möchten (siehe Abbildung 20.46).

3 Wiederholen Sie den Vorgang mit weiteren Wiedergabelisten. Der Windows Media Player zeigt Ihnen an, wie viel Speicherplatz noch auf der CD frei ist. Wenn Sie möchten, verändern Sie die Reihenfolge der Titel mit der Maus.

Haben Sie alle Titel zusammen, die Sie auf CD brennen wollen, klicken Sie auf **Brennen starten**.

Möchten Sie keine Audio-CD erstellen, sondern eine Daten-CD oder -DVD, so wählen Sie dieses Feature aus dem Listenmenü, das Sie mit der Schaltfläche rechts oben am Player öffnen. Hier können Sie auch die Bezeichnung der Liste verändern oder eine der möglichen Sortieroptionen wählen.

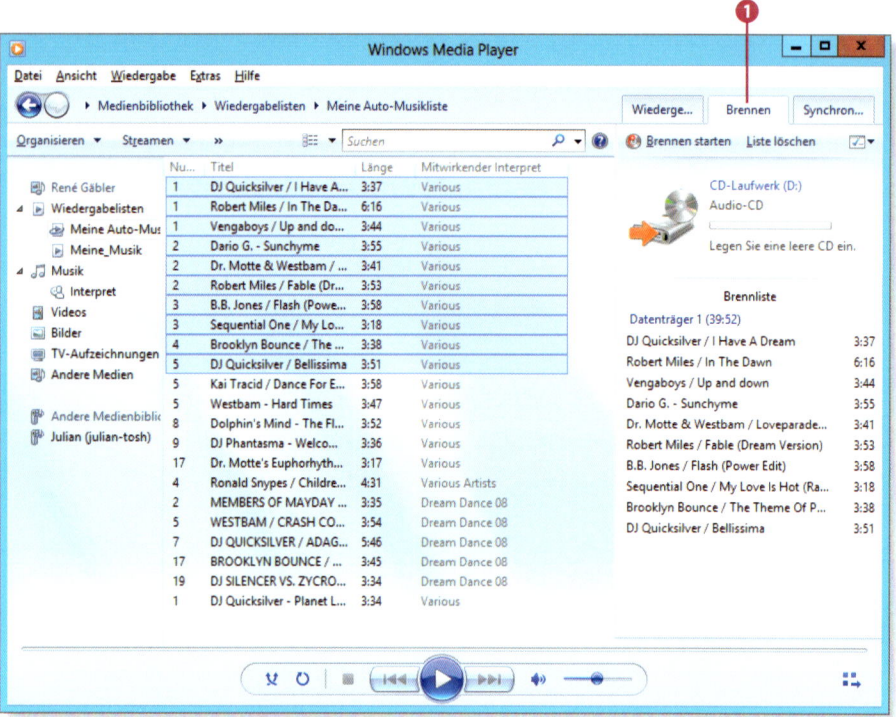

◁ **Abbildung 20.46** Das Brennen einer Musik-CD ist mit dem Windows Media Player ganz einfach. Sie ziehen einfach mit der Maus die gewünschten Musiktitel auf das Register »Brennen« ❶, legen eine leere CD ein und starten den Brennvorgang.

20.3 Audio- und Videoinhalte streamen

Streaming ist eine coole Sache. Besonders in kleinen Heimnetzwerken können Sie so Musik und Videos genießen. Stellen Sie sich vor, der Rechner mit Ihrer Musikbibliothek befindet sich in Ihrem Arbeitszimmer. Sie möchten aber gern im Wohnzimmer die Musik hören – am besten auf der Stereoanlage ausgegeben. Das geht. Ein Netzwerk, ein Windows-8-Rechner an einem Ende und ein weiterer auf der anderen Seite genügen bereits. Genauso können Sie auch Videos abrufen.

Streaming heißt nichts anderes, als dass Sie über eine Netzwerkverbindung von einem Rechner Musik- oder Videodaten abrufen und sie auf dem Zielrechner wiedergeben. Dabei werden die Musik oder die Videos in einem Datenstrom übertragen. Es handelt sich also um eine Echtzeitdatenübertragung, bei der immer Daten von A nach B fließen. Die Daten werden *kontinuierlich* übertragen.

INFO

Kein lückenloses Brennen möglich: Was nun?
Nicht jeder DVD-Brenner unterstützt das lückenlose Brennen von Daten. Ist das bei Ihnen der Fall, so gibt der Windows Media Player eine entsprechende Meldung aus. Wenn Sie diese bestätigen, wird die Funktion ausgeschaltet. Die Daten landen dennoch auf CD und können ohne Probleme wiedergegeben werden.

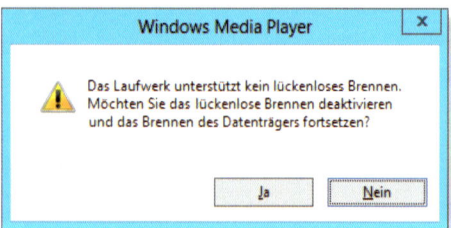

▲ **Abbildung 20.47** Kein lückenloses Brennen möglich? – Es geht auch ohne dieses Feature.

Streaming wird bei Web-TV und Webradio verwendet. Aber auch bei einigen Videoanbietern, wie zum Beispiel *iTunes* oder *maxdome*, kommt Streaming zum Einsatz. Um hier ein Abreißen der Wiedergabe zu vermeiden – das geschehen kann, wenn die Leitung schlecht oder zu stark belastet ist –, wird ein Teil der Videodaten im Voraus zum Nutzer gesendet. Hier wird dieser erste Teil zwischengespeichert.

Während Sie das Video anschauen, werden die restlichen Daten geladen. Bei Audiodaten ist dies nicht notwendig. Hier ist die Datenmenge nicht so groß, dass ein Vorabdownload notwendig wäre.

Noch einmal als grobe Zusammenfassung: Beim Streaming werden gleichzeitig Daten gesendet und empfangen. Voraussetzung sind ein vorhandenes Netzwerk und je ein Rechner mit einem Programm, das das Streamen von Mediendaten unterstützt. Man spricht hier von einem *Streaming-Server*. Auf der Empfängerseite ist ein Player notwendig, der Streamingdaten empfangen und wiedergeben kann. Das ist der *Streaming-Client*.

Der Windows Media Player kann die Aufgabe eines Clients übernehmen. Ein Streaming-Server ist nicht notwendig. Die Daten werden einfach im Netzwerk freigegeben. Es genügen im Regelfall also zwei Rechner mit Windows 8 und dem Windows Media Player.

Der zweite Rechner muss nicht unbedingt ein Windows-8-Rechner mit dem Windows Media Player sein. Der Player kann auch auf eine Musikbibliothek von iTunes zugreifen. In den folgenden Abschnitten gehe ich jedoch davon aus, dass beide Rechner mit Windows 8 betrieben werden und dass auf beiden der Media Player vorhanden ist.

Eine Besonderheit besteht bei der aktuellen Version des Windows Media Players: Sie können die Mediendaten auch für einen Internetzugriff freigeben. Beide Möglichkeiten möchte ich in den folgenden Abschnitten vorstellen.

Streamingzugriff auf die Medienbibliothek vorbereiten

Nur wenige Mausklicks sind notwendig, und Sie können auf die Daten per Netzwerk zugreifen:

1 Wählen Sie im Windows Media Player **Streamen > Medienstreaming für Heimnetzwerke aktivieren**.

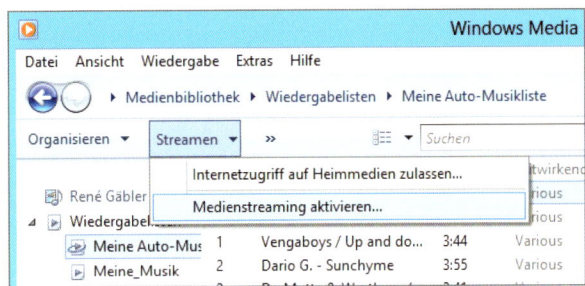

▲ *Abbildung 20.48 Schalten Sie zuerst die Streamingfunktion an.*

2 Im nächsten Fenster bestätigen Sie, dass Sie die Funktion Medienstreaming tatsächlich aktivieren wollen. Sie sehen den Dialog **Medienstreamingoptionen** aus der **Systemsteuerung**.

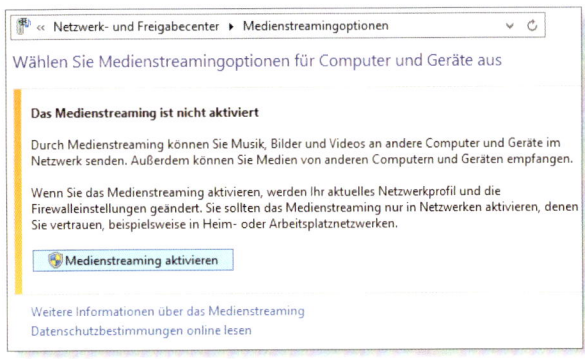

▲ *Abbildung 20.49 Das eigentliche Anschalten der Funktion geschieht in der Systemsteuerung.*

3 Geben Sie einen Namen für die Medienbibliothek ein, oder übernehmen Sie die Vorgabe. Hierbei wird Ihre Windows-Live-E-Mail-Adresse verwendet.

Kapitel 20: Der Windows Media Player

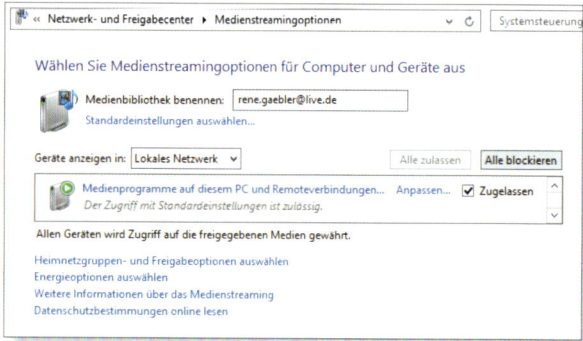

▲ **Abbildung 20.50** *Geben Sie eine Bezeichnung für die Medienbibliothek ein.*

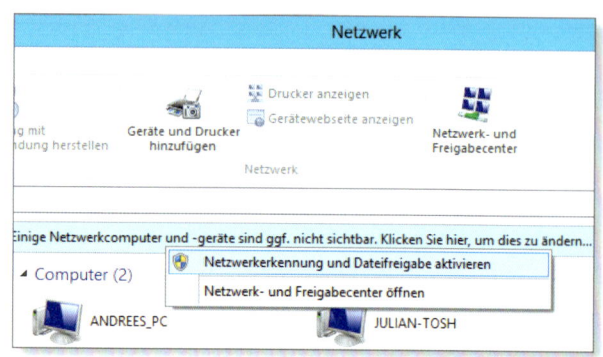

▲ **Abbildung 20.51** *Schalten sie im Windows-Explorer die Netzwerkerkennung und die Dateifreigabe an.*

4 Mit einem Klick auf **OK** schließen Sie den Dialog der **Systemsteuerung**.

Auf die Multimediadateien im Netzwerk zugreifen

Der Zugriff auf die Multimediadateien ist sehr einfach. Sie müssen keine weiteren Einstellungen vornehmen.

Auf dem ersten Rechner haben Sie, wie im vorhergehenden Abschnitt beschrieben, die Streamingfunktion angeschaltet. Dieser Rechner ist nun über ein Netzwerkkabel mit einem anderen Windows-8-Rechner verbunden. Hier sollen nun die Audiodateien abgerufen werden. Gehen Sie dazu wie folgt vor:

1 Öffnen Sie den Windows-Explorer. Wählen Sie hier mit einem Doppelklick **Netzwerk**. Alle Netzwerkressourcen werden angezeigt.

2 Der Explorer zeigt Ihnen an, dass die Freigabe von Dateien ausgeschaltet ist. Klicken Sie auf die Meldung, und schalten Sie die Freigabe an.

Mit zwei Symbolen wird die Multimediaverbindung angezeigt. Mit einem Doppelklick auf das Festplattensymbol mit dem grünen Pfeil ❶ rufen Sie die Eigenschaften der Streamingverbindung auf. Ein Doppelklick auf die Festplatte mit dem Filmstreifen ❷ öffnet den Windows Media Player und zeigt die Multimediadateien, die Sie abrufen können.

3 Doppelklicken Sie auf das Festplattensymbol mit dem Filmstreifen ❷. Der Windows Media Player wird geöffnet.

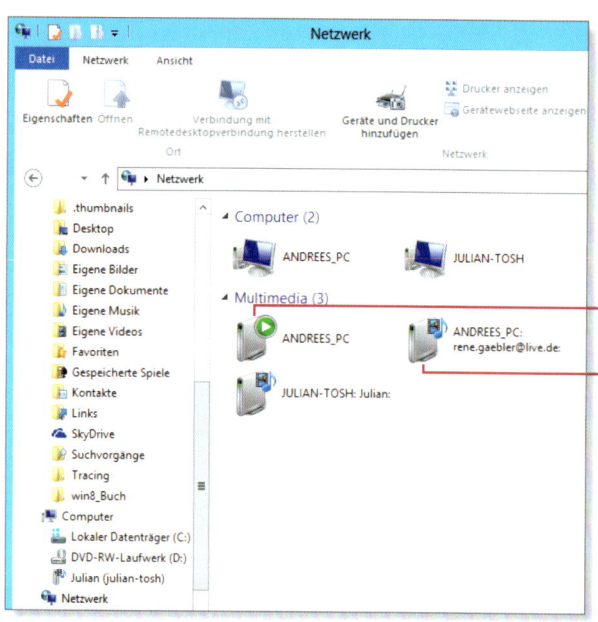

▲ **Abbildung 20.52** *Die Streamingverbindung ist einfach über den Windows-8-Dateimanager abzurufen.*

4 Schauen Sie sich den Inhalt der Wiedergabeliste an, und starten Sie die Wiedergabe. Gehen Sie genauso mit anderen Medien vor, die Sie mit einer Streamingverbindung vom Windows Media Player abrufen können.

20.3 Audio- und Videoinhalte streamen

Internetzugriff auf Musikdaten verwenden

Möchten Sie über eine Internetverbindung auf Ihre Multimediadaten zugreifen, müssen Sie zuvor einige Einstellungen vornehmen:

1 Wählen Sie im Media Player **Streamen > Internetzugriff auf Heimmedien zulassen**.

▲ *Abbildung 20.53* Über das Menü richten Sie den Internetzugriff auf Ihre Multimediadateien ein.

2 Der Dialog **Internet Home Media Access** wird eingeblendet. Bestätigen Sie hier den Zugriff mit einem Mausklick auf **Internetzugriff auf Heimmedien zulassen**.

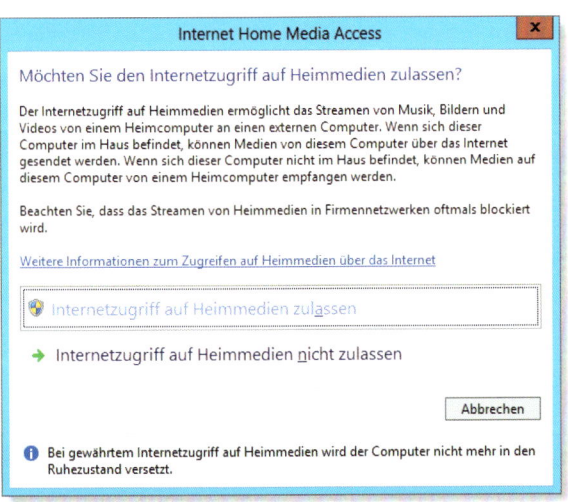

▲ *Abbildung 20.54* Mit einem weiteren Mausklick bestätigen Sie den Zugriff.

3 Bestätigen Sie im nächsten Fenster die Meldung der Benutzerkontensteuerung.

4 Ein weiterer Dialog meldet Ihnen, dass der Zugriff nun eingerichtet ist. Klicken Sie auf **OK**.

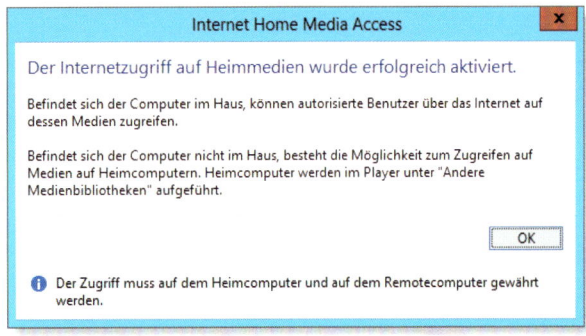

▲ *Abbildung 20.55* Der Internetzugriff wurde aktiviert und kann nun genutzt werden.

Die Remotesteuerung einrichten

Mit der Remotesteuerung werden Musik-, Bild- und Videodateien von einem anderen Computer aus abgerufen.

1 Wählen Sie **Streamen > Remotesteuerung zulassen**.

▲ *Abbildung 20.56* Die Remotesteuerung wird eingerichtet.

2 Ein Dialog klappt auf. Klicken Sie hier auf **Remotesteuerung in diesem Netzwerk zulassen**.

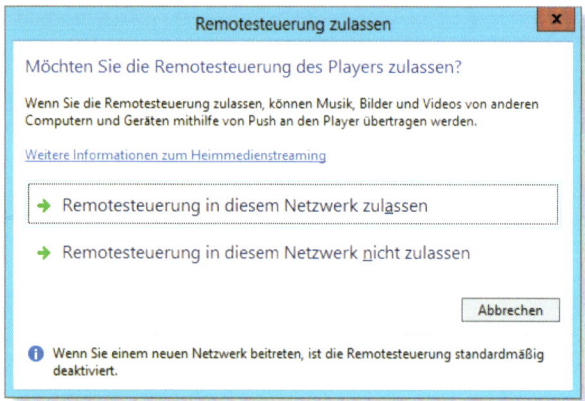

▲ **Abbildung 20.57** *In einem Dialog aktivieren Sie die Remotesteuerung.*

20.4 Was der Media Player noch so alles kann

Im Windows Media Player stecken mehr Funktionen, als Sie auf den ersten Blick sehen. Nicht alle werde ich an dieser Stelle vorstellen. Aber auf einige möchte ich Sie in den nächsten Abschnitten noch aufmerksam machen.

Livestreams auf Websites finden

Viele Radiosender unterhalten Websites. Hier finden Sie nicht nur Informationen zu den Sendungen, zu Aktionen, Gewinnspielen und zur Moderatorencrew. Auf der Website können Sie auch einen Livestream des aktuellen Radioprogramms abrufen. Dieser nutzt in der Regel ebenfalls den Windows Media Player. Der Link, mit dem sich der Livestream starten lässt, ist nicht zu übersehen. Sie finden ihn auf der Startseite der Website oder über das Menü. Schließlich möchte ja der Sender, dass Sie die Sendungen genießen.

Öffnen Sie die Website des Radiosenders, den Sie als Livestream anhören wollen. Suchen Sie das Streamingangebot, und kopieren Sie die URL in Ihre Zwischenablage.

Im Media Player wählen Sie **Datei > URL öffnen**. Kopieren Sie die Adresse mit dem Livestream in den Player.

▲ **Abbildung 20.58** *Die Adresse von Radio Fritz wird eingefügt.*

Der Stream wird nun wiedergegeben.

▲ **Abbildung 20.59** *Ein Stream wird wiedergegeben.*

Die Visualisierung verwenden

Wechseln Sie mit **Ansicht > Design** in den Designmodus. Nun werden Visualisierungen verwendet; sie stellen mit geometrischen Figuren und Bewegungen die abgespielte Musik grafisch dar.

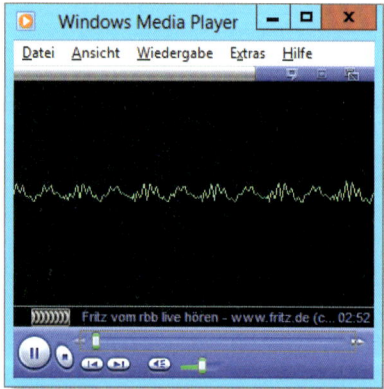

▲ **Abbildung 20.60** *Die Visualisierung bei der Wiedergabe des Radiostreams.*

20.4 Was der Media Player noch so alles kann

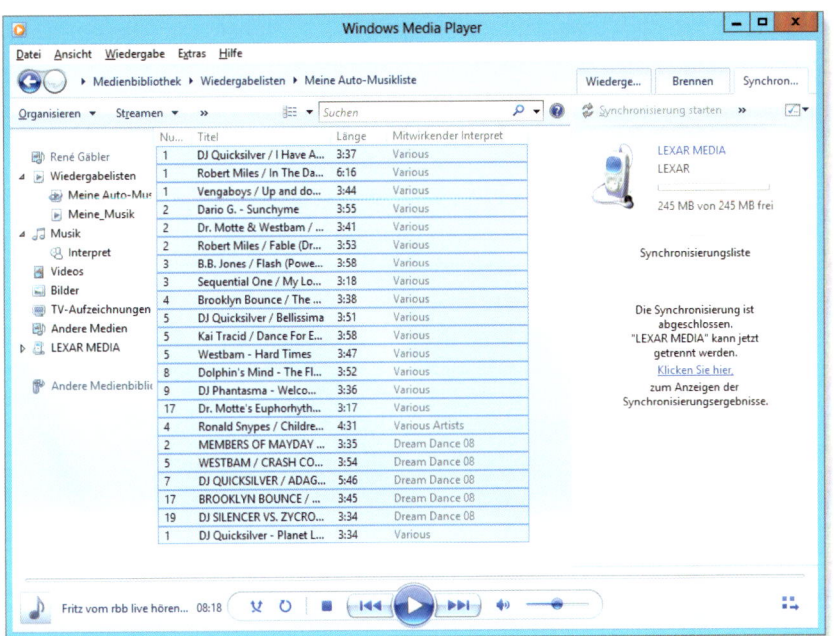

◄ **Abbildung 20.62** Meine Titel habe ich auf den USB-Stick kopiert.

Über das Kontextmenü können Sie eine andere Visualisierung wählen. Hier erreichen Sie auch eine Funktion, mit der Sie weitere Visualisierungen aus dem Internet laden. Bei einigen Designs finden Sie auch Schaltflächen direkt auf dem Player, mit denen Sie zur nächsten Visualisierung wechseln. Auch eine zufällige Auswahl ist möglich.

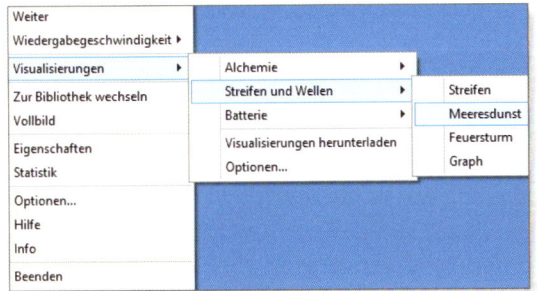

▲ **Abbildung 20.61** Wählen Sie eine der möglichen Visualisierungen.

Medien synchronisieren

Das Synchronisieren von Medien funktioniert mit tragbaren MP3- und Audio-Playern, die den Windows Media Player unterstützen. Es funktioniert aber auch mit USB-Sticks.

1 Verbinden Sie den Player oder den USB-Stick mit dem PC.

2 Öffnen Sie den Windows Media Player. Klicken Sie auf das Register **Synchronisierungsliste**. Hier werden die Größe des Mediums und der freie Speicherplatz angezeigt.

Wählen Sie eine Wiedergabeliste, und ziehen Sie die gewünschte Musik auf die Synchronisierungsliste. Starten Sie die Übertragung der Dateien mit einem Mausklick auf die Schaltfläche **Synchronisierung starten**.

Plug-ins verwenden

Einige Plug-ins sind bereits im Media Player vorhanden. Möchten Sie sie einsehen und verwalten, öffnen Sie unter **Organisieren** den Dialog **Optionen**. Wechseln Sie in das Register **Plug-Ins**. Hier finden Sie das Gesuchte.

463

INFO

Was sind eigentlich Plug-ins?
Plug-ins sind Erweiterungen, die verschiedene zusätzliche Funktionen bereitstellen. Solche Erweiterungen gibt es für viele Programme. Meist dienen Sie dazu, jedem Nutzer ganz individuelle Möglichkeiten zu geben, ein Programm mit für ihn wichtigen Funktionen auszustatten.

Der Windows Media Player enthält bereits Plug-ins für die Visualisierung. Haben Sie den Windows Live Messenger installiert, bringt auch dieser ein Plug-in für den Player mit.

Plug-Ins für Windows Media Player

Mit Plug-Ins werden Windows Media Player Funktionalitäten wie Audioeffekte oder DVD-Funktionen hinzugefügt. Mithilfe der unten aufgeführten Links können Sie Plug-Ins für Ihre Version des Players herunterladen. Weitere Informationen.

DVD-Decoder-Plug-Ins (MPEG-2 Decoder)

Bei einigen Editionen von Windows ist eine umfassende DVD-Wiedergabefunktion in Windows Media Player enthalten. Für Versionen, in denen diese Funktion nicht enthalten ist, können Sie ein Plug-In erwerben, mit dem Windows Media Player Features wie Steuerelemente zur Videowiedergabe im Vollbildmodus oder DVD-Kapitelauflistung hinzugefügt werden.

Für Windows 7

Windows 7 Home Premium, Ultimate und Enterprise enthalten eine integrierte DVD-Wiedergabefunktion. Wenn Sie Windows 7 Home Basic oder Starter ausführen, können Sie ein Upgrade Ihrer Edition Windows 7 durchführen, um alle DVD-Funktionen zu nutzen.

Für Windows XP oder Windows Vista

Wenn Sie Windows XP, Windows Vista Home Basic, Windows Vista Business oder Windows Vista Enterprise ausführen, können Sie die DVD-Wiedergabe verbessern, indem Sie eines der unten aufgeführten DVD-Decoder-Packs erwerben.

Sie sollten ein Upgrade auf Windows 7 durchführen, um eine optimale Multimedialeistung zu erzielen.

Abbildung 20.63 *Zu jedem Plug-in gibt es eine kleine Beschreibung.*

Im Internet finden Sie eine große Auswahl weiterer Erweiterungen. Schauen Sie sich einmal um:

Wählen Sie **Extras > Plug-ins > Plug-Ins herunterladen**.

Für Windows 7 gibt es eine Reihe Plug-ins, die die DVD-Wiedergabefunktion zum Media Player nachträglich hinzufügen. Beim Erstellen des Buches gab es noch keine Plug-ins für Windows 8. Diese werden wahrscheinlich später zur Verfügung gestellt, möglicherweise auch über den Windows Store.

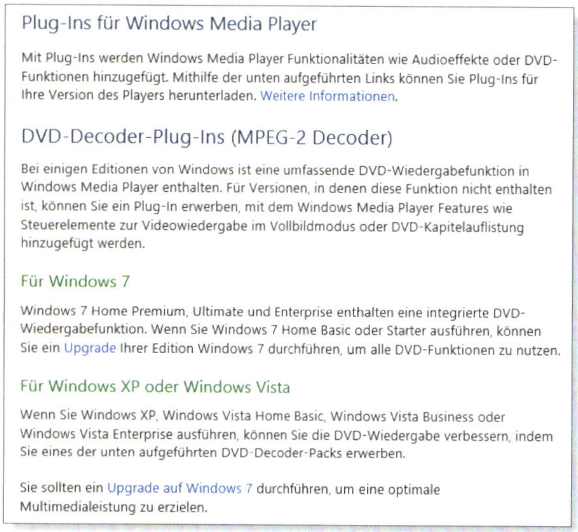

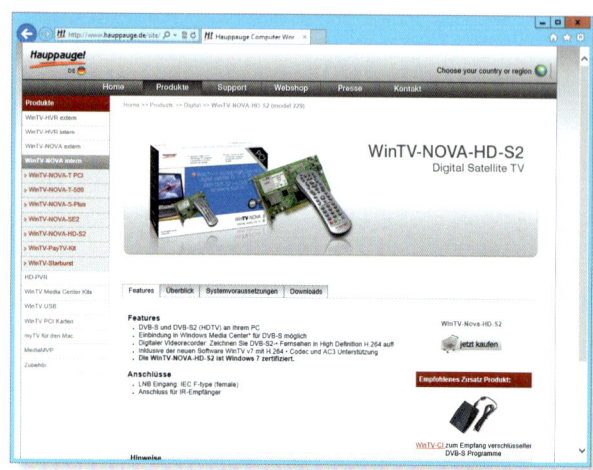

Abbildung 20.64 *Plug-ins für Windows 8 fehlen noch. Das sollte sich noch ändern.*

Gelöschte Bibliothekselemente wiederherstellen

Bibliotheksinhalte, die Sie entfernt haben, die aber noch als Mediendaten vorhanden sind, können über eine Funktion wiederhergestellt werden. Dafür wählen Sie **Extras > Erweitert > Gelöschte Bibliothekselemente wiederherstellen**.

Das Programm zeigt einen Infodialog an. Wenn Sie den Vorgang fortsetzen möchten, klicken Sie auf **Ja**. Mehr ist nicht zu tun.

TV-Inhalte festhalten und wiedergeben

Mit dem Windows Media Player können Sie auch TV-Beiträge aufzeichnen. Die Aufzeichnungen lassen sich dann sehr einfach mit dem Media Player abrufen.

Sie benötigen für diese Aufgabe einen leistungsfähigen Rechner. Das ist notwendig, weil zum einen die TV-Beiträge empfangen und sie zum anderen auf der Festplatte Ihres Rechners wiedergegeben werden müssen. Für die Aufzeichnungen muss genügend Platz auf Ihrer Festplatte vorhanden sein. Sie können auch eine USB-Festplatte verwenden. Jede Aufzeichnung umfasst einige Gigabyte, je nach Länge der Sendung. So können zum Beispiel bei einem aufgenommenen

20.4 Was der Media Player noch so alles kann

Film 4 GB an Speicherplatz notwendig sein. Eine weitere Voraussetzung ist eine TV-Karte oder ein TV-Stick, der vom Windows Media Player unterstützt wird.

Schauen Sie sich einmal die verschiedenen Produkte aus dem Hause *Hauppauge* an. Sie finden diese im Internet unter *http://www.hauppauge.de/de/index.htm*. Das Kit Win TV-HVR-1700/2200 MC wird in Verbindung mit dem Windows Media Center verwendet.

Es gibt inzwischen neue Alternativen zu dieser Lösung, die sehr interessant sind. So gibt es mit dem MediaMVP-Center eine Hardware, die Rechner, Empfänger und Streaming-Server in einem ist. MediaMVP erlaubt die Wiedergabe der Multimediadaten auf dem heimischen Fernseher. Die HD-PVR-Serie erlaubt die HD-Aufnahme von TV-Inhalten.

Produkte anderer Anbieter finden Sie im Fachhandel. Auch hier lohnt es sich, einen Blick auf aktuelle Hardware zu werfen. Die Hersteller präsentieren immer wieder neue Produkte, die mit interessanten und modernen Features aufwarten.

Beachten Sie bitte, dass viele TV-Inhalte abrufbereit im Internet liegen. Sie müssen dafür keine TV-Karte erwerben. Diese Inhalte empfangen Sie über einen Webbrowser oder das Windows Media Center. Sie werden dieses Angebot in einem der folgenden Abschnitte kennenlernen.

Kapitel 21
Spielen mit Windows 8

Windows 8 eignet sich hervorragend, um sich mit kleinen und großen Spielen die Zeit zu vertreiben. Wenn Sie also zuhause gerne zwischendurch spielen oder Ihr Administrator Ihnen die Spiele nicht gesperrt hat, sollten Sie sich im Windows Store einmal umsehen. Sie finden auch bereits eine kleine Auswahl an Games in Ihrem Windows-8-Betriebssystem.

Wenn Sie Computerspiele mögen, bei denen Sie länger Spaß haben und sich langsam mit dem Spiel vertraut machen können, so können Sie diese im Handel erwerben. In diesem Kapitel möchte ich vor allem die Spiele vorstellen, die dem Betriebssystem bereits beiliegen.

Von den kleinen Spielen, die Windows 8 bereits beiliegen, sollten Sie keine tiefgründige Unterhaltung erwarten. Sie werden hier kein **Might & Magic**, kein **Skyrim**, **Starcraft** oder **Civilisation** vorfinden. Dennoch können Sie mit dem einen oder anderen Spielchen eine lange Zugfahrt oder einen regnerischen Urlaubstag überbrücken.

Auf dem Startbildschirm finden Sie bereits **Pinball FX2**, **Microsoft Minesweeper**, **Microsoft Mahjong** und die **Microsoft Solitaire-Collection**. Die letztgenannten drei kennen Sie vielleicht aus älteren Versionen des Betriebssystems.

Weitere kostenlose Spiele können Sie über den Windows Store auf Ihren Rechner laden.

Einen Spielexplorer, wie bei Windows 7, gibt es leider nicht. Dafür wurden die Microsoft-Games verbessert und um einige Funktionen erweitert. Es gibt auch Bestenlisten und Onlinefunktionen. Diese werde ich Ihnen noch vorstellen.

▲ **Abbildung 21.1** Zu Windows 8 gehören vier kostenlose Games dazu.

21.1 Ein Microsoft-Game erstmals aufrufen

Klicken Sie auf die Kachel, die zu dem Game gehört, das Sie aufrufen wollen. Nach einem kleinen Vorspann sehen Sie den Startbildschirm.

In einigen Fällen, so zum Beispiel Microsoft Minesweeper, müssen Sie dem Programm die Erlaubnis zum Zugriff auf Ihre Kontoeinstellungen geben.

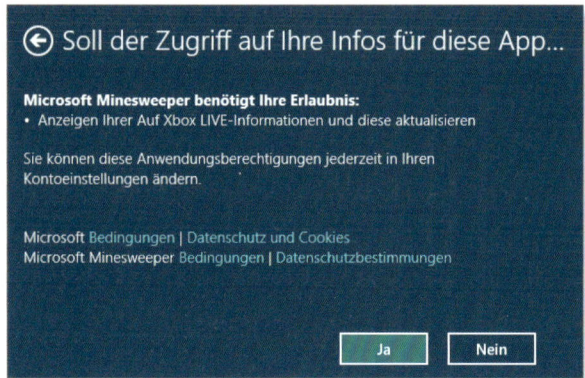

▲ **Abbildung 21.2** *Erlauben Sie den Zugriff auf Ihre persönlichen Daten.*

Die Berechtigung ist notwendig, damit auf der Website von Xbox LIVE Ihr Profil und Ihr Highscore angezeigt werden können. Verweigern Sie den Zugriff, können Sie das Spiel dennoch spielen. Sie können auch später in Ihren Kontoeinstellungen die Berechtigungen ändern.

Die Verknüpfung zu Xbox LIVE war beim Test leider noch fehlerhaft. Für die Nutzung der Spiele ist das aber recht unbedeutend.

▲ **Abbildung 21.3** *Die Anmeldung bei Xbox LIVE ist leider fehlerhaft.*

21.2 Xbox Games

Die Kachel **Spiele** bringt Sie auf Ihre Xbox-Spieleseite. Sie können sich hier Ihr Profil und die erreichten Erfolge anzeigen lassen. Sie sehen befreundete Spieler und eine Übersicht der Spiele, die Sie spielen. Angebote aus dem Windows-Spiele-Marktplatz und dem Xbox-360-Spiele-Marktplatz werden hier angezeigt.

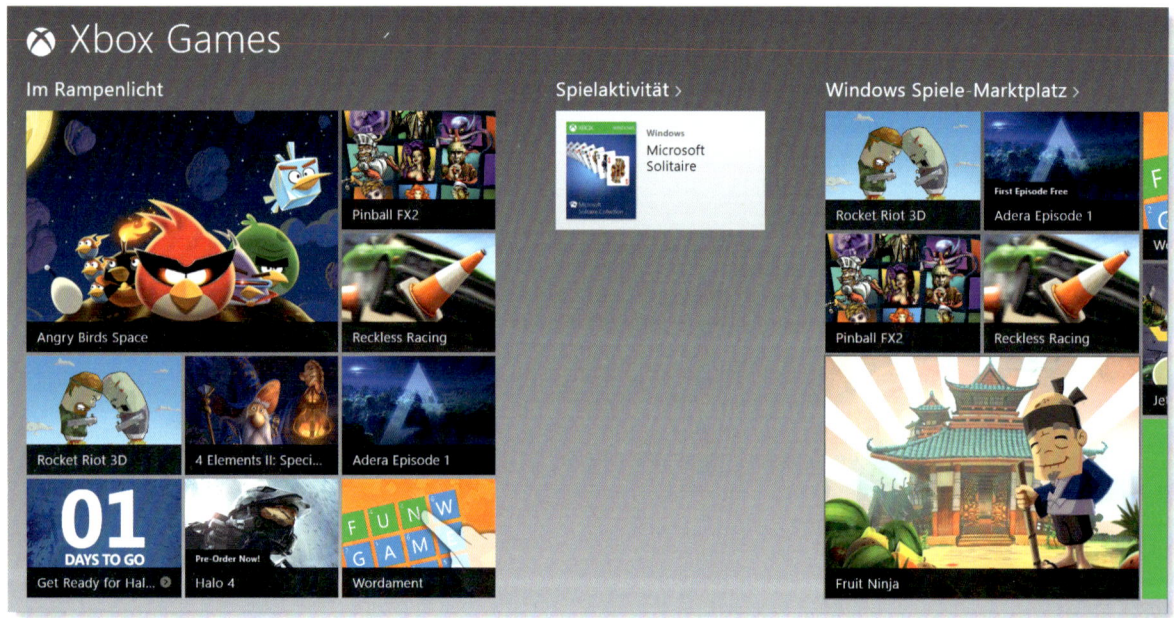

▲ **Abbildung 21.4** *Xbox Games ist eine Plattform, auf der Sie eine Reihe Angebote sehen. Kostenlose Spiele sind mit kommerziellen Angeboten bunt durcheinandergewürfelt. Hier erreichen Sie auch Ihre Freunde und können einen Avatar nutzen.*

▲ *Abbildung 21.5 Diese Kachel bringt Sie zu Xbox Games.*

Freunde sind zunächst einmal keine vorhanden. Sie können hier nach und nach welche hinzufügen.

Sehr cool ist es, dass Sie hier einen »Avatar« erstellen können. Diese Zeichenfigur steht für Ihre Person. Es ist so etwas wie ein digitales Ebenbild von Ihnen.

Zu Beginn haben Sie noch ein vorgegebenes Männchen vor sich. Informationen gibt es keine. Füllen Sie das Profil aus, und erstellen Sie sich einen ganz eigenen Avatar.

Beachten Sie: Geben Sie nicht zu viele persönliche Informationen von sich preis. Es handelt sich hier nur um ein Spieleprofil. Da muss man nicht wissen, als was Sie arbeiten, wo Sie wohnen und womit Sie sich sonst beschäftigen.

▲ *Abbildung 21.6 Erstellen Sie einen Avatar.*

1 Öffnen Sie mit der Kachel **Spiele** die Seite **Xbox Games**.

2 Scrollen Sie nach links, und wählen Sie **Profil bearbeiten**.

3 Füllen Sie die einzelnen Zeilen aus. Geben Sie einen Namen an. Tragen Sie ein Motto ein; das ist eine Art »Spieler-Slogan«. Tragen Sie danach Ort und eine Kurzbiographie ein. Beziehen Sie sich in der »Bio« auf das Spielen mit dem Microsoft-Games. Sie bewerben sich ja nicht irgendwo. Beenden Sie die Eingabe mit **Speichern**.

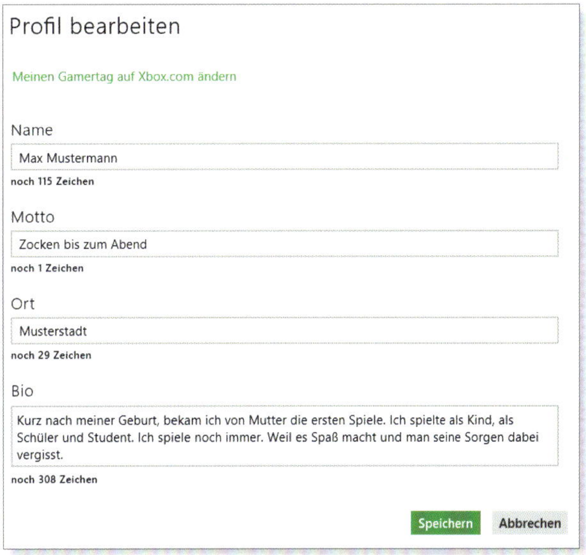

▲ *Abbildung 21.7 Das Profil ist nicht ganz so ernst zu nehmen. Es dient nur dazu, anderen Spielern eine kleine Info über sich in die Hand zu geben. Hier können Sie auch ein wenig herumflaxen oder ein paar Worte zu Ihrem Hobby verlieren.*

Klicken Sie einmal auf **Erfolge**, teilt Ihnen die Website mit: »Wenn Sie Erfolge freischalten wollen, spielen Sie ein paar Spiele.« Ach was. Hätt' ich nicht gedacht. ☺

Bei Spielen wie Mahjong, Minesweeper und Flipper ist diese Funktion nicht so wichtig. Ihre besonderen Erfolge bei diesen kleinen Games stehen dann auf einer Liste.

Für einige Spieler sind »Erfolge« ein Ansporn. Es gilt, besondere Ziele zu erreichen. Versuchen Sie es einmal!

Erstellen Sie nun Ihren eigenen Avatar:

1 Klicken Sie auf **Avatar erstellen**.

2 Die Website zeigt Ihnen nun eine Reihe von Avatar-Figuren an. Mit der grünen Schaltfläche blättern Sie eine Seite weiter. Schauen Sie sich einmal alle Vorschläge an, und wählen Sie dann einen aus (siehe Abbildung 21.8).

Das gewählte Bildchen »hüpft« einen Schritt nach vorn und wird mit »Diesen Avatar verwenden« und einem Häkchen markiert. Drücken Sie auf die Pfeilschaltfläche hinter diesem Schriftzug.

3 Sie sehen nun Ihren Avatar vor sich, dazu eine Reihe Schaltflächen und ein Menü. Verwenden Sie die Plus-Schaltflächen, um die Breite und Höhe Ihrer Figur zu verändern. Das animierte Bild zeigt sofort Ihre Veränderungen.

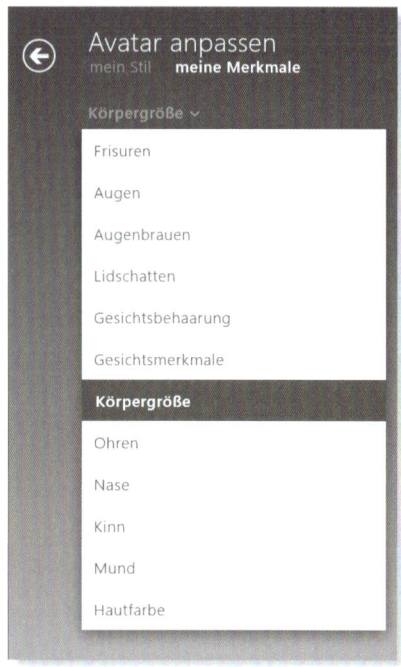

▲ **Abbildung 21.9** *Viele verschiedene Merkmale des Avatars lassen sich bearbeiten.*

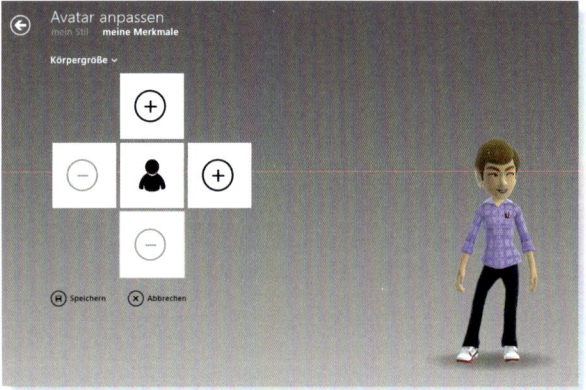

▲ **Abbildung 21.8** *Passen Sie das Aussehen Ihres Avatars an.*

4 Öffnen Sie das Listenfeld **Körpergröße**, und wählen Sie Frisuren aus. Schauen Sie sich die verschiedenen Möglichkeiten an, und wählen Sie eine der Frisuren aus. Klicken Sie auf **Farbe auswählen**, und wählen Sie eine der möglichen Haarfarben. Sind Sie mit dem Ergebnis zufrieden, halten Sie alles mit **Speichern** fest.

5 Im Profil wählen Sie **Avatar anpassen**. Nun lassen sich weitere Eigenschaften festlegen.

Die Möglichkeiten zur Anpassung sind so groß, dass ich sie an dieser Stelle nicht alle auflisten kann. Sie können unterschiedliche Oberteile, Mützen, Brillen und Hosen wählen. Armbänder, Handschuhe, Ringe, Ohrringe und Schuhe vervollständigen das Outfit Ihres Avatars.

▲ **Abbildung 21.10** *Sie haben viele unterschiedliche Gestaltungsmöglichkeiten.*

▲ **Abbildung 21.11** *So ein Avatar ist schon eine coole Sache. Sie können ganz unterschiedliche »Männchen« auswählen. Das vorgegebene Bildchen müssen Sie nicht so wie vorgegeben verwenden, sondern können es in vielen Einzelheiten anpassen.*

Die Einstellungen sind so vielfältig und unterschiedlich, dass Sie einen Avatar haben werden, den nur Sie besitzen. Zumindest ist die Wahrscheinlichkeit äußerst gering, dass jemand anders die gleichen Einstellungen verwenden wird.

Der Avatar ist allerdings sinnvoller, wenn Sie noch eine Xbox besitzen und hier auch chatten, Onlinespiele spielen und zu anderen Spielern Kontakte pflegen. Bei kleinen Windows-Spielen ist er nicht unbedingt notwendig.

Dennoch ist es eine nette Spielerei, ein solches virtuelles Ebenbild zu erschaffen. Es macht jede Menge Spaß. Probieren Sie es einmal aus!

Jetzt können Sie mit dem Spielen loslegen!

Auf den nächsten Seiten möchte ich Ihnen nun einige Spiele vorstellen, um Ihnen einen Eindruck zu geben, womit Sie sich Ihre Zeit, sofern vorhanden, vertreiben können.

▲ **Abbildung 21.12** *Und so sieht er aus. Mein ganz eigener Avatar.*

21.3 Pinball FX2

Bereits beim Start zeigt sich, dass dieser Flipper recht aufwendig programmiert wurde. Ein Mini-Spiel erwartet den Gamer hier nicht. Eine coole Musik und ein recht flotter Startbildschirm begrüßen den Spieler.

▲ *Abbildung 21.13* *Schon der Startbildschirm lässt ein cooles Game erwarten.*

Mit der ⏎-Taste, der Maustaste oder einem Tippen auf dem Bildschirm landen Sie im Startbildschirm. Hier müssen Sie der App noch den Zugriff auf die persönlichen Daten erlauben. Bei einer Anmeldung bei Xbox LIVE gibt es eine weitere Meldung. Die lokalen Speicherdaten und Einstellungen wurden zurückgesetzt. Nun ist Platz für die Highscorelisten und Erfolge.

Im Startdialog sehen Sie die Auswahl der Flipper, können die Hilfe abrufen, verschiedene Einstellungen vornehmen und die Erfolge einsehen. Sie können hier die Bestenlisten aufrufen, einen Wettkampf starten und den Flipper auf die Vorgabeeinstellungen zurücksetzen. Rechts sehen Sie außerdem die Superpunktezahl des ausgewählten Flippers, den Flippermagier, die Herausforderung und den Flipperkönig.

Im Startfenster sehen Sie ganze 19 Flipper. Wahrscheinlich kommen später weitere hinzu. Beachten Sie: Nicht alle Flipper sind frei. Einige müssen Sie, wenn Sie sie spielen wollen, dazukaufen.

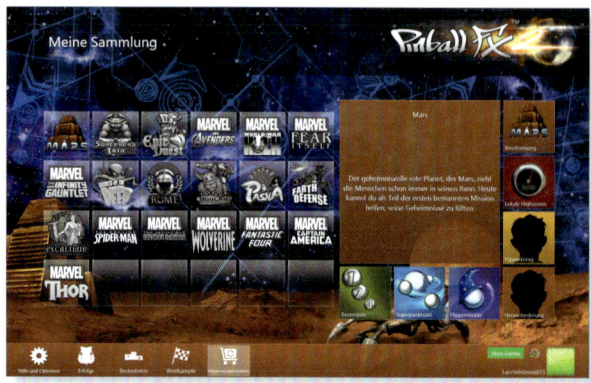

▲ *Abbildung 21.14* *Der Startdialog des Flippers*

Der Flipper **Mars** hat nur zwei Erfolge:

- Sammle mit dem Magnetstrahl der Raumfähre fünf Proben.
- Deaktiviere das Pyramiden-Verteidigungssystem.

Der Flippertisch Mars

Wählen Sie **Mars**, können Sie sich entscheiden, ob Sie ein Einzelspieler- oder ein Hotset-Spiel wagen. Sie können außerdem einen Blick in die Bestenlisten und die erreichten Erfolge werfen. Hotset ist ein Spiel mit mehreren Spielern. Man spielt abwechselnd. Möglich sind 2, 3 und 4 Spieler.

Starten Sie einen Flipper. Rechts oben mit der Pausentaste können Sie ein Menü einblenden. Sie werfen hier einen Blick in die Regeln des Flippers, die Statistik und die Bedienungsanleitung. Von hier aus können Sie den Flipper auch neu starten und in das Hauptmenü zurückkehren.

Die Flippertasten bewegen Sie mit den Strg-Tasten rechte Strg-Taste für die rechten Flippertasten, linke Strg-Taste für die linken. Mit Alt »wackeln« Sie am Tisch. Mit ⏎ überspringen Sie »den Vorausflug« über den Flippertisch. Mit der Leertaste starten Sie die Kugel.

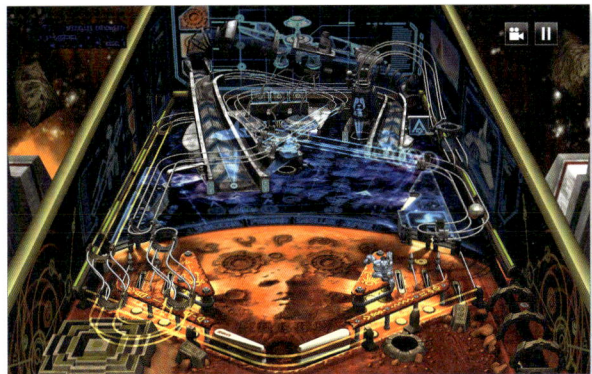

▲ **Abbildung 21.15** *Eigentlich ein einfacher Tisch, der aber einen Heidenspaß macht*

Die akustischen und animierten Effekte, die bei den ersten Spielen plötzlich auf einen einstürzen, lenken ein wenig ab. Sie müssen sich erst ein wenig einspielen und auf die Kugel konzentrieren. Das ist bei echten Flippern nicht anders. Nur dass da nicht ein animiertes Ufo über den Flippertisch schwebt.

▲ **Abbildung 21.16** *Am Ende des Spieles gibt es eine Zusammenfassung der Punkte.*

Wie bei vielen Flippern ist die »Aufgabe« auf den ersten Blick recht kompliziert. Konzentrieren Sie sich mal auf irgendwelche Zielpunkte, während Sie die Kugel im Auge behalten müssen und noch irgendwelche akustischen und animierten Meldungen rumschwirren.

Es gilt, die Rampe links zu treffen. So dockt »das Raumschiff« an. Bei einem zweiten Rampenschuss wird mit der Sammlung von Proben begonnen. Das ist eine Mission. Bei dieser muss die Kugel ganze fünf Mal mit dem Magnetkran aufgenommen werden.

Zum Zünden des Raumschiffes muss die linke Rampe getroffen werden – das aber erst nach dem Abschluss der Mission. Sonst bringt es ja nichts. Nun gilt es, das Triebwerk zu aktivieren. Das Raumschiff liegt weg, und eine Hauptmission wird freigeschaltet.

Versuchen Sie es einfach. Und auch, wenn die Mission nicht auf Anhieb gelingt, macht der Flipper einen Riesenspaß. Je mehr Sie spielen, umso besser werden Sie. Die Anzahl der Punkte wird von Mal zu Mal höher sein.

Der **Flipper Sorcerer's Lair** kann als einziger noch gratis aus dem Internet geladen werden. Zumindest scheint mir dies so. Tippen Sie ihn an, und bestätigen Sie mit **Herunterladen und spielen**.

Nun müssen Sie Ihre Identität bestätigen. Geben Sie Ihr Passwort ein.

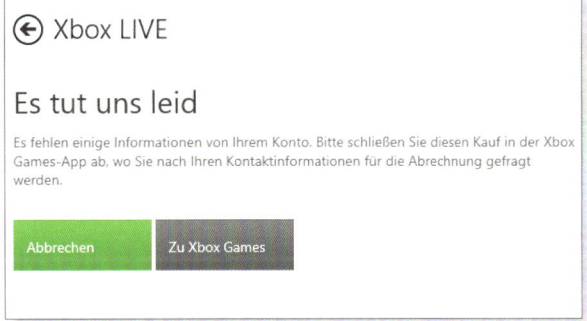

▲ **Abbildung 21.17** *Für den Bezug des kostenlosen Games fehlen Kaufinformationen im Profil.*

Wählen Sie nun die Xbox-Games-Seite und klicken sich durch, erfahren Sie, dass der Tisch 2,49 EUR kostet. Er ist also leider nicht kostenlos. Vielleicht ist das jedoch auch ein Fehler, der noch berichtigt wird.

Der Preis von 2,49 EUR für einen Flipper ist recht gering. Für ein wenig Spaß kann ich das schon einmal aufbringen.

21.4 Microsoft Minesweeper

Minesweeper ist ein Windows-Spiele-Klassiker. Er hat bisher noch jede Version und Edition des Betriebssystems begleitet.

Minesweeper kennen Sie vielleicht aus den Anfangstagen von Windows. Es ist und war Bestandteil einer jeden Windows-Edition. Zu Beginn wählen Sie einen von drei Schwierigkeitsgraden. Je höher der Schwierigkeitsgrad ist, umso mehr Minen lauern auf einem umso größeren Spielfeld.

Das Prinzip dieses Spiels ist ziemlich einfach: Auf einem rasterförmigen Spielfeld sind Minen versteckt. Sie wissen nicht, auf welchen Feldern eine Mine liegt und auf welchen keine Gefahr besteht. Klicken Sie mit der Maus auf eines der Felder, zeigen Ziffern an, wie viele Minen sich im Umkreis befinden. Aus diesen Informationen müssen Sie schlussfolgern, auf welchem Feld sich höchstwahrscheinlich eine Mine befindet. So gilt es, nach und nach die Felder, die frei von Minen sind, aufzudecken. Wenn Sie ein Feld mit einer Miene erwischen, gilt das Spiel als verloren. Diese Spielregeln sind sehr einfach, unterhalten jedoch durchaus für einige Zeit.

In Windows 8 ist das Spiel gründlich aufgewertet. Sie können zwischen den Spielmodi **Einfach**, **Mittel** und **Experte** wählen. Auch eine benutzerdefinierte Variante gibt es.

Sie können zwischen den beiden Designs **Modern** und **Garten** wählen. Scrollen Sie nach rechts, sehen Sie Ihre Erfolge, Medaillen und Abzeichen. Letzteres gibt es für tägliche Herausforderungen. Dahinter (weiter rechts) finden Sie die Bestenlisten, die Statistik und die Spielerklärung.

▲ *Abbildung 21.19 Eckpunkte mit Minen lassen sich sehr leicht finden.*

21.5 Microsoft Mahjong

Dieses chinesische Spiel kennen Sie vielleicht. Spielsteine mit gleichen asiatischen Zeichen müssen nacheinander entfernt werden, bis die Figur aufgelöst ist und kein Spielstein mehr auf dem Feld vorhanden ist.

▲ *Abbildung 21.20 Mahjong gibt es auch wieder!*

Zu Beginn erhalten Sie die Auswahl zwischen sechs verschiedenen Layouts. Was auf den ersten Blick einfach

▲ *Abbildung 21.18 Auch Minesweeper kommt knallbunt daher.*

und langweilig klingt, ist durchaus ein langwieriges und spannendes Spiel. Sie müssen die Figuren genau betrachten, um die Spielsteine zu finden, die entfernt werden können. Es ist notwendig, auch etwas vorauszudenken. Tun Sie das nicht, gelangen Sie leicht in eine Position, in der das Spiel nicht mehr zu gewinnen ist.

Entfernt werden können immer zwei identische Spielsteine. Diese müssen freiliegen. Die asiatischen Zeichen auf den Spielsteinen machen das Finden der Steine, die Sie wegnehmen können, nicht gerade leicht.

Ein guter Nebeneffekt dieses Games ist, dass man hier kostenlos Aufmerksamkeit und Orientierungsvermögen trainieren kann. Da es kein Zeitlimit gibt, können Sie sich in aller Ruhe das Spielbrett anschauen und die zu entfernenden Steine suchen. Mit diesem Spiel finden Sie auch etwas Ruhe. Womöglich war das auch ein Grund dafür, dass die Chinesen sich vor langer Zeit dieses Spiel ausgedacht haben.

Die täglichen Herausforderungen sollen den Spieler motivieren, dieses Spiel immer einmal zu zocken. Schafft man eine, erhält man Münzen. Das sind nicht etwa »echte Taler«, sondern virtuelle Geldmünzen. Haben Sie genug zusammen, können Sie sie in Monatsabzeichen umtauschen.

In den vier Kategorien **Einfach**, **Mittel**, **Schwer** und **Experte** können Sie zunächst nur ein Puzzle wählen. Sie müssen das erste Puzzle schaffen und schalten damit das nächste frei.

▲ *Abbildung 21.22* *Jetzt kann es losgehen.*

Was auf den ersten Blick einfach klingt, ist gar nicht so einfach. Sie müssen sich genau umschauen, um zugehörige Steine zu finden. Bei späterem Level gehört ein gewisses Geschick dazu, die Figur schnell abzuräumen.

▲ *Abbildung 21.21* *Es gibt sogar ein Lernprogramm. Wer hätte das gedacht.*

Auch dieses Game wurde gründlich aufgewertet und präsentiert sich in einem neuen Glanz. Dazu kommen viele zusätzliche Funktionen und grafische Gimmicks.

Es gibt auch hier tägliche Herausforderungen, Erfolge, Medaillen und Abzeichen für das Absolvieren der täglichen Herausforderungen. Dazu kommen eine Bestenliste, ein kleines Lernprogramm und ausführliche Anleitungen.

21.6 Microsoft Solitaire Collection

Das Kartenspiel Solitaire kennen Sie bestimmt. Der Computer legt alle Karten in acht Stapeln ab, und Sie müssen diese nun umlegen. In den markierten Feldern beginnen Sie mit dem Ass. In den einzelnen Kartenstapeln werden die Karten von hohen zu niedrigen Werten umsortiert. Dabei ist zu beachten, dass sich hier jeweils die Farben Rot und Schwarz abwechseln. Das Spielprinzip ist ziemlich einfach. Dennoch braucht es ein wenig Übung und Geschick, um die Karten so zu verschieben, bis das Spiel aufgelöst wird und Sie gewonnen haben.

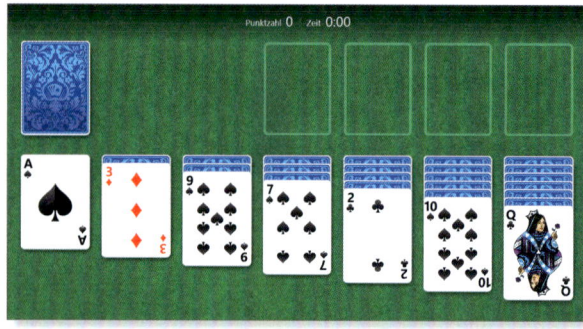

▲ **Abbildung 21.23** *Solitaire ist ein Kartenspiel für einsame Herzen. Es gehörte schon immer zu Windows dazu.*

Die *Microsoft Solitaire Collection* bietet Ihnen die Spielvarianten Klondike, Spider, FreeCell, Pyramid und TriPeaks an. Daneben können Sie die klassische Variante auswählen und spielen. Sie können zwischen verschiedenen Designs wählen. Wie bei den anderen Games gibt es Medaillen, Bestenlisten, tägliche Herausforderungen, Statistiken und Anleitungen für jede Spielvariante.

21.7 So finden und installieren Sie weitere kostenlose Games

In den folgenden Abschnitten möchte ich Ihnen weitere interessante Games vorstellen. All diese sind kostenlos und im Windows 8 Store zu finden.

1 Öffnen Sie den Windows Store mit der Kachel von Ihrem Startbildschirm.

2 Wählen Sie **Spiele**.

3 Links oben sehen Sie drei Auswahlfelder. Öffnen Sie das letzte, und wählen Sie **Nach Preis sortieren (aufsteigend)**.

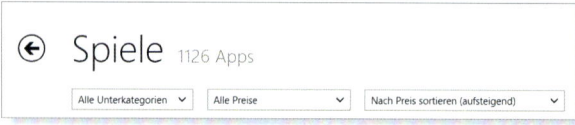

▲ **Abbildung 21.24** *Sortieren Sie die Liste der Angebote.*

Ohne Sortierung ist der Spieler erschlagen. Sie sehen eine Liste von über 1.000 Apps vor sich. Und ab und zu kommen neue Apps hinzu.

Mit der Sortierung »Preis aufsteigend« werden zuerst die kostenlosen Apps angezeigt.

Das geht auch mit der mittleren Schaltfläche. Bei ihr können Sie **Kostenlos** auswählen.

1 Um die Auswahl zu vereinfachen, wählen Sie nun eine Kategorie. Öffnen Sie die erste Schaltfläche von links, und wählen Sie **Sport**.

2 Nun sehen Sie wenige, auf die Kategorie passende Games. Klicken Sie auf **Snook!**.

3 Eine Beschreibung wird eingeblendet. Möchten Sie das Game verwenden, klicken Sie auf **Installieren**.

4 Nun wird das Spiel auf Ihren Rechner geladen und installiert. Die meisten Apps sind nicht besonders groß. Daher geht dieser Vorgang recht schnell. Rechts oben auf dem Bildschirm wird eine Meldung eingeblendet, sobald das Spiel installiert wurde. Wechseln Sie auf den Startbildschirm, und rufen Sie das Game das erste Mal auf.

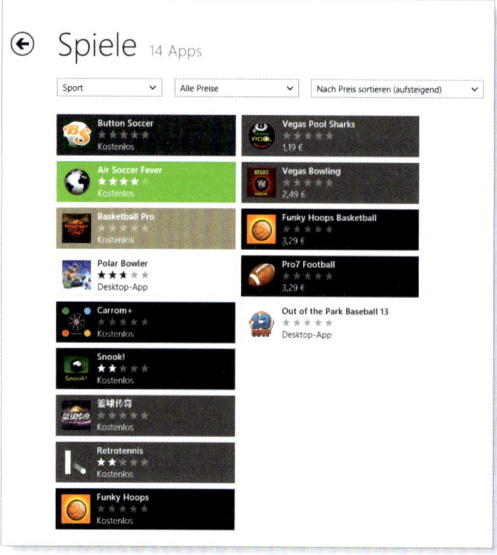

▲ **Abbildung 21.25** *Eine bessere Auswahl macht alles ein wenig übersichtlicher.*

21.8 Snook!

▲ **Abbildung 21.26** Kostenlose Spiele finden sich einige. Aber taugen die auch was?

den Sie sich für einen Schwierigkeitsgrad. Auswählen können Sie nur die leichte und die mittlere Spielstufe. Die schwere ist Bestandteil des kostenpflichtigen Premium-Packs.

Über das Zahnradsymbol in der rechten oberen Ecke blenden Sie die Einstellungen ein. Sehr schön ist dabei, dass das Spiel den Dialog **PC-Einstellungen** dabei nutzt. Sie können mit Schaltern die verschiedenen Optionen festlegen.

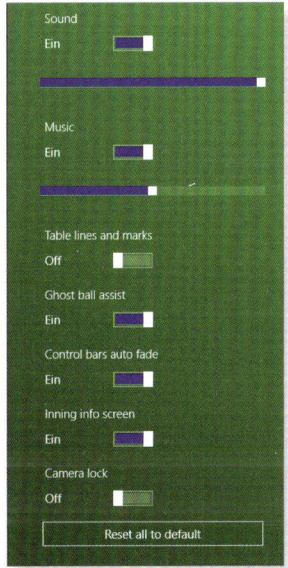

▲ **Abbildung 21.28** Das Game erweitert die PC-Einstellungen. Die Einrichtung ist leicht.

21.8 Snook!

Snook! ist ein vergnügliches Spiel. Ein Spieler spielt die »halben«, der andere die »ganzen« Kugeln. Die schwarze Kugel wird zuletzt versenkt, und zwar in das Loch, das demjenigen gegenüberliegt, in das die vorletzte Kugel eingeschlagen wurde.

▲ **Abbildung 21.27** Snook! ist eine schwierige Sache, macht aber auch Spaß!

Beim Start wählen Sie, ob Sie allein gegen den Computer spielen oder gegen einen Freund. Danach entschei-

Blenden Sie die Hilfslinien ein. Mit dem blauen Schieberegler links oben verändern Sie die Zoomstufe. Rechts unten legen Sie fest, wie stark Ihr Queue-Stoß ist, welchen Winkel Sie verwenden und wie er auf den Ball auftrifft. Ein Klick auf die Schaltfläche rechts unten führt den Stoß aus.

Versenken Sie keine Kugel oder eine falsche, gilt das als Fehler. In diesem Fall bekommt der Gegner Punkte. Und der Gegner darf sich versuchen.

Spielen Sie sanft und ruhig. Es gibt kein Zeitlimit. Schalten Sie die Musik aus, wenn sie Sie stört. Versuchen Sie, dem Gegner keine einfachen Vorgaben zu machen.

Das Spiel besitzt nur eine Draufsicht. Es gibt keine Herausforderungen oder Erfolge und keine Bestenliste.

21.10 Chessboard

Das Schachspiel hat mich auf den ersten Blick etwas verwirrt. Eine Seite steht auf dem Kopf? Hm ... Aber das Game ist dazu da, das Sie es mit einem Freund spielen. Und dass es auf einem Windows-8-Tablet läuft. Die auf den Kopf stehenden Figuren haben durchaus ihren Sinn.

Die Züge werden protokolliert. Es gibt auch eine Undo-Funktion. Das Spiel bietet keine Optionen an. Sie können nicht gegen den Computer spielen.

▲ **Abbildung 21.29** *Keine komplizierten Regeln. Das ideale Spiel für zwischendurch.*

▲ **Abbildung 21.31** *Das Schachbrett steht auf dem Kopf. Soll es ja auch.*

21.9 Harbor Story II

Bei diesem kinderfreundlichen Spiel müssen Sie einen Hafen verwalten. Es gilt, Schiffe zu beladen und die Summen, die der Handel bringt, zu kassieren. Sie bauen neue Schiffe und erweitern Ihren Hafen.

Wildes Herumgeklicke bringt nicht so viel. Sie müssen schon schauen, was Sie tun. Für Ihre Erfolge gibt es Erfahrungspunkte. Mit genug Erfahrung steigen Sie ein Level auf. In höheren Levels haben Sie mehr Möglichkeiten.

21.11 Island Tribe 2

Island Tribe richtet sich an jüngere Windows-8-Anwender. Das Spiel ist erfreulicherweise in deutscher Sprache gehalten. Zu Beginn geben Sie Ihren Namen ein. Wählen Sie nun, ob Sie als Anfänger oder Profi spielen wollen.

In den Optionen können Sie die Soundlautstärke verändern und bestimmen, ob Tipps angezeigt werden sollen.

Im einfachen Modus gibt es keine Piraten. Sie können also in aller Ruhe spielen.

Nach der Wahl der Spielstufe wird die Vorgeschichte in einzelnen Bildern erzählt. Dann bekommen Sie Ihre erste Aufgabe.

▲ **Abbildung 21.30** *Bunt geht es hier zu.*

▲ *Abbildung 21.32* *Auch hier geht es bunt zu.*

Das Game erinnert ein wenig an »Siedler«. Sie sammeln Holz, Diamanten und andere Rohstoffe. Nun werden Sägewerke repariert, Straßen gebaut und andere kleine Aufgaben gelöst. Das macht sehr viel Spaß. Störend ist nur, dass nicht das komplette Spiel kostenlos ist.

▲ *Abbildung 21.33* *Sammeln, bauen und reparieren*

Am unteren Bildschirmrand sehen Sie, wie viel Rohstoffe Sie haben. Es gibt Holz, Stein und Wasser. Daneben können Sie Diamanten sammeln. Ein oder mehrere Männchen arbeiten. Ein weiteres bewegen Sie mit der Maus. Es sammelt Holz ein, repariert Totems oder Brücken. Oder tut, was eben sonst so im Level möglich ist. Beachten Sie, dass die Zeit für eine Aufgabe begrenzt ist. In einem höheren Schwierigkeitsgrad gibt es zusätzlich Piraten, die Ihnen das Leben erschweren.

21.12 SunAge

So ganz war ich mir nicht sicher, was mich hier erwartete. Ein Actionspiel. So viel stand fest.

Zu Beginn geben Sie Ihren Nicknamen ein und wählen zwischen Einzelspieler-Kampagne oder Multiplayer. Die Musik kommt nicht nervig, sondern recht orchestermäßig daher.

▲ *Abbildung 21.34* *Ein Actiongame mit bombastischem Soundtrack*

Als Einzelspieler wählen Sie die Campaign und entscheiden sich dann für eine der Fraktionen »The Blooding« oder »Dome City«. Es stehen drei Schwierigkeitsstufen zur Auswahl bereit. Wählen Sie eine aus. Danach wird die Vorgeschichte mit einer Auswahl netten Bildern und einer Sprachausgabe erzählt.

Das Spiel erinnert an Command and Conquer. Es gilt, die eigene Truppe zu einem Ziel zu führen. Sie müssen eine Basis bauen, die Basis des Gegners zerstören oder andere Ziele erreichen. Die Karten sind groß und abwechslungsreich. Ein schönes Baller-Strategiegame.

Kapitel 21: Spielen mit Windows 8

▲ **Abbildung 21.35** Echtzeitschlachten gibt es unter Windows 8 auch.

21.13 The Treasures of Montezuma

Wow. Das Einleitungsvideo haut einen ja vom Stuhl. Für ein Kombinationsspiel echt der Hammer!

Sie kombinieren verschiedenfarbige Steine. Entsteht eine Reihe von drei Steinen, verschwinden diese. Sie erhalten dafür Punkte.

Spielen Sie schnell. So erhalten Sie mehr Punkte und gelangen schneller in das nächste Level. Sie haben für jedes Level nur eine begrenzte Zeit zur Verfügung.

▲ **Abbildung 21.36** Kombinieren Sie Steinchen.

21.14 WordSearch

Wie der Name bereits verrät, müssen Sie hier Wörter suchen. Die Begriffe sind vorgegeben. Die eingeblendete Werbung stört ein wenig.

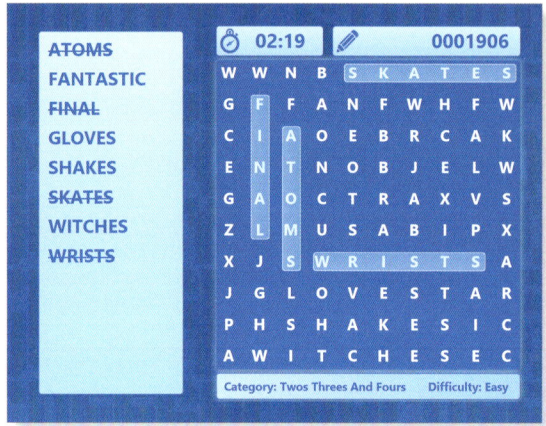

▲ **Abbildung 21.37** Nun ja, wer es mag, kann auch Rätsel am Bildschirm lösen.

21.15 Doodle Devil

Der erste Eindruck: Abgeschaut vom Android-Smartphone – aber es macht Spaß. Ganz ohne Action und Timer müssen Sie verschiedene Elemente miteinander kombinieren. Auf diese Weise kreieren Sie neue Elemente und erschaffen Dinge.

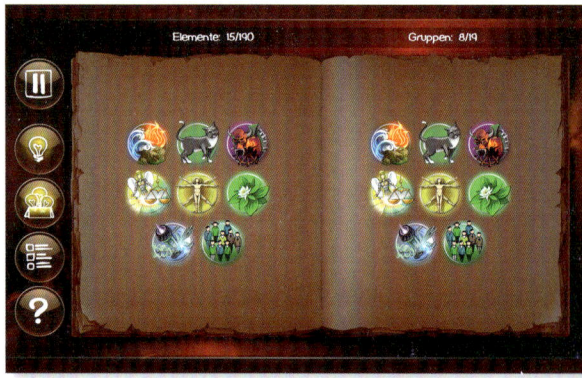

▲ **Abbildung 21.38** Kombinieren Sie verschiedene Elemente miteinander.

Auf den ersten Blick klingt das leicht. Ist es zu Beginn auch. Aber später wird es schwieriger, und Sie müssen auch manchmal etwas um die Ecke denken.

21.16 Jetpack Joyride

Vorsicht. Das Game erinnert an alte Amiga-Tage und coole Actiongames. Aber es ist schnell und macht ungeheuren Spaß.

Mit der Figur bewegen Sie sich vom Startpunkt zum Ziel. Die linke Maustaste startet das Jetpack, und Joyride fliegt. Unterwegs sind verschiedene Barrieren aufgebaut. Diese müssen Sie über- oder unterfliegen. Die Münzen sollten Sie aufsammeln und die Gegner besiegen.

Für die Erfolge gibt es virtuelle Münzen. Mit denen können Sie Joyride im Lager ausrüsten. Das Spiel besitzt einen Highscore, und Sie können verschiedene Erfolge erreichen.

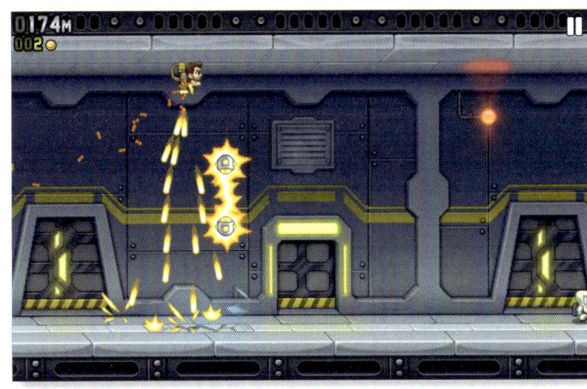

▲ **Abbildung 21.39** *Ein schnelles und aufregendes Spiel*

Kapitel 22
Die Windows-Spracherkennung

Ein moderner Rechner ist für viele Multimediafunktionen vorbereitet. Wäre es nicht super, wenn Sie auch Texte über ein Mikrofon eingeben könnten? Eine solche Funktion ist in Windows 8 bereits vorhanden.

Spracherkennung bedeutet nichts anderes, als dass eine über ein Eingabegerät gemachte Audioeingabe vom Rechner verstanden und umgesetzt wird. Betrachten Sie dies als Hilfe, nicht als Allheilmittel. Sie werden keine Office-Dokumente nur noch per Mikrofon erstellen können. Die Spracherkennung arbeitet nicht perfekt. Immer noch ist die Arbeit per Tastatur schneller und einfacher. Dennoch ist die Spracherkennung eine interessante Lösung.

22.1 Einführung in das Thema Spracherkennung

Um die Spracherkennung zu nutzen, brauchen Sie ein Mikrofon oder ein Headset. Ich verwende gern ein USB-Headset. Es wird einfach mit dem Rechner verbunden und kann sofort verwendet werden. So sparen Sie sich den komplizierteren Anschluss über die Soundkarte. Solche USB-Headsets gibt es bereits zu günstigen Preisen, wenn Sie keinen allzu großen Wert auf Profi-Soundqualität legen.

In Windows 8 ist bereits eine Spracherkennungsfunktion enthalten. Noch mehr Möglichkeiten haben Sie mit dem Programm *Dragon NaturallySpeaking*. Dieses Programm gibt es in verschiedenen Editionen.

Welche Möglichkeiten haben Sie mit einer Spracherkennung?

Folgende Möglichkeiten haben Sie mit der Spracherkennung auf einem Windows-8-PC:

- Mit einer Spracherkennungssoftware können Sie sich Texte vorlesen lassen. Die Stimme klingt fremdartig und etwas metallisch – ein wenig wie von einem Roboter.

- Sie können Textdateien mit Spracheingaben erstellen. Dabei müssen Sie die Software trainieren. Ihre Stimme wird erkannt, und die Eingaben werden mit einer Datenbank verglichen.

- Computeraktionen können Sie über Sprachbefehle steuern. Das heißt, Sie steuern Anwendungen und Betriebssystem per Spracheingabe.

Windows-Tool oder Extra-Programm? Was ist die bessere Lösung?

Die Windows-8-Spracherkennung gehört zum Betriebssystem. Probieren Sie sie einfach einmal aus. Zusätzliche Kosten entstehen hier nicht.

Das Programm *Dragon NaturallySpeaking* müssen Sie kaufen. Sie haben mit dem Programm mehr Möglichkeiten. Es gibt eine *Home-*, eine *Premium-*, eine *Professional-* und eine sogenannte *Legal*-Edition. Die Professional-Edition ist für den Einsatz in Unternehmen gedacht. Die Version Legal richtet sich an Mitarbeiter in der Rechtsbranche. Es gibt auch eine Version für den medizinischen Bereich. Schauen Sie sich die verschiedenen Versionen unter *http://www.nuance.de/for-individuals/by-product/dragon-for-pc/index.htm* genauer an.

In der aktuellen Version wurde die Genauigkeit erhöht. Die Liste der unterstützten Programme ist gewachsen. Das Programm arbeitet schneller. Die Korrekturfunktion wurde verbessert. Ein Assistent unterstützt Sie bei den ersten Schritten. Über eine App können Sie ein iPhone oder ein Android-Smartphone als Diktiergerät nutzen. Die Aufnahmen werden per WiFi auf den PC übertragen und in Text umgewandelt. Die Vorlesefunktion wurde verbessert. Sie können nun Text mit einer natürlich klingenden Stimme anhören.

Dragon Premium kann auch mit einem Diktiergerät verwendet werden. Sie sprechen unterwegs oder im Büro Inhalte in ein Diktiergerät und übernehmen zu Hause oder im Büro diese Inhalte mit der Software in Ihre Dokumente.

Eine interessante Lösung ist die *Speak & SEE Suite* von Nuance. Diese Lösung richtet sich an Menschen mit einer Rechtschreibschwäche und an Menschen, für die Deutsch keine Muttersprache ist.

Vielleicht ist der Kauf eines kommerziellen Produktes, wie toll es auch beworben sein mag, gar nicht notwendig. Windows 8 besitzt eine Spracherkennung. In den folgenden Abschnitten möchte ich diese Funktionen vorstellen und genauer unter die Lupe nehmen. Schauen wir uns an, inwieweit eine solche Funktion praxistauglich ist und was sie leistet.

Die Grenzen einer Spracherkennung

Ich tippe in der Regel schneller Text per Tastatur ein, als ich per Sprachbefehl umsetzen kann. Gerade bei meinen Computerbüchern kommen immer wieder Fremdwörter vor, die das Programm nicht kennt. An dieser Stelle muss nachkorrigiert werden. Die Spracherkennungssoftware muss aufwendig trainiert werden. Das kostet Zeit und etwas Geduld.

Wenn Sie erkältet sind, werden Sie Probleme mit der Spracherkennung bekommen. Das Programm wird unter Umständen Ihre Stimme nicht erkennen. Sie können dann nicht mit der Spracherkennung arbeiten. Auch ein anderer Anwender, ein Freund oder Kollege kann nicht mit dem Programm arbeiten. Seine Stimme muss erst erkannt werden, und das Programm muss mit ihr neu trainiert werden.

22.2 Befehle per Sprache eingeben

Ein Headset kostet nicht die Welt, und einen Befehl per Sprachkommando einzugeben, ist eine coole Sache. Sie müssen nicht mehr im Windows-Startmenü nach einer Anwendung oder einem Werkzeug suchen. Auf den Desktop zu klicken, ist nicht notwendig. Mehrere Sprachbefehle können verknüpft werden.

Natürlich hat die Spracheingabe Grenzen. Es gibt noch immer Arbeiten am Windows-PC, die mit dem guten alten Keyboard und der Maus viel schneller und bequemer erledigt sind, auch wenn die Werbung für diverse Spracherkennungsprogramme Ihnen da etwas anderes erzählt.

Vorarbeiten: Das Headset anschließen

Verbinden Sie Ihr Headset mit dem PC. Nutzen Sie dazu entweder die Buchsen für den Klinkenstecker auf der Rückseite des Rechners – einmal den für das Mikrofon und einmal den Ausgang für den Kopfhörer –, oder verwenden Sie einen der USB-Anschlüsse.

Ein Headset, das per USB mit dem PC verbunden wird, ist ein wenig teurer als sein Verwandter mit den Klinkensteckern. Ich habe mich für die USB-Variante entschieden. Es hat ein paar Vorteile, diese Art der Headsets zu verwenden. Das Gerät wird von Windows

22.2 Befehle per Sprache eingeben

sicher erkannt, und der notwendige Treiber wird eingerichtet. Es gibt keine Probleme bei der Erkennung des Headsets, zumindest sind mir keine bekannt. Sie können auch einen Kopfhörer, der über einen Klinkenstecker an den Rechner angeschlossen wird, und ein USB-Headset parallel verwenden.

Einige Webcams besitzen bereits ein integriertes Mikrofon. Ebenso sind Mikrofone bei Notebooks und Tablets integriert. Oft sind diese jedoch von nicht so hoher Qualität. Sie müssen nah am Gerät sein, damit Ihre Sprache gut erkannt wird.

Es lohnt sich auf jeden Fall, etwas mehr Geld in ein besseres Mikrofon oder Headset zu investieren. Ein solches erkennt die Eingaben besser und filtert Nebengeräusche heraus.

Im Register **Aufnahme** des Windows-Dialogs **Systemsteuerung > Hardware und Sound > Sound** sehen Sie, ob das Headset erkannt wird und verwendet werden kann. Die Pegelanzeige schlägt bei jedem Geräusch aus. Hier können Sie auch zu einem anderen Gerät wechseln. Im Register **Wiedergabe** sollte der passende Kopfhörer zu finden sein.

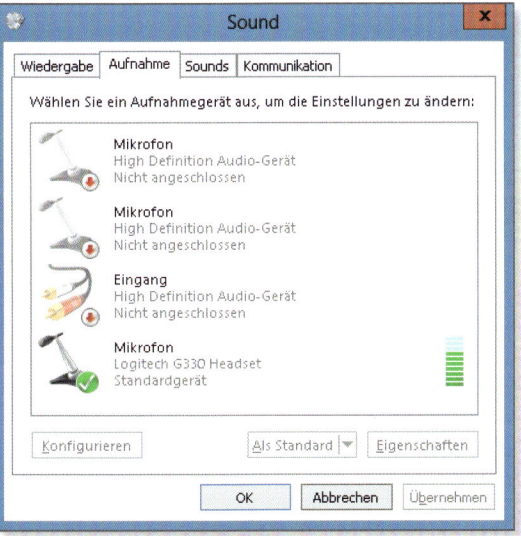

▲ **Abbildung 22.1** Die Pegelanzeige im Register »Aufnahme« schlägt bei jedem Geräusch aus.

Schauen Sie sich die Eigenschaften des Mikrofons an. Erhöhen Sie die Abtastrate und die Bittiefe. So erhalten Sie optimale Ergebnisse:

1. Öffnen Sie den Dialog **Sound**. Markieren Sie das Mikrofon, und wählen Sie **Eigenschaften**.

2. Wechseln Sie nach **Pegel**. Ziehen Sie den Schieberegler ganz nach rechts.

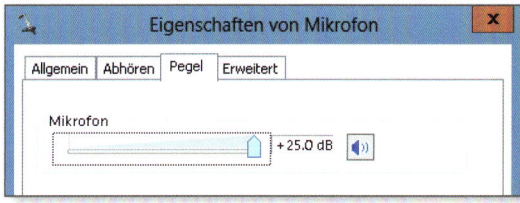

▲ **Abbildung 22.2** Den Pegel ziehen Sie ganz nach rechts.

3. Wechseln Sie nach **Erweitert**. Öffnen Sie das Listenfeld **Standardformat**, und wählen Sie die höchstmögliche Qualität.

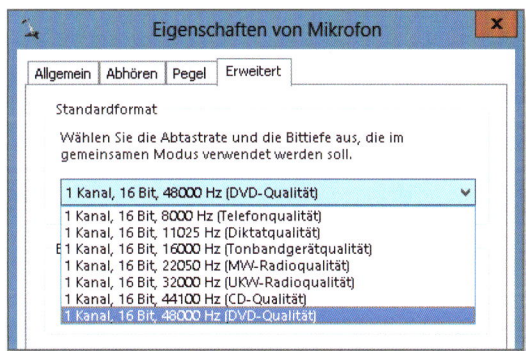

▲ **Abbildung 22.3** Die Abtastrate setzen Sie auf DVD-Qualität.

Den Dialog **Sound** können Sie alternativ auch über das Kontextmenü der Lautstärkeanzeige im Infobereich der Taskleiste öffnen.

Um zu testen, ob der Kopfhörer auch etwas ausgibt, gehen Sie wie folgt vor:

1. Öffnen Sie die **Systemsteuerung**. Wählen Sie **Hardware und Sound > Sound**.

485

2 Wechseln Sie in das Register **Wiedergabe**, sofern es nicht bereits angezeigt wird. Markieren Sie den Lautsprecher Ihres Headsets ❶, und wählen Sie **Konfigurieren** ❷.

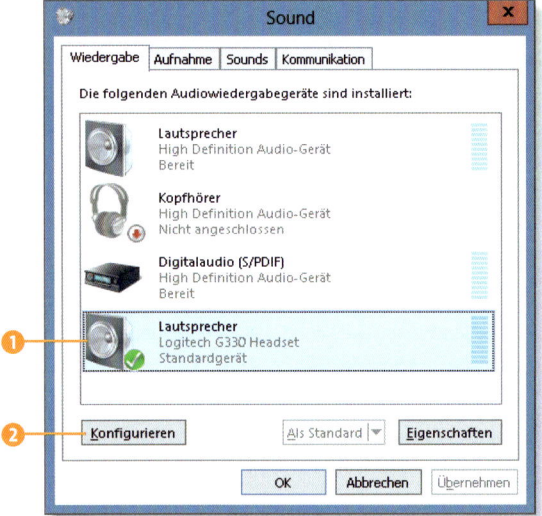

▲ **Abbildung 22.4** Überprüfen Sie den Lautsprecher Ihres Headsets.

3 Wählen Sie aus, ob die Ausgabe in **Stereo** oder **Mono** erfolgen soll. Empfehlenswert ist natürlich **Stereo**. Klicken Sie auf **Testen**. Wählen Sie anschließend im Dialog **Weiter**.

▲ **Abbildung 22.5** Das »Lautsprecher-Setup« bietet mir die Wahl zwischen Stereo und Mono.

4 Je nach verwendetem Gerät können sich Unterschiede in den Möglichkeiten ergeben. Im nächsten Dialog wählen Sie zwischen den Lautsprechertypen **Vorne links und rechts** und **Surround-Lautsprechern**.

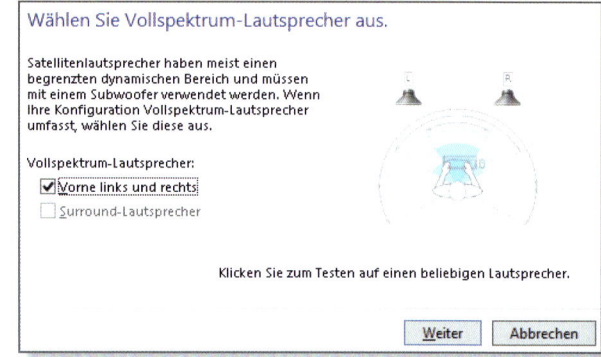

▲ **Abbildung 22.6** Ich schalte eine Option an, und die Lautsprecher werden etwas vergrößert dargestellt.

5 Beenden Sie die Einrichtung mit **Fertig stellen**.

Windows-Befehle per Spracherkennung eingeben

Eigentlich ist es ja einfach und ein wenig so wie bei Star Trek: »Computer. Datensatz Max Mustermann suchen. Vergleiche Suchergebnisse bei Google und Bing. Defragmentiere im Hintergrund. Virenscan komplett starten um 12.00 Uhr.«

Oder? Na ja, so einfach ist es natürlich nicht. Windows 8 muss verstehen, was Sie von dem Betriebssystem möchten. Dazu wird in einer Datenbank die akustische Eingabe einer Befehlszeile zugeordnet. Es gibt vorgegebene Befehlszeilen, die den Einstieg mit der Spracheingabe vereinfachen. Und es gibt natürlich die Möglichkeit, eigene Befehle zu definieren. Diese müssen auch als Befehle vorhanden sein. Sie können also dem Rechner nicht sagen: »Freundchen, räum mal den Datenmüll uff, und bau mal 'ne neue Website für mein Hobby.« Die Festplatte aufräumen ist als Befehlszeile durchführbar. Aber die Eingabe sollte deutlich formuliert werden. Es sei denn, Sie wollen den Rechner mit Slang- und Dialekt-Eingaben trainieren.

Hier finden Sie die Funktionen der Windows-Spracherkennung

Um den Dialog mit den Funktionen der Windows-Spracherkennung aufzurufen, wechseln Sie auf den Startbildschirm des Windows-8-Desktops. Wählen Sie **Alle Apps**. Unter **Erleichterte Bedienung** finden Sie die **Windows-Spracherkennung**. Doppelklicken Sie darauf.

▲ *Abbildung 22.7 Spracherkennung und -ausgabe befinden sich unter »Erleichterte Bedienung«.*

Wenn Sie einige der Funktionen oft verwenden, empfiehlt es sich, sie auf dem Desktop als Schnellstart-Icon abzulegen.

Beim ersten Aufruf wird ein Assistent gestartet. Mit ihm richten Sie die Spracherkennung ein.

1. Rufen Sie die Spracherkennung wie oben beschrieben auf. Im ersten Dialog des Assistenten werden Sie willkommen geheißen. Mit **Weiter** gelangen Sie jeweils in den nächsten Dialog.

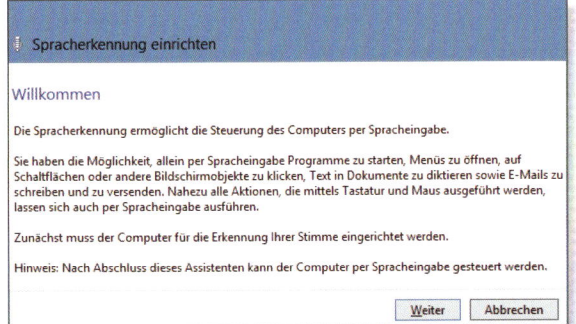

▲ *Abbildung 22.8 Mit einem Assistenten richten Sie die Spracherkennung ein.*

2. Wählen Sie, ob Sie ein **Kopfhörermikrofon**, ein **Tischmikrofon** oder ein **Anderes Mikrofon** verwenden. In der Regel hat Windows 8 Ihr Mikrofon aber bereits richtig erkannt und die betreffende Option vorausgewählt.

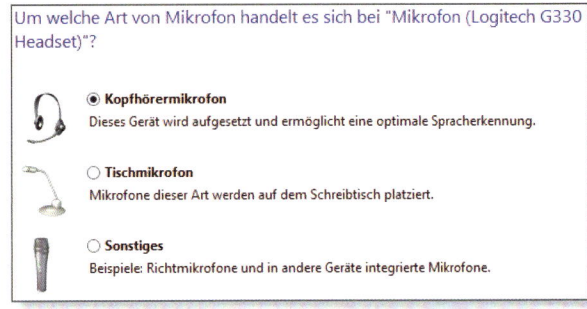

▲ *Abbildung 22.9 Wählen Sie den Typ des Mikrofons, das Sie verwenden.*

3. Im nächsten Fenster bekommen Sie einen Hinweis dazu, wie Sie das Mikrofon optimal ausrichten. Lesen Sie sich den Text durch, und richten Sie das Mikrofon aus.

4. Nun lesen Sie die Sätze, die im Dialog angezeigt werden, laut und deutlich vor.

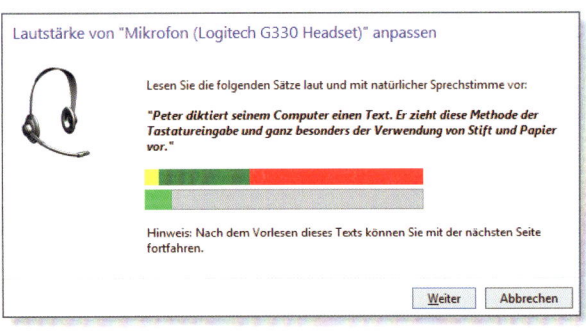

▲ *Abbildung 22.10 Mit einem Text, den Sie vorlesen müssen, wird die Spracherkennung angepasst.*

5. Der Assistent bietet Ihnen einen Dialog weiter an, die **Dokumentenüberprüfung** anzuschalten. Damit werden Ihre E-Mails und Office-Dateien untersucht. Aus dem Suchindex lernt die Spracherkennung. Im Beispiel habe ich diese Funktion einmal aktiviert.

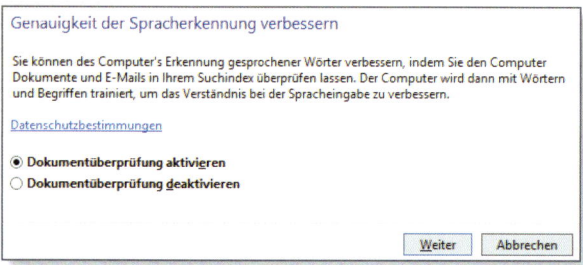

▲ **Abbildung 22.11** *Windows 8 überprüft Ihre Nachrichten und Office-Dateien.*

6 Entscheiden Sie sich für den **Manuellen Aktivierungsmodus** oder den **Stimmaktivierungsmodus**. Bei Ersterem beenden Sie die Arbeit mit der Spracherkennung, indem Sie »Zuhören beenden« in das Mikrofon sprechen. Um die Funktion wieder anzuschalten, müssen Sie die Mikrofonschaltfläche anklicken oder die Tastenkombination [Strg] + [⊞] drücken. Im Stimmaktivierungsmodus geschieht die Aktivierung mit dem Sprachbefehl »Zuhören starten«. In diesem Beispiel möchte ich einmal den Stimmaktivierungsmodus wählen.

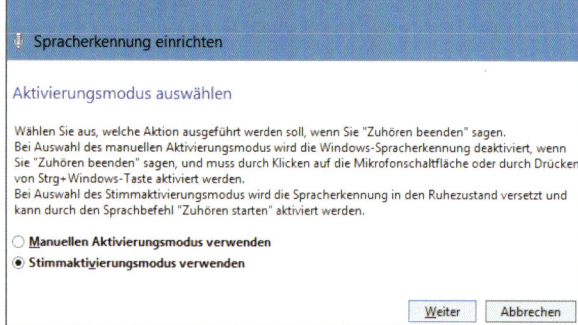

▲ **Abbildung 22.12** *Dieser Modus startet die Spracherkennung mit einem gesprochenen Befehl.*

7 Nun bietet Ihnen der Assistent an, das Referenzblatt einzusehen. Auf ihm finden Sie alle vom Betriebssystem vorgegebenen Befehle. Da Sie diese Übersicht auch später aufrufen können und natürlich in diesem Buch finden (ab Seite 492), überspringen Sie bitte diese Möglichkeit. Ich habe Ihnen alle Befehle in diesem Buch zusammengestellt.

8 Auf Wunsch lassen Sie die Spracherkennung beim Systemstart von Windows 8 ausführen. Das sollten Sie erst tun, wenn Sie mit der Funktion zufrieden sind und sie oft verwenden. Zum Reinschnuppern und Ausprobieren schalten Sie die Option bitte aus. Sie können sie jederzeit in den Einstellungen der Spracherkennung anschalten.

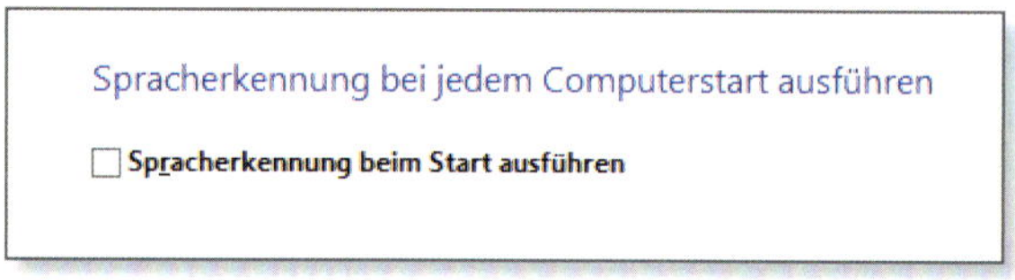

▲ **Abbildung 22.13** *Ich entscheide mich dafür, die Spracherkennung nicht beim Start zu laden.*

9 Nun empfiehlt Ihnen der Assistent, »super-dringend« das Sprachlernprogramm zu starten. Überspringen Sie diesen Vorschlag mit **Lernprogramm überspringen**. Wir wollen am Ende der Grundeinrichtung die Funktion ausprobieren. Dann werden wir das Lernprogramm starten.

Nun habe ich eigentlich einen Dialog erwartet, der mir bzw. Ihnen sagt: »Damit ist die Einrichtung der Windows-8-Spracherkennung beendet.« Und ich habe einen Mausklick auf **Fertig stellen** erwartet. Unerwarteterweise startet die Funktion sofort, und der Assistent wird geschlossen. Hier ist aber auch auf gar nichts mehr Verlass.

Das Lernprogramm aufrufen und nutzen

Mit dem Lernprogramm trainieren Sie die Spracherkennung. Sie wird dadurch Ihre Eingaben besser erkennen. Wenn Sie die Spracherkennung nutzen möchten, sollten Sie gerade aus diesem Grunde das Lernprogramm verwenden.

1 Öffnen Sie die **Systemsteuerung**. Wechseln Sie nach **Erleichterte Bedienung > Spracherkennung**.

2 Öffnen Sie auf dem Steuerungsfeld das Kontextmenü. Wählen Sie hier **Sprachlernprogramm ausführen**.

22.2 Befehle per Sprache eingeben

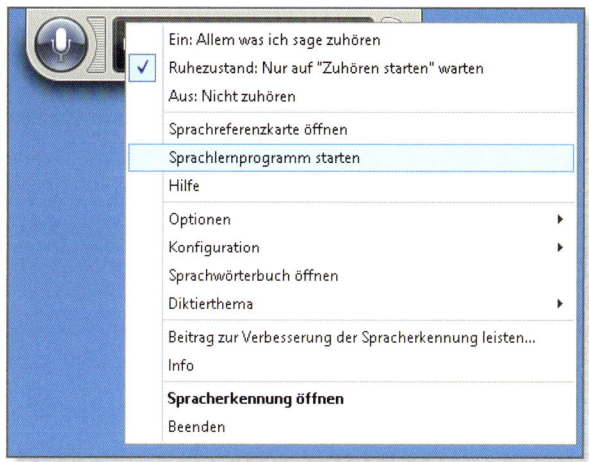

▲ *Abbildung 22.14 Starten Sie das Lernprogramm.*

Damit das Programm Sie noch besser versteht, können Sie ein Trainingsprogramm absolvieren. Das ist insbesondere dann wichtig, wenn Sie Text mit der Spracherkennung diktieren.

3 Öffnen Sie das Kontextmenü auf dem Steuerungsfeld der Spracherkennung.

4 Wählen Sie **Konfiguration > Spracherkennung verbessern**. Folgen Sie den Anweisungen auf dem Bildschirm.

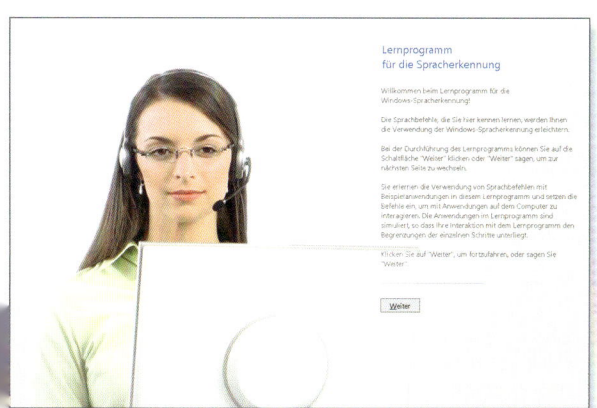

▲ *Abbildung 22.15 Diese freundliche Dame heißt Sie bei dem Lernprogramm willkommen.*

Die Spracherkennung wird minimiert. Ein kleines Symbol in der Taskleiste zeigt, dass sie noch aktiv ist.

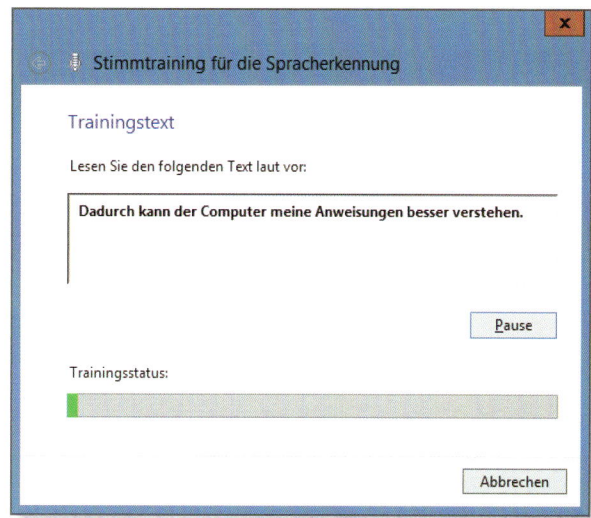

▲ *Abbildung 22.16 Trainieren Sie die Spracherkennung.*

5 Ein Begrüßungsdialog heißt Sie willkommen. Mit **Weiter** wechseln Sie in den nächsten Dialog. Lesen Sie die Inhalte laut und deutlich vor.

Feuchten Sie mit einem Schluck Saft, Cola oder Tee die Stimmbänder an. Es geht gleich weiter. Folgen Sie den Anweisungen auf dem Bildschirm.

Im Verlauf der einzelnen Dialoge müssen Sie kleine Sätze vorlesen. So wird die Spracherkennung an Ihre Stimme und Aussprache angepasst.

Treten später zu viele Fehler auf, wiederholen Sie das Training. So verbessern Sie die Erkennungsrate und optimieren die Spracherkennung.

Wenn Sie sich durch diese vielen Dialogfenster gearbeitet haben, beenden Sie den Assistenten mit **Weiter** und **Nicht senden**. Wählen Sie **Senden**, wenn Sie Ihre Sprachdatei an Microsoft senden möchten. Sie wird dann zur Optimierung des Programms genutzt.

Wundern Sie sich nicht über die Fehler in den nächsten Absätzen. Ich habe den Test zum Testen mit der Spracherkennung diktiert:

Die Spracherkennungs von Windows acht unterstützt mich bei meiner Arbeit. Längere Texte muss ich ihm

Kapitel 22: Die Windows-Spracherkennung

nicht aufwändig mit der Tastatur eingeben, sondern ich kann bequem meint hält selbst dafür nutzen. Das ist eines ihrer bequeme Arbeitsweise oder es.

In der Praxis sieht die Sache aber ein wenig anders aus. Die gesprochenen Eingaben werden von der Software nicht korrekt erkannt. Obwohl ich laut und deutlich Sprecher, entstehen viele Fehler. Und Gas, obwohl es diese Fehler dem Trainingsprogramm nicht gab.

Es ist viel Übung notwendig, um das Programm ist tot zu trainieren, das ist in der Praxis auch wirklich verwendet werden kann. Bequemes Arbeiten sollten nicht zu Lasten der Arbeitszeit gehen. Probieren Sie es aus, dass wenn sie Wortpakt rund sprechen Sie einen Übungstext laut und deutlich in ihre hält seit ein. Wie sieht das Ergebnis aus?

Auffällig ist jedoch, dass die Spracherkennungs von Windows acht deutlich besser arbeitet als die aus Windows sieben. Im Vorgängerbuch habe ich dieses Programmmodule von Microsoft bereits vorgestellt und auf Herz und Nieren getestet. Viele Wähler und teilweise unfreiwillig komische Sätze sind damals entstand. Das Programm macht noch immer Fehler, aber es sind deutlich weniger.

So, nun schreibe ich aber per Hand weiter. Sie sehen an diesem Beispiel, dass die Spracherkennung nicht wirklich einwandfrei arbeitet. Durch ein Training können Sie die Fehlerhäufigkeit minimieren. Sie müssen, wollen Sie die Spracherkennung ernsthaft verwenden, dieses Training mehrmals durchlaufen.

Aber die Fehlerhäufigkeit ist im Vergleich zur Spracherkennung aus Windows 7 geringer geworden. Das Programm funktioniert besser und ist durchaus praxistauglich.

Die Spracherkennung verwenden

Dass die Spracherkennung aktiv ist, sehen Sie an einem kleinen Fenster, das am oberen Rand des Bildschirms eingeblendet ist. Es wird nicht von Programmfenstern verdeckt, sondern wird immer darüber eingeblendet.

Im Textfenster der Spracherkennung sehen Sie den Hinweis **Ruhezustand** oder **Aus**. Das Werkzeug befindet sich also in der Warteposition. Wird ein Geräusch wahrgenommen oder sagen Sie etwas, mit dem die Spracherkennung aber nichts anfangen kann, weist das Tool Sie mit gelber Schrift auf den richtigen Befehl hin. Ohne diesen »Startbefehl« passiert gar nichts. Sie können also unbesorgt skypen oder sich mit jemandem unterhalten.

Starten können Sie die Spracherkennung auch mit einem Mausklick auf das Mikrofon-Symbol.

▲ *Abbildung 22.17 Das Fenster für die Spracherkennung*

Auf der rechten Seite des kleinen Spracherkennungsfensters finden Sie das Schließen-Kreuz und das Symbol zum Minimieren der Anwendung.

Über das Kontextmenü des Anwendungsfensters können Sie verschiedene Funktionen abrufen. Unter anderem erreichen Sie auf diesem Weg auch die **Spracherkennungs-Systemsteuerung**. Diese finden Sie auch über **Systemsteuerung > Erleichterte Bedienung > Spracherkennung**.

▲ *Abbildung 22.18 Die Spracherkennung wartet auf eine Eingabe.*

So nun aber genug der Vorrede. Lassen Sie uns einmal die Sprachsteuerung ausprobieren:

1 Sagen Sie in das Mikrofon: »Zuhören starten.«

2 Sagen Sie: »Desktop anzeigen.«

Hat das Tool den ersten Befehl nicht verstanden, klicken Sie mit der Maus auf die Schaltfläche der Windows-Spracherkennung. In meinem Beispie

22.2 Befehle per Sprache eingeben

musste ich dies tun. Dies ist kein Fehler. Vielmehr muss die Windows-Spracherkennung erst lernen, Ihre Stimme zu erkennen.

Nun sehen Sie den Windows-Desktop vor sich.

3 Sagen Sie: »Zu Word wechseln.«

4 Sagen Sie: »Zuhören beenden.«

Wenn die Spracherkennung Sie nicht richtig versteht, wird ein Dialog mit einer Liste von Vorschlägen eingeblendet. Ist der Befehl dabei, sagen Sie die davorstehende Ziffer.

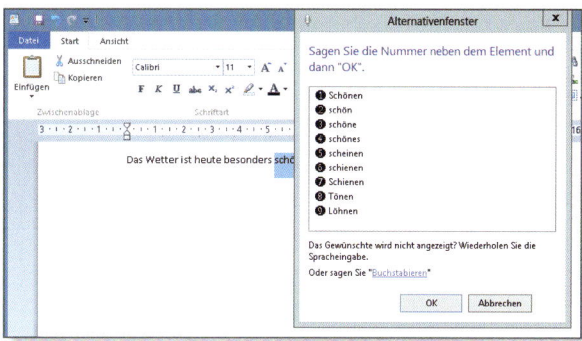

ten werden. Vor jeder finden Sie eine Ziffer. Mit »Drei okay« wählen Sie den dritten Vorschlag aus.

▲ **Abbildung 22.20** *Korrigieren über Sprachbefehl erfordert etwas Übung.*

Ist der Begriff nicht vorhanden, sagen Sie »Buchstabieren«. Dann geben Sie das Wort Buchstabe für Buchstabe ein.

Ein einmal gemachter Fehler taucht nicht gleich wieder auf. Er wird in das Wörterbuch übernommen.

Das Kontextmenü rufen Sie mit »Sprachoptionen anzeigen« auf. Mit »Sprachwörterbuch öffnen« können Sie ein neues Wort eintragen oder auch Wörter ausschließen.

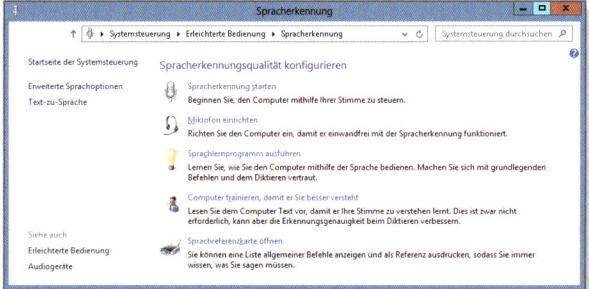

▲ **Abbildung 22.19** *In der Systemsteuerung finden Sie einen eigenen Bereich für die Spracherkennung.*

Funktioniert der Wechsel zwischen Texteingabemodus und Ruhepause nicht, schalten Sie das Programm auf **Ein: Allem, was ich sage, zuhören**.

Verwenden Sie »Punkt«, »Komma« und »Neue Zeile« für selbige. In gleicher Weise lassen sich andere Kommandos nutzen.

Mit Befehlen können Sie fehlerhafte Eingaben korrigieren. Sprechen Sie das Wort, gefolgt von »korrigieren«. Also zum Beispiel:

»Dies ist Einsatz.«

Um »Einsatz« zu korrigieren (hier soll »Satz« stehen), sagen Sie: »Einsatz korrigieren.«

Das Programm blendet ein Eingabefeld ein, in dem Ihnen verschiedene Auswahlmöglichkeiten angebo-

> **INFO**
>
> **Was die Spracherkennung noch kann**
> Sie können mit der Windows-8-Spracherkennung einfache Windows-Befehle verwenden. Sie können die Spracherkennung als Unterstützung für Ihre Arbeit nutzen. So zum Beispiel, um schnell etwas in einer Textverarbeitung zu markieren, um zu einem Programm zu wechseln oder auch um den Desktop anzuzeigen. Darüber hinaus können Sie auch mit der Spracherkennung Texte und Textinhalte diktieren. Fremdwörter müssen Sie dem Programm beibringen. Lange Texte müssen korrigiert werden. Besser gesagt, Sie müssen das Programm parallel lernen lassen und so den Wortschatz der Spracherkennung erweitern.

Diese Sprachbefehle kennt Windows 8 bereits

Windows 8 kennt bereits eine ganze Reihe von Sprachbefehlen. Einige wichtige Befehle möchte ich Ihnen nun vorstellen. Eine komplette Übersicht finden Sie in der **Systemsteuerung**.

Nachdem Sie zum ersten Mal ein Wort in das Sprachwörterbuch eingefügt haben, wird das Menü um eine Funktion erweitert. Nun können Sie die eigenen Einträge aus dem Wörterbuch auch wieder entfernen.

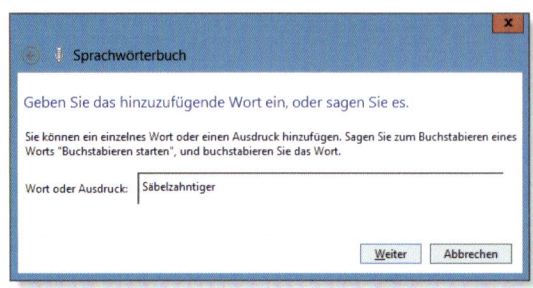

▲ **Abbildung 22.21** *Das Wort wird im Eingabefeld des Dialogs eingetragen.*

Gesprochener Befehl	Ausgeführte Aktion
»Klick auf <Datei>.«	Die Datei wird angeklickt. Statt »Datei« sagen Sie deren Bezeichnung. Statt »Datei« können Sie auch einen Menübefehl, wie zum Beispiel »Ansicht«, sagen, ebenso »Start«, »Computer«, »Papierkorb« usw.
»Doppelklick auf <Datei>.«	Führt einen Doppelklick auf die angegebene Datei aus. Auch hier sagen Sie deren Namen.
»Zu <Programmname> wechseln.«	Wechselt zu dem geöffneten Programm.
»Neuer Absatz.« »Neue Zeile«	Setzt einen neuen Absatz. Beginnt mit einer neuen Zeile.
»<Wort> auswählen.« »<Wort> korrigieren.« »<Wort> löschen.«	Bei der Arbeit mit Text können Sie so ein Wort auswählen, korrigieren oder löschen.
»Zum Satzanfang/-ende wechseln«. / »Zum Satzende wechseln.« »Zum Absatzanfang/-ende wechseln«. / »Zum Absatzende wechseln.« »Zum Dokumentenanfang/-ende wechseln.« / »Zum Dokumentenende wechseln	Wechselt zum Anfang eines Satzes, Absatzes oder zum Beginn des Dokuments. Auf die gleiche Weise können Sie auch zum Satzende, Absatzende oder Dokumentenende wechseln.
»<Wort 1> bis <Wort 2> markieren.«	Markiert den Bereich von Wort 1 bis Wort 2. Sagen Sie die Wörter.
»Alles markieren.«	Markiert den gesamten Dokumenteninhalt.
»Das hier markieren.«	Markiert das Wort, auf dem der Cursor steht.
»Markieren der nächsten 20 Wörter.« »Markieren der ersten 20 Wörter.«	Markiert die angegebene Anzahl Wörter rechts vom Cursor bzw. links vom Cursor.
»Vorherigen Satz/Absatz löschen.« »Vorherigen Absatz löschen.« »Nächsten Satz/Absatz löschen.« »Nächsten Absatz löschen.«	Löscht den vorherigen oder nächsten Satz oder Absatz.

22.2 Befehle per Sprache eingeben

Gesprochener Befehl	Ausgeführte Aktion
»Das hier löschen.«	Löscht den Satz, in dem sich der Cursor befindet.
»Komma.« »Punkt.« »Semikolon.«	Setzt das gesprochene Satzzeichen. In gleicher Weise sprechen Sie andere Zeichen.
»Datei.« »Bearbeiten.« »Ansicht.«	Öffnet das jeweilige Element in der Menüzeile des aktiven Programms.
»Desktop anzeigen.«	Minimiert alle geöffneten Fenster und zeigt den Windows-8-Desktop an.
»Nummern anzeigen.«	Öffnet ein Auswahlfenster mit verschiedenen Sprachbefehlen.
»7 Okay.«	Wählt das Element mit der Nummer 7 aus. Möglich ist auch »Doppelklick auf 19«, »Rechtsklick auf 19« oder »Klick auf 19«.
»Öffnen <Programmname>.«	Öffnet ein bestimmtes Programm.
»Schließen <Programmname>.«	Schließt das angegebene Programm.
»Minimieren.« »Maximieren.« »Wiederherstellen.« »Rückgängigmachen.«	Führt den entsprechenden Befehl aus.
»Kopieren.« »Einfügen.« »Ausschneiden.«	Die entsprechenden Befehle für die Arbeit mit der Zwischenablage. Ein Element muss vorher markiert sein.
»Löschen.«	Löscht ein markiertes Element.

∧ **Tabelle 22.1** *Die wichtigsten Befehle für die Arbeit mit der Spracherkennung von Windows 8*

Nicht immer reicht es aus, ein Wort nur einzutippen. Die Spracherkennung erkennt nicht automatisch jedes Wort. Es empfiehlt sich daher, das Wort nicht nur einzugeben, sondern auch seine Aussprache aufzunehmen. An einem Beispiel möchte ich Ihnen zeigen, wie dies geht:

1 Öffnen Sie das Kontextmenü der Spracherkennung. Wählen Sie **Sprachwörterbuch öffnen**. Entscheiden Sie sich für **Neues Wort hinzufügen**.

2 Tragen Sie in das Eingabefeld »Velociraptor mongoliensis« ein. Klicken Sie auf **Weiter**.

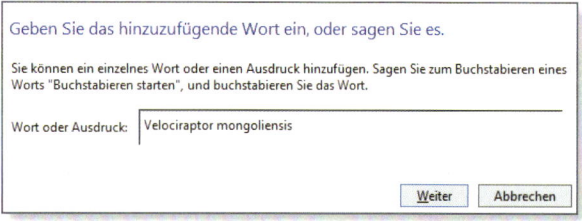

∧ **Abbildung 22.22** *Da habe ich mir vielleicht was ausgedacht!*

3 Schalten Sie **Nach dem Fertigstellen eine Aussprache aufzeichnen** an. Wählen Sie **Fertig stellen**.

Kapitel 22: Die Windows-Spracherkennung

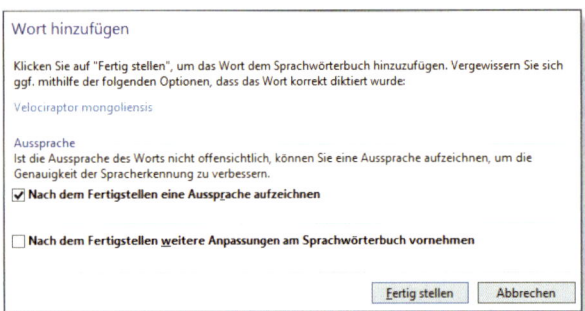

▲ **Abbildung 22.23** Nach dem Fertigstellen folgt die Spracheingabe.

4 Klicken Sie auf die Schaltfläche **Aufzeichnen**. Sprechen Sie das Wort laut und deutlich in das Mikrofon. Klicken Sie auf **Fertig stellen**.

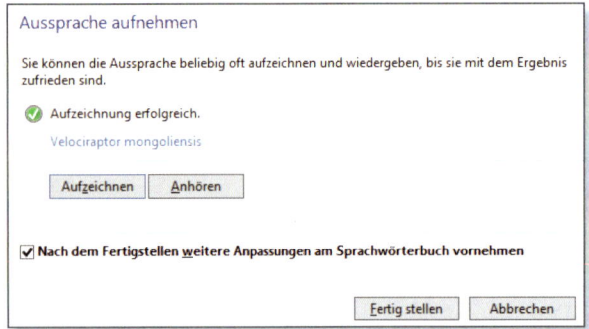

▲ **Abbildung 22.24** Ich empfehle Ihnen unbedingt, die eigene Aussprache anzuhören.

5 Es dauert einen kleinen Moment, bis die Spracheingabe verarbeitet wird. Ist dies geschehen, erscheinen zwei Schaltflächen. Wählen Sie **Anhören**. Beurteilen Sie, ob die eigene Spracheingabe deutlich und verständlich ist. Haben Sie undeutlich gesprochen, sich verhaspelt, Buchstaben verwurschtelt oder sind Sie in Ihren Dialekt gefallen, wiederholen Sie den Vorgang. Mit **Fertig stellen** beenden Sie den Assistenten.

Ebenfalls im Sprachwörterbuch finden Sie die Möglichkeit, ein Wort vom Diktat auszuschließen.

22.3 Die Windows-Sprachausgabe verwenden

Windows 8 bietet nicht nur die Möglichkeit, Texte und Befehle mit einem Mikrofon einzugeben, Sie können sich auch Textinhalte vorlesen lassen. Sie rufen diese Funktion über **Alle Apps > Sprachausgabe** auf.

Eine deutsche Stimme installieren

Bei Bedarf installieren Sie ein Stimmpaket nach. Ein solches ist schnell gefunden und nachgerüstet. Gehen Sie wie folgt vor:

1 Öffnen Sie Ihren Browser. Geben Sie die Adresse *http://www.cross-plus-a.com/de/balabolka.htm* ein.

2 Es öffnet sich die Seite von Balabolka. Sie sehen hier ein Freeware-Programm, das Textinhalte vorlesen kann. Sie benötigen hiervon nur das Sprachpaket. Scrollen Sie etwas nach unten, bis Sie den Abschnitt **RealSpeak TTS Engine** erreicht haben. Wählen Sie hier das Paket **Deutsch** aus. Laden Sie es auf Ihren Rechner. Entpacken Sie es. Mit einem Doppelklick auf die entpackte Datei starten Sie die Installation. Folgen Sie den Anweisungen im Dialog.

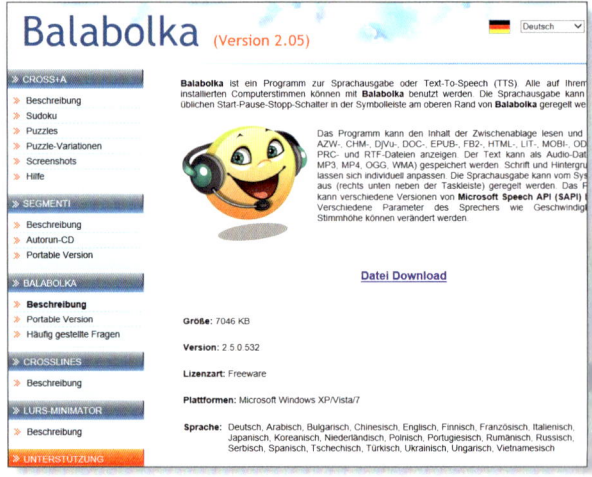

▲ **Abbildung 22.25** Die Website des Freeware-Programms Balabolka.

22.3 Die Windows-Sprachausgabe verwenden

Nun müssen Sie noch die Stimme auswählen. In der Vorgabeeinstellung verwendet Microsoft ja »Microsoft Hedda – Desktop«. Das sollte korrigiert werden.

3 Starten Sie die Spracherkennung. Klicken Sie auf das Symbol der Spracherkennung in der Taskleiste.

4 Wählen Sie **Stimme**.

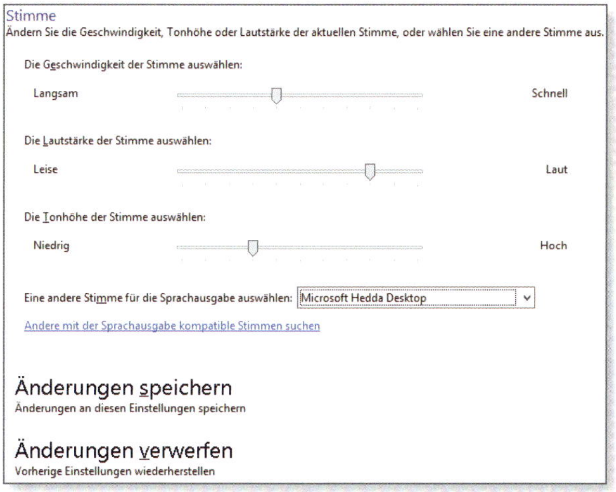

▲ **Abbildung 22.26** *Wählen Sie eine andere Stimme.*

5 Klicken Sie auf das Listenfeld **Stimmauswahl**, und wählen Sie **Scan Soft Steffi**.

6 Gleich nach Auswahl der Stimme liest Steffi den Text im Eingabefeld vor. Da dies ein englischer Text ist, ist sie kaum zu verstehen. Löschen Sie den Text, und tragen Sie Folgendes ein: »Hallo, liebe Steffi. Schön, dass du da bist und mir meine Texte vorliest.«

7 Verändern Sie die **Sprechgeschwindigkeit**. Schieben Sie den Regler zwei Striche nach links. Klicken Sie auf **Stimmvorschau**.

8 Mit **Änderungen speichern** halten Sie die Einstellungen fest.

Mit **Erweitert** können Sie die Qualität an ein Ausgabegerät anpassen. In der Regel ist dies nicht notwendig. Tun Sie es dennoch, wird nach dem Klicken auf **Übernehmen** oder **OK** der Text für die Stimmvorschau auf die englische Vorgabe zurückgesetzt. Da er jedoch nur zum Testen der Stimme gedacht ist, stört dies nicht weiter.

Übrigens: Verändern Sie einmal die Sprechgeschwindigkeit radikal. Schieben Sie den Regler jeweils ganz nach rechts und ganz nach links. Ein Tipp für jede Party!

So verwenden Sie die Sprachausgabe von Windows 8

Starten Sie die Sprachausgabe. Verwenden Sie das Programm öfter, sollten Sie ein Symbol dafür auf dem Desktop ablegen.

Klicken Sie auf das Symbol der Sprachausgabe. Wählen Sie die **Einstellungen** unter **Allgemein**.

Deaktivieren Sie die Optionen **Tastaturanschläge bei der Eingabe wiederholen**. Mit dem schnellen Tippen des Anwenders kommt das Tool nicht zurecht, weshalb man oft »Leertaste« und Unverständliches hört. Das ist etwas nervig und auch nicht besonders sinnvoll.

Für das Lesen des Bildschirminhalts werden Tastaturkombinationen verwendet. Beachten Sie, dass die Sprachausgabe auch die Taste `Einfg` nutzt. Während das Werkzeug aktiv ist, können Sie mit `Einfg` nicht in einer anderen Anwendung arbeiten. Um die Taste dennoch zum Einfügen von Zeichen zu verwenden, drücken Sie `Einfg` + `1`.

In Tabelle 20.2 sehen Sie alle Tastenkombinationen, die für die Bedienung der Windows-8-Sprachausgabe verwendet werden.

Eine bessere Ausgabe der Sprachqualität erhalten Sie mit kommerziellen Paketen. Sie können sich auf den folgenden Websites über verschiedene Produkte und Angebote dazu informieren. Beachten Sie bitte, dass viele der aufgezählten Websites in englischer Sprache gehalten sind. Eine gute Alternative ist das Programm

Dragon NaturallySpeaking, das ich Ihnen im folgenden Abschnitt noch vorstellen möchte.

Unter den folgenden Webadressen finden Sie kommerzielle Stimmpakete und Sprachausgabeanwendungen:

- *http://www.acapela-group.com/*
- *http://www2.research.att.com/~ttsweb/tts*
- *http://www.cepstral.com*
- *http://www.loquendo.com/de*
- *http://www.neospeech.com*
- *http://www.nuance.de*
- *http://www.ivona.com*

Unter der letztgenannten Adresse finden Sie bereits auf der Startseite eine deutsche Stimme, die Sie ausprobieren können. Geben Sie im Eingabefeld einen beliebigen Text ein, un d klicken Sie auf **Play**. Unter **For You Text-to-Speech Voice** findet sich auch eine deutsche Stimme. Mit knapp 70 Euro ist diese zwar relativ teuer, aber Sie erhalten eine qualitativ hochwertige und professionelle Stimme.

Tastenkombination	Funktion
`Strg` + `⇧` + `↵`	Information zum aktuellen Element
`Strg` + `⇧` + Leertaste	Ausgabe des Inhalts zum gewählten Element
`Strg` + `Alt` + Leertaste	Ausgabe des markierten Elements im aktuellen Fenster
`Einfg` + `Strg` + `G`	Ausgabe einer Beschreibung der Elemente, die an das ausgewählte Element angrenzen
`Strg`	Beenden der Ausgabe von Text durch die Sprachausgabe
`Einfg` + `O`	Bewegt den Cursor an den Anfang des nachfolgenden Textes bis zu einem Textelement mit fetter Formatierung.
`Einfg` + `W`	Bewegt den Cursor an den Beginn des nachfolgenden Textes bis zu einem Element mit anderer Formatierung.
`Einfg` + `E`	Bewegt den Cursor zurück an den Beginn des Dokuments mit der gleichen Formatierung.
`Einfg` + `R`	Bewegt den Cursor an das Ende eines Textes mit der gleichen Formatierung.
`Einfg` + `F2`	Markiert den gesamten Text mit der gleichen Formatierung wie das Zeichen, auf dem der Cursor positioniert ist.
`Einfg` + `F3`	Gibt das aktuelle Zeichen aus.
`Einfg` + `F4`	Gibt das aktuelle Wort aus.
`Einfg` + `F5`	Gibt die aktuelle Zeile aus.
`Einfg` + `F6`	Gibt den aktuellen Absatz aus.
`Einfg` + `F7`	Gibt die aktuelle Seite aus.
`Einfg` + `F8`	Gibt das aktuelle Dokument aus.

▲ *Tabelle 22.1* Mit diesen Tastaturkommandos verwenden Sie die Sprachausgabe von Windows 8.

Teil VI
Windows mit mehreren Benutzern

Kapitel 23
Benutzerkonten erstellen, verwenden und verwalten

Oft arbeiten mehrere Personen an einem Rechner. Aber nicht nur dann, sondern auch aus Sicherheitsgründen kann es sinnvoll sein, mehrere Benutzer anzulegen. Wie das funktioniert, zeige ich Ihnen in diesem Kapitel.

Die Benutzerkontensteuerung wurde mit Windows Vista eingeführt. Sie gibt es natürlich auch in Windows 8. Bestimmt ist Ihnen die neue Benutzerkontensteuerung schon einmal aufgefallen. Bestimmte Aktionen müssen Sie mit einem Mausklick bestätigen; sie erfordern erweiterte Rechte. Diese Funktion wurde jedoch nicht in Windows 8 integriert, um den Anwendern auf die Nerven zu gehen. Sie sollen auch nicht durch gelegentlich aufklappende Fenster am Einschlafen gehindert werden. Vielmehr handelt es sich um eine wichtige Sicherheitsfunktion.

Sie erfahren in diesem Kapitel, wie Sie mit der Benutzerkontensteuerung (UAC) Ihren Windows-8-Rechner sicherer machen. Sie lesen, wozu diese Funktion gut ist und worin der Unterschied zwischen Benutzer und Administrator besteht. Ich zeige Ihnen, wie Sie die Benachrichtigung der UAC ganz einfach mit einem Schieberegler anpassen. Ich stelle Ihnen die Gruppenrichtlinien der Benutzerkontensteuerung vor und verrate Ihnen, was hinter jeder einzelnen Richtlinie steckt. Danach weise ich besonders auf drei Richtlinien hin, mit denen Sie die Rückfragen der Benutzerkontensteuerung ganz ausschalten.

Da es sich bei dem Kontotyp »Administrator« von Windows 8 nicht um einen wirklichen Admin handelt, verrate ich Ihnen, wie Sie den in der Vorgabeeinstellung deaktivierten Administrator anschalten. Dazu sind nur wenige Schritte notwendig. Danach haben Sie ein »echtes« Admin-Konto, das über alle notwendigen Rechte für Systemverwaltungsaufgaben verfügt.

Der zweite Teil dieses Kapitels widmet sich dem Thema »Benutzerkonten verwalten«. Sie erfahren, wie Sie ein Benutzerkonto bearbeiten und wie Sie ein nicht mehr gebrauchtes Konto vom Rechner entfernen. Ich zeige Ihnen, wie Sie eine *Kennwortrücksetzungsdiskette* erstellen und so dafür sorgen, dass Sie auch dann an die Daten Ihres Benutzerkontos kommen, falls Sie Ihr Passwort vergessen. Sie lesen, wie Sie Ihre mit Windows 8 verknüpfte Online-ID und die dazu gehörenden Daten in der **Systemsteuerung** einsehen, und Sie lernen die **Family Safety** (ehemals *Windows-Tresor*) kennen. Am Ende des Kapitels zeige ich Ihnen, wie Sie das Speichervolumen eines Anwenders mit Hilfe von Kontingenten einschränken.

23.1 Die Benutzerkontensteuerung (User Account Control)

Microsoft kürzt die Funktion, um die es in diesem Kapitel geht, mit UAC ab. Diese Abkürzung steht für *User Account Control*, auf Deutsch *Benutzerkonten-*

steuerung. In diesem ersten Abschnitt verrate ich Ihnen, was UAC ist und wozu diese Funktion gut ist.

Wozu dient die Benutzerkontensteuerung?

Aufgrund der Benutzerkontensteuerung können Programme nicht einfach Veränderungen am Windows-System vornehmen. Um dennoch bestimmte Einstellungen festzulegen, muss der Anwender die Rechte eines Administrators besitzen und die Aktion bestätigen. Das kann nicht automatisch erfolgen. Ein Vorteil dieses Systems ist, dass Sie mitverfolgen können, wenn ein Programm derartige Aufgaben durchführt. Es kann also nicht jemand still und heimlich im Hintergrund an Ihrem Windows 8 »herumschrauben«.

Wenn Sie als Benutzer mit den dazugehörenden Rechten arbeiten und eine Aufgabe ausführen wollen, die von der Benutzerkontensteuerung gesperrt ist, geschieht Folgendes:

- Über einen Dialog müssen Sie sich die Rechte eines Administrators aneignen. Dazu loggen Sie sich als Admin mit dem dazugehörenden Passwort ein.
- Bevor die Aktion ausgeführt wird, klappt ein Hinweisdialog auf. Dieser fragt, ob Sie die Aktion tatsächlich durchführen wollen.

Falls Sie bereits mit den Rechten eines Administrators arbeiten, entfällt der erste Schritt. Dann müssen Sie die Aktion nur bestätigen.

Der Benutzerkontensteuerung kommt eine weitere wichtige Rolle zu: Sie schützt auch das Administratorkonto. Es kann nicht so einfach jemand Änderungen an den Einstellungen des Systemadministrators durchführen. Das ist eine nicht zu unterschätzende Sicherheitsfunktion. Der Administrator kann wichtige Systemeinstellungen vornehmen. Diese Aufgabe sollte nicht von einem Programm oder irgendeinem Anwender durchgeführt werden.

Was darf ein Benutzer, und was darf ein Administrator?

Ein Benutzer kann Programme aufrufen, ebenso Werkzeuge und Spiele und mit diesen arbeiten. Zusätzlich gibt es weitere Möglichkeiten, die er nutzen darf. Diese Aufgaben verändern keine wichtigen Systemeinstellungen. Windows 8 wird dadurch nicht gefährdet, selbst wenn ein fremder Benutzer diese Aufgaben ausführt.

Zu den erweiterten Möglichkeiten eines Benutzers gehören:

- die Installation und Einrichtung von Fonts (Schriften)
- das Nutzen des Kalenders und der Uhr
- das Einstellen der Zeitzone, die für den Ort gilt, an dem er sich befindet
- die Installation von WEP, das für den Aufbau und das Nutzen einer Funknetzverbindung notwendig ist (WLAN)
- die Einrichtung der Energiespareinstellungen
- die Einrichtung von Hardwaregeräten und den dazu notwendigen Treiberprogrammen
- das Einrichten von VPNs
- das Einspielen von Updates

Ein Administrator besitzt zunächst die Rechte eines einfachen Benutzers. Erst bei bestimmten Aufgaben werden ihm die Rechte eines Administrators zugeteilt. Dies ist eine Schutzfunktion von Windows 8. Auch hier funktioniert dies nach dem gleichen Prinzip, das ich zuvor schon erwähnt habe: Die Aktion, für die erweiterte Administratorrechte notwendig sind, wird abgefragt. Mit dem Bestätigen werden die Rechte eines Administrators erteilt. Dies gilt für das Ausführen der Aufgabe.

23.1 Die Benutzerkontensteuerung (User Account Control)

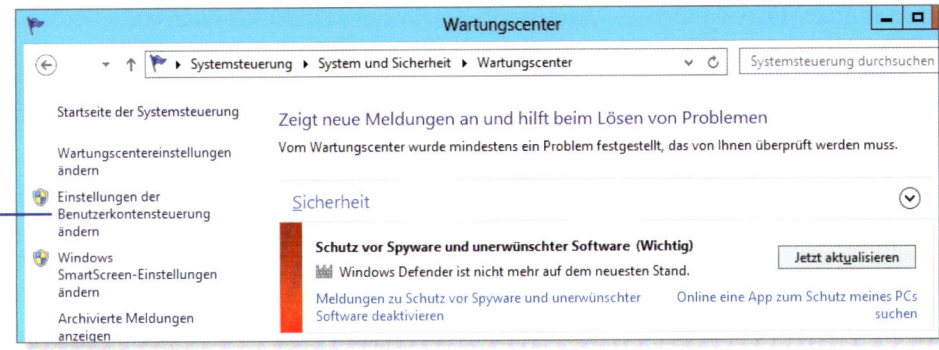

◁ Abbildung 23.1
Öffnen Sie das Wartungscenter und stellen Sie die Benachrichtigungen ein.

Die Benachrichtigungen über Änderungen einrichten

In der **Systemsteuerung** können Sie einstellen, wenn Sie benachrichtigt werden wollen. Mit der Vorgabeeinstellung werden Meldungen ausgegeben, wenn ein Anwendungsprogramm Änderungen am Rechner vornimmt. Rufen Sie über **Alle Apps** die **Systemsteuerung** auf. Sie erreichen den Dialog unter **System und Sicherheit > Wartungscenter**. Wählen Sie hier **Einstellungen der Benutzerkontensteuerung ändern** ❶.

Nehmen Sie eine Veränderung vor, wird keine Meldung ausgegeben. Erhöhen Sie die Stufe, werden auch Meldungen ausgegeben, wenn Sie selbst eine Veränderung vornehmen. Dies ist aber nicht notwendig.

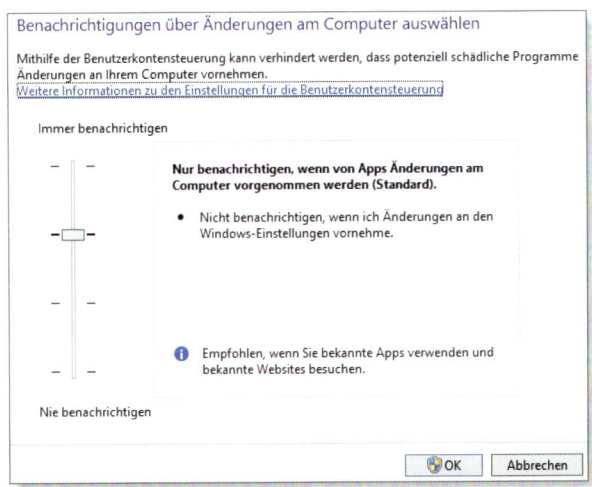

▲ Abbildung 23.2 Die Vorgabeeinstellung ist eine gute Wahl.

In der niedrigsten Stufe werden keine Benachrichtigungen ausgegeben. Auch wenn ein Programm eine Änderung am Windows-8-System vornimmt, gibt es keine Meldung, ebenso, wenn Sie selbst eine Einstellung vornehmen. Wenn ein Programm etwas installieren möchte, erhalten Sie ebenfalls keine Meldung. Diese Einstellung ist nicht empfehlenswert.

Gruppenrichtlinien für die Benutzerkontensteuerung

Mit *Gruppenrechtlinien* bestimmen Sie, was ein Benutzer auf einem Rechner darf und was er nicht darf. Bei einem Home-Rechner, den Sie allein oder im Familienkreis nutzen, ist dies nicht notwendig. Jedoch in kleinen und großen Firmen ist dies wichtig. Hier können Sie dafür sorgen, dass Mitarbeiter keinen Unfug treiben und bestimmte Aktionen nur die technischen Mitarbeiter und Systemadministrationen durchführen können.

Microsoft bezeichnet die Gruppenrichtlinien als *Group Police Object*, kurz *GPO*. Beachten Sie: Die Anpassung der Gruppenrichtlinien ist jedoch nur in einigen Windows-Editionen möglich; siehe dazu die Tabelle am Beginn des Buches.

In Windows 8 lassen sich Gruppenrichtlinien mit dem Tool *gpupdate* einrichten und aktualisieren. In Firmennetzwerken können die Richtlinien auch für mehrere Rechner aktualisiert werden. Dies geschieht mit der Gruppenrichtlinien-Verwaltungskonsole oder einem Cmdlet in der PowerShell (*Invoke-GPUpdate-Cmdlet*).

501

Gruppenrichtlinien der Benutzerkontensteuerung ändern

Wenn Sie die Einstellungen in den Grupperichtlinien ändern möchten, ist das über folgende Schritte möglich:

1 Öffnen Sie die **Systemsteuerung**. Wählen Sie **System und Sicherheit > Verwaltung**. Klicken Sie hier auf **Lokale Sicherheitsrichtlinie**.

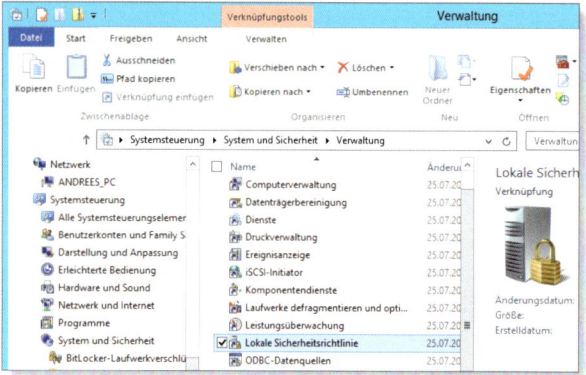

▲ *Abbildung 23.3 Die »Lokale Sicherheitsrichtlinie« wird in der Systemsteuerung geöffnet.*

2 Öffnen Sie links den Funktionsbaum **Lokale Richtlinien**. Markieren Sie die **Sicherheitsoptionen**. Nun finden Sie im Richtlinienfenster die Einstellungen der Benutzerkontensteuerung.

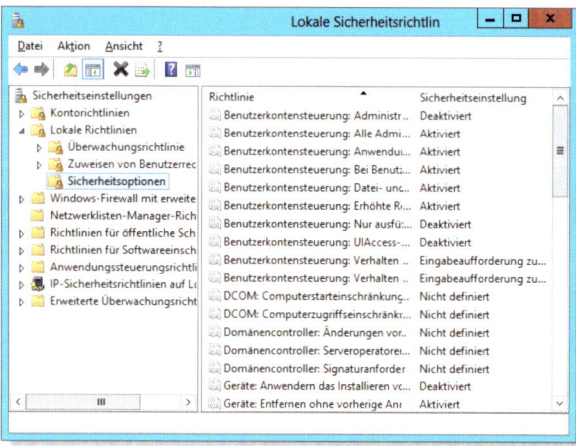

▲ *Abbildung 23.4 Die Benutzerkontensteuerung passen Sie in dem Editor für die Sicherheitsrichtlinien an.*

3 Passen Sie die Einstellungen an. Markieren Sie dazu einen Eintrag. Öffnen Sie das Kontextmenü. Wählen Sie **Eigenschaften**. Aktivieren oder deaktivieren Sie eine Einstellung. Bei einigen Einstellungen treffen Sie eine Auswahl über ein Listenfeld. Bestätigen Sie den Dialog. Schließen Sie den Editor und alle geöffneten Dialoge.

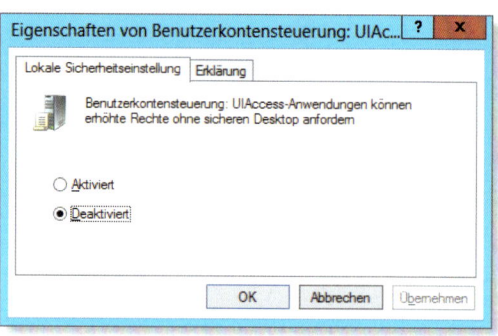

▲ *Abbildung 23.5 Eine Einstellung der Benutzerkontensteuerung wurde ausgeschaltet.*

Sie finden zu jedem Eintrag auch eine längere Erklärung. Öffnen Sie dazu die gleichlautende Registerkarte **Erklärung**.

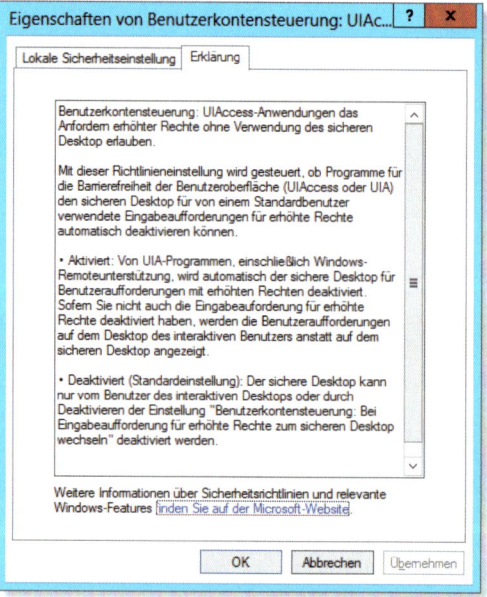

▲ *Abbildung 23.6 Die Sicherheitseinstellungen sind ausführlich erklärt.*

Die einzelnen Richtlinien und ihre Bedeutung

Im Folgenden möchte ich Ihnen die einzelnen Gruppenrichtlinien erläutern:

- **Administratorgenehmigungsmodus für das integrierte Administratorkonto**

  Diese Richtlinie beeinflusst den Genehmigungsmodus für das Administratorkonto. Ist die Richtlinie aktiviert, wird der Anwender bei einer Aktion, die erweiterte Rechte voraussetzt, zur Genehmigung der Aktion aufgefordert. Ist die Richtlinie ausgeschaltet, werden alle Aktionen mit vollständigen Administratorrechten ausgeführt. Die letzte Variante ist in der Vorgabeeinstellung gewählt.

- **Alle Administratoren im Administratorbestätigungsmodus ausführen**

  Hierbei handelt es sich um eine wichtige Sicherheitseinstellung. Gesteuert wird das Verhalten der Richtlinieneinstellungen der Benutzerkontensteuerung. Die Richtlinie ist in der Vorgabeeinstellung angeschaltet. Der Administratorgenehmigungsmodus ist somit aktiviert. Ist die Richtlinie ausgeschaltet, sind der Administratorgenehmigungsmodus und alle dazugehörigen Richtlinieneinstellungen der Benutzerkontensteuerung deaktiviert. Windows 8 informiert Sie in diesem Fall, dass sich die Sicherheit des Betriebssystems auf einem geringen Niveau befindet.

- **Anwendungsinstallation erkennen und erhöhte Rechte anfordern**

  Diese Richtlinie steuert die Installation von Anwendungsprogrammen. Ist sie angeschaltet, wird der Anwender zur Eingabe des Benutzernamens des Administrators und des zugehörigen Kennworts aufgefordert. Kommt er dieser Aufforderung nach, wird die Installation der Software fortgesetzt. Ist die Richtlinie nicht angeschaltet, werden Installationspakete nicht als solche erkannt, und es werden bei der Installation derselben keine Administratordaten abgefragt.

- **Bei Benutzeraufforderung nach erhöhten Rechten zum sicheren Desktop wechseln**

  Die Anforderung für die Rechte eines Administrators kann auf dem interaktiven Benutzerdesktop oder auf einem sicheren Desktop angezeigt werden. Diese Richtlinie steuert, welche der beiden Möglichkeiten verwendet wird. Ist die Richtlinie aktiviert, werden die Anforderungen für erweiterte Rechte auf dem sicheren Desktop angezeigt. Die Richtlinie für das Eingabeaufforderungsverhalten für Administratoren wird bei dieser Einstellung nicht beachtet. Ist die Richtlinie ausgeschaltet, werden die Anforderungen für erweiterte Rechte auf dem interaktiven Desktop des Benutzers angezeigt.

- **Datei- und Registrierungsschreibfehler an Einzelbenutzerstandorten virtualisieren**

  Diese Richtlinie bestimmt, ob Schreibfehler in Anwendungen an bestimmte Orte in der Registrierung oder/und im Dateisystem umgeleitet werden. Die Einstellung zu dieser Richtlinie fängt Programme ab, die unter dem Konto eines Administrators ausgeführt werden. Ist die Richtlinie angeschaltet, werden Schreibfehler in Programmen zur Laufzeit an bestimmte Benutzerorte für das Dateisystem und die Registrierung umgeleitet. Ist die Richtlinie ausgeschaltet, wird eine Fehlermeldung zurückgegeben.

- **Erhöhte Rechte nur für UIAccess-Anwendungen, die an sicheren Orten installiert sind**

  Diese Richtlinie bestimmt, ob UIAccess-Anwendungen erhöhte Rechte erhalten, wenn sie an sicheren Orten installiert sind. *UIAccess* ist die Bezeichnung für die Benutzeroberfläche des Rechners. Gemeint sind nur bestimmte Anwendungen, die Eingabehilfen enthalten. Sichere Orte sind die Verzeichnisse *Programme*, *Windows\system32* und *Programme\[x86]*. Ist die Richtlinie angeschaltet, bedeutet dies, dass die Anwendung mit einer UIAccess-Integrität ausgeführt wird, falls sie sich an einem sicheren Ort befindet. Ist sie ausgeschaltet, muss die Anwendung nicht an einem sicheren Ort installiert sein. Sie wird so oder so mit UIAccess-Integrität ausgeführt.

- **Nur ausführbare Dateien heraufstufen, die signiert und überprüft sind**

    Diese Richtlinie bestimmt, ob ausführbare Dateien nur heraufgestuft werden, wenn sie signiert und überprüft worden sind. Ist die Richtlinie aktiviert, wird eine Zertifizierung erzwungen. Wenn die Richtlinie nicht aktiviert ist, wird die Zertifizierung nicht überprüft.

- **UIAccess-Anwendungen können erhöhte Rechte ohne sicheren Desktop anfordern**

    Diese Richtlinie sagt bereits, worum es hier geht. Ist sie aktiviert, wird der sichere Desktop für die Benutzeranmeldung ausgeschaltet. Ist sie ausgeschaltet, was die Vorgabeeinstellung ist, so kann der sichere Desktop nur vom Benutzer des interaktiven Desktops ausgeschaltet werden – oder auch wenn die Option **Bei Eingabeaufforderung zum sicheren Desktop wechseln** in der **Benutzerkontensteuerung** ausgeschaltet wird.

- **Verhalten der Eingabeaufforderung für erhöhte Rechte für Administratoren im Administratorgenehmigungsmodus**

    Hier schalten Sie nichts an oder aus, sondern wählen eine der Möglichkeiten über ein Listenfeld. Die Richtlinie bestimmt, wie sich die Eingabeaufforderung bei Aktionen mit Administratorrechten verhält.

    Aus folgenden Möglichkeiten können Sie wählen:

- **Erhöhte Rechte ohne Eingabeaufforderung**
- **Eingabeaufforderung zu Anmeldeinformationen auf dem sicheren Desktop**
- **Eingabeaufforderung zur Zustimmung auf den sicheren Desktop**
- **Eingabeaufforderung zu Anmeldeinformationen**
- **Eingabeaufforderung zur Zustimmung**
- **Eingabeaufforderung zur Zustimmung für Nicht-Windows-Binärdateien**

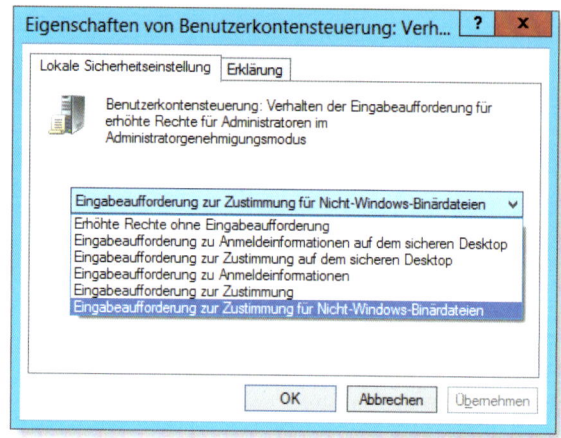

▲ **Abbildung 23.7** *Über ein Listenfeld wählen Sie die richtige Einstellung.*

- **Verhalten der Eingabeaufforderung für erhöhte Rechte für Standardbenutzer**

    Diese Richtlinie entspricht der zuvor genannten. Nur ist diesmal das Verhalten beim Nutzen höherer Rechte für Otto Normalanwender gemeint. Die Auswahlmöglichkeiten entsprechen denen der Richtlinie für Administratoren.

Nutzen Sie die beiden letztgenannten Richtlinien, um die Rückfragen der Benutzerkontensteuerung auszuschalten. Wenn Sie bei der Richtlinie **Verhalten der Eingabeaufforderung für erhöhte Rechte für Administratoren im Administratorgenehmigungsmodus** die Einstellung **Erhöhte Rechte ohne Eingabeaufforderung nutzen** wählen, wird die Rückfrage nicht mehr eingeblendet. Diese Einstellung kann auch für normale Benutzer gesetzt werden. Dies sollten Sie jedoch nicht tun. Die Rückfrage dient der Sicherheit und schützt Ihren Rechner.

Mit einer anderen Richtlinie können Sie dafür sorgen, dass bei der Installation von Anwendungspro-

23.1 Die Benutzerkontensteuerung (User Account Control)

grammen keine Administratorrechte notwendig sind. Diese Richtlinie heißt **Anwendungsinstallation erkennen und erhöhte Rechte anfordern**. Deaktivieren Sie die Richtlinie, wird die Installation eines Programms nicht erkannt. Es müssen keine Administratorrechte für diese Aktion erworben werden.

Den Administrator anschalten

In Windows 8 finden Sie die normalen Benutzerkonten und das Administratorkonto. Bei Letzterem müssen bestimmte Aktionen bestätigt werden, die höhere Rechte erfordern.

In den Windows-Editionen *Windows 8*, *Pro* und *Enterprise* können Sie das Konto **Administrator** anschalten. Es ist in der Vorgabeeinstellung ausgeschaltet. Mit diesem Konto können Sie Systemverwaltungsaufgaben ausführen, ohne diese extra bestätigen zu müssen. Möchten Sie dies tun, gehen Sie wie folgt vor:

1 Öffnen Sie die **Systemsteuerung**. Wählen Sie **System und Sicherheit**. Wechseln Sie in die **Verwaltung**. Öffnen Sie hier die **Computerverwaltung**.

2 Markieren Sie den obersten Eintrag in der linken Spalte. Er trägt die Bezeichnung **Computerverwaltung**. Doppelklicken Sie in der rechten Seite auf **System**.

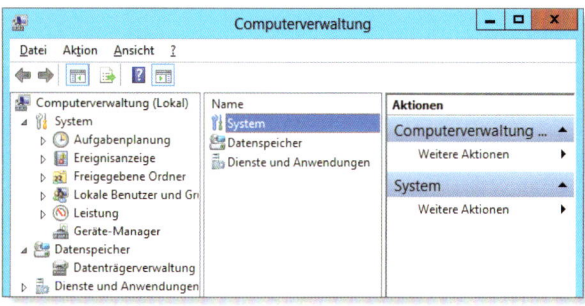

▲ *Abbildung 23.8* In der »Computerverwaltung« können Sie das Administratorkonto anschalten.

3 Doppelklicken Sie anschließend auf **Lokale Benutzer und Gruppen**.

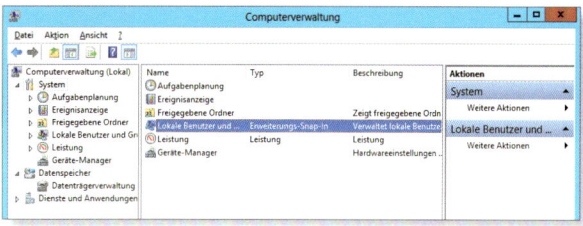

▲ *Abbildung 23.9* Der Weg zum Ziel ist weit. Sie müssen einige Male doppelklicken.

4 Doppelklicken Sie auf **Benutzer**.

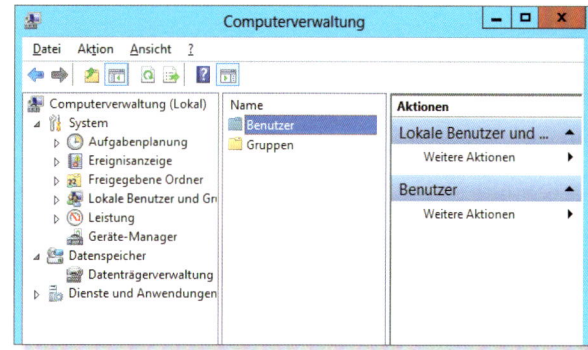

▲ *Abbildung 23.10* Wählen Sie »Benutzer« aus.

5 In der Liste ganz oben sehen Sie den **Administrator**. Doppelklicken Sie auf ihn.

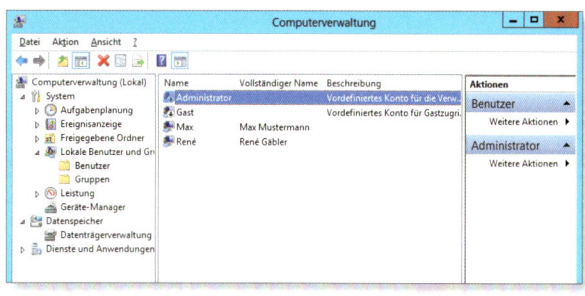

▲ *Abbildung 23.11* Unter den Benutzerkonten finden Sie auch den »Administrator«.

6 Ein Dialogfenster wird geöffnet. Im unteren Teil ist die Option **Konto ist deaktiviert** ❶ (siehe Abbildung 23.12) angeschaltet. Entfernen Sie das Häkchen aus diesem Optionskästchen. Bestätigen Sie mit **OK** ❷. Schließen Sie alle geöffneten Fenster.

Kapitel 23: Benutzerkonten erstellen, verwenden und verwalten

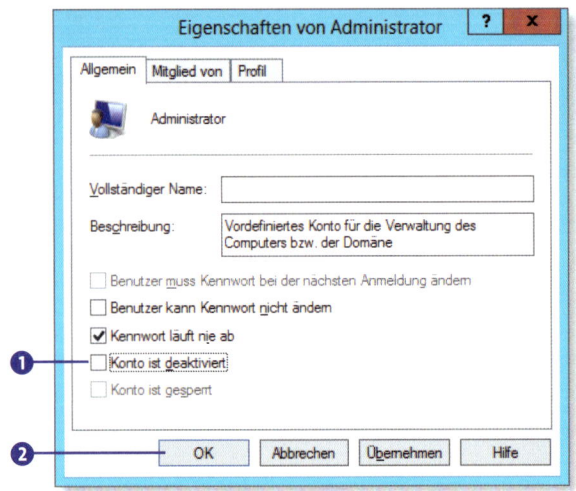

▲ **Abbildung 23.12** *Das Administratorkonto wird aktiviert.*

Nun können Sie sich als Administrator anmelden und haben gleich danach alle entsprechenden Rechte.

23.2 Benutzerkonten verwalten

Zum Thema Benutzerkonten haben Sie schon die grundlegenden Dinge erfahren. Sie wissen, wie Sie ein neues Benutzerkonto erstellen und das zu diesem gehörende Kontobild anpassen. Natürlich wissen Sie auch, wie Sie sich mit Ihrem Benutzernamen am Windows-8-System anmelden. Diese grundlegenden Informationen möchte ich an dieser Stelle ergänzen.

Ein Benutzerkonto bearbeiten

In der **Systemsteuerung** können Sie unter **Benutzerkonten und Family Safety** die Benutzerkonten einsehen und verändern. Sie können das zugeordnete Bild ändern und ein neues Kennwort festlegen. Der Name des Kontos lässt sich korrigieren. Wenn Sie möchten, machen Sie mit **Kontotyp ändern** aus einem Benutzerkonto ein Administratorkonto. Dazu gehen Sie wie folgt vor:

1 Rufen Sie die **Systemsteuerung** auf. Wählen Sie **Benutzerkonten und Family Safety.** Klicken Sie auf **Kontotyp ändern** ❸.

▲ **Abbildung 23.13** *Machen Sie aus Ihrem Benutzerkonto ein Administratorkonto.*

2 Sie sehen nun die auf dem Rechner vorhandenen Benutzerkonten. Wählen Sie das Konto aus, dessen Typ Sie verändern möchten.

▲ **Abbildung 23.14** *Wählen Sie den Benutzer aus, dessen Kontotyp Sie ändern wollen.*

3 Im nächsten Dialog wählen Sie noch einmal **Kontotyp ändern**.

4 Schalten Sie die Option **Administrator** ❹ an, und bestätigen Sie mit **Kontotyp ändern** ❺.

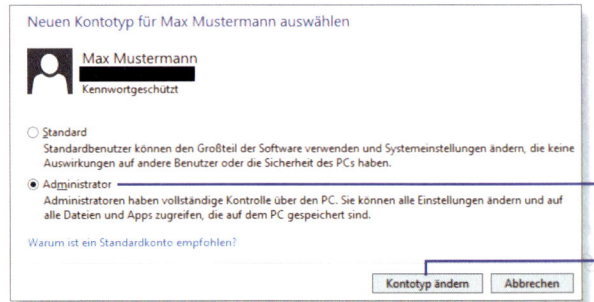

▲ **Abbildung 23.15** *Bis zum Ziel müssen Sie sich mehrfach durchklicken.*

Ein nicht mehr notwendiges Benutzerkonto entfernen

Manchmal verwendet ein eingerichteter Benutzer Windows nicht mehr, so dass Sie das Konto eigentlich nicht mehr brauchen. Es belegt unnötigerweise Speicherplatz.

Wird ein Konto nicht mehr gebraucht, können Sie es auch löschen. Und das geht so:

1 Öffnen Sie die **Systemsteuerung**. Gehen Sie zu **Benutzerkonten und Family Safety**. Wechseln Sie zu **Kontotyp ändern**.

2 Sie sehen nun eine Übersicht aller auf dem Rechner vorhandenen Konten. Wählen Sie mit der Maus das Konto, das Sie entfernen wollen.

3 Wählen Sie **Konto löschen**.

▲ *Abbildung 23.16 Viele Funktionen sind auf Umwegen zu erreichen.*

4 Windows 8 fragt Sie, ob Sie die Dateien von diesem Konto behalten oder löschen wollen. In diesem Beispiel wollen wir das Konto komplett entfernen. Klicken Sie auf die Schaltfläche **Dateien löschen**.

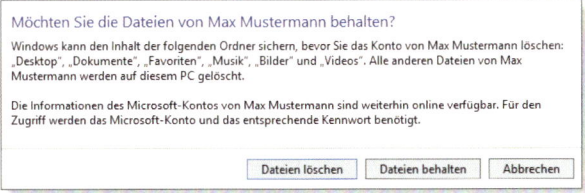

▲ *Abbildung 23.17 Die zu diesem Benutzerkonto gehörenden Dateien werden ebenfalls entfernt.*

5 Nun werden Sie noch einmal gefragt, ob Sie die Aktion wirklich durchführen wollen. Windows 8 informiert Sie, dass alle Dateien und das Konto entfernt werden. Bestätigen Sie mit **Konto löschen**.

▲ *Abbildung 23.18 Natürlich gibt es wieder eine Frage nach dem Muster »Wollen Sie das wirklich tun?«.*

Es erfolgt nun keine Rückfrage mehr. Das Benutzerkonto und die dazugehörenden Einstellungen werden vom Rechner entfernt. Bitte beachten Sie, dass Sie diesen Vorgang nicht mehr rückgängig machen können – es sei denn, Sie erstellen das Konto neu. Die Daten des Benutzers sind dann aber verloren.

Eine Kennwortrücksetzungsdiskette erstellen

Das Kennwort, das zu einem Windows-8-Benutzerkonto gehört, sollte sicher sein. Vor allem sollte der Anwender es sich merken. Aufschreiben ist zwar eine Lösung, senkt aber die Sicherheit des Kontos.

Was aber, wenn man sich das Kennwort nicht aufgeschrieben und es dann vergessen hat? Sind dann das Benutzerkonto und alle dazugehörenden Einstellungen und Daten verloren? Das wäre wirklich eine üble und sehr ärgerliche Sache.

Für den Fall des Falles hat Microsoft in Windows 8 eine Funktion implementiert, mit der das Passwort zurückgesetzt werden kann, nämlich die *Kennwortrücksetzungsdiskette*. Nun müssen Sie keine Diskette verwenden, wie die Bezeichnung eigentlich vermuten lässt, sondern können auf einen USB-Stick zurückgreifen.

Kapitel 23: Benutzerkonten erstellen, verwenden und verwalten

Diesen nutzen Sie allein für diese Aufgabe. Es genügt ein kleiner Stick, der nicht viel Speicherplatz bietet. Gehen Sie zum Erstellen wie folgt vor:

1 Suchen Sie sich einen USB-Stick, den Sie nicht mehr für andere Zwecke benötigen, oder kaufen Sie einen neuen. Es genügt ein USB-Stick mit wenig Speicherplatz.

2 Überprüfen Sie den Stick. Sind Daten vorhanden, die Sie doch noch benötigen, verschieben Sie sie an eine andere Stelle. Formatieren Sie den Stick neu.

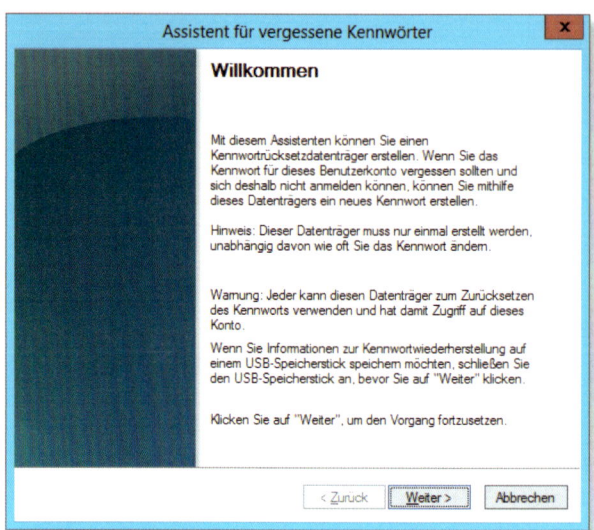

▲ *Abbildung 23.20* *Eigentlich müsste es ja »Assistent für die Verhinderung von Kennwortvergessensvorkommnissen« heißen.*

▲ *Abbildung 23.19* *Der USB-Stick, den ich verwende, besitzt eine Kapazität von 244 MB. Das genügt.*

3 Begeben Sie sich in der **Systemsteuerung.** Geben Sie im Suchfeld rechts oben »Kennwortrücksetzungsdiskette« ein. Aus der Liste der Treffer wählen Sie die entsprechende Funktion aus.

4 Nun wird der *Assistent für vergessene Kennwörter* gestartet. Was es nicht alles gibt. Überspringen Sie den ersten Dialog mit dem erklärenden Text mit einem Mausklick auf die Schaltfläche **Weiter**.

5 Nun wird das Laufwerk angezeigt, das als Kennwortrücksetzungsdiskette verwendet werden soll. Über das Listenfeld wählen Sie bei Bedarf ein anderes Laufwerk. Überprüfen Sie, dass der Assistent auch wirklich das richtige Laufwerk gewählt hat. Schauen Sie sich im Windows-Explorer an, ob es sich um den zuvor formatierten USB-Stick handelt. Ist das der Fall, klicken Sie auf **Weiter**.

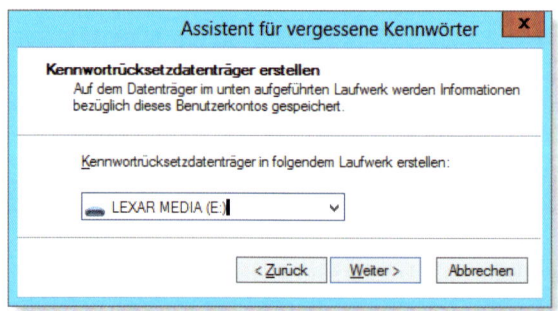

▲ *Abbildung 23.21* *Über ein Listenfeld wählen Sie das Laufwerk mit Ihrem USB-Stick aus.*

6 Tragen Sie das aktuelle Passwort Ihres Benutzerkontos ein. Anschließend wechseln Sie in den nächsten Dialog.

23.2 Benutzerkonten verwalten

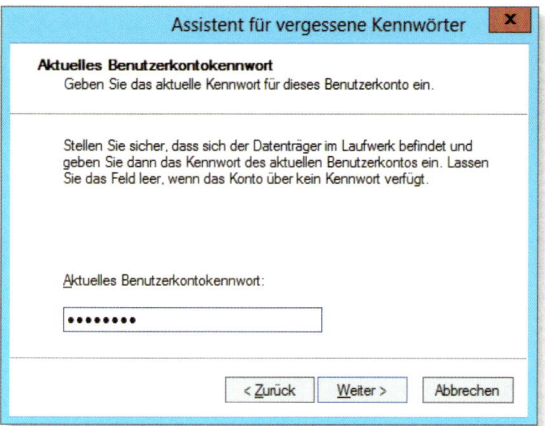

▲ **Abbildung 23.22** *Im Assistenten gibt es nicht viele Dialoge und Optionen.*

7 Windows 8 überprüft das Passwort und schreibt die Daten, die für das Zurücksetzen des Passworts notwendig sind, auf den USB-Stick. Anhand eines Fortschrittsbalkens können Sie verfolgen, wie weit das Betriebssystem bei dieser Aufgabe ist. Es geht relativ flott. Steht der Balken bei 100 %, wechseln Sie in den nächsten Dialog.

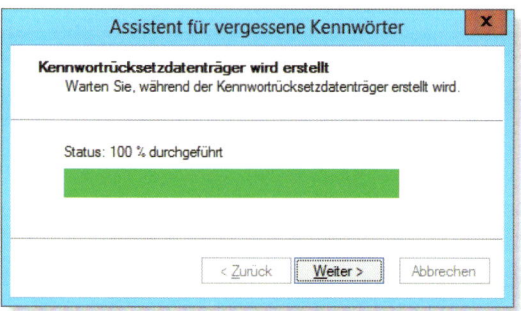

▲ **Abbildung 23.23** *Die Daten für das Zurücksetzen des Passwortes wurden auf den Stick geschrieben.*

8 Beenden Sie den Assistenten mit **Fertig stellen**. Entfernen Sie den Stick von Ihrem Rechner. Bewahren Sie ihn an einem sicheren Ort auf.

Bei Windows 8 haben Sie weitere Möglichkeiten, auf Ihr Konto zuzugreifen. Haben Sie Ihr Passwort vergessen, können Sie über die Anmeldeseite von Hotmail (*https://login.live.com*) das Kennwort zurücksetzen. Daneben ist es auch möglich, sich mit einem sogenannten »Einmalcode« anzumelden. Der Einmalcode ersetzt das Kennwort und kann nur ein einziges Mal verwendet werden. Der Code wird per SMS an Ihr Smartphone gesendet.

Beachten Sie bitte: Verändern Sie das Passwort zu Ihrem Windows-Live-Zugang, so ändert sich auch das Anmeldekennwort bei Windows 8. Beides ist ja miteinander verbunden.

Die Anmeldeinformation verwalten

In der **Systemsteuerung** finden Sie unter **Benutzerkonten und Family Safety** auch die **Anmeldeinformationsverwaltung**. Diese teilt sich in die zwei Bereiche **Webanmeldeinformation verwalten** und **Windows-Anmeldeinformation verwalten**.

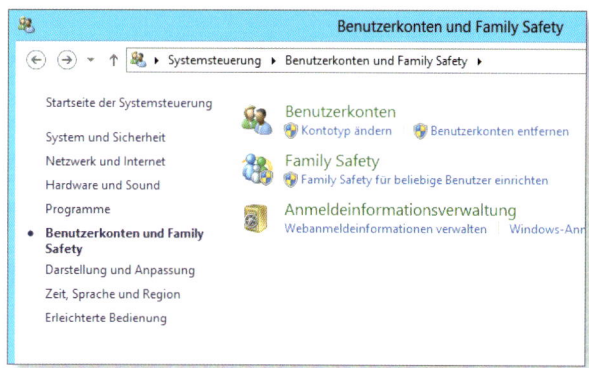

▲ **Abbildung 23.24** *Bei Windows 7 hieß die Funktion »Windows-Tresor«.*

Öffnen Sie Windows-Anmeldeinformation, so lassen sich verschiedene Daten erfassen und verwalten.

Mit den nach unten zeigenden Pfeilschaltflächen schauen Sie sich die abgelegten Daten an. Hier fügen Sie bei Bedarf auch Anmeldedaten hinzu. Dazu geben Sie unter **Windows-Anmeldeinformationen** eine Netzwerkadresse, einen Anmeldenamen und ein Passwort ein. Windows 8 verwaltet anschließend diese Daten und ruft sie bei Bedarf ab. Sie müssen Sie nicht mehr selbst eingeben.

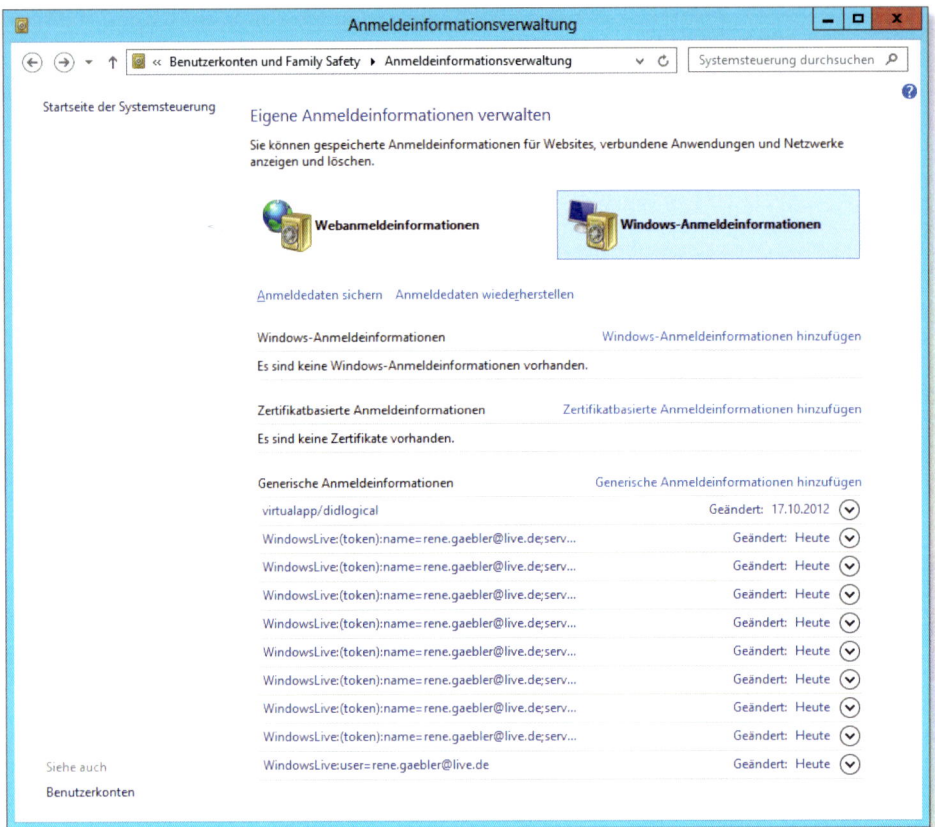

› *Abbildung 23.25* Die Anmeldeinformationen halten Passwörter von Websites und verschiedenen Diensten fest.

Mit Kontingenten arbeiten

Der Administrator kann jedem Anwender ein bestimmtes Datenvolumen zuteilen. So können Sie auf Rechnern, die Sie mit anderen Benutzern teilen, genau festlegen, wie viel Speicherplatz jemand nutzen darf. Solche Festlegungen nennt Windows 8 *Kontingente*. Um zu vermeiden, dass ein Benutzer zu viel Speicherplatz belegt und so einen höheren Wartungsaufwand erzeugt, sind solche Kontingente absolut sinnvoll.

Sie können als Administrator Kontingente folgendermaßen einrichten:

1 Markieren Sie im Windows-Explorer ein Laufwerk. Wählen Sie **Eigenschaften**. Wechseln Sie in das Register **Kontingent**. Klicken Sie auf **Kontingenteinstellungen anzeigen**. Bestätigen Sie die Meldung der Benutzerkontensteuerung.

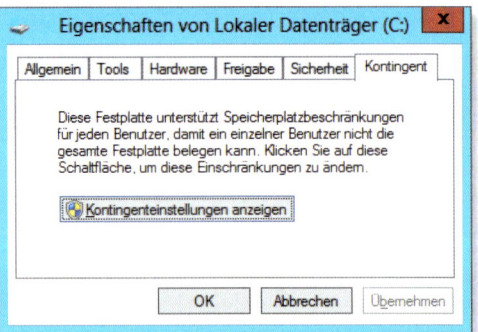

˄ *Abbildung 23.26* Unterstützt die Festplatte den Umgang mit Kontingenten, finden Sie ein entsprechendes Register in den Eigenschaften.

2 Schalten Sie mit **Kontingentverwaltung aktivieren** selbige an. Aktivieren Sie ebenfalls die Option **Speicherplatz bei Überschreitung der Kontingentgrenze verweigern**. Schalten Sie **Speicherplatz beschränken**

23.2 Benutzerkonten verwalten

auf ein. Wählen Sie eine Angabe für ein Speicherplatzvolumen. Legen Sie ein zweites, niedrigeres Volumen für die Ausgabe einer Warnmeldung fest. Schalten Sie ebenfalls die beiden Protokollfunktionen am unteren Rand des Dialogs an. Bestätigen Sie, und schließen Sie den Dialog.

Mit **Kontingenteinträge** können Sie später überprüfen, ob das Kontingent ausgeschöpft wird. Hier sehen Sie, wie viel Platz noch zur Verfügung steht. Sie können so einschätzen, ob das Kontingent nicht vielleicht zu klein festgelegt wurde, und entsprechende Maßnahmen ergreifen, falls dies notwendig sein sollte.

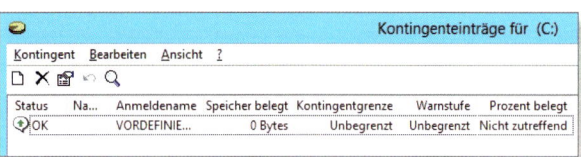

▲ **Abbildung 23.28** Vor dem Festlegen eines Kontingents ist die Übersicht ohne Bedeutung. Später sollten Sie einen Blick hineinwerfen.

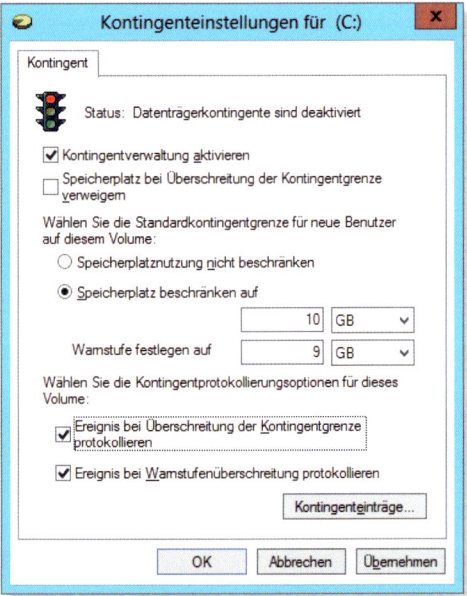

▲ **Abbildung 23.27** Hier beschränken Sie den Speicherplatz eines Benutzers.

511

Kapitel 24
Fernsteuerung und Fernwartung

In vielen Firmen ist das Durchführen von Remotesitzungen ein wichtiges Mittel, um auf entfernte Rechner zuzugreifen. Sie müssen nicht zu Ihrer Zweigstelle in Hamburg fahren, um auf Ihre Daten zuzugreifen. Mit einer Fernsteuerung können Sie den entfernten Rechner so bedienen, als säßen Sie davor.

Jetzt fragen Sie sich vielleicht, wozu Sie einen Zweitrechner fernbedienen sollten. Braucht man das? Ob Sie das brauchen, müssen Sie selbst entscheiden. Interessant ist das Thema allemal. Sie können in einem Netzwerk auf Anwendungsprogramme und Daten zugreifen, die sich auf einem anderen Rechner befinden. Oder Sie bitten einen Freund um Hilfe bei einem Computerproblem. Er kann Ihnen nicht nur helfen, sondern die Einstellung an Ihrem Rechner selbst vornehmen. Und dabei spielt es keine Rolle, wo er wohnt. Sie können den Media Player per Fernbedienung steuern und so Musik, Videos und andere Inhalte abrufen. Und das sind nur einige der interessantesten Möglichkeiten.

Nach einigen einleitenden Grundlagen zeige ich Ihnen, wie Sie eine Remotesitzung durchführen. Die Anfrage nach einer Remoteunterstützung ist sehr einfach und erfolgt über einen Windows-8-Dialog durchgeführt. Auf die gleiche Weise wird sie auf der anderen Seite des Netzwerks bestätigt. Dank *Easy Connect* müssen Sie keine Datei per E-Mail versenden. Steht diese Funktion nicht zur Verfügung, können Sie immer noch die Verbindung mit einer Datei erlauben.

Im dritten Teil dieses Kapitels zeige ich Ihnen, wie Sie den Windows Media Player fernbedienen. Was nach professioneller Computerkonfiguration klingt, wird einfach über eine Menüfunktion abgerufen.

Im letzten Teil stelle ich Ihnen noch den Remotedesktop vor. Mit dieser Funktion können Sie eine Desktopoberfläche auf einem entfernten Rechner aufrufen und diesen fernbedienen. So haben Sie Zugriff auf die Daten und Programme, die auf dem entfernten Rechner liegen.

24.1 Grundlagen zum Thema Remoteverbindung

Wozu eine Remoteverbindung gut ist, ist nicht jedem Anwender bekannt. Warum sollte man seinen Rechner fernbedienen? Warum auf einen anderen Rechner zugreifen? Office-Anwendungen, Multimediaprogramme und Spiele kann man vor dem Monitor seines eigenen Rechners viel besser bedienen. Das stimmt schon. Aber sobald Sie eine kleine Firma mit einigen Büros oder Partnerfirmen haben, wird eine Remoteunterstützung interessant. Auch in einem Hausnetzwerk ist eine Remoteverbindung eine spannende Sache. Und für einen Anwender, der sich nicht so professionell mit der Einrichtung und Konfiguration seines Rechners auskennt, ist Remoteunterstützung ein Geheimtipp. Also tun Sie mir einen Gefallen, und überblättern Sie dieses Kapitel nicht. Die Möglichkeiten, die Ihnen eine Remoteverbindung bringt, sind äußerst interessant.

Die Möglichkeiten des Remotezugriff

Der Remotezugriff ermöglicht die Bedienung eines entfernten Rechners. Die Verbindung wird dabei über eine interne oder externe Netzwerkverbindung hergestellt. Der Anwender am entfernten Rechner muss der Verbindung zustimmen.

Mit Remotezugriff haben Sie die folgenden Möglichkeiten:

- Sie können sich Daten von einem entfernten Rechner holen. Die Aufnahme der Verbindung, deren Bestätigung, das Suchen und Übertragen der Daten nimmt nur wenig Zeit in Anspruch. Die Alternative wäre, die Daten per E-Mail oder auf einem Datenträger per Post zu verschicken. Diese Möglichkeiten würden einige Zeit mehr beanspruchen. Daneben wären sie auch keineswegs sicher.

- Sie können eine Anwendung benutzen, die nicht auf Ihrem Rechner verfügbar ist, die aber auf dem entfernten Rechner installiert ist. Das spart Kosten und Zeit.

- Es ist möglich, mit einem anderen Anwender zusammen an einem Dokument zu arbeiten. Ohne Zeitverlust, der durch eine Übertragung des Dokuments oder einen Versand per Kurier entstünde, schauen Sie sich das Dokument des entfernten Anwenders an. Sie können es korrigieren, ergänzen und beurteilen.

- Multimediaanwendungen können Sie per Remoteverbindung fernsteuern. Warum sollten Sie den Weg in Kauf nehmen und eine Wiedergabeliste in den Windows Media Player laden, wenn das auch per Fernsteuerung geht? Diese Funktion ist äußerst bequem und praktisch. Das Programm muss nur einmal für eine Remoteverbindung vorbereitet werden, und danach können Sie diese immer wieder mit wenigen Mausklicks nutzen.

- Sie können einem Anwender bei einem PC-Problem helfen, auch wenn er sich gerade völlig woanders befindet. Während Sie auf den Rechner des Anwenders zugreifen, sieht er, was Sie tun. Sie zeigen ihm also, welche Einstellung Sie auf welche Art vornehmen. Und Sie führen diese Einstellung durch. Schneller kann man einem Freund, Kollegen oder Bekannten nicht mit einem Computerproblem helfen. Bitte beachten Sie jedoch: Lassen Sie sich nur helfen, wenn Sie sicher sind, dass der andere Anwender auch über die notwendige Erfahrung verfügt.

Arten einer Remoteverbindung

Es gibt zwei verschiedene Arten der Remoteverbindung:

- eine Remoteverbindung mit Hilfe des *Remotedesktops*
- eine Remoteverbindung mit der *Remoteunterstützung*

Bei der Remoteunterstützung senden Sie einen Einladungslink an einen anderen Anwender. Das Versenden geschieht über eine interne oder externe Netzwerkverbindung. Der entfernte Anwender bestätigt und wird so »eingeladen«. Er kann nun auf Ihren Rechner zugreifen.

Mit dem Remotedesktop können Sie auf einen entfernt liegenden Rechner zugreifen. Verbindung und Annahme der Verbindung müssen einmalig eingerichtet werden. Greifen Sie später auf den Remotedesktop zu, muss sich kein Anwender am entfernt liegenden Rechner befinden.

24.2 Eine Remotesitzung durchführen

Es gibt eine Reihe Programme, mit denen Sie eine Remoteverbindung realisieren können. Sie müssen sie aber eigentlich gar nicht verwenden. Windows 8 besitzt alles, was Sie für die Einrichtung, das Genehmigen und die Durchführung einer Remoteverbindung brauchen.

Ich empfehle Ihnen, erst die Remoteverbindung mit Windows-Mitteln zu testen, bevor Sie Software Dritter ausprobieren. Oft ist das nämlich gar nicht nötig.

24.2 Eine Remotesitzung durchführen

Die Remoteunterstützung zulassen

Schalten Sie zunächst auf dem entfernten Rechner die Remoteunterstützung an:

1 Öffnen Sie die **Systemsteuerung**. Gehen Sie nach **System und Sicherheit > System**. Wählen Sie links oben in dem kleinen Menü die **Remoteeinstellungen** ❶ aus.

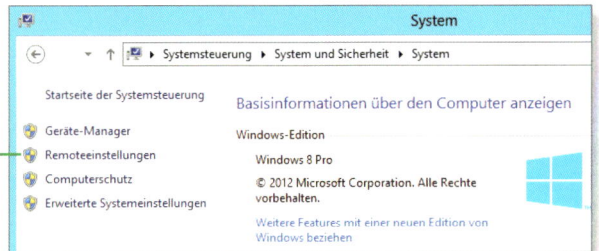

▲ **Abbildung 24.1** Als Erstes rufen Sie die »Remoteeinstellungen« in der Systemsteuerung auf.

2 Sie sehen nun das Register **Remote** im Dialog **Systemeigenschaften** vor sich. Bei den Einstellungen wird zwischen **Remoteunterstützung** und **Remotedesktop** unterschieden. Ersteres finden Sie im oberen Teil des Registers. Schalten Sie die Option **Remoteunterstützungsverbindungen mit diesem Computer zulassen** ❷ an.

▲ **Abbildung 24.2** Schalten Sie zunächst die Remoteunterstützung an.

3 Bestätigen Sie. Schließen Sie danach die **Systemsteuerung**.

Mit **Erweitert** können Sie die Zeitdauer begrenzen, für die eine Einladung gelten soll. In der Vorgabeeinstellung sind hier 6 Stunden angegeben.

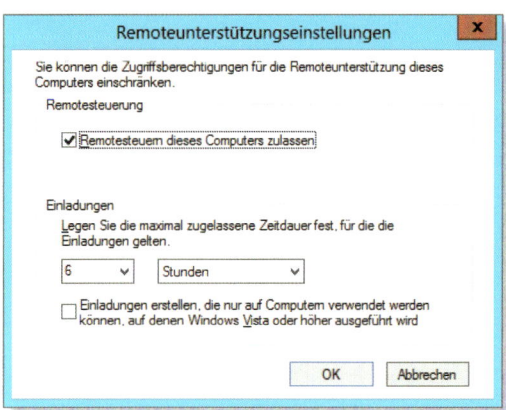

▲ **Abbildung 24.3** Die Einladung für diese Remoteverbindung gilt 6 Stunden.

HINWEIS

Nur für vertrauenswürdige Personen!
Laden Sie nur Freunde, Bekannte und Kollegen zu einer Remotesitzung ein, wenn Sie diesen auch vertrauen. Sie müssen sich sicher sein, dass diese Personen keinen Schaden an Ihrem Rechner anrichten oder Daten entwenden. Voraussetzung für eine Remoteverbindung ist also die Vertrauenswürdigkeit des anderen Rechners und seines Benutzers!

So laden Sie jemanden zu einer Remotesitzung ein

Nun gilt es, eine Remoteunterstützung anzufordern. Dazu wird ein Befehl verwendet. Dieser ruft einen Dialog auf.

1 Öffnen Sie das Windows-Startmenü. Wählen Sie hier **Ausführen**.

2 Geben Sie msra ein. Bestätigen Sie mit ⏎.

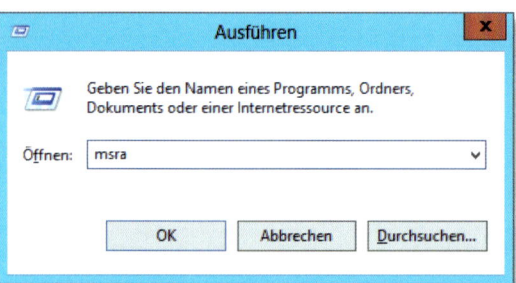

▲ **Abbildung 24.4** *Vier Buchstaben genügen, und Sie können um eine Remoteunterstützung bitten.*

3 Klicken Sie auf **Eine vertrauenswürdige Person zur Unterstützung einladen**.

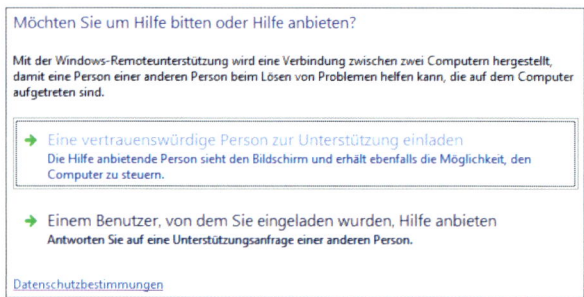

▲ **Abbildung 24.5** *Hier können Sie jemanden einladen oder auch Ihre Hilfe anbieten.*

4 Sie haben nun drei Möglichkeiten, Ihre Einladung zu versenden. In diesem Beispiel entscheide ich mich für **Einladung per E-Mail versenden**.

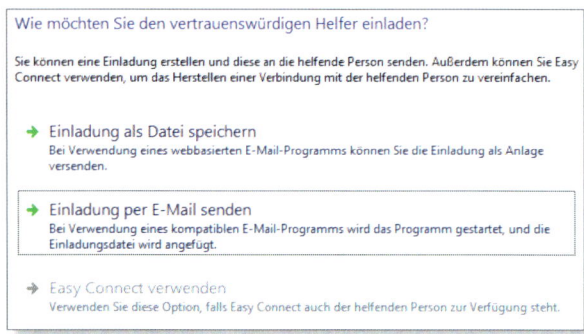

▲ **Abbildung 24.6** *In diesem Beispiel wird die Remoteunterstützung als E-Mail verschickt.*

5 Windows 8 startet das als Standard definierte E-Mail-Programm und fügt eine Einladungsdatei ein. Der Assistent ergänzt automatisch einen Text. Sie müssen nur noch die Adresse des Empfängers eintragen und die Nachricht versenden.

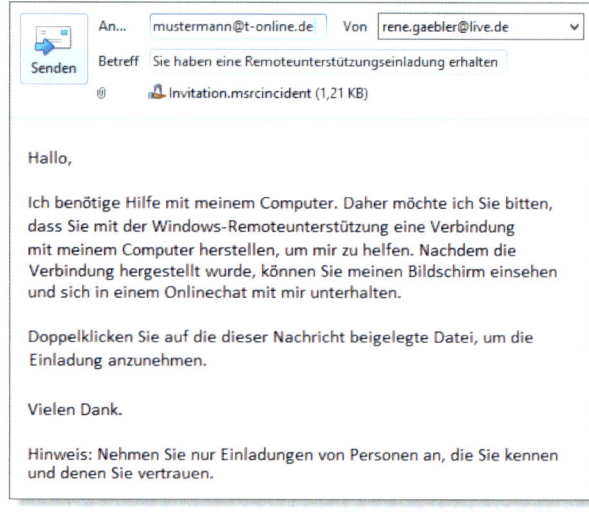

▲ **Abbildung 24.7** *Diese Mail senden Sie an den Anwender, dessen Rechner Sie fernbedienen wollen.*

Anschließend wird ein Kennwort ausgegeben. Geben Sie es an den Anwender am anderen Ende der Leitung weiter, möglichst per Telefon und nicht per Mail. Er muss das Kennwort dann an seinem Rechner eingeben, nachdem er die Anleitung der Mail befolgt hat (siehe auch die folgende Anleitung).

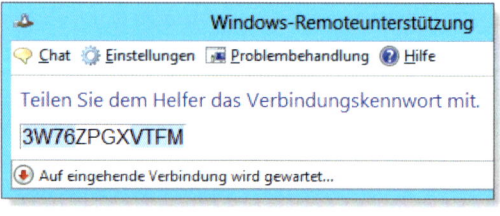

▲ **Abbildung 24.8** *Notieren Sie sich das erstellte Kennwort.*

6 Legen Sie zugleich wichtige Einstellungen für die Remoteunterstützung fest. Klicken Sie dazu auf **Einstellungen** in dem kleinen Fenster, in dem das Passwort angezeigt wird. Schalten Sie die Option

24.2 Eine Remotesitzung durchführen

(Esc)-Taste zum Beenden der Freigabeeinstellungen verwenden an. Die Optionen **Protokoll dieser Sitzung speichern** und **Kontaktinform. bei Verwendung von Easy Connect austauschen** lassen Sie angeschaltet.

Sofern es Ihre Verbindung zulässt, schieben Sie den Schieberegler **Bandbreitenverbindung** nach oben. Er ist zuvor nur auf niedrig gestellt. Damit wird nur ein 16-Bit-Farbmodus für die Anzeige des Windows-Desktops und aller Programmfenster verwendet.

Die Schriftartenglättung und die Darstellung des Hintergrundes sind ausgeschaltet. Fenster können nicht an eine andere Stelle gezogen und nicht durch Ziehen vergrößert werden. Bereits die Einstellung **Mittelhoch** ist eine gute Wahl. Hier ist nur noch das Ziehen der Fenster ausgeschaltet.

Im Beispiel entscheide ich mich für **Hoch**. So fällt die Bandbreitenoptimierung komplett weg. Wenn Sie Probleme bei dieser Einstellung haben, versuchen Sie eine geringere. Bestätigen Sie mit **OK**.

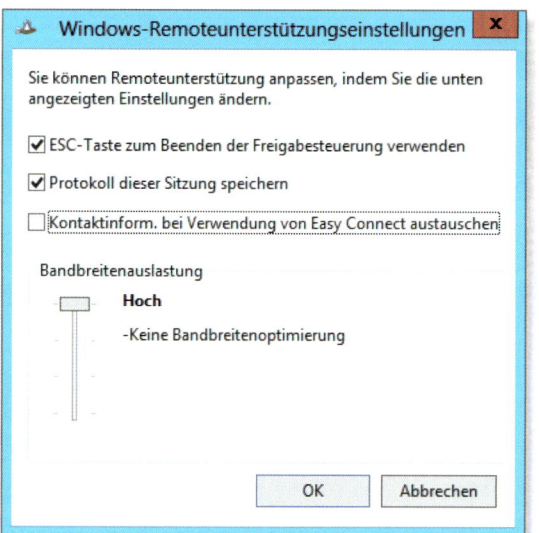

▲ *Abbildung 24.9 Die Bandbreite der Verbindung habe ich auf das Maximum gestellt.*

HINWEIS

Easy Connect
Easy Connect ist eine schnelle Methode, eine Remoteunterstützung zwischen zwei Rechnern aufzubauen. Verwendet werden dazu die Protokolle IPv6 und PNRP (Microsoft *Peer Name Resolution Protocol*). Dieses Verfahren steht nur zur Verfügung, wenn Windows-7/8-Rechner miteinander verbunden werden sollen. Läuft auf einem der Rechner ein anderes Windows-System, können Sie diesen Verbindungstyp nicht nutzen.

Eine Remoteunterstützung annehmen

Bevor nun die Remoteunterstützung genutzt werden kann, muss der Anwender auf der anderen Seite der Netzwerkverbindung sie auch annehmen. Und das geschieht so:

1 Öffnen Sie **Alle Apps**, und wählen Sie **Ausführen**.

2 Geben Sie msra ein. Bestätigen Sie mit ⏎.

3 Im Dialog wählen Sie nun **Einem Benutzer, von dem Sie eingeladen wurden, Hilfe anbieten**. Mit dieser Funktion antworten Sie auf eine Einladung.

4 Im nächsten Dialog entscheiden Sie sich für **Easy Connect verwenden**.

5 Geben Sie das Easy-Connect-Kennwort ein. Bestätigen Sie.

6 Nun kommt eine Rückmeldung bei dem anderen Anwender an. Sie werden gefragt, ob Sie dem Benutzer erlauben wollen, eine Verbindung aufzunehmen. Nach der Bestätigung steht diese zur Verfügung.

Die Remoteunterstützung per E-Mail annehmen

Easy Connect steht nur auf Rechnern mit Windows 8 und Windows 7 zur Verfügung. Ist dieser Verbindungstyp nicht verfügbar, nutzen Sie das Versenden einer E-Mail.

Als Empfänger der Remoteunterstützung nehmen Sie diese wie folgt an:

1 Öffnen Sie Ihr Mailprogramm oder Ihren Browser (bei Webmail). Schauen Sie nach erhaltener Post, und öffnen Sie die neue Nachricht. Öffnen Sie den Anhang der Nachricht.

▲ **Abbildung 24.10** *Der Anhang heißt »Invitation.msrcincident«. Öffnen Sie ihn.*

2 Windows erkennt, dass es sich um eine Remoteunterstützungs-Anfrage handelt. Sie erhalten entsprechend den Vorschlag, den Anhang mit dem Tool Remoteunterstützung zu öffnen. Bestätigen Sie.

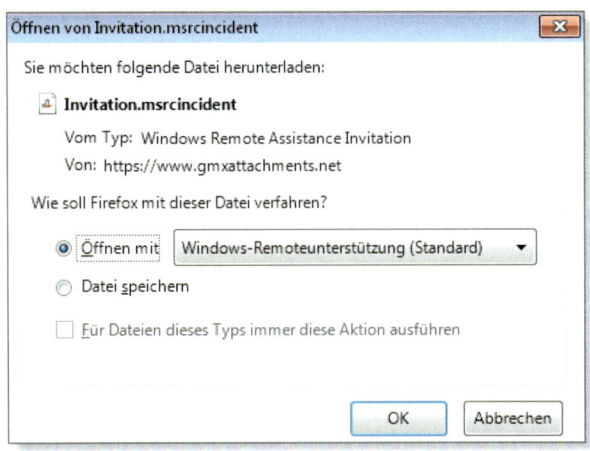

▲ **Abbildung 24.11** *Öffnen Sie den Anhang mit dem zugeordneten Tool.*

3 Ein kleines Dialogfenster klappt auf. Geben Sie das Verbindungskennwort ein, und bestätigen Sie.

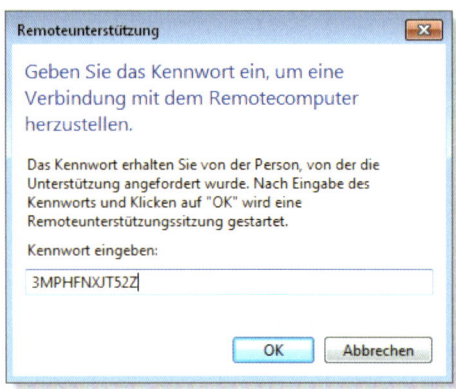

▲ **Abbildung 24.12** *Einfach das Kennwort eintragen und auf »OK« klicken – dann kann's losgehen.*

Auf dem Rechner, der die Anforderung für die Remoteunterstützung gesendet hat, wird ein Dialog eingeblendet. Windows 8 fragt Sie, ob Sie die Verbindung erlauben wollen. Bestätigen Sie.

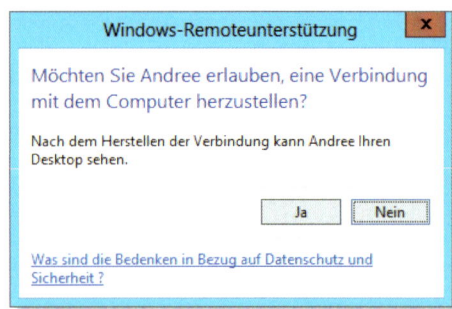

▲ **Abbildung 24.13** *Bestätigen Sie die Frage*

Kommt die Antwort nicht sofort, meldet der Rechner »Die Person, der Sie helfen wollen, antwortet nicht.« Der Dialog wird wieder geschlossen. In so einem Fall müssen Sie die Remoteunterstützung neu anfordern.

Sie sehen dann den Inhalt des Rechners vor sich, der fernbedient wird. Der Mauscursor auf dem entfernten Rechner wird verkleinert dargestellt.

Die Dialoge der Windows-Remoteunterstützung werden angepasst. Auf dem einen sehen Sie die Meldung **Ihr Desktop wird dem Helfer jetzt angezeigt**. Über Schaltflächen können Sie die Fernbedienung anhalten oder einen Chat starten.

24.2 Eine Remotesitzung durchführen

▲ **Abbildung 24.14** *Dieses kleine Fenster zeigt an, dass der Rechner ferngesteuert wird.*

Auf dem anderen Rechner können Sie die Steuerung anfordern, das Fenster in einer tatsächlichen Größe anzeigen und auch hier den Chat starten.

Textnachrichten während einer Remotesitzung austauschen

Im Fenster **Windows-Remoteunterstützung** wählen Sie **Chat**. Nun klappt ein Nachrichtenfenster auf. Mit ihm können Sie Textnachrichten versenden. Der Anwender auf der anderen Seite des Netzwerks empfängt diese Nachrichten und kann seinerseits welche an Sie schicken.

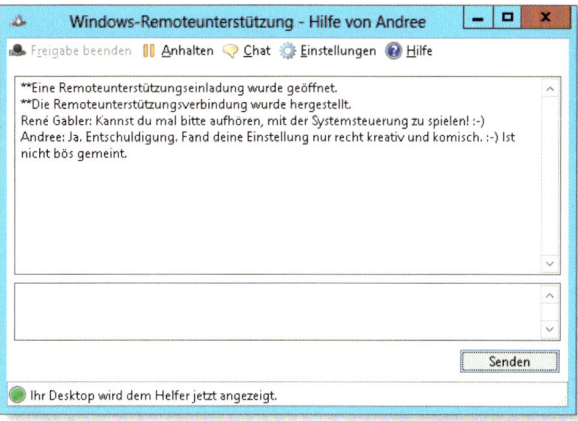

▲ **Abbildung 24.15** *Über ein Eingabefenster tauschen Sie Chatnachrichten aus.*

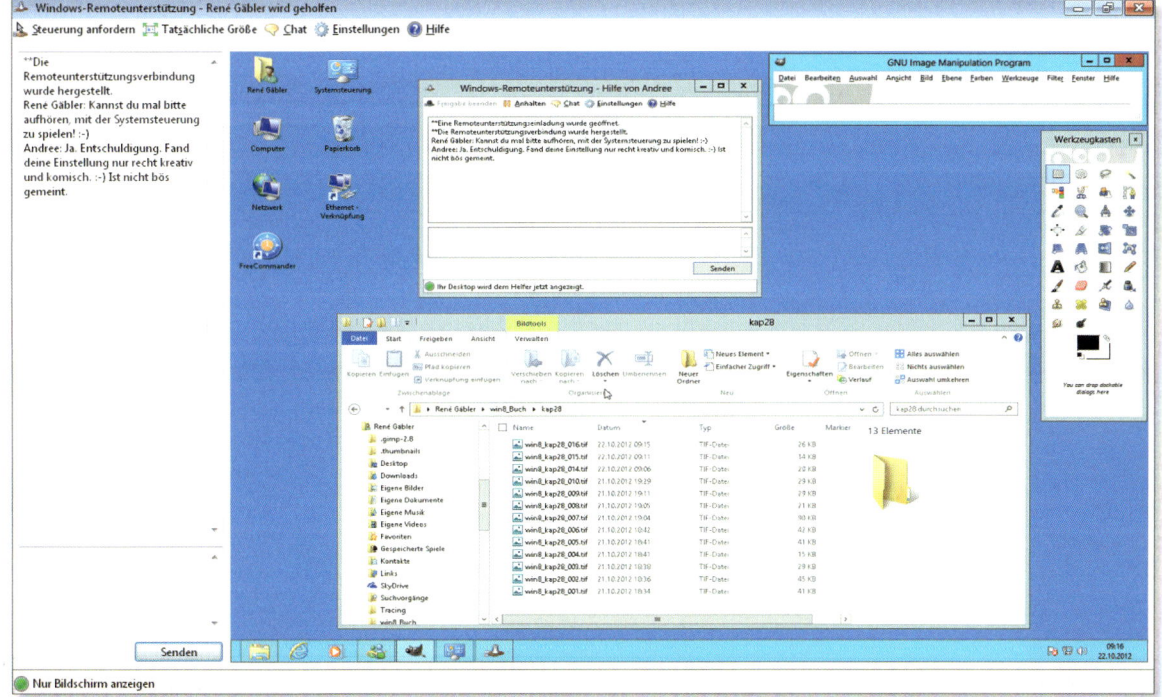

▲ **Abbildung 24.16** *In diesem Beispiel habe ich den Windows-8-Rechner mit meinem Windows-7-Notebook ferngesteuert. Die geöffneten Programme sind sehr schön zu sehen. Sowohl der Sender wie auch der Empfänger kann jede Aktion der Remoteunterstützungssitzung nachverfolgen.*

Kapitel 24: Fernsteuerung und Fernwartung

Die Remoteunterstützung einschränken

Über eine Option können Sie die Remotesteuerung des eigenen PCs erlauben. Einschränken lässt sich außerdem die Zeit, für die eine Einladung gilt. Wer mag, bestimmt mit einer weiteren Option auch, dass nur für Rechner mit Windows Vista oder höher eine Remoteunterstützung möglich ist.

Um diese Einstellungen festzulegen, gehen Sie wie folgt vor:

1 Öffnen Sie die **Systemsteuerung**. Gehen Sie nach **System und Sicherheit > System**. Wählen Sie rechts oben in dem kleinen Menü die **Remoteeinstellungen** aus.

2 Klicken Sie auf die Schaltfläche **Erweitert**.

3 Überprüfen Sie, ob die Option **Remotesteuern dieses Computers zulassen** angeschaltet ist. Senken Sie die Zeitdauer im Listenfeld auf einen niedrigeren Wert. Das Feld ist betitelt mit: **Legen Sie die maximal zugelassene Zeitdauer fest, für die Einladungen gelten**. Vorgegeben sind **6 Stunden**. In meinem Beispiel wähle ich **3 Stunden**. Aktivieren Sie die Option **Einladungen erstellen, die nur auf Computern verwendet werden können, auf denen Windows Vista oder höher ausgeführt wird**. Bestätigen Sie mit einem Klick auf die Schaltfläche **OK**. Schließen Sie dem Dialog und die **Systemsteuerung**.

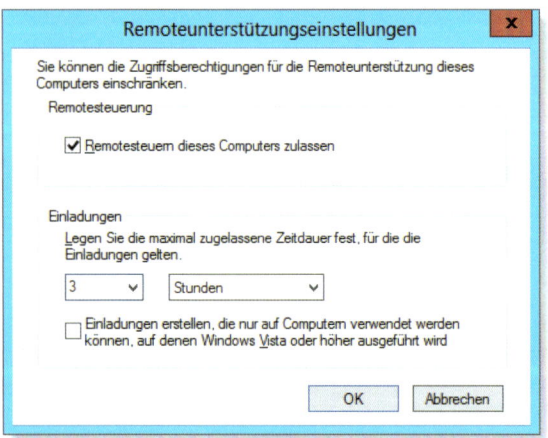

▲ *Abbildung 24.17 Die Dauer, für die eine Einladung gilt, habe ich auf 3 Stunden gesenkt.*

Die Remoteunterstützung beenden

Das Beenden einer laufenden Sitzung ist sehr einfach: Drücken Sie `Esc` oder schließen Sie das Fenster **Windows-Remoteunterstützung**. Bestätigen Sie die Aktion.

Mit **Anhalten** im Dialog **Windows-Remoteunterstützung** wird die Remotesitzung nur pausiert. Sie kann mit **Fortsetzen** weiter genutzt werden. Erst wenn der Dialog geschlossen wird, ist die Sitzung beendet.

HINWEIS

Neue Sitzung nur nach Beenden der laufenden
Beachten Sie bitte, dass eine neue Remoteunterstützung nur möglich ist, wenn eine aktive Verbindung auf beiden Seiten beendet wurde.

Das gilt auch, wenn eine Verbindung nicht angenommen werden konnte, zum Beispiel weil eine Firewall den Zugriff blockierte oder das Passwort nicht korrekt eingegeben wurde.

24.3 Den Remotedesktop verwenden

Unter **Alle Apps** finden Sie in der Kategorie **Zubehör** die **Remotedesktopverbindung**. Bevor Sie die Verbindung aufnehmen, legen Sie in einem Dialogfenster alle wichtigen Einstellungen fest.

▲ *Abbildung 24.18 Die Kachel zum Tool verbirgt sich unter »Alle Apps«.*

Remotedesktopbenutzer einrichten

Die Grundeinstellung für den Remotedesktop legen Sie zunächst wie folgt fest:

24.3 Den Remotedesktop verwenden

1 Öffnen Sie die **Systemsteuerung**. Gehen Sie nach **System und Sicherheit > System**. Wählen Sie links **Remoteeinstellungen**.

2 Der Dialog **Systemeigenschaften** wird geöffnet. Achten Sie darauf, dass Sie das Register **Remote** ❶ sehen. Im Bereich **Remotedesktop** schalten Sie die Option **Remoteverbindung mit diesem Computer zulassen** an ❷. Aktivieren Sie die Option **Verbindungen nur von Computern zulassen, auf denen Remotedesktop mit Authentifizierung auf Netzwerkebene ausgeführt wird** ❸. Diese Option gibt Ihnen eine höhere Sicherheit.

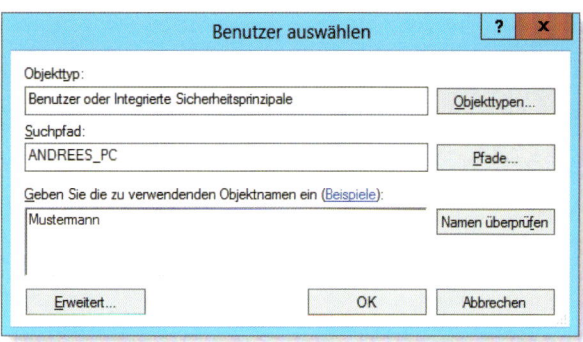

▲ *Abbildung 24.20 Wählen Sie aus, wer den Remotedesktop nutzen darf.*

Eine Remotedesktopverbindung durchführen

1 Um die eigentliche Remotedesktopverbindung herzustellen, wählen Sie **Alle Apps > Remotedesktopverbindung**. Erweitern Sie den Dialog, indem Sie auf den nach unten zeigenden Pfeil vor **Optionen** klicken.

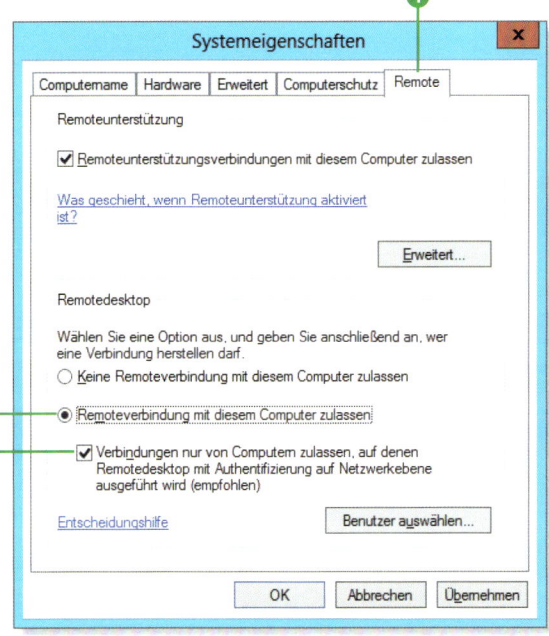

▲ *Abbildung 24.19 Mit einer Option lassen Sie eine Remotedesktop-Verbindung zu.*

3 Sollen nur bestimmte Benutzer die Verbindung nutzen, klicken Sie auf **Benutzer auswählen**. Geben Sie die Namen der Benutzer ein. Bestätigen Sie. Beachten Sie, dass der Benutzer Windows 8 bekannt sein muss – es muss ein Benutzerkonto mit dem angegebenen Namen auf dem Rechner geben.

▲ *Abbildung 24.21 Zunächst wird der Dialog nur minimiert angezeigt. Ändern Sie dies.*

521

2 Tragen Sie die IP-Adresse des Rechners ein, mit dem Sie sich verbinden wollen. Wie Sie diese herausfinden können, lesen Sie ab Seite 318. Geben Sie den Benutzernamen ein. Schalten Sie die Option **Speichern der Anmeldeinformation zulassen** an. Bestätigen Sie mit **Verbinden**.

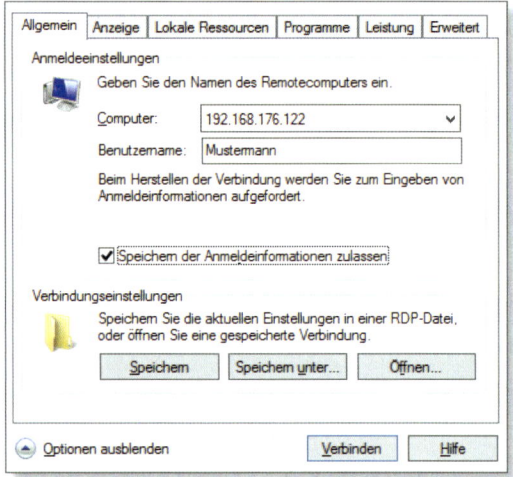

▲ Abbildung 24.22 *Die Verbindung kann nun aufgenommen werden.*

Wichtige Einstellungen für die Verwendung des Remotedesktops

Im Fenster **Remotedesktopverbindungen** finden Sie neben **Allgemein** fünf weitere Register. In diesen legen Sie ganz unterschiedliche Einstellungen fest. Schauen wir uns diese Register einmal an:

Anzeige

Mit einem Schieberegler wählen Sie die Größe des Remotedesktops. In der Vorgabeeinstellung steht der Regler auf der ganz rechten Position. Das entspricht einer Vollbilddarstellung. Befinden sich mehrere Monitore an dem Rechner, können Sie mit einer Option alle davon verwenden. Über ein Listenfeld wählen Sie die Farbtiefe, die bei der Remotesitzung verwendet werden soll. Eine weitere Option schaltet die Verbindungsleiste im Vollbildmodus an.

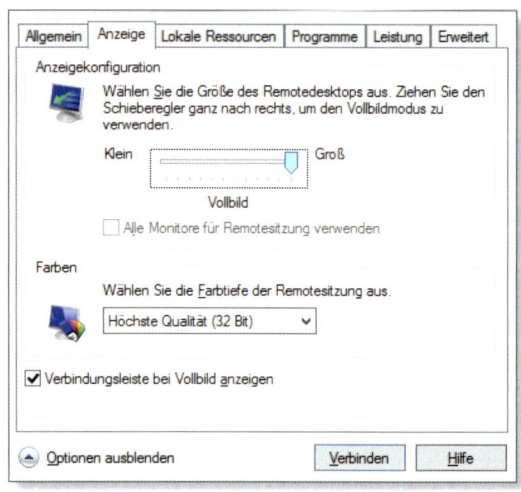

▲ Abbildung 24.23 *Legen Sie die Anzeigeeinstellungen der Remotedesktopverbindung fest.*

Lokale Ressourcen

In diesem Register bestimmen Sie die Audioeinstellungen, die zu verwendende Tastatur und die Geräte.

Klicken Sie im Bereich **Remoteaudio** auf **Einstellungen...**, und bestimmen Sie, ob Audioinhalte bei einem Remotedesktop auf diesem Computer wiedergegeben werden sollen.

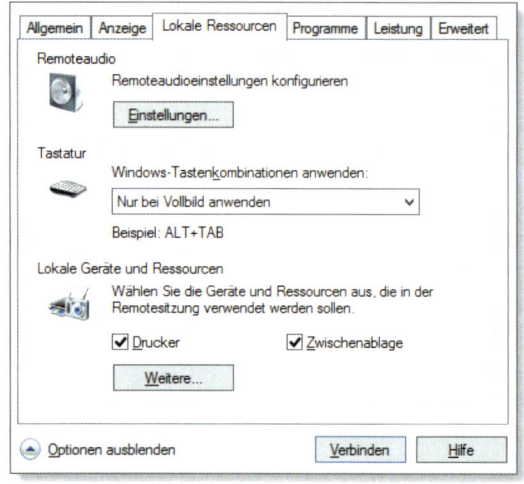

▲ Abbildung 24.24 *Mit dieser Einstellung werden Audioinhalte auf dem eigenen Rechner wiedergegeben.*

Sie können die Soundausgabe auch ausschalten oder dafür sorgen, dass die Inhalte auf dem Remoterechner wiedergegeben werden. Wenn Sie möchten, können Audioinhalte auch aufgezeichnet werden. Dies ist in der Regel nicht notwendig.

Über ein Listenfeld legen Sie fest, ob Windows-Tastenkombinationen verwendet werden können. Mit der Vorgabeeinstellung geschieht dies nur dann, wenn Sie den Remotedesktop in einer Vollbilddarstellung sehen. Alternativ bestimmen Sie, ob die Windows-Tastenkombinationen auf dem eigenen Rechner oder dem Remotedesktop genutzt werden können. Ich empfehle Ihnen, letztere Möglichkeit zu nutzen. Beides geht leider nicht. Windows 8 kommt sonst ein wenig durcheinander.

rend der Remotesitzung, an den Rechner angeschlossen werden.

Auch hier lassen sich Laufwerke verwenden, die erst später angeschlossen werden. Sie können also, während Sie den Remotedesktop nutzen, eine USB-Festplatte mit dem Rechner verbinden und darauf zurückgreifen.

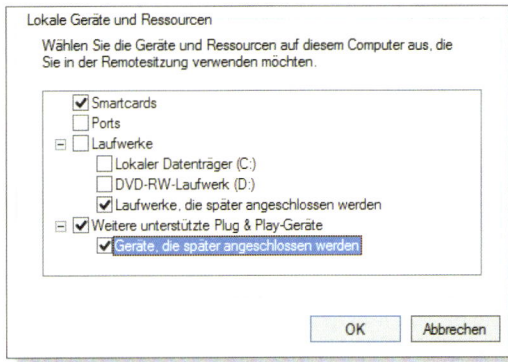

▲ *Abbildung 24.26* *Möchten Sie USB-Festplatten und -geräte nutzen, müssen Sie dies festlegen.*

▲ *Abbildung 24.25* *Wie soll mit Audioinhalten, Tastenkombinationen und Geräten umgegangen werden?*

Wie der Name des Bereichs bereits verrät, bestimmen Sie unter **Lokale Geräte und Ressourcen**, auf welche Hardware der Remotedesktop zurückgreifen darf. **Drucker** und **Zwischenablage** sind bereits angeschaltet. Mit **Weitere** können Sie auch festlegen, dass eingelegte Smartcards verwendet werden können und dass der Zugriff auf Ports möglich ist.

Sie können den Zugriff auf bestimmte Laufwerke mit einem Optionshäkchen erlauben. Wenn Sie auf **Weitere unterstützte Plug & Play-Geräte** klicken, können auch Geräte verwendet werden, die erst später, wäh-

Programme

Im Register **Programme** können Sie dafür sorgen, dass bestimmte Programme bei der Remotesitzung gestartet werden. Sie stehen dann sofort auf dem Remotedesktop zur Verfügung. Dafür gehen Sie wie folgt vor:

1 Öffnen Sie den Dialog **Remotedesktopverbindung**. Wechseln Sie in das Register **Programme**. Schalten Sie die Option **Folgende Programme bei Verbindung starten** an.

2 Tragen Sie den Namen des Programms ein, das gestartet werden soll. Im Beispiel gebe ich das Grafikbearbeitungsprogramm GIMP ein. Ergänzen Sie, wenn Sie möchten, den Pfad zu einem Ordner, in dem das Programm gestartet werden soll.

3 Legen Sie weitere Optionen fest, und bestätigen Sie mit **Verbinden**.

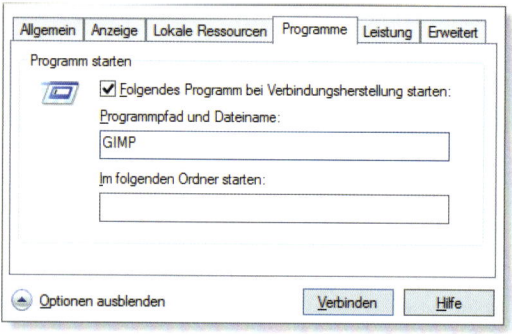

▲ **Abbildung 24.27** Wenn Sie möchten, starten Sie sofort bei Aufnahme der Desktopverbindung ein Programm.

Leistung

Im Register **Leistung** können Sie die Übertragungsgeschwindigkeit der Datenverbindung begrenzen. In der Vorgabeeinstellung finde ich auf meinem Rechner die Auswahl **Breitband mit niedriger Übertragungsrate** vor. Wählen Sie nach Möglichkeit eine höhere Rate.

Schalten Sie über Optionskästchen verschiedene Features an, die im Remotedesktop zur Verfügung stehen. Beachten Sie bitte, dass beim Verwenden aller Optionen eine große Menge Daten übertragen werden muss. Kommt es zu Verbindungs- und/oder Darstellungsproblemen, schalten Sie einige der Möglichkeiten ab.

Folgende Elemente können Sie auswählen:

- Desktophintergrund
- Schriftartglättung
- Desktopgestaltung
- Fensterinhalt beim Ziehen anzeigen
- Menü- und Fensteranimation
- Visuelle Stile

Über eine weitere Option sorgen Sie dafür, dass die Verbindung nach einem Abbruch automatisch wieder aufgebaut wird. So steht der Remotedesktop sofort wieder zur Verfügung, auch wenn ein »Wurm« in der Leitung war. Kommt es oft zu Verbindungsproblemen, schalten Sie einige der Features aus.

Im folgenden Beispiel habe ich alle Möglichkeiten angeschaltet und die Übertragungsrate auf ein hohes Level gesetzt.

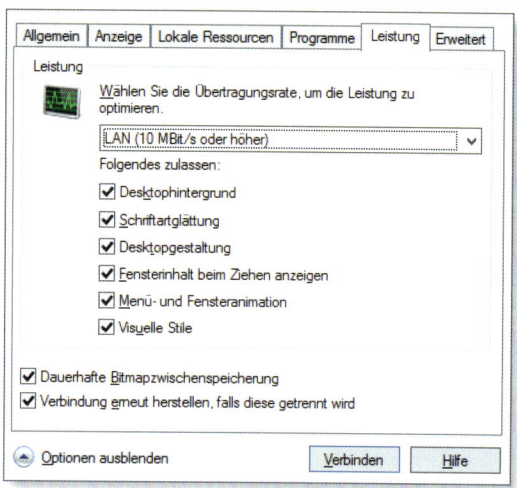

▲ **Abbildung 24.28** Teilen Sie Windows mit, wie hoch die verfügbare Datenübertragungsrate ist.

Erweitert

Im Register **Erweitert** legen Sie fest, was bei einem Fehler der Serverauthentifizierung geschehen soll. Windows 8 kann eine Warnung ausgeben. Alternativ lassen Sie die Verbindung nicht aufbauen, falls die Authentifizierung nicht gelingt. Möglich ist auch ein Aufbau einer Verbindung ohne Ausgabe einer Warnmeldung. Diese letztgenannte Option ist nicht aber zu empfehlen.

> **INFO**
>
> **Was ist die Serverauthentifizierung?**
> Die Funktion *Serverauthentifizierung* sorgt dafür, dass die Verbindung mit dem gewünschten Rechner zustande kommt. Sie landen durch diese Funktion genau auf dem Remotedesktop, den Sie auch öffnen wollten.

24.3 Den Remotedesktop verwenden

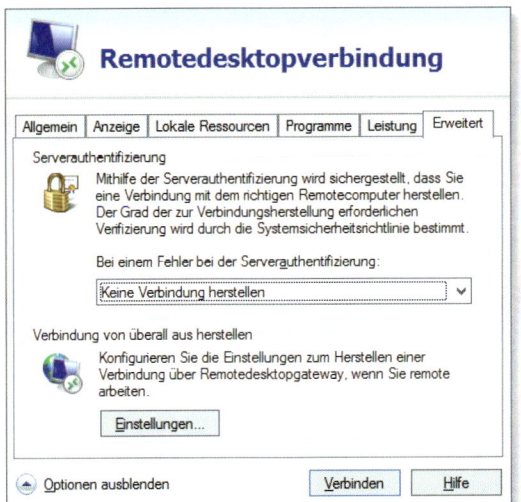

▲ **Abbildung 24.29** *Bei einem Fehler der Serverauthentifizierung soll keine Verbindung hergestellt werden.*

Klicken Sie im Register **Leistung** auf **Einstellungen**, können Sie einen Gatewayserver angeben. Hierzu tragen Sie die Adresse des Servers ein und wählen eine Anmeldemethode.

RD-Gatewayserver (»RD« steht für »Remotedesktop«) werden in einigen Unternehmensnetzwerken angewendet. Sie ermöglichen es, von irgendeinem Rechner aus über den Gatewayserver auf einen bestimmten Zielrechner zuzugreifen und dort den Remotedesktop zu verwenden. Dazu wird ein spezielles Protokoll verwendet (*RDP, Remotedesktopprotokoll*). Der Zugriff auf das Unternehmensnetzwerk kann über das Internet erfolgen. Das Erstellen eines VPN (also eines virtuellen privaten Netzwerks) ist dazu nicht notwendig. Ein weiterer Vorteil ist, dass eine Firewall die Verbindung nicht blockiert. Darüber hinaus können Netzwerkverbindungen für ausgewählte Anwendungsprogramme freigegeben werden. Das heißt, der Anwender muss nicht das Firmennetzwerk für das Abrufen und Senden von Daten nutzen, sondern greift auf die Internetverbindung eines Providers zurück.

RD-Gateways werden nur bei Firmennetzwerken genutzt. Für Privatanwender haben sie keine Bedeutung. Sie können in der Regel diesen Dialog ignorieren und müssen keine Einstellungen vornehmen.

Wie Sie mit dem Windows Media Player eine Remoteverbindung aufnehmen oder zulassen, lesen Sie in Kapitel 20, »Der Windows Media Player«.

Teil VII
Sicherheit

Kapitel 25
Laufwerke und Dateien verschlüsseln

Sichern Sie sensible Daten vor dem Zugriff Dritter. Verschlüsseln heißt, Unbefugten den Zugang zu wichtigen Daten zu verweigern. Je nach Bedarf können Sie mit Windows einzelne Dateien, Verzeichnisse und ganze Festplatten verschlüsseln.

Die Benutzerkontensteuerung von Windows 8 sorgt bereits dafür, dass einige Funktionen und Möglichkeiten nur von bestimmten Anwendern genutzt werden können. Mit Zugriffsrechten, Berechtigungen und Freigaben können Sie diese Möglichkeiten ausbauen und erweitern. Für einige Daten genügt das jedoch nicht. Eine Office-Datei ist mit einem Schreibschutz nicht wirklich vor dem Zugriff Dritter geschützt. Sicherheitslücken ermöglichen geübten Hackern, auch in Bereiche vorzudringen, die nicht für den Zugriff Dritter gedacht sind. Was also tun?

Nutzen Sie die Kryptografiefunktion, die bereits in Windows 8 integriert ist. Mit ihr können Sie Daten, Verzeichnisse und Partitionen verschlüsseln. Nur wer den richtigen Zugangscode hat, kann die Daten einsehen und verwenden.

In diesem Kapitel lernen Sie die beiden Verschlüsselungsverfahren EFS und BitLocker kennen. Nachdem ich einige Grundlagen erklärt habe, zeige ich Ihnen, wie Sie Dateien und Ordner mit EFS verschlüsseln. Damit Sie eine EFS-Verschlüsselung im Notfall aufheben können, erfahren Sie, wie Sie für eine Wiederherstellung sorgen. Ich stelle Ihnen den Befehl `cipher` vor und zeige Ihnen alle wichtigen Parameter, die Sie für den Umgang mit diesem Befehl benötigen. In einem weiteren Kapitel erläutere ich Ihnen, wie Sie mit der TPM-Konsole herausfinden, ob sich in Ihrem Rechner ein TPM-Chipsatz befindet. Sie erfahren, wie Sie die BitLocker-Verschlüsselung anschalten und so Ihre Laufwerke verschlüsseln.

25.1 Eine Einführung in die Datenverschlüsselung

Kryptografie ist ein umfangreiches und nicht ganz einfaches Thema. Mit mathematischen Funktionen werden Daten geschützt. Der Grad der Verschlüsselung bestimmt, wie leicht oder schwer der Zugriff auf diese Daten ist.

Die Vorteile der Datenverschlüsselung

Mit einer Datenverschlüsselung erhalten Sie einen hohen Grad an Sicherheit. Mit einer Firewall, sorgsam gesetzten Freigaben und den Zugriffsrechten können Sie diese Sicherheit nicht erreichen.

Stellen Sie sich einmal das folgende kleine Denkexperiment vor: Sie möchten eine kleine Buchreihe schreiben. Sie erstellen dazu ein eigenes Benutzerkonto auf Ihrem Windows-System und legen hier die Daten ab. Ist das sicher? Mit einem Trojaner kann ein Einbrecher die Zugangsdaten zum Benutzerkonto abfragen. Jemand, der Ihnen unbemerkt über die Schulter schaut, kann sich Ihren Zugangsnamen merken und versuchen, das zugehörige Passwort herauszufinden. Vielleicht haben Sie es sich irgendwo notiert. Vielleicht haben Sie ja, trotz aller Hinweise dazu, ein Passwort gewählt, das einen Bezug zu Ihrer Familie, Ihren Freunden oder Ihrem Umfeld hat. So etwas ist ja schließlich leichter zu merken als eine willkürliche Kombination aus Buchstaben und Ziffern.

Okay. Was aber, wenn darüber hinaus die Daten mit einem verschlüsselten Filesystem gesichert sind? Der Fremde erhält keinen Zugang.

Mit einem Verschlüsselungssystem können Sie die folgenden Vorteile nutzen:

- Sie erhalten einen hohen Grad an Sicherheit. Daten können nicht ohne weiteres von fremden Nutzern eingesehen werden.
- Ein zufälliges Ausspähen ist nicht möglich.
- Trojaner können nicht aktiv werden.

Allgemeines zum Verschlüsselungssystem EFS

EFS steht für *Encrypting File System*. Es handelt sich dabei um ein Dateisystem, mit dem Dateien und Verzeichnisse verschlüsselt werden können. Die Verwendung geschieht sehr einfach über eine Dialogbox.

Sie können EFS nur auf einem lokalen Datenträger nutzen. Netzwerkspeicherorte können nicht geschützt werden. Es ist jedoch möglich, Daten auf einer USB-Festplatte oder einem USB-Stick oder einem anderen Datenträger, der mit dem Rechner verbunden wird, zu schützen. Lesen Sie oder ein anderer Anwender die gesicherten Daten, muss auch hier EFS zur Verfügung stehen. Das heißt, der andere Rechner muss nicht unbedingt Windows 8 verwenden.

Verschlüsselt werden mit EFS:

- Office-, Text- und Multimediadateien
- alle in einem mit EFS geschützten Verzeichnis liegenden oder hinzugefügten Dateien
- untergeordnete Verzeichnisse eines mit EFS geschützten Verzeichnisses

Nicht gesichert werden Windows-Systemdateien, Bibliotheken und Programmdateien.

> **INFO**
>
> **Wie arbeitet das Encrypting File System?**
> Das Encrypting File System (EFS) arbeitet, wie viele andere Kryptografiefunktionen auch, mit einem Schlüsselpaar. Dieses besteht aus einem öffentlichen und einem privaten Schlüssel. Notwendig ist auch ein EFS-Zertifikat. Dieses muss jeder Anwender besitzen, der die gesicherten Daten einsehen möchte. Aber keine Panik. Sie müssen nun nicht über einen kostenpflichtigen Dienst auf komplizierte Art und Weise ein solches Zertifikat beziehen. Dieses wird automatisch mit Windows 8 erstellt.

Wichtig ist: Sie müssen mit einer Freigabe festlegen, ob auch jemand anderes die geschützten Dateien einsehen kann. Andernfalls haben nur Sie Zugriff auf die Daten.

Der private Schlüssel wird beim Verschlüsseln zur gesicherten Datei bzw. zum gesicherten Ordner hinzugefügt. Der öffentliche Schlüssel wird ausgegeben und kann an einen anderen Anwender weitergegeben werden, beispielsweise auf einem USB-Stick oder als Anhang einer E-Mail.

EFS wird über einen Dialog oder mit einem Befehl genutzt. Beide Varianten stelle ich Ihnen in Abschnitt 25.2, »Dateien mit EFS verschlüsseln«, ab Seite 531 vor.

EFS hat einige Nachteile. Mit speziellen Programmen kann ein privater Schlüssel wiederhergestellt und so eine verschlüsselte Datei zugänglich gemacht werden. Eine verschlüsselte Datei kann zwar nicht von jedem Anwender eingesehen und bearbeitet, jedoch gelöscht werden. Auch eine Veränderung der Bezeichnung ist möglich. Verzichten Sie aus diesem Grund nicht auf Datensicherungen!

Ein weiterer Nachteil ist, dass Sie sich entscheiden müssen, ob Sie eine Datei verschlüsseln oder die Windows-eigene Kompression nutzen wollen. Beides geht nicht. Deshalb nutzen Sie nur die EFS-Datenverschlüsselung.

EFS setzt eine Partition mit dem Dateisystem NTFS voraus. Partitionen und Datenträger, die mit FAT16 oder FAT32 formatiert sind, können nicht verschlüsselt werden.

> **HINWEIS**
>
> **Ohne NTFS funktioniert EFS nicht**
> Hier ist ein weiterer Pferdefuß verborgen: Mit EFS geschützte Dateien können Sie nicht auf CD oder DVD brennen. Das Kopieren auf andere Datenträger, die nicht mit NTFS formatiert und mit EFS gesichert sind, funktioniert nicht. Sie können aber sehr wohl eine mit EFS gesicherte Datei auf eine andere Partition oder einen anderen Datenträger kopieren, wenn auf dem Ziel das NTFS-Dateisystem und ein mit EFS geschütztes Verzeichnis vorhanden sind. Jedoch wird beim Kopieren eine mit EFS gesicherte Datei erst entschlüsselt. Erst auf dem Ziellaufwerk wird die Datei wieder verschlüsselt. Dazu muss jedoch das Ziellaufwerk oder Zielverzeichnis mit EFS gesichert sein.

Sie sehen, der Umgang mit EFS mag zwar einfach und unkompliziert sein, setzt aber voraus, dass Sie die Schwächen kennen. Alternativ können Sie auch BitLocker nutzen. Mehr dazu erfahren Sie im nächsten Abschnitt.

EFS steht in der Version Windows 8 Pro zur Verfügung.

Allgemeines zum Verschlüsselungssystem BitLocker

BitLocker ist ein Verschlüsselungssystem, das Ihnen in der Windows-8-Edition *Pro* zur Verfügung steht. Sie verschlüsseln hiermit ein ganzes Laufwerk, auf das andere Benutzer dann nicht zugreifen können.

Sofern vorhanden, verwendet BitLocker den TPM-Verschlüsselungschip, der auf der Hauptplatine Ihres Rechners vorhanden ist. Bei aktuellen Rechnern ist dieser Chip in der Regel vorhanden. Die Festplatte kann nur dann von einem Rechner mit einem solchen TPM-Chip gelesen werden. Die Daten des TPM-Chips werden in den Boot-Prozess integriert. Der Schlüssel zum Lesen des verschlüsselten Laufwerks wird vom TPM-Chip ausgegeben und an den Bootloader weitergeleitet.

BitLocker funktioniert jedoch auch, wenn Sie keinen TPM-Chip in Ihrem Rechner haben. Mit dem Befehl `tpm.msc` starten Sie die Verwaltungskonsole für das Trusted Platform Module (TPM). Diese zeigt Ihnen beim Aufruf auch an, ob Sie einen TPM-Chip in Ihrem Rechner haben oder nicht.

Mit BitLocker können Sie keine einzelnen Dateien und Verzeichnisse schützen. Verschlüsselt wird hier die komplette Festplatte inklusive aller Windows-Daten. Andere Anwender können nicht zugreifen.

Das BitLocker-System ist interessant. Sie können es am heimischen PC nutzen. Der Schwerpunkt liegt aber im Einsatz in kleinen und großen Firmen. Für den privaten Bereich eignet sich eher EFS oder ein Verschlüsselungsprogramm wie zum Beispiel *Truecrypt* oder *PGP*.

25.2 Dateien mit EFS verschlüsseln

EFS ist sehr einfach zu verwenden. Im Grunde genommen genügt es, eine Datei auszuwählen und die Funktion zum Verschlüsseln aufzurufen. In der folgenden Schritt-für-Schritt-Anleitung möchte ich Ihnen das einmal an einem Beispiel vorführen:

So wird eine Datei verschlüsselt

Im folgenden möchte ich Ihnen Schritt für Schritt zeigen, wie Sie eine Datei EFS-verschlüsseln.

Kapitel 25: Laufwerke und Dateien verschlüsseln

1 Öffnen Sie den Windows-Explorer. Begeben Sie sich in das Verzeichnis, in dem sich die zu verschlüsselnde Datei befindet.

2 Markieren Sie die Datei oder das Verzeichnis. Öffnen Sie mit der rechten Maustaste das Kontextmenü, und wählen Sie **Eigenschaften**.

▲ *Abbildung 25.1 Rufen Sie zuerst die Eigenschaften einer Datei oder eines Verzeichnisses auf.*

3 Klicken Sie auf die Schaltfläche **Erweitert** ❶.

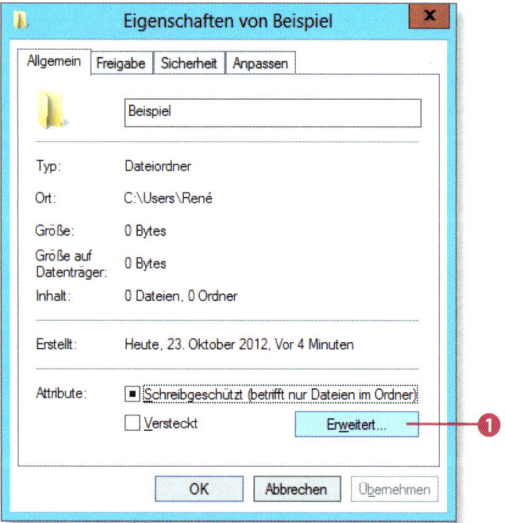

▲ *Abbildung 25.2 In den Eigenschaften findet sich noch keine Verschlüsselungsfunktion.*

Sie müssen noch einen Dialog weiter, indem Sie auf **Erweitert** klicken.

4 Schalten Sie die Option **Inhalt verschlüsseln, um Dateien zu schützen** ❷ an. Deaktivieren Sie alle anderen Optionen im Dialog. Bestätigen Sie mit **OK** ❸.

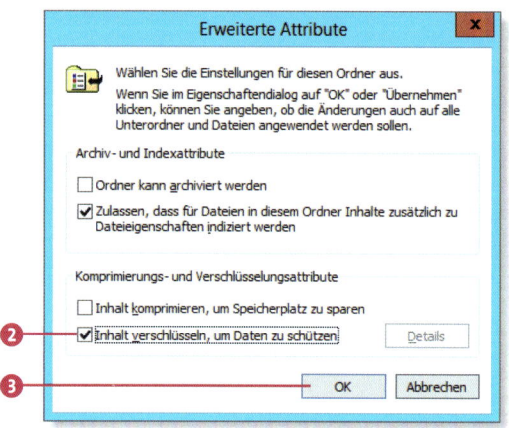

▲ *Abbildung 25.3 Hier aktivieren Sie die Verschlüsselung.*

5 Sie landen im untergeordneten Ordner. Klicken Sie auf **Übernehmen**.

6 Nun müssen Sie entscheiden, ob die Änderungen nur für den einen Ordner und die darin befindlichen Dateien gelten oder auch für alle untergeordneten Ordner. In diesem Beispiel wählen Sie bitte **Änderungen für diesen Ordner, untergeordnete Ordner und Dateien übernehmen.** Mit **OK** bestätigen Sie dies.

Ist kein untergeordneter Ordner vorhanden, erscheint diese Nachfrage nicht.

7 Im Infobereich der Taskleiste des klassischen Desktops von Windows 8 blendet eine Meldung auf. Sie werden gebeten, den erstellten Schlüssel für die Datenverschlüsselung zu sichern. Klicken Sie auf diese Meldung. Ein Dialogfenster klappt auf.

8 Windows 8 bietet Ihnen an, den Schlüssel und das zugehörige Zertifikat zu sichern. Bestätigen Sie mit **Jetzt sichern (empfohlen)**.

25.2 Dateien mit EFS verschlüsseln

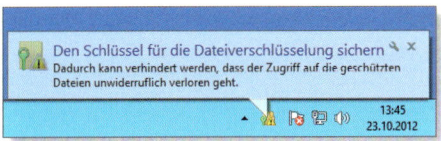

▲ **Abbildung 25.4** Windows 8 bietet Ihnen an, den Schlüssel für die Dateiverschlüsselung zu sichern.

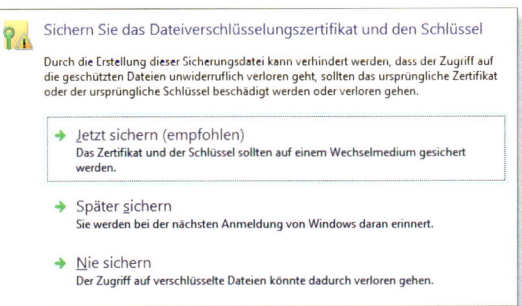

▲ **Abbildung 25.5** Sichern Sie den Schlüssel und das Zertifikat.

9 Nun wird ein Assistent gestartet. Er heißt »Zertifikatexport-Assistent«. Überspringen Sie den ersten Dialog mit **Weiter**. Er führt Sie lediglich in die Grundbegriffe ein.

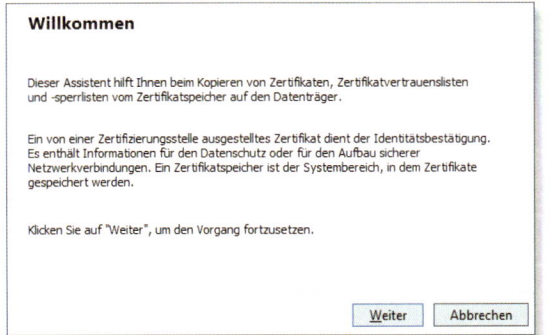

▲ **Abbildung 25.6** Die Zertifikate werden mit einem Assistenten gesichert.

10 Im nächsten Fenster wählen Sie das Format, in das das Zertifikat exportiert werden soll. Bestätigen Sie hier einfach die Vorgabe.

11 Schalten Sie im nächsten Fenster das Optionsfeld **Kennwort** ein. Tragen Sie ein Kennwort ein, und bestätigen Sie es mit einer wiederholten Eingabe.

12 Folgen Sie dem Dialog **Weiter**, und bestätigen Sie.

▲ **Abbildung 25.7** Geben Sie ein Kennwort ein. Bestätigen Sie es durch eine wiederholte Eingabe.

Mit dem Sichern des Schlüssels und des Sicherheitszertifikats sorgen Sie dafür, dass der geschützte Ordner auch dann zugänglich wird, wenn er beschädigt wird oder der Sicherheitsschlüssel verlorengeht. Windows 8 verschlüsselt die Dateien und setzt entsprechend die Attribute. Je nach Leistung des Rechners und Größe der Dateien und Verzeichnisse, die gesichert werden sollen, dauert dies mehr oder weniger lange.

Nach dem Verschlüsseln wird die Datei oder der Ordner mit grüner Farbe gekennzeichnet. Diese Farbe zeigt, dass die Datei oder der Ordner verschlüsselt ist.

Eine Verschlüsselung aufheben

Bevor Sie eine EFS-Verschlüsselung nutzen, müssen Sie für eine Wiederherstellung sorgen. Ist der Benutzer, zu dem eine verschlüsselte Datei oder ein verschlüsselter Ordner gehört, nicht mehr im System, können auch andere Anwender nicht darauf zugreifen. Es sei denn, auch sie erhielten die Zugriffsrechte und Schlüssel für die betreffenden Daten.

Der Administrator des Windows-Systems kann EFS-verschlüsselte Daten wiederherstellen. Dazu verwendet er Richtlinien. Es gibt sowohl Richtlinien für das verschlüsselte Dateisystem als auch für die BitLocker-Laufwerksverschlüsselung auf Ihrem System.

Mit **Erweitert > Details** sehen Sie, wer eine Datei oder ein Verzeichnis wiederherstellen kann. Wiederherstellen heißt, dass Sie die Verschlüsselung lösen und Zugriff auf die Daten erhalten.

Um einen Benutzer oder den Administrator für die Wiederherstellung von EFS-gesicherten Daten einzurichten, gehen Sie wie folgt vor:

1 Öffnen Sie mit dem Befehl `gpedit.msc` den **Editor für lokale Gruppenrichtlinien**.

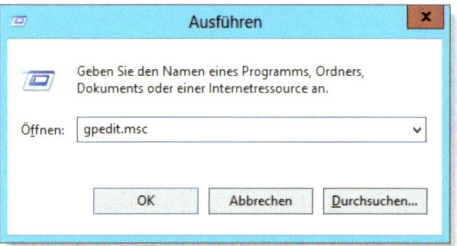

▲ *Abbildung 25.8* So starten Sie den Editor.

2 Nun wählen Sie die Windows-Einstellungen unter **Computerkonfiguration**. Sie müssen sich nun ein wenig durchklicken. Wählen Sie nacheinander auf der linken Seite **Windows-Einstellungen > Sicherheitseinstellungen > Richtlinien für öffentliche Schlüssel**.

3 Hier wählen Sie das **Verschlüsselte Dateisystem**.

4 Öffnen Sie das Kontextmenü, und wählen Sie **Datei-wiederherstellungs-Agent hinzufügen**.

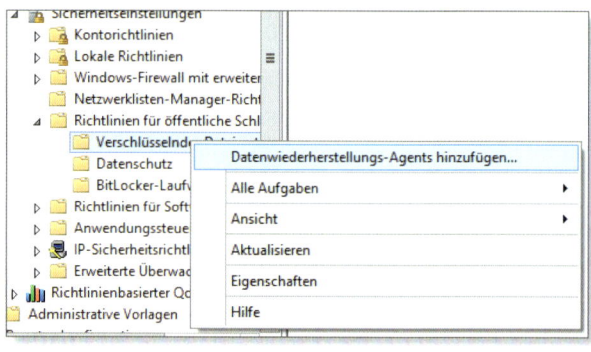

▲ *Abbildung 25.9* Öffnen Sie den Assistenten über das Kontextmenü.

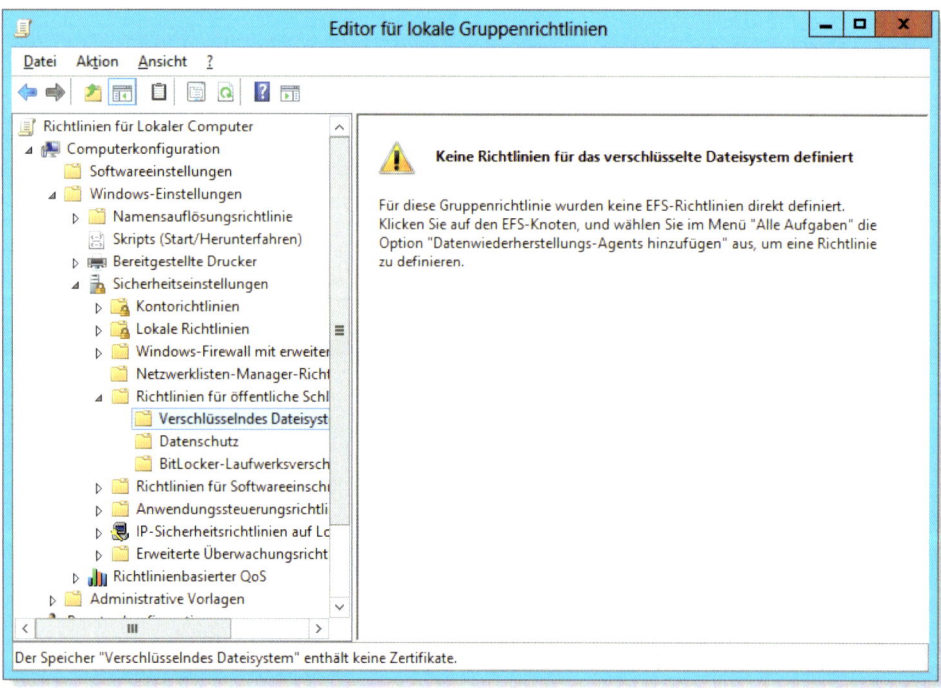

◀ *Abbildung 25.10* Der Editor für lokale Gruppenrichtlinien

5 Nun wird ein Assistent gestartet. Den ersten, einführenden Dialog überspringen Sie mit einem Mausklick auf **Weiter**.

▲ **Abbildung 25.11** *Bei der Vorbereitung der Wiederherstellung hilft Ihnen der Assistent.*

6 Nun müssen Sie ein Zertifikat auswählen. Wählen Sie **Ordner durchsuchen**. Ein Zertifikat erkennen Sie an der Dateierweiterung .cer. Wählen Sie es aus. Folgen Sie dem Dialog weiter.

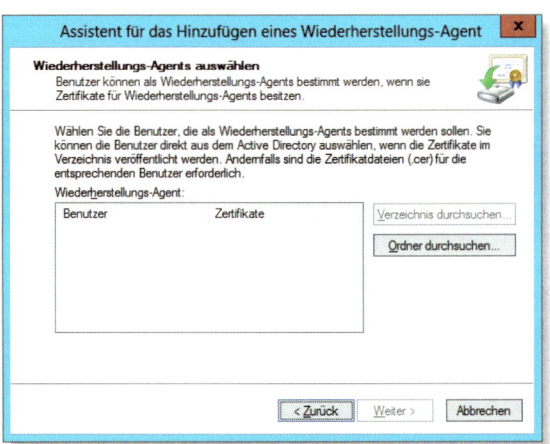

▲ **Abbildung 25.12** *Hier fügen Sie ein Zertifikat hinzu.*

Ist kein Zertifikat vorhanden, müssen Sie zunächst ein solches erstellen. Nutzen Sie dazu den Befehl `cipher`.

Einen Ordner mit einem Befehl verschlüsseln

Warum sollte man einen Befehl verwenden, wenn die Benutzung des Dialogs supereinfach und bequem ist?

Nun, einen Befehl können Sie über ein Skript verwenden. So lassen sich Verschlüsselungen auch automatisieren.

Für das Verschlüsseln einer Datei nutzen Sie den Befehl `cipher`.

Die wichtigsten Parameter und ihre Bedeutung habe ich Ihnen in Tabelle 25.1 auf Seite 537 festgehalten.

Zertifikate zur Dateiverschlüsselung verwalten

In der **Systemsteuerung** finden Sie unter **Benutzerkonten und Family Safety > Benutzerkonten** die Verwaltung der Dateiverschlüsselungszertifikate.

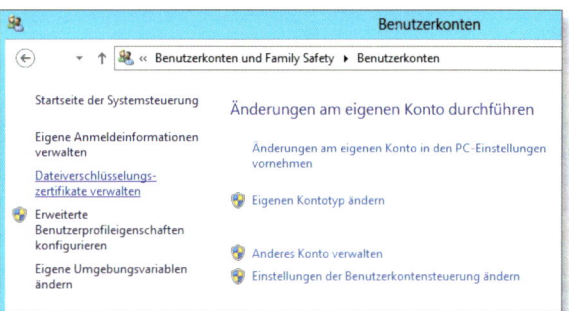

▲ **Abbildung 25.13** *Verwalten Sie Ihre Dateiverschlüsselungszertifikate.*

Es gibt eine Erklärung zu den Zertifikaten und dem Assistenten.

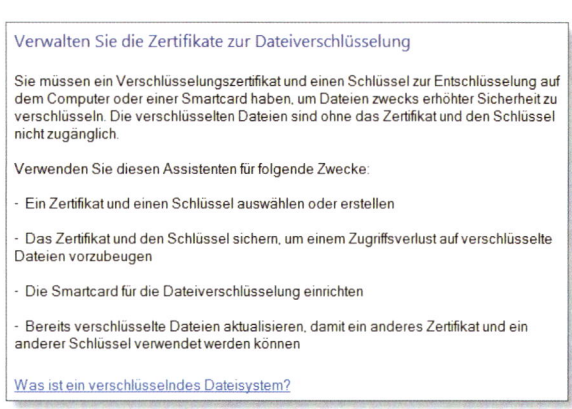

▲ **Abbildung 25.14** *Die Zertifikate werden mit einem Assistenten verwaltet.*

Mit dem Assistenten können Sie:

- ein Zertifikat und einen Schlüssel erstellen
- ein Zertifikat und einen Schlüssel auswählen
- ein Zertifikat und den zugehörigen Schlüsseln sichern
- eine Smartcard für die Verschlüsselung einrichten
- verschlüsselte Dateien aktualisieren

25.3 Eine Festplattenpartition mit BitLocker verschlüsseln

BitLocker müssen Sie zuerst anschalten. Danach lässt sich eine Festplatte mit BitLocker verschlüsseln.

Die TPM-Konsole verwenden

Öffnen Sie das Startmenü von Windows 8, und geben Sie unten im Eingabefeld `tpm.msc` ein. Bestätigen Sie mit ↵.

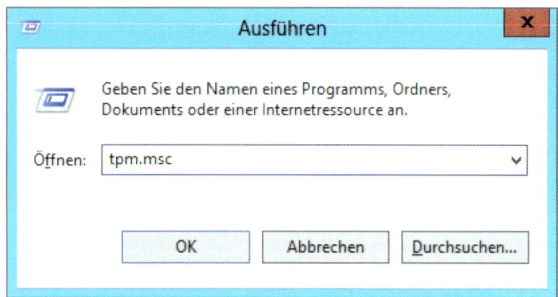

^ **Abbildung 25.15** *Die TPM-Konsole starten Sie über das Eingabefeld im Startmenü.*

BitLocker anschalten

Starten Sie die TPM-Konsole so, wie im vorherigen Abschnitt beschrieben. Wählen Sie **Aktion**, und entscheiden Sie sich hier für **TPM initialisieren**. Mit einem Assistenten werden Sie durch die Einrichtung der Funktion geführt.

Die Funktion für das Anschalten des Trusted Platform Modules ist nur in der Konsole vorhanden, wenn Ihr Rechner über einen TPM-Chipsatz verfügt.

Schließen Sie die geöffneten Dialoge, und starten Sie Windows 8 neu.

Melden Sie sich auf Ihrem Rechner als Administrator an. Starten Sie die TPM-Konsole. Wählen Sie noch einmal **TPM initialisieren**. Im Assistenten erstellen Sie nun ein Kennwort für das Trusted Platform Module. Legen Sie dieses auf der Festplatte ab. Schreiben Sie es sich auf, oder geben Sie es auf dem Drucker aus. Nun initialisieren Sie die TPM-Funktion. Das war es auch schon. Ihre Festplatte ist nun verschlüsselt, und Ihre Daten sind sicher.

BitLocker auf Rechnern ohne TPM-Chipsatz

Natürlich können Sie die TPM-Verschlüsselung auch nutzen, wenn das Motherboard Ihres Rechners keinen TPM-Chip besitzt:

BitLocker setzt mindestens zwei Partitionen in Ihrem Rechner voraus. Bereiten Sie den PC vor der Aktivierung der Laufwerksverschlüsselung entsprechend vor:

1 Öffnen Sie den Editor für lokale Gruppenrichtlinien. Verwenden Sie dazu das Tool **Ausführen** und den Befehl `gpedit.msc`.

2 Klicken Sie sich bis zum Ziel durch. Dieses finden Sie unter **Computerkonfiguration > Administrative Vorlagen > Windows-Komponenten > BitLocker-Laufwerksverschlüsselung > Betriebssystemlaufwerke**.

3 Sie sehen nun rechts alle Komponenten, die zur Funktion gehören. Die einzelnen Optionen können Sie nun einschalten.

Nehmen Sie sich genügend Zeit für die Arbeit mit den Richtlinien. Ein Doppelklick zeigt alle Einstellungen in einem Dialog. Jede Option und jede Richtlinie ist sehr gut beschrieben. Dennoch gehört etwas Erfahrung im Umgang mit Windows 8 und Kryptografie zu dieser Arbeit.

25.3 Eine Festplattenpartition mit BitLocker verschlüsseln

Parameter	Bedeutung
/B	Bricht die Ausführung des Befehls ab, sobald ein Fehler auftritt und als solcher erkannt wird. In der Vorgabeeinstellung wird ohne diese Option die Ausführung des Befehls fortgesetzt.
/C	Listet Informationen zur verschlüsselten Datei auf.
/D	Entschlüsselt die angegebene Datei oder das angegebene Verzeichnis.
/E	Verschlüsselt die Datei oder das Verzeichnis. Wird eine Datei hinzugefügt, wird diese automatisch verschlüsselt.
/H	Listet die Dateien mit den Attributen *Versteckt* und *System* auf. Diese Dateien werden beim Verschlüsseln übersprungen.
/K	Erstellt ein neues Zertifikat und einen Schlüssel. Beides orientiert sich an den Gruppenrichtlinien, die bei Verwendung der Option aktuell sind.
/K /ECC	Wie bei /K werden ein neues Zertifikat und ein neuer Schlüssel erstellt. Die Gruppenrichtlinien werden hierbei nicht beachtet. Das Zertifikat ist selbst signiert. Die Schlüsselgröße wird dem Parameter mit übergeben.
/K /ECC:256	Parameter wie /K /ECC. Zusätzlich ist hier die Schlüsselgröße angegeben. Möglich ist 256, 384 und 521.
/N	Verhindert die Aktualisierung des Schlüssels. Wird mit /U verwendet. So werden alle verschlüsselten Dateien auf einem Laufwerk aufgespürt.
/R	Erstellt einen Schlüssel und ein Zertifikat. Mit beidem kann eine EFS-verschlüsselte Datei bzw. ein EFS-verschlüsselter Ordner wiederhergestellt werden. Erstellt wird eine PFX-Datei. Sie enthält das erstellte Zertifikat und den privaten Schlüssel. Eine CER-Datei wird erstellt. In dieser ist das Zertifikat enthalten.
/S	Verschlüsselt das Verzeichnis, die darin enthaltenen Dateien und alle untergeordneten Verzeichnisse nebst den dort befindlichen Dateien.
/U	Mit diesem Parameter wird versucht, auf alle verschlüsselten Dateien auf einem Laufwerk zuzugreifen.
/W	Entfernt Daten aus einem Volume. Wird dieser Parameter verwendet, werden alle anderen Parameter ignoriert.
/X	Sichert ein Zertifikat und den EFS-Schlüssel in der angegebenen Datei. Gesichert werden das verwendete Zertifikat und die Schlüssel des Anwenders. Wird als Ziel eine EFS-verschlüsselte Datei angegeben, so werden nur die Zertifikate des Anwenders gesichert.
/Y	Gibt das gültige Zertifikat in einer verkleinerten Ansicht auf dem Computermonitor aus.
/ADDUSER	Ermöglicht es, einen Benutzer zu den verschlüsselten Dateien hinzuzufügen.
/REMOVEUSER	Entfernt einen Benutzer.
/REKEY	Aktualisiert die verschlüsselten Dateien. So wird ein neuer Schlüssel, der zuvor festgelegt wurde, auf diese verschlüsselten Dateien angewendet.

▲ **Tabelle 25.1** Die Parameter des Verschlüsselungsdienstprogramms »cipher«

Kapitel 25: Laufwerke und Dateien verschlüsseln

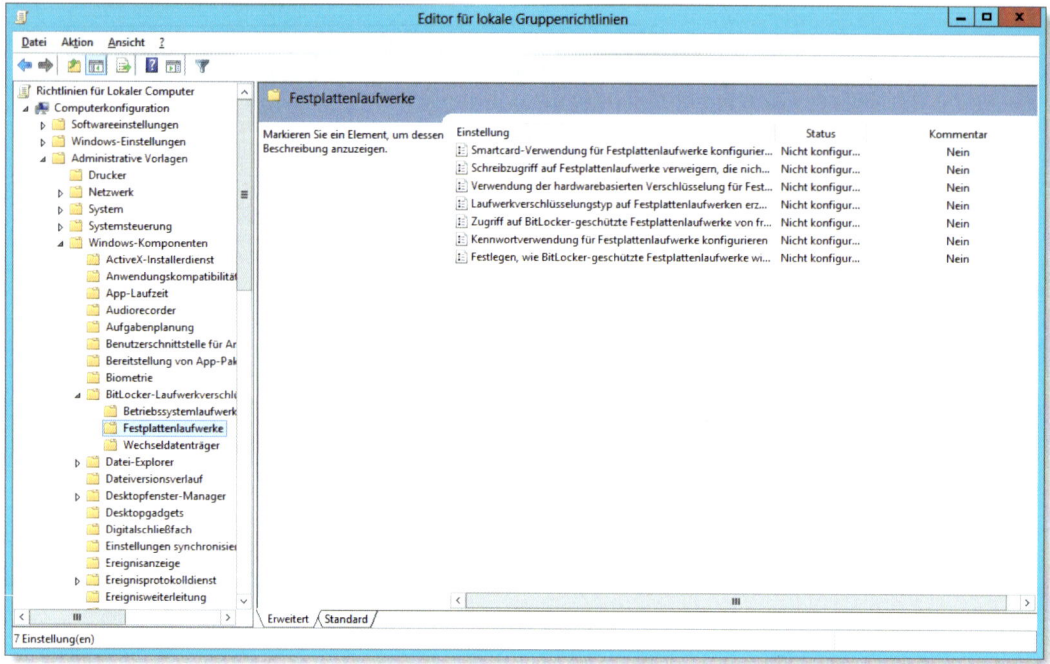

▲ **Abbildung 25.16** Die BitLocker-Laufwerksverschlüsselung wird mit einem Editor bearbeitet.

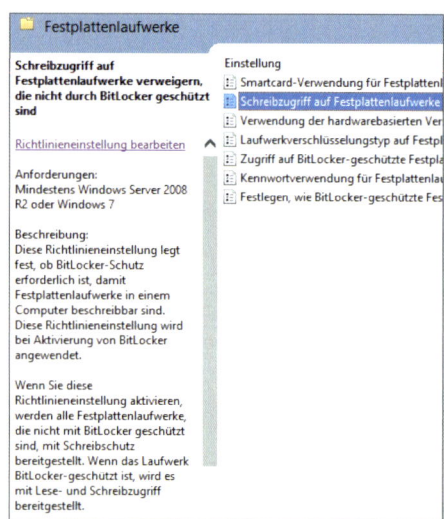

▲ **Abbildung 25.17** Die Richtlinien und Optionen sind mit vielen Hinweisen und Erklärungen versehen.

Im nächsten Schritt wird BitLocker aktiviert.

4. Verbinden Sie das Laufwerk mit Ihrem Rechner, das Sie verschlüsseln wollen.

5. Wählen Sie es in der **Systemsteuerung** aus. Im Beispiel habe ich einen USB-Stick (*E:*) ausgewählt.

6. Öffnen Sie die **Systemsteuerung**, und wählen Sie **System und Sicherheit** > **BitLocker-Laufwerksverschlüsselung**. Klicken Sie auf **BitLocker aktivieren**.

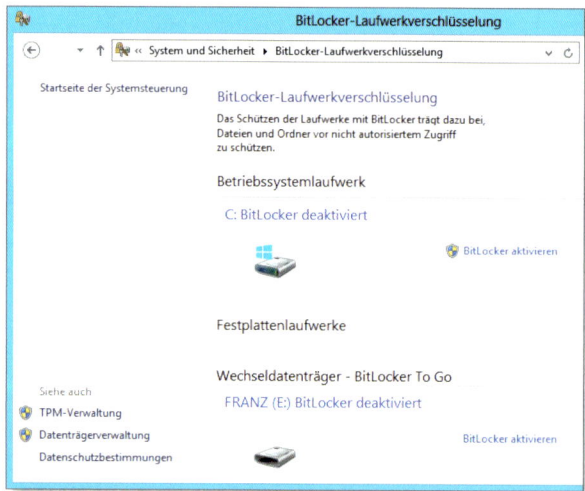

▲ **Abbildung 25.18** BitLocker ist zunächst ausgeschaltet.

25.3 Eine Festplattenpartition mit BitLocker verschlüsseln

Geben Sie ein Kennwort ein. Bestätigen Sie das Kennwort. Wenn Sie möchten, können Sie auch eine Smartcard zum Entsperren des Laufwerkes verwenden.

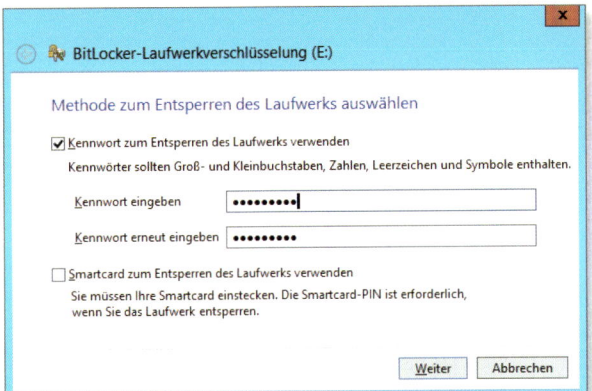

▲ *Abbildung 25.19 Ein Kennwort wird für das Verschlüsseln verwendet.*

Im nächsten Fenster bietet Ihnen der Assistent an, den Wiederherstellungsschlüssel zu sichern. Sie können diesen ausdrucken, in einer Datei oder im Microsoft-Konto ablegen.

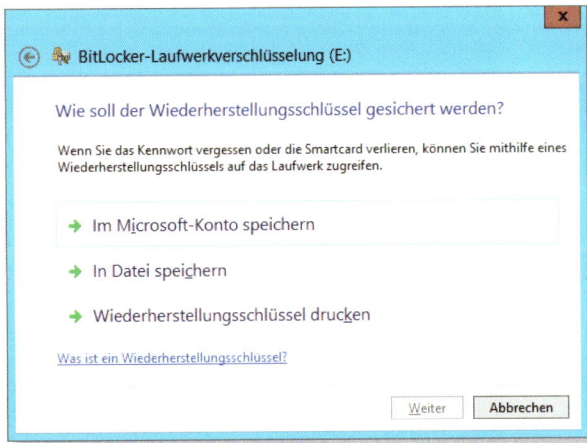

▲ *Abbildung 25.20 Sichern Sie den Wiederherstellungsschlüssel.*

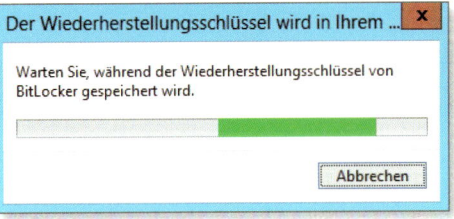

▲ *Abbildung 25.21 Im Beispiel speichere ich den Schlüssel in einer Datei.*

Ist der Wiederherstellungsschlüssel gesichert, wird eine entsprechende Meldung angezeigt. Nun werden Sie gefragt, ob der gesamte Datenträger oder nur der verwendete Speicherplatz gesichert werden soll. Entscheiden Sie sich für eine dieser beiden Optionen.

Bestätigen Sie im nächsten Fenster mit **Verschlüsselung starten**.

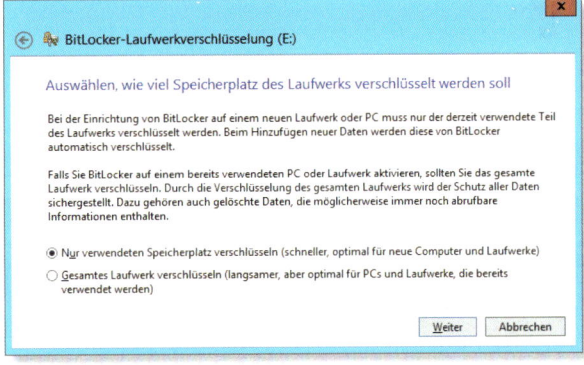

▲ *Abbildung 25.22 Entscheiden Sie, was verschlüsselt werden soll.*

Sie finden sich nun in einem Assistenten wieder.

Beachten Sie bitte, dass das Verschlüsseln der Daten einige Zeit in Anspruch nimmt. Sie können nebenher Ihren Rechner für andere Aufgaben nutzen.

Kapitel 26
Daten sichern

Nicht ist ärgerlicher als der plötzliche Verlust von Daten. Und so etwas passiert leider oft schneller, als einem lieb ist. Ein Virus oder eine defekte Festplatte – so etwas kommt relativ häufig vor. Besser ist es, wenn Sie dann vorbereitet sind. Schützen Sie sich also vor Datenverlust. Sichern Sie regelmäßig Ihre Daten, und halten Sie auch den Status des Betriebssystems mit einem Systembackup fest. So ist ein Verlust immer zu verschmerzen.

Das Sichern von Office-Dateien, Bildern, Videos und Musikdateien ist eine wichtige Sache. Sie sollten diese Aufgabe niemals vernachlässigen! Windows 8 bringt alle Funktionen mit, die Sie für diese Aufgabe brauchen. Sie können das System sichern und einzelne Dateien in einem Backup festhalten. Es lassen sich auch Datensicherungen planen und automatisch durchführen. Wem das nicht reicht, der greift zu den Lösungen anderer Anbieter.

In diesem Kapitel zeige ich Ihnen, wie Sie den Status des Betriebssystems mit einem Systemabbild festhalten. Natürlich erfahren Sie auch, wie Sie ein solches Systemabbild wieder zurücklesen. Ich stelle Ihnen eine Möglichkeit vor, Daten auf einer Onlineplattform zu sichern. Daten im Internet ablegen heißt, mehr Aufwand betreiben. Ein wichtiger Vorteil ist aber, dass ein Festplattencrash oder ein anderes Computerproblem keine Auswirkung auf Ihre Daten hat. Sie können diese jederzeit wieder auf Ihren Rechner laden und verwenden.

In weiteren Kapiteln erfahren Sie, wie einfach es ist, Daten mit einer Sicherung festzuhalten. Ich zeige Ihnen, wie Sie eine Datensicherung wieder zurückspielen. Anschließend stelle ich Ihnen Anwendungen vor, mit denen Sie auf einfache Weise Datensicherungen erstellen können. Ich zeige Ihnen hier sowohl ein Freewareprogramm als auch zwei andere Anwendungsprogramme. Diese bieten ganz unterschiedliche Möglichkeiten. Eines aber haben sie gemeinsam: Sie helfen Ihnen dabei, Ihre Daten sicher aufzubewahren.

26.1 Das Windows-Betriebssystem mit einem Systemabbild sichern

Mit einem Backup haben Sie oft das Problem, dass nur wichtige Office- und Multimediadateien gesichert werden. Was aber ist mit dem Betriebssystem? Gerade bei Änderungen an der Registry, Einstellungen an Diensten und beim Ausprobieren von Konfigurationen kann es zu Problemen kommen. Dann muss Windows 8 in einen Zustand vor der Änderung versetzt werden. Mit einem Systemabbild wird genau das gemacht. Hier wird die Konfiguration von Windows 8 gespeichert und kann im Fall des Falles wieder zurückgelesen werden.

Warum man Daten sichern sollte

Bitte unterschätzen Sie nicht die Gefahren, die dafür sorgen können, dass Ihre Daten zerstört werden. Eine Überspannung im Stromnetz, vielleicht durch einen Blitzschlag oder eine plötzliche Spannungsspitze

Kapitel 26: Daten sichern

hervorgerufen kann auftreten. Eine Festplatte kann defekt sein und »crashen«. Die Bauelemente auf dem Motherboard können versagen. Vielleicht kippt auch nur ein Glas Cola oder eine Tasse Kaffee um und landet im Rechner. Vielleicht zerstört ein Bekannter den Rechner oder Sie selbst vertun sich beim Austausch von Hardwarekomponenten.

Und da wären noch die »gewollten Pannen«. Hackerangriffe, Viren, die sich vervielfältigen, und andere Schadprogramme. Vielleicht auch nur ein Bedienungsfehler oder ein defektes Programm – vieles kann zu einer Beschädigung und zum Verlust von Daten führen.

Und dann? Dann ist man schlauer und sagt sich: »Ach hätte ich doch nur Backups gemacht.« Aber man ist zu faul, sieht in der Aufgabe zusätzliche und nicht unbedingt notwendige Arbeit. Und dabei ist der Aufwand gar nicht so megagroß. Speichern Sie wichtige Daten auch auf einem USB-Stick oder einer USB-Festplatte ab. Richten Sie einmal ein Backupprogramm ein, und lassen Sie es dann automatisch jeden Tag Datensicherungen erstellen. Nutzen Sie die Möglichkeiten von Windows 8. Denn ... wenn einmal etwas passiert, haben Sie Ihre Daten noch zur Hand.

Die Einstellungen zum Computerschutz prüfen

Prüfen Sie zunächst, ob für die Partitionen das Erstellen von Wiederherstellungspunkten eingerichtet ist. Dies sollte vor allem auf die Partition zutreffen, auf der Windows 8 installiert ist. Auch auf der Partition, auf der Anwendungsprogramme und Spiele installiert sind, sollte diese Einstellung vorhanden sein.

1 Öffnen Sie die **Systemsteuerung**. Wählen Sie **System und Sicherheit**. Öffnen Sie den Dialog **System**. Über dieses kleine Menü in der linken oberen Ecke der Systemsteuerung erreichen Sie die Einstellungen zum Computerschutz. Wählen Sie links oben im Fenster die Funktion **Computerschutz** ❶.

2 Prüfen Sie, ob der Computerschutz für die Windows-Partition und alle anderen zu schützenden Partitionen auf **Ein** geschaltet ist ❷.

In meinem Beispiel ist der Schutz nur für das Laufwerk C: eingeschaltet. Ist der Schutz bei anderen Partitionen deaktiviert, markieren Sie diese und klicken auf **Konfigurieren**.

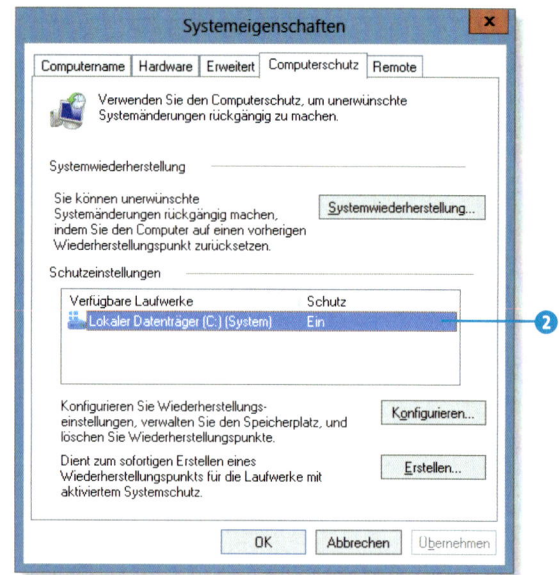

▲ *Abbildung 26.1* Überprüfen Sie, ob Systemwiederherstellungspunkte erstellt werden.

▲ *Abbildung 26.2* Sie stellen hier das automatische Erstellen von Wiederherstellungspunkten ein.

26.1 Das Windows-Betriebssystem mit einem Systemabbild sichern

3 Schalten Sie den Computerschutz an. Im unteren Bereich bestimmen Sie mit einem Schieberegler, wie groß die maximale Belegung des Datenträgers durch Systemwiederherstellungspunkte sein darf. Wählen Sie hier einen Wert von 5–10 %. Je nach Größe Ihrer Festplatte und dem freien Speicherplatz auf dieser müssen Sie dies selbst entscheiden. Bestätigen Sie mit **OK**.

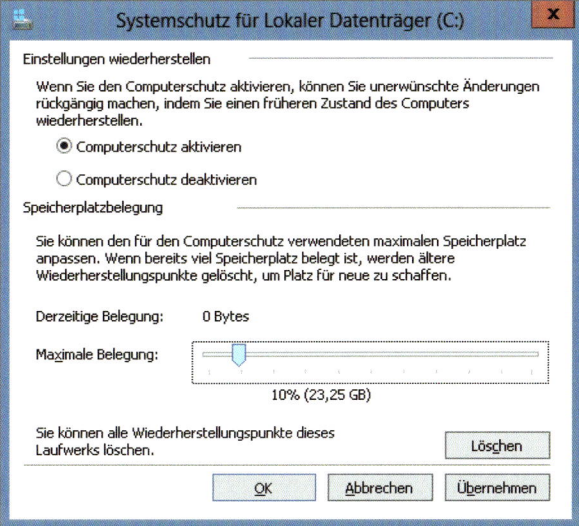

▲ **Abbildung 26.3** Schalten Sie das automatische Erstellen von Systemwiederherstellungspunkten an.

4 Wählen Sie in den **Systemeigenschaften** ebenfalls **OK**. Schließen Sie die **Systemsteuerung**.

Ein Systemabbild erstellen

Neben der Möglichkeit, Windows 8 automatisch Systemsicherungen erstellen zu lassen, können Sie ein Systemabbild auch über eine Funktion erzeugen. So können Sie ein Abbild manuell erstellen, wann immer Sie es für nötig halten. Das ist z. B. sinnvoll, bevor Sie größere Änderungen am System vornehmen oder neue Software installieren.

1 Öffnen Sie die **Systemsteuerung** und das Register **Computerschutz** wie im vorigen Abschnitt bereits beschrieben.

2 Wählen Sie die Partition aus, für die ein Wiederherstellungspunkt erstellt werden soll.

3 Klicken Sie auf die Schaltfläche **Erstellen**.

4 Tragen Sie eine Bezeichnung ein, und bestätigen Sie mit **Erstellen**.

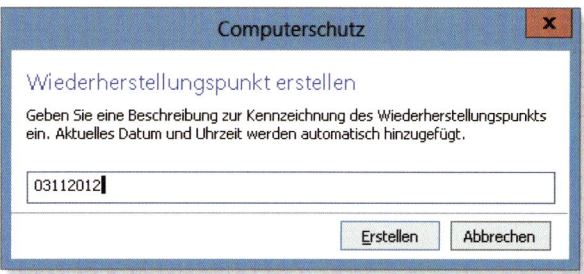

▲ **Abbildung 26.4** Geben Sie eine Bezeichnung ein, und erstellen Sie den Wiederherstellungspunkt.

Der Wiederherstellungspunkt wird nun erstellt. Es dauert einen Augenblick, bis Windows 8 mit dieser Aufgabe fertig ist.

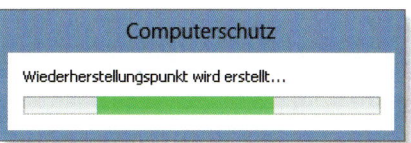

▲ **Abbildung 26.5** Mit einem Fortschrittsbalken zeigt Windows 8 an, wie weit das Erstellen bereits ist.

> **HINWEIS**
>
> **Welche Datenträger sind geeignet?**
> Für die Ablage eines Systemabbilds ist ein USB-Laufwerk ideal. Aber auch eine DVD, eine Blu-ray-Disc oder ein Netzlaufwerk sind empfehlenswert. Ein unabhängiger Datenträger hat den Vorteil, dass er bei einem Problem mit der Festplatte im Rechner unbeschädigt bleibt.
>
> Der Datenträger muss mit dem Dateisystem NTFS formatiert sein. Ist dies nicht der Fall, kann ein Systemabbild nicht auf ihm gespeichert werden.

Einen Systemreparaturdatenträger erstellen

Auf den ersten Blick sind einige aus Windows 7 bekannte Funktionen verschwunden. Doch die Sicherungsfunktionen sind keineswegs weg, sondern unter **Windows 7-Dateiwiederherstellung** in der **Systemsteuerung** vorhanden. Verwenden Sie diese Funktionen. Sie sind sehr nützlich.

Ein Systemreparaturdatenträger ist eine bootfähige DVD, mit der Sie im Notfall Windows 8 reparieren und wiederherstellen können.

1 Öffnen Sie die **Systemsteuerung**. Schalten Sie den Anzeigemodus **Große Symbole** an.

2 Scrollen Sie durch die Liste der Funktionen. Wählen Sie die **Windows 7-Dateiwiederherstellung** aus ❶.

▲ *Abbildung 26.6 Einige Sicherungsfunktionen finden Sie unter einer besonderen Kategorie.*

3 Wählen Sie **Systemreparaturdatenträger erstellen**. Legen Sie eine leere DVD in das DVD-Laufwerk Ihres Rechners ein. Ist dies geschehen, starten Sie den Vorgang mit **Datenträger erstellen**.

Auch bei dieser Funktion sehen Sie anhand eines Fortschrittsbalkens, wie weit Windows 8 bereits ist.

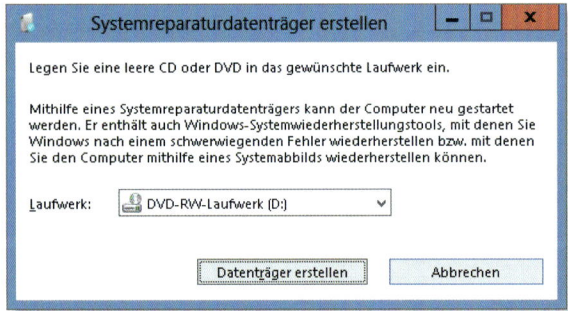

▲ *Abbildung 26.7 Ein Systemreparaturdatenträger wird erstellt.*

Am Ende des Vorgangs erhalten Sie eine kleine Information zur Verwendung des erstellten Datenträgers. Bewahren Sie die DVD so auf, dass Sie sie jederzeit wiederfinden. Schreiben Sie auf die DVD das aktuelle Datum und »Windows 8, Systemreparaturdatenträger«. Wichtig ist, dass der Zweck des Datenträgers ersichtlich ist.

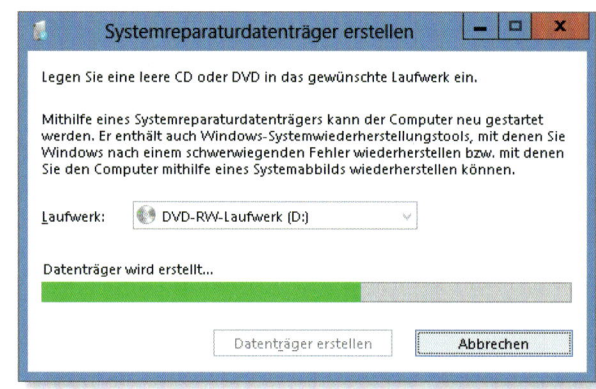

▲ *Abbildung 26.8 Der Balken zeigt den Fortschritt bei der Erstellung des Datenträgers.*

Auf dem Systemreparaturdatenträger finden Sie Tools für die Reparatur des Rechners. Sie können den Rechner mit dieser DVD neu starten und diese Tools verwenden. Mit ihnen können Sie auch einen vorhandenen Wiederherstellungspunkt zurücklesen.

Beschriften Sie die DVD mit »Reparaturdatenträger Windows 8 Datum«, und verwahren Sie ihn gut auf.

Alte Wiederherstellungspunkte löschen

Wiederherstellungspunkte nehmen viel Speicherplatz in Anspruch. Manchmal ist es notwendig, sie zu löschen. Einige wichtige können Sie zuvor auf einer externen Festplatte ablegen.

1 Öffnen Sie die **Systemsteuerung**. Unter **System und Sicherheit > System** wählen Sie **Computerschutz**.

2 Markieren Sie die Partition, von der Sie die Wiederherstellungspunkte löschen wollen. Wählen Sie **Konfigurieren**.

26.2 Ein Systemabbild wiederherstellen

3 Im Dialog **Systemschutz für Anwendungen** wählen Sie **Löschen**. Sie finden diese Schaltfläche ganz unten rechts.

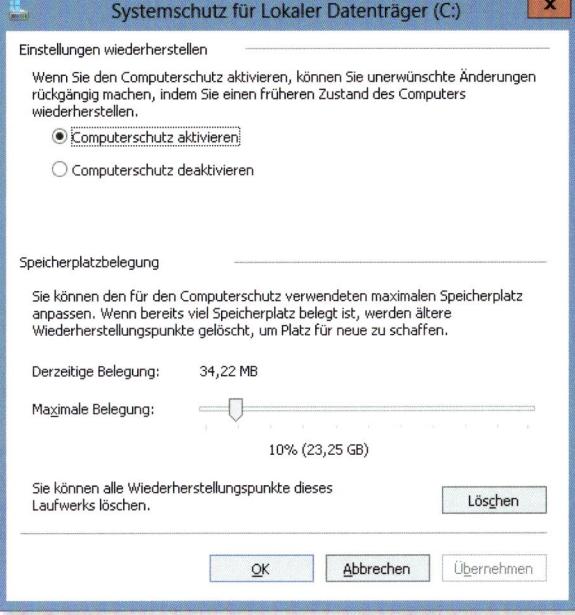

▲ **Abbildung 26.9** Löschen Sie nicht mehr benötigte Wiederherstellungspunkte.

4 Windows 8 blendet eine Warnmeldung ein. Sie werden darüber informiert, dass Sie nach dem Löschen von Wiederherstellungspunkten keine Systemwiederherstellung mehr durchführen können. Bestätigen Sie mit **Fortsetzen**.

26.2 Ein Systemabbild wiederherstellen

Ein Systemabbild zu erstellen ist eine Sache. Bei einem Problem mit dem Rechner müssen Sie ihn auch wiederherstellen können. Natürlich liefert Windows 8 Ihnen dazu eine Funktion. Sie müssen keine schwierigen Hürden überwinden. Ein Assistent unterstützt Sie bei der Systemwiederherstellung.

Ein automatisch erstelltes Systemabbild zurücklesen

Das Zurücklesen eines Systemabbildes ist sehr einfach. Gehen Sie dazu wie folgt vor:

1 Begeben Sie sich wieder in der **Systemsteuerung** zu **System und Sicherheit**. Wählen Sie **System**, und klicken Sie links auf **Computerschutz**.

2 Im Dialog **Systemeigenschaften** sehen Sie das Register **Computerschutz** vor sich. Im oberen Teil des Registers sehen Sie den Bereich **Systemwiederherstellung**. Klicken Sie hier auf die gleichnamige Schaltfläche.

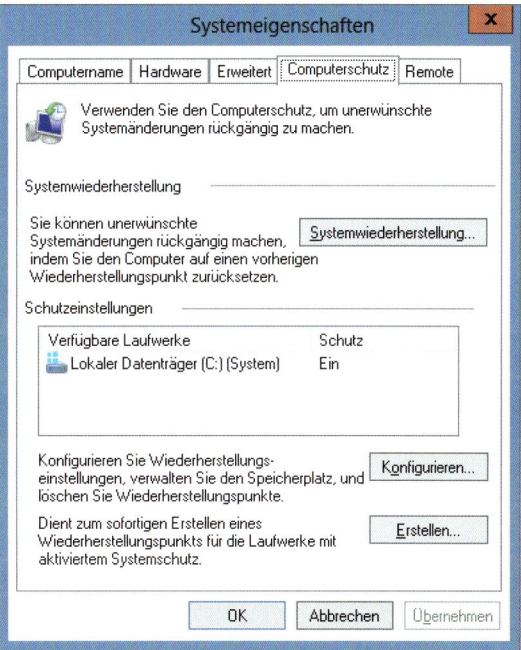

▲ **Abbildung 26.10** Die Systemwiederherstellung finden Sie im Register »Computerschutz«.

3 Nun wird ein Assistent gestartet. Den ersten Dialog überspringen Sie mit **Weiter**.

Kapitel 26: Daten sichern

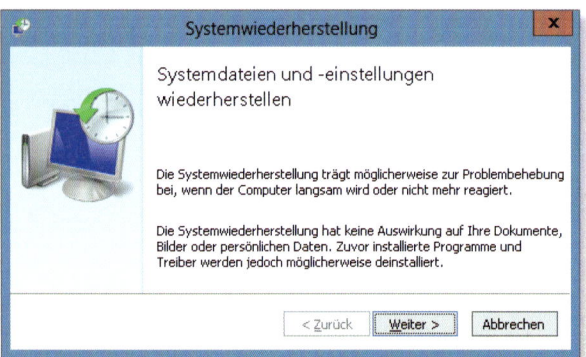

▲ **Abbildung 26.11** *Die Systemwiederherstellung heißt Sie willkommen.*

4 Alle bisher angelegten Wiederherstellungspunkte werden nun aufgelistet. Wählen Sie einen der angezeigten Punkte. Klicken Sie auf **Weiter**.

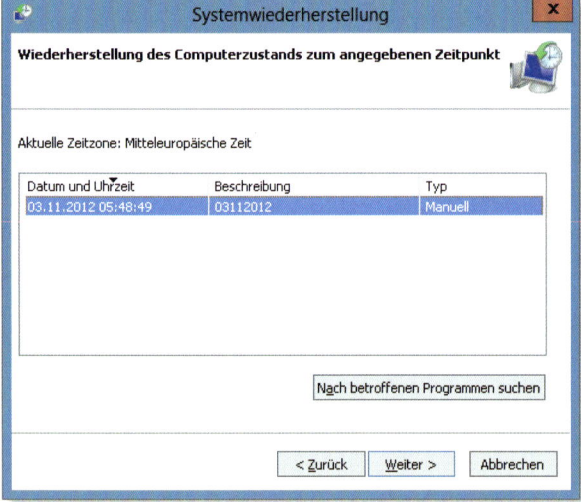

▲ **Abbildung 26.12** *Ein Wiederherstellungspunkt wurde ausgewählt.*

5 Im letzten Fenster des Dialogs sehen Sie noch einmal eine Zusammenfassung. Mit einem Mausklick auf **Fertig stellen** wird die Aktion gestartet. Warten Sie, bis die Systemwiederherstellung abgeschlossen ist.

▲ **Abbildung 26.13** *Wie üblich bei Windows-8-Assistenten gibt es auch eine Abschlussmeldung.*

Eine weitere Möglichkeit, ein Systemabbild zu erstellen, ist über die **Windows 7-Dateiwiederherstellung**. Hierbei können Sie das Abbild auch im Netzwerk oder auf einer Festplatte ablegen. Auch eine USB-Festplatte ist möglich.

1 Öffnen Sie die **Systemsteuerung**. Blenden Sie alle Systemsteuerungselemente ein. Wählen Sie hier links oben **Systemabbild erstellen**.

2 Wählen Sie das Ziel der Datensicherung.

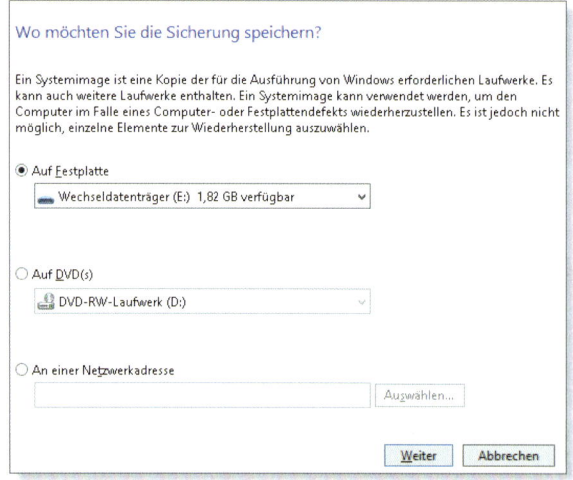

▲ **Abbildung 26.14** *Ein Systemabbild kann im Netzwerk abgelegt werden.*

3 Im nächsten Fenster wird Ihnen eine Zusammenfassung angezeigt. Sie sehen, auf welchem Zielmedium die Datensicherung abgelegt wird und von wo aus die Daten gesichert werden. In der Regel ist dies *C:*. Klicken Sie auf **Sicherung starten**.

Beachten Sie, dass ein Onlinespeicherplatz (Cloud) sich nur bei einer schnellen Datenübertragungsrate lohnt. Viele Onlinespeicherplätze sind nicht gerade schnell. Diese sollten Sie nicht wählen. Die Übertragung eines Systemabbildes dauert hier sehr lang. Netzwerkfestplatten sind eher geeignet.

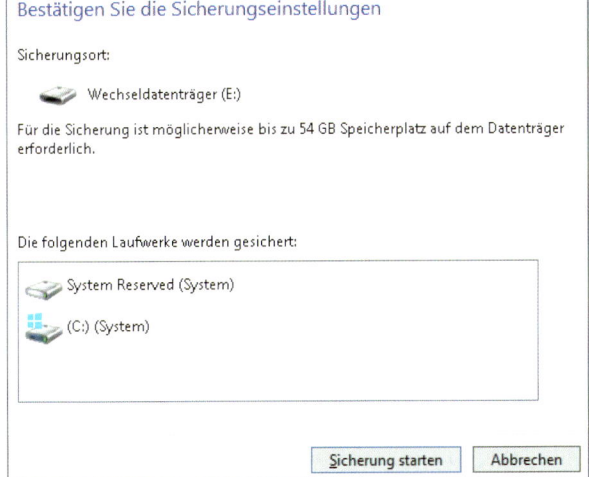

▲ *Abbildung 26.15* *Nun kann die Datensicherung angelegt werden.*

Betroffene Programme anzeigen

Die Systemwiederherstellung setzt Einstellungen von Windows 8 zurück. Treiber, Registryeinträge und Konfigurationseinstellungen werden in ihren ursprünglichen Zustand zurückversetzt. Dazu kommen Einstellungen von Anwendungsprogrammen, Tools und Spielen.

Vielleicht möchten Sie nach einem Computerproblem die Systemwiederherstellung nutzen. Aber sind Sie sich sicher, dass damit das Problem behoben ist? Wird das Programm wieder so funktionieren wie zu dem Zeitpunkt, als Sie die Systemwiederherstellung genutzt haben? Das können Sie sehr leicht feststellen.

Öffnen Sie die **Systemwiederherstellung**. Gehen Sie vor wie im vorigen Abschnitt beschrieben. Wählen Sie im Fenster, in dem Sie den Wiederherstellungspunkt bestimmen, **Nach betroffenen Programmen suchen**. Die Funktion finden Sie auch im letzten Dialog des Assistenten.

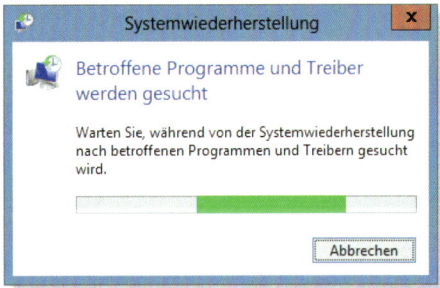

▲ *Abbildung 26.16* *Windows 8 sucht nach betroffenen Programmen.*

In einem Fenster werden nun alle Programme und Treiber, die gelöscht werden, aufgelistet. In der zweiten Liste sehen Sie die Programme und Treiber, die wiederhergestellt werden.

Die erweiterten Wiederherstellungstools

Blenden Sie die Ansicht **Große oder kleine Symbole** in der **Systemsteuerung** ein. Scrollen Sie durch die alphabetisch sortierte Liste, und wählen Sie **Wiederherstellung**.

Nun sehen Sie vor sich einen Dialog mit drei Funktionen: Sie können ein Wiederherstellungslaufwerk erstellen, die **Systemwiederherstellung** öffnen und die Systemwiederherstellung einrichten.

Wenn Sie im Fenster **Sichern und Wiederherstellen** der **Systemsteuerung** die Funktion **Systemeinstellungen auf dem Computer wiederherstellen** wählen, gelangen Sie in das Fenster **Wiederherstellung**. Hier können Sie mit einer Schaltfläche die **Systemwiederherstellung** öffnen.

▲ **Abbildung 26.17** Die erweiterten Wiederherstellungstools

Mit **Systemwiederherstellung konfigurieren** erreichen Sie das Register **Computerschutz** im Dialog **Systemeigenschaften**. Den kennen Sie ja bereits, genau wie die **Systemwiederherstellung**.

Mit dem Erstellen eines Wiederherstellungslaufwerkes wird eine ganze Partition genutzt, auf der Sie Wiederherstellungsinformationen ablegen. Bei einem Computerproblem können Sie die gesicherten Daten verwenden, um das System zu reparieren oder wiederherzustellen. Verwendet wird hierfür ein USB-Stick.

Der USB-Stick muss leer sein. Die darauf enthaltenen Daten werden beim Erstellen der Wiederherstellungsdaten gelöscht.

Es genügt ein USB-Stick, der 256 MB Speicherplatz besitzt. Und so erstellen Sie ein Wiederherstellungslaufwerk:

1 Verbinden Sie einen leeren USB-Stick mit Ihrem Rechner.

2 Öffnen Sie die **Systemsteuerung**. Wechseln Sie zur Anzeige der großen oder kleinen Symbole. Öffnen Sie die **Wiederherstellung**.

3 Wählen Sie **Wiederherstellungslaufwerk erstellen**. Bestätigen Sie die Meldung der Benutzerkontensteuerung.

4 Ein Assistent wird gestartet. Überspringen Sie den Begrüßungsdialog.

5 Der USB-Stick wird überprüft. Der Dialog zeigt ihn als »verfügbares Laufwerk« an. Wählen Sie **Weiter**.

6 Im letzten Dialog werden Sie darauf hingewiesen, dass alle Daten auf dem USB-Stick gelöscht werden. Klicken Sie auf **Erstellen**, um ihn mit Wiederherstellungsdaten zu beschreiben.

▲ **Abbildung 26.18** Ein Wiederherstellungslaufwerk wird erstellt.

26.3 Die Windows-Sicherung verwenden

Mit der Windows-Sicherung lassen sich wichtige Daten sichern. Nach der einmaligen Einrichtung können Sie eine Sicherungseinstellung immer wieder verwenden.

Eine Datensicherung mit Windows 8 erstellen

Um die Windows-Sicherung erstmalig zu verwenden, gehen Sie wie folgt vor:

1 Öffnen Sie die **Systemsteuerung**. Wählen Sie die Anzeige **Große oder kleine Symbole**. Scrollen Sie nach unten, und wählen Sie die **Windows 7-Dateiwiederherstellung**.

2 In der Mitte des Dialoges finden Sie die Funktion **Eigene Dateien sichern oder wiederherstellen**. Wählen Sie rechts davon **Sicherung einrichten** ❶.

26.3 Die Windows-Sicherung verwenden

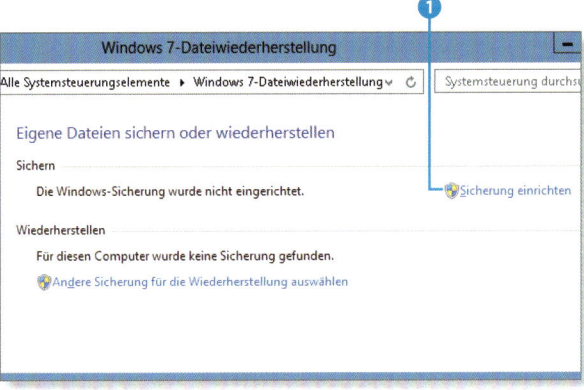

▲ **Abbildung 26.19** *Die Funktion versteckt sich in der »Windows 7-Dateiwiederherstellung«.*

3 Wählen Sie nun eine Festplatte aus, auf der die Sicherung abgelegt werden soll. Mit einem Mausklick auf **Weiter** gelangen Sie in den folgenden Dialog.

4 Im nächsten Dialog entscheiden Sie sich, ob Sie Windows 8 die Auswahl der zu sichernden Daten überlassen oder selbst eine Auswahl treffen. Wählen Sie **Auswahl durch Benutzer**. So sichern Sie genau die Daten, die Ihnen wichtig sind.

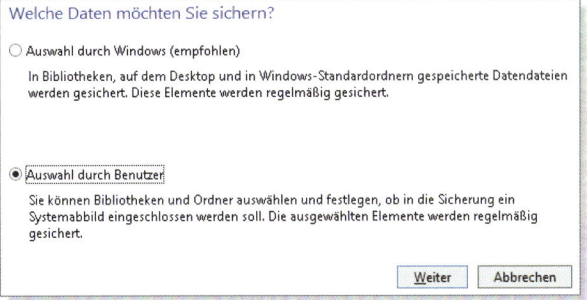

▲ **Abbildung 26.20** *Suchen Sie sich die Daten, die Sie sichern wollen, selbst aus.*

5 Nun wählen Sie die Daten aus, die Sie sichern möchten. Um die Größe der Datensicherung zu verkleinern, schalten Sie die Erstellung des Systemabbilds aus. Klicken Sie in das Optionskästchen vor einer Partition oder Festplatte, wenn Sie deren Inhalt sichern möchten. Mit dem Pfeilsymbol öffnen Sie die Baumansicht und können einzelne Verzeichnisse auswählen.

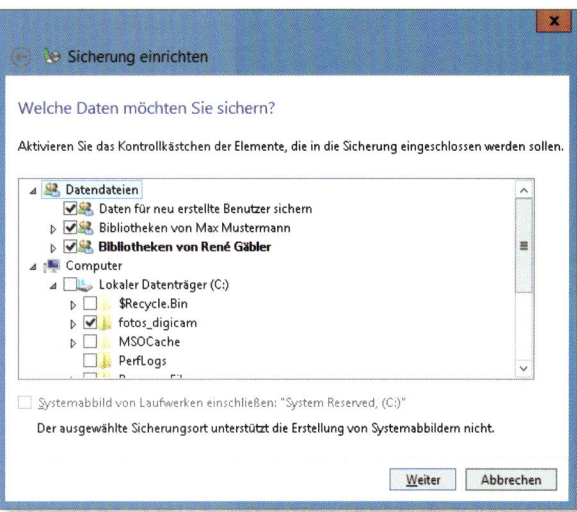

▲ **Abbildung 26.21** *Legen Sie fest, welche Daten Sie sichern möchten.*

6 Der letzte Dialog fasst alles zusammen. Schauen Sie sich noch einmal die Einstellungen an. Klicken Sie auf **Einstellungen speichern und Sicherung starten**. Warten Sie nun, bis Windows 8 fertig ist und alle Daten gesichert hat. Schließen Sie anschließend alle geöffneten Dialoge.

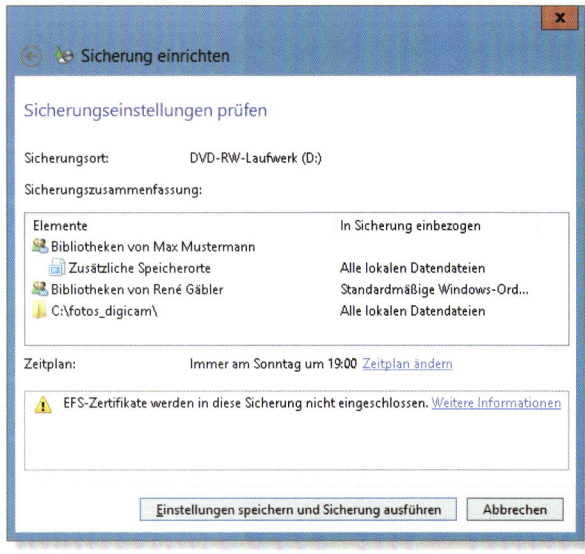

▲ **Abbildung 26.22** *Nun können Sie die Sicherung ausführen.*

Kapitel 26: Daten sichern

Die Angaben zur Sicherung werden gespeichert. Sie können sie später erneut abrufen und die Sicherung noch einmal ausführen.

> **HINWEIS**
>
> **Welche Daten sichert Windows 8?**
> Wenn Sie eine Datensicherung mit Windows 8 erstellen, können Sie die Auswahl der zu sichernden Daten dem Betriebssystem überlassen oder selbst eine Auswahl treffen. Wenn Sie sich für die von Windows 8 empfohlene Option entscheiden, überlassen Sie dem Betriebssystem die Auswahl der Daten. Gesichert werden dann die Bibliotheken und alle auf dem Desktop und in den Windows-Vorgabeordnern abgelegten Dateien. Zusätzlich wird ein Systemabbild erstellt. Ordner, die Sie selbst erstellt haben, werden in die Sicherung nicht einbezogen.

Das Sichern der Daten überwachen

Nach dem Start der Datensicherung sehen Sie in der **Systemsteuerung**, wie das Betriebssystem die Sicherung ausführt. Anhand eines Fortschrittsbalkens können Sie mitverfolgen, wie die Daten gesichert werden. Im Dialog wird ebenso angezeigt, wie viel Speicherplatz auf der ausgewählten Festplatte noch verfügbar ist. Sie sehen hier auch die Einstellung des Zeitplans.

Möchten Sie genau sehen, was Windows 8 sichert, klicken Sie auf die Schaltfläche **Details anzeigen**. Nun sehen Sie nicht nur einen Fortschrittsbalken, sondern auch die Daten, die das Betriebssystem der Reihe nach sichert.

Je nach Anzahl der Daten kann eine solche Datensicherung sehr lange dauern. Lassen Sie dem Betriebssystem diese Zeit. Ein Backup ist sehr wichtig. Man weiß nie, wann man es einmal braucht.

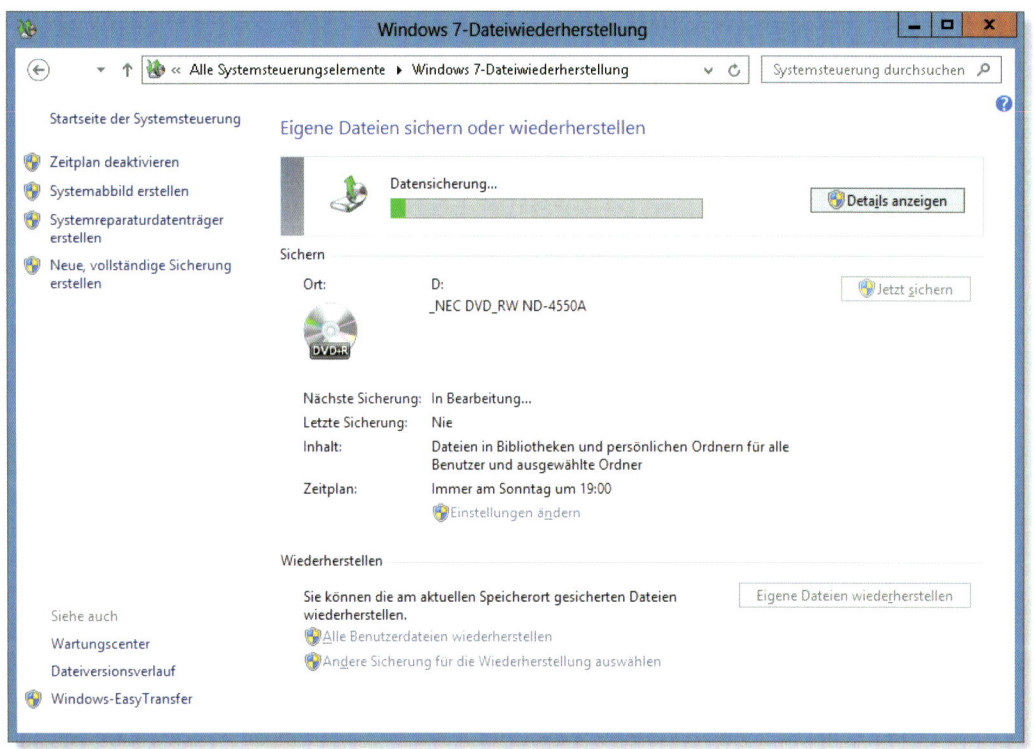

▲ **Abbildung 26.23** *Schauen Sie dabei zu, wie Windows 8 Ihre Daten sichert.*

26.4 Den Dateiversionsverlauf verwenden

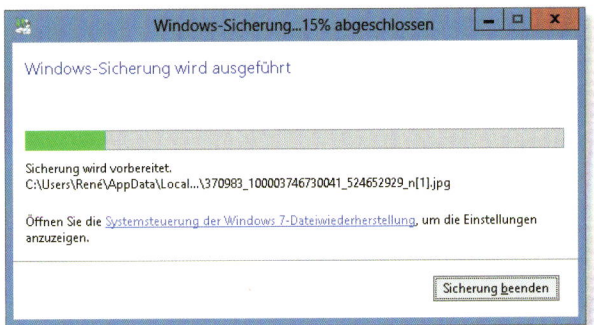

▲ **Abbildung 26.24** Sie können sich genau ansehen, welche Dateien Windows sichert.

Die Einstellungen einer Datensicherung wiederverwenden

Rufen Sie den Dialog **Sichern und Wiederherstellen** auf. Wählen Sie **Jetzt sichern**, um erneut eine Datensicherung mit den bereits vorhandenen Einstellungen zu machen.

Ein Assistent wird nicht aufgeklappt. Die Datensicherung wird sofort mit den gewählten Einstellungen erstellt.

Die Daten einer Sicherung zurücklesen

Um die Daten einer Sicherung zurückzulesen, öffnen Sie den Dialog **Windows 7-Dateiwiederherstellung**. Achten Sie darauf, dass der Datenträger mit der Sicherung mit dem Rechner verbunden bzw. eingelegt ist. Klicken Sie hier auf **Eigene Daten wiederherstellen**. Im Assistenten wählen Sie eine Sicherung aus. Bestätigen Sie die Auswahl, und starten Sie die Wiederherstellung.

26.4 Den Dateiversionsverlauf verwenden

Der Dateiversionsverlauf ist neu in Windows 8. Mit dieser Funktion sichern Sie die verschiedenen Versionen einer Datei. Das ist bei Office-Dateien und Bilddateien sehr interessant. Sie können zu jeder Zeit eine frühere Version wiederherstellen, also die Datei so wiederholen, wie Sie vor Tagen einmal war.

1 Öffnen Sie die **Systemsteuerung**. Wählen Sie **System und Sicherheit**, und klicken Sie auf **Dateiversionsverlauf**.

2 Der Dateiversionsverlauf ist zunächst ausgeschaltet. Und Sie werden darauf hingewiesen, die Windows-7-Sicherung abzuschalten. Wählen Sie also **Windows 7-Sicherung konfigurieren** ❶.

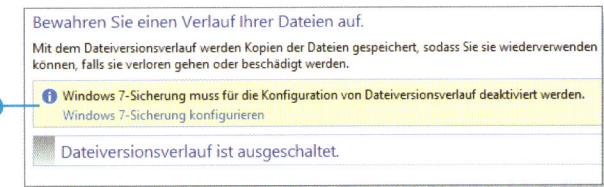

▲ **Abbildung 26.25** Noch ist der Dateiversionsverlauf deaktiviert.

3 Wählen Sie **Zeitplan deaktivieren**. Kehren Sie zurück in den vorherigen Dialog. Wählen Sie **Netzwerkadresse auswählen**.

4 Suchen Sie in Ihrem Netzwerk einen passenden Rechner, und wählen Sie ein Verzeichnis aus.

5 Mit **Einschalten** aktivieren Sie nun den Dateiversionsverlauf.

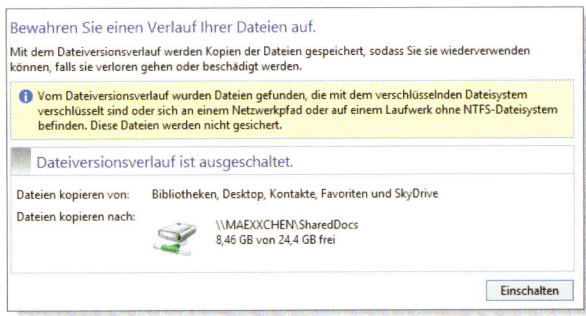

▲ **Abbildung 26.26** Nun können Sie den Dateiversionsverlauf anschalten.

Mit **Laufwerk auswählen** können Sie die Netzwerkadresse ändern oder eine weitere hinzufügen. **Ordner ausschließen** ist selbsterklärend.

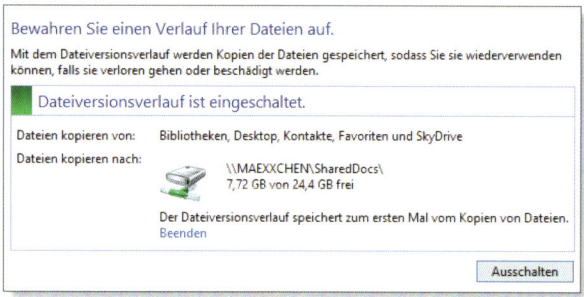

▲ **Abbildung 26.27** *Nun ist die Funktion angeschaltet.*

Wählen Sie **Erweiterte Einstellungen**, und bestimmen Sie, wie oft Kopien Ihrer Dateien abgelegt werden sollen. Bestimmen Sie hier auch die Größe des Offline-Zwischenspeichers und wie lange Versionen aufbewahrt werden. In der Vorgabe geschieht dies dauerhaft. Öffnen Sie das Listenfeld **Aufbewahrung gespeicherter Versionen**, und wählen Sie eine passende Dauer. Im Beispiel habe ich mich für **1 Monat** entschieden. Mit **Versionen bereinigen** werden alte Dateiversionskopien entfernt. Halten Sie die Angaben mit **Änderungen speichern** fest.

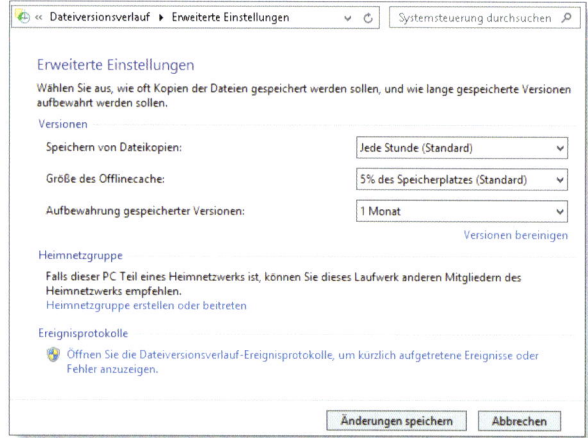

▲ **Abbildung 26.28** *Die Einstellungen sollten Sie anpassen.*

26.5 Legen Sie wichtige Daten online ab

Eine Festplatte kann immer einmal einen Defekt aufweisen. Aktuelle Festplatten sind zwar recht ausfallsicher, aber eine hundertprozentige Garantie gibt es nicht.

Eine interessante Lösung ist es, wichtige Daten auf einer Onlineplattform abzulegen. Bei einem Defekt der Festplatte oder einem anderen Defekt am PC können Sie immer noch auf diese Daten zurückgreifen.

Für die Ablage großer Datenmengen eignen sich Onlinespeicherplätze meist nicht. Die Datentransferrate ist nicht immer optimal. Sie müssen sich einloggen und umständlich über ein Webfrontend Daten ins Netz laden oder aus diesem auf Ihren Rechner herunterladen.

In letzter Zeit ist das Thema »Cloud« immer moderner geworden. Viele Anbieter bieten Onlinespeicher an. Und meist ist dieser kostenlos oder sehr günstig zu haben. Beachten Sie jedoch, dass das Thema Datensicherheit eine Rolle spielt. Legen Sie keine wichtigen Dokumente online ab.

Einige ausgewählte Anbieter stelle ich Ihnen auf den nächsten Seiten vor.

GMX Media Center

Mit einem kostenlosen Account können Sie bereits das *Media Center* von GMX (*http://www.gmx.net*) nutzen. Damit können Sie sehr einfach Ordner erstellen und Daten online ablegen. Für Bilddateien lässt sich eine Miniaturansicht einstellen und eine Diashow starten. Wer mag, erstellt Freigaben und lässt Freunde, Bekannte und Verwandte auf die abgelegten Daten zugreifen.

Mit dem freien Account können Sie einen Speicherplatz von 1 GB nutzen und maximal je Monat 2 GB übertragen. Mit einem Plug-in lassen sich mehrere Dateien auf einmal übertragen.

Mit dem Tool *Upload-Manager* binden Sie das Media Center in den Windows-Explorer ein. Dort können Sie den Onlinespeicherplatz wie ein eigenes Verzeichnis ansprechen. Die Login-Daten geben Sie einmal ein. Da-

26.5 Legen Sie wichtige Daten online ab

nach können Sie per Plug & Play Daten in das Internet übertragen.

Falls Sie sich für die kostenpflichtigen Tarife von *GMX Pro Mail* oder *Top Mail* entscheiden, haben Sie 5 bzw. 10 GB Speicherplatz zu Ihrer Verfügung. Das Volumen für den Down- und Upload erhöht sich auf 10 bzw. 20 GB.

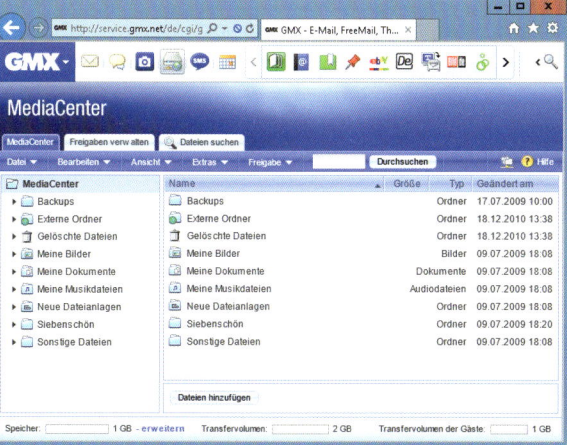

▲ **Abbildung 26.29** *Das GMX Media Center ist recht einfach zu bedienen.*

HINWEIS

Was versteht man unter WebDAV?
Mit *WebDAV* wird die Einbindung eines Onlinespeichers in den Windows-Explorer bezeichnet. Dies geschieht in der Regel mit einem Zusatzprogramm. Die Anmeldedaten müssen einmalig eingegeben werden. Danach erfolgt der Zugriff über den Dateimanager von Windows.

SkyDrive

Den Onlinespeicherplatz von *Windows Live* kennen Sie bereits. Sie finden ihn im Internet unter *skydrive.live.com*. Für den Zugang benötigen Sie eine Windows-Live-ID.

SkyDrive bietet Ihnen ganze 7 GB Speicherplatz. Auch hier lassen sich Freigaben erstellen. Interessant ist, dass Sie bei dem Windows-Live-Dienst auch die Office-Applets finden. So lassen sich Word-, Excel- und PowerPoint-Dateien online betrachten und bearbeiten.

Eine Datei darf maximal eine Größe von 300 MB haben. Pro Upload dürfen Sie 2 GB an Daten übertragen.

HINWEIS

Wofür steht die Abkürzung WebDAV?
Die Abkürzung steht für *Web-based Distributed Authoring and Versioning*, eine Weiterentwicklung des HTTP-Protokolls. Mit diesem können Benutzer Daten im Internet ablegen und über den Dateimanager oder andere Programme darauf zugreifen.

Amazon Cloud Drive

Der Onlinehändler Amazon (*http://www.amazon.de/*) bietet auch seit kurzem einen Onlinespeicherplatz an. Hier können Sie kostenlos ganze 5 GB nutzen.

Für den Zugang installieren Sie eine »Cloud Drive App«. Diese steht für Windows und Mac OS X zur Verfügung. Die Daten werden sicher abgelegt und sind vor dem Zugriff Dritter geschützt.

Strato HiDrive

Ganze 100 GB kann ein Privatnutzer hier verwenden. Um die 5,- EUR kostet dies je Monat. Manchmal gibt es Angebote, Strato HiDrive ein Jahr kostenlos zu nutzen. Mit einer App können Sie auch vom Smartphone aus auf den Speicher zugreifen.

Das Mediencenter von T-Online

Auch T-Online bietet einen Onlinespeicherplatz. 25 GB können Sie hier ablegen. Ein WebDAV-Client bindet den Onlinespeicherplatz ein und erlaubt einen einfachen Zugriff darauf. Sie finden dieses Angebot unter *http://mediencenter.telekom.de/slider/*.

Kapitel 26: Daten sichern

▲ **Abbildung 26.30** Der WebDAV-Speicher von T-Online.

26.6 Systemsicherungen und Datenbackups

Es gibt eine ganze Reihe verschiedener Datensicherungsprogramme. Mit ihnen lassen sich auf unterschiedliche Weise Datensicherungen erstellen und wiederherstellen. Ich möchte Ihnen an dieser Stelle das kostenlose *Personal Backup* vorstellen. Anschließend zeige ich Ihnen *Phoenix Backup* und *Norton Ghost*.

26.7 Backups mit Personal Backup

Eine Datensicherung benötigt nur Zeit, ein geeignetes Programm und einen Datenträger, auf dem Sie die gesicherten Daten ablegen. Zeit sollte kein Problem sein. Ein kostenloses Programm ist schnell gefunden. Als Datenträger empfehlen sich eine oder mehrere CDs oder DVDs oder besser: eine externe Festplatte.

Ich empfehle Ihnen für eine Datensicherung das Programm *Personal Backup*. Es ist Freeware. Das Programm kann eine Datensicherung von einer ausgewählten Anzahl Dateien, von Verzeichnissen oder ganzen Festplatten erstellen. Das erstellte Backup wird als Datei abgelegt oder auf ein FTP-Verzeichnis hochgeladen. Es ist auch möglich, ein Auto-Backup zu erstellen. Dabei legen Sie ein Datum fest und wählen die zu sichernden Festplatten, Verzeichnisse oder Dateien. Die Datensicherung wird automatisch erstellt. Die Sicherung kann regelmäßig durchgeführt werden.

Sie finden Personal Backup auf der Website *http://personal-backup.rathlev-home.de/*. Als ich dieses Buch geschrieben habe, war die Version 5.4.0.2 aktuell. Das Programm wird ständig weiterentwickelt.

Wer mag, schließt bestimmte Unterverzeichnisse aus. Diese werden dann bei der Datensicherung nicht berücksichtigt. Zu einer höheren Sicherheit können Sie die Backups verschlüsseln. Damit sind sie vor dem Zugriff durch Dritte geschützt. Erfahrene Anwender werden sich über die Möglichkeit freuen, inkrementelle und differentielle Datensicherungen vorzunehmen.

Die Datensicherung wird komprimiert, das heißt, gepackt. Sie verbraucht so weniger Platz als die Original-Daten. Verwendet wird die Dateierweiterung *.gz*. Der Vorteil dieses Dateityps ist es, dass Sie die erstellten Dateisicherungen mit einem herkömmlichen Komprimierprogramm entpacken können. Bei anderen Backup-Tools sind die Datensicherungen nur mit dem Programm zu verwerten, mit dem sie auch erstellt wurden.

Das Programm wird zunächst von Windows 8 geblockt. Es wird für eine gefährliche App gehalten. Wählen Sie **Weitere Informationen** und **Trotzdem ausführen**. Bestätigen Sie die Meldung der Benutzerkontensteuerung. Nun wird der Installationsassistent gestartet, und Sie können das Programm installieren.

> **INFO**
>
> **Nicht nur gefährliche Programme werden gestoppt**
>
> Wenn die Installation einer App verhindert wird, muss es sich bei dieser nicht um ein Hackertool handeln. Weniger bekannte Programme müssen dies leider auch manchmal ertragen. Überzeugen Sie sich von der Echtheit und Ungefährlichkeit des Programmes, und entblocken Sie die Installation.

26.7 Backups mit Personal Backup

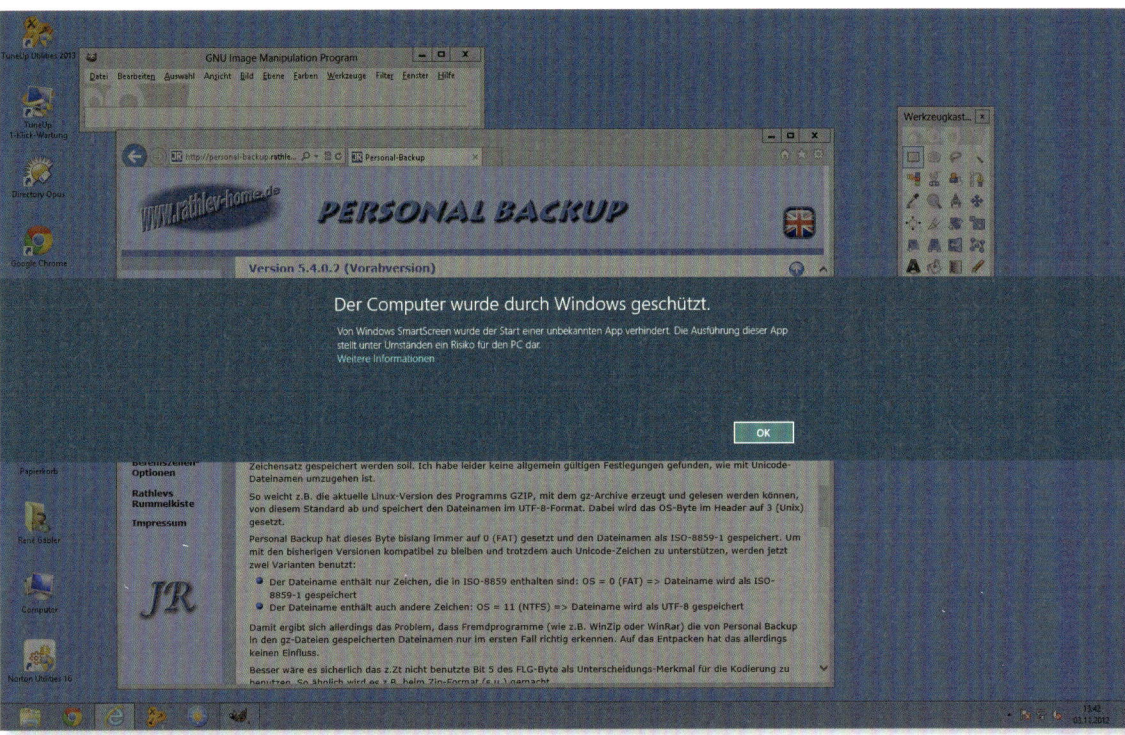

▲ **Abbildung 26.31** *Windows versucht, Sie zu schützen.*

Starten Sie das Programm über das auf dem klassischen Desktop angelegte Schnallstartsymbol oder über die Kacheln auf dem Startbildschirm.

In der aktuellen Version des Backup-Tools können Sie auch auf eine Komprimierung verzichten. Ob Sie dies tun, bleibt Ihrem Geschmack überlassen.

▲ **Abbildung 26.32** *Die Kacheln von Personal Backup*

Um mit Personal Backup eine Datensicherung vorzunehmen, gehen Sie wie folgt vor:

1 Öffnen Sie das Programm mit einem Doppelklick auf das auf dem Desktop abgelegte Symbol.

2 Nun sehen Sie den Datensicherungs-Assistenten. Wählen Sie hier **Starte Assistenten**.

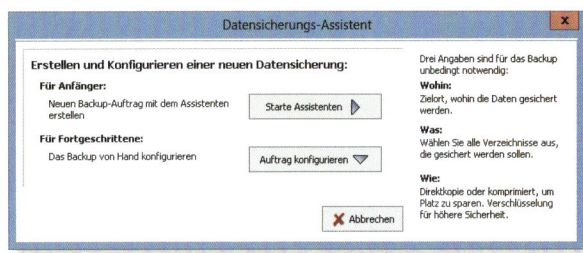

▲ **Abbildung 26.33** *Mit einem Assistenten können Sie die Sicherung erstellen.*

555

3 Mit **Ziel-Verzeichnis auswählen** wird selbiges gewählt. Mit **Weiter** wechseln Sie in den nächsten Dialog.

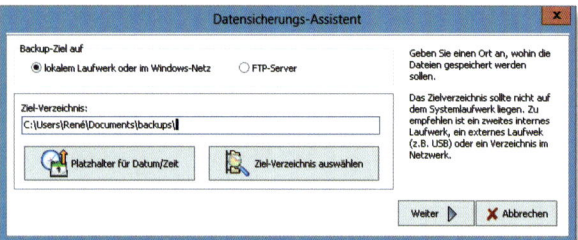

▲ **Abbildung 26.34** Bestimmen Sie zuerst, wo die Datensicherung abgelegt werden soll.

4 Klicken Sie auf **Platzhalter für Datum/Zeit**. Bestätigen Sie die Auswahl **Datum** mit **OK**. Das Programm erstellt einen Verzeichniseintrag. Dieses wird später mit einem Datumsvermerk versehen.

5 Nun wählen Sie, welche Daten gesichert werden sollen. Mit den Schaltflächen **Eigene Dateien** und **Anwendungsdaten** geht die Auswahl ein wenig schneller. Um ein weiteres Verzeichnis auszuwählen, nutzen Sie die Schaltfläche **Anderes Verzeichnis**.

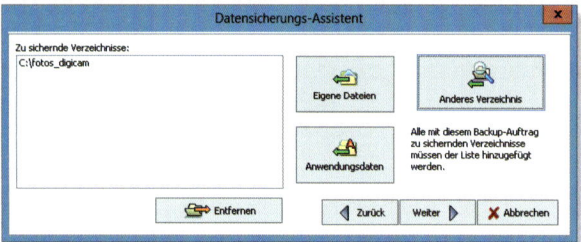

▲ **Abbildung 26.35** Die Bedienung ist etwas gewöhnungsbedürftig, aber durchaus gut gelöst.

6 Nun können Sie wählen, ob die Datensicherung die Daten einzeln ablegt oder ob die Backupdaten komprimiert werden sollen. In meinem Beispiel wähle ich **In Zip-Dateien**. Als Dateiname für diese Zip-Datei verwende ich »Sicherung« plus eine Ziffernfolge, die das Datum repräsentiert. Schalten Sie die Option **Getrennt nach Laufw. und Verzeich**. an. Damit ist ein späteres Wiederherstellen einfacher möglich.

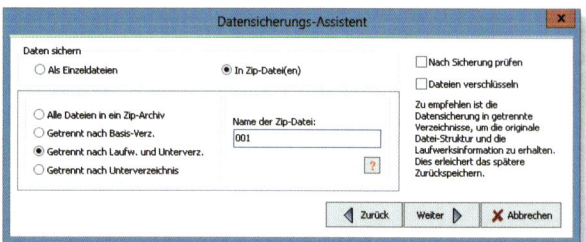

▲ **Abbildung 26.36** Meine Sicherung soll komprimiert werden. Das spart Platz.

7 Im letzten Dialog des Assistenten können Sie noch einen Zeitplan eintragen, um den Auftrag bei Bedarf automatisch zu wiederholen.

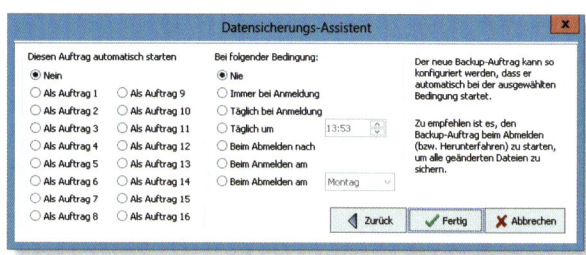

▲ **Abbildung 26.37** Wer mag, legt auch einen Zeitplan fest.

Mit **Fertig** werden die Einstellungen gespeichert, und zwar im Verzeichnis *Benutzername/Eigene Dokumente/PersBackup*. Geben Sie nun einen Dateinamen für die Sicherungseinstellungen an, und bestätigen Sie.

Nun sehen Sie erst die eigentliche Programmoberfläche vor sich. Mit einem Mausklick auf die Schaltfläche **Starten** wird die Datensicherung erstellt. Später lässt sich diese sehr einfach mit **Restore** zurücklesen.

Lassen Sie sich nicht von der Vielzahl der Schaltflächen ins Bockshorn jagen. Personal Backup ist ein kleines Datensicherungsprogramm, das eine Unmenge von Möglichkeiten bietet. Die zu sichernden Daten können ergänzt werden. Oder Sie sichern später nur die Daten, die verändert wurden. Vor allem haben Sie die Wahl, ob die Sicherungsdaten gepackt werden sollen oder ob Sie diese einfach in ein anderes Verzeichnis kopieren. Sie können die Sicherungsdaten in einem Netzwerk

26.8 Datensicherungen mit Phoenix Backup

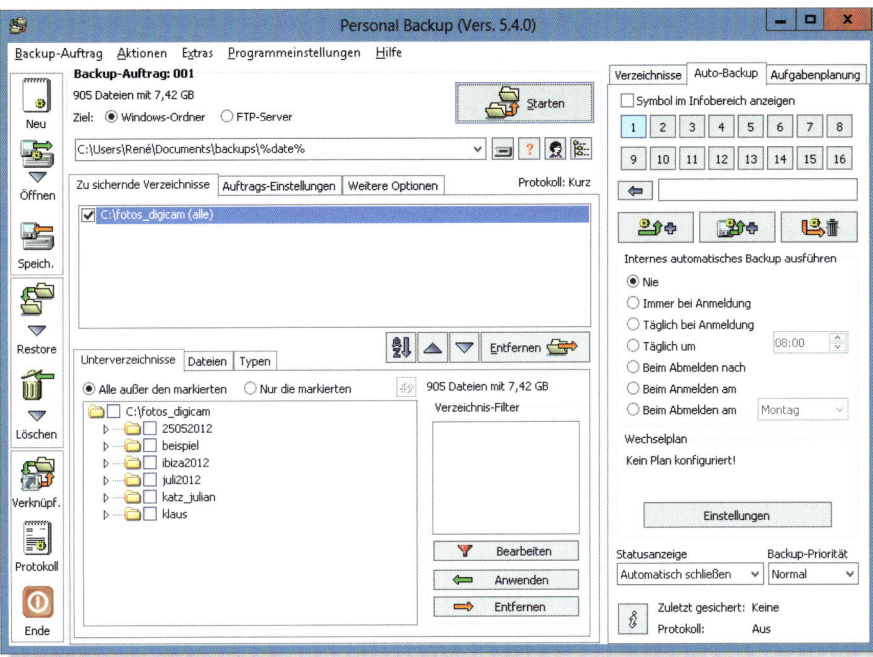

◄ **Abbildung 26.38** Personal Backup bietet dafür, dass es ein kostenloses Programm ist, eine Fülle von Möglichkeiten. Sie können sowohl ganz schnell ein Verzeichnis sichern wie auch eine geplante und umfangreiche Datensicherung vornehmen.

ablegen. Sehr interessant ist auch die Möglichkeit, einen Zeitpunkt für eine automatische Datensicherung zu bestimmen.

26.8 Datensicherungen mit Phoenix Backup

Von Sydatec kommt ein Sicherungsprogramm, das auf einfache Bedienung setzt und zahlreiche Möglichkeiten bietet. Das Programm ist einen näheren Blick wert.

Was Phoenix Backup kann

Das Programm bietet eine einfache Oberfläche. Alle wichtigen Funktionen sind gut erreichbar. Sie können sowohl eine einfache, schnelle Datensicherung ausführen wie auch Backups planen. Erfahrene Anwender und Administratoren finden hier auch Lösungen für das automatisierte Sichern wichtiger Daten.

Es gibt verschiedene Sicherungsformate. Sie können Daten einfach spiegeln oder sie mit Zip packen lassen.

Die Wiederherstellung der gesicherten Daten ist recht einfach. Mit wenigen Mausklicks wird eine einmal erstellte Sicherung zurückgelesen.

Das Programm bietet auch Vorlagen, mit denen Sie wichtige Office-Daten sichern können. So können Sie schnell die Daten aus Outlook oder Excel sichern. Mit weiteren Vorlagen können eigene Bilddateien, Word-Dateien und andere Daten gesichert werden.

Wenn Sie wichtige und sensible Daten sichern, die für andere Anwender nicht zugänglich sein sollen, können Sie die Datensicherung mit einer Verschlüsselung schützen. So gehen Sie sicher, dass niemand einen Blick in diese Daten wirft.

Der erste Start des Programms

Nachdem Sie das Programm auf der Festplatte Ihres Rechners installiert haben, starten Sie es. Sie finden es über allen anderen Anwendungen im Startmenü von Windows 8. Einen eigenen Ordner für den Start des Programms legt Phoenix Backup nicht an.

Kapitel 26: Daten sichern

Die Programmoberfläche ist sehr übersichtlich gestaltet. Sie erkennen die wichtigen Bereiche sofort. Im Startfenster verwalten Sie Ihre Aufträge, stellen Datensicherungen wieder her und erreichen den Einstellungsdialog.

▲ **Abbildung 26.39** *Phoenix Backup setzt auf eine leicht zu bedienende Programmoberfläche.*

Zuerst sollten Sie einen Blick auf die Einstellungen werfen. Klicken Sie dazu auf **Optionen**.

Im oberen Bereich sehen Sie die drei Einrichtungsfunktionen **Allgemein**, **Verschlüsselung** und **Ausschlussliste**. Im unteren Teil haben Sie über große Symbole Zugriff auf die Einrichtung der verschiedenen Backupmedien. Bei jedem Typ können Sie auf Vorgabeeinstellungen zurückgreifen oder eigene Einstellungen vornehmen.

Unter den Medientypen finden Sie:

- Festplatte
- CD/DVD/Blu-ray
- Mobiler Speicher
- Netzlaufwerk
- FTP-Server

Nun müssen Sie nicht jede Einstellung überprüfen. Überlegen Sie, wie Sie Ihre Datensicherungen vornehmen möchten. Passen Sie dann die entsprechenden Einstellungen an.

In meinem Fall möchte ich meine Backups auf der USB-Festplatte ablegen. Also schaue ich mir die Einstellungen unter **Festplatte** an:

1 Öffnen Sie den Einstellungsdialog.

2 Klicken Sie in das Optionskästchen **Festplatte**.

3 Beim Mausklick auf den Medientyp wird der dazugehörige Einrichtungsdialog geöffnet. Wählen Sie mit der oberen Auswahlleiste, welches Laufwerk Sie dem Backuptyp zuteilen möchten ❶. In meinem Beispiel ist dies die Partition *J:*.

Im mittleren Auswahlfeld entscheiden Sie sich, wie die Daten gesichert werden sollen ❷. Um Speicherplatz zu sparen, wähle ich **Zip-Tree**. Eine Verschlüsselung ist in meinem Fall nicht notwendig.

Im unteren Feld wählen Sie, ob Sie veränderte Daten oder alle Daten sichern möchten ❸. Ich entscheide mich für **Vollständig**. Mit einem Mausklick auf **Einstellungen speichern** werden die Angaben festgehalten ❹. Diese Funktion finden Sie in der linken unteren Ecke des Dialogs.

▲ **Abbildung 26.41** *Die Funktionen werden mit großen Symbolschaltflächen angezeigt.*

Sie haben sicher bemerkt, dass Sie die Auswahl des Formats der Datensicherung und des Mediums noch weiter bewegen können. Hier sind weitere Auswahlmöglichkeiten versteckt. Diese möchte ich Ihnen in den folgenden beiden Abschnitten vorstellen:

26.8 Datensicherungen mit Phoenix Backup

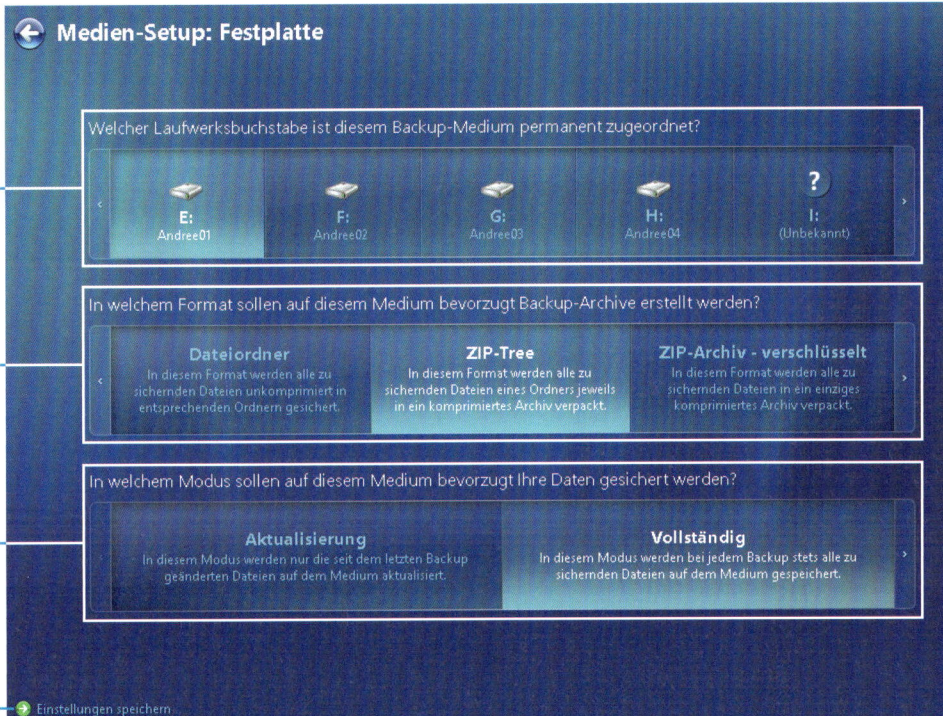

◁ **Abbildung 26.40**
In den Einstellungen legen Sie fest, wie eine Sicherung der Daten erfolgen soll.

Formate für Ihre Datensicherung

Phoenix Backup bietet Ihnen unterschiedliche Formate für Ihre Datensicherung an:

- **Dateiordner**: Die Daten werden 1:1 in verschiedene Ordner auf dem Zielmedium gelegt. Diese Dateisicherung ist am einfachsten zurückzulesen. Jedoch nimmt das Backup auch viel Speicherplatz in Anspruch.

- **Zip-Tree**: Alle zu sichernden Dateien werden gepackt. Dazu wird das Kompressionsformat Zip verwendet. Jeder Ordner, der gesichert wird, wird in einem eigenen Zip-Archiv abgelegt. Die gesicherten Daten können auch ohne das Programm wiederhergestellt werden.

- **Zip-Archiv – verschlüsselt**: Neben der Kompression mit Zip werden die gesicherten Dateien durch eine Verschlüsselung geschützt. Alle Dateien, die Sie sichern, landen in einem Backuparchiv.

- **Dateiordner – verschlüsselt**: Die Dateien, die Sie sichern, werden 1:1 auf das Backupmedium übertragen. Danach werden sie mit einer Verschlüsselung geschützt.

- **Zip-Tree – verschlüsselt**: Die Dateien werden mit Zip gepackt. Für jeden zu sichernden Ordner wird ein komprimiertes Archiv erstellt. Diese Archive werden mit einem Kryptografieverfahren geschützt.

Die Modi der Datensicherung

Eine Datensicherung kann in verschiedenen Modi erstellt werden. Sie können alle Daten sichern oder nur die, die geändert wurden. Das Programm bietet die folgenden Modi an:

- **Vollständig**: Es werden alle Daten gesichert. Bei einem neuen Backup werden auch die bereits gesicherten Daten nochmals gesichert. Der Umgang mit einem solchen Datensicherungsauftrag ist ein-

559

fach, aber die einzelnen Backups nehmen viel Speicherplatz in Anspruch.

- **Aktualisierung**: Bei dieser Variante werden nur die Daten gesichert, die seit dem letzten Backupauftrag verändert wurden. Sie sichern einmal alle wichtigen Daten und später nur noch die Daten, die verändert wurden, und natürlich die Daten, die neu hinzugekommen sind. Diese Art der Datensicherung spart Platz. Sie eignet sich auch dann, wenn Sie täglich Daten sichern und viele Daten gesichert werden müssen.

- **Inkrementell**: In diesem Modus werden nur die seit dem letzten Backup veränderten Daten gesichert.

26.9 Eine Datensicherung auf einem FTP-Server ablegen

Die verschiedenen Einstellungen bei den Medien, auf denen ein Backup abgelegt werden kann, ähneln sich sehr. Nur wenn Sie eine Datensicherung auf einem FTP-Server ablegen möchten, gibt es Unterschiede.

Nach der Auswahl des Formats und des Modus für das Backup geben Sie die Adresse des FTP-Servers, den Benutzernamen und das Passwort ein. Zusätzlich ergänzen Sie einen Speicherpfad.

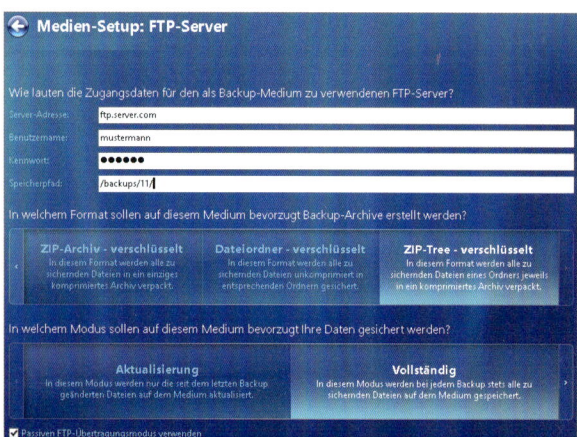

▲ **Abbildung 26.42** Legen Sie eine Datensicherung auf Ihrem Webspace ab.

Dabei müssen Sie gar nicht extra Speicher bei einem Provider anfordern, um diese Möglichkeit der Datensicherung zu nutzen. Bei vielen Websites wird so viel Speicherplatz angeboten, dass für eine Datensicherung genug Speicher übrig bleibt. Erstellen Sie einen Ordner auf dem Webspace Ihres Providers. Nutzen Sie ihn für eine Datensicherung.

Sie sollten jedoch bei dieser Methode die Verschlüsselung der gesicherten Daten einstellen. So stellen Sie sicher, dass der Speicherplatz nicht gehackt wird und Ihre Daten in die Hände Fremder gelangen.

Einen neuen Backupauftrag erstellen

Ein neuer Datensicherungsauftrag ist schnell erstellt und durchgeführt:

1 Starten Sie das Programm.

2 Wählen Sie unter **Meine Aufträge** die Funktion **Neuer Auftrag** ❶.

▲ **Abbildung 26.43** Links unten im Startdialog finden Sie die Funktion für einen neuen Auftrag.

3 Geben Sie einen Dateinamen für die Datensicherung ein. Ich ergänze den Namen gern mit dem aktuellen Datum. So weiß ich auf einen Blick, von wann eine Datensicherung stammt. Ich gebe »Backup03112012« ein. Wählen Sie aus dem Listenfeld eine der möglichen Kategorien aus. In meinem Beispiel ist **Sonstiges** die richtige Wahl. Finden Sie keine passende Kategorie, entscheiden Sie sich für diese Kategorie. Sie können dem Programm entsprechend der Vorlage die Auswahl der zu sichernden Dateien überlassen. Die Vorgabeeinstellung **Nein, ich lege die zu sichernden Daten selbst fest** überlässt Ihnen die Wahl. Diese Einstellung wähle

26.9 Eine Datensicherung auf einem FTP-Server ablegen

ich ebenfalls aus. Bestätigen Sie alle Angaben mit **Auftrag sichern**.

▲ *Abbildung 26.44* Ein neuer Auftrag wird eingerichtet.

4 Nun haben Sie ja immer noch nicht ausgewählt, welche Dateien eigentlich gesichert werden sollen. Dies geschieht im nächsten Dialogfenster. Sie können bestimmte Dateien und Dateitypen wählen. Auch die Auswahl von Ordnern ist möglich. Die Übersicht bringt Sie in den zuvor angezeigten Dialog zurück. Entscheiden Sie sich für die Auswahl **Ordner**.

▲ *Abbildung 26.45* Mit einer Funktion sichern Sie einzelne Ordner.

5 Klicken Sie auf die Schaltfläche **Ordner auswählen**.

▲ *Abbildung 26.46* Mit der Vorgabe kann ich noch nicht viel anfangen.

6 Klicken Sie sich durch den Verzeichnisbaum Ihrer Partitionen und Ordner. Markieren Sie den Ordner, dessen Inhalt gesichert werden soll. Bestätigen Sie mit **OK**.

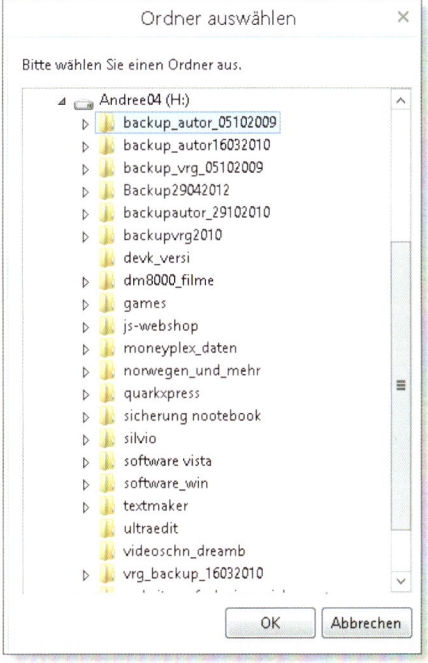

▲ *Abbildung 26.47* Meine Arbeitsdateien sind schnell gefunden und ausgewählt.

561

Kapitel 26: Daten sichern

7 Nun können Sie in der zweiten Zeile (von oben gesehen) des Dialogs bestimmte Dateitypen auswählen. Die dazu passenden Dateien werden dann gesichert.

Einige Dateitypen sind bereits vorgegeben. Wählen Sie unter dem Listenfeld mit dem Dateityp die Schaltfläche **Hinzufügen**. Der ausgewählte Ordner wird übernommen. Wenn Sie möchten, wählen Sie einen weiteren Ordner aus. Mit **Einstellung speichern** halten Sie diesen Eintrag fest.

8 Zurück im Dialog **Wohin sollen Elemente gesichert werden?** markieren Sie die gewünschte Festplatte. Wählen Sie **Zeitpunkt** aus.

9 Nun bestimmen Sie, wann die Datensicherung durchgeführt werden soll. Ich wähle hier **Täglich**. Das Backup kann nach dem Systemstart, vor dem Herunterfahren und zu einem bestimmten Zeitpunkt durchgeführt werden. Ich entscheide mich für **Zur festgelegten Uhrzeit**, die ich mit dem Listenfeld darunter wähle.

In der Auftragsliste finden Sie eine Übersicht aller Backupaufträge. Hier lässt sich auch ein Backupauftrag direkt ausführen.

Alle durchgeführten Aufträge werden protokolliert. So können Sie später kontrollieren, ob Ihre Daten gesichert wurden, und Sie sehen, ob die Datensicherung ohne Fehler abgelaufen ist.

Eine Datensicherung zurücklesen

Um eine Datensicherung zurückzulesen, gehen Sie wie folgt vor:

1 Starten Sie das Programm.

2 Wählen Sie im Startfenster unter **Meine Backups** die Funktion **Wiederherstellen**.

3 Wählen Sie aus der Liste die **Datensicherung** aus, und klicken Sie auf **Weiter**. Wenn Sie möchten, können Sie auch eine einzelne Datei auswählen und wiederherstellen.

▲ **Abbildung 26.48** Täglich um 11.00 Uhr werden meine Daten gesichert.

Die eigentliche Datensicherung geschieht im Hintergrund. Einmal eingerichtet, werden die Daten zum festgelegten Zeitpunkt automatisch gesichert.

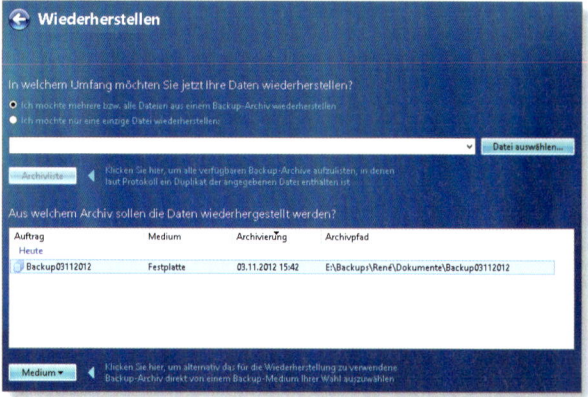

▲ **Abbildung 26.49** Das Zurücklesen einer Datensicherung ist sehr einfach.

4 Im nächsten Dialog können Sie, sofern mehrere Dateien oder Ordner zum gesicherten Archiv gehören, diese auswählen. Mit einem Mausklick auf **Wiederherstellung starten** wird das **Backup zurückgelesen**.

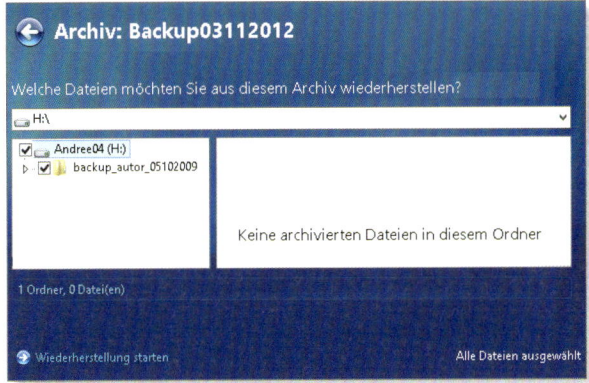

▲ **Abbildung 26.50** *Das Archiv ist ausgewählt und kann nun zurückgelesen werden.*

26.10 Backups mit Norton Ghost

Von Norton kommt eine Backuplösung, die eine Reihe interessanter Funktionen bietet.

Die wichtigsten Eigenschaften von Norton Ghost

Sie können Daten sichern, aber auch den kompletten Festplatteninhalt in einem Image festhalten. Das Programm unterstützt auch die Windows-8-BitLocker-Technologie.

Norton Ghost kann Wiederherstellungspunkte auf einem FTP-Speicherplatz ablegen und bei Systemausfällen auf diese Daten zurückgreifen. Wenn Sie möchten, können Sie Datensicherungen auch auf Blu-ray-Datenträgern ablegen. Gerade sehr große Backups mit wichtigen Daten lassen sich hier sichern. Das Verwenden von vielen einzelnen DVDs entfällt damit.

Sie können Sicherungen für bestimmte Dateitypen erstellen und so zum Beispiel nur Musik, Video- oder Office-Dateien sichern.

Datensicherungen können ereignisgesteuert sein. Tritt ein bestimmtes Ereignis ein, werden die gewählten Daten gesichert. Das kann zum Beispiel bei der Installation eines Anwendungsprogramms geschehen.

Netzwerkgeräte, sogenannte *NAS*, werden unterstützt. Hier können Sie Datensicherungen direkt ablegen.

In das Programm ist der Google Desktop integriert. Mit dessen Hilfe lassen sich bestimmte Backupdaten schnell finden und anschließend wiederherstellen.

Norton Ghost kann Backups zurücklesen, wenn das System beschädigt ist. Eine Datensicherung kann bei Bedarf in eine virtuelle Festplatte umgewandelt, in das Windows-8-System eingebunden und verwendet werden.

In einer Netzwerkumgebung kann Norton Ghost von einem anderen Rechner aus angesprochen und gesteuert werden. Die integrierte Fernverwaltung macht dies möglich.

Das Programm benötigt mindestens 430 MB Speicherplatz auf der Festplatte. Sie können es mit allen Windows-Editionen verwenden.

Für die Speicherung von Backups lassen sich USB-Festplatten, NAS (Netzwerk-Speicher), CDs, DVDs und Blu-ray-Medien verwenden, genau wie Firewire-Geräte und die nicht mehr so verbreiteten Iomega Zip- und Jaz-Laufwerke.

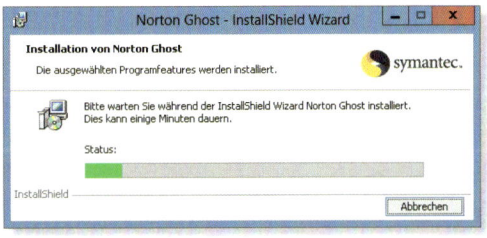

▲ **Abbildung 26.51** *Die Installation von Norton Ghost*

Ein erster Blick auf das Programm

Nach der Installation finden Sie das Programm im Windows-8-Startmenü. Es hat während der Installation einen eigenen Programmordner angelegt. In diesem sind Norton Ghost, ein Handbuch im PDF-Format, der *Recovery Point Browser* und ein Sicherheitskonfigurationstool abgelegt.

Sie müssen nach der Installation des Programms Windows 8 neu starten. Achten Sie darauf, dass Sie dabei die DVD mit den Installationsdaten aus dem Rechner nehmen. Dieses Medium ist bootfähig und enthält ein Mini-Windows; so können Sie das Programm auch dann starten, wenn Ihr System beschädigt ist.

> **INFO**
>
> **Was ist der Recovery Point Browser?**
> Mit dem *Recovery Point Browser* können Sie sich Dateien anzeigen lassen, die sich in einem Windows-8-Wiederherstellungspunkt befinden. Darüber hinaus ist es möglich, einzelne Dateien aus einem solchen Wiederherstellungspunkt zurückzuspielen. Es muss also nicht der komplette Wiederherstellungspunkt zurückgelesen werden.

Nach dem Neustart von Windows wird ein kleiner Assistent gestartet. Er informiert Sie werbewirksam über die Vorteile des Programms. Lesen Sie sich durch, wie toll das Programm ist, und klicken Sie auf **Weiter**.

Im nächsten Fenster geben Sie den Registrierungsschlüssel ein. Tun Sie dies nicht, können Sie das Programm für 30 Tage testen.

Über zwei Optionskästchen können Sie anschließend bestimmen, dass Norton Ghost ein Update ausführt. Außerdem können Sie ein Easy Setup starten. So werden den Einstellungen abgefragt und wird eine erste Datensicherung durchgeführt.

Die Aktualisierung können Sie im Programm auch mit **Hilfe > LiveUpdate ausführen** starten.

Die Programmoberfläche ist übersichtlich gestaltet. Am oberen Rand finden Sie eine Menüzeile und eine Symbolleiste. Darunter sehen Sie die Fenster **Backup-Status**, **Backup-Ziel**, **Tasks** und **Aktuelle ThreatCon-Stufe**.

In der Symbolleiste sehen Sie die Schaltflächen **Home**, **Status**, **Tasks**, **Tools** und **Erweitert** (siehe Abbildung 26.52). Ganz rechts finden Sie die Funktionen **Backup** und **Wiederherstellen**. Mit **Home** kommen Sie immer in den Startdialog zurück.

Das Fenster **Backup-Status** informiert Sie darüber, wenn keine Windows-Wiederherstellungspunkte vorhanden sind. Hier können Sie auch den **Assistenten zum Festlegen von Backups** starten.

Tasks enthält bestimmte Funktionen, die mit einem Mausklick schnell aufgerufen werden können. Hier finden Sie **Backups ausführen und verwalten**, **Arbeitsplatz wiederherstellen** und **Eigene Dateien wiederherstellen**. Zur ThreatCon-Stufe und was sich dahinter verbirgt, komme ich im nächsten Abschnitt.

> **INFO**
>
> **Was ist das Sicherheitskonfigurationstool?**
> Hinter diesem langen Namen verbirgt sich nichts anderes als ein Dialog, mit dem Sie die Zugriffsrechte für Norton Ghost festlegen und editieren können. Sie bestimmen also, wer das Backupprogramm nutzen darf und wer nicht. Dabei ist es nur möglich, einen Vollzugriff zu erlauben, zu verweigern oder einem Benutzer nur zu erlauben, den Status von Norton Ghost einzusehen.

Die ThreatCon-Stufe

ThreatCon ist eine von Symantec entwickelte Technologie. Es handelt sich um eine Art Frühwarnsystem für Sicherheitsbedrohungen. Werden bestimmte Bedrohungen erkannt, wird die Sicherheitsstufe angepasst. Das hat den Sinn, dass Sie rechtzeitig informiert werden und entsprechend reagieren können.

Die ThreatCon-Risikostufe kann mit einer Datensicherung verknüpft werden. Bei einer bestimmten Stufe wird ein Backup automatisch ausgelöst. Es ist jedoch notwendig, dass der Rechner bei Erreichen oder Überschreiten einer bestimmten Stufe mit dem Internet verbunden ist. Sie können dann auf einen Wiederherstellungspunkt zurückgreifen und die Daten Ihres Systems zurücklesen.

26.10 Backups mit Norton Ghost

◀ **Abbildung 26.52** Das Programmfenster von Norton Ghost. Der Hinweis auf das Fehlen eines Wiederherstellungspunkts wirkt etwas nervig. Die Symbolleiste bringt Sie an das jeweilige Ziel.

ThreatCon überwacht Bedrohungen, die aus dem Internet kommen. Ohne eine Verbindung in das Internet kann Ihr Rechner auch keinen aus dem Internet kommenden Bedrohungen ausgesetzt sein – logisch. ThreatCon wird daher automatisch deaktiviert, wenn Sie die Verbindung zum Internet lösen.

Das Programm schweigt sich darüber aus, was genau eine Gefahr ist, wie diese erkannt wird und welche Voraussetzungen notwendig sind, um die ThreatCon-Stufe zu erhöhen.

Die aktuelle Stufe wird mit einem farbigen Balken im Fenster rechts unten angezeigt. Wenn Sie auf **ThreatCon-Reaktion ändern** klicken, können Sie bestimmen, was geschehen soll, wenn Stufe 2, 3 oder 4 erreicht ist. In der Vorgabeeinstellung ist die Funktion ausgeschaltet.

Hier können Sie nun also bestimmen, dass Sie einen vorhandenen Backup-Auftrag mit einer ThreatCon-Stufe verbinden. Ich möchte diese Funktion nicht empfehlen, denn ich kann nicht genau einschätzen, was eine Bedrohung ist, wie sie erkannt und kategorisiert wird. Möchten Sie dennoch ThreatCon nutzen, verwenden Sie die Stufe 2 oder 3.

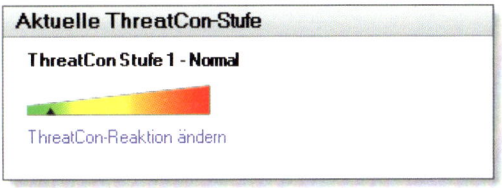

▲ **Abbildung 26.53** Alles noch im grünen Bereich.

565

Kapitel 26: Daten sichern

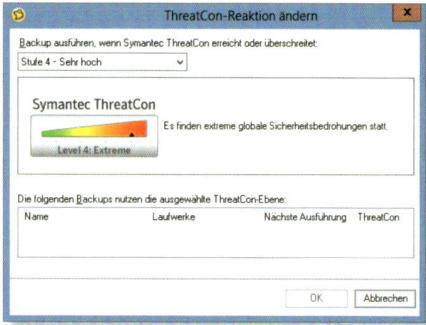

▲ **Abbildung 26.54** *Auf Stufe 4 finden »extreme globale Sicherheitsbedrohungen statt«.*

Eine Datensicherung ausführen

Nun möchte ich Ihnen zeigen, wie Sie mit Norton Ghost eine Datensicherung ausführen:

1 Starten Sie das Programm.

2 Wechseln Sie nach **Tasks**, und wählen Sie hier **Backups ausführen und verwalten**. Sie finden diese Funktion im Fenster gleich an oberster Stelle.

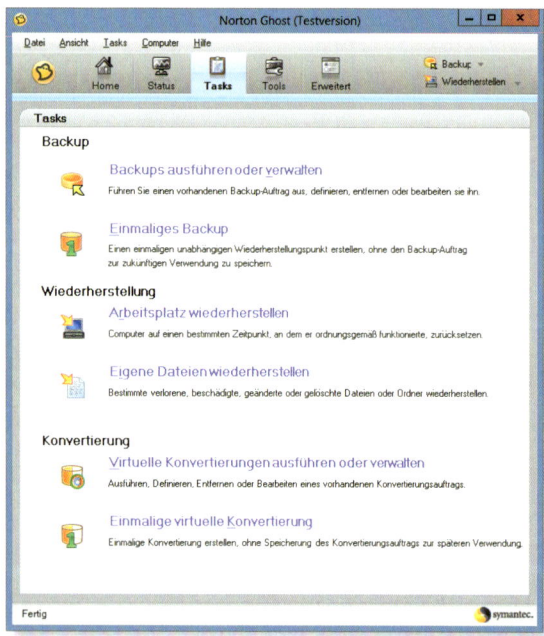

▲ **Abbildung 26.55** *Die Funktion für das Erstellen von Datensicherungen finden Sie unter »Tasks«.*

Das Fenster **Backups ausführen und verwalten** wird eingeblendet. Wählen Sie darin **Neu festlegen**.

3 Nun wird ein Assistent gestartet. Er unterstützt Sie bei der Auswahl der zu sichernden Daten.

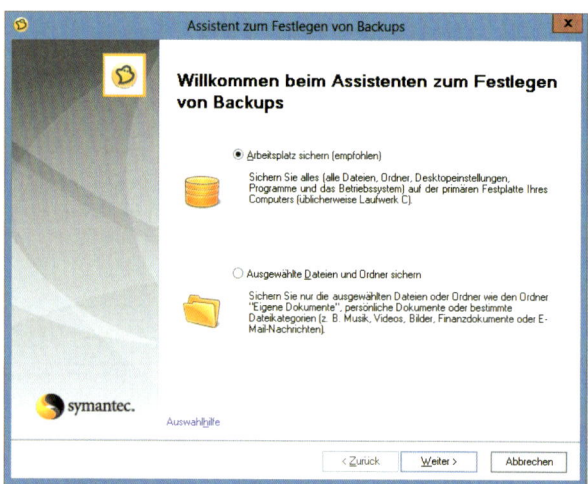

▲ **Abbildung 26.56** *»Easy Setup« bietet keine geeignete Auswahl für eine Datensicherung.*

4 Schalten Sie die Option **Ausgewählte Dateien und Ordner sichern** an. Mit einem Mausklick auf die Schaltfläche **Weiter** gelangen Sie in den nachfolgenden Dialog.

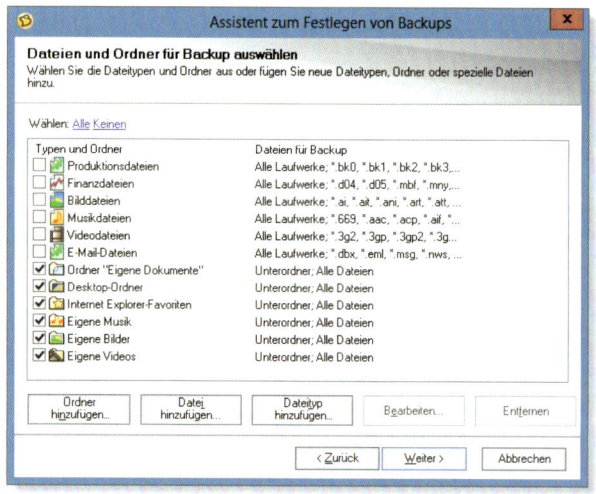

▲ **Abbildung 26.57** *Wählen Sie die zu sichernden Daten mit einem Assistenten.*

5 Im nächsten Fenster können Sie bestimmte Dateitypen auswählen. Einige Ordner, die von Windows 8 bereits vorgegeben sind, wurden hier bereits ausgewählt. Deaktivieren Sie sie bei Bedarf. Wählen Sie **Ordner hinzufügen**.

6 Auch im nächsten Dialog lassen sich noch einmal bestimmte Datentypen auswählen. Klicken Sie hier auf **Durchsuchen**.

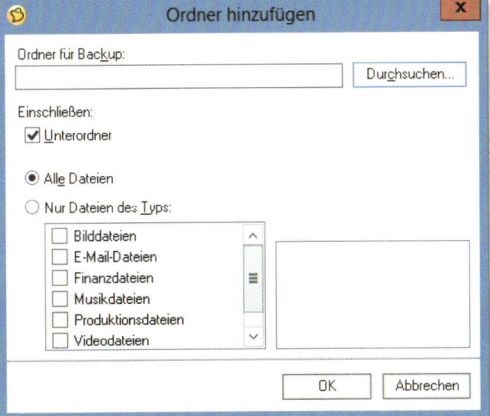

▲ **Abbildung 26.58** *Der Assistent vereinfacht nicht gerade die Auswahl der zu sichernden Dateien.*

7 Scrollen Sie durch den Menübaum, und wählen Sie den Ordner, dessen Inhalt Sie sichern wollen. Bestätigen Sie mit **OK**.

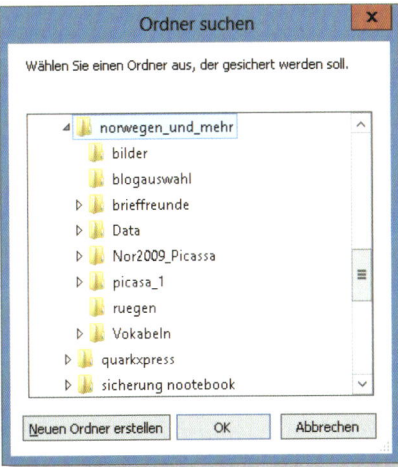

▲ **Abbildung 26.59** *Suchen Sie sich den Ordner aus.*

8 Sie gelangen in den Dialog **Ordner hinzufügen** zurück. Klicken Sie hier auf **OK**.

9 Der Ordner wird in den Dialog übernommen und in der Liste angezeigt. Möchten Sie dann noch weitere Ordner zur Sicherung hinzufügen, wiederholen Sie die Schritte 5 bis 8. Klicken Sie danach auf **Weiter**.

10 Geben Sie eine Bezeichnung für die Datensicherung ein. Die Vorgabe »Datei-Backup« ist ungenügend. Wenn Sie möchten, fügen Sie im mittleren Feld eine Beschreibung hinzu. In der Zeile **Backup-Ziel** bestimmen Sie, wo die Datensicherung abgelegt werden soll. Wählen Sie **Durchsuchen**, um die Vorgabe anzupassen.

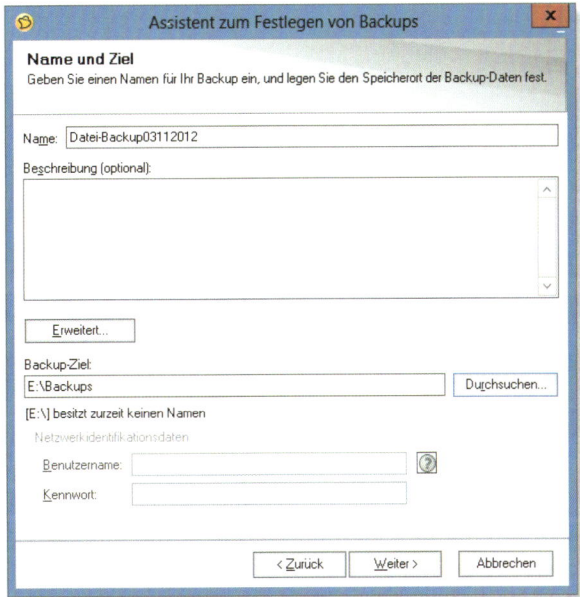

▲ **Abbildung 26.60** *Name und Ziel genügen schon. Dann kann es weitergehen.*

11 Bei einem externen Laufwerk geben Sie ein Alias an. Sie können auch die Vorgabe bestätigen.

12 Die Auswahl erfolgt wieder mit dem Dateifenster, mit dem Sie zuvor bereits den zu sichernden Ordner gewählt haben. Entscheiden Sie sich für ein Ziel, und bestätigen Sie.

Kapitel 26: Daten sichern

Das ausgewählte Ziel ist nun in den Dialog übernommen worden. Wenn Sie möchten, verschlüsseln Sie mit **Erweitert** die Datensicherung mit einem Passwort. Interessant ist, dass Sie dann nicht nur ein Passwort eingeben, sondern auch eine sehr sichere AES-Verschlüsselung wählen können. Hier lässt sich auch über ein Listenfeld die Verschlüsselungstiefe auf 256 Bit erhöhen. Das ist ein beachtliches Maß an Sicherheit.

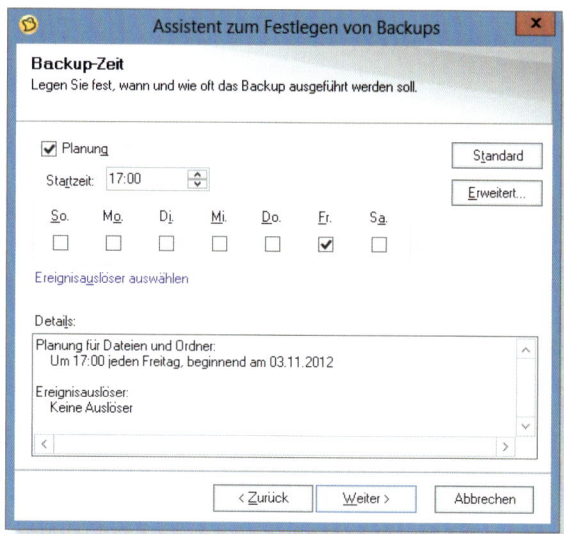

▲ **Abbildung 26.62** Mein Backup wird freitags um fünf gestartet.

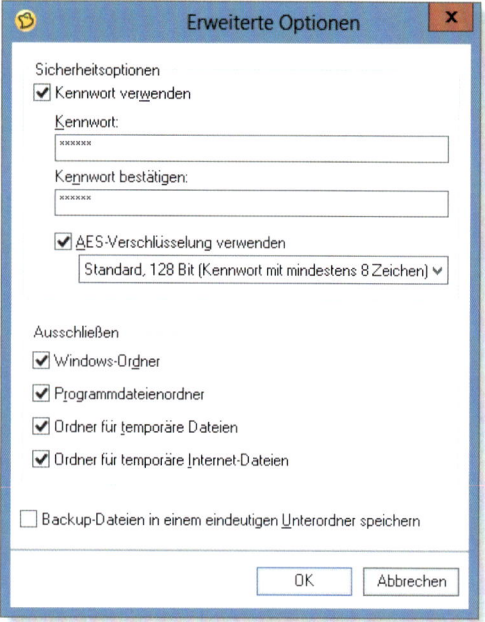

▲ **Abbildung 26.61** Auf Wunsch kann die Datensicherung stark verschlüsselt werden.

13. In unserem Beispiel sollen die Verschlüsselung und der Passwortschutz nicht verwendet werden. Nach der Eingabe der Bezeichnung und des Backup-Ziels wählen Sie **Weiter**.

14. Im nächsten Dialog legen Sie fest, zu welchem Zeitpunkt das Backup erstellt werden soll. Schalten Sie die **Planung** an. Setzen Sie ein Häkchen bei **Fr** für »Freitag«, und stellen Sie die Uhrzeit auf **17.00** Uhr ein. Wechseln Sie dann in den nächsten Dialog.

15. Der letzte Dialog fasst, wie bei Assistenten so üblich, die Einstellungen zusammen, die Sie vorgenommen haben. Mit der **Vorschau** können Sie das Backup simulieren.

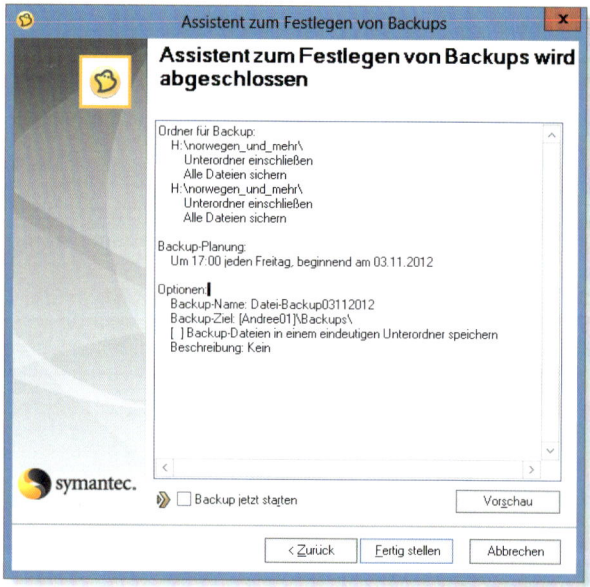

▲ **Abbildung 26.63** Nun sind alle Angaben gemacht. Die Sicherung wird zum ersten Mal gestartet.

Schalten Sie die Option **Backup jetzt starten** an, um die Datensicherung sofort durchzuführen. Beenden Sie den Assistenten mit **Fertig stellen**.

Im Fenster **Backups ausführen und verwalten** finden Sie den Auftrag. Mit **Jetzt starten** führen Sie ihn aus. Sie können hier auch den Auftrag verändern und weitere hinzufügen.

▲ *Abbildung 26.64 Die Datensicherung wird ausgeführt.*

Das Erstellen eines Datensicherungsauftrages ist sehr umfangreich und alles andere als schnell und einfach getan. Der Assistent sorgt eher dafür, dass es so umständlich wie nur möglich geht. Phoenix Backup hat dies besser gelöst.

Ein erstelltes Backup wiederholt ausführen oder verändern

Mit **Tasks/Backups ausführen und verwalten** können Sie sich einen bereits erstellten Backupauftrag anschauen. In der Praxis werden Sie sicherlich einen bereits ausgeführten Auftrag oft auch mehrfach ausführen wollen.

In einer Liste sehen Sie alle bereits erstellten Aufträge. Markieren Sie einen, können Sie diesen direkt starten und ausführen. Wenn Sie möchten, bearbeiten Sie mit **Planung ändern** den Zeitplan für eine Datensicherung.

Backups zurücklesen

Mit **Tasks** können Sie den Arbeitsplatz und eigene Daten wiederherstellen. Der Vorgang ist einfach: Sie wählen eine Datensicherung und starten die Wiederherstellung.

Die Statusübersicht einsehen

Wählen Sie **Status**, um einzusehen, welche Festplatten an welchen Tagen gesichert werden. Am unteren Rand werden die Backup-Aufträge aufgelistet.

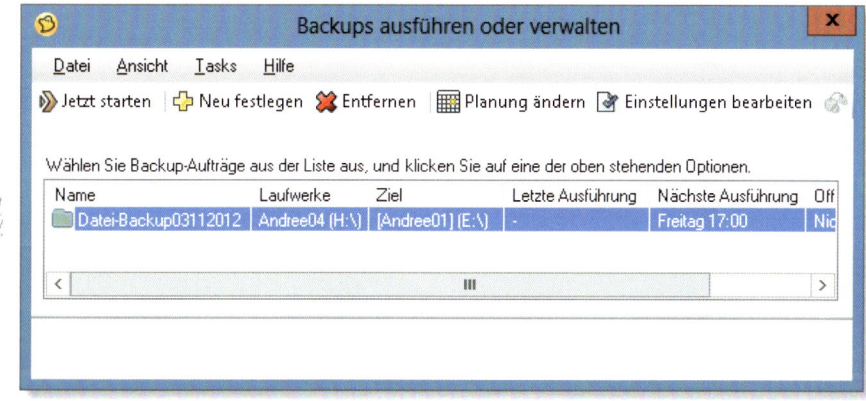

◀ *Abbildung 26.65 Die Liste der Backups*

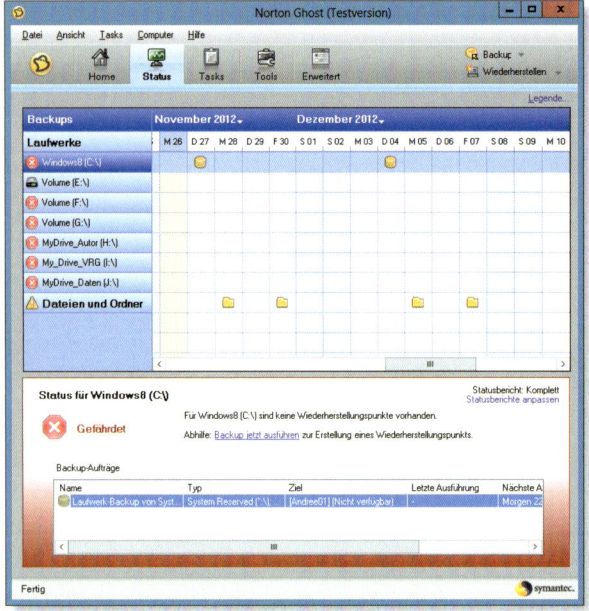

▲ **Abbildung 26.66** Im Fenster »Status« sehe ich, wann welche Datenträger gesichert werden.

Die Backup-Ziele verwalten

Wählen Sie unter **Tools** die Funktion **Backup-Ziel verwalten**. Sie können nun sehen, wo bereits **Wiederherstellungspunkt-Sätze** erstellt wurden. Angezeigt werden der belegte und der freie Speicher. Das Backup-Ziel können Sie auch an einen anderen Ort verschieben.

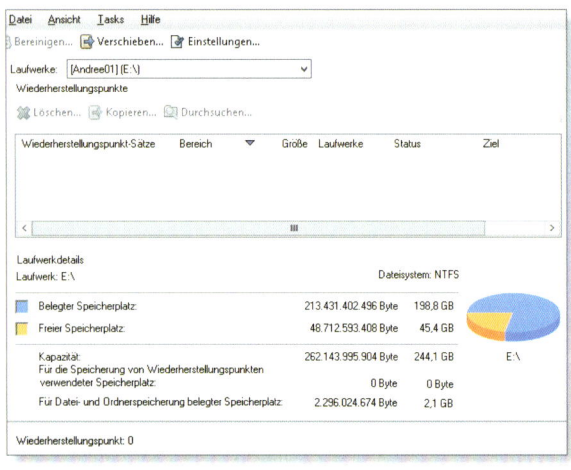

▲ **Abbildung 26.67** Verwalten Sie das Backup-Ziel.

Mit **Einstellungen** sehen Sie, wie viel Speicherplatz für die Speicherung verwendet wird. Der verfügbare Speicher kann mit einem Schieberegler eingegrenzt werden. Das Programm warnt den Anwender, wenn dieser angegebene Schwellenwert überschritten wird.

Behalten Sie den verfügbaren Platz im Auge. Norton Utilities bietet Ihnen hierfür einen übersichtlichen Dialog. Der verfügbare und der benötigte Speicher werden in Zahlen, aber auch als Grafik gezeigt.

26.11 Daten sichern und schützen

In diesem Kapitel möchte ich Ihnen ein paar allgemeine Informationen zum Thema geben und Verhaltensweisen empfehlen. Sicher haben Sie bereits einiges zum Thema Datenschutz gelesen. Doch zum Thema Sicherheit kann man nicht genug wissen.

Im Internet können Sie sich auf den verschiedenen Websites der Hersteller von Antivirenlösungen über aktuelle Bedrohungen informieren. Hier erfahren Sie, welche Computerviren umgehen. Sie sehen, ob Würmer und trojanische Pferde aktiv sind. Wer mag, kann sich über diese auch weitergehende Informationen ansehen.

Norton präsentiert diese Informationen unter *http://de.norton.com/security_response/threatexplorer*.

Für den normalen Anwender sind die technischen Details zu den Würmern und Trojanern sicher weniger interessant. Viel wichtiger ist, dass Sie hier auch sogenannte *Removal-Tools* finden. Das sind kleine Programme, mit denen Sie diese lästigen Störenfriede loswerden. Beachten Sie jedoch, dass es sich hier um keine Antivirenprogramme im eigentlichen Sinne handelt.

Vielmehr sind es Tools, mit denen Sie diesen einen speziellen Virus entfernen können. In der folgenden Tabelle habe ich Ihnen typische Bedrohungen, ihre Merkmale und geeignete Gegenmaßnahmen zusammengestellt:

26.11 Daten sichern und schützen

Bedrohung	Merkmal eines Angriffs	Gegenmaßnahme, Schutzmaßnahme
Malware	Infiziertes Programm. Meist als Download auf Webseiten oder als Anhang an einer E-Mail.	Öffnen Sie nur Anhänge von Absendern, die Sie kennen. Scannen Sie Dateien auf eine Vireninfektion. Nutzen Sie E-Mail-Filter. Neugier hin oder her – löschen Sie Nachrichten, deren Absender Sie nicht kennen.
Spam	Die Nachrichtenfelder **An** und **Cc** enthalten nicht Ihre E-Mail-Adresse, und Sie haben die Werbenachricht nicht angefordert. In den Nachrichten sind unsinnige Produktwerbungen oder Links zu Erotikangeboten enthalten.	Fügen Sie die Absender störender und nerviger Nachrichten in einen E-Mail-Filter ein. Löschen Sie solche Nachrichten.
Phishing	Mit gefälschten Webseiten wird versucht, Anmeldedaten, Passwörter oder Kreditkartendaten abzufragen. Anfragen per E-Mail wirken seriös und vertraulich. Oft sind jedoch Rechtschreibfehler enthalten. Manchmal wird versucht, den Kunden einzuschüchtern.	Misstrauen ist gesund. Geben Sie vertrauliche Daten nie per E-Mail oder Web-Formular weiter. Wenn Sie sich nicht sicher sind, wenden Sie sich an den Kundenservice eines Unternehmens.
Spyware	Über Anhänge und Downloads werden Dateien verbreitet, die Sie ausspionieren sollen.	Hier gelten die gleichen Sicherheitsvorkehrungen wie bei den anderen Bedrohungen: keine Anhänge öffnen, eine Firewall nutzen, ein Antivirenprogramm aktuell halten und verwenden, wichtige Daten immer sichern.
Wurm	Ein Wurm ist ein Computervirus, der sich selbst kopiert. Er belegt Festplattenspeicher und blockiert ihn. Er nutzt auch die Möglichkeit, sich selbst an E-Mail-Adressaten zu versenden.	Würmer sind lästige kleine Biester, die jedoch einfach mit Antivirenprogrammen zu bekämpfen sind.
Bots	Crimeware. Der Versender kann einen infizierten Rechner fernsteuern und so spezielle Attacken ausführen, Daten stehlen und Konfigurationen verändern. Über verschiedene Techniken werden Angriffspunkte gesucht und genutzt. Eine Infektion ist schwer auszumachen.	Bringen Sie Ihr Antivirenprogramm immer auf einen aktuellen Stand. Führen Sie Virenscans und Datensicherungen nicht alle paar Wochen, sondern täglich durch.
Trojaner	Auch *trojanisches Pferd* genannt. Computervirus, der unerlaubt bestimmte Aufgaben ausführt und den Computer schädigt. Oft werden mit Trojanern Tastatureingaben abgefragt und protokolliert. Trojaner werden auch genutzt, um andere Schadprogramme wie *Keylogger*, *Backdoor*-Tools oder *Sniffer* zu installieren.	Ein aktuell gehaltenes Antivirenprogramm ist der beste Schutz. Außerdem gilt: Öffnen Sie keine Dateianhänge unbekannter Absender.
Pharming-Angriffe	Pharming findet auf Websites statt. Die Websites geben sich seriös, sind aber gefälscht. Die Anwender werden über verschiedene Methoden umgeleitet. Pharming wird auch in der Wirtschafts-Cyberkriminalität genutzt, um gezielt Firmen zu schädigen.	Nutzen Sie nur Internetangebote, die wirklich seriös sind.

Bedrohung	Merkmal eines Angriffs	Gegenmaßnahme, Schutzmaßnahme
Backdoors	Diese kleinen Programme öffnen Hintertürchen und erlauben Angreifern einen Zugriff auf den Rechner. Sie suchen nach Sicherheitslücken und Angriffspunkten.	Auch hier ist der Betrieb einer Firewall und eines Antivirenprogramms eine geeignete Maßnahme, um sich vor Angriffen zu schützen.
Rootkits	Gefährliches Programm, das Sicherheitsfunktionen und Schutzmechanismen des Rechners umgeht und sich unbemerkt auf dem Rechner des Anwenders breitmacht. Rootkits leiten manchmal auch die Suchalgorithmen von Antivirenprogrammen um. Sie sind schwer auszumachen und schwierig zu entfernen.	Auch bei Rootkits gilt: Firewall und Antivirenprogramm sind der beste Schutz.
Keylogger	Diese Schadprogramme haben nur eine Aufgabe: Sie sollten Anmeldedaten und Passwörter mitschreiben und an Hacker übermitteln.	Nutzen Sie sichere Passworteingaben. Verwenden Sie eine Firewall und ein Antivirenprogramm.
Sniffer	Dieses Schadprogramm fängt Daten im Netzverkehr ab und wertet sie aus. Sniffer werden zum Ausspionieren von Daten genutzt. Sie können jedoch auch zur Analyse des Netzwerkverkehrs verwendet werden und um Dateneinbrecher zu entdecken.	Um unliebsame Sniffer am Spionieren zu hindern, nutzen Sie eine Firewall.

⌃ **Tabelle 26.1** *Verschiedene Bedrohungen und ihre Merkmale*

Level	Bedeutung
RAID 0	RAID-Level 0 fasst zwei Festplatten zu einem sogenannten *Stripeset* zusammen. Der Rechner verteilt die Daten auf beide Festplatten. Das erhöht die Geschwindigkeit, mit der Daten gelesen und geschrieben werden können. Das Verfahren hat jedoch einen entscheidenden Nachteil: Die Daten sind auf beide Festplatten verteilt. Beim Ausfall einer Festplatte sind die Daten verloren. Dieser RAID-Level eignet sich nicht als Sicherung wichtiger Daten.
RAID 1	RAID-Level 1 arbeitet mit zwei Festplatten. Die Daten, die auf Festplatte 1 abgelegt werden, werden auf Festplatte 2 kopiert. Bei einem Festplattendefekt können Sie immer noch auf die Daten der zweiten Festplatte zurückgreifen.
RAID 5	Bei diesem Verfahren werden drei oder vier Festplatten zu einem RAID-Verbund verknüpft. Die Daten werden auf allen Festplatten gleichzeitig verteilt. Beim Ausfall einer Festplatte ist die Wiederherstellung der Daten immer noch möglich, da auf allen Festplatten grundlegende Informationen zu den gespeicherten Daten abgelegt sind.
RAID 10	RAID-Level 10 kombiniert die RAID-Level 0 und 1 miteinander. Sie können damit beide Vorteile nutzen: sowohl einen Geschwindigkeitsvorteil beim Speichern und Abfragen von Daten als auch die Datensicherheit.

⌃ **Tabelle 26.2** *Die wichtigsten RAID-Level und ihre Bedeutung*

26.12 RAID: Grundlagen

RAID steht für *Redundant Array of Independent Disks*. Diese Form der Datenspeicherung wird bei Servern und Firmenrechnern sehr oft verwendet. Mit Windows 8 können Sie einen RAID-Verbund auch am heimischen Rechner erstellen und verwenden.

Aber was genau heißt RAID? Bei einem RAID werden zwei oder mehrere Festplatten verbunden. Die Daten werden auf beiden Festplatten abgelegt. Bei einem Ausfall einer Festplatte liegen die Daten noch auf der zweiten Festplatte. Sie sind also sicherer vor einem Festplattencrash.

Es gibt verschiedene RAID-Level (siehe Tabelle 26.2). Bei diesen werden unterschiedlich viele Festplatten verbunden. Über einen Hardware-Controller werden die Festplatten angesteuert und wie eine einzelne Festplatte angesprochen. Das setzt jedoch voraus, dass in Ihrem Rechner ein Motherboard vorhanden ist, das den jeweiligen RAID-Level unterstützt.

Ein RAID-System erstellen Sie über die Datenträgerverwaltung von Windows 8. Welche RAID-Level zur Verfügung stehen, hängt von Ihrem Rechner ab. Für den Home-Bereich ist wohl RAID 1 am interessantesten.

Kapitel 27
Sicher durchs Internet

Im Internet gibt es viel zu entdecken. Dabei sollten Sie aber immer aufpassen, denn es lauern dort auch einige Gefahren. Wenn Sie gut vorbereitet sind, werden diese aber nicht zum Problem.

Im Internet finden Sie Informationen, Auskünfte, Foren, Chat-Communitys, interessante Portale, Downloadseiten, freie und gute Software, Musik, Filme, Videoportale und vieles mehr … Es gibt für jedes Interessengebiet etwas zu entdecken. Darüber hinaus können Sie sich mit anderen austauschen, sich selbst verwirklichen und über eine eigene Website und soziale Netzwerke etwas über sich verraten und Ihre Interessen mit anderen teilen. Aber im Internet lauern auch Gefahren. Computerviren schleichen sich über infizierte Dateien oder Lücken im Betriebssystem ein. Trojaner versuchen, Daten auszuspionieren. Spyware-Programme verstecken sich auf dem Computer des Anwenders und versuchen, ebenfalls Daten auszuspionieren und unbemerkt über das Internet an Dritte zu senden. Adware erkundet das Kaufverhalten von Kunden und versucht, diese gezielt zu bewerben. Rootkits legen den Rechner lahm und verbergen sich vor den Scanroutinen aktueller Antivirenprogramme.

Die Liste von möglichen Schädlingen ist lang. Doch Sie können etwas gegen Schadprogramme tun. Mit einem aktuellen Antivirenprogramm, einer Firewall und den richtigen Sicherheitseinstellungen schützen Sie sich vor Angriffen und Computerviren. Dazu gehören etwas Grundwissen und ein paar allgemeingültige Regeln. Die zu beachten, ist sehr einfach.

27.1 Die Grundregeln

Einige der Grundregeln haben Sie bereits kennengelernt. Ich möchte sie an dieser Stelle kurz wiederholen und zusammenfassen:

1. Nutzen Sie ein Antivirenprogramm. Halten Sie es immer auf dem aktuellen Stand. Scannen Sie Daten, die Sie aus dem Internet beziehen, bevor Sie sie benutzen.

2. Verwenden Sie eine Firewall. Sichern Sie damit Ihren Windows-8-PC vor Dritten.

3. Erstellen Sie regelmäßig Sicherungen Ihrer Daten. So haben Sie, falls nötig, die Möglichkeit, wichtige und sensible Daten wiederherzustellen. Es muss ja keine Schädigung durch einen Computervirus vorliegen. Auch ein Hardwaredefekt kann zu einem Datenverlust führen.

4. Fallen Sie nicht auf Webseiten und E-Mails herein, die Passwörter und Zugangsdaten abfragen. Dabei handelt es sich oft um gefälschte Webseiten und unseriöse Nachrichten.

5. Verwenden Sie sichere Passwörter. Das gilt für Webforen, Profile im Internet, Programmpasswörter und andere Daten, die mit Kennwörtern gesichert werden können.

6. Geben Sie Passwörter und Zugangsdaten nicht an Fremde weiter. Nicht jeder, der einen seriösen Eindruck macht, ist auch vertrauenswürdig.

> **INFO**
>
> **Wenn sich doch ein Schädling eingeschlichen hat**
> Gehen Sie in so einem Fall schrittweise vor. Versuchen Sie, mit einem aktuellen Antivirenprogramm den Schädling zu identifizieren und zu isolieren.
>
> Wenn das nicht funktioniert, löschen Sie die infizierten Daten. Tun Sie dies direkt in der **Eingabeaufforderung**. Die infizierten Daten gelangen so nicht in den Papierkorb von Windows.
>
> Hilft alles nichts, müssen Sie die Hardcorevariante nutzen. Dann sollten Sie die Festplattenpartition formatieren und Windows 8 und Ihre Anwendungsprogramme neu installieren. Ist dies nötig, werden Sie sich über Datensicherungen und Systembackups freuen.

27.2 Windows Defender

Windows Defender wird mit Windows 8 mitgeliefert. Mit diesem Werkzeug scannen Sie Ihren Rechner nach Computerviren. Ich möchte an dieser Stelle das Tool nur kurz vorstellen. Das ebenfalls kostenlose Programm *Microsoft Security Essentials* bietet mehr Möglichkeiten. Das Programm stelle ich im nächsten Abschnitt ausführlich vor.

Defender finden Sie unter **Alle Apps**. Das Tool ist in die Kategorie **Windows-System** einsortiert.

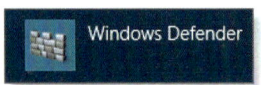

▲ *Abbildung 27.1 Die Kachel von Windows Defender finden Sie unter »Apps«.*

Alle Funktionen sind in vier Register einsortiert: **Startseite**, **Update**, **Verlauf** und **Einstellungen**. Die Bezeichnungen der Register verraten bereits, was Sie in diesen finden. Daneben zeigt Ihnen das Tool eine allgemeine Beurteilung des Sicherheitsstatus Ihres Rechners an.

Ein Update ausführen

Beim ersten Start bringen Sie das Programm auf einen aktuellen Status. Das ist ein ganz wichtiger Schritt, den Sie auf jeden Fall sofort ausführen sollten, denn sonst ist das Virenprogramm nicht funktionsfähig. Wechseln Sie nach **Update**, und klicken Sie auf **Aktualisieren**.

▲ *Abbildung 27.2 Die Virendefinition ist nicht mehr aktuell. Ein Update muss her!*

Sie sehen bereits am Datum der letzten Virendefinition, ob diese alt ist. Sie sollten das Programm, sofern Sie es nutzen, möglichst jeden Tag auf den neusten Stand bringen. Aktuelle Antivirenprogramme führen sogar zwei Updates pro Tag aus.

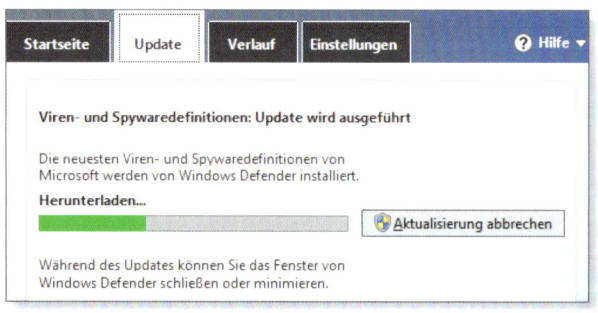

▲ *Abbildung 27.3 Die aktuellen Definitionen sind schnell auf den Rechner geladen.*

27.2 Windows Defender

INFO

Der Dienst des Programmes wurde angehalten
Windows Defender gibt unter Umständen diese Meldung aus. Gemeint ist der Windows-Dienst *WinDefend*. Er ist für den Betrieb des Programms notwendig. Über das Dialogfenster von Windows Defender starten Sie den Dienst. Danach sollte das Programm funktionieren.

Beachten Sie aber: Verwenden Sie *Microsoft Security Essentials*, wird Windows Defender ausgeschaltet.

▲ *Abbildung 27.4 Mit der aktuellen Definition ist der PC »geschützt«.*

Eine Schnellüberprüfung durchführen

Wechseln Sie in das Register **Startseite** ❶. Schalten Sie die Überprüfungsoption **Schnell** an ❷.

Klicken Sie auf **Jetzt überprüfen** ❸, um einen schnellen Scan Ihrer Windows-Partition vorzunehmen.

▲ *Abbildung 27.5 Eine Schnellüberprüfung wird durchgeführt. Der Scan geht ziemlich flott.*

Eine ausführliche Überprüfung durchführen

Möchten Sie eine vollständige Überprüfung Ihres Rechners durchführen, gehen Sie wie folgt vor:

1 Wechseln Sie in das Register **Startseite**.

▲ *Abbildung 27.6 Mit dieser Einstellung wird eine vollständige Überprüfung durchgeführt.*

2 Öffnen Sie das Auswahlmenü hinter **Überprüfung**. Wählen Sie **Vollständige Überprüfung**. Starten Sie mit **Jetzt überprüfen**.

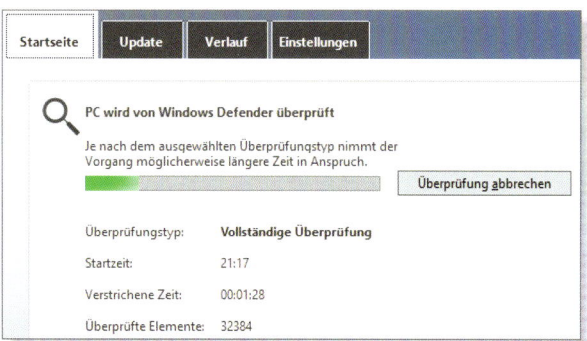

▲ *Abbildung 27.7 Ein bisschen dauert so ein Virenscan natürlich.*

Die benutzerdefinierte Überprüfung

Es ist auch möglich, die Ordner und Laufwerke zu wählen, die das Programm durchsucht. Möchten Sie dies tun, gehen wie folgt vor:

1 Wechseln Sie in das Register **Startseite**.

2 Wählen Sie unter **Überprüfungsoptionen** die Option **Benutzerdefiniert**.

577

3 Klicken Sie auf **Jetzt überprüfen**.

▲ **Abbildung 27.8** Die »Benutzerdefinierte Überprüfung« wählen Sie über das Listenmenü.

4 Im Unterschied zu den anderen Prüfmodi startet die Prüfung nicht sofort. Sie müssen ja noch festlegen, welche Partition, welches Verzeichnis oder welche Dateien untersucht werden sollen. Wählen Sie die Ordner, die durchsucht werden sollen. Vor jedem finden Sie ein Optionskästchen. Setzen Sie darin mit der Maus ein Häkchen, wenn der Ordner von Windows Defender untersucht werden soll. Öffnen Sie mit dem Pluszeichen die Baumansicht der untergeordneten Ordner.

▲ **Abbildung 27.9** Als Beispiel habe ich zwei Ordner gewählt.

Bestätigen Sie mit **OK**. Der Virenscan startet sofort.

Den Verlauf einsehen

Im Verlauf können Sie schauen, welche Aktionen das Programm durchgeführt hat. Zu jedem gefundenen Element können Sie den Namen, die zugeordnete Warnstufe und die ausgeführte Aktion sehen.

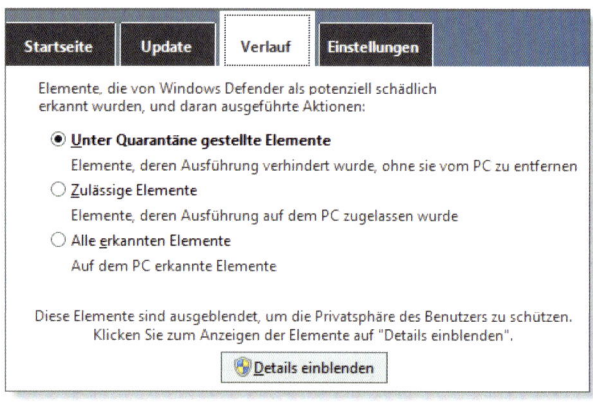

▲ **Abbildung 27.10** Hier können Sie gefundene Elemente einsehen.

Wählen Sie, welche Elemente Sie sehen wollen, und klicken Sie auf **Details einblenden**.

Die Einstellungen einsehen

In den Einstellungen von Windows Defender können Sie den Echtzeitschutz einschalten. Hier schließen Sie bestimmte Dateien, Dateitypen und Prozesse von einer Suche ausschließen. Das ist notwendig, wenn Windows Defender Falschmeldungen ausgibt. Sie können dann die Datei eintragen, und es gibt keine Meldung mehr.

Beachten Sie aber: Geben Sie einen solchen Eintrag nur ein, wenn Sie den Typ der Datei kennen und ganz sicher sind, dass es sich nicht um einen Virus oder Spyware handelt.

Unter **Erweitert** stellen Sie ein, wenn die Quarantäne geleert wird. In der Vorgabe ist dies nach 3 Monaten. Archivdateien werden laut Vorgabe überprüft. Einstellen können Sie auch die Überprüfung von Wechseldatenträgern. Sie können allen Benutzern die Anzeige des Verlaufs erlauben. Und Sie können mit einer Option dafür sorgen, dass beim Finden eines Elementes ein Wiederherstellungspunkt erstellt wird.

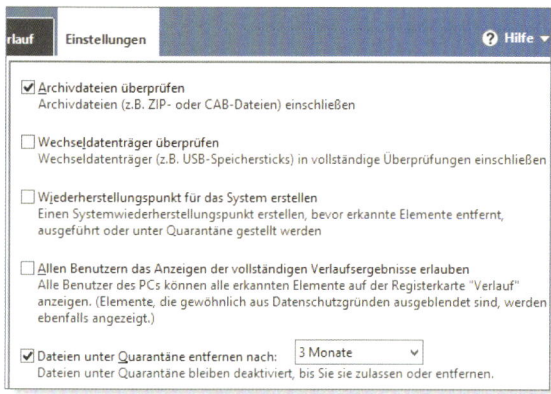

▲ **Abbildung 27.11** *Die Einstellungen des Programmes*

Einen Virenscan automatisch ausführen

Mit dem Windows-Aufgabenplaner können Sie eine Aktion automatisch zu einem bestimmten Zeitpunkt ausführen lassen, zum Beispiel einen Virenscan. Dazu genügt es nicht, das Programm aufzurufen. Sie wollen ja nicht »manuell« auf **Jetzt überprüfen** klicken.

Verwendet wird dazu das *Windows Defender Command Line Utility*. Sie rufen es im Verzeichnis *C:\Program Files\Windows Defender* mit `mpcmdrun` auf.

Bei der Verwendung des Befehles müssen Sie die Syntax beachten. Darunter ist die Schreibweise des Befehles, der Optionen und Parameter zu verstehen.

`MPCMDRun.exe [command] [-options]`

Rufen Sie den Befehl ohne Kommandos und Optionen auf, wird eine Liste ausgegeben.

Option	Bedeutung
-Scan	Startet einen Scan. Als Optionen geben Sie den Typ des Scans und das zu untersuchende Verzeichnis an.
-SignaturUpdate	Überprüft, ob eine neue Virendefinition vorliegt.
-Restore	Stellt ein Objekt aus dem Quarantäne-Container wieder her.

▲ **Tabelle 27.1** *Die wichtigsten Kommandos des Kommandozeilentools von Windows Defender.*

Schauen wir uns einmal die Optionen von `-ScanType` an. Mit ihnen geben Sie ja an, welchen Typ eines Virenscans Sie durchführen wollen.

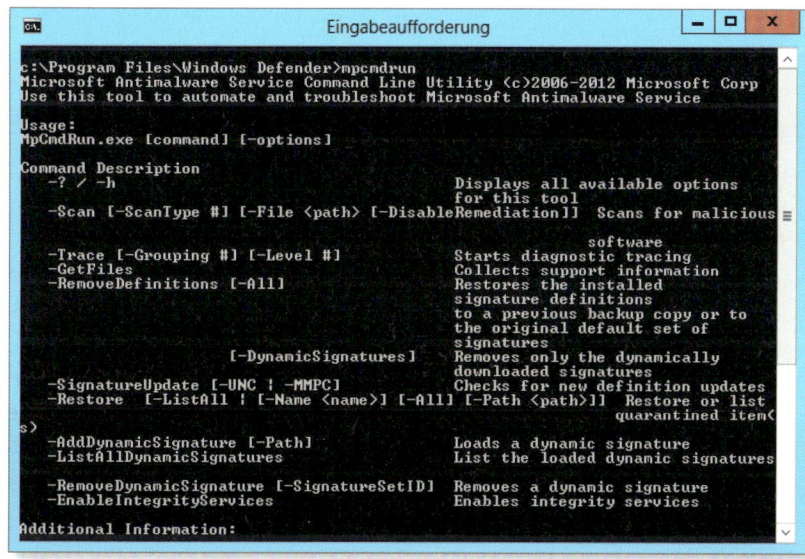

◀ **Abbildung 27.12** *Geben Sie den Befehl ohne Parameter und Optionen ein, um eine ausführliche Anleitung zu bekommen. Diese enthält alle Möglichkeiten des Befehles. Ein paar Grundkenntnisse in englischer Sprache sind nötig, um sie zu verstehen.*

Option	Bedeutung
0	Vorgabeeinstellung
1	schneller Scan
2	kompletter Scan
3	Benutzerdefinierter Scan. Hierbei müssen Sie das zu untersuchende Verzeichnis angeben.

▲ **Tabelle 27.2** *Die Optionen des Parameters »ScanType«*

Beachten Sie: Es genügt nicht, den Parameter einfach anzugeben. Sie müssen zuerst das Kommando, gefolgt vom Namen der Option schreiben. Ein Beispiel:

```
MpCmdRun -Scan -ScanType 2
```

Dieser Befehl führt eine komplette Untersuchung des Rechners durch.

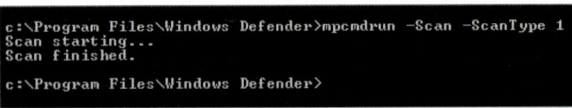

▲ **Abbildung 27.13** *Im Beispiel habe ich einmal einen schnellen Scan mit einem Befehl gestartet.*

Für die Ausführung eines automatischen Virenscans ist die Aufgabenplanung von Windows verantwortlich. Sie geben hier einen Zeitpunkt an, und die Untersuchung des Rechners geschieht selbständig.

Beachten Sie bitte: Auch einige andere Antivirenprogramme besitzen Kommandozeilentools und lassen sich automatisch starten. In einigen Programmen können Sie einen selbständigen Scan auch direkt eingeben. Nutzen Sie ein anderes Programm, so verwenden Sie den folgenden Abschnitt als Veranschaulichung.

▲ **Abbildung 27.14** *Bequemer geht's, wenn Sie ein Desktop-Icon für die Verwaltung anlegen.*

Die Aufgabenplanung finden Sie in der **Systemsteuerung**. Wählen Sie **System und Sicherheit > Verwaltung > Aufgabenplanung**. Schneller geht es mit einem Befehl: Rufen Sie die Aufgabenplanung mit dem `taskschd` auf.

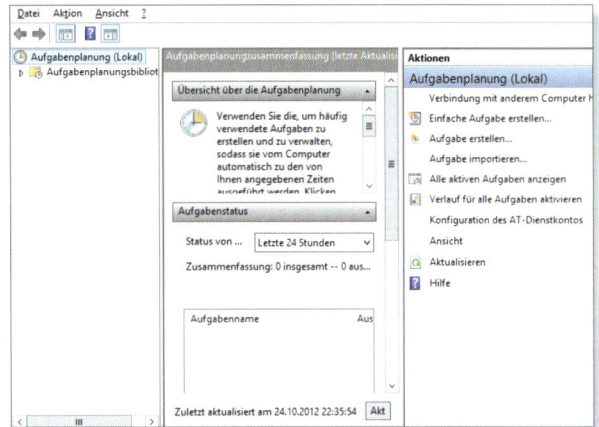

▲ **Abbildung 27.15** *Die Aufgabenplanung von Windows 8*

1 Doppelklicken Sie auf **Einfache Aufgabe erstellen**.

2 Geben Sie eine Bezeichnung und eine Beschreibung ein. Im Beispiel verwende ich »Automatische Virenscan« und »Untersuchung meines Rechners mit Windows Defender«. Mit **Weiter** geht es jeweils in den nächsten Dialog.

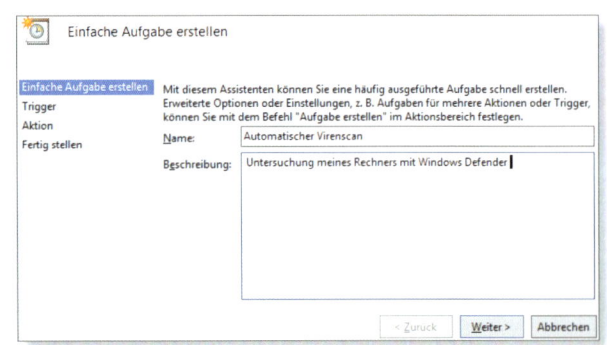

▲ **Abbildung 27.16** *Zuerst geben Sie eine Bezeichnung ein.*

3 Bestimmen Sie, wann die Aktion durchgeführt werden soll. Ich entscheide mich für die Vorgabe **Täglich**.

27.2 Windows Defender

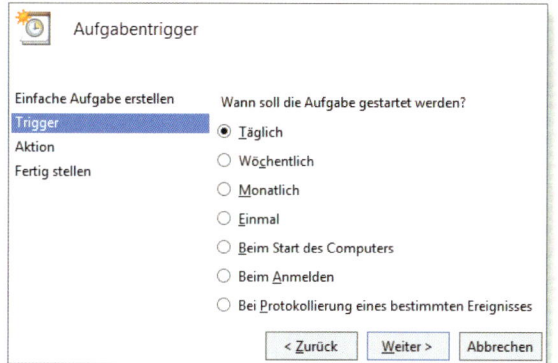

▲ **Abbildung 27.17** *Jeden Tag wird mein Rechner untersucht.*

4 Als Startzeitpunkt ist der heutige Tag ausgewählt. Blättern Sie hier genau ein Datum nach vorn. Wählen Sie als Startzeit 2:00:00 Uhr. Die Wiederholung lassen Sie auf der Vorgabeeinstellung.

▲ **Abbildung 27.18** *Nachts um zwei wird der Rechner untersucht.*

5 Als Aktion ist die Vorgabe **Programm starten** genau richtig. Hier müssen Sie nichts ändern.

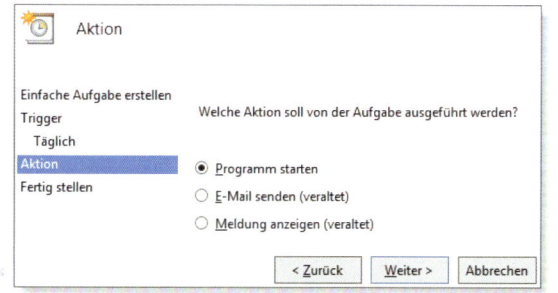

▲ **Abbildung 27.19** *Ein Programm soll gestartet werden.*

6 Natürlich ist noch kein Programm eingetragen. Klicken Sie auf **Durchsuchen**.

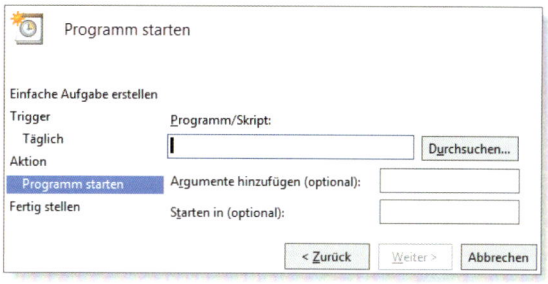

▲ **Abbildung 27.20** *Mit »Durchsuchen« wählen Sie Defender aus.*

7 Klicken Sie sich nach **C:\Programme\Windows Defender** ❶ durch. Scrollen Sie durch die Liste des Verzeichnisses, und markieren Sie die Datei **MPCmdRun.exe** ❷. Bestätigen Sie mit **Öffnen** ❸.

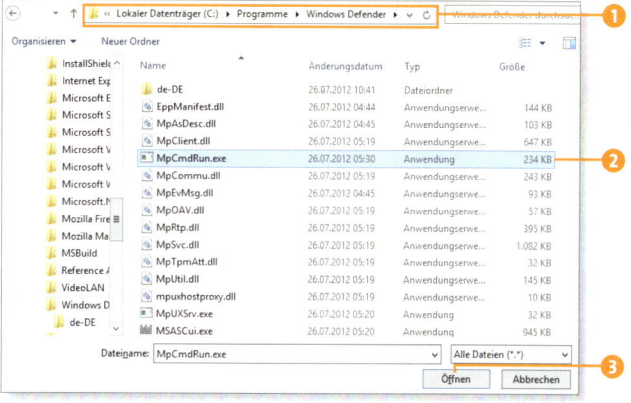

▲ **Abbildung 27.21** *Wählen Sie die ausführbare Datei von Windows Defender.*

Nun müssen Sie noch Parameter und Option ergänzen. Für einen kompletten Scan tragen Sie ein: -ScanType 2.

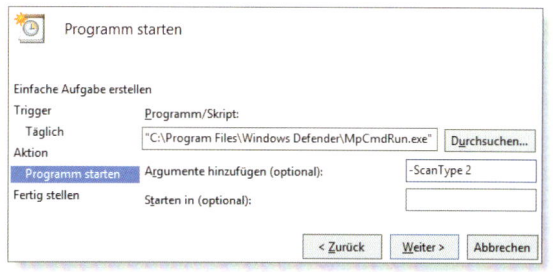

▲ **Abbildung 27.22** *Eine kurze Angabe muss ergänzt werden.*

Im letzten Dialog des Assistenten sehen Sie eine Zusammenfassung. Bestätigen Sie mit **Fertig stellen**. Achten Sie darauf, dass der Rechner zur gewünschten Zeit noch an ist.

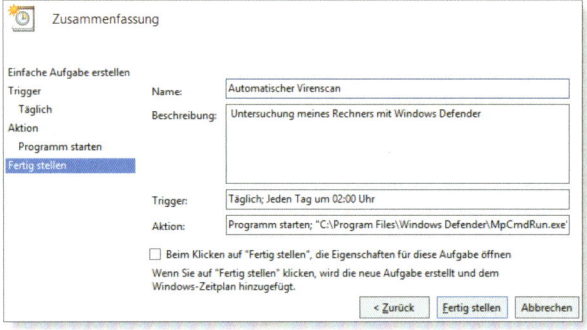

▲ **Abbildung 27.23** *Die automatische Aufgabe ist fertig.*

Microsoft Security Essentials müssen Sie nicht verwenden. Das Programm bietet die gleichen Schutzfunktionen wie Windows Defender. Microsoft Security Essentials verweigert sogar die Installation, wenn Sie es versuchen.

▲ **Abbildung 27.24** *Die alternative Installation von Security Essentials ist bei Windows 8 nicht möglich.*

27.3 avast! Free Antivirus

Microsoft Defender ist ein durchaus nützliches und gutes Programm. Es gibt jedoch einige Alternativen, die mehr Funktionen und Möglichkeiten bieten. Ich möchte Ihnen eine kostenlose an dieser Stelle vorstellen. Eine kommerzielle folgt im Kapitel danach.

Freeware heißt nicht, dass Sie minimale Funktionen und halbherzige Sicherheit bekommen. Im Gegenteil, das Programm erhält täglich Updates, erkennt einen Großteil aktueller Bedrohungen und bietet wichtige Funktionen, mit denen Sie die Sicherheit Ihres Rechners erhöhen.

Die Möglichkeiten und Vorteile des Programmes

Das Programm ist kostenlos. Sie müssen es lediglich aus dem Internet laden und auf Ihrem Rechner installieren. Die Bedienung ist sehr einfach. Es gibt keine verschachtelten Menüs oder versteckten Optionen. Das Tool holt sich aktuelle Virendefinitionen kostenlos aus dem Internet. Es wird automatisch aktualisiert.

Das Programm ist nicht nur für Privatanwender kostenlos. Auch kleine Unternehmen und Selbständige dürfen das Programm auf bis zu zehn Rechnern verwenden. Mit avast! Free Antivirus können Sie nicht nur eine schnelle Überprüfung des Rechners durchführen, sondern auch einzelne Ordner auf eine Infektion mit Computerviren hin überprüfen.

Anhand von Signaturen werden Malwareprogramme erkannt. Außerdem überprüft avast! Free Antivirus, was Ihre Programme tun. Gerade neu installierte Anwendungen werden so auf verdächtige Aktionen überwacht. Geprüft werden Dateiaktivitäten, Zugriffe und Änderungen der Registrierungseinträge, Netzwerkaktionen und Systemaktionen. Verdächtige Aktionen, die nicht zum eigentlichen Programm gehören, werden erkannt. Auf diese Weise werden Schadprogramme gefunden.

Die Erkennungsrate von Schadprogrammen wurde in der aktuellen Version stark verbessert. Sie können viele Bedrohungen mit Microsoft Essentials fernhalten und Bedrohungen beseitigen.

27.3 avast! Free Antivirus

> **INFO**
>
> **Was ist Malware?**
> Ein Programm wird als Malware bezeichnet, wenn es unerwünschte Aktivitäten durchführt. So kann ein solches Programm sich vielfach kopieren, andere Daten löschen oder auch Sicherheitsfunktionen ausschalten. Mit Malwareprogrammen wird auch oft das Kauf- und Nutzungsverhalten von Anwendern ausspioniert. Die erhaltenen Daten werden unbemerkt über das Internet übertragen. Der Anwender kann dadurch später mit Werbeinformationen versorgt werden, die sich an den zuvor ermittelten Daten orientieren. Wird ein Malwareprogramm nicht mit einem Antivirenprogramm ausgeschaltet, kann es passieren, dass es weiter aktiv bleibt, obwohl die zugehörige Anwendung bereits deinstalliert wurde. Der Anwender wird weiter ausspioniert.

avast! Free Antivirus wertet die Inhalte einer Microsoft-Datenbank aus, in der zulässige und zertifizierte Anwendungen aufgelistet werden. So will man vermeiden, dass bekannte Anwendungsprogramme »aus Versehen« als Schadprogramme erkannt werden. Das Verfahren hat jedoch einen Nachteil: Nicht jedes Anwendungsprogramm wird in dieser Datenbank gelistet. So kann auch nicht jedes Programm überprüft werden.

> **INFO**
>
> **Was sind Exploits?**
> Ein Exploit ist ein kleines Anwendungsprogramm, das Sicherheitslücken eines Betriebssystems oder Anwendungsprogramms nutzt. Sind die Lücken gefunden, versucht das Programm, die Rechte des Systemadministrators zu erhalten und Änderungen vorzunehmen. Ein Exploit kann aus wenigen Befehlen bestehen. Es kann auch in einer anderen Datei, wie zum Beispiel einer Office-Datei oder einer Bilddatei, versteckt sein. Der Schaden, den ein Exploit anrichtet, kann aber immens sein.

avast! Free Antivirus schützt Ihren Rechner vor gefährlichen Rootkits. Das Programm erkennt einige Rootkits und löscht diese oder bringt sie in Quarantäne. So werden verdächtige Aktionen und Veränderungen des Systemverhaltens erkannt. Sie weisen auf ein aktives Rootkit hin. Erkannt werden auch getarnte Rootkits. Ein Rootkit versucht, sich vor Antivirenprogrammen »zu verstecken«. Es agiert so, dass es nicht erkannt wird. Dieser Tarnkappenmodus wird aber von avast! Free Antivirus erkannt. Das Programm besitzt eine gute Funktion zum Entfernen von Rootkits.

> **INFO**
>
> **Was sind Rootkits?**
> Ein Rootkit kann mit einem einfachen Antivirenprogramm nur schwer ausgemacht werden. Dieses kleine Schadprogramm verbirgt sich vor dem Antivirenprogramm. Es spioniert den Anwender aus oder schädigt dessen Rechner. Bei einem Bekannten hat ein solches Rootkit Teile der Festplatte als besetzt gekennzeichnet, sich mehrfach kopiert und so schrittweise den Rechner des Bekannten lahmgelegt. Am Ende blieb ihm nur noch das Formatieren der Festplatte und das Neuinstallieren der Programme übrig.

Die aktuelle Version von avast! Free Antivirus enthält ein sogenanntes *Netzwerkinspektionssystem*. Damit werden Exploits erkannt, wie zum Beispiel *Conficker*. Diese Funktion überwacht den Datenverkehr in und aus einem Netzwerk. Als Angriffe bekannte Aktionen werden von dem Programm abgewehrt. Sie müssen selbst keine Funktion aufrufen oder eine Meldung bestätigen. Microsoft Security Essentials führt die notwendige Aktion automatisch aus. Außerdem blockiert es Aktionen, die als Angriffe auf den Rechner erkannt werden.

Das Programm bietet einen Echtzeitschutz. Das heißt, Sie müssen das Programm nicht starten, ein paar Optionen wählen und dann manuell einen Virenscan durchführen. Diese Aufgaben erledigt das Programm für Sie. Sie gehen einmal die möglichen Einstellungen

Kapitel 27: Sicher durchs Internet

▲ **Abbildung 27.25** Der Echtzeitschutz ist unterteilt in verschiedene Schutzgebiete. Sie werden beim Besuch des Internets, beim Abruf von Nachrichten und beim Umgang mit Dateien geschützt. Sie werden in Peer-to-Peer-Netzwerken, beim Umgang mit Skripten und bei Netzwerkaktivitäten geschützt. Das Programm bietet eine sehr gute Rundum-Sicherung.

durch. Danach arbeitet das Programm automatisch und prüft besuchte Webseiten, E-Mails, Downloads und mehr. Der Echtzeitschutz erkennt Schadprogramme und mögliche Gefahren, bevor diese ausgeführt werden und zu echten Bedrohungen werden.

Wie andere Antivirenprogramme bietet auch avast! Free Antivirus verschiedene Scanmethoden, um Ihren Rechner zu untersuchen. Von einem schnellen über einen ausführlichen Scan bis zur benutzerdefinierten Suche ist alles dabei.

Daneben unterstützt das Programm das Festlegen eines »geplanten Scans«. Im Abschnitt zu Windows Defender habe ich Ihnen die Arbeit mit der Aufgabenplanung gezeigt und erläutert, wie Sie das Programm dazu bewegen, selbständig zu einer bestimmten Zeit eine Untersuchung zu starten. Bei Microsoft Security Essentials müssen Sie nicht den Umweg über die Aufgabenplanung nehmen. Sie können geplante Suchvorgänge direkt im Programm definieren. Selbstverständlich stelle ich Ihnen diese Möglichkeit vor.

Gefundene Elemente werden in Quarantäne gebracht und so vom System getrennt. Hier können Sie diese einsehen und löschen. Fälschlich gefundene Elemente lassen sich hier wiederherstellen. Mit einer Einstellung sorgen Sie dafür, dass bestimmte Dateitypen nicht mehr als Schadprogramme erkannt und behandelt werden.

Windows Security Essentials integriert sich selbständig in die Firewall von Windows 8. Sie müssen hier keine besonderen Einstellungen vornehmen.

27.3 avast! Free Antivirus

avast! Free Antivirus erkennt Malware, Spyware, Trojaner, Rootkits und viele andere Bedrohungen.

Beachten Sie bitte, dass ein gefährliches Programm nicht immer als solches erkannt wird. Antivirenprogramme werden zwar ständig weiterentwickelt. Dabei wird die Definitionsdatenbank des Programms, mit der Computerviren, Malware, Spyware und Rootkits erkannt werden, ständig verbessert und erweitert. Dennoch kann es vorkommen, dass neuartige Schadprogramme zunächst nicht als solche erkannt werden. Verlassen Sie sich daher nicht allein auf ein Antivirenprogramm, sondern schützen Sie Ihren Rechner mit einer Firewall. Sichern Sie regelmäßig wichtige Daten. Geben Sie Passwörter und Zugangsdaten nicht an Dritte weiter.

Sie können avast! Free Antivirus sehr einfach einrichten. Es gibt Einrichtungsdialoge, deren Optionen gut verständlich sind. Diese werde ich Ihnen noch vorstellen.

Die Editionen des Programmes und ihre Unterschiede

Die Editionen Pro Antivirus und die Antivirus Internet Security bieten erweiterte Möglichkeiten. Beide Editionen sind kostenpflichtig. Sie bieten alle Funktionen der Freeware-Editionen. Darüber hinaus schützen sie vor Angriffen beim Onlinebanking und Onlineshopping. Sie können in einer »Sandbox« surfen und geben so Ihre persönlichen Daten nicht bekannt. In dieser Sandbox werden verdächtige Programme gestartet und so abgeschottet vom Betriebssystem betrieben.

Die Suite avast! Internet Security bietet darüber hinaus eine Firewall, eine Antispam-Funktion und eine Anti-Phishing-Funktion.

So installieren Sie avast! Free Antivirus

Zuerst müssen Sie das Programm auf Ihren Rechner installieren:

1 Rufen Sie die Webseite auf. Wählen Sie **Privatanwender** im Menü.

2 Sie sehen nun eine Gegenüberstellung der verschiedenen Editionen von avast! Antivirus. In der Zeile **Free Antivirus** klicken Sie auf **Downloaden**.

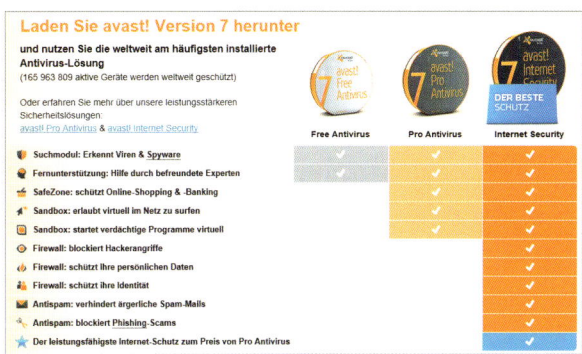

▲ **Abbildung 27.26** Alle drei Editionen sehen Sie im Vergleich. Wählen Sie die Freeware.

3 Bestätigen Sie mit **Nein, danke. Ich will den kostenlosen Schutz**.

▲ **Abbildung 27.27** Der Hersteller versucht, Sie für die kostenpflichtige Version zu gewinnen.

4 Der Internet Explorer blendet eine kleine Leiste am unteren Bildschirmrand ein. Sie werden gefragt, ob Sie die Datei *avast_free_antivirus_setup.exe* ausführen oder speichern wollen. Entscheiden Sie sich für **Ausführen**. Die Datei wird auf Ihren Rechner geladen und gestartet. Ein Assistent begleitet Sie durch die Installation des Programmes. Es dauert ein wenig, bis das Programm heruntergeladen ist.

5 Bestätigen Sie die Meldung der Benutzerkontensteuerung.

6 Schalten Sie im unteren Teil die beiden Optionen aus ❷. So vermeiden Sie, dass der Browser Google Chrome auf Ihren Rechner geladen und als Standardbrowser verwendet wird. Natürlich können Sie beide Optionen auch anwenden, wenn Sie dies möchten. Wählen Sie die **Benutzerdefinierte Installation** ❶.

▲ **Abbildung 27.28** *Die Installation startet mit einem farbenfreundlichen Dialog.*

7 Geben Sie das Verzeichnis an, in dem das Programm installiert werden soll.

8 Schauen Sie sich an, ob Sie alle Features verwenden wollen. Nicht benötigte Funktionen schalten Sie aus. Bestätigen Sie mit **Weiter**, um das Programm zu installieren.

▲ **Abbildung 27.29** *Das Antivirusprogramm wird installiert.*

9 Es folgt ein schneller Virenscan Ihres Rechners. Dieser ist in wenigen Sekunden beendet. Der Assistent meldet, dass die Installation beendet ist. Schließen Sie ihn mit **Beenden**.

Das Programm führt ein automatisches Update durch und blendet eine Meldung auf dem Desktop ein. Diese verschwindet nach kurzer Zeit wieder.

Die Meldefenster und eine Sprachausgabe, wenn ein Update durchgeführt oder wenn eine Bedrohung gefunden wurde, sind ein Markenzeichen von avast! Antivirus.

Registrieren Sie das Programm in den nächsten Tagen. Die Registrierung kostet nichts und verlängert die Laufzeit auf 1 Jahr.

▲ **Abbildung 27.30** *avast! gibt bunte Meldungen auf dem Desktop aus.*

Das Programm starten und verwenden

Starten Sie das Programm über die **avast! Free Antivirus**-Kachel auf dem Startbildschirm oder über das Desktopsymbol auf dem klassischen Desktop.

▲ **Abbildung 27.31** *Die Kachel des Antivirus-Programmes*

27.3 avast! Free Antivirus

Neben diesen zwei Möglichkeiten gibt es noch ein kleines Symbol im Infobereich der Taskleiste. Es zeigt an, dass Ihr System geschützt ist (oder eben nicht, falls Sie avast! deaktiviert haben). Ein Mausklick auf das Symbol bringt Sie in die **Übersicht** des Tools.

▲ **Abbildung 27.32** *Sie können das Programm auch vom klassischen Desktop aus starten.*

Das Symbol in der Taskleiste hat eine weitere Funktion: Über das Kontextmenü können Sie in den Spielmodus wechseln oder die Schutzfunktion für eine bestimmte Zeit ausschalten. Die Deaktivierung kann 10 Minuten sein, 1 Stunde, bis zum Neustart des Rechners oder auch dauerhaft.

Im Spielmodus werden keine Meldungen eingeblendet. So wird das Spiel nicht gestört oder die Anzeige durcheinandergebracht.

Die Übersicht zeigt Ihnen den Status des Programmes. Sie sehen, wann die letzte Aktualisierung war, welche Version des Programmes und der Virendatenbank Sie verwenden und wann Ihre Programmversion abläuft. Von hier aus erreichen Sie alle anderen Funktionen des Programmes.

Einen Schnellen Virenscan durchführen

avast! Free Antivirus unterscheidet zwischen den folgenden Scanmethoden:

- schnelle Überprüfung
- vollständige Überprüfung
- Wechseldatenträger-Überprüfung
- Ordner überprüfen

Um eine schnelle Überprüfung durchzuführen, gehen Sie wie folgt vor:

1 Öffnen Sie die avast!-Benutzerschnittstelle (die Übersichtsseite des Programmes).

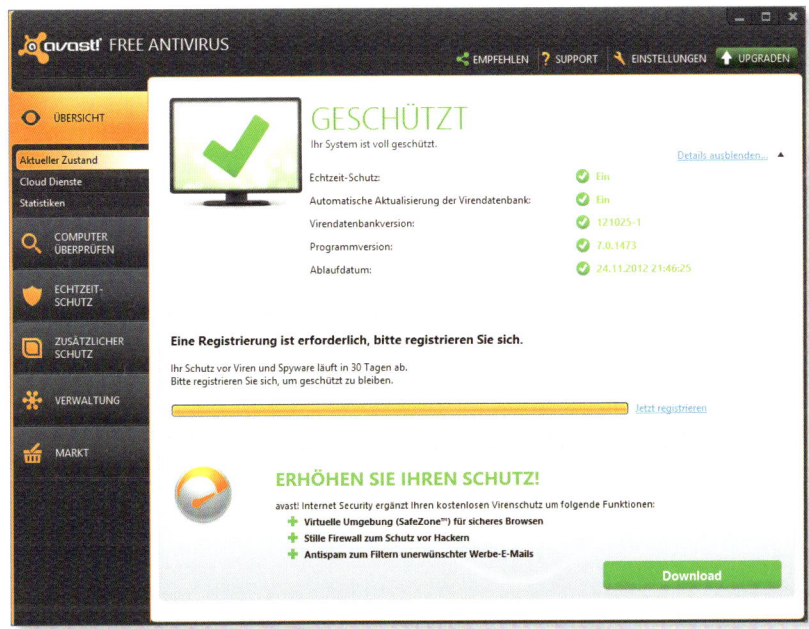

◀ **Abbildung 27.33** *Die Übersichtsseite von avast! Free Antivirus zeigt den Status des Programms. Sie sehen hier, ob die Virendatenbank aktuell ist und wann die Programmversion abläuft. Mit dem Menü auf der linken Seite erreichen Sie alle Funktionen.*

Kapitel 27: Sicher durchs Internet

2 Wechseln Sie nach **Jetzt prüfen** ❶.

3 Klicken Sie hier der Zeile **Schnelle Überprüfung** auf die Schaltfläche **Starten** ❷.

△ **Abbildung 27.34** *Eine schnelle Virenüberprüfung kostet nur wenige Mausklicks.*

Schneller Virenscan heißt nicht, dass in wenigen Sekunden Ihr Rechner untersucht ist. Eine moderne Festplatte besitzt viele Gigabyte, und es dauert einige Zeit, bis sie untersucht wurde. Mein Tipp: Starten Sie den Virenscan, wenn Sie nicht am Rechner arbeiten müssen, und schauen Sie sich später das Ergebnis an.

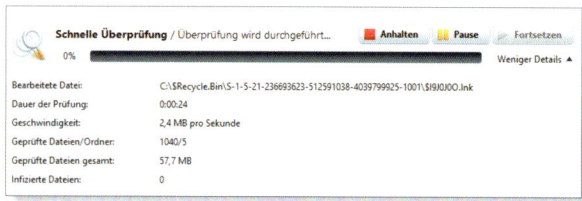

△ **Abbildung 27.35** *Verfolgen Sie den Virenscan.*

Eine vollständige Überprüfung starten

Die vollständige Überprüfung ist ausführlicher. Neben dem Systemlaufwerk werden auch alle anderen Laufwerke untersucht. Es erfolgt eine schnelle Suche nach Rootkits und eine Überprüfung der Autostart-Programme. Ebenfalls untersucht werden die im Speicher des Rechners geladenen Module. Diese Überprüfungsmethode ist ausführlicher, aber langsamer.

1 Öffnen Sie die avast!-Benutzerschnittstelle (die Übersichtsseite des Programmes).

2 Wechseln Sie nach **Jetzt überprüfen**.

3 Klicken Sie hier der Zeile **Vollständige Überprüfung** auf die Schaltfläche **Starten**.

Ordner und Wechseldatenträger überprüfen

Mit der **Wechseldatenträger-Überprüfung** untersuchen Sie USB-Festplatten, USB-Sticks, SD-Karten, CDs, DVDs und andere Medien. Legen Sie die Medien ein, bzw. verbinden Sie sie mit dem Rechner. Wählen Sie dann die Überprüfungsmethode aus.

Einen oder mehrere Ordner können Sie mit **Wählen Sie den zu überprüfenden Ordner** untersuchen. Dies ist die benutzerdefinierte Untersuchungsmethode des Programmes. Nach dem Starten bestimmen Sie, welche Ordner untersucht werden sollen. Die Auswahl von mehreren ist möglich.

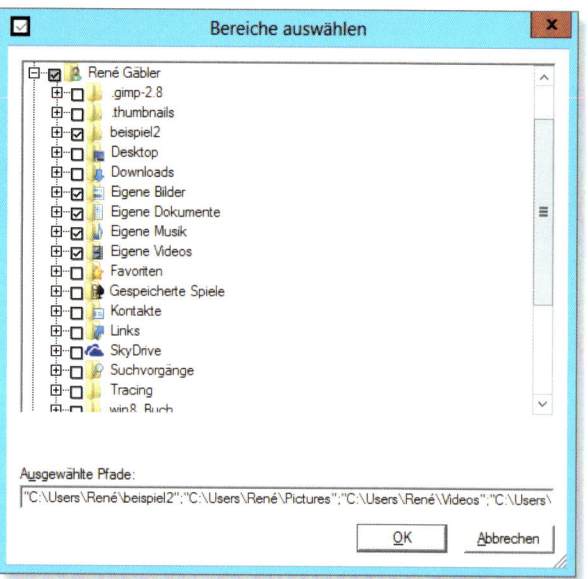

△ **Abbildung 27.36** *Wählen Sie die Ordner, die untersucht werden sollen.*

Die Einstellungen des Programmes

In der **Verwaltung** finden Sie nicht nur den Virus-Container, sondern auch die Einstellungen. In 16 einzelnen Dialogen können Sie das Programm an Ihre Bedürfnisse anpassen. Schauen wir uns die wichtigsten Einstellungen einmal an.

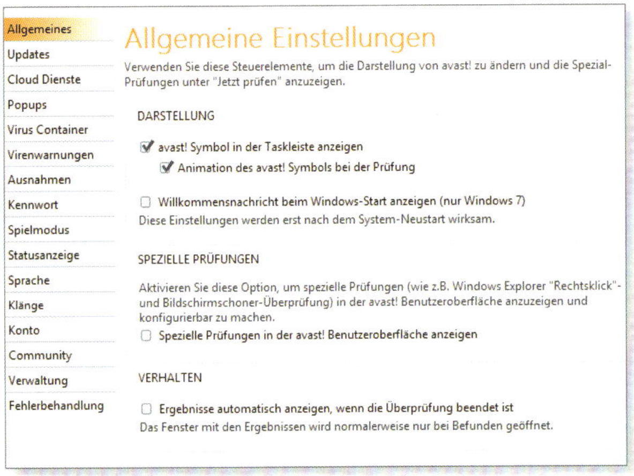

▲ *Abbildung 27.37 Das Programm bietet eine Vielzahl an Einstellmöglichkeiten.*

Unter **Updates** lassen sich automatische Aktualisierungen ausschalten. Neue Virendefinitionen laden automatisch auf Ihren Rechner. Stehen neue Versionen des Programmes zur Verfügung, wird Ihnen dies gemeldet. Das Update starten Sie per Mausklick.

In dem Bereich **Cloud Dienste** lassen sich die Nutzung des Bewertungsdienstes und der Stream-Updates ausschalten. Für diese Internetdienste wird eine Bewertungsdatenbank genutzt. Aktuelle Bedrohungen werden schneller erkannt.

Wenn Ihnen die automatischen Meldungen des Programmes nicht gefallen, so können Sie sie unter **Popups** einrichten. In meinem Beispiel habe ich die Anzeige von Informations- und Updatemeldungen auf 5 Sekunden verringert. Dafür habe ich die Anzeigedauer von Warn- und Alarmmeldungen auf 30 Sekunden erhöht.

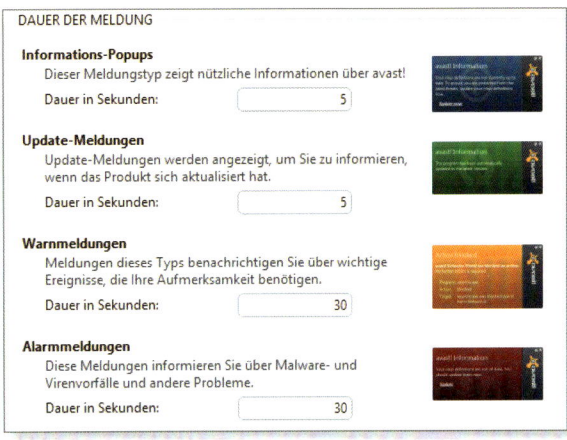

▲ *Abbildung 27.38 Passen Sie die Anzeigedauer der bunten Meldungen an.*

Werden Dateien fälschlicherweise als Viren oder Spyware gemeldet, tragen Sie sie in die Tabelle im Bereich **Ausnahmen** ein.

Möchten Sie die Einstellungen im Programm vor Dritten schützen, können Sie im gleichnamigen Bereich ein Kennwort festlegen.

Im Spielmodus werden keine Meldungen ausgegeben, wenn das Spiel im Vollbildmodus läuft. Schalten Sie zusätzlich die Option **Spielmodus** an, um Meldungen auch dann zu unterdrücken, wenn das Spiel nicht im Vollbildmodus aktiv ist. World of Warcraft können Sie beispielsweise auch im Fenstermodus betreiben. Eine Virusmeldung in einem 25er- RAID, wenn Sie den Boss bekämpfen, führt nur zu Schreikrämpfen. .-)

In der Statusanzeige schalten Sie Module, die Sie nicht benötigen, aus. Damit sparen Sie auch etwas RAM-Speicher, der für andere Anwendungen zur Verfügung steht.

HINWEIS

Schnelle Prüfung im Windows-Explorer
avast! erweitert das Kontextmenü des Windows-Explorers um eine nützliche Funktion. Sie können Dateien und Ordner direkt über das Kontextmenü untersuchen. Das geht schnell, und Sie müssen die Übersichtsseite des Programmes nicht öffnen.

27.4 Alternative Sicherheitsprogramme

Es gibt auf dem Markt eine ganze Reihe alternativer Sicherheitsanwendungen. Ich möchte nicht sagen, dass diese besser oder schlechter sind als die kostenlosen Varianten Microsoft Security Essentials und Windows Defender. Jedoch erhalten Sie hier mehr Funktionen. In der Regel findet das Programm mehr Schadprogramme und Computerviren. Eine Aktualisierung erfolgt öfter. Auch neue Bedrohungen werden erkannt. Aber: Die Programme verfügen über viele Funktionen, von denen einige nicht für jeden Anwender notwendig sind. Oft wird ein Windows-8-Rechner durch die Nutzung eines solchen Programms langsamer. Das Schutz- und Antivirenprogramm verbraucht eine ganze Menge an Arbeitsspeicher. Einige »Automatikfunktionen« sind nicht wirklich sinnvoll, um den Schutz des Rechners zu erhöhen. So werden Windows-Dienste und -Programme automatisch als sicher eingestuft, obwohl gerade diese Dienste und Programme zu den ersten Angriffszielen von Hackern und Virenprogrammierern zählen. Sie können oft keine Firewall eines anderen Anbieters mit einer Antivirenlösung kombinieren. Bereits die Installation wird verweigert. Sie erhalten ein Update für einige Monate bis zu einem Jahr und müssen danach ein neues Update kaufen.

Ich möchte an dieser Stelle keine Kaufempfehlung abgeben. Sie müssen selbst entscheiden, ob Sie eine Antivirenlösung oder eine Sicherheitssuite kaufen und damit Ihren Rechner absichern.

> **INFO**
>
> **Programm oder Suite?**
> Man unterscheidet zwischen einfachen Antivirenprogrammen und Sicherheitssuites. Bei einem Antivirenprogramm handelt es sich, wie der Name bereits verrät, um ein Programm, das nach Computerviren und gefährlichen Programmen sucht. Mit der Suite erhalten Sie zusätzlich eine Firewall. Oft gibt es weitere Funktionen, wie zum Beispiel Datensicherungen.

Aber ich kann noch einmal rekapitulieren, was ich auf den letzten Seiten über kommerzielle und nicht-kommerzielle Virenprogramme geschrieben habe. Stellen wir also noch einmal die Vor- und Nachteile eines kommerziellen Antivirenprogramms bzw. einer Sicherheitssuite zusammen:

Vorteile

- Aktuelle Bedrohungen werden erkannt.
- Es gibt häufige Updates.
- Viele Funktionen sichern den Rechner ab.

Nachteile

- Sie binden sich für eine Zeit an den Hersteller des Programms und müssen danach ein Update kaufen.
- Einige Automatikfunktionen stufen Windows-Dienste und bekannte Programme als sicher ein, obwohl diese oft Angriffsziele von Computerviren und Hackern sind.
- Nicht jede Funktion wird wirklich benötigt. Gerade Sicherheitssuites sind mit vielen Funktionen überladen.
- Die Nutzung eines Sicherheitsprogramms schließt die Nutzung eines zweiten Sicherheitsprogramms von einem anderen Hersteller aus. So verträgt sich zum Beispiel die Freeware-Firewall ZoneAlarm nicht mit der Sicherheitssuite oder dem Antivirenprogramm von Symantec.
- Pro Rechner ist eine Lizenz notwendig. Es gibt jedoch auch Familien-Lizenzen und Lizenzen für die Nutzung auf mehr als einem Rechner.

Mit der letzten Option habe ich so meine Probleme. In der Praxis kann ich unmöglich für jedes Notebook, jeden Desktoprechner und jede Wechselfestplatte ein einzelnes Antivirenprogramm kaufen und bevorzuge daher freie Varianten.

27.4 Alternative Sicherheitsprogramme

Verschiedene Sicherheitsprogramme kurz vorgestellt

In der folgenden Übersicht möchte ich Ihnen verschiedene Antivirusprogramme und Sicherheitslösungen vorstellen. Die Liste ist nicht vollständig. Ich habe jedoch versucht, eine Auswahl verschiedener Programme und Sicherheitssuites zusammenzustellen.

Microsoft Safety Scanner

Microsoft Safety Scanner ist ein kostenloses Programm, mit dem Sie Ihren Rechner auf eine Infektion mit Computerviren durchsuchen können. Es sucht nach Viren, Spyware und anderen Schadprogrammen. Sie finden das Programm unter http://www.microsoft.com/security/scanner/de-de/default.aspx. 10 Tage nach dem Download läuft die Nutzungslizenz ab. Um es weiterzuverwenden, müssen Sie es erneut herunterladen und installieren.

Das Tool ist eine Ergänzung zu Ihrem vorhandenen Antivirenprogramm. Neben dem kleinen Tool, das Sie installieren müssen, ist das eigentliche Virussuchtool ein Webdienst.

Tool zum Entfernen bösartiger Software

Das von Microsoft stammende Miniprogramm *Tool zum Entfernen bösartiger Software* ist ein Werkzeug, mit dem Sie ganz spezielle bösartige Programme von Ihrem Rechner entfernen können. Jeden zweiten

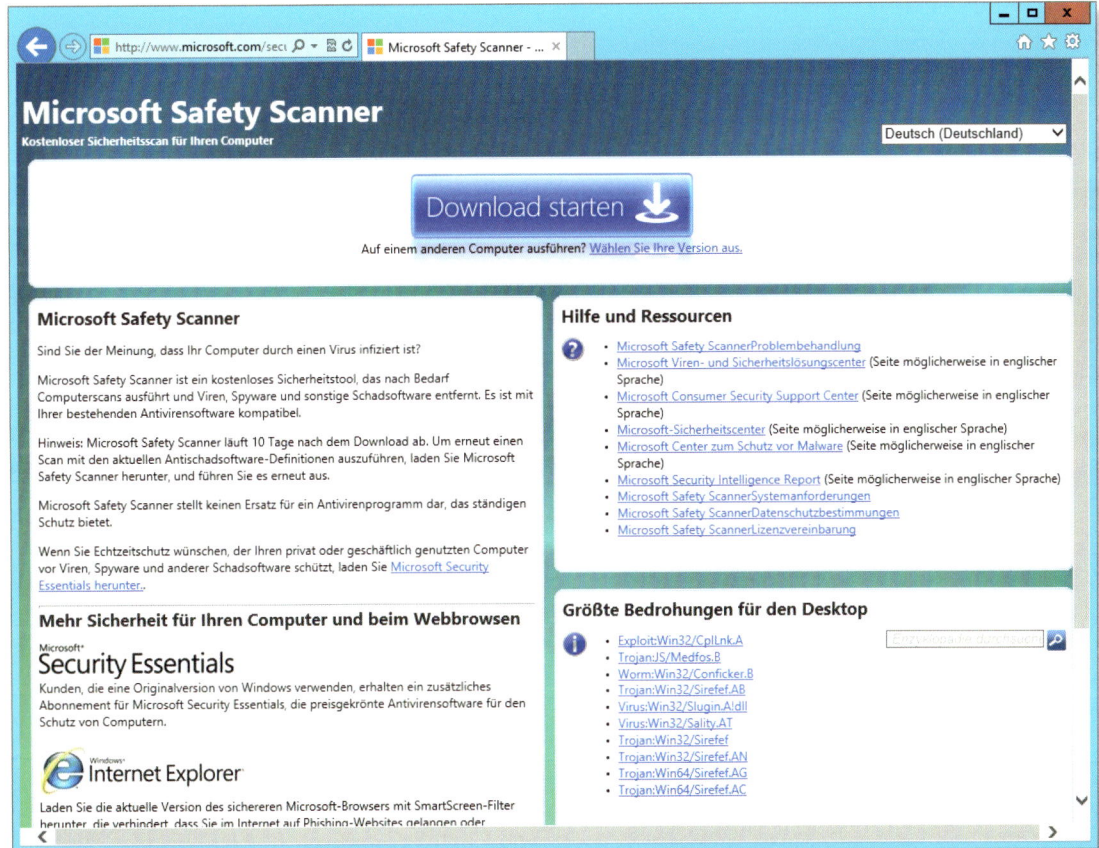

Abbildung 27.39 Mit dem Microsoft Safety Scanner suchen Sie Schadprogramme.

Dienstag im Monat gibt es eine neue Version dieses Tools. Entfernt werden Programme wie zum Beispiel *Blaster*, *Sasser* und *Mydoom*. Dieses Programm ist ebenfalls kostenlos. Sie finden es im Microsoft-Downloadcenter unter *http://www.microsoft.com/de-de/download/details.aspx?id=16*.

> **INFO**
>
> **Infoseiten zum Thema Sicherheit**
> Microsoft bietet einige Webseiten zum Thema Sicherheit. Das *Malware Protection Center* finden Sie unter *http://www.microsoft.com/security/portal/default.aspx*. Das *Safety & Security Center* erreichen Sie unter der Adresse *http://www.microsoft.com/de-de/security/default.aspx*.

Beachten Sie bitte, dass es gelegentlich gefälschte Websites zum Thema »Sicherheit mit Windows/Microsoft« gibt. Über diese werden gefälschte Programmversionen und mit gefährlichen Programmen infizierte Dateien vertrieben.

▲ **Abbildung 27.40** *Das Sicherheitscenter von Microsoft ist eine gute Infoquelle.*

AntiVir

Das Programm *AntiVir* gibt es in einer für Privatanwender kostenlosen Version. Sie finden es im Internet unter *http://www.avira.com/de/avira-free-antivirus*. Die kostenpflichtige Premium-Version untersucht auch E-Mails und den Datenverkehr einer Internetverbindung. Mit der *Security Suite* gibt es weitere Funktionen dazu. Diese sind für Anwender interessant, die ihren Rechner mit anderen Anwendern zusammen benutzen. Auch Geldgeschäfte werden abgesichert.

Sicherheitsprogramme von G Data

Von *G Data* gibt es ein Antivirusprogramm, eine Sicherheitssuite und weitere Programme zum Schutz des Rechners. Im Vergleich zu anderen Programmen sind diese recht günstig im Handel erhältlich. Da es jedoch fünf verschiedene Programme gibt, fällt die Auswahl des richtigen Programms nicht so leicht. *AntiVirus* oder *Internet Security* sollte die richtige Wahl sein. In *Total Care* finden Sie zusätzlich ein Backupprogramm, ein Datenrettungstool und eine Tuningfunktion. Mehr Informationen erhalten Sie unter *http://www.gdata.de/*.

Antivirusprogramme von Kaspersky

AntiVirus und *Internet Security* aus dem Hause Kaspersky sind recht einfach zu bedienen. Es gibt die Programme auch mit Lizenzen für drei oder fünf PCs. Die Programme schützen Sie umfassend vor allen Bedrohungen, vor Viren, Würmern, Trojanern, Spy- und Adware. In der Sicherheitssuite ist eine Firewall vorhanden. Sie können Programme blockieren oder deren Anwendung erlauben. Links auf gefälschte Webseiten und HTML-Seiten, von denen gefährliche Programme vertrieben werden, werden blockiert. Messenger-Verbindungen werden geschützt. Passwörter können Sie über eine auf dem Bildschirm eingeblendete Tastatur eingeben.

Im Internet erhalten Sie Informationen zu den verschiedenen Sicherheitsprogrammen unter der Adresse *http://www.kaspersky.com/de/*. Schauen Sie sich auch das Programm *PURE Total Security* an. Mit ihm schützen Sie Online-Accounts.

Sicherheitsprogramme von Bitdefender und F-Secure

Bitdefender bietet ein Antivirusprogramm, eine Sicherheitssuite, ein umfangreiches Sicherheitspaket und ein Netbook-Tool. Informationen dazu finden Sie unter *http://www.bitdefender.de/*.

F-Secure bietet ebenfalls eine Sicherheitssuite an. Unter der Adresse *http://www.f-secure.com/de/web/home_de/home* finden Sie dazu nähere Informationen. Hier können Sie auch einen kostenlosen Online-Virenscanner nutzen.

Sicherheit von ZoneAlarm

Aus dem Hause *ZoneAlarm* kommt nicht nur eine gute Firewall-Lösung für Homeanwender. Hier finden Sie auch ein Antivirusprogramm und eine Sicherheitslösung. Wer richtig »viel« Sicherheit möchte, greift zur *Extreme-Security-Edition*. Informationen dazu finden Sie unter *http://www.zonealarm.de/*.

Antivirenprogramme von McAfee

McAfee bietet Ihnen die Auswahl zwischen einem Antivirenprogramm, einer Sicherheitssuite und einer erweiterten Sicherheitssuite. Eine Übersicht dazu können Sie sich unter *http://home.mcafee.com/Default.aspx?rfhs=1* anschauen.

Antivirenprogramme von Syn

Bei Norton gibt es ebenfalls eine einzelne Antivirenlösung und ein Sicherheitspaket. Mit *Norton 360* erhalten Sie zudem ein Programm, das auf eine einfache Bedienung setzt. Informationen zu diesen Programmen finden Sie unter *http://www.symantec.com/de/de/index.jsp*.

Welches Programm ist das richtige?

Für welches Programm soll ich mich entscheiden? – Diese Frage kann und will ich nicht beantworten. Die Sicherheitsfunktionen sind oft ähnlich. Alle Sicherheitsprogramme suchen nach Computerviren, Spyware, Malware und anderen gefährlichen Programmen. Es gibt bei allen Programmen regelmäßige Updates und eine übersichtliche Bedienoberfläche. Um die Vor- und Nachteile der Programme abzuwägen, müsste man auf mehreren gleich ausgerüsteten Rechnern alle Programme über einen längeren Zeitraum testen. Ein derartiges Testlabor steht mir jedoch nicht zur Verfügung. Ich möchte auch keine Kaufentscheidung beeinflussen. Welches Programm Sie verwenden, bleibt letztendlich Ihnen überlassen.

Jedoch – *ein* Programm sollten Sie unbedingt verwenden. Nur mit einem aktuellen Antivirenprogramm und einer Firewall können Sie Ihren Rechner vor Schadprogrammen schützen.

27.5 Kaspersky Internet Security

Auch *Kaspersky Internet Security* prüft den Rechner des Anwenders auf vertrauenswürdige Anwendungsprogramme. Dabei wird auf eine hauseigene Internetdatenbank zugegriffen. Darauf basierend teilt das Programm jeder Anwendung Rechte zu. So können Systemressourcen nicht unbemerkt genutzt werden.

Allgemeines zu Kaspersky Internet Security

Kaspersky Internet Security schützt vor Computerviren, Rootkits, Bootkits, Keyloggern, Malware, Spyware und vielen anderen gefährlichen Programmen. Es gibt eine Kindersicherung. Sie können eine Notfall-CD erstellen und einen Webfilter nutzen.

Das Programm erkennt bekannte und unbekannte Bedrohungen. Phishing- und andere Hackerwebseiten werden erkannt und gemeldet. Sie werden beim Onlinebanking und -Shopping geschützt. Ihre privaten Daten werden geschützt. Passwörter und Benutzernamen können Sie über die »sichere Tastatur« eingeben. Diese kann nicht von Trojanern ausgelesen werden. Eine Kindersicherungsfunktion ist im Programm integriert.

Sehr »cool« kommt das für die Windows-8-Aero-Oberfläche geschaffene Desktop-Gadget daher. Mit ihm sehen Sie, ob das Sicherheitsprogramm aktiv ist, und können das Programm mit seinem Startfenster öffnen. Mit der Schaltfläche links unten öffnen Sie die Berichte des Programms. Mit der Schaltfläche rechts unten kann ein Programm »sicher vor Angriffen« gestartet werden.

Das Programm bietet nach der Installation eine Erweiterung an. Bestätigen Sie dies, werden Sie an den Windows-Store weitergeleitet. Im Test stand diese Erweiterung noch nicht zur Verfügung.

Über das Startfenster sind alle Funktionen erreichbar. Hier sehen Sie auch, ob die Virusdatenbank auf einem aktuellen Stand ist, wie lange die Lizenz noch gültig ist und wie viele Objekte auf eine Infektion mit Viren oder anderen gefährlichen Programmen untersucht wurden.

Bitte beachten Sie, dass in der Regel jedes Jahr eine neue Programmversion erscheint. Damit kommen immer Verbesserungen und Neuerungen hinzu. So kann es zu Unterschieden zu der in diesem Buch vorgestellten Version kommen.

Abbildung 27.41 Das Startfenster

Kaspersky wählt, sofern eine infizierte Datei gefunden wird, die passende Aktion selbst. In den Einstellungen können Sie dies ausschalten und stattdessen versuchen, das Objekt desinfizieren zu lassen. Das heißt, das Programm versucht, das Computervirus aus der infizierten Datei zu entfernen. Mit einer zweiten Option wird die Datei gelöscht, falls eine Desinfektion nicht möglich ist. Beide Optionen ergänzen sich gut: So wird erst eine Desinfektion versucht. Gelingt dies nicht, wird die Datei gelöscht.

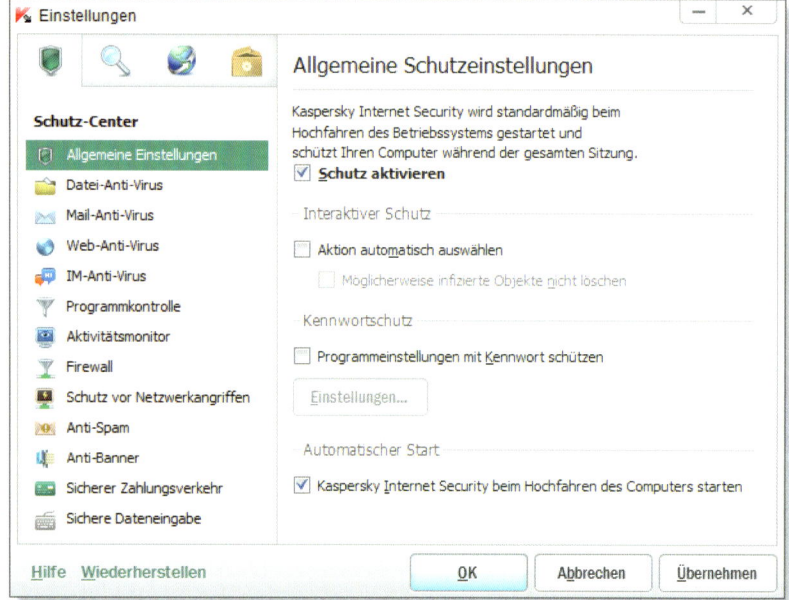

Abbildung 27.42 Hier habe ich die automatische Auswahl der richtigen Aktion beim Finden einer infizierten Datei ausgeschaltet.

27.5 Kaspersky Internet Security

Kaspersky Internet Security nutzt den Leerlauf des Rechners für eine Untersuchung. Leerlauf heißt hier, dass sich ein Benutzer abmeldet oder den Computer schließt (d. h., er klappt den Bildschirm des Notebooks herunter). Die Untersuchung wird ebenfalls ausgeführt, wenn ein Bildschirmschoner länger als fünf Minuten läuft.

Nach Viren und gefährlichen Programmen suchen

Bereits wenn Sie einen Wechseldatenträger per USB-Kabel mit Ihrem Rechner verbinden, meldet sich Kaspersky Internet Security. Es bietet Ihnen an, den Datenträger schnell oder vollständig auf Viren und gefährliche Programme zu untersuchen, was Sie aber auch ablehnen können.

Möchten Sie diese Meldung beim nächsten Mal nicht wieder haben, schalten Sie die Option **In ähnlichen Fällen immer anwenden** an.

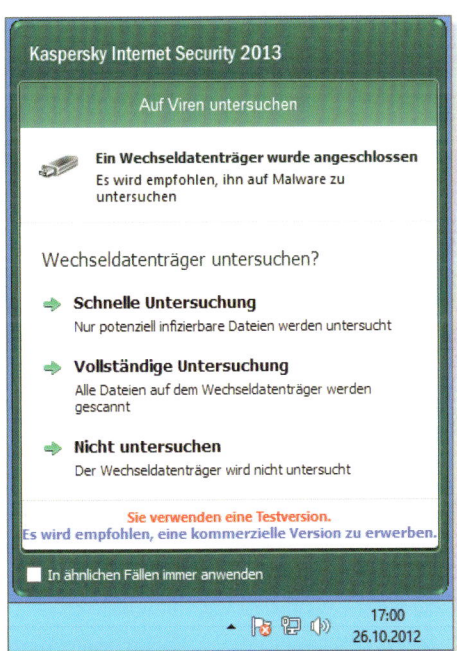

▲ **Abbildung 27.43** Kaspersky bietet eine Untersuchung meines USB-Sticks an.

Einen Virenscan durchführen

Um selbst einen Virenscan durchzuführen, gehen Sie wie folgt vor:

1 Öffnen Sie das Programmfenster von Kaspersky Internet Security. Doppelklicken Sie auf das Kaspersky-Symbol auf dem klassischen Desktop oder auf die Kaspersky-Kachel auf dem Startbildschirm. Im Infobereich der Taskleiste finden Sie ebenfalls ein Symbol der Suite. Über das Kontextmenü können Sie sie hier starten.

▲ **Abbildung 27.44** Das Kontextmenü des Kaspersky-Symbols

2 Wählen Sie im Programmfenster **Untersuchung**, und entscheiden Sie sich für die Funktion **Vollständige Untersuchung ausführen**. Damit werden alle Bereiche der Festplatte und des Systems geprüft.

▲ **Abbildung 27.45** Der Rechner wird vollständig und ausführlich untersucht.

595

Über eine Anzeige können Sie die Untersuchung verfolgen. Eine Prozentangabe oder eine Zeitangabe gibt es leider nicht. Stellen Sie ein, was am Ende des Scanvorganges geschehen soll. Mit der Vorgabe wird der Rechner weiterbetrieben.

▲ **Abbildung 27.46** *Verfolgen Sie den Scan im Programmfenster.*

Über das Listenfeld unter dem Untersuchungsschalter können Sie bestimmen, dass nach dem Scan der Rechner automatisch ausgeschaltet wird. Es ist auch möglich, den PC neu starten zu lassen oder ihn in den Ruhezustand oder den Energiesparmodus zu versetzen.

Möchten Sie den Scan abbrechen, klicken Sie auf die Schaltfläche. Nach einer Rückfrage, die Sie bestätigen müssen, bricht die Untersuchung ab.

Interessant ist, dass Sie mit Kaspersky eine abgebrochene Untersuchung an späterer Stelle fortsetzen können. Sie müssen den Virenscan nicht komplett neu starten. Nach einem Abbruch klicken Sie später einfach auf **Vollständige Untersuchung ausführen**. Das Programm bietet Ihnen nun an, den Scan neu zu starten oder fortzusetzen.

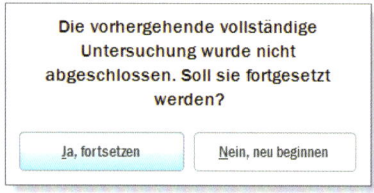

▲ **Abbildung 27.47** *Setzen Sie einen Virenscan später fort.*

Einen schnellen Virenscan durchführen

Möchten Sie nur einen »schnellen« Virenscan durchführen, gehen Sie wie folgt vor:

1 Blenden Sie das Programmfenster ein.

2 Wählen Sie **Untersuchung > Untersuchung wichtiger Bereiche ausführen**.

Mehr ist nicht zu tun. Der Virenscan startet sofort. Der Scan nimmt nicht viel Zeit in Anspruch. Aber: Es werden wirklich nur wichtige Systembereiche untersucht. Ich empfehle Ihnen, von Zeit zu Zeit lieber eine vollständige Untersuchung durchzuführen.

Daneben bietet Ihnen Kaspersky Internet Security eine »Schwachstellenuntersuchung« an. Hier wird ein schneller Scan durchgeführt. Untersucht werden kritische Bereiche des Betriebssystems und von Programmen anderer Anbieter.

Einen benutzerdefinierten Virenscan durchführen

Eine Funktion für einen benutzerdefinierten Virenscan fehlt? Nein, natürlich nicht. Ziehen Sie die zu untersuchenden Ordner und Dateien aus dem Windows-Explorer auf das Programmfenster von Kaspersky Internet Security. Das, so finde ich, ist eine ziemlich coole Funktion.

▲ **Abbildung 27.48** *Ziehen Sie zu untersuchende Ordner auf dieses Zeichen.*

Alternativ wählen Sie **auswählen**. Setzen Sie ein Häkchen in das Optionskästchen vor den Datenträgern, die Sie auf Viren und gefährliche Programme untersuchen wollen. Bestätigen Sie anschließend mit **OK**.

Klicken Sie auf **Hinzufügen**, um Laufwerke, Partitionen oder einzelne Ordner auszuwählen. Auch mehrere solche Orte lassen sich auswählen und dann untersuchen.

27.5 Kaspersky Internet Security

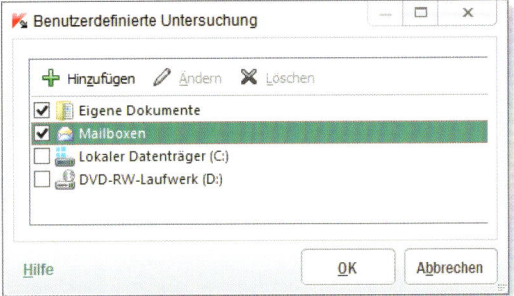

▲ **Abbildung 27.49** Untersuchen Sie einzelne Partitionen und Datenträger.

Eine Notfall-CD erstellen

Es kann durchaus einmal passieren, dass ein Computervirus sich auf dem Rechner verbreitet und nicht mehr zu entfernen ist. Was übrigbleibt, ist das Formatieren der Festplatte. Anschließend müssen Sie Windows 8 neu installieren. Ebenso müssen Sie alle Programme neu aufspielen und einrichten.

Mit einem Systembackup können Sie derartige Schwierigkeiten umgehen. Möglich ist dies auch mit der Notfall-CD, die Sie mit Kaspersky Internet Security erstellen können. Dabei wird eine Reihe von Konfigurationsdateien und Programm-Informationen auf eine bootfähige CD oder einen USB-Stick gespeichert. Diese können Sie bei Bedarf zurücklesen.

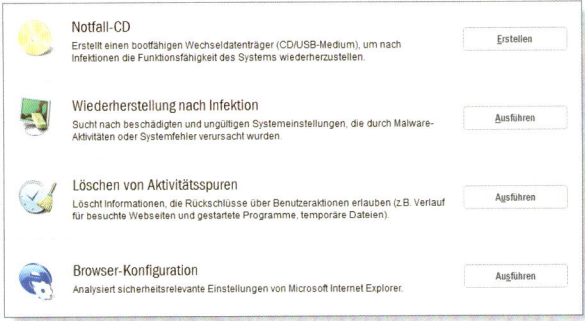

▲ **Abbildung 27.50** Eine Notfall-CD wird mit einem Assistenten erstellt.

So eine Notfall-CD ist eine praktische Sache, und die Erstellung dauert nicht lange. Ich empfehle Ihnen, sich die wenigen Minuten Zeit zu nehmen. Erstellen Sie ein Datenträgerabbild. Möchten Sie eine Notfall-CD erstellen, legen Sie einen Datenträger bereit. Wählen Sie in Kaspersky Internet Security **Tools > Notfall-CD**. Ein Assistent führt Sie durch alle weiteren Schritte. Folgen Sie den Anweisungen in den einzelnen Dialogen.

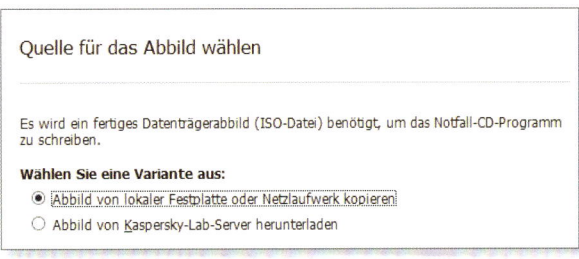

▲ **Abbildung 27.51** Wählen Sie ein Abbild aus.

Den Netzwerkmonitor verwenden

Im Netzwerkmonitor sehen Sie, welche Dienste aktiv sind und auf das Netzwerk zugreifen. Die empfangenen und gesendeten Datenmengen werden angezeigt. Der Datenverkehr wird mit einem Diagramm dargestellt.

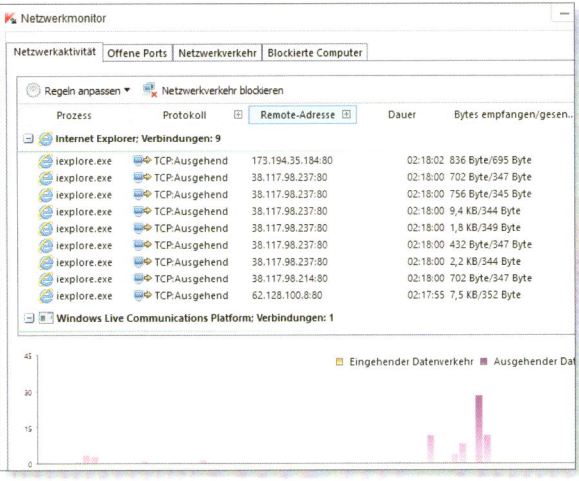

▲ **Abbildung 27.52** Lassen Sie sich den Netzwerkverkehr anzeigen.

In weiteren Registern werden die Nutzung der Ports und der gesamte Netzwerkverkehr angezeigt. Sie können Ports und Anwendungen blockieren.

Über eine Schaltfläche können Sie den gesamten Netzwerkverkehr blockieren. Eine bessere Lösung ist das Erstellen einer Regel.

Um eine Netzwerkregel zu erstellen, gehen Sie wie folgt vor:

1 Öffnen Sie den Netzwerkmonitor.

2 Im Register **Netzwerkaktivität** wählen Sie **Regeln anpassen > Alle Netzwerkregeln**.

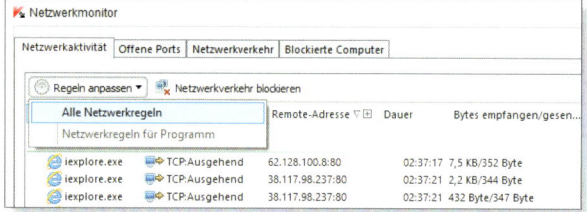

▲ **Abbildung 27.53** *Erstellen Sie eine Netzwerkregel.*

3 Sie sehen nun die verschiedenen bereits vorhandenen Regeln vor sich. Die Regeln schalten Sie mit einem Optionskästchen an oder aus.

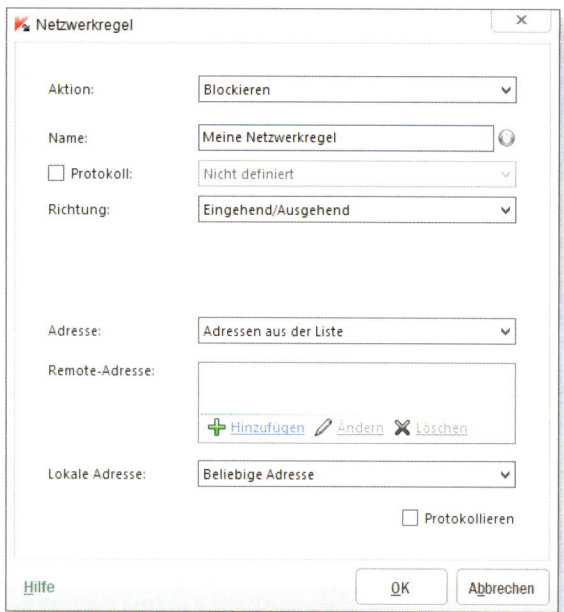

▲ **Abbildung 27.54** *Erstellen Sie eine Netzwerkregel.*

4 Wählen Sie **Hinzufügen**. Wählen Sie, ob die Aktion erlaubt oder verweigert werden soll. Im Beispiel wähle ich **Blockieren**. Geben Sie eine Bezeichnung ein. Die Richtung lassen Sie unverändert. Im Feld **Adresse** wählen Sie **Adresse aus der Liste**.

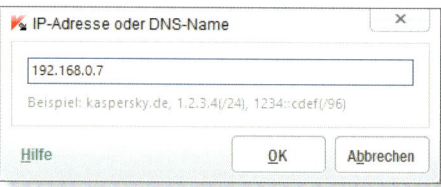

▲ **Abbildung 27.55** *Tragen Sie eine IP-Adresse oder eine Domain ein.*

Programmaktivitäten einsehen und bearbeiten

Programme werden von Kaspersky Antivirus erfasst und als vertrauenswürdig oder eben nicht vertrauenswürdig festgehalten. Im Bereich **Programmaktivität** können Sie diese Liste einsehen.

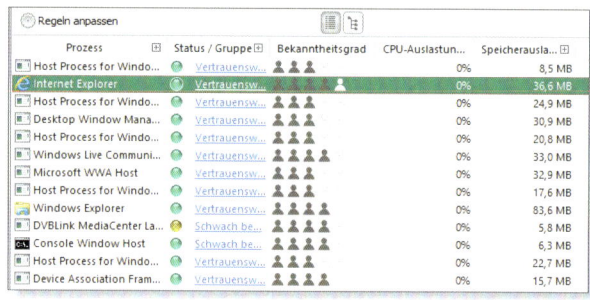

▲ **Abbildung 27.56** *Die Liste der vertrauenswürdigen Programme*

Natürlich können Sie hier auch die Kennzeichnung bearbeiten. Markieren Sie dazu den Eintrag, und wählen Sie eine der Kennzeichnungen aus. Möglich sind:

- Vertrauenswürdig
- Schwach beschränkt
- Stark beschränkt
- Nicht vertrauenswürdig
- Benutzerdefinierte Einstellungen

27.5 Kaspersky Internet Security

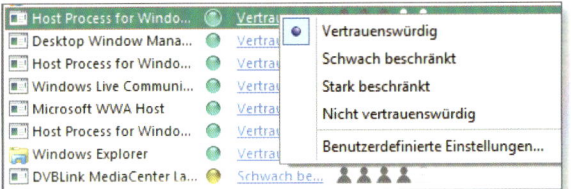

▲ **Abbildung 27.57** *Kennzeichnen Sie ein Programm als vertrauenswürdig.*

In den benutzerdefinierten Einstellungen können Sie genau festlegen, was ein Programm darf und was nicht. Bestimmen Sie, ob es Änderungen an der Autostart-Datei, den Systemeinstellungen, den Systemdiensten, an Programmen und den Benutzerdateien vornehmen darf. Für alle diese Rechte können Sie Lese-, Schreibrechte und die Möglichkeiten zum Erstellen und Löschen festlegen. Daneben lassen sich Zugriffe auf Prozesse festlegen oder verweigern und Netzwerkzugriffe erlauben.

Beachten Sie: Sie sollten in diesen Einstellungen nicht einfach etwas »probieren«. Sie sollten über erweiterte Kenntnisse im Umgang mit dem Windows-PC verfügen und wissen, was ein Programm tut und was sich hinter den einzelnen Prozessen und Funktionen verbirgt. Mit falschen Einstellungen funktionieren einige Programme nicht mehr richtig.

▲ **Abbildung 27.58** *Vergeben Sie Rechte für die einzelnen Programme und Prozesse.*

Über die grauen »Manschkerl« können Sie den Bekanntheitsgrad eines Programmes bestimmen. Mehr Männchen heißen, dass das Programm recht bekannt ist. Über das Kontextmenü lassen sich Eintragungen an eine andere Position verschieben oder in eine Gruppe einsortieren. Sie können eine Startreihenfolge festlegen oder Prozesse auch stoppen.

Die Kindersicherung nutzen

Beim ersten Aufruf der Kindersicherung legen Sie ein Passwort fest. Mit ihm werden die Einstellungen gesichert.

1 Wählen Sie einen Benutzer aus, für den Einstellungen festgelegt oder überprüft werden sollen. Mit **Aktivieren** schalten Sie die Kindersicherung an. Klicken Sie dann die Schaltfläche dahinter. Mit ihr gelangen Sie in die Einstellungen.

▲ **Abbildung 27.59** *Erstellen Sie für Ihre Kinder einen Benutzeraccount, und sichern Sie ihn.*

2 In verschiedenen Dialogen legen Sie jetzt die Einstellungen fest. Zuerst sehen Sie die Einstellungen des Benutzerkontos. Geben Sie einen Alias ein, und ordnen Sie ein Profilbild zu.

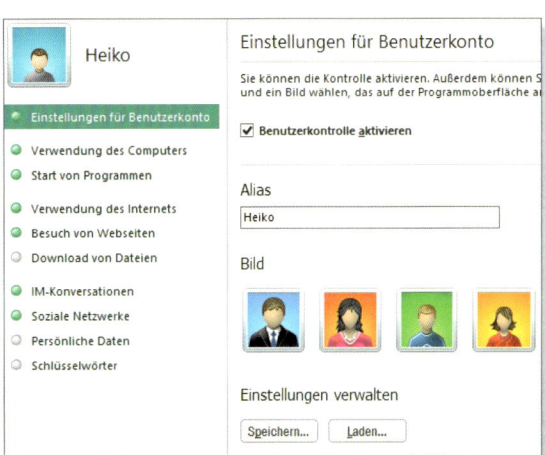

▲ **Abbildung 27.60** *Unser Beispielkind heißt Heiko.*

3 Wechseln Sie nach **Verwendung des Computers**. Begrenzen Sie die Nutzung des Rechners mit den Kästchen im Feld. Farbige Felder bedeuten: In diesen Zeiten darf der Rechner genutzt werden. Zu Beginn sind alle Felder markiert. Ändern Sie für jeden Tag die Einstellungen. Sie müssen übrigens die Felder nicht einzeln anklicken – fahren Sie einfach bei gedrückter Maustaste die Zeilen und Reihen ab.

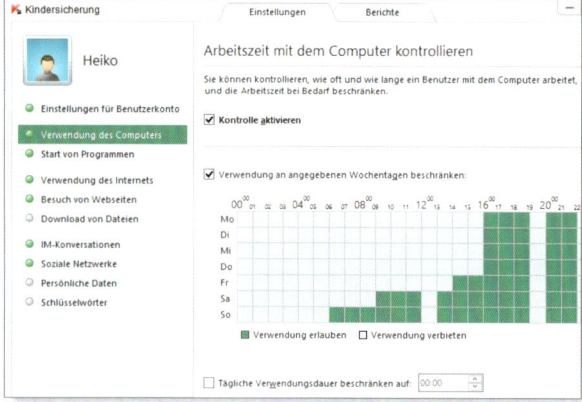

▲ *Abbildung 27.61* Die Kindersicherung von Kaspersky Internet Security

4 Tragen Sie unter **Starten von Programmen** alle Anwendungsprogramme und Spiele ein, die Ihr Kind verwenden darf. Geben Sie auch Spiele und Anwendungen ein, die auf dem Rechner vorhanden sind, aber nicht verwendet werden dürfen.

5 Wiederholen Sie das Freigeben der Zeiten unter **Benutzung des Internets**. Hier erlauben Sie nicht die Arbeit am Rechner, sondern die Nutzung des Internets.

6 Im Bereich **Besuch von Webseiten** sind einige Website-Kategorien verboten. Ergänzen Sie noch **Online-Shops** und **Zahlungssysteme**. Bitte achten Sie darauf, dass hier nur Webseiten genannt sind, die von Kaspersky in einer Datenbank erfasst und einer Kategorie zugeordnet sind.

7 Sofern Sie möchten, schalten Sie den Bereich **Download von Dateien** an. Hier können Sie das Herunterladen von bestimmten Dateitypen einschränken, zum Beispiel Musikdateien und Videos.

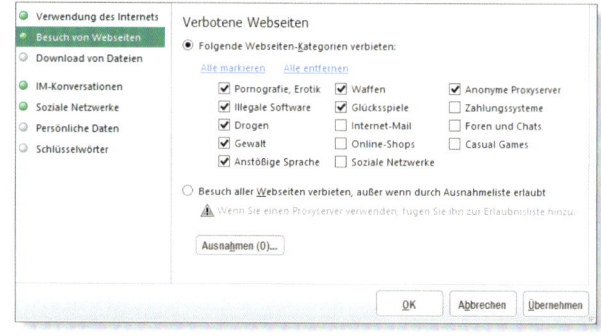

▲ *Abbildung 27.62* Verbieten Sie den Besuch bestimmter Webseiten.

8 Bestätigen Sie alle Angaben mit **OK**.

In den Bereichen **IM-Konversation** und **Soziale Netzwerke** lassen sich Kontakte eintragen. Mit diesen ist ein Chat nicht mehr möglich. Möglich ist auch, in einem weiteren Dialog das Übertragen von persönlichen Daten einzuschränken. Ebenso ist das Eingeben von Schlüsselwörtern möglich. Diese kann Ihr Kind dann später nicht eingeben und übertragen.

Bitte denken Sie daran, dass zu viel Kontrolle keineswegs gut ist. Lehren und zeigen Sie, wie man mit dem Windows-8-PC und dem Internet sinnvoll umgeht. Verbote können immer umgegangen werden, und sei es bei einem Freund. Zu viele Einschränkungen stärken nicht gerade Ihre Sympathie.

Übrigens können Sie mit der Kindersicherung auch das Nutzen von Anwendungsprogrammen und Internet für andere Familienmitglieder und Mitbewohner einschränken.

27.6 Jugendgefährdende Spiele und Inhalte blockieren mit Family Safety

Ich finde, die einfachste Möglichkeit, mit jugendgefährdenden Inhalten umzugehen, ist, den angemesse-

27.6 Jugendgefährdende Spiele und Inhalte blockieren mit Family Safety

nen Umgang mit diesen Inhalten zu lernen. Sie müssen bedenken, dass nicht zugängliche und verbotene Inhalte erst recht interessant werden. Ich kenne das von meinem Patenkind.

Auf der anderen Seite sieht es natürlich so aus, dass dann, wenn Sie den Rechner für ein Kind nicht absichern, hier und da auch Inhalte über den Bildschirm flimmern werden, die für das Kind nicht geeignet sind. Sie müssen selbst einen geeigneten Weg finden, die jugendgefährdenden Inhalte auszusperren, aber gleichzeitig dem Kind die Möglichkeiten des Rechners und die Freiheiten des Internets zu zeigen. Bedenken Sie bitte, dass gerade beim Entdecken des Internets viele spannende Inhalte auf den Anwender warten.

Neue Dinge sorgen dafür, dass man andere wichtige Sachen vergisst und vernachlässigt. Dieser anfängliche Hunger nach dem Unbekannten lässt jedoch schnell nach. Es ist nicht meine Aufgabe, an dieser Stelle Erziehungstipps zu geben. Den richtigen Weg müssen Sie selbst finden. Überlegen Sie in aller Ruhe, wie Sie richtig vorgehen, um das Kind sowohl zu schützen als ihm auch die Möglichkeit zu geben, das eine oder andere im Internet zu entdecken.

Sprechen Sie mit Ihrem Kind, und versuchen Sie, ohne allzu altklug zu klingen, dem Kind auch die Gefahren des Internets vor Augen zu führen. So finden sich in vielen Internetforen und Chatrooms andere Kinder mit gleichen und ähnlichen Interessen. Oft verbergen sich aber auch hier schwarze Schafe, die Dummheiten oder kriminelle Aktivitäten im Sinn haben.

Gerade für jüngere Kinder gibt es eine Menge Websites, die sowohl Spiel, Spaß und Unterhaltung wie auch das Lernen fördern. Versuchen Sie, die Interessen Ihres Kindes zu füttern und ihm gleichzeitig Möglichkeiten zu geben, das ein oder andere auszuprobieren.

Bevor ich Ihnen zeige, wie Sie mit den Jugendschutzeinstellungen von *Windows Family Safety* umgehen, möchte ich an dieser Stelle noch erwähnen, dass Sie mit diesen Funktionen auch Mitarbeiter in kleinen Unternehmen überwachen können. Auch hier lassen sich PC- und Internetaktivitäten einschränken.

Die Jugendschutzeinstellung festlegen

Installieren Sie zunächst das Windows-Live-Paket. Richten Sie für das Kind ein Benutzerkonto ein. Nun können Sie die Jugendschutzeinstellungen festlegen:

1 Öffnen Sie **Systemsteuerung und Family Safety**. Wählen Sie hier **Family Safety für beliebigen Benutzer einrichten** ❶.

▲ *Abbildung 27.63 Das Jugendschutzsystem ist in die Systemsteuerung eingebunden.*

2 Wählen Sie das Benutzerkonto aus, das Sie neu erstellt haben und für das Sie Einstellungen vornehmen wollen.

▲ *Abbildung 27.64 Wählen Sie das Konto aus, das Sie beschränken wollen.*

3 Schalten Sie Family Safety ein ❷ (siehe Seite 377). Danach stehen alle weiteren Einstellungsdialoge zur Verfügung.

▲ **Abbildung 27.65** *Zuerst müssen Sie die Jugendschutzfunktion anschalten.*

Sie sehen nun eine Reihe von Funktionen, die Sie nutzen können:

- Webfilterung
- Zeitlimits
- Windows-Store- und Spieleeinschränkungen
- App-Einschränkungen
- Aktivitätsberichte anzeigen

Schauen wir uns die einzelnen Funktionen der Reihe nach einmal an.

Webfilterung

Mit der Webfilterung werden nicht jugendfreie Websites blockiert. Microsoft vergleicht dazu die aufgerufene Webadresse mit einer Datenbank. Ist diese aufgerufene Website darin enthalten, wird der Zugang gestoppt.

Schalten Sie erst die Funktion mit **Benutzername darf die von mir zugelassenen Websites verwenden** an.

▲ **Abbildung 27.66** *Die Webfilterung müssen Sie erst einmal einschalten.*

In der Webfilterebene legen Sie die Art der Einschränkung fest. Folgende Stufen sind möglich:

- Nur Liste für zugelassene Websites
- Für Kinder entwickelt
- Allgemeines Interesse
- Onlinekommunikation
- Warnung bei nichtjugendfreiem Inhalt

Mit einer weiteren Option können Sie Dateidownloads blockieren.

Mit **Bestimmte Websites blockieren oder zulassen** können Sie eine White- bzw. Blacklist erstellen. Tragen Sie die Websites ein, und wählen Sie, ob diese zugänglich oder gesperrt sein sollen.

Zeitlimits festlegen

Nach der Auswahl von **Zeitguthaben** müssen Sie zunächst die Funktion anschalten. Danach geben Sie eine grobe Beschränkung ein. Legen Sie fest, wie viele Stunden der Rechner wochentags und am Wochenende verwendet werden darf.

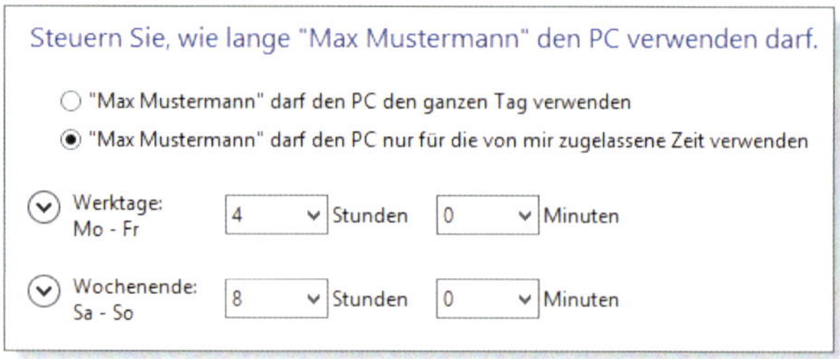

▲ **Abbildung 27.67** *Legen Sie fest, wie viele Stunden der Rechner verwendet werden darf.*

Wechseln Sie nach **Sperrzeit**. Schalten Sie die Funktion an. Klicken Sie in jedes der Felder, in denen die Benutzung des Rechners nicht zugelassen ist; das Feld wird farbig markiert. Haben Sie aus Versehen in ein Feld geklickt, hebt ein weiterer Mausklick die Markierung wieder auf.

27.6 Jugendgefährdende Spiele und Inhalte blockieren mit Family Safety

Sie müssen natürlich nicht jedes einzelne Feld markieren. Bei gedrückter linker Maustaste können Sie einen größeren Bereich »in einem Rutsch« markieren. Auf diese Weise blockieren Sie den Zugriff auf das Internet während der Nachtstunden.

Wechseln Sie nach **Spiele zulassen und blockieren**. Sie sehen eine Tabelle der auf dem Rechner installierten Spiele. Geben Sie diese mit einer Optionsschaltfläche frei. Auch sperren ist möglich.

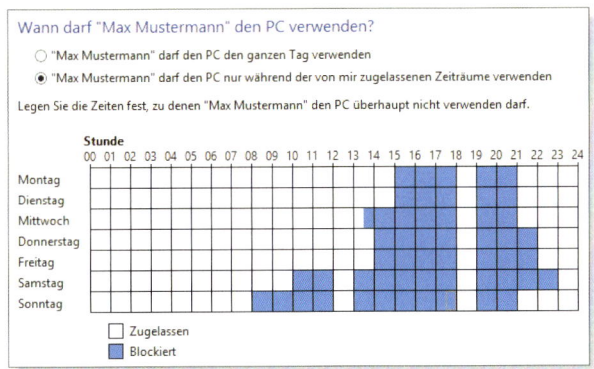

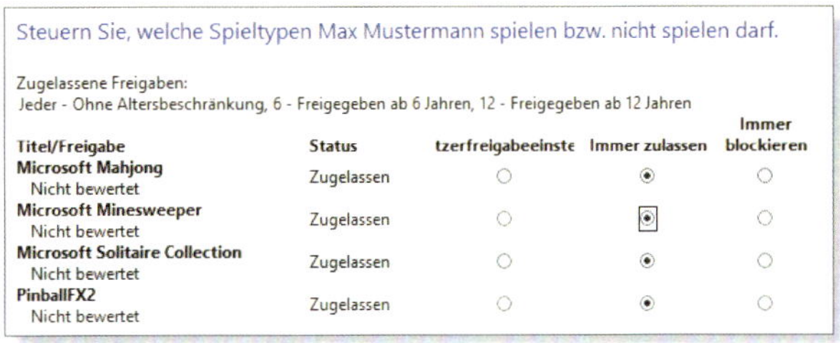

▲ **Abbildung 27.70** Alle Windows-Spiele habe ich zugelassen.

▲ **Abbildung 27.68** Legen Sie fest, zu welcher Zeit der Rechner verwendet werden darf.

App-Beschränkungen

Schalten Sie diese Funktion an, liest Windows 8 eine Liste der installierten Apps ein. Sie können nun mit Optionsschaltflächen einzelne sperren. Gehen Sie dazu die Liste durch, und setzen Sie ein Häkchen in die Schaltfläche vor einer App, die Sie sperren wollen.

Windows-Store- und Spieleeinschränkungen

Schalten Sie die Funktion an. Wählen Sie **Windows Store- und Spielefreigaben festlegen**. Aktivieren Sie die Option **Spiele ohne Freigabe blockieren**, und wählen Sie aus der Liste die maximal zulässige Altersbeschränkung.

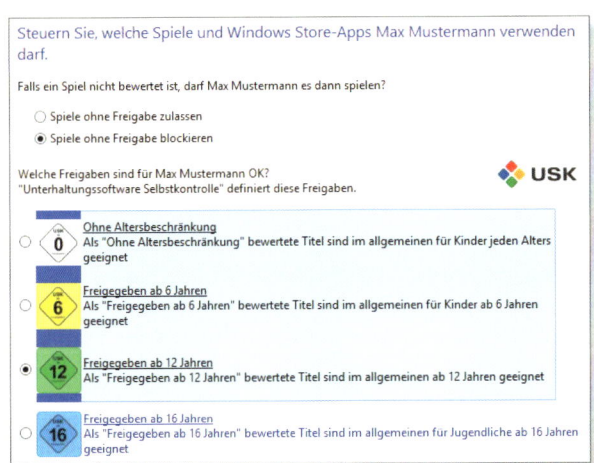

▲ **Abbildung 27.69** Mit dieser Einstellung sind Spiele bis P12 okay.

▲ **Abbildung 27.71** Sperren Sie Apps, die nicht verwendet werden sollen.

Aktivitätsberichte verwenden

In diesem Fenster sehen Sie, welche Aktionen der überwachte Benutzer ausgeführt hat. Sie sehen, ob

603

Websites blockiert wurden, welche Internetadressen der Benutzer aufgerufen hat und wie viel Zeit er im Internet verbracht hat.

▲ **Abbildung 27.72** *Die Einstellungen sind neu. Die Berichte sind noch leer.*

Das Filtersystem auswählen

Über die Funktion **Filtersysteme** im übergeordneten Dialog können Sie eines der möglichen Systeme wählen. Vorausgewählt ist die *Unterhaltungssoftware Selbstkontrolle (USK)*. Daneben stehen viele andere Systeme, darunter auch einige in Deutschland kaum verwendete.

▲ **Abbildung 27.73** *Wählen Sie ein Freigabesystem.*

Informationen zu den Jugendschutz- und Freigabesystemen

Über Links können Sie die Websites der Jugendschutzsysteme besuchen und sich näher über diese informieren. Wenn Sie sich nicht sicher sind, welches System Sie verwenden wollen, dann nutzen Sie diese Möglichkeit. Schauen Sie sich in aller Ruhe die Internetseiten der Anbieter an. Wenn Sie ein wenig Englisch können, dann sehen Sie sich auch einmal die Beurteilungssysteme auf den folgenden Websites an:

- *http://www.esrb.org/*
- *http://www.classification.gov.au*

▲ **Abbildung 27.74** *Es stehen Jugendschutzsysteme für verschiedene Regionen zur Verfügung.*

27.7 Die Windows-Firewall

Die Windows-Firewall schützt Sie vor Angriffen. Sie können Programme blockieren, die von Ihrem Rechner auf das Internet oder ein internes Netzwerk zugreifen wollen. Sie verhindern mit einer Firewall, dass von außen auf Ihren Rechner zugegriffen wird. Es lassen sich bestimmte Webdienste, Domains und Adressen blockieren. Über eine *Whitelist* können Sie auch Anwendungsprogrammen erlauben, auf das Internet zuzugreifen und Daten zu übertragen.

27.7 Die Windows-Firewall

Einige Programme müssen auf das Internet oder ein Netzwerk zugreifen. Ist dies nicht der Fall, können bestimmte Funktionen nicht ausgeführt werden. Ein Webbrowser muss auf eine Internetseite zugreifen. Geht das nicht, kann er diese nicht anzeigen. Das FTP-Programm muss auf einen Webserver zugreifen können. Nur so lässt sich eine Website in das Internet übertragen oder auch eine Datei herunterladen.

Windows 8, Office 2010 oder ein Programm der Adobe Suite braucht die Internetverbindung, um das Programm zu aktivieren. Es gibt viele weitere Beispiele für Anwendungen, bei denen eine Internetverbindung notwendig ist: für das Streamen von Videoinhalten, für das Nutzen eines Webradios, zum Download von Vorlagen mit Microsoft Office oder für das Update von Windows 8.

Aber manchmal tun Programme Dinge, die sie nicht tun sollen. Es werden ungefragt Nutzungsprotokolle übertragen. Es wird nach einem Update geschaut. Es wird eine Webseite auf tolle Werbeangebote geprüft. Das sind vielleicht noch die harmlosen Varianten. Trojaner greifen von außen auf Ihren Rechner zu und spionieren Ihre Nutzerdaten und Passwörter aus. Hackerprogramme schleusen Computerviren ein. – Mit einer Firewall unterbinden Sie diese Attacken.

Die Firewall von Windows 8 erlaubt ausgehende Verbindungen. Geblockt werden eingehende Verbindungen, wenn keine Anfrage oder Regel für diese vorhanden ist.

Eine Firewall ist aber keine Allwetterlösung. Sie schützt nicht vor allen möglichen Gefahren. Oft nutzen Hackertools Sicherheitslücken in Internetprogrammen oder Windows-Diensten. Kombinieren Sie Ihre Firewall mit einem aktuell gehaltenen Antivirenprogramm. Oder nutzen Sie alternativ eine Internet Security Suite. Sie enthält in der Regel eine Firewall.

Ein Firewallprogramm können Sie auch einzeln erwerben. Doch leider arbeiten einige Antivirenprogramme nur mit den Firewalls aus dem eigenen Hause zusammen. In Zweifelsfall sollten Sie mit einer Testversion probieren, ob sich die Firewall mit dem Antivirentool verträgt.

Eine Internet Security Suite deaktiviert bei der Installation die Windows-Firewall, damit die eigene Firewall genutzt werden kann.

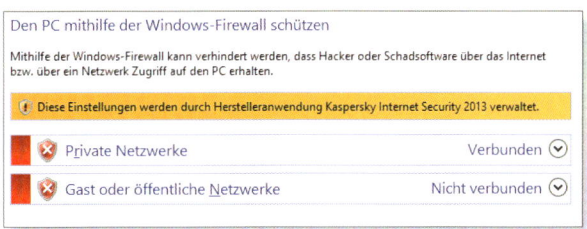

▲ **Abbildung 27.75** *Kaspersky Internet Security blockiert die Windows-8-Firewall.*

So schalten Sie die Firewall von Windows an

1 Öffnen Sie die **Systemsteuerung**. Wählen Sie **System und Sicherheit > Windows-Firewall**.

2 Klicken Sie auf **Windows-Firewall ein- oder ausschalten** ❶ (siehe Seite 606).

3 Im nächsten Fenster schalten Sie die beiden Optionen **Windows-Firewall aktivieren** an und bestätigen.

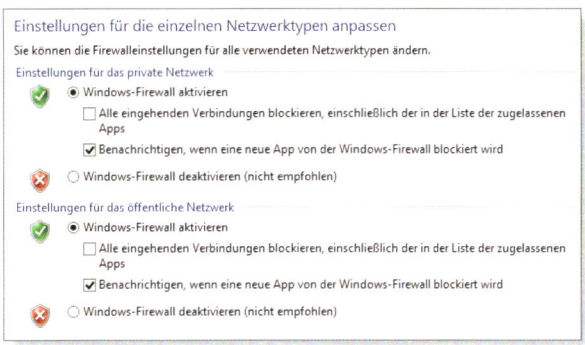

▲ **Abbildung 27.76** *Es gibt je eine Firewalleinstellung für das private Netzwerk und eine für das öffentliche Netzwerk.*

Kapitel 27: Sicher durchs Internet

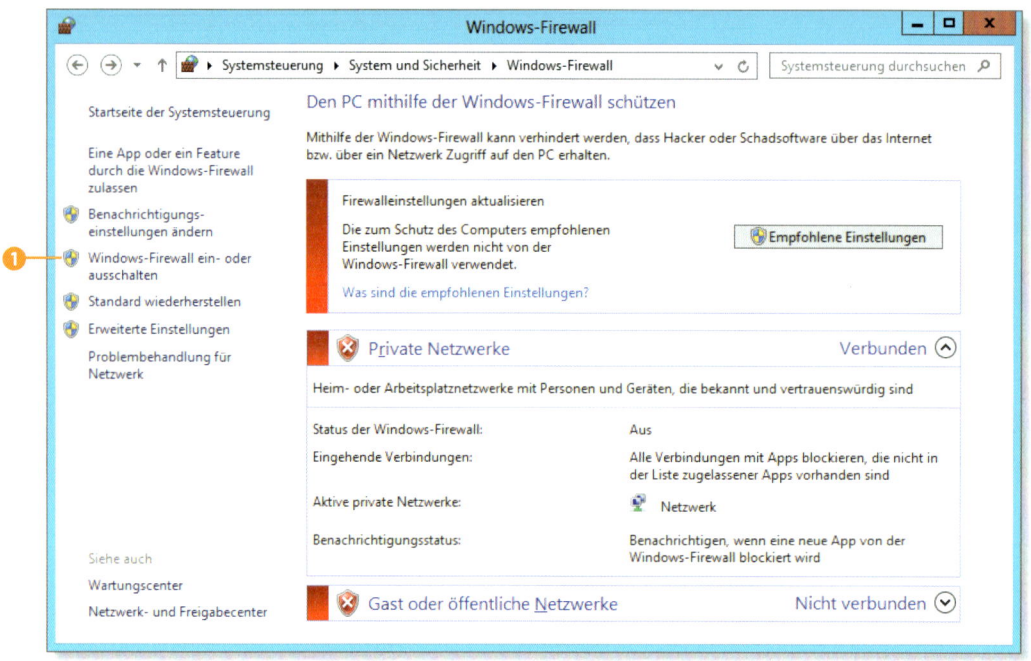

▲ **Abbildung 27.77** Rot heißt, die Firewall ist ausgeschaltet.

Den Status der Firewall überprüfen

Um zu überprüfen, ob die Firewall aktiv ist, gehen Sie wie folgt vor:

1 Öffnen Sie die **Systemsteuerung**. Wählen Sie **System und Sicherheit**.

2 Wählen Sie unter **Windows-Firewall** die Funktion **Firewallstatus überprüfen**.

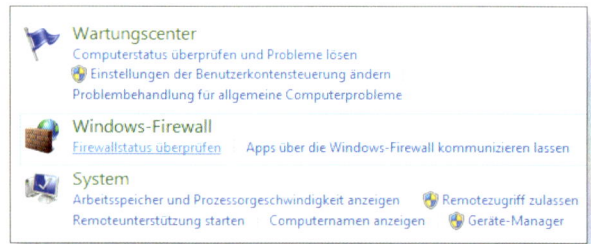

▲ **Abbildung 27.78** Wählen Sie in der Systemsteuerung die Funktion.

3 Schauen Sie sich im nächsten Fenster an, ob die Firewall ein- oder ausgeschaltet ist.

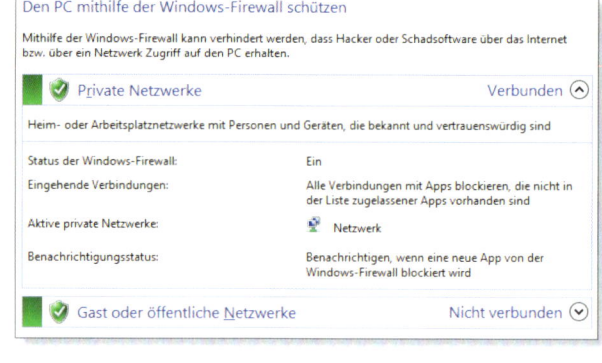

▲ **Abbildung 27.79** Die grüne Markierung zeigt, dass die Firewall von Windows 8 angeschaltet ist.

Programme und Apps zulassen

Einige Programme und Dienste sind bereits zugelassen. Das heißt, sie dürfen Daten in das Netzwerk oder das Internet übertragen. Dazu zählen die folgenden:

- Datei- und Druckerfreigabe
- Heimnetzgruppe

27.7 Die Windows-Firewall

- Kernnetzwerk
- Microsoft Office Outlook (sofern es installiert ist)
- Netzwerkerkennung
- Remoteunterstützung
- Windows Media Player
- Windows Media Player-Netzwerkfreigabedienst
- einige Apps

Nur das Kernnetzwerk ist für die Netzwerkgruppen *privat* und *öffentlich* freigegeben. Alle anderen Programme und Dienste sind nur für den Bereich *privat* freigegeben.

INFO

Was ist ein Kernnetzwerk?
Das Kernnetzwerk umfasst grundlegende Netzwerkfunktionen und Übertragungsprotokolle. Dazu zählen auch die Firewallregeln.

Ein Programm freigeben

Ein Beispiel: Die Kommunikation des Media Centers mit einem anderen Rechner funktioniert nicht. Der Zugriff auf Musik- und Audioinhalte ist nicht möglich. Der Grund ist, dass der Media Center Extender keinen Zugriff auf das Netzwerk hat. Diese Funktion ist aber für den Netzwerkzugriff des Windows Media Centers notwendig.

1 Öffnen Sie die **Systemsteuerung**. Gehen Sie nach **System und Sicherheit** und weiter nach **Windows-Firewall**. Wählen Sie links im Menü die Funktion **Eine App oder ein Feature durch die Windows-Firewall kommunizieren zulassen**.

2 Die Einstellungen sind zunächst gesichert. So kann kein Benutzer sie »aus Versehen« ändern. Auch der Zugriff von automatischen Hacker-Tools und Skripten wird so verhindert. Wählen Sie rechts oben **Einstellungen ändern**.

▲ **Abbildung 27.80** Die Einstellungen sind noch geschützt. Ein Mausklick ändert dies.

Sie sehen das Fenster **Kommunikation von App durch die Windows-Firewall zulassen** vor sich. In einer Liste sind Apps und Features erfasst. Mit einer Optionsschaltfläche erlauben Sie den Zugriff im privaten und öffentlichen Netzwerk. Ist die Schaltfläche nicht angeschaltet, wird der Zugriff verweigert.

3 Scrollen Sie durch die Liste. Die Einträge sind alphabetisch sortiert. Suchen Sie **Media Center Extender**, und setzen Sie ein Häkchen in die Spalten **Privat** ❶ und **Öffentlich** ❷. Bestätigen Sie.

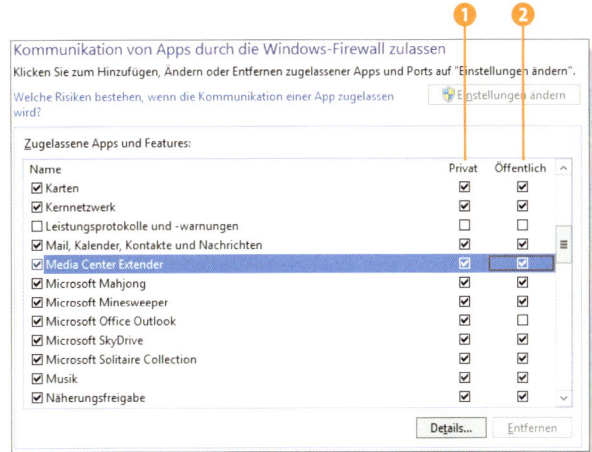

▲ **Abbildung 27.81** Die Netzwerkkommunikation des Media Centers wurde angeschaltet.

Eine App oder ein Feature sperren

Oft ist es nötig, eine App oder ein Feature zu sperren und so den Zugriff auf das private oder öffentliche Netzwerk zu verweigern.

1 Öffnen Sie den Dialog **Zugelassene Apps**.

2 Suchen Sie in der Liste den Dienst oder die App, die Sie sperren wollen. Entfernen Sie das Häkchen aus der Spalte **Privat** oder **Öffentlich**. Bestätigen Sie mit **OK**.

Natürlich können Sie auch nur eine der beiden Optionen ausschalten.

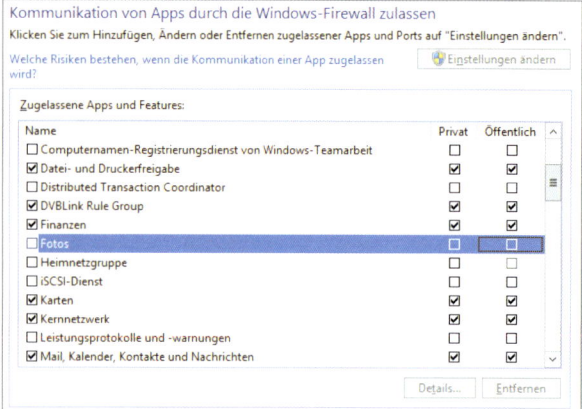

▲ *Abbildung 27.82 Der Zugriff der App »Fotos« auf das Netzwerk ist ausgeschaltet.*

Einige Apps bieten Zusatzfeatures, die nur funktionieren, wenn Sie auf das Netzwerk zugreifen können. Überlegen Sie zunächst, was eine App tut und ob der Netzwerkzugriff gebraucht wird.

Apps von nicht zuverlässigen Quellen können über das Netzwerk private Daten übermitteln oder Werbeinformationen an Sie übertragen. Hier ist ein Sperren durchaus sinnvoll.

Hacker können Apps verwenden, um schädliche Software zu übertragen oder Zugriff auf Ihren Rechner zu erhalten.

Windows-Features sollten Sie nur dann sperren, wenn Sie sich sicher sind, was dieses Feature bewirkt. Sperren Sie bestimmte Features, können Windows-8-Funktionen nicht mehr bereitgestellt werden.

Wie Sie die Sicherheit verbessern

Es gibt ein paar kleine Regeln, die die Sicherheit auf Ihrem Windows-8-Rechner erhöhen.

- Überlegen Sie sich genau, welche Funktionen eine App bereitstellt. Ist ein Netzwerkzugriff unnötig, sperren Sie die App.
- Nur wenn eine App wirklich einen Netzwerkzugriff benötigt, erlauben Sie diesen.
- Installieren Sie nur Apps aus vertrauenswürdigen Quellen.
- Überprüfen Sie nach dem Installieren neuer Apps die Firewalleinstellungen.

Was bedeuten die Features?

Zu jedem Feature und jeder App in der Liste der Windows-8-Firewall gibt es auch eine kleine Beschreibung. Sie verrät, was sich hinter dem Eintrag verbirgt.

Markieren Sie im Fenster **Zugelassene App**s ein App oder ein Feature.

Wählen Sie **Details**. Nun sehen Sie eine Beschreibung.

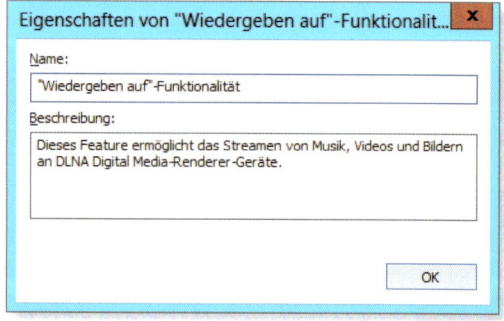

▲ *Abbildung 27.83 Zu jeder App gibt es eine kleine Info.*

Die wichtigsten Features

Zu einigen Windows-8-Features gebe ich Ihnen eine Beschreibung:

- **»Wiedergeben auf«-Funktionalität**: Ist für das Streamen von Multimediadaten bei DLNA-Geräten notwendig. DLNA steht für Digital-Media-Renderer-Geräte.
- **Anmeldedienst**: Ist für die Anmeldung und Authentifizierung von Benutzern notwendig. Mit dem Feature wird ein »sicherer Kanal« für die Anmeldedaten erstellt.
- **Computernamen-Registrierungsdienst von Windows-Teamarbeit**: Mit diesem Feature können andere Computer im Netzwerk Ihren Computer anhand seines Namens suchen. Verwendet wird dazu das Peer-Name-Resolution-Protokoll.
- **Datei- und Druckerfreigabe**: Verwenden Sie Ihren Drucker im Netzwerk, müssen Sie dieses Feature anschalten. Damit werden lokal abgelegte Dateien über eine Netzwerkverbindung für andere Benutzer und Drucker freigegeben.
- **Leistungsprotokolle und -warnungen**: Möchten Sie den gleichnamigen Dienst über eine Remoteverbindung verwalten, ist dieses Feature dazu notwendig.
- **Media Center Extender**: Das Feature ermöglicht einem Media Center Extender die Kommunikation über Netzwerk mit einem Rechner mit Windows Media Center.
- **Microsoft SkyDrive**: Nutzen Sie den Onlinespeicher, muss dieses Feature angeschaltet sein. Ohne Zugriff auf das Netzwerk können Sie keine Daten übertragen und abrufen.
- **Netzwerkerkennung**: Mit diesem Feature erkennt ein Computer den anderen in einem Netzwerk.
- **Remotedesktop, Remotedienstverwaltung, Remotedienstverwaltung und Remote-Ereignisprotokollverwaltung, Remoteunterstützung**: Diese und weitere Remotefeatures sind notwendig, wenn Sie Remoteverbindungen nutzen oder bereitstellen möchten.
- **Schlüsseldienstverwaltung**: Dieses Feature nutzt man in Unternehmen zum Zählen von Computern und zur Überprüfung der Lizenz. Auf einem Homecomputer ist es nicht notwendig.
- **Tragbare Drahtlosnetzwerke**: Besitzen Sie eine Webcam mit Netzwerkfunktion, so ist dieses Feature notwendig, um Daten zu empfangen und zu senden. Verwendet wird das Media Transfer Protokoll (MTP). Einige andere Netzwerkgeräte nutzen dieses auch und benötigen ebenso dieses Feature.
- **Verbindung mit einem Netzwerkprojektor her**: Stellt, wie der Name bereits vermuten lässt, eine Verbindung mit einem Netzwerkprojektor her.
- **Windows-Firewallremoteverwaltung**: Dieses Feature ermöglicht die Überprüfung und Korrektur der Firewall von Windows 8 über eine Remoteverbindung.
- **Windows-Remoteverwaltung**: Mit der Windows-Remoteverwaltung wird das Windows-8-Betriebssystem über eine Remoteverbindung verwaltet.

Die Benachrichtigungseinstellungen anpassen

Die Firewall gibt eine Meldung aus, wenn ein Programm blockiert wurde. Es ist sinnvoll, diese Meldung nicht auszuschalten. Sie wollen ja wissen, was Ihre Firewall tut. Und Sie möchten auch wissen, ob ein Programm auf Ihren Rechner zugreift oder ein anderes ungefragt in das Internet gehen will. Möchten Sie dennoch die Meldungen ausschalten, so finden Sie den dazugehörenden Dialog in der **Systemsteuerung** unter **System und Sicherheit > Windows-Firewall > Benachrichtigungseinstellungen anpassen**.

Es gibt zwei Benachrichtigungseinstellungen. Mit der einen erhalten Sie eine Meldung, wenn eine neue App im privaten Netzwerk von der Firewall blockiert wird ❶. Die andere gibt eine Meldung aus, wenn im öffentlichen Netzwerk eine App blockiert wird ❷ (Seite 610).

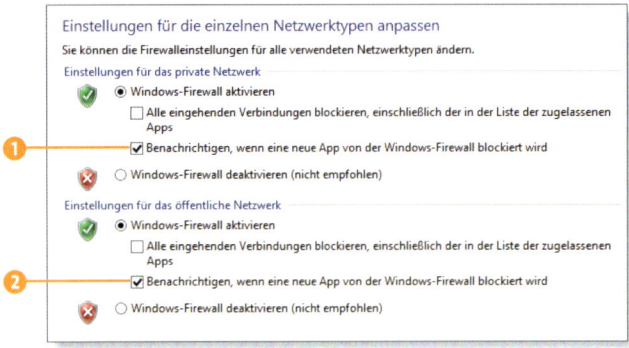

▲ *Abbildung 27.84* *In der Vorgabeeinstellung sind die Benachrichtigungen angeschaltet.*

Eine eingehende Regel erstellen

Mit einer Regel wird bestimmt, welche Programme und Programmfunktionen auf ein Netzwerk zugreifen dürfen und welche nicht. Auf die gleiche Weise definieren Sie, welche Anwendungen aus dem Netzwerk oder dem Internet (dieses ist ja auch ein Netzwerk) auf Ihren Rechner zugreifen dürfen.

Neben Programmen können Sie auch Ports freigeben oder blocken. Diese Funktion sollten Sie nur nutzen, wenn Sie genau wissen, welcher Port wozu dient und was Sie mit einer Sperrung bewirken. Gehen Sie dazu folgendermaßen vor.

HINWEIS

Was sind Ports?

Der Port ist wie eine Tür zwischen dem Rechner des Anwenders und dem Netzwerk. Er macht eine Verbindung möglich oder kann sie verhindern. Bestimmte Funktionen nutzen bestimmte Ports. Das hat den Vorteil, dass sich eine klare Struktur ergibt: Bestimmte Protokolle nutzen bestimmte Ports. Dadurch entstehen keine Konflikte. Ein weiterer Vorteil ist: In der Firewall können Sie bestimmte Ports freigeben oder auch sperren. So kann ein Remotedesktop, der Port 3389 verwendet, sehr einfach gesperrt werden, während das HTTP-Protokoll (Port 80 und 55000) durchgelassen wird.

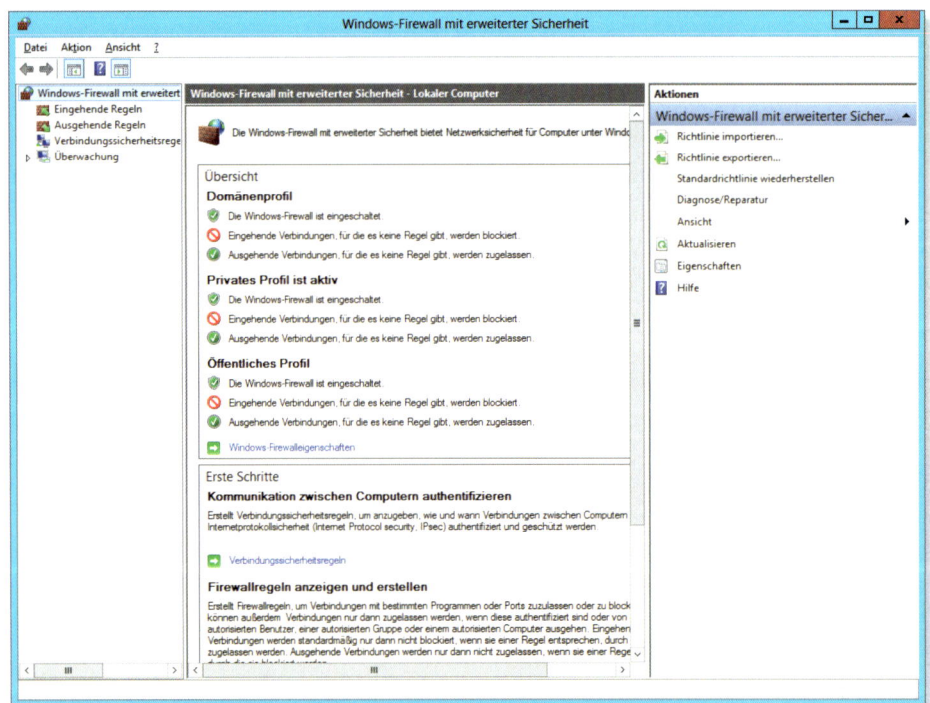

◀ *Abbildung 27.85* *Die Firewall-Einstellungen.*

27.7 Die Windows-Firewall

1. Öffnen Sie zunächst die **Systemsteuerung**, und begeben Sie sich in den Dialog **Windows-Firewall**. Wählen Sie links im Menü **Erweiterte Einstellungen**.

   Das Fenster teilt sich in drei Bereiche. Links oben lassen sich verschiedene Funktionen direkt aufrufen. Das Gleiche gilt für die Aktionen auf der rechten Seite. Im mittleren Fenster sehen Sie zunächst die Übersicht. Diese zeigt, ob für das Domänenprofil, das private und das öffentliche Profil die Windows-Firewall eingeschaltet ist. Es gibt also drei Profile, die einzeln verwaltet und eingerichtet werden. Im Fenster darunter werden verschiedene Regeln erstellt und die Überwachungsinformationen angezeigt.

2. Scrollen Sie im mittleren Fenster ein wenig nach unten. Im Bereich **Firewallregeln anzeigen und erstellen** finden Sie die Funktion **Eingehende Regeln**. Klicken Sie darauf.

▲ **Abbildung 27.86** Eine eingehende Regel wird erstellt.

3. Im Fenster sehen Sie nun alle vorhandenen eingehenden Regeln. Ignorieren Sie die lange Liste, und wählen Sie rechts oben **Neue Regel**.

   Windows 8 unterscheidet zwischen vier Regeltypen: **Programm**, **Port**, **Vordefiniert** und **Benutzerdefiniert**. Möchten Sie einem bestimmten Anwendungsprogramm den Zugriff erlauben oder verweigern, so ist **Programm** die richtige Wahl. Mit **Port** sperren Sie zum Beispiel den Port 3389; er wird vom Remotedesktop genutzt. Verschiedene Dienste nutzen unterschiedliche Ports. Die Ports 80 und 55000 werden zum Beispiel vom HTTP-Internetprotokoll verwendet. Mit **Vordefiniert** wählen Sie eine Regel-Vorlage, die bestimmte Windows-8-Dienste blockiert oder eben freigibt. Erfahrene Anwender können mit der letzten Option eine an ihre Wünsche angepasste Regel erstellen.

4. Lassen Sie die Vorgabe **Programm** angeschaltet; wählen Sie **Weiter**.

▲ **Abbildung 27.87** In Windows 8 sind bereits viele Firewallregeln vorhanden.

> **HINWEIS**
>
> **Welcher Regeltyp ist der Richtige?**
> Überlegen Sie sich vor dem Erstellen einer Firewallregel, was Sie tun wollen. Möchten Sie einem Element den Zutritt ins Netzwerk oder auf Ihren Rechner gewähren? Oder möchten Sie einem Element den Zutritt verwehren? Um was für ein Element handelt es sich? Was ist für ein Programm, einen Webdienst, eine Domain etc. sinnvoll? Schauen Sie sich die Möglichkeiten an, die die verschiedenen Regeltypen bieten. Ich gehe dabei immer so vor, dass ich mir zunächst die Antworten auf diese Fragen aufschreibe und erst danach eine entsprechende Regel aufstelle und einrichte. Das hilft mir, die Übersicht zu behalten. Vielleicht ist das ja auch ein Tipp für Sie.

Kapitel 27: Sicher durchs Internet

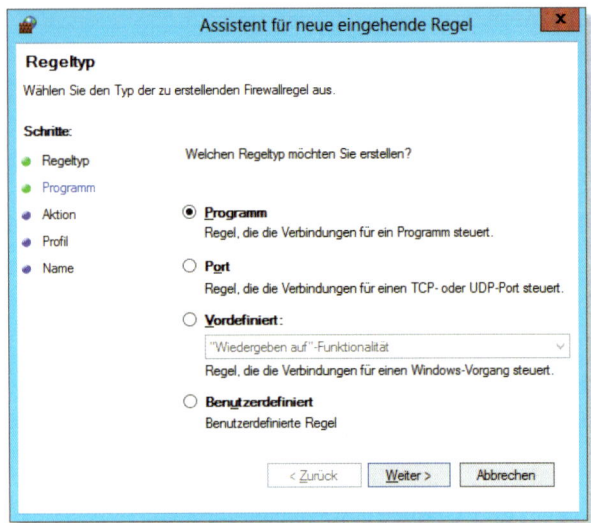

▲ *Abbildung 27.88* Eine neue Regel wird erstellt.

5 Nun müssen Sie den Verzeichnispfad zum Programm und den Namen des Anwendungsprogramms angeben. Da Sie diese wahrscheinlich nicht im Kopf haben, klicken Sie auf **Durchsuchen**. Suchen Sie den Ordner, in dem das Programm installiert ist. Öffnen Sie ihn mit einem Doppelklick. Markieren Sie die ausführbare Datei, die das Programm startet, und bestätigen Sie mit **Öffnen**.

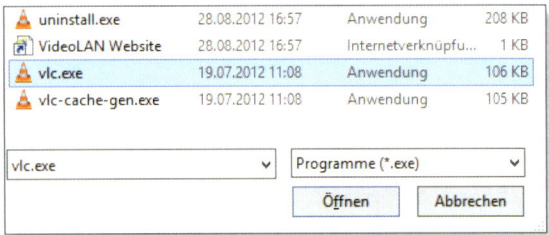

▲ *Abbildung 27.89* In diesem Beispiel habe ich das Programm VLC ausgewählt.

6 Wechseln Sie in den nächsten Dialog. Nun müssen Sie festlegen, was durch diese Regel passieren soll. In meinem Beispiel möchte ich die **Verbindung zulassen**. Alternativ können Sie auch die **Verbindung blockieren** und die **Verbindung zulassen, wenn sie sicher ist**.

▲ *Abbildung 27.90* VLC darf in das Internet.

7 Mit **Anpassen** legen Sie fest, was eine sichere Verbindung ist.

8 Einen Dialog weiter wählen Sie das **Profil**, bei dem die Regel angewandt wird. In der Vorgabeeinstellung sind alle drei Möglichkeiten angeschaltet. Lassen Sie dies so.

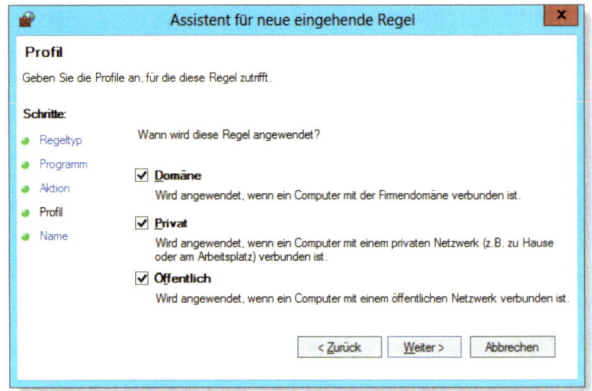

▲ *Abbildung 27.91* Die Regel wird bei allen Netzwerktypen angewandt.

9 Im letzten Dialog des Assistenten geben Sie der Regel einen Namen. Wenn Sie möchten, fügen Sie eine kurze Beschreibung an. Schreiben Sie hier kurz und knapp, was die Regel tut und warum. Beschreiben Sie die Regel so, dass Sie auch zu einem späteren Zeitpunkt schnell wissen, mit welcher Regel Sie es zu tun haben. Mit **Fertig stellen** beenden Sie den Assistenten.

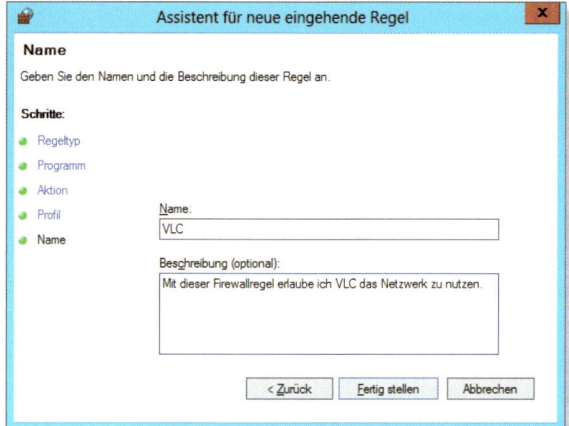

Abbildung 27.92 *Im letzten Dialog geben Sie eine Bezeichnung für die Regel ein und speichern sie ab.*

TIPP

Wann soll eine Regel angewendet werden?
Im Assistenten wählen Sie bei der Frage **Wann wird diese Regel angewendet?** entweder **Domäne**, **Privat** oder **Öffentlich**. Mit **Domäne** wird die Regel angewendet, wenn der Rechner eine Verbindung mit einer Firmendomäne aufnimmt. Die anderen beiden Optionen bestimmen, dass die Regel in Ihrem privaten oder im öffentlichen Netzwerk angewandt wird.

Verbindung unter bestimmten Bedingungen zulassen

Wenn Sie wählen **Verbindung zulassen, wenn Sie sicher ist**, entscheiden Sie sich mit **Anpassen**, was unter einer sicheren Verbindung zu verstehen ist. Dabei wählen Sie eine der folgenden Möglichkeiten:

- Verbindung zulassen, wenn Sie authentifiziert und integritätsgeschützt ist
- Verschlüsselung der Verbindung ist erforderlich
- Verwendung von Nullkapselung für die Verbindung zulassen
- Regeln zum Blockieren außer Kraft lassen

Nullkapselung bedeutet, dass die Verbindung authentifiziert sein muss. Jedoch ist hier keine Integrität oder kein Datenschutz für die Paketnutzlast vorhanden.

Die Option, Regeln außer Kraft zu setzen, können Sie bei Remoteverwaltungstools verwenden.

Eine ausgehende Regel erstellen

Die ausgehende Regel erstellen Sie auf die gleiche Weise wie die eingehende:

1 Öffnen Sie die **Systemsteuerung**. Im Dialog **Windows-Firewall** wählen Sie die **Erweiterten Einstellungen**.

2 Scrollen Sie im mittleren Fenster etwas nach unten, und entscheiden Sie sich im Bereich **Firewallregeln anzeigen und erstellen** für **Ausgehende Regeln**.

3 Im nächsten Fenster rechts oben sehen Sie ein kleines Menü. Es ist mit **Aktionen** überschrieben. Wählen Sie hier **Neue Regel**.

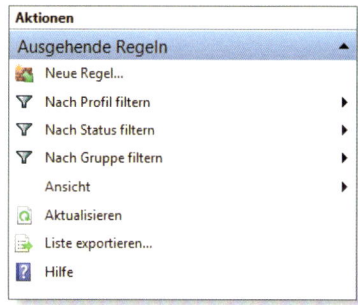

Abbildung 27.93 *Unter »Aktionen« finden Sie die Funktion zum Erstellen einer neuen Regel.*

4 Wie bei einer eingehenden Regel können Sie im nächsten Fenster zwischen **Programm**, **Port**, **Vordefiniert** und **Benutzerdefiniert** wählen. Ich entscheide mich auch hier für **Programm**.

5 Im nächsten Fenster wählen Sie mit **Durchsuchen** das Programm.

6 Danach entscheiden Sie sich, welche Aktion die Regel ausführen soll. Ich entscheide mich hier für **Verbindung blockieren**.

7 Lassen Sie alle Profile (**Domäne**, **Privat** und **Öffentlich**) ausgewählt. Für diese wird die neue Regel angewandt.

8 Im letzten Fenster geben Sie für die Regel eine Bezeichnung ein. Bestätigen Sie mit **Fertig stellen**.

△ *Abbildung 27.94 Die neu erstellte Regel wird in der Übersicht ganz oben aufgelistet.*

Sie sehen neben dem Namen der Regel auch, für welche Profile sie gilt und ob sie aktiv ist. Scrollen Sie ein wenig nach rechts, wird in der Tabelle das geblockte oder zugelassene Programm sichtbar. Die ausgeführte Aktion und einige weitere Informationen zu der erstellten Regel werden angezeigt. Über **Aktionen** lassen sich die Regeln nach Profilen, Status und Gruppen sortieren. Über **Ansicht** schalten Sie bei Bedarf nicht benötigte Tabellenspalten aus.

Möchten Sie eine Regel löschen, markieren Sie sie und wählen unter **Aktionen** den Befehl **Löschen**. Anschließend bestätigen Sie die Sicherheitsabfrage.

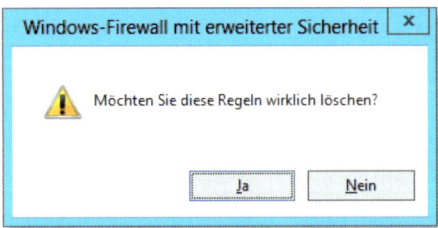

△ *Abbildung 27.95 Eine Firewall-Regel wird gelöscht.*

Eine gelöschte Regel kann nicht wiederhergestellt werden. Wenn Sie es sich anders überlegen, müssen Sie die Regel neu erstellen. Aber: Sie können alternativ eine Regel deaktivieren. Sie ist dann weiterhin vorhanden, wird aber nicht angewandt. Erst wenn Sie sie wieder aktivieren, kommt sie erneut zum Einsatz. Auf diese Weise lassen sich Regeln für verschiedene Situationen erstellen und »bereitlegen«. Benötigen Sie eine bestimmte Regel, aktivieren Sie sie einfach.

Mit Verbindungssicherheitsregeln arbeiten

Mit einer Verbindungssicherheitsregel geben Sie an, auf welche Art und zu welchem Zeitpunkt Verbindungen zwischen zwei Computern erkannt und geschützt werden. Die Verbindung selbst wird mit dem IPsec-Protokoll als solche erkannt. Man sagt auch, sie wird »authentifiziert«. IPsec steht für *Internet Protocol Security*, auf Deutsch *Internetprotokollsicherheit*.

1 Um eine solche Verbindungsregel zu erstellen, wählen Sie im Dialog **Windows-Firewall mit erweiterter Sicherheit** die Funktion **Verbindungssicherheitsregel**.

△ *Abbildung 27.96 Im Bereich »Erste Schritte« finden Sie die Verbindungsregeln ganz oben.*

2 Wählen Sie rechts oben **Neue Regel**.

3 Nun können Sie zwischen vier verschiedenen Regeltypen und einer benutzerdefinierten Regel wählen. Entscheiden Sie sich für die oberste Auswahl, **Isolierung**. Damit wird die Verbindung zwischen zwei Rechnern eingeschränkt. Soll eine Verbindung zustande kommen, müssen bestimmte Voraussetzungen erfüllt sein. Wählen Sie **Weiter**.

27.7 Die Windows-Firewall

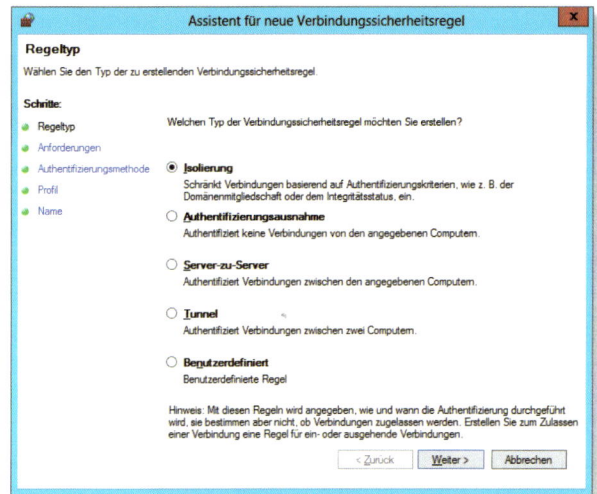

▲ **Abbildung 27.97** Windows 8 kennt fünf Verbindungssicherheitsregeln.

4 Nun entscheiden Sie sich, wann eine Authentifizierung notwendig ist. Wählen Sie die unterste Möglichkeit, **Authentifizierung ist für eingehende und ausgehende Verbindungen erforderlich**. Mit einem Mausklick auf **Weiter** geht's in den nächsten Dialog.

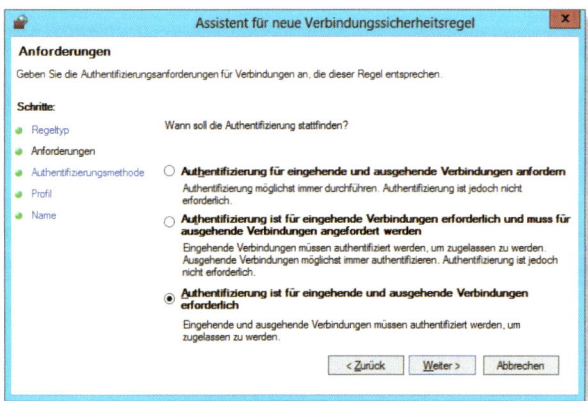

▲ **Abbildung 27.98** Eine Authentifizierung für eingehende und ausgehende Verbindungen ist notwendig.

5 Im nächsten Fenster wählen Sie, welche Methode für die Authentifizierung verwendet werden soll. In diesem Beispiel lasse ich die Einstellung **Standard** ausgewählt. Mit **Weiter** kommen Sie zum Dialog **Profil**.

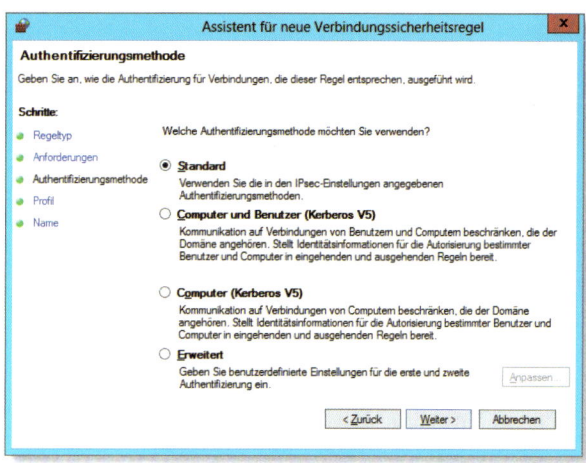

▲ **Abbildung 27.99** Die Auswahl der Authentifizierungsmethode

6 Wie beim Erstellen der ein- und ausgehenden Regeln wählen Sie nun, für welche Profile die Verbindungssicherheitsregel gelten soll. Auch hier können Sie zwischen **Domäne**, **Privat** und **Öffentlich** wählen. Lassen Sie alle Optionen angeschaltet, und wechseln Sie in den nächsten Dialog.

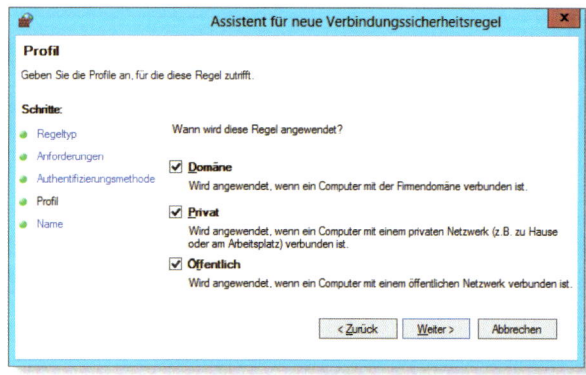

▲ **Abbildung 27.100** Die neu erstellte Verbindungssicherheitsregel gilt für alle drei Profiltypen.

7 Im letzten Dialog des Assistenten geben Sie eine Bezeichnung ein und ergänzen diese, wenn Sie möchten, um eine kurze Beschreibung. Bestätigen Sie mit **Fertig stellen**.

INFO

Die Verbindungssicherheitsregeln
Sie können zwischen den Typen **Isolierung**, **Authentifizierungsausnahme**, **Server-zu-Server**, **Tunnel** und **Benutzerdefiniert** wählen. Den Typ **Isolierung** haben Sie im Beispiel kennengelernt. Mit **Authentifizierungsausnahme** werden bestimmte Computernamen angegeben. Diese Rechner werden nicht authentifiziert. Bei **Server-zu-Server** werden die Verbindungen zwischen zwei Serveradressen authentifiziert. **Tunnel** erlaubt die Verbindung zwischen Gateway-Computern.

Authentifizierungsmethoden

Neben einer benutzerdefinierten Einstellung kennt Windows 8 drei weitere Einstellungen für die Authentifizierung bei Verwendung von Verbindungssicherheitsregeln. Mit **Standard** werden die Einstellungen genutzt, die Sie in den IPsec-Einstellungen vorgenommen haben. Sie finden sie in der Windows-**Systemsteuerung** finden. Mit **Computer und Benutzer** schränken Sie die Verbindung auf die Anwender und Computer ein, die der Domäne angehören. Mit **Computer** beschränken Sie Verbindungen auf bestimmte Computer, jedoch nicht auf Benutzer.

Über das Hauptfenster, in dem alle erstellten Verbindungssicherheitsregeln aufgelistet werden, können Sie diese sortieren, einsehen, löschen oder auch deaktivieren.

Die Überwachung einsehen

Wählen Sie im Dialog **Windows-Firewall mit erweiterter Sicherheit** die Funktion **Überwachung**. Sie finden sie im mittleren Fenster ganz unten. Im nächsten Fenster sehen Sie eine Übersicht über die aktiven Firewalleinstellungen sowie die Verbindungssicherheitsregeln.

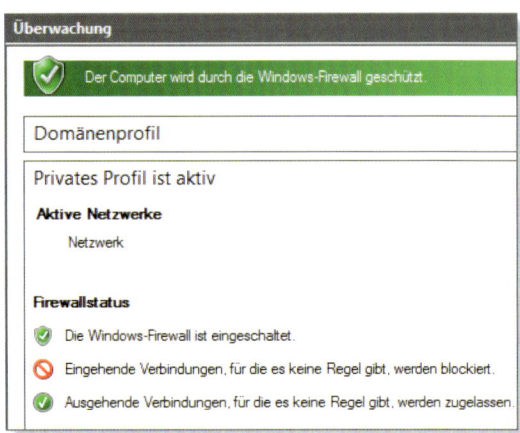

▲ *Abbildung 27.101* Im Fenster »Überwachung« sehen Sie alle wichtigen Einstellungen zu Ihrer Firewall.

Angezeigt wird, ob die Firewall eingeschaltet ist und ob ein- oder ausgehende Verbindungen blockiert werden. In den allgemeinen Einstellungen sehen Sie, ob Benachrichtigungen ausgegeben werden, sofern ein Programm blockiert wird. Hier sehen Sie auch, ob Firewallregeln und Verbindungssicherheitsregeln angewandt werden. In den **Protokolleinstellungen** werden der Dateiname und der Verzeichnispfad zur Protokolldatei angezeigt. Sie sehen hier, wie groß die Datei maximal sein darf. Damit die Datei nicht zu schnell wächst, werden im Allgemeinen verworfene Pakete nicht protokolliert. Das Gleiche gilt für die Verbindungen, die erfolgreich zustande gekommen sind.

Alternativen zur Windows-Firewall

Es gibt eine ganze Reihe von Alternativen zur Firewall von Windows 8. Sie alle haben verschiedene Vor- und Nachteile.

Nutzen Sie eine Security Suite, so gehört zu dieser bereits eine Firewall. Ganz egal, ob dies Norton 360, Kaspersky Internet Security, McAfee oder eine andere Suite ist – sie erfüllt ihren Zweck. Sie müssen hier und da nur einige Einstellungen anpassen. Gerade die vorgegebenen Einstellungen sind nicht immer optimal gewählt.

Natürlich können Sie ein Firewallprogramm auch einzeln kaufen. So gibt es zum Beispiel von ZoneAlarm eine sehr gute Zweiwege-Firewall. Sie wird als Freeware angeboten. Sie finden sie unter *http://www.zonealarm.de/security/de/zonealarm-pc-security-free-firewall.htm*.

Möchten Sie mehr Möglichkeiten, können Sie auch zu zwei kostenpflichtigen Firewallprogrammen dieses Herstellers greifen. Suchen Sie beim Software-Downloadshop von T-Online nach »Firewall«, finden Sie eine Reihe weiterer Programme. Sie finden diesen Shop unter *http://www.softwareload.de/*.

Die *Sygate Personal Firewall* wird ebenfalls als Freeware vertrieben. Angreifer aus dem Internet werden blockiert. Gleichzeitig werden Zugriffe von Programmen in das Internet oder in Netzwerke unterbunden. So können Daten nicht unerlaubt übertragen werden. Sie finden dieses Programm unter *http://www.sygate.de/*.

27.8 Der SmartScreen-Filter

Mit dem SmartScreen-Filter legen Sie fest, wie mit unbekannten Apps verfahren werden soll. Sie finden ihn unter **Systemsteuerung > System und Sicherheit > Wartungscenter**.

▲ *Abbildung 27.102 Windows 8 warnt vor unbekannten Apps und verlangt nach einer Genehmigung.*

Sie haben drei Möglichkeiten:

- Vor dem Ausführen unbekannter Apps eine Genehmigung einholen
- Vor dem Ausführen unbekannter Apps warnen, aber keine Genehmigung vom Administrator einfordern
- Keine Aktion durchführen

Ich empfehle Ihnen, die erste Option zu wählen. Bei unbekannten Apps muss so eine Warnung ausgegeben werden. Daneben muss vor dem Ausführen der Administrator dies genehmigen.

27.9 Die Sicherheitseinstellungen des Internet Explorers

In der rechten oberen Ecke des *Internet Explorers* sehen Sie drei Symbolschaltflächen. Mit dem Zahnradsymbol öffnen Sie ein Menü. Über den vorletzten Eintrag von unten erreichen Sie die **Internetoptionen**.

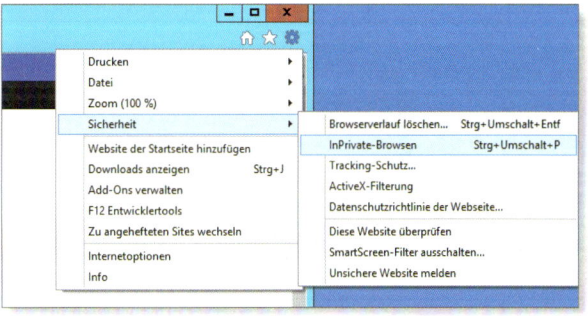

▲ *Abbildung 27.103 Rufen Sie den Optionsdialog auf.*

So nutzen Sie InPrivate-Browsen

Normalerweise speichert der Internet Explorer während des Besuchs von Internetseiten verschiedene Daten. Dazu zählen Cookies, temporäre Internetdateien und Verläufe. Sie können mit verschiedenen Optionen einstellen, wann welche Daten gespeichert werden. Es ist auch möglich, in einen besonderen Browsermodus zu wechseln, in dem keine Daten gespeichert werden.

Kapitel 27: Sicher durchs Internet

▲ **Abbildung 27.104** An dem »InPrivate« vor der URL erkennen Sie den Sicherheitsmodus.

Öffnen Sie das Optionsmenü, und wählen Sie **Sicherheit > InPrivate-Browsen**. Sie können diese Funktion auch mit der Tastenkombination [Strg] + [⇧] + [P] aufrufen. Geben Sie die Adresse in einer der beiden Eingabeleisten ein. Möchten Sie den Modus wieder verlassen, schließen Sie das Browserfenster und öffnen ein neues Fenster.

Unsichere Webseiten mit der SmartScreen-Filterung finden

Mit dem SmartScreen-Filter werden einige der von Ihnen besuchten Websites an einen Microsoft-Server gesendet. Dort wird versucht, herauszufinden, ob eine Website »noch ganz richtig« ist. Gefälschte Websites sollen so erkannt werden. Der Filter möchte Sie so vor Phishingattacken schützen, bei denen sich jemand anders als Dienstanbieter ausgibt und Ihre Benutzerdaten, Passwörter und andere wichtige Daten abfragt.

Wählen Sie im Optionsmenü des Browsers **Sicherheit > SmartScreen-Filter ausschalten**. Nun sehen Sie, ob die Filterfunktion ein- oder ausgeschaltet ist. Sie können eine der beiden möglichen Optionen wählen. Bestätigen Sie mit **OK**.

So nutzen Sie den Popupblocker

Öffnen Sie den Dialog **Internetoptionen**. Wechseln Sie hier in das Register **Datenschutz**. Überprüfen Sie, ob die Option **Popupblocker einschalten** ausgewählt ist.

◂ **Abbildung 27.105** Den InPrivate-Modus erkennen Sie nur an dem Zeichen vor dem Adressfeld ❶.

Popups, also Werbefenster, die aufklappen und die eigentliche Website verdecken, werden so blockiert. Sie sehen aber dennoch viele Werbebanner und -anzeigen. Die Funktion kann nur eine bestimmte Art der Anzeigenfenster blockieren. Windows 8 zeigt eine Nachricht an, wenn ein Popupfenster blockiert wurde.

Wenn Sie möchten, lassen Sie über die erweiterten Einstellungen der Funktion bestimmte Popups zu. Dazu geben Sie die Webadressen der Websites ein, von denen Sie die aufklappbaren Werbefensterchen sehen möchten.

▲ **Abbildung 27.106** *In diesem Beispiel ist die Sicherheitsfunktion angeschaltet.*

Der richtige und sichere Umgang mit Cookies

Ein Cookie ist eine kleine Textdatei. Sie wird von einigen Websitebetreibern genutzt, um bestimmte Informationen auf Ihrem Rechner abzulegen. Bei Amazon ist das zum Beispiel die zuletzt angeschaute Produktgruppe. Beim nächsten Besuch der Website wird das Cookie ausgelesen, und Sie erhalten dazu passende Angebote. Vielleicht kennen Sie das ja von den großen Portalen wie *Amazon.de* und anderen.

Cookies haben Vor- und Nachteile. Zum einen halten sie bestimmte Informationen fest, und Sie landen beim nächsten Besuch der Website wieder auf Ihren Lieblingsseiten. Bei Shoppingportalen verpflichtet das allein nicht zu einem Kauf. Sie können nach wie vor einfach herumstöbern.

Der Anbieter der Website kann jedoch Ihr Kauf- und Surfverhalten auswerten. Er erhält Informationen darüber, für welche Produkte Sie sich am meisten interessieren. Er kann diese speziell bewerben. In der Regel können Sie jedoch die Werbemails deaktivieren.

Einstellungen zum Umgang mit Cookies festlegen

In den **Internetoptionen** des Microsoft-Browsers steuern Sie das Verwenden von Cookies mit der Einstellung der Internetzone, und zwar mit einem Schieberegler im Register **Datenschutz**.

▲ **Abbildung 27.107** *Mit der Einstellung für die Internetzone regeln Sie das Verwenden von Cookies.*

Die Vorgabeeinstellung ist **Mittel**. Mit dieser Einstellung werden Cookies von Drittanbietern geblockt, wenn Sie über keine Datenschutzrichtlinie verfügen. Geblockt werden auch Cookies von Drittanbietern mit Daten, die persönliche Angaben enthalten, die genutzt werden könnten, um mit Ihnen in Kontakt zu treten. Ebenso werden Cookies von Erstanbietern eingeschränkt, die zu einer Kontaktaufnahme genutzt werden könnten.

> **INFO**
>
> **Erst- und Drittanbieter**
> Cookies von Drittanbietern sind solche, die von einer Seite gesetzt und von einer anderen gelesen werden können. Ein Werbetreibender kann durch solche Drittanbieter-Cookies z. B. Ihre Besuche auf allen Seiten protokollieren, auf denen seine Werbung angezeigt wird.

Sie können mit einer einfachen Einstellung dafür sorgen, dass Sie eine Meldung bekommen, wenn eine Website ein Cookie ablegen will. Dann können Sie selbst entscheiden, ob Sie dieses zulassen oder blockieren wollen. Möchten Sie dies tun, gehen Sie wie folgt vor:

1 Öffnen Sie die **Systemsteuerung**. Wählen Sie **Netzwerk und Internet**. Klicken Sie auf **Internetoptionen**.

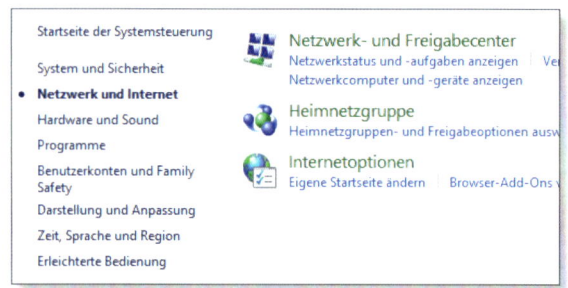

▲ *Abbildung 27.108 In der Systemsteuerung wählen Sie »Internetoptionen«.*

2 Wechseln Sie in das Register **Datenschutz**, und klicken Sie auf **Erweitert**.

3 Schalten Sie die Option **Automatische Cookiebehandlung aufheben** an. Wählen Sie unter **Cookies von Erstanbietern** und **Cookies von Drittanbietern** jeweils die Option **Bestätigen**. Verlassen Sie den Dialog mit **OK**. Schließen Sie den Eigenschaftendialog.

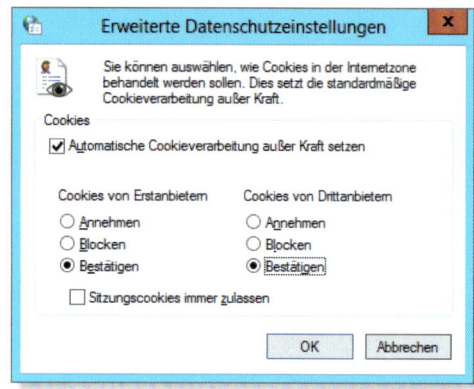

▲ *Abbildung 27.109 Die automatische Behandlung von Cookies ist aufgehoben.*

Schalten Sie das automatische Behandeln der Cookies aus, und bestimmen Sie, dass Cookies immer genehmigt werden müssen. So haben Sie eine Kontrolle darüber, wer wann auf Ihrem Rechner ein Cookie ablegen darf.

Löschen Sie alle Spuren

So löschen Sie alle Spuren, die Ihr Surfverhalten dokumentieren – Browserverlauf, History und Cache:

Öffnen Sie in der **Systemsteuerung** den Dialog **Internetoptionen**. Im Register **Allgemein** klicken Sie unter **Browserverlauf** auf die Schaltfläche **Löschen** ❷. Nun werden alle temporären Dateien, der Verlauf (Adressen der besuchten Websites), die Cookies, die abgelegten Passwörter und die Formulardaten gelöscht.

Wählen Sie **Einstellungen**, wenn Sie den Speicherplatz für die Ablage von Webseiten begrenzen möchten. Der Internet Explorer speichert Inhalte von besuchten Webseiten ab, um diese dann bei einem weiteren Besuch schneller laden zu können. In der Vorgabeeinstellung werden 250 MB für diese Aufgabe verwendet. Gespeichert werden Webseiten, Bilder und Multimediadateien.

27.9 Die Sicherheitseinstellungen des Internet Explorers

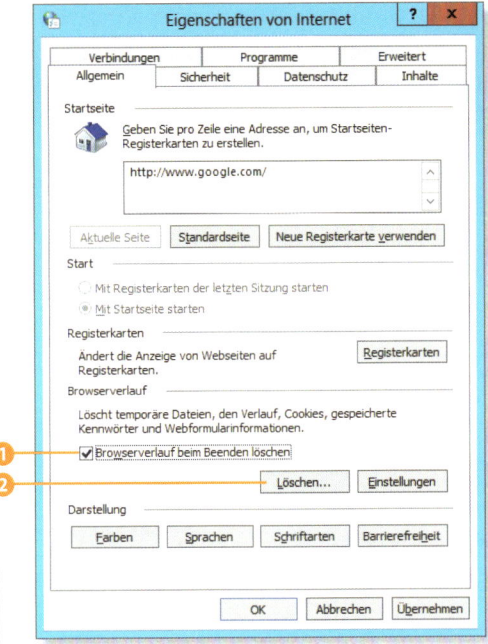

▲ **Abbildung 27.110** *Ein Mausklick auf »Löschen« entfernt eine ganze Menge Daten.*

Die Adressen der besuchten Webseiten werden im Verlauf gesammelt. So können Sie später eine Adresse schnell über ein Listenfeld auswählen. Der Microsoft-Browser behält die Adressen für einen Zeitraum von 20 Tagen gespeichert.

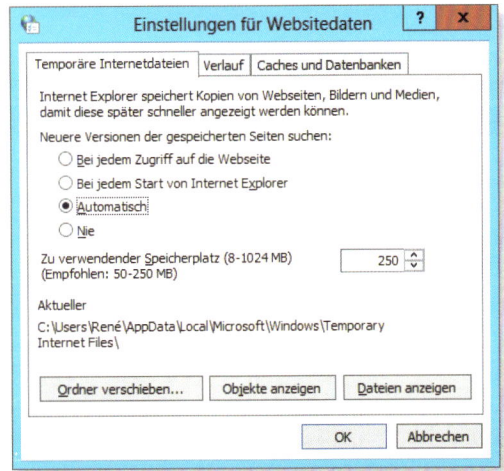

▲ **Abbildung 27.111** *Der Internet Explorer nutzt 250 MB für das Speichern von Seiten.*

Mit einer einfachen Option können Sie dafür sorgen, dass all die gesammelten Internetdaten beim Schließen des Browsers gelöscht werden. Schalten Sie im Dialog **Eigenschaften von Internet** die Option **Browserverlauf beim Beenden löschen** 1 an.

Die Zoneneinstellungen im Internet Explorer wählen

Wenn Sie die automatische Cookiebehandlung von Windows 8 aufheben, stehen die Zoneneinstellungen nicht zur Verfügung. Der Schieberegler ist verschwunden. Stattdessen finden Sie hier ein **Benutzerdefiniert**.

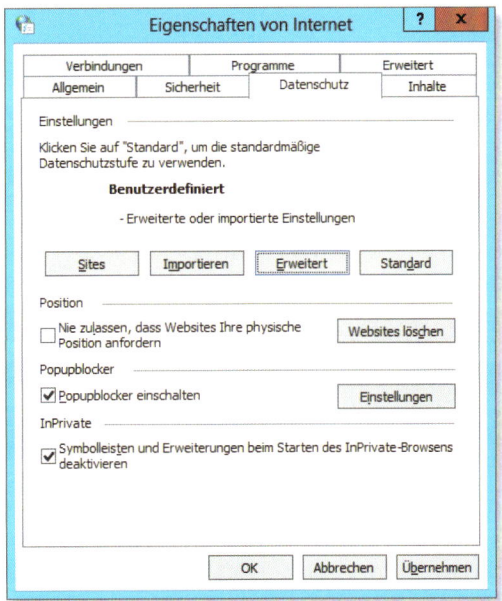

▲ **Abbildung 27.112** *Mit dem Verändern der vorgegebenen Einstellungen zu Cookies ändert sich auch die Zoneneinstellung.*

Ändern Sie dies einmal:

1 Öffnen Sie die **Systemsteuerung**. Wechseln Sie zu **Netzwerk und Internet**. Wählen Sie **Internetoptionen**.

2 Wechseln Sie in das Register **Datenschutz**. Klicken Sie auf **Erweitert**.

3 Entfernen Sie das Häkchen aus dem Optionskästchen **Automatische Cookiebehandlung aufheben**. Bestätigen Sie.

4 Zurück im vorhergehenden Dialog ist der Schieberegler wieder zu sehen. Klicken Sie hier auf **Übernehmen**.

Nun können Sie den Schieberegler wieder verwenden und so die Zoneneinstellung anpassen. Schauen wir uns einmal die verschiedenen Einstellungen:

- **Alle Cookies annehmen**: Jeder Cookie eines Erst- und Drittanbieters wird angenommen und auf dem Rechner gespeichert. Die bereits abgelegten Cookies können von einer Website ohne Rückfrage ausgelesen werden.

- **Niedrig**: Cookies von Drittanbietern, die über keine Datenschutzrichtlinie verfügen, werden blockiert. Cookies, mit denen persönliche Daten abgelegt wurden, die ohne Ihre stillschweigende Zustimmung zu einer Kontaktaufnahme mit Ihnen verwendet werden können, werden geblockt.

- **Mittel**: Cookies von Drittanbietern ohne Datenschutzrichtlinie werden blockiert. Blockiert werden auch Cookies, die ohne Ihre stillschweigende Zustimmung zur Kontaktaufnahme verwendet werden können. Cookies von Erstanbietern werden eingeschränkt.

- **Mittelhoch**: wie **Mittel**. Zusätzlich werden Cookies von Erstanbietern, die zur Kontaktaufnahme verwendet werden können, ebenfalls blockiert.

- **Hoch**: Blockiert Cookies von Websites ohne Datenschutzrichtlinie. Cookies, die ohne Ihre Zustimmung genutzt werden können zur Kontaktaufnahme mit Ihnen, werden ebenfalls blockiert.

- **Alle Cookies blocken**: Dies ist die höchste Sicherheitsstufe. Cookies von Websites werden mit dieser Einstellung immer geblockt. Die auf dem Rechner abgelegten Cookies können mit dieser Einstellung nicht von einer Website ausgelesen werden.

Überlegen Sie, welche Einstellung für Sie am geeignetsten ist. Wählen Sie diese dann mit dem Schieberegler, und klicken Sie auf **Übernehmen**.

Schauen Sie sich einmal die Einstellungen in den Registern **Datenschutz** und **Sicherheit** an. Gehen Sie schrittweise vor, und wählen Sie die für Ihre Anforderungen am besten geeignetsten Einstellungen.

Es ist nicht notwendig, alles zu blockieren. Cookies haben ihr Für und Wider. In der Regel ist ein Mittelweg eine gute Lösung.

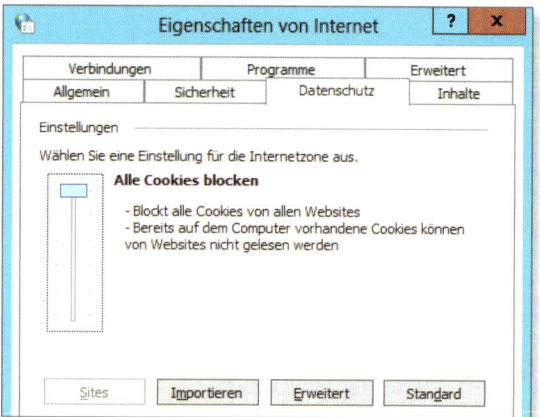

▲ **Abbildung 27.113** *Steht der Schieberegler im Register »Datenschutz« oben, werden alle Cookies blockiert.*

> **TIPP**
>
> **Daten von Zeit zu Zeit löschen**
> Ich empfehle Ihnen, von Zeit zu Zeit einmal die vorhandenen Daten zu löschen. Klicken Sie im Register **Allgemein** auf **Löschen**. So verschwinden auch alte Cookies und nicht mehr benötigte temporäre Dateien. Allerdings trifft es auch Passwörter und Benutzerdaten, die Sie zum Einloggen auf Portale, Webforen und Webmailseiten verwendet haben, ebenso wie Formulardaten. Deren Speicherung ist zwar recht praktisch, müssen Sie sie beim nächsten Besuch einer Seite nicht erneut eingeben, in puncto Sicherheit ist aber das Löschen dieser Daten eine gute Idee.

Teil VIII
Windows administrieren

Kapitel 28
Windows pflegen und optimieren

Das Betriebssystem muss von Zeit zu Zeit »gereinigt« werden. Datenmüll, nicht notwendige Datensicherungen und fehlerhafte Registrierungseinträge müssen korrigiert werden. Tun Sie dies, und sorgen Sie so dafür, dass Sie immer ein schnelles und sauberes Betriebssystem vor sich haben!

Windows 8 ist eine tolle Sache! Das Betriebssystem ist mit vielen grafischen und optischen Finessen ausgestattet. Multimediatools sind bereits mit an Bord. Sie können sich ohne Zusatzprogramme Bilddateien anschauen sowie Filme und Musik wiedergeben. Eine Reihe nützlicher Programme finden Sie in dem kostenlosen Windows-Live-Paket.

Sicher haben Sie sich später ein paar Computerspiele zugelegt, ein paar Demo-Programme ausprobiert und die ein oder andere Anwendung genutzt. Für Windows gibt es eine schier unüberschaubare Anzahl an Anwendungsprogrammen und Spielen. Da ist für jeden Geschmack etwas dabei.

Der Haken daran ist nur, dass viele Programme Einträge in der Windows-8-Registrierung ablegen. Einige bringen Dienste mit, die im Hintergrund aktiv sind. Nicht jeder Dienst ist wirklich notwendig. Dennoch verbraucht er einen Teil des Arbeitsspeichers. Sie löschen, kopieren und verschieben Dateien. Sie deinstallieren Spiele und Anwendungsprogramme, die Sie nicht mehr benötigen. Hier und da bleiben Reste zurück: Datenmüll, der wichtigen Speicherplatz auf der Festplatte belegt.

Ab und zu ist es daher notwendig, Windows 8 zu pflegen. Nicht mehr gebrauchte Dateien werden entfernt.

Der Papierkorb platzt irgendwann aus allen Nähten. Es gibt Protokolldateien, von Installationen übrig gebliebene Dateien, Datensicherungen und mehr. Dazu kommen fehlerhafte Verknüpfungen, defekte Registrierungseinträge und andere kleine Probleme. Es wird Zeit, einmal ordentlich aufzuräumen!

Windows pflegen heißt aber auch, ab und zu Datensicherungen zu erstellen, sich um die Schattenkopien des Betriebssystems zu kümmern und die Festplatte zu defragmentieren. Viele dieser Aufgaben können Sie mit Windows 8 erledigen. Einige lassen sich jedoch mit einem sogenannten *Tuner* besser meistern.

In diesem Kapitel möchte ich Ihnen zeigen, wie das geht und was Sie alles bei der Pflege des Systems beachten müssen. Ich zeige Ihnen, welche Aufgaben wichtig sind und wie Sie sie durchführen.

Im Einzelnen erfahren Sie in diesem Kapitel, warum Sie Windows 8 eigentlich pflegen und warten sollten. Für diese Aufgaben, die nur wenig Zeit in Anspruch nehmen und nur einmal im Monat ausgeführt werden sollten, gibt es eine Handvoll wichtiger Gründe. Diese werden Sie kennenlernen.

Danach zeige ich, wie Sie dies tun. So lesen Sie, wie Sie Ihren Windows-8-Papierkorb leeren und andere unnötige Daten aufspüren und entfernen. Sie erfahren, wie Sie die Systemdateien säubern und auch hier Inhalte aufspüren, die gelöscht werden können. Ich zeige Ihnen, wie Sie nicht mehr notwendige Systemwiederherstellungspunkte von Ihrer Festplatte entfernen.

Ein weiterer wichtiger Schritt beim Aufräumen von Windows 8 besteht darin, die Registrierung auf fehlerhafte und nicht mehr gültige Inhalte hin prüfen. Wie das geht und wie Sie diese Inhalte entfernen, lesen Sie ebenfalls in diesem Kapitel. Zum Aufräumen und Optimieren Ihres Windows-8-Rechners gehören natürlich auch das Löschen von Programmen und Windows-Funktionen und das Defragmentieren der Festplattenpartitionen. Sie lernen den Befehl `chkdsk` kennen und lesen, wann und wie er verwendet wird.

Im zweiten Teil dieses Kapitels erfahren Sie, wie Sie Ihren Rechner mit dem Tuner *TuneUp Utilities* warten, pflegen und optimieren. Ich zeige Ihnen, wie Sie mit diesem Tuner nicht notwendige Daten finden und entfernen, die Windows-Registrierung bereinigen und die Festplatte defragmentieren. Auch das Überprüfen und Korrigieren von Autostarteinträgen gehört zu den Wartungsaufgaben, die mit dem Tuner ausgeführt werden können. Sie lesen, wie Sie den Start von Windows 8 beschleunigen können und nicht notwendige Datensicherungen löschen. Zum Schluss des Kapitels lernen Sie die *1-Klick-Wartung* kennen. Mit dieser Funktion werden die Wartungsaufgaben an Ihrem Betriebssystem automatisiert.

28.1 Das Betriebssystem warten und pflegen

»Pflegen« klingt ein wenig nach Putzarbeit. Im Grunde genommen ist es das auch. Bei der Pflege von Windows 8 geht es darum, nicht mehr benötigte Protokolldateien, Datenmüll und fehlerhafte Registrierungseinträge zu entfernen. Die Festplatte wird auf eine Fragmentierung hin geprüft, und die Daten werden neu sortiert.

Warum sollten Sie Windows 8 pflegen?

Daten im Papierkorb verbrauchen Platz. Diesen Speicherplatz können Sie für andere Aufgaben nutzen. Fehlerhafte Registrierungseinträge nehmen ebenso Platz weg. Durch diese und eine starke Fragmentierung wird das System langsamer.

Auch durch das Entfernen von Installationspaketen, die nicht mehr gebraucht werden, und das Löschen von alten Wiederherstellungspunkten und Datensicherungen gewinnen Sie Speicherplatz.

Mit der Pflege des Betriebssystems sorgen Sie dafür, dass es schnell bleibt. Bremsen werden entfernt. Daneben gewinnen Sie wertvollen Speicherplatz. Sie »optimieren« Ihr Windows 8.

Ein weiterer Grund ist, dass Sie auch sonst für Ordnung sorgen. Das mag jetzt nach nichts Besonderem klingen. Aber lassen Sie Müll auf Ihrem Schreibtisch herumliegen? Nein? Wieso sollten Sie es dann auf der Festplatte tun?

Die Wartung des Betriebssystems ist keine schwere Aufgabe. Die Aufräum- und Optimierungsaufgaben sind über Dialoge und Funktionen leicht erreichbar. Ein Befehl ist eine Ausnahme. Aber auch dieser stellt kein unlösbares Problem dar. Und mit einem Tuningprogramm können Sie diese Aufräum- und Optimierungsaufgaben noch einfacher lösen.

Leeren Sie den Papierkorb

Jede gelöschte Datei und jedes gelöschte Verzeichnis wird nicht sofort unwiederbringlich gelöscht, sondern landet erst einmal im Windows-8-Papierkorb. Das ist nicht schlecht. Schließlich haben Sie so eine Datensicherung zur Hand. Daten, die aus Versehen gelöscht werden, können sehr leicht wiederhergestellt werden. Aber nach und nach füllt sich der Papierkorb. Spätestens wenn er einen Umfang von einem oder mehreren Gigabyte erreicht hat, sollten Sie sich fragen, ob es nun nicht an der Zeit ist, den Papierkorb zu leeren. Das ist schnell getan:

28.1 Das Betriebssystem warten und pflegen

1. Doppelklicken Sie auf das Papierkorb-Symbol auf Ihrem klassischen Windows-8-Desktop.

▲ **Abbildung 28.1** *Bereits am Symbol erkennen Sie, dass der Papierkorb gefüllt ist.*

2. Schauen Sie sich die Liste der Dateien und Verzeichnisse an. Überprüfen Sie, ob Sie eine Datei oder einen Ordner vielleicht noch brauchen.

3. Klicken Sie auf **Papierkorb leeren** ❶.

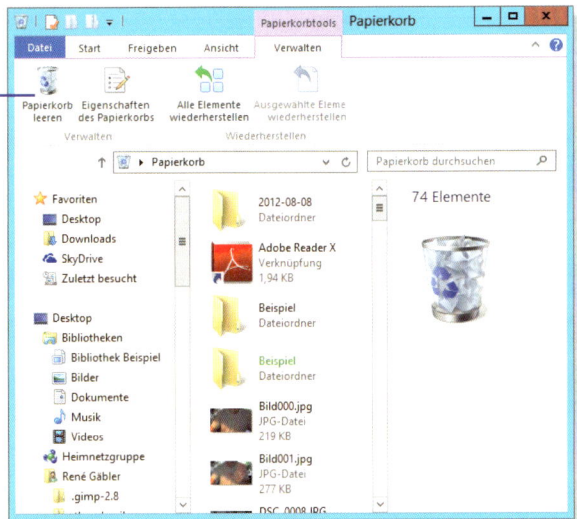

▲ **Abbildung 28.2** *Jede Menge nicht mehr notwendige Dateien und Ordner sind in meinem Papierkorb.*

4. Windows fragt Sie, ob Sie den Inhalt des Papierkorbes wirklich löschen wollen. Bestätigen Sie das mit einem Mausklick auf **Ja**.

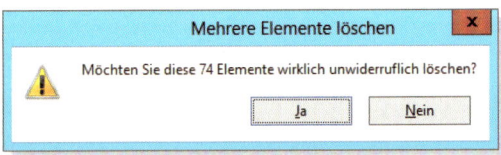

▲ **Abbildung 28.3** *Nach dem Bestätigen der Rückfrage ist der Papierkorb wieder leer.*

Beachten Sie bitte: Löschen Sie Dateien und Ordner aus dem Papierkorb, sind sie unwiederbringlich verloren. Sie können nicht wiederhergestellt werden. Deshalb sollten Sie sich den Inhalt des Papierkorbs zuerst genau anschauen. Sorgen Sie mit Datensicherungen dafür, dass wichtige Daten auch weiter vorhanden sind.

Wichtige Elemente wiederherstellen

Schauen Sie sich die Elemente im Papierkorb genau an. Gehen Sie sie durch. Haben Sie Elemente aus Versehen gelöscht oder finden Sie später heraus, dass Sie ein gelöschtes Element doch noch benötigen, stellen Sie es wieder her. Markieren Sie es, und wählen Sie **Ausgewählte Elemente wiederherstellen** ❶.

Möglich ist es auch, mehrere Elemente zu markieren und auf die beschriebene Art und Weise wiederherzustellen.

Mit **Alle Elemente wiederherstellen** ❷ stellen Sie den gesamten Inhalt des Papierkorbes wieder her. Die Dateien und Ordner befinden sich danach an ihren ursprünglichen Orten.

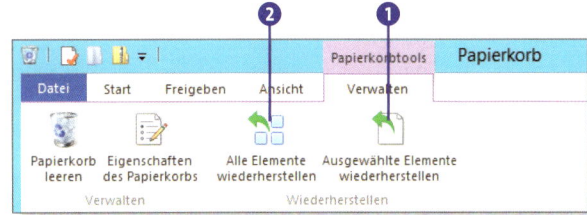

▲ **Abbildung 28.4** *In Windows 8 besitzt auch der Papierkorb eine Multifunktionsleiste.*

Die Eigenschaften des Papierkorbes

Sie können Elemente nicht unbegrenzt in den Papierkorb verschieben. Die Größe des Papierkorbes ist festgelegt. Sie können sie auch anpassen. Sind Elemente größer, erhalten Sie eine Meldung, und die Daten werden sofort gelöscht. Doppelklicken Sie auf das Papierkorbsymbol, und wählen Sie **Eigenschaften des Papierkorbes**. Passen Sie die Größe an, und bestätigen Sie.

Kapitel 28: Windows pflegen und optimieren

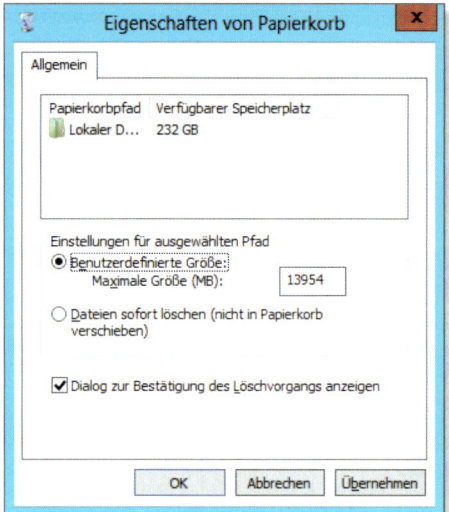

▲ **Abbildung 28.5** *Die Größe des Papierkorbes ist begrenzt.*

Die Option **Dateien sofort löschen** sollten Sie nicht verwenden. Der Papierkorb ist eine Schutzfunktion.

Die Windows-Datenträgerbereinigung

Mit der **Datenträgerbereinigung** können Sie mehrere nicht mehr notwendige Inhalte »in einem Rutsch« entfernen. Außerdem prüfen Sie so, wie viel Speicherplatz durch diese Inhalte belegt wird.

1 Öffnen Sie die **Systemsteuerung**. Wählen Sie **System und Sicherheit**. Unter **Verwaltung** klicken Sie auf **Speicherplatz freigeben**.

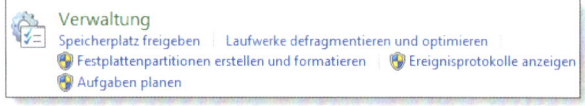

▲ **Abbildung 28.6** *Die Datenträgerbereinigung rufen Sie über die Kategorie »Verwaltung« auf.*

Windows 8 checkt, wie viel Speicherplatz freigegeben werden kann. Diese Berechnung dauert nur einen kurzen Augenblick.

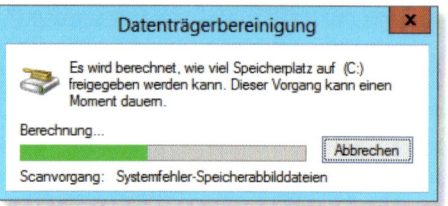

▲ **Abbildung 28.7** *Das Betriebssystem überprüft, welche Daten entfernt werden können.*

Nun wird ein Dialogfenster angezeigt. Sie sehen in einer kleinen Liste genau, welche Daten vorhanden sind und wie viel Speicherplatz diese belegen. Im Einzelnen werden angezeigt:

- heruntergeladene Programmdateien
- temporäre Internetdateien
- Offlinewebseiten
- Inhalt des Papierkorbs
- Setup-Protokolldateien
- temporäre Dateien
- Miniaturansichten
- Windows-Fehlerberichterstattungsdateien
- Systemdateien

Die Windows-Fehlerberichterstattungsdateien tauchen zweimal auf.

Die Miniaturansichten nehmen schnell einige 100 Megabyte ein. Auch ein, zwei Gigabyte sind schnell erreicht. Jedes Mal, wenn Sie im Windows-Explorer Bilddateien anschauen und auflisten lassen, wird für jede Datei ein Vorschaubild gespeichert, sofern noch nicht vorhanden.

Schauen Sie sich die gefundenen Dateien an. Scrollen Sie die Liste durch, und überlegen Sie, welche Dateien Sie noch benötigen und welche nicht mehr notwendig sind. Hinter jedem Datentyp finden Sie eine Angabe, wie viel Speicherplatz diese Dateien belegen. Unter der Liste folgt eine Zusammenfassung. Hier sehen Sie, wie viel Speicherplatz Sie gewinnen, wenn Sie alle gefundenen Dateien löschen würden.

1. Setzen Sie ein Häkchen in die Optionskästchen der Dateien, die Sie löschen möchten. Bestätigen Sie mit **OK**.

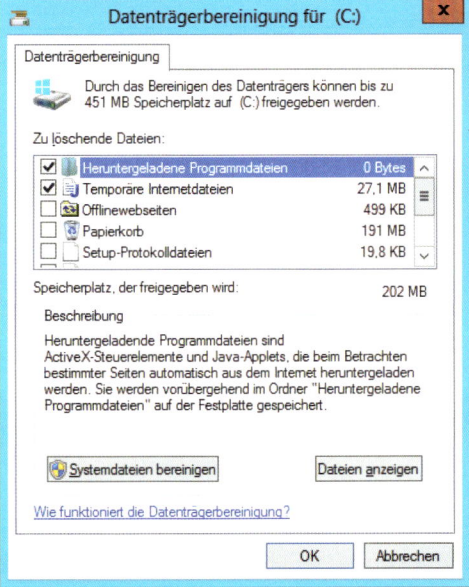

▲ *Abbildung 28.8* *464 MB würde ich gewinnen, wenn ich die markierten Dateien löschen würde.*

2. Windows 8 fragt noch einmal, ob Sie die Aktion tatsächlich durchführen möchten. Bestätigen Sie mit **Dateien löschen**.

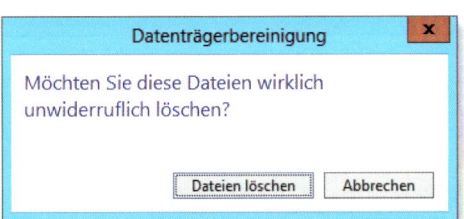

▲ *Abbildung 28.9* *Auch hier müssen Sie die Aktion noch einmal bestätigen.*

Beachten Sie bitte, dass die Zahl unter der Tabelle nicht zeigt, wie viel Speicherplatz Sie mit allen gefundenen Dateien gewinnen würden. Sie fasst die Speicherzahl der Datentypen zusammen, die Sie zum Löschen markieren.

Für einige Dateien gibt es auch die Möglichkeit, diese direkt vom Dialog **Datenträgerbereinigung** aus aufzurufen. Markieren Sie zum Beispiel den Datentyp **Heruntergeladene Programmdateien**, wird daraufhin die Schaltfläche **Dateien anzeigen** eingeblendet. Ein Mausklick darauf öffnet den Windows-Explorer, und Sie sehen, um welche Dateien es sich bei der Anzeige handelt.

Das Gleiche gilt für die temporären Internetdateien, die Offlinewebseiten und den Inhalt des Papierkorbs. Auch diese können Sie sich zunächst genauer ansehen, sofern Sie dies möchten.

Systemdateien bereinigen

Die Systemdateien werden in der **Datenträgerbereinigung** nicht aufgelistet. So ist sichergestellt, dass Sie nur weniger wichtige Dateien entfernen. Die Miniaturansichten werden wieder erstellt. Die Dateien im Papierkorb werden in der Regel nicht mehr benötigt. Mit temporären Dateien und Protokolldateien sieht es ähnlich aus; sie sind nicht wirklich wichtig.

Aber Wiederherstellungspunkte und Systemsicherungen sind schon wichtig. Sie brauchen jedoch nicht ein Dutzend davon, denn sie nehmen viel Platz in Anspruch.

Auch bei dem Bereinigen von Systemdateien gehen Sie nach dem gleichen Muster vor wie bei der normalen **Datenträgerbereinigung**:

- Rufen Sie zunächst die Funktion auf, und lassen Sie das Betriebssystem berechnen, wie viel Speicherplatz freigegeben werden kann.

- Die gefundenen Systemdateien werden aufgelistet. Schauen Sie sich diese an. Entscheiden Sie, welche Sie entfernen wollen und welche Sie behalten.

- Löschen Sie die nicht mehr gebrauchten Daten.

Schauen wir uns die Vorgehensweise mal an einem Beispiel an:

1 Öffnen Sie auch hier zuerst die **Systemsteuerung**. Mit **System und Sicherheit** > **Speicherplatz freigeben** (unter **Verwaltung**) gelangen Sie zunächst in die Auswahl der Festplatte bzw. Partition.

2 Wählen Sie das Laufwerk, das bereinigt werden soll. Bestätigen Sie.

3 Warten Sie kurz, bis Windows 8 mit dem Zusammenstellen der Dateien, die entfernt werden können, fertig ist. Der Dialog **Datenträgerbereinigung** wird angezeigt. Klicken Sie im unteren Teil des Dialogs auf die Schaltfläche **Systemdateien bereinigen**.

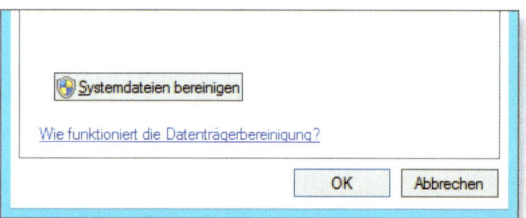

▲ *Abbildung 28.10 Mit einer Schaltfläche entfernen Sie nicht mehr notwendige Systemdateien.*

4 Nun müssen Sie noch einmal das Laufwerk wählen, das bereinigt werden soll. Tun Sie dies.

Windows 8 berechnet, wie viel Speicherplatz frei wird.

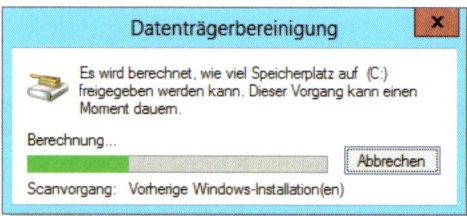

▲ *Abbildung 28.11 Auch hier wird zunächst berechnet, wie viel Speicherplatz frei wird.*

Im Dialog werden die zusätzlichen Elemente angezeigt.

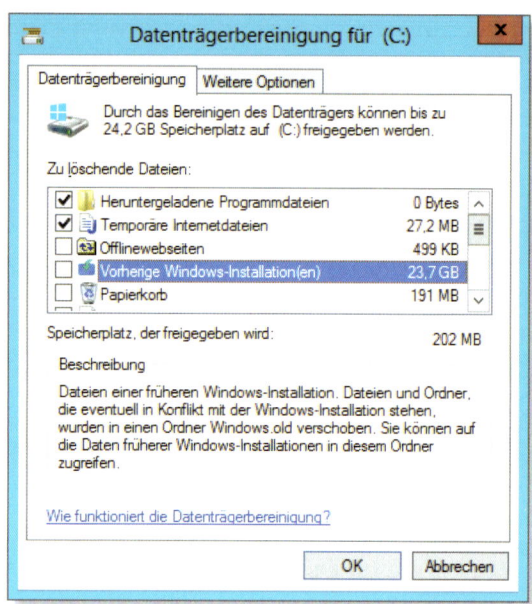

▲ *Abbildung 28.12 Der Dialog wurde erweitert. Nun können Sie Speicherplatz gewinnen.*

5 Markieren Sie die Dateien, die Sie löschen wollen. Wählen Sie **OK**, und bestätigen Sie die Rückfrage von Windows.

Wie Sie an dem gezeigten Beispiel gesehen haben, summiert sich die Menge des Speicherplatzes leicht auf mehrere Gigabyte. Haben Sie die Datenträgerbereinigung lange nicht mehr durchgeführt, kommen schnell einige GB zusammen.

Der Dialog **Datenträgerbereinigung** wird erweitert. Aufgeführt sind nun auch Service-Pack-Sicherungsdateien, Daten von Windows Defender und Fehlerberichterstattungsdateien aus dem Systembereich. Aufgeführt werden auch ältere Windows-Installationen. Diese nehmen den meisten Platz weg.

Sie müssen die beiden Schritte der **Datenträgerbereinigung** nicht einzeln durchführen. Entfernen Sie die normalen weniger wichtigen Dateien und die Systemdateien in einem Arbeitsgang.

Nicht benötigte Systemwiederherstellungspunkte entfernen

Haben Sie, wie im vorhergehenden Abschnitt beschrieben, die **Datenträgerbereinigung** aufgerufen und dabei auch **Systemdateien bereinigen** gewählt, wird der Dialog um ein Register erweitert. Sie können hier Windows-Programme und -Funktionen ebenso entfernen wie Systemwiederherstellungspunkte und Schattenkopien. Mit beidem gewinnen Sie zusätzlichen Speicherplatz und entfernen nicht mehr benötigte Sicherungsdateien.

Bitte achten Sie auch hier genau darauf, ob die Dateien wirklich nicht mehr benötigt werden.

1 Gehen Sie vor, wie in den Schritten 1 bis 5 im vorhergehenden Abschnitt beschrieben. Wechseln Sie in das Register **Weitere Optionen** ❶.

2 Klicken Sie im unteren Teil des Registers auf **Bereinigen** ❷.

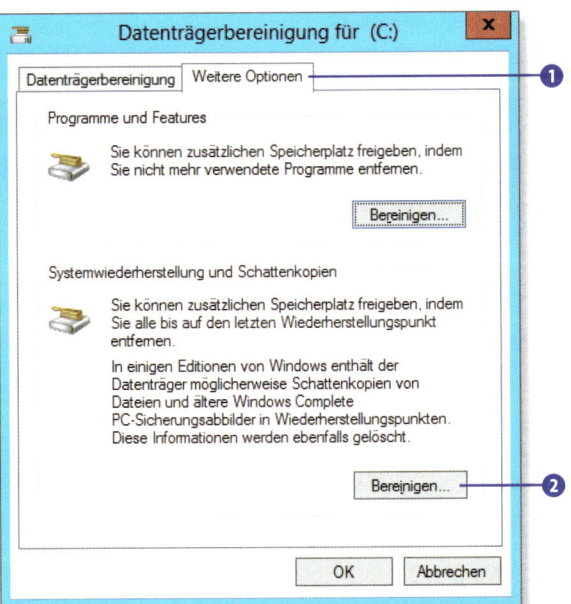

▲ **Abbildung 28.13** Mit dem Löschen von Schattenkopien, Wiederherstellungspunkten und Funktionen gewinnen Sie Speicherplatz.

3 Windows 8 fragt Sie, ob Sie wirklich alle Wiederherstellungspunkte löschen möchten. Bestätigen Sie dies.

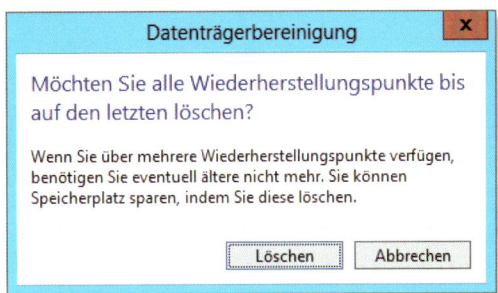

▲ **Abbildung 28.14** Mit dem Bestätigen werden alle vorhandenen Wiederherstellungspunkte gelöscht.

Diesmal listet das Betriebssystem nicht auf, welche Dateien vorhanden sind und wie viel Speicherplatz Sie durch das Entfernen gewinnen können. Sie können auch keine einzelnen Dateien auswählen. Gelöscht werden alle Wiederherstellungspunkte.

Nicht benötigte Programme und Funktionen entfernen

Nicht jede Windows-Funktion wird wirklich benötigt. Sie müssen nicht »alles, was geht« anschalten und verwenden. Werkzeuge und Dienste, die Sie nicht benötigen, können Sie ausschalten.

1 Rufen Sie die **Systemsteuerung** auf. Wählen Sie hier **Programme deinstallieren**. Sie landen nun im Fenster **Programme deinstallieren und ändern**. Schauen Sie sich die Liste einmal an. Sicher gibt es auch hier Programme, die Sie nicht mehr brauchen. Die können Sie ebenfalls löschen und so etwas Platz auf Ihrer Festplatte gewinnen. Die Windows-Funktionen sind hier nicht aufgelistet. Einzige Ausnahme sind die Flash-Alternative Silverlight, Microsoft Office und die Windows-Live-Programme.

2 In der linken oberen Ecke des Fensters sehen Sie ein kleines Menü. Entscheiden Sie sich für **Windows-Features aktivieren und deaktivieren**.

Kapitel 28: Windows pflegen und optimieren

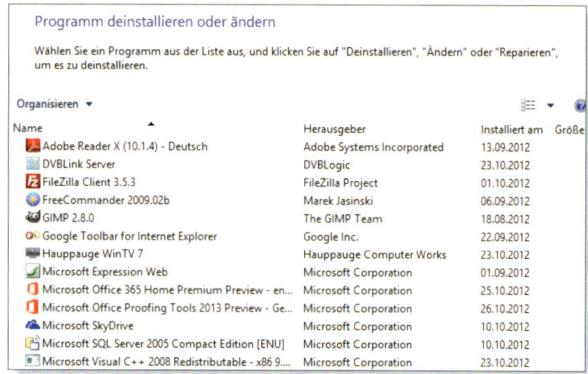

▲ **Abbildung 28.15** *Entfernen Sie nicht notwendige Anwendungsprogramme.*

Nun werden in einem Dialog Windows-Funktionen und -Dienste angezeigt. Schauen Sie sich die Liste an. Ein Häkchen im Optionskästchen vor einem Dienst heißt, dass dieser verwendet wird. Fehlt das Häkchen, ist der Dienst ausgeschaltet.

Achten Sie darauf, dass Sie nur Dienste ausschalten, die auch wirklich nicht benötigt werden. Wenn Sie sich nicht sicher sind oder nicht genau wissen, wozu ein Dienst gut ist, lassen Sie die Einstellung unverändert.

3 Möchten Sie einen Dienst nicht mehr verwenden, deaktivieren Sie ihn. Bestätigen Sie mit **OK**.

▲ **Abbildung 28.16** *In einem Dialog schalten Sie nicht benötigte Windows-Dienste aus.*

Mit dem Deaktivieren von Windows-Diensten sparen Sie Arbeitsspeicher. Die Dienste verbleiben weiterhin auf der Festplatte des Rechners, werden aber nicht mehr geladen.

Mit dem DOS-Befehl »chkdsk« eine Festplattenpartition prüfen

Der Befehl `chkdsk` ist ein früher oft verwendeter Befehl. Heutzutage braucht man ihn kaum noch. Dennoch lohnt es sich, ihn ab und zu einmal zur Hand zu nehmen. Gerade bei gebrauchten Festplatten, bei Problemen mit Windows 8, aber auch dann, wenn Sie Ihren Rechner und Ihr Betriebssystem lange genutzt haben, lohnt es sich, diesen Befehl zu verwenden.

1 Markieren Sie die App **Eingabeaufforderung**. Mit der rechten Maustaste klappen Sie die Menüzeile auf. Wählen Sie hier **Als Admin ausführen**.

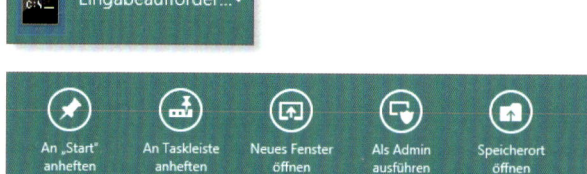

▲ **Abbildung 28.17** *Markieren Sie die App und führen Sie sie als Administrator aus.*

2 Bestätigen Sie die Meldung der Benutzerkontensteuerung.

3 Geben Sie den Befehl `chkdsk /f` ein. Bestätigen Sie mit ⏎.

Mit der Option `/f` sorgen Sie dafür, dass vorhandene Fehler auf dem Datenträger behoben werden. Möchten Sie diesen erst einmal nur überprüfen, lassen Sie die Option weg.

Nun müssen Sie einen Augenblick warten, bis Windows die Festplatte Ihres Rechners überprüft hat. Ist dies geschehen, schauen Sie sich die Ausgabe genau an.

```
C:\Windows\system32>chkdsk
Der Typ des Dateisystems ist NTFS.

WARNUNG! Der Parameter F wurde nicht angegeben.
CHKDSK wird im schreibgeschützten Modus ausgeführt.

CHKDSK überprüft Dateien (Phase 1 von 3)...
  282624 Datensätze verarbeitet.
Dateiüberprüfung beendet.
  7722 große Datensätze verarbeitet.
  0 ungültige Datensätze verarbeitet.

CHKDSK überprüft Indizes (Phase 2 von 3)...
  408450 Indexeinträge verarbeitet.
Indexüberprüfung beendet.
  0 nicht indizierte Dateien überprüft.
  0 nicht indizierte Dateien wiederhergestellt.

CHKDSK überprüft Sicherheitsbeschreibungen (Phase 3 von 3)...
Überprüfung der Sicherheitsbeschreibungen beendet.
  62914 Datendateien verarbeitet.
CHKDSK überprüft USN-Journal...
  34754096 USN-Bytes verarbeitet.
Die Überprüfung von USN-Journal ist abgeschlossen.

Dateisystem wurde überprüft, keine Probleme festgestellt.
Keine weiteren Aktionen erforderlich.

 243837951 KB Speicherplatz auf dem Datenträger insgesamt
  57415800 KB in 207279 Dateien
    115288 KB in 62915 Indizes
         0 KB in fehlerhaften Sektoren
    390959 KB vom System benutzt
     65536 KB von der Protokolldatei belegt
 185915904 KB auf dem Datenträger verfügbar

      4096 Bytes in jeder Zuordnungseinheit
  60959487 Zuordnungseinheiten auf dem Datenträger insgesamt
  46478976 Zuordnungseinheiten auf dem Datenträger verfügbar
```

Abbildung 28.18 *Der Befehl »chkdsk« gibt eine lange Reihe von Informationen aus.*

Der Befehl zeigt, ob ungültige Dateien vorhanden sind. Mit diesen kann das Betriebssystem nichts mehr anfangen.

Überprüft wird auch der Index, den Windows 8 erstellt hat. Fehlerhafte Indexeinträge werden gemeldet und berichtigt.

Eine wichtige Aufgabe des Befehls ist es, das Dateisystem auf Fehler hin zu überprüfen. Nur ein einwandfrei arbeitendes Dateisystem liest und schreibt Dateien korrekt. Es ist für eine fehlerfreie Arbeit mit dem Betriebssystem und allen Anwendungsprogrammen notwendig, die Sie verwenden.

Außerdem überprüft der Befehl, ob die Zuordnungseinheiten auf der Festplatte in Ordnung sind. Eine Zuordnungseinheit ist ein Bereich auf der Festplatte, in dem Daten abgelegt sind. Die Festplatte wird beim Formatieren in viele verschiedene Sektoren und Zuordnungseinheiten eingeteilt.

Stellen Sie sich dies wie einen Aktenordner vor. Jedes Aktenfach ist eine Zuordnungseinheit auf der Festplatte. Das Fach muss fehlerfrei funktionieren, damit es verwendet werden kann. Ein Aktenschrank mit 200 Aktenfächern, von denen 21 verklemmt sind und nicht geöffnet werden können, kann nicht wirklich effektiv genutzt werden.

Sehen Sie auf der Eingabeaufforderung die Meldung, dass `chkdsk` nicht ausgeführt werden kann, weil das Volume von einem anderen Prozess verwendet wird, wundern Sie sich nicht weiter. Die Festplatte bzw. Partition, auf der Sie Windows 8 installiert haben, können Sie nicht im laufenden Betrieb mit `chkdsk` überprüfen und korrigieren. Windows 8 verwendet einige Bereiche für seine Aufgaben. Bestätigen Sie das Angebot des Befehls mit [J]. Starten Sie den Rechner neu. Nun wird vor dem Starten von Windows der Befehl ausgeführt.

```
C:\Windows\system32>chkdsk /f
Der Typ des Dateisystems ist NTFS.
Das aktuelle Laufwerk kann nicht gesperrt werden.

CHKDSK kann nicht ausgeführt werden, weil das Volume von einem anderen
Prozess verwendet wird. Soll dieses Volume überprüft werden, wenn das
System das nächste Mal gestartet wird? (J/N)
```

Abbildung 28.19 *Die Systempartition kann nicht im laufenden Betrieb überprüft und korrigiert werden.*

Die Datenträgerüberprüfung verwenden

Mit der Datenträgerüberprüfung stellen Sie fest, wie stark eine Festplatte oder auch eine Festplattenpartition fragmentiert ist. Ist der Betrag nahe 10 % oder höher, sollten Sie den Datenträger defragmentieren.

> **INFO**
>
> **Was heißt eigentlich »Fragmentierung«?**
> Windows 8 und alle anderen Anwendungen, aber auch Computerspiele legen Daten auf einem freien Bereich des Datenträgers ab. Dabei wird versucht, Daten immer hintereinanderzuschreiben. Aber durch das Löschen, Kopieren und Verschieben von Dateien und Anwendungen entstehen Löcher. Dann werden Daten plötzlich nicht »hinten drangesetzt«, sondern in diesen Löchern oder an einer anderen freien Position.
>
> Plötzlich sind Daten, die zu einem Programm gehören, an verschiedenen Positionen der Festplatte bzw. Partition abgelegt. Man spricht wegen dieser Datenfragmente von einer »Fragmentierung« der Festplatte oder Partition.

Beim Defragmentieren werden die Daten neu sortiert, so dass die Dateien am Ende nicht mehr verteilt auf der Festplatte abgelegt sind, sondern an einem Stück.

Eine starke Fragmentierung macht das Lesen von Daten langsamer, denn der mechanische Lesekopf der Festplatte muss dann lange Wege zurücklegen, um die Daten zu lesen.

In schweren Fällen können Programme oder Computerspiele auch ihren Dienst versagen. Deshalb sollten Sie von Zeit zu Zeit Ihre Festplatte auf eine Fragmentierung hin überprüfen. Um dies zu tun, gehen Sie wie folgt vor:

1 Öffnen Sie die **Systemsteuerung**. Begeben Sie sich nach **System und Sicherheit**.

2 Im Bereich **Verwaltung** klicken Sie auf **Laufwerke defragmentieren und optimieren** ❶.

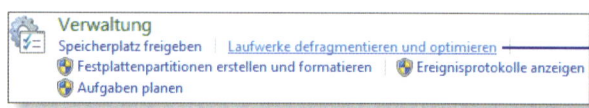

▲ **Abbildung 28.20** Defragmentieren gehört zur Kategorie »Verwaltung«.

Meldet Windows 8 Ihnen, dass die Defragmentierung mit einem anderen Programm geplant ist und Sie diese Einstellung entfernen müssen, bestätigen Sie. Es handelt sich hier um den vorgegebenen Zeitplan, also die automatische Defragmentierung des Rechners.

3 Im Dialog **Defragmentierung** wählen Sie zuerst einen Datenträger oder eine Partition aus. Klicken Sie dann auf **Analysieren**.

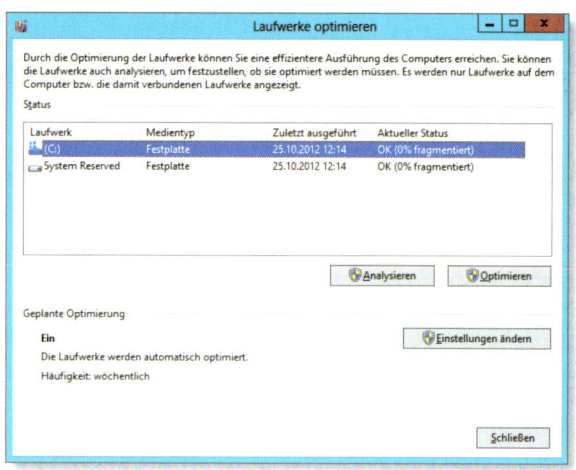

▲ **Abbildung 28.21** In diesem Beispiel überprüfe ich die Windows-Festplatte.

Wiederholen Sie den Vorgang mit allen anderen Partitionen. Entscheiden Sie anschließend, welche Partitionen defragmentiert werden müssen.

Das Werkzeug »Defragmentierung« nutzen

Das Defragmentieren schließt gleich an die Analyse eines Datenträgers an.

1 Markieren Sie die fragmentierte Partition, und wählen Sie **Optimieren**.

28.1 Das Betriebssystem warten und pflegen

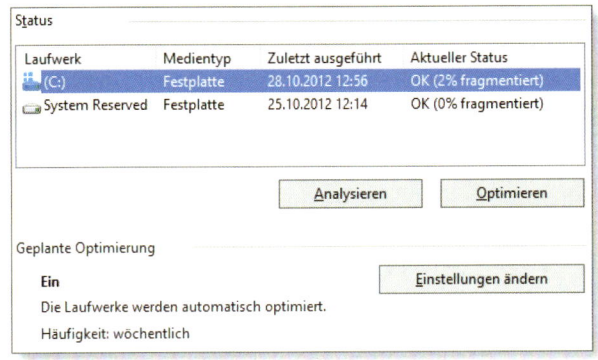

▲ **Abbildung 28.22** *Die Partition ist zu 2 % fragmentiert.*

2 Warten Sie, bis der Vorgang abgeschlossen ist. Schließen Sie den Dialog und die geöffneten Fenster der **Systemsteuerung**.

Die Defragmentierung ist nicht besonders übersichtlich. Sie sehen leider nicht, welche Bereiche mit welchen Dateien belegt sind. Einige Tuning-Programme bieten hier eine bessere Übersicht.

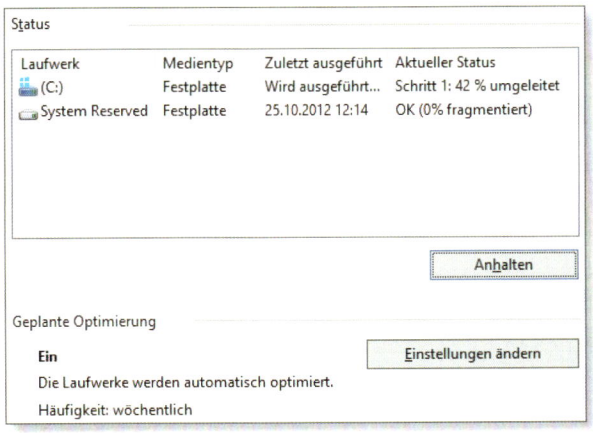

▲ **Abbildung 28.23** *Die Aktionen werden leider nicht ausführlicher angezeigt.*

Die automatische Optimierung einstellen

Die Windows-8-Festplatte wird vom Betriebssystem automatisch analysiert und optimiert. Wann dies geschieht, können Sie einsehen und auch einstellen.

1 Klicken Sie im Dialog **Laufwerke optimieren** auf **Einstellungen ändern**.

2 In der Vorgabeeinstellung wird wöchentlich überprüft. Stellen Sie stattdessen **Monatlich** ein. Bestätigen Sie.

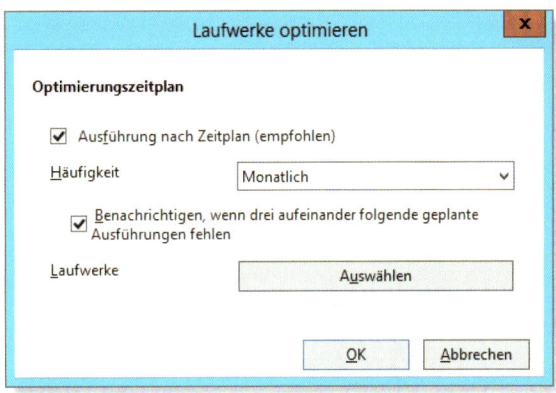

▲ **Abbildung 28.24** *Eine monatliche Optimierung genügt.*

In der **Verwaltung** haben Sie alle Aufgaben in einem Dialog. Erstellen Sie sich am besten ein Schnellstartsymbol auf Ihrem klassischen Desktop. So genügt ein Doppelklick und Sie sehen alle Aufgaben vor sich.

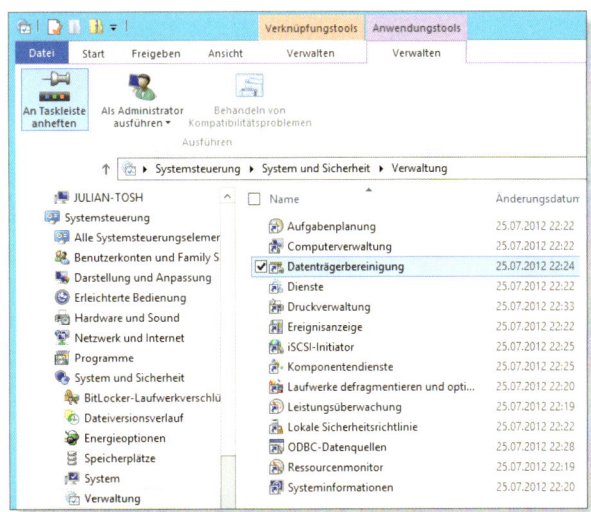

▲ **Abbildung 28.25** *Die Verwaltungstools sehen Sie hier alle wunderbar übersichtlich an einer Stelle zusammengefasst.*

Kapitel 28: Windows pflegen und optimieren

Die Aufgaben **Bereinigen** und **Optimieren** finden Sie auch im Windows-Explorer. Öffnen Sie die Ansicht **Computer**. Markieren Sie die Partition, die Sie optimieren wollen. Öffnen Sie das Register **Laufwerkstools** > **Verwalten**, und wählen Sie die gewünschte Funktion.

▲ **Abbildung 28.26** *Die Verwaltungstools stehen auch im Explorer zur Verfügung.*

28.2 Windows 8 mit einem Tuning-Programm pflegen

Ein sogenanntes *Tuning-Programm*, das auch oft als *Windows-Tuner* bezeichnet wird, bietet oft übersichtlichere und bessere Möglichkeiten, das Betriebssystem zu pflegen. Neben einem automatischen »Putzen« sind die Aufräumfunktionen in gut organisierten und übersichtlichen Fenstern angeordnet. Es gibt eine ganze Reihe verschiedener Tuner.

Ich möchte Ihnen an dieser Stelle die *TuneUp Utilities* der Firma S.A.D. vorstellen; sie eignen sich nicht nur zum Pflegen und Tunen von Windows 8 – Sie können damit auch die Desktop-Oberfläche anpassen, Dienste optimieren und einiges mehr. In diesem Abschnitt möchte ich mich aber auf die Pflegeoptionen beschränken. In Abschnitt 28.3, »Windows 8 optimieren«, ab Seite 647, folgen noch Hinweise zu den Optimierungsfunktionen.

Im Internet können Sie sich unter *http://www.tuneup.de* über das Programm und weitere Tuning-Produkte der Firma informieren. Hier erhalten Sie auch die Möglichkeit, mit einer 15-Tage-Demoversion in das Programm hineinzuschnuppern.

▲ **Abbildung 28.27** *Die TuneUp Utilities 2013 werden installiert.*

Was die TuneUp Utilities so können

Mit dem Windows-8-Tuner können Sie unter anderem:

- Ihr Betriebssystem automatisch auf Fehler hin überprüfen und warten lassen
- Speicherplatz gewinnen, indem Sie Anwendungsprogramme und Datensicherungen löschen
- Fehler und nicht mehr gültige Verknüpfungen in der Windows-Registrierung finden und entfernen
- die Festplatte analysieren und defragmentieren

Das Programm ist ganz darauf ausgerichtet, Windows 8 zu pflegen und »in Schuss« zu halten.

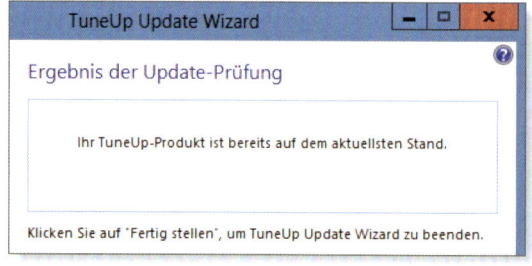

▲ **Abbildung 28.28** *Der automatische Update-Assistent hält das Programm auf dem neusten Stand.*

28.2 Windows 8 mit einem Tuning-Programm pflegen

Die Windows-Registrierung reinigen und defragmentieren

In der Windows-Registrierung finden Sie wichtige Einträge, auf die das Betriebssystem zurückgreift. Hier sind Verknüpfungen, Konfigurationsdateien und mehr abgelegt. Es ist wichtig, dass die Daten aktuell sind und dass sie schnell von Windows 8 geladen und verwendet werden können. Um dies sicherzustellen, sollten Sie von Zeit zu Zeit die Registrierung überprüfen und Probleme beseitigen. Wenn Sie dies einmal im Monat tun, ist das ausreichend.

Welche Probleme können auftreten?

Bevor ich Ihnen zeige, wie Sie die Registrierung von Windows auf Fehler hin untersuchen und diese beheben, nenne ich Ihnen eine Auswahl von Defekten, die in der Windows-Registrierung auftreten können:

Defekt	Ursache
Fragmentierung	Die Registrierung kann fragmentiert sein. Das heißt, die Daten sind zu stark verteilt. Das Laden der Registrierung kann hierdurch länger dauern. Daneben können ganz unterschiedliche Fehler auftauchen.
fehlerhafte Dateitypen	Dateitypen verweisen auf nicht mehr vorhandene Programme. Das kann zu Fehlermeldungen führen. Die defekten Dateiverknüpfungen müssen entfernt werden.
Fehler bei den gemeinsamen Dateien	Es sind Verweise auf Dateien vorhanden, die von mehreren Anwendungen genutzt werden. Wenn diese Anwendungen nicht mehr alle vorhanden sind, kann es zu Fehlern kommen.
Fehler bei Hilfedateien	Es gibt in der Registrierung Verweise auf Hilfedateien, die auf dem Rechner nicht mehr vorhanden sind. Diese veralteten und nicht mehr gültigen Verweise müssen entfernt werden.
Probleme mit installierten Programmen	Es gibt im Windows-Dialog **Software** zu einigen Anwendungen kein Programm, mit dem das Entfernen (Deinstallieren) durchgeführt werden kann. Demzufolge können die Einträge unter Software in der **Systemsteuerung** gelöscht werden.
defekte Programmeinstellungen	Es gibt Einstellungsverweise von Programmen, die auf nicht mehr vorhandene Dateien verweisen. Diese müssen entfernt werden.
Probleme mit Programmkomponenten	Auf dem Rechner sind Programmkomponenten vorhanden, die ins Leere laufen. Sie verweisen auf Komponenten, die nicht mehr vorhanden sind. Die Einträge müssen entfernt werden.
defekte Programmpfade	Wenn in der Registrierung Suchpfade vorhanden sind, die nicht mehr gültig sind, können diese Einträge gelöscht werden.
Fehler bei den Verlaufslisten	Es gibt Einträge in den Windows-Verlaufslisten, die auf Dateien zeigen, die es nicht mehr gibt. Auch diese Einträge können gelöscht werden.

▲ *Tabelle 28.1 Defekte in der Windows-Registrierung*

Kapitel 28: Windows pflegen und optimieren

Neuerungen in TuneUp 2013

Die aktuelle Version 2013 bringt einige interessante Neuerungen mit. Wenn Sie TuneUp bereits kennen und Windows 8 oder eine ältere Version damit aufgeräumt haben, werden Sie die Neuerungen zu schätzen wissen. Diese möchte ich in aller Kürze vorstellen:

- Der Disk Cleaner entfernt nun auch Chatprotokolle, Verlaufslisten und Programmreste von 150 bekannten Anwendungsprogrammen.

- Insgesamt 28 Windows-Funktionen säubert der Disk Cleaner nun. Viele Daten, die nicht mehr benötigt werden, werden gefunden und entfernt.

- Zu TuneUp gehört nun ein BrowserCleaner. Er entfernt die Spuren Ihres Internetbesuches. Er unterstützt die Browser Internet Explorer, Firefox, Google Chrome, Safari und Opera.

- Der Registry Cleaner ist stark verbessert worden und reinigt mehr Bereiche der Windows-Registry.

- Der TuneUp Prozessmanager zeigt die Windows-Prozesse mit leicht verständlichen Beschreibungen.

- Die 1-Klick-Wartung wurde ebenfalls stark überarbeitet und »putzt« Windows noch besser.

- Ganz wichtig: Windows 8 wird unterstützt.

▲ **Abbildung 28.29** TuneUp 2013 hat den Windows-8-Startbildschirm um viele Kacheln erweitert. Sie können von hier aus eine ganze Reihe wichtiger Programmmodule aufrufen und Ihr Windows-8-Betriebssystem entsprechend säubern.

28.2 Windows 8 mit einem Tuning-Programm pflegen

Mit den TuneUp Utilities die Windows-Registrierung aufräumen

Nach dem Installieren finden Sie die TuneUp Utilities mit einem Startsymbol auf dem klassischen Desktop und auf dem Startfenster des Windows-8-Bildschirmes. Während Sie auf dem klassischen Desktop nur ein Schnellstartsymbol sehen, finden Sie auf der neuen Oberfläche mehrere Kacheln, mit denen Sie wichtige Programmfunktionen direkt aufrufen können.

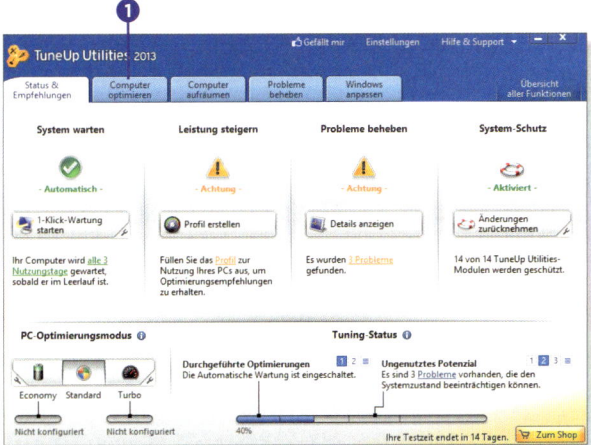

▲ *Abbildung 28.30 Die TuneUp Utilities bieten eine ganze Reihe nützlicher Wartungsaufgaben.*

1 Öffnen Sie das Programm. Bestätigen Sie die Meldung der Benutzerkontensteuerung. Wechseln Sie in das Register **Computer optimieren** ❶. An der rechten Seite finden Sie unter der Überschrift **Wartungsaufgaben manuell durchführen** eine Reihe von Funktionen. Wählen Sie hier **Registrierung reinigen** ❷.

▲ *Abbildung 28.31 Räumen Sie die Registry von Windows 8 auf.*

2 Der **TuneUp Registry Cleaner** wird aufgeklappt. Zusätzlich öffnet sich ein Assistent. Lassen Sie die Option **Vollständige Prüfung** ❸ angeschaltet. Bei der benutzerdefinierten Durchsuchung können Sie selbst die Bereiche festlegen, die durchsucht werden sollen. Das ist etwas für fortgeschrittene Benutzer. Gerade beim ersten Start sollten Sie die erste Option, die **Vollständige Prüfung**, wählen. Starten Sie den Vorgang mit einem Klick auf die Schaltfläche **Weiter**.

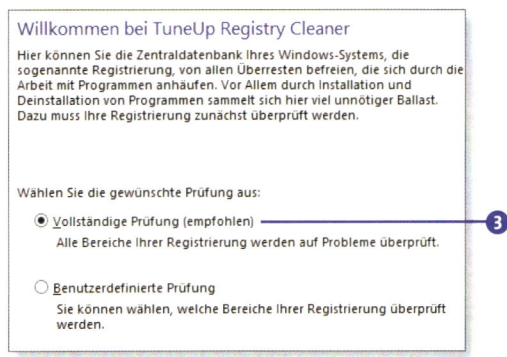

▲ *Abbildung 28.32 Der Registry Cleaner wird geöffnet. Dialoggeführt geht es weiter.*

3 Das Programm scannt nun die Registrierung von Windows. Alle gefundenen Unstimmigkeiten werden aufgelistet. Die Option **Probleme anzeigen** muss angeschaltet sein. Klicken Sie auf **Weiter**.

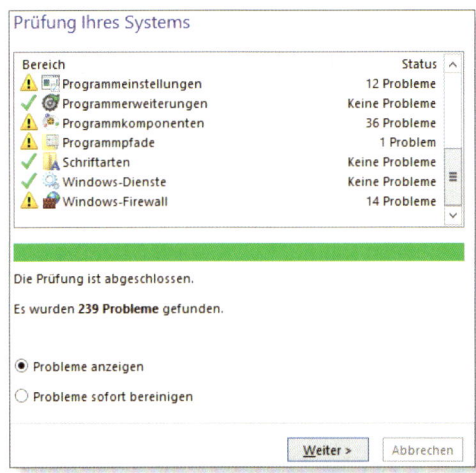

▲ *Abbildung 28.33 Das Programm hat ganze 239 Probleme gefunden.*

Kapitel 28: Windows pflegen und optimieren

Auch wenn Sie Windows 8 erst vor kurzem installiert, eingerichtet und einige Anwendungsprogramme installiert haben, lohnt sich eine Reinigung der Registry. Im Beispiel wurden 239 Probleme gefunden – und das, obwohl Windows 8 erst wenige Wochen auf dem Rechner gelaufen war.

Sie können sich nun in der Liste ansehen, was für Probleme auftreten. Mit **Details** sehen Sie jeden einzelnen Eintrag und jedes Problem.

4 Wählen Sie **Reinigung starten**. Im Cleaner-Dialog bestätigen Sie den Vorgang mit **Weiter**. Der Tuner entfernt nicht vorhandene Links, Hinweise auf defekte Verknüpfungen und weitere Probleme.

5 Warten Sie, bis die Reinigung der Registrierung beendet ist. Schließen Sie das Dialogfenster mit **Fertig stellen** und danach den TuneUp Registry Cleaner.

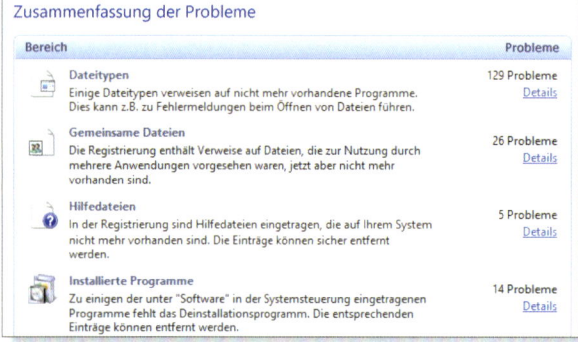

▲ **Abbildung 28.34** Die verschiedenen Probleme werden übersichtlich aufgeschlüsselt.

> **TIPP**
>
> **Die Registrierung defragmentieren**
> Nach der Reinigung der Registrierung sollten Sie diese auch defragmentieren. Sie finden die Funktion in den TuneUp Utilities gleich unter **Registrierung reinigen**. Eine defragmentierte Registrierung beschleunigt den Startvorgang von Windows 8. Um die Funktion durchzuführen, wird Windows 8 neu gestartet. Vor dem Laden des Betriebssystems erfolgt zunächst die Defragmentierung.

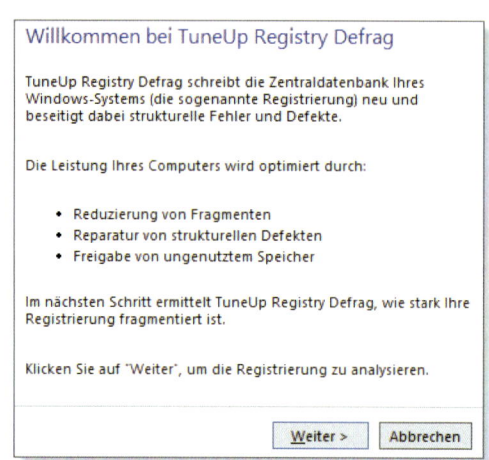

▲ **Abbildung 28.35** Defragmentieren Sie die Registry, und beschleunigen Sie so den Bootvorgang.

So spüren Sie defekte Verknüpfungen auf und löschen sie

Eine defekte Verknüpfung ist nicht weiter schlimm. Rufen Sie sie auf, bekommen Sie eine Fehlermeldung zurück. Sind es nicht zu viele defekte Verknüpfungen, ist der belegte Speicherplatz auch recht gering.

Mit den TuneUp Utilities können Sie solche fehlerhaften Verknüpfungen entfernen. Damit erreichen Sie vor allem, dass es beim Aufruf einer Verknüpfung nicht zu einer Fehlermeldung kommt und dass Sie eine Datei nicht lange suchen müssen. Gehen Sie wie folgt vor:

1 Öffnen Sie das Tuner-Programm. Wechseln Sie in das Register **Computer optimieren**. Öffnen Sie die **Übersicht aller Funktionen** rechts oben im Startfenster des Tuners.

2 Wählen Sie unter **Nutzungsdaten** die Option **Defekte Verknüpfungen entfernen**.

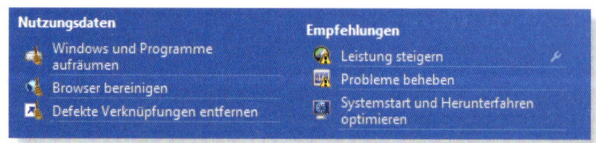

▲ **Abbildung 28.36** Links unten finden Sie die Funktion »Defekte Verknüpfungen entfernen«.

28.2 Windows 8 mit einem Tuning-Programm pflegen

3 Das Programm durchsucht Ihren Rechner. Warten Sie einen kurzen Moment. Im nächsten Bildschirm werden alle defekten Verknüpfungen aufgelistet. Mit einem Mausklick auf die Schaltfläche **Bereinigen** werden diese gelöscht.

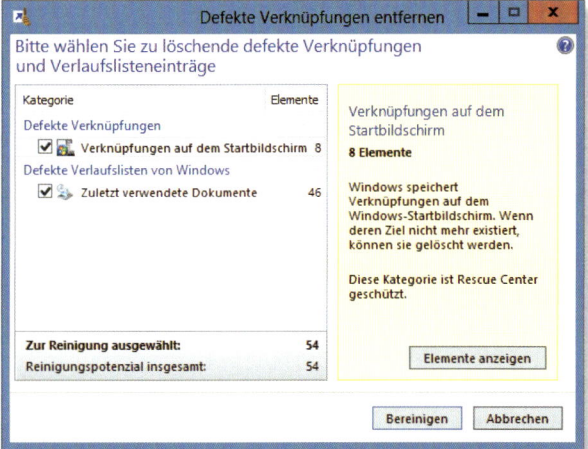

▲ *Abbildung 28.37 Der Tuner sucht defekte Verknüpfungen. Wenn Sie diese dann entfernen lassen, schafft das Platz auf dem Desktop und dem Startbildschirm.*

4 Der Tuner führt die Aktion durch und »bereinigt« die Verlaufslisten. Ist dies geschehen, gibt das Programm eine Meldung aus. Beenden Sie den Assistenten mit **Fertig stellen**.

> **TIPP**
>
> **Das Rescue Center**
> Die TuneUp Utilities sichern bei vielen Aktionen Dateien im Rescue Center. Werden einmal aus Versehen Dateien oder Verknüpfungen gelöscht, die doch noch gebraucht werden, können Sie den Zustand des Rechners vor dem Reinigen wiederherstellen. Ist dies einmal notwendig, wählen Sie rechts unten im Programm **Änderungen zurücknehmen**. Markieren Sie die betreffende Sicherung, und bestätigen Sie mit **Wiederherstellen**.

Die Festplatte mit den TuneUp Utilities defragmentieren

Die Windows-8-eigene Defragmentierung bietet keine besonders gute Übersicht. Ich erinnere mich voll Wehmut an das betagte Norton Utilities aus DOS-Zeiten zurück. Hier konnte man live mitverfolgen, wie die Festplatte aufgeräumt wurde. Das war wesentlich übersichtlicher. Aber auch die TuneUp Utilities bieten eine sehr gute Ansicht. Die Analyse der Festplatte ist gut zu erkennen. Sie sehen genau, wie Programme und Daten verteilt sind. Auch defekte und gesperrte Datenblöcke sind gekennzeichnet.

1 Öffnen Sie den Tuner. Wählen Sie im Register **Computer optimieren** die Funktion **Festplatte defragmentieren**.

2 Auch für diese Funktion gibt es wieder einen Assistenten. Im ersten Dialog wählen Sie die Festplatte oder Festplattenpartition, die untersucht werden soll. Achten Sie darauf, dass im Listenfeld **Wie soll nach der Analyse defragmentiert werden** die Option **Ergebnis abwarten und dann entscheiden** gewählt ist.

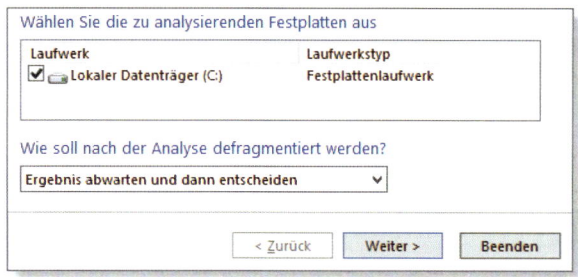

▲ *Abbildung 28.38 In diesem Beispiel steht nur eine Partition zur Verfügung.*

3 Warten Sie einen Augenblick, bis der Tuner das Ergebnis liefert. Bei einer nur geringen Fragmentierung müssen Sie keine Defragmentierung durchführen. Die TuneUp Utilities schlagen Ihnen eine passende Vorgehensweise vor. Diese können Sie unbesorgt übernehmen. Wählen Sie **Weiter**. Schließen Sie den Assistenten.

Kapitel 28: Windows pflegen und optimieren

In einem Diagrammbalken zeigen Ihnen die TuneUp Utilities an, wie viel Speicherplatz der geprüften Partition stark, leicht und gar nicht fragmentiert ist. Der rote Bereich ganz links steht für eine starke Fragmentierung. Er sollte in dem Diagrammbalken nur einen kleinen Teil ausmachen.

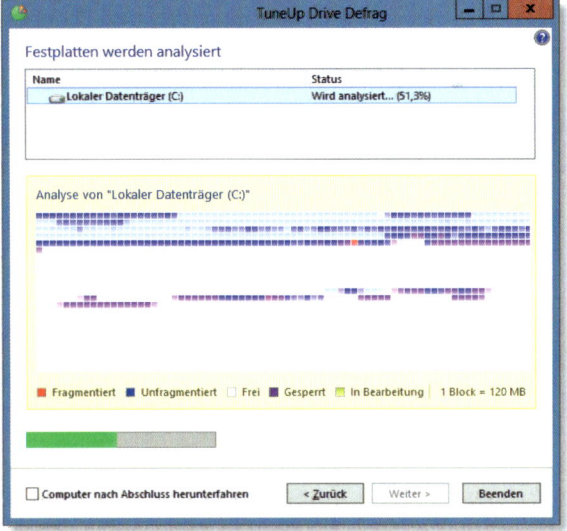

▲ **Abbildung 28.39** Es dauert einen Moment, bis der Tuner die Partition analysiert hat.

Das Programm schlägt Ihnen drei unterschiedliche Vorgehensweisen vor:

- Gründliche Defragmentierung durchführen
- Schnelle Defragmentierung durchführen
- Keine Defragmentierung durchführen

Bei einer starken Fragmentierung sollten Sie die gründliche Defragmentierung wählen. Sie sortiert alle Dateien neu. Zusammengehörige Dateien werden zunächst in einem Zwischenspeicher gelagert und dann in freien Bereichen der Partition neu auf die Festplatte geschrieben.

Die Verteilung der Dateien wird aufgehoben. Sie werden hintereinandergesetzt. Diese Art der Defragmentierung benötigt viel Zeit. Sie sollten sie dennoch von Zeit zu Zeit einmal durchführen.

Bei der schnellen Defragmentierung arbeitet das Programm nicht so gründlich. Dateien werden wieder zusammengeführt und auf der Festplatte neu verteilt. Eine Fragmentierung wird nicht komplett aufgehoben.

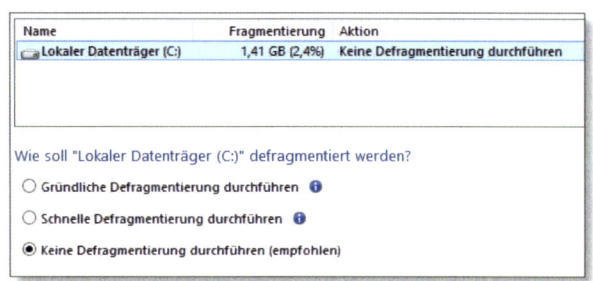

▲ **Abbildung 28.40** Bei einer Fragmentierung von 2,4 % ist keine Aktion notwendig.

Die Autostartfunktionen mit dem Tuner ausschalten

Viele Programme legen nach der Installation Einträge in dem *Autostart*-Ordner von Windows 8 ab. Diese werden beim Start des Betriebssystems ausgeführt. Jedoch sind die Funktionen oft unnötig. Es wird die Erinnerung an die noch nicht erfolgte Produktregistrierung eingeblendet. Es wird eine Überprüfung auf aktuelle Versionen gestartet. Zusatzdienste werden geladen. Kleine Werkzeuge werden gestartet. Mit all diesen Funktionen geht wertvoller Arbeitsspeicher verloren.

Autostarteinträge überprüfen und ausschalten

Mit den TuneUp Utilities können Sie mit nur wenigen Mausklicks die Einträge im *Autostart*-Ordner überprüfen und korrigieren. Das geht so:

1 Öffnen Sie das Programm. Wählen Sie im Register **Computer optimieren** die Funktion **Autostartprogramme deaktivieren**.

2 Schalten Sie die Bewertungsfunktion aus. Mit ihr sehen Sie, was andere Nutzer des Tuners über bestimmte Autostart-Einträge denken. Dies ist nicht notwendig. Die Einträge können Sie selbst bewerten.

28.2 Windows 8 mit einem Tuning-Programm pflegen

▲ **Abbildung 28.41** Sie müssen nicht die Meinung anderer Anwender einholen.

In einer Übersicht werden Windows-Autostart-Einträge aufgelistet. Der Tuner räumt dieses Mal nicht automatisch auf. Schauen Sie sich die Beurteilung in der gleichnamigen Spalte an. In meinem Beispiel wird nur ein Eintrag wirklich benötigt. Es gibt jedoch 10 Anwendungen, die nach dem Start von Windows 8 eine Funktion laden.

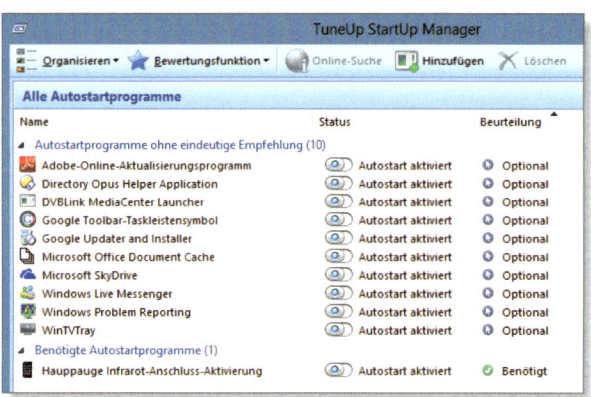

▲ **Abbildung 28.42** Unglaublich, was so im Autostart landet.

3 Klicken Sie in jeder Zeile der Spalte **Status** auf den kleinen Schalter. So wird ein Eintrag auf **deaktiviert** gesetzt. Schließen Sie den Dialog.

Bitte beachten Sie: Entscheiden Sie selbst, welche Einträge im *Autostart*-Ordner von Windows 8 für Ihre Arbeit notwendig sind und welche nicht. Ein anderer Nutzer weiß nicht, mit welchen Programmen und Tools Sie arbeiten und was Sie an Ihrem Rechner tatsächlich benötigen. Das können nur Sie selbst beurteilen.

Programme deinstallieren

Mit den TuneUp Utilities können Sie auch die auf dem Rechner installierten Anwendungsprogramme, Tools und Spiele überprüfen und nicht notwendige löschen. Sie sehen hier auch, wann ein Programm installiert wurde, wann Sie es zuletzt verwendet haben und wie stark es den Rechner belastet.

1 Wählen Sie im Register **Computer optimieren** die Funktion **Programme deinstallieren**. Schauen Sie sich die Liste an.

2 Möchten Sie ein Programm entfernen, markieren Sie es. Wählen Sie **Deinstallieren**. Bestätigen Sie.

▲ **Abbildung 28.43** TuneUp kann auch Programme entfernen.

Manchmal ist ein Programm zwar aufgelistet, aber nicht mehr auf dem Rechner vorhanden. Das kann passieren, wenn ein Programmordner entfernt wurde oder auch, wenn die Deinstallationsroutine der Anwendung fehlerhaft war. In so einem Fall markieren Sie den Eintrag und wählen **Eintrag entfernen**.

Programme und Dienste deaktivieren

Einige Anwendungen nutzen Dienste, die im Hintergrund laufen und viel Arbeitsspeicher verbrauchen. Dabei ist nicht jeder Dienst unbedingt immer notwendig. Das System wird beim Start und im laufenden Betrieb belastet. Überlegen Sie vor dem Nutzen des Deactivators genau, was ein Programm oder Dienst tut. Brauchen Sie ihn? Oder ist er etwa nicht notwendig. Arbeiten Sie oft mit dem Programm?

Adobe Reader ist ein typisches Beispiel für »unnötigen Ballast«. Das Programm ist super. Für das Lesen von PDF-Dateien ist es genau richtig. Aber es ist immer aktiv und belastet das System.

Die Google Toolbar ist nützlich, aber nicht unbedingt notwendig. Man kann auch auf sie verzichten.

Die TuneUp Utilities sind auch dauerhaft aktiviert. Haben Sie das Programm installiert, werden Sie es sicher verwenden. Sie können es nicht deaktivieren. Das ist auch nicht notwendig.

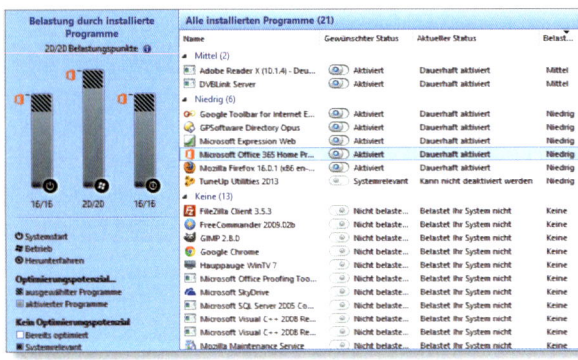

▲ **Abbildung 28.44** *Schalten Sie Dienste aus, die nicht notwendig sind.*

1 Öffnen Sie das Register **Computer** optimieren. Wählen Sie **Programme deaktivieren**.

2 Überspringen Sie den Hinweisdialog. Er zeigt eine Kurzinformation zu Windows-Diensten.

3 Schauen Sie sich in der Liste um. Markieren Sie ein Programm, das Sie nicht immer benötigen, und stellen Sie den Schalter von **Aktiviert** auf **Deaktiviert**.

Den Start des Systems beschleunigen

Mit einer Funktion der TuneUp Utilities können Sie verschiedene Wartungsaufgaben »in einem Rutsch« ausführen, die dafür sorgen, dass Ihr System schneller startet und auch schneller wieder herunterfährt.

1 Wählen Sie im Register **Computer optimieren** den Eintrag **Systemstart und Herunterfahren beschleunigen**.

2 Wählen Sie, ob Sie einen Stift oder ein Grafiktablett verwenden und ob Sie auf ein Firmennetzwerk zugreifen.

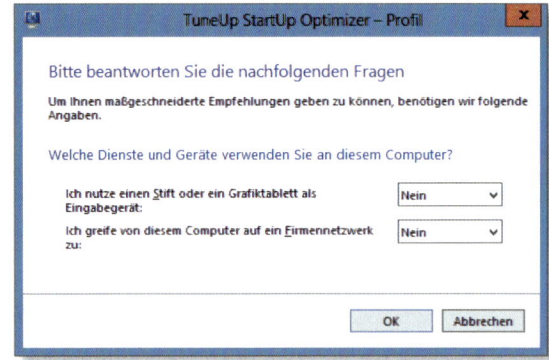

▲ **Abbildung 28.45** *TuneUp möchte etwas wissen.*

3 Das Programm blendet einen Dialog ein. Eine Analyse wird gestartet. Kurz darauf sehen Sie verschiedene Empfehlungen.

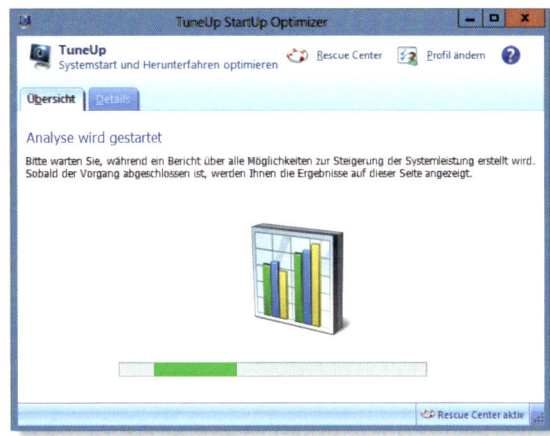

▲ **Abbildung 28.46** *Die Analyse nimmt nicht viel Zeit in Anspruch.*

28.2 Windows 8 mit einem Tuning-Programm pflegen

4 Wählen Sie **Details**, und schauen Sie sich an, um welche Empfehlungen es sich handelt. Beurteilen Sie, ob Sie diese tatsächlich nicht benötigen.

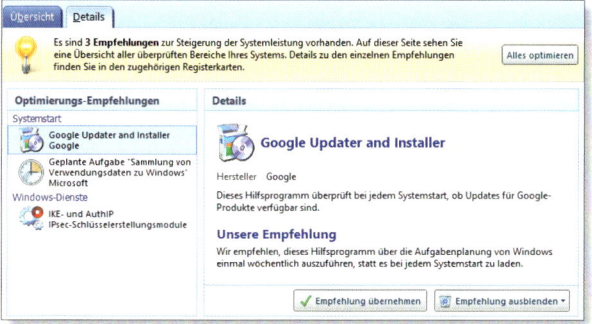

▲ **Abbildung 28.47** *Na ja. Google-Updater reicht einmal die Woche.*

5 Mit einem Mausklick auf **Alles optimieren** im Register **Übersicht** werden die Empfehlungen ausgeführt. Ihr Rechner sollte anschließend schneller starten und auch wieder schneller herunterfahren.

Datensicherungen löschen und so Speicherplatz gewinnen

Im Register **Computer aufräumen** des Tuners dreht sich alles darum, nicht notwendige Daten und Programme zu entfernen. Damit schaffen Sie Platz. Der kann für viele andere Aufgaben genutzt werden.

▲ **Abbildung 28.48** *In diesem Register des Tuner-Programms dreht sich alles darum, unnötige Funktionen und Daten zu löschen.*

Die TuneUp Utilities zeigen bereits beim Aufruf des Registers, welche Daten Sie löschen können. Angezeigt werden alte Datensicherungen, nicht mehr notwendige Dateien und verschiedene Windows-Funktionen. Wählen Sie all diese Daten der Reihe nach aus. Überprüfen Sie, ob Sie die jeweiligen Daten und Funktionen wirklich nicht mehr brauchen. Ist dies der Fall, löschen Sie sie.

In meinem Beispiel sind 12,5 GB an Speicherplatz belegt. Zu den nicht benötigten Dateien zählen der Inhalt des Papierkorbs, Berichte, temporäre Dateien, die Bildvorschau von Windows und die Caches (Zwischenspeicher) der Webbrowser. In meinem Beispiel sind das die Index-Suche, der Windows-Messenger und die Datei für den Ruhezustand. Letztere belegt den meisten Speicherplatz von den drei genannten Dateien – und das, obwohl ich bei meinem Desktop-PC den Ruhezustand nicht nutze. In meinem Beispiel deaktiviere ich die Datei für den Ruhezustand und lösche die Daten des Windows Messengers.

> **INFO**
>
> **Was ist die Datei für den Ruhezustand?**
> Bringen Sie den Rechner in den Ruhezustand, werden die geöffneten Anwendungsprogramme und die verwendeten Fenster gespeichert. Der Rechner wird ausgeschaltet. Schalten Sie ihn wieder an, wird die Datei für den Ruhezustand geladen. Die Programme und Fenster werden wiederhergestellt. Falls Sie den Ruhezustand nicht nutzen, können Sie die Datei deaktivieren.

Tipps und Tricks für die Pflege und Wartung von Windows

Sie müssen Windows 8 nicht jeden Tag aufräumen. Es genügt, wenn Sie dies einmal im Monat tun. Wenn Sie sich aber daranmachen, sollten Sie eine gewisse Reihenfolge beachten.

Wartungsaufgaben in der richtigen Reihenfolge ausführen

Sobald es »auffällig« wird, dass Ihr Windows 8-Rechner für den Startvorgang länger braucht als früher,

Kapitel 28: Windows pflegen und optimieren

sollten Sie hellhörig werden. Dann stimmt vermutlich etwas nicht. Versuchen Sie, Probleme zu finden und zu beseitigen. Entfernen Sie Programme, die Sie nicht benötigen. Defragmentieren Sie die Festplatten des Rechners. Räumen Sie Datenmüll beiseite. Überprüfen Sie die Registrierung, und löschen Sie nicht notwendige und fehlerhafte Inhalte. Defragmentieren Sie die Registrierung.

Es ist dabei ganz wichtig, dass Sie verschiedene Wartungsaufgaben in der richtigen Reihenfolge durchführen. Wenn Sie erst die Festplatte defragmentieren und dann sechs Spiele, Programme und einige Gigabyte an nicht mehr benötigten Daten löschen, haben Sie umsonst defragmentiert und müssen mehrere Arbeitsschritte wiederholen.

Gehen Sie daher in der folgenden Reihenfolge vor:

1 Löschen Sie zuerst Anwendungsprogramme und Spiele, die Sie nicht mehr benötigen.

2 Entfernen Sie große Datensammlungen. Speichern Sie Backups auf externen Datenträgern, wie DVDs. Löschen Sie dann die Daten auf Ihrer Festplatte.

3 Löschen Sie Windows-Daten wie temporäre Dateien, Vorschaubilder und Installationsdateien, sofern Sie sie nicht mehr benötigen.

4 Defragmentieren Sie die Festplattenpartitionen.

5 Überprüfen Sie die Registrierung. Löschen Sie fehlerhafte Einträge.

6 Defragmentieren Sie die Registrierung.

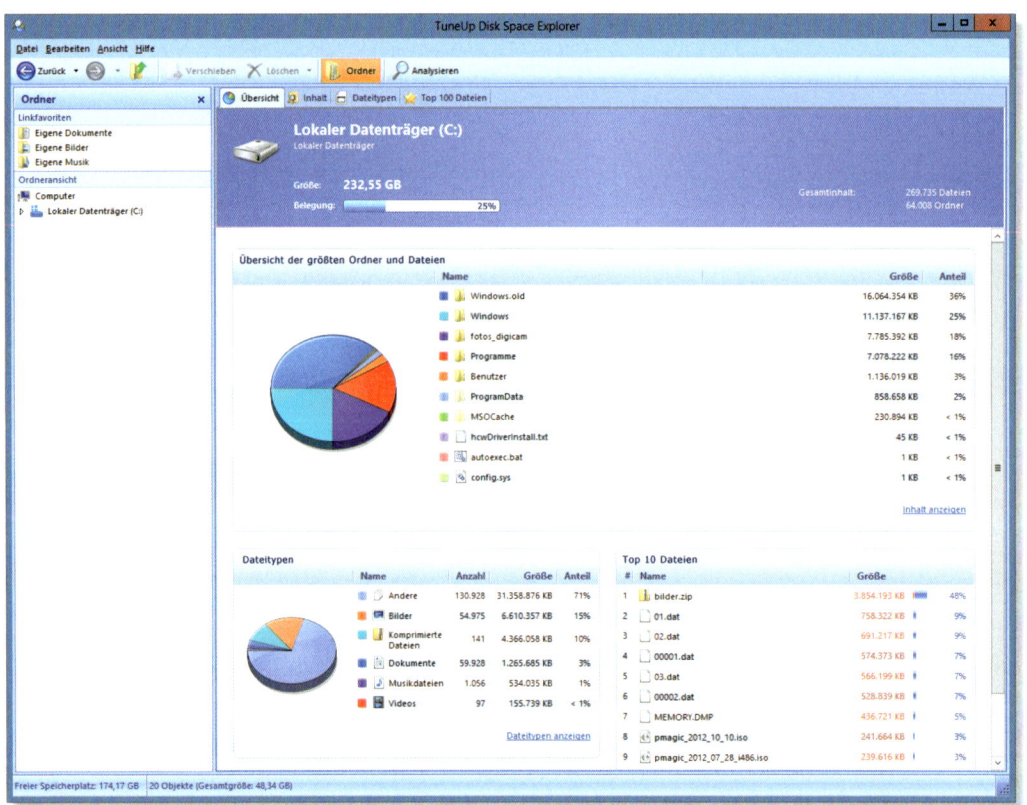

▲ *Abbildung 28.49* Der Tuner zeigt Ihnen an, welche Elemente wie viel Speicherplatz auf Ihrer Festplatte belegen. Dabei werden auch »Speicherfresser« sichtbar. So können Sie schnell feststellen, was notwendig ist und welche Inhalte vielleicht besser entfernt werden sollten.

Mit der 1-Klick-Wartung Windows automatisch aufräumen lassen

Die 1-Klick-Wartung des Tuners räumt Ihren Rechner auf und optimiert ihn. Sie müssen sich nicht durch die Dialoge eines Assistenten bewegen. Sie überlassen das dem Programm. Legen Sie einmal die Wartungsaufgaben fest. Mehr ist nicht zu tun.

1 Öffnen Sie die TuneUp Utilities. Im Register **Status & Empfehlungen** ❶ finden Sie den Bereich **System warten** ❷. Wählen Sie hier mit der Maus die Funktion **alle 3 Nutzungstage** ❸.

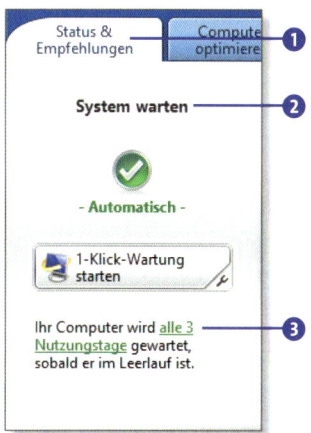

▲ *Abbildung 28.50 Passen Sie die 1-Klick-Wartung an.*

2 Richten Sie ein, welche Wartungsaufgaben durchgeführt werden sollen. Wählen Sie aus, wann sie durchgeführt werden sollen. Es genügt, alle 14 Tage eine Wartung durchzuführen. Bestätigen Sie.

TIPP

Aufräumarbeiten automatisch ausführen
Nutzen Sie die Aufgabenplanung, und lassen Sie bestimmte Wartungsaufgaben automatisch von Windows 8 durchführen. Legen Sie einmal fest, wann welche Aufgabe ausgeführt werden soll. Mehr ist nicht zu tun. Wenn Sie mit den TuneUp Utilities arbeiten, sollten Sie die 1-Klick-Wartung nutzen. Sie arbeitet ebenfalls automatisch.

28.3 Windows 8 optimieren

Windows 8 optimieren, das heißt das Betriebssystem schneller zu machen. Das heißt auch, Leistungsbremsen zu finden und zu beseitigen, aber auch unnötige Funktionen auszuschalten. Optimieren heißt nichts anderes, als ein langsames Betriebssystem gar nicht erst zuzulassen. Die Arbeit mit dem Rechner soll Freude machen. Sie wollen nicht Minuten warten, bis der Rechner nach dem Einschalten seinen Bootprozess beendet hat. Sie wollen auch nicht warten, bis ein Programm geladen ist. Sicher geht nicht alles sofort. Computerfunktionen müssen ausgeführt werden und erfordern Rechenzeit. Aber es soll bitte schön schnell gehen.

Das Optimieren von Windows ist gar nicht so schwer. Den ersten Schritt kennen Sie bereits aus den Abschnitten weiter oben: den Rechner aufräumen, Festplatte und Registrierung defragmentieren. Bereits diese Funktionen führen dazu, dass der Rechner um einiges schneller arbeitet.

Doch es gibt noch einige Möglichkeiten mehr. Sie müssen nur wissen, was Sie wirklich für Ihre Arbeit mit dem PC brauchen. Und Sie müssen sich die Arbeit machen, sich ab und zu einmal umzuschauen und nicht notwendige Funktionen zu entfernen.

Das Ziel beim Optimieren ist nicht (nur), für Ordnung zu sorgen oder Speicherplatz auf der Festplatte zu gewinnen, sondern Windows 8 »einen Tritt in den Hintern zu verpassen«. Bitte entschuldigen Sie diese Ausdrucksweise. Rechenfunktionen sollen mit einer optimalen Geschwindigkeit ausgeführt werden.

Tuningmaßnahmen zur Leistungssteigerung des Rechners

Folgende Tuningmaßnahmen können Sie selbst durchführen:

- Deaktivieren Sie alle nicht notwendigen Windows-Dienste.

- Schalten Sie Funktionen, die nicht benötigt werden, im Windows-*Autostart*-Ordner aus.
- Achten Sie darauf, dass nur die Programme, Werkzeuge und Dienste aktiv sind, die Sie wirklich benötigen.

In Kapitel 30, »Probleme lösen«, lernen Sie den Windows-Task-Manager kennen. Mit ihm können Sie genau überprüfen, welche Funktionen aktiv sind.

Genügen Ihnen die durchgeführten Tuningmaßnahmen nicht, überlegen Sie sich, ob es nicht Zeit wäre, einen neuen Rechner anzuschaffen. Neue Hardwarekomponenten bringen mehr Leistung. Viele Anwendungen laufen schneller. Die Arbeit am PC macht damit mehr Spaß.

Manchmal genügt es auch, dem Rechner etwas mehr Arbeitsspeicher zu gönnen. Eine neue Grafikkarte bringt auch mehr Leistung. Sie müssen also nicht unbedingt einen komplett neuen Rechner kaufen, sondern können auch einzelne Komponenten »erneuern«.

HINWEIS

Hardware übertakten
Einige moderne Motherboards und Grafikkarten erlauben das Übertakten der Hardware. Dabei werden zuvor festgelegte Sicherheitspunkte überschritten. Diese Funktionen sollten Sie nur nutzen, wenn Sie als erfahrener PC-Anwender wissen, wie Sie dabei vorgehen müssen. Bei einem Fehler können Sie die Hardware beschädigen. Grafikkarte und Motherboard sind dann nur noch »für den Mülleimer«. Daten können hierbei verlorengehen.

Was TuneUp noch so alles kann

Mit TuneUp können Sie sich Vorschläge für oft vorkommende Probleme anzeigen lassen. Wählen Sie aus der Liste aus, welcher Schuh Sie drückt, und Sie bekommen passende Empfehlungen.

Der Tuner kann Ihre Festplatte auf Fehler hin überprüfen, gelöschte Dateien wiederherstellen, die Systeminformation anzeigen und die laufenden Prozesse anzeigen und bearbeiten. Sie können Profile erstellen und dazu passende Optimierungsmöglichkeiten anschauen. TuneUp kann Daten »sicher« löschen. Tun Sie dies mit wichtigen Dokumenten. Danach können diese nicht mehr wiederhergestellt werden (oder nur durch Spezial-Labore).

Interessant sind die Möglichkeiten zum Anpassen von Windows 8. Sie können Taskleiste und Ordneroptionen einstellen. Möglich ist es, die Animationen von Windows 8 einzustellen. Der Tuner bietet Ihnen verschiedene Symbolpakete an und einiges mehr. Auf diese Möglichkeiten komme ich noch einmal im nächsten Kapitel zurück.

28.4 Windows 8 mit den TuneUp Utilities anpassen

Wie bereits erwähnt, können Sie mit den TuneUp Utilities auch Windows 8 an Ihre persönlichen Bedürfnisse anpassen. Verschiedene Einstellungen lassen sich überprüfen und korrigieren.

All diese Aufgaben führen Sie im Register **Windows anpassen** aus. Dabei unterscheidet das Programm zwischen dem Anpassen von Optionen und Verhalten sowie dem Verändern des Aussehens von Windows 8.

▲ *Abbildung 28.51 Passen Sie Windows 8 mit TuneUp an.*

28.4 Windows 8 mit den TuneUp Utilities anpassen

Optionen und Verhalten anpassen

»Optionen und Verhalten« klingt erst einmal recht allgemein. Darunter fallen die folgenden Einstellungen von Windows 8:

- Effekte und Animationen, die beim Umgang mit Fenstern, Symbolen und Anwendungen verwendet werden
- die Darstellung von Menüs
- die Glättung von Schriften
- die Zuordnung von Dateitypen
- die Einrichtung von Ordneroptionen
- die Eigenschaften von Maus und Tastatur
- die Eigenschaften der Taskleiste
- die Einstellungen zum Netzwerk
- die Einstellungen der Browser
- Optionen für Outlook und Live Messenger
- Einstellungen zur Privatsphäre

Das sind sehr viele Register und Funktionen. Doch nehmen Sie sich einmal die Zeit und schauen Sie sich in aller Ruhe um. Sie müssen ja die Einrichtung der verschiedenen Elemente nicht immer wieder vornehmen. Eine ausführliche Grundeinstellung genügt. Danach korrigieren Sie nur die wenigen Optionen, die Ihnen später nicht zusagen oder die Sie einfach einmal wechseln wollen.

Alle Funktionen möchte ich nicht vorstellen. Dafür sind es zu viele. Vielmehr werde ich an einem Beispiel zeigen, wie Sie Windows 8 mit den TuneUp Utilities optimieren:

1 Öffnen Sie die TuneUp Utilities. Wechseln Sie nach **Windows anpassen**, und klicken Sie auf **Optionen und Verhalten individuell anpassen**.

2 Die optischen Effekte sind ganz nett, aber eigentlich Schnickschnack. Schalten Sie die Anzeige der Quickinfo ❷ aus, und deaktivieren Sie den Schatten bei der Anzeige des Symboltitels ❶.

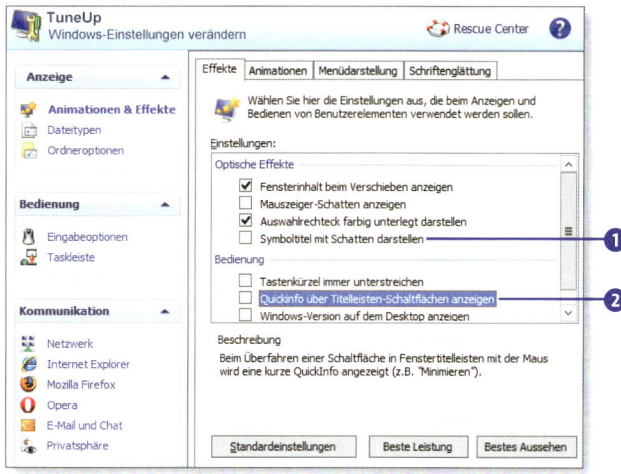

▲ **Abbildung 28.52** Nicht jeder Effekt ist notwendig.

3 Wechseln Sie nach **Animationen**, und schalten Sie alle Optionen aus.

4 Im Register **Menüdarstellung** deaktivieren Sie die Anzeige des Schattens unter den Menüs.

5 Klicken Sie an dieser Stelle schon einmal auf **Übernehmen**. Schauen Sie sich die Veränderungen an. Gefällt Ihnen eine Einstellung nicht, korrigieren Sie sie.

6 Wechseln Sie nach **Dateitypen**. Im Register **Menüaktionen** schalten Sie die Anzeige des **Senden an**-Menüs aus ❹ (Seite 650). Ich verwende es sehr selten und nur, um Schnellstartsymbole auf dem Desktop zu erstellen.

7 Dafür schalten Sie die Optionen »**Eingabeforderung hier**« anzeigen ❸ und »**Verschlüsseln**« und »**Entschlüsseln**« anzeigen an ❺. Beide sind sehr nützliche Ergänzungen.

Mit »**Eingabeaufforderung**« hier anzeigen können Sie über das Kontextmenü auf dem klassischen Desktop schnell die Eingabeaufforderung einblenden. Sie müssen dazu nicht mehr auf den Metro-Startbildschirm wechseln, **Alle Apps** anschalten und dann dieses Tool starten.

Kapitel 28: Windows pflegen und optimieren

Die letztgenannte Option erweitert die Funktionen des Kontextmenüs im Windows-Explorer. Sie können schnell Daten und Ordner ver- und wieder entschlüsseln. Schalten Sie die Funktion nur an, wenn Sie auch wirklich mit Kryptographie arbeiten.

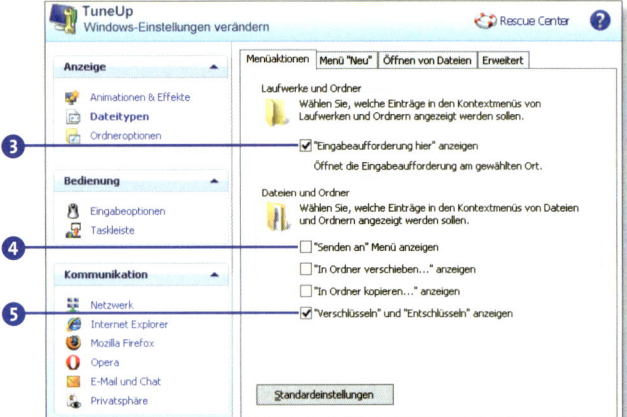

▲ **Abbildung 28.53** *Diesmal schalten wir auch einmal etwas an.*

1 Im Register **Öffnen von Dateien** deaktivieren Sie die Option **Webdienst-Suche für unbekannte Dateien anbieten**. Der Dienst wird auch nicht immer fündig.

2 Wechseln Sie nach **Erweitert**, und schalten Sie das Anhängen von »Verknüpfung« aus. Jede neue Verknüpfung auf dem Desktop wird mit diesem Wörtchen erweitert. Das ist unnötig, wie ich finde. Bestätigen Sie mit **OK**. Schließen Sie den Dialog.

Einen neuen Zeitserver auswählen und verwenden

Die in Windows 8 eingetragenen Zeitserver funktionieren leider nicht immer. Das Abrufen der Internetzeit und das Synchronisieren gehen nicht. Die Liste der Zeitserver ist begrenzt. Die TuneUp Utilities können hier helfen. Sie können eine Liste möglicher Zeitserver abrufen und einen Eintrag davon verwenden. Gehen Sie dazu wie folgt vor:

1 Öffnen Sie die TuneUp Utilities. Wählen Sie **Optionen und Verhalten individuell anpassen**.

2 Wählen Sie **Netzwerk** ❼ und das Register **Internetzeit** ❻. Klicken Sie auf den Link **Aktuelle Zeitserverliste** ❽. Er wird unter der Tabelle angezeigt.

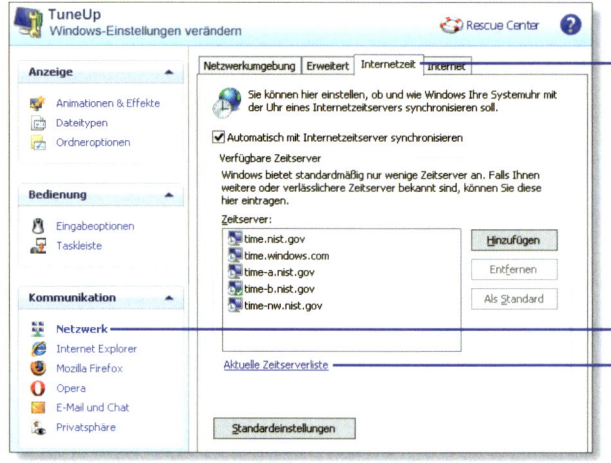

▲ **Abbildung 28.54** *Mit dem Tuner können Sie deutsche Zeitserver ergänzen.*

3 Ein Browserfenster wird geöffnet. Markieren Sie die Webadresse der Physikalisch-Technischen Bundesanstalt. Kopieren Sie sie in die Zwischenablage. Schließen oder minimieren Sie das Browserfenster.

4 Zurück im Tuner wählen Sie **Hinzufügen**. Fügen Sie mit [Strg]+[V] die Adresse des Zeitservers hinzu. Mit **OK** übernehmen Sie die Adresse. Halten Sie mit **Übernehmen** die Einstellungen im Tuner und damit auch in Windows 8 fest.

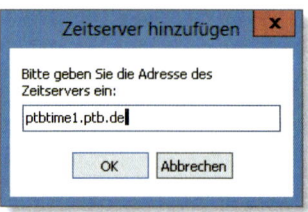

▲ **Abbildung 28.55** *Der Zeitserver wird eingetragen.*

5 Über der Uhr im Systray der Taskleiste öffnen Sie das Kontextmenü. Wählen Sie **Datum > Uhrzeit ändern**.

6 Wechseln Sie nach **Internetzeit**. Klicken Sie auf **Einstellungen ändern**.

28.4 Windows 8 mit den TuneUp Utilities anpassen

7 Wählen Sie in Listenfeld den neu eingetragenen Zeitserver aus. Klicken Sie auf **Jetzt aktualisieren**.

8 Schließen Sie die geöffneten Dialoge.

Das Aussehen von Windows 8 verändern

Besonders viele optische Veränderungen sind nicht möglich. Ein neues Hintergrundbild, ein paar Einstellungen und ein paar anders angeordnete Symbole. Mehr geht nicht?

Doch. Sie können die Symbole für die verschiedenen Programme verändern und anpassen – eine Funktion, die leider in Windows 8 fehlt.

Zuerst suchen wir ein geeignetes Symbolpaket und laden es auf den Rechner:

1 Öffnen Sie die TuneUp Utilities. Wechseln Sie nach **Windows anpassen**, und klicken Sie auf **Neue Symbolpakete kostenlos herunterladen**.

2 Der Browser wird geöffnet. Die Website von TuneUp wird geladen. Sie sehen nun verschiedene Symbolpakete in einer verkleinerten Vorschau vor sich. Unter den sieben Paketen finden Sie weitere.

▲ *Abbildung 28.56 Wählen Sie eines der möglichen Symbolpakete aus.*

3 Klicken Sie eines der Pakete an, sehen Sie eine Vergrößerung der Symbole. Suchen Sie sich ein Paket aus, und laden Sie es mit **Download** auf Ihren Rechner. Sie können auch mehrere Symbolpakete herunterladen. Sie sind alle kostenlos.

Nach dem Download wird das Symbolpaket automatisch installiert. Sie müssen also nicht mit dem Dateimanager auf Ordner- und Dateisuche gehen.

Praktischerweise ist gleich in den TuneUp Utilities der passende Dialog geöffnet worden. Der Programmteil nennt sich TuneUp Styler.

4 Wählen Sie **Übernehmen**. So werden die Symbole angewendet.

▲ *Abbildung 28.57 Sehr schick sehen diese neuen Symbole aus.*

Nach der Übernahme erhalten Sie den Hinweis, dass Sie sich neu anmelden müssen. Dafür werden alle Programme geschlossen. Achten Sie darauf, dass Sie wichtige Daten zuvor gespeichert haben.

Im TuneUp Styler können Sie auch einzelne Symbole gegen andere austauschen. Sie müssen nicht immer ein ganzes Symbolpaket nutzen. Daneben lässt sich auch die Größe der Symbole genau angeben.

651

Kapitel 28: Windows pflegen und optimieren

Gefällt Ihnen die Veränderung nicht, setzen Sie einzelne Elemente oder ein ganzes Symbolpaket zurück. So kehren Sie zu den Standardeinstellungen von Windows 8 zurück. Schauen Sie nicht nur auf den klassischen Desktop von Windows 8; Sie finden auch neue Symbole im Windows-Explorer.

▲ **Abbildung 28.58** *Die neuen Symbole sehen auf dem Desktop sehr cool aus.*

28.5 Windows 8 mit den Norton Utilities pflegen

Mit den Norton Utilities können Sie Ihren Rechner auf Fehler hin überprüfen und optimieren. Das Programm verbessert die Leistung Ihres Rechners. Sie können die Registrierung von Windows 8 bereinigen und komprimieren. Die Norton Utilities können Ihre Partitionen defragmentieren, Windows optimieren und den Start des Betriebssystems beschleunigen und vieles mehr.

Sie starten das Programm vom neuen Desktop aus oder auch vom klassischen Desktop. Auf beiden legen die Norton Utilities ein Symbol bzw. eine Kachel ab.

▲ **Abbildung 28.59** *Mit diesem Symbol starten Sie die Norton Utilities.*

Beim ersten Start bietet das Programm einen ersten Scan an. Bestätigen Sie dies. Ihr Rechner wird überprüft, und Sie sehen bereits, wo Fehler und Probleme auftreten. Schauen Sie sich die Fehler an, und wählen Sie anschließend **Reparieren**.

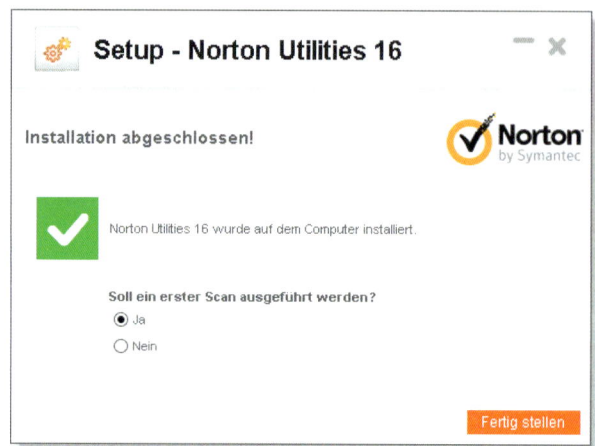

▲ **Abbildung 28.60** *Beim ersten Aufruf wird ein Scan vorgeschlagen.*

Das Dashboard nutzen

Das Dashboard ist die Übersichtsseite der Norton Utilities. Von hier aus starten Sie die 1-Klick-Optimierung, optimieren die Registrierung und nehmen verschiedene Einstellungen vor.

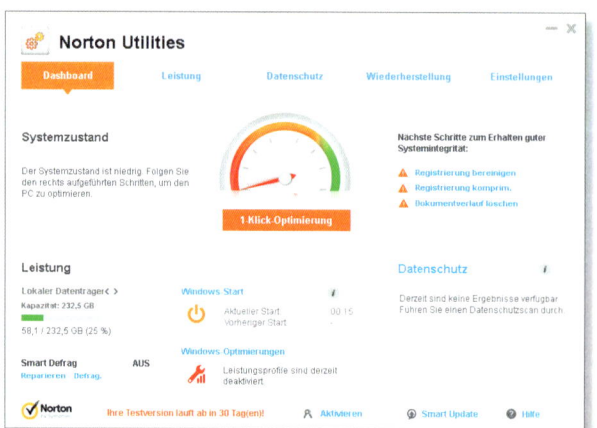

▲ **Abbildung 28.61** *Das Dashboard ist die Schaltzentrale der Norton Utilities.*

28.5 Windows 8 mit den Norton Utilities pflegen

Um die 1-Klick-Optimierung Ihres Rechners zu starten, klicken Sie auf die Schaltfläche in der Mitte. Mehr ist nicht zu tun. Das Programm überprüft Ihren Rechner und nimmt automatisch die Optimierungen vor.

Bevor Sie die Funktion das erste Mal anwenden, richten Sie ein, was untersucht werden soll. Wechseln Sie dazu nach **Einstellungen**, und aktivieren Sie die Funktionen, die genutzt werden sollen, mit den Schaltern (grüne Stellung links). Die Funktionen, die nicht verwendet werden, schalten Sie aus (rechte Schalterposition).

Zu den überprüften und korrigierten Funktionen gehören die Folgenden:

- Bereinigung der Registrierung von Windows 8
- Überprüfung und Korrektur der Datenschutzeinstellungen
- verschiedene Windows-8-Optimierungen
- Defragmentierung der vorhandenen Partitionen
- Suche von nicht genutzten Anwendungen

Bei der letztgenannten Funktion wird nur eine Information ausgegeben. Programme, die Sie in letzter Zeit wenig genutzt haben, werden nicht automatisch gelöscht.

▲ **Abbildung 28.62** Die Defragmentierung und die Suche nach Programmen ist ausgeschaltet.

Die Registrierung bereinigen

Überprüfen Sie in regelmäßigen Abständen die Registry von Windows 8. Das Betriebssystem startet so schneller und fährt auch schneller herunter.

1 Öffnen Sie Norton Utilities. Wechseln Sie in das Register **Leistung** ❶.

2 Wählen Sie hier **Registrierung bereinigen** ❷.

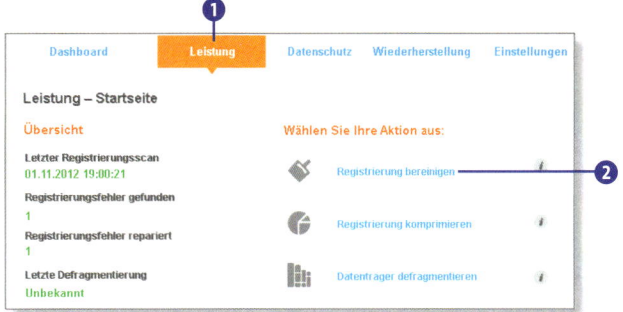

▲ **Abbildung 28.63** Wenige Mausklicks genügen, um die Registry von Windows 8 zu überprüfen.

3 Das Programm zeigt Ihnen alle Optionen an, die bestimmen, was untersucht wird. Scrollen Sie in der Liste nach unten, und schalten Sie auch **Temp. Dateien/Verknüpfungen**, **Ben. Def. Steuerelemente** und **Gründlicher Scan** an. Mit **Ausw. Speichern** halten Sie die gewählten Optionen fest. Sie müssen sie so beim nächsten Mal nicht noch einmal auswählen.

4 Klicken Sie auf **Scan starten**. Danach startet die Untersuchung.

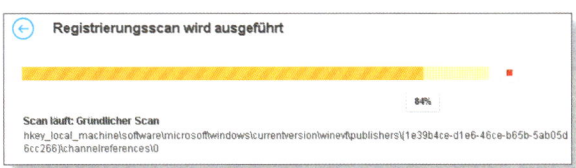

▲ **Abbildung 28.64** Die Registry wird untersucht.

5 Schauen Sie sich die gefundenen Fehler an. Klicken Sie auf **Reparieren**.

Führen Sie auch ab und zu eine Komprimierung der Registry durch. So sparen Sie wertvollen Speicherplatz.

Datenträger defragmentieren

Untersuchen Sie von Zeit zu Zeit Ihre Festplatte. Sie vermeiden dadurch Programmabstürze und sorgen dafür, dass Ihr Betriebssystem und Ihre Programme schnell laufen.

1 Öffnen Sie die Norton Utilities. Wechseln Sie nach **Leistung**.

2 Wählen Sie **Datenträger defragmentieren**.

3 Im Fenster sehen Sie nun die vorhandenen Partitionen. Markieren Sie die, die Sie untersuchen wollen.

4 Wählen Sie unterhalb des Fensters, ob Sie eine ausführliche oder schnelle Defragmentierung durchführen wollen. Möglich sind auch eine Systemstartoptimierung und das Durchführen nur einer Analyse.

5 Klicken Sie auf **Start**.

▲ **Abbildung 28.65** *Ab und zu sollten Sie die Festplatte einmal defragmentieren.*

Die Norton Utilities untersuchen zuerst Ihre Festplatte. Mit **Legende anzeigen** blenden Sie eine Tabelle ein, aus der Sie ersehen, was die einzelnen farbigen Quadrate bedeuten.

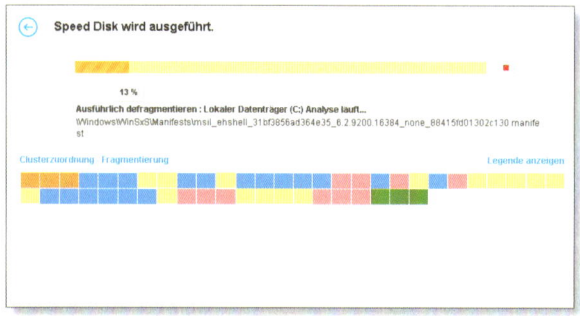

▲ **Abbildung 28.66** *Zuerst wird die Festplatte auf eine Fragmentierung hin untersucht.*

Windows optimieren

Optimieren heißt nichts anderes, als den Rechner schneller machen. Unnötige Leistungsbremsen werden gefunden und aus dem Weg geräumt. So laufen Anwendungen und Spiele besser.

1 Öffnen Sie die Norton Utilities. Wechseln Sie in das Register **Leistung**, und klicken Sie hier auf **Windows optimieren**.

2 Mit einem Schieberegler stellen Sie nun ein, ob Sie optimale Darstellung oder beste Leistung wollen. In der Vorgabeeinstellung steht der Regler in der Mitte. Schalten Sie zunächst die Leistungsprofile an. Der Schalter **Leistungsprofile sind aktiviert** wird nun farbig hervorgehoben.

3 Ziehen Sie den Regler ganz nach links. So erreichen Sie die höchstmögliche Leistung. Bedenken Sie jedoch, dass so einige Windows-8-Funktionen ausgeschaltet werden. Sehen Sie sich in der Liste an, welche Optionen »Nicht angewendet« werden.

4 Bestätigen Sie mit **Übernehmen**.

Windows-Start beschleunigen

Der Name der Funktion verrät bereits, was hier geschehen soll. Sehen Sie sich an, welche Inhalte in der Autostart vorhanden sind. Diese Tools und Funktionen werden beim Start von Windows 8 geladen. Nicht alle davon sind notwendig.

1 Starten Sie die Norton Utilities. Wechseln Sie nach **Leistung**, und klicken Sie auf **Windows-Start beschleunigen**.

2 Schauen Sie sich an, welche Tools beim Start des Betriebssystems geladen werden. Entfernen Sie das Häkchen aus den Optionskästchen vor den Tools, die nicht unbedingt notwendig sind. So starten Windows 8 schneller, und es steht mehr Arbeitsspeicher für andere Anwendungen zur Verfügung.

3 Bestätigen Sie mit **Übernehmen**.

28.5 Windows 8 mit den Norton Utilities pflegen

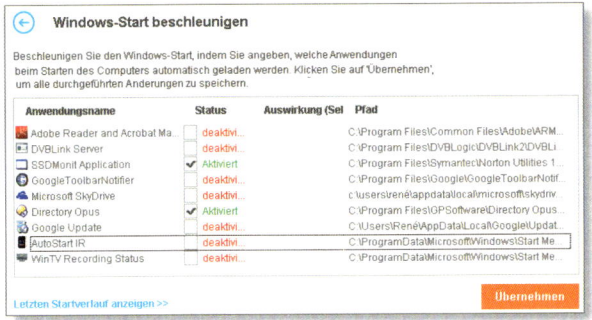

▲ **Abbildung 28.67** Es gibt schon einige Sachen, die nicht unbedingt nötig sind.

Datenträger bereinigen

Reinigen heißt beim PC, unnötigen Datenmüll entfernen. Der Papierkorb wird geleert, temporäre Dateien werden entfernt, und alte Datensicherungen werden gelöscht. Alte Installationsdateien werden entfernt und einiges mehr. So wird viel Speicherplatz frei. Den wiederum können Sie für andere Zwecke nutzen.

1 Starten Sie die Norton Utilities. Wechseln Sie nach **Datenschutz**.

2 Wählen Sie hier **Datenträger bereinigen**.

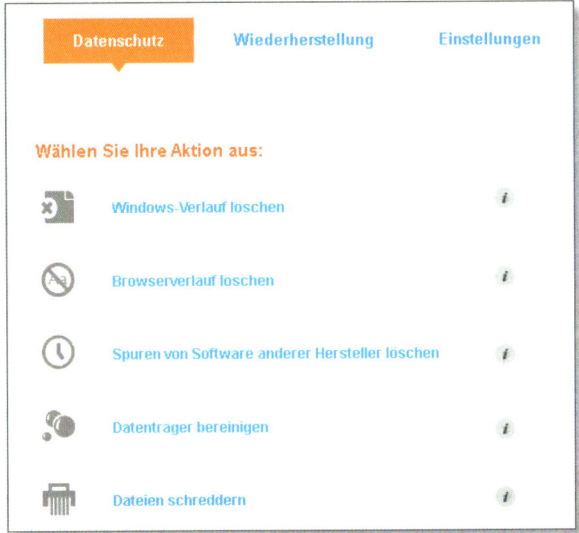

▲ **Abbildung 28.68** Im Register »Datenschutz« finden Sie die »Putzfunktionen«.

3 Schalten Sie den Schalter **Freien Speicher bereinigen** an. Haben Sie mehrere Partitionen auf Ihrem Rechner, so schalten Sie das Häkchen in dem Optionskästchen vor der Partition an, die gereinigt werden soll. Bestätigen Sie mit **Datenträger bereinigen**.

4 Sie erhalten die Warnmeldung, dass das Bereinigen des Datenträgers mehrere Stunden in Anspruch nehmen kann. Bestätigen Sie dies.

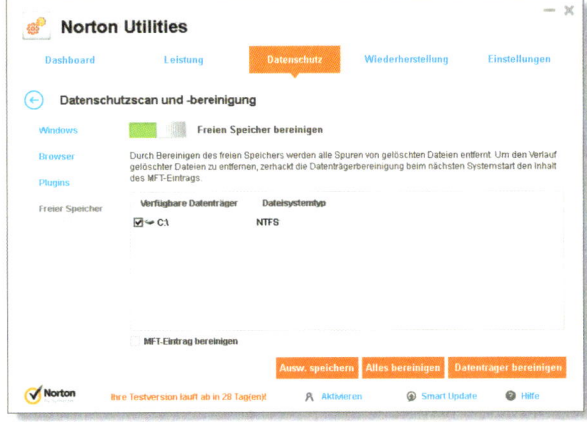

▲ **Abbildung 28.69** Unnötige Dateien werden entfernt.

5 Warten Sie, bis der Vorgang abgeschlossen ist. Führen Sie anschließend eine Defragmentierung durch.

Browserverlauf und unerwünschte Daten löschen

Der Verlauf von Windows und derjenige im Browser helfen Ihnen, die zuletzt besuchten Orte wieder aufzusuchen. Das spart Zeit. Umwege, um die Webseiten zu besuchen oder die Verzeichnisse auf der Festplatte zu erreichen, sind nicht nötig. Beide Funktionen sind jedoch auch für Hacker und Dritte, die auf Ihren Rechner schauen, interessant. Sie verraten, welche Daten Sie zuletzt aufgerufen haben, in welche Verzeichnisse Sie sich bewegen und welche Webseiten Sie besucht haben.

Möchten Sie Ihre »Spuren« auf dem Rechner und im Browser »verwischen«, wählen Sie **Windows-Verlauf löschen** und **Browserverlauf löschen**. Beide Funktionen finden Sie im Register **Datenschutz**. Wählen Sie, welche Elemente Sie entfernen wollen, und bestätigen Sie.

Kapitel 28: Windows pflegen und optimieren

Beim Aufruf der Funktion **Windows-Verlauf löschen** können Sie die folgenden Elemente entfernen:

- Dokumentenverlauf
- Verlauf des Suchordners
- temporäre Dateien
- Dateien der Windows-Zwischenablage
- Verlauf im Dialog **Ausführen**
- Inhalt des Papierkorbes

Das Löschen des Browserverlaufs entfernt:

- den Cache der Browser
- den Verlauf
- den Inhalt der Adressleiste
- die vorhandenen Cookies
- den Inhalt der Datei »Index.dat«
- Formulardateien

Über Optionsschalter wählen Sie die Browser. Alle wichtigen und bekanntesten Webbrowser werden unterstützt.

Wählen Sie Plug-ins, können Sie Verlaufsdateien aus WordPad, Acrobat Reader, MS Office und anderen Anwendungen entfernen.

▲ *Abbildung 28.70* Entfernen Sie Verlaufsdaten und anderen nicht mehr benötigten Datenmüll.

Nicht verwendete Programme mit den Norton Utilities löschen

Die Norton Utilities können auch nicht mehr benötigte Anwendungsprogramme von Ihrer Festplatte entfernen.

1 Öffnen Sie das Programm. Wechseln Sie nach **Wiederherstellung**.

2 Wählen Sie **Nicht genutzte Software deinstallieren**.

3 Gehen Sie die Liste durch. Möchten Sie ein Programm entfernen, markieren Sie es und wählen **Deinstallieren**.

▲ *Abbildung 28.71* Im Beispiel wird der Acrobat Reader entfernt.

4 Bestätigen Sie die Sicherheitsfrage mit **Ja**.

Kapitel 29
Windows 8 effizient verwalten

Auch wenn es sich zunächst kompliziert anhört: Der Umgang mit der Registrierung und den Windows-Diensten ist beherrschbar. Wenn Sie sich hier ein wenig auskennen, können Sie Windows-Funktionen noch besser überwachen und beeinflussen. So holen Sie noch mehr aus dem Microsoft-Betriebssystem heraus.

Das Betriebssystem bietet Ihnen eine Reihe von Werkzeugen, mit denen Sie Windows 8 verwalten können. Fortgeschrittene Anwender erhalten hier zusätzliche Möglichkeiten. So können Sie mit Befehlen arbeiten und in der **Computerverwaltung** auf verschiedene Werkzeuge und Übersichten zugreifen. Es ist möglich, die Systemdienste einzusehen und an ihnen Veränderungen vorzunehmen. In gleicher Weise lässt sich auch die Registrierung von Windows 8 bearbeiten. Mit ihr können Sie Einstellungen vornehmen, die über normale Dialoge nicht verfügbar sind.

> **HINWEIS**
>
> **Beachten Sie bitte!**
> Viele der in diesem Kapitel vorgestellten Möglichkeiten erfordern eine gewisse Erfahrung im Umgang mit Windows 8. Experimentieren Sie nicht! Sie können Windows beschädigen, und in einem ungünstigen Fall müssen Sie dann das Betriebssystem neu installieren. Es kann zum Verlust von Daten kommen, wenn Sie die Registrierung beschädigen oder wichtige Windows-Dienste »ausknocken«. Nehmen Sie nur Veränderungen vor, wenn Sie genau wissen, was Sie tun. Halten Sie sich bitte bei allen Beispielen genau an die vorgestellten Schritte.

In diesem Kapitel lesen Sie, wie Sie die MS-DOS-Eingabeaufforderung aufrufen und benutzen. Sie lernen wichtige Befehle kennen und erfahren auch, wie Sie die Hilfe zu den einzelnen Befehlen aufrufen und verwenden. Ich stelle Ihnen den MS-DOS-Editor vor und zeige Ihnen, wie Sie die Eingabeaufforderung einrichten und anpassen können. Ich stelle Ihnen außerdem das Dienstprogramm *Robocopy* vor. Mit ihm können Sie Dateien und Verzeichnisse von A nach B kopieren und eine Vielzahl unterschiedlicher Parameter nutzen. Diese Möglichkeiten sind gerade in Unternehmen interessant, um wichtige Daten zu kopieren.

Ich zeige Ihnen die **Computerverwaltung** und ihre einzelne Komponenten und verrate Ihnen, wie Sie mit der Ereignisanzeige arbeiten und ganz bestimmte Windows-Protokolle einsehen können. Sie erfahren, wie Sie mit virtuellen Festplatten arbeiten. An einem Beispiel zeige ich Ihnen, wie Sie mit Windows 8 eine solche virtuelle Festplatte erstellen. Sie lernen den Registrierungseditor kennen und erfahren, wie Sie den Zugriff auf diesen Editor mit Berechtigungen einschränken können.

Am Ende des Kapitels lesen Sie, wie Sie Windows-Dienste einsehen. Ich zeige Ihnen, wie Sie nicht notwendige Dienste deaktivieren, und verrate Ihnen, was es für Starttypen gibt.

29.1 Die MS-DOS-Eingabeaufforderung nutzen

Die MS-DOS-Eingabeaufforderung haben Sie bereits mit einigen kleinen Befehlen kennengelernt. Ich möchte Ihnen nun einige interessante Befehle vorstellen. Einige davon sind schnell verwendbar. Es geht manchmal viel schneller, eine Befehlszeile einzugeben, als eine Funktion über einen Dialog aufzurufen. Daneben gibt es einige Befehle, die Sie so nicht über die Werkzeuge von Windows 8 aufrufen können.

Die Eingabeaufforderung aufrufen und verwenden

Wie Sie die MS-DOS-Eingabeaufforderung aufrufen, wissen Sie bereits: Wählen Sie **Alle Apps**. Unter Windows-System finden Sie die **Eingabeaufforderung**. Mit cmd im Eingabefeld **Ausführen** können Sie sie ebenfalls aufrufen.

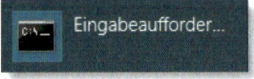

▲ *Abbildung 29.1 Die Kachel der Eingabeaufforderung*

Benötigen Sie in der Eingabeaufforderung die Rechte eines Administrators, markieren Sie die Kachel der Eingabeaufforderung mit der rechten Maustaste und wählen **Als Admin ausführen**.

▲ *Abbildung 29.2 Markieren Sie das Tool, und fordern Sie über die Menüzeile Adminrechte ein*

Um die Eingabeaufforderung zu schließen, geben Sie exit ein.

Ich möchte Ihnen nun eine kleine Einführung in den Umgang mit der Eingabeaufforderung und den verschiedenen Befehlen geben.

So wechseln Sie in ein Verzeichnis

Sie finden sich zunächst im Ordner Ihres Benutzerverzeichnisses wieder. Mit cd .. wechseln Sie in das übergeordnete Verzeichnis. Geben Sie den Befehl noch einmal ein, landen Sie im obersten Verzeichnis.

Schneller geht es, wenn Sie das Zielverzeichnis an den Befehl übergeben. Das sieht dann so aus:

cd /

▲ *Abbildung 29.3 Nach dem Aufruf befinde ich mich in meinem Benutzerverzeichnis.*

Wenn Sie herausfinden möchten, welche Ordner und Dateien sich in einem Benutzerverzeichnis befinden, geben Sie dir ein. Nun werden alle Verzeichnisse und Dateien aufgelistet, die sich im aktuellen Verzeichnis befinden. Dieser Befehl hat eine Menge sogenannter *Optionen*. Geben Sie z. B. dir /s ein, so sehen Sie nicht nur den Inhalt des Verzeichnisses, in dem Sie sich befinden, sondern auch alle Dateien, die sich in Unterverzeichnissen befinden. Achtung: Die Ausgabe kann durchaus einige Minuten dauern! Ein in spitze Klammern gesetztes <DIR> weist auf ein Verzeichnis hin. In dieses können Sie mit cd /verzeichnisname wechseln.

Bei jeder Datei und jedem Verzeichnis wird das Datum der letzten Änderung eingeblendet. Außerdem sehen Sie einen Hinweis auf den Inhalt. Ein Punkt vor einem Dateinamen weist auf eine versteckte Datei hin.

Unter der Liste wird angezeigt, wie viele Dateien und Verzeichnisse sich in dem Verzeichnis befinden, in dem Sie dir aufgerufen haben.

Wenn die Anzeigen auf dem Bildschirm zu zahlreich werden und Sie die Übersicht verlieren, geben Sie cls ein. So wird der Bildschirminhalt gelöscht.

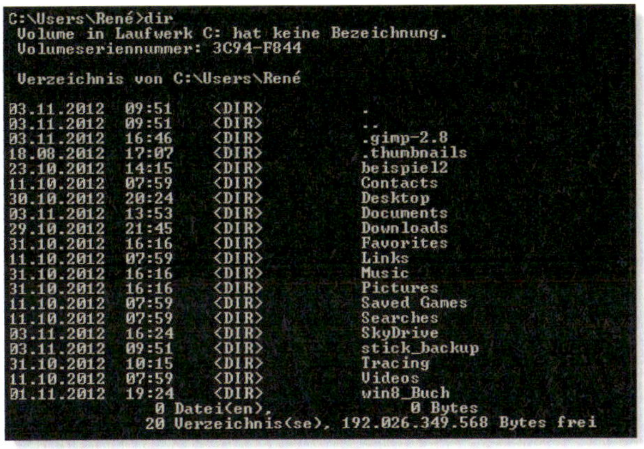

29.1 Die MS-DOS-Eingabeaufforderung nutzen

Abbildung 29.4 Mit einem einfachen Befehl sehe ich, was sich in meinem Benutzerverzeichnis befindet.

Den Zwischenspeicher verwenden

Den zuletzt eingegebenen Befehl müssen Sie nicht erneut eingeben. Mit den Pfeiltasten ↑ und ↓ können Sie durch den Zwischenspeicher der Eingabeaufforderung blättern. Drücken Sie die Taste ↑, um den zuletzt verwendeten Befehl erneut aufzurufen. Drücken Sie die Taste mehrmals, um weiter nach vorn zu blättern.

Bei einem cd / ist das sicher nicht notwendig. Aber stellen Sie sich vor, Sie haben eine lange Befehlskette eingegeben. Etwas später brauchen Sie einen zuvor eingegebenen Befehl erneut. Anstatt ihn nochmals einzutippen, drücken Sie einige Male die Taste ↑ und rufen ihn so ab. Sie müssen nur mit ↵ bestätigen, und schon wird dieser Befehl erneut ausgeführt.

Die Hilfe verwenden

Mit help rufen Sie die Hilfe der Eingabeaufforderung auf. Wenn Sie dazu keinen speziellen Befehl angeben, sehen Sie eine Liste mit allen Befehlen, die Ihnen zur Verfügung stehen.

Es gibt zu jedem Befehl eine eigene Hilfe. Hier finden Sie eine kurze Erklärung zu dem Befehl, eine Liste aller Parameter und Optionen und die zugehörige Syntax. Auch ein Beispiel zur Anwendung des Befehls finden Sie hier.

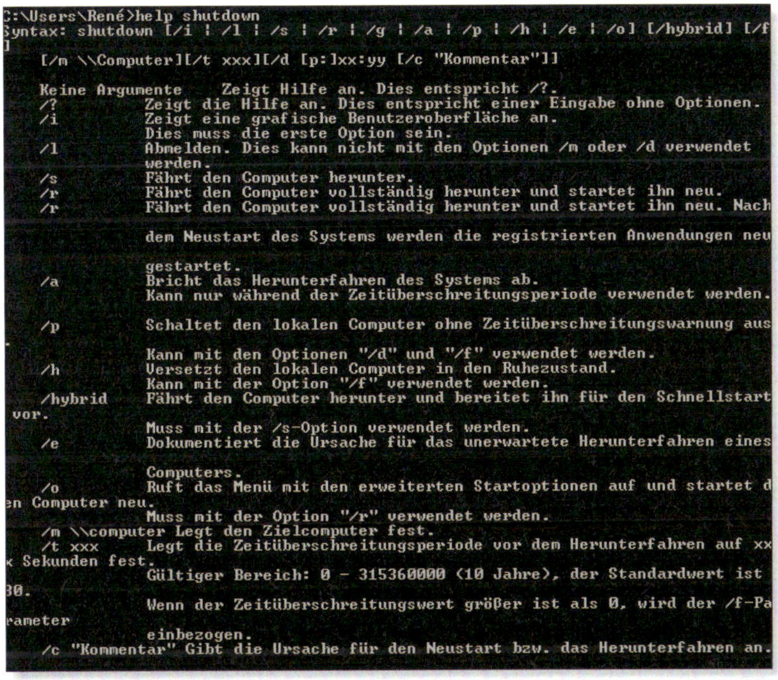

Abbildung 29.5 Die Hilfe zu einem Befehl ist sehr schnell aufgerufen. Es werden alle Optionen und Parameter aufgelistet. So bleibt keine Frage offen. Jedoch sind bei einigen Befehlen die Hilfstexte sehr lang. Im Beispiel sehen Sie den Befehl »shutdown«.

659

Um die Hilfe zu einem Befehl aufzurufen, wählen Sie `help Befehlsname`. Ein Beispiel:

`help shutdown`

Die Hilfe können Sie auch mit `Befehlsname /?` aufrufen.

Befehlsausgaben beeinflussen

Nun ja, was heißt »beeinflussen« ... Es geht darum, einen Befehl Seite für Seite auszugeben und die Ausgabe umzuleiten.

Im Fenster der Eingabeaufforderung haben Sie an der rechten Seite einen Scrollbalken. Geht die Ausgabe eines Befehls einmal über eine Seite hinaus, scrollen Sie mit dem Scrollbalken vor und zurück. Rufen Sie die Eingabeaufforderung aber über die Installations-DVD von Windows 8 auf, fehlt dieser Balken. Mit `Befehlsname | more` sorgen Sie dann dafür, dass die Ausgabe eines Befehls Seite für Seite angezeigt wird.

Probieren Sie dies einmal. Geben Sie Folgendes ein:

`help shutdown | more`

Sie sehen, dass genau eine Seite ausgegeben wird. Am unteren Ende der ersten Zeile sehen Sie ein `-- Fortsetzung --`. Drücken Sie ⏎, um die nächste Zeile zu sehen. Die Anzeige rückt beim Drücken der Taste um genau eine Zeile nach.

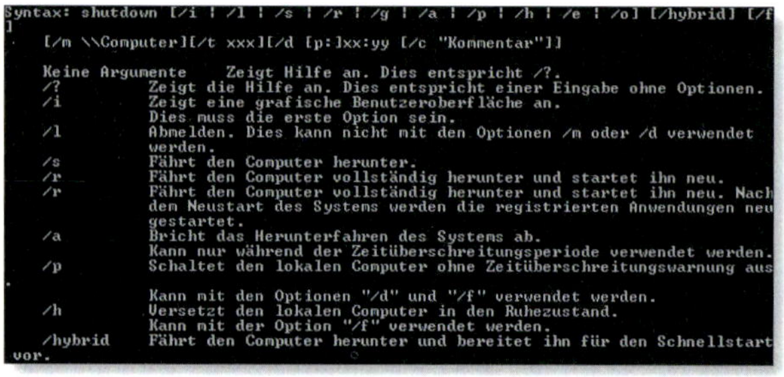

▲ *Abbildung 29.6 Die Ausgabe eines Befehls Seite für Seite verbessert die Lesbarkeit.*

Vielleicht möchten Sie ja auch, dass eine Ausgabe eines Befehls in einer Textdatei landet. Dann verwenden Sie eine *Umleitung*. Hinter den Befehl mit allen Optionen geben Sie einen nach rechts zeigenden Pfeil ein. Dahinter setzen Sie das Ziel gesetzt sein. Würden Sie hier ein `> ergebnis.txt` setzen, würde die Ausgabe des Befehls in eine Datei umgeleitet. Diese wird erstellt und mit `ergebnis.txt` bezeichnet. Die Textdatei können Sie sich ansehen, kopieren, verschieben und natürlich auf den Drucker ausgeben.

Den Editor nutzen

Zur Eingabeaufforderung gehört auch ein kleiner Texteditor. Er besitzt ein Menü, das an alte DOS-Zeiten erinnert. Sie können hier sehr einfach Texte erstellen und auch Konfigurationsdateien bearbeiten. Der Editor ist auch interessant, um mit Batchdateien zu arbeiten.

Rufen Sie den Editor mit `edit` auf. Möchten Sie eine bestimmte Textdatei öffnen, so übergeben Sie sie gleich an den Editor. Ist die Datei nicht vorhanden, wird sie erstellt. Ein Beispiel:

`edit mein_befehl.txt`

Ein Dialogfenster wird eingeblendet. Es informiert Sie darüber, dass eine 16-Bit-Anwendung gestartet werden soll. Bestätigen Sie mit **Aktivieren**. Bestätigen Sie danach die Meldung der Benutzerkontensteuerung.

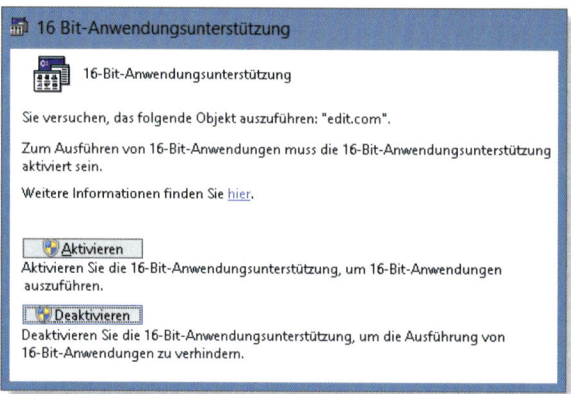

▲ *Abbildung 29.7 Hier aktivieren Sie die 16-Bit-Anwendungsunterstützung.*

29.1 Die MS-DOS-Eingabeaufforderung nutzen

> **INFO**
>
> **Was ist eine Batchdatei?**
>
> Eine Batchdatei ist eine ausführbare Datei, in der mehrere Befehle aufgeführt sind. Diese werden hintereinander ausgeführt. So können Sie lange Befehlsketten und Befehlsfolgen festhalten und mit einer Datei immer wieder abrufen. Die Datei besitzt die Dateierweiterung *.bat*. Anhand dieser Endung ist sie für das Betriebssystem als ausführbare Datei erkennbar.

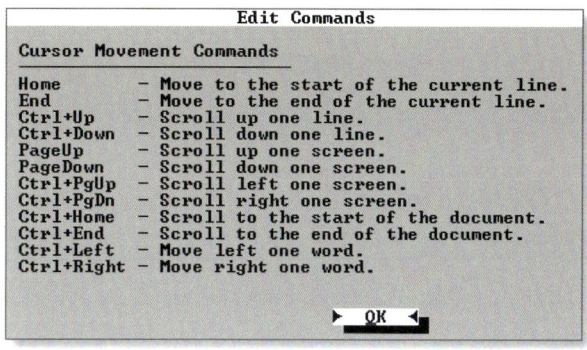

▲ **Abbildung 29.9** *In dem kleinen Editor verbergen sich viele Funktionen.*

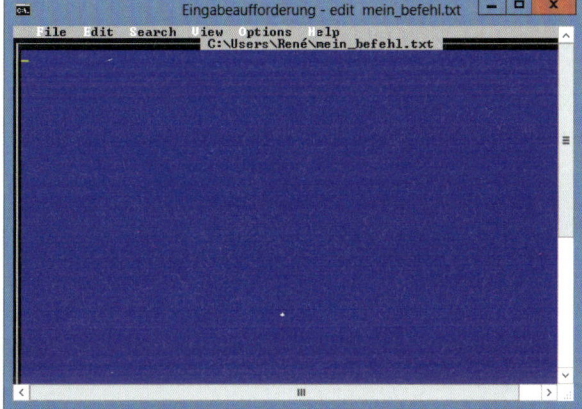

▲ **Abbildung 29.8** *Eine neue Textdatei wurde erstellt. Nun kann sie mit Inhalt gefüllt werden.*

Die Menüzeile können Sie mit der Maus bedienen. Oder Sie drücken [Alt] in Kombination mit [F], [E], [S], [V], [O] oder [H].

Über **File** laden und speichern Sie Textdateien. Hier können Sie diese auch auf dem Drucker ausgeben. Mit **Edit** haben Sie Zugriff auf die Zwischenablage. **Search** ermöglicht die Suche nach bestimmten Inhalten. Hier lassen sich auch Inhalte suchen und ersetzen (**Replace**). Im Menü **View** können Sie ein Fenster »splitten«. Sie erhalten so zwei Fenster, die Sie unabhängig voneinander bedienen können. Mit **Options** rufen Sie verschiedene Einstellungen ab. Unter **Help** finden Sie die Funktion **Commands**. Sie listet alle im Editor verfügbaren Befehle und Funktionen auf.

Edit ist kein Befehl, sondern ein Miniprogramm. In der Eingabeaufforderung steht Ihnen außerdem `diskpart` zur Verfügung. Mit diesem Befehl können Sie Partitionen erstellen, löschen, verkleinern und vergrößern. Darauf komme ich in Kapitel 30, »Probleme lösen«, im Abschnitt »Partitionen mit ›diskpart‹ bearbeiten«, auf Seite 701, zurück.

Die MS-DOS-Eingabeaufforderung einrichten

Die Eingabeaufforderung besitzt einen eigenen Einrichtungsdialog. Um ihn aufzurufen, setzen Sie die Maus auf die Kopfzeile. Öffnen Sie mit der rechten Maustaste das Kontextmenü, und wählen Sie **Eigenschaften**.

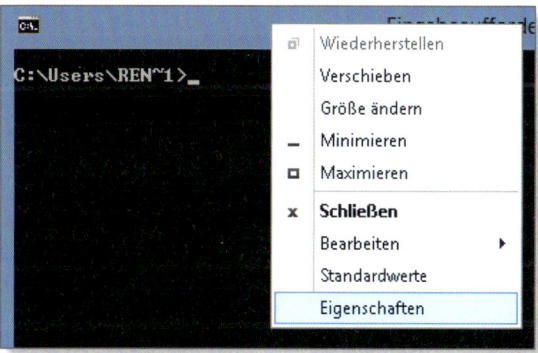

▲ **Abbildung 29.10** *Rufen Sie die Eigenschaften der Eingabeaufforderung über das Kontextmenü auf.*

Sie sehen nun vier Register vor sich:

- Optionen
- Schriftart
- Layout
- Farben

Im Register **Optionen** stellen Sie die Größe des Cursors ein. Eingerichtet werden hier auch die Größe des Puffers und die Anzahl der Puffer. Unter **Bearbeitungsoptionen** können Sie den QuickEdit-Modus und den Einfügemodus anschalten. Mit einer weiteren Option können Sie Duplikate löschen.

Mit dem QuickEdit-Modus können Sie Zeichenfolgen leichter auswählen und kopieren. Markieren Sie Zeichenfolgen mit gedrückt gehaltener Maustaste, und bestätigen Sie mit ⏎.

Im Register **Schriftart** stellen Sie die Größe des Fensters und die Größe der verwendeten Schrift ein. Probieren Sie aus, welche Einstellung Ihnen zusagt.

Unter **Layout** bestimmen Sie die Position des Fensters, seine Größe und die Größe des Puffers. Die Breite ist in Zeichen angegeben, die Höhe in Zeilen. Eine Fenstergröße von 80×25 heißt also: In der Eingabeaufforderung können 80 Zeichen nebeneinander und 25 Zeilen dargestellt werden. Die Fensterpuffergröße bestimmt den Zwischenspeicher.

Im Register **Farben** richten Sie die Farbeigenschaften des Textes im Fenster, des Hintergrundes, von Popup-Texten und Popup-Hintergründen ein.

Die wichtigsten Befehle

In der folgenden Übersicht möchte ich Ihnen die wichtigsten Befehle der Eingabeaufforderung zeigen. Zu jedem Befehl finden Sie eine kurze Erklärung. Nicht alle Parameter und Optionen habe ich aufgelistet; das wäre ein wenig zu umfangreich. Bitte schauen Sie für umfassende Informationen in die Hilfe der jeweiligen Befehle.

Befehl	Bedeutung
attrib	Zeigt die Attribute einer Datei an und kann diese verändern.
call	Ruft eine andere Batchdatei aus einer Batchdatei auf. Der Befehl muss in einer Batchdatei als Befehlszeile vorhanden sein.
cd	Gibt den Namen des Verzeichnisses aus, in dem sich der Anwender eben gerade befindet. Wechselt in das als Parameter angegebene Verzeichnis.
chdir	Wie cd (von »change directory«, auf Deutsch: *Verzeichnis wechseln*)
chkdsk	Überprüft einen Datenträger oder eine Partition auf Fehler hin. Der Befehl gibt nach der Überprüfung einen Statusbericht aus.
cls	Löscht den Inhalt des Bildschirms.
color	Bestimmt die Hintergrund- und Vordergrundfarbe der Konsole.
comp	Vergleicht zwei Dateien oder Sätze miteinander.
compact	Gibt die Kompression von Dateien aus oder verändert sie. Der Befehl wird nur bei einem NTFS-Dateisystem von Windows 8 verwendet.
convert	Konvertiert eine Partition mit einem FAT-Dateisystem in ein NTFS-Dateisystem. Der Befehl kann nicht auf die aktuelle Partition verwendet werden.
copy	Kopiert eine Datei von A nach B. Geben Sie als Parameter den Dateinamen, Start und Ziel an.
date	Gibt das aktuelle Datum aus. Ermöglicht auch das Ändern des Datums.
del	Löscht eine oder mehrere Dateien.
dir	Zeigt den Inhalt eines Verzeichnisses an. Alle vorhandenen Dateien und untergeordneten Verzeichnisse werden aufgelistet.
erase	Der Befehl entspricht del.

29.1 Die MS-DOS-Eingabeaufforderung nutzen

Befehl	Bedeutung
exit	Schließt die Eingabeaufforderung und kehrt auf den Windows-8-Desktop zurück.
fc	Vergleicht zwei Sätze von Dateien miteinander.
find	Sucht eine Datei oder eine Zeichenkette.
format	Formatiert einen Datenträger. Beachten Sie: Hierbei werden alle vorhandenen Daten gelöscht.
fsutil	Gibt die Eigenschaften einer Datei aus und ermöglicht ihre Bearbeitung.
gpresult	Gibt Informationen zu Gruppenrichtlinien aus.
help	Gibt die Hilfe zu den Befehlen der Eingabeaufforderung aus. Geben Sie den Befehl ein, zu dem Sie eine Hilfe erhalten möchten.
label	Ermöglicht es, einen Laufwerksnamen zu ändern.
md	Erstellt ein neues Verzeichnis.
mkdir	Entspricht dem Befehl md.
mklink	Erstellt symbolische und feste Links.
more	Gibt die Ausgabe eines Befehls auf einer Bildschirmseite aus. Mit ⏎ rücken Sie anschließend je eine Zeile weiter.
move	Verschiebt ein Verzeichnis von A nach B. Auch mehrere Verzeichnisse können »in einem Rutsch« verschoben werden.
path	Bestimmt den Suchpfad von ausführbaren Dateien und zeigt ihn an.
pause	Stoppt die Ausführung einer Batchdatei. Die Ausführung wird nach dem Drücken einer Taste fortgesetzt.
popd	Wechselt in das Verzeichnis, das zuvor mit dem Befehl pushd angegeben wurde.

Befehl	Bedeutung
print	Druckt eine Textdatei. Sie können die Ausgabe einer Textdatei mit > print auch an den Drucker umleiten.
rd	Löscht ein Verzeichnis. Vor dem Aufruf dieses Befehls muss das Verzeichnis geleert worden sein.
recover	Versucht, Dateien von einem beschädigten Datenträger wiederherzustellen.
ren	Ändert den Namen einer Datei.
rename	Entspricht ren.
replace	Ersetzt eine oder mehrere Dateien.
rmdir	Entspricht rd.
robocopy	Dienstprogramm mit zusätzlichen Funktionen und Möglichkeiten. Mit ihm können Dateien und Verzeichnisse kopiert werden. Eine Beschreibung finden Sie in Abschnitt 27.2, »Verzeichnisse und ihren Inhalt mit ›robocopy‹ kopieren«.
sc	Zeigt Dienste an und richtet sie ein.
schtask	Erstellt Zeitpläne für die Ausführung von Befehlen, Batchdateien und Dienstprogrammen.
shutdown	Fährt den Computer herunter und beendet Windows 8.
sort	Sortiert Zeichenfolgen.
start	Startet ein eigenes Fenster für die Ausführung eines Befehls oder Programms.
subst	Ordnet einem Pfad einen Laufwerksbuchstaben zu.
systeminfo	Zeigt verschiedene Informationen zu dem Rechner an.
tasklist	Gibt alle aktuell laufenden Prozesse auf dem Bildschirm aus.
taskkill	Bricht einen laufenden Prozess ab.
time	Zeigt die Systemzeit an und ermöglicht ihre Korrektur.

Befehl	Bedeutung
tree	Gibt die Ordnerstruktur eines Laufwerks oder Verzeichnisses in einer grafischen Übersicht aus.
type	Gibt den Inhalt einer Textdatei auf dem Bildschirm aus. Es muss sich dabei um eine Datei im Format ASCII handeln. Das Öffnen eines Editors ist nicht notwendig, um sich eine Textdatei anzuschauen.
ver	Gibt die Versionsnummer der verwendeten Windows-Version aus.
xcopy	Kopiert Dateien und Verzeichnisse.

▲ **Tabelle 29.1** *Die wichtigsten Befehle, die Sie in der Eingabeaufforderung nutzen können*

> **TIPP**
>
> **Metazeichen verwenden**
> Für bestimmte Befehle können Sie auf Metazeichen zurückgreifen. Diese ersetzen ein oder mehrere Zeichen. Das Fragezeichen ? steht für ein beliebiges Zeichen. Mit dem Sternchen * sind mehrere Zeichen gemeint. So kopieren Sie z. B. mit xcopy *.txt [Ziel] alle Dateien, die auf *.txt* enden.

29.2 Verzeichnisse und ihren Inhalt mit »robocopy« kopieren

xcopy bietet bereits mehr Möglichkeiten als der einfache copy-Befehl. Noch einen Schritt weiter geht das Werkzeug »robocopy«. Es gehört zur Windows-8-Eingabeaufforderung dazu und bietet jede Menge Parameter.

Der Syntax von »robocopy«

Der Syntax des Befehls ist sehr einfach:

robocopy <Quelle> <Ziel> <Datei(en)> /<Option>

So weit, so gut. Da kann man bei der Eingabe des Befehls eigentlich ja nichts falsch machen, oder? Nun ja, ganz so einfach gestaltet sich die Arbeit mit »robocopy« dann leider doch nicht, deshalb möchte ich Ihnen nun die wichtigsten Parameter kurz erläutern.

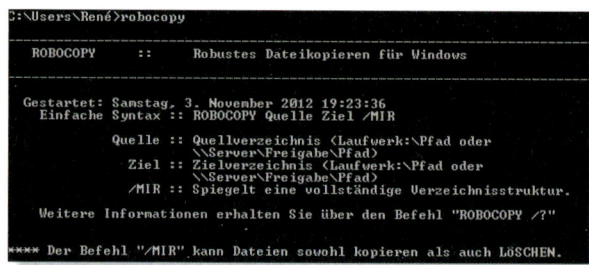

▲ **Abbildung 29.11** *»robocopy« – ein komplexer Befehl*

Die wichtigsten Parameter von »robocopy«

Die folgende Tabelle enthält eine Auswahl der wichtigsten Parameter und deren Bedeutung.

Option	Bedeutung
/s	Kopiert Unterverzeichnisse. Leere Unterverzeichnisse werden nicht kopiert.
/e	Kopiert Unterverzeichnisse einschließlich leerer Unterverzeichnisse.
/lev:n	Kopiert nur die oberste Ebene der Quellverzeichnisstruktur.
/z	Kopiert Dateien im Neustartmodus.
/b	Kopiert Dateien im Sicherungsstartmodus.
/zb	Kopiert Dateien im Neustartmodus. Kommt es zu einer Zugriffsverweigerung, wird der Sicherungsstartmodus genutzt.

29.2 Verzeichnisse und ihren Inhalt mit »robocopy« kopieren

Option	Bedeutung
`/efsraw`	Kopiert alle verschlüsselten Dateien im EFS-RAW-Modus.
`/copy:copyflags`	Bestimmt, welche Inhalte für Dateien kopiert werden. Statt `copyflags` geben Sie diese Eigenschaften an. Als Vorgabe wird `DAT` verwendet. Die möglichen Copyflags sind: • `D` = Daten • `A` = Attribute • `T` = Zeitstempel • `S` = Sicherheit • `O` = Besitzerinformationen • `U` = Überwachungsinformationen
`/dcopy=t`	Kopiert Verzeichniszeitstempel.
`/sec`	Kopiert Dateien mit Sicherheitsinformationen. Entspricht dem Befehl `/copy:dats`.
`/copyall`	Kopiert alle Dateiinformationen. Entspricht `/copy:dateshou`.
`/nocopy`	Kopiert keine Dateiinformationen mit. Diesen Parameter können Sie gut mit `/purge` nutzen.
`/secfix`	Korrigiert die Dateisicherheit in allen Dateien. Wird auch auf ausgelassene Dateien angewandt.
`/timefix`	Korrigiert die Uhrzeitangaben für Dateien inklusive der ausgelassenen Dateien.
`/purge`	Löscht Zieldateien und -verzeichnisse, die in der Quelle nicht mehr vorhanden sind.
`/mir`	Spiegelt die Struktur eines Verzeichnisses. Entspricht `/e /purge`.
`/mov`	Verschiebt Dateien. Die verschobenen Dateien werden auf der Quelle gelöscht.
`/move`	Verschiebt Dateien und Verzeichnisse.
`/a+:[rashcnet]`	Fügt die Attribute den kopierten Dateien hinzu.
`/a-:[rashcnet]`	Entfernt nach dem Kopieren die Attribute von den Dateien.
`/create`	Erstellt eine neue Verzeichnisstruktur. Dateien, die beim Erstellen in diese Verzeichnisstruktur eingefügt werden, haben zunächst eine Länge von null.
`/fat`	Erstellt die Namen der Zieldateien nur unter den Bedingungen für FAT-Dateinamen.
`/256`	Schaltet die Unterstützung für lange Pfade aus.
`/mon:n`	Überwacht die Quelle. Wird erneut ausgeführt, wenn mehr als n Änderungen gefunden werden. Für n geben Sie eine Zahl an.
`/mot:m`	Überwacht die Quelle. Wird nach einer Änderung erneut nach n Minuten ausgeführt. Für n geben Sie eine Zahl an.
`/rh:hhmm-hhmm`	Bestimmt, wann neue Kopiervorgänge ausgeführt werden. Die Zeit geben Sie im Format hhmm an.
`/pf`	Überprüft die Ausführungsstunden für jede Datei.
`/ipg:n`	Bestimmt den Abstand zwischen einzelnen Paketen beim Kopiervorgang. Für n geben Sie eine Zahl an. Dieser Wert wird in *ms* (Millisekunden) bestimmt.
`/sl`	Kopiert symbolische Verknüpfungen gegenüber dem Ziel.

Option	Bedeutung
`/mt[:n]`	Erstellt Multithreadkopien. Mit n geben Sie die Anzahl der Threads an. Der Vorgabewert ist hier 8. Sie können eine Zahl zwischen 1 und 128 angeben. Diese Option kann nicht mit `/ipg` oder `/efsraw` verwendet werden. Sie können hier `/log` anhängen und so die Leistung des Befehls optimieren.
`/a`	Diese Option kopiert nur Dateien mit dem Attribut `Archive`.
`/m`	Diese Option sorgt dafür, dass nur Dateien mit dem Attribut `Archive` kopiert werden. Das Attribut wird zurückgesetzt.
`/ia:[rashcneto]`	Es werden nur Dateien kopiert, bei denen das angegebene Attribut vorhanden ist.
`/xa:[rashcneto]`	Dateien mit dem angegebenen Attribut werden nicht kopiert. Sie werden ausgeschlossen.
`/xf datei [datei]`	Dateien mit der angegebenen Bezeichnung werden ausgeschlossen. Sie können auch einen Pfad oder einen Platzhalter angeben.
`/xd verzeichnis [verzeichnis]`	Schließt Verzeichnisse aus, die der angegebenen Bezeichnung oder dem Pfad entsprechen.
`/xc`	Diese Option schließt veränderte Dateien aus.
`/xn`	Mit dieser Option werden neue Dateien ausgeschlossen.
`/xo`	Schließt ältere Dateien aus.
`/xx`	Schließt zusätzliche Dateien und Verzeichnisse aus.
`/xl`	Schließt Dateien und Verzeichnisse aus, die nur am Zielort existieren. Dort werden sie dann gelöscht.
`/is`	Schließt identische Dateien in den Kopierprozess ein.
`/it`	Schließt optimierte Dateien ein.
`/max:n`	Bestimmt die maximale Dateigröße. Dateien, die größer als n sind, werden vom Kopiervorgang ausgeschlossen. Die Größenangabe erfolgt in Kilobyte.
`/min:n`	Bestimmt die minimale Dateigröße. Dateien, die kleiner als n sind, werden ausgeschlossen.
`/maxage:n`	Bestimmt das maximale Dateialter. Dateien, die älter sind, als mit n angegeben, werden ausgeschlossen. Die Angabe erfolgt in Tagen.
`/minage:n`	Legt das minimale Dateialter fest. Dateien, die jünger als n sind, werden vom Kopiervorgang ausgeschlossen.
`/maxlad:n`	Bestimmt das maximale Datum des letzten Zugriffs. Dateien, die seit n Tagen nicht mehr verwendet wurden, werden ausgeschlossen.
`/minlad:n`	Bestimmt das minimale Dateialter. Dateien, die jünger sind als n Tage, werden ausgeschlossen.
`/xj`	Schließt Abzweigungspunkte aus.
`/fft`	Legt fest, dass Uhrzeitangaben in der FAT-Schreibweise erfolgen.
`/dst`	Kompensiert Zeitunterschiede von einer Stunde aufgrund der Sommerzeitumstellung.
`/xjd`	Schließt Abzweigungspunkte für Verzeichnisse aus.
`/xjf`	Schließt Abzweigungspunkte für Dateien aus.

29.2 Verzeichnisse und ihren Inhalt mit »robocopy« kopieren

Option	Bedeutung
`/r:n`	Bestimmt die Anzahl der Wiederholungsversuche, wenn es beim Kopiervorgang zu Fehlern kommt. Die Anzahl geben Sie mit n an. Tragen Sie für n eine Zahl ein.
`/w:n`	Legt die Wartezeit zwischen den verschiedenen Wiederholungsversuchen fest. Die Vorgabeeinstellung ist 30 Sekunden. Geben Sie für n eine Zeit in Sekunden an.
`/reg`	Hält die Optionen `/R:n` und `W:n` fest. Diese Angaben werden in der Registrierung als Vorgabeeinstellungen gespeichert.
`/tbd`	Wartet auf die Festlegung von Freigabenamen (Wiederholungsfehler 68).
`/l`	Protokolloption. Kopiervorgänge werden nicht ausgeführt. Auch Zeitstempel oder gelöschte Dateien werden nicht festgehalten.
`/x`	Protokolloption. Meldet alle zusätzlichen Dateien. Beschränkt sich nicht auf die ausgewählten Dateien.
`/v`	Protokolloption. Erstellt eine ausführliche Ausgabe mit ausgelassenen Dateien.
`/ts`	Protokolloption. Schließt die Zeitstempel der Quelldateien in die Ausgabe ein.
`/fp`	Protokolloption. Schließt den kompletten Pfad in die Ausgabe ein.
`/bytes`	Protokolloption. Gibt alle Datei- und Verzeichnisgrößen in Bytes aus.
`/ns`	Protokolloption. Gibt die Größen von Dateien nicht aus.
`/nc`	Protokolloption. Gibt die Dateiklassen nicht aus.
`/nfl`	Protokolloption. Gibt keine Dateinamen aus.
`/ndl`	Protokolloption. Gibt keine Verzeichnisnamen aus.
`/np`	Protokolloption. Gibt keinen Status aus. Das heißt, der Prozentsatz kopierter Elemente wird nicht ausgegeben.
`/eta`	Protokolloption. Gibt die ungefähre Empfangszeit der kopierten Dateien aus.
`/log:datei`	Protokolloption. Gibt den Status der Protokolldatei aus und überschreibt ein vorhandenes Protokoll.
`/log+datei`	Protokolloption. Gibt den Status der Protokolldatei aus. Dieses Protokoll wird an das vorhandene Protokoll angefügt.
`/unlog:datei`	Protokolloption. Gibt den Status der Protokolldatei als Unicode-Protokoll aus. Das vorhandene Protokoll wird überschrieben.
`//unlog+datei`	Protokolloption. Gibt den Status der Protokolldatei als Unicode-Protokoll aus. Das vorhandene Protokoll wird überschrieben. Wird an das vorhandene Protokoll angehängt.
`/tee`	Protokolloption. Gibt Dateien in das Konsolenfenster und die Protokolldatei aus.
`/njh`	Protokolloption. Ein Auftragsheader wird nicht ausgegeben.
`/njs`	Protokolloption. Eine Zusammenfassung des Auftrags wird nicht ausgegeben.

Option	Bedeutung
/unicode	Protokolloption. Der Status wird im Format Unicode ausgegeben.
/job:Auftragsname	Übernimmt Parameter aus der angegebenen Auftragsdatei.
/save:Auftragsname	Speichert Parameter in der angegebenen Auftragsdatei. Diese können dann mit /job:Auftragsname wieder verwendet werden.
/quit	Beendet den Vorgang, sobald die Befehlszeile abgearbeitet wurde.
/nosd	Diese Option bedeutet: Es ist kein Quellverzeichnis angegeben.
/nodd	Hier ist kein Zielverzeichnis angegeben.
/if	Schließt alle im Folgenden aufgeführten Dateien ein.

▲ *Tabelle 29.2* Die wichtigsten Parameter des Dienstprogramms »robocopy«.

Ein Beispiel für eine Befehlszeile:

```
robocopy "\fs02\mustermann2011\
neue_produkte" \fs02\datensicherungen2011\
neue_produkte
```

Suchen Sie bei Google einmal nach »robocopy GUI«. Sie finden eine grafische Benutzeroberfläche für »robocopy«, die von Microsoft erstellt und bereitgestellt wurde.

29.3 Die Computerverwaltung

Mit **Systemsteuerung** > **System und Sicherheit** > **Verwaltung** > **Computerverwaltung** öffnen Sie selbige. Einige Bereiche der **Computerverwaltung** kennen Sie bereits aus den vorhergehenden Kapiteln.

Insgesamt finden Sie hier links im Menü folgende Bereiche:

❶ **Aufgabenplanung**

❷ **Ereignisanzeige**

❸ **Freigegebene Ordner**

❹ **Lokale Benutzer und Gruppen**

❺ **Leistung**

❻ **Geräte-Manager**

❼ **Datenträgerverwaltung**

❽ **Dienste und Anwendungen**

In den folgenden Abschnitten möchte ich Ihnen erklären, wie Sie mit der Ereignisanzeige, freigegebenen Ordnern, lokalen Benutzern und Gruppen, den Leistungseinstellungen und dem neuen AppLocker umgehen.

Die Ereignisanzeige verwenden

Ereignisse geben Auskunft über die Fehler und Aktionsmeldungen des Betriebssystems. Öffnen Sie mit dem kleinen schwarzen Pfeilsymbol eine der untergeordneten Ereignisprotokolle. Möglich sind:

- **Benutzerdefinierte Ansichten**
- **Windows-Protokolle**
- **Anwendungs- und Dienstprotokolle**
- **Abonnements**

Jedem dieser Protokolle sind ein oder mehrere Ereignisprotokolle untergeordnet. Unter **Benutzerdefinierte Ansichten** finden Sie zum Beispiel **Administrative Ereignisse**.

Markieren Sie ein Ereignis, wird eine Information dazu im unteren Teil des Dialogs angezeigt. Fehler werden ausführlich beschrieben. In meinem Beispiel sehe ich, dass das Programm Norton Utilities zu mehreren Fehlermeldungen während des Backups führt.

29.3 Die Computerverwaltung

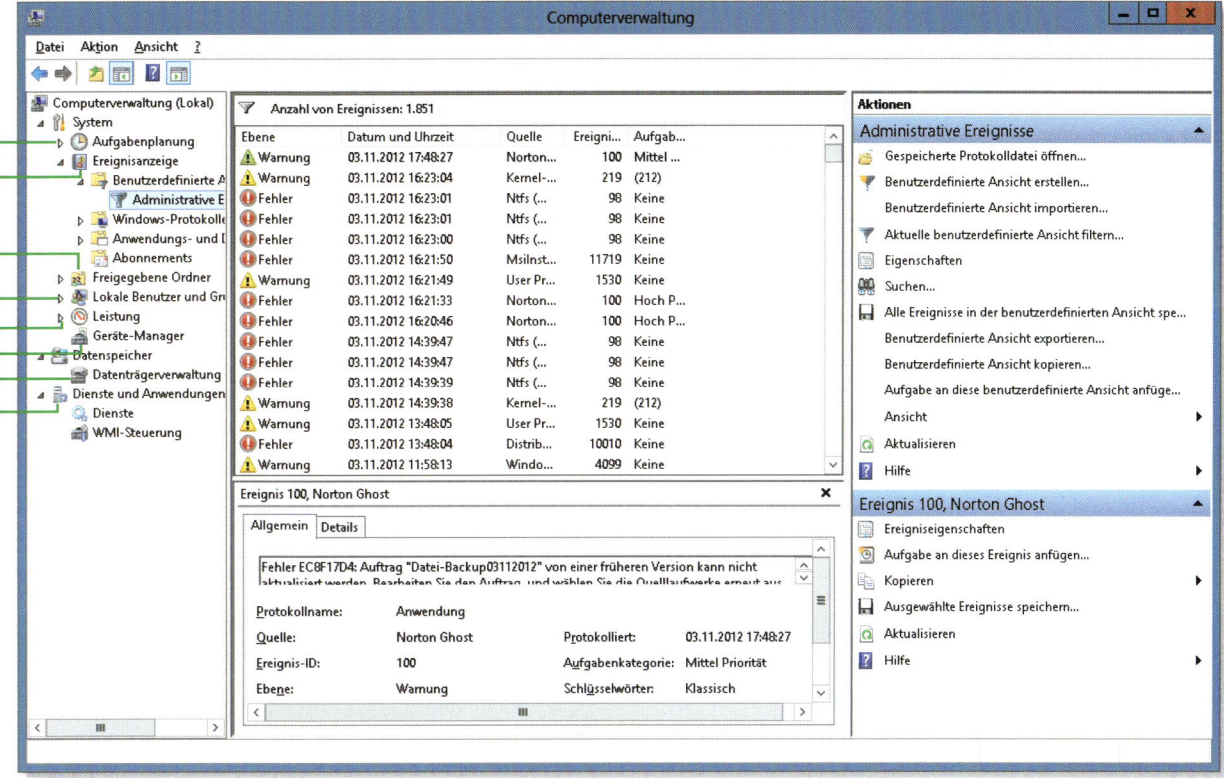

▲ **Abbildung 29.12** *Die Computerverwaltung zeigt die Protokollmeldungen von Windows 8 in einem Dialog. Die Ereignisse sind einfach abzurufen.*

Unter den **Windows-Protokollen** finden Sie Protokolle zu den Anwendungen, zur Sicherheit des Betriebssystems und zum Installationsprozess von Windows 8. In Letzterem werden auch Aktualisierungen protokolliert. In weiteren Protokollen können Sie Systemprozesse und weitergeleitete Ereignisse verfolgen. Das letztgenannte Ereignisprotokoll fasst Remoteverbindungen zusammen.

Unter den Anwendungs- und Dienstprotokollen finden Sie:

- Hardware-Ereignisse
- Internet Explorer
- Microsoft Office Alerts
- Microsoft Office Diagnostics
- Microsoft Office Sessions
- Schlüsselverwaltungsdienst
- Windows PowerShell

Einige Anwendungen legen eigene Einträge ab. So können Sie zum Beispiel in der Ereignisanzeige auch die Protokollmeldungen von *TuneUp Utilities* einsehen.

Unter **Sicherheit** finden Sie Rückmeldungen zu Überwachungen und anderen Kryptografievorgängen.

Die Ereignisanzeigen filtern

Auf der rechten Seite der Ereignisanzeige sehen Sie verschiedene Funktionen. Mit diesen mit **Aktionen** überschriebenen Funktionen können Sie Protokolle speichern, aktualisieren und nach bestimmten Inhal-

669

Kapitel 29: Windows 8 effizient verwalten

ten suchen. Mit **Benutzerdefinierte Ansichten** filtern Sie die Ereignisanzeige. Tun wir dies einmal:

1 Öffnen Sie die **Computerverwaltung**. Wählen Sie die **Ereignisanzeige**.

2 Entscheiden Sie sich für **Benutzerdefinierte Ansichten**, und markieren Sie hier die **Administrativen Ereignisse**.

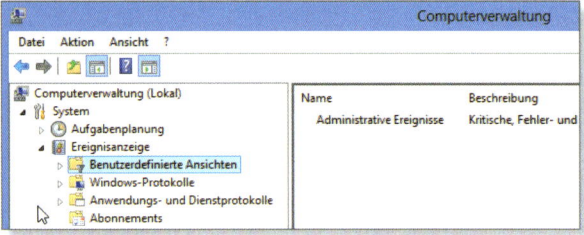

▲ **Abbildung 29.13** Öffnen Sie »Administrative Ereignisse«.

3 Wählen Sie unter **Aktionen** die **Benutzerdefinierten Ansichten**.

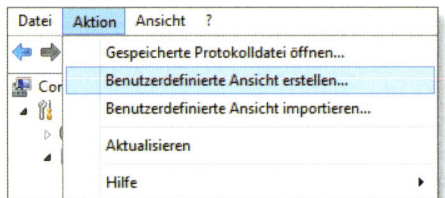

▲ **Abbildung 29.14** Filtern Sie mit der Ansichtsfunktion die angezeigten Ereignisse.

4 Schalten Sie die Ereignisebenen **Kritisch** ❶ und **Fehler** ❷ an. Öffnen Sie das Listenfeld **Protokolle** ❸. Wählen Sie alle Windows-Protokolle. Öffnen Sie **Quellen**, und wählen Sie hier mit dem obersten Optionskästchen **<alle Ereignisquellen>** ❹. Bestätigen Sie.

5 Der Filter wird in der benutzerdefinierten Ansicht gespeichert. Löschen Sie die vorgegebene Bezeichnung, und geben Sie eine eigene ein. Klicken Sie auf **OK**.

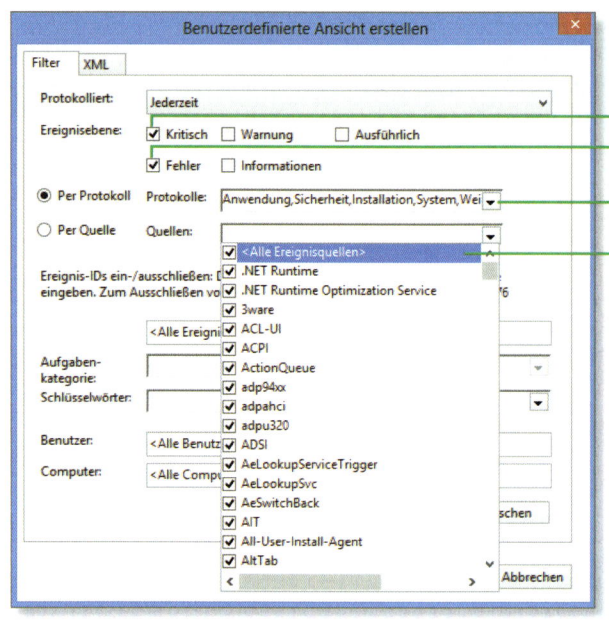

▲ **Abbildung 29.15** Wählen Sie alle Quellen aus.

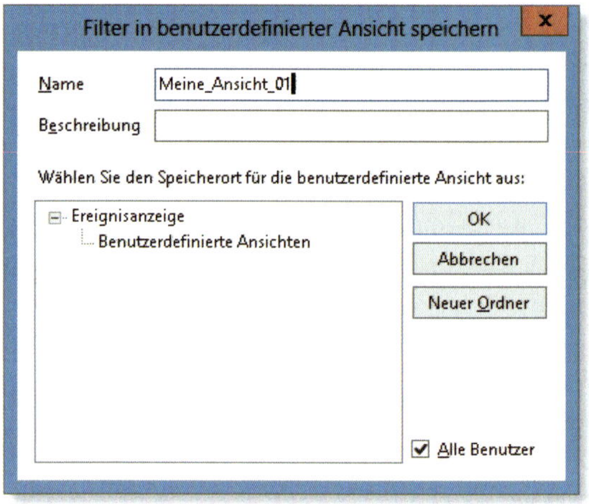

▲ **Abbildung 29.16** Die benutzerdefinierte Ansicht wird gespeichert.

In der Ereignisanzeige finden Sie nun unter den **Benutzerdefinierten Ansichten** einen neuen Eintrag. In der genannten Art und Weise können Sie genau auswählen, welche Ereignisse Sie einsehen und beobachten wollen.

29.3 Die Computerverwaltung

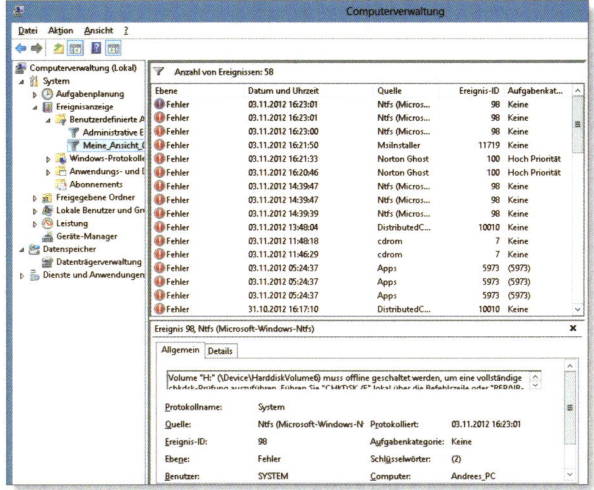

▲ **Abbildung 29.17** Die neue Ansicht enthält nur wichtige Fehlermeldungen.

Freigegebene Ordner

Unter **Freigegebene Ordner** in der **Computerverwaltung** können Sie alle Freigaben, Sitzungen und geöffneten Dateien einsehen. In einem Netzwerk, in dem verschiedene Anwender Zugriff auf Dateien und Ordner haben, sehen Sie so, wer was tut. Sie können die Freigaben verwalten und ebenso die Sitzungen.

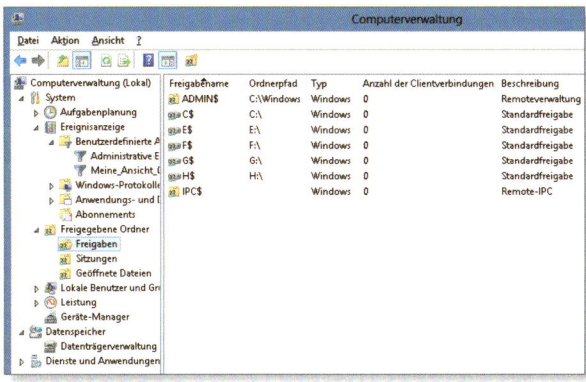

▲ **Abbildung 29.18** Auf meinem Ein-Personen-Rechner gibt es natürlich keine Freigaben und Sitzungen einzusehen und zu verwalten.

Lokale Benutzer und Gruppen

Die verschiedenen auf dem System eingerichteten Benutzer und Benutzergruppen lassen sich in der **Computerverwaltung** sehr gut verwalten. Sie sehen, welche Benutzer auf Ihrem Rechner eingerichtet sind. Ebenso sehen Sie die vorhandenen Gruppen. Über **Aktionen > Weitere Aktionen** lassen sich neue Benutzer und neue Gruppen erstellen.

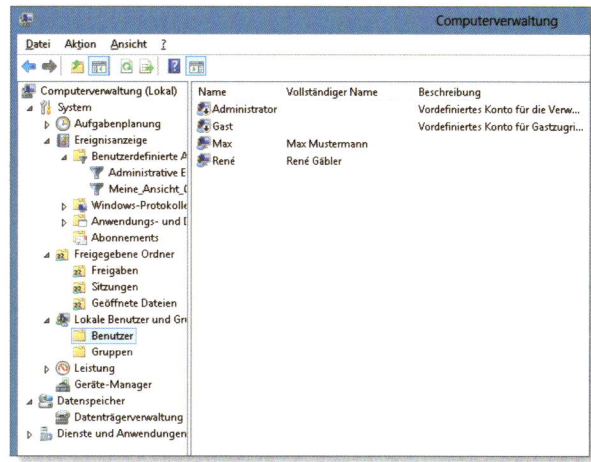

▲ **Abbildung 29.19** Administrieren Sie mit der Computerverwaltung die Benutzer und Gruppen.

Die Leistungsübersicht

Wie der Name bereits verrät, können Sie mit der **Leistungsübersicht** die Leistung Ihres Rechners überwachen. Dazu stehen Ihnen Überwachungstools, Sammlungssätze und Berichte zur Verfügung. Die Daten werden in Echtzeit angezeigt. Sie können auch mit Verlaufslisten arbeiten.

Sie können hier auch einen Bericht über die Zuverlässigkeit Ihres Rechners erstellen und einsehen. Dafür gehen Sie wie folgt vor:

1 Öffnen Sie die **Computerverwaltung**. Wählen Sie **Leistung**, und markieren Sie hier die **Überwachungstools**.

Kapitel 29: Windows 8 effizient verwalten

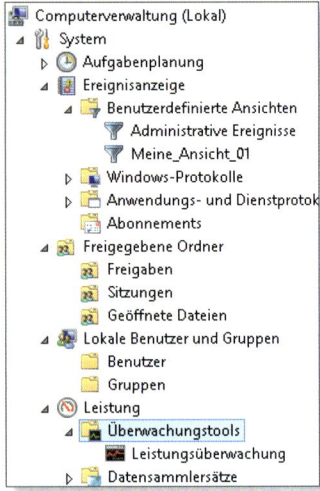

▲ **Abbildung 29.20** Die Überwachungstools finden Sie in der Computerverwaltung.

2 Wählen Sie **Weitere Aktionen > Systemzuverlässigkeit anzeigen**.

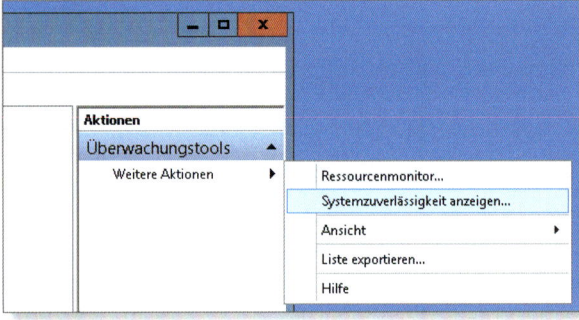

▲ **Abbildung 29.21** Eine Funktion lässt Windows 8 den gewünschten Bericht erstellen.

In der **Leistungsüberwachung** können Sie in Echtzeit bestimmte Prozesse und Funktionen überwachen.

1 Öffnen Sie dazu die **Leistungsüberwachung**. Klicken Sie auf das grüne Kreuz in der Symbolleiste über dem Anzeigefeld.

2 Scrollen Sie in der Liste nach oben bis zum Eintrag **Arbeitsspeicher**. Klicken Sie auf den nach unten zeigenden Pfeil hinter diesem Eintrag. Nun werden alle Funktionen eingeblendet, die mit dem Arbeitsspei-

cher in Verbindung stehen und die Sie überwachen können. Sie können einzelne auswählen. In diesem Beispiel übernehme ich die Vorauswahl. Wählen Sie **Hinzufügen**, und bestätigen Sie mit **OK**.

Die gewählten Indikatoren werden übernommen. Die Überwachung startet sofort. Verfolgen Sie die Auswertung.

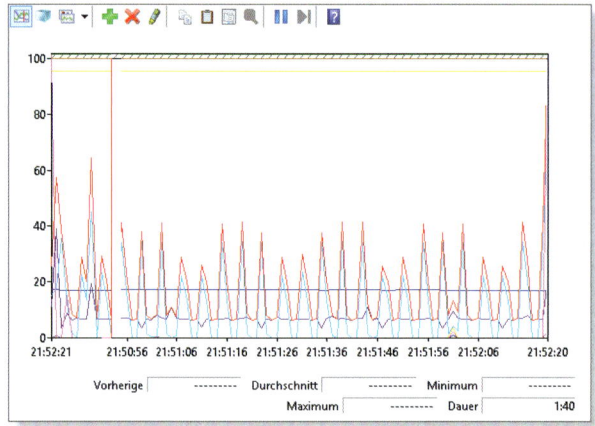

▲ **Abbildung 29.22** Hier wird der Arbeitsspeicher überwacht.

29.4 Anwendungen mit AppLocker sperren

AppLocker ist eine neue Funktion in Windows 8, die es Ihnen ermöglicht, Programme für bestimmte Benutzer zu sperren. Sie kommt in kleinen Netzwerken und Firmenrechnern zum Einsatz. Aber auch bei PCs, die von mehreren Anwendern genutzt werden, kann die Funktion nützlich sein.

AppLocker sperrt Anwendungen mit Richtlinien. Über einen Windows-Dienst werden diese überwacht. Eine Sperrung kann nicht ohne weiteres umgangen werden.

Sie können jedoch nicht nur einfach Anwendungsprogramme blockieren, sondern auch bestimmen, welche Anwendungen ein Benutzer verwenden darf und welche neue Programme von Benutzern installiert wer-

29.4 Anwendungen mit AppLocker sperren

den können. Sie können festlegen, dass nur bestimmte Versionen von Anwendungen verwendet werden können. Möglich ist es auch, Einfluss auf die Steuerung von Anwendungen zu nehmen.

AppLocker können Sie nur in den Windows-Editionen *Ultimate* und *Enterprise* nutzen. Auf anderen Windows-Editionen steht die Funktion nicht zur Verfügung.

Ein erster Blick auf AppLocker

Öffnen Sie mit dem Befehl `gpedit.msc` den **Editor für lokale Gruppenrichtlinien**.

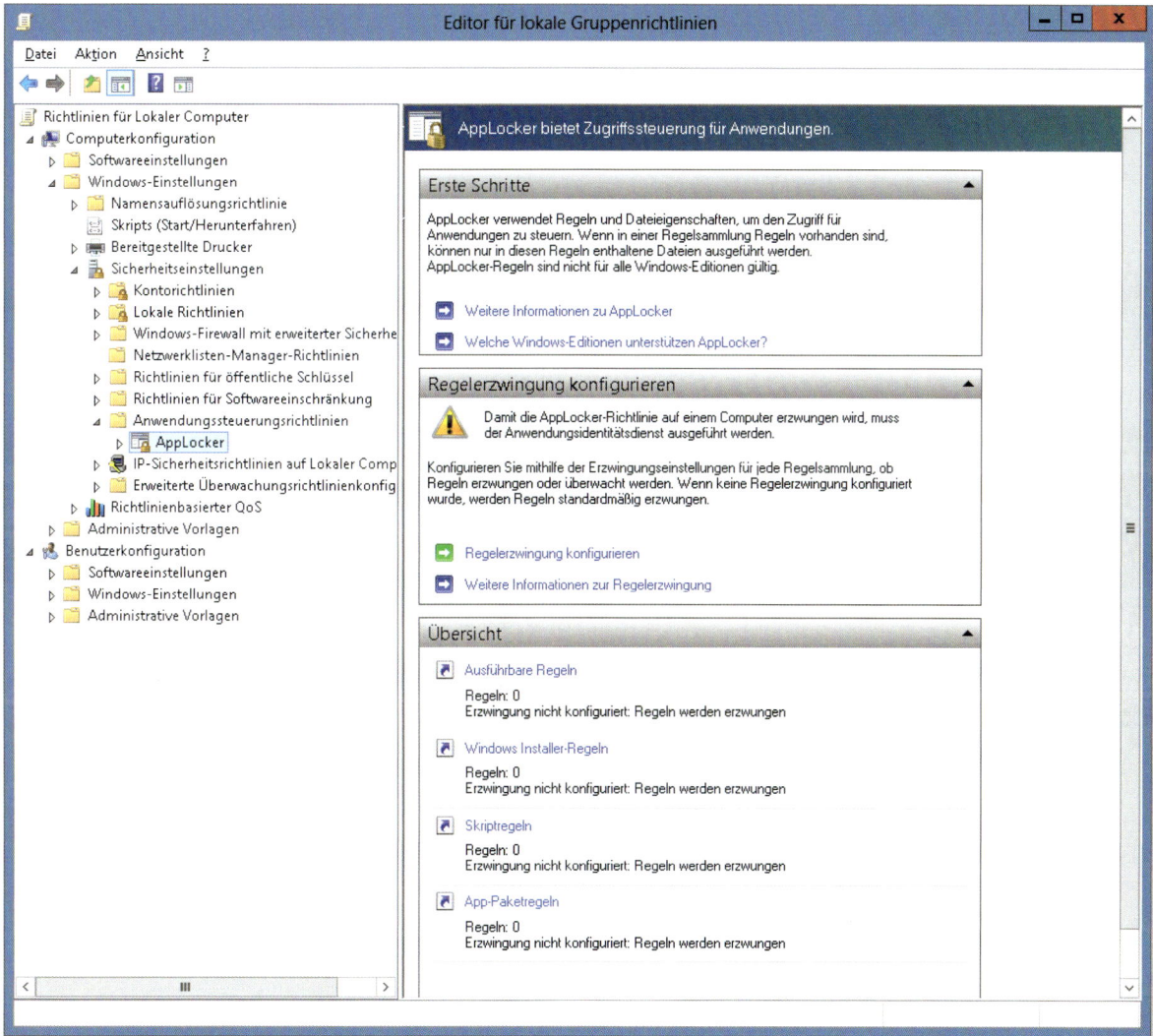

▲ *Abbildung 29.23* Mit »AppLocker« können Sie eine sichere Schutzfunktion nutzen. Sie bestimmen, ob ein Anwender bestimmte Anwendungen ausführen darf oder nicht. Sie können den Zugriff auf Ordner einschränken und die Installation von Anwendungen genehmigen.

Nun müssen Sie sich noch bis zum AppLocker-Fenster durchklicken. Öffnen Sie die Baumanzeige **Windows-Einstellungen**. Hier klicken Sie auf **Sicherheitseinstellungen** und weiter auf **Anwendungsrichtlinien**. Unter diesen finden Sie **AppLocker**.

Im oberen Bereich können Sie sich allgemeine Informationen und Hilfetexte zu AppLocker anzeigen lassen. In der Mitte erstellen Sie eine Regel. Ganz unten sehen Sie eine Übersicht der erstellten Regeln. Diese sind in drei Bereiche unterteilt:

- **Ausführbare Regeln**
- **Windows Installer-Regeln**
- **Skriptregeln**

Die Übersicht dient auch dazu, den jeweiligen Regeltyp zu erstellen.

Allgemeine Informationen zu AppLocker

AppLocker ist, wie ich oben erwähnt habe, nur in den Windows-8-Editionen *Ultimate* und *Enterprise* vorhanden, wird aber auch unter dem Serverbetriebssystem *Windows Server 2008 R2* verwendet.

Wenn Sie *Windows 8 Professional* nutzen, so können Sie zwar AppLocker-Regeln erstellen, ein Erzwingen dieser Regeln ist jedoch nicht möglich.

AppLocker setzt außerdem die Gruppenrichtlinien-Verwaltungskonsole oder die Remoteserver-Verwaltungskonsole voraus.

AppLocker unterscheidet drei sogenannte »Erzwingungsmodi«:

- **Nicht konfiguriert**: In der Vorgabeeinstellung wird keine Aktion erzwungen. Die Einstellungen der verknüpften Gruppenrichtlinienobjekte werden genutzt. Wird eine Regel erstellt, wird diese verwendet.

- **Regel erzwingen**: Zu diesem Modus muss nicht viel gesagt werden – die Ausführung einer erstellten Regel wird erzwungen.

- **Nur überwachen**: Die erstellten Regeln werden überwacht, aber nicht erzwungen. Sie können in diesem Modus herausfinden, welche Anwendungen durch eine Regel beeinflusst werden. Nutzen Sie erst diesen Modus, und wechseln Sie dann zum Erzwingen einer Regel.

So erstellen Sie eine ausführbare Regel

Mit dem AppLocker können Sie sogenannte ausführbare Regeln erstellen. Im Folgenden zeige ich Ihnen an einem Beispiel, wie das funktioniert.

1 Öffnen Sie den **Editor für lokale Gruppenrichtlinien**. Wechseln Sie hier zu **AppLocker**. Klicken Sie im unteren Bereich auf **Ausführbare Regeln**.

2 Die Ansicht ist zunächst leer. Öffnen Sie das Kontextmenü, und wählen Sie **Neue Regel erstellen**.

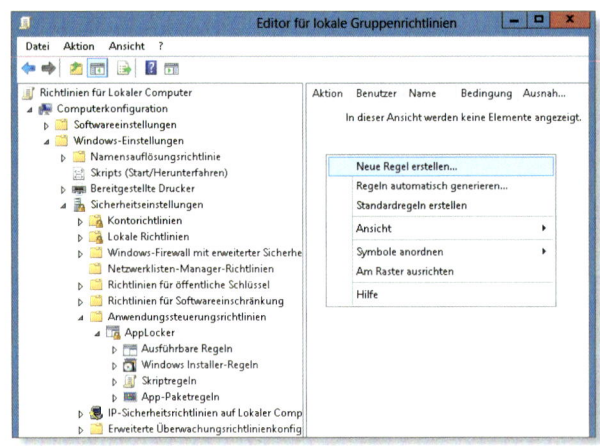

▲ *Abbildung 29.24 Über das Kontextmenü erstellen Sie eine neue Regel.*

3 Ein Assistent wird gestartet. Er hilft Ihnen beim Erstellen der neuen Regel und fragt die relevanten Daten ab. Mit **Weiter** geht es in den nächsten Dialog.

29.4 Anwendungen mit AppLocker sperren

▲ **Abbildung 29.25** Ein Assistent unterstützt den Administrator beim Erstellen einer neuen Regel.

4. Zuerst wählen Sie eine Aktion. Soll eine Anwendung zugelassen oder verweigert werden? Und für wen gilt diese Beschränkung? Lassen Sie unter **Aktion** die Option **Zulassen** angeschaltet. Mit **Auswählen** wählen Sie einen vorhandenen Benutzer.

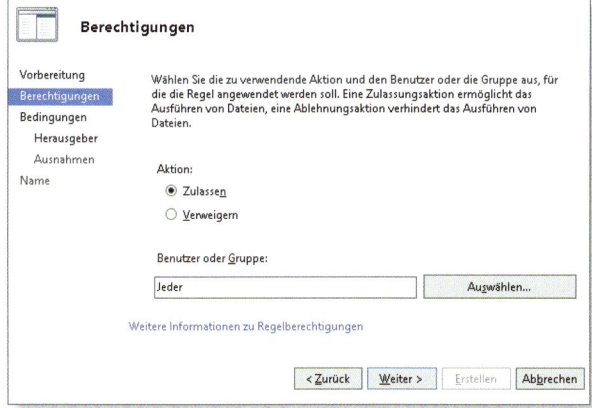

▲ **Abbildung 29.26** Hier wird eine Aktion zugelassen. Wäre »Verweigern« aktiviert, dürfte der ausgewählte Benutzer bald schon eine bestimmte Aktion nicht mehr ausführen.

5. Entscheiden Sie sich nun für eine der möglichen Primärbedingungen. Im Beispiel wähle ich **Pfad**.

▲ **Abbildung 29.27** Ein Pfad wird gesperrt.

6. Im nächsten Dialog geben Sie den Pfad ein, indem Sie ihn in das Feld eintragen oder ihn mit **Ordner durchsuchen** auswählen.

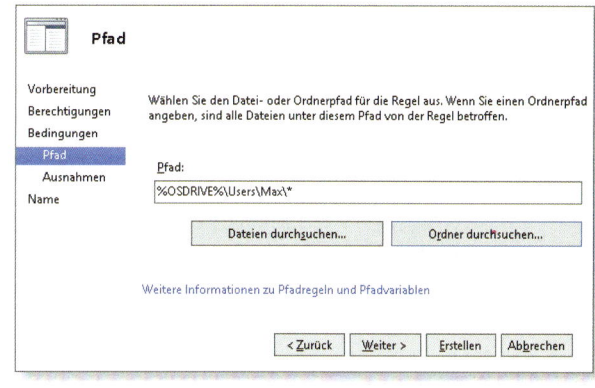

▲ **Abbildung 29.28** Der Ordner »Max« wird nun gesperrt.

7. Im nächsten Dialog können Sie anhand einer signierten Referenzdatei Ausnahmen bestimmen. Im Beispiel tue ich dies nicht.

8. Im letzten Dialog des Assistenten können Sie den Namen der Regel ändern und eine optionale Beschreibung eingeben. Auch hier gilt wieder: Benennen Sie die Regel kurz und knapp, aber ausführlich und sprechend genug, so dass Sie sie auch später jederzeit wiedererkennen. Mit einem Mausklick auf **Erstellen** wird die Regel festgehalten.

Kapitel 29: Windows 8 effizient verwalten

▲ **Abbildung 29.29** *Mit einer Beschreibung habe ich hinzugefügt, was die Regel tut.*

9 AppLocker weist mich nun darauf hin, dass ich keine Standardregeln erstellt habe. Das bestätige ich durch einen Klick auf **Ja**.

▲ **Abbildung 29.30** *Die Standardregeln müssen noch erstellt werden.*

Die Standardregeln erstellen und verwalten

Die Standardregeln umfassen die folgenden Möglichkeiten:

- Alle Dateien im Ordner *Programme* können verwendet werden.
- Alle Dateien im Ordner *Windows* können verwendet werden.
- Alle Dateien können verwendet werden.

Bei Bedarf verändern Sie diese Vorgaben.

Eine Installer-Regel erstellen

Eine Windows Installer-Regel prüft das Vorhandensein bestimmter Updates. Sie erstellen selbst auf folgende Art und Weise solche Regeln:

1 Öffnen Sie den **Editor für lokale Gruppenrichtlinien**. Wechseln Sie hier zu **AppLocker**. Klicken Sie im unteren Bereich auf **Windows-Installer-Regeln**.

2 Wählen Sie aus dem Kontextmenü **Neue Regel erstellen**.

3 Auch hier steht ein Assistent zur Verfügung. Überspringen Sie den ersten Dialog.

4 Wählen Sie **Verweigern**. Entscheiden Sie sich für einen Benutzer.

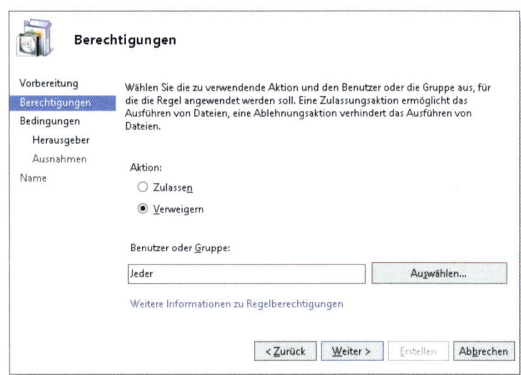

▲ **Abbildung 29.31** *Der Vorgang ähnelt dem Blockieren von Anwendungen.*

5 Wählen Sie einen Pfad.

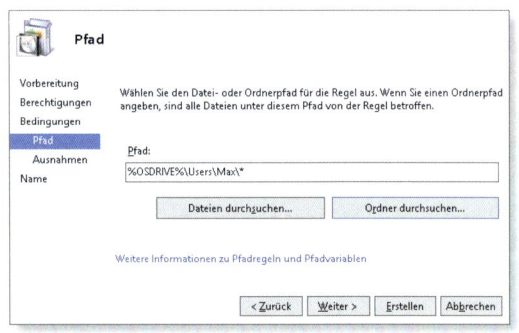

▲ **Abbildung 29.32** *Der Zugriff auf den Softwareordner ist eingeschränkt.*

6 Ergänzen Sie Ausnahmen. Auch dafür ist eine signierte Datei erforderlich.

7 Editieren Sie den Namen, und geben Sie eine Beschreibung ein. Wenn Sie möchten, können Sie auch die Vorgaben übernehmen.

Bestätigen Sie die Regel.

8 Bestätigen Sie das Erstellen der Standardregeln, sofern diese noch nicht vorhanden sind.

▲ **Abbildung 29.33** *Inklusive der Standardregeln sind nun je vier Regeln verfügbar.*

29.5 Mit virtuellen Festplatten arbeiten

Eine virtuelle Festplatte ist ein Verzeichnis, das wie eine Festplatte angesprochen und behandelt wird. In der Datenträgerverwaltung können Sie eine solche virtuelle Festplatte erstellen und anfügen. Nachdem Sie die Funktion gewählt haben, geben Sie ein Verzeichnis ein oder wählen ein vorhandenes mit **Durchsuchen**. Sie können die Größe in Megabyte angeben. Wenn Sie möchten, können Sie auch die Größe der Festplatte dynamisch anpassen lassen.

Beim Speichern von neuen Dateien auf der virtuellen Festplatte wird deren Größe angepasst. Sie wird jedoch nicht verkleinert, wenn Sie Daten löschen.

In einem Beispiel soll eine virtuelle Festplatte mit einer festen Größe erstellt werden. Das geht so:

1 Öffnen Sie die **Computerverwaltung**. Wählen Sie die **Datenträgerverwaltung**. Mit **Weitere Aktionen > Virtuelle Festplatte** wird ein Dialog eingeblendet. In ihm machen Sie alle notwendigen Angaben.

2 Klicken Sie auf **Durchsuchen**. Wählen Sie die Festplatte oder Festplattenpartition, auf der die virtuelle Festplatte erstellt werden soll. Geben Sie einen Dateinamen ein. Bestätigen Sie mit **Speichern**.

3 Schalten Sie die Option **Feste Größe** an. Geben Sie eine »3« in das Eingabefeld der Zeile **Größe der virtuellen Festplatte** ein. Klicken Sie auf das dahinterstehende Listenfeld, und wählen Sie **GB**. Schließen Sie den Dialog mit **OK**.

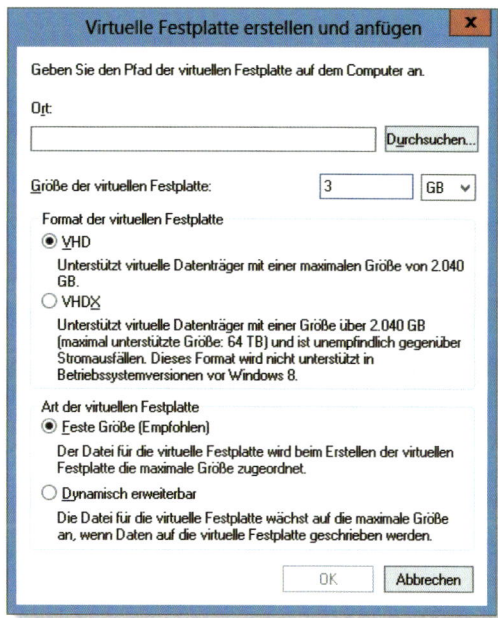

▲ **Abbildung 29.34** *Eine virtuelle Festplatte wird erstellt.*

Windows 8 installiert nun automatisch den Gerätetreiber, den Sie für die Verwendung von virtuellen Festplatten benötigen. Eine Meldung in der Taskleiste zeigt dies an. Die erstellte virtuelle Festplatte finden Sie anschließend in der Datenträgerverwaltung. Sie wird dort als neuer Datenträger angezeigt.

Kapitel 29: Windows 8 effizient verwalten

Sie können die neue virtuelle Festplatte nicht sofort verwenden. Wenn Sie erneut die **Computerverwaltung** öffnen, zeigt das Werkzeug Ihnen an, dass der Datenträger initialisiert werden muss. Bestätigen Sie dies.

Auf dem virtuellen Datenträger erstellen Sie anschließend eine oder mehrere Partitionen. Diese werden dann automatisch formatiert – ganz so, als würden Sie eine neue Festplatte einrichten.

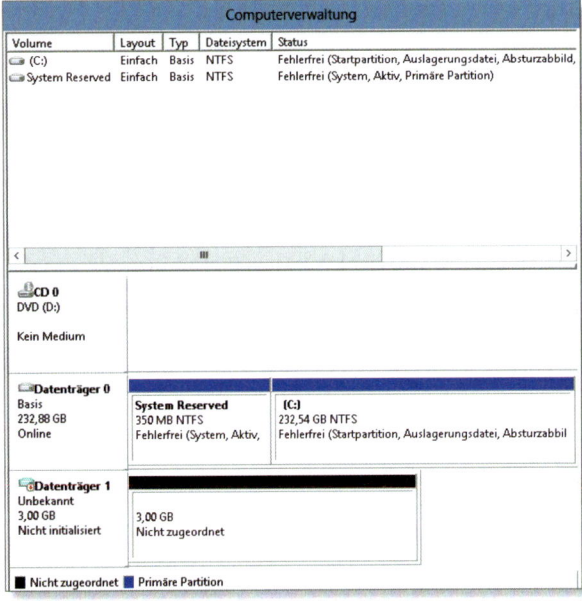

▲ **Abbildung 29.35** *Die virtuelle Festplatte in der Computerverwaltung*

29.6 Speicherplatz verwalten

Mit den Speicherplätzen können Sie Dateien auf mehreren Laufwerken speichern. Sie werden so vor der Auswirkung eines Laufwerksausfalles geschützt. Mehrere Laufwerke werden zu einem Laufwerk zusammengefasst.

1 Öffnen Sie die **Systemsteuerung**. Unter **System und Sicherheit** klicken Sie auf **Speicherplätze**.

2 Wählen Sie hier **Neuen Pool und Speicherplatz erstellen**.

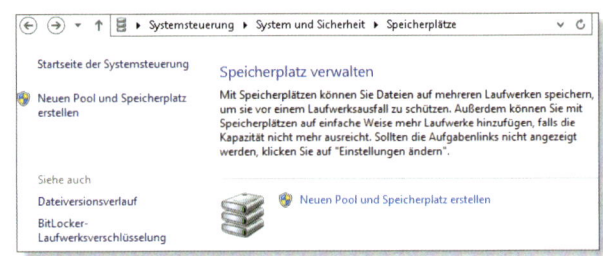

▲ **Abbildung 29.36** *Mit einem Laufwerksverbund vermeiden Sie Datenverlust.*

3 Bestätigen Sie die Meldung der Benutzerkontensteuerung.

4 Sie sehen nun die Laufwerke vor sich, die Sie wählen können. Markieren Sie diejenigen, die verwendet werden sollen, und klicken Sie auf **Pool erstellen**.

Beachten Sie: Die vorhandenen Daten auf einem Laufwerk, das Sie zu einem Pool hinzuwählen, werden gelöscht. Achten Sie darauf, dass die Laufwerke leer sind.

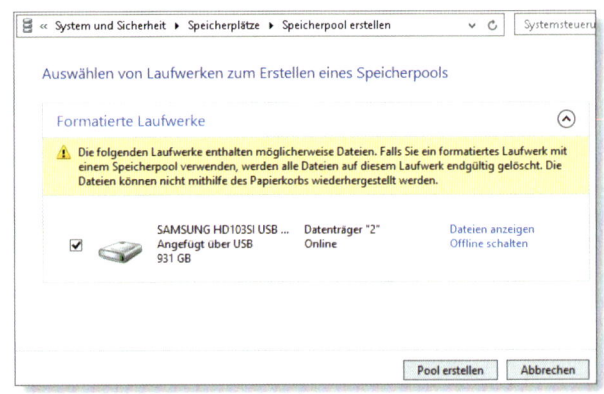

▲ **Abbildung 29.37** *Windows 8 gibt eine Warnmeldung vor dem Erstellen aus.*

29.7 Den Registrierungseditor nutzen

Mit dem Befehl `regedit` öffnen Sie den Registrierungseditor. Bitte beachten Sie: Ein falscher Eintrag kann das Betriebssystem beschädigen. Vor Veränderungen sollten Sie unbedingt Datensicherungen und Wiederherstellungspunkte erstellen.

29.7 Den Registrierungseditor nutzen

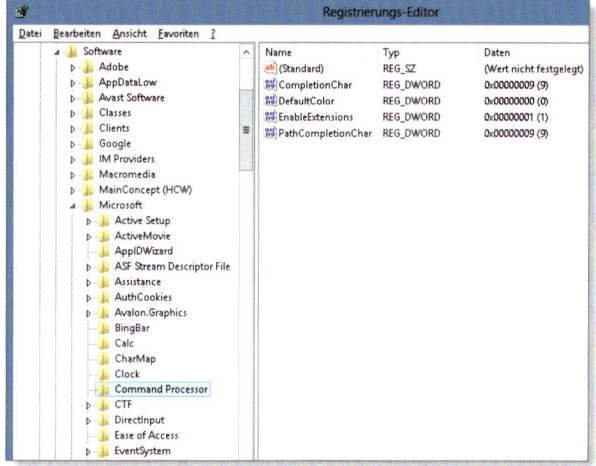

▲ **Abbildung 29.38** Der Registrierungseditor

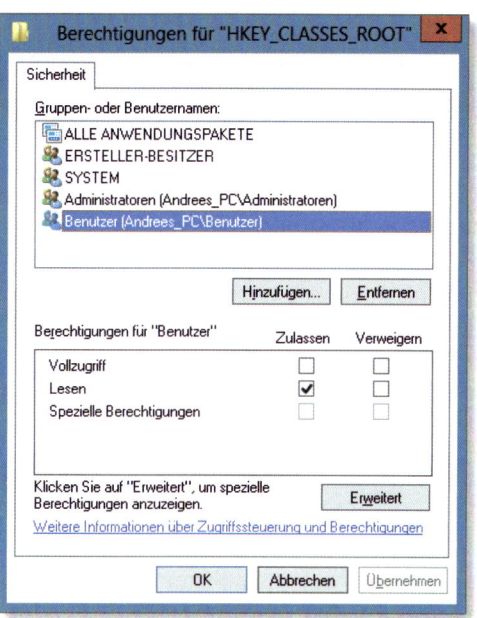

▲ **Abbildung 29.40** In diesem Beispiel kann der Anwender den Schlüssel nur lesen.

Den Zugriff mit Berechtigungen

So legen Sie Den Zugriff mit Berechtigungen fest:

1 Markieren Sie im Editor einen der Schlüssel. Öffnen Sie das Kontextmenü, und wählen Sie **Berechtigungen**. Nun können Sie Berechtigungen festlegen und damit dafür sorgen, dass bestimmte Benutzer Veränderungen vornehmen können – oder dass ihnen diese Möglichkeit verweigert wird.

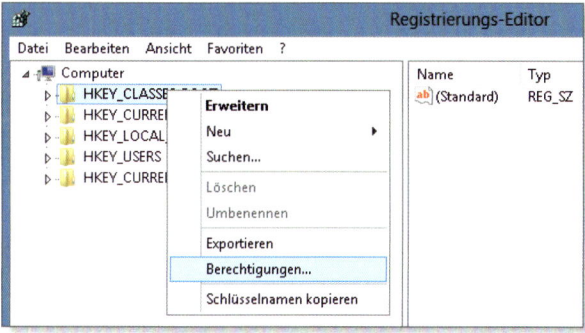

▲ **Abbildung 29.39** Legen Sie die Berechtigungen fest.

2 Mit **Zulassen** oder **Verweigern** können Sie einen Vollzugriff erlauben. So kann der Anwender einen Schlüssel lesen und bearbeiten. Um die Berechtigung einzuschränken, verweigern Sie dies und wählen nur **Lesen**.

Erweiterte Berechtigungen festlegen

Neben den einfachen Berechtigungen können Sie die Berechtigungen etwas spezieller festlegen. Gehen Sie vor wie zuvor beschrieben: Markieren Sie eine Gruppe oder einen Benutzer. Klicken Sie dann auf die Schaltfläche **Erweitert**.

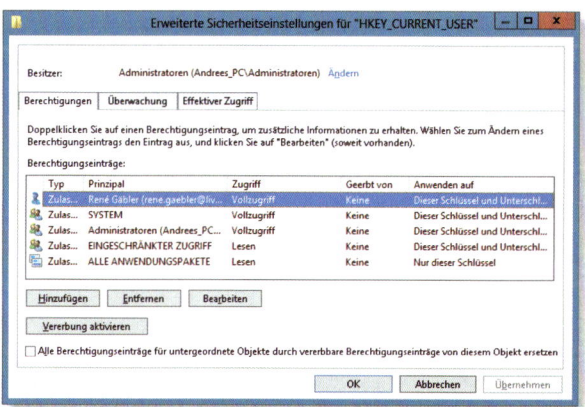

▲ **Abbildung 29.41** Der Benutzer René Gäbler besitzt alle besonderen Berechtigungen.

679

Kapitel 29: Windows 8 effizient verwalten

Wechseln Sie in das Register **Effektive Berechtigungen**. Hier können Sie diese nun auswählen.

In der folgenden Tabelle habe ich alle Berechtigungen und deren Bedeutung zusammengestellt.

Berechtigung	Bedeutung
Vollzugriff	Berechtigung, die alle Möglichkeiten erlaubt
Wert abfragen	Diese Berechtigung erlaubt die Abfrage von Werten.
Wert festlegen	Mit dieser Berechtigung kann ein Wert festgelegt werden.
Unterschlüssel erstellen	Erlaubt das Erstellen von Unterschlüsseln.
Unterschlüssel auflisten	Diese Berechtigung erlaubt die Ausgabe und Auflistung von Unterschlüsseln.
Benachrichtigungen	Diese Berechtigung erlaubt die Arbeit mit Benachrichtigungen.
Verknüpfung erstellen	Diese Berechtigung erlaubt es, Verknüpfungen zu Schlüsseln anzulegen.
Löschen	Erlaubt das Entfernen von Schlüsseln.
DAC schreiben	Diese Berechtigung erlaubt das Schreiben von DACLs (Discretionary Access Control Lists).
Besitzer festlegen	Diese Berechtigung erlaubt das Festlegen eines neuen Besitzers für den Registrierungsschlüssel.
Lesekontrolle	Mit dieser Berechtigung wird die DACL verwendet.

▲ **Tabelle 29.3** *Die erweiterten Berechtigungen für den Umgang mit Registrierungsschlüsseln*

29.8 Systemdienste

Die Dienste von Windows erreichen Sie über den Dialog **Systemdienste**. Mit dem Befehl `msconfig` rufen Sie ihn auf. Wechseln Sie in der **Systemsteuerung** in das Register **Dienste**.

Eine weitere Übersicht der Dienste von Windows 8 finden Sie in der **Systemsteuerung**. Wählen Sie hier System und **Sicherheit** > **Verwaltung**. Doppelklicken Sie auf **Dienste**.

Einen Systemdienst erkennen Sie am Eintrag **Lokales System**. Die Liste hier bietet mehr Möglichkeiten als die Ansicht in der **Systemsteuerung**.

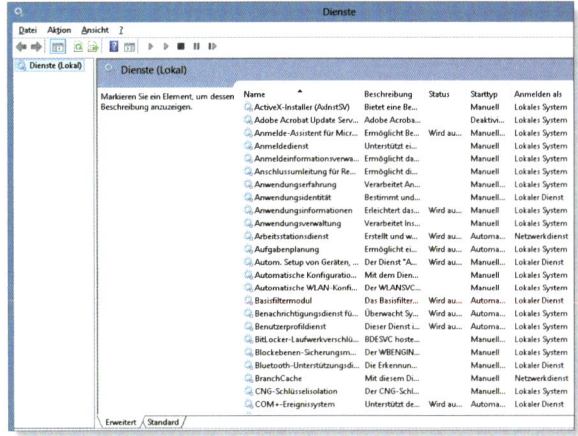

▲ **Abbildung 29.42** *Die »Dienste«-Ansicht in der Verwaltung bietet viele Informationen.*

Wechseln Sie in das Register »Erweitert«, um die Beschreibung eines Dienstes einzusehen. Mit einem Doppelklick erfahren Sie mehr zu einem Dienst.

Unwichtige Dienste deaktivieren

Um einen Dienst zu deaktivieren, entfernen Sie das Häkchen aus dem Optionskästchen vor dem Dienst. Mehr ist nicht zu tun.

Beachten Sie jedoch: Beenden Sie wirklich nur die Dienste, deren Zweck Sie kennen und bei denen Sie sich sicher sind, dass Sie sie nicht benötigen.

29.8 Systemdienste

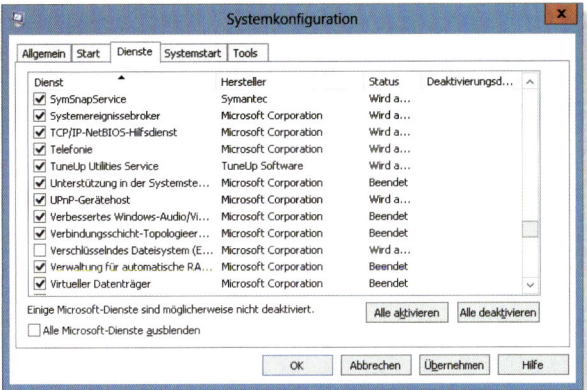

Abbildung 29.43 Hier habe ich den Dienst für das EFS ausgeschaltet.

Die wichtigsten Windows-Dienste in einer Übersicht

In der folgenden Tabelle finden Sie eine Auswahl der wichtigsten Windows-Dienste mit einer kurzen Beschreibung.

Bitte beachten Sie: Dienste, die mit einem »Windows-« beginnen, sollten Sie niemals deaktivieren. Sie sind für das System notwendig. Eine Deaktivierung kann deshalb zum Systemabsturz führen oder andere gefährliche Folgen haben.

Dienst	Beschreibung
ActiveX-Installer	Bei der Installation von ActiveX-Steuerelementen werden diese entsprechend den Einstellungen und Funktionen der Benutzerkontensteuerung bewertet. Die Installation von ActiveX-Elementen erfolgt außerdem entsprechend den eingestellten Gruppenrichtlinien. Der Dienst wird bei Bedarf gestartet. Schalten Sie ihn aus, erfolgt die Installation von ActiveX-Elementen gemäß den Einstellungen im Webbrowser.
Anmeldedienst	Wichtiger Dienst, der die Anmeldung der Benutzer steuert. Zwischen dem Computer und dem Domänencontroller wird ein sicherer Kanal aufgebaut. Dieser wird für die Authentifizierung der Benutzer verwendet. Dieser Dienst hat nichts mit der Windows-Anmeldung nach dem Start des Betriebssystems zu tun. Schalten Sie ihn aus, kann der Domänencontroller keine DNS-Einträge vornehmen. Abhängige Dienste können nicht arbeiten. Nutzen Sie das Internet oder ein internes Netzwerk, so ist dieser Dienst notwendig.
Anmeldeinformations-verwaltung	Dieser Dienst wird für die Anmeldung von Benutzern, Anwendungen und Sicherheitspaketen benötigt. Die Anmeldedaten werden mit Hilfe dieses Dienstes sicher abgelegt.
Anschlussumleitung für Remotedesktopdienst im Benutzermodus	Diesen Dienst benötigen Sie nur, wenn Sie Remoteverbindungen verwenden. Er sorgt dafür, dass Drucker, Laufwerkszugriffe und Anschlüsse umgeleitet werden. So können sie bei der Remoteverbindung genutzt werden.
Anwendungserfahrung	Dieser Dienst arbeitet mit Anwendungen zusammen. Beim Start von Anwendungen wird er genutzt, um Kompatibilitäts-Cacheerfahrungen zu verarbeiten.
Anwendungsidentität	Dieser Dienst legt die Identität einer Anwendung fest bzw. bestimmt sie. Schalten Sie ihn aus, verhindern Sie, dass AppLocker-Einstellungen erzwungen werden.
Anwendungsinformation	Durch diesen Dienst ist es möglich, bestimmte interaktive Anwendungen mit Administratorrechten auszuführen. Wenn Sie den Dienst ausschalten, verhindern Sie, dass Benutzer Anwendungen mit zusätzlichen Administratorrechten ausführen können. Dann besitzt nur der Administrator diese Rechte.

Dienst	Beschreibung
Anwendungsverwaltung	Dieser Dienst arbeitet eng mit den Gruppenrichtlinien zusammen. Er verwendet die Installations- und Deinstallationsaufgaben für Software, die über Gruppenrichtlinien bereitgestellt wird. Wird der Dienst ausgeschaltet, können Anwender Software, die über Gruppenrichtlinien bereitgestellt wird, nicht installieren, deinstallieren oder auflisten. Abhängige Dienste können nicht gestartet werden.
Aufgabenplanung	Wenn Sie die Aufgabenplanung nutzen, ist dieser Dienst unbedingt notwendig. Die zeitgesteuerte Ausführung von Anwendungen, Werkzeugen und Befehlen ohne diesen Dienst ist nicht möglich. Der Dienst hostet auch einige Windows-systemkritische Aufgaben.
Designs	Dieser Dienst stellt die Designverwaltung zur Verfügung. Ist er deaktiviert, kann nicht mit Designs gearbeitet werden.
DHCP-Client	Der DHCP-Client registriert IP-Adressen und hält sie aktuell. Auch die DNS-Einträge für den Rechner werden von diesem Dienst verwaltet. Ist der Dienst ausgeschaltet, können keine dynamischen IP-Adressen verwendet werden. Auch das Aktualisieren der DNS-Daten ist dann nicht mehr möglich. Abhängige Dienste können nicht mehr gestartet werden.
Diagnosehostdienst	Dieser Dienst fungiert als Host. Er wird vom Diagnoserichtliniendienst aufgerufen und verwendet. Ohne ihn sind Diagnosen, die vom Diagnoserichtliniendienst kommen, nicht mehr möglich.
Diagnoserichtliniendienst	Dieser Dienst versucht, Windows-8-Probleme zu erkennen und Diagnosen durchzuführen. Diese ermöglichen das Finden und Vorschlagen geeigneter Lösungen. Ohne ihn sind diese Diagnosen nicht möglich. Der Diagnosehostdienst ist von diesem Dienst abhängig.
Diagnosesystemhost	Dienst, der für die Diagnose von Windows-Problemen notwendig ist. Er wird vom Diagnosehostdienst aufgerufen.
DNS-Dienst	Der DNS-Dienst speichert DNS-Namen und hält den vollständigen Namen des Computers fest. Auch beim Beenden des Dienstes werden DNS-Namen aufgelöst. DNS-Namensabfragen werden aber nicht mehr gespeichert.
Druckerwarteschlange	Dieser Dienst verwaltet verschiedene Druckaufträge und sorgt dafür, dass sie nacheinander abgearbeitet werden. Die Dateien werden im Arbeitsspeicher geladen und bei Abruf durch den Drucker aus diesem an den Drucker gesendet. Der Dienst ist für den Betrieb eines Druckers notwendig.
Gemeinsame Nutzung der Internetverbindung	Mit Hilfe dieses Dienstes können Sie in Heim- und Firmennetzwerken eine Internetverbindung für verschiedene Dienste nutzen.
Geschützter Speicher	Mit diesem Dienst wird ein Teil des Speichers für die Ablage von Kennwörtern und Benutzerdaten reserviert. Ein Zugriff auf diese Daten durch Benutzer oder Programme ist nicht möglich. Auch andere Prozesse und Dienste können darauf nicht zugreifen. Dieser Dienst sollte nicht ausgeschaltet werden; er bietet eine wichtige Sicherheitsfunktion.
Gruppenrichtlinienclient	Dieser Dienst stellt einen Client für die Arbeit mit Gruppenrichtlinien bereit. Ohne diesen Dienst ist ein Verwenden von Gruppenrichtlinien nicht möglich.

29.8 Systemdienste

Dienst	Beschreibung
Heimnetzgruppen-Anbieter	Mit diesem Dienst werden die Einstellungen für die Heimnetzgruppe ausgeführt. Auch für die Wartung der Heimnetzgruppe ist der Dienst notwendig. Wird der Dienst ausgeschaltet, kann der Computer andere Heimnetzgruppen nicht identifizieren. Auch die eigene Heimnetzgruppe funktioniert möglicherweise nicht. Verwenden Sie einen Internetzugang oder/und ein internes Netzwerk, sollten Sie diesen Dienst nicht ausschalten.
Heimnetzgruppen-Listener	Der Heimnetzgruppen-Listener verändert Einstellungen am Computer auf Basis der Heimnetzgruppe. Ohne diesen Dienst kann der Rechner nicht in einer Heimnetzgruppe arbeiten.
Intelligenter Hintergrundübertragungsdienst	Mit diesem Dienst werden Dateien im Hintergrund auf den Rechner geladen. Der Dienst wird von *Windows-Update* und vom Internet Explorer verwendet. Schalten Sie ihn aus, ist ein Windows-Update nicht mehr möglich.
Konfiguration des Remotedesktops	Dieser Dienst stellt Einstellungen für die Verwendung eines Remotedesktops zur Verfügung. Nutzen Sie einen Remotedesktop, benötigen Sie diesen Dienst.
Kryptographiedienste	Stellt verschiedene Dienste für Kryptografiefunktionen zur Verfügung.
Leistungsprotokolle und -warnungen	Dieser Dienst verwendet Leistungsdaten von lokalen und Remoterechnern. Sie werden in einem Protokoll festgehalten. Anschließend wird eine Warnung ausgegeben. Der Dienst nutzt den Zeitplaner von Windows 8 für seine Aufgaben. Ohne diesen Dienst werden die Leistungsdaten nicht protokolliert.
Media Center Extender-Dienst	Geräte, die über einen Media-Extender verfügen, nutzen diesen Dienst. Sie suchen über eine Internetverbindung diesen Computer und binden ihn ein. Ohne den Dienst ist diese Funktion nicht verfügbar.
Microsoft-Softwareschatten-kopie-Anbieter	Mit diesem Dienst werden Softwareschattenkopien verwaltet. Ohne diesen Dienst kann diese Aufgabe nicht ausgeführt werden.
Multimediaklassenplaner	Der Multimediaklassenplaner erstellt Prioritäten für Aufgaben. Diese Funktion wird hauptsächlich für Multimediaanwendungen genutzt. Ohne den Dienst werden die verschiedenen Aufgaben auf eine Standardpriorität gesetzt.
Netzwerklistendienst	Dieser Dienst identifiziert Netzwerke, mit denen der Rechner verbunden wird. Er speichert Informationen über diese Netzwerke und gibt Informationen an Anwendungen weiter, wenn sich Eigenschaften verändern.
Netzwerkspeicher-Schnittstellendienst	Dieser Dienst gibt Benachrichtigungen beim Hinzufügen und Löschen von Schnittstellen im Netzwerk aus. Er ist für die Nutzung eines Netzwerks notwendig.
Netzwerkverbindungen	Dieser Dienst verwaltet Objekte im Ordner *Netzwerk*.
NLA	Der Dienst NLA (*Network Location Awareness*) sammelt und speichert Einstellungen für das Netzwerk. Er gibt diese bei Bedarf an Anwendungen weiter. Ohne diesen Dienst sind die Einstellungsdaten für das Netzwerk nicht abrufbar.
Offlinedateien	Dieser Dienst führt Wartungsarbeiten am Offlinedateiendienst aus. Er reagiert auf die Anmeldung von Benutzern sowie auf deren Abmeldung. Ereignisse werden an Benutzer weitergeleitet. Bei der Arbeit mit Offlinedateien ist dieser Dienst notwendig.

Dienst	Beschreibung
Plug & Play	Dieser Dienst erkennt die Abhängigkeiten von Hardwarekomponenten. Er ist für den Betrieb von Windows 8 unbedingt notwendig.
Remotedesktopdienste	Dieser Dienst ermöglicht das Benutzen einer Remotedesktopverbindung. Er ist für eine solche Verbindung notwendig.
Remoteregistrierung	Die Remoteregistrierung erlaubt Anwendern, die Registrierungseinstellungen des Rechners zu bearbeiten. Wenn Sie den Dienst beenden, können die Registrierungen nur von lokalen Benutzern bearbeitet werden. Abhängige Dienste können nicht mehr arbeiten.
Sicherheitscenter	Dieser Dienst stellt Daten für das Windows-8-Sicherheitscenter zur Verfügung.
SPP	Dieser Dienst stellt die Softwarelizenzaktivierung und die dazugehörige Benachrichtigung zur Verfügung.
Stromversorgung	Der Dienst *Stromversorgung* verwaltet die Energierichtlinie und die Ausgabe der Energierichtlinienbenachrichtigung. Nutzen Sie Stromsparfunktionen, ist der Dienst dafür unbedingt notwendig.
Tablet-PC-Eingabedienst	Dieser Dienst wird für die Eingabe von Daten auf Tablet-PCs genutzt.
TPM-Basisdienste	Diese Dienste aktivieren den Zugriff auf *Trusted-Platform*-Module und stellen damit kryptografische Funktionen zur Verfügung. Ist der Dienst ausgeschaltet, ist das Nutzen von TPM-Schlüsseln nicht mehr möglich.
Überwachung verteilter Verknüpfungen	Dieser Dienst überwacht Verknüpfungen für NTFS-Dateien auf einem Rechner oder zwischen Rechnern in einem Netzwerk.
Unterstützung in der Systemsteuerung unter Lösungen für Probleme	Mit diesem Dienst werden bei verschiedenartigen PC-Problemen Problemberichte angezeigt, versendet und verwaltet.
Verschlüsseltes Dateisystem EFS	Dieser Dienst stellt die Basisfunktionen für das Dateisystem EFS zur Verfügung.
Virtueller Datenträger	Der Dienst stellt Verwaltungsfunktionen für Datenträger, Volumes und Dateisysteme zur Verfügung.
Volumenschattenkopien	Dieser Dienst erstellt und verwaltet Volumenschattenkopien. Ohne den Dienst ist die Funktion nicht nutzbar.
Windows-Installer	Ermöglicht die Installation, Verwaltung und Deinstallation von Software, die mit Windows-Installationspaketen (*.msi*) bereitgestellt wird.

▲ *Tabelle 29.4 Die wichtigsten Dienste in Windows 8 und ihre Bedeutung*

29.9 Windows 8 über Images auf mehreren Rechnern installieren

In großen Unternehmensnetzwerken vereinfacht der Umgang mit Images die Installation von Windows 8. Es muss sich nicht vor jedem Rechner ein Administrator sitzen. Es wird einmal auf einem Rechner Windows 8 erstellt. Aus dieser Installation wird ein Image erzeugt. Dieses wird als Basis für die Installation auf allen anderen Rechnern genutzt. Das Verfahren geschieht automatisch. Die notwendigen Daten werden über ein Netzwerk verteilt.

Mit dem Werkzeug *ImageX* ist es möglich, ein Image für die Installation von Windows 8 zu erstellen. Der Rechner muss Mitglied in einer Arbeitsgruppe sein. Öffnen Sie die Eingabeaufforderung. Wechseln Sie nach *C:\Windows\system32\sysprep*. Geben Sie hier den folgenden Befehl ein:

```
sysprep.exe /oobe /generalize /shutdown
```

Beachten Sie, dass benutzereigene Einstellungen entfernt werden. Auch andere Konfigurationen werden gelöscht.

Wenn diese Aufgabe abgeschlossen ist, erstellen Sie mit einer weiteren Befehlszeile das eigentliche Image:

```
Image.exe /compress fast /capture C: C:\
beispielimage.wim /verify
```

Ersetzen Sie `beispielimage` durch einen passenden Dateinamen. Wenn Sie mögen, geben Sie danach einen Kommentar oder einen Hinweis zum Image ein. Diesen Text setzen Sie in Anführungszeichen.

Das Image verteilen Sie mit Hilfe von Windows Server. Verwendet wird dazu der *Windows Deployment Service* (DPS).

Die Installation unterscheidet sich optisch nicht von der mit der Windows-Installations-DVD. Es gibt nur weniger Optionen im Assistenten.

29.10 Mehrere Systeme auf einem Rechner installieren

Mit Hilfe von verschiedenen Partitionen auf einer Festplatte lassen sich unterschiedliche Betriebssysteme auf einem Rechner installieren. Sie müssen dabei genau auf die Bezeichnungen der Partitionen achten. Sonst kann es geschehen, dass Sie aus Versehen ein System überschreiben.

Welches Betriebssystem Sie starten und verwenden, entscheiden Sie mit der Auswahl des Windows-8-Bootmanagers. Dieser wird automatisch verwendet, wenn Sie mehrere Betriebssysteme auf einem Rechner installieren.

Sollten Sie sich für Windows 8 und Linux entscheiden, wird bei der Installation von Linux der Bootmanager GRUB installiert. Mit ihm wählen Sie, ob Sie Windows 8 oder Linux starten. Auch hier läuft ein Timer ab. Haben Sie keine Auswahl getroffen, wird nach Ablauf des Timers das als Standard eingestellte Betriebssystem automatisch geladen.

GRUB überschreibt bei der Installation und Einrichtung in der Regel den MBR Ihrer Festplatte. Mit `fixmbr` können Sie dies bei Bedarf korrigieren.

Kapitel 30
Probleme lösen

Wie löst man Hardwarekonflikte? Was tun bei einem Bluescreen-Absturz? Wie nutzt man ältere Treiber mit Windows 8? Machen Sie sich keine Sorgen, wenn einmal etwas schiefgeht. Oft lässt sich das Problem mit ein paar Handgriffen lösen.

Das Betriebssystem Windows 8 ist – wie alle Betriebssysteme – nicht perfekt. Es kann immer wieder einmal zu einem Problem kommen: Ein Hardwaretreiber funktioniert nicht mehr. Der Rechner stürzt ab. Der Windows-Bluescreen wird gezeigt. Die Festplatte wird nicht gefunden. Viele Probleme können auftauchen.

Das Zusammenspiel von Hardware, Betriebssystem und Software bringt Konflikte und Störungen mit sich. Ich kann Ihnen leider nicht jedes Problem vorhersagen und eine passende Lösung finden. Dazu ist Windows 8 zu komplex. Zudem unterscheidet sich die Hardwarearchitektur verschiedener Rechner erheblich. Daher ist es nicht möglich, hier eine vollständige FAQ wiederzugeben. Aber ich kann oft auftauchende Probleme vorstellen und Ihnen dazu eine Lösung bieten. Vielleicht kann ich Ihnen damit helfen.

In diesem Kapitel lesen Sie, wie Sie Probleme mit dem Treiber eines Hardwaregerätes lösen. Ich zeige Ihnen, wie Sie den **Geräte-Manager** verwenden. Sie lesen, wie Sie einen Treiber aus der Datenbank von Microsoft verwenden oder zu einem veralteten Treiber greifen. Letzteres ist mit dem Hardware-Wizard möglich.

Sie lesen, wie Sie einen Gerätekonflikt erkennen und beheben. Ich verrate Ihnen, warum Microsoft so viel Wert auf einen signierten Treiber legt und was die verschiedenen Fehler in Bezug auf Treibersignaturen zu bedeuten haben. Sie lesen, wie Sie ein Treiber-Rollback durchführen. Das ist notwendig, wenn die Aktualisierung eines Gerätetreibers misslingt. Ich zeige Ihnen ebenfalls, wie Sie herausfinden, wie viel Strom Ihre USB-Geräte nutzen. Sie lernen den **Task-Manager** kennen und lesen, wie Sie mit Hardwareproblemen umgehen. Ich verrate Ihnen, was ein Bluescreen ist und was die verschiedenen Bluescreen-Meldungen bedeuten. Am Ende des Kapitels lernen Sie die Befehle `bootrec` und `diskpart` mit allen wichtigen Parametern kennen.

30.1 Alltägliche Probleme mit Windows 8 lösen

In diesem ersten Abschnitt habe ich ganz unterschiedliche Probleme aufgelistet, die bei Ihrem Rechner auftreten können.

Treiber überprüfen

Wenn ein Hardwaregerät nicht richtig funktioniert, überprüfen Sie zunächst, ob es korrekt mit dem PC verbunden ist.

1 Öffnen Sie den **Geräte-Manager** in der **Systemsteuerung**. Unter **Hardware und Sound** finden Sie rechts oben in der Kategorie **Geräte und Drucker** den **Geräte-Manager**.

▲ **Abbildung 30.1** *Den Geräte-Manager finden Sie gleich ganz oben bei »Geräte und Drucker«.*

2 Öffnen Sie nun eine der Baumansichten. Hier sehen Sie bereits anhand eines kleinen Ausrufezeichens, dass es bei einem unbekannten Treiber Probleme gibt.

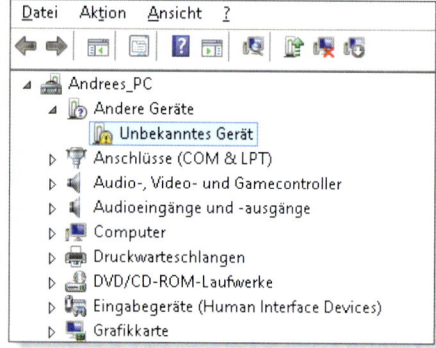

▲ **Abbildung 30.2** *Ein unbekanntes Gerät steht in der Liste.*

Gibt es einen Konflikt mit einem anderen Treiber, so wird dies in den **Eigenschaften** angezeigt. Sie erreichen sie über die rechte Maustaste. Im Register **Treiber** können Sie auch einen Treiber aktualisieren, deaktivieren oder deinstallieren oder ein Rollback zu einer vorherigen Treiberversion anstoßen.

Die genaue Vorgehensweise hängt von der jeweiligen Situation ab. Ist der Treiber defekt, empfehle ich Ihnen, ihn mit Hilfe der CD für das Gerät neu zu installieren.

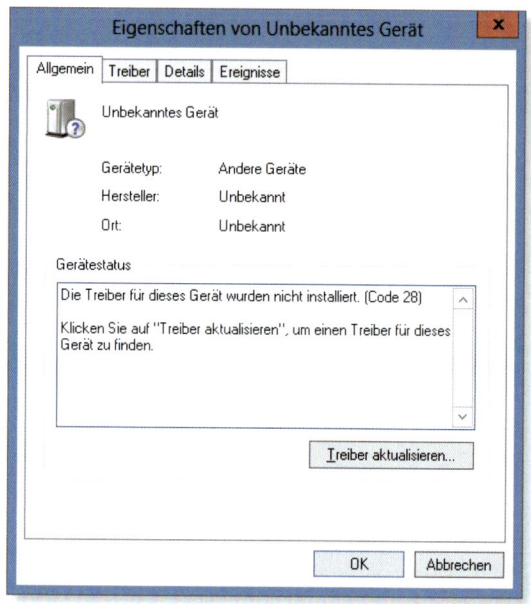

▲ **Abbildung 30.3** *Das Problem: Der Treiber für das Gerät wurde nicht installiert.*

Wählen Sie die Option **Treiber aktualisieren**. Windows 8 blendet einen Dialog ein. Entscheiden Sie sich zwischen zwei Möglichkeiten: Entweder wählen Sie eine Treiberdatei, die sich auf dem Rechner befindet; das ist die richtige Option, wenn Sie eine DVD/CD mit einem Treiber haben oder wenn Sie einen solchen aus dem Internet geladen haben. Oder Sie lassen Sie den Rechner nach einem passenden Treiberprogramm suchen.

Entscheiden Sie sich für **Automatisch nach aktueller Treibersoftware suchen**.

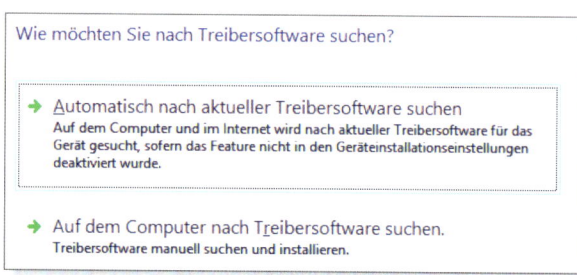

▲ **Abbildung 30.4** *Laden Sie einen Treiber aus dem Internet.*

Warten Sie einen Augenblick. Das Betriebssystem versucht, den passenden Treiber zu finden. Gelingt dies, wird dieser automatisch installiert. Danach taucht der Fehler in der **Systemsteuerung** nicht mehr auf.

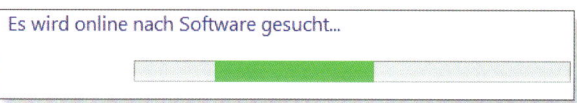

▲ *Abbildung 30.5 Windows 8 sucht nach einem passenden Treiber.*

Gerätekonflikte erkennen und beseitigen

Konflikte bei Hardwaregeräten kommen bei Windows 8 nicht so oft vor. Das Betriebssystem sorgt dafür, dass es nur noch selten zu Problemen kommt.

Schwierigkeiten können jedoch bei älteren Hardwaretreibern auftreten. Die Probleme werden in den Eigenschaften des Treibers unter **Gerätekonflikt** angezeigt.

Versuchen Sie zuerst, automatisch einen Treiber zu finden. Gelingt dies nicht, schauen Sie auf die Webseite des Herstellers.

Wenn alles nichts hilft, deaktivieren Sie den defekten Gerätetreiber.

Hardwaretreiber manuell installieren

Nicht immer wird eine neue Hardware korrekt erkannt, und nicht immer findet Windows 8 einen passenden Treiber und installiert ihn.

Die Hardwareerkennung von Windows 8 ist sehr gut. Aber es gibt dennoch Fälle, in denen sie versagt. Das mag auch an der Vielfalt der möglichen Hardware liegen. Das ist jedoch kein Grund, ein Gerät nicht zu verwenden.

1 Wählen Sie in der **Systemsteuerung** unter **Hardware und Sound** den **Geräte-Manager**.

2 Suchen Sie sich die zum Hardwaregerät passende Komponente aus. Öffnen Sie die Baumansicht dazu. Markieren Sie die Komponente, und wählen Sie im Kontextmenü den Befehl **Treibersoftware aktualisieren**.

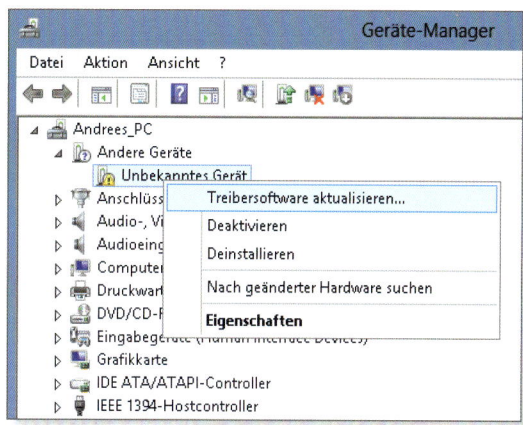

▲ *Abbildung 30.6 Über das Kontextmenü installieren Sie einen passenden Windows-8-Treiber.*

3 Entscheiden Sie sich für die Option **Auf dem Computer nach Treibersoftware suchen.**

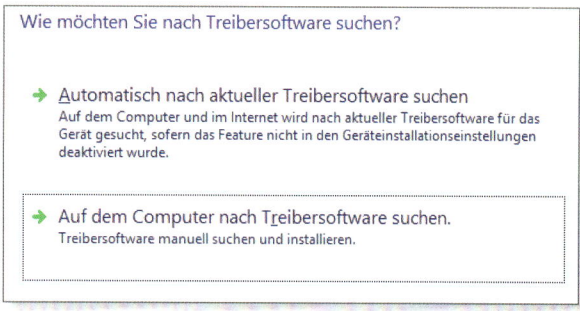

▲ *Abbildung 30.7 Installieren Sie den richtigen Treiber manuell.*

4 Wählen Sie mit **Durchsuchen** den Treiber. Bestätigen Sie. Windows 8 installiert den ausgewählten Treiber. Anschließend können Sie das Hardwaregerät verwenden.

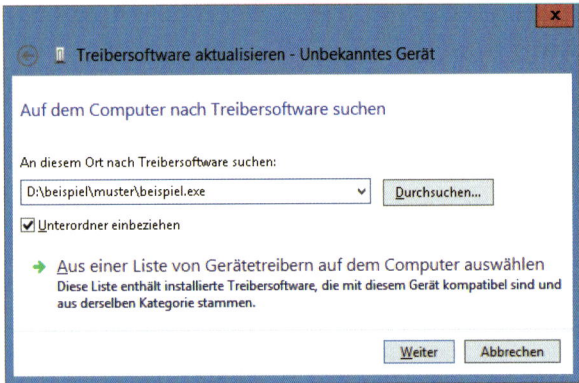

Abbildung 30.8 Der Treiber ist ausgewählt und kann nun installiert werden.

Ältere Treiber mit dem Hardware-Wizard installieren

In Windows 8 versteckt sich ein Assistent, der Sie bei der Installation älterer Hardwaretreiber unterstützt. Sie finden ihn nicht im Windows-8-Startmenü. Aber er kann sehr nützlich sein, wenn Sie für ein Gerät keinen aktuellen Windows-8-Treiber finden können. Gerade bei älteren und seltenen Geräten kommt das recht häufig vor. Auch stellt nicht jeder Hersteller sofort zum Start einer neuen Version einen aktuellen Treiber bereit.

Der Assistent ist vor allem für die Installation von Nicht-Plug-and-Play-Treiberprogrammen gedacht. Das sind Treiberprogramme, die nicht automatisch von Windows 8 erkannt und geladen werden.

Verwenden Sie den Assistenten und einen älteren Treiber nur dann, wenn Sie sonst nicht fündig geworden sind und es keine alternativen Treiber für Windows 8 gab. Schauen Sie zuvor auf die Website des Hardwareherstellers, und schauen Sie sich ebenfalls in bekannten Downloadportalen wie *ZDNet* (*http://www.zdnet.de*) um.

1 Wählen Sie im **Geräte-Manager Aktion > Legacyhardware hinzufügen**.

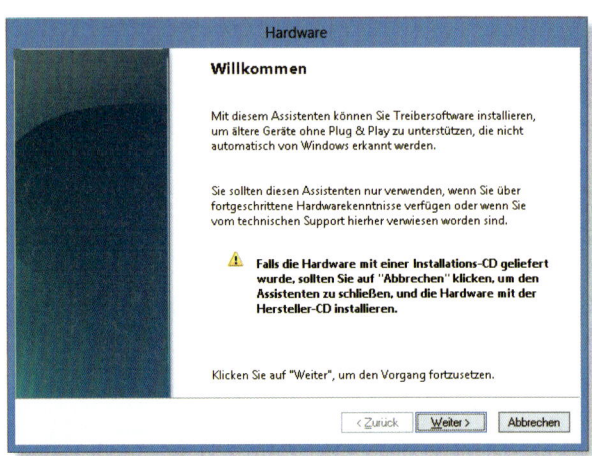

Abbildung 30.9 Den Hardware-Wizard müssen Sie nicht mehr wie früher über einen Befehl starten.

2 Überspringen Sie den Willkommensdialog. Mit **Weiter** gelangen Sie jeweils in den folgenden Dialog.

3 Entscheiden Sie sich im nächsten Dialog für die Option **Hardware manuell aus einer Liste wählen und installieren**.

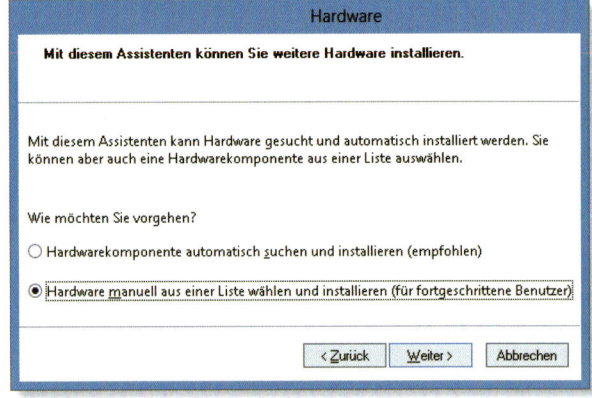

Abbildung 30.10 Windows 8 will erst einmal wissen, was Sie installieren möchten.

Wählen Sie im nachfolgenden Dialog aus, welche Art der Hardware Sie installieren wollen. Im Beispiel entscheide ich mich für **Audio-, Video- und Gamecontroller**.

30.1 Alltägliche Probleme mit Windows 8 lösen

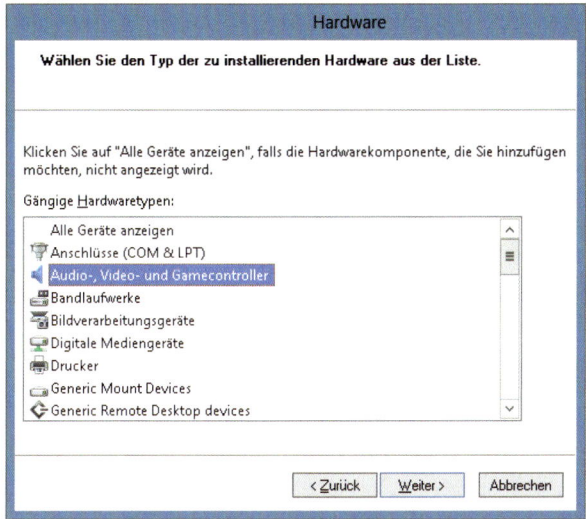

▲ **Abbildung 30.11** *Wählen Sie einen der möglichen Hardwaretypen aus.*

4 Wählen Sie einen der Hersteller aus. Klicken Sie auf **Datenträger**. Legen Sie die CD mit der Treibersoftware in Ihren Rechner ein. Wählen Sie den Treiber aus, und bestätigen Sie. Der Treiber wird anschließend installiert, und Sie können das Gerät kann verwenden.

▲ **Abbildung 30.12** *Nun wird das Treiberprogramm ausgewählt und installiert.*

HINWEIS

Die Hardwarekategorie wird nicht angezeigt
Finden Sie im Assistenten im Dialog **Wählen Sie den Typ der zu installierenden Hardware aus der Liste aus** nicht die passende Hardwarekomponente, dann klicken Sie auf **Alle Geräte anzeigen**. Im nächsten Dialog müssen Sie einen Augenblick warten. Windows 8 ruft zunächst eine lange Liste aller möglichen Gerätetypen ab. Hier sind auch selten verwendete, veraltete und im Homebereich kaum verwendete Gerätetypen dabei. Scrollen Sie durch die Liste. Wählen Sie dann **Datenträger**. Wählen Sie das Treiberprogramm aus, und installieren Sie es auf Ihrem Rechner.

Unter Windows 7 haben Sie den Assistenten für die Installation von Legacy-Treibern mit dem Befehl `hdwwiz` aufgerufen. Den Befehl können Sie noch immer verwenden. Bequemer geht es über das Menü im **Geräte-Manager**.

Ein paar Worte zur Signatur von Treibern

Windows 8 beharrt darauf, nur signierte Treiber zu verwenden. Eine Signatur ist eine digitale Unterschrift, die dem Treiberprogramm hinzugefügt wurde. Sie besagt, dass der Treiber geprüft und für den Einsatz mit dem Betriebssystem gedacht ist. Einen signierten Treiber können Sie unbesorgt verwenden.

Es gibt aber nicht zu jeder Hardwarekomponente einen signierten Treiber. Es gibt auch alternative Treiberpakete ohne Signatur, die durchaus gut sind.

Es bleibt Ihnen überlassen, ob Sie auch Treiber ohne Signatur verwenden. Sie erhalten eine Warnmeldung, dass ein Treiber keine Signatur besitzt, und können ihn trotzdem benutzen.

Beachten Sie jedoch, dass es auch gefälschte Treiber gibt. Sie schleusen Computerviren und andere Schadsoftware auf Ihren Rechner und tarnen sich als Hardwaretreiber. Laden Sie deshalb keine Treiber von dubiosen Websites herunter.

Eine Signatur sorgt auch dafür, dass Sie eine Warnmeldung bekommen, wenn ein signierter Treiber verändert wurde. Es handelt sich also um eine Schutzfunktion, die nicht nur den Originaltreiber erkennt. Sie überwacht auch den installierten und in Verwendung befindlichen Treiber.

Um das Ganze noch ein wenig komplizierter zu machen, gibt Windows 8 drei unterschiedliche Meldungen aus, wenn die Signatur bei einem Treiberprogramm fehlt:

- **Der Herausgeber dieser Treibersoftware kann von Windows nicht bestätigt werden**

  Der Treiber besitzt keine digitale Signatur, oder die Signatur des Treibers wurde nicht mit einem Zertifikat bestätigt. Eine Signatur kostet den Hersteller des Hardwareprodukts auch Geld. Gerade kleinere Firmen können manchmal diese zusätzlichen Kosten nicht aufbringen. Eine Signatur ohne Bestätigung durch eine Zertifizierungsstelle, die mit Microsoft zusammenarbeitet, muss daher nicht heißen, dass Sie den Treiber nicht verwenden können. Achten Sie aber darauf, dass Sie den Treiber von einem Original-Datenträger installieren, der zur Hardware mitgeliefert wurde.

- **Dieser Treiber ist nicht signiert**

  Diese Meldung spricht bereits für sich: Eine Signatur fehlt komplett. Die Meldung wird auch ausgegeben, wenn das Treiberprogramm verändert wurde. Auch hier ist es möglich, dass der Hardwarehersteller seinen Treiber nicht signiert hat oder dass er den Treiber aktualisiert hat und die Signatur weggefallen ist. Stammt der Hardwaretreiber von einem der Hardware beigelegten Datenträger, können Sie den Treiber verwenden.

- **Windows erfordert einen digital signierten Treiber**

  Ein Treiber ohne gültige Signatur kann nicht in der 64-Bit-Ausgabe von Windows 8 installiert werden.

Auch wenn der Treiber geändert wurde, ohne dass neue Signierung erfolgte, kann er bei dieser Windows-Version nicht verwendet werden.

Einen älteren Treiber wiederverwenden

Mit einem Update können Sie neuere Treiber einspielen. Vielleicht haben Sie ja auch einen aktuelleren Treiber auf der Website des Geräteherstellers gefunden. Dieser behebt die Probleme und bietet bessere Funktionen.

Aber was können Sie tun, wenn der neue Treiber nicht funktioniert? Sie können den neuen Treiber deinstallieren und den alten installieren. Das ist umständlich. Vielleicht ist auch die alte Treiberdatei nicht mehr zur Hand.

Windows 8 hilft hier mit einer recht cleveren Funktion: Vor der Installation einer neuen Treiberversion wird die alte Version gesichert. Mit einem Mausklick können Sie zu der vorigen Version zurückkehren.

1 Öffnen Sie den **Geräte-Manager**. Wählen Sie die passende Kategorie. Öffnen Sie die Baumansicht. Markieren Sie die Komponente, und wählen Sie im Kontextmenü **Eigenschaften**.

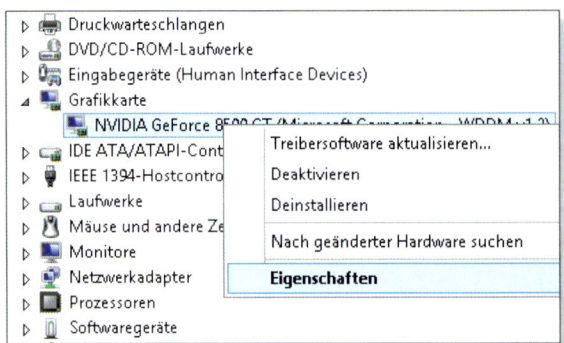

▲ *Abbildung 30.13* *Zuerst öffnen Sie die Eigenschaften eines Treibers.*

2 Sie sehen nun den Dialog **Eigenschaften von Treibername** vor sich. Wechseln Sie in das Register **Treiber**. Klicken Sie auf die Schaltfläche **Vorheriger Treiber**.

30.1 Alltägliche Probleme mit Windows 8 lösen

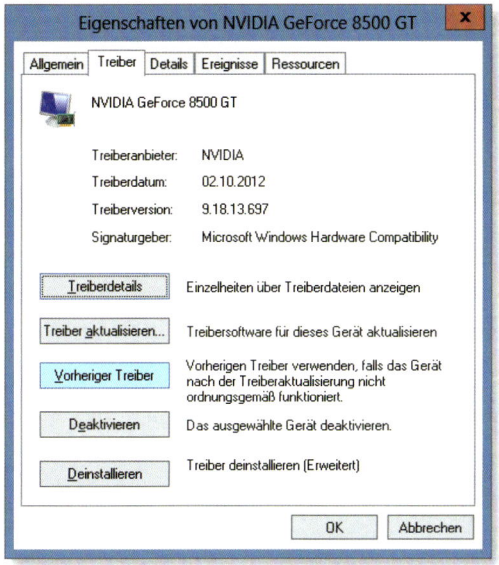

▲ **Abbildung 30.14** *Der Wechsel zu einem zuvor verwendeten Treiber wird als »Rollback« bezeichnet.*

3 Windows 8 stellt zur Sicherheit noch einmal eine Frage: Sind Sie sich wirklich sicher, dass Sie den alten Treiber verwenden wollen? Funktioniert der neue Treiber nicht und konnten Sie mit dem alten Treiber Ihr Gerät verwenden, bestätigen Sie.

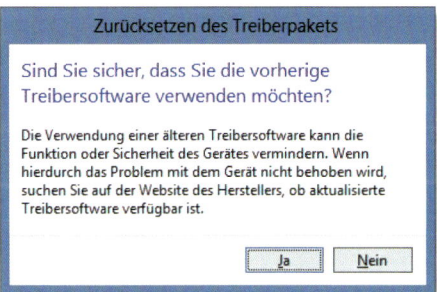

▲ **Abbildung 30.15** *Bestätigen Sie, und schon stellt Windows 8 den alten Gerätetreiber wieder her.*

Was tun, wenn sich der richtige Treiber für ein Gerät nicht findet?

Nun lässt sich leider nicht jedes Problem so lösen. Für ältere oder seltene Geräte sind nicht immer die richtigen Treiber aufzufinden.

Schauen Sie zunächst auf der Website des Herstellers der Hardware, ob sich hier ein passender Treiber findet. Laden Sie keine Hardwaretreiber von unseriösen Downloadportalen auf Ihren Rechner.

Werden Sie nicht fündig und ist kein Treiber für Windows 8 aufzuspüren, greifen Sie zu einem älteren Treiber. Installieren Sie diesen im Kompatibilitätsmodus. Sie können zunächst versuchen, Windows 8 eine geeignete Einstellung ermitteln zu lassen. Dazu gehen Sie wie folgt vor:

1 Markieren Sie im Windows-Explorer den Treiber. Öffnen Sie das Kontextmenü, und wählen Sie **Behandeln von Kompatibilitätsproblemen**.

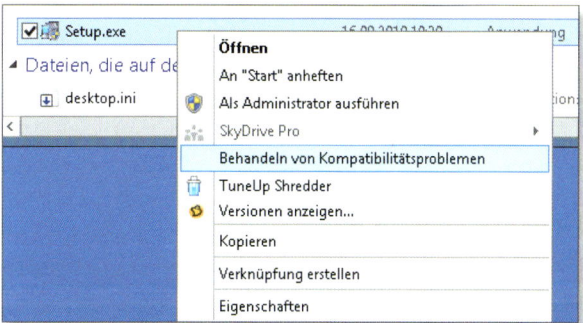

▲ **Abbildung 30.16** *Windows 8 kann versuchen, die richtige Konfiguration automatisch zu ermitteln.*

2 Im nächsten Fenster wählen Sie **Empfohlene Einstellung testen**.

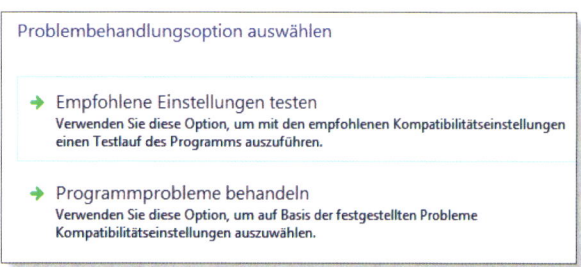

▲ **Abbildung 30.17** *Windows 8 ermittelt eine empfohlene Einstellung. Diese können Sie verwenden.*

Ich möchte nochmals betonen: Seien Sie extrem vorsichtig beim Download von Treibern aus dem Inter-

Kapitel 30: Probleme lösen

net. Auf fadenscheinigen Websites werden auf diese Art und Weise häufig Viren in Umlauf gebracht. Sollten Sie einen Treiber heruntergeladen haben und sich unsicher fühlen, prüfen Sie ihn auf jeden Fall zunächst mit Ihrer Virensoftware, bevor Sie die Datei starten.

Den Kompatibilitätsmodus verwenden

Mit dem Kompatibilitätsmodus lassen sich ältere Treiber verwenden. Und so verwenden Sie ihn:

1 Markieren Sie im Windows-Explorer einen Treiber. Wählen Sie im Kontextmenü **Eigenschaften**.

2 Wechseln Sie in das Register **Kompatibilität**. Schalten Sie die Option **Programm im Kompatibilitätsmodus ausführen für** an. Im Listenfeld wählen Sie die passende Windows-Version. Im Beispiel habe ich mich für **Windows Vista (Service Pack 2)** entschieden. Klicken Sie auf **Einstellungen für alle Benutzer übernehmen** und anschließend auf **OK**.

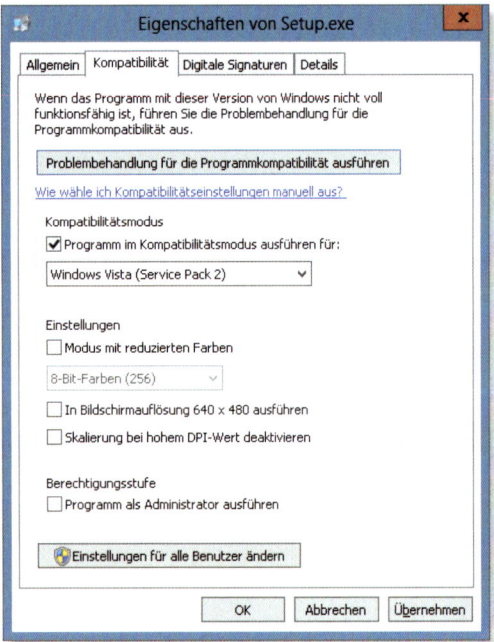

▲ *Abbildung 30.18 Einen Treiber im Kompatibilitätsmodus verwenden*

Ausgeblendete Treiber sichtbar machen

Einige Treiber werden von Windows 8 ausgeblendet. Um sie sichtbar zu machen, wählen Sie im **Geräte-Manager Ansicht** > **Ausgeblendete Treiber** anzeigen.

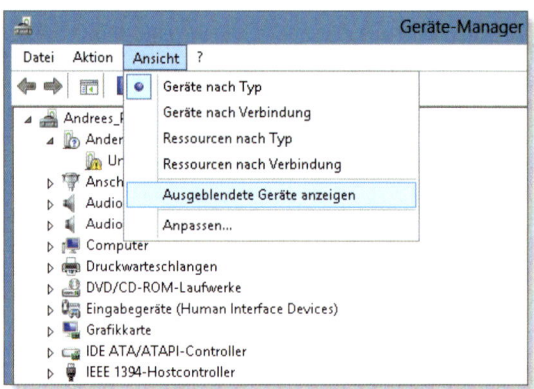

▲ *Abbildung 30.19 Die ausgeblendeten Treiber werden wieder sichtbar gemacht.*

Windows 8 blendet ältere Treiber und Treiber von nicht mehr installierten Geräten aus. Mit der genannten Funktion werden diese Treiber wieder sichtbar.

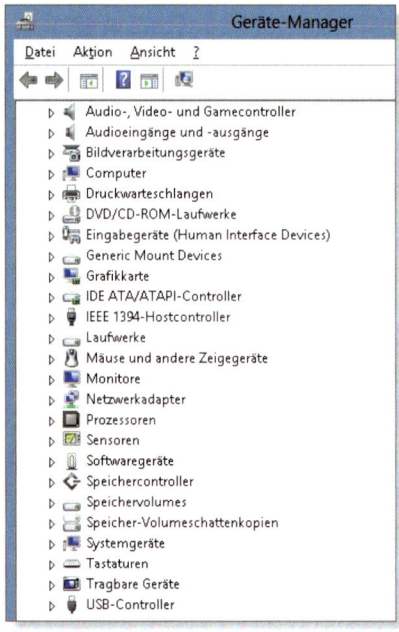

▲ *Abbildung 30.20 Die Liste der angezeigten Treiber ist länger geworden.*

Die Berechtigungsstufe eines Anwendungsprogramms erhöhen

Anwendungsprogramme und Computerspiele, die für ältere Windows-Versionen gedacht sind, können Sie im Kompatibilitätsmodus ausführen lassen. Gehen Sie vor wie im Abschnitt »Den Kompatibilitätsmodus verwenden«, auf Seite 694 beschrieben.

Mit einer Option können Sie dafür sorgen, dass ein Programm immer mit Administratorrechten ausgeführt wird. Schalten Sie dazu die Option **Programm als Administrator ausführen** an.

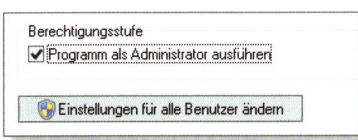

▲ *Abbildung 30.21 Das Programm sollte mit diesen Einstellungen laufen.*

USB-Geräte verwalten

Hardware, die mit dem Rechner via USB-Kabel verbunden wird, wird normalerweise automatisch eingebunden. Gelingt dies nicht, verwenden Sie den Gerätetreiber des Herstellers. Nicht immer genügt der Windows-8-Treiber.

Einige USB-Geräte beziehen den für den Betrieb notwendigen Strom über die USB-Verbindung. Nutzen Sie zu viele Geräte, die per USB-Kabel Strom vom Rechner abziehen, kann es zu Problemen kommen. Sie müssen dann auf ein Gerät verzichten. Sie können leicht herausfinden, wie viel Strom die verwendeten USB-Geräte benötigen. Dafür müssen Sie Folgendes tun:

1 Öffnen Sie den **Geräte-Manager**. Öffnen Sie die Baumansicht **USB-Controller**.

2 Sie finden nun ein oder mehrere Einträge mit der Bezeichnung **USB-Root-Hub** in der Liste. Das sind die USB-Controller. Markieren Sie alle der Reihe nach, und wählen Sie im Kontextmenü **Eigenschaften**.

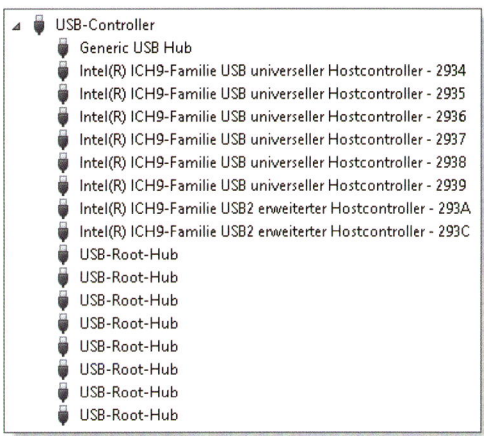

▲ *Abbildung 30.22 In meinem Rechner ist eine ganze Reihe von USB-Hubs vorhanden.*

3 Sie landen im Dialog **Eigenschaften von USB-Hub**. Wechseln Sie hier zu **Stromversorgung**. In der **Hubinformation** ❶ im oberen Bereich des Registers sehen Sie, wie viel Strom der Hub liefern kann. In der Mitte ist abzulesen, ob Geräte angeschlossen sind und wie viel Strom sie verbrauchen ❷. Interessant ist auch die Anzeige, wie viele Anschlüsse verfügbar sind.

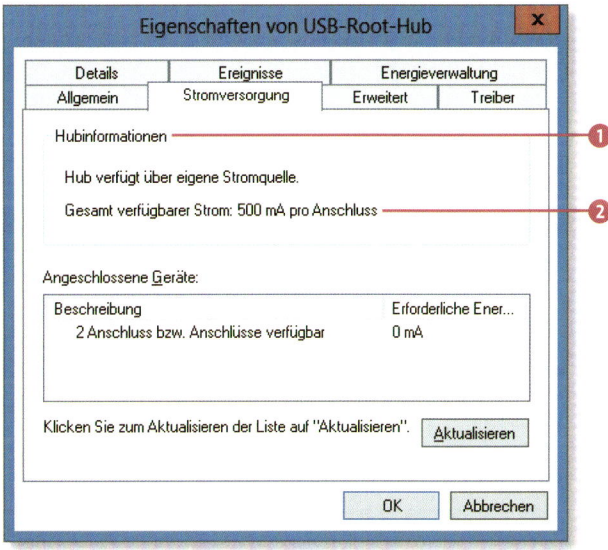

▲ *Abbildung 30.23 Ein USB-Hub kann mehrere Geräte mit bis zu 500 mA (Milliampere) versorgen.*

30.2 Hardwareprobleme finden und lösen

In diesem Abschnitt finden Sie eine Auswahl möglicher Hardwareprobleme und die nötigen Schritte, die nötig sind, um diese Probleme zu lösen.

Nach Bildfehlern geht der Rechner aus

Möglicherweise wird Ihre Grafikkarte zu heiß. Öffnen Sie den Rechner, und kontrollieren Sie, ob eine starke Verschmutzung vorliegt. Entfernen Sie Staubflusen mit einem Reinigungspinsel. Kontrollieren Sie alle Lüfter, die sich in Ihrem Rechner befinden. Von Zeit zu Zeit müssen Sie die Lüfter im Rechner reinigen. Dazu zählen auch die Lüfter auf der Grafikkarte und der auf der CPU. Gehen Sie dabei vorsichtig und bedacht vor. Einige PC-Gehäuse bieten eine schlechte Leitung des Luftstromes. Manchmal hilft es, wenn Sie die Kabel besser verteilen und für mehr Platz sorgen. Die warme Luft muss abgeleitet werden und darf sich nicht anstauen.

Auch die Anschaffung leistungsfähigerer Lüfter ist eine gute Idee. Dabei müssen Sie jedoch darauf achten, dass die Lüfter an das Gehäuse bzw. auf die Grafikkarte oder die CPU des Rechners passen. Lassen Sie den Rechner einmal abkühlen, und starten Sie ihn mit geöffneter Gehäusewand. Nun sollte das Problem nicht auftreten. Kommt es dennoch zu Bildfehlern, liegt möglicherweise ein Defekt der Grafikkarte vor. Dann sollten Sie sich eine neue besorgen.

30.3 Netzwerkprobleme finden und lösen

In diesem Abschnitt habe ich Ihnen zwei Probleme zum Thema Netzwerk aufgelistet.

Sie bekommen keine Verbindung mehr in das Internet

Überprüfen Sie, ob der Netzwerkstecker noch an seinem Platz ist. Es kann geschehen, dass er aus seiner Buchse herausrutscht. Dann müssen Sie nichts weiter tun, als ihn wieder fest reinzudrücken. Überprüfen Sie das DSL-Modem. Der Server Ihres Providers kann Probleme haben. Dann müssen Sie warten, bis der Provider das Problem behoben hat. Es kann auch geschehen, dass der Router oder das DSL-Modem abstürzt. Nehmen Sie dann kurz das Gerät vom Stromnetz. Verbinden Sie das Gerät wieder mit dem Stromnetz.

WLAN funktioniert nicht

Überprüfen Sie, ob an Ihrem DSL-Modem auch die WLAN-Funktion angeschaltet ist. Ist dies nicht der Fall, holen Sie dies nun nach. Schalten Sie auf Ihrem Rechner den WLAN-Adapter an. Dies geschieht über eine spezielle Taste oder eine Tastenkombination. Wenn Sie nicht wissen, wie Sie den WLAN-Adapter anschalten, können Sie diese Aufgabe auch von Windows 8 erledigen lassen. Öffnen Sie das **Netzwerk- und Freigabecenter**. Klicken Sie auf **Probleme beheben**.

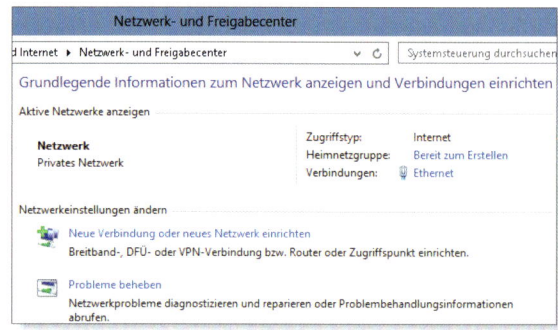

▲ *Abbildung 30.24 Das Netzwerk- und Freigabecenter*

In der Problembehandlung stehen Ihnen mehrere Assistenten zur Verfügung. Sie wählen einen anhand des Themengebietes aus. Möglich sind:

- **Internetverbindungen**
- **Freigegebene Ordner**
- **Heimnetzgruppe**
- **Netzwerkadapter**
- **Eingehende Verbindungen**
- **Drucker**

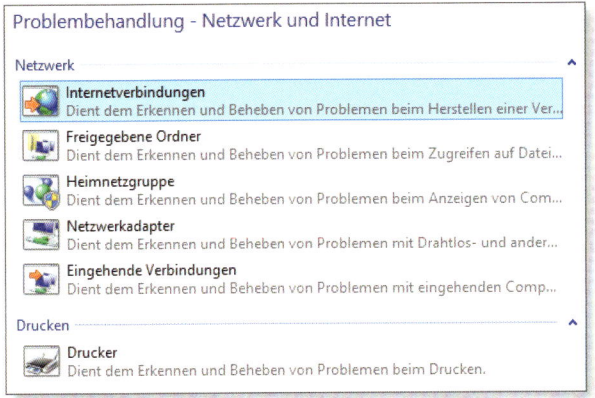

Abbildung 30.25 Mehrere Assistenten stehen Ihnen bei der Problemsuche zur Verfügung.

Im Beispiel wähle ich einmal **Netzwerkadapter**. Ein neuer Assistent klappt auf. Nach einem Klick auf **Weiter** wird das Problem untersucht.

30.4 Bluescreen – was nun?

Der Bluescreen taucht immer dann auf, wenn Windows 8 abstürzt. Es kommt zu einem kritischen Fehler. Windows 8 überprüft den Rechner und startet neu.

Was tun, wenn der Bluescreen sichtbar wird?

Achten Sie vor Veränderungen am Rechner immer auf Datensicherungen und Wiederherstellungspunkte. Kommt es zu einem Bluescreen, überlegen Sie, was am Rechner anders ist als zuvor. Stellen Sie mit Hilfe der Datensicherungen die ursprünglichen Zustände wieder her.

Möglicherweise ist ein Treiber nicht kompatibel mit Windows 8. Überprüfen Sie den **Geräte-Manager**, und ersetzen Sie defekte Treiber.

Überprüfen Sie die Hardware in Ihrem Rechner. Bei Veränderungen kann es schon einmal geschehen, dass ein Speichermodul nicht richtig sitzt. Auch eine Grafikkarte oder eine andere Einsteckkarte sitzt vielleicht nicht korrekt in ihrem Sockel oder Slot.

Checken Sie nach einer Erweiterung Ihres Rechners die Kabelverbindungen. Vielleicht haben Sie ein Kabel falsch verlegt oder vergessen. Korrigieren Sie dies.

Stromschwankungen können in seltenen Fällen auch zu Hardwaredefekten führen. Auch beim Erweitern der Hardware oder dem Umbau kann es zu einer Beschädigung kommen. Überprüfen Sie die Hardware Ihres Rechners. Sehen Sie im **Geräte-Manager** nach, ob alle Treiber ordnungsgemäß laufen.

In der **Systemsteuerung** können Sie das Verhalten von Windows 8 bei einem Bluescreen-Absturz einstellen. Wählen Sie dort **System und Sicherheit > System**. Klicken Sie auf **Erweiterte Systemeinstellungen.** Öffnen Sie das Register **Erweitert**, und klicken Sie im Bereich **Starten und Wiederherstellen** auf **Einstellungen**.

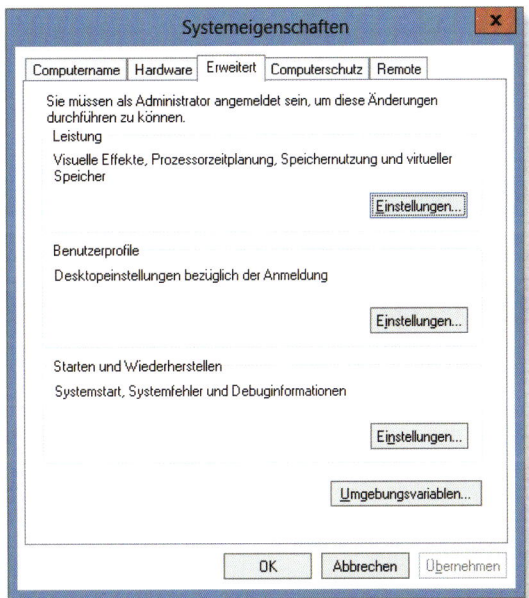

Abbildung 30.26 In den »Systemeigenschaften« legen Sie wichtige Einstellungen bei Problemen fest.

Schalten Sie den automatischen Neustart aus. Überprüfen Sie, dass die Optionen **Ereignis in das Systemprotokoll eintragen** und **Vorhandene Dateien überschreiben** angeschaltet sind.

Kapitel 30: Probleme lösen

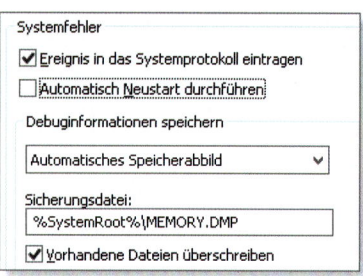

Abbildung 30.27 *Bei einem Systemfehler wird der Vorgang in ein Protokoll geschrieben.*

Die wichtigsten Bluescreen-Meldungen und ihre Bedeutung

In Tabelle 30.1 habe ich Ihnen wichtige Bluescreen-Fehlermeldungen und ihre Bedeutung aufgelistet. Tritt bei Ihrem Rechner eine Bluescreen-Meldung auf, schauen Sie hier nach.

Bluescreen-Meldung	Bedeutung der Fehlermeldung
`bad_pool_caller`	Nicht erlaubter Zugriff auf einen Speicherbereich. Das kann durch einen fehlerhaften Prozess oder einen defekten Gerätetreiber verursacht worden sein.
`bad_system_config_info`	Konfigurationsproblem oder fehlerhafter Arbeitsspeicher. Korrigieren Sie die BIOS-Einstellung.
`driver_irq_not_less_or_equal`	Ein Gerätetreiber ist defekt. Entfernen Sie ihn, und installieren Sie ihn neu. Hilft das nichts, müssen Sie auf einen alternativen Treiber zurückgreifen.
`fat_file_system`	Ein Problem mit dem Dateisystem trat auf. Überprüfen Sie Ihre Festplatte oder Festplattenpartition mit `chkdsk`. Kommt der Fehler häufiger vor, liegt möglicherweise ein Defekt bei der verwendeten Festplatte vor.
`inaccessible_boot_device`	Der Zugriff auf das Startlaufwerk war nicht möglich. Überprüfen Sie die BIOS-Einstellung, und korrigieren Sie, von welchem Laufwerk das System gestartet wird. Liegt es nicht daran, wird das Laufwerk nicht korrekt angesprochen oder ist defekt. Überprüfen Sie den Gerätetreiber, und installieren Sie ihn, wenn notwendig, neu.
`irql_not_less_or_equal`	Siehe `driver_irq_not_less_or_equal`.
`kernel_mode_exception_not_handled`	Es gab einen Fehler in einem Kernelmodul. Das kann unterschiedliche Ursachen haben.
`kmode_exeption_not_handled`	Nicht erlaubte Anwendung. Ein Programm ist defekt. Der Fehler kann auch auf einen Defekt des Speichers zurückzuführen sein.
`out_of_memory`	Es ist ein Fehler mit dem Arbeitsspeicher aufgetreten. Überprüfen Sie den Speicher des Rechners.
`page_fault_in_non_paged_area`	Es ist ein Fehler mit einem Speicherzugriff aufgetreten. Die angeforderten Daten sind nicht vorhanden. Überprüfen Sie den Speicher. Es ist auch möglich, dass dieser Fehler auf ein Problem mit der Software zurückzuführen ist.

Bluescreen-Meldung	Bedeutung der Fehlermeldung
`pci_bus_driver_internal`	Es ist ein Fehler mit dem PCI-Bus aufgetreten.
`status_system_process_terminated`	Ein Systemprozess ist beendet worden. Das kann verschiedene Ursachen haben.
`system_thread_exeption_not_handled`	Ein Systemfehler ist aufgetreten. Auch dieser Fehler kann unterschiedliche Ursachen haben. Überprüfen Sie Ihre Hardware, den Speicher und die Konfiguration neuer Software.
`thread_stuck_in_device_driver`	Es gibt ein Problem mit einem Gerätetreiber. In der Regel ist hier die Grafikkarte gemeint.
`unable_to_load_device_driver`	Diese Fehlermeldung sagt aus, dass ein Gerätetreiber nicht gestartet werden konnte. Im Allgemeinen wird bei dieser Meldung der Name des Treibers ergänzt.
`unknown_hard_error`	Ein Fehler mit den Windows-Systemdateien trat auf. Überprüfen Sie Ihre Festplatte. Tritt der Fehler erneut auf, stellen Sie eine Systemsicherung wieder her.
`unexpected_kernel_mode-trap`	Ein Hardwarefehler trat auf. Überprüfen Sie Ihre Hardware. Haben Sie eine Veränderung vorgenommen, stellen Sie eine ältere Hardwarekonfiguration wieder her.

∧ **Tabelle 30.1** *Die wichtigsten Bluescreen-Meldungen und ihre Bedeutung*

30.5 Systemreparatur

Windows 8 bietet verschiedene Möglichkeiten der Systemreparatur.

Das System wiederherstellen

Eine Systemreparatur ist mit Hilfe der Installations-DVD möglich. Wählen Sie je nach Problem die entsprechende Reparaturoption.

1 Starten Sie den Rechner von der Installations-DVD.

2 Wählen Sie Sprache und Tastaturlayout.

3 Starten Sie die **Computerreparaturoptionen**. Sie finden sie in dem Dialog, in dem die Installation von Windows gestartet wird.

∧ **Abbildung 30.28** *Wählen Sie hier die »Computerreparaturoptionen«.*

4 Im nächsten Dialog entscheiden Sie sich für die **Problembehandlung**.

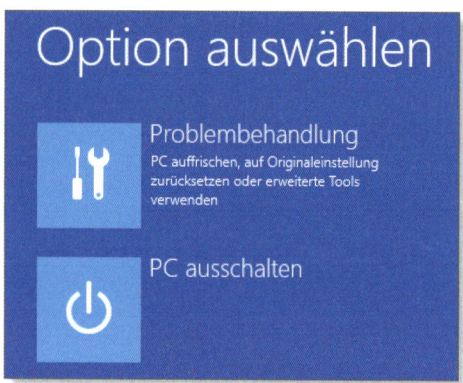

▲ *Abbildung 30.29 In diesem Dialog lässt sich der PC auch ausschalten.*

5 Nun können Sie den PC auffrischen oder ihn auf die Werkseinstellungen zurücksetzen.

6 Möchten Sie keine der genannten Optionen verwenden, entscheiden Sie sich für die **Erweiterten Optionen**.

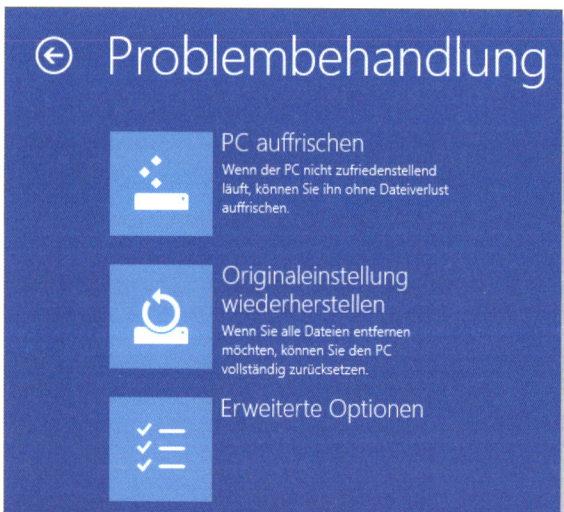

▲ *Abbildung 30.30 Beim Zurücklesen verlieren Sie Ihre Einstellungen.*

7 Nachdem Sie diese Einstellung vorgenommen haben, können Sie auf einen Wiederherstellungspunkt zurückgreifen und so den PC in einen zuvor gesicherten Zustand zurückbringen. Auch das Zurücklesen eines Images ist möglich.

Welche Reparaturoption ist für welchen Zweck geeignet

Schauen wir uns die verschiedenen Möglichkeiten einmal genau an und für welchen Zweck sie geeignet sind:

- **System wiederherstellen:** Greift auf einen zuvor erstellten Wiederherstellungspunkt zurück. Der PC wird in einen Zustand versetzt, den er vor Installation eines Treibers oder Programmes hatte, oder in den Zustand, der vorherrschte, als Sie manuell den Wiederherstellungspunkt gesetzt haben.

- **Systemimage-Wiederherstellung:** Ein vorhandenes Image wird zurückgelesen. Erstellen Sie ein Sicherheitsimage. So haben Sie es im Notfall direkt zur Hand.

- **Automatische Reparatur:** Verwenden Sie diese Funktion, wenn der PC nicht mehr richtig startet. Das Betriebssystem versucht, die Ursache zu beheben.

- **Eingabeaufforderung:** Erfahrene PC-Anwender können hier Befehle für verschiedene Aufgaben verwenden. Auch das Editieren von Konfigurationsdateien ist möglich.

Partitionen mit »diskpart« bearbeiten

Mit `diskpart` partitionieren Sie Ihre Festplatte. Sie überprüfen vorhandene Partitionen und erstellen neue. Das Werkzeug ist effektiver als die Partitionierung des Installationsdialogs.

`diskpart` wird interaktiv bedient. Beim Aufruf landen Sie in einem Eingabefenster. Nun müssen Sie über Befehle dem Dienstprogramm mitteilen, was Sie tun möchten. In der folgenden Tabelle habe ich Ihnen alle Parameter und deren Bedeutung aufgelistet.

30.5 Systemreparatur

Befehl	Bedeutung
active	Mit diesem Befehl wird die ausgewählte Partition als aktive Partition gekennzeichnet.
add	Ein einfaches Volume wird mit diesem Befehl gespiegelt.
assign	Das ausgewählte Volume wird mit einem Laufwerksbuchstaben oder einem Bereitstellungspunkt versehen.
attributes	Mit diesem Befehl werden die Attribute eines Volumes verändert.
attach	Eine Datei für virtuelle Datenträger wird hinzugefügt.
automount	Schaltet die Funktion *Automount* an oder aus.
break	Mit diesem Befehl wird eine Spiegelung aufgeteilt.
clean	Alle Konfigurationseinstellungen eines Laufwerks werden gelöscht. Danach müssen sie neu erstellt werden.
compact	Verkleinert die Größe eines Laufwerks.
convert	Verändert das Datenträgerformat. So kann ein Format geändert werden.
create	Mit diesem Befehl wird ein neues Volume oder eine neue Partition erstellt. Auch virtuelle Datenträger lassen sich so hinzufügen.
delete	Dieser Befehl löscht ein Objekt.
detail	Mit diesem Befehl werden alle verfügbaren Informationen zu einem Objekt ausgegeben. Ein Objekt kann eine Partition, ein Volume oder ein virtuelles Laufwerk sein.
detach	Mit detach wird eine Datei für ein virtuelles Laufwerk getrennt.
exit	Mit diesem Befehl verlassen Sie das interaktive Werkzeug.
extend	Das Gegenteil von compact. Mit diesem Befehl wird ein Volume vergrößert.
expand	Ein virtueller Datenträger wird auf die höchstmögliche Größe erweitert.
filesystems	Blendet das Dateisystem des aktuellen Volumes ein. Zeigt auch die unterstützten Dateisysteme an.
format	Formatiert das Volume oder die Partition.
import	Importiert eine Datenträgergruppe.
inactive	Hiermit wird ein Laufwerk als inaktiv gekennzeichnet.
list	Gibt eine Liste aller Objekte aus.
merge	Verbindet einen untergeordneten Datenträger mit einem übergeordneten.
online	Ein Objekt wird hiermit auf *online* gesetzt.
offline	Das Gegenteil zum vorhergehenden Befehl. Ein Objekt wird auf *offline* gesetzt.
recover	Liest den Status aller Datenträger wieder neu ein. Gespiegelte Volumes werden synchronisiert. Ist ein RAID-5-Datenträger vorhanden, wird er erneuert.
remove	Löscht einen Laufwerksbuchstaben oder einen Bereitstellungspunkt.
repair	Repariert ein RAID-5-Volume.
rescan	Scannt den Rechner neu und liest Datenträger und Volumes neu ein.
retain	Ein behaltenes Volume wird unter ein einfaches Volume gesetzt.
setid	Verändert den Typ einer Partition.
shrink	Verkleinert ein Volume.
uniqeid	Dieser Befehl zeigt die MBR-Signatur an. Ist keine vorhanden, wird eine gesetzt.

▲ *Tabelle 30.2 Die Parameter zum Befehl »diskpart«*

Mit dem Befehl »bootrec« Startsektor und MBR wiederherstellen

Der Befehl **bootrec** repariert den Master Boot Record (MBR). Der Befehl hat vier wichtige Parameter:

- `/FixMBR`: Dieser Befehl schreibt den MBR neu. Verwenden Sie ihn, wenn Sie beim Partitionieren einen Fehler gemacht haben. Der Linux-Bootloader GRUB überschreibt zum Beispiel den MBR. Mit `bootrec /FixMBR` stellen Sie ihn wieder her.

- `/ScanOS`: Diese Option sucht nach vorhandenen Windows-Partitionen.

- `/RebuildBdc`: Mit diesem Parameter wird ein neuer Bootmanager erstellt. Der Befehl fragt alle notwendigen Einstellungen schrittweise ab.

- `/FixBoot`: Dieser Parameter schreibt den Sektor der Festplattenpartition neu, von dem aus das Betriebssystem geladen wird.

Geben Sie einfach den Befehl in folgender Schreibweise ein:

```
bootrec /FIXMBR
```

Beachten Sie jedoch, dass der Befehl nur zu verwenden ist, wenn der MBR der Festplatte überprüft bzw. repariert werden muss.

30.6 Das Energieverhalten verwalten

Auf Notebooks und Tablets ist das Einstellen des Energieverhaltens sehr wichtig. Sie können mit einem Energiesparverhalten die Laufzeit des Rechners erhöhen.

Das Windows-Mobilitätscenter

Im **Windows-Mobilitätscenter** nehmen Sie wichtige Einstellungen für Ihr Notebook vor. Das Mobilitätscenter starten Sie mit einem Rechtsklick auf das Akkusymbol in der Symbolleiste; hier wählen Sie es aus dem Kontextmenü. Dieses Symbol der Windows-Taskleiste zeigt gleichzeitig den Ladezustand Ihres Notebooks.

Die Bedienung ist sehr einfach. Auch weniger erfahrene Anwender finden sich hier schnell zurecht. Über Schaltflächen öffnen Sie Einstellungsdialoge, und mit Schiebereglern und Listenmenüs lassen sich schnell einige Dinge einstellen.

Die Schaltflächen, die bei jedem Modul links oben zu sehen sind, erfüllen einen doppelten Zweck. Sie öffnen einen Dialog und zeigen zusätzlich eine bestimmte Einstellung oder einen Zustand an.

Eine weitere Möglichkeit, das **Windows-Mobilitätscenter** zu starten, besteht darin, einen Befehl einzugeben. Öffnen Sie das Windows-Startmenü, und wählen Sie den Befehl **Ausführen**; Sie finden ihn rechts unten über der Schaltfläche **Herunterfahren**. Geben Sie `mblctr` ein, und bestätigen Sie mit **OK**.

Das **Windows-Mobilitätscenter** enthält sechs verschiedene Module. Sie können die Helligkeit des Monitors einstellen, die Lautstärkeeinstellung verändern und auch die Tonausgabe ausschalten. Das Energieverhalten des Rechners lässt sich ebenso einstellen wie die Verbindung zu einem Drahtlosnetzwerk. Die beiden letzten Module nutzen Sie, wenn Sie einen externen Monitor anschließen und die Synchronisierung von Daten starten wollen. Bei der Synchronisierung ist es notwendig, zuvor eine sogenannte *Synchronisationspatenschaft* zu erstellen.

Die Module im Mobilitätscenter nutzen

Im Mobilitätscenter finden Sie sechs verschiedene Module: **Helligkeit**, **Lautstärke**, **Akkustatus**, **Drahtlosnetzwerk**, **Externer Monitor** und **Synchronisierungscenter**.

- **Helligkeit**

    In 10er-Schritten können Sie diesen Wert von 20 bis zu 100 % einstellen. Ein Mausklick auf das Monitorsymbol führt Sie in die Energiespareinstellungen in der **Systemsteuerung**.

30.6 Das Energieverhalten verwalten

- **Lautstärke**

    Mit diesem Modul ändern Sie die Lautstärkeeinstellung von Windows 8. Ziehen Sie den Regler einfach nach rechts oder links, um den Ton einzustellen. Mit einer Optionsschaltfläche schalten Sie den Ton komplett aus. Ein weiterer Klick in das Optionskästchen aktiviert die Klangausgabe wieder. Ein Klick auf das Lautsprechersymbol öffnet den Dialog **Sound**.

- **Akkustatus**

    Mit einer Textanzeige und einem Prozentwert wird hier der Ladestand des Akkus angezeigt. Über ein Listenfeld wählen Sie ein Energieverhalten. Ein Mausklick auf das Batteriesymbol bringt Sie in die **Energieoptionen** in der Windows-**Systemsteuerung**. Hier wählen Sie einen Energiesparplan aus.

- **Drahtlosnetzwerk**

    Ist ein Drahtlosnetzwerk verfügbar und der Drahtlosadapter eingeschaltet, können Sie hier die Datenübertragung verfolgen. Über eine Schaltfläche schalten Sie den Drahtlosadapter ein oder auch aus. Klicken Sie auf die Schaltfläche in diesem Modul, wird die WLAN-Verbindungsinformation in der Windows-Taskleiste geöffnet.

- **Externer Monitor**

    Dieses Modul zeigt Ihnen an, ob ein externer Monitor an das Notebook angeschlossen ist. Auf den ersten Blick ist nicht gleich erkennbar, inwieweit dieses Modul sinnvoll ist. Ich brauche sicher keine Informationsanzeige, um zu sehen, dass ein Monitor mit dem Notebook verwendet wird.

Wenn Sie nun auf **Monitor anschließen** klicken, kommt nicht etwa eine Hand aus dem Notebook gefahren und stellt einen passenden Monitor nebst Kabelverbindung auf Ihren Schreibtisch. Die Bezeichnung der Schaltfläche ist also ein wenig irreführend. Vielmehr können Sie hier eine Auswahlleiste einblenden und einen Betriebsmodus wählen:

- Ist ein zweiter Monitor mit dem Notebook verbunden, legen Sie mit **Nur Computer** fest, dass der Bildschirm des Notebooks verwendet wird.

- **Doppelt** nutzt den Bildschirm des Notebooks und den extern angeschlossenen Monitor.

- Mit **Erweitert** werden auch beide Bildschirme genutzt. Sie können jedoch die Fenster und Windows-Elemente von dem rechten auf den linken Monitor schieben und umgekehrt. Es lassen sich so mehrere Fenster auf beide Anzeigegeräte verteilen. Das ist eine ziemlich coole Sache (verzeihen Sie mir den Ausdruck). Ich arbeite so seit einiger Zeit an meinen Computerbüchern – kann ich doch so Anwendungsprogramme auf dem einen Bildschirm laufen lassen und auf dem anderen das Manuskript mit Word erstellen und bearbeiten.

- Die letzte Funktion, die Sie auswählen können, heißt **Nur Projektor**. Damit wird nur der externe Monitor verwendet. Statt eines Monitors können Sie natürlich auch einen Beamer verwenden, der eine Präsentation auf eine Leinwand ausgibt. Dann können Sie mit dem **Windows-Mobilitätscenter** vom Notebook-Bildschirm zum Wiedergabeprojektor umschalten.

Nach dem Anschließen eines externen Monitors ändert sich auch der angezeigte Inhalt im Modell des Mobilitätscenters. Sie sehen, dass ein Monitor angeschlossen wurde. Dank der Schaltfläche wissen Sie das nun! Klicken Sie auf **Anschluss für Monit…**, sehen Sie die gleiche Leiste, die auch zuvor über dieses Modul eingeblendet werden konnte.

Als Standard wird übrigens der Modus **Doppelt** verwendet – das auf dem Bildschirm des Notebooks ausgegebene Bild wird auch auf dem externen Monitor angezeigt.

Wenn Sie einen der Modi auswählen, wird leider auch das **Windows-Mobilitätscenter** ausgeblendet. Bei Bedarf müssen Sie es erneut über die Taskleiste oder den Befehl einblenden.

Synchronisierungscenter

Wenn Sie einen Datenspeicherort festgelegt haben, mit dem Sie bestimmte Daten abgleichen können, so

Kapitel 30: Probleme lösen

```
C:\Windows\system32>powercfg /energy
Ablaufverfolgung wird für 60 Sekunden aktiviert...
Systemverhalten wird überwacht...
Ablaufverfolgungsdaten werden analysiert...
Die Analyse ist abgeschlossen.

Es wurden Energieeffizienzprobleme festgestellt.

11 Fehler
0 Warnungen
16 Informationsereignisse

Weitere Informationen finden Sie in "C:\Windows\system32\energy-report.html".
```

▲ **Abbildung 30.31** *Ermitteln Sie das Energieverhalten mit einem Befehl.*

lässt sich dieser Abgleich mit diesem Modul bewerkstelligen. Die Schaltfläche führt Sie in die **Systemsteuerung**. Hier können Sie Synchronisierungspartnerschaften erstellen und verwalten.

Das Energieverhalten auf einem Notebook verwalten

Bei einem Notebook ist es wichtig, dass Sie den Stromverbrauch im Auge behalten. Sparen Sie Strom, können Sie den mobilen Rechner länger verwenden. Sie können das Energieverhalten anhand bestimmter Vorlagen auswählen oder auch ganz genau einstellen.

> **TIPP**
>
> **Schonen Sie Ihren Akku**
> Nutzen Sie, so oft es geht, einen Anschluss an das Stromnetz. So müssen Sie nicht darauf achten, wie lange Sie an Ihrem Notebook arbeiten, und außerdem schonen Sie den Akku.

Den Stromverbrauch ermitteln

Mit einem kleinen Tool finden Sie den Energieverbrauch einzelner Komponenten heraus. Windows 8 überprüft bestimmte Komponenten und legt die Ergebnisse in einem HTML-Bericht ab.

1. Öffnen Sie die Eingabeaufforderung. Achten Sie darauf, dass Sie die Eingabeaufforderung als Administrator ausführen.

2. Geben Sie Folgendes ein:

   `powercfg /energy`

3. Es dauert einen Moment, bis der Rechner geprüft wurde. Das Ergebnis wird in einer HTML-Datei abgelegt. Sie finden sie unter *C:\Windows\system32\energy-report.html*. Schauen Sie sich diese Datei mit einem Webbrowser an.

Grundlagen zum Thema Energiesparplan

Der Energiesparplan unterscheidet zwischen zwei Grundeinstellungen:

- **Ausbalanciert**
- **Energiesparmodus**

Mit der empfohlenen Einstellung **Ausbalanciert** wird die Leistung des Notebooks mit dem Stromverbrauch abgeglichen. Im **Energiesparmodus** wird der Verbrauch an Strom so weit, wie es nur geht, verringert.

> **HINWEIS**
>
> **Keine Angst vor Stromausfall**
> Ein Problem, das Sie bei einem Desktop-PC haben, haben Sie nicht bei einem auf Netzbetrieb laufenden Notebook. Bei einem Stromausfall geht das Notebook nicht aus, sondern springt auf Akkubetrieb um. Sie können also ohne Angst vor Datenverlust weiterarbeiten.

Nehmen wir an, der Strombetreiber hat ein Problem, und plötzlich fällt das Stromnetz aus. Vielleicht sind Reparaturarbeiten am Netz notwendig, und es wird für einige Minuten oder Stunden abgeschaltet. Oder die Sicherung am Hausanschluss ist überlastet und sorgt für einen Stromausfall in Ihrer Wohnung oder im Büro. All das stellt bei einem Notebook kein Risiko dar. Der mobile Rechner springt einfach von Netz- auf Akkubetrieb, und Sie können weiterarbeiten.

Die Lebensdauer eines Akkus ist begrenzt

Denken Sie daran, dass die Lebensdauer eines Notebook-Akkus nicht unbegrenzt ist. Nach etwa zwei bis vier Jahren werden Sie bemerken, dass die Leistung nachlässt. Sie können Ihr Notebook nicht mehr so lange mit dem Akku betreiben. Schauen Sie sich im Fachhandel nach einem geeigneten Ersatz um. Sofern Sie sich nicht von Ihrem Notebook trennen wollen, spricht nichts dagegen, sich einen neuen Akku zu kaufen. Achten Sie jedoch darauf, dass dieser für Ihr Notebook geeignet ist.

Einstellungen für den Energiesparplan

Die Einstellungen für den Energiesparplan Ihres Windows-8-Notebooks können Sie auf verschiedenen Wegen vornehmen. Einer davon ist das **Windows-Mobilitätscenter**.

Die einzelnen Energiesparplan-Typen

Windows 8 bietet Ihnen drei Energiesparpläne an. Bei der empfohlenen Einstellung **Ausbalanciert** wird versucht, ein gesundes Mittelmaß zwischen der Leistung und dem Stromverbrauch der Hardware zu finden. Im **Energiesparmodus** wird der Stromverbrauch des Notebooks gesenkt. Das spart Energie, und das Notebook kann länger im Akkubetrieb genutzt werden. Mit **Höchstleistung** wird, wie der Name dieser Einstellung vermuten lässt, die Leistung des Rechners hochgefahren. Dadurch ist auch der Verbrauch an Energie größer. Diese Einstellung ist gut geeignet, wenn das Notebook am Netz hängt.

Öffnen Sie im Modul **Akkustatus** das Listenfeld, und wählen Sie eine der drei Möglichkeiten **Ausbalanciert**, **Energiesparmodus** oder **Höchstleistung**.

Den Energiesparplan können Sie ebenfalls über die **Systemsteuerung** festlegen. Unter **Hardware und Sound > Energieoptionen** wählen Sie, welche Möglichkeit Sie nutzen wollen. Die Option **Höchstleistung** steht erst zur Verfügung, wenn Sie auf **Weitere Energiesparpläne einblenden** klicken.

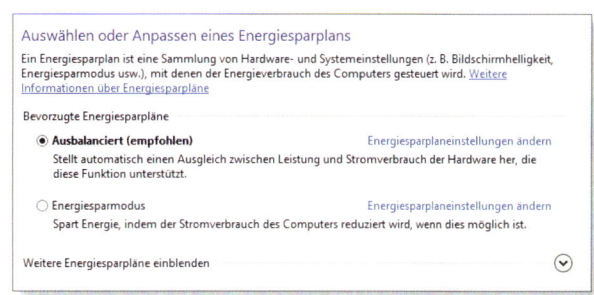

▲ *Abbildung 30.32 Sie können zwischen zwei Energiespareinstellungen wählen.*

Wenn Sie nun unter dem oben genannten Dialog auf **Energiesparplaneinstellungen bearbeiten** klicken, können Sie in einem Dialog die Einstellungen für verschiedene Energieoptionen einstellen. Zu diesen Optionen gehören die Angabe, nach welchem Zeitraum ohne Aktion die Bildschirmhelligkeit heruntergeregelt wird, der Zeitraum ohne Aktion, nach dem der Bildschirm ausgeschaltet wird, und die Angabe, nach wie vielen Minuten ohne Aktion das Notebook in den Energiesparmodus schaltet.

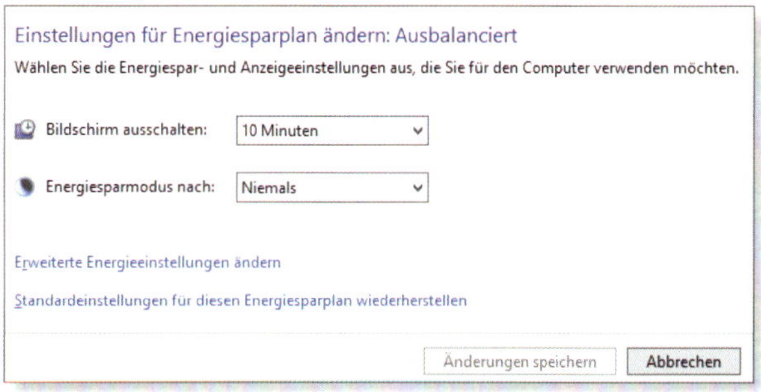

▲ *Abbildung 30.33 Der Energiesparplan.*

Unter einem »Zeitraum ohne Aktion« versteht man die Zeit, während der keine Mausbewegungen und keine Eingaben über die Tastatur erfolgen. Sie klicken weder etwas an, noch geben Sie Text oder Zahlen ein.

Was soll bei kritischem Akkustand geschehen?

Windows 8 erlaubt Ihnen natürlich nicht nur zu bestimmen, wann die Bildschirmhelligkeit heruntergeregelt oder der Bildschirm ausgeschaltet wird. Sie können für viele verschiedene Situationen auch ganz unterschiedliche Verhaltensweisen festlegen. Praktisch alle Funktionen, die vom Betriebssystem angesteuert werden können und die für ein Sparen von Energie sorgen, lassen sich vom Benutzer anpassen.

Für die folgenden Elemente können Sie Einstellungen festlegen:

- das Verhalten der Festplatte
- die Einstellungen des Desktophintergrundes
- das Verhalten des Drahtlosadapters
- das Verhalten der USB-Verbindungen
- die Grafikeinstellungen
- die Aktionen beim Zuklappen des Rechners und beim Bedienen des Netzschalters
- das Verhalten der PCI-Express-Schnittstelle
- das Verhalten des Prozessors
- die Energiespareinstellungen beim Bildschirm
- die allgemeinen Einstellungen zum Akku
- die Einstellungen der ATI-Grafikkarten
- die allgemeinen Stromspareinstellungen

Die Optionen des Energiesparmodus sind voreingestellt. Sie können diese Einstellungen auch als Vorlage verstehen. Mit ihnen werden Einstellungen für alle anderen Energiesparoptionen festgelegt.

Wer möchte, kann exakt festlegen, wie sich das Notebook verhält und wo Energie gespart wird.

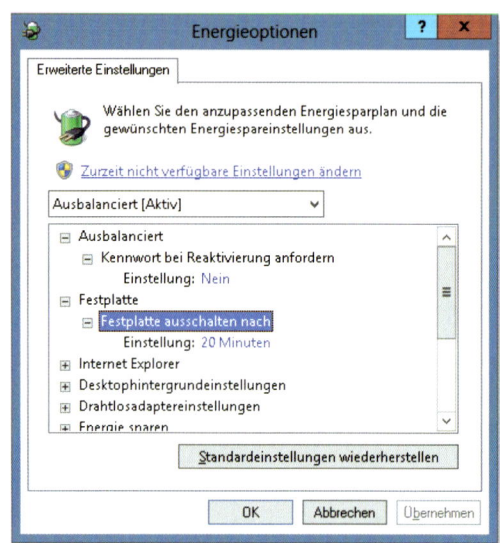

▲ **Abbildung 30.34** *Die erweiterten Einstellungen der »Energieoptionen«*

An einem Beispiel möchte ich Ihnen zeigen, wie Sie festlegen, was bei einem kritischen Akkustand geschehen soll:

1 Öffnen Sie die **Energieoptionen** in der **Systemsteuerung**. Wählen Sie weiter **Energiespareinstellungen ändern** und **Erweiterte Energieeinstellungen ändern**.

2 Ganz oben über dem Dialog finden Sie die Option **Zurzeit nicht verfügbare Einstellungen ändern**. Klicken Sie darauf. Das ist eine Schutzfunktion, die verhindert, dass jemand aus Neugier wichtige Einstellungen am Notebook bearbeitet. Mit dieser Option kann auch nicht »aus Versehen« eine Änderung vorgenommen werden.

3 Scrollen Sie durch die Liste. Fast am Ende finden Sie den Eintrag **Akku**. Klicken Sie auf das Kreuz, um die untergeordneten Funktionen und Optionen sichtbar zu machen.

4 Öffnen Sie auf gleiche Weise den oberen Baum, **Aktion bei kritischer Akkukapazität.**

5 Windows 8 unterscheidet, ob sich das Notebook im Netzbetrieb befindet oder mit dem Akku versorgt wird. Klicken Sie auf **Akku**. Wählen Sie **Energie sparen**.

Wird die Aktion durchgeführt, ist das für Sie ein Warnsignal. Speichern Sie alle Daten, und versuchen Sie, so schnell wie möglich das Notebook an das Stromnetz anzuschließen.

Nun bleibt natürlich die Frage, wann die Akkukapazität kritisch ist. Aber auch das können Sie festlegen. Gemessen wird die Akkukapazität in Prozent. 100 % ist volle Kapazität. Bei 0 % geht gar nichts mehr. Sie müssen also eine Aktion vor diesem Gar-nichts-Mehr ausführen lassen.

6 Öffnen Sie den Anzeigebaum **Kritische Akkukapazität**. Klicken Sie die Option **Auf Akku** an, und ändern Sie den Vorgabewert auf **3 %**.

7 In gleicher Weise können Sie auch eine Aktion bei niedriger Akkukapazität festlegen und bestimmen, bei welchem Prozentwert dies geschehen soll. Sinnvoll ist dies nur, wenn die Einstellungen der kritischen und der niedrigen Akkukapazität miteinander harmonieren. Anstatt eine Aktion auszuführen, können Sie sich aber auch eine Warnung ausgeben lassen.

8 Öffnen Sie dazu den Anzeigebaum **Benachrichtigung bei niedriger Akkukapazität**.

9 Klicken Sie die Option **Auf Akku** an. Wählen Sie hier **Ein**.

10 Öffnen Sie den Anzeigebaum **Niedrige Akkukapazität**. Tragen Sie bei **Auf Akku 6 %** ein.

Windows 8 hat eine weitere Funktion integriert, die Sie bei einem niedrigen Akkustand warnt. Das ist der Reservestrommodus.

Natürlich muss sich der Reservestrom zwischen den Einstellungen **Niedrige Akkukapazität** und **Kritische Kapazität** befinden. Nur so macht die Warnmeldung Sinn.

Erinnern Sie sich: Sie haben die Aktion für die niedrige Akkukapazität bei 6 % ausführen lassen. Die Aktion für die kritische Akkukapazität liegt bei 3 %.

Öffnen Sie den Baum **Akkustand für Reservestrom**. Klicken Sie auf **Auf Akku**. Ändern Sie diesen Wert auf 5 %.

Schließen Sie den Dialog mit **OK**. Schließen Sie ebenfalls die geöffneten Fenster der **Systemsteuerung**.

> **HINWEIS**
>
> **Was ist der Reservestrommodus?**
> Sobald der Ladestand des Akkus den Reservestrommodus erreicht, gibt Windows 8 eine Meldung aus. Weiter werden keine Aktionen ausgeführt.
>
> Es handelt sich also um eine zusätzliche Schutzfunktion, die Ihnen sagt, dass die Kapazität des Akkus langsam dem Ende zugeht und es Zeit wird, alle wichtigen Daten zu sichern und den mobilen Rechner an eine Steckdose anzuschließen.

Einen eigenen Energiesparplan erstellen und speichern

Sie können nicht nur die Einstellungen für den Energiesparplan optimieren, sondern auch einen Energiesparplan erstellen und unter einem bestimmten Dateinamen ablegen. Damit haben Sie die Möglichkeit, verschiedene Einstellungen festzulegen. Bei Bedarf laden Sie einfach den Energiesparplan, den Sie in der jeweiligen Situation eben benötigen.

Möchten Sie einen eigenen Energiesparplan erstellen, gehen Sie wie folgt vor:

1 Öffnen Sie die **Systemsteuerung**. Wählen Sie **Hardware und Sound > Energieoptionen**. Klicken Sie links auf **Energiesparplan erstellen**.

2 Nun wählen Sie eine der Vorgaben **Ausbalanciert**, **Energiesparmodus** oder **Höchstleistung**. Im Beispiel entscheide ich mich für den **Energiesparmodus**. Geben Sie im Eingabefeld einen möglichst sprechenden Namen für den Energiesparplan ein. Klicken Sie danach auf **Weiter**.

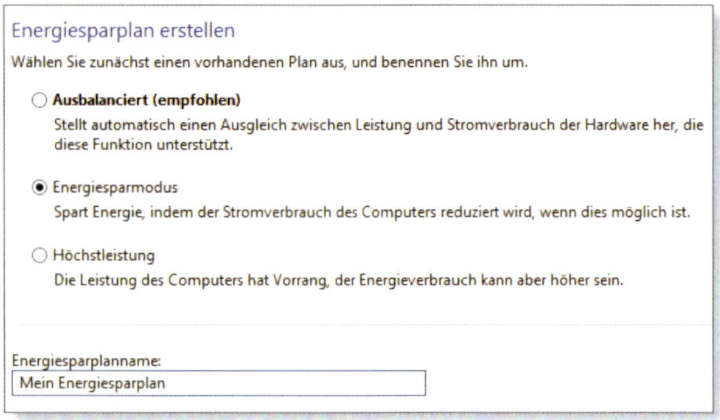

▲ **Abbildung 30.35** *Ein Energiesparplan wird gewählt.*

3 Wählen Sie nun im nächsten Dialog die Einstellungen für Ihren Energiesparplan aus. Bestimmen Sie, wann die Bildschirmhelligkeit nach unten geregelt wird und wann der Bildschirm ausgeschaltet wird. Legen Sie fest, nach wie vielen Minuten ohne Aktion der Rechner in den Energiesparmodus wechselt. Bestimmen Sie ebenfalls die Einstellungen für den Akkubetrieb und den Netzbetrieb. Bestätigen Sie mit **Erstellen**.

Auf die beschriebene Art und Weise können Sie weitere Energiesparpläne festlegen. In der **Systemsteuerung** wählen Sie unter **Hardware und Sound > Energieoptionen**, welchen Energiesparplan Sie nutzen möchten.

Verhalten des Notebooks beim Drücken des Netzschalters und Zuklappen

Wenn ich meine Arbeit unterbreche und am Notebook nicht weiterarbeite, dann klappe ich es zu. Es wäre doch eine gute Idee, wenn bei einer solchen Aktion das Notebook automatisch Strom sparen würde.

Das Gleiche können Sie zwar auch im Netzbetrieb tun. Aber: Bei meinem Rechner habe ich eher das Problem, dass ich bei hektischen *World of Warcraft*-Gefechten schon einmal aus Versehen auf den Netzschalter komme. Anstatt dem feindlichen Ork eins überzubraten, geht der Rechner plötzlich aus. In so einem Fall schreie ich schon einmal. Aber auch hier kann eine Einstellung dafür sorgen, dass Windows 8 genau das macht, was ich gern hätte – und was dafür sorgt, dass ich weiter den Ork vermöbeln kann.

1 Öffnen Sie die **Systemsteuerung**. Wählen Sie **Hardware und Sound > Energieoptionen**. Auf der linken Seite finden Sie den Eintrag **Auswählen, was beim Zuklappen des Computers geschehen soll**.

2 Wählen Sie zunächst, was im Akkubetrieb beim Drücken des Netzschalters und beim Zuklappen des Notebooks geschehen soll. In meinem Beispiel entscheide ich mich für den Ruhezustand beim Drücken des Netzschalters. In der Zeile **Beim Zuklappen** wähle ich **Energie sparen**.

3 Geben Sie nun an, was beim Netzbetrieb geschehen soll. Entscheiden Sie ganz so, wie Sie es für Ihre Arbeit für richtig halten. In meinem Fall sorge ich mit **Nichts unternehmen** dafür, dass beim Drücken des Netzschalters nicht versehentlich der Rechner ausgeht. Beim Zuklappen wird Energie gespart.

4 Mit **Änderungen speichern** übernehmen Sie die gemachten Einstellungen.

30.7 Den Windows Task-Manager verwenden

Mit dem **Task-Manager** sehen Sie, welche Prozesse aktiv sind. Sie sehen, wie viel Speicher- und CPU-Leistung diese verbrauchen. Sie können kontrollieren, ob bestimmte Anwendungen tatsächlich nicht aktiv sind. Bei Bedarf lassen sich hängende und abgestürzte Prozesse auch beenden. Starten Sie den **Task-Manager** mit [Strg] + [Alt] + [Entf]. Wählen Sie in dem daraufhin angezeigten Bildschirm den **Task-Manager** aus.

Sie finden ihn auch unter **Alle Apps** in der Kategorie **Windows-System**. Aufrufen können Sie den **Task-Manager** auch über das Kontextmenü der Taskleiste (klassischer Desktop). Möchten Sie einen Befehl verwenden, geben Sie `tasks` ein.

30.7 Den Windows Task-Manager verwenden

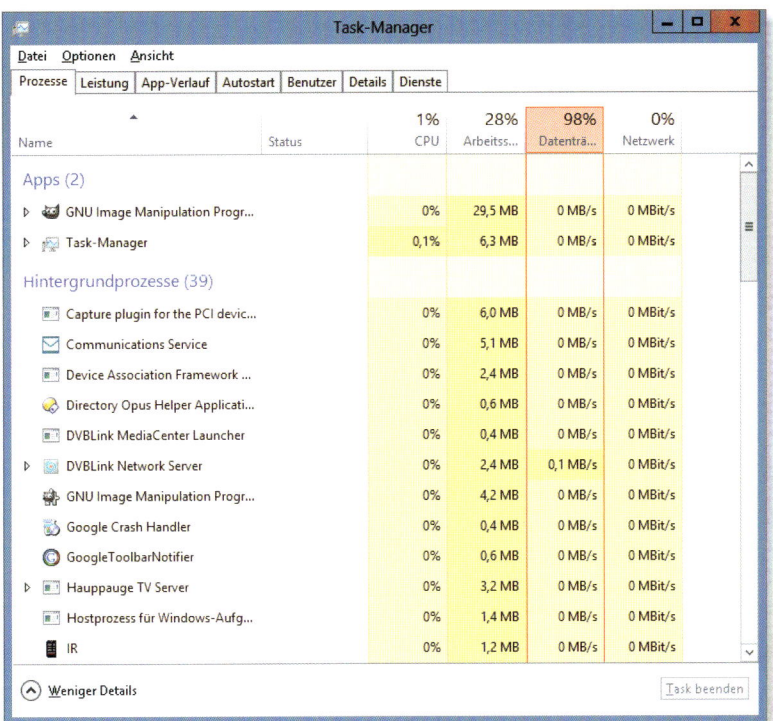

◁ **Abbildung 30.36** In meinem Task-Manager sehe ich, dass das Grafikprogramm GIMP aktiv ist.

Der **Task-Manager** besitzt sieben Register:

- Prozesse
- Leistung
- App-Verlauf
- Autostart
- Benutzer
- Details
- Dienste

Einzelne Anwendungen können Sie im ersten Register einsehen und, falls notwendig, beenden. **Prozesse** zeigt die aktiven Prozesse an. Sie sehen, wie stark die CPU belastet wird und wie viel Arbeitsspeicher der Prozess nutzt. Auch sehen Sie, wie stark die Schreib- und Leseaktivität und die Netzwerknutzung sind. Über das Kontextmenü können Sie die »Ressourcenwerte« zwischen Prozent und Wert umstellen. Sie können Tasks auch beenden.

Leistung zeigt die Nutzung von CPU, Arbeitsspeicher, Datenträger und Netzwerk in einem Diagramm an. Die Kurve zeigt sehr schön, wie stark ein Medium genutzt wird.

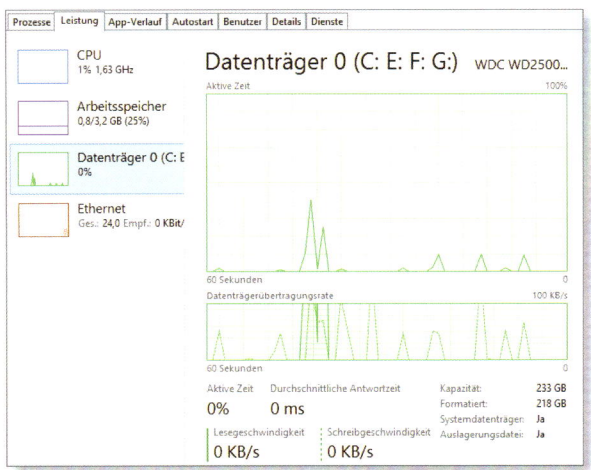

▲ **Abbildung 30.37** Die Übersicht der Leistungskurven

709

Den **Ressourcenmonitor** kennen Sie bestimmt aus Windows 7. Hier finden Sie verschiedene Tabellen und Diagramme, die zeigen, wie stark CPU, Speicher und Festplatte genutzt werden.

Der **App-Verlauf** zeigt die installierten Apps an und wie stark sie das Netzwerk belasten. Zu sehen sind auch die CPU-Zeit und die Kachelupdates.

Die Inhalte der **Autostart** finden Sie im gleichnamigen Register. Hier sehen gut, welche Tools beim Systemstart ebenfalls geladen werden. Über das Kontextmenü lassen sich nicht notwendige Dienste und Tools auch deaktivieren.

Details zeigt die Prozesse mit ihrer PID (Prozess ID) und ihrem Status. Sie sehen, ob ein Prozess ausgeführt wird, den Namen des Benutzers und wie stark Arbeitsspeicher und CPU genutzt werden. Sie finden hier auch eine kurze Beschreibung.

Über das Kontextmenü können Sie die Priorität eines Prozesses festlegen. Sie können einen Prozess beenden und einiges mehr. Beachten Sie: Beenden Sie Prozesse nur, wenn Sie wirklich genau wissen, wozu ein Prozess gehört und was er tut.

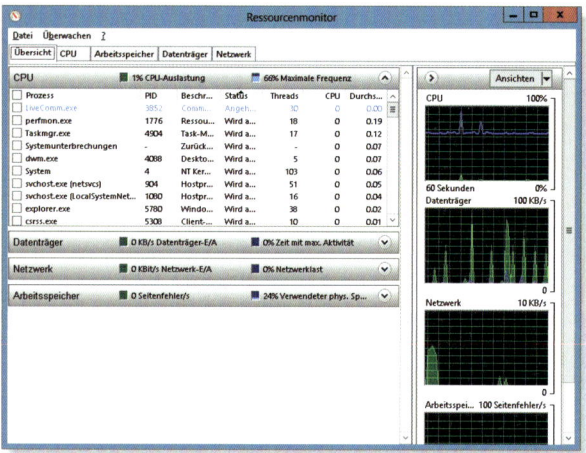

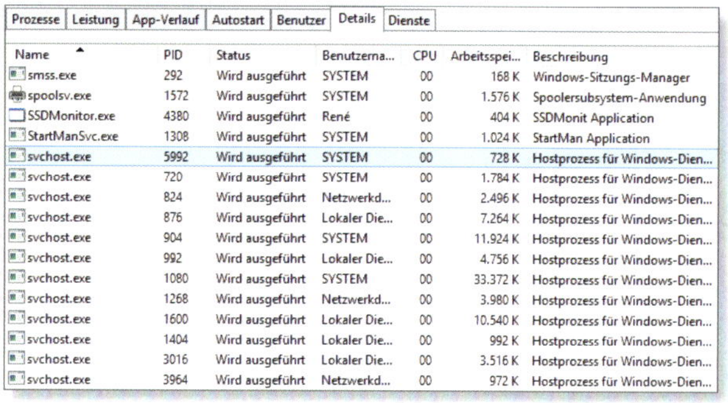

▲ *Abbildung 30.38* Der Ressourcenmonitor

▲ *Abbildung 30.39* Die Prozesse in der »Details«-Ansicht

Sind auf dem Rechner verschiedene Benutzer eingerichtet, finden Sie unter **Benutzer** eine passende Übersicht. Wenn mehrere Anwender eingeloggt sind, sehen Sie hier, wie viel Arbeitsspeicher und CPU-Ressourcen sie verbrauchen. Sie sehen auch hier die Nutzung des Datenträgers und des Netzwerkes.

Interessant ist das Register, wenn Sie dafür sorgen wollen, dass ein Rechner in etwa gleich von allen Benutzern genutzt wird. Sie sehen, falls jemand zu viele Ressourcen nutzt.

Im letzten Register finden Sie eine Übersicht der **Dienste**. Auch hier sehen Sie den Namen, eine Beschreibung und die PID. Sie können den Status ablesen und die zugehörige Gruppe. Über das Kontextmenü können Sie Dienste unter anderem starten, anhalten oder neu starten.

HINWEIS

Datenträger

Mit Datenträger ist im **Task-Manager** nicht die Speicherbelegung auf der Festplatte gemeint. Der Eintrag steht für das Schreib- und Leseverhalten eines Dienstes oder Prozesses.

Teil IX
Anhang

Anhang A
Wichtige Tastenkürzel

Desktop

Tastenkombination	Funktion
⊞	Wechselt zwischen dem Startbildschirm und dem klassischen Desktop.
⊞ + →	Befördert das aktive Fenster an den rechten Rand des Desktops und verankert es dort.
⊞ + ←	Befördert das aktive Fenster an den linken Rand des Desktops und verankert es dort.
⊞ + ↓	Minimiert das aktive Fenster.
⊞ + ⇧	Maximiert das aktive Fenster.
⊞ + Home	Minimiert alle Programmfenster (außer dem aktiven).
⊞ + 1	Startet das erste Programm in der Taskleiste (von der linken Seite aus gesehen).
⊞ + 2	Startet das zweite Programm in der Taskleiste (von der linken Seite aus gesehen).
Alt + ⊞ + 1	Blendet die Sprungliste der ersten Anwendung in der Taskleiste (von links gesehen) ein.
⊞ + Pos1	Verkleinert alle Programmfenster.
⊞ + Untbr	Ruft den Dialog **Systemeigenschaften** auf.
⊞ + R	Ruft das Tool **Ausführen** auf.
⊞ + D	Zeigt den Desktop.
⊞ + L	Sperrt den Rechner. Danach ist der Sperrbildschirm zu sehen.

⌃ *Tastenkombinationen für den Desktop*

Anhang A: Wichtige Tastenkürzel

Startbildschirm

Tastenkombination	Funktion
⊞ + Leertaste	Wechselt Tastaturlayout und Eingabesprache.
⊞ + V	Anzeige der Metro-Meldungen. Nächste Meldung einblenden. Mehrfaches Drücken schaltet die Meldungen durch.
⊞ + ⇧ + V	Anzeige der Metro-Meldung und Wechsel zur jeweils vorhergehenden Meldung
⊞ + ,	Anzeige des klassischen Desktops
⊞ + ↵	Screenreader öffnen
⊞ + Bild↓	Bewegt die Kacheln nach rechts.
⊞ + Bild↑	Bewegt die Kacheln nach links.
⊞ + F	Öffnet das Fenster **Suchen**.
Alt + ⊞ + C	Blendet das Metro-Startmenü ein.
⊞ + I	Öffnet den Dialog **Einstellungen**.
⊞ + Z	Blendet die App-Leiste ein.
⊞ + Q	Zeigt die installierten Anwendungen an.
⊞ + L	Sperrt den Rechner und zeigt den Sperrbildschirm an.

∧ *Tastenkombinationen für den neuen Startbildschirm*

Windows-Explorer

Tastenkombination	Funktion
⊞ + N	Öffnet ein neues Fenster.
⊞ + W	Schließt das aktive Fenster.
F11	Minimiert die Funktionsleiste.
Alt + ↵	Zeigt die Eigenschaften des aktiven Elements.
Alt + P	Schaltet den Vorschaubereich ein- oder aus.
⊞ + ←	Wechselt zum nächsten Ordner.

∧ *Tastenkombinationen für die Nutzung des Windows-Explorers*

Sprachausgabe

Tastenkombination	Funktion
Strg + ⇧ + ↵	Liefert Informationen zum aktuellen Element.
Strg + ⇧ + Leertaste	Ausgabe des Inhalts zum gewählten Element.
Strg + Alt + Leertaste	Ausgabe des markierten Elements im aktuellen Fenster.

Wichtige Tastenkürzel

Tastenkombination	Funktion
`Einfg` + `Strg` + `G`	Ausgabe einer Beschreibung der Elemente, die an das aktuell ausgewählte Element angrenzen
`Strg`	Beendet die Ausgabe von Text durch die Sprachausgabe.
`Einfg` + `Q`	Bewegt den Cursor an den Anfang des nachfolgenden Textes bis zu einem Textelement mit der Formatierung »fett«.
`Einfg` + `W`	Bewegt den Cursor an den Beginn des nachfolgenden Textes bis zu einem Element mit einer anderen Formatierung.
`Einfg` + `E`	Bewegt den Cursor zurück an den Beginn des Dokuments mit der gleichen Formatierung.
`Einfg` + `R`	Bewegt den Cursor an das Ende eines Textes mit der gleichen Formatierung.
`Einfg` + `F2`	Markiert den gesamten Text mit der gleichen Formatierung wie das Zeichen, auf dem der Cursor positioniert ist.
`Einfg` + `F3`	Gibt das aktuelle Zeichen aus.
`Einfg` + `F4`	Gibt das aktuelle Wort aus.
`Einfg` + `F5`	Gibt die aktuelle Zeile aus.
`Einfg` + `F6`	Gibt den aktuellen Absatz aus.
`Einfg` + `F7`	Gibt die aktuelle Seite aus.
`Einfg` + `F8`	Gibt das aktuelle Dokument aus.

∧ *Mit diesen Tastaturkommandos verwenden Sie die Sprachausgabe von Windows 8.*

Remoteverbindung

Tastenkombination	Funktion
`Alt` + `Bild↑`	Wechselt zum nächsten Programm.
`Alt` + `Bild↓`	Wechselt zum nächsten Programm (andere Richtung).
`Alt` + `Einfg`	Wechselt durch die Programme. Dabei erfolgt der Wechsel in der Reihenfolge, in der die Anwendungen gestartet wurden.
`Alt` + `Pos1`, auch `Alt` + `Entf`	Zeigt das Startmenü von Windows 8 an.
`Strg` + `Alt` + `Unterbr`	Wechselt zwischen Vollbild- und Fensteransicht.
`Strg` + `Alt` + `Ende`	Öffnet das Fenster **Windows-Sicherheit**.
`Strg` + `Alt` + `-` (Nummernblock)	Fügt eine Kopie des auf dem Clientrechner aktiven Fensters in die Zwischenablage des Terminalservers ein.
`Strg` + `Alt` + `+` (Nummernblock)	Fügt eine Kopie des gesamten Clientfensters in die Zwischenablage des Terminalservers ein.
`Strg` + `Alt` + `→`; `Strg` + `Alt` + `←`	Wechselt von den Remotedesktop-Steuerelementen zu einem Steuerelement des Hostrechners.

∧ *Wichtige Tastenkombinationen bei der Arbeit mit einer Remoteverbindung*

Anhang A: Wichtige Tastenkürzel

Internet Explorer

Tastenkombination	Funktion
`Alt` + `←`	Geht zurück zur zuvor besuchten Website.
`Alt` + `→`	Wechsel zur nächsten besuchten Website.
`Alt` + `Pos1`	Ruft die Startseite auf.
`Strg` + `+`	Vergrößert die aktuell angezeigte Seite.
`Strg` + `-`	Verkleinert die aktuell angezeigte Seite.
`Strg` + `0`	Stellt die Zoomstufe auf 100 %.
`F11`	Schaltet auf Vollbild um.
`Strg` + `F`	Startet die Suche.
`F5`	Aktualisiert den Inhalt der angezeigten HTML-Seite.
`Esc`	Stopp (Laden der Webseite beenden)
`Strg` + `T`	Öffnet eine neue Registerkarte.
`Strg` + `K`	Kopiert eine Registerkarte.
`Strg` + `W`	Schließt eine Registerkarte.
`Strg` + `N`	Öffnet ein neues Fenster.
`Strg` + `S`	Speichert eine Website.
`Strg` + `P`	HTML-Seite drucken
`Strg` + `X`	Den markierten Inhalt ausschneiden.
`Strg` + `C`	Den markierten Inhalt kopieren.
`Strg` + `V`	Den markierten Inhalt einfügen.
`Strg` + `A`	Wählt alles aus.
`Strg` + `F`	Startet die Suche.
`Strg` + `I`	Blendet die Explorer-Leiste **Favoriten** ein.
`Strg` + `H`	Blendet die Explorer-Leiste **Verlauf** ein.
`Strg` + `⇧` + `P`	Startet InPrivate-Browsen.
`Strg` + `J`	Downloads anzeigen
`F12`	Zeigt die Entwicklungstools an.
`F1`	Ruft die Internet-Explorer-Hilfe auf.

˄ *Die wichtigsten Tastenkombinationen bei der Arbeit mit dem Internet Explorer*

Anhang B
Windows-8-Hilfe

B.1 Die Hilfe aufrufen und verwenden

Öffnen Sie die Anzeige **Alle Apps**, und wählen Sie **Hilfe und Support**.

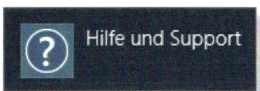

∧ *Die Hilfe von Windows 8 finden Sie unter »Windows-System«.*

Eine andere Möglichkeit, das Hilfefenster zu öffnen, ist das Drücken der Taste [F1].

Nach dem Aufruf sehen Sie drei Grundlagenkapitel. Sie können sich zu den ersten Schritten mit Ihrem neuen Rechner, zum Umgang mit Internet und Netzwerken und zu den Themen Sicherheit und Datenschutz informieren.

Ganz oben sehen Sie ein Eingabefeld, mit dem Sie nach einem Thema oder einem Begriff suchen. Darunter erreichen Sie über drei Links die Startseite der Hilfe, können diese durchsuchen oder sich an den Support wenden. Auf der rechten Seite finden Sie zwei Weblinks, die Sie auf die Windows-Website und zur Microsoft-Community führen. Möglichkeiten, Hilfe zu finden, gibt es aber genug.

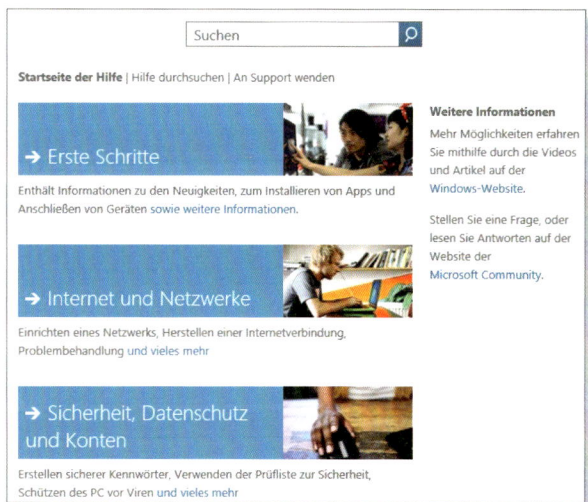

∧ *Der Hilfedialog ist sehr übersichtlich gestaltet.*

Klicken Sie doch einmal auf **Hilfe durchsuchen**. Nun sehen Sie eine Liste von Hilfethemen vor sich. Das sind sozusagen die Kapitelüberschriften des Online-Handbuches. Wählen Sie ein Thema aus, sehen Sie weitere untergeordnete Themen. Nach Auswahl eines solchen sehen Sie das Hilfethema vor sich.

Schauen wir einmal an, wie der Aufruf der Hilfe in der Praxis aussieht:

1 Rufen Sie mit F1 den Hilfedialog auf.
2 Klicken Sie auf **Hilfe durchsuchen.**
3 Wählen Sie **Internet und Netzwerke**.
4 Klicken Sie auf die Frage **Wie kann ich Netzwerkadapterprobleme beheben?**
5 Nun werden weitere untergeordnete Themen angezeigt. Entscheiden Sie sich für **Aktualisieren des Netzwerkadaptertreibers** ❶.

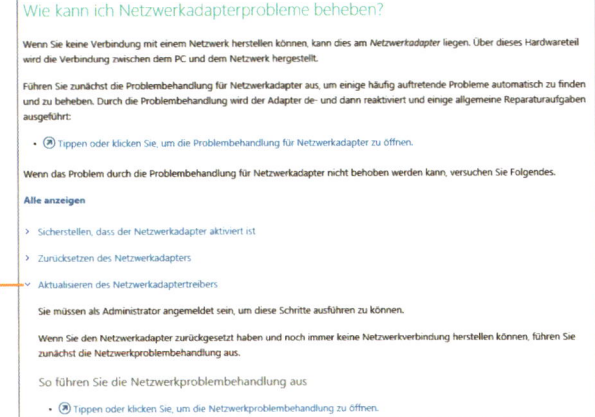

△ *Die Hilfe zu den Netzwerkproblemen.*

Zu den Themen der Windows-8-Hilfe gehören:

- Erste Schritte
- Geräte und Treiber
- Leistung und Wartung
- Systemreparatur und Dateiwiederherstellung
- Musik und Sound
- Bilder und Video
- Anpassung
- Dateien, Ordner und Suche
- Sicherheit, Datenschutz und Konten
- Internet und Netzwerke

B.2 So finden Sie schnell eine Antwort auf Ihre Frage

Die schnellste Möglichkeit, eine Antwort auf eine Frage zu finden, besteht darin, das Eingabefeld der Windows-Hilfe zu nutzen. An einem Beispiel möchte ich Ihnen dies einmal zeigen.

Ich suche Informationen zum Internetprotokoll TCP/IP. Was verbirgt sich dahinter, und wie wird die Einstellung konfiguriert? Was muss ich beachten, und ist dieses Protokoll für mich zu Hause wirklich notwendig? Darauf sollte die Windows-8-Hilfe doch eine Antwort wissen. Schauen wir einmal:

1 Öffnen Sie die Hilfe von Windows 8. Der schnellste Weg dahin ist die Taste F1.
2 Geben Sie in die Suchleiste TCP/IP ein, und bestätigen Sie mit ↵. Alternativ klicken Sie mit der Maus auf das Lupensymbol am Ende der Eingabezeile.

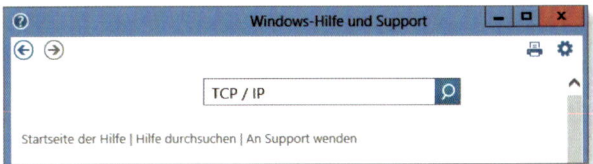

△ *Geben Sie den Suchbegriff ein, und bestätigen Sie.*

3 In der Windows-Hilfe werden Ihnen nun passende Ergebnisse aufgelistet. In meinem Beispiel wurden 10 Treffer gefunden.

Aber: Zum Protokoll TCP/IP v6 gibt es keine Treffer. Im Unterschied zu Windows 7 werden weniger Themen ausgegeben. Die gefundenen Inhalte der Windows-Hilfe sind nicht konkret genug.

Sie sehen, die Windows-8-Hilfe bietet nicht in jedem Fall das passende Thema. Hier müssen Sie sich auf den Weg in Webforen und Communitys machen. Zum Glück haben Sie ja ein Windows-8-Buch aus dem Hause Vierfarben vor sich.

Schauen wir uns ein weiteres Beispiel an. Gesucht werden Hilfethemen zum Umgang mit der Bildschirmtastatur.

1 Rufen Sie die Hilfe auf.

2 Geben Sie »Bildschirmtastatur« ein.

3 Ganze 8 Themen werden gefunden. Wählen Sie **Ändern von Tastatureinstellungen**.

∧ *Diesmal wird ein passendes Thema in der Hilfe gefunden.*

B.3 Die Optionen zur Windows-8-Hilfe

Es gibt nicht sehr viele Einstellungen, die Sie bei der Windows-8-Hilfe nutzen können. Wählen Sie **Optionen.** Sie können nun entscheiden, ob Sie die Onlinehilfe abrufen. Mit einer weiteren Option schalten Sie das Programm zur Verbesserung der Benutzerfreundlichkeit an.

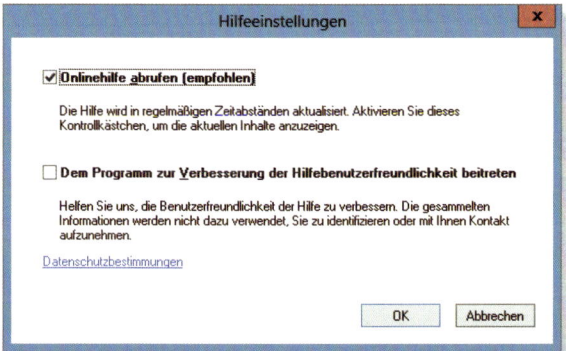

∧ *Die Optionen der Hilfe*

B.4 Supportartikel und Videos abrufen

Über **An Support wenden** erreichen Sie nicht nur Kontaktadressen für Hilfeanfragen, Sie gelangen auch auf eine Webseite mit vielen Beiträgen und Anleitungen. Diese helfen Ihnen bei Problemen weiter. Natürlich können Sie sie auch direkt aufrufen, und zwar mit: *http://windows.microsoft.com/de-DE/windows/support?icid=W8_hh_contact*.

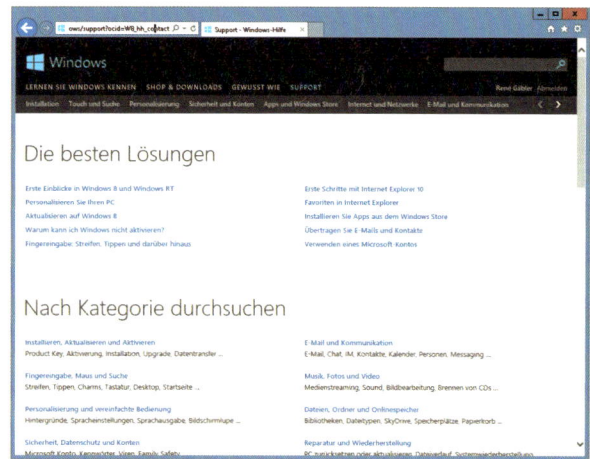

∧ *Weitere Hilfsquellen finden Sie im Internet.*

Anhang C
Fehlermeldungen

Fehler 800: Es konnte keine Verbindung eingerichtet werden

Überprüfen Sie Ihren Router. Möglicherweise ist die Firmware zu alt, und Sie müssen sie aktualisieren. Eine Alternative ist vielleicht die Anschaffung eines neuen Routers.

Möglich ist auch, dass eine Verbindung mit einem VPN nicht erstellt werden konnte. Hier müssen Sie schauen, ob die angegebene Konfiguration korrekt ist. Vielleicht haben Sie sich beim Servernamen verschrieben. Es kann auch sein, dass die Verbindung von einer Firewall blockiert wird. Auch das Fehlen eines gültigen Schlüssels ist vielleicht nicht korrekt und das Zertifikat nicht mehr gültig. Dann muss ein neues her.

Windows-Update-Fehler 80244022

Möglicherweise werden zu viele Updates angefordert. Warten Sie einen Augenblick, und versuchen Sie es später noch einmal.

Windows-Update-Fehler 8024402C

Dieser Fehler tritt auf, wenn ein anderes Programm den Zugriff auf den Updateserver verhindert. Das kann eine Firewall, eine Antivirensoftware, ein Schutzpaket oder etwas Ähnliches sein. Auch sogenannte Internetbeschleuniger können der Grund dafür sein. Überprüfen Sie alle diese Anwendungen, indem Sie sie kurzfristig ausschalten und das Update erneut probieren. Dann sollte die Verbindung gelingen.

Windows-Update-Fehler 8024401b

Dieser Fehler wird dann angezeigt, wenn ein Proxyserver nicht die Anmeldedaten für das Netzwerk anfordern kann. Überprüfen Sie die Anmeldedaten für Ihr Netzwerk, und nehmen Sie, falls notwendig, Korrekturen an den Einstellungen vor.

Windows-Update-Fehler 8024001F

Dieser Updatefehler tritt dann auf, wenn keine Verbindung in das Internet möglich ist. Überprüfen Sie Ihre Netzwerkverbindung. Checken Sie mit einem Browser, ob eine Verbindung in das Internet gelingt. Eventuell liegt auch ein Problem mit dem Modem, dem Router oder der Verbindungsanbindung durch den Provider vor. Dann versuchen Sie es zu einem späteren Zeitpunkt noch einmal.

Windows-Update-Fehler 80072ee7

Dieser Updatefehler kommt vor, wenn eine statische IP-Adresse nicht korrekt zugeteilt wurde. Ändern Sie die Einstellung auf **DHCP**.

Windows-Update-Fehler 80072f8f

Dieser Fehler wird ausgegeben, wenn die Zeiteinstellung des Updateservers von Microsoft nicht mit der Ihres Rechners harmonisiert. Eine kleine Abweichung ist kein Problem. Ist der Unterschied aber zu hoch, verweigert der Updateserver seinen Dienst.

Überprüfen Sie die Zeit- und Datumseinstellung Ihres Rechners. Nehmen Sie, wenn notwendig, eine Korrektur vor. Nun sollte das Update gelingen.

CMOS-Fehler

CMOS steht für *Complementary Metal-Oxide Semiconductor* und bezeichnet einen Chip, der mit einem Akku versehen ist. Auf ihm sind die BIOS-Einstellungsdaten gespeichert.

Ein CMOS-Fehler tritt auf, wenn der Akku defekt ist. Das kann nach längerem Betrieb geschehen und auch, wenn der Rechner sehr lange nicht angeschaltet war und der Akku sich entladen hat.

Dann ist leider der Einbau eines neuen, passenden Akkus nötig. Wenn Sie sich das nicht zutrauen, lassen Sie diese Arbeit von einem PC-Techniker ausführen.

Anhang D
Internetressourcen

Microsoft
Von hier aus erreichen Sie alle Websites der Firma Microsoft. Bei einigen ändern sich manchmal die Webadressen. Nutzen Sie deshalb die Startseite von Microsoft. Hier finden Sie auch aktuelle Informationen, News und viele Hilfequellen zu Windows, Office und Co.
http://www.microsoft.com/

Windows 8
http://windows.microsoft.com/de-DE/windows/home

Windows Essentials
http://windows.microsoft.com/de-DE/windows-live/essentials-home

Galerie für Anwender des Internet Explorers
http://www.iegallery.com/PinnedSites

Skins für den Media Player
http://www.customize.org/wmp und *http://www.skinz.org/skins.phtml?category=23*

Microsoft Answers
Auf dieser Seite können Sie eine Frage eintippen, und ein anderer Windows-8-Anwender gibt Ihnen eine Antwort. In gleicher Weise können Sie auch anderen Anwendern helfen und ihre Fragen beantworten.

Bevor Sie eine Frage stellen, sollten Sie sich jedoch auf den Seiten umschauen, ob vor Ihnen bereits jemand eine ähnliche Frage gestellt hat. Vielleicht ist Ihr Problem ja bereits bekannt, und es gibt passende und hilfreiche Antworten. *http://answers.microsoft.com/de-de*

Der Microsoft Support Guide
Der Support Guide ist eher ein Link-Portal. Er führt Sie zum *Support-Center*, zum *Upgrade Center* und zu verschiedenen Hilfen und Anleitungen. Viele verschiedene Portale, Foren und Websites sind von hier aus erreichbar – nicht nur zu Windows 8, sondern auch zu anderen Microsoft-Produkten.
http://support.microsoft.com/gp/ssbsplash?fr=1

Dr. Windows
Windows-Hilfe-Seite mit professionellen Tipps und Tricks.
http://www.drwindows.de/content/

Microsoft Fix it
Dieser Dienst sucht automatisierte Lösungen für PC-Probleme. Ob dies immer funktioniert, kann ich nicht sagen. Ausprobieren kostet aber nichts.
http://support.microsoft.com/fixit/de

Microsoft Twitter

Natürlich twittert man bei Microsoft auch. Dies hier ist der Twitter-Account des Kundenservice. Wundern Sie sich also nicht, wenn Sie hier keine News finden, sondern nur ein Hilfeangebot.
http://twitter.com/#!/microsofthilft

Microsoft Download Center

http://www.microsoft.com/downloads/de-de/default.aspx

Microsoft Surface

Falls Sie sich für Tablet PCs interessieren und sich das Microsoft Tablet mit Windows 8 einmal ansehen möchten, finden Sie hier eine Menge Informationen.
http://www.microsoft.com/surface/de-de

Microsoft SkyDrive

Microsoft stellt jedem, der sich für SkyDrive registriert, kostenlos 7 GB Speicherplatz zur Verfügung. Es lohnt sich, das einmal anzusehen.
http://www.windowslive.de/skydrive/

Anhang E
Apps-Starterkit

Für alle, die mit Windows 8 zum ersten Mal arbeiten und sich im Windows Store vielleicht noch nicht so zuhause fühlen, habe ich einige Apps als Empfehlungen herausgesucht. Diese Liste ist natürlich nicht vollständig, denn der Windows Store ist immer in Bewegung. Ich habe in diesem Kapitel einige Apps aufgelistet, die ich wichtig oder nützlich finde und die eigentlich fast jeder gebrauchen kann. Wenn Sie sich für eine der Apps interessieren, suchen Sie im Windows Store nach dem Namen der App. Sie werden so automatisch auf die richtige Seite geleitet.

Box

Box ist ein Cloud-Speicherplatz wie DropBox oder SkyDrive. Die zugehörige App ist Freeware, kostet Sie also nichts. Wenn Sie die App installieren und sich registrieren, werden Ihnen 5 GB Speicherplatz zur Verfügung gestellt, was eine ganze Menge ist. Sehr einfach können Sie mit Box Dateien hochladen und für Freunde bereitstellen. Mit **Einstellungen > Über** sehen Sie den noch verfügbaren Speicherplatz. Sie können alle Dateien und Ordner sehr einfach umbenennen und so für ein wenig Ordnung sorgen. Mit einer sogenannten **Bildschirmsperrungs-PIN** können Sie einen Aktualisierungszeiger anzeigen.

Abbildung E.1 Box ist eine gute Alternative zu SkyDrive. Sie können aber natürlich auch beide Onlinespeicherplätze nutzen.

Skype

Mit Skype halten Sie Kontakt mit ihren Freunden. Sie können kostenlos chatten, telefonieren oder sogar ein Videotelefonat mit ihnen führen. Vorausgesetzt allerdings, Sie haben eine Webcam. Mit Skype lassen sich auch sehr einfach kleinere Dateien versenden und empfangen. Melden Sie ihre Freunde an, dann sehen Sie, wann diese online sind und können sie kontaktieren.

Beachten Sie aber: Skype verbindet das Windows Live-Konto automatisch mit Ihrem Skype-Konto. Das ist später nur schwer wieder rückgängig zu machen. Beide Kontaktgruppen werden dadurch zusammengeführt. Später melden Sie sich nur noch mit Ihrem Windows Live-Konto an.

Mit einem Testanruf können Sie vor dem ersten richtigen Gespräch die Funktion des Mikrofons und der Webcam überprüfen.

▲ **Abbildung E.2** *Mit Skype halten Sie Kontakt mit ihren Freunden. In Verbindung mit einer Webcam können Sie viel Geld sparen und kostenlos Freunde und Familienmitglieder anrufen, die weit weg sind.*

MetroTwit

Twitter ist ein beliebter Internetdienst. Über Twitter können kurze Nachrichten an Freunde gesandt werden. So können Sie z. B. Informationen tauschen, was Sie gerade so tun oder wo Sie sich gerade aufhalten. Mit MetroTwit können Sie Ihre Twitter-Kontakte verwalten, Kurznachrichten schreiben und die Tweets (Kurznachrichten) anderer lesen.

Wenn Sie Nachrichten mit MetroTwit über Twitter schicken, können andere diese mitlesen, wenn Sie Ihnen »folgen«, das bedeutet hier, dass andere Ihre Nachrichten abonnieren. Und Sie können wieder anderen folgen. Interessant ist es, in den »Followern« anderer Tweets herumzustöbern. So machen sie auf sich aufmerksam und finden vielleicht Anwender mit ähnlichen Interessen wie Sie selbst.

Die Startseite Ihres Twitter-Accounts können Sie über MetroTwit mit einem Bild und ein paar Kurzinfos über sich schmücken.

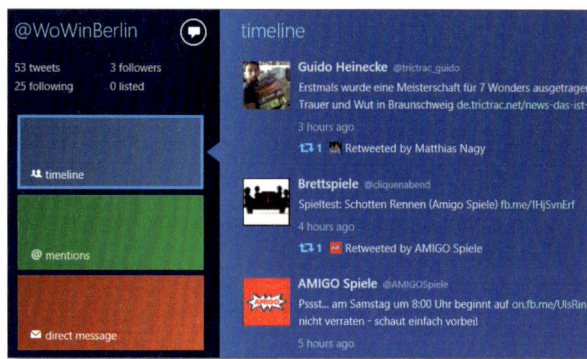

▲ **Abbildung E.3** *Mit Twitter tauschen Sie Kurznachrichten aus und lesen die Infos anderer. Hier können Sie auch wunderbar ihre Website bewerben.*

ICQ

ICQ ist eine weitere App, mit der Sie Kontakt zu Freunden und Verwandten halten können. Diese App ist schick gemacht und Sie können im Chat viele Smileys und Emoticons anwenden. Auch hier sehen Sie, wenn Ihre Freunde online sind und können Ihnen Dateien senden. ICQ war früher sehr beliebt. Mittlerweile ist er nicht mehr so verbreitet, hat aber immer noch seine Fangemeinde.

WindowsBlog Neuigkeiten

Diese App fasst mehrere Weblogs zusammen und zeigt so unter eine Oberfläche alle wichtigen Neuerungen zum Thema Windows.

Es gibt News und Infos zum Betriebssystem, zum Internet Explorer, zu Microsoft selbst und zur Entwicklerplattform MSDN. Sie können sich über das Media Center informieren und natürlich über das neue Microsoft Office. Sie finden News, Pressemeldungen, Testberichte und Tipps. Die Blogs bieten eine große Fülle an Informationen für alle Microsoft-Interessierten.

Apps-Starterkit

▲ **Abbildung E.4** *Wenn Sie sich für Windows interessieren, finden Sie hier eine riesige Anzahl an News und anderen spannenden Informationen.*

Vimeo

Vimeo ist ein Videoportal wie Youtube. Es ist noch gar nicht so vielen Menschen bekannt, dabei lohnt es sich, dort einmal vorbeizuschauen. Hier können Sie, so wie bei YouTube, Videos online ansehen und mit anderen teilen. Sie können eigene Videos hochladen und durch interessante Videochannels blättern. Hier treiben sich viele Videokünstler und Hobbyfilmer herum, die sehr hochwertige Videos produzieren und der breiten Öffentlichkeit vorstellen. Reinschauen lohnt sich also in jedem Fall. Es gibt Videos zu unterschiedlichen Themen.

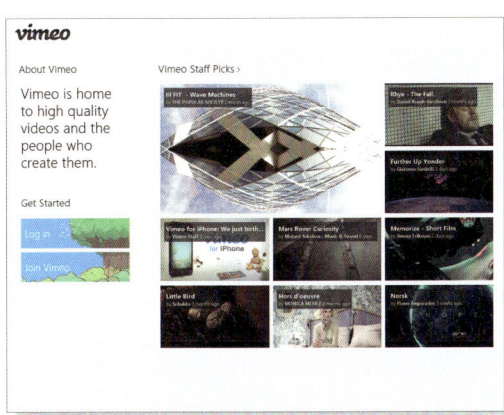

▲ **Abbildung E.5** *Bereits der Vimeo-Startbildschirm zeigt Ihnen jede Menge interessanter Videos.*

Clock

Die kleine App bringt Ihnen verschiedene Uhren auf den Desktop. Sie beinhaltet auch einen kleinen Monatskalender und kann Sie mit einer Alarmfunktion an wichtige Termine erinnern. Sie können aus verschiedenen Uhren auswählen. Neben einer analogen gibt es auch eine digitale Uhr.

Neben der Uhr steht auch eine Stoppuhr zur Verfügung. Leider verfügt die Uhr nicht über die Möglichkeit, eine kleinere Ansicht zu wählen oder die Uhr immer im Vordergrund zu sehen.

▲ **Abbildung E.6** *Eine Uhr auf dem Desktop zeigt Ihnen immer die aktuelle Zeit an. Die App ist dabei besser im Blick, als die kleine Uhr in der Taskleiste*

SodaPDF 3D Reader

Diese Freeware-App zeigt nicht nur Ihre PDF-Dateien ohne lästigen Updatecheck, sondern bietet Ihnen noch dazu eine interessante dreidimensionale Sicht auf Ihre Dokumente. Was ein wenig verspielt klingt, präsentiert sich in der Praxis als durchaus nützliches Feature.

Über eine kleine Schaltfläche können Sie PDF-Dokumente umblättern, vergrößern und verkleinern. Über die rechte Maustaste sind weitere Funktionen erreichbar. So lassen sich hier die 3D-Ansicht abschalten und Dokumente zum Drucker senden. Sie können Inhalte in PDF-Dokumenten suchen und verschiedene Ansichtseinstellungen nutzen.

727

Anhang E: Apps-Starterkit

Den Adobe Reader, den Sie ja bestimmt kennen, gibt es natürlich auch als App. Aber die Installation ist kompliziert und die ständigen Updates nerven. Der SodaPDF Reader tut es auch und bietet darüber hinaus ein nettes 3D-Feature.

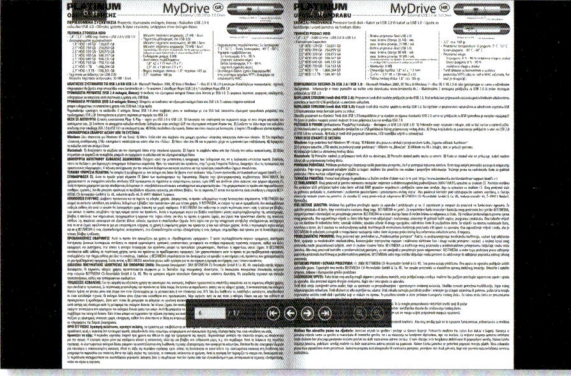

Abbildung E.7 Der SodaPDF 3D Reader

Windows 8 Keyboard Shortcuts

Haben Sie alle Windows-8-Tastenkombinationen im Kopf? Wissen Sie, wie man mit ein paar Tastenanschlägen den neuen Startbildschirm bedient? Mit ein paar einfachen Tastenkombinationen können Sie sich das Windows-8-Leben vereinfachen. In dieser kleinen App sehen Sie eine Übersicht über alle wichtigen Tastenkombinationen.

Abbildung E.8 Mit dieser App haben Sie alle wichtigen Tastenkombinationen auf dem Bildschirm.

Anhang F
Die DVD zum Buch

Auf der DVD, die diesem Buch beiliegt, finden Sie zwei interessante Zusatzangebote, ein Programm, mit dem Sie die Leistung Ihres PCs steigern können und über eine Stunde Videoschulungen mit unserem Trainer Dominik Bösl.

TuneUp Utilities 2013

Die Software TuneUp Utilities 2013, die ja auch in Kapitel 28, »Windows pflegen und optimieren«, ab Seite 636 beschrieben wird, finden Sie im Ordner *TuneUp Utilities 2013*. Es handelt sich um eine Testversion, die länger gültig ist als die im Internet erhältliche.

Die Video-Anleitung zu Windows 8

Im Ordner *Video-Training* finden Sie kurze Video-Schulungen zu Windows 8. Insgesamt befindet sich mehr als eine Stunde Filmmaterial auf der DVD. Dominik Bösl zeigt Ihnen, wie Sie mit Windows 8 die ganz alltäglichen Aufgaben erledigen und wie Sie Geräte, wie Drucker, Scanner oder externe Festplatten an Ihren PC anschließen.

Abbildung F.2 Die Video-Lektionen auf der DVD sind ein Auszug aus dem Training »Windows 8. Die verständliche Anleitung« (ISBN: 978-3-8421-0069-5).

Abbildung F.1 Die TuneUp Utilities 2013

Anhang F: Die DVD zum Buch

Um das Video-Training zu starten, legen Sie bitte die DVD in das Laufwerk Ihres Rechners ein. Führen Sie im Ordner *Video-Training* die Anwendungsdatei »Start.exe« (Windows).

Die Inhalte der Video-Anleitung:

1. **Tägliche Aufgaben erledigen**

In diesem Kapitel lernen Sie, wie Sie mit Dateien, Ordnern und Verknüpfungen arbeiten. Ihr Trainer zeigt Ihnen die grundlegenden Funktionen, wie Öffnen, Kopieren und Entfernen, und erläutert, wie Sie den Windows Explorer nutzen, um Ihre Dokumente zu verwalten.

1.1 Einleitung .... 00:25 Min.

1.2 Mit Ordnern und Dokumenten umgehen .... 11:47 Min.

1.3 Bibliotheken, Verknüpfungen und Papierkorb .... 12:21 Min.

1.4 Ordner und Dateien kopieren und verschieben .... 07:09 Min.

1.5 Eigene Kacheln erstellen .... 04:33 Min.

1.6 Dateien packen und entpacken .... 05:20 Min

2. **Externe Geräte anschließen [00:30 Std.]**

In diesem Kapitel erläutert Ihnen Ihr Trainer, wie Sie externe Geräte wie Drucker, Scanner oder USB-Medien an Ihren Computer anschließen. Sie erfahren auch, wie Sie in bestimmten Fällen Treiber-Software installieren und Ihre Dateien zur Sicherung auf eine CD oder DVD brennen.

2.1 Einleitung .... 00:30 Min.

2.2 Drucker anschließen und benutzen ... 08:48 Min.

2.3 Bilder mit dem Scanner erfassen .... 05:10 Min.

2.4 Festplatten, USB-Sticks & Co. .... 04:33 Min.

2.5 Dokumente auf CD oder DVD brennen .... 10:33 Min.

◂ *Abbildung F.3 Dominik Bösl zeigt Ihnen Windows 8. Schauen Sie doch einmal in die Probelektionen hinein!*

Anhang G
Glossar

Abgesicherter Modus

Windows-Modus, in dem einige Treiber und Einstellungen nicht geladen werden. Dient zur Reparatur eines nicht funktionierenden Systems.

ACDSee

ein Bildbetrachtungsprogramm

Access Point

Zugangspunkt bei WLANs

Ad-hoc-Netzwerk

Ein Ad-hoc-Netzwerk ist ein Netzwerk, bei dem zwei WLAN-Geräte miteinander verbunden werden und direkt miteinander kommunizieren.

Administrator

Auch »Systemadministrator«; Benutzer eines Rechners mit erweiterten Rechten. Ein Administrator kann Software installieren, deinstallieren und Einstellungen am Betriebssystem vornehmen. Das Wort »Administrator« bedeutet so viel wie »Verwalter«. Er arbeitet nicht nur am Rechner, sondern richtet auch Konfigurationseinstellungen und Systemeinstellungen ein. Dazu muss er die dafür notwendigen Rechte besitzen. Das geschieht automatisch, wenn ein Benutzer sich als Administrator anmeldet. Für ihn müssen keine speziellen Rechte festgelegt werden.

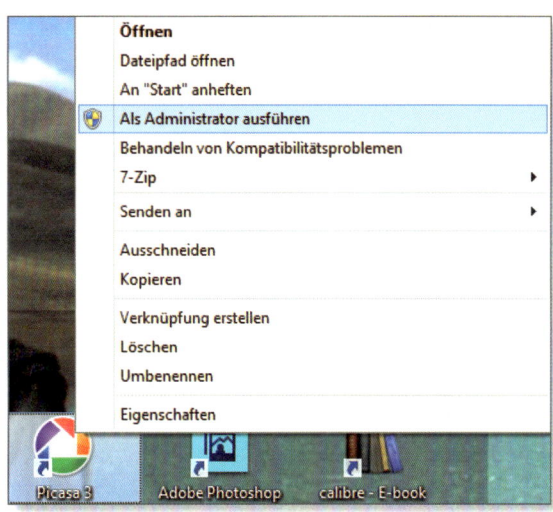

▲ **Abbildung G.1** Auch als normaler Benutzer können Sie ein Programm als Administrator öffnen.

Aero

Erweiterter Desktop von Windows 8 mit zusätzlichen Funktionen.

Anhang G: Glossar

Aero Peek

Aero-Funktion. Bezeichnet das Ein- und Ausblenden von Fenstern über die Schaltfläche **Desktop anzeigen**.

Aero Shake

Aero-Funktion. Haben Sie mehrere Programmfenster geöffnet, können Sie eines auswählen und durch schnelles Hin- und Herbewegen dafür sorgen, dass alle anderen Fenster verkleinert werden.

Aero Snap

Aero-Funktion. Ziehen Sie das Fenster des Windows-Explorers an den rechten Bildschirmrand. Haben Sie einen bestimmten Punkt erreicht, klappt ein transparenter Rahmen auf. Lassen Sie die Maustaste los, wird das Programm in diesem Rahmen abgelegt.

Aktenkoffer

Werkzeug von Windows 8. Der Aktenkoffer verbindet zwei Verzeichnisse miteinander und erlaubt es, die Inhalte beider miteinander zu synchronisieren. So gleichen Sie auf einfache Weise Daten zwischen Notebook und Desktop-PC ab oder sichern Daten auf einer USB-Festplatte.

Aktivierung

Mit der Aktivierung überprüft Microsoft, ob es sich bei Ihrem Betriebssystem um ein Originalprodukt handelt. Ohne Aktivierung können Sie das installierte System nur zwei Tage verwenden. Und Sie können keine Updates einspielen. Eine Aktivierung wird auch bei anderen Softwareherstellern genutzt.

Angeheftete Websites

Add-on für den Webbrowser Internet Explorer. Mit ihm wird ein Symbol in die Windows-8-Taskleiste eingefügt. Die Website muss nicht im Internet Explorer aufgerufen werden. Sie klicken auf das Symbol. Der Browser wird geöffnet und die Website geladen.

Anonymous

Zugangsname, der bei einigen FTP-Servern als Gastzugang verwendet werden kann. Wird bei sogenannten *öffentlichen* FTP-Zugängen verwendet, also Servern, die ohne besondere Registrierung oder Anmeldung jedem Anwender offenstehen. In der Regel gibt man hier die eigene E-Mail-Adresse als Kennwort ein. Wirklich anonym ist man so nicht. Siehe »FTP«, »FTP-Client«

Antivirenprogramm

Schutz- und Sicherheitsprogramm, das Viren und Schadprogramme aufspürt und sie isoliert. Ein solches Programm macht den Rechner sicherer. Windows 8 wird in aller Regel immer mit einem Virenprogramm ausgeliefert. Prüfen Sie das aber vorher, sonst ist Ihr PC nicht geschützt!

Arbeitsplatznetzwerk

Netzwerkstandort. Eine Konfigurationseinstellung in Windows 8. Bei ihrer Auswahl werden wichtige Einstellungen für das Netzwerk bereits festgelegt. Das Arbeitsplatznetzwerk findet man in Büros, kleinen Firmen und größeren Unternehmen.

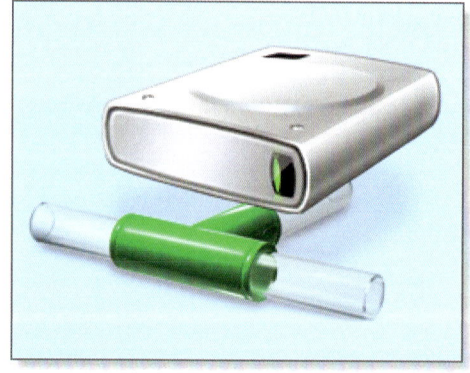

▲ *Abbildung G.2 Das Symbol für ein Netzwerk oder Netzwerklaufwerk sieht in Windows so aus.*

Assistent

Mehrere Dialoge führen den Anwender durch die Einrichtung eines Programms, Betriebssystems oder einer Funktion. In den Dialogen werden alle wichtigen Einstellungen abgefragt. Diese Folge von Dialogen wird als *Assistent* bezeichnet.

Authentifizierung

Bezeichnung für das Nachweisen einer Zugangsberechtigung. In der Regel erfolgt dies mit einem Benutzernamen und einem Passwort.

AutoVervollständigen

Programmfunktion in Webbrowsern. Sie vereinfacht die Eingabe von langen und komplizierten Webadressen. Sie ist eine nützliche Hilfe und nimmt Ihnen eine ganze Menge Tipparbeit ab. Der Browser versucht, zu erkennen, welche Webadresse Sie eingeben wollen. Bereits nach einigen Buchstaben bietet er Ihnen mögliche Webadressen an. Stimmt eines der gefundenen Angebote mit der Webadresse überein, die Sie im Browser anzeigen wollen, müssen Sie dieses nur übernehmen. Dies geschieht in der Regel durch das Drücken der Taste ⏎.

Bcc

Blind Carbon Copy. Eingabefeld in einem E-Mail-Client. Tragen Sie in das Feld **Bcc** eine Adresse ein, wird die Nachricht auch an diesen Adressaten gesendet. Sie können auch hier mehrere E-Mail-Adressen eingeben. Jedoch sehen die anderen Empfänger der Nachricht nicht, an wen Sie die Nachricht außerdem noch geschickt haben.

Backup

Begriff für eine Datensicherung oder auch die Sicherung des Betriebssystems.

Basisinformationen

Dialogfenster der **Systemsteuerung** von Windows 8. In den **Basisinformationen** sehen Sie im unteren Bereich den Computernamen. Hier ist auch die Bezeichnung der Arbeitsgruppe (Workgroup) aufgeführt.

Barrierefreiheit

Spezielle Einstellmöglichkeiten des Webbrowsers für Anwender mit Sehbehinderungen. Hier legen Sie fest, dass anstelle von Bildern immer ein Alternativtext angezeigt wird, der beschreibt, was zu sehen ist. Sie können hier Systemsounds wiedergeben und die Tastaturnavigation anschalten.

Webentwickler sollten ihre Websites, Webportale und Webshops barrierefrei machen. So können sie auch von Anwendern mit einer Sehbehinderung genutzt werden.

Batch

Eine Batchdatei ist eine ausführbare Datei, in der mehrere Befehle aufgeführt sind. Dieses Bündel (englisch »batch«) an Befehlen wird nacheinander ausgeführt. So können Sie lange Befehlsketten und Befehlsfolgen festhalten und mit einer Datei immer wieder abrufen. Die Datei besitzt die Dateierweiterung *.bat*.

▲ *Abbildung G.3 Eine Batch-Datei wird im Windows-Explorer mit diesem Symbol dargestellt.*

Anhang G: Glossar

Befehl

Kommando, das per Texteingabe auf der Eingabeaufforderung eingegeben wird. Das Betriebssystem erkennt den Befehl und führt eine entsprechende Aktion aus.

Benachrichtigungen

Meldungen der Benutzerkontensteuerung von Windows 8

Benutzer

Ein Benutzer kann Programme, Werkzeuge und Spiele aufrufen und mit diesen arbeiten. Zusätzlich gibt es weitere Möglichkeiten, die er nutzen darf. Diese Aufgaben verändern keine wichtigen Systemeinstellungen. Windows 8 wird dadurch auch nicht gefährdet, selbst wenn einmal ein fremder Benutzer diese Aufgaben ausführt. Mehr Möglichkeiten hat ein Administrator.

Siehe »Administrator«, »Zugriffsrechte«

Benutzergruppe

Organisatorische Gruppe in Windows 8, in die bestimmte Benutzer einsortiert werden. Die Benutzergruppen bestimmen die Zugriffsrechte eines Benutzers.

Windows 8 teilt jeden Benutzer einer Gruppe zu. So gehört der Systemadministrator der Gruppe Administratoren an. Alle normalen Anwender werden der Gruppe *Benutzer* zugeteilt. Darüber hinaus gibt es bestimmte Systemprogramme, die eigene Benutzergruppen mit sich bringen oder zu der Gruppe *System* gehören.

Benutzerkontensteuerung

siehe »UAC«

Betriebssystem

Software, die als Basis auf einem Rechner installiert wird und die Nutzung der Hardware ermöglicht. Nach der Installation und Grundeinrichtung des Betriebssystems können Anwendungsprogramme, Werkzeuge und Computerspiele installiert und verwendet werden. Zu dem Betriebssystem Windows 8 gehören eine grafische Oberfläche und eine Reihe kleinerer Programme.

Bing

Suchserver aus dem Hause Microsoft

⌃ **Abbildung G.4** *Die App der Suchmaschine Bing. Sieht doch ganz hübsch aus, oder?*

BIOS

Basic Input Output System. Diese Software steuert die Datenübertragung zwischen dem Prozessor des Rechners (CPU) und den Peripheriegeräten. Im BIOS ist auch die Programmfunktion enthalten, die das eigentliche Betriebssystem lädt und startet.

Bookmark

siehe »Favorit«

Bootmanager

Mit dem Bootmanager wählen Sie, welches Betriebssystem gestartet werden soll. Sie haben für die Auswahl einige Sekunden Zeit. Nehmen Sie keine Auswahl vor, wird das als Standard eingestellte Betriebssystem gestartet.

Haben Sie nur ein Betriebssystem auf Ihrem Rechner installiert, wird kein Bootmanager verwendet.

Broschürendruck

Druckmodus. Beim Broschürendruck werden die Seiten verkleinert und auf die Vorder- und Rückseite eines Blattes zwei Seiten aufgebracht. Das Ergebnis ähnelt dem Erscheinungsbild eines Buches.

Browser

Kurzwort für »Webbrowser«. Siehe »Webbrowser«

Browsermodus

Modus im Internet Explorer. Über den Browsermodus können Sie feststellen, ob die Website auch mit einer älteren Version des Internet Explorers betrachtet werden kann. Eine ähnliche Funktion gibt es auch in HTML-Editoren. Mit ihr überprüft man, ob die erstellten HTML-Seiten wie gewünscht in verschiedenen Webbrowsern dargestellt werden.

Cache

siehe »Zwischenspeicher«

Cardreader

Hardwaregerät. Ermöglicht das Lesen und Beschreiben von SD-Karten. Wird verwendet, wenn der Rechner nicht über einen eigenen Kartenslot verfügt.

Cc

Carbon Copy. Eingabefeld bei einem E-Mail-Client. Mit **Cc** können Sie die Nachricht an weitere Adressaten senden. Verschiedene E-Mail-Adressen trennen Sie mit einem Komma voneinander.

Chess Titans

Schachspiel. Gehört zu der Spielesammlung von Windows 8.

Chrome

Kurzwort für den Browser Google Chrome

Cipher

`cipher` ist ein DOS-Befehl, mit dem Sie Dateien und Verzeichnisse im Dateisystem NTFS verschlüsseln können.

Cloud

Internetspeicherplatz. Legen Sie hier Ihre Daten ab, und greifen Sie über eine Internetverbindung von überall her darauf zu. Sie können anderen Anwendern den Zugriff erlauben.

▲ **Abbildung G.5** *Das Icon von Microsofts Cloudspeicher SkyDrive. Die App ist in Windows 8 standardmäßig vorhanden.*

CMS

CMS steht für *Content-Management-System*, eine Software für Webserver, die es mehreren Anwendern ermöglicht, das System zu verwalten sowie Text- und Multimediainhalte einzupflegen. Mit Modulen kann es recht einfach erweitert werden. Um die einheitliche Optik der einzelnen Seiten der Website kümmert sich eine Vorlage.

Computervirus

Schadprogramm. Mit einer Firewall und einem Antivirenprogramm können Sie Ihren Rechner schützen und dafür sorgen, dass kein Virus auf ihn gelangt, sich verbreitet und Schaden verursacht.

Cookie

Ein Cookie ist eine kleine Textdatei. Sie wird von einigen Websitebetreibern genutzt, um bestimmte Informationen auf Ihrem Rechner abzulegen. Bei Amazon ist das zum Beispiel die zuletzt angeschaute Produktgruppe. Beim nächsten Besuch der Website wird das Cookie ausgelesen, und Sie erhalten dazu passende Angebote.

Datenausführungsverhinderung

Mit der Funktion **Datenausführungsverhinderung** wird die Aktivität von Computerviren und anderen Schadprogrammen eingeschränkt. Zugriffe auf Windows-8-Dienste, Registrierungseinstellungen und Speicherzugriffe werden gestoppt. Zugleich werden Warnmeldungen ausgegeben.

Datenübertragungsrate

Geschwindigkeit, mit der die Daten in einem Netzwerk von A nach B gelangen. Sie wird zum einen von der Leistungsfähigkeit des Übertragungswegs bestimmt, z. B. einer DSL-Leitung. Diese stellt Ihr Provider zur Verfügung. Beachten Sie, dass die maximal mögliche Geschwindigkeit durch andere Teilnehmer gebremst wird, mit denen Sie sich die Leitung teilen. Entscheidend sind auch die Datenübertragungsraten des Modems sowie die des Routers.

Dateiversionsverlauf

Funktion von Windows 8. Sie hält die verschiedenen Versionen von Dateien fest. Sie können mit dieser Funktion eine ältere Version einer Datei wiederherstellen.

Defragmentierung

Vorgang, um eine Fragmentierung aufzuheben. Siehe auch »Fragmentierung«

▲ **Abbildung G.6** *Die Defragmentierung starten Sie über dieses Symbol.*

Demo

Testversion eines Anwendungsprogramms. Bevor Sie ein Programm kaufen, können Sie es mit einer kostenlosen Demoversion testen. Demoversionen sind meist in ihrem Funktionsumfang eingeschränkt. Bei einigen Demos können Sie alle Funktionen ohne Einschränkung nutzen. Diese Demoversion ist dann allerdings in der Regel nur eine bestimmte Zeit lang lauffähig.

Desktop

Grafische Oberfläche. Sie macht die Verwendung eines Betriebssystems und der Werkzeuge einfacher. Anstatt Befehle einzugeben, können Sie die Maus verwenden.

DHCP

Dynamic Host Configuration Protocol. Protokoll, das Teil von TCP/IP ist und für die Vergabe von IP-Adressen zuständig ist.

Digitale ID

Eine digitale ID bestätigt, dass die Kontaktadresse eines Absenders auch richtig ist. Eine solche Identifikation stellt sicher, dass eine Nachricht und eine Absenderadresse nicht verändert wurden.

Directory Opus

kommerzieller Dateimanager für Windows

DNS-Server

Der Domain Name Service (DNS) sorgt für die richtige Verbindung von IP-Adressen.

DOS

siehe »Eingabeaufforderung«

Drag & Drop

Eine Datei oder ein ganzes Verzeichnis wird mit der Maus angeklickt und bei gedrückt gehaltener linker Maustaste an eine neue Position »gezogen«. Windows interpretiert dies als ein Verschieben oder Kopieren. Dabei muss der Anwender nicht mehr mehrere Befehle auswählen. und die Nutzung von Drag & Drop spart Umwege und Zeit.

Drittanbieter

siehe »Erstanbieter«

Abbildung G.7 *Der Windows-8-Desktop sieht fast genauso aus wie in der Vorversion Windows 7. Nur das Startmenü fehlt.*

Druckerwarteschlange

In der Druckerwarteschlange werden alle Aufträge gesammelt, die Sie an den Drucker gesendet haben. In der Reihenfolge ihres Eingangs werden die Dokumente an den Drucker gesendet und auf ihm ausgegeben.

Easy Connect

Easy Connect ist eine schnelle Methode, eine Remoteunterstützung zwischen zwei Rechnern aufzubauen. Verwendet werden dazu die Protokolle IPv6 und PNRP (Microsoft Peer Name Resolution Protocol). Dieses Verfahren steht nur zur Verfügung, um Windows-8-Rechner miteinander zu verbinden. Läuft auf einem der Rechner ein anderes Windows-System, können Sie diesen Verbindungstyp nicht nutzen.

EFS

EFS steht für *Encrypting File System*. Es handelt sich dabei um ein Dateisystem, mit dem Dateien und Verzeichnisse verschlüsselt werden können. Die Verwendung geschieht sehr einfach über eine Dialogbox. Sie können EFS nur auf einem lokalen Datenträger nutzen. EFS steht ab Windows XP Professional zur Verfügung.

Eingabeaufforderung

Einfache Textkonsole, mit der Sie Befehle eingeben. Man nennt sie auch MS-DOS-Eingabeaufforderung.

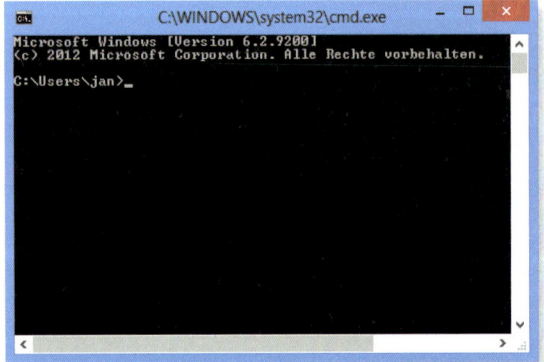

▲ *Abbildung G.8* *Die Windows-Eingabeaufforderung*

E-Mail

Elektronische Nachricht. Mit einem speziellen Programm, dem E-Mail-Client, werden Nachrichten empfangen, gelesen, beantwortet und geschrieben. Die Antworten und neuen Nachrichten werden dann an den Posteingangsserver des Providers gesandt.

Emoticon

siehe »Smiley«

Energiesparplan

vorgefertigte Konfiguration der Energieeinstellungen für Notebooks

Enterprise

Windows-Edition

Ereignis

Ereignisse enthalten die Fehler- und Aktionsmeldungen des Betriebssystems.

Ereignisanzeige

Dialog, der verschiedene Protokolle zusammenfasst. Er ermöglicht die Suche und Filterung nach bestimmten Windows- und Anwendungsprotokollen.

Erstanbieter

Der Erstanbieter eines Dienstes ist der Unternehmer, dem die Website, das Portal oder der Webshop gehört. Dieser kann jedoch auch Dienste und Leistungen einer anderen Firma nutzen und über seine Website anbieten. Diese andere Firma wird dann als *Drittanbieter* bezeichnet.

Exploit

Ein Exploit ist ein kleines Anwendungsprogramm, das Sicherheitslücken eines Betriebssystems oder Anwendungsprogramms nutzt. Sind die Lücken gefunden, versucht das Exploit, die Rechte des Systemadministrators zu erhalten und Änderungen vorzunehmen.

Ein Exploit kann aus wenigen Befehlen bestehen. Es kann auch in einer anderen Datei, wie zum Beispiel einer Office-Datei oder einer Bilddatei, versteckt sein.

Explorer

Kurzwort für Windows- oder Internet Explorer

Family Safety

siehe »Windows Live Family Safety«

FAQ

Frequently Asked Questions. Datenbank mit häufig gestellten Fragen und Antworten

FAT16

Dateisystem. Wurde bei älteren Betriebssystemen verwendet.

FAT32

Dateisystem. Wurde bei älteren Betriebssystemen verwendet. Wird aus Kompatibilitätsgründen noch bei einigen Datenträgern eingesetzt. FAT ist beim USB-Stick Standard. Dieses Dateisystem sorgt dafür, dass der USB-Stick an verschiedenen Rechnern verwendet werden kann.

Favorit

Die Adresse einer oft besuchten Website kann in einem Webbrowser als Favorit abgelegt werden. Dann genügt es, das Favoritenfenster zu öffnen und die gewünschte Adresse mit einem Mausklick abzurufen. Man spricht hier auch von *Bookmarks* oder *Lesezeichen*.

Feed

siehe »RSS-Feed«

Flip 3D

Aero-Funktion. Mehrere geöffnete Fenster lassen sich in einer 3D-Darstellung auf dem Bildschirm anzeigen.

FreeCell

Kartenspiel. Abart von Solitaire. Gehört zu der Spielesammlung, die Windows 8 bietet.

Firefox

Webbrowser. Das Programm hat sich aus Netscape und Mozilla entwickelt. Firefox ist bekannt und wird sehr gern verwendet. Das Programm steht für verschiedene Betriebssysteme zur Verfügung.

▲ *Abbildung G.9 Das Icon des Firefox-Browsers*

Firewall

Schutzmechanismus, der den Netzwerkverkehr einschränkt. Bestimmte Domains und Ports können freigegeben oder auch blockiert werden. Eine Firewall kann mittels Soft- oder auch durch Hardware realisiert sein.

Formatieren

Mit dem Formatieren wird ein Dateisystem auf ein Speichermedium aufgebracht. Bei Windows 8 wird dafür NTFS verwendet. Erst danach können Sie Programme installieren und Daten ablegen.

Bei der Installation von Windows wird das Formatieren vom Installationsdialog durchgeführt. Richten Sie später Partitionen ein, müssen Sie diese Aufgabe selbst erledigen.

Fragmentierung

Windows 8 und alle anderen Anwendungen, aber auch Computerspiele legen Daten auf einem freien Bereich des Datenträgers ab. Dabei wird versucht, Daten immer hintereinanderzuschreiben. Aber durch das Löschen, Kopieren und Verschieben von Dateien und Anwendungen entstehen Löcher. Dann werden Daten plötzlich nicht »hintendran« gesetzt, sondern in diese Löcher oder an eine andere freie Position geschrieben. Dadurch werden Daten, die zu einem Programm gehören, in kleinen Stücken (eben »Fragmenten«) an verschiedenen Positionen der Festplatte bzw. Partition abgelegt. Der mechanische Lesekopf der Festplatte muss nun lange Wege in Kauf nehmen, um diese Daten zu lesen.

FreeCommander

Dateimanager für Windows. Verwendet eine sehr praktische Zwei-Fenster-Technik. Das Programm ist leicht zu bedienen und bietet einiges mehr an Funktionen als der zu Windows 8 gehörende Windows-Explorer. Der FreeCommander ist Freeware.

Freeware

Anwendungsprogramm oder Spiel, das unter einer Lizenz vertrieben wird, die die kostenlose Weitergabe ermöglicht.

Freigabe

Mit Freigaben bestimmen Sie, ob andere Anwender im Netzwerk auf Dateien, Ordner und Bibliotheken zugreifen können. Nutzen mehrere Anwender einen Rechner, können sie auch Freigaben verwenden und so Ordner oder Bibliotheken gemeinsam verwenden.

FTP

FTP steht für *File Transfer Protocol*, ein standardisiertes Netzwerk-Übertragungsprotokoll, mit dem Daten von A nach B versandt werden. Neben dem Übertragen von Dateien können auch Dateieigenschaften verändert werden. Sie können Ordner erstellen, die Bezeichnungen von Dateien verändern und Dateien auf dem Server löschen.

FTP-Client

Anwendungsprogramm, mit dem Sie Daten auf einen FTP-Server übertragen. Auch der Download von Daten vom FTP-Server zum heimischen PC ist mit diesem Programm möglich.

Für den Zugang müssen Sie die Adresse des FTP-Servers, einen Zugangsnamen und ein Passwort eingeben. Bei einigen FTP-Servern ist ein Gastzugang möglich. Dabei tragen Sie Ihre E-Mail-Adresse als Passwort oder »Anonymous« ein.

Gadget

Erweiterung, auch *Plug-in* genannt, das auf dem Desktop platziert wird. Bei Windows 8 lässt sich der Aero-Desktop durch Gadgets erweitern.

Gastkonto

Benutzerkonto mit eingeschränkten Rechten

Gerätetreiber

Software, die zum Betrieb eines Hardwaregeräts notwendig ist. Der Gerätetreiber oder auch Treiber steuert das Gerät an. Er überträgt die Daten zwischen dem Gerät und dem PC.

Google Chrome

Webbrowser aus dem Hause Google. Interessante Alternative zu Firefox, Internet Explorer, Opera und Co.

▲ **Abbildung G.10** *Die vier Farben von Google finden sich auch im Icon des Browsers der Firma.*

Google

Suchdienst, mit dem Websites, Webinhalte und andere Quellen im Internet gesucht werden können. Google ist auch der Name der Webfirma, die diesen Suchdienst und weitere Internetdienste und -programme unterhält.

Google Sites

Google bietet Ihnen die Möglichkeit an, eine einfache kleine Website zu erstellen. Dazu ist kein Webspeicherplatz bei einem Provider notwendig. Es entstehen keine Kosten durch einen solchen Speicherplatz oder durch eine Domain. Sie benötigen lediglich ein Konto bei dem Webdienst Google. Die Optik der Website wird mit einer Vorlage bestimmt. Die Verwendung eines HTML-Editors ist für die Nutzung von Google Sites nicht möglich. Das Einrichten der Site und ihre Pflege erfolgen online mit dem Webbrowser. Für die Website stehen jedem Nutzer 10 GB zur Verfügung. Sie können mit Freigabeoptionen bestimmen, wer auf Ihre Website zugreifen darf und wer nicht.

Hardware

Man unterscheidet bei einem PC zwischen Hardware und Software. Unter Software fallen alle Programme, Werkzeuge, Spiele und Daten. Die Hardware sind die »Geräte« des Rechners. Hierzu zählen auch das Motherboard, die Einbaukarten und die Festplatten.

Header

Der Header ist der Kopf einer Nachricht. Er enthält wichtige Informationen, anhand deren der E-Mail-Client und der E-Mail-Server des Providers erkennen, wohin eine Nachricht gehen soll. Hier sind der Absender enthalten sowie die Zieladresse, die Überschrift, Informationen zu einem vorhandenen Dateianhang und die Kodierung der Nachricht.

Hearts

Kartenspiel. Abart von Solitaire. Gehört zu der Spielesammlung von Windows 8.

Heimnetzwerk

Netzwerkstandort. Konfigurationseinstellung in Windows 8. Bei dieser Auswahl werden wichtige Einstellungen für das Netzwerk bereits festgelegt.

History

Die History-Funktion hält in einem Webbrowser die zuletzt besuchten Websites fest.

Hotmail

siehe »Windows Live Hotmail«

Hotspot

Ein Hotspot ist ein öffentlicher Zugang zu einem WLAN, den interessierte Anwender nutzen können. Diese Zugänge befinden sich an großen Plätzen, in Cafés oder Restaurants oder auch in Universitäten. Hotspots gibt es auch an Bahnhöfen und auf Flughäfen. Meist sind Hinweisschilder aufgestellt, die einen solchen öffentlichen Zugang kenntlich machen.

HTML

Hypertext Markup Language. HTML ist eine sogenannte Dokumentenbeschreibungssprache. Eine einfache Textdatei enthält Anweisungen, die man HTML-Tags nennt. Sie bestimmen, welche Aufgabe Text und andere Inhalte übernehmen und wie sie dann (mit der Technik CSS) dargestellt werden. Diese Darstellung übernimmt der Webbrowser.

Hyperlink

Verweis in HTML-Dokumenten auf Webseiten oder in Text- und Bildinhalten auf ein anderes Objekt oder HTML-Dokument.

ID

Identifikation, auch Identifikationsnummer. Bei Windows Live ist die ID Ihre E-Mail-Adresse.

Inhaltsratgeber

Mit dem Inhaltsratgeber blockieren Sie bestimmte Websites und Internetdienste. Dabei werden sowohl Filter genutzt, die mit Kategorien arbeiten, als auch verschiedene Einstelloptionen.

Index

siehe »Indizieren«

Indizieren

Der Index beschleunigt die Suche nach Dateien, Ordnern und Inhalten. Dazu werden alle wichtigen Dateien auf Ihrem Windows-8-Rechner indiziert. Daneben werden auch Bibliotheken, E-Mails, Programm- und Systemdateien erfasst.

Stellen Sie sich den Index als eine Datenbank vor. Kurzinformationen über Ihre Dateien und Ordner werden hier festgehalten. Neue Dateien und Ordner fließen in den Index ein. Ohne diese Funktion würde das Durchsuchen großer Festplatten sehr lange dauern.

Windows 8 muss nicht den Inhalt einer ganzen Partition, sondern den erfassten Index durchsuchen. Das geht um einiges schneller.

Windows erfasst auch den Inhalt von Text- und Office-Dateien. Der so erstellte Index beschleunigt die Suche nach diesen Inhalten. Beim Erstellen von Text- und Microsoft-Office-Dateien wird immer ein solcher Index erstellt, es sei denn, Sie schalten die Indizierung aus.

Installer

Der Windows Installer sorgt dafür, dass Sie das Programm installieren und später wieder deinstallieren können. Das funktioniert nicht immer reibungslos. Manchmal bleiben Ordner, Einstellungsdateien und Registrierungseinträge zurück. Diese können Sie mit einem Tuner, wie den TuneUp Utilities, entfernen.

Installieren

Sie müssen ein Anwendungsprogramm und Computerspiel zunächst »installieren«, bevor sie es nutzen können. Installieren heißt dabei, dass das Programm auf die Festplatte des Rechners aufgebracht wird. Einstellungen und Registrierungseinträge werden, sofern nötig, dabei bereits festgelegt. In der Regel wird die Installation mit einem Assistenten durchgeführt.

Die Datei, mit der Sie den Installations-Assistenten eines Anwendungsprogramms aufrufen, ist sehr leicht zu erkennen. Bei einem Programm wie Photoshop Elements heißt sie beispielsweise *Autoplay.exe*. Oft finden Sie auch eine *Setup.exe* vor. An der Dateierweiterung *.exe* erkennen Sie in jeden Fall immer die ausführbare Datei. Installationspakete im Windows-Format enden auf *.msi*.

Internet

Weltweites Netzwerk. Das Internet besteht aus vielen Servern, die miteinander verknüpft sind. Der Anwender kann mit einem Webbrowser den grafischen Teil des Internets, das World Wide Web, aber auch andere Internetdienste nutzen.

Internet Explorer

Webbrowser aus dem Hause Microsoft. Das Programm wird meist bei Windows-Anwendern genutzt. Mit Firefox, Opera und Google Chrome gibt es eine Reihe interessanter Alternativen.

▲ *Abbildung G.11* *Den Internet Explorer 10 gibt es auch als App. Über diese Kachel starten Sie ihn.*

Internetverbindungsassistent

Assistent von Windows 8, der Sie beim Erstellen einer neuen Netzwerkverbindung unterstützt

IP-Adresse

Die IP-Adresse bezeichnet ein Netzwerkgerät und kann innerhalb eines Netzwerks nur einmal verwendet werden. Die IP-Adresse ist also eindeutig.

Die IP-Adresse besteht aus einer Anzahl von Zahlengruppen, die mit Punkten voneinander getrennt werden. Verwendet werden (in IPv4) vier Zahlengruppen. In der Regel sind diese dreistellig.

IPsec

Internet Protocol Security, auf Deutsch Internetprotokollsicherheit. Eine Funktion der Windows-8-Firewall. Gehört zu einer Verbindungssicherheitsregel. Die Verbindung selbst wird mit dem IPsec-Protokoll als solche erkannt; man sagt auch »authentifiziert«.

IrfanView

Bildbetrachtungsprogramm; Freeware

ISP

ISP steht für *Internet Service Provider*. Das ist der Anbieter Ihres Internetzugangs. Man nennt ihn auch *Provider* oder *Zugangsprovider*.

ISO-Abbild

Ein ISO-Abbild ist ein Dateityp, der ein Abbild einer CD oder DVD enthält. Die gesamte Struktur der CD/DVD ist in einer ISO-Datei enthalten. Die Datei entspricht einer Norm.

Junk-E-Mail

Spamnachricht, siehe dort.

Kachel

Schaltfläche einer App auf dem Startbildschirm von Windows 8.

Kennwort

Anderer Begriff für Passwort

Kennwortrücksetzungsdiskette

Für den Fall, dass man sein Kennwort vergessen hat, hat Microsoft in Windows 8 eine Funktion implementiert, mit der das Passwort zurückgesetzt werden kann: die Kennwortrücksetzungsdiskette. Nun müssen Sie keine Diskette verwenden, wie die Bezeichnung es eigentlich vermuten lässt, sondern können auf einen USB-Stick zurückgreifen.

Kernnetzwerk

Das Kernnetzwerk umfasst grundlegende Netzwerkfunktionen und Übertragungsprotokolle. Dazu zählen auch die Firewallregeln.

Keyboard

Auch *Tastatur* genannt. Eingabegerät

Kompatibilitätsmodus

Modus, bei dem eine ältere Windows-Version emuliert wird. So können innerhalb von Windows 8 ältere Programme, Spiele und Werkzeuge, aber auch Hardwaretreiber genutzt werden.

Kompression

Man spricht auch vom *Packen* von Daten. Mit einer Kompression erhalten Sie mehr Platz. Daten nehmen nicht mehr so viel Speicherplatz ein – sie werden »gepackt«. Für das Lesen und Bearbeiten müssen sie wieder entpackt werden.

Kontextmenü

Funktionsmenü, das über die rechte Maustaste erreichbar ist. Markieren Sie eine Funktion oder ein Element in einer Anwendung. Drücken Sie dann die rechte Maustaste. Dadurch wird ein Funktionsmenü aufgerufen. Das Menü ist »kontextsensitiv«, das heißt, es bietet nur eine Auswahl wichtiger Funktionen, die im aktuellen Zustand tatsächlich verwendet werden können.

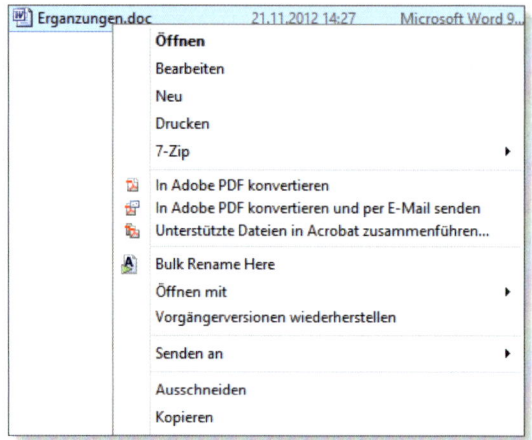

▲ **Abbildung G.12** *Über das Kontextmenü einer Datei im Windows-Explorer können Sie viele Funktionen ausführen.*

Kontextsensitiv

Das Kontextmenü zeigt immer nur die Funktionen, die im Augenblick verwendet werden können: Öffnen Sie das Kontextmenü auf der Uhrzeitanzeige der Taskleiste, können Sie die Uhr einstellen, die Benachrichtigungssymbole in der Taskleiste selbst einrichten, den **Task-Manager** starten und die Taskleiste einrichten. Sie werden im Kontextmenü keine Funktion finden, die nicht zu dem Element passt, über dem Sie das Menü aufgerufen haben. Es wird also niemals vorkommen, dass Sie über dem Windows-Desktop das Kontextmenü öffnen und dort eine Einstellung zum Adobe Reader finden. Beachten Sie, dass das Kontextmenü nur eine Auswahl an Funktionen bereitstellt. Einige Inhalte sind von der verwendeten Soft- und Hardware abhängig. So kann eine Grafikfunktion von einem speziellen Treiber bereitgestellt werden.

Kontingent

Beschränkung des Speicherbereichs, den ein Anwender nutzen darf. Bei Rechnern, die von mehreren Anwendern genutzt werden, kann ein Administrator mit Kontingenten dem Speicherplatz auf alle Benutzer aufteilen.

Konto

Benutzerkonto. Dies regelt die Rechte eines Anwenders. Beim Anmelden mit seinem Benutzernamen und dem dazugehörigen Passwort identifiziert sich der Anwender und kann schließlich die Rechte seines Benutzerkontos nutzen. Es gibt ein Gastkonto, ein Administratorkonto und ein Benutzerkonto.

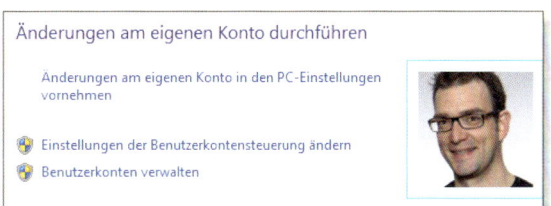

▲ **Abbildung G.13** *In der Systemsteuerung finden Sie die Einstellungen für die Benutzerkonten.*

Kryptografie

Verschlüsselung. Durch mathematische Verfahren werden Daten vor dem Zugriff durch Dritte geschützt. Anwender von Windows 8 können die betriebssystemeigene Verschlüsselung EFS nutzen oder zu TrueCrypt greifen.

LAN

lokales Netzwerk

Lesezeichen

siehe »Favorit«

Link

Kurzform für »Hyperlink«

Linux

Dateisystem, das sich aus Unix heraus entwickelt hat. Zu den großen Vorteilen dieses Dateisystems gehört, dass es als Distribution angeboten wird. Darunter ist ein Softwarepaket zu verstehen, in dem das Betriebssystem, die grafische Oberfläche und eine Vielzahl von Werkzeugen und Programmen zusammengefasst sind.

Es gibt verschiedene Distributionen. Die meisten werden unter einer freien Lizenz vertrieben und können kostenlos aus dem Internet geladen werden. Ein großer Nachteil ist, dass es nicht viele kommerzielle Programme gibt. Nicht zu jedem Windows-Programm gibt es eine Alternative für Linux.

Livedateisystem

Dateisystem, das auf CDs und DVDs zum Einsatz kommt. Ermöglicht das Speichern, Bearbeiten und Löschen von Dateien auf dem Medium. Der erstellte Datenträger kann auf einem Rechner mit Windows XP oder höher verwendet werden. Siehe auch »Mastered«

Login

Anmeldung. Der Anwender muss sich mit seinem Benutzernamen und dem zugehörigen Passwort am Rechner anmelden. Ein Login ist auch in manchen Netzwerken, bei Online-Rollenspielen und Chat-Systemen notwendig.

Logfile

Protokoll. Wird von einigen Programmen und dem Betriebssystem geschrieben. Enthält Statusmeldungen zu bestimmten Funktionen und Vorgängen. Logfiles werden auch geschrieben, wenn es zu Fehlern kommt. Eine Firewall beispielsweise protokolliert ihre Arbeit in einem Logfile.

Lokalisierung

Übertragung in einen anderen Sprachraum. Im Zusammenhang mit Windows: Sprachpaket. Erst dieses Paket macht das Nutzen eines Programms oder Betriebssystems in der jeweiligen Landessprache möglich.

Mail

Kurzform für »E-Mail«; siehe dort

Mahjong Titans

Chinesisches Spiel, bei dem es darum geht, gleiche Spielsteine zu finden und vom Spielfeld zu entfernen. Gehört zu der Spielesammlung von Windows 8.

Malware

Ein Programm wird als Malware bezeichnet, wenn es nicht erwünschte Aktivitäten durchführt. So kann ein solches Programm sich vielfach kopieren, andere Daten löschen oder auch Sicherheitsfunktionen ausschalten.

Mit Malwareprogrammen wird auch oft das Kauf- und Nutzungsverhalten von Anwendern ausspioniert. Die erhaltenen Daten werden unbemerkt über das Internet übertragen. Der Anwender kann später mit Werbeinformationen versorgt werden, die sich an den zuvor ermittelten Daten orientieren.

Ein Malwareprogramm sollte zur Grundausstattung jedes PCs gehören.

Mastered

Bezeichnung für eine abgeschlossene CD/DVD. Nach dem Brennen der Daten können keine weiteren Daten dem Medium hinzugefügt werden. Eine solche CD/DVD wird auch als »abgeschlossen« bezeichnet.

Maus

Eingabegerät. Eine Maus macht die Verwendung des Computers einfacher. Anstatt Befehle einzugeben, können Sie den Desktop und die grafische Oberfläche nutzen.

MBR

Master Boot Record. Enthält die Partitionstabelle. Sie zeigt dem Betriebssystem, wie die Festplatte aufgeteilt ist. Der MBR wird vom Betriebssystem geschrieben. Er enthält grundlegende Daten zu dem zu startenden Betriebssystem.

MD5-Prüfsumme

Die Abkürzung MD steht für *Message-Digest Algorithm* und bezeichnet ein Verfahren, mit dem die Echtheit einer Datei überprüft werden kann. Es wird besonders bei großen Dateien angewendet, aber auch, um bei Programmen zu überprüfen, ob diese nicht von Dritten verändert worden sind. Ein kryptografisches Verfahren erstellt aus einer Datei einen eindeutigen Wert. Nach dem Download der Datei kann mit diesem Wert ermittelt werden, ob die Datei echt ist. Auch Defekte, die durch Übertragungsfehler entstehen, können so gefunden werden.

Metazeichen

Für bestimmte Befehle können Sie auf Metazeichen zurückgreifen. Diese ersetzen ein oder mehrere Zeichen. Das Fragezeichen ? steht für ein beliebiges Zeichen. Mit dem Sternchen * sind mehrere Zeichen gemeint.

Metro

Der neue Startbildschirm ist das neue Markenzeichen von Windows 8. Statt eines Startmenüs finden Sie hier Kacheln vor. Der neue Look wurde zunächst als »Metro« angekündigt, bis eine große Handelskette dagegen klagte. Microsoft benutzt den Begriff deshalb offiziell nicht mehr.

Glossar

▲ **Abbildung G.14** *Der neue Startbildschirm (ehemals »Metro-Oberfläche«) von Windows 8*

Microsoft

Hersteller von Soft- und Hardware. Bekannt durch sein Betriebssystem Windows und das Office-Paket Microsoft Office.

Minesweeper

Spiel, bei dem es darum geht, ein verdecktes Minenfeld aufzudecken. Gehört zu der Spielesammlung von Windows 8.

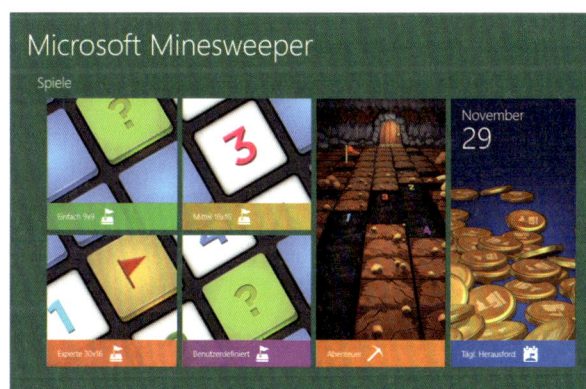

▲ **Abbildung G.15** *Microsoft Minesweeper erscheint als App und in einem ganz neuen Look.*

Nachrichtenregel

Mit einer Nachrichtenregel können Sie E-Mails sortieren lassen. Lassen Sie beispielsweise Nachrichten von unerwünschten Absendern herausfiltern oder die Nachrichten ganz bestimmter Absender in einen Ordner einsortieren.

Netiquette

Verhaltensform im Internet. Die Art, miteinander umzugehen, ist besonders in Chats, in Webforen und im Usenet wichtig. Oft gibt es Moderatoren, die über die Netiquette und weitere Regeln wachen. User, die dagegen verstoßen, werden ermahnt und können auch verbannt oder ausgeschlossen werden. Sie sollten die Grundregeln der Netiquette kennen, bevor Sie sich online in Foren, Chats oder Ähnlichem äußern.

Netzwerkdrucker

Drucker, der in ein Netzwerk eingebunden ist. Der Vorteil: Von einem anderen Rechner, der Teil des Netzwerks ist, kann auf den Drucker zugegriffen werden. Einige Drucker verfügen über integrierte Netzwerkkarten und/oder WLAN-Karten. Sie sind speziell für die Verwendung in Netzwerken gedacht.

Newsgroup

Thematisch orientierte Gruppe im Usenet. Siehe auch »Usenet«

NTFS

Dateisystem. Wird von Windows 8 verwendet. NTFS ist ein Journaling-Dateisystem. Das Dateisystem wird selbständig auf Fehler hin überprüft. Dateinamen können bis zu 255 Zeichen umfassen. Benutzerzugriffe können eingeschränkt werden. Weitere Zugriffsbeschränkungen sind durch Verschlüsselungen und das Einrichten von Zugriffskontingenten möglich. Über die Eigenschaften von Ordnern und Dateien können diese

747

komprimiert werden. Dadurch kann der Anwender Speicherplatz sparen. NTFS erlaubt das Erstellen und Verwalten von sehr großen Dateien.

Öffentliches Netzwerk

Netzwerkstandort. Konfigurationseinstellung in Windows 8. Bei dieser Auswahl werden wichtige Einstellungen für das Netzwerk bereits festgelegt. Das öffentliche Netzwerk wird für Cafés, Gaststätten, Bibliotheken, Flughäfen und Plätze verwendet. Ein solches Netzwerk steht jedem offen.

Offlinedatei

Mit einer Offlinedatei wird eine Datei, die sich im Netzwerk befindet, auf einem Rechner lokal abgelegt. So können Sie diese nutzen, auch wenn keine Netzwerkverbindung zur Verfügung steht. Die Offlinedatei kann ergänzt und verändert werden. Später wird sie einfach mit der im Netzwerk abgelegten Datei abgeglichen (synchronisiert).

Online

Andere Bezeichnung für den Zustand »im Internet«

Opera

Webbrowser. Das Programm ist sehr schnell und besitzt, im Gegensatz zu anderen Browsern, eine Reihe interessanter Module. Mit diesen können Sie E-Mails senden und empfangen, chatten und das Usenet nutzen.

Optionale Updates

Bei den optionalen Updates handelt es sich um Sprachpakete (Lokalisierungen) und Updates zu anderen Werkzeugen. Hier finden Sie auch Updates für Microsoft Office und Microsoft Defender. Zu den optionalen Updates gehören auch Aktualisierungen zum E-Mail-Filter von Outlook und Updates zur Programmiersprache Microsoft Visual C++.

Optimieren

siehe »Tuner«

Paint

Paint ist ein Zeichenprogramm, das viele Features in sich vereint. Das Programm gehört zu Windows 8. Sie finden es in der Kategorie **Zubehör**. Paint richtet sich an kreative Anwender, die kleine Bilder zeichnen wollen.

Parameter

Ergänzung zu einem Befehl. Mit einem Befehl allein weiß Windows nur selten, was zu tun ist. Bei den meisten Befehlen müssen Sie einen oder mehrere Parameter ergänzen. So »spezifizieren« Sie die Aufgabe des Befehls.

Partition

Eine Partition ist ein Teilbereich einer Festplatte. Er wird so verwaltet, als würde es sich um eine eigene Festplatte handeln. Mit verschiedenen Partitionen können Sie das Betriebssystem, die Anwendungsprogramme und Ihre Daten voneinander trennen.

Man unterscheidet zwischen primären und erweiterten Partitionen. Sie können maximal vier primäre Partitionen erstellen. Das Betriebssystem Windows 8 muss auf einer primären Partition abgelegt sein.

Die vierte Partition wird automatisch als erweiterte Partition erstellt. In diese erweiterte Partition können Sie logische Laufwerke einfügen. Auf einem logischen Laufwerk kann sich nicht das Windows-8-Betriebssystem befinden. Hier darf auch nicht der MBR untergebracht sein.

Patch

Updatepaket, das ein Problem oder einen Programmfehler behebt. Bei Spielen werden mit Patches auch

Ungleichmäßigkeiten in der Spielbalance, unfaire Spielsituationen und nicht lösbare Aufgaben behoben.

Phishing

In einer Phishingnachricht werden Sie von Betrügern nach Anmeldedaten, Passwörtern, Adressdaten oder Kontoinformationen gefragt. Seriöse Anbieter fragen diese Daten nicht per E-Mail oder Website ab. Die einzige und beste Möglichkeit, auf eine solche Nachricht richtig zu reagieren, ist, sie zu ignorieren.

Es gibt auch Phishing-Websites. Sie tarnen sich als Sites seriöser Anbieter und fragen Anmeldedaten, Kontodaten und andere sensible Informationen ab.

Plug-in

Erweiterungspaket. Ein kleines Programm, das den Funktionsumfang einer größeren Anwendung erweitert. Es gibt für Browser, Office- und Bildbearbeitungsprogramme solche Plug-ins.

PNRP

Microsoft Peer Name Resolution Protocol. Ein Protokoll, das bei einer Remoteverbindung unter Verwendung von Easy Connect zur Anwendung kommt. Siehe auch »Easy Connect«, »Remote«

Picasa

Bildbetrachtungsprogramm aus dem Hause Google; Freeware

Posterdruck

Druckmodus. Der Posterdruck ermöglicht das Erstellen von Postern. Der Bildinhalt wird vergrößert und in vier Teilen ausgedruckt. Diese setzen Sie nach dem Ausdruck zu einem fertigen Poster zusammen.

POP

Servertyp bei E-Mail-Servern; auch »POP3«

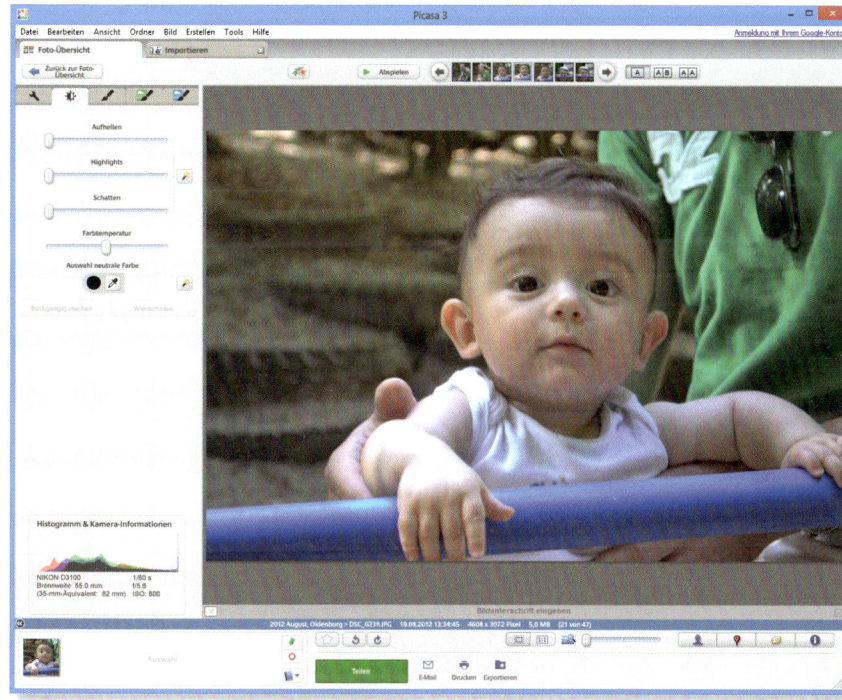

◄ **Abbildung G.16** Mit Google Picasa können Sie Bilder bearbeiten und sortieren.

Popup

Aufklappbares Fenster auf Webseiten. Enthält oft Werbeanzeigen.

Popup-Blocker

Funktion in Webbrowsern, die die Anzeige von Popups blockiert

Port

Schnittstelle im Rechner. Der Port ist die Adresse, über die eine Software auf die Schnittstelle zugreift. Portadressen werden für Kommunikationsprogramme genutzt, so zum Beispiel für FTP. Der Begriff wird auch für einen Hardwareanschluss (USB-Port) verwendet.

Preview

Vorschau, auch »Vorschaubild«

Programmereignisse

Wichtige Programmereignisse sind ein niedriger Akkuladestand, ein abgeschlossener Druck eines Dokuments und ein Fehler bei einer Verbindung zu einem Hardwaregerät. Sie können sich ebenfalls mit einem Sound über ein neu eingegangenes Fax oder eine empfangene E-Mail benachrichtigen lassen, über eine Systemmeldung und verschiedene Ereignisse des Dateimanagers Windows-Explorer.

Provider

Anbieter von Internetdiensten. Einige Provider bieten verschiedene Dienste einzeln oder im Paket an, so zum Beispiel Websites und einen E-Mail-Account. Der Begriff »Provider« wird auch für den Anbieter eines Internetzugangs verwendet. Hier spricht man auch von einem *Zugangsprovider* oder *Internetzugangsprovider*.

Purble Place

Kleine Spielesammlung für jüngere Anwender, die zu den Spielen von Windows 8 gehört

Quarantäne

Mit Computerviren infizierte Dateien werden vom Antivirenprogramm in der Quarantäne abgelegt. Diesen Bereich können Sie sich wie einen Container vorstellen. Die Dateien werden so von allen anderen Daten auf Ihrem Rechner getrennt.

Ranking

Das Ranking einer Website beeinflusst Ihre Position in der Anzeige einer Suchmaschine. Je besser das Ranking ist, umso weiter oben wird die Site in den Ergebnissen einer Suchmaschine gelistet. Natürlich müssen die eingegebenen Suchbegriffe auf Ihre Website zutreffen. Aber treffen diese auf mehrere Sites zu – was in der Regel immer der Fall ist –, möchten Sie weit oben zu sehen sein. Auf diese Weise erhalten Sie mehr Besucher. Das Ranking beeinflussen Sie mit schnellen Ladezeiten und der Anzahl von Links auf Ihre Website. Man spricht hier auch von einer *Linkpopularität*. Diese können Sie nur indirekt beeinflussen. Wichtig ist auch, dass die Website oft gepflegt und aktualisiert wird und dass die Suchbegriffe mit dem Inhalt der Website übereinstimmen.

RAID

Festplattenverbund, bei dem Daten doppelt abgelegt werden. Das ermöglicht es beim Ausfall einer Festplatte dennoch, die Daten verlustfrei wiederherzustellen. Man unterscheidet verschiedene RAID-Verfahren, sogenannte *RAID-Level*.

RAID-Level

siehe »RAID«

Glossar

RD-Gatewayserver

RD-Gatewayserver werden in einigen Unternehmensnetzwerken angewendet. Sie ermöglichen es, von irgendeinem Rechner aus über den Gatewayserver auf einen bestimmten Zielrechner zuzugreifen und hier den Remotedesktop zu verwenden.

ReadyBoost

Funktion von Windows 8, mit der ein Cache auf einem USB-Stick angelegt und so das Betriebssystem beschleunigt wird

Rechte

siehe »Zugriffsrechte«

Registry

siehe »Windows-Registrierung«

Remote

Remote ermöglicht die Bedienung eines entfernten Rechners. Die Verbindung wird dabei über ein internes oder externes Netzwerk hergestellt. Der Anwender am entfernten Rechner muss der Verbindung zustimmen.

^ *Abbildung G.17 Das Icon der Remotedesktopverbindung*

Rescue Center

Das Programm TuneUp Utilities sichert bei vielen Aktionen Dateien im Rescue Center. Löschen Sie einmal aus Versehen Dateien oder Verknüpfungen, die Sie doch noch brauchen, können Sie den Zustand des Rechners vor dem Reinigen wiederherstellen.

Reservestrommodus

Modus bzw. Schutzfunktion bei Notebooks. Sobald der Ladestand des Akkus den Reservestrommodus erreicht, gibt Windows 8 eine Meldung aus. Weiter werden keine Aktionen ausgeführt.

Retro-Look

altmodische Optik

Ribbon

Auch *Multifunktionsleiste*. Wird in Microsoft Office 2007 und 2010 verwendet, um Symbolschaltflächen und Programmfunktionen leicht zugänglich zu machen. Der Anwender muss sich nur noch selten durch Menüs und Dialoge hangeln. Kommt auch in anderen Anwendungen zum Einsatz, so zum Beispiel in einigen Programmen des Pakets Windows Live.

Richtlinie

Regel für die Benutzerkontensteuerung. Siehe »UAC«

Robocopy

Kopierbefehl mit erweiterten Möglichkeiten

Rootkit

Schadprogramm oder auch Virus. Ein Rootkit kann mit einem einfachen Antivirenprogramm nur schwer ausgemacht werden, denn dieses kleine Programm verbirgt sich vor dem Antivirenprogramm. Es spioniert den Anwender aus oder schädigt seinen Rechner. Bei einem Bekannten hat ein solches Rootkit Teile der Festplatte als besetzt gekennzeichnet, sich mehrfach kopiert und so schrittweise den Rechner lahmgelegt. Am Ende mussten wir die Festplatten formatieren und alle Anwendungen neu installieren.

RSS-Feed

Feeds sind Schlagzeilen, die Sie mit dem Webbrowser oder einem RSS-Client abrufen können. Um Feeds mit einem Webbrowser lesen zu können, muss im Browser ein RSS-Client integriert sein.

Ruhezustand

Wenn Sie den Rechner in den Ruhezustand bringen, werden die geöffneten Anwendungsprogramme und die verwendeten Fenster gespeichert. Der Rechner wird ausgeschaltet. Schalten Sie ihn wieder an, wird die Datei für den Ruhezustand geladen. Die Programme und Fenster werden wiederhergestellt. Nutzen Sie den Ruhezustand nicht, können Sie die Datei deaktivieren.

Schnellformatierung

Formatierungsart. Die Funktion wird ohne Fehlerüberprüfung durchgeführt und arbeitet entsprechend flott.

Seitenlayoutdruck

Druckmodus. Den Seitenlayoutdruck können Sie verwenden, um mehrere Bilddateien auf einem Blatt Papier unterzubringen. Hier wählen Sie, ob 2, 4, 6, 9 oder 16 Seiten auf ein Blatt aufgebracht werden.

Serverauthentifizierung

Die Funktion Serverauthentifizierung sorgt dafür, dass die Verbindung mit dem gewünschten Rechner zustande kommt. Sie landen genau auf dem Remotedesktop, den Sie auch öffnen wollten.

Shutdown

Der Rechner lässt sich auch mit einem Befehl herunterfahren. Verwendet wird dazu der Befehl `shutdown`. Geben Sie ihn auf der Eingabeaufforderung ein.

Signatur

Eine digitale Unterschrift oder Unterzeile. Wird zum Beispiel in E-Mails verwendet. In den Einstellungen des E-Mail-Clients legen Sie einmalig eine Signatur fest. Sie wird dann, wenn Sie dies möchten, automatisch unter jede Nachricht gesetzt. Sie kann auch verschiedene Informationen – wie die Adresse einer Website, eine Firmenadresse oder einen Slogan – enthalten.

Es ist bei einigen E-Mail-Clients, wie zum Beispiel Windows Live Mail, auch möglich, für verschiedene E-Mail-Konten unterschiedliche Signaturen zu erstellen. Siehe auch »Visitenkarte«

Site

Kurzwort für »Website«

SkyDrive

Onlinedienst von Microsoft. Gehört zum Windows-Live-Paket. SkyDrive stellt einen Onlinespeicherplatz zur Verfügung. Mit SkyDrive können Sie Office-Dokumente, Videodateien, Audio- und Bilddateien im Internet ablegen. Sie können für andere Benutzer Zugriffsrechte einrichten.

Skype

Skype ermöglicht das Telefonieren über das Internet. Sie können außerdem Textnachrichten und Dateien versenden. Zum »Skypen« brauchen Sie ein Headset; Kopfhörer und Mikrofon gehen auch.

Glossar

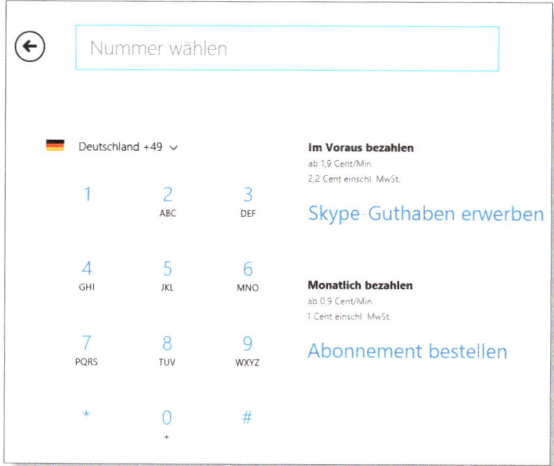

▲ **Abbildung G.18** *Die neue Skype-App erscheint im Windows-8-Look.*

Smiley

Mit Smileys drücken Sie Gefühle in Nachrichten, Forenbeiträgen und Chats aus. So lassen sich Missverständnisse vermeiden. Der Leser weiß, wann Sie etwas augenzwinkernd und lächelnd meinen oder dass etwas Sie traurig und nachdenklich macht. Das am meisten verwendete Smiley ist wohl das Zeichen für Lächeln: ☺.

Slideshow

Auch *Diashow*. Mehrere Bilddateien werden automatisch wiedergegeben. Der Benutzer legt fest, nach wie vielen Sekunden der Wechsel zum nächsten Bild erfolgen soll. Festgelegt werden kann auch eine Animation als Übergang von Bild zu Bild.

Spam

Unerwünschte Nachricht, auch nicht angeforderte Werbung. Sicherlich kennen Sie die Problematik solcher E-Mails aus eigener Erfahrung. Alle E-Mail-Provider und auch E-Mail-Clients wie Outlook bieten sogenannte Spamfilter an, mit denen Sie solche Nachrichten aussortieren können.

Spammen

Begriff für das Verteilen von unerwünschten Nachrichten. Er wird auch in Foren und Chats verwendet, wenn Anwender zu viel unerwünschten Text von sich geben, für Websites oder Produkte werben oder etwas fragen, das bereits im Forum zu finden ist.

Software

Bezeichnung für alle Anwendungsprogramme, Werkzeuge, Computerspiele und alle sonstigen Daten eines Rechners

Spider Solitaire

Kartenspiel. Abart von Solitaire. Gehört zu der Spielesammlung von Windows 8.

Spracherkennung

Programm oder Funktion, mit dem bzw. der Sie Text per Mikrofon eingeben. Die Eingabe wird als Text in einer Textverarbeitung oder einem anderen Programm wiedergegeben. Auch die Eingabe von Befehlen ist so möglich.

▲ **Abbildung G.19** *Das Icon der Spracherkennung*

Sprungliste

Die Websites, die Sie in letzter Zeit oft besucht haben, listet der Internet Explorer in seiner Sprungliste auf.

753

SSL

SSL ist ein Datenübertragungsprotokoll, mit dem Daten verschlüsselt und im Internet von A nach B übertragen werden. Die Verschlüsselung sorgt dafür, dass die Daten nicht von Dritten abgehört und genutzt werden können.

Startseite

Die Startseite wird beim Öffnen des Webbrowsers geladen. Sie können eine beliebige Website als Startseite festlegen oder sich auch eine leere Seite anzeigen lassen. Dies tragen Sie im Einstellungsdialog des Webbrowsers ein. Über eine Schaltfläche auf manchen Websites kann die besuchte Seite auch mit einem Mausklick als Startseite übernommen werden.

Streaming

Streaming heißt nichts anderes, als dass Sie über eine Netzwerkverbindung von einem Rechner Musik- oder Videodaten abrufen und sie auf dem Zielrechner wiedergeben. Dabei werden die Musik oder die Videos mit einem Datenstrom übertragen. Es handelt sich also um eine Echtzeitdatenübertragung, bei der immer Daten von A nach B fließen. Die Daten werden kontinuierlich übertragen.

Streaming wird bei Web-TV und Webradio verwendet. Aber auch bei einigen Videoanbietern, wie zum Beispiel iTunes oder maxdome, kommt Streaming zum Einsatz. Um hier ein Abreißen der Wiedergabe zu vermeiden (was geschehen kann, wenn die Leitung schlecht oder zu stark belastet ist), wird ein Teil der Videodaten im Voraus zum Nutzer gesendet. Hier wird dieser erste Teil zwischengespeichert. Während Sie das Video anschauen, werden die restlichen Daten geladen. Bei Audiodaten ist dies nicht notwendig. Hier ist die Datenmenge nicht so groß, dass ein Vorabdownload notwendig wäre.

Suite

Programmpaket, das aus mehreren einzelnen Komponenten besteht. Microsoft Office und LibreOffice sind Office-Suites. Es gibt auch Sicherheitssuiten, die neben einem Antivirenprogramm andere Schutz- und Sicherheitsmodule enthalten.

Spieleexplorer

Ordner, von dem aus alle Spiele erreichbar sind, die zu Windows 8 gehören. Auch verschiedene Informationen zu den Spielen, wie zum Beispiel Hitlisten, können Sie von hier aus abrufen. Die Jungendschutzeinstellungen erreichen Sie ebenfalls vom Spieleexplorer aus. Sofern ein Spiel die Integration in den Spieleexplorer von Windows 8 unterstützt, finden Sie es nach der Installation auch in diesem Fenster.

Spyware

Schadsoftware, mit der der Anwender ausspioniert wird

Syntax

Die Syntax ist die Schreibweise eines Befehls und all seiner Parameter und Optionen. Wichtig ist vor allem die Reihenfolge der Parameter. Windows muss den Befehl verstehen. Sonst weiß das Betriebssystem nichts damit anzufangen. Dazu müssen Sie sich an die korrekte Syntax halten.

Windows unterscheidet beispielsweise nicht zwischen Groß- und Kleinschreibung. Sie müssen nicht darauf achten, ob Sie Befehle mit Groß- oder Kleinbuchstaben eingeben.

Synchronisieren

Abgleichen. Erstellen Sie eine Website offline (ohne Verbindung zum Internet). Synchronisieren Sie dann mit einem FTP-Client die auf dem Server befindliche Website. Synchronisiert werden auch Office- und Multimediadateien. Die neuen und geänderten Dateien werden übertragen, so dass an Punkt B zum Schluss die gleichen Daten liegen wie an Punkt A.

Systemabbild

Kopie des Zustands des Betriebssystems sowie wichtiger Treiber, Einstellungen und Programmeinstellungen. Mit einem Systemabbild können Sie einen älteren Zustand des Betriebssystems recht einfach wiederherstellen.

Systemreparaturdatenträger

Ein Systemreparaturdatenträger ist eine bootfähige DVD, mit der Sie im Notfall Windows 8 reparieren und wiederherstellen können.

Systemadministrator

siehe »Administrator«

Systemstartreparatur

Startet Windows 8 nicht richtig oder gibt es verschiedene Fehler aus, nutzen Sie diese Option. Es wird nun versucht, die Probleme zu finden und automatisch zu reparieren.

Systemsteuerung

Der Teil von Windows 8, in dem alle Einstellungsdialoge zu finden sind. Man könnte auch sagen, die **Systemsteuerung** ist die Schaltzentrale von Windows 8.

Systemwiederherstellungsoptionen

Diese Werkzeuge helfen Ihnen bei Problemen mit einer Windows-8-Installation. Sie können damit versuchen, eine defekte Version des Betriebssystems zu reparieren.

Taskleiste

Element des Windows-Desktops. In der Taskleiste werden verschiedene Symbolschaltflächen angezeigt. Sie informieren Sie über bestimmte Vorgänge auf Ihrem Rechner und bieten schnellen Zugriff auf einige Programme, Werkzeuge und Funktionen.

▲ **Abbildung G.20** *Die Taskleiste kennen Sie aus den Vorgängerversionen von Windows vermutlich bereits.*

TCP/IP

Transport Control Protocol/Internet Protocol. Protokoll, das in Netzwerken verwendet wird. Es sorgt dafür, dass alles, was der Anwender von seinem Rechner sendet, in kleine Datenpakete aufgeteilt wird. Diese werden auf der Seite des Empfängers wieder zu einem Ganzen zusammengefügt. Auf die gleiche Weise werden auch die Daten, die Sie empfangen, wieder zusammengesetzt. Mit TCP/IP wird auch eine IP-Adresse vergeben. Siehe »IP-Adresse«, »DHCP«, »Internet«

Toolbar

Erweiterung zu einem Webbrowser. Einige Anbieter bieten Ihnen Toolbars an, die den Browser um nützliche Funktionen erweitern. Beispiele dafür sind Google, eBay und Yahoo!.

TPM

TPM steht für *Trusted Platform Module* und bezeichnet einen Chip, der für den Rechner Sicherheitsfunktionen bereitstellt.

Tracking

Mittels Tracking fragt eine Website bestimmte Informationen ab. So kann der Besitzer der Website herausfinden, wie Ihr Surfverhalten ist. Das kann er nutzen, um Ihnen angepasste Werbeinformationen einzublenden. Man versucht also herauszufinden, wo Ihre Interessen liegen und entsprechende Produktwerbung einzublenden. Dadurch soll der Erfolg von Werbung steigen.

Treiber

Ein Treiber ist für die Funktion eines Hardwaregeräts notwendig. Er sorgt für die richtige Interpretation der Eingaben und die Weiterleitung der Eingaben an den Rechner.

Trojaner

Computervirus, der den Anwender ausspioniert und Zugangsdaten, Passwörter und andere sensible Daten überträgt

TrueCrypt

Software, mit der Daten, Verzeichnisse und ganze Festplattenpartitionen verschlüsselt werden können

Tuner

Kurzbezeichnung für ein Anwendungsprogramm, mit dem ein Betriebssystem oder die Funktion eines Betriebssystems optimiert werden kann. Mit einem Windows-Tuner können Sie nicht benötigte Daten entfernen, Systemsicherungen löschen, eine Partition defragmentieren und die Registrierung reinigen und defragmentieren.

UAC

User Account Control. Auf Deutsch: Benutzerkontensteuerung. Mit UAC können Programme nicht einfach Veränderungen am Windows-System vornehmen. Um dennoch bestimmte Einstellungen vornehmen zu können, muss der Anwender die Rechte eines Administrators besitzen und die Aktion bestätigen. Das kann nicht automatisch erfolgen.

Übertakten

Einige moderne Motherboards und Grafikkarten erlauben das Übertakten der Hardware. Dabei werden zuvor festgelegte Sicherheitspunkte überschritten. Diese Funktionen sollten Sie nur nutzen, wenn Sie als erfahrener PC-Anwender wissen, wie Sie dabei vorgehen müssen. Bei einem Fehler können Sie die Hardware beschädigen. Grafikkarte und Motherboard sind dann nur noch »für den Mülleimer«. Daten können hierbei verlorengehen.

UIAccess

Benutzeroberfläche eines Rechners

Update

Aktualisierung eines Programms, einer Datenbank oder des Betriebssystems. Auch die Virendatenbank eines Antivirusprogramms wird mit einem Update auf den neusten Stand gebracht.

Upgrade

Wechsel zu einer höherstufigen Version. Mit Windows 8 Anytime Upgrade wechseln Sie zu einer anderen Windows-Edition. Es gibt auch Upgrades von anderen Programmen. So kann ein Anbieter Nutzer eines Grafikbearbeitungsprogramms mit einer vergünstigten Upgrade-Version locken.

USB

Universal Serial Bus. Schnittstelle am PC. Über ein USB-Kabel wird ein Hardwaregerät mit dem PC verbunden. Die Windows-8-Hardwareerkennung versucht, den Gerätetyp zu identifizieren und den passenden Treiber zu laden. Das USB-Gerät wird in das System eingebunden und kann anschließend verwendet werden.

▲ **Abbildung G.21** So einen Speicherstick kann man über die USB-Schnittstelle an den PC anschließen.

Usenet

Teil des Internets. In ihm können Sie mit einem Newsreader thematisch sortierte Nachrichtenseiten lesen und in ihnen schreiben. Der Webbrowser Opera besitzt bereits einen eingebauten Usenet-Client. Auch mit dem Programm Windows Live Mail können Sie das Usenet nutzen. Bitte beachten Sie: Im Usenet gelten strenge Regeln. Beachten Sie diese nicht, werden Sie ermahnt oder gar ausgeschlossen. Informieren Sie sich zuvor über die Regeln. Achten Sie auf eine angemessene Netiquette. Schreiben Sie nur in den zu Ihrem Beitrag passenden Newsgroups. Lesen Sie sich erst die vorhandenen Beiträge durch. Ist eine Frage bereits beantwortet, ist eine Wiederholung nicht gern gesehen.

User

Als *User* wird vor allem im Internet gerne der Benutzer eines Computers bezeichnet. Auch Sie sind ein User.

Ultimate

eine Windows-Edition

Verbindungssicherheitsregel

Funktion in der Windows-8-Firewall. Mit einer Verbindungssicherheitsregel wird angegeben, auf welche Art und zu welchem Zeitpunkt Verbindungen zwischen zwei Computern erkannt und geschützt werden.

Virtuelle Festplatte

in sich abgeschlossener Ordner, der wie eine echte Festplatte angesprochen wird

Virus

Kurzwort für »Computervirus«, siehe dort.

Visitenkarte

Elektronische Visitenkarten werden an E-Mails angehängt. Sie enthalten Adress- und Kontaktdaten, die per Mausklick in das Windows-Adressbuch oder das Adressbuch des E-Mail-Clients übernommen werden können. Beachten Sie bitte, dass auch eine Visitenkarte Viren, Adware, Spyware oder andere Hackertools enthalten kann.

VHD-HBA

Gerätetreiber für die Verwendung einer virtuellen Festplatte. Siehe auch »Gerätetreiber«

Verlauf

Der Verlauf zeigt die besuchten Websites der letzten Tage und Wochen an. Anstatt die Adresse einer Website einzugeben, können Sie sie auch bequem mit der Maus aus dem Verlauf wählen.

VMware Workstation

Virtualisierungsprogramm. Es emuliert die Hardware eines Rechners, das heißt, es stellt die Hardware nach. So können Sie verschiedene Betriebssysteme und Anwendungsprogramme testen. Ein weiterer Vorteil: Sie können ältere Programme und Spiele weiterverwenden, die auf dem aktuellen Rechner und Betriebssystem eigentlich nicht mehr laufen.

Vollständige Formatierung

Formatierungsart. Bei der vollständigen Formatierung wird die Festplatte auf Fehler hin überprüft. Defekte Blöcke werden markiert.

Vollzugriff

Zugriffsberechtigung. Die Berechtigung **Vollzugriff** bedeutet, dass der Benutzer alles mit der Datei anstellen darf. Er darf sie lesen, bearbeiten und ausführen. Wird der Vollzugriff verweigert, kann der Benutzer die Datei weder lesen noch ausführen noch bearbeiten.

VPN

Abkürzung für *virtuelles privates Netzwerk*

VPN-Verbindung

Bei einer VPN-Verbindung wird ein Anwender, der sich in einem Netzwerk verbindet, über eine Schnittstelle in ein anderes Netzwerk gebracht. Wie bei einer Bahnweiche gelangt man so von einer Strecke auf eine andere.

Wartungscenter

Dialogfenster der **Systemsteuerung**, in dem wichtige Verwaltungsaufgaben für das Betriebssystem Windows 8 zusammengefasst sind

WDDM

WDDM steht für *Windows Display Driver Model*. Das ist ein für das Windows-System erstellter Grafiktreiber. Er ist optimiert und bietet spezielle Funktionen für das Microsoft-Betriebssystem.

Webmessenger

Der Webmessenger bietet Ihnen die Live-Messenger-Funktionen, ohne dass Sie ein Programm installieren und einrichten müssen. Sie melden sich mit Ihrer Live-ID an und können mit anderen Freunden chatten.

Wichtige Updates

Unter den Begriff »wichtige Updates« fallen alle Systempatches und alle Pakete, die Sicherheitslücken schließen. Diese sollten Sie alle herunterladen und installieren.

Webbrowser

Programm, mit dem der Anwender den grafischen Teil des Internets betrachten kann. Das Abrufen von mehreren Websites wird meist als *Surfen* bezeichnet. Es macht viel Spaß, von einer Site zur nächsten zu springen und sich so ein wenig durch das Internet treiben zu lassen.

Webfilterung

Mit der Webfilterung werden nicht jugendfreie Websites blockiert. Microsoft vergleicht dabei die aufgerufene Webadresse mit einer Datenbank. Ist darin eine Website enthalten, wird der Zugang gestoppt.

Web Slices

Web Slices ist eine relativ junge Internettechnologie, bei der eine Website auf Veränderungen hin überprüft wird. Rufen Sie über ein Portal Nachrichten, aktuelle News, Wetterinformationen, Aktienkurse, Sportergebnisse oder andere Informationen ab, zeigen Web Slices Ihnen die neusten Beiträge.

WEP

Protokoll in WLANs. WEP steht für *Wired Equipment Privacy*. Hier wird ein Verschlüsselungscode aus einer Reihe von Zeichen und Ziffern verwendet.

Glossar

Windows Defender

Sicherheitsprogramm von Microsoft, mit dem der Rechner auf eine Infektion mit Computerviren und anderen Schadprogrammen hin untersucht werden kann. Windows Defender ist in Windows 8 enthalten. Eine Alternative ist Microsoft Security Essentials, das ebenfalls kostenlos ist und von Microsoft vertrieben wird.

▲ *Abbildung G.22 Das Symbol von »Defender«. Das Programm gehört zu den Systemverwaltungstools.*

Windows-EasyTransfer

Werkzeug, das in Windows 8 integriert ist. Es ermöglicht das Übertragen von Daten von einem älteren Windows-PC auf einen neuen Rechner.

Windows-Explorer

Dateimanager für Windows 8. Wird auch bei älteren Windows-Versionen genutzt.

Windows Family Safety

siehe »Windows Live Family Safety«

▲ *Abbildung G.23 Family Safety sorgt dafür, dass Jugendliche und Kinder vor gefährlichen Inhalten geschützt werden.*

Windows Live Kalender

Mit dem Windows Live Kalender können Sie im Internet Termine erstellen. Sie können Aufgaben festhalten und einiges mehr. Der Windows Live Kalender ist in den E-Mail-Dienst Hotmail integriert. Die Funktionen werden online genutzt.

Windows Media Center

Mit dem Windows Media Center erhalten Sie eine Oberfläche, mit der Sie Ihre Multimediadaten verwalten und betrachten können. Sie können mit dieser Oberfläche Videos ansehen, Wiedergabelisten abrufen und Musik hören und Ihre Bilder betrachten. Sie können Webradiosender abrufen und genießen sowie Streaming-TV-Inhalte abrufen. Befindet sich in Ihrem Rechner eine TV-Karte, können Sie mit dem Media Center fernsehen, Sendungen aufnehmen und Aufnahmen wiedergeben. Das Windows Media Center ist eine Oberfläche, die viele verschiedene Funktionen zusammenfasst.

Windows Live

Sammlung von freien Programmen und Onlinediensten aus dem Hause Microsoft

Windows Live für Kids

Windows Live Messenger mit Anpassungen für jüngere Anwender. Dazu gehört auch ein Portal mit Informationen, Nachrichten und Unterhaltungsangeboten, die auf die Nutzung durch Kinder und Jugendliche zugeschnitten sind.

Windows Live Family Safety

Jungendschutzsystem von Microsoft, das in Windows 8 integriert ist. Internetinhalte können freigegeben oder auch gesperrt werden. Daneben lassen sich Webinhalte, Computerspiele und Kontaktdaten freigeben oder sperren. Das Paket kann auch verwendet werden, um in einer kleinen Firma oder einem Verein für andere Anwender Inhalte und Möglichkeiten freizugeben, zu blockieren und zu überwachen.

Windows Live Fotos

Bildbearbeitungsprogramm, das zu Windows Live gehört

Windows Live-Fotogalerie

Bildbearbeitungs- und -verwaltungsprogramm von Microsoft. Es gehört zu Windows Live.

Windows Live Gruppen

Eine Gruppe ist eine Austauschplattform zu einem bestimmten Thema. Hier können Sie mit Leuten diskutieren, die Ihre Interessen teilen. In einer Windows Live Gruppe tauschen Sie Nachrichten aus, können einen Gruppen-Kalender nutzen und Fotos und Dateien tauschen. Zugang erhalten nur die Mitglieder der Gruppe.

Windows Live Hotmail

E-Mail-Service, der zu Windows Live gehört. Sie erstellen ein Konto und können hier online oder mit einem E-Mail-Programm Nachrichten lesen, schreiben und beantworten. Sie erhalten 5 GB Speicherplatz.

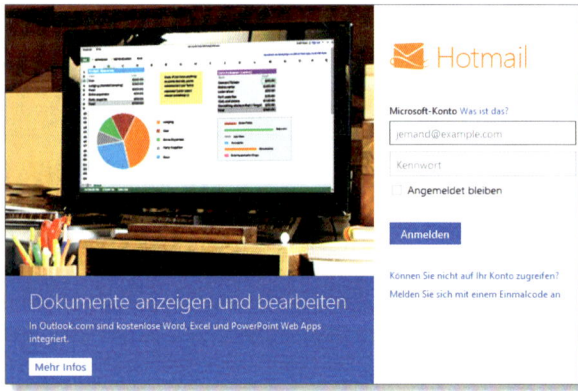

▲ **Abbildung G.24** *Auf »mail.live.com« können Sie sich für eine Hotmail-Adresse registrieren.*

Windows-Live-ID

Mit der Windows-Live-ID können Sie sich bei allen Onlinediensten des Windows-Live-Pakets anmelden. Sie müssen sich einmal registrieren und können dann mit nur einem Benutzernamen und dem dazugehörigen Passwort SkyDrive, Hotmail, Windows Live Profil und andere Internetdienste nutzen.

Windows Live Mail

E-Mail-Anwendung, die zu Windows Live gehört. Das aus dem Hause Microsoft stammende Programm ist kostenlos. Neben der E-Mail-Funktion können Sie auch Aufgaben und Termine verwalten, Ihre Kontakte in ein Adressbuch einpflegen und Notizen festhalten.

Windows Live Mesh

Erlaubt das Synchronisieren von Dateien verschiedener Websites. Abgeglichen werden Bilddateien, Musikdaten und Office-Dateien. Das Tool kann bis zu 100.000 Dateien in 30 Ordnern parallel verwalten.

Windows Live Messenger

Messenger-Programm. Ermöglicht den Austausch von Textnachrichten in Echtzeit (Chat). Mit dem Messenger bleiben Sie mit Ihren Freunden in Kontakt. Sie sehen, wenn Freunde online gehen, und können mit diesen chatten. Sie können Videos und Dateien tauschen oder auch Videochats durchführen, sofern Sie eine Webcam Ihr Eigen nennen.

Windows Live Mobile

Ermöglicht das Verwalten von Kontakten. Sie können außerdem mit Windows Live Mobile Bilder sehr einfach in Live-Dienste übertragen und verschiedene aktuelle Informationen abrufen. Der Dienst richtet sich an Besitzer von Windows-Mobile-Handys.

Windows Live Profil

Verwenden Sie viele Onlinedienste von Windows Live, so können Sie bei dem Dienst Windows Live Profil ein Profil online ablegen. Mit diesem können Freunde und Interessierte verschiedene Informationen über Sie abrufen. Auf einen Blick sehen Sie, was auf Ihrem Windows-Live-Konto so alles passiert.

Sie können sich mit anderen Windows-Live-Konten verbinden und so kleine Freundschaftsnetzwerke bilden. Angezeigt werden auch aktuelle Neuigkeiten von Facebook, YouTube und dem Bilder-Onlinedienst flickr.

Windows Live Movie Maker

Kleines Videoschnittprogramm. Gehört zum Windows-Live-Paket. Das Programm enthält Funktionen, mit denen Sie Ihre Videos direkt auf SkyDrive, YouTube, Facebook und anderen Plattformen veröffentlichen können.

Windows Live Writer

Editor, mit dem Sie ein Weblog mit Inhalten füttern können. Die Oberfläche ähnelt einem Office-Programm. Sie erstellen die Beiträge für Ihr Weblog und übertragen die fertigen Texte mit wenigen Mausklicks. Die Anmeldedaten zum Weblog müssen einmalig eingetragen werden.

Windows-Mobilitätscenter

Im **Windows-Mobilitätscenter** können Sie wichtige Einstellungen für Ihr Notebook vornehmen.

Windows-Registry

Enthält wichtige Einstellungsdaten des Windows-Betriebssystems und der installierten Anwendungsprogramme.

Windows Store

Onlineshop für Apps. Viele sind kostenlos. Es gibt Spiele, Tools, Programme und Infomaterial. Der Windows Store ist die erste Anlaufstelle für Apps, die extra für Windows 8 programmiert wurden. Momentan ist die Anzahl der Apps noch relativ klein, das wird sich aber in den nächsten Monaten sicher ändern.

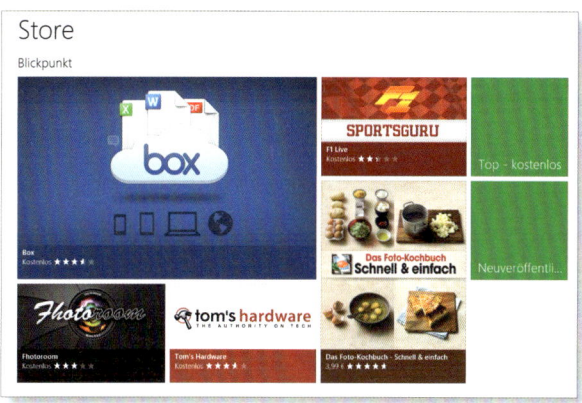

▲ *Abbildung G.25* *Auch im Windows Store sind die Inhalte übersichtlich als Kacheln dargestellt.*

Windows-Tresor

Abgeschotteter Speicherbereich, in dem Benutzernamen und Passwörter abgelegt werden. Hier finden Sie auch noch einmal Ihre Windows-Live-ID.

Windows Photo Viewer

einfacher Bildbetrachter, der zu dem Betriebssystem Windows 8 gehört

Windows-Tuner

siehe »Tuner«

WINS-Server

WINS steht für *Windows Internet Name Service*. Dieser Server löst NetBIOS-Namen auf.

WLAN

Wireless LAN; Funknetzwerk

Anhang G: Glossar

WPA

Protokoll in WLANs. WPA steht für *Wi-Fi Protected Access*. Bei WPA wird ein automatisierter Schlüsselwechsel verwendet. Diesen führt der Access Point selbständig durch. Dem Anwender steht ein Schlüssel zur Verfügung.

WPA2

Protokoll in WLANs. Das WPA2-Protokoll ist eine Weiterentwicklung von WPA. Hier wurde noch einmal die Sicherheit des Access Points erhöht. Dazu wurde ein besseres Verschlüsselungsverfahren verwendet.

WWW

World Wide Web. Grafischer Teil des Internets. Um die einzelnen Websites im WWW anschauen zu können, benötigen Sie einen Zugang in das Internet und einen Webbrowser.

Zeiger

Mauscursor. Zeigt die Position der Maus auf dem Desktop oder in einem Programmfenster an.

Zeigeroptionen

In den **Zeigeroptionen** bestimmen Sie mit einem Schieberegler, wie schnell sich der Mauszeiger bewegt.

Zeitlimits

Jungendschutzfunktion. Mit einem Stundenplan bestimmt ein Elternteil, um welche Zeit eine Funktion genutzt werden kann. So ist der Zugang zum Internet für ein Kind oder einen bestimmten Anwender nur zu den freigegebenen Tageszeiten möglich.

Ziehen

siehe »Drag & Drop«

Zugriffsrechte

Auch *Rechte*. Nicht jeder Benutzer darf alle Funktionen ausführen. Die Möglichkeiten können eingeschränkt werden. Das betrifft sowohl den Umgang mit Dateien wie auch die Arbeit mit Verzeichnissen. Man unterscheidet die Rechte Lesen, Schreiben und Ausführen. Die Rechte werden bei der Installation, Konfiguration oder durch einen Administrator festgelegt – siehe »Administrator«.

Zuordnungseinheit

Eine Zuordnungseinheit ist ein Bereich auf der Festplatte, in dem Daten abgelegt sind. Die Festplatte wird beim Formatieren in viele verschiedene Sektoren und Zuordnungseinheiten eingeteilt.

Zwischenspeicher

Im Zwischenspeicher können Sie in Windows 8 Daten ablegen, die Sie an andere Stelle wiederverwenden möchten, beispielsweise wenn Sie einen Text per [Strg] + [C] und [Strg] + [V] in ein Word-Dokument kopieren möchten.

Index

A

Abgesicherter Modus	84
Access Point	725
ACDSee	725
Actions	294
Ad-hoc-Netzwerk	304, 725
Administrator	499, 725
Administratorbestätigungsmodus	503, 504
Administratorkonto einschalten	505
Rechte	215
Adresszeile	331
Adware	408
Aero	142, 725
Aero-Effekte	154
Aero Peek	141, 725
Aero Shake	141, 143, 725
Aero Snap	143, 726
AES-Verschlüsselung	568
Akku	
Ladezustand	96
Aktenkoffer	726
Aktion bei kritischen Akkustand	706
Aktion für Speicherkarten wählen	219
Aktivierung	51, 726
Alle Apps	45
Amazon Cloud Drive	553
Angeheftete Websites	726
Anmeldeoptionen	172
Anonymous	726
Anpassen	96
An Start anheften	328
AntiVir	592
Antivirenprogramm	592, 726
Antwort auf eine Frage finden	718
Anwendungsinstallation	
erkennen	503
Anwendungsprogramm	
löschen	656
App	236
aus dem Windows Store installieren	236
Benachrichtigungen einrichten	162
Einstellungen	174
Größe der App	176
hinzufügen	44
suchen	165
Update	81, 237
Wechsel zwischen Apps	176
AppLocker	672
ausführbare Regel erstellen	674
Erzwingungsmodi	674
Möglichkeiten	674
Regeltypen	674
Standardregel	676
App-Verlauf	39
Arbeitsplatznetzwerk	726
Archiv extrahieren	217
ARM-Architektur	42
Assistent	726
Assistent für vergessene Kennwörter	507
ATTRIB	662
Audioinhalte wiedergeben	274
Audiorecorder	257
Auf Datenträger brennen	222
Aufnahme mit Mikrofon	258
Ausführen	213, 252, 253
Ausgehende Regel	613
Ausschneiden	191
Authentifizierung	726
AutoFilm-Design	439
Automatische Reparatur	700
Automatische Wiedergabe	254
einrichten	221
Automatische Wiedergabeliste	455
Autostart bereinigen	642
AutoVervollständigen	331, 351, 726
Avatar erstellen	469

B

Backdoor	572
Backup	541, 542, 727
BAD_POOL_CALLER	698
BAD_SYSTEM_CONFIG_INFO	698
Barrierefreiheit	727
Basisinformationen	727
Batch	660, 727
Bcc	388, 727
Bedienung, erleichterte	178

763

Index

Befehl 727
   eingeben 658
   Hilfe aufrufen 659
   seitenweise ausgeben 660
   wichtige Befehle 662
Benachrichtigungen 163, 680, 727
   anpassen 168
Benachrichtigungen einrichten 158
Benutzer 213, 727
   einrichten 172
   erstellen 174
   lokaler 671
Benutzergruppe 213
Benutzerkontensteuerung 85, 112, 500, 727
   Benachrichtigungen einstellen 501
   Gruppenrichtlinien anpassen 501
   Rechte eines Benutzers 500
Benutzerkonto 506
   bearbeiten 506
   Datenvolumen eingrenzen 510
   Kennwortrücksetzungsdiskette 507
   Kontingente einrichten 510
   löschen 507
Berechtigung 214
Berechtigungen für Schlüssel 679
Besitzer festlegen 680
Betreff 388
Bibliothek
   Eigenschaften editieren 225
   Freigaben erstellen 225
   Hintergrundbild für den Desktop wählen 150
   Inhalt eines Ordners übernehmen 224
   Videos 188
Bibliotheksmodus 452
Bildcode erstellen 173
Bilddatei suchen 427
Bildfehler entfernen 437
Bildschirmlupe 250, 269
   automatisch starten 270
Bildschirmobjekt 272
Bildschirmschoner auswählen 149
Bildschirmtastatur 250, 270
Bing 241, 295, 728
BIOS 728
Bitdefender 593
BitLocker 37, 531
   aktivieren 539
   anschalten 536
   TPM-Konsole 536

Bluescreen 697
Bootmanager 70, 728
bootrec 700
Bot 571
Brennen einer Musiksammlung auf CD 457
Broschürendruck 285, 728
Browser, Verlauf löschen 655
Browsermodus 728
Browserwahl 87

C

Cache 728
CALL 662
Cardreader 728
Cc 388, 728
cd 658, 662
Center für erleichterte Bedienung 271
CHDIR 662
Chessboard 478
Chess Titans 728
chkdsk 133, 632, 662
Chrome 728
cipher 535, 728
ClearType 161, 270
Cloud 547
CLS 662
Cmdlet 256
CMOS-Fehler 722
CMS 729
COLOR 662
Commandlet 256
COMP 662
COMPACT 662
Computer 71, 252
Computerinformation 127
Computerschutz 542
Computerverwaltung 62, 322, 668
Computervirus 729
   Schutz vor 408
CONVERT 662
Cookie 619, 729
COPY 662

764

Index

D

DAC schreiben	680
DATE	662
Datei	190
auf CD/DVD brennen	222
ausschneiden	191
Besitz ändern	215
Besitzer wechseln	215
Dateien sortieren	193
Dateien stapeln	194
Details	192
drucken	283
Eigenschaften	192
Freigaben erstellen	225
komprimieren	114, 134, 216
Kontextmenü	191
kopieren	191
öffnen	189
öffnen mit	190
packen	134
Standardprogramm bestimmen	189
suchen	207
umbenennen	192
verschlüsseln	532
wiederherstellen	190
Zugriffsrechte festlegen	212
Dateimanager	43, 181, 253
FTP	416
Dateispeicherort auswählen	232
Dateisystem	65, 133
Dateiverschlüsselungszertifikate	
Verwaltung	535
Dateiversionsverlauf	39, 551
Dateiwiederherstellungs-Agent	534
Daten sichern	541, 570
Datenausführungsverhinderung	729
Datenschutz einstellen	176, 177
Datensicherung	550
entfernen	645
Modi	559
Daten sofort löschen	200
Datenträger	
bereinigen	628, 655
defragmentieren	634
überprüfen	634
Datenträgerverwaltung	677
Datenübertragungsrate	304, 729
Defekte Programmeinstellungen	637
Defekte Programmpfade	637
Defekte Verknüpfung entfernen	640
Defragmentierung	634, 641
Deinstallieren 239	
DEL	662
Demo	729
Design	
anpassen	151
aus dem Internet beziehen	152
mehrere Designs kombinieren	154
wählen	148
Designmodus	462
Designs	682
Design wählen	96
Desktop	242, 729
anzeigen	143
Bild als Hintergrund verwenden	201
Farbe anpassen	151
Hintergrund wählen	148
Symbol erstellen	159
Verknüpfung erstellen	159
Desktopsymbol	
ändern	96
erstellen	159
Details einstellen, Windows-Explorer	425
DHCP	316, 730
DHCP-Client	682
Diagnosehostdienst	682
Diagnoserichtliniendienst	682
Diagnosesystemhost	682
Dienst deaktivieren	680
Digitale ID	400, 730
DIR	662
Directory Opus	124
diskpart	701
DNS-Dienst	682
DNS-Server	730
Dokument drucken	283
Domain	293
Doodle Devil	480
Download-Manager	360
Drag & Drop	110, 191, 730
Dragon NaturallySpeaking	483
Drahtlosnetzwerk	304
Drittanbieter	730
DRIVER_IRQ_NOT_LESS_OR_EQUAL	698
Drucken	277, 283

Index

Drucker
  Düsentest 283
  Eigenschaften 282
  einrichten 277, 278
  freigeben 287
  hinzufügen 279
  Netzwerkdrucker einrichten 286
  warten 282
Druckertreiber
  installieren 279
  Kompatibilitätsmodus verwenden 281
  manuell installieren 280
Druckerwarteschlange 285, 682, 730
DSL 305
Durchsuchen 252

E

Easy Connect 513, 517, 730
EasyTransfer 257
EasyTransfer-Kabel 125
edit 660
Editor 259, 660
Editor für lokale Gruppenrichtlinien 673
EFS 530, 531, 730
  cipher 535
  Datei verschlüsseln 532
  Ordner verschlüsseln 535
  Verschlüsselung aufheben 533
Eingabeaufforderung 658, 730
  einrichten 661
Einheitenumrechner 262
Einstellungen synchronisieren 178
Einstellungen und Daten übertragen 125
Elementkontrollkästchen 197
E-Mail 730
  Sicherheit 408
E-Mail-Konto einrichten 381
  Arcor 384
  Freenet 385
  GMX 384
  T-Online 383
E-Mail-Regeln 407
Emoticons 391
Energieoptionen einrichten 707
Energiesparmodus 704
Energiesparplan 704
  eigenen erstellen 707

  einrichten 706
  einstellen 705
Energiesparverhalten 702
Energieverbrauch ermitteln 704
Entpacken 217
ERASE 662
Ereignis 668
Ereignisanzeige 668
Erkennen von Bildschirmobjekten 272
Erleichterte Bedienung 178, 250
  Spracherkennung 489
Erstanbieter 731
Erweiterte Freigabe 227
Erweiterte Wiederherstellungstools 547
EXIT 663
Exploit 583, 731

F

FAQ 731
Farbinversion verwenden 270
FAT 133, 731
FAT_FILE_SYSTEM 698
Favoriten
  Ordner anlegen 336
  verschieben 338
  verwalten 337
  Website ablegen als 335
FC 663
Feed 146, 347, 742
  abonnieren 347
  finden 347
Fehler
  bei den gemeinsamen Dateien 637
  bei den Verlaufslisten 637
  bei Hilfedateien 637
Fehler 800\ 721
Fehlerhafte Dateitypen 637
Fenster durch Schütteln auswählen 143
Festplatte
  defragmentieren 634, 641
  prüfen 632
  virtuelle 677
Festplatten verwalten 71
FileZilla 417
Finanzen 243
FIND 663
Firewall 46, 604, 732

766

Index

Flip 3D 142, 731
Flipper 472
FORMAT 663
Formatieren 133, 732
   Arten 66
   Befehl 67
   mit Windows-Explorer 66
   vollständige Formatierung 67
Formatierung
   vollständige 66
Forum 293
Fotos 243
Fragmentierung 637, 732
   überprüfen 634
FreeCell 732
FreeCommander 122, 732
   FTP 416
Freigaben 225, 732
Freigegebene Ordner 671
F-Secure 593
FSUTIL 663
FTP 364, 415, 416, 726, 732
   FileZilla 418
   mit FreeCommander 416
   mit Internet Explorer 415
FTP-Ansicht 352
FTP-Client 732
FTP-Verbindung 416

G

Gadget 145
   einrichten 147
   Kontextmenü 147
Gamecontroller einrichten 107, 109
Games 467
   im Windows Store finden 476
Gemeinsame Nutzung der Internetverbindung ... 682
Geräteeinstellungen 178
Gerätekonflikt erkennen und beheben 689
Geräte-Manager 688
Geräte und Drucker 280
Geschützter Speicher 682
Geste 101
GMX Media Center 552
Google 295
Google Maps 299
Google Sites 369, 733

Google-Webdienste 364
GPO 501
GPRESULT 663
Gruppe lokale 671
Gruppenrichtlinien 502
Gruppenrichtlinienclient 682

H

Harbor Story II 478
Hardware
   einbinden 687
   sicher entfernen 198
   Treiber 70
   überprüfen 687
   übertakten 648
   wird nicht erkannt 689
Hardwareproblem beheben 696
Hardware und Sound 278
Hardware-Wizard 690
Häufig besuchte Orte 183
Header 409, 733
Hearts 733
Heimnetzgruppe 313
   einrichten 179
Heimnetzgruppen-Anbieter 683
Heimnetzgruppen-Listener 683
Heimnetzwerk 304, 733
Helligkeitssteuerung 168
HELP 663
Hilfe 717
   aufrufen 717
   durchsuchen 717
   Einstellungen 719
   verwenden 718
Hilfe und Support 253
Hilfe zu Befehlen aufrufen 659
History 339, 733
Hotspot 734
HTML 291, 734
Hyperlink 292, 734
   öffnen 328
Hyper-Platform 39

Index

I

Image 685
   zurücklesen 700
INACCESSIBLE_BOOT_DEVICE 698
Index 209
   löschen 210
Indizieren 734
Indizierungsoptionen einrichten 211
Infobereich 158
Inhalt komprimieren 137
Inhaltsratgeber 350, 734
InPrivate 329
   InPrivate-Browsen 618
   InPrivate-Modus 327
Installation
   ändern 238
   eines Programms 231
   Image 685
Installationsassistent 233
Installation überprüfen 115
Installer 734
Intelligenter Hintergrundübertragungsdienst 683
Internet 291, 575, 735
   Sicherheit 575
   suchen im 295
Internet Explorer 41, 243, 291, 326, 617
   Adresszeile 331
   als Standardbrowser wählen 353
   anpassen 350
   AutoVervollständigen 331
   AutoVervollständigen anpassen 351
   Barrierefreiheit einstellen 351
   Bing-Vorschläge 333
   Browsermodus 360
   Browserverlauf 335
   Download-Manager 360
   Einstellungen zum Webbrowsen 352
   Entwicklertools einblenden 358
   Erweiterungen einstellen 357
   Favoriten anlegen 335, 731
   Favoritenleiste 336
   Favoriten verwalten 337
   Feed 347
   FTP 415
   History verwenden 339, 733
   HTML-Code einer Webseite einblenden 359
   Inhalte auf Webseiten suchen 329
   Inhalte einstellen 350
   InPrivate 329
   InPrivate-Browsen 618
   Internetoptionen einstellen 350
   leere Seite als Startseite einstellen 343
   Link in einem anderen Fenster öffnen 328
   Multimedia-Einstellungen 352
   öffnen 326
   PopUp-Blocker 618
   Quelltext einblenden 359
   Registerkartentools 327
   Registerkarte schließen 329
   Schnellinfos verwenden 345
   Schnellsuchleiste 341
   Seitentools 326
   Sicherheitseinstellungen 352
   SmartScreen-Filter 353, 618
   Startseite anpassen 343
   Suchanbieter bearbeiten 342
   Symbolleisten einstellen 357
   Tastaturnavigation 360
   Tastenkombinationen zum Surfen 363
   Tracking-Schutz einstellen 355
   Verlauf 334
   Webseite drucken 344
   Website als Favorit anheften 327
   Wechsel von der App zum klassischen Desktop ... 331
   Zonen einstellen 621
   zwischen Tabs wechseln 328
Internetspuren löschen 620
IP-Adresse 308, 316
   Aufbau 317
   festlegen 317
IPsec 614, 735
IPv6 318
IRQL_NOT_LESS_OR_EQUAL 698
Island Tribe 2 478
ISO-Abbild 138
   mit Windows 8 brennen 138
ISP 735

J

Jeppack Joyride 481
Journaling-Dateisystem 133, 739
Joystick einrichten 107, 109
Jugendschutz 350, 601
Jugendschutzsysteme 604
Junk-E-Mail 409

Index

K

Kacheln 40, 163, 167
Kalender 244
Kamera 244
Karten 244
Kaspersky Antivirus 592
Kaspersky Internet Security 593
   Virenscan durchführen 595
Kein GUI-Start 83
Kennwort
   verändern 172
Kennwortrücksetzungsdiskette 507, 736
KERNEL_MODE_EXEPTION_NOT_HANDLED 698
Kernnetzwerk 607
Keylogger 572
Kleine Symbole 104
KlickEinrasten einschalten 98
KMODE_EXEPTION_NOT_HANDLED 698
Kompatibilitätsmodus 281, 693, 694, 736
Kompression 137
Komprimieren 216
Komprimierte Dateien 114
Konfiguration des Remotedesktops 683
Kontakte 245
Kontextmenü 111, 736
Kontextsensitiv 111, 736
Kontingent 510
Kontingenteinträge 511
Kontodaten einsehen 172
Kontotyp 499
Kopfhörer
   anschließen 485
   testen 485
Kopieren 191
Kryptografie 530
Kryptographiedienste 683
Kurznotizen 260

L

LABEL 663
Ladezustand des Akkus 96
Laufwerk
   logisches 59
   mit BitLocker verschlüsseln 538
Laufwerksbuchstabe
   anpassen 73

Lautstärke einstellen 168
Legacyhardware hinzufügen 690
Leistungsindex 128
Leistungsprotokolle und -warnungen 683
Leistungsübersicht 671
LEO 296
Lesekontrolle 680
Lesen 213
Liste der blockierten Absender 410
Liste der zuletzt besuchten Orte 202
Livedateisystem 224
Live-Konto 38
Livestream von Radiosendern nutzen 462
Logisches Laufwerk 59
Lokale Benutzer und Gruppen 671
Löschen 680

M

Mahjong 474
Mail 245, 371
   Nachrichtenordner anheften 373
   Nachricht löschen 372
   Nachricht schreiben 372
   Nachricht verschieben 372
   öffnen 372
Malware 571, 583, 737
Mars 472
Mastered 224, 738
Mathematik-Eingabebereich 260
Maus 100, 273
   Einstellungen 100
   Zeigeroptionen 751
Mausspur anzeigen 98
Mauszeiger 98
   Reaktionsgeschwindigkeit anpassen 98
   Schema 98
MBR 59, 700, 738
MD 663
MD5-Prüfsumme 123, 738
Media Center 38
   Media Center Extender 607
   Media Center Extender-Dienst 683
Media Player
   Steuerelemente der Minivorschau 144
Medienbibliothek 445
Medien kopieren 455
Medienstreaming 459

Index

Menüband 184
Metazeichen 209, 664
Microsoft-Dienst 85
Microsoft Hedda 495
Microsoft Internet Explorer 326
Microsoft Safety Scanner 591
Microsoft-Softwareschattenkopie-Anbieter ... 683
Microsoft Solitaire Collection 475
Mikrofon einrichten 257
Minesweeper 474
Minianwendung 145
Minianwendungsgalerie 145
Miniaturansichten 628
Mit einem Internetzeitserver synchronisieren ... 109
MKDIR 663
MKLINK 663
Mobilitätscenter 702
Modus InPrivate 329
more 660
MORE 663
MOVE 663
Movie Maker 438
msconfig 83
MS-DOS-Eingabeaufforderung 253, 658
.msi 233
Multifunktionsleiste 43, 181, 742
Multimediaklassenplaner 683
Musik 245
Musiksammlung auf CD brennen 457

N

Nachrichten 245
Navigationsbereich anpassen 206
Netiquette 293, 738
netsh 320
Netzjargon 294
Netzwerk 304
   DNS 319
   Drucker einrichten 286
   DSL-Router 314
   DSN 730
   Freigabe aktivieren 167
   Internetprotokoll Version 4 317
   Internetprotokoll Version 6 318
   Internetverbindungsassistenten nutzen ... 312
   IPv6 mit einem Befehl einrichten 320
   Netzwerkdiagnose 310
   Netzwerkstandorte 304
   Netzwerk- und Freigabecenter 305
   Netzwerkverbindungsdetails 308
   neue Verbindung einrichten 312
   öffentliches 304, 739
   RIP-Listener 320
   Status der LAN-Verbindung 307
   Systemtools aufrufen 323
   TCP/IP-Protokoll 317
   Typen 304
   überwachen 322
   WINS-Server 319
Netzwerkdrucker 286, 738
Netzwerkeinstellungen verändern 306
Netzwerklistendienst 683
Netzwerkproblem beheben 696
Netzwerkspeicher-Schnittstellendienst ... 683
Netzwerkstandort 726, 733
Netzwerkstandorte 304
Netzwerk- und Freigabecenter 305
Netzwerkverbindungen 683
Neues einfaches Volume 64
News 246
NLA 683
Norton Ghost 563
   Backup-Ziele 570
   Daten sichern 566
   Sicherung zurücklesen 569
   Status 569
Norton Utilities 652
   Dashboard 652
Notebook
   Aktion beim Drücken des Netzschalters ... 708
   Aktion beim Zuklappen 708
Notfall-CD 597
Notizen 260
NTFS 38, 65, 133, 212, 739

O

Oberfläche 40
   Kacheln einrichten 163
   Live-Kacheln deaktivieren 164
   Schnelleinstellungen 165
   Verwaltungstools anzeigen 167
Öffentliches Netzwerk 304, 739
Offlinedatei 739
Offlinedateien 683

Onlinelexikon	296
Onlinespeicher	247
Onlinespeicherplatz	547, 552
Online-Support	309
Optionale Updates	739
Ordner	194
aus Naviagtionsbereich entfernen	188
ausschneiden	191
Freigaben erstellen	225
in Bibliothek einfügen	224
komprimieren	216
komprimieren und entpacken	217
kopieren	191
markieren	195
mehrere Ordner markieren	195
Optionen bestimmen	195
Ordneroptionen	195
suchen	207
Symbol wählen	204
Verknüpfung erstellen	186
verschlüsseln	535
wiederherstellen	190
OUT_OF_MEMORY	698

P

Packen	217
PAGE_FAULT_IN_NON_PAGED_AREA	698
PageRank	361
Paint	261, 432, 739
Pinsel	433
Strichstärke	433
zeichnen	432
Papierkorb	95, 192, 198
Daten sofort löschen	200
Eigenschaften	200
leeren	626
Symbol einblenden	199
Partition	52
einrichten	58
erstellen	60, 66
formatieren	66
logisches Laufwerk	59
primäre	59
vergrößern	72
verwalten	71
Passwort	
verändern	173

PATH	663
PAUSE	663
PC-Einstellungen	171
PCI_BUS_DRIVER_INTERNAL	699
PC-Probleme	96
PDF-Datei anzeigen	246
Pegelanzeige	257
Personal Backup	554
Daten sichern	555
Personalisierte Liste verwenden	357
Persönliche Daten synchronisieren	172
Pflegen	626
Pharming-Angriff	571
Phishing	571
Phishingnachrichten bekämpfen	411, 740
Phoenix Backup	557
Daten sichern	558
Datensicherung auf FTP-Server	560
Formate	559
Sicherung zurücklesen	562
Zip-Tree	559
PIN erstellen	174
Pinball FX2	472
Platzhalter	209
Plug & Play	684
Pool	678
POPD	663
POP-Server	384
Port	740
Postausgangsserver	384
Postausgangsserver erfordert Authentifizierung	385
Posteingangsserver	384
Posterdruck	285, 740
Primäre Partition	59
PRINT	663
Probleme mit installierten Programmen	637
Probleme mit Programmkomponenten	637
Produt Key	232
Programm	
aktualisieren	239
deinstallieren	116, 239
Desktopverknüpfung erstellen	159
installieren	112, 231
löschen	239, 631
mit Tastenkombination starten	161
Programme	
Installation ändern	116
Reparieren	116
Programmereignisse	741

Index

Programm und Computerstandards festlegen 254
Programmzugriff und Computerstandards
    festlegen 254
Projekt Gutenberg 299
Protokoll 669
    abrufen 322

Q

Quarantäne 741

R

RAID 573, 741
RD 663
RD-Gatewayserver 525
Reader 246
ReadyBoost 72
Rechner 261
Rechtschreibprüfung einstellen 176
RECOVER 663
Recovery Point Browser 563
ReFS 38
regedit 678
Registerkartentools 327
Registrierung
    aufräumen 637
    defragmentieren 640
    mögliche Probleme 637
Registrierungseditor 678
Registrierungsschreibfehler 503
Reisen 246
Reißzweckensymbol 183
Remote Möglichkeiten 742
Remotedesktop 43, 514
    Anzeige 522
    Benutzer auswählen 521
    Einstellungen festlegen 522
    Geräte und Ressourcen wählen 524
    Grundeinstellungen festlegen 520
    lokale Ressourcen 522
    Remoteaudiowiedergabe 523
    Übertragungsrate einschränken 524
    Verbindung durchführen 521
Remotedesktopdienste 684
Remotedesktopübertragungsrate
    einschränken 524

Remotedesktopverbindung 263
Remoteregistrierung 684
Remoteunterstützung 513, 514
    anfordern 515
    annehmen 517
    beenden 520
    Breitbandoptimierung festlegen 517
    Chat 519
    Easy Connect 517
    einschränken 520
    Funktion anschalten 515
    msra 516
Remoteverbindung, Arten 514
Remotezugriff, Möglichkeiten 514
REN 663
RENAME 663
Reparatur, automatische 700
REPLACE 663
Reservestrommodus 707
Ribbon 742
RIP-Listener 320
RMDIR 663
ROBOCOPY 663, 664
Rollback 693
Rootkit 572, 583, 742
Router 314
RSS-Feed 347, 742
    Suchmaschinen 349

S

SC 663
Schlüssel 679
Schnellansicht 396
Schnelleinstellungen 38, 165, 186
Schnellformatierung 66, 132
Schnellinfos 345
Schnellsuchleiste 341
Schriftenglättung 270
Schrittaufzeichnung 264
SCHTASK 663
Screenshot erstellen 265
SD-Karte verwenden 218
Seite einrichten 285
Seitenlayoutdruck 285, 742
Seitentools 42
Senden an
    Verknüpfung erstellen 194

772

Index

shutdown 69, 663
Sicherer Desktop 503
Sicherheit im Internet 575
Sicherheitscenter 684
Sicherheitskonfigurationstool 564
Sicherheitszertifikat 533
Sichern 541
Sicherung 548
   erstellen 549
   zurücklesen 551
Signatur 691
Signatur anfügen 391
SkyDrive 45, 247, 367, 368, 375, 553, 743
Skype 364
SmartScreen-Filter 353, 358
Smileys 294, 391, 743
SMTP 385
Sniffer 572
Snipping Tool 264, 265
Snook! 477
Solitaire 475
Sonderzeichen einfügen 267
SORT 663
Sound
   Ausgabe einrichten 105
   einrichten 105
   Equalizer 106
Soundausgabe einrichten 485
Soundschema 149
Spam 571
   bekämpfen 408
Speicher
   geschützter 682
Speicherkarte
   formatieren 132
Speicherplatz
   freigeben 628
   gewinnen 645
   verwalten 678
Speicherplätze 39
Spiele 247, 467
   Jugendschutz 601
Sport 248
SPP 684
Sprachausgabe 251, 272, 274, 494
   deutsche Stimme installieren 494
   einrichten 495
   Tastenkombinationen 495, 714
Sprachbefehle 492

Spracherkennung 251, 483, 744
   Aktivierungsmodus wählen 488
   Alternativfenster 491
   arbeiten mit 490
   einrichten 485, 487
   Lernprogramm 488
   Möglichkeiten 483
   Referenzblatt verwenden 488
   Windows-8-Sprachbefehle 492
   Windows-Befehle einsprechen 484
Spyware 571
SSD-Laufwerk 39
SSL 384, 744
Stadtplandienst 299
Standardprogramm 254
   verändern 190
   wählen 190
Standardregister 181
Start 241, 663
Startdesktop 241
Startfenster 248
Startinformation 84
Startoptionen 83
Startseite 744
STATUS_SYSTEM_PROCESS_TERMINATED 699
Status der LAN-Verbindung 322
Stimmaktivierungsmodus 488
Streaming 458, 744
Stromversorgung 684
Subject 388
SUBST 663
Sucheinstellungen 174
Suchen, Apps 166
Suchmaschine 295
Suchmaschinen für RSS-Feeds 349
Suchserver 728
Suchvorgang 174
SunAge 479
Symbolleiste erstellen 157
Symbolleiste für den Schnellzugriff 183
Symbolpaket 651
Syntax 67, 188, 745
Systemabbild
   erstellen 543
   wiederherstellen 545
   zurücklesen 545
Systemdateien
   bereinigen 629
   einblenden 99, 215

773

Index

Systemdienst	680
deaktivieren	85
systeminfo	85
SYSTEMINFO	663
Systemreparatur	699
Systemreparaturdatenträger	544
Systemschutz einrichten	543
Systemsounds *anpassen*	105
Systemstart	83
Dienste deaktivieren	85
geladene Treiber ausgeben	84
Modus wählen	84
ohne GUI starten	84
optimieren	644
Startprotokoll aktivieren	84
Systemsteuerung	255
Ansicht anpasssen	104
SYSTEM_THREAD_EXEPTION_NOT_HANDLED	699
Systemtools aufrufen	323
Systemvoraussetzungen	50
Systemwiederherstellungsoptionen	745
Systemwiederherstellungspunkt entfernen	631

T

Tablet-PC-Eingabedienst	684
Taschenrechner	261
TASKKILL	663
Taskleiste	95, 155
anpassen	155
ausgeblendete Symbole	159
Benachrichtigungen anpassen	158
fixieren	156
Größe einrichten	155
Infobereich	95
Infobereich anpassen	158
Ordner hinzufügen	157
Schaltflächen gruppieren	157
Symbolleisten hinzufügen	157
TASKLIST	663
Task-Manager	39, 255, 708
Taskswitcher	41
Tastatur	273
Tastenkombinationen	
Desktop	713
Sprachausgabe	714
Startbildschirm	714
Windows-Explorer	714

TCP/IP	316, 745
TCP/IP-Protokoll	317
TCP/IPv4	317
Teilen	175
Textvorhersage	271
THREAD_STUCK_IN_DEVICE_DRIVER	699
ThreatCon	564
TIME	663
time.windows.com	109
Toolbar	361
Tool zum Entfernen bösartiger Software	591
Top Level Domain	293
Total Commander	123
TPM	38, 51, 531, 536, 746
TPM-Basisdienste	684
Tracking	746
Tracking-Schutz	355
Treasures of Montezuma	480
TREE	664
Treiber	70
ausgeblendete Treiber einblenden	694
finden	693
Signatur	691
signierter	691
Treiber.einrichten	688
Trojaner	571
Schutz vor	408
Tuner verwenden	636
TuneUp System Control	649
TuneUp Utilities	636
1-Klick-Wartung	647
Optionen und Verhalten anpassen	649
Symbolpakete austauschen	651
Zeitserver einrichten	650
TYPE	664

U

UAC	85, 499, 727, 746
Überwachung verteilter Verknüpfungen	684
Uhrzeit einstellen	175
UIAcess-Anwendungen	503
Umschalttasten	274
UNABLE_TO_LOAD_DEVICE_DRIVER	699
UNEXPECTED_KERNEL_MODE-TRAP	699
UNKNOWN_HARD_ERROR	699
Unsichere Webseiten melden	357
Unterschlüssel auflisten	680

Index

Unterschlüssel erstellen 680
Unterstützung in der Systemsteuerung
    unter Lösungen für Probleme 684
Update 76
    für App 81
URL 292
USB-Gerät 695
USB-Stick formatieren 132
Usenet 747
User Account Control 499

V

vCard 393
VER 664
Veraltete Treiber verwenden 690
Verbindungssicherheitsregel 614, 747
Verknüpfung erstellen 680
Verschlüsseln 530
Verschlüsseltes Dateisystem EFS 684
Verschlüsselungsfunktion 37
Verwaltung 626
Verwaltungstools anzeigen 167
VHD-HBA 747
Virtuelle Festplatte 677
Virtueller Datenträger 684
Virus bekämpfen 408
Visitenkarte verwenden 393
Visualisierungen 462
VLC 221
Vollständige Formatierung 66
Vollständige Überprüfung 577
Volltextsuche 209
Vollzugriff 215, 680
Volume vergrößern 72
Volumenschattenkopien 684
Vorgeschlagene Websites 334
VPN-Verbindung 304, 748

W

Wählverbindung einrichten 313
Warten 626
Wartungsaufgaben optimieren 646
Wartungscenter 78
    Benachrichtigungen ausschalten 158
    Meldungen einrichten 78

    Meldung in Taskleiste 80
    Sicherheitsmeldungen 80
WDDM 51, 748
Webadresse, Aufbau 292
WebDAV 553
Webforum 293
Webseite, Quelltext einblenden 359
Website 292
    als Favorit anheften 327
    überprüfen 358
Web Slices 748
Werkzeuge für die erleichterte Bedienung . 269
Wert abfragen 680
Wert festlegen 680
Wetter 249
Whitelist 402
Wichtige Updates 748
Wiedergabe 486
Wiedergabeliste, automatische 455
Wiedergabeliste erstellen 454
Wiedergabesteuerungs-Bereich 451
Wiederherstellung 547
Wiederherstellungslaufwerk 548
Wiederherstellungspunkt 542, 700
    einrichten 543
    löschen 544
Wiki 297
Wikibooks 297
Wikimedia Commons 297
Wikinews 298
Wikipedia 296
Wikiquote 298
Wikisource 298
Wikispecies 298
Wikiversity 297
Wiktionary 297
Windows-7-Dateiwiederherstellung 544
Windows 8
    aktivieren 58
    anpassen 649, 651
    Ansicht anpassen 148
    ausschalten 68
    benutzerdefinierte Installation 58
    Bootmanager 70
    Dateimanager 181
    drucken 278
    Editionen 46
    Eigenschaften der verschiedenen Editionen ... 46
    Games 467

Index

Infobereich	158
Installation, partitionieren	60
Installationssprache	52
Installation, Standardvariante	52
Installation vorbereiten	50
Leistung steigern	654
Netzwerkdiagnose	310
Netzwerkstandorte	304
Neuerungen	37
optimieren	645, 654
shutdown	69
Soundschema	149
Start beschleunigen	654
starten	83
Systemabbild	543
Systemschutz einrichten	543
Systemtools	323
Systemvoraussetzungen	37, 50
Update	76
Upgrade	75
warten	626
Wiederherstellungspunkt	543
Windows-Befehl per Sprache eingeben	484
Windows Defender	45, 256, 576
schneller Scan	576
vollständige Überprüfung	577
Windows-Desktop	95
anpassen	96
Design wählen	96
Symbole ändern	96
Windows-EasyTransfer	125, 257
Windows-Explorer	43, 117, 181, 252, 253
Alternativen	122
anpassen	203
Befehlsgruppen	181
Befehl verwenden	187
Benutzer und Benutzergruppen	213
Bilddateien von Digitalkameras importieren	218
Bilddatei suchen	427
CD/DVD brennen	222
Datei	183
Dateien und Ordner suchen	207
Dateierweiterung einblenden	425
Detailbereich	200
Details einstellen	425
Diashow starten	204
Einstellung für alle Ordner verwenden	426
Erweiterungen ausblenden	198
häufig besuchte Orte	183
Indizierung einrichten	209
Komprimierungsfunktion	216
Listenmenüs	182
mit Befehl öffnen	186
Multifunktionsleiste	181
Navigation	118
Navigationsleiste	188
öffnen	185
Spalten auswählen	203
Sprungliste verwenden	201
Suche speichern	207
Suchoperatoren nutzen	208
Suchtools	208
Symbol für Ordner bestimmen	204
Symbolgröße einstellen	424
Symbolleiste für den Schnellzugriff	183
Systemdateien einblenden	197
Tastenkombinationen	714
Tastenkombinationen verwenden	123, 202
Tools für komprimierte Ordner	218
Umgang mit Bilddateien	424
Volltextsuche verwenden	209
Vorschau von Bilddateien einstellen	424
Zwischenablage	181
Windows Family Safety	
Aktivitätsbericht	603
Webfilterung	602
Windows Fax und Scan	265
Windows-Firewall	604
Benachrichtigungen	609
Firewall anschalten	605
Programm freigeben	606
Regel erstellen	610
Status überprüfen	606
Überwachung	616
Verbindungssicherheitsregel	614
Windows-Funktionen ausschalten	631
Windows-Installer	233, 684
Windows-Journal	265
Windows-Kompatibilitätsmodus	38
Windows Live	364
Hotmail	374
Live Mesh	750
SkyDrive	375
Windows Live Family Safety	377
Windows Live Fotogalerie	375
Windows Live Fotos	377
Windows Live Gruppen	375
Windows-Live-ID	375

Windows Live Kalender	376
Windows Live Mail	376
Windows Live Movie Maker	377
Windows Live Profil	375
Windows Live Writer	377
Windows-Live-Anwendungen installieren	378
Windows Live Fotogalerie	434
Belichtung einstellen	437
Bild ausrichten	437
Bilddatei bearbeiten	435
Bild retuschieren	437
Bild zuschneiden	435
Effekte verwenden	438
Farbe einstellen	437
Feinabstimmung	437
Rauschminderung	437
Rote-Augen-Effekt	437
Windows Live Kalender	365
Termin erstellen	367
Windows Live Mail	380
Adressbuch	399
Aktionen	404
Bedingungen	404
Beschreibung einer Regel	406
Bild einfügen	394
Datei einfügen	395
E-Mail-Konto einrichten	381
E-Mail-Konto manuell einrichten	383
HTML	409
Hyperlink einfügen	391
Junk-E-Mail, Optionen	410
Kalender	412
Kontakte	399
Kontakt hinzufügen	401
Kontoeinstellungen korrigieren	385
Nachricht	387
Nachricht beantworten	387
Nachrichtenformat	409
Nachrichten in Ordner sortieren	403
Nachrichtenregel erstellen	405
Nachricht formatieren	388
Nachricht schreiben	387
Nachricht speichern	396
neues Ereignis erstellen	413
Ordner verwenden	402
per E-Mail zu einem Termin einladen	414
Programmoberfläche	381
Regel anwenden	407
Regeln verwenden	403
Schnellansicht	387
Schnellansicht anpassen	396
Servereinstellungen testen	386
Sicherheitsoptionen	410
Signatur verwenden	391
Smileys	391, 743
Spam filtern	410
Spam finden und aussortieren	409
Termin eintragen	413
Termin erfassen	412
vCard übernehmen	401
Visitenkarte übernehmen	401
Visitenkarte verwenden	393
wiederkehrenedes Ereignis eintragen	413
Windows Live Movie Maker	438
Effekte verwenden	439
Foto importieren	438
Projekt erstellen	438
Übergänge verwenden	439
Video importieren	438
Windows Media Player	441
Albuminformationen ergänzen	453
anpassen	446
Audio- und Videoformate	442
automatische Wiedergabeliste	455
Bibliotheksmodus	452
Datenschutz	445
Design wählen und installieren	448
Einrichtung	443
Funktionen	442
Layouteinstellungen	447
Medienbibliothek	445
Medien synchronisieren	463
Musik-CD wiedergeben	452
Musiksammlung auf CD brennen	457
Navigationsbereich	446
Online-ID erstellen	461
organisieren	447
Plug-ins verwenden	463
Sicherheitseinstellungen	446
Steuerung	451
Streaming einrichten	459
Titeldaten ergänzen	454
Update einrichten	446
Visualisierungen	462
Wiedergabeliste erstellen	454
Wiedergabelisten über Netzwerk abrufen	460
Zugriff über Internet	461
Windows-Mobilitätscenter	702, 751

Index

Windows PowerShell 256
Windows-Roaming 38
Windows Safety 601
Windows-Sicherung 548
Windows-Spracherkennung 487
Windows Store 44, 234, 248, 249
   Kategorien 234
Windows-Symbole 205
Windows System 251
Windows to go 44
Windows-Update
   automatisch nach Updates suchen 77
   Einstellungen 76
   Fehler 80072ee7 722
   Fehler 80072f8f 722
   Fehler 8024001F 721
   Fehler 8024401b 721
   Fehler 8024402C 721
   Fehler 80244022 721
Wischgeste 41, 101
WLAN 304
   Probleme beheben 696
   WEP 748
   WPA 751
   WPA2 751
WordPad 266
Wurm 571
WWW 292

X

Xbox Games 468
Xbox LIVE 468
XCOPY 664
XPS-Viewer 266

Z

Zeichentabelle 267
Zeichnen 261
Zeichnung 432
Zeit
   mit Internetzeitserver synchronisieren 109
   Uhr automatisch auf Sommer- und Wintzerzeit
      einstellen 110
   Zeitformat definieren 110
Zeitformat 110
Zeitserver 109
   einrichten 650
Zeitzone einstellen 110
Zertifikatexport-Assistent 533
Ziehen 110
*.zip 114
Zip-Datei 134
   entpacken 136, 217
   erstellen 216
ZoneAlarm 593
Zubehör 257
Zu Favoriten hinzufügen 327
Zugangsdaten 312
Zugriffsrecht
   Ändern 213
   Lesen 213
   Lesen, Ausführen 213
   Schreiben 213
   Vollzugriff 213
Zugriffsrechte 213
Zusatztasten 274
Zwischenablage 181

Walter Saumweber

Windows 8
Das Handbuch zur Software

Was immer Sie mit Windows 8 tun wollen, hier erhalten Sie kompetent Auskunft. Der Windowskenner Walter Saumweber zeigt Ihnen praxisnah und auf den Punkt, wie Sie das System bedienen, um genau das zu erreichen, was Sie tun möchten. Außerdem verrät er Ihnen auch den ein oder anderen Tipp.

ca. 1000 S., 19,90 Euro
ISBN 978-3-8421-0042-8,
Februar 2013
www.vierfarben.de/3047

Walter Saumweber

Windows 8
Die besten Tipps und Tricks

Hier finden Sie die besten Tipps und Tricks zu Windows 8. Der Experte Walter Saumweber hat das neue System auf Herz und Nieren geprüft und zeigt Ihnen nun, wie Sie das Beste aus Windows 8 herausholen können.

ca. 700 S., 19,90 Euro
ISBN 978-3-8421-0043-5,
April 2013
www.vierfarben.de/3052

868 S., 2012, komplett in Farbe, mit CD,
29,90 Euro
ISBN 978-3-8421-0008-4
www.vierfarben.de/2477

Christine Peyton

Word 2010
Der umfassende Ratgeber

Das komplette Word-Wissen auf mehr als 800 Seiten: vom Einstieg über die Gestaltung perfekter Texte bis hin zur Automatisierung mit VBA. Dieser umfassende Ratgeber ist ideal zum Lernen und Nachschlagen und eignet sich sowohl für Einsteiger als auch fortgeschrittene Nutzer.

908 S., 2012, komplett in Farbe, mit CD,
39,90 Euro
ISBN 978-3-8421-0030-5
www.vierfarben.de/2923

Helmut Vonhoegen

Excel 2010
Der umfassende Ratgeber

Was immer Sie mit Excel tun wollen, in diesem Ratgeber erhalten Sie kompetent Auskunft. Hier erfahren Sie, wie Sie alle Ihre Aufgaben mit Excel schneller und einfacher erledigen. Vollständig, kompetent und verständlich.

Das gesamte Buchprogramm: www.vierfarben.de